THE TIMES

Atlas Zweiter Weltkrieg

THE TIMES

Atlas Zweiter Weltkrieg

Herausgegeben von John Keegan

BECHTERMÜNZ VERLAG

Zuerst veröffentlicht in Großbritannien
durch Times Books, London
unter dem Titel
THE TIMES ATLAS OF THE SECOND WORLD WAR

Deutsche Erstausgabe

Bearbeitung und Koordination der deutschen Ausgabe
Neumann & Nürnberger, Leipzig

Übersetzung
Regina van Treeck, Leipzig
Leo Korniljew, Leipzig
Rolf Naumann, Leipzig

Mitherausgeber
Andrew Heritage
Barry Winkleman

Ian Castello-Cortes
Rosemary Aspinwall
Paul Middleton
Ailsa Heritage
Elizabeth Wyse
Miranda Smith

Design
Ivan Dodd *art direction*
Malcolm Swanston
Tracy Enever

Karten und Satz
Swanston Graphics, Derby

Malcolm Swanston
James Mills-Hicks
Andrea Fairbrass
Melvyn Pickering
Jeanne Radford
Andrew Bright
Malcolm Porter
Graham Malkin
Adrian Van Weerdenburg

Duncan Mackay

Beratung Ortsnamen
P. J. M. Geelan

Bildrecherche
Mark Seaman

Glossar
Anthony Livesey

Zeittafeln
Matthew Bennett

Umschlaggestaltung
Georg Lehmacher, Friedberg (Bay.)

Umschlagmotive
Marauder (oben links, AKG/Berlin), deutsche Kriegsgefangene (oben rechts, AKG/Berlin), D-Day (unten links, Bildarchiv preußischer Kulturbesitz/Berlin), Nordafrika 1942 (unten rechts, AKG/Berlin)

Printed and bound in Singapore
ISBN 3-8289-0340-1

Der Verlag dankt Keith Simpson (ehemals Department of War Studies, Sandhurst), N. C. de Lee (Senior Lecturer, Department of War Studies, Sandhurst), H. A. G. Lewis (ehemals Directorate of Military Survey), Oleg Alexandrovich Rzheshevsky (Akademie der Wissenschaften, Institut für Allgemeine Geschichte, Moskau), Major T. J. Gregson, Colonel Fred Clark Boli (beide United States Air Force).

Inhalt

Mitarbeiter

Herausgeber

JOHN KEEGAN Kriegsberichterstatter des Daily Telegraph, ehemaliger Dozent für Kriegsforschung
Royal Military Academy Sandhurst

Berater

CHRISTOPHER BELLAMY Forschungsanalytiker mit dem Spezialgebiet Militärische und strategische Angelegenheiten der Sowjetunion
Centre for Defence Studies, University of Edinburgh

MICHAEL ORR Lektor für Strategieforschung
Centre for Soviet Studies, Royal Military Akademy Sandhurst

RICHARD OVERY Außerordentlicher Professor für Neuere Geschichte
King's College, University of London

NORMAN STONE Professor für Neuere Geschichte
University of Oxford

H. P. WILLMOTT Dozent für Kriegsforschung
Royal Military Academy Sandhurst

Mitarbeiter

Matthew Bennett
Lektor für Nachrichtenwesen
Royal Academy Sandhurst

Norman Davies
Professor für Polnische Geschichte
School of Slavonic and East European Studies
London University

John Erickson
Direktor des Centre for Defence Studies
Edinburgh University

Martin Gilbert
Merton College der
Oxford University

Anthony Glees
Lektor für Neuere politische Geschichte
Brunel University

Keith Hayward
Department of International Relations and Politics
Staffordshire Polytechnic

Norman Longmate
Geschichtsforscher und Autor
London

James Lucas
Ehemaliger Mitarbeiter des Imperial War Museum
London

Alan Milward
Professor für Ökonomie
London School of Economics

Charles Messenger
Geschichtsforscher und Autor
London

Mark Seaman
Mitarbeiter des Imperial War Museum
London

Keith Sword
Forschungsmitarbeiter
School of Slavonic and East European Studies
London University

Mark Wheeler
Lektor für Geschichte
School of Slavonic and East European Studies
London University

Einführung

Der Zweite Weltkrieg war das umfassendste Ereignis in der Geschichte der Menschheit. Von seinen Operationen blieb kein bewohnter Kontinent unberührt. An diesem Krieg waren die Mehrheit der Staaten, die 1939 von unabhängigen Regierungen geführt wurden, wie auch die Kolonialreiche Großbritanniens, Frankreichs, Italiens und der Niederlande beteiligt, die damals den größten Teil der nichtsouveränen Länder der Welt umfaßten. Der Ausgang des Krieges bestimmte nach 1945 weitgehend die politische Struktur der Welt.

In der Zeit zwischen 1936 und 1946 kam es rund um den Globus zu den größten und ungewöhnlichsten Flüchtlingsbewegungen und Aussiedlungen. Hunderttausende Europäer und Asiaten flohen aus den Kriegsgebieten, wurden zwangsweise umgesiedelt oder suchten politisches Asyl in anderen Ländern. Der Krieg ließ Brasilianer in Italien, indische Untergebene der britischen Krone in Afrika und Europa unter britischer und in Burma unter japanischer Flagge kämpfen, deutsche Soldaten, die vor 1938 Österreicher gewesen waren, auf Kreta einfallen und Australier in Syrien gegen Franzosen zu Felde ziehen. Er ließ polnische Kampfflieger in der Luftschlacht um England die Stadt London verteidigen, Belgier in Naziuniform im Kampf um Berlin fallen, Kosakenverbände die Strände der Normandie gegen die Amerikaner verteidigen und Maoris aus Neuseeland die Italiener in Libyen angreifen.

Der Krieg wurde auch von den Zivilisten ausgetragen und ertragen; sie machten vielleicht die Hälfte der schätzungsweise fünfzig Millionen Menschen aus, die von 1939 bis 1945 getötet wurden. Die schlimmste und wohl nie dagewesene Erscheinung dieses Krieges war das organisierte Auslöschen ganzer Bevölkerungsteile und Ortschaften in Europa und China. Der Krieg erforderte auch die Mobilisierung ziviler Arbeitskräfte in einem beispiellosen Maß, und in manchen Ländern – vor allem in Großbritannien, in der Sowjetunion und in den USA –, nahmen in dieser Zeit viele Frauen die Arbeitsplätze der Männer ein. Strategische Bombardements gehörten zu den größten Bedrohungen der Zivilbevölkerung an den Heimatfronten; in Deutschland wurden durch die Bombenangriffe der Alliierten mehr Frauen als Männer getötet. Auch unter den Opfern des Terrors, der Vergeltungsmaßnahmen und des mörderischen Partisanenkriegs in Jugoslawien und Griechenland war ein hoher Anteil Frauen zu verzeichnen. Die materiellen Entbehrungen und Verluste, die am deutlichsten in den von Deutschland okkupierten Gebieten der Sowjetunion und im japanisch besetzten China zu spüren waren, trafen unterschiedslos Frauen, Kinder und männliche Zivilisten.

Der umfassende Charakter des Krieges und die Ambitionen der kriegführenden Staaten gaben dem Konflikt ein Ausmaß, das selbst heute unsere Vorstellungskraft übersteigt. Er stimulierte in den kämpfenden Staaten und bei deren Lieferanten die größte und anhaltendste wirtschaftliche Anstrengung, die es je gab. Die Weltwirtschaft wurde nach der Depression der Jahre zwischen den beiden Weltkriegen nicht schlechthin wiederbelebt. Der Krieg trieb den Bedarf an Rohstoffen, an Industrieerzeugnissen und landwirtschaftlichen Produkten in die Höhe; die staatliche Lenkung der Volkswirtschaften der kämpfenden Länder und die Steuer- und Kreditpolitik ihrer Regierungen ließen die Wirtschaft in einem nie dagewesenen Maß anwachsen. In Deutschland, Großbritannien, Japan und der Sowjetunion, die durch Bombardements oder Invasion alle schwere wirtschaftliche Schäden hinnehmen mußten, wurde ein Großteil der gesteigerten Produktion sofort durch die Kriegsanstrengungen aufgebraucht; in den Vereinigten Staaten hingegen wuchs die Wirtschaft zwischen 1939 und 1945 um fünfzig Prozent an, was Amerika in den folgenden dreißig Jahren die Hegemonie über die Weltwirtschaft sicherte.

Der Krieg war nicht allein treibende Kraft einer einmaligen wirtschaftlichen Aktivität. Er provozierte auch das bedeutendste Aufeinandertreffen von Ideologien, das die Welt seit der Zeit der Kreuzzüge erlebt hatte. Allerdings waren jetzt die Verhältnisse komplizierter. Die ultranationalistischen Unzufriedenen der Achse Deutschland–Italien–Japan, die man ungenau als Faschisten abstempelte, standen einerseits einer sowjetisch-marxistischen Diktatur gegenüber, die sich in ihren erklärten politischen Zielen stark, in den Regierungsmethoden aber nur wenig von ihnen unterschied, und andererseits den bedeutendsten Demokratien. Der letztendliche Sieg der gegen diese Achsenmächte verbündeten Staaten, der im wesentlichen durch deren überlegene Wirtschaftskraft bedingt war, hob nicht die Widersprüche jenes unsicheren Bündnisses auf, von denen einige erst jetzt allmählich gelöst werden.

Wie immer der Krieg auch endete – er hätte die Welt in jedem Falle unwiderruflich verändert. Die unmittelbaren Gründe für seinen Abschluß – der Abwurf amerikanischer Atombomben über Hiroshima und Nagasaki und der Sieg der Roten Armee über Deutschland –, boten die Gewähr, daß sich die Weltpolitik nach 1945 völlig verändern würde. Wohlweislich versprach kein Kriegsherr seiner Gefolgschaft, daß sie einen „Krieg zur Beendigung des Krieges" führte, wie es in der Zeit von 1914–1918 geschehen war. Dennoch war genau das, soweit es den totalen Krieg zwischen den Großmächten betrifft, das augenscheinliche Ergebnis des Sieges von 1945.

Dieser Atlas wurde erarbeitet, um dem Leser einen Eindruck von der Totalität und Komplexität des Zweiten Weltkrieges zu vermitteln. Er versucht nicht wie so viele historische Abhandlungen über den Krieg, den unvermeidlichen Triumph der Anti-Hitler-Koalition darzustellen. Er gibt auch keinem der Kriegsschauplätze den Vorrang. Die Kriegshandlungen in der Sowjetunion und im Pazifikraum werden als gleichbedeutend mit den Feldzügen in Westeuropa behandelt. Die Berichte tragen nicht ausschließlich militärischen Charakter. Die wirtschaftlichen und politischen Faktoren sowie die enormen materiellen und menschlichen Opfer des Konflikts werden in ihrer damaligen realen Bedeutung dargestellt.

Dieser Atlas hätte ohne die engagierte Mitarbeit der Berater, von denen jeder die Verantwortung für einen bestimmten Teil des Werkes übernommen hatte, und ohne das Spezialwissen und den Enthusiasmus der Mitwirkenden nicht fertiggestellt werden können.

John Keegan
Mai 1989

Militärische Großverbände und Einheiten

Eine militärische Einheit ist ein Truppenkörper einer Waffengattung, wie beispielsweise eine Infanteriekompanie oder eine Artilleriebatterie. Ein Großverband ist ein Verband, der sich aus Einheiten verschiedener Truppengattungen zusammensetzt. Der kleinste reguläre Großverband ist die Division, doch auch Brigaden bestehen in der Regel aus Einheiten unterschiedlicher Truppengattungen und gelten üblicherweise als Großverbände.

Ein Bataillon ist ein 600–1 000 Mann starker Verband; ein Regiment, dem drei Bataillone angehören, besteht aus etwa 3 000 Soldaten. Die Stärke einer Brigade, die zwei Regimenter oder mehrere Bataillone umfaßt, schwankt zwischen 3 000 und 6 000 Soldaten. Eine Division setzt sich aus drei Brigaden sowie unterstützenden Truppenteilen zusammen und ist etwa 15 000 Mann stark. Zu einem Korps gehören mindestens zwei Divisionen, zu einer Armee wenigstens zwei Korps und zu einer Heeresgruppe zwei oder mehr Armeen.

Bataillone werden von Oberstleutnants, Regimenter von Obersten, Brigaden von Brigadegenerälen, Divisionen von Generalmajoren und Korps von Generalleutnants, Generälen oder (Feld-)Marschällen befehligt. Die Abzeichen für den Dienstgrad eines Brigadegenerals bis zum Marschall zeigen je nach Rang üblicherweise einen, zwei, drei, vier oder fünf Sterne.

Zu diesen allgemeinen Regeln gibt es viele national begründete Ausnahmen. Die britische Armee beispielsweise nennt Panzer- und Artilleriebataillone Regimenter; ein britisches Infanterieregiment wiederum ist keine taktische Einheit, sondern ein historischer Stammtruppenteil unabhängiger Bataillone. In der deutschen Armee wurden Bataillone häufig von Majoren und Divisionen von Generalleutnants kommandiert. In vielen Armeen gibt es entweder gar keine Brigaden, oder sie sind unabhängige Verbände außerhalb einer Division. Die größten Truppenverbände der Roten Armee der Sowjetunion waren im Zweiten Weltkrieg die sogenannten „Fronten", die mit den Armeegruppen der alliierten Streitkräfte bzw. mit den deutschen Heeresgruppen vergleichbar waren. Die Streitkräfte der Vereinigten Staaten von Amerika nannten ihre Infanteriebrigaden „Regimentseinsatzgruppen" und ihre Panzerbrigaden „Einsatzkommandos".

Auch die Größe der Verbände variierte von Land zu Land stark. Die japanischen Großverbände waren im allgemeinen kleiner als ihre westlichen Entsprechungen; die chinesischen waren häufig so schwach, daß sie ihre Bezeichnung gar nicht verdienten. Die deutschen Großverbände wurden im Verlauf des Krieges aufgrund der Verluste während der Kampfhandlungen kleiner; die russischen hingegen waren in den Jahren 1941 und 1942 oftmals nur skelettartig aufgebaut, nahmen mit dem Fortschreiten des Krieges aber an Stärke zu. Die Großverbände und Einheiten aller Armeen, selbst jener mit großer Mannschaftsstärke, verloren in Zeiten schwerer Kämpfe deutlich an Stärke.

Die auf den Karten des *Times-Atlas des Zweiten Weltkriegs* angegebenen Einheiten und Großverbände sind mit den in der NATO üblichen Symbolen gekennzeichnet. Größe und Organisation der Großverbände geben die Schlachtordnung jeweils zu Beginn der Kampfhandlungen wieder. In bestimmten Fällen wurde die Größe einer militärischen Einheit angegeben, um die Zahl der Kämpfenden zu verdeutlichen.

ZEICHENERKLÄRUNG ZUM KARTENMATERIAL

Viele der im Atlas verwendeten Farben und Symbole finden Sie auf jeder Karte wieder. Die allgemeine Zeichenerklärung soll das Verständnis des Kartenmaterials erleichtern. Ausnahmen und zusätzliche Symbole sind auf den einzelnen Karten erläutert.

Farbige Kennzeichnung nach Nationen

Staat — Pfeil/Einheit/Symbol

- Großbritannien & Commonwealth
- Vereinigte Staaten von Amerika
- Frankreich
- Sowjetunion
- China
- Deutschland/ Deutsche Satellitenstaaten
- Italien
- Japan
- Andere, auf der Karte ausgewiesene Länder

Waffen

- Bomber
- Jagdbomber
- Jagdflugzeug
- Truppentransportflugzeug
- Schwerer Flugzeugträger
- Leichter Flugzeugträger
- Schlachtschiff
- Schwerer Kreuzer
- Leichter Kreuzer
- Zerstörer
- Patrouillen-/Geleitschiff
- Hilfskreuzer
- Landungsboot
- Handelsschiff
- Tanker
- U-Boot

Allgemeine militärische Symbole *(meist in den Farben der Nationen)*

- Bewegung der Land-/Seestreitkräfte
- Rückzug (wenn nicht anders angegeben)
- Flugroute
- Verteidigungsstellungen
- Luftangriff (in der Farbe der angreifenden Seite)
- Luftlandung
- Versenktes Schiff (in der Farbe der Eignernation)
- Minenfeld
- Depot
- Geschützstellung
- Kampfhandlung

Militärische Verbände nach Truppengattungen

- Infanterie
- Kavallerie
- Panzertruppen
- Luftlandetruppen
- Marine
- Luftwaffe

Militärische Verbände nach Größen

XXXXX NAME/NUMMER BEFEHLSHABER	Armee-/Heeresgruppe
XXXX NAME/NUMMER BEFEHLSHABER	Armee/Flotte/Luftwaffenverband
XXX TRUPPENGATTUNG/ NUMMER	Korps (Nummer in römischen Ziffern)
XX TRUPPENGATTUNG	Division (Nation/Nummer in arabischen Ziffern außerhalb des Kastens)
X TRUPPENGATTUNG	Brigade (Nation/Nummer in arabischen Ziffern außerhalb des Kastens
III TRUPPENGATTUNG	Regiment
II TRUPPENGATTUNG	Bataillon

Beispiel: Die von Generaloberst von Rundstedt befehligte deutsche Heeresgruppe Süd erscheint als folgendes Symbo :

XXXXX SÜD RUNDSTEDT

Die australische 9. Panzerdivision erscheint als

XX 9. AUS.

- XXX Grenze zwischen Verbänden (mit entsprechender Größenbezeichnung)
- Armeestützpunkt
- Luftwaffenstützpunkt
- Flottenstützpunkt

Allgemeine kartographische Symbole

- Dorf/Stadt/Großstadt
- Bebautes Gebiet
- Straße
- Eisenbahnlinie
- Fluß
- Schiffahrtskanal
- Staatsgrenze
- Zeitweilige/geänderte Grenze
- Sumpf/Morast
- Ölfeld
- N Himmelsrichtung

1919–1939

WESTEUROPA

1919
28. JUNI Versailler Vertrag.

1920
In Genf tritt der Völkerbund zusammen.

1923
11. JANUAR Französische und belgische Truppen besetzen das Ruhrgebiet.
8. NOVEMBER Hitlerputsch in München scheitert; Hitler wird inhaftiert.

1925
26. APRIL Hindenburg wird deutscher Reichspräsident.
18. JULI In München wird Hitlers „Mein Kampf" veröffentlicht.
1. DEZEMBER Deutschland, Frankreich und Belgien schließen mit der Unterzeichnung der Locarnoverträge einen Nichtangriffspakt.

1926
8. SEPTEMBER Deutschland wird Mitglied des Völkerbundes.

1929
JUNI Hitler tritt gegen den Youngplan zur Regelung der deutschen Reparationszahlungen auf und wird zu einer nationalen Figur.

1930
14. SEPTEMBER Die NSDAP erreicht bei der Reichstagswahl den zweitgrößten Stimmenanteil nach der SPD.

1932
MÄRZ/APRIL Hitler unterliegt bei den Reichspräsidentenwahlen. Die Sturmabteilung (SA), die radikale paramilitärische Kampftruppe der NSDAP, wird verboten.
JUNI Das Verbot der SA wird aufgehoben.
JULI Reichstagswahl. Die NSDAP wird stärkste Partei, erreicht aber keine Mehrheit.

1933
JANUAR Hitler wird Reichskanzler der nationalen Koalitionsregierung.
27. FEBRUAR Reichstagsbrand; die Nazis beschuldigen die Kommunisten und heben bürgerliche Freiheiten auf.
28. MÄRZ Das Ermächtigungsgesetz verleiht Hitler entscheidende Machtbefugnisse.
14. OKTOBER Deutschland tritt aus dem Völkerbund aus.

1934
6. FEBRUAR Faschistische Krawalle in Paris.
30. JUNI „Nacht der langen Messer", eine Säuberungsaktion der Nazis innerhalb der SA.
2. AUGUST Tod Hindenburgs. Hitler wird „Führer" und der Oberste Befehlshaber der Wehrmacht.
1. OKTOBER Hitler befiehlt den Aufbau der Luftwaffe sowie die Erweiterung von Heer und Kriegsmarine.
23. OKTOBER Londoner Abrüstungskonferenz.

1935
13. JANUAR Die Bevölkerung des Saargebiets stimmt für den Anschluß an Deutschland.
1. FEBRUAR Deutsche-britische Konferenz in London.
7. MÄRZ Das Saargebiet wird an Deutschland angegliedert.
16. MÄRZ Deutschland bricht die Abrüstungsbestimmungen des Versailler Vertrages.
18. JUNI Deutsch-britisches Flottenabkommen.
15. SEPTEMBER Antisemitische Nürnberger Gesetze. Die Hakenkreuzflagge wird offizielle Nationalflagge des Deutschen Reiches.

NORD- UND OSTEUROPA

1922
16. APRIL Rapallovertrag zwischen dem Deutschen Reich und der Sowjetunion.

1934
26. JANUAR Deutsch-polnisches Nichtangriffsabkommen.
25. JULI In Wien wird Bundeskanzler Dollfuß von österreichischen Nazis ermordet.
18. SEPTEMBER Die UdSSR tritt dem Völkerbund bei.
9. OKTOBER König Alexander I. von Jugoslawien wird ermordet.

1935
2. MAI Französisch-sowjetischer Vertrag über gegenseitigen Beistand.
16. MAI Tschechoslowakisch-sowjetischer Beistandspakt.

MITTELMEERRAUM UND AFRIKA

1922
30. OKTOBER Marsch auf Rom. Der Faschistenführer Mussolini wird italienischer Ministerpräsident.

1935
7. JANUAR Französisch-italienisches Kolonialabkommen.
3. JUNI Mussolini weist die britischen Zugeständnisse an Italien bezüglich Äthiopiens (Hoare-Laval-Abkommen) zurück.
3. OKTOBER Italien überfällt Äthiopien.

ASIEN (FESTLAND)

1924
21. JANUAR Erster Nationalkongreß der Kuomintang.

1927
18. APRIL Errichtung einer Nationalregierung in Nanking unter Chiang Kai-shek.

1931
18. SEPTEMBER Zwischenfall von Mukden. Japan besetzt die Mandschurei.

1932
28. JANUAR Unruhen in Shanghai; die Japaner kontrollieren die Stadt.

1933
23. FEBRUAR (bis 12. März) Japan besetzt chinesisches Territorium nördlich der Großen Mauer.
1. MÄRZ Japan etabliert den Marionettenstaat Mandschukuo unter Puyi.

1934
OKTOBER (bis November 1935) Langer Marsch der kommunistischen Streitkräfte durch Westchina.

1935
1. DEZEMBER Chiang Kai-shek wird zum chinesischen Präsidenten (der Regierung von Nanking) gewählt. Antijapanische Studentenunruhen in Peking.

PAZIFIK UND OZEANIEN

1930
15. MAI Der japanische Ministerpräsident wird wegen der Unterstützung des Londoner Vertrages ermordet.

1933
27. MÄRZ Japan tritt aus dem Völkerbund aus.

1934
19. DEZEMBER Japan lehnt eine Beschränkung seiner Flottenstärke durch Zusätze zum Washingtoner Flottenabkommen ab.

ATLANTIK UND AMERIKA

1920
Die USA bleiben dem Völkerbund fern.

1928
27. AUGUST Die USA, Großbritannien, Deutschland, Italien und Japan unterzeichnen den Briand-Kellogg-Pakt (Kriegsächtungspakt).

1930
22. APRIL Die Londoner Flottenkonferenz endet mit einem Vertrag über die Begrenzung des Baues von Kriegsschiffen.

1935
24. DEZEMBER Die USA verabschieden das Neutralitätsgesetz.

WESTEUROPA	NORD- UND OSTEUROPA	MITTELMEERRAUM UND AFRIKA	ASIEN (FESTLAND)	PAZIFIK UND OZEANIEN	ATLANTIK UND AMERIKA
1936	**1936**	**1936**	**1936**	**1936**	**1936**
7. MÄRZ Deutsche Truppen besetzen die entmilitarisierte Zone des Rheinlandes. **31. MÄRZ** Die britische Zivilverteidigung eröffnet eine Gasschutzschule. **18. JULI** Beginn des Spanischen Bürgerkrieges. **24. AUGUST** Deutschland führt die zweijährige allgemeine Wehrpflicht ein. **14. OKTOBER** Belgien kündigt die Militärkonvention mit Frankreich.	**23. MÄRZ** Italien, Österreich und Ungarn unterzeichnen die Neuauflage der Römischen Protokolle.	**26. MAI** Britisch-ägyptisches Bündnis. **3. AUGUST** Italien annektiert Äthiopien. **25. OKTOBER** Die Achse Berlin-Rom wird gebildet.	**8. APRIL** Sowjetisch-mongolischer Vertrag über gegenseitigen Beistand. **12. DEZEMBER** Nach dem Zwischenfall von Sian erklärt Chiang Kai-shek Japan den Krieg.	**15. JANUAR** Japan verläßt die Londoner Flottenkonferenz. **16. FEBRUAR** Vertreter des Militärs ernennen Hiroto zum japanischen Ministerpräsidenten. **25. NOVEMBER** Deutschland und Japan schließen den Antikominternpakt ab.	**25. MÄRZ** Großbritannien, die USA und Frankreich unterzeichnen den Londoner Flottenvertrag. **1. NOVEMBER** Roosevelt wird Präsident der USA. **1. DEZEMBER** Panamerikanische Friedenskonferenz in Buenos Aires.
1937	**1937**	**1937**	**1937**	**1937**	**1937**
8. FEBRUAR Die Truppen General Francos erobern Málaga. **27. APRIL** Ein Bombenangriff der Achsenmächte zerstört die spanische Stadt Guernica. **28. MAI** Chamberlain wird britischer Premierminister. **17. JULI** Beitritt Deutschlands zum Londoner Flottenvertrag vom 25. 3. 1936 (gesondertes Abkommen). **25.–28. SEPTEMBER** Mussolini besucht Berlin. **5. NOVEMBER** Vorlage des Entwurfs eines Luftschutzgesetzes im britischen Unterhaus. **17.–21. NOVEMBER** Treffen Hitlers mit Lord Halifax zur Sudetenfrage.	**24. JANUAR** Bulgarisch-jugoslawischer Friedensvertrag. **12. JUNI** Stalin läßt eine Säuberungsaktion unter sowjetischen Generälen und Stabsoffizieren durchführen. **16. OKTOBER** Bildung einer faschistischen Partei in Ungarn. **20. NOVEMBER** Der italienisch-österreichisch-ungarische Vertrag wird erweitert.	**25. MÄRZ** Italienisch-jugoslawischer Freundschaftsvertrag, der für einen Zeitraum von 5 Jahren gelten soll. **6. NOVEMBER** Italien tritt dem Antikominternpakt bei. **11. DEZEMBER** Italien tritt aus dem Völkerbund aus.	**7. JULI** Der chinesisch-japanische Krieg beginnt. **28. JULI** Japanische Truppen nehmen Peking ein. **9. NOVEMBER** Japanische Truppen erobern Schanghai. **12.–13. DEZEMBER** Die Japaner nehmen Nanking ein und richten unter der Bevölkerung ein Blutbad an.	**1. JUNI** Fürst Konoe wird japanischer Ministerpräsident, Hiroto Außenminister.	**1. MAI** Roosevelt unterzeichnet das US-amerikanische Neutralitätsgesetz.
1938	**1938**	**1938**	**1938**		
12. MÄRZ Anschluß Österreichs an das Deutsche Reich durch den Einmarsch deutscher Truppen. **15. APRIL** Die Truppen General Francos nehmen Vinaroz ein. Die Republik Spanien wird zweigeteilt. **12. AUGUST** Mobilmachung in Deutschland. **30. SEPTEMBER** Großbritannien, Frankreich, Deutschland und Italien einigen sich mit dem Münchener Abkommen über die sofortige Abtretung der sudetendeutschen Gebiete an das Deutsche Reich. **9. NOVEMBER** Pogrom gegen jüdische Bürger Deutschlands in der „Reichskristallnacht". **6. DEZEMBER** Deutsch-französischer Nichtangriffspakt.	**23. APRIL** Die Sudetendeutschen fordern volle Autonomie. **7. SEPTEMBER** Die Sudetendeutschen brechen die Gespräche mit der tschechoslowakischen Regierung ab. **22. SEPTEMBER** Die tschechoslowakische Regierung tritt zurück. **1. OKTOBER** Deutsche Truppen besetzen das Sudetengebiet. **5. OKTOBER** Der tschechoslowakische Staatspräsident Beneš tritt zurück.	**16. APRIL** Britisch-italienischer Pakt. **27. APRIL** Griechisch-türkischer Freundschaftspakt. **3.–9. MAI** Hitler besucht Mussolini in Rom. **17. MAI** Ein britisch-türkisches Abkommen sichert die Neutralität der Türkei. **17. DEZEMBER** Italien kündigt das 1935 mit Frankreich geschlossene Abkommen.	**28. MÄRZ** Japan setzt in Nanking eine Marionettenregierung ein. **11. JULI** Konflikt an der sowjetisch-japanischen Grenze zur Mandschurei (Mandschukuo). **21. OKTOBER** Japanische Truppen nehmen Kanton ein. **25. OKTOBER** Die Japaner erobern Wuhan.		
1939	**1939**	**1939**	**1939**	**1939**	**1939**
26. JANUAR Die Franco-Truppen nehmen Barcelona ein. **27. JANUAR** Anerkennung der Regierung Franco durch Großbritannien und Frankreich. **7. APRIL** Deutschland, Italien, Spanien und Japan unterzeichnen den Antikominternpakt. **22. MAI** Deutsch-Italienischer Stahlpakt. **23. AUGUST** Unterzeichnung eines deutsch-sowjetischen Nichtangriffspaktes (Hitler-Stalin-Pakt). **26. AUGUST** Hitler gibt ein Garantieversprechen für die Neutralität Belgiens, der Niederlande, Luxemburgs und Schwedens. **31. AUGUST** Mobilisierung der britischen Kriegsflotte; aus London werden 1,5 Millionen Frauen und Kinder evakuiert. **3. SEPTEMBER** Großbritannien, Frankreich, Neuseeland und Australien erklären Deutschland den Krieg. **10. SEPTEMBER** Das Britische Expeditionskorps wird nach Frankreich verlegt. **12. SEPTEMBER** Chamberlain lehnt Hitlers Friedenspläne ab. **30. SEPTEMBER** General Sikorski bildet in Paris eine polnische Exilregierung. **14. OKTOBER** Das Schlachtschiff HMS „Royal Oak" wird von dem deutschen U-Boot U 47 in Scapa Flow versenkt. **18. NOVEMBER** Deutsche Magnetminen fügen dem britischen Schiffsbestand schweren Schaden zu. **23. NOVEMBER** Technische Analyse einer deutschen Magnetmine durch die Briten; von britischer Seite werden Gegenmaßnahmen ergriffen.	**FEBRUAR** Ungarn tritt dem Antikominternpakt bei. **15.–16. MÄRZ** Deutschland zerschlägt die Tschechoslowakei. **22. MÄRZ** Deutschland annektiert das Memelgebiet. **23. MÄRZ** Polen weist die deutschen Angebote bezüglich der Stadt Danzig zurück. **23. AUGUST** Unterzeichnung eines deutsch-sowjetischen Nichtangriffsvertrages (Hitler-Stalin-Pakt), der Bestimmungen über die Teilung Polens enthält. **23. AUGUST** Unterzeichnung eines britisch-polnischen Vertrages über gegenseitigen Beistand. **1. SEPTEMBER** Deutsche Truppen marschieren in Polen ein und annektieren Danzig; Großbritannien und Frankreich fordern die Zurückziehung der deutschen Truppen. **5. SEPTEMBER** Deutsche Verbände überschreiten die Weichsel. **17. SEPTEMBER** Sowjetische Truppen marschieren in Ostpolen ein. **23. SEPTEMBER** Die deutsch-sowjetische Demarkationslinie wird erreicht. **27. SEPTEMBER** Warschau kapituliert. **29. SEPTEMBER** Polen wird aufgeteilt. **6. OKTOBER** Ende der Kampfhandlungen in Polen. **12. OKTOBER** Erste Deportation österreichischer und tschechischer Juden nach Polen. **30. NOVEMBER** Sowjetische Truppen marschieren in Finnland ein. **22. DEZEMBER** Finnland startet eine starke Gegenoffensive **29. DEZEMBER** Finnischer Sieg in Suomussalmi.	**7. APRIL** Italien okkupiert Albanien. **29. APRIL** Spanien tritt dem Antikominternpakt bei. **2. AUGUST** Sir Archibald Wavell wird Oberbefehlshaber im Nahen Osten. **3. SEPTEMBER** Wavells Kommandobereich wird auf Ostafrika, den Irak und den Persischen Golf ausgedehnt.	**10. FEBRUAR** Japanische Truppen besetzen die Insel Hainan. **14. JUNI** Die Japaner blockieren britische Sonderrechte in Tientsin. **23. AUGUST** Unterzeichnung eines deutsch-sowjetischen Nichtangriffsvertrages (Hitler-Stalin-Pakt).	**7. APRIL** Deutschland, Italien, Spanien und Japan unterzeichnen den Antikominternpakt. **25. AUGUST** Japan zieht sich aus dem Antikominternpakt zurück.	**5. SEPTEMBER** Neutralität der USA. **10. SEPTEMBER** Kanadische Kriegserklärung an Deutschland. Beginn der Atlantikschlacht. Die Allierten verlieren 53 Schiffe, davon 41 mit 153 800 BRT Schiffsraum durch U-Boote. **30. SEPTEMBER** „Admiral Graf Spee" versenkt ihr erstes Schiff. **27. OKTOBER** Gesetzesvorlage zur Neutralität der USA im Senat verabschiedet. Die Alliierten verlieren 196 000 BRT Schiffsraum. **NOVEMBER** Die Alliierten verlieren 21 Schiffe mit 51 600 BRT Schiffsraum. **13. DEZEMBER** Seegefecht vor der Mündung des Rio de la Plata. **16. DEZEMBER** Selbstversenkung der „Admiral Graf Spee". Die Alliierten verlieren 73 Schiffe mit 189 900 BRT Schiffsraum, davon 25 durch U-Boote (1 U-Boot versenkt).

1940

WESTEUROPA

JANUAR
4.1. Göring übernimmt die Kontrolle über die Kriegsproduktion.
8.1. In Großbritannien werden Butter, Speck und Zucker rationiert.
15.1. Belgien verweigert den Alliierten die Passage durch sein Territorium.

FEBRUAR
1.–28.2. Das britische „Ultra"-Team entziffert den Enigma-Code.
14.2. Großbritannien bewaffnet seine Handelsschiffe in der Nordsee.
15.2. Deutschland kündigt die Behandlung der Handelsschiffe als Kriegsschiffe an.
27.2. Churchill verlangt die Zerstörung der Hälfte der deutschen U-Bootflotte.

MÄRZ
1.3. Die französische Regierung plant, von Norwegen schweres Wasser zu kaufen.
10.3. Ins Exil gegangene deutsche Wissenschaftler leisten in Großbritannien Vorarbeiten zum Bau einer Atombombe.
11.3. Beginn der Fleischrationierung in Großbritannien.
18.3. Treffen Hitlers und Mussolinis am Brenner.
19.3. Die RAF bombardiert Einrichtungen auf Hörnum.
31.3. Die „Atlantis", das erste bewaffnete deutsche Handelsschiff, beginnt seine Kreuzfahrt.

APRIL
2.4. Deutsche Flugzeuge greifen Scapa Flow an. Die RAF beschließt, Bombardierungen bei Nacht durchzuführen.
27.4. In Großbritannien werden Männer bis zum 26. Lebensjahr für den Wehrdienst registriert.

MAI
5.5. Norwegische Exilregierung in London.
10.5. Chamberlain tritt zurück; Churchill wird neuer Premierminister. Deutschland greift die Niederlande, Belgien und Luxemburg an.
11.5. Schneller Vorstoß der deutschen Truppen. Das Fort Eben Emael wird von Luftlandetruppen eingenommen.
14.5. Deutscher Luftangriff auf Rotterdam.
15.5. Kapitulation der Niederlande; niederländische Exilregierung in London. Deutsche Truppen überschreiten die Meuse (Maas).
18.5. Antwerpen wird eingenommen.
20.5. Schlacht an der Somme: Deutsche Truppen erreichen die Kanalküste.
26.5. Die Evakuierung britischer und französischer Truppenteile in Dünkirchen beginnt.
27.5. Die belgische Armee kapituliert.

JUNI
3.6. Abschluß der Evakuierung; 350 000 alliierte Soldaten entkommen auf die britische Insel.
4.6. Die Deutschen nehmen bei Dünkirchen 40 000 Soldaten gefangen.
14.6. Deutsche Truppen besetzen Paris.
16.6. Ministerpräsident Reynaud tritt zurück; Marschall Pétain bildet eine neue französische Regierung.
22.6. Unterzeichnung des deutsch-französischen Waffenstillstandsvertrages (gültig ab 25.6.) in Compiègne.
23.6. Erster britischer Kommando-überfall auf Boulogne.
28.6. Großbritannien erkennt General de Gaulle als Führer des Freien Frankreich an.
30.6. Deutsche Truppen besetzen Guernsey.

NORD- UND OSTEUROPA

JANUAR
1.1. Sowjetische Offensive gegen Finnland
8.–12.1. Finnische Erfolge auf der Karelischen Landenge.

FEBRUAR
1.2. Sowjetische Truppen greifen in Karelien an.
11.2. Deutsch-sowjetisches Wirtschaftsabkommen.
12.2. Die finnischen Verteidigungslinien brechen zusammen.
15.–16.2. Die „Altmark" wird im Jössingfjord von den Briten geentert.
17.2. Rückzug der finnischen Truppen.

MÄRZ
5.–12.3. Finnisch-sowjetische Verhandlungen.
13.3. Der Frieden von Moskau beendet den „Winterkrieg" zwischen der Sowjetunion und Finnland.
29.3. Molotow erklärt die Neutralität der Sowjetunion.

APRIL
7.4. Marinetruppen der Alliierten laufen nach Norwegen aus.
9.4. Deutsche Truppen besetzen Dänemark und landen in Norwegen.
10.–13.4. Zwei Gefechte vor Narvik, die RN versenkt Nachschubschiffe und 10 Zerstörer der deutschen Narvik-Gruppe.
16.–19.4. Alliierte Truppen landen bei Namsos; die britischen Truppen werden zurückgeworfen.
30.4. König Haakon und die norwegische Regierung gehen nach London.

MAI
1.5. Kapitulation der norwegischen Truppen.
2.5. Die Alliierten räumen Namsos.
8.5. Marschall Timoschenko wird Volkskommissar für Verteidigung der Sowjetunion.
13.5. Alliierte Verbände landen bei Narvik.
28.5. Alliierte Truppen nehmen Narvik ein.
29.5. Deutsch-rumänischer Öl-Waffen-Pakt.

JUNI
4.–8.6. Die alliierten Truppen verlassen Norwegen.
10.6. Norwegen kapituliert.
18.6. Sowjetische Truppen beginnen mit der Besetzung der baltischen Staaten.
28.6. Die Rote Armee besetzt Bessarabien und die Nordbukowina.

MITTELMEERRAUM UND AFRIKA

FEBRUAR
12.2. Australische und neuseeländische Truppenverbände landen in Suez.

MAI
16.5. Die britische Admiralität sperrt das Mittelmeer für die Handelsschiffahrt.

JUNI
10.6. Italien erklärt Großbritannien und Frankreich den Krieg.
11.–29.6. Italienische Luftangriffe auf Malta.

ASIEN (FESTLAND)

JUNI
20.6. Frankreich billigt den Vorstoß japanischer Truppen nach dem nördlichen Indochina.
24.6. Frankreich schließt die Grenze von Tongking (Französisch-Indochina).

PAZIFIK UND OZEANIEN

JUNI
18.6. Der britische Goldtransporter „Aliagara" wird vor Auckland (Neuseeland) versenkt.

ATLANTIK UND AMERIKA

JANUAR
Schiffsverluste der Alliierten: 73 Schiffe mit 214 500 BRT Schiffsraum.

FEBRUAR
Die Alliierten verlieren 226 900 BRT-Schiffsraum, darunter 45 Schiffe mit 169 500 BRT Schiffsraum durch U-Boote.

MÄRZ
Die U-Boot-Verluste (3) und Verlegungen reduzieren die Schiffsverluste auf 45.

APRIL
Die Alliierten verlieren 58 Schiffe mit 158 200 BRT Schiffsraum. U-Boote versenken nur 7 Schiffe, 5 U-Boote werden in Norwegen versenkt.

MAI
31.5. Roosevelts „Million-Dollar"-Verteidigungsprogramm. Die Alliierten verlieren 101 Schiffe mit 288 400 BRT Schiffsraum. U-Boote versenken nur 13 Schiffe mit 55 500 BRT Schiffsraum.

JUNI
Die Alliierten verlieren 140 Schiffe mit 585 500 BRT, viele davon in Zusammenhang mit der Evakuierung französischer und britischer Truppen aus Dünkirchen: 58 Schiffe mit 284 100 BRT Schiffsraum von U-Booten versenkt.

WESTEUROPA

JULI

10.7. Die Luftschlacht um England („Battle of Britain") beginnt. Die deutsche Luftwaffe greift Geleitzüge auf dem Kanal an.
11.7. Marschall Pétain wird französisches Staatsoberhaupt.

21.7. Tschechische Exilregierung in London.

AUGUST

12.8. Schwere Bombenangriffe auf Portsmouth.
13.8. „Eagle Day" (Adlertag) der Luftschlacht um England.
15.8. Massierte Tagesluftangriffe auf England.

19.8. Großbritannien lehnt Hitlers Friedensbedingungen ab.
25.8. Erster Luftangriff der RAF auf Berlin.

SEPTEMBER
3.9. Hitler plant die Besetzung Großbritanniens – Unternehmen „Seelöwe" (festgelegt auf den 21.9.).
7.9. Schwerer Luftangriff auf London – der verschärfte Luftkrieg beginnt.
15.9. „Battle-of-Britain"-Tag mit Luftschlachten über Südostengland.
17.9. Hitler verschiebt das Unternehmen „Seelöwe" auf unbestimmte Zeit.

27.9. Deutschland, Italien und Japan unterzeichnen den Dreimächtepakt.
29.9. Evakuierung von Müttern und Kindern; 500 000 Menschen verlassen London.

OKTOBER

12.10. Hitler verschiebt das Unternehmen „Seelöwe" auf das Frühjahr 1941.
15.10. Bombenangriff von 400 deutschen Flugzeugen auf London.

NOVEMBER

7.11. Flugzeuge der RAF greifen die Krupp-Werke in Essen an.

14.11. Mit der Bombardierung Coventrys beginnen die schweren nächtlichen Luftangriffe; die Deutschen erhöhen ihre Zielgenauigkeit mit Hilfe des Radarsystems „Knickebein".
19.11. Schwerer Bombenangriff auf Birmingham.
28.11. 300 Flugzeuge bombardieren Liverpool.

DEZEMBER

8.12. Aus über 400 deutschen Flugzeugen werden Sprengbomben und Brandschüttkästen über London abgeworfen.

20.12. Schwerer Luftangriff auf Liverpool.
23.12. Eden wird britischer Außenminister.

29.12. Bis dahin schlimmste Bombardierung Londons.

NORD- UND OSTEUROPA

JULI
5.7. Rumänien schafft engere Verbindungen zu den Achsenmächten.

14.7. Die Sowjetunion beginnt mit der Besetzung Litauens, Lettlands und Estlands, die Deutschland im Hitler-Stalin-Pakt dem Einflußbereich der Sowjetunion überlassen hat, und die später als Teilrepubliken in die UdSSR aufgenommen werden.

SEPTEMBER
4.–5.9. General Antonescu organisiert einen Staatsstreich in Rumänien.

25.9. Regierung der Quisling-Partei in Norwegen.

OKTOBER
7.10. Deutsche Truppen rücken in Rumänien ein.

20.10. Ungarn unterzeichnet den Dreimächtepakt.
22.10. Die Slowakei tritt dem Dreimächtepakt bei; erste Deportation jüdischer Bürger aus Elsaß-Lothringen und dem Rheinland nach Polen.

NOVEMBER
1.11. Verbot für jüdische Bürger Warschaus, das ummauerte Ghetto zu verlassen.

29.11. Erster Plan des OKH für den deutschen Feldzug im Osten.

DEZEMBER

18.12. Hitler unterzeichnet die „Weisung Nr. 21" (Unternehmen „Barbarossa").

MITTELMEERRAUM UND AFRIKA

JULI

30.7. Die französischen Armeen in Nordafrika und Syrien werden demobilisiert.

AUGUST

3.–19.8. Italien besetzt Britisch-Somaliland.

SEPTEMBER

13.9. Italienische Truppen marschieren in Ägypten ein und erobern Sollum.

23.–25.9. Mißlungener gaullistischer Handstreich in Dakar.

27.9. Deutschland, Italien und Japan unterzeichnen den Dreimächtepakt.

OKTOBER

28.10. Italienische Truppen fallen in Griechenland ein.
29.10. Britische Truppen auf dem Seeweg nach Kreta.

NOVEMBER

11.–12.11. Luftangriff auf Tarent; die britische Marineluftwaffe fügt der italienischen Schlachtflotte schweren Schaden zu.
14.11. Griechische Truppen werfen die Italiener nach Albanien zurück.

22.11. Griechische Truppen schlagen die 9. Armee Italiens.

DEZEMBER
6.12. Badoglio wird als Chef des Oberkommandos der italienischen Streitkräfte entlassen; an seine Stelle tritt Cavallo.
9.12. Britisches Angriffsunternehmen „Compass" in der Westlichen Wüste.
11.12. Britische Truppen nehmen Sidi Barrani ein.
17.12. Die Briten erobern Sollum zurück.

ASIEN (FESTLAND)

JULI

18.7. Großbritannien schließt die Burmastraße.

AUGUST

9.8. Großbritannien willigt in einen Truppenabzug aus Schanghai und Nordchina ein.

SEPTEMBER

13.9. Große Erfolge der japanischen „Zero"-Jagdflugzeuge.

22.9. Japanische Truppen marschieren in Indochina ein.

OKTOBER
1.10. Die Japaner okkupieren Weihaiwei.
8.10. Churchill verkündet die Öffnung der Burmastraße.

18.10. Die Japaner bombardieren die Burmastraße.

NOVEMBER

30.11. Japan und die Nanking-Regierung unterzeichnen einen Vertrag.

PAZIFIK UND OZEANIEN

JULI

16.7. Fürst Konoe wird japanischer Ministerpräsident.

27.7. In Japan werden britische Staatsangehörige verhaftet.

AUGUST
1.8. Die Japaner etablieren eine Neue Ordnung in Fernost.

SEPTEMBER

26.9. Die USA verbieten Eisenexporte nach Japan.
27.9. Deutschland, Italien und Japan unterzeichnen den Dreimächtepakt.

ATLANTIK UND AMERIKA

JULI
5.7. Der U-Boot-Krieg im Atlantik wird ausgedehnt.

17.7. Alle Geleitzüge über den Atlantik nehmen eine Route nördlich von Irland.
19.7. Roosevelt unterzeichnet das Gesetz über die Zwei-Ozean-Flotte, das u. a. den Bau von Kriegsschiffen mit insgesamt 1 325 000 BRT Schiffsraum und den Einsatz neuer Patrouillen- und Geleitschutzschiffe vorsah. Die Alliierten verlieren im Juli 105 Schiffe, davon 38 durch U-Boote.

AUGUST

16.8. U 51 wird durch den Abwurf einer Wasserbombe versenkt.
17.8. Hitler gibt die totale Blockade der Britischen Inseln bekannt. Die Alliierten verlieren 397 200 BRT Schiffsraum, darunter 256 Schiffe mit 267 600 BRT Schiffsraum durch U-Boote.

SEPTEMBER
3.9. Großbritannien erhält 50 US-amerikanische Zerstörer und verpachtet als Gegenleistung Marinebasen auf den Bermudas, auf Jamaika, Trinidad, in Britisch-Guayana und Neufundland an die USA.
16.9. Gesetz zur allgemeinen Wehrpflicht in den USA verabschiedet.
20.–22.9. Deutsche U-Boote greifen nach der Rudeltaktik den Geleitzug HX 72 an und versenken 12 Schiffe mit 78 000 BRT Schiffsraum. Verluste der Alliierten im September: 100 Schiffe mit 448 600 BRT Schiffsraum, davon 59 durch U-Boote.

OKTOBER

17.–19.10. Der Geleitzug SC 7 verliert 21 von 30 Schiffen durch U-Boote.
19.–20.10. Der Geleitzug HX 79 verliert 12 von 49 Schiffen. Die Alliierten verlieren 193 Schiffe mit 443 000 BRT Schiffsraum, davon 352 400 BRT Schiffsraum durch U-Boote.

NOVEMBER

5.11. Roosevelt wird zum Präsidenten der USA wiedergewählt.

15.11. US-amerikanische Flugboote unternehmen Patrouillen von den Bermudas aus.
18.–19.11. Ein amerikanisches Sunderland-Flugboot entdeckt erstmals ein U-Boot durch ASV I-Radar. Die Alliierten verlieren 97 Schiffe mit 335 000 BRT Schiffsraum, davon 32 durch U-Boote.

DEZEMBER
Die Alliierten verlieren 82 Schiffe, von denen aufgrund des schlechten Wetters nur 37 von U-Booten versenkt werden.

23.12. Lord Halifax wird Botschafter in Washington.
25.12. Der Schwere Kreuzer „Admiral Hipper" wird von einem Truppengeleitzug vertrieben. Die Alliierten verlieren 1940 auf See insgesamt 1 059 Schiffe mit 4 055 706 BRT Schiffsraum.

WESTEUROPA

FEBRUAR

3.2. Die deutschen Schlachtschiffe „Scharnhorst" und „Gneisenau" brechen bei ihrer Operation „Berlin" in die nördliche Nordsee durch.

11.2. Admiral Darlan wird stellvertretender Ministerpräsident und Nachfolger von Pétain.

24.2. Großbritannien erklärt sich bereit, Truppen nach Griechenland zu entsenden.

MÄRZ

1.3. Die RAF fliegt mit 1000 Bombern einen Luftangriff auf Köln; dabei wird erstmals das Luft-Luft-Radarsystem A I eingesetzt.

13.3. Verheerende Nachtangriffe auf Glasgow und Clydeside machen zwei Drittel der Einwohner obdachlos.

MAI

1.–9.5. Schwere deutsche Luftangriffe auf Liverpool.

10.5. Höhepunkt der schweren Luftangriffe auf London. Hess fliegt nach Schottland.

15.5. Erstflug des britischen Düsenflugzeuges, der Gloster E 28/39, das mit einem Turboluftstrahltriebwerk von Whittle ausgerüstet ist.

JUNI

2.6. Die Vichy-Regierung ordnet eine Volkszählung der jüdischen Bevölkerung an.

13.6. In Frankreich werden 12 000 Juden „interniert".

NORD- UND OSTEUROPA

MÄRZ

1.3. Bulgarien tritt dem Dreimächtepakt bei, deutsche Truppen marschieren in das Land ein.

4.3. Britischer Kommandoüberfall auf die Lofoten (Norwegen).

19.3. Deutsches Ultimatum an Jugoslawien.

25.3. Jugoslawien unterzeichnet den Dreimächtepakt.

27.3. Staatsstreich in Jugoslawien.

APRIL

6.4. Deutschland überfällt Jugoslawien.

10.4. Deutsche Truppen nehmen Zagreb ein.

12.4. Deutsche Truppen nehmen Belgrad ein.

17.4. Die jugoslawischen Streitkräfte kapitulieren.

JUNI

22.6. Deutschland überfällt die Sowjetunion. Italien und Rumänien erklären der UdSSR den Krieg.

23.6. Kriegserklärung Ungarns und der Slowakei an die UdSSR.

23.6. Deutsche Truppen überschreiten den Bug. Die sowjetische Luftwaffe wird nahezu zerstört.

26.6. Finnland erklärt der UdSSR den Krieg.

28.6. Deutsche Truppen nehmen Minsk ein.

30.6. Deutsche Truppen schließen russische Armeeverbände im Kessel von Belostok (Białystok) ein.

MITTELMEERRAUM UND AFRIKA

JANUAR

1.–2.1. Britischer See- und Luftangriff auf Bardia.

5.1. Australische Truppen nehmen Bardia ein; 48 000 Gefangene.

11.1. Die HMS „Southampton" wird durch einen Stuka-Angriff versenkt.

22.1. Britische und australische Truppen erobern Tobruk; 25 000 Gefangene.

FEBRUAR

6.2. Britische und australische Truppen nehmen Benghasi ein.

7.2. Zusammenbruch der italienischen Truppen in Beda Fomm.

10.2. Mussolini akzeptiert das Angebot zur Entsendung einer deutschen Panzerdivision; britische Truppen stoßen nach Ostafrika vor.

12.2. Rommel trifft in Tripolis ein.

14.2. Eine leichte Division und eine Panzerdivision bilden das „Deutsche Afrikakorps" unter dem Oberkommando des Generals der Panzertruppe Rommel.

25.2. Britische Truppen erobern Mogadischu.

MÄRZ

1.3. Freifranzösische Truppen nehmen die Oase Kufra ein.

7.3. Britische und australische Verbände landen in Griechenland.

9.–25.3. Griechische Truppen wehren die italienische Gegenoffensive in Albanien ab.

28.–29.3. Britisch-italienische Schlacht am Kap Matapán, die RN versenkt drei italienische Kreuzer.

30.3. Das Afrikakorps beginnt eine Offensive in der Cyrenaika.

APRIL

1.4. Im Irak übernimmt Raschid Ali die Macht.

4.4. Das Afrikakorps nimmt Benghasi ein.

6.4. Deutsche Truppen marschieren in Griechenland und Jugoslawien ein.

13.4. Rommels Verbände schließen Tobruk ein.

16.4. Eine deutsche Transportstaffel wird vor den Kerkenna-Inseln vernichtet.

22.4. Die griechischen Streitkräfte kapitulieren in Saloniki; der Rückzug der britischen Truppen beginnt.

24.4. Deutsche Truppen durchbrechen die britische Thermopylenstellung.

25.4. Deutsche Truppen besetzen den Halfaya-Paß.

27.4. Die Deutschen marschieren in Athen ein. Die britischen Truppen räumen Griechenland.

28.4. Deutsche Truppen nehmen Sollum ein.

30.4. Irakische Truppen schließen die Basis der RAF in Habbaniya ein.

MAI

1.5. Der deutsche Angriff auf Tobruk wird abgewehrt.

2.5. Der Irak fordert die Zurückziehung der britischen Truppen.

5.–9.5. Die Briten bringen mit der Operation „Tiger" einen Panzerkonvoi nach Alexandria.

6.–10.5. Britische Truppen schlagen die Irakis und marschieren auf Bagdad.

15.5. Unternehmen „Brevity": Britische Truppen erobern Sollum und Halfaya zurück.

20.–31.5. Unternehmen „Merkur": Deutsche Truppen besetzen Kreta. 6000 Fallschirmjäger landen auf der Insel.

30.5. Der Aufstand im Irak endet.

31.5. Die britischen Truppen werden von Kreta vertrieben.

JUNI

1.6. Britische Truppen marschieren in Bagdad ein.

5.6. Die Deutschen nehmen auf Kreta 15 000 gegnerische Soldaten gefangen.

8.6. Britische, australische, indische und freifranzösische Truppen marschieren in Syrien ein.

11.6. Italien besetzt Griechenland.

14.–17.6. Das britische Unternehmen „Battleaxe" zum Entsatz von Tobruk scheitert.

21.6. Freifranzösische Truppen nehmen Damaskus ein. Feldmarschall Sir Auchinleck tritt als Oberkommandierender im Nahen Osten an die Stelle von Feldmarschall Wavell.

ASIEN (FESTLAND)

FEBRUAR

19.2. Die australische 8. Division landet in Singapur.

APRIL

21.4. Japanische Truppen besetzen Foochow.

MAI

9.5. Thailand und Französisch-Indochina unterzeichnen in Tokio einen Friedensvertrag.

14.5. In Singapur landen britische Verstärkungstruppen.

PAZIFIK UND OZEANIEN

FEBRUAR

27.2. Ein neuseeländischer Kreuzer versenkt ein italienisches Schiff vor den Malediven.

APRIL

13.4. Japan und die UdSSR unterzeichnen einen fünf Jahre gültigen Neutralitätspakt, der sowjetische Truppen für den Kampf gegen Deutschland freisetzt.

MAI

8.5. In der Nähe der Seychellen versenkt der Kreuzer „Cornwall" der RN das deutsche Kaperschiff „Pinguin".

JUNI

11.6. Handelsvertrag zwischen der UdSSR und Japan.

17.6. Die japanisch-niederländischen Verhandlungen scheitern.

27.6. Erklärung Japans zur Schaffung einer „Ostasiatischen Wohlstandssphäre".

ATLANTIK UND AMERIKA

JANUAR

1.–23.1. Erste Washingtoner Konferenz.

10.1. Der Entwurf zum Leih- und Pachtgesetz wird dem amerikanischen Kongreß unterbreitet.

20.1. Roosevelts zweite Amtseinführung. Die Alliierten verlieren 76 Schiffe mit 320 200 BRT Schiffsraum, davon 21 durch U-Boote.

FEBRUAR

1.–14.2. Der Schwere Kreuzer „Admiral Hipper" versenkt auf einem Vorstoß von Brest aus 7 Schiffe.

MÄRZ

6.3. Churchill erläßt die Direktive zur Schlacht um den Atlantik.

7.3. Der Zerstörer HMS „Wolverine" versenkt U 47.

8.3. Das Leih- und Pachtgesetz wird verabschiedet.

11.3. Roosevelt unterzeichnet das Leih- und Pachtgesetz.

16.–17.3. U 99 und U 100 werden versenkt.

22.3. Ende der Operation „Berlin", die Deutschen versenken 22 Schiffe.

30.3. Die US-Marine beginnt mit Patrouillenfahrten im Westatlantik. Die Alliierten verlieren 139 Schiffe mit 529 700 BRT Schiffsraum, davon 41 durch U-Boote und 41 durch Luftangriffe, 6 U-Boote werden versenkt.

APRIL

4.4. Das deutsche Kaperschiff „Thor" versenkt den bewaffneten Handelskreuzer „Voltaire".

11.4. Die US-Marine dehnt ihre Patrouillengebiete im Atlantik bis auf 26° westlicher Länge aus, die der Briten reichen bis zum 35. westlichen Längengrad.

15.4. Das Küstenkommando der RAF verstärkt unter Leitung der RN den Geleitschutz auf dem Atlantik. Die Alliierten verlieren 195 Schiffe mit 687 000 BRT Schiffsraum, davon 43 durch U-Boote und 116 durch Angriffe aus der Luft.

MAI

7.5. Ein gekapertes deutsches Schiff liefert Geheimpapiere über das „Enigma"-Chiffrierverfahren.

9.5. Ein gekapertes U-Boot liefert den Briten den Flottencode „Hydra".

18.–27.5. Die „Prinz Eugen" und die „Bismarck" sind auf Fahrt aus der Ostsee an die norwegische Küste.

24.5. Sie versenken den Schlachtkreuzer „Hood" und beschädigen das Großkampfschiff „Prince of Wales" schwer.

27.5. Die „Bismarck" wird versenkt.

27.5. Die neufundländische Escort Force begleitet den Geleitzug HX 129. Die Alliierten verlieren 139 Schiffe, davon 58 mit 325 500 BRT Schiffsraum durch U-Boote.

JUNI

1.6. Die „Prinz Eugen" erreicht Brest. Die US-amerikanische Küstenwache nimmt vom südlichen Grönland aus Patrouillenfahrten auf.

23.–29.6. Der Geleitzug HX 133 verliert in einem Gefecht 5 Schiffe und versenkt 2 von 10 U-Booten. Die Alliierten verlieren 109 Schiffe mit 432 000 BRT Schiffsraum, davon 61 mit 310 000 BRT Schiffsraum durch U-Boote.

WESTEUROPA

JULI

8.7. Erster Tagesangriff der RAF mit der Boeing B-17 („Flying Fortress") auf Wilhelmshaven.

16.7. Die RAF bombardiert Schiffe im Hafen von Rotterdam.
19.7. Die BBC verbreitet das „V" für Victory (Sieg) und proklamiert den Widerstand im besetzten Europa.

AUGUST

7.8. Die RAF beginnt mit Angriffen auf Nordfrankreich.

18.8. In Großbritannien wird der National Fire Service gegründet.

OKTOBER

20.10. Der deutsche Kommandant von Nantes wird von Mitgliedern des französischen Widerstandes getötet; als Vergeltungsmaßnahme werden 50 Geiseln erschossen.

NOVEMBER
18.11. Feldmarschall Sir Alan Brooke wird zum Chef des britischen Reichsgeneralstabs ernannt.

NORD- UND OSTEUROPA

JULI
1.7. Deutsche Truppen besetzen Riga.
3.7. Stalin ruft zur Verteidigung der Sowjetunion nach dem Prinzip der „verbrannten Erde" auf.
4.7. Tito kündigt den Widerstand in Jugoslawien an.
8.7. Deutschland und Italien teilen Jugoslawien auf.
10.7. Deutsche Truppen überschreiten den Dnepr.
12.7. Britisch-sowjetisches Abkommen über gegenseitigen Beistand.
15.7. Deutsche Truppen nehmen Smolensk ein.
21.7. Moskau wird bombardiert.
22.7. Der deutsche Vormarsch kommt im Mittelabschnitt wegen Erschöpfung der militärischen Kräfte zeitweise zum Stehen.
31.7. Hitlers Anordnung zur „Endlösung".

AUGUST

5.8. Die Belagerung Odessas beginnt.
7.8. Stalin wird Oberster Befehlshaber der sowjetischen Streitkräfte.
16.8. Deutsche Truppen nehmen Nowgorod.
19.8. Deutsche Truppen schließen Leningrad ein.
24.8. Finnische Truppen schließen sowjetische Verbände bei Viipuri ein.
29.8. Die sowjetischen Truppen räumen die Karelische Landenge.

SEPTEMBER
1.9. Gegenoffensive der Roten Armee bei Gomel.
3.9. Erste Massenvergasung in Auschwitz.
5.9. Deutsche Truppen besetzen Estland.
12.9. Die ersten Schneefälle verlangsamen die deutsche Offensive.
15.9. Die Belagerung Leningrads beginnt.
16.9. Befehl Keitels, Anschläge auf deutsche Militärangehörige mit der Erschießung von 50–100 Geiseln zu vergelten.
19.9. Deutsche Truppen nehmen Kiew und Poltawa ein.
25.9. Auf der Krim landen deutsche Fallschirmjäger.
29.9. (bis 1.10.) Dreimächtekonferenz in Moskau.
30.9. Massaker an jüdischen Bürgern in Kiew.

OKTOBER
7.10. Panzer riegeln die Kessel von Brjansk und Wjasma ab.
8.10. Deutsche Truppen nehmen Orjol ein.
10.10. Großbritannien ist bereit, Rußland mit kriegswichtigem Material zu Leih- und Pachtbedingungen zu unterstützen.
14.10. Deportation deutscher Juden nach Polen.
16.10. Deutsche Truppen nehmen Odessa ein. Die Sowjetregierung verlegt ihren Sitz nach Kuibyschew.
20.10. Deutsche Truppen nehmen Brjansk ein.
21.10. General Shukow übernimmt die Verteidigung Moskaus.
24.10. Deutsche Truppen nehmen Charkow ein.
27.10. Sowjetische Gegenoffensive bei Moskau.
29.10. Deutsche Truppen brechen zur Krim durch.

NOVEMBER
1.11. Deutsche Truppen nehmen Simferopol ein. Marschall Schaposchnikow wird sowjetischer Stabschef.
2.11. In Jugoslawien bekämpfen sich Titos Partisanen und die Tschetniks.
3.11. Deutsche Truppen erobern Kursk.
9.11. Deutsche Truppen nehmen Jalta ein.
15.11. Der deutsche Vormarsch kommt durch extreme Winterkälte zum Stehen.
16.11. Deutsche Truppen nehmen Kertsch ein.
22.11. Deutsche Verbände nehmen Rostow ein.
25.11. Deutscher Angriff gegen Moskau. Die Panzerdivisionen kommen bis auf 22 km an Moskau heran.
28.11. Rostow wird von der Roten Armee befreit.

DEZEMBER
5.12. Die Deutschen brechen den Angriff gegen Moskau ab.

17.12. Hitler erläßt den Befehl, eingenommene Stellungen unter allen Umständen zu halten.
19.12. Hitler übernimmt das Oberkommando über das Heer.
29.12. Die Rote Armee erobert Kertsch zurück.

MITTELMEERRAUM UND AFRIKA

JULI

3.7. Ende des Widerstands der Vichy-Truppen in Syrien.

11.7. Waffenruhe in Syrien.

14.7. Konvention von Akka zwischen den Alliierten und den Vichy-Truppen.

26.7. Italienische Sprengboote greifen den Hafen von La Valetta an.
31.7. (bis 2.8.) Der britische „Style"-Konvoi bringt Verstärkung für die Garnison Malta.

AUGUST

25.–28.8. Britische und sowjetische Truppen dringen in den Iran ein, um ihre Ölversorgung zu sichern.

SEPTEMBER

4.9. Schwere Luftangriffe auf Malta.

9.9. Flugzeuge der RAF greifen Turin an. Die iranische Regierung akzeptiert die englisch-sowjetischen Bedingungen.
15.9. Hitler befiehlt der U-Bootwaffe, im Mittelmeer zu operieren.

20.9. Italienische „bemannte Torpedos" versenken vor Gibraltar 3 britische Schiffe.
23.–28.9. Britischer Geleitzug „Halberd" unterwegs nach Malta.

OKTOBER
Die RAF fliegt Nachtangriffe.
4.10. auf Benghasi.
5.10. auf Tripolis.
6.10. auf Piräus.

NOVEMBER
8.–9.11. Die auf Malta stationierte britische Kampfgruppe „K" zerstört einen italienischen Geleitzug.
14.11. Der Flugzeugträger der RN „Ark Royal" wird von einem U-Boot versenkt.
17.11. Ein britischer Kommandoüberfall auf Rommels Hauptquartier schlägt fehl.
18.11. Die britische 8. Armee startet in Libyen das Unternehmen „Crusader".
20.11. Panzerschlacht bei Sidi Rezegh.
23.11. Das Afrikakorps reibt die südafrikanische 5. Brigade auf, wird jedoch zum Rückzug gezwungen.
27.11. Massenkapitulation italienischer Verbände bei Gondar in Äthiopien.
29.11. Rommel startet einen Gegenangriff.

DEZEMBER

10.–11.12. Der Belagerungsring um Tobruk wird von den Briten aufgebrochen; Rommel zieht sich nach El Gasala zurück.
14.–23.12. Der Geleitzug HG 76 erreicht Malta.
16.12. Britischer Vorstoß nach El Gasala; Rommel zieht sich nach El Agheila zurück.

25.12. Britische Truppen erobern Benghasi zurück.

ASIEN (FESTLAND)

JULI

28.7. Japanische Truppen landen in Indochina, um Stützpunkte der Vichytruppen zu erobern.

AUGUST

8.–13.8. Japanische Luftangriffe auf Chungking.

SEPTEMBER

28.9. Japanische Truppen nehmen Changsha ein.

NOVEMBER
28.11. Die „Prince of Wales" und die „Repulse" treffen in Colombo ein.

DEZEMBER
7.12. Japanische Truppen landen in Thailand und Malaya und bombardieren Singapur.
10.12. Die „Repulse" und die „Prince of Wales" werden von den Japanern versenkt.
15.12. Britische Truppen weichen in Burma, Malaya und Kowloon zurück.
18.12. Japanische Verbände landen in Hongkong.
25.12. Hongkong kapituliert.

PAZIFIK UND OZEANIEN

JULI

10.7. Deutschland drängt Japan, die UdSSR anzugreifen.

16.7. Das japanische Kabinett tritt zurück.

AUGUST

5.8. Die USA und Großbritannien verhängen ein Rohstoffembargo über Japan.

SEPTEMBER

13.9. Manöver der japanischen Vereinigten Flotte.

18.9. Japanische Truppen bereiten eine Operation in der Südrichtung vor.

OKTOBER

17.10. Konoe tritt zurück, Tojo bildet ein Militärkabinett.
20.10. Die Japaner bereiten den Angriff auf Pearl Harbor vor.

26.10. Die japanische Trägerflotte läuft aus.

NOVEMBER
19.11. Die HMAS „Sidney" liefert dem deutschen Kaperschiff „Kormoran" ein Gefecht, beide sinken.
25.11. Die Kriegsmarine der USA beginnt mit dem obligatorischen Geleitschutz für Handelsschiffe.
29.11. Japan trifft die Kriegsentscheidung.

DEZEMBER
7.12. Japanische Flugzeuge bombardieren Pearl Harbor, Japan erklärt den USA den Krieg.
10.12. Japanische Truppen landen auf Luzón und erobern Guam.
17.12. Japanische Truppen landen auf Nordborneo.
22.12. Die Japaner landen im Golf von Lingáyen.
24.12. Japanische Verbände erobern die Insel Wake.
25.12. Hongkong fällt an die Japaner. Die Alliierten verlieren 430 000 BRT Schiffsraum.

ATLANTIK UND AMERIKA

JULI
1.7. Die Kriegsmarine der USA startet von Neufundland aus Patrouillen zum Schutz vor deutschen U-Booten.

7.7. US-amerikanische Marineinfanteristen errichten einen Stützpunkt auf Island.

19.7. Die TF 1 der US-amerikanischen Marine sichert alle nach Island fahrenden Schiffe.
26.7. Die USA und Großbritannien frieren die japanischen Guthaben ein. Die Alliierten verlieren 121 000 BRT Schiffsraum, darunter 22 Schiffe mit 94 200 BRT Schiffsraum durch U-Boote.

AUGUST
1.8. Die USA verhängen ein Ölembargo gegen die Aggressorstaaten.
9.–12.8. Konferenz Roosevelts und Churchills in der Placentia-Bucht.
12.8. Roosevelt und Churchill unterzeichnen die Atlantikcharta.
19.8. (bis 3.9.) Britische Spitzbergen-Expedition.
27.8. U 570 wird von einem Bomber des Küstenkommandos aufgebracht. Die Alliierten verlieren 41 Schiffe mit 130 700 BRT Schiffsraum, davon 23 mit 80 300 BRT Schiffsraum durch U-Boote.

SEPTEMBER

4.9. Der US-amerikanische Zerstörer „Greer" wird von U 652 angegriffen.

11.9. Die amerikanischen Kriegsschiffe erhalten Schießbefehl gegen deutsche und italienische Kriegsschiffe.
15.9. U-Boote werden zur Unterstützung der Italiener ins Mittelmeer verlegt.

20.9. Erster Abschuß eines deutschen Flugzeuges vom Hilfsflugzeugträger HMS „Audacity" (OG 74 verliert noch 6 von 27 Schiffen).
29.9. Britischer Geleitzug PQ von Reykjavik nach Archangelsk. 84 Schiffe mit 285 900 BRT Schiffsraum gehen verloren, davon 53 durch U-Boote.

OKTOBER

16.–17.10. Ein U-Boot torpediert den amerikanischen Zerstörer „Kearney".

31.10. Erster amerikanischer Verlust: Ein U-Boot versenkt den Zerstörer „Reuben James". Die Alliierten verlieren 218 300 BRT Schiffsraum, davon 156 500 BRT Schiffsraum durch U-Boote.

NOVEMBER
3.11. Das Trägerschiff HMS „Indomitable" wird auf dem Weg in den Nahen Osten bei den Bermudas beschädigt.
6.11. Roosevelt kündigt ein Darlehen von 1 Mrd. $ für die UdSSR an.
22.11. Die HMS „Devonshire" versenkt das deutsche Kaperschiff „Atlantis" vor der westafrikanischen Küste.
30.11. Ein britischer Bomber ortet U 206 durch ASV-Radar und versenkt es. Die Alliierten verlieren 104 600 BRT Schiffsraum, darunter 13 Schiffe mit 62 200 BRT Schiffsraum durch U-Boote.

DEZEMBER
8.12. Die Alliierten erklären Japan den Krieg. Die UdSSR bleibt neutral.
11.12. Kriegserklärung der USA an Italien und Deutschland.
14.–23.12. Der Geleitzug HG 76 von Gibraltar nach London wehrt einen Angriff von 12 U-Booten ab, versenkt 5 davon, verliert jedoch den Hilfsflugzeugträger „Audacity".
22.12. (bis 7.1.) Churchill und Roosevelt legen auf einer Konferenz in Washington (Tarnname „Arkadia") ihre Strategie fest. Die Alliierten verlieren 153 000 BRT Schiffsraum; Gesamtverlust 1941: 1229 Schiffe mit 4 300 000 BRT Schiffsraum.

WESTEUROPA

JANUAR

18.1. Deutschland, Italien und Japan unterzeichnen einen neuen Militärpakt.

FEBRUAR

4.2. Lord Beaverbrook wird britischer Minister für Produktion.
8.2. Speer wird Reichsminister für Bewaffnung und Munition.
11.–12.2. Die Schlachtschiffe „Scharnhorst" und die „Gneisenau" erreichen durch die britische Blockade hindurch Brest.
14.2. Mit der Direktive zum Flächenbombardement wechselt die RAF bei ihren Angriffen von speziellen zu großflächigen Zielen in Städten.

27.2. Britischer Kommandoangriff in Bruneval, bei dem das geheime W-System erbeutet wir.

MÄRZ

20.3. Versuche mit Kleinst-U-Booten in Großbritannien.
24.3. In Großbritannien wird ein Armeeluftkorps aus Fallschirmjägern und Lastenseglern gebildet.
28.3. Kommandoüberfall auf St. Nazaire. Mit dem Radarsystem „Gee" ausgerüstetete Flugzeuge der RAF zerstören Lübeck.

APRIL

14.4. Neue Vichy-Regierung unter Laval.
23.4. „Baedeker"-Angriffe der deutschen Luftwaffe auf kulturhistorisch bedeutende britische Städte beginnen.
24.4. Die Deutschen zerschlagen in Paris den Spionagering „A"

MAI

30.5. Luftangriff von 1000 Bombern auf Köln.

JUNI

1.6. In Peenemünde beginnen die Arbeiten an der V 1 (unbemanntes Flugzeug mit Gefechtskopf).

13.6. Der erste Flugversuch einer V 2 (erste Flüssigkeitsgroßrakete) schlägt fehl.

25.6. General Eisenhower wird Oberbefehlshaber der amerikanischen Truppen in Europa.

NORD- UND OSTEUROPA

JANUAR

5.1. Die Rote Armee kontrolliert die Halbinsel Kertsch; Stalin befiehlt die Gegenoffensive an der gesamten Front.
13.1. Die Rote Armee erobert Kiew zurück.
15.1. Das deutsche Schlachtschiff „Tirpitz" nimmt Kurs auf Norwegen.

28.1. Vorstoß der Armeen der Südwestfront Marschall Timoschenkos in der Ukraine.

FEBRUAR

4.2. Der sowjetische Vormarsch in Belorußland verlangsamt sich.
5.2. Die Rote Armee erreicht den Dnepr.

MÄRZ

1.3. Offensive der Roten Armee auf der Krim.

30.3. Die sowjetische Gegenoffensive endet; die deutschen Verbände sind stark geschwächt.

MAI

8.5. Beginn der deutschen Sommeroffensive.
9.5. Sowjetische Truppen greifen Charkow an.
16.–17.5. Deutsche Truppen nehmen Kertsch ein und bringen die sowjetischen Truppen östlich von Charkow zum Stehen.
20.5. Deutsche Truppen erobern die Halbinsel Kertsch zurück.
27.5. In Prag wird ein Attentat auf Heydrich verübt, der am 4.6. seinen Verletzungen erliegt.
28.5. Deutscher Sieg bei Charkow.

JUNI

5.6. Deutsche Truppen belagern Sewastopol.
10.6. Vernichtung von Lidice als Vergeltung für das Attentat auf Heydrich.

24.6. Titos Partisanen werden zum Rückzug gezwungen.
28.6. Sommeroffensive der Achsenmächte an der Südfront.
30.6. Deutsche Truppen dringen in Sewastopol ein.

MITTELMEERRAUM UND AFRIKA

JANUAR

2.1. Britische und südafrikanische Truppen erobern Bardia zurück.
5.1. Britischer Angriff auf Halfaya.

11.1. Britische Truppen erobern Sollum zurück.

17.1. Deutsche Verbände scheitern in der Cyrenaika im Kampf gegen die britische 8. Armee.
21.1. Rommel beginnt einen Überraschungsangriff, um die Cyrenaika zurückzuerobern.

29.1. Deutsche Truppen erobern Benghasi zurück.
29.1. Britisch-iranisches Abkommen.

FEBRUAR

4.2. Deutsche Truppen nehmen Derna ein.
5.2. Rommels Vorstoß kommt bei El Gasala zum Stehen.

MÄRZ

6.3. Das Trägerschiff HMS „Eagle" bringt 18 „Spitfire"-Maschinen nach Malta.

20.–23.3. Der zweite Geleitzug von Alexandria nach Malta wird vernichtet.
22.3. Die Briten schlagen die Italiener in einer Seeschlacht bei Syrt.

APRIL

7.4. 2000 Flugzeuge fliegen einen Angriff auf Malta.

16.4. Malta wird mit dem britischen Georgskreuz ausgezeichnet.
20.4. Der US-amerikanische Flugzeugträger „Wasp" bringt „Spitfire"-Maschinen nach Malta, von denen viele jedoch zerstört werden.

MAI

5.–6.5. Britische Truppen erobern Madagaskar.
9.5. Auf der Inselfestung Malta kommen 64 „Spitfire"-Maschinen an.

26.–30.5. Rommel greift die Linie bei El Gasala an.
28.5. Panzerschlacht bei Bir Hacheim – die freifranzösischen Truppen behaupten sich.

JUNI

10.6. Die freifranzösischen Truppen ziehen sich von Bir Hacheim zurück.
13.6. Der Geleitzug „Harpoon" läuft von Gibraltar, der Konvoi „Vigorous" von Alexandria nach Malta aus.
16.6. „Harpoon" kommt durch, „Vigorous" kehrt um.
17.6. Die Briten verteidigen die Festung Tobruk und ziehen sich bis nach Ägypten zurück.
20.–21.6. Die Deutschen greifen Tobruk an und erobern es.
25.6. Auchinleck befiehlt die britische 8. Armee.
30.6. Die deutsch-italienischen Verbände erreichen El Alamein.

ASIEN (FESTLAND)

JANUAR

7.1. Japanische Truppen werden bei Changsha von chinesischen Verbänden geschlagen, brechen jedoch nach Zentralmalaya durch.
11.1. Die Japaner rücken in Kuala Lumpur ein.
16.1. Japanische Truppen marschieren von Thailand aus in Burma ein.

30.1. Die Briten ziehen sich auf die Insel Singapur zurück und zerstören dabei den Damm zum Festland.

FEBRUAR

7.2. Japanische Truppen landen auf der Insel Singapur.

15.2. Die Briten kapitulieren bei Singapur; 130 000 Gefangene.

29.2. Großbritannien sagt Indien den vollen Dominionstatus für die Zeit nach dem Krieg zu.

MÄRZ

8.3. Japanische Truppen rücken in Rangun ein.
10.3. General Stilwell wird zum Stabschef der US-amerikanischen Truppen in China ernannt.

19.3. General Slim übernimmt das Kommando in Burma.

APRIL

4.4. Feuersbrunst in Mandalay nach einem japanischen Bombenangriff.

9.4. Japanische Flugzeugträger greifen Trincomalee (Ceylon) an und versenken britische Kriegsschiffe.

29.4. Japanische Truppen nehmen Lashio ein und sperren die Burmastraße.
30.4. Japanische Truppen kontrollieren Mittelburma. Die Alliierten verlieren im Indischen Ozean 150 000 BRT Schiffsraum.

MAI

1.5. Die Briten räumen Mandalay.
2.5. Die britischen Truppen ziehen sich über den Irawadi zurück.

11.5. Japanische Offensiven in den Provinzen Yunnan und Chekiang.
20.5. Japanische Truppen richten in Burma Verteidigungsstellungen ein.
24.5. General Stilwell trifft nach zwanzigtägigem Marsch durch den Dschungel in Delhi ein.

JUNI

4.6. Japanische Truppen greifen Chuhsien an.

PAZIFIK UND OZEANIEN

JANUAR

2.1. Japanische Truppen besetzen die Marinestützpunkte Manila und Cavite.

11.1. Japanische Truppen nehmen Tarakan in Niederländisch-Indien.

22.1. Japanische Flugzeuge greifen Neuguinea an; amerikanische Truppen ziehen sich auf die Halbinsel Bataan zurück.
23.1. Japanische Truppen landen in Rabaul.
24.1. Seegefecht in der Makassar-Straße.
25.1. Umfassende Mobilisierung in Australien.
26.1. Japanische Truppen landen auf den Salomonen.

FEBRUAR

1.2. US-amerikanischer Flugzeugträgerangriff auf die Marshallinseln und die Gilbertinseln.

14.2. Japanische Luftlandetruppen landen auf Südsumatra.
19.2. Die Japaner fallen auf Bali ein, die Marineluftwaffe bombardiert Darwin.
20.2. Japanische Truppen landen auf Portugiesisch-Timor.

27.2. Die Japaner siegen in einer Seeschlacht in der Javasee.
28.2. Japanische Truppen landen auf Java. Die Alliierten verlieren 54 Schiffe mit 181 200 BRT Schiffsraum.

MÄRZ

2.3. Japanische Truppen landen auf Mindanao.
9.3. Niederländisch-Indien kapituliert, General Yamashita wird zum Oberbefehlshaber der japanischen Truppen auf den Philippinen ernannt.
18.3. Mountbattan wird zum Chef des Directorate of Combined Operations ernannt. Die Alliierten verlieren 252 000 BRT Schiffsraum.

APRIL

1.4. Japanische Truppen landen auf Niederländisch-Neuguinea.
3.4. Neue japanische Offensive auf der Halbinsel Bataan.
4.4. Die Japaner versenken die HMS „Dorsetshire", „Cornwall", „Hermes" und „Hollyhock" im Indischen Ozean.
9.4. General King kapituliert auf Bataan.
11.4. (bis 5.5.) „Todesmarsch von Bataan". Die Japaner bombardieren Trincomalee.
18.4. Bei einem von General Doolittle geführten Überraschungsangriff bombardieren Maschinen vom Typ B-52 Tokio.

MAI

4.–8.5. Erste Trägerflugzeugschlacht in der Korallensee (USA - Japan); die Japaner verlieren die „Shoho", die Amerikaner die „Lexington".
5.–6.5. Japanische Truppen landen auf der Insel Corregidor, die amerikanische Seefestung kapituliert; General Wainwright kapituliert mit allen Truppen auf den Philippinen.
30.5. US-amerikanische Kampfverbände brechen nach den Midway-Inseln auf.
31.5. Der Angriff japanischer Kleinst-U-Boote auf den Hafen von Sidney schlägt fehl.

JUNI

4.6. Schlacht von Midway; die US-Kriegsmarine versenkt 4 japanische Flugzeugträger und zerstört 300 gegnerische Flugzeuge.
7.6. Japanische Truppen fallen auf den Aleuten ein.

ATLANTIK UND AMERIKA

JANUAR

1.1. In Washington unterzeichnen 26 Staaten eine UNO-Deklaration.
6.1. In Großbritannien sollen amerikanische Streitkräfte stationiert werden.
13.1. Deutsche U-Boote beginnen an der amerikanischen Ostküste mit dem Unternehmen „Paukenschlag" und versenken dabei 150 000 BRT Schiffsraum.
13.1. Konferenz der alliierten Regierungen fordert die Bestrafung von Kriegsverbrechern.
15.–28.1. Beginn der panamerikanischen Konferenz von Rio de Janeiro.

25.1. Mobilisierung in Amerika.
27.1. Bildung des gemeinsamen Ausschusses der britischen und amerikanischen Generalstäbe. Die Alliierten verlieren 106 Schiffe mit 419 900 BRT Schiffsraum.

FEBRUAR

6.2. Bekanntgabe der Bildung des gemeinsamen britischen-amerikanischen Kommandos in Washington.

16.2. Deutsche U-Boote beschießen Olanlagen auf Aruba und versenken 3 Tanker.
20.2. Die USA gewähren der UdSSR ein Darlehen von 1 Mrd. Dollar.
23.2. Großbritannien, die USA, Australien und Neuseeland unterzeichnen ein Abkommen über gegenseitige Hilfe. Die Alliierten verlieren 154 Schiffe mit 679 600 BRT Schiffsraum, davon 85 mit 476 500 BRT Schiffsraum durch U-Boote.

MÄRZ

30.3. In Washington wird der Pazifische Kriegsrat gegründet. Die Alliierten verlieren 273 Schiffe mit 834 000 BRT Schiffsraum, davon 98 durch U-Boote.

APRIL

1.4. Beginn des US-amerikanischen Geleitzugsystems.

14.4. Der US-amerikanische Zerstörer „Roper" versenkt sein erstes U-Boot (U 85).

27.4. Roosevelt kündigt kriegswirtschaftliche Maßnahmen an. Die Alliierten verlieren 132 Schiffe mit 674 500 BRT Schiffsraum, davon 74 durch U-Boote.

MAI

Die Alliierten verlieren 705 000 BRT Schiffsraum, darunter 125 Schiffe mit 607 200 BRT Schiffsraum durch U-Boote.

JUNI

18.–19.6. Churchill und Roosevelt konferieren über die Errichtung der zweiten Front und das Manhattan-Projekt zur Entwicklung der Atombombe.

27.6. Der Geleitzug PQ 17 verläßt Reykjavik. Die Alliierten verlieren 173 Schiffe mit 834 200 BRT Schiffsraum, davon 144 mit 700 200 BRT Schiffsraum durch U-Boote.

	WESTEUROPA	NORD- UND OSTEUROPA	MITTELMEERRAUM UND AFRIKA	ASIEN (FESTLAND)	PAZIFIK UND OZEANIEN	ATLANTIK UND AMERIKA
JULI	**18.7.** Erster Flug eines Düsenjägers Me 262.	**3.7.** Deutsche Truppen nehmen Sewastopol ein. **4.7.** Die Deutschen erreichen den Don auf breiter Front. **4.–9.7.** Der Geleitzug PQ 17 wird angegriffen und zerstreut; zwei Drittel der Schiffe gehen verloren. Die Geleitzüge über das Nordmeer werden zeitlich verschoben. **17.7.** Deutsche Truppen nehmen Woronesh ein. **22.7.** Die ersten Deportationen aus dem Warschauer Ghetto in Konzentrationslager finden statt; das Vernichtungslager Treblinka wird eröffnet. **31.7.** Deutsche Truppen überschreiten den Don auf einer etwa 250 km langen Front.	**2.7.** Die deutschen Verbände werden von El Alamein zurückgedrängt. **14.7.** Rommel greift bei Tel el Eisa an; die britische 8. Armee geht auf dem Ruweisat-Rücken zum Gegenangriff über. **14.–19.7.** Malta wird wieder versorgt, der Flugzeugträger HMS „Eagle" bringt 31 „Spitfire"-Maschinen.		**12.7.** Australische Truppen erreichen Kokoda.	**19.7.** Die deutschen U-Boote stellen ihre Aktionen vor der Küste der USA ein und konzentrieren sich auf die Handelsschiffahrt im Atlantik. **21.7.** Admiral Leahy wird Roosevelts Stabschef. **30.7.** In Kanada wird die allgemeine Wehrpflicht eingeführt. Die Alliierten verlieren 128 Schiffe mit 618 100 BRT Schiffsraum, davon 96 mit 476 100 BRT Schiffsraum durch U-Boote; 11 U-Boote werden versenkt.
AUGUST	**15.8.** In Großbritannien wird die „Pathfinder"-Einheit der RAF geschaffen. **17.8.** Erster panamerikanischer Bombenangriff in Europa. **19.8.** Landeunternehmen bei Dieppe; die Hälfte der 6000 Soldaten fällt.	**9.8.** Deutsche Truppen erobern Krasnodar und Maikop. **12.8.** Deutsche Truppen stoßen in den Kuban vor; erste Moskauer Konferenz; Treffen Stalin–Churchill. **19.8.** General Paulus befiehlt der 6. Armee die Einnahme von Stalingrad.	**10.–15.8.** Dem Geleitzug „Pedestal" nach Malta werden schwere Verluste zugefügt; die HMS „Eagle" wird versenkt. **13.8.** Montgomery wird zum Oberbefehlshaber der britischen 8. Armee ernannt. **15.8.** General Alexander übernimmt den Befehl über die Streitkräfte im Nahen Osten. **30.8.** (bis 2.9.) Schlacht am Höhenzug von Alam Halfa.	**9.8.** Ghandi in Haft.	**7.8.** US-amerikanische Marineeinheiten landen auf Guadalcanar. **8.8.** Schlacht um die Insel Savo. Die US-amerikanische Flotte wird geschlagen. **21.8.** Die Japaner werden auf Guadalcanar zurückgedrängt. **23.–24.8.** Seeschlacht östlich der Salomonen. **26.8.** Japanische Truppen landen in der Milne-Bucht.	**22.8.** Brasilien erklärt Deutschland und Italien den Krieg und errichtet Stützpunkte für den Schutz von Geleitzügen. Die Alliierten verlieren 123 Schiffe mit 661 100 BRT Schiffsraum, davon 108 mit 544 400 durch U-Boote.
SEPTEMBER		**1.9.** Rund um Stalingrad finden heftige Kämpfe statt. **13.–18.9.** Der alliierte Konvoi PQ 18 gelangt wohlbehalten an sein Ziel. **13.9.** Deutsche „Schlußoffensive" bei Stalingrad.	**18.9.** Britische Truppen landen an der Ostküste Madagaskars. **30.9.** Die britische 8. Armee unternimmt Sondierungsangriffe.		**1.9.** Toio tritt als japanischer Außenminister zurück. **5.9.** Australische Truppen zwingen die Japaner zum Rückzug aus der Milne-Bucht. **11.9.** Japanische Truppen werden im Owen-Stanley-Gebirge zum Stehen gebracht. **13.9.** Der japanische Angriff auf den Flugplatz von Guadalcanar wird heftig abgewehrt. **15.9.** Die Japaner versenken den US-amerikanischen Flugzeugträger „Wasp". **29.9.** Der sowjetische Meisterspion Richard Sorge wird in Japan zum Tode verurteilt.	**9.9.** Der erste (und einzige) japanische Bombenangriff auf die USA. **10.–14.9.** Der Geleitzug ON 127 verliert bei einem U-Boot-Angriff 12 Schiffe. **23.9.** Das erste in Schnellbauweise gefertigte Liberty-Schiff läuft vom Stapel. **24.9.** Die US-amerikanische „Stephen Hopkins" liefert dem deutschen Kaperschiff „Stier" ein Gefecht, beide sinken. Die Alliierten verlieren 114 Schiffe mit 567 300 BRT Schiffsraum, davon 98 mit 485 400 BRT Schiffsraum durch U-Boote.
OKTOBER	**2.10.** Erfolgreicher Start einer V 2. **4.10.** Britischer Kommandoüberfall auf Sark. **7.10.** Die Gefangenen von Dieppe werden in Ketten gelegt – die Briten üben Vergeltung (aufgehoben am 10.12.). **18.10.** Hitler befiehlt die Exekution aller gefangengenommenen Soldaten alliierter Kommandounternehmen.	**14.10.** Die Truppen der Ostfront erhalten den Befehl des Oberkommandos, ihre Stellungen auszubauen. Zweite „Schlußoffensive" bei Stalingrad. **22.10.** Erfolglose deutsche Angriffe auf Leningrad. **26.10.** Schwere Kämpfe in Stalingrad.	**22.10.** Schwerer Luftangriff der RAF auf Turin. **23.10.** Beginn der Schlacht bei El Alamein. **27.10.** Die britische 8. Armee wird für einen Durchbruch umgruppiert. **28.10.** Die RAF zerbricht die deutschen Panzerlinien südlich von El Alamein. **30.10.** Die Deutschen werden zurückgedrängt.	**19.10.** Das US-amerikanische Kriegsministerium bietet die Ausrüstung weiterer 30 chinesischer Divisionen an.	**11.–12.10.** Schlacht von Kap Esperance vor Guadalcanar. **14.–17.10.** Australische Truppen stoßen auf dem Kokoda-Pfad auf heftigen Widerstand. **26.10.** Schlacht von Santa Cruz vor Guadalcanar; der japanische Flugzeugträger „Yara" und der US-amerikanische Flugzeugträger „Hornet" werden versenkt.	**7.10.** Einsetzung einer UNO-Kommission, die die Kriegsverbrechen der Achsenmächte untersuchen soll. **13.10.** Das deutsche Kaperschiff „Komet" wird versenkt. Die Alliierten verlieren 637 800 BRT Schiffsraum, darunter 94 Schiffe mit 619 000 BRT Schiffsraum durch U-Boote.
NOVEMBER	**11.11.** Admiral Darlan kapituliert vor den Alliierten. Die Deutschen besetzen Südfrankreich.	**19.11.** Gegenoffensive der Roten Armee bei Stalingrad – jetzt mit sowjetischer Luftüberlegenheit. **23.11.** Die 6. Armee ist eingeschlossen. **28.11.** Offensive der Zentralfront.	**1.11.** Unternehmen „Supercharge": Der Ausbruch aus El Alamein beginnt. **4.11.** Die Streitkräfte der Achsenmächte ziehen sich zurück. **8.11.** (bis 29.11.) Operation „Torch": Die US-amerikanische Invasion in Nordafrika beginnt. **11.11.** Truppen der Achsenmächte dringen in das unbesetzte Frankreich und auf die Insel Korsika vor. **12.11.** Die britische 8. Armee erreicht Tobruk. **15.–18.11.** Der Geleitzug „Stoneage" erreicht die Insel Malta. **18.11.** Die 8. Armee dringt in Cirene ein. **20.11.** Die Alliierten nehmen Benghasi ein. **25.11.** Eine britische Militärmission und Mitglieder der griechischen Widerstandsorganisation sprengen die Eisenbahnbrücke über den Gorgopotamos.		**2.11.** Kokoda wird von australischen Truppen zurückerobert. **30.11.** (bis 1.12.) Seeschlacht von Tassafaronga. Die Alliierten verlieren 131 000 BRT Schiffsraum.	**4.11.** Churchill koordiniert den Kampf gegen die U-Boote. **19.11.** Admiral Horton wird Oberbefehlshaber über das westliche Küstenvorfeld der Britischen Inseln. Die Alliierten verlieren 119 Schiffe mit 729 100 BRT Schiffsraum (fast alle durch U-Boote).
DEZEMBER	**2.12.** Der Beveridge-Plan zur Errichtung eines Wohlfahrtsstaates in Großbritannien nach dem Krieg wird vorgelegt. **7.–12.12.** Angriffe britischer Marinekommandos auf Bordeaux und Südwestfrankreich (Helden von Cockleshell). **20.12.** Erstes militärisches Unternehmen mit Unterstützung des Radar-Fernführungssystems „Oboe".	**16.12.** Offensive der Roten Armee am Don – die italienische 8. Armee bricht zusammen. **28.12.** Hitler zieht die Heeresgruppe Süd aus dem Kaukasus zurück. **31.12.** Sowjetischer Vorstoß auf Simowniki.	**1.–2.12.** Die Italiener rufen 3 von 4 Geleitzügen mit Nachschub zurück. 50 % des Versorgungsmaterials gehen während eines Monats verloren. **13.12.** Rommel zieht sich von El Agheila zurück. **21.12.** Die britische 8. Armee überrascht die deutsche Nachhut bei Syrt. **25.12.** Die 8. Armee besetzt Syrt.	**17.12.** Die Japaner ziehen sich auf die Linie Gwedauk–Kondan zurück. **21.12.** Britische und indische Truppen stoßen nach Burma vor.	**14.12.** Die Japaner verstärken ihre Truppen auf Neuguinea. **31.12.** Japan plant die Räumung von Guadalcanar.	**2.12.** Fermi läßt in Chicago die erste kontrollierte Kettenreaktion ablaufen. **14.12.** Der deutsche U-Boot-Code „Triton" wird nach und nach entschlüsselt. **17.12.** Die UNO erklärt, daß die Naziverbrechen gegen die Juden geahndet würden. **31.12.** Gefecht in der Barentssee – der Angriff deutscher Überwasserschiffe auf den Geleitzug JW 51 B wird erfolgreich abgewehrt. Hitler befiehlt die Konzentration auf U-Boot-Kriegführung. Die Alliierten verlieren 60 Schiffe mit 330 000 BRT Schiffsraum durch U-Boote. Gesamtverlust 1942: 7 990 000 BRT Schiffsraum, die bis auf 1 Mio BRT Schiffsraum ersetzt werden.

1943

WESTEUROPA

JANUAR

14.1. (bis 24.1.) Konferenz von Casablanca.

16.1. Erste Luftangriffe der RAF auf Berlin seit November 1941.

27.1. Erster Bombenangriff der USAAF auf Deutschland (Wilhelmshaven).
30.1. Erster Einsatz des Bombenzielradars H5 bei Angriffen der RAF. Die Vichy-Regierung bildet eine „Milice" unter Führung Joseph Damands.

FEBRUAR

28.2. Norwegische Kommandos zerstören die Produktionsstätten für schweres Wasser bei Vemork.

MÄRZ

1.3. Das alliierte Küstenkommando setzt das Radarsystem H5 ein.
5.3. Erster Flug eines Düsenflugzeuges vom Typ Gloster Meteor.

26.3. In Frankreich ergreift Laval die Macht; Pétain wird zum „Aushängeschild".

APRIL

1.4. Die Planung zur Landung der Alliierten in Europa beginnt.
5.4. Luftangriffe eröffnen die Luftoffensive gegen das Ruhrgebiet.
7.4. Zwischen Hitler und Mussolini findet in Deutschland ein Treffen statt.

26.4. Die Sowjetunion bricht wegen des Massakers von Katyn die Beziehungen zur polnischen Regierung in London ab.

MAI

9.5. Eine mit dem Radarsystem „Lichtenstein" ausgerüstete deutsche Ju 88 gelangt unzerstört in die Hände der Briten.

16.–17.5. Britische Bomber zerstören die Dämme der Möhne- und der Edertalsperre.
22.5. Testflug eines deutschen Düsenjägers vom Typ Me 262.

JUNI

3.6. Bildung des Comité Français de Libération Nationale.
4.6. In Großbritannien wird der zweite Taktische Verband der RAF geschaffen.
10.6. Die „Point Blank"-Direktive verbessert die Bombenstrategie der Alliierten.
15.6. Erster Flug eines deutschen Düsenbombers vom Typ Ar 243.

20.6. Erster Pendelflug-Angriff von Bombern der Alliierten.

NORD- UND OSTEUROPA

JANUAR

3.1. Die deutschen Truppen beginnen mit dem Rückzug aus dem Kaukasus.
8.1. Die 6. Armee in Stalingrad weist die Aufforderung zur Kapitulation zurück.

18.1. Die Belagerung von Leningrad wird mit einer Landverbindung im Raum Schlüsselburg aufgebrochen.
21.1 Sowjetische Verbände erobern den für die Versorgung Stalingrads wichtigen Flugplatz.
26.1. Die Rote Armee nimmt Woronesh ein.

31.1. Die 6. Armee (Südgruppe) unter Paulus kapituliert in Stalingrad.

FEBRUAR

2.2. Die Nordgruppe des Stalingrader Kessels kapituliert.
6.2. Die Rote Armee erreicht das Asowsche Meer und schneidet die deutsche Heeresgruppe A ab.
8.2. Sowjetische Truppen nehmen Kursk ein.
14.2. Die Rote Armee nimmt Rostow ein.
16.2. Die Rote Armee erobert Charkow.

28.2. Guderian formiert seine Panzerkräfte neu.

MÄRZ

2.–4.3. Deutsche Verbände schlagen die sowjetische 3. Panzerarmee bei Charkow.

15.3. Deutsche Truppen erobern Charkow zurück.

26.3. Das Tauwetter bringt die Kämpfe rund um Charkow zum Erliegen.
31.3. Vorstoß der Roten Armee im Kuban.

APRIL

12.4. Die Deutschen geben die Entdeckung von Massengräbern bei Katyn bekannt.
19.4. Der Aufstand im Warschauer Ghetto beginnt.

MAI

15.5. (bis 9.6.) Fünfte Offensive der Achsenmächte gegen Titos Partisanenverbände, die beinahe aufgerieben werden.
16.5. Der Warschauer Aufstand wird niedergeschlagen.

22.5. Stalin löst die Komintern auf.
27.5. Eine britische Mission zur Unterstützung Titos landet.

JUNI

2.6. Luftschlacht über Kursk.

4.6. Nachtangriff deutscher Verbände auf die Panzerfabrik in Gorki.

11.6. Die Rote Armee greift Flugplätze westlich von Kursk an.

MITTELMEERRAUM UND AFRIKA

JANUAR

14.–24.1. Roosevelt fordert auf der Konferenz von Casablanca die bedingungslose Kapitulation Deutschlands.
15.1. Die britische 8. Armee greift bei Buerat-el-Hsun an.
18.1. Erste „Tiger"-Panzer in Tunesien.

28.1. Die 8. Armee nimmt Tripolis ein.

FEBRUAR

5.2. Mussolini entläßt Ciano und Grandi.

8.2. Die britische 8. Armee marschiert in Tunesien ein.
14.–25.2. Offensive bei Kasserine.
14.2. Starker deutscher Gegenangriff. Schlacht am Kasserine-Paß.
20.2. Durchbruch der deutschen Verbände.
24.2. Die Alliierten erobern die Paßhöhe von Kasserine zurück.
27.2. Schlacht von Hunt's Gap.

MÄRZ

2.3. In Tunesien beginnt der deutsche Rückzug.
6.3. Rommel wird vom Afrikakorps abberufen.
9.3. Arnim übernimmt den Befehl über das Afrikakorps.

20.–28.3. Die britische 8. Armee greift an und durchbricht die Mareth-Linie in Tunesien.
29.3. Die Alliierten nehmen Gabès ein.
30.3. (bis 1.4.) Konferenz von Adana.

APRIL

9.4. Die Briten stoßen über den Fondouk-Paß.

21.4. Die britische 8. Armee nimmt die Enfidaville-Linie.
22.4. Die US-amerikanische 1. Armee greift bei Bou Arada an und drängt nach Tunis.

MAI

4.–12.5. Letzte Offensive der Alliierten in Nordafrika.
7.5. Die Alliierten nehmen Tunis ein.
12.5. Arnim kapituliert mit allen in Nordafrika stehenden Truppen der Achsenmächte.
13.5. Marschall Messe kapituliert mit der italienischen 1. Armee.

30.5. (bis 11.6.) Vor der Landung auf Sizilien wird die Inselfestung von Pantellaria nach schwerem Bombardement eingenommen.

JUNI

12.6. Lampedusa kapituliert.

ASIEN (FESTLAND)

FEBRUAR

8.2. Erste alliierte Stoßtruppunternehmen von Wingates indischer 77. Brigade.

MÄRZ

13.3. Chinesische Truppen drängen die Japaner über den Jangtsekiang zurück.
17.3. Japanischer Angriff auf die Arakan-Front.

APRIL

8.4. General Kawabe löst General Iida als Oberkommandierender der japanischen Truppen in Burma ab.

MAI

14.5. Japanische Truppen besetzen Maungdaw in Burma.

17.5. Japanische Truppen greifen über den Jangtsekiang an.
21.5. Japanischer Angriff in Zentralchina.

JUNI

18.6. Ankündigung, daß Wavell Vizekönig in Indien werden soll; Einsetzung im Oktober. Auchinleck wird Oberbefehlshaber der indischen Armee.

PAZIFIK UND OZEANIEN

JANUAR

2.1. Die Alliierten nehmen Buna ein.
4.1. Die japanischen Truppen beginnen mit der Räumung von Guadalcanar.
8.–9.1. Schlacht im Golf von Huon.

15.1. Offensive US-amerikanischer Truppen auf Guadalcanar.

22.1. Ende der Kämpfe auf Neuguinea.

FEBRUAR

1.–19.2. Die japanische 17. Armee wird von Guadalcanar evakuiert.

6.2. Der erste, verlustlose Lufterfolg der Alliierten im Pazifik; 26 japanische Flugzeuge werden abgeschossen.

MÄRZ

2.–5.3. Schlacht in der Bismarcksee, Zerstörung des japanischen Truppenkonvois nach Neuguinea.

26.3. Seegefecht bei den Kommandeurinseln.

APRIL

18.4. US-amerikanische Fernjäger schießen Admiral Yamamoto bei einem Inspektionsflug ab und töten ihn dabei.

21.4. Bei einem Luftangriff abgeschossene US-amerikanische Flieger werden gefangengenommen und enthauptet. Admiral Koga kommandiert die japanische Vereinigte Flotte.

MAI

11.5. Amerikanische Verbände landen auf der Attu-Insel.

JUNI

1.6. Beginn des U-Boot-Krieges der USA gegen japanische Schiffe.

8.6. Die Japaner beginnen mit der Räumung der Kiska-Insel.

16.6. Die japanische Luftwaffe erleidet bei Angriffen auf Guadalcanar schwere Verluste.
20.6. Japanischer Angriff auf australische Verbände in Neuguinea.
21.6. US-amerikanische Truppen landen auf der Salomoneninsel Neugeorgien.
30.6. Amphibische Operation „Cartwheel" gegen die Japaner in Rabaul, Landungen auf Neuguinea.

ATLANTIK UND AMERIKA

JANUAR

6.1. Admiral Raeder tritt als Oberbefehlshaber der deutschen Kriegsmarine zurück.
11.1. Roosevelt fordert vom Kongreß einen Etat von 100 Mrd. US-$ für Kriegszwecke (mehr als 80 % des Gesamtetats).

31.1. Die USA geben die Inbetriebnahme einer Anlage für das Diffusionstrennverfahren bekannt. Die Alliierten verlieren 50 Schiffe mit 261 400 BRT Schiffsraum, davon 37 mit 203 100 BRT Schiffsraum durch U-Boote.

FEBRUAR

18.2. U-Boote greifen in Rudeltaktik den Geleitzug ON 166 an und versenken dabei 14 Schiffe mit 850 000 BRT Schiffsraum. Die Alliierten verlieren im Februar 73 Schiffe mit 403 100 BRT Schiffsraum, davon 63 mit 359 300 BRT Schiffsraum durch U-Boote.

MÄRZ

5.–20.3. Größte Geleitzugschlacht des Krieges; die Konvois SC 122 und HX 229 verlieren 22 Schiffe, davon 21 mit 140 800 BRT Schiffsraum, 1 U-Boot wird versenkt – Krise in der Atlantikschlacht.
12.3. Pazifische Militärkonferenz in Washington. Schließung der „Luftlücke" über dem Atlantik mit ersten Begleit-Flugzeugträgern.
31.3. Die Atlantikeskorten werden mit „Hedgehog" ausgestattet. Die Alliierten verlieren 120 Schiffe mit 693 000 BRT Schiffsraum, davon 108 mit 627 000 BRT Schiffsraum durch U-Boote.

APRIL

1.4. Der Geleitzugschutz wird verbessert; Briten und Kanadier übernehmen den Schutz im Norden, die US-Kriegsmarine im Süden.

28.4. (bis 6.5.) Gefecht mit dem Geleitzug ONS 5, der Wendepunkt in der Atlantikschlacht.
30.4. Die „Support Groups" der RN sichern einen verbesserten Geleitzugschutz. Die Alliierten verlieren 64 Schiffe mit 334 700 BRT Schiffsraum, davon 56 mit 327 900 BRT Schiffsraum durch U-Boote.

MAI

5.5. U 513 versenkt vor der brasilianischen Küste 4 Schiffe.
12.–25.5. Zweite Washingtoner Konferenz (Deckname „Trident"), bei der Roosevelt und Churchill über die Operation „Overlord", Burma und die Atombombe beraten.

22.5. Admiral Dönitz läßt die Operationen der U-Boote im Nordatlantik abbrechen. Die Alliierten verlieren 58 Schiffe mit 299 400 BRT Schiffsraum, davon 50 mit 264 900 BRT Schiffsraum durch U-Boote; 41 U-Boote werden versenkt

JUNI

Die Verluste der Alliierten auf den Schiffahrtsrouten gehen auf 28 Schiffe zurück, davon werden 20 durch U-Boote versenkt.

WESTEUROPA

JULI

17.7. Hitler und Mussolini treffen in Feltre zusammen.
24.7. Bei Bombenangriffen abgeworfene Metallstreifen sollen die deutschen Radarsysteme täuschen.
24.7. (bis 2.8.) Luftangriffe der RAF auf Hamburg; 70 % der Stadt zerstört, 30 000 Todesopfer.
27.7. Feuersturm in Hamburg.

AUGUST

1.8. de Gaulle wird Präsident des Comité Français de Libération Nationale.
17.8. Erster Luftangriff auf Schweinfurt, 60 Flugzeuge vom Typ B 17 gehen verloren.
21.8. Erste Fotos der V 1 gelangen von Dänemark nach Großbritannien.
31.8. Erste Probezündung der deutschen Flugabwehrrakete „Rheintochter".

SEPTEMBER

7.9. Bombardierung der Abschußrampen für V-Waffen.

OKTOBER

1.10. Die amerikanische 5. Armee nimmt Neapel und Benevento ein.
14.10. Zweiter Luftangriff auf Schweinfurt; schwere Verluste (60 Bomber vom Typ B 17) stoppen die Tagesangriffe der US-amerikanischen Luftwaffe.

NOVEMBER

18.11. Bisher schwerster Luftangriff der RAF eröffnet die Schlacht um Berlin.

DEZEMBER

2.12. Hitler läßt die deutsche Jugend einberufen.
12.12. Rommel wird zum Oberbefehlshaber der „Festung Europa" ernannt.

NORD- UND OSTEUROPA

JULI

5.7. Beginn der letzten deutschen Offensive („Zitadelle") bei Kursk.
12.7. Größte Panzerschlacht der Geschichte bei Kursk.
15.7. Gegenoffensiven der Roten Armee bei Orjol.

AUGUST

5.8. Die Rote Armee nimmt Orjol und Belgorod ein.
23.8. Sowjetische Truppen erobern Charkow zurück.
26.8. Offensiven der Zentralfront, der Woronesher Front, der Steppenfront, der Südwestfront und der Südfront zur Befreiung der Ukraine östlich des Dnepr und des Donezbeckens.

SEPTEMBER

1.9. (bis 1.11.) Die Rote Armee nimmt Dorogobush ein. Der Aktionen der Partisanen gegen Eisenbahntransportwege beginnen.
7.9. Die deutschen Verbände beginnen die Ukraine zu räumen.
8.9. Jugoslawische Partisanen heben italienische Verbände aus und entwaffnen sie.
9.9. Die Nordkaukasusfront umfaßt die deutsche Große Gotenstellung auf der Halbinsel Taman.
12.9. Die deutschen Verbände räumen den Kuban-Brückenkopf.
16.9. Partisanen erobern Split.
17.9. Die Rote Armee nimmt Brjansk ein.
21.9. Die Rote Armee erobert Tschernigow.
22.9. Die Rote Armee nimmt Poltawa ein und überschreitet den Dnepr.
25.9. Die Rote Armee erobert Smolensk.
28.9. Deutsche Truppen erobern Split zurück.

OKTOBER

2.10. Die Offensive der Roten Armee kommt zum Stehen.
9.10. Sowjetische Truppen kontrollieren den Kuban-Brückenkopf.
14.10. Die Rote Armee erobert Saporoshje.
18.10. (bis 1.11.) Moskauer Konferenz von 1943. Die 2. Panzerarmee besetzt Jugoslawien.

NOVEMBER

1.11. Sowjetische Verbände schneiden die Landverbindungen zu den deutschen Truppen auf der Krim ab.
6.11. Die Rote Armee nimmt Kiew ein.
10.11. Beginn der Schlacht um Tscherkassy; sowjetische Fallschirmeinheiten und Partisanen treffen zusammen.
28.11. Die Teheraner Konferenz beginnt.

DEZEMBER

3.12. Vormarsch der Roten Armee auf breiter Front.
4.12. In Jugoslawien wird eine Provisorische Regierung ausgerufen.
12.12. Unterzeichnung eines sowjetisch-tschechischen Vertrages in Moskau.
14.12. Tscherkassy wird eingenommen, die Sowjetarmee startet ihre Winteroffensive.
15.12. Erster Nazikriegsverbrecherprozeß.
26.12. Angriff der Roten Armee in der Kiewer Frontausbuchtung.
28.12. Die sowjetischen Truppen kommen auf breiter Front rasch voran, schneiden die Eisenbahnstrecke Polozk–Witebsk ab.
31.12. Die Rote Armee erobert Shitomir.

MITTELMEERRAUM UND AFRIKA

JULI

4.7. General Sikorski kommt bei einem Flugzeugabsturz ums Leben.
9.7. Luftlandetruppen der Alliierten landen bei Nacht auf Sizilien.
10.7. Operation „Husky": Landung der Alliierten auf Sizilien.
19.7. Erste Luftangriffe der Alliierten auf Rom.
22.7. Amerikanische Verbände nehmen Palermo ein.
25.7. Mussolini tritt zurück und wird verhaftet, die faschistische Regierung wird aufgelöst.
26.7. Badoglio übernimmt die Macht und verhängt den Ausnahmezustand.

AUGUST

2.8. Vertreter der italienischen Regierung nehmen in ihrer Lissaboner Botschaft Kontakt zu den Alliierten auf.
10.8. Erster Einsatz von Penicillin gegen Infektionskrankheiten und Wundinfektionen während der Landung auf Sizilien.
12.–17.8. Die deutschen Truppen räumen Sizilien.
14.8. Rom wird zur offenen Stadt erklärt.
17.8. Die Alliierten nehmen Messina ein.

SEPTEMBER

3.9. Unterzeichnung des Waffenstillstandes mit Italien; die Alliierten landen in Kalabrien.
8.9. Eisenhower und Badoglio geben die Kapitulation Italiens bekannt.
9.9. Die Alliierten landen bei Salerno; eine britische Luftlandedivision landet bei Tarent.
10.9. Deutsche Truppen besetzen Rom; die Briten nehmen Tarent ein, landen auf dem Dodekanes.
12.9. Mussolini wird von den Deutschen befreit.
14.9. Britische Truppen besetzen Kos.
17.–18.9. Ausbruch der Alliierten bei Salerno.
22.9. Alliierte Truppen landen bei Bari.
23.9. Mussolini bildet eine faschistische Gegenregierung.

OKTOBER

2.10. Bei Termoli landen britische Kommandos und stoßen zur britischen 8. Armee.
4.10. Korsika wird befreit.
12.10. Die Alliierten überschreiten den Volturno, ihre Offensive wird jedoch gestoppt.
13.10. Italien erklärt Deutschland den Krieg.
30.10. Deutsche Gegenoffensive am Trigno.

NOVEMBER

8.11. Die britische 8. Armee nimmt die Sangro-Höhen ein.
22.–26.11. Erste Kairoer Konferenz.
28.11. (bis 1.12.) Treffen der „Großen Drei" auf der Teheraner Konferenz.

DEZEMBER

3.12. Die amerikanische 5. Armee startet eine neue Offensive.
4.–7.12. Zweite Kairoer Konferenz.
17.12. Die 5. Armee nimmt San Pietro ein.
28.12. Die britische 8. Armee nimmt Ortona ein.

ASIEN (FESTLAND)

AUGUST

1.8. Burma erklärt Großbritannien und den USA den Krieg.
25.8. Mountbattan wird Oberbefehlshaber in Südostasien.
28.8. Erstmals seit 1941 bombardieren die Japaner Chungking.

SEPTEMBER

13.9. Chiang Kai-shek wird Präsident der Chinesischen Republik.

OKTOBER

3.10. Japanische Truppen greifen in Zentralchina an.
25.10. Die Eisenbahnlinie durch Burma und Thailand wird fertiggestellt. Beim Bau kommt eine große Zahl Kriegsgefangener und Zwangsarbeiter ums Leben.

DEZEMBER

18.12. Stilwell wird zum Befehlshaber über die chinesischen Truppen in Indien und Nordburma ernannt.

PAZIFIK UND OZEANIEN

JULI

1.7. US-amerikanische Truppen nehmen den Hafen Viru auf Neuguinea.
12.–13.7. Seeschlacht von Kolombangara, bei der die Japaner geschlagen werden.
15.7. US-amerikanische Verbände siegen in einer Luftschlacht über den Salomonen.
16.7. Australische Verbände schlagen die Japaner auf Neuguinea und den Salomonen.

AUGUST

6.–7.8. Schlacht im Golf von Vella, erfolgreicher Hinterhalt der US-amerikanischen Flotte.
15.8. US-amerikanische Truppen besetzen die Kiska-Insel.
21.8. Australische Verbände erobern den Mount Tamba auf Neuguinea.
28.8. Ende des japanischen Widerstands auf Neuguinea.
31.8. Angriff US-amerikanischer schneller Trägerschiffe auf die Insel Marcus.

SEPTEMBER

Japan verliert 160 000 BRT Schiffsraum durch US-amerikanische U-Boote.

OKTOBER

2.10. Australische Verbände nehmen Finschhafen ein.
6.10. Amerikanische Verbände landen auf Kolombangara.
17.10. Das deutsche Kaperschiff „Michel" wird vor der japanischen Küste von US-amerikanischen U-Booten versenkt.
27.10. Neuseeländische Truppen landen auf der Treasury-Insel (Salomonen).

NOVEMBER

1.11. US-amerikanische Marineinfanteristen landen auf Bougainville.
2.11. Seeschlacht in der Kaiserin-Augusta-Bucht sichert die Landungsoperationen auf Bougainville.
20.11. US-amerikanische Truppen landen auf dem Makin- und dem Tarawa-Atoll (Gilbertinseln).
24.11. Der US-amerikanische Flugzeugträger „Liscombe Bay" wird vor Makin von einem U-Boot versenkt.
25.–26.12. Seeschlacht von St. George.

DEZEMBER

Japan verliert 265 000 BRT Schiffsraum; die Handelsflotte ist auf 80 % ihres Standes von 1941 reduziert.

ATLANTIK UND AMERIKA

JULI

20.7. Roosevelt verfügt die Zusammenarbeit britischer Wissenschaftler und US-amerikanischer Wissenschaftler in der Atomforschung.
28.7. Roosevelt gibt im Rundfunk die Kapitulationsbedingungen für Italien bekannt.
31.7. Die Neuproduktion der Alliierten an Schiffsraum übersteigt die Verluste. Die Alliierten verlieren 61 Schiffe mit 365 400 BRT Schiffsraum, davon 46 durch U-Boote; 37 U-Boote werden versenkt.

AUGUST

3.8. Die U-Boote gehen von der Rudeltaktik ab und unternehmen selbständige Patrouillenfahrten.
10.–11.8. Churchill bei der kanadischen Regierung in Quebec.
14.–24.8. Konferenz Roosevelts und Churchills in Quebec (Tarnname „Quadrant") über die weitere Kriegführung in Europa und Asien. Die Alliierten verlieren im August nur 100 000 BRT Schiffsraum, 25 U-Boote gehen verloren.

SEPTEMBER

18.9. Die deutschen U-Boote im Nordatlantik gehen bei ihren Angriffen wieder nach der Rudeltaktik vor.
Die Alliierten verlieren 29 Schiffe mit 156 400 BRT Schiffsraum, davon 9 durch U-Boote; 3 U-Boote werden versenkt.

OKTOBER

20.10. Gründung einer US-amerikanischen Kommission zur Verfolgung von Kriegsverbrechen. Die Alliierten verlieren im Nordatlantik nur 9 Handelsschiffe.

NOVEMBER

15.11. Deutschland stellt seine U-Boot-Operation im Atlantik ein.

DEZEMBER

11.12. Die britische Admiralität verkündet eine Zweitagesschlacht gegen feindliche U-Boote.
25.–26.12. Seegefecht am Nordkap, die RN versenkt die „Scharnhorst". Die Alliierten verlieren im November und Dezember 60 Schiffe mit 313 000 BRT Schiffsraum.

1944

WESTEUROPA

JANUAR
1.1. Rommel übernimmt die Führung der Heeresgruppe B.
16.1. Eisenhower übernimmt das Kommando als Oberster Befehlshaber der alliierten Landungsstreitkräfte.

FEBRUAR
1.2. Die Forces Françaises de l'Interieur werden geschaffen, um den Widerstand zu koordinieren.
8.2. Der Plan für das Unternehmen „*Overlord*" wird angenommen.
14.2. Eisenhower bildet das Hauptquartier der alliierten Landungsstreitkräfte (SHAEF).
20.–27.2. „Big Week"-Luftangriffe auf Betriebe der deutschen Flugzeugindustrie.

MÄRZ
6.3. Erster großer Tagesluftangriff der Alliierten auf Berlin.
12.3. Die tschechische Regierung in London fordert zum Widerstand in der Slowakei auf.
18.3. Bis dahin schwerster Luftangriff der RAF auf Hamburg, bei dem 3000 Tonnen Bomben auf die Stadt abgeworfen werden.

APRIL
26.4. Während der Übungen der Alliierten für den geplanten „D-Day" (Decision Day, Tag der Entscheidung) greifen Sprengboote die Force U im Ärmelkanal an.

MAI
1.–16.5. Konferenz der Premierminister der Commonwealthstaaten.
2.5. Spanien garantiert auch weiterhin seine Neutralität.
8.5. Eisenhower legt den 5. Juni als „D-Day" fest.
9.5. Bombenangriffe der Alliierten bereiten den „D-Day" vor.
16.5. Erster Einsatz des deutschen Raketenflugzeugs „Komet" vom Typ Me 163.

JUNI
4.–6.6. Die Résistance stört die Verkehrsverbindungen zur Front.
6.6. „D-Day": Landungen alliierter Truppen zwischen Cherbourg und Le Havre; vor der Küste werden künstliche Häfen angelegt.
9.6. Alliierte Flugzeuge beginnen von französischen Rollbahnen aus zu operieren.
10.6. Die SS verübt in Oradour-sur-Glane bei Limoges ein Massaker.
11.6. Bei Vercors beginnt eine Erhebung der Résistance (29.7. beendet).
12.6. Alle Landungsabschnitte in der Normandie haben Verbindung untereinander.
13.6. Die ersten V 1 erreichen Großbritannien.
15.6. Die RAF wirft erstmals eine 20-Zentner-Bombe („Tallboy") ab.
25.6. General Koenig wird der Befehl über die Forces Françaises de l'Interieur übertragen.
27.6. Amerikanische Verbände erobern Cherbourg.

NORD- UND OSTEUROPA

JANUAR
3.1. Die Rote Armee nimmt Olewsk ein und schneidet die Eisenbahnverbindung nach Warschau ab.
4.1. Jugoslawische Partisanen nehmen Banja Luka ein.
6.1. Die Rote Armee überschreitet die Grenze zu Polen.
7.1. Sowjetische Truppen rücken in der Ukraine vor.
8.1. Die Rote Armee nimmt Kirowograd ein.
14.1. Sowjetische Truppen brechen auf breiter Front durch die deutschen Linien.
19.1. Sowjetische Truppen nehmen Nowgorod ein.
27.1. Leningrad wird nach fast 900tägiger Belagerung schließlich befreit.

FEBRUAR
1.2. Mitglieder der polnischen Widerstandsbewegung verüben ein Attentat auf Major Kutschera, den Leiter der Gestapo in Polen.

MÄRZ
1.3. Sowjetische Truppen greifen jenseits der Narwa an.
6.3. In der Ukraine stößt die Roten Armee auf einer 100 km breiten Front vor.
13.3. Sowjetische Verbände erobern Cherson.
14.3. Deutsche Truppen werden im Nikolajewer Kessel eingeschlossen.
19.3. Deutsche Truppen besetzen Ungarn.
20.3. Die Rote Armee nimmt Winniza ein.
24.3. Sowjetische Truppen erreichen den Dnestr.
25.3. Die Sowjetarmee nimmt Proskurow ein.
31.3. Die Rote Armee erobert Otschakow.

APRIL
10.4. Sowjetische Truppen nehmen Odessa ein.
11.4. Sowjetische Truppen erobern Kertsch. Die deutschen Verbände ziehen sich nach Sewastopol zurück.
13.4. Die Rote Armee nimmt Feodossija und Simferopol ein.
14.–17.4. Sowjetische Truppen erobern Ternopol und spalten die deutsche Front in zwei Abschnitte.
16.4. Jalta fällt. Eichmann beginnt in Ungarn mit der Zusammentreibung von 800 000 jüdischen Bürgern.
22.4. Titos Partisanenverbände nehmen die Insel Korčula ein.

MAI
9.5. Sowjetische Truppen erobern Sewastopol.
31.5. Deutsche Gegenoffensive nördlich von Iaşi.

JUNI
9.6. An der finnischen Front beginnt eine sowjetische Offensive.
18.6. Die Rote Armee durchbricht die Mannerheim-Linie.
23.6. Sowjetische Offensive in Belorußland.
24.6. Die Rote Armee erreicht die Drina.
27.6. Die Rote Armee überschreitet den Dnepr.
30.6. Finnische Verbände stoppen die sowjetische Offensive. Generalstreik in Kopenhagen.

MITTELMEERRAUM UND AFRIKA

JANUAR
8.1. Prozeß vor einem Sondergericht in Verona gegen Mitglieder des Großen Faschistischen Rates, die gegen Mussolini gestimmt hatten.
15.1. Die amerikanische 5. Armee besetzt den Monte Trocchio; die deutschen Verbände ziehen sich über den Rapido zurück.
17.1. Die Alliierten überschreiten den Garigliano.
20.1. Amerikanische Truppen erreichen den Rapido.
22.1. Landung alliierter Verbände bei Anzio.
30.1. Die US-amerikanische 5. Armee bricht in die Gustav-Linie ein.

FEBRUAR
7.2 Deutsche Gegenoffensive bei Anzio.
10.2. Sizilien, Süditalien und Sardinien kommen wieder unter italienische Herrschaft.
15.2. Das Kloster Monte Cassino wird durch Artilleriebeschuß und Bomben zerstört.
16.2. Die zweite deutsche Gegenoffensive bei Anzio spaltet die alliierten Kräfte beinahe auf.
19.2. Die Luftherrschaft der Alliierten stoppt die deutschen Verbände bei Anzio.

MÄRZ
3.3. Die deutschen Angriffe bei Anzio enden; Verbände des griechischen Widerstands bekämpfen deutsche Truppen.
13.3. Sowjetisch-italienisches Abkommen.
15.3. Neuseeländische und indische Truppen greifen den Monte Cassino an.
22.3. Die Angriffe der Alliierten bei Cassino werden gestoppt.

MAI
11.5. Die Alliierten greifen die Gustav-Linie an.
15.5. Die deutschen Verbände ziehen sich auf die Adolf-Hitler-Linie zurück.
18.5. Polnische Verbände erobern den Klosterberg von Cassino; letzte Versenkung eines U-Bootes im Mittelmeer.
20.5. US-amerikanische Truppen besetzen die Halbinsel Gaeta.
23.5. Der Ausbruch aus Anzio beginnt.
25.5. Die deutschen Truppen ziehen sich aus Anzio zurück.

JUNI
5.6. Die US-amerikanische 5. Armee rückt in Rom ein.
7.6. Die 5. Armee nimmt Civitavecchia, die britische 8. Armee erobert Subiaco.
10.6. Die britische 8. Armee rückt entlang der Adriaküste vor.
20.6. Die 8. Armee nimmt Perugia ein.

ASIEN (FESTLAND)

JANUAR
6.1. „Merrill's Marauders" (für den Dschungelkrieg ausgebildete britische Kommandoeinheiten) in Burma eingesetzt.
9.1. Britische Truppen nehmen Maungdaw (Burma) ein.
13.1. Chinesische Truppen besetzen das Hukawng-Tal.

FEBRUAR
4.2. Die japanische Offensive in der Bergregion Arakan drängt die Alliierten nach Indien zurück; chinesische Truppen greifen im Hukawng-Tal an.
7.2. Kleine alliierte Truppenstellungen werden im burmesischen Dschungel von japanischen Verbänden eingeschlossen.
25.2. Britische Einheiten entsetzen die eingeschlossenen Verbände.

MÄRZ
1.3. Die 16. Brigade der Alliierten überschreitet den Chindwin.
4.3. US-amerikanische und chinesische Truppen vereinigen sich im Hukawng-Tal.
5.3. Luftlandungen der Alliierten nördlich von Indaw.
8.3. Beginn der Schlacht um Imphal.
14.3. Die britischen Truppen weichen von Imphal zurück.
16.3. Japanische Verbände überschreiten den Chindwin und sperren die Kohima-Imphal-Straße.
24.3. Generalmajor Wingate kommt bei einem Flugzeugabsturz ums Leben.
27.3. Lentaigne übernimmt die alliierten Kommandotruppen.
29.3. Die Belagerung von Imphal beginnt.

APRIL
4.–20.4. Die Japaner belagern Kohima.
18.4. Unternehmen „Itchi-go"; Angriff japanischer Verbände mit dem Ziel, die Eisenbahnlinie Peking–Hankow unter ihre Kontrolle zu bringen.
28.4. Japanischer Vorstoß in der Provinz Honan.

MAI
4.5. Chinesische Verbände überrollen Inkangahtawng auf der Kamaingstraße.
5.5. Die Alliierten gehen bei Imphal zur Gegenoffensive über.
8.5. Japanische Verbände greifen die Alliierten in den Manipurbergen an.
9.5. Japanische Truppen nehmen Loshan ein und schneiden die Eisenbahnverbindung Peking–Hankow ab.
10.5. Chinesische Offensive über den Saluen hinweg.
26.5. Japanische Offensive gegen US-amerikanische Luftstützpunkte in China.
27.5. Der Monsun schränkt die Kämpfe in Burma ein.

JUNI
2.6. Chinesische Truppen belagern Myitkyina.
3.6. Ende der Schlacht von Kohima.
18.6. Japanische Truppen nehmen Changsha ein.
22.6. Die Belagerung von Imphal wird aufgehoben.
26.6. Chinesische Truppen nehmen Mogaung ein.

PAZIFIK UND OZEANIEN

JANUAR
31.1. US-amerikanische Truppen dringen auf das Kwadjelin- und das Majuro-Atoll (Marshallinseln) vor.

FEBRUAR
14.–17.2. US-amerikanische und neuseeländische Truppen nehmen die Green-Inseln ein.
17.–18.2. Überfall auf die Insel Truk – japanische Flotten- und Luftstützpunkte werden schwer beschädigt.
19.2. US-amerikanische Truppen landen auf Eniwetok.
21.2. Tojo wird japanischer Heeresstabschef.

MÄRZ
6.3. US-amerikanische Marineinfanteristen landen bei Talasea auf Neubritannien.
9.3. Japanischer Angriff auf Bougainville.
12.3. US-amerikanische Marineinfanteristen besetzen das Wotho-Atoll.
15.3. US-amerikanische Truppen landen auf Manus (Admiralitätsinseln).
20.3. US-amerikanische Marineinfanteristen landen auf der Insel Emirau (Bismarck-Archipel).
24.3. Der japanische Gegenangriff auf Bougainville wird abgewehrt.

APRIL
11.4. Japan gibt Gasmata und Kap Hopkins auf.
22.4. Amerikanische Truppen landen ungehindert bei Hollandia auf Niederländisch-Neuguinea.
26.4. Australische Verbände nehmen Alexishafen, amerikanische Truppen rücken in Hollandia und Aitape vor.
29.–30.4. Die US-amerikanische TF 58 greift das Truk-Atoll an.

MAI
19.5. Letzte Kampfhandlungen auf der Insel Wakde.
27.5. US-amerikanische Verbände landen auf der Insel Biak.

JUNI
7.6. US-amerikanische Einheiten nehmen den Flugplatz von Biak ein.
11.6. Die US-amerikanische TF 58 beginnt mit der Bombardierung der Marianen.
14.6. Erster Luftangriff auf Japan mit Flugzeugen vom Typ B 29 („Superfortress").
15.6. US-amerikanische Marineinfanteristen landen auf Saipan.
19.–20.6. Schlacht im Philippinenmeer: Die Japaner verlieren 300 Flugzeuge, 14 ihrer Schiffe werden versenkt oder beschädigt.
27.6. Auf Saipan finden schwere Kämpfe statt.

ATLANTIK UND AMERIKA

JANUAR
1.–31.1. Erste Testflüge des US-amerikanischen Düsenjägers XP 80.

FEBRUAR
7.2. Erster Einsatz deutscher U-Boote mit Schnorchelbetrieb

MÄRZ
22.2. Admiral Dönitz weist an, U-Boote nur noch einzeln operieren zu lassen und die Angriffe auf Geleitzüge einzustellen. Die Alliierten verlieren von Januar bis März 54 Schiffe, versenken jedoch 60 U-Boote.

APRIL
24.4. Das Kriegsministerium der USA hält eine Invasion in Japan für notwendig.

JUNI
30.6. Die USA brechen die diplomatischen Beziehungen zu Finnland ab.

WESTEUROPA

JULI
2.7. von Rundstedt wird durch Kluge als Oberbefehlshaber West abgelöst.
9.7. Die Alliierten nehmen Caën ein.
17.7. Rommel wird schwer verwundet.
18.7. Die Alliierten beginnen mit der Operation „Goodwood"; die Amerikaner nehmen St. Lô ein.
20.7. von Stauffenbergs Attentat auf Hitler schlägt fehl.
25.–30.7. Die Operation „Cobra" erreicht westlich von St. Lô einen Durchbruch.
29.7. (bis 1.8.) Deutsche Gegenoffensive am Odon.

AUGUST
4.–8.8. Verurteilung und Hinrichtung der am Attentat auf Hitler Beteiligten.
6.8. Die US-amerikanische 3. Armee erobert Nantes, Brest wird erreicht.
12.8. Die Pipeline PLUTO liefert Öl über den Kanal.
15.8. Beginn der Operation „Anvill/Dragoon"; die alliierte 7. Armee dringt in Südfrankreich ein.
16.8. Kanadische Truppen schließen Falaise ein.
20.8. Die Bresche von Falaise wird geschlossen, über die Seine wird ein Brückenkopf errichtet.
22.8. Kämpfe zur Befreiung von Paris.
25.8. Truppen der Alliierten befreien Paris.
28.8. Die Alliierten nehmen Marseille und Toulon ein.
29.8. US-amerikanische Truppen besetzen Soissons; französische Truppen überschreiten den Rhein.
31.8. Die britische 2. Armee erreicht Amiens und erobert die Brückenköpfe an der Somme. Montgomery wird Feldmarschall.

SEPTEMBER
1.9. Artois, Dieppe und Rouen werden erobert; US-amerikanische Truppen überschreiten die Meuse (Maas).
3./4.9. Die Alliierten befreien Antwerpen und Brüssel.
7.9. US-amerikanische Truppen überschreiten die Mosel.
8.9. Die ersten V 2 gehen in London nieder.
12.9. Die US-amerikanische 1. Armee marschiert in Deutschland ein. Le Havre kapituliert.
15.9. Die 1. Armee erreicht den Westwall.
17.–21.9. Bei der Operation „Market Garden" werden die Luftlandeverbände der Alliierten aufgerieben.
22.9. Boulogne kapituliert.
28.9. Calais kapituliert.

OKTOBER
3.10. Der Jäger Me 262 ist einsatzfähig.
13.10. Die 1. US-Armee rückt in Aachen ein.
14.10. Die Alliierten befreien Athen. Rommel begeht Selbstmord.
18.10. Schaffung des Volkssturms, des letzten militärischen Aufgebots des Deutschen Reiches.
21.10. Die Deutschen übergeben Aachen.
23.10. de Gaulle wird als Führer Frankreichs anerkannt.
31.10. Mosquito-Flugzeuge der RAF zerstören das Gestapo-Hauptquartier bei Århus.

NOVEMBER
9.11. Die US-amerikanische 3. Armee überschreitet die Mosel.
12.11. Die RAF versenkt die „Tirpitz" im Tromsö-Fjord.
14.11. Londoner Vereinbarung über die Aufteilung des europäischen Besatzungsgebietes.
20.11. Die französische 1. Armee stößt durch die Belfort-Bresche.
24.11. Die Alliierten überschreiten die Saar; französische Truppen nehmen Strasbourg ein.
30.11. In London wird ein neues polnisches Kabinett gebildet.

DEZEMBER
10.12. Französisch-sowjetischer Bündnisvertrag.
12.12. Amerikanische Einheiten nehmen in Wittring die Fabrik zur Produktion von V-Waffen ein.
16.–25.12. Ardennenschlacht; Bastogne wird eingeschlossen, aber nicht erobert.
17.12. Massaker der SS unter US-amerikanischen Kriegsgefangenen in Malmedy.
22.12. Letzter deutscher Versuch, die Maas zu erreichen.
26.12. Die Panzer der US-amerikanischen 3. Armee unter General Patton befreien Bastogne.
30.12. Mosquito-Flugzeuge der RAF bombardieren das Gestapo-Hauptquartier in Oslo.

NORD- UND OSTEUROPA

JULI
1.7. Die Rote Armee überschreitet die Beresina.
3.7. Sowjetische Truppen erobern Minsk zurück.
11.7. Sowjetische Verbände greifen die „Panther-Linie" an.
17.7. Die Rote Armee stößt über den Bug nach Polen vor.
24.7. Sowjetische Verbände befreien in Maidanek das erste Konzentrationslager.
28.7. Die Rote Armee nimmt Brest ein.
31.7. Die Rote Armee steht etwa 15 km vor Warschau. Die Baltische Rotbannerflotte landet Truppen auf Hiiumaa und Saaremaa.

AUGUST
1.8. Aufstand der polnischen Untergrundarmee Armia Krajowa in Warschau.
6.8. Sowjetische Truppen nehmen das Erdölverarbeitungszentrum Drohóbycz (Drogobytsch) ein.
14.8. Die Rote Armee startet eine Offensive vom Weichselbrückenkopf aus.
17.8. Sowjetische Truppen erreichen die Grenze zu Ostpreußen.
20.8. Die sowjetische Schwarzmeerflotte landet Truppen in der Donaumündung und greift Rumänien an.
23.8. Sowjetische Truppen schließen die deutsche 7. Armee bei Kischinjow ein.
29.8. Beginn des slowakischen Aufstands.
30.8. Sowjetische Truppen nehmen Ploieşti ein. Die Deutschen geben Bulgarien auf.
31.8. Die Rote Armee nimmt Bukarest ein.

SEPTEMBER
2.9. Einstweiliges sowjetisch-finnisches Abkommen beendet die Kampfhandlungen.
5.9. Die UdSSR erklärt Bulgarien den Krieg.
6.9. Die Rote Armee erreicht die jugoslawische Grenze.
8.9. Sowjetische Truppen marschieren, ohne auf Widerstand zu stoßen, in Bulgarien ein.
14.9. Die Rote Armee erreicht die Warschauer Vororte.
18.9. Die USAAF unterstützt den polnischen Widerstand.
21.9. Treffen zwischen Stalin und Tito.
23.9. Sowjetische Truppen erreichen die Rigaer Bucht.
26.9. Die Rote Armee besetzt Estland.

OKTOBER
1.10. Die Rote Armee marschiert in Jugoslawien ein.
2.10. Ende des Warschauer Aufstandes.
4.10. Sowjetische Truppen und Titos Partisanen vereinigen sich.
9.–19.10. Moskauer Konferenz.
10.10. Sowjetische Truppen nehmen Riga ein; Panzerschlacht bei Debrecen, 3 sowjetische Korps werden aufgerieben.
20.10. Belgrad wird befreit.
23.10. Die Rote Armee marschiert in Ostpreußen ein.
28.10. Die Deutschen beginnen Albanien zu räumen. Sowjetisch-bulgarischer Waffenstillstand.
30.10. Letzte Vergasungsaktion in Auschwitz.

NOVEMBER
21.11. Albanische Verbände nehmen Tirana und Durazzo (Durrësi) ein.
23.11. Die deutschen Truppen räumen das finnische Lappland.

DEZEMBER
18.12. Sowjetische Truppen überschreiten den Sajó.
27.12. Die Belagerung Budapests beginnt.

MITTELMEERRAUM UND AFRIKA

JULI
1.7. Die US-amerikanische 5. Armee nimmt Cecina ein.
16.7. Die britische 8. Armee erobert Arezzo und erreicht den Arno.

AUGUST
4.8. Die britische 8. Armee marschiert in Florenz ein.
31.8. Die 8. Armee greift die „Gotenlinie" an.

SEPTEMBER
2.9. Die US-amerikanische 5. Armee rückt in Pisa ein.
8.9. Die 5. Armee durchbricht die „Gotenlinie".
26.9. Die britische 8. Armee überschreitet den Rubicone.
29.9. Die SS verübt am Monte Sole ein Massaker.

OKTOBER
4.10. Britische Truppen landen in Griechenland.
12.10. Britische Fallschirmjäger nehmen den Flugplatz von Athen ein.
14.10. Athen wird befreit.
21.10. Die britische 8. Armee überschreitet den Savio.
24.10. Britische Verbände nehmen Lamia ein.

NOVEMBER
4.11. Griechenland ist vollständig befreit.
10.11. Die britische 8. Armee nimmt Forli ein.
23.11. Die Deutschen räumen Mazedonien.
30.11. Die britischen U-Boote werden aus dem Mittelmeer abgezogen; der Seekrieg endet dort.

DEZEMBER
1.12. Die Deutschen ziehen sich auf Evakuierungspunkte auf Kreta zurück.
4.12. Ausnahmezustand in Athen.
6.12. Die britische 8. Armee überschreitet den Lamone.

ASIEN (FESTLAND)

JULI
18.7. Die Japaner ziehen sich von der Linie Kohima–Imphal zurück.

AUGUST
3.8. Chinesische Truppen nehmen Myitkyina ein.
16.8. Die japanischen Truppen in Indien geben den letzten Widerstand auf.

OKTOBER
19.10. Britische Einheiten erobern den japanischen Versorgungsstützpunkt bei Mohnyin in Burma.

NOVEMBER
2.11. Die britische 14. Armee nimmt Mawlu in Burma ein.
10.11. Japanische Einheiten erobern die US-amerikanische Luftwaffenbasis bei Kweilin (Provinz Kwangsi).
13.11. Japanische Einheiten nehmen die Luftwaffenbasis Linchow ein.

DEZEMBER
6.12. Japanische Truppen erobern Tushan zurück.
10.12. Die britische 14. Armee erreicht Indaw.
15.12. Chinesische Truppen nehmen Bhamo in Burma ein.
20.12. Die 14. Armee nimmt Kandaung ein.
30.12. Die 14. Armee erobert Kaduma.

PAZIFIK UND OZEANIEN

JULI
7.7. Die japanischen Verbände werden von Saipan vertrieben; die Admirale Nagumo und Yano fallen.
10.7. Japanische Gegenoffensive bei Aitape auf Neuguinea.
18.7. Tojos Kabinett tritt zurück: Kaso neuer Ministerpräsident, Umeza Oberbefehlshaber der Armee.
21.7. US-amerikanische Marineinfanteristen landen auf Guam.
24.7. US-amerikanische Marineinfanteristen landen auf Tinian.
28.7. Ende des Widerstands auf Biak.

AUGUST
1.8. Die Insel Tinian wird von US-amerikanischen Truppen gesichert.
9.8. Die japanischen Verbände auf Guam werden aufgerieben.

SEPTEMBER
2.9. Die Operation auf der Insel Wakde wird abgeschlossen.
10.–11.9. Die US-amerikanische 3. Flotte greift die Palau-Inseln an.

OKTOBER
9.10. Die US-amerikanische 3. Flotte bombardiert die Marcus-Insel.
11.10. Die US-amerikanische Marineluftwaffe (3. Flotte) greift Okinawa an.
12.–18.10. Luftoperationen von Trägerflugzeugen der 3. Flotte gegen Taiwan.
17.10. US-amerikanische Ranger landen im Golf von Leyte.
20.10. Die US-amerikanische 6. Armee besetzt Leyte.
24.–26.10. Eine Luftschlacht über Leyte zerstört die Reste der japanischen Trägerflotte.
27.10. Angriffe von Kamikaze-Fliegern auf die US-amerikanische TF 38 auf den Philippinen.

NOVEMBER
11.11. Die US-amerikanische Marine bombardiert Iwo Jima.
15.11. Die US-amerikanische 8. Armee landet auf den Mapia-Inseln.
24.11. Erster Luftangriff mit Langstreckenbombern vom Typ B 29 auf Tokio.

DEZEMBER
15.12. US-amerikanische Einheiten beginnen auf der Insel Mindoro mit dem Bau eines Flugplatzes.
18.12. Ein Taifun richtet bei der TF 38 schwere Schäden an.
22.12. Die Japaner geben ihren Widerstand auf der Insel Leyte auf.
28.12. Der Flugplatz auf Mindoro ist betriebsbereit.
30.12. Die US-Marine verliert bei einem Luftangriff vor Mindoro 10 Schiffe.

ATLANTIK UND AMERIKA

AUGUST
21.–29.8. Auf dem Washingtoner Landsitz Dumbarton Oaks finden Gespräche zwischen den USA, Großbritannien und der UdSSR über die Gründung einer Weltorganisation statt.

SEPTEMBER
11.9. (bis 16.9.) Zweite Quebec-Konferenz Roosevelts und Churchills, bei der militärische Fragen und der Morgenthau-Plan zur Debatte stehen.

NOVEMBER
27.11. Cordell Hall tritt zurück. Edward Stettinius wird Außenminister der USA.

1945

WESTEUROPA

JANUAR

1.–17.1. Die deutschen Verbände ziehen sich in den Ardennen zurück.
3.1. Die US-amerikanische 1. Armee greift die Frontausbuchtung in den Ardennen an.
16.1. Die Frontausbuchtung in den Ardennen wird begradigt.

25.1. de Gaulle fordert die dauernde Besetzung des Rheinlands.

FEBRUAR

1.2. Die US-amerikanische 7. Armee erreicht den Westwall.
9.2. Die Alliierten brechen durch den Westwall.
11.2. Die US-amerikanische 3. Armee marschiert in Prüm ein.
13.–14.2. Zerstörung Dresdens in einem Feuersturm nach einem schweren Bombenangriff; 100 000 Zivilisten werden getötet.

22.2. Luftoperation „Clarion" gegen das deutsche Eisenbahnnetz.

25.2. Die US-amerikanische 1. Armee nimmt Düren ein.

MÄRZ

1.3. Die US-amerikanische 1. Armee nimmt Mönchengladbach ein.
2.3. Die US-amerikanische 3. Armee nimmt Trier ein.
5.3. Köln ist in der Hand der Alliierten, die US-amerikanische 9. und 1. Armee erreichen den Rhein.
7.3. Die 1. Armee überschreitet den Rhein auf der Brücke von Remagen.

17.3. Die 3. Armee erobert Koblenz.

20.3. Die US-amerikanische 7. Armee nimmt Saarbrücken ein.
25.3. Die 3. Armee überschreitet den Rhein.
27.3. Die letzte V 2 geht in Großbritannien nieder. Die alliierten Armeen treffen bei Koblenz (1. und 3.) und Darmstadt (3. und 7.) zusammen.
28.3. Eisenhower verlagert den Schwerpunkt des alliierten Vorstoßes von Berlin weg.

APRIL

1.4. Die US-amerikanische 1. und 9. Armee schließen im Ruhrgebiet den Ring um die deutsche Heeresgruppe B.
4.4. US-amerikanische Truppen erreichen und überschreiten die Weser.

10.4. Die US-amerikanische 9. Armee nimmt Hannover ein.
12.4. Die Alliierten befreien Bergen-Belsen und Buchenwald.
15.4. Arnheim wird erobert.
18.4. Die deutschen Verbände im Ruhrkessel kapitulieren.
20.4. Nürnberg wird eingenommen.

29.4. Die Alliierten befreien Dachau.

MAI

4.5. Die deutschen Verbände in den Niederlanden, in Dänemark und Nordwestdeutschland kapitulieren.
5.5. Waffenruhe im Westen.
7.5. General Jodl unterzeichnet die bedingungslose Kapitulation.
8.5. Tag des Sieges in Europa („VE-Day").
9.5. Die deutsche Kapitulation wird in Berlin ratifiziert.
9.–12.5. Die Kanalinseln werden befreit.

23.5. Das OKW wird verhaftet; Himmler begeht Selbstmord.

JUNI

5.6. Die Besatzungsmächte teilen Deutschland und Berlin.

NORD- UND OSTEUROPA

JANUAR

2.1. Deutsche Gegenoffensive in Budapest.

17.1. Die Rote Armee nimmt Warschau ein.
18.1. Bildung einer polnischen Provisorischen Regierung.
19.1. Sowjetische Truppen nehmen Tilsit ein.
20.1. Waffenstillstand in Ungarn.

26.1. Die Rote Armee befreit Auschwitz.
27.1. Die Sowjetarmee überschreitet die Weichsel.
29.1. Poznań wird eingeschlossen; die Deutschen evakuieren 2 Mio Soldaten und Zivilisten aus Ostpreußen.

FEBRUAR

4.–11.2. Jalta-Konferenz Stalins, Roosevelts und Churchills.
11.2. Die Rote Armee stößt nach Breslau und Dresden vor und erobert Budapest.
15.2. Sowjetische Verbände greifen Danzig an und schließen Breslau ein.
17.–24.2. Deutsche Truppen vernichten den sowjetischen Brückenkopf am Hron.

23.2. Die Rote Armee nimmt Poznań ein.

MÄRZ

5.3. Tito bildet eine neue jugoslawische Regierung.
6.3. Deutsche Gegenoffensive in Richtung Budapest.
11.3. Die tschechische Exilregierung verläßt London mit Ziel Slowakei.
16.3. Deutsche Bemühungen, durch schwedische Vermittlung mit den Westmächten einen Separatfrieden zu schließen.
22.3. Sowjetische Truppen belagern Danzig und Gdynia.

28.3. Gdynia fällt.

30.3. Danzig wird eingenommen.

APRIL

4.4. Die letzten deutschen Verbände verlassen Ungarn.
6.4. Jugoslawische Partisanen nehmen Sarajevo ein.
7.–13.4. Die Rote Armee greift Wien an und besetzt die Stadt.
9.4. Die Rote Armee nimmt Königsberg ein.
11.4. Sowjetisch-jugoslawischer Freundschafts- und Beistandspakt.
16.4. (bis 2.5.) Sowjetische Schlußoffensive gegen Berlin.
23.4. Die Rote Armee rückt in Berlin ein.
26.4. Die US-amerikanische 1. Armee und die sowjetische 5. Gardearmee treffen bei Torgau zusammen.
30.4. Hitler begeht Selbstmord.

MAI

2.5. Die Rote Armee hält Berlin, im Kampf um die Stadt gibt es 150 000 Tote und 300 000 Gefangene.

9.5. Sowjetische Truppen besetzen Prag.

MITTELMEERRAUM UND AFRIKA

JANUAR

3.1. Neue griechische Regierung unter Präsident Plastiras.

30.1. (bis 2.2.) Konferenz in Malta.

APRIL

11.4. Die britische 8. Armee überschreitet den Santerno.
14.4. Die US-amerikanische 5. Armee greift in der Po-Ebene an.
24.4. Die alliierten Armeen überschreiten den Po.
26.4. Die Alliierten überschreiten den Adige.
28.4. Mussolini wird von Partisanen gefangengenommen und erschossen.

MAI

2.5. Die deutschen Armeen in Italien kapitulieren.

ASIEN (FESTLAND)

JANUAR

4.1. Britische Verbände greifen in der Region Arakan an und brechen nach Akyab durch.
7.1. Die britische 14. Armee erreicht Shwebo und besetzen Kinu.

21.1. Die 14. Armee erreicht Monywa.
22.1. Die Burmastraße wird wieder geöffnet.
26.1. Japanische Truppen ziehen sich auf Befehl zur chinesischen Küste zurück.
28.1. Ein Versorgungskonvoi erreicht China von Ledo über die Burmastraße.

FEBRUAR

13.2. Die britische 14. Armee errichtet südlich von Mandalay Brückenköpfe über den Irawadi.

17.2. Die Brückenköpfe werden gegen japanische Gegenangriffe gehalten.

MÄRZ

4.3. Die Alliierten nehmen Meiktila ein.
7.3. Chinesische Verbände nehmen Lashio ein.
8.3. Indische Truppen marschieren in Mandalay ein.
9.3. Die Japaner greifen französische Truppen in Indochina an, lassen unabhängiges Vietnam proklamieren.
13.3. Die 14. Armee erobert Maymyo und schneidet damit den Japanern den Fluchtweg aus Mandalay ab.
15.3. Die indische 17. Division wird bei Meiktila bedrängt.
17.3. Die 14. Armee nimmt Sakain und Ava ein.
19.3. Die Japaner räumen Mandalay.

APRIL

9.4. Die 14. britische Armee nimmt Thazi ein.

19.4. Die 14. Armee erobert Magwe und Myingyan.

MAI

1.5. Britische Luftlandetruppen landen südlich von Rangun.
2.5. Die britische 14. Armee befreit Pegu.
3.5. Indische Truppen nehmen Rangun ein.

10.5. Die 14. Armee trifft mit den Truppen aus Arakan zusammen.

18.5. Chinesische Verbände besetzen Foochow.
26.5. Chinesische Truppen besetzen Yongning und schneiden den japanischen Verbänden damit die Landverbindung nach Indochina ab.

PAZIFIK UND OZEANIEN

JANUAR

3.1. Die US-amerikanische TF 38 greift Flugzeuge und Schiffe bei Taiwan an.

6.1. Angriffe von Kamikaze-Fliegern gegen Landungstruppen, die sich dem Golf von Lingáyen nähern.

25.1. Amerikanische Einheiten erobern einen Flugplatz auf Luzón.

FEBRUAR

1.2. Die US-amerikanische 6. Armee stößt auf Manila vor.

16.2. Iwo Jima wird von der See her und aus der Luft angegriffen.
16.–17.2. Angriffe schneller Flugzeugträger auf Japan.
17.2. Amerikanische Einheiten besetzen die Halbinsel Bataan.
19.–26.2. US-amerikanische Marineinfanteristen landen auf Iwo Jima.
21.2. Der US-amerikanische Flugzeugträger „Saratoga" wird bei einem Kamikaze-Angriff schwer beschädigt.
23.2. US-amerikanische Marineinfanteristen erobern auf Iwo Jima den Mount Suribachi.
24.2. Manila wird gesichert.
27.2. Die Amerikaner landen auf der Insel Verde.
28.2. Corregidor wird gesichert.

MÄRZ

1.3. US-amerikanische Infanterie landet auf Lubang.
3.3. US-amerikanische Truppen landen auf Burias und Ticao.
4.3. Manila fällt.

8.3. Amerikanische Verbände landen bei Zamboanga auf Mindanao.
9.–10.3. Großangriff US-amerikanischer Bomber auf Tokio.

27.3. Amerikanische Verbände nehmen die Stadt Cebu ein. Operation „Starvation" gegen japanische Schiffe.

APRIL

1.4. Die US-amerikanische 10. Armee landet auf Okinawa.
3.4. General MacArthur wird Oberbefehlshaber der US-amerikanischen Streitkräfte, Nimitz wird Oberbefehlshaber der Pazifikflotte.
5.4. Die UdSSR kündigt den Neutralitätspakt mit Japan; das japanische Kabinett tritt zurück.
7.4. Schlacht im Ostchinesischen Meer.
11.4. Kamikaze-Flieger greifen die US-amerikanische TF 38 auf Okinawa an.

23.4. Die Amerikaner kontrollieren die Zentralphilippinen.

27.4. Die US-amerikanische 6. Armee nimmt Baguio auf Luzón ein.

MAI

1.5. Australische Verbände landen auf der Insel Tarakan.

11.5. Die US-amerikanische 10. Armee greift Okinawa an.
14.5. Tagesangriff auf Nagoya.
18.5. US-amerikanische Marineinfanteristen nehmen den Sugar Loaf Hill auf Okinawa ein.
27.5. Die US-amerikanische 6. Armee nimmt Santa Fe auf der Insel Luzón ein.

JUNI

4.6. US-amerikanische Marineinfanteristen landen im Norden der Halbinsel Oroku.
10.6. Die australische 9. Division landet auf Borneo.
18.6. Der letzte Widerstand auf Mindanao endet.
22.6. Ende des japanischen Widerstands auf Okinawa.
27.6. Die US-amerikanische 6. Armee erreicht Aparri und beendet den Kampf auf Luzón.

ATLANTIK UND AMERIKA

APRIL

12.4. Tod Präsident Roosevelts. Truman wird neuer Präsident der USA.

MAI

4.5. Dönitz befiehlt die Kapitulation der U-Bootwaffe.

JUNI

25.–26.6. Unterzeichnung der Weltcharta für Sicherheit in San Francisco.

WESTEUROPA

JULI
1.7. US-amerikanische, britische und französische Truppen marschieren in Berlin ein.
17.7. (bis 2.8.) Potsdamer Konferenz über Reparationen, Friedensverträge, Österreich und Polen.
25.7. Potsdamer Erklärung über Japan.
26.7. Die Labour Party gewinnt die britischen Wahlen; Attlee wird Premierminister.

NOVEMBER
20.11. Die Nürnberger Prozesse beginnen.

NORD- UND OSTEUROPA

DEZEMBER
27.12. Vertreter Großbritanniens, der USA und der UdSSR treffen in Moskau zu Gesprächen über Korea zusammen.

MITTELMEERRAUM UND AFRIKA

ASIEN (FESTLAND)

JULI
31.7. Britische Kleinst-U-Boote greifen bei Singapur an.

AUGUST
8.8. Die Sowjetunion erklärt Japan den Krieg und läßt ihre Truppen in die Mandschurei (Mandschukuo) einmarschieren.
18.8. Die Mandschurei wird überrollt.
21.8. Die japanischen Truppen in der Mandschurei kapitulieren.
28.8. Treffen Mao Tse-tungs und Chiang Kai-sheks in Chungking, Japan unterzeichnet die Kapitulationsdokumente in Rangun.

SEPTEMBER
5.9. Britische Truppen landen in Singapur.
7.9. Die japanischen Truppen in Schanghai kapitulieren.
9.9. Unterzeichnung der japanischen Kapitulation in China.
13.9. Unterzeichnung der japanischen Kapitulation in Burma.
16.9. Unterzeichnung der japanischen Kapitulation in Hongkong.

OKTOBER
10.10. Übereinkunft zwischen Mao Tse-tung und Chiang Kai-shek.

PAZIFIK UND OZEANIEN

JULI
10.7. Angriff von 1000 Bombern auf Japans Hauptinseln.
17.7. Der Angriff von 1500 Flugzeugen auf Tokio trifft auf keinerlei Luftabwehr; die britische Pazifikflotte und die US-amerikanische 3. Flotte greifen Japan an.
30.7. Japan lehnt das Potsdamer Ultimatum ab.

AUGUST
3.8. Die vollständige Blockade Japans tritt in Kraft.
6.8. Die Amerikaner werfen über Hiroshima eine Atombombe ab.
8.8. Die UdSSR erklärt Japan den Krieg.
9.8. Die Amerikaner werfen eine Atombombe über Nagasaki ab.
14.8. Japan erklärt sich mit den Konditionen der bedingungslosen Kapitulation einverstanden.
15.8. Tag des Sieges über Japan („VJ-Day").
27.8. US-amerikanische und alliierte Marineeinheiten laufen in japanische Häfen ein.

SEPTEMBER
2.9. Die japanische Kapitulationsurkunde wird in der Tokiobucht an Bord des US-amerikanischen Schlachtschiffes „Missouri" unterzeichnet.

ATLANTIK UND AMERIKA

JULI
16.7. Bei Alamogordo in der Wüste von New Mexico wird der erste Atombombentest durchgeführt.

NOVEMBER
27.11. Die Charta der Vereinten Nationen wird von 29 Staaten ratifiziert.

DEZEMBER
4.12. Der US-amerikanische Senat billigt die Mitarbeit der USA in der UNO.

Europa nach dem Ersten Weltkrieg

Der Erste Weltkrieg endete mit dem Waffenstillstand vom 11. November 1918. Deutschland – sein Imperium vor dem Zusammenbruch, die Städte in Aufruhr und seine Truppen auf dem Rückzug – ergab sich. Die 1919 in Paris festgelegten Friedensbedingungen sollten verhindern, daß Deutschland wieder kriegsfähig würde. Es mußte seine überseeischen Kolonien abtreten. Die Schiffe der deutschen Hochseeflotte wurden konfisziert und mußten bei Scapa Flow von ihren Besatzungen versenkt werden. Alliierte Truppen besetzten strategische Punkte an der deutschen Westgrenze. Nahrungsmittelimporte wurden streng kontrolliert; in den Städten herrschte Hunger, und eine in Mitteleuropa grassierende Grippeepidemie forderte viele Menschenleben.

Die Nachwirkungen des Krieges waren noch einige Zeit lang sichtbar. In Rußland war der Bürgerkrieg erst im Februar 1921 beendet, als die letzten antibolschewistischen Verbände die Krim verließen und ins Exil gingen. Die Habsburger Monarchie in Mitteleuropa hatte sich im Oktober 1918 aufgelöst, und zwischen den „Nachfolgestaaten" gab es fortwährend Streitigkeiten. Die zwei vorherrschenden Nationalitäten waren im westlichen Teil die Deutschen, im Osten die Ungarn gewesen. Die Herrschaft beider war nun zu Ende: Tschechen und Slowaken erklärten ihre Unabhängigkeit; sie herrschten über einen neuen Staat, in dem – hauptsächlich im westlichen Teil, dem Sudetengebiet – drei Millionen Deutsche lebten. Polen, in dessen Grenzen ebenfalls viele Deutsche lebten, erstand wieder. Jugoslawien vereinte unter anderem Serben, Kroaten und Slowenen auf seinem Territorium; Rumänien erhielt Transsilvanien, Bessarabien und die südliche Dobrudscha. Ungarn, das um nahezu zwei Drittel seines historischen Gebietes verkleinert war, geriet für kurze Zeit unter kommunistische Herrschaft, ehe 1919 konterrevolutionäre Kräfte an die Macht kamen.

Die Siegermächte hielten 1919 in Paris eine Friedenskonferenz ab, um die Ordnung der Nachkriegswelt festzulegen. Der am 28. Juni 1919 unterzeichnete Versailler Vertrag sprach Elsaß-Lothringen Frankreich zu, und im Osten fielen deutsche Gebiete an das neue Polen. Weitere Territorien mußten an Dänemark, Litauen und Belgien abgetreten werden. Deutschland mußte sein Landheer auf eine Stärke von 100 000 Mann – eigentlich eine Polizeitruppe – beschränken und für die Dauer von fünfzehn Jahren die Besetzung strategisch wichtiger Orte auf dem östlichen Rheinufer durch alliierte Truppen hinnehmen. Für denselben Zeitraum wurde das Saargebiet mit seinen wichtigen Bodenschätzen Frankreich überlassen. Deutschland mußte sich zur Zahlung von Reparationen bereit erklären, deren Höhe 1921 festgelegt wurde. Die jährliche Summe war vorgeblich dazu bestimmt, die Opfer der deutschen Aggression zu entschädigen, tatsächlich aber sollte der Abbau der Goldreserven verhindern, daß sich die Wirtschaft des Landes je wieder erholte. Zur Rechtfertigung ließen die alliierten Mächte die deutsche Delegation die Schuld Deutschlands am Kriegsbeginn 1914 anerkennen.

Auch andere Verträge aus den Jahren 1919–1922 wurden von den unterlegenen Parteien als ungerecht empfunden. Der Friedensvertrag von Saint-Germain-en-Laye vom September 1919 entschied über das Schicksal der meisten Deutschen – jetzt „Volksdeutsche" –, die in der alten Habsburger Monarchie lebten. Mehr oder weniger auf Veranlassung der Alliierten wurde Österreich geschaffen, um zu verhindern, daß sich die dort lebenden Deutschen entgegen einem nahezu überwältigenden Abstimmungsergebnis der „Deutschen Republik" anschlossen; andere Gebiete der Monarchie wurden Italien, Jugoslawien, Rumänien, der Tschechoslowakei und Polen zugesprochen. Obwohl unabhängig, mußte auch Österreich Reparationszahlungen leisten. Ungarns neue Grenzen diktierte der Friedensvertrag von Trianon vom Juni 1920. Auch die Türkei und Bulgarien, die einstigen Verbündeten Deutschlands, mußten Territorium – im Falle der Türkei ausgedehnte Gebiete – an neue Staaten im Nahen Osten abtreten, darunter auch Palästina, das zur Schaffung einer „nationalen Heimstätte der Juden" als Mandat des Völkerbundes Großbritannien übertragen wurde. Mit der vertraglichen Anerkennung seiner Grenzen zu Polen, den baltischen Staaten und Finnland durch den neuen Sowjetstaat endeten die Kriege um die Grenzziehung.

Europa war spürbar verändert worden, doch die Erscheinungen des Nationalhasses hatte man damit bei weitem nicht überwunden. Auf Anregung der USA gründeten die Westmächte in Genf den Völkerbund als ein Mittel zur Aufrechterhaltung des politischen und moralischen Status quo. Indes blieb die Frage offen, ob der gemeinsame Einfluß der alliierten Siegermächte stark genug war, die Nachkriegsordnung durchzusetzen.

Das war nicht der Fall. Die USA, die 1917 in den Krieg gegen Deutschland eingetreten waren, gerieten, nur bestrebt, ihre offenstehenden Anleihen in Europa wieder einzubringen, bald in die Isolation. Frankreich wollte Deutschland niederhalten, bestand deshalb auf den Reparationszahlungen in voller Höhe und verbündete sich mit den neuen „Nachfolgestaaten". Großbritannien hingegen wünschte Deutschland nun allmählich in den Kreis der europäischen Nationen zurückzuholen. Die deutsche Reparationsschuld konnte nur durch einen Exportüberschuß bezahlt werden, der Großbritanniens eigene Exporte reduzieren würde. Deshalb trat Großbritannien den französischen Reparationsforderungen entgegen und war verstimmt, als die Franzosen 1922/23 das Ruhrgebiet besetzten.

Deutschland befand sich innenpolitisch im Zustand des Chaos. Das Kaiserreich war zusammengebrochen, der Kaiser befand sich im niederländischen Exil, und an seine Stelle trat eine unsichere Weimarer Republik, benannt nach der Stadt, in die sich die republikanische Regierung begeben hatte, um der politischen Unruhe in Berlin zu entgehen. Im Februar 1919 wurde eine ultrademokratische Verfassung ausgearbeitet. Sie stieß bei den Linken (Spartakisten 1918–1919, Komintern 1921 und 1923) und den Rechten (Widerstand der Freikorps gegen ihre Auflösung und Kapp-Putsch 1920, Hitlerputsch in München im November 1923) auf Ablehnung. Dazu kam, daß die regierenden Parteien selbst gespalten waren. Das Fehlen einer zentralen Kontrolle und die Besetzung eines großen Teils des deutschen industriellen Kernlands durch die Alliierten ließ die Finanzen des Landes zu einem Alptraum werden. Kurz vor der Währungsreform im November 1923 war das britische Pfund 50 Milliarden Mark wert.

1924 stabilisierte sich die Mark, und die Weimarer Republik trat in eine Periode der relativen Ruhe ein. Deutschland wurde in den Völkerbund aufgenommen. Es erkannte den Dawesplan von 1924 und den Youngplan von 1929 an, die Neuregelungen für die Reparationszahlungen enthielten, und wirkte wieder bei internationalen Angelegenheiten mit. Auch die Konjunktur nahm einen Aufschwung, und 1925 trafen die Westmächte ein Übereinkommen, das zu den Locarnoverträgen führte. Darin „akzeptierten" die deutschen Politiker – insbesondere Gustav Stresemann – die Reparationszahlungen und die neuen Westgrenzen ihres Landes, nicht jedoch die Grenzen im Osten. Für einige Jahre herrschte zwischen den Staaten Europas Ein-

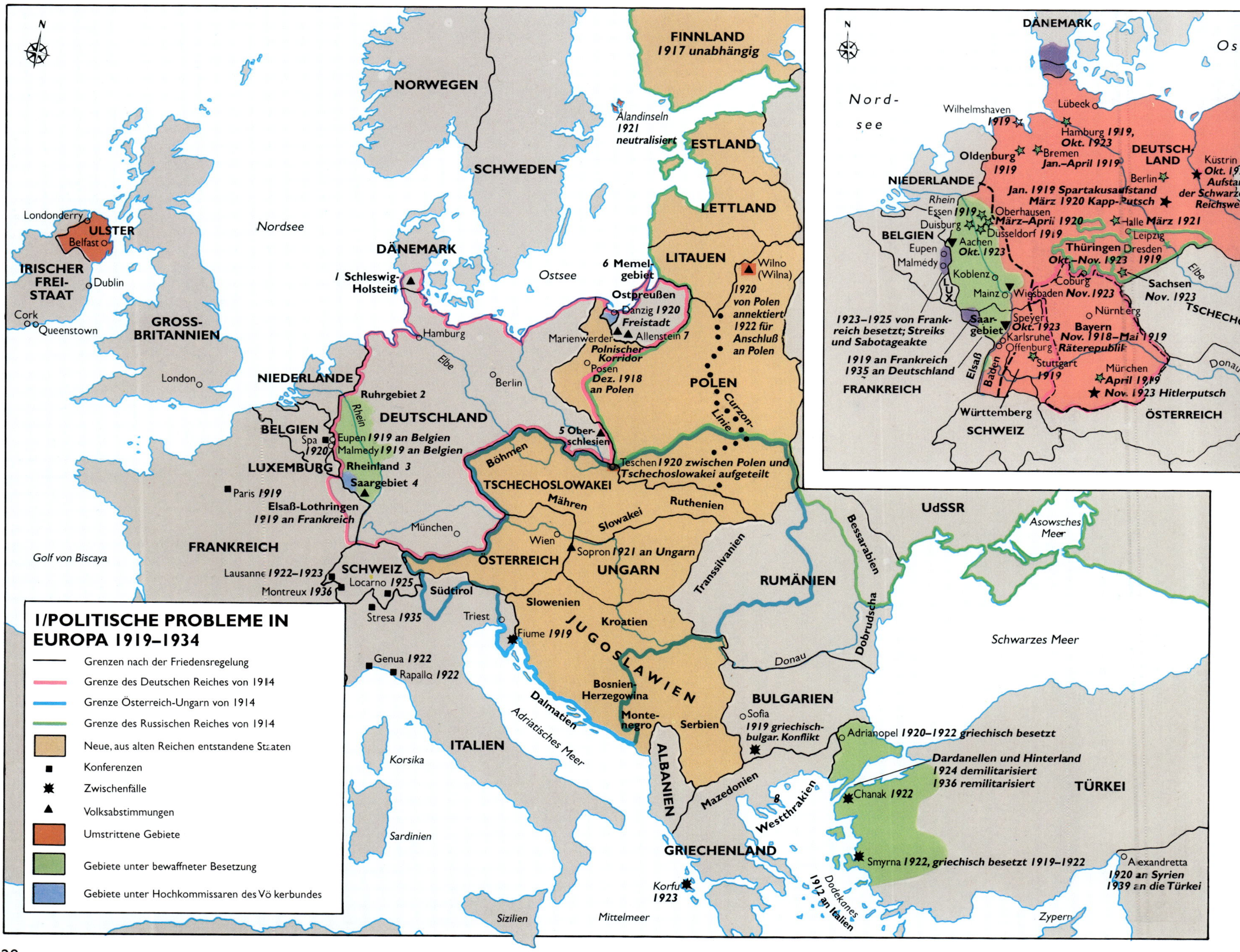

vernehmen. Die Sowjetunion schloß mit Deutschland sogar einen Vertrag (Rapallovertrag) ab. In den zwanziger Jahren gab es eine ausgedehnte wirtschaftliche Zusammenarbeit zwischen der kommunistischen Regierung der Sowjetunion und dem Westen. Doch nationalistische Ressentiments waren stets gegenwärtig, und auch die positive ökonomische Entwicklung konnte nicht mehr bewirken, als diese Erscheinungen unter Kontrolle zu halten. Ein Jahrzehnt später brachen die europäischen Rivalitäten wieder aus.

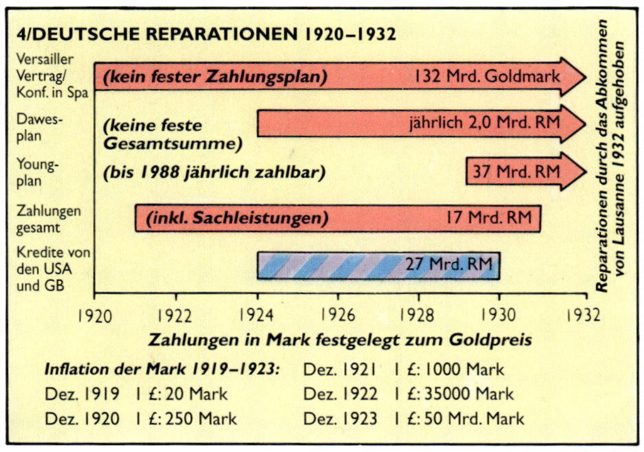

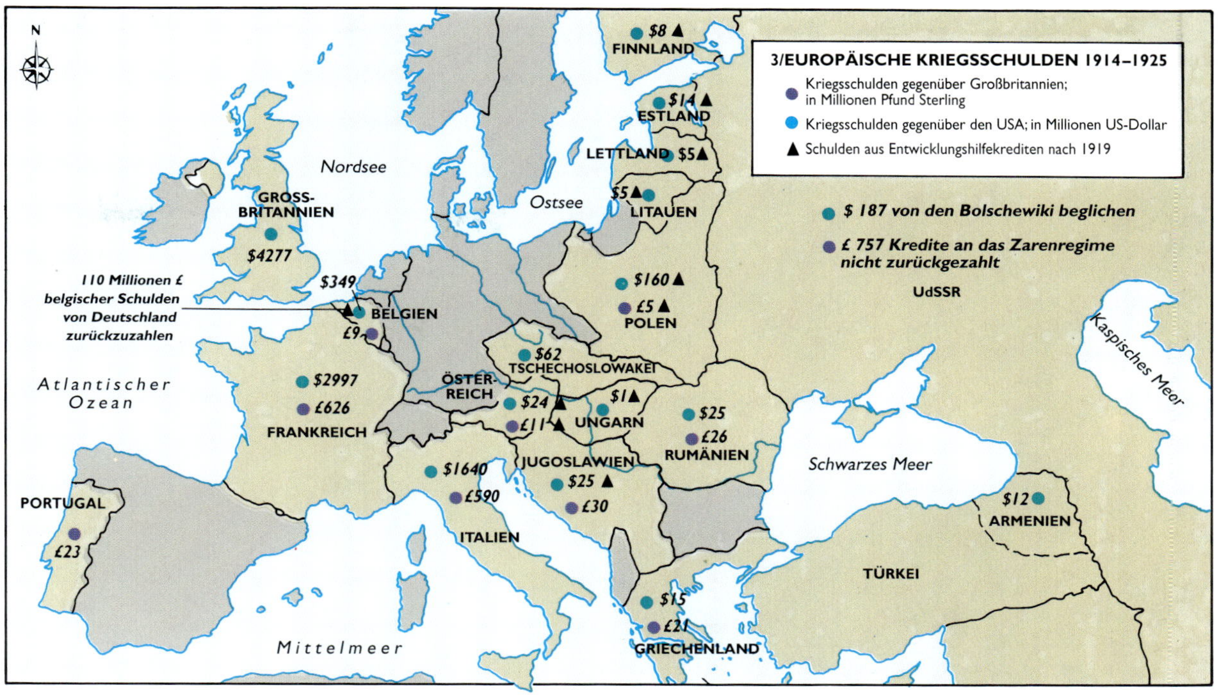

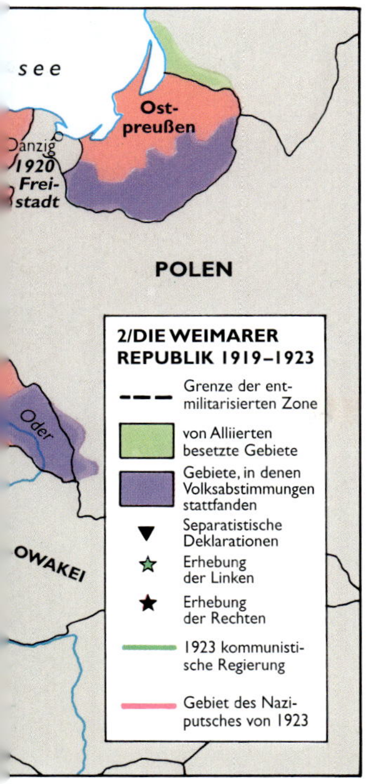

DIE TERRITORIALEN VERÄNDERUNGEN in Europa, die auf einer Reihe von Nachkriegskonferenzen beschlossen worden waren, schienen mehr Probleme zu schaffen, als sie lösten. Außer den auf Karte *(1)* vermerkten Maßnahmen gab es folgende Regelungen (auf der Karte mit Zahlen gekennzeichnet):

1 Nach der Volksabstimmung vom Febr. 1920 zwischen Dänemark und Deutschland geteilt.
2 1923–1925 von Frankreich besetzt.
3 1930 geräumt, 1936 remilitarisiert.
4 Mandat des Völkerbundes, 1935 nach einer Volksabstimmung an Deutschland.
5 Zwischen Deutschland und Polen geteilt, Volksabstimmung im März 1921.
6 1920–1923 von Alliierten besetzt, 1923 Litauen überlassen, 1924 autonom.
7 Volksabstimmung über Marienwerder und Allenstein im Juli 1920 für Deutschland.
8 1919 von Bulgarien an Griechenland.

Die Verkleinerung Deutschlands, die schweren wirtschaftlichen Beschränkungen und die Frage der Reparationszahlungen *(4)* führten in der Weimarer Republik zum ökonomischen Zusammenbruch und zum politischen Aufruhr *(2)*. Die Schaffung eines Staatengürtels aus dem ehemaligen Österreich-Ungarn brachte viele Menschen unter fremde Herrschaft, deren Rechte durch die Minoritätenklauseln der jeweiligen Verträge angeblich geschützt waren. Dennoch kam es zu enormen Flüchtlingsbewegungen *(6)* vor dem Bolschewismus und dem Faschismus sowie vor der Fremdherrschaft. Die Nachkriegskonferenzen trugen nur wenig zur Lösung der wirtschaftlichen Probleme Europas bei, zu denen außer den Schwierigkeiten Deutschlands enorme Schulden gegenüber Amerika und Großbritannien gehörten *(3)*. Die Friedensregelungen von 1919 waren jedoch von einer Reihe von Verträgen untermauert, die den Status quo zu erhalten schienen. Diese Allianzen dienten drei hauptsächlichen Zielen: Sie sollten Deutschland an dem Versuch hindern, die Entscheidung in der Frage der Schuld am Ersten Weltkrieg rückgängig zu machen, sie sollten einen Cordon sanitaire gegen das Rußland der Bolschewiki schaffen, die territoriale Regelung in Osteuropa erhalten und Revisionsforderungen vor allem von seiten Ungarns zuvorkommen. Frankreich, im Bündnis mit Polen, war die Hauptstütze der Kleinen Entente; Deutschland (das erst nach 1934 seine Handlungsfähigkeit wiedererlangte) und die Sowjetunion blieben relativ isoliert. Italien mit Mussolini an der Spitze strebte danach, im Mittelmeerraum und im Donaubecken eine bedeutende Rolle zu spielen. Dennoch funktionierte die französische Sicherheitspolitik bis zum Einsetzen der Depression (Seite 30), die Frankreich schwächte und 1936 – falls nicht bereits früher – dessen Bündnisse in Osteuropa unterhöhlte. Die entscheidende Veränderung kam mit dem deutsch-polnischen Neutralitätspakt (1934), der eine schwere Bresche in Frankreichs Verteidigungssystem schlug. Nach 1936, als Deutschland sich über die Locarnoverträge von 1925 hinwegsetzte, begann eine neue Periode, die 1939 schließlich zum Krieg führte.

Foto: Die galoppierende Inflation in der Weimarer Republik ließ eine Situation entstehen, in der selbst die Preise für Altpapier, Lumpen und Knochen enorm waren.

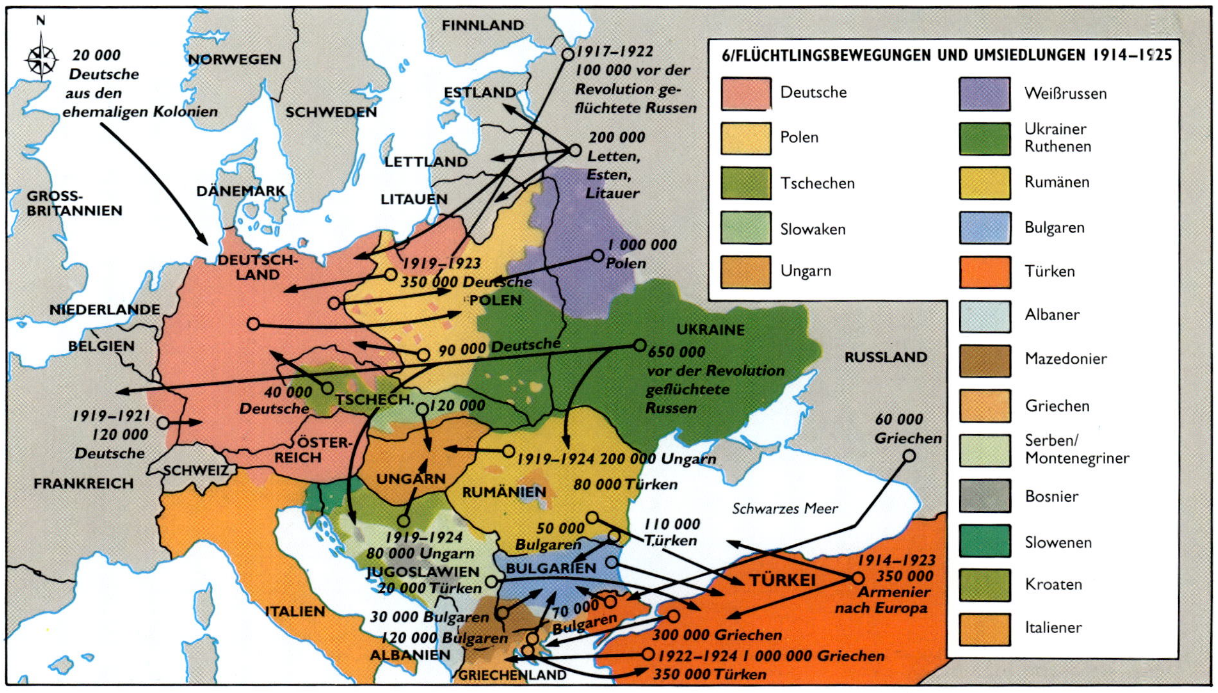

Europa 1929–1939

Im Sommer 1929 war der Westen zu einem vorsichtigen Optimismus zurückgekehrt, denn die Katastrophen nach dem Ersten Weltkrieg schienen ein Ende gefunden zu haben. Die Weltwirtschaft erholte sich, und die nach 1919 neugegründeten Staaten gewannen innenpolitisch an Stabilität. Die Situation änderte sich jedoch im Oktober 1929 mit dem Kurssturz an der New Yorker Börse. Jetzt schlug ein unwirklicher spekulativer Aufschwung in einen gleichermaßen unwirklichen Zusammenbruch um. Überall gingen die Exporte zurück – bis zum Herbst 1932 fielen sie auf ein Drittel ihres Umfangs im Jahre 1929. Die Folge war eine weltweite Arbeitslosigkeit. In erster Linie betroffen waren die Regionen, in denen Schiffbau und Schwerindustrie vorherrschten. Hier wurden in der Folge weniger lebensnotwendige Erzeugnisse gekauft, und so bekam auch die Nahrungsgüterproduktion den Niedergang zu spüren. Während die Bevölkerung in den Städten hungerte, vernichteten die Bauern in der ersten Hälfte der dreißiger Jahre ihre Produkte, da sich keine Abnehmer fanden. Es herrschte eine Weltwirtschaftskrise.

Arbeitslosigkeit in den Städten, verbitterte Bauern und die Deviseninstabilität mündeten in eine Zerrüttung der politischen Strukturen. In den wohlhabenderen Ländern des Westens, die Reserven besaßen, auf die sie zurückgreifen konnten, beherrschten Rechte und Zentristen oder gemäßigte Linke und Zentristen die politische Bühne. Liberale Volkswirtschaften – sei es Roosevelts „New Deal" oder die Wirtschaft Großbritanniens unter der Koalitionsregierung – wahrten den Konsens, sicherten die Beschäftigung und erholten sich wieder. In anderen Ländern wurden die Probleme drastischer gelöst. Hervorstechend war das Vorgehen Adolf Hitlers in Deutschland und Jossif Stalins in der Sowjetunion. Hitler, seit langem nationalistischer Agitator, hatte seine nationalsozialistische Partei 1932 in Deutschland in eine Position der parlamentarischen Vorherrschaft gesteuert. Er wurde 1933 deutscher Reichskanzler. Stalin erschien nach Lenins Tod im Jahre 1924 als dominierende Person in der UdSSR; er proklamierte 1929 als grundlegenden Gedanken des Kommunismus die Kollektivierung der Landwirtschaft und die Industrialisierung der Sowjetunion, die durch ein Programm von Fünfjahrplänen verwirklicht werden sollte. Beide Staatsführer wandten sich radikalen Lösungen zu. Hitler errang bei der Reichstagswahl im März 1933 fast fünfundvierzig Prozent der Stimmen und regierte Deutschland zusammen mit den konservativen Rechten, die einen kleinen Stimmenanteil zu verzeichnen gehabt hatten. Stalin war in gleicher Weise entschlossen zu zeigen, daß die kommunistische Alternative zum Kapitalismus lebensfähig war.

Hitler wollte Deutschlands früheren Ruhm wiederherstellen und das Land zum Eckpfeiler eines modernen europäischen Superstaates und erfolgreichen Beherrscher Ost- und Mitteleuropas machen. Stalins Ziel schien ein kommunistisches Imperium zu sein, dessen Grenzen zwar unklar waren, das sich jedoch zweifellos nach Westen orientierte. Beide Führer äußerten deutliche Unzufriedenheit über die augenscheinliche Schwäche des Staatengürtels, der seit 1919 eine Pufferzone zwischen ihren Ländern bildete. Großbritannien und Frankreich, die nun in der Rolle der Vermittler auftraten, sahen sich einem Dilemma gegenüber. Neville Chamberlain, der britische Premierminister, glaubte es mit „zwei wahnsinnigen Hunden" zu tun zu haben. Welcher der beiden Diktatoren wäre für Vernunft und Einsicht am ehesten zugänglich? Zunächst schien das Hitler zu sein; immerhin hatte sich die aufgeklärte britische Meinung einige Jahre lang dafür eingesetzt, Deutschland seinen rechtmäßigen Platz in Europa zuzugestehen. Folglich wurde Hitlers Aufrüstungstaktik toleriert. Man gestand ihm zu, 1935 die allgemeine Wehrpflicht wieder einzuführen; 1936 durften deutsche Truppen in das entmilitarisierte Rheinland einmarschieren. Man ließ Hitler verschiedentlich wissen, daß Deutschland zu gegebener Zeit möglicherweise seine Kolonien in Afrika zurückbekäme, und als im März 1938 deutsche Soldaten in Österreich einmarschierten und der sogenannte Anschluß an das Reich vollzogen wurde, folgte auch hier nicht mehr als ein Protest auf dem Papier. Im September 1938 verfügte das Münchner Abkommen, das auf einem von Mussolini vermittelten Treffen Chamberlains und des französischen Ministerpräsidenten Daladier mit Hitler zustande kam, die Abtretung der vorwiegend von Deutschen bewohnten Gebiete der Tschechoslowakei an Deutschland.

Das Münchner Abkommen, das faktisch die Auslieferung eines Verbündeten festlegte, wurde später als schändlich eingeschätzt. Doch damals erschien es den meisten Menschen sinnvoll. Zwischen Mussolini, Franco und Hitler schien es ein faschistisches Komplott zu geben. Jedermann fürchtete einen weiteren Weltkrieg. Frankreich hatte einen riesigen Verteidigungswall, die Maginot-Linie, errichtet, verfügte jedoch über keine Angriffspläne. Großbritannien brauchte Zeit, um seine Luftwaffe und die Luftverteidigung aufzubauen, und war zudem mit Problemen konfrontiert, die ihm das rivalisierende Italien in seinen Kolonien in Afrika und im Mittelmeerraum und Japan in den fernöstlichen Besitzungen machten. Doch Hitler zeigte nun, daß er das Münchner Abkommen nicht als eine abschließende Regelung, sondern als „Anzahlung" betrachtete. Die deutsche Aufrüstung ging weiter, und im März 1939 ließ Hitler Böhmen und Mähren besetzen. Die Slowakei wurde zu einem abhängigen Staat. Die Briten sahen Hitler nun auf dem Vormarsch zur Eroberung der Welt – eine Vorstellung, die von den Greueln der Nazis gegen Juden und Nichtdeutsche noch verstärkt wurde. Großbritannien gab Polen und Rumänien Garantien für deren staatliche Unabhängigkeit, Frankreich folgte zögernd; die USA lehnten es ab, sich in die Angelegenheit verstricken zu lassen.

Wenn die Westmächte Hitler ernstlich Widerstand leisten wollten, dann bestand praktisch die einzige Möglichkeit dazu in einem Bündnis mit der Sowjetunion. Man trat auch wirklich an Stalin heran, doch ist bis heute nicht klar, ob dabei ein solches Bündnis aufrichtig in Erwägung gezogen wurde. Die Rote Armee war zu dieser Zeit sehr schwach, da ein großer Teil des höherrangigen Offizierskorps einer Säuberungsaktion Stalins zum Opfer gefallen war. Auf jeden Fall zögerten die Westmächte, den Nazismus zu Fall zu bringen, nur um dann an seine Stelle den Kommunismus zu setzen. Schließlich bot Hitler Stalin die Aufteilung Polens und Osteuropas an, und Ende August 1939 schlossen beide einen Nichtangriffspakt. Mit der Zusicherung von Stalins Hilfe fiel Hitler am 1. September in Polen ein. Großbritannien und Frankreich sahen keine andere Möglichkeit als eine Kriegserklärung an Deutschland, die sie nach der Ablehnung ihres Ultimatums am 3. September abgaben.

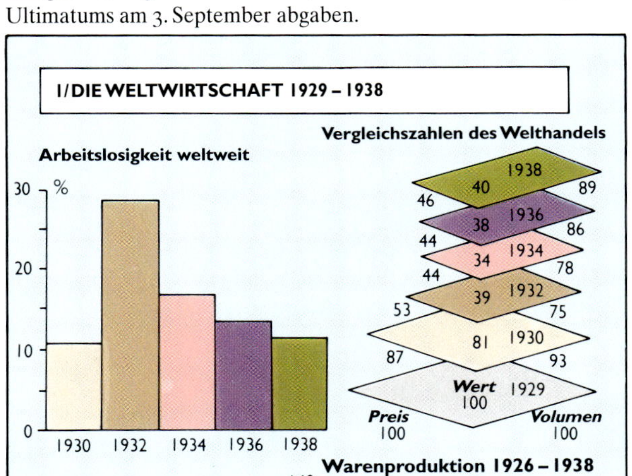

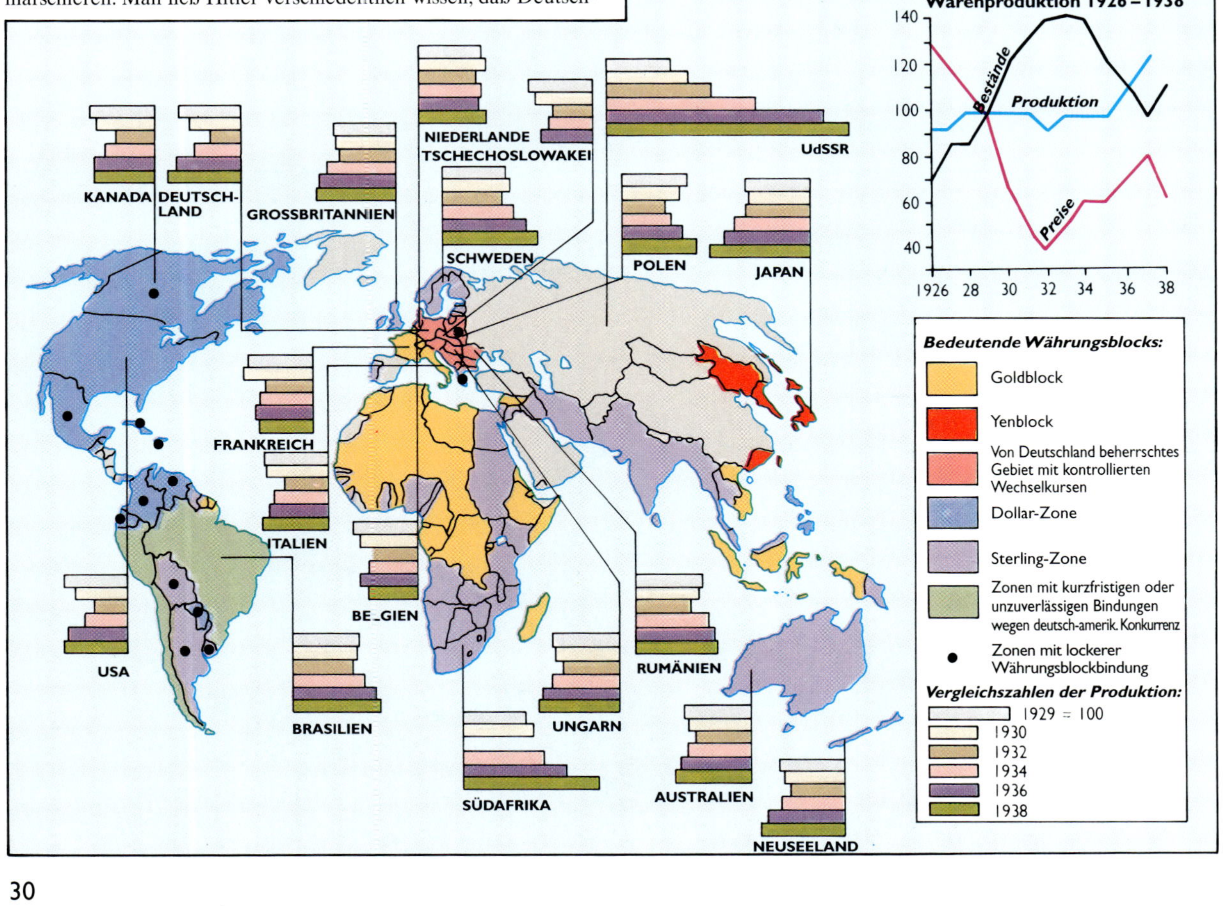

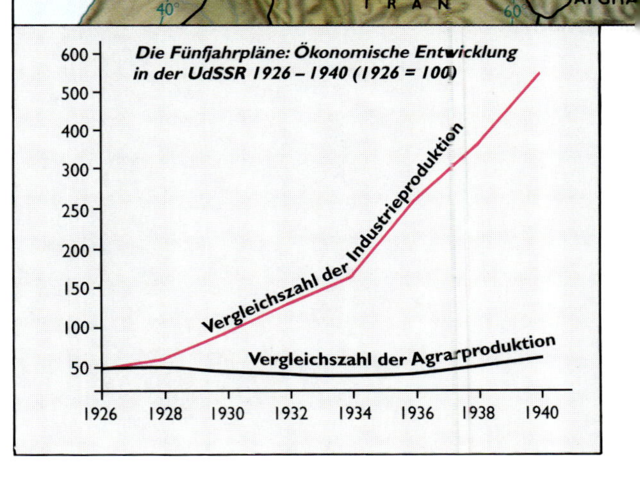

Dem grossen Haussemarkt von 1928 folgte im Oktober 1929 ein jäher Sturz der Aktienkurse. Die Wirtschaftskrise **(1)** ging mit einem drastischen Preisverfall bei nur mäßiger Verringerung des Volumens einher, was den Wert des Welthandels zurückgehen ließ. Der daraus folgende Verfall der Warenpreise verursachte in vielen Ländern Elend und wirtschaftliche Erschütterungen. Der multilaterale Handel und Zahlungsverkehr wurde durch ein System zunehmend geschlossener Währungs- und Handelsblöcke ersetzt. In der Sowjetunion **(3)** hatte Stalin eine Folge von Fünfjahrplänen zur Entwicklung der Volkswirtschaft eingeleitet, in deren Rahmen neben einer massiven Kollektivierung vor allem in der Landwirtschaft und einer rücksichtslosen Umsiedelung oder Beseitigung von Ungleichgewichten in der Bevölkerung die Industrie gestärkt wurde. In nahezu allen Ländern kam es zu Protestbewegungen von Rechten und Linken, die die sozialen und politischen Strukturen auf eine schwere Probe stellten. In Europa trat eine Polarisation von Extremen auf **(2)**; in Ländern mit nur schwachen demokratischen Traditionen und Institutionen entstanden ausnahmslos Formen rechtsgerichteter Diktaturen. Das komplizierte Sicherheitssystem, das die Siegermächte nach dem Ersten Weltkrieg etabliert hatten (Seite 28), wurde bald untergraben, und es kam zu einer Reihe neuer Bündnisse **(4)**, mit denen Frankreich und Großbritannien versuchten, die doppelte Bedrohung durch den sowjetischen Kommunismus und die aufstrebenden faschistischen Regierungen in Italien, Deutschland und Spanien im Zaum zu halten. Sie suchten zunächst Bundesgenossen, um Deutschland oder Italien von einer Aggression abzuhalten. Hitler versuchte, seine politischen Gegner entweder zu isolieren oder wie bei der Achse Berlin-Rom und beim Antikominternpakt abzulenken. Mussolini hoffte, Hitlers Expansionstempo steuern und den italienischen Möglichkeiten anpassen zu können. Andere Länder schlossen Nichtangriffsverträge oder verbanden sich in der „neutralistischen" Deklaration von Kopenhagen. Doch die wachsende Hoffnungslosigkeit dieser Maßnahmen wurde durch die allgemeine Erkenntnis der meisten europäischen Staaten untermauert, daß eine Wiederaufrüstung **(5)** in großem Maßstab unvermeidlich war.

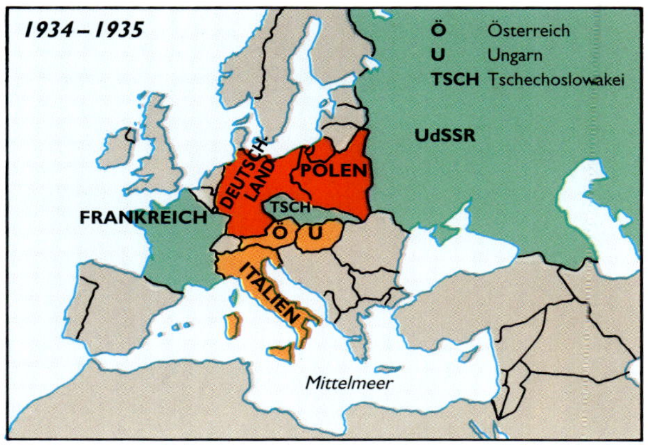

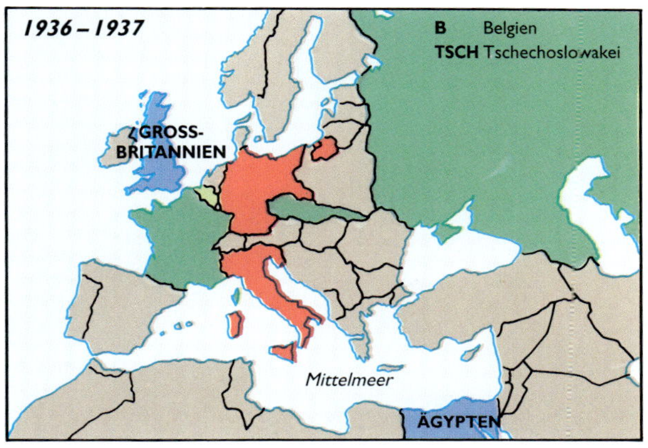

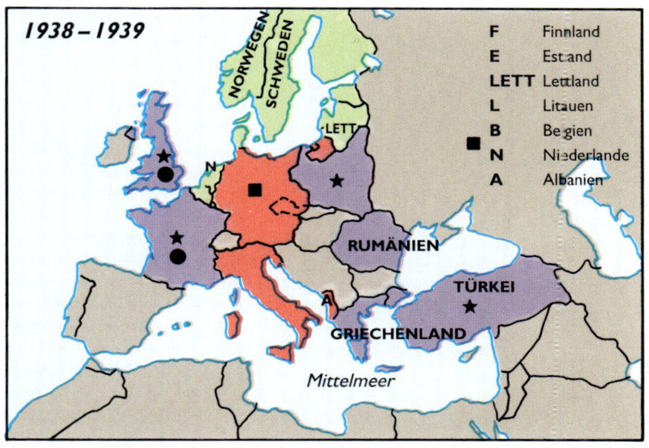

4/POLITISCHE ABKOMMEN IN EUROPA 1934 – 1939 (oben)

1934 – 1935:
- Deutsch-polnischer Nichtangriffspakt 1934
- Römische Protokolle, März 1934
- Französisch-sowjetischer/Sowjetisch-tschechischer Pakt, Mai 1935 (siehe auch 1936 – 1937)

1936 – 1937:
- Achse Berlin-Rom, Nov. 1936 und Mai 1939
- Neutralitätserklärung 1936
- Britisch-ägyptischer Vertrag 1936

1938 – 1939:
- Britische und französische Garantien für Polen, Griechenland, Rumänien und die Türkei 1939
- ★ Britisch-französisch-polnisches und britisch-französisch-türkisches Bündnis Sept. 1939
- Kopenhagener Neutralitätserklärung, Juli 1938
- ● Britisch-französische Stabsgespräche, April 1936
- ■ Deutsch-sowjetischer Nichtangriffspakt 1939

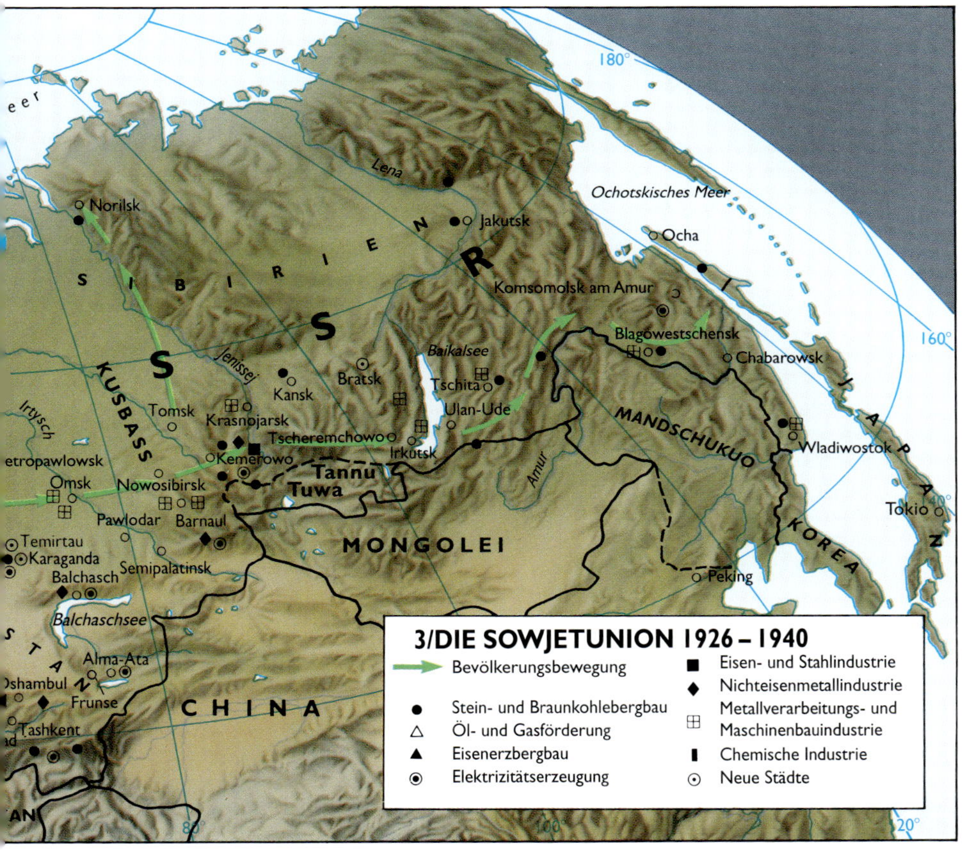

Foto unten links: Kundgebung zur Proklamation der Wiederaufrüstung 1935 in Berlin. Obwohl Hitler 1934 geheime Programme zur Wiederaufrüstung befohlen hatte, war er sich seiner Position sicher genug, um seine Politik im folgenden Jahr öffentlich bekanntzumachen.

5/WIEDERAUFRÜSTUNG IN EUROPA 1930 – 1939

Die unten angegebenen Zahlen stammen aus einer Vielzahl von Quellen. In bestimmten Fällen basieren die Schätzungen nur auf Angaben in Regierungsveröffentlichungen.
* Schlachtschiffe, Schlachtkreuzer, Kreuzer, Flugzeugträger, Zerstörer, U-Boote; im Bau befindliche oder ausgemusterte Schiffe sind hier nicht enthalten.
† Armeen in Friedensstärke einschließlich Wehrpflichtiger, aber ohne Reserve

Aufrüstung		GROSS-BRITANNIEN	FRANKREICH	UdSSR	DEUTSCHLAND	ITALIEN
* größere Kriegsschiffe		284	175	89	26	150
		290	161	101	88	240
Militärflugzeuge		445	unter 400	2595	36	keine Angaben
		7940	3163	10 382	8295	keine Angaben
† Armee		192 000	ca. 350 000	562 000	100 000	234 000
		237 000	500 000	1 900 000	730 000	400 000
Rüstungsausgaben		107,5 Mio £	13,8 Mrd. FF	1,4 Mio Rubel	0,61 Mrd. RM	5,01 Mrd. Lire
		397,4 Mio £	29,1 Mrd. FF	27 Mio Rubel	17,24 Mrd. RM	5,02 Mrd. Lire

China 1920–1931

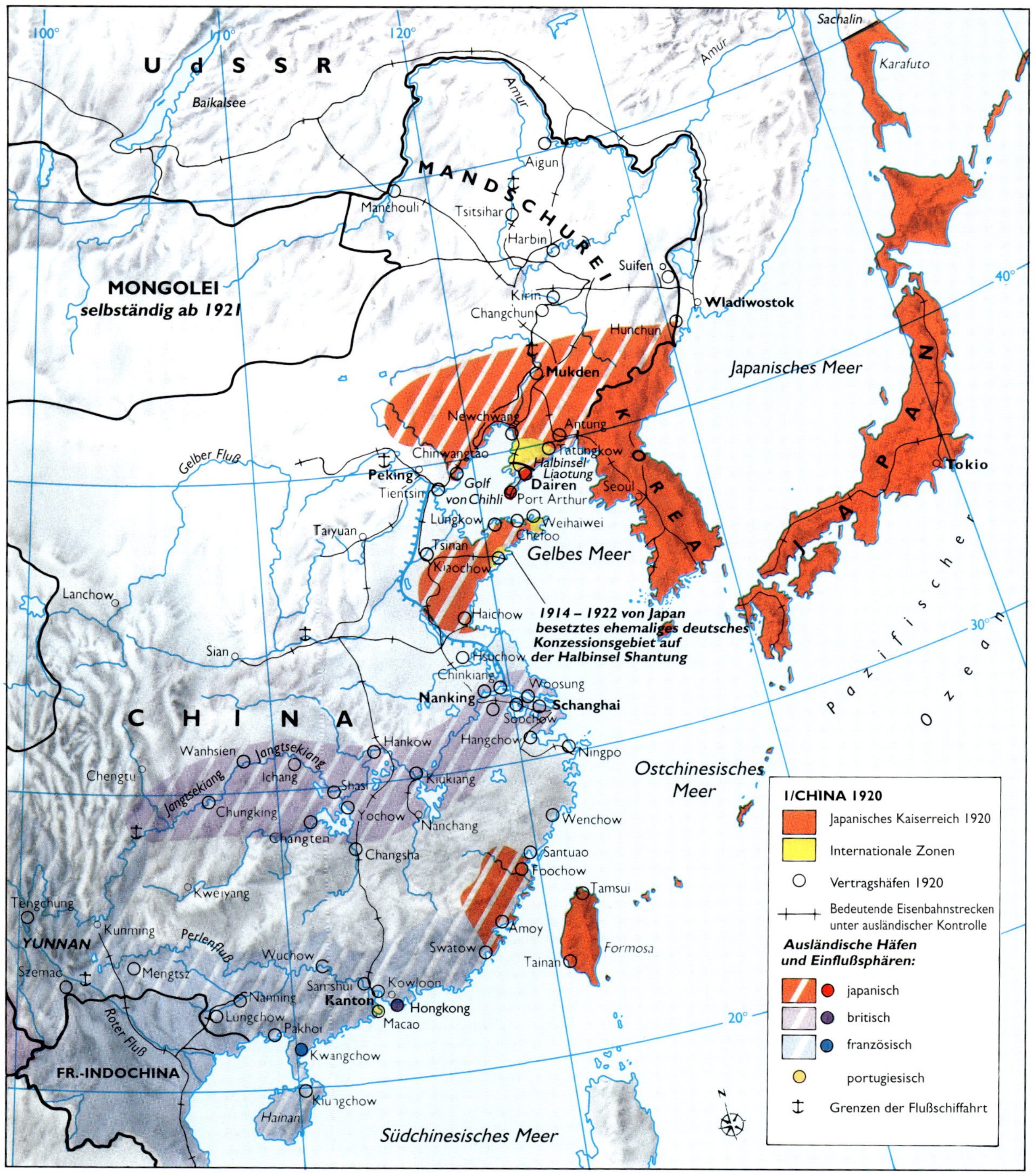

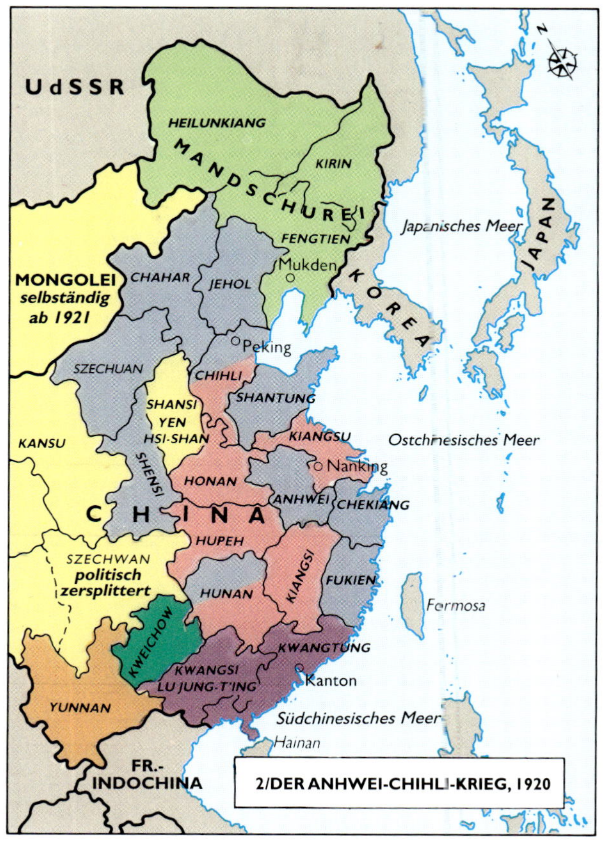

Gebiete regionaler Machthaber (Karten 2 - 6):

- Fengtien-Gruppe (ab 1926 Krieg unter Chang Tso-lin)
- Anhwei-Gruppe
- Chihli-Gruppe
- T'ang Chi-yao, regionaler Machthaber von Yunnan
- Liu Hsien-shih, regionaler Machthaber von Kweichow
- Kwangsi-Gruppe
- Kuominchun-Gruppe unter Feng Yü-hsiang
- Chihli-Splittergruppe unter Sun Ch'uan-fang
- Chihli-Splittergruppe unter Wu P'ei-fu
- Kuomintang-Gebiet
- Von Truppen der Kuomintang kontrolliert
- Pronationale Kräfte

In den ersten Jahrzehnten des zwanzigsten Jahrhunderts hatte China in der ostasiatischen Politik eine Rolle zu spielen, die der der Balkanstaaten in der europäischen Politik ähnelte: es war ein Forum der Rivalität, der Differenzen und schließlich offener Feindseligkeiten unter den Großmächten. In den letzten sechs Dekaden des neunzehnten Jahrhunderts beeinträchtigten verschiedene europäische Mächte und die Vereinigten Staaten von Amerika Chinas Souveränität und Integrität mit einer Reihe ungleicher Verträge, die von China territoriale, kommerzielle, finanzielle Konzessionen und exterritoriale Rechte forderten. Obwohl die Westmächte die herrschende Mandschu-Dynastie als Garanten ihrer Privilegien zu erhalten trachteten, sollte sie dennoch zu schwach sein, um diese Mächte herauszufordern; ihr Handeln untergrub jedoch die Autorität der Dynastie und erzeugte einen politischen Druck innerhalb Chinas, der sich in der Revolution vom Oktober 1911 entlud und zum Sturz der zweihundertfünfzig Jahre alten Mandschu-Dynastie sowie im Februar 1912 zur Ausrufung einer Republik führte.

Die Aushöhlung der Autorität der Mandschu-Dynastie nach 1900 fiel mit einer Verstärkung der Rivalitäten unter den Großmächten in China zusammen; der wichtigste Interessenkonflikt war der zwischen Rußland und Japan. Japan, das der Unterjochung durch die Westmächte im wesentlichen dadurch entgangen war, daß China deren räuberische Aufmerksamkeit so stark auf sich gezogen hatte, erschien 1895 auf der chinesischen Szene, als es die Mandschu-Truppen in Korea und in der Mandschurei schlug. Auf seine Gebietsgewinne, die der Friedensvertrag von Shimonoseki bestätigte, mußte Japan durch Einspruch Frankreichs, Deutschlands und Rußlands allerdings teilweise verzichten. Später vertiefte sich die russisch-japanische Entfremdung, als Rußland danach trachtete, sich eine alleinige Einflußsphäre in Korea und in der Mandschurei zu sichern – Territorien, die Japan selbst als lebenswichtig für seine Sicherheit und seine wirtschaftlichen Interessen betrachtete. Im russisch-japanischen Krieg 1904–1905 waren die japanischen Streitkräfte in Korea wie auch in der südlichen Mandschurei siegreich. Das ebnete den Weg für eine Annäherung nach dem Krieg, die Japan die Annexion Koreas (1910) ermöglichte, während die Mandschurei zwischen Japan und Rußland geteilt wurde. Zur Erhaltung ihrer jeweiligen Interessensphären arbeiteten hier beide Länder gegen die anderen Mächte zusammen, und nach 1912 verabredeten sie für den Fall einer Auflösung Chinas die Aufteilung der Mongolei.

Während des Ersten Weltkrieges kam es zum Niedergang von Macht und Einfluß Europas wie auch zu einer fortschreitenden Schwächung der Zentralgewalt in China. Diese Entwicklung suchte Japan 1915 mit seinen „Einundzwanzig Forderungen" an China auszunutzen. Obgleich durch internationalen Druck zur Mäßigung seines Standpunktes gezwungen, enthüllte Japan mit diesen Forderungen doch das Ausmaß seiner Ambitionen: das Ziel bestand im wesentlichen darin, China in eine Position der Abhängigkeit zu bringen. Japan sicherte sich von China die Bestätigung bestimmter Ansprüche, doch deren Anerkennung durch die Regierung von Yüan Shih-k'ai zerstörten dessen Hoffnungen auf die Gründung einer eigenen Dynastie und setzte Aufstände und Massendemonstrationen in Gang, die nach dem Tod von Yüan Shih-k'ai im Jahre 1916 zum Zusammenbruch der Zentralgewalt in China führen mußten.

In der Zeit zwischen 1918 und 1928 wurde China von gewaltsamen Zusammenstößen zwischen verschiedenen Personen und Splittergruppen heimgesucht, die im Kampf um die Macht eine verwirrende Aufeinanderfolge von Bündnissen miteinander schlossen und wieder brachen. Motiviert eher von Eigennutz als von politischem Idealismus, trachteten die rivalisierenden „Warlords" danach, ihre eigene Machtbasis zu sichern, indem sie dem Erscheinen einer einzelnen, zentralisierenden politischen Kraft vorbeugten. Dennoch war die Zeit von 1918 bis 1928 hinsichtlich der Ereignisse, die zum Ausbruch des Zweiten Weltkrieges führen mußten, kritisch, denn diese Ära der regionalen Herrscher stellte alle Mächte vor das Problem zu entscheiden, welche Person oder Splittergruppe in einer bestimmten Zeit zu welchem Zweck zu unterstützen sei.

Für Japan war dieses Problem besonders akut, da sich dessen ausgedehnte Interessen in China hauptsächlich auf die Mandschurei konzentrierten. Sie war das Einflußgebiet von Chang Tso-lin, der hoffte, seine Macht in ganz Nordchina etablieren zu können, doch seine Fähigkeit, die Mandschurei zu regieren, wurde in dieser Zeit deutlich schwächer. So verstrickte sich die japanische Armee in der Mandschurei und im nördlichen China allmählich in die endlosen innerchinesischen Kriege, um das, was als Japans nationale Interessen galt, zu verteidigen. Diese Interessen waren nicht genau eingegrenzt und wurden zudem ständig erweitert, da die japanische Armee Vorteile aus Chinas Schwäche zu ziehen suchte. Nach 1921 bildete sich im Gebiet um Kanton unter Sun Yat-sen eine nationale Macht – die Kuomintang – heraus, die ein ernsthaftes, wenn auch zweckdienlich vages politisches Programm annahm und deren Wirken von dem Ziel beherrscht war, durch eine Doppelpolitik der Eroberung und der politischen Mobilisierung die ständigen Bürgerkriege in China zu beenden. Mit sowjetischer Unterstützung festigte die Kantoner Regierung vor 1926 ihre politische Macht im Süden, ehe sie mit dem Nordfeldzug gegen die Militärmachthaber am Jangtsekiang begann.

Innerhalb von sechs Monaten kontrollierten die Truppen der Kuomintang (dt.: Nationale Volkspartei) den oberen Jangtsekiang, Nanking und Schanghai. Angesichts der Niederlagen um Haichow und der Erkenntnis, daß seine kommunistischen Verbündeten beabsichtigten, die Macht allein zu übernehmen, wandte sich die Kuomintang um die Mitte des Jahres 1927 von den Kommunisten ab. Sie bemühte sich danach um eine Reihe von Vereinbarungen mit den regionalen Machthabern im Norden, die die existierende politische und soziale Ordnung aufrechterhalten und zumindest die nominale Macht der Kuomintang in ganz China sichern sollten.

Die verschiedenen Kriege setzten sich zwar bis 1929 und auch darüber hinaus noch fort, doch im Oktober 1928 etablierte die Kuomintang in Nanking eine chinesische Nationalregierung und stellte damit eine Ordnung für China als einheitlichen Staat in Aussicht. Die Versuche der Kuomintang, die Mandschurei in ihren Herrschaftsbereich zu bringen, führten 1929 zu einem unbedachten Krieg mit der Sowjetunion, der für die Zukunft sehr bedeutsam sein sollte. Er enthüllte die chinesischen Ziele und die Bedrohung, die sich für all jene Kräfte ergab, die ihre Interessen nur in einem geteilten China gewahrt sahen, und er zeigte die Schwächen Chinas. 1930 hielt Japan die Zeit für gekommen, entschieden zu handeln, um seine Interessen auf dem asiatischen Festland – in erster Linie in der Mandschurei und dann in China selbst – zu verteidigen.

Die Privilegien, die sich die Großmächte in China verschafft hatten, überdauerten zwar die Revolution von 1911–1912 (*1*), doch der Versuch des Präsidenten Yüan Shih-k'ai, eine neue Dynastie zu begründen, schädigte die Autorität der Zentralregierung. Der Abfall von Kwangsi und ein Aufstand in ganz China hinterließen in den Provinzen mit erheblicher regionaler Macht ausgestattete Anführer von Militärgruppen, da sich Yüans Partei, die Peiyang, in eine Anhwei- und eine Chihli-Gruppe spaltete. Chang Tso-lin, das spätere Oberhaupt der Fengtien-Gruppe, etablierte sich in der Mandschurei, und Sun Yat-sen, der wichtigste unter den Revolutionären der alten Garde, begann eine Machtbasis im Süden des Landes zu schaffen. Nach 1918 gab es im Grunde genommen in jeder Provinz lokale Machtkämpfe, als die größten Splittergruppen um die Herrschaft über den Norden Chinas und das Jangtsekiang-Tal stritten. Zwischen dem Norden mit seinen Militärmachthabern und dem Süden des Landes gab es jedoch eine klare

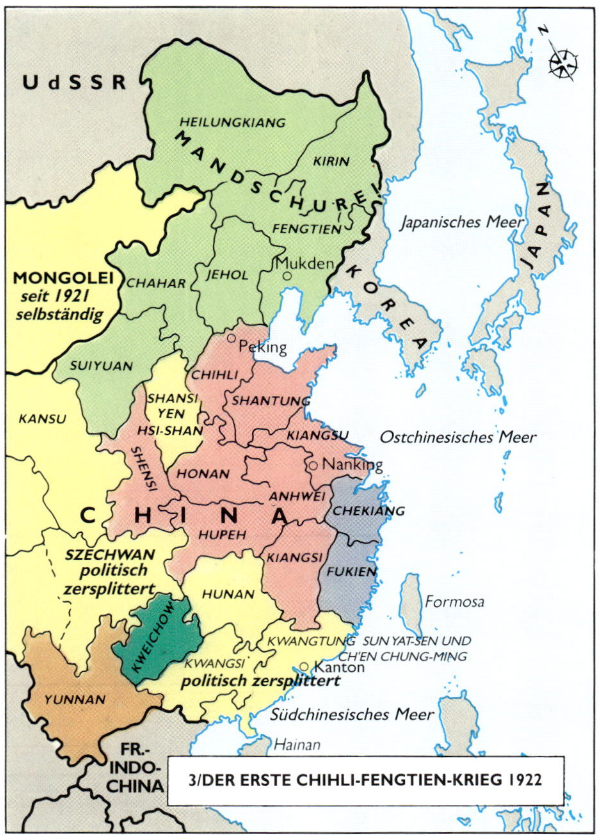

3/DER ERSTE CHIHLI-FENGTIEN-KRIEG 1922

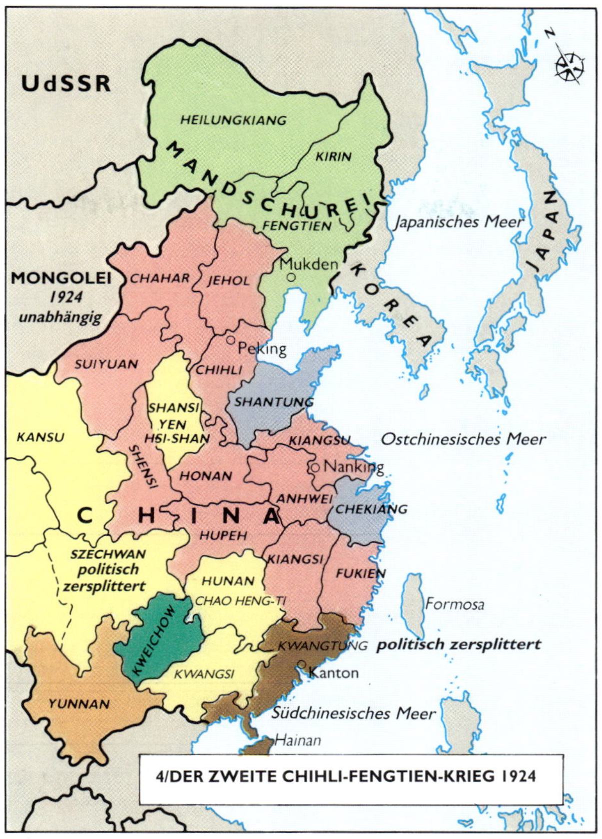

4/DER ZWEITE CHIHLI-FENGTIEN-KRIEG 1924

5/CHINA 1926

Trennung. Bis zum Anhwei-Chihli-Krieg von 1920 ***(2)*** hatte sich China zersplittert; mit der Einsetzung einer provisorischen Regierung 1921 in Kanton planten Sun Yat-sen, Chang und die Überlebenden von Anhwei jedoch, die Vorherrschaft von Chihli zu brechen. Sun Yat-sen allerdings war durch verschiedene regionale Machthaber im Süden geschwächt, und die Fengtien-Gruppe wurde im Mai 1922 schwer geschlagen ***(3)***. Später versuchte die Chihli-Gruppe wieder eine nationale Macht einzusetzen. Im zweiten Fengtien-Chihli-Krieg ***(4)*** wurde sie aufgrund von Verrat und Fahnenflucht geschlagen. Im Süden baute Sun Yat-sen mit sowjetischer Hilfe eine radikale Partei auf, die sich auf die Massen stützte. Nach dessen Tod im Jahre 1925 trat Chiang Kai-shek als militärischer Führer einer in Linke und Rechte geteilten Nationalregierung hervor. Zur gleichen Zeit trachtete Chang Tso-lin danach, seine Macht bis zum unteren Jangtsekiang auszudehnen, wurde jedoch ausmanövriert und sogar in der Mandschurei angegriffen. Nachdem er die Invasion mit japanischer Hilfe zurückgedrängt hatte, schloß sich Chang mit Wu P'ei-fu und Sun Ch'uan-fang, zwei weiteren regionalen Machthabern, zusammen, um mit ihnen Nord- und Zentralchina aufzuteilen. Chiang Kai-shek indessen hatte seine Basis um Kanton gefestigt und startete am 9. Juli 1926 seinen Nordfeldzug ***(6)***. Wu wurde in der Umgebung von Changsha, Sun bei Nanchang geschlagen. Im März 1927 nahmen die Truppen der Nationalisten Shanghai und Nanking ein. Dann spaltete sich das nationalistische Lager in eine linksgerichtete Regierung in Hankow und eine von Chiang Kai-shek geführte rechtsgerichtete Regierung mit Sitz in Nanking. Nach einem Massaker an den Kommunisten im April in Shanghai verhandelte Chiang – nun unabhängig von sowjetischer Unterstützung – mit verschiedenen regionalen Machthabern im Norden, um die Regierung in Hankow und auch Chang Tso-lin zu isolieren, dessen Verbände im Mai vernichtend geschlagen wurden. Bis Mitte 1928, als Chang von den Japanern ermordet wurde, folgten komplizierte Verhandlungen und Kämpfe. Im Oktober 1928 wurde in Nanking formell eine Nationalregierung eingesetzt ***(7)***, die trotz einer kommunistischen Bedrohung die nominale Loyalität der meisten regionalen Herrscher errang. Diese neue Ordnung sollte jedoch bald von Japan angefochten werden.

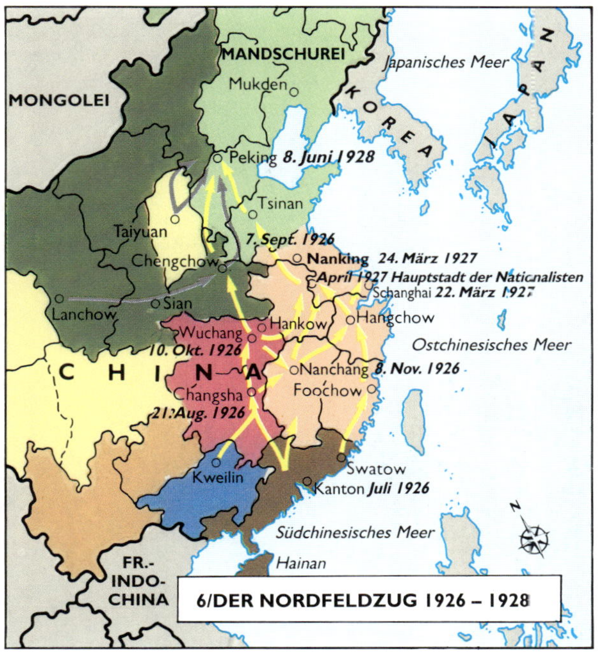

6/DER NORDFELDZUG 1926 – 1928

Foto oben rechts: Truppen chinesischer Machthaber, schlecht ausgerüstet und durch feudale Aushebung zusammengestellt, vertrauten dennoch auf moderne Züge, schwere Artillerie und gelegentliche Luftunterstützung.

Die Expansion Japans 1931–1941

In dem Jahrzehnt, das auf das Ende des Ersten Weltkrieges folgte, zeigte Japan eine deutliche Zurückhaltung gegenüber China und den Westmächten (siehe Seite 32). Diese Mäßigung konnte jedoch weder in bezug auf das Entstehen der nationalistischen Regierung in Nanking noch auf das Einsetzen der großen Depression 1929 von Bestand sein. Das erstgenannte Ereignis war eine explizite Bedrohung für Japans bestehende Privilegien und seine zukünftigen Ambitionen in China; das zweite intensivierte Japans Suche nach Rohstoffen und Märkten in seinem Streben nach Autarkie. Beide Entwicklungen sowie die Gewohnheit der japanischen Armee, sich ohne Rücksprache mit Tokio in chinesische Affären einzumischen, und die sich verhärtende nationalistische Auffassung, daß Mandschurei und Mongolei natürliche japanische Interessengebiete seien, führten zur japanischen Okkupation der Mandschurei.

Ein fünfmonatiger Feldzug brachte den Japanern die effektive Kontrolle über die chinesische Provinz. Am 18. Februar 1932 proklamierte eine von den Japanern installierte Marionettenversammlung die Unabhängigkeit der Mandschurei. Im März wurde ein neuer Staat unter dem Namen Mandschukuo mit dem letzten Kaiser von China Pu-yi und Erben des Mandschuthrons an der Spitze installiert. Die Unabhängigkeitserklärung definierte die benachbarte chinesische Provinz Jehol jedoch zu einem Teil dieses neuen Staats; daher okkupierten die Japaner im Januar und Februar 1933 das entsprechende Territorium. In den nächsten beiden Jahren wurde eine wechselnde Politik von Drohungen und Versprechungen benutzt, um von den Chinesen in den Gebieten jenseits der Großen Mauer weitreichende Konzessionen zu erzwingen.

Nach dem Juli 1937 unternahm die japanische Armee umfangreiche Landungsoperationen, um im Rahmen einer großangelegten Invasion Nord- sowie Zentralchina zu erobern. Die Triebkraft hinter der japanischen Aggression war jedoch wie schon 1931 der Verdacht, China versuche, seine inneren Streitigkeiten beizulegen, um dem Nachbarn Widerstand leisten zu können. Nach dem Langen Marsch (1934–1935), als die Kommunisten aus ihren südlichen Standorten in den Nordwesten aufbrachen, beendete das Abkommen von Sian (im Dezember 1936) unter erheblichen Schwierigkeiten fast ein Jahrzehnt Bürgerkrieg zwischen Nationalisten und Kommunisten (siehe Seite 32). Im Norden Chinas erzielten die Japaner große Erfolge, stießen jedoch am unteren Jangtsekiang auf erbitterten Widerstand in der Umgebung von Shanghai, das erst im November eingenommen werden konnte. Nanking fiel im darauffolgenden Monat, wobei sich massenhafte Tötungen und Vergewaltigungen durch die Japaner ereigneten. Trotzdem dauerte es noch bis zum Mai 1938, als die Japaner durch die Einnahme von Tungshan eine Verbindung zwischen ihren Eroberungen in Nord- und Zentralchina herstellen konnten. Anschließend marschierten die Japaner den Jangtsekiang aufwärts, um im Oktober Hankow und Wuchang zu sichern. Nach dem Verlust von Kanton im gleichen Monat unternahmen die Chinesen keinen Versuch, die großen Städte am Mittellauf des Jangtsekiang zu verteidigen.

Chiang wies diverse Friedensinitiativen zurück; daher versuchte Japan, seinen Widerstand durch Unterstützung des chinesischen Regimes sowohl in Peking als auch in Nanking zu brechen. Diese waren jedoch zu schwach, als daß man sie zu wirklichen Alternativen des Regimes von Chiang in Chungking hätte aufbauen können. Den Japanern fehlten die Mittel, die von ihnen zu dieser Zeit eingenommenen Territorien vollständig zu okkupieren; weitere Eroberungen würden nur neue Komplikationen verursachen. Trotzdem okkupierten sie 1941 die meisten Küstenstädte südlich des Jangtsekiang, da sie nunmehr Chungking nach Möglichkeit von allen äußeren Hilfsquellen abschneiden wollten. Frankreichs Niederlage 1940 ließ Indochina für die Japaner zum Objekt der Begierde werden. Im September 1940 marschierten japanische Streitkräfte im Norden Indochinas ein; im Juli 1941 drängte Japan die Vichy-Behörden, einem gemeinsamen Protektorat über Indochina zuzustimmen. Diese Entwicklung veranlaßte die Vereinigten Staaten, Sanktionen gegen Japan zu verhängen (siehe Seite 66); dadurch wurden die Ereignisse ausgelöst, die im Dezember zum Kriegsausbruch im Pazifik führten. Der Krieg in China wurde jedoch unter spezifischen komplexen Bedingungen bis zur endgültigen japanischen Kapitulation im August 1945 fortgesetzt (siehe Seite 144).

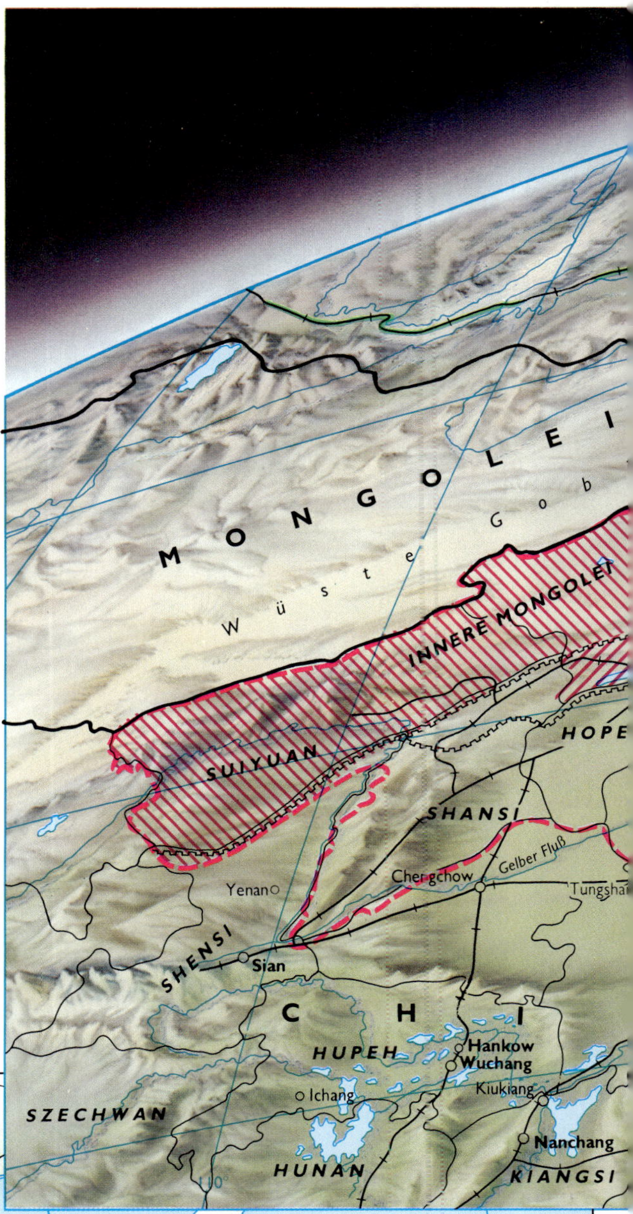

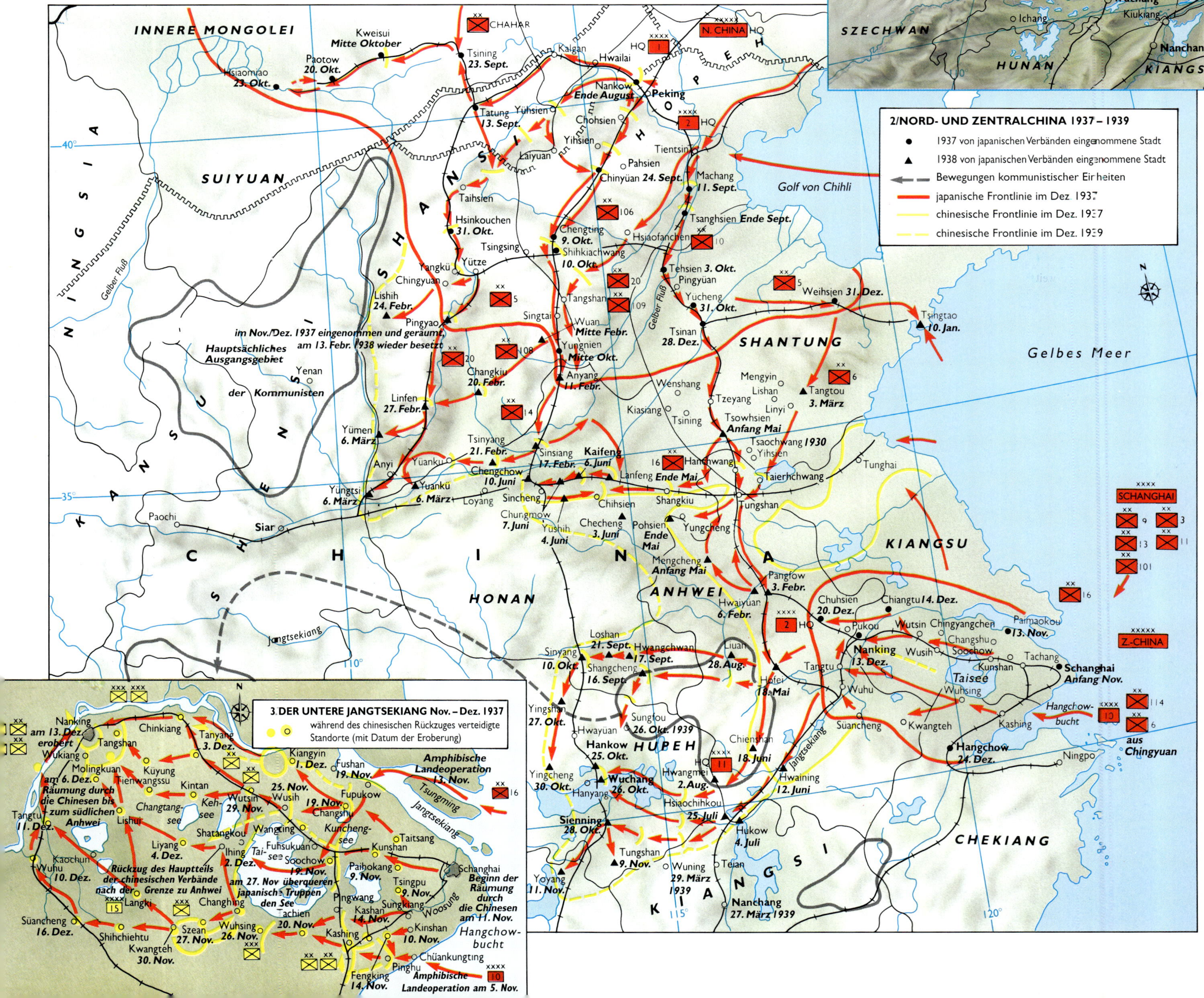

1/DIE MANDSCHUREI 1931 – 1932

- Eisenbahnen unter sowjetischer Kontrolle (1931)
- Eisenbahnen unter japanischer Kontrolle (1931)
- japanische Garnisonen (1931)
- im Sept. 1931 unter japanischer Kontrolle
- im Aug. 1932 unter japanischer Kontrolle
- Gebiete des mandschurischen Widerstands
- 1932 – 1937 Zielgebiete japanischer Subversion
- Gebiete, aus denen 1935 die regulären chinesischen Truppen effektiv vertrieben waren
- Gebiet, in dem Japan einen nordchinesischen Marionettenstaat zu etablieren versuchte (1935)

Seit dem Russisch-Japanischen Krieg von 1904–1905 beanspruchten beide Mächte die chinesische Mandschurei-Provinz *(1)*. Sie erweiterten ihren Einfluß durch den Bau von Eisenbahnen; die Japaner unterhielten auch Militärbasen am Golf von Chihli. Ein rascher japanischer Feldzug (September 1931–Februar 1932) im Verlauf der Eisenbahnlinien vertrieb die Streitkräfte des örtlichen Militärführers Chang Hsueh-Liang aus der Provinz und endete mit der japanischen Okkupation so weit nördlich gelegener Städte wie Tsitsihar und Harbin. Das Problem lokaler Banden blieb jedoch bestehen. Die Sowjets richteten an den Nordgrenzen Garnisonen ein; ihre Versuche, die japanische Expansion aufzuhalten, führten zu den Kämpfen bei Changkufen (1938) sowie an der Nomonhan-Brücke (1939). Die japanische Aufmerksamkeit galt nunmehr der Konsolidierung durch Zwang und später durch militärische Gewalt gegen Jehol (Januar–Februar 1933) sowie gegen Chahar und Hopeh (etwa Mitte 1935). In vollem Umfang begann die Invasion in China *(2)* mit einem Vormarsch von Stellungen im Norden Pekings aus (Juli 1937) sowie durch Landung von Amphibienfahrzeugen bei Shanghai (November 1937). Die Geländegewinne im Norden waren sehr groß und wurden ungeachtet der nationalistisch-kommunistischen Allianz (ab Dezember 1936) rasch erreicht. Die Offensive am Jangtsekiang entlang stieß auf den erbitterten Widerstand der Nationalisten *(3)*, doch binnen eines Monats war Nanking gefallen, und die nationalistische Regierung mußte sich nach Chungking in Szechwan zurückziehen. Die Konsolidierung der japanischen Eroberungen von 1938–1941 erfolgte nur allmählich und unvollständig *(4)*. Die Städte am Jangtsekiang wurden leicht erobert, doch machten kommunistische Partisanen den Japanern die nördlichen Gebiete streitig. Die südlichen Häfen wurden durch eine Reihe von Operationen unter Einsatz von Amphibienfahrzeugen erobert, mit dem Ziel, Chungking von allen äußeren Hilfsquellen abzuschneiden.

Bild rechts: Die unangekündigte Bombardierung von Städten wie Schanghai durch die Japaner wurde allgemein verurteilt.

Der Faschismus in Europa 1922–1939

Der Faschismus wurde von Benito Mussolini, einem linken Agitator in Italien, 1915 begründet, als dieser mit der Hauptrichtung des italienischen Sozialismus brach und sich zum Nationalisten wandelte. Kennzeichen des Faschismus waren extremer Nationalismus und Diktatur, gekoppelt mit Militarismus, Geheimpolizei und gewalttätigem Antimarxismus (obwohl einige der führenden Faschisten ihre Laufbahn als Linke begonnen hatten und fortfuhren, Gleichheit und Antikapitalismus zu predigen). Die äußeren Merkmale des Faschismus waren überall im wesentlichen die gleichen und gewöhnlich von den italienischen Vorbildern abgeleitet: der „römische Gruß“ mit ausgestrecktem Arm als Antwort auf die wütend geballte Faust der Marxisten; schwarze Hemden als Gegenstück zu den roten Hemden der Mitstreiter von Garibaldi. Es gab einen für den Faschismus typischen Stil in der Architektur (eine Art bombastischer Klassizismus), eine allgegenwärtige Propaganda, eine Jugendorganisation und die Verpflichtung, sämtliche sozialen Institutionen neu zu formen. Alle faschistischen Bewegungen hatten ihren „Führer“: den *Duce*, *Führer* oder *Jefe*. Abgesehen von diesen Äußerlichkeiten, zeigte der Faschismus in Charakter und Gewalttätigkeit eine große Variationsbreite. Der deutsche Faschismus – als Nazismus bezeichnet – erreichte an Aggressivität und Diktatur einmalige Ausmaße.

Die Faschisten kamen auf unterschiedliche Weise an die Macht, in allen Fällen jedoch vor dem Hintergrund der schweren ökonomischen Erschütterung einer von Arbeitslosigkeit gefolgten Inflation. Die etablierten politischen Parteien vermochten sich nicht über eine Lösung zu einigen, und das politische Leben verfiel. In Italien bildeten arbeitslose ehemalige Soldaten das Rückgrat von Mussolinis faschistischer Bewegung; ungeachtet der geringen Unterstützung durch die Wähler (7 % im Jahre 1920), war sie im Straßenkampf erfolgreich. 1922 konnte Mussolini unter Gewaltandrohung und mit stillschweigender Duldung von Elementen des rechten Flügels die Macht ergreifen. Im Grunde genommen war die faschistische Antwort auf politische Probleme ganz einfach und lautete: Stärke. Die Wirtschaft wurde in Gang gebracht durch Unterdrückung von Streiks, durch Schutzzölle gegen ausländische Waren, oft durch Wiedereinstellung der Arbeitslosen in der Rüstungsindustrie sowie durch Eroberung neuer Märkte im Ausland (diese sollten sowohl die Versorgung mit billigen Rohstoffen gewährleisten als auch überschüssige Proletariern Platz bieten). Jeder, der dieses Programm im Inland verhindert hätte, wäre eingesperrt worden; wo sich Ausländer einmischten, war ein Krieg zu befürchten.

Als nach 1929 die große Wirtschaftskrise einsetzte (siehe Seite 30), verfiel die Wirtschaft, und die Länder mit dem höchsten Anteil an Landarbeitern waren davon am schlimmsten betroffen. In Deutschland bestand jedoch ein geradezu einmaliges, durch Mißmanagement verursachtes wirtschaftliches Ungleichgewicht. Die Westmächte forderten nicht enden wollende Reparationen (siehe Seite 28), und ein exzessives Vertrauen in ausländische Investitionen machte fast ein Drittel der arbeitsfähigen Bevölkerung arbeitslos. Das Parteiensystem brach zusammen, und im Januar 1933 wurde Hitler, der radikale Lösungen versprach, mit einem Drittel der Wählerstimmen Reichskanzler. Seine ersten Handlungen waren auf ein Bündnis mit der orthodoxen Rechten gerichtet, die ihm bei der nächsten Wahl die Mehrheit sichern sollte; dann richtete er es so ein, daß ihm der Reichstag (mit dem Ermächtigungsgesetz vom März 1933) diktatorische Vollmachten erteilte. Eine Geheimpolizei, die Gestapo, mit paramilitärischen Hilfskräften in Gestalt zweier Naziorganisationen, der SA und der SS, bemächtigte sich der Oppositionellen und brachte sie in Konzentrationslager. Schließlich dehnte der Reichsführer SS, Heinrich Himmler, seine Macht auf die gesamten Polizeikräfte aus; 1934 wurde er von Hitler beauftragt, eine mörderische Reinigung der SA von Hitlers Rivalen vorzunehmen (die „Nacht der Langen Messer“ am 30. Juni). Der Antisemitismus war eine der wichtigsten Grundanschauungen der Nazis; alle wirtschaftlichen Schwierigkeiten wurden den Juden zur Last gelegt, die angeblich undeutsche Parasiten waren.

Hitler wurde immer populärer. Die Wirtschaft erholte sich bemerkenswert rasch: 1936 bestand noch eine geringe Arbeitslosigkeit, doch bereits 1938 zeigte sich ein Arbeitskräftemangel. Sehr viele Deutsche aus bescheidenen Verhältnissen waren durch die Partei zu Amt und Würden gelangt, und viele andere profitierten vom wirtschaftlichen Aufschwung. Die Nazis behaupteten – für viele einleuchtend –, daß dies ihrem neuen Wirtschaftssystem zu danken sei: das praktisch vollständige Verbot der Einfuhr billiger ausländischer Waren, Preisstops, staatlich geleitete Kartelle in Industrie und Landwirtschaft sowie Papiergeld, das zugunsten eines höheren Beschäftigungsgrades „ausgereicht“ werden konnte. Ein derartiges geschlossenes Wirtschaftssystem verstieß gegen die Regeln der internationalen Wirtschaft, doch Hitler glaubte, Deutschland autark machen zu können. Für die Zukunft plante er die Eroberung von Ländereien im Osten, insbesondere in der Sowjetunion, die deutsche Kolonien werden sollten. Zu diesem Zweck setzte Hitler, so rasch er konnte, die

Die Nazis erreichten in der Zeit zwischen 1928 und 1932 einen dramatischen Anstieg der politischen Unterstützung (*1*, Diagramm); nachdem Hitler 1933 Reichskanzler geworden war, führte er vielfältige Maßnahmen zur Verbesserung der wirtschaftlichen Entwicklung ein (*1*), die durch eine protektionistische Außenhandelspolitik unterstützt wurden. Unterentwickelte Gebiete, große Firmen und sich rückläufig entwickelnde Industriezweige erfreuten sich staatlicher Unterstützung und Investitionen; das Autobahnnetz sowie neue Städte und Industriestandorte wurden geschaffen, was zusammen mit der wiederbelebten Rüstungsindustrie (siehe Seite 30) zu einer intensiven Ankurbelung der deutschen Wirtschaft führte. Zum Vergleich sei gesagt, daß der ältere faschistische Staat Italien trotz Ankündigung ähnlicher Pläne nicht imstande war, diese ebenso erfolgreich umzusetzen (*5*). Hitler vergrößerte auch Deutschlands politisches Kapital (*2*). Zuerst beseitigte er die der Nation vom Versailler Vertrag auferlegten Beschränkungen (siehe Seite 28): Das Saarland wurde durch einen Volksentscheid „heimgeholt“, das Rheinland remilitarisiert und Österreich angeschlossen. Danach wandte er sich mit dem Anspruch, für die Selbstbestimmung deutscher Minderheiten einzutreten, Frankreichs Verbündeten, der Tschechoslowakei und Polen, zu. Die Tschechoslowakei als ein viele Rassen umfassendes Gebilde machte eine fortschreitende Aufteilung (mit englischer und französischer Zustimmung in München) leicht. Der polnische Widerstand gegen die deutschen Ansprüche (wegen des Danziger Korridors) löste den Krieg aus (siehe Seite 38). Mussolinis koloniale Ambitionen führten (unter dem Vorwand strittiger Grenzgebiete) (*4*) zur Invasion in Äthiopien und zur Annektierung Albaniens. Die faschistische Provokation in Europa hatte jedoch zuerst in Spanien einen Gewaltausbruch zur Folge, wo sich eine Revolte von Heeresoffizieren in Spanisch-Marokko zu einem Bürgerkrieg entwickelte (*3*). Das Militär, die politische Rechte und die römisch-katholische Kirche (gemeinsam mit deutschen und italienischen „Freiwilligen“ sowie mit Militärhilfe) traten gegen die „Volksfront“-Regierung der Republikaner, der Antiklerikalen, der Anarchisten, Sozialisten und Kommunisten, der baskischen und katalanischen Separatisten an (die ihrerseits sowjetische Militärhilfe erhielten). Gegen eine weitverbreitete Kritik initiierten England und Frankreich ein internationales Nichtinterventionsabkommen, eine Maßnahme, die sich später in der Tatsache niederschlug, daß der faschistische Führer Franco es ablehnte, Hitlers Achse beizutreten, und Spanien während des Zweiten Weltkrieges neutral blieb.

Bild oben rechts: Ein Massenaufmarsch der Nazis auf dem Zeppelinfeld, Nürnberg, 1936.

Wiederaufrüstung in Gang. 1936 erfolgte der Einmarsch ins Rheinland; er war das erste einer Anzahl kühner Manöver, die Deutschland mit Gewalt seine „traditionellen" Gebiete wiederbringen sollte.

Während Hitler wieder aufrüstete und seine innenpolitische Macht vergrößerte, ahmten viele europäische Länder Faschismusmodelle nach. 1936 revoltierte ein großer Teil der spanischen Armee gegen die linke republikanische Regierung. Von General Franco wurde allgemein (obwohl zu Unrecht) angenommen, er sei das Werkzeug einer faschistischen Verschwörung; Hitler und Mussolini stellten ihm allerdings Waffen und Mannschaften zur Verfügung (hier kam die Luftwaffe erstmals zum Einsatz). Im Sommer 1939 hatte Franco gesiegt.

Hitler drängte Mussolini und Franco rasch in seinen Schatten. Der italienische Faschismus war wirtschaftlich gesehen in den dreißiger Jahren weitaus weniger erfolgreich. Mussolini hielt nach Siegen im Ausland Ausschau und begann 1935 einen niederträchtigen Krieg mit der Absicht, Abessinien zu erobern. Dies und seine Unterstützung für Franco brachten ihm einige billige Siege ein, sie schnitten Mussolini jedoch von den Westmächten ab. 1936 trafen sich Hitler und Mussolini und beschlossen die „Achse" zwischen Berlin und Rom, um die sich die Politik in Europa drehen sollte. Mit der garantierten italienischen Unterstützung hatte Hitler nun freie Hand, um die Unabhängigkeit der ost- und mitteleuropäischen Länder zu untergraben, die ihm als Ausgangspunkt für das Reich dienen sollten, das er in Rußland plante.

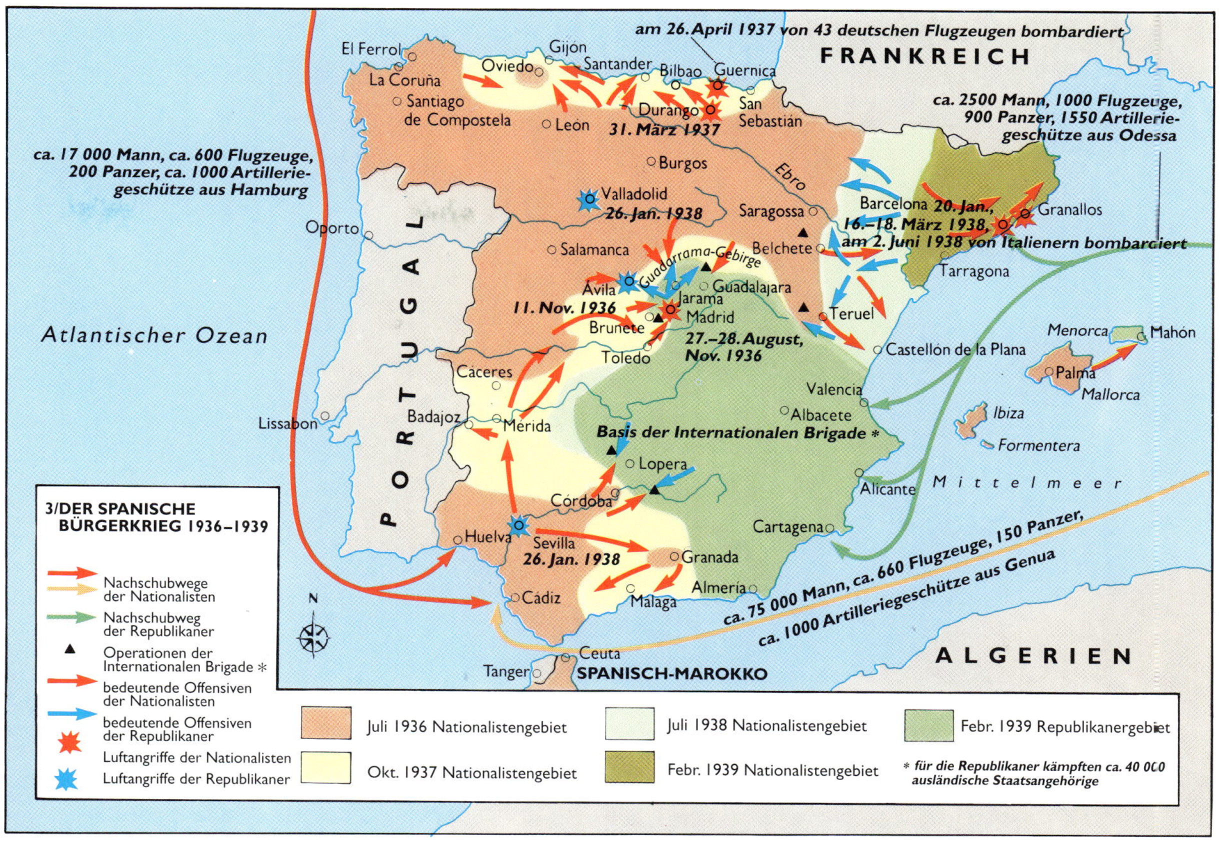

3/DER SPANISCHE BÜRGERKRIEG 1936–1939

2/DIE AUSBREITUNG DES FASCHISMUS 1934–1939

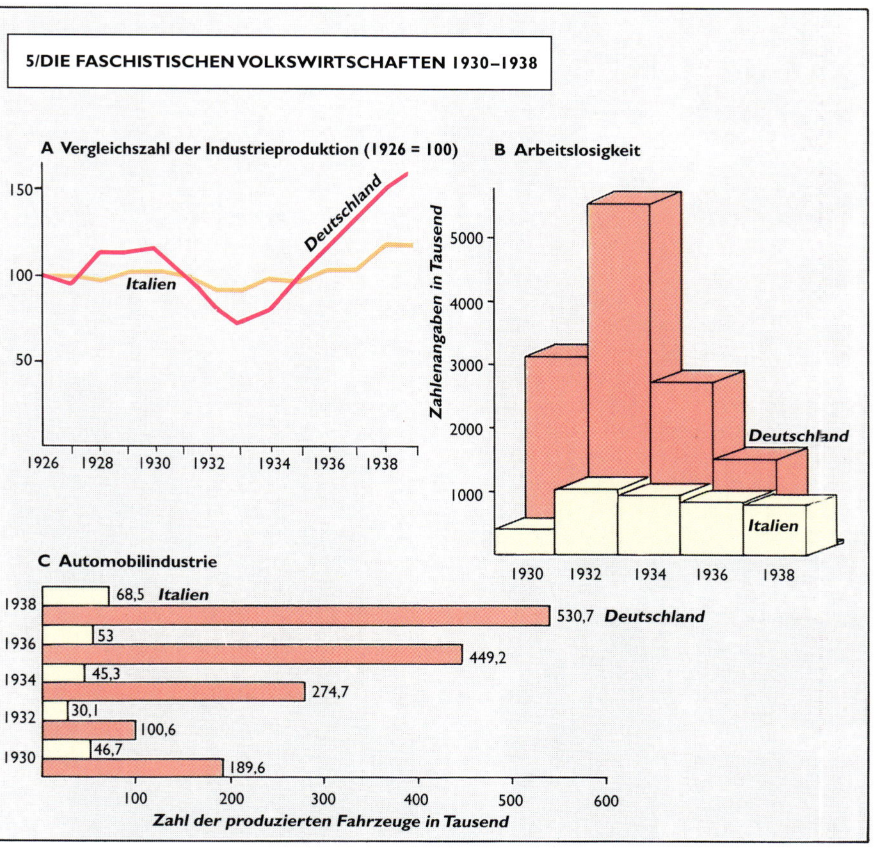

Polen September 1939

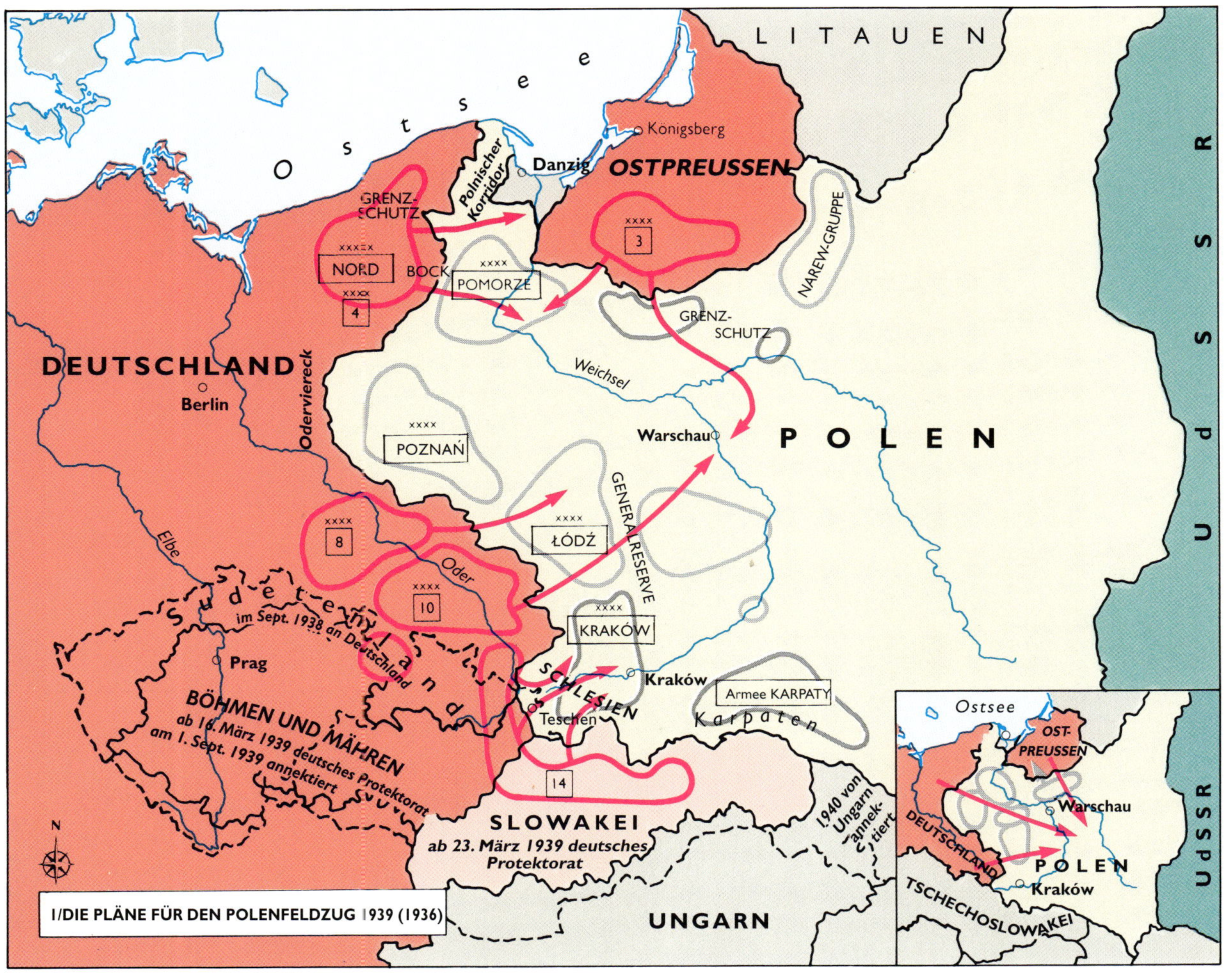

Der Polenfeldzug war der kürzeste und zugleich entscheidendste von allen deutschen Aggressionen während des Zweiten Weltkrieges; daher markierte er den Beginn des Krieges. Zwischen dem 1. und 19. September 1939 durchbrachen deutsche Truppen Polens Nord-, West- und Südgrenzen und vollzogen einen Vormarsch mit der Geschwindigkeit eines Wirbelsturms, der die sehr viel schwächeren polnischen Streitkräfte überwältigte. Ihre Vernichtung wurde durch eine Intervention der Sowjetarmee vollendet, die am 17. September damit begann, in Ostpolen einzurücken.

Die dem wiederhergestellten polnischen Staat im Vertrag von Versailles eingeräumten territorialen Konzessionen gaben Deutschland in den Jahren zwischen den beiden Weltkriegen den bedeutendsten Grund zur Klage (siehe Seite 28). Die Ressentiments konzentrierten sich speziell auf den Verlust des direkten Zugangs zu Ostpreußen durch die Schaffung des polnischen Korridors zur Ostsee über die deutschsprachige Stadt Danzig und auf den Verlust der größtenteils deutschsprachigen Gebiete von Schlesien. Hitler setzte die Wiedergewinnung dieser Gebiete ganz oben auf seine Liste der „Gebietsansprüche", obwohl die Integrität Polens von Frankreich (1921) und am 31. März 1939 auch von England garantiert wurde (siehe Seite 30). Am 25. März 1939 teilte Hitler dem deutschen Generalstab mit, nun sei die Zeit gekommen, die Lösung des „polnischen Problems" mit militärischen Mitteln anzugehen. Am 3. April setzte er den 1. September als Datum für den Angriff fest. Am 28. April annullierte er den deutsch-polnischen Nichtangriffsvertrag von 1934, und am 23. Mai sagte er seinen Generälen warnend, daß mit Krieg zu rechnen sei. Gleichzeitige Verhandlungen mit den Westalliierten und mit Rußland, die im April begonnen wurden, hatten angeblich das Ziel, das „polnische Problem" ohne Konflikt zu lösen; sie kulminierten in der Unterzeichnung des Hitler-Stalin-Pakts am 23. August. Darin wurden die Einflußsphären in Osteuropa abgesprochen, und Deutschland konnte Polen ohne das Risiko eines russischen Gegenangriffs überfallen.

Deutschland stellte fünf Armeen mit insgesamt 1 500 000 Mann für die Offensive bereit. Den Polen, die im Juli mit den militärischen Vorbereitungen begannen, gelang es, 1 000 000 Mann zu mobilisieren, als die Deutschen nach von deutscher Seite inszenierten Grenzzwischenfällen im Morgengrauen des 1. September angriffen. Die Luftwaffe attackierte polnische Flugplätze im ganzen Land: Viele veraltete Flugzeuge wurden zerstört, obwohl es den polnischen Luftstreitkräften gelang, über 500 deutsche Flugzeuge zu zerstören oder zu beschädigen. Die Luftangriffe auf polnische Verteidigungsstellungen und Städte hielten während des ganzen Feldzuges an. Ein deutscher Angriff mittels Schiffsartillerie zerstörte die Verteidigungsanlagen von Gdynia in der Nähe von Danzig sowie einen großen Teil der polnischen Flotte bereits am ersten Tag.

Am Boden kamen die Deutschen rasch vorwärts. Das polnische Oberkommando hatte in der Hoffnung auf den Erhalt seiner westlichen Industrieregion keinen Gebrauch von der Möglichkeit gemacht, im Verlauf der Flüsse Narew – Weichsel – San Stellung zu beziehen. Statt dessen wurden die polnischen Armeen an den Grenzen in Stellung gebracht, welche von den Deutschen schnell durchbrochen wurden. Die isolierten polnischen Streitkräfte wurden anschließend eingekesselt. Mangelhaft ausgerüstet konnten die Polen auf dem

Schlachtfeld keine Manöver gegen die Invasoren unternehmen, die mit fast 2 000 modernen Panzern bewaffnet waren.

Der deutsche Durchbruch der Grenzen war am 5. September abgeschlossen. Am 7. September war die von Süden heranrückende 10. Armee etwa 65 km von Warschau entfernt, das die polnische Regierung am Vortag verlassen hatte. Die 8. und 14. Armee waren mit der gleichen Geschwindigkeit nach Westen marschiert und hatten das schlesische Industrierevier erobert. Von Norden waren die 4. und 3. Armee rasch vorgerückt; letztere war am 7. September noch 40 km von Warschau entfernt. Der größte Teil der polnischen Streitkräfte wurde dann in zwei großen Kesseln um Kutno und Warschau festgehalten. Der deutsche Plan hatte diesen Ausgang vorgesehen. Berichte, daß polnische Truppen nach Osten entkommen wären, bewirkten am 11. September eine Änderung des Planes dahingehend, daß die Einkesselung in Richtung der Weichsel ausgedehnt wurde. Eine beherzte polnische Gegenoffensive im Westen von Warschau an der Bzura wurde am 17. September zerschlagen. An diesem Tag marschierten zwei sowjetische Gruppierungen, die Belorussische und die Ukrainische Front, von Osten in Polen ein. Die Sowjets hatten offenbar ihren anfänglichen Mangel an Bereitschaft überwunden und wollten nun eine deutsche Okkupation Ostpolens verhüten. Sie trafen auf nur geringen Widerstand. Dieses erste Beispiel der deutschen Blitzkriegstaktik hatte sich als voller Erfolg erwiesen: schnelle Vorstöße von Panzereinheiten, unterstützt durch Luftschläge, weit hinter die Verteidigungslinien des Feindes, wobei Kessel gebildet werden, die später beräumt werden können. Die Deutschen machten 694 000 Gefangene; 100 000 Polen flüchteten nach Litauen, Ungarn und Rumänien. Viele stießen schließlich zu den Alliierten im Westen. Die deutschen Verluste betrugen 13 000 Tote und 30 000 Verwundete. Im Vergleich dazu waren es bei den Polen 70 000 Tote und 133 000 Verwundete. Die Verluste auf russischer Seite wurden niemals genau ermittelt.

Der polnische Verteidigungsplan von 1936 (*1*, Nebenkarte) gegen eine deutsche Aggression bestand in der Massierung der Streitkräfte an der Westgrenze bei gleichzeitigem Angriff auf Ostpreußen. Die deutsche Annexion des Sudetenlandes (1938) und die anschließende Stationierung deutscher Truppen in der Slowakei erforderten eine Revision (*1*), welche die polnischen Truppen ganz spärlich auf die Grenze von den Karpaten bis Litauen verteilte. Der deutsche Plan von 1939 enthielt einen Bilderbuchdurchbruch, das Abschneiden des polnischen Korridors, die Einkesselung der polnischen Streitkräfte und ihre Vernichtung innerhalb des Kessels mit Warschau als Zentrum. In der Praxis erfolgte der Durchbruch genau nach Plan (*2*). Am 1. September 4.40 Uhr zerstörte die Luftwaffe einen großen Teil der gegnerischen Luftstreitkräfte am Boden, während die 4. Armee den polnischen Korridor überwand und am 3. September in Ostpreußen zur 3. Armee stieß, wonach sich beide zum Vormarsch auf Warschau vereinigten. Ungeachtet des primitiven Zustands des polnischen Straßennetzes, rückten einige Einheiten im Süden am ersten Tag bereits 24 km vor, und am 5. September befand sich die 14. Armee in Kraków, die 10. bei Częstochowa und die 8. in der Nähe von Łódź. Mit Ausnahme der Armee von Poznań war die polnische Front überall auf dem Rückzug. Am 7. September befanden sich die deutschen Heeresgruppen Nord (Bock) und Süd (Rundstedt) in 65 bzw. 40 km Entfernung von Warschau. Ihr ursprüngliches Vorhaben zur Einkesselung der Polen im Verlauf der Weichsel wurde revidiert, als man hörte, daß die Polen nach Osten flüchteten; der Kessel wurde bis zum Bug ausgedehnt. Die Armee von Poznań, die durch das anfängliche Vorrücken der Deutschen isoliert war, wendete sich am 10. September nach Osten und versuchte, über die Bzura (*3*) aus der deutschen Einkesselung auszubrechen, um Warschau zu erreichen. Diese Initiative wurde von den Deutschen in der Umgebung von Kutno gestoppt. Der Kessel kapitulierte am 17. September. Unterdessen nahmen Guderians Panzer Brest am 17. September ein, während Lwów am 19. September fiel. Warschau kapitulierte nach schweren Bombenangriffen am 27. September und die letzten polnischen Truppen am 6. Oktober. Die Russen drangen am 17. September ein, während die deutsche Vorhut an einer vorher vereinbarten Trennungslinie anhielt. In dieser Situation ergaben sich viele Polen den Deutschen; sie zogen dies einer Konfrontation mit der Sowjetarmee vor.

Bild links: Die deutsche Armee rückt auf einer typischen unbefestigten polnischen Straße vor.

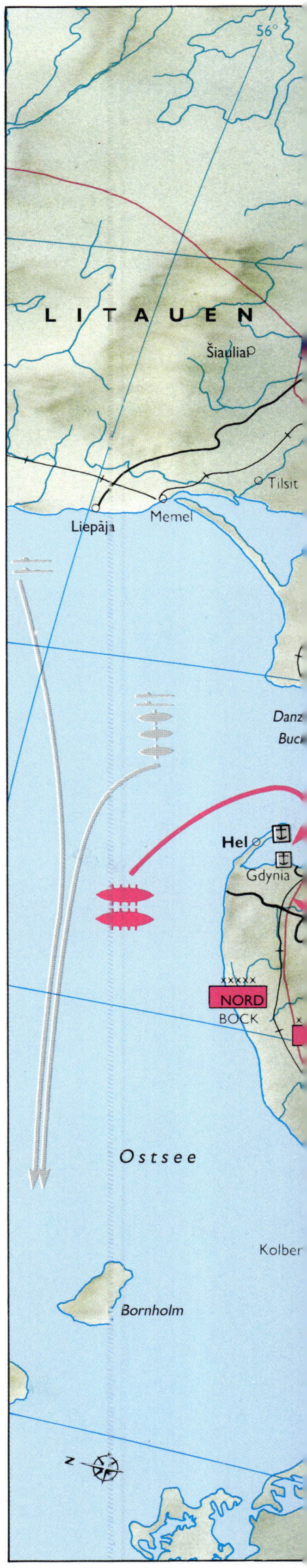

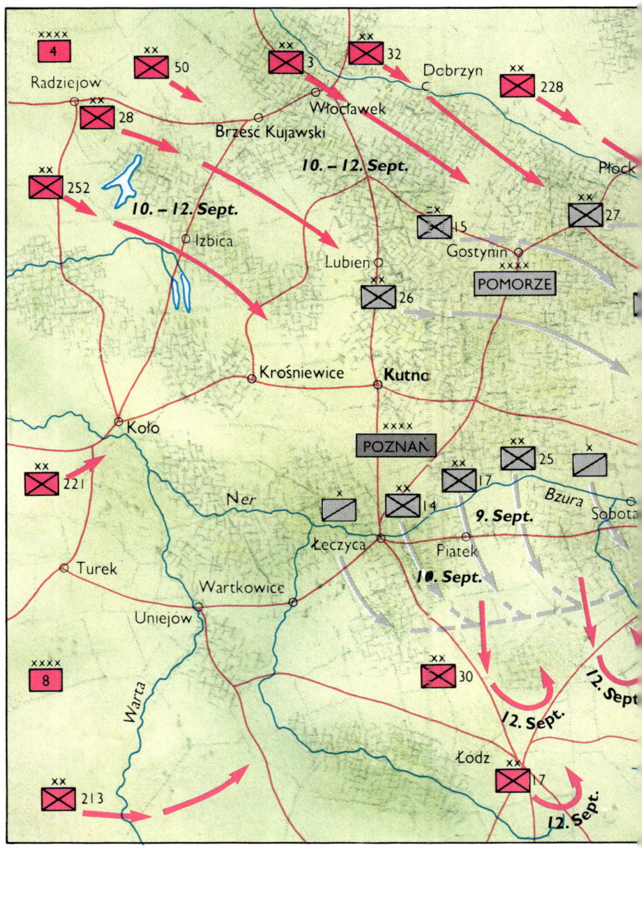

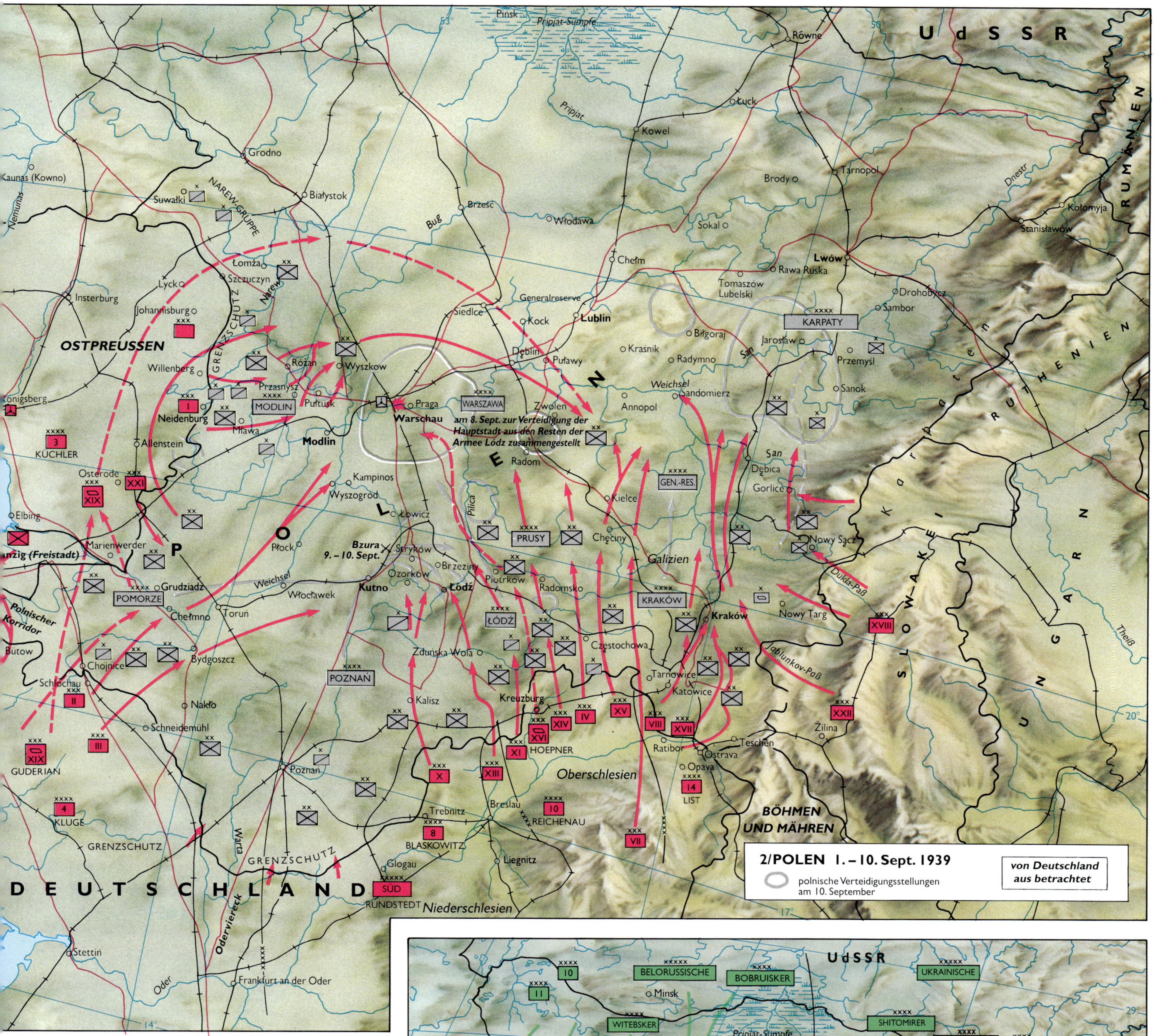

2/POLEN 1.–10. Sept. 1939
polnische Verteidigungsstellungen am 10. September
von Deutschland aus betrachtet
UdSSR
RUMÄNIEN
OSTPREUSSEN
POLEN
DEUTSCHLAND
BÖHMEN UND MÄHREN
SLOWAKEI
UNGARN
Oberschlesien
Niederschlesien
Galizien
Danzig (Freistadt)
Polnischer Korridor
am 8. Sept. zur Verteidigung der Hauptstadt aus den Resten der Armee Lodz zusammengestellt
Bzura 9.–10. Sept.
NAREW-GRUPPE
WARSZAWA
MODLIN
PRUSY
ŁÓDŹ
KRAKÓW
KARPATY
POMORZE
POZNAŃ
GEN.-RES.
Generalreserve
KÜCHLER
GUDERIAN
KLUGE
HOEPNER
REICHENAU
BLASKOWITZ
LIST
RUNDSTEDT
SÜD
GRENZSCHUTZ
Pripjat-Sümpfe
Karpaten
Dukla-Paß
Jablunkov-Paß
Warschau
Kutno
Łódź
Radom
Kielce
Kraków
Lwów
Lublin
Brest
Grodno
Białystok
Königsberg
Stettin
Frankfurt an der Oder
Breslau
Posen

3/SCHLACHT AN DER BZURA 9.–21. SEPT. 1939
Am 17. Sept. entgehen 2 Divisionen der Einschließung. Die restlichen Divisionen werden eingekesselt und aufgerieben. 100 000 polnische Soldaten geraten 16.–18. Sept. in Gefangenschaft.
12.–16. Sept. Umgruppierung polnischer Verbände
16.–18. Sept. Angriffe der Luftwaffe
16. Sept.
12. Sept.
Kampinos-Heide
Wyszogrod
Modlin
Warschau
Łowicz
Sochaczew
Płońsk
Góra
Nasielsk
Serock
Narew
Wkra
Weichsel
Rawka

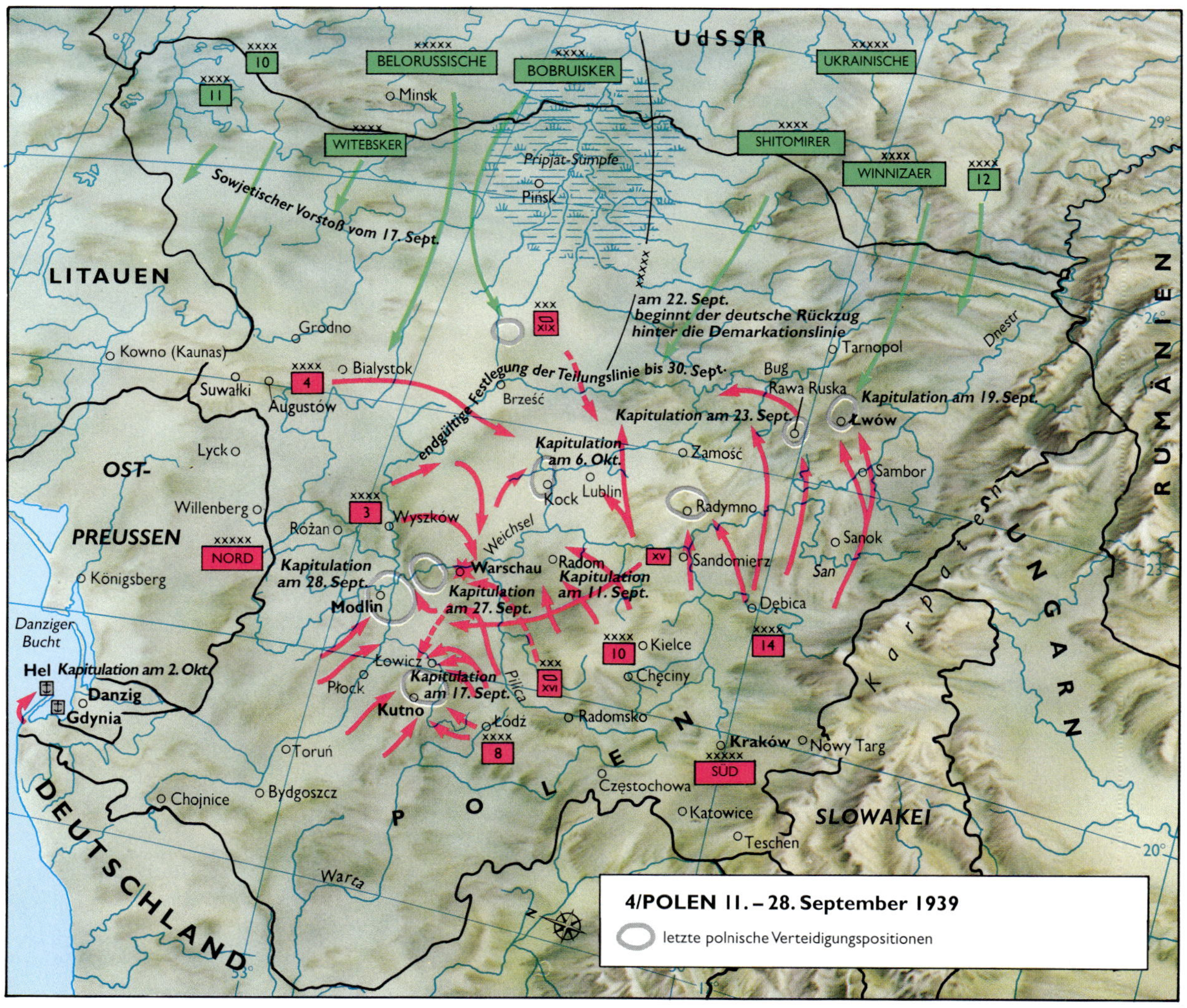

4/POLEN 11.–28. September 1939
letzte polnische Verteidigungspositionen
UdSSR
BELORUSSISCHE
BOBRUISKER
UKRAINISCHE
WITEBSKER
SHITOMIRER
WINNIZAER
Sowjetischer Vorstoß vom 17. Sept.
am 22. Sept. beginnt der deutsche Rückzug hinter die Demarkationslinie
endgültige Festlegung der Teilungslinie bis 30. Sept.
Kapitulation am 23. Sept.
Kapitulation am 19. Sept.
Kapitulation am 6. Okt.
Kapitulation am 28. Sept.
Kapitulation am 27. Sept.
Kapitulation am 11. Sept.
Kapitulation am 17. Sept.
Kapitulation am 2. Okt.
LITAUEN
OSTPREUSSEN
DEUTSCHLAND
POLEN
SLOWAKEI
UNGARN
RUMÄNIEN
NORD
SÜD
Danziger Bucht
Hel
Danzig
Gdynia
Warschau
Modlin
Kutno
Lwów
Pripjat-Sümpfe

Skandinavien 1939–1940

Zwischen der Invasion in Polen im September 1939 und dem Feldzug im Westen im Mai 1940, veränderten Deutschland und die UdSSR die politische Geographie der Ostsee durch Gewalt oder Diplomatie. Durch ein Geheimprotokoll zum Hitler-Stalin-Pakt vom 23. August 1939 (siehe Seite 36) waren die Staaten des Baltikums zusammen mit Finnland der sowjetischen Einflußsphäre zugeordnet worden. Im September 1939 waren sie gezwungen worden, Verträge zu unterzeichnen, die die Stationierung sowjetischer Truppen auf ihrem Territorium erlaubten, und im Juni 1940 wurden sie definitiv okkupiert, um danach als Sowjetrepubliken annektiert zu werden. Finnland wurde am 12. Oktober mit der sowjetischen Forderung konfrontiert, den Sowjets für 30 Jahre Stützpunkte in Karelien, in Hangö an der Ostsee sowie auf der Halbinsel Rybatschi und im Gebiet von Petsamo in der Arktis zu verpachten. Am 26. November inszenierte Rußland einen Zwischenfall, der den Vorwand für einen Angriff auf die russisch-finnische Grenze lieferte. Die Finnen hatten Zeit, 200 000 Mann gegen 1 Million Sowjets zu mobilisieren. Mannerheim, der finnische Oberbefehlshaber, entsandte sechs seiner neun Divisionen nach Karelien, zwei nördlich des Ladogasees mit einer Division in Reserve. Die Nordfront wurde durch vereinzelte Kampftrupps gehalten. Einkesselungen *(motti)* und nadelstichartige Angriffe auf solche Ziele wie Feldküchen ermöglichten es den finnischen Einheiten, der Roten Armee nördlich des Ladogasees im Dezember insbesondere bei Tolvayarvi und Suomussalmi demütigende Niederlagen beizubringen. Unterdessen hielt Mannerheim Karelien und unternahm am 23. Dezember einen Gegenangriff. Die Sowjets gruppierten ihre Kräfte neu und eröffneten am 1. Februar die Schlußoffensive. Ihre eindeutige Übermacht zwang die Finnen, am 6. März um Frieden zu bitten. Der Vertrag vom 12. März überließ den Russen alle Territorien, die diese vor dem Kriegsausbruch gefordert hatten. Die Zahl der finnischen Gefallenen betrug über 24 000, die der Sowjets 200 000. Viele kamen durch Kälte oder Hunger ums Leben.

Die sowjetische Aggression gegen Finnland lenkte die Aufmerksamkeit der Alliierten und die der Achsenstaaten auf Skandinavien. Die deutsche Flotte war begierig, hier Militärbasen zu erwerben, und zwar sowohl zum Schutz des Eisenerzhandels mit Schweden als auch zur Umgehung der Vorherrschaft der Royal Navy in der Nordsee. Verärgert über eine Verletzung neutraler norwegischer Gewässer durch die Engländer, die englische Gefangene von einem deutschen Handelsschiff retten wollten (der „Altmark"-Zwischenfall vom 16. Februar 1940), und ermutigt durch den norwegischen Nazi Vidkun Quisling, der lokal Enthusiasmus für die deutsche Sache anzufachen vermochte, befahl Hitler General Falkenhorst am 21. Februar die Planung einer Invasion in Norwegen.

Die Engländer und Franzosen berieten eigene Landungspläne für Norwegen. Die Deutschen kamen ihnen jedoch am 9. April zuvor, als sie eine brillant durchdachte kombinierte Operation durchführten. Dänemark kapitulierte sofort. Norwegen, wo deutsche See- und Luftstreitkräfte bei Oslo, Kristiansand, Stavanger, Bergen, Trondheim und Narvik landeten, hielt länger aus. Norwegische Truppen leisteten im Norden nachdrücklichen Widerstand und wurden durch französisch-britische Truppen bei Trondheim (18. April) und Narvik (14. April) unterstützt. Bei zwei Gefechten in den Fjords von Narvik (am 10. und 13. April) brachte die Royal Navy den deutschen Verteidigungskräften schwere Verluste bei. In erbitterten Kämpfen vor Trondheim wurden englische, französische und polnische Truppen gezwungen, sich evakuieren zu lassen oder am 3. Mai zu kapitulieren. Der Kampf um Narvik dauerte bis zum 4. Juni (die Aufmerksamkeit der Alliierten wandte sich anschließend den Ereignissen in den Niederlanden zu). Deutsche Verstärkungen zwangen die Alliierten zum Rückzug am 8. Juni. Er wurde fast zum Desaster, als die alliierten Geleitzüge in der Nordsee von deutschen Kriegsschiffen angegriffen wurden. Sechs englische Schiffe gingen verloren. Ein Kreuzer mit dem norwegischen König und der Regierung an Bord konnte mit knapper Not entkommen. Die norwegische Armee schloß am 9. Juni einen Waffenstillstand ab. Quisling wurde als Marionettenherrscher eingesetzt.

Deutschland drang am 9. April in Norwegen ein *(3)*. Norwegische Küstenbatterien versenkten den Kreuzer „Blücher", bevor dieser seine Truppen an Land setzen konnte; so konnte die Regierung nach Norden und später nach England fliehen. Die Hauptstadt wurde durch ein Luftlandeunternehmen erobert. Bei Stavanger, Kristiansand, Bergen, Trondheim und Narvik landeten die Deutschen planmäßig. Ein englisches Kriegsschiff, das die Formationen für Narvik und Trondheim bestimmte Verbände auf See beobachtete, zog den Schluß, die Schiffe seien in den Atlantik unterwegs. Nachdem die Deutschen Fuß gefaßt hatten, leistete die kleine norwegische Armee (15 000 Mann) Widerstand und wurde von englischen und französischen Truppen verstärkt, die bei Andalsnes (17. bis 19. April) und Namsos (14.–15. April) in der Nähe von Trondheim sowie bei Narvik (14. April) landeten. Die vom Süden anrückenden deutschen Verstärkungen brachten den Engländern bei Tretten am 23. April eine Niederlage bei und zwangen sie zum Rückzug sowohl aus Andalsnes als auch aus Trondheim am 2.–3. Mai. Bei Narvik waren die deutschen Invasoren durch den Sieg der Engländer über die deutschen Marineeinheiten *(4)* isoliert. Das blieb so bis zum 13. April. Ende Mai wurden die zahlenmäßig überlegenen Deutschen gegen die schwedische Grenze gedrängt. Der Zusammenbruch der Alliierten in Frankreich bewirkte jedoch den Abzug aus Narvik am 8. Juni. Die Transportschiffe und ihr Geleitschutz absolvierten einen Spießrutenlauf durch die deutschen Kriegsschiffe in der Nordsee *(5)*.

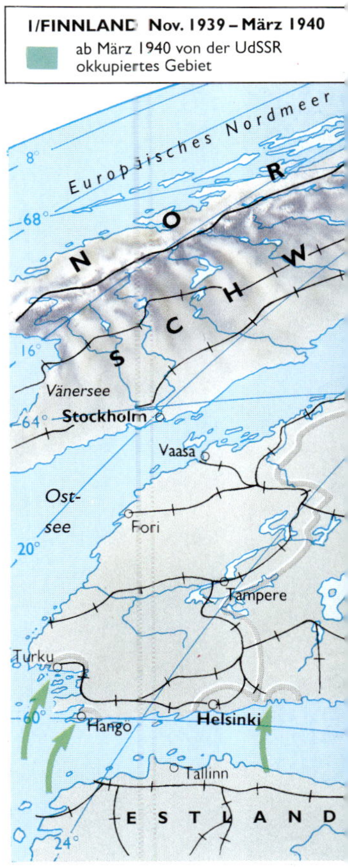

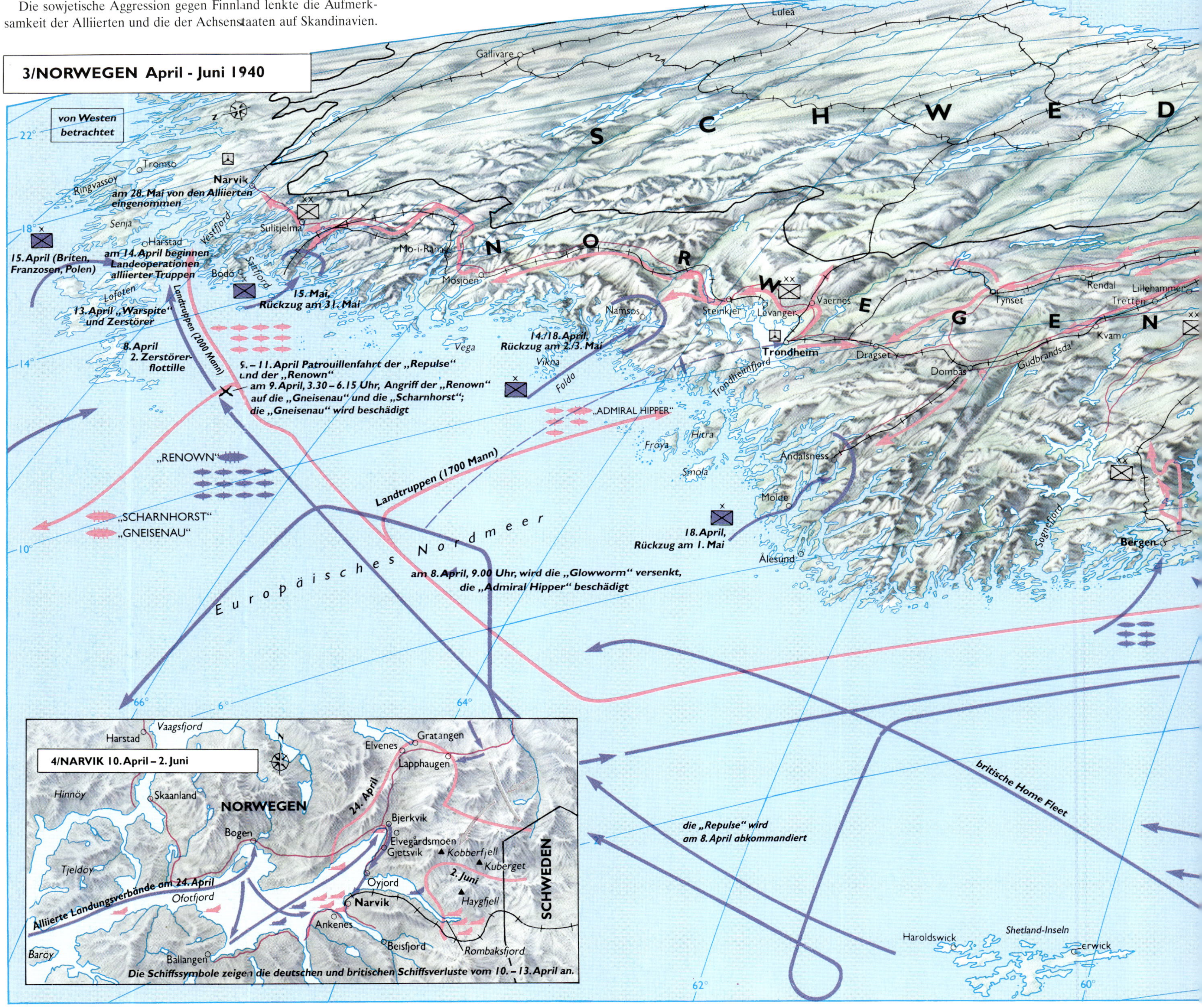

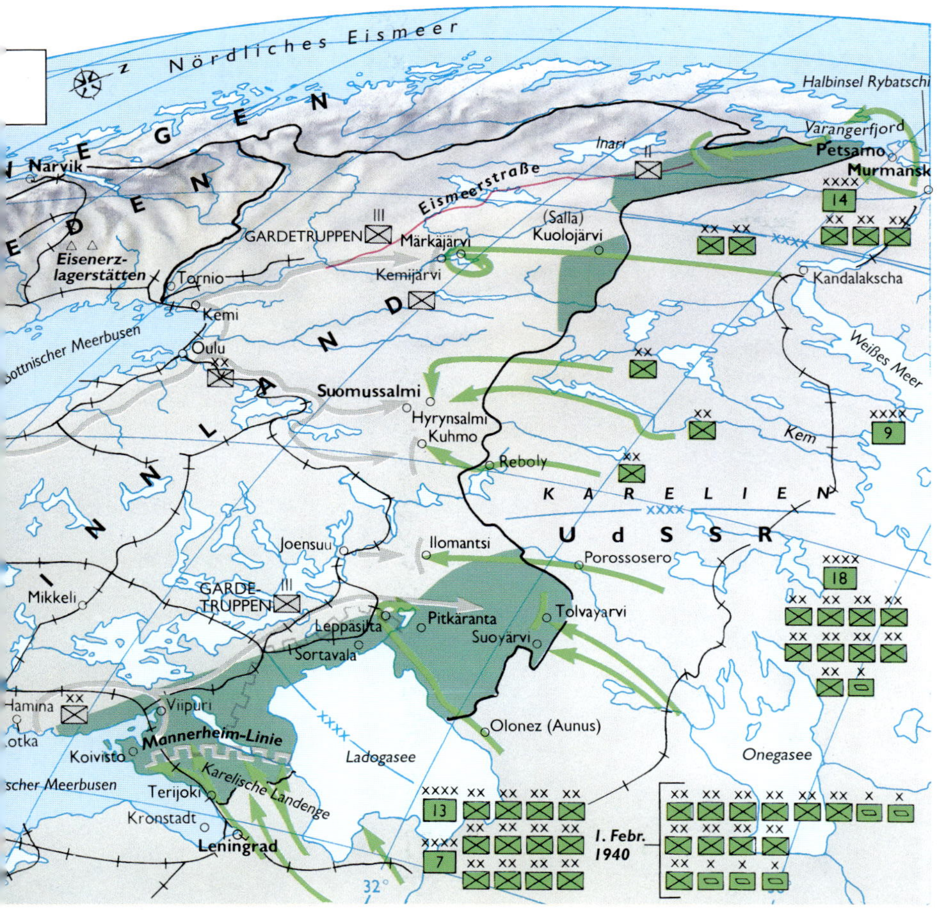

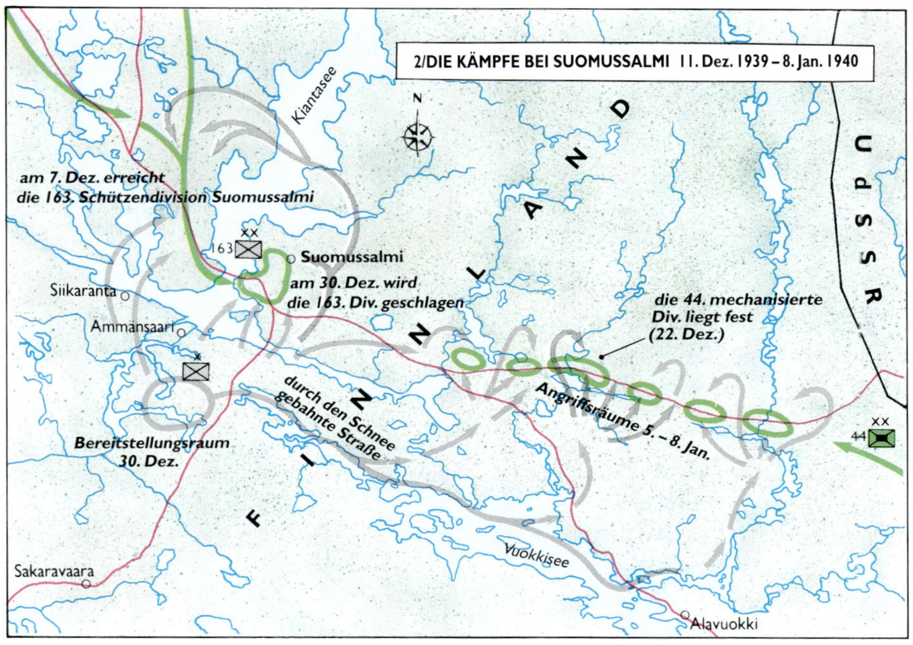

Sowjetische Luftangriffe auf Helsinki und die Offensive am Boden von Leningrad aus zum Eismeer begannen am 30. November 1939 **(1)**. Ein hervorragendes Eisenbahnnetz und taktisches Geschick halfen den Finnen, das Vordringen der Russen bei Tolvayarvi (12. Dezember) und bei Suomussalmi **(2)** aufzuhalten (11.–30. Dezember). In Karelien schlugen die Finnen einen russischen Angriff Mitte Dezember zurück und gingen zum Gegenangriff über; am 4. März zwang die inzwischen verstärkte Rote Armee die Finnen jedoch, um Frieden zu bitten.

Bild links: Finnische Truppen in Tarnanzügen für den Winter.

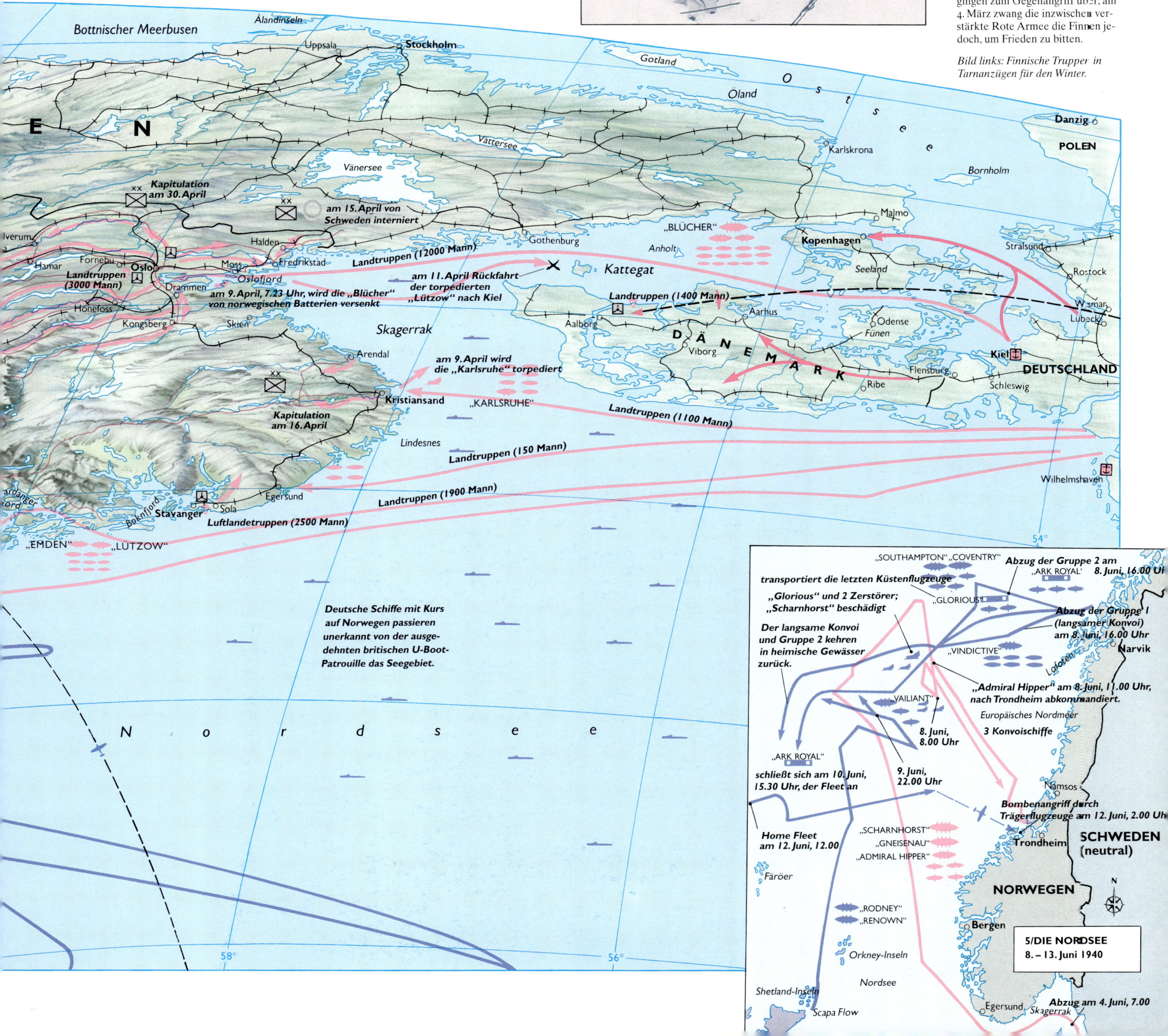

Belgien, Niederlande und Luxemburg 1940

1/ANGRIFFSPLÄNE

Am 27. September 1939, dem Tag, an dem Polen kapitulierte, verkündete Hitler seinen Generälen die Absicht, im Westen anzugreifen. Er wollte den Feldzug vor Wintereinbruch beenden und forderte einen Plan. Dieser wurde am 19. Oktober vom OKH vorgelegt: Der „Fall Gelb" sah ein Vorrücken zur holländischen und belgischen Küste vor, um hier eine Basis für zukünftige Operationen zu Land, zur See und in der Luft gegen die Franzosen und Engländer zu sichern. Der Plan befriedigte Hitler nicht, der ein durchschlagenderes Ergebnis wünschte. Das OKH erhob Einwände, während schlechtes Wetter immer neue Verschiebungen erzwang. Der „Fall Gelb" wurde letztendlich fallengelassen, nachdem deutsche Offiziere, die die Geheimdokumente mit sich führten, am 9. Januar 1940 bei Mechelen in Belgien notlanden mußten und der Verdacht nicht auszuräumen war, daß die Belgier von dem Plan Kenntnis erhalten hatten. An die Stelle des „Fall Gelb" trat der Plan „Sichelschnitt", dessen geistiges Kind General Manstein war, ein Kritiker des OKH. Er stimmte mit Hitlers eigenen Vorstellungen überein und wurde mit seiner Unterstützung durch das OKH in einen großen Entwurf zur Einkesselung und Zerstörung der englisch-französischen Armeen in Nordfrankreich umgewandelt (24. Februar).

Die Franzosen samt ihren britischen Alliierten waren bei der Verteidigung der französisch-deutschen Grenze von der Maginot-Linie abhängig. Die Grenze mit dem neutralen Belgien sollte im Fall einer deutschen Invasion dadurch geschützt werden, daß die alliierten mobilen Streitkräfte an den Fluß Dyle herangeführt werden, wo sie mit ihrer rechten Flanke an den Ardennenwald stoßen, der für Panzer als unzugänglich galt. Die letztgenannte Annahme erwies sich als gefährliche Ignoranz. Die Deutschen hatten umfangreiche Übungen durchgeführt, um die Realisierbarkeit eines Panzervorstoßes durch den Ardennenwald zu prüfen, der es ihnen erlauben würde, die Maginot-Linie zu umgehen. Tatsächlich beruhte ihr taktischer Ansatz auf dem kombinierten Einsatz von Panzervorstößen und vorrückenden Einheiten motorisierter Pioniere. Der „Sichelschnitt" sah eine Bewegung der Panzerkolonnen der Heeresgruppe A durch die Ardennen und bei Sedan, Monthermé und Dinant über die Maas vor, die unter den Flüssen das größte Hindernis darstellte. Die Kolonnen sollten dann nach Nordwesten schwenken und in der Nähe von Abbeville an die Kanalküste vorrücken, um dabei die französische Armeegruppe 1 und das Britische Expeditionskorps (BEF) einzuschließen, die mit dem Rücken zur See standen. Luftwaffe und Landstreitkräfte sollten zwischenzeitlich die Verteidigung der neutralen Niederlande überwältigen, während das Hauptgewicht der Heeresgruppe B auf die Belgier entfiel. Die Heeresgruppe C, der keine Panzer zugeteilt worden waren, sollte die Aufmerksamkeit der Garnison der Maginot-Linie auf sich ziehen und diese, falls möglich, durchbrechen.

Zahlenmäßig waren beide Seiten ungefähr gleich. Die Deutschen

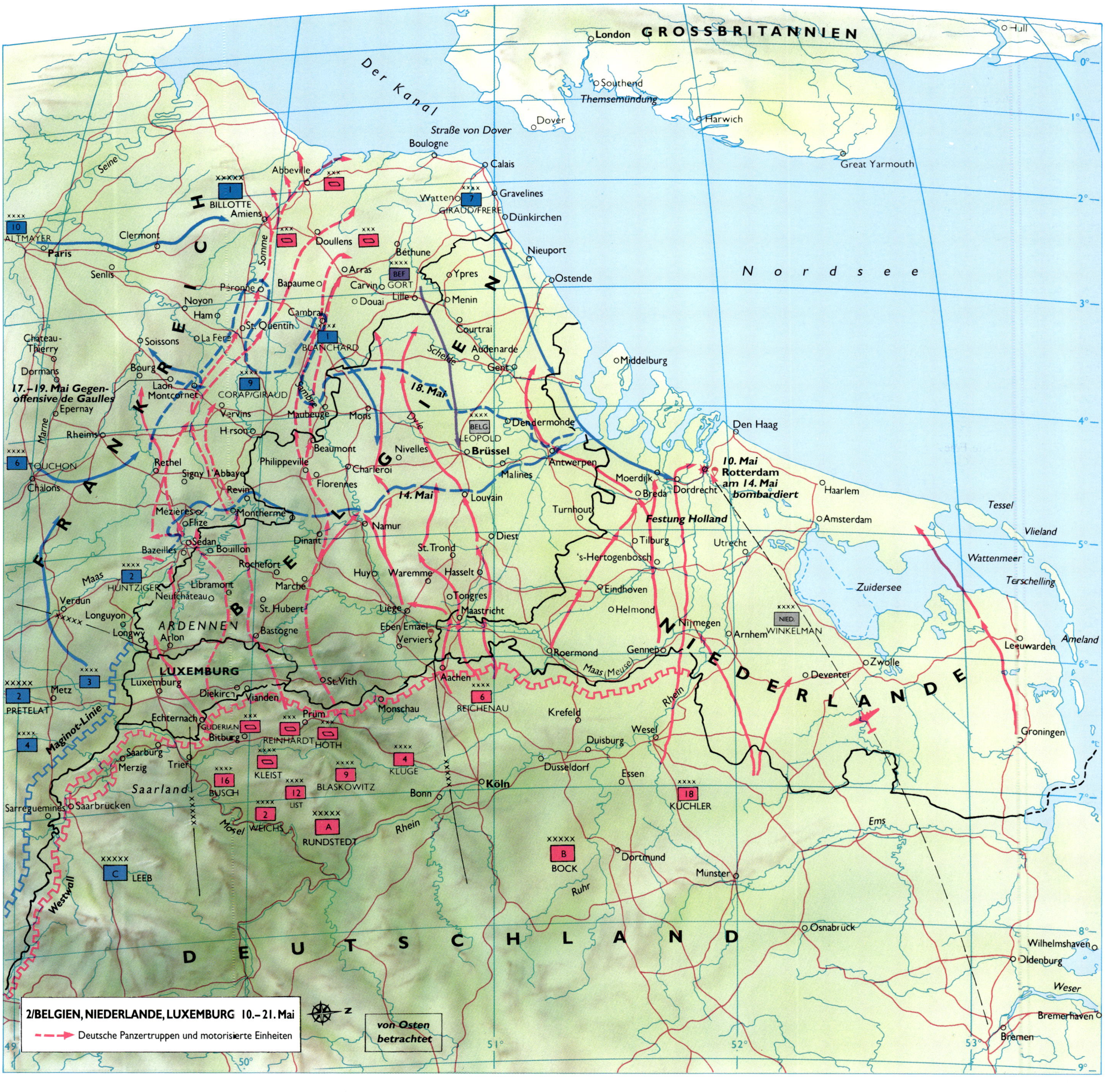

2/BELGIEN, NIEDERLANDE, LUXEMBURG 10.–21. Mai

setzten 136 Divisionen gegen 94 französische, 12 englische (was ziemlich genau der gesamten militärischen Stärke der Engländer entsprach), 22 belgische und 9 holländische Divisionen ein. Die Alliierten waren mit 3000 zu 2500 bei den Panzern, die Deutschen dagegen mit 3200 zu 1800 bei den Flugzeugen überlegen. Die Divisionen der Alliierten waren jedoch von sehr ungleichmäßiger Qualität; einige stellten reine Panzerformationen dar. Im Gegensatz dazu hatten die Deutschen ihre Panzer in 10 Panzerdivisionen gegliedert, die von taktischen Luftstreitkräften nachdrücklich unterstützt wurden; sie gehörten in ihrer Mehrzahl der Heeresgruppe A für die Überquerung der Maas an. Das deutsche Heer hatte auch eine klar umrissene Offensivdoktrin, die später als Blitzkrieg bezeichnet wurde, während die Alliierten von Verteidigungsüberlegungen ausgingen. Sie hatten auch eine völlig unübersichtliche Befehlsstruktur, wobei die Mannschaften nur geringen Enthusiasmus für den Krieg entwickelten. Deutschland begann seinen Angriff am 10. Mai. In Holland war die niederländische Armee in der Umgebung von Rotterdam, Amsterdam und Utrecht (Festung Holland) disloziert. Sie hatte seit 1830 nicht mehr gekämpft. Deutsche Fallschirmjäger drangen in die Festung Holland ein und sicherten Brückenköpfe für Luftlandetruppen und Panzerkolonnen. Französische Entlastungskräfte kehrten um; am 14. Mai, nachdem die Luftwaffe ihre Drohung eines Luftangriffs auf Rotterdam wahrgemacht hatte, der 30000 Zivilisten das Leben kostete, und als es den deutschen Bodentruppen gelungen war, die Verbindung zu den Fallschirmjägern herzustellen, kapitulierte Holland.

Die belgische Armee war ebenfalls zur Verteidigung einer nationalen Festung speziell an der Maas verpflichtet. Am 10. Mai schalteten deutsche Luftlandetruppen die Verteidigungsstellung bei Eben Emael aus. Am nächsten Tag begann sich die belgische Armee in Richtung des Dyle zurückzuziehen, wo die französische Armeegruppe 1 (mit den meisten französischen motorisierten und Panzerdivisionen sowie dem BEF unter ihrem Befehl) eingetroffen war. Am 15. Mai umging die deutsche 18. Armee sie von Holland aus im Norden, während die 6. Armee sie gegen die Dyle-Linie drückte. Unterdessen hatte die Heeresgruppe A die Maas am 13. Mai bei Dinant und Sedan und am 15. Mai bei Monthermé überquert. Als der französische Widerstand in diesem Sektor zusammenbrach, drangen acht Panzerdivisionen der Heeresgruppe A in Nordfrankreich ein.

Der französische Oberkommandierende Gamelin gab seine Zustimmung zum Rückzug der Armeegruppe 1 und des BEF vom Dyle zur Schelde am 16. Mai und versuchte, Begradigungen und Gegenangriffe zu organisieren, um seine zerfallende Front zu sichern. Panzerangriffe der Franzosen unter de Gaulle bei Laon (17.–19. Mai) und durch die Briten bei Arras (21. Mai) konnten die deutschen Panzer zurückdrängen, aber nicht abschneiden. Dies illustriert die Unkenntnis der Deutschen von der Schwäche ihrer Feinde; der deutsche Divisionskommandeur Rommel glaubte, er sei von fünf Panzerdivisionen angegriffen worden. Dessenungeachtet erreichten die deutschen Panzer St. Quentin am 18. Mai und Abbeville am 20. Mai. Von Weygand, der am 19. Mai Gamelins Nachfolge angetreten hatte, befohlene Gegenangriffe bei Cambrai und Amiens am 22. und 23. Mai schlugen ebenfalls fehl.

Ein deutscher Angriff trennte die belgische Armee am 25. Mai vom BEF und erzwang Belgiens Kapitulation am 28. Mai. Unterdessen wurden das britische Expeditionskorps und die französischen Streitkräfte im Norden in ein Gebiet zurückgeworfen, das den Kessel von Dünkirchen bilden sollte. Eine Anzahl von Wasserläufen, die den Hafen umgaben, wurde von Hitler als ein so ernstzunehmendes Hindernis für seine Panzer angesehen, daß er am 23. Mai das Anhalten der Panzerverbände befahl. Dieses offenbare Fehlurteil war für die eingeschlossenen Armeen ein Hoffnungsschimmer. Am 26. Mai bevollmächtigte die britische Regierung Gort, das Britische Expeditionskorps nach England zurückzuführen. Die Evakuierung (Operation „Dynamo") begann am nächsten Tag. Ein Teil der französischen Armee fuhr bis 1. Juni fort, Lille zu verteidigen. Der Rest wurde zusammen mit dem Britischen Expeditionskorps am Strand von Dünkirchen eingeschifft. Als die Evakuierung am 4. Juni beendet war, hatte man 338226 Mann, zwei Drittel davon Engländer, herausgeholt. Der Druck der Deutschen auf den am 26. Mai geschlossenen Kessel war erbarmungslos, konnte jedoch durch den tapferen Widerstand und die erbitterten Angriffe der RAF kompensiert werden, die 2739 Einsätze flog.

Der Feldzug in den Niederlanden war von Deutschland ein Meisterstück detaillierter Planung ***(1)*** und exakter Durchführung ***(2)***. Es zeigte mit großer Deutlichkeit die Schwäche der Reaktion der Alliierten, provozierte aber auch unerhört mutige Improvisationen. Der deutsche Angriff unter der Bezeichnung Operation „Sichelschnitt" umging die Maginot-Linie im Westen, schloß die niederländische und belgische Armee ein und drückte das Britische Expeditionskorps sowie die französische Armeegruppe 1 gegen den Kanal. Dem durchgehenden Erfolg des Feldzuges lagen eine Reihe sorgfältiger Luftwaffenmanöver sowie Operationen zur Überquerung von Flüssen zugrunde: An den Schlüsselpunkten in der Umgebung von Rotterdam wurden Fallschirmjäger abgesetzt, während Eben Emael, eine moderne Festung, die den Übergang über den Albert-Kanal zwischen Liège und Maastricht bewachte, am 10. Mai ***(3)*** von deutschen Luftlandetruppen angegriffen wurde. Sie landeten auf dem Dach der Festung, sprengten sich den Weg ins Innere mittels geballter Ladungen frei und zwangen die Garnison am 11. Mai zur Kapitulation. Die erste Überquerung der Maas erfolgte durch die 7. Panzerdivision (Rommel) in der Frühe des 13. Mai bei Dinant. Später am gleichen Tag erfolgte ein größeres Überquerungsmanöver durch Guderians Panzergruppe bei Sedan ***(4)***. Bombenangriffe durch Stukas bereiteten den Angriff vor und versetzten die französischen Verteidiger in Panik. Zwar waren die deutschen Verluste groß, aber drei ihrer vier Versuche zur Überquerung waren erfolgreich. Um Mitternacht war die Maas überbrückt. Am nächsten Tag wehrten Guderians Panzer einen französischen Gegenangriff ab, nahmen zwei Brücken über den Ardennenkanal ein und begannen in Frankreich einzurücken. Am 21. Mai unternahmen die Engländer einen Gegenangriff mit Panzern auf die Spitze des deutschen Panzerkorridors bei Arras ***(5)***. Geplant war der Angriff in Divisionsstärke, er wurde jedoch schließlich mit nur zwei Panzer- und zwei Infanteriebataillonen begonnen. Trotzdem hielten diese den Vormarsch der 7. Panzerdivision auf, drangen 16 km tief in deren Flanke ein und verursachten schwere Menschen- und Materialverluste. Der Panzervorstoß erreichte die Küste trotzdem am 21. Mai.
Die am 27. Mai begonnene Operation „Dynamo" hatte das Ziel, die Überlebenden des Britischen Expeditionskorps und so viele Franzosen wie möglich nach England zu bringen ***(6)***. Die entschlossene Verteidigung der Wasserläufe, die Dünkirchen umgaben, ermöglichte bis 4. Juni den Abtransport von 338226 Soldaten (darin enthalten 110000 Franzosen). Die Deutschen waren damals etwa zwei Kilometer vom Meer entfernt. An der Operation „Dynamo" nahm eine Armada von kleinen Booten teil, doch der größte Teil der Truppen wurde von der Royal Navy evakuiert, die, ungeachtet des Schutzes durch die RAF, sowohl Kampfbombenangriffen als auch dem Feuer der Küstenbatterie ausgesetzt war.

Bild rechts: Britische Truppen warten bei Dünkirchen auf ihre Evakuierung.

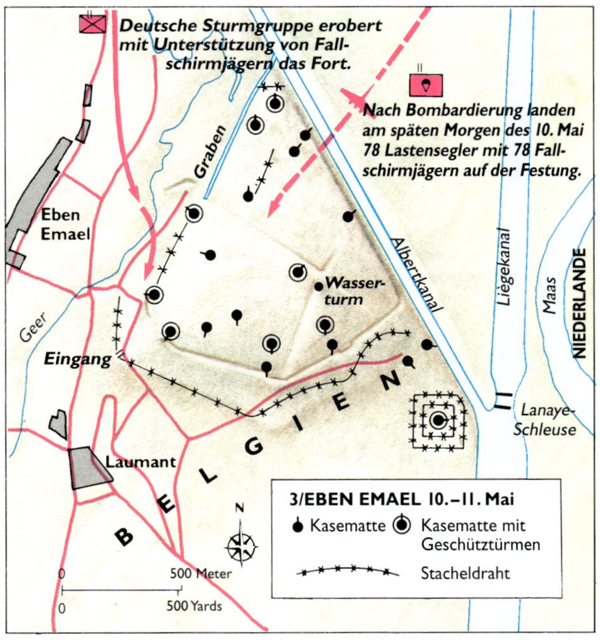

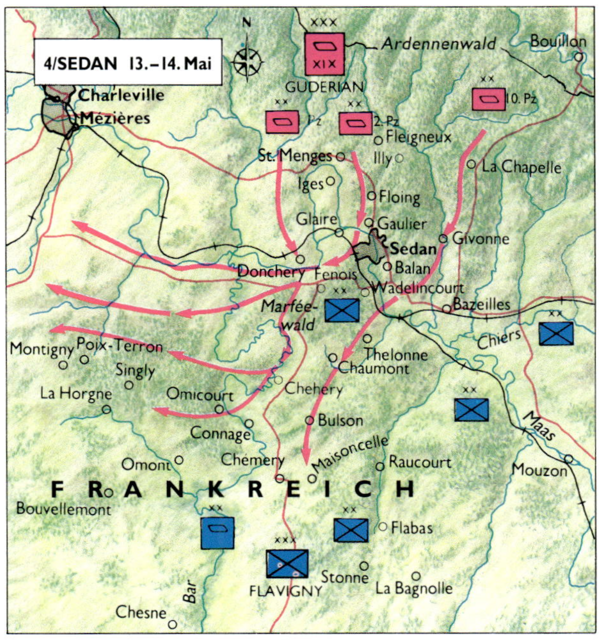

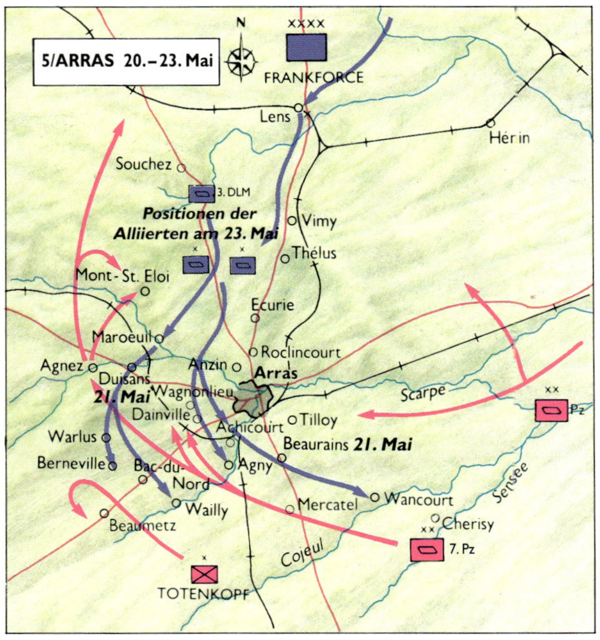

Frankreich Juni 1940

Nachdem Weygands Plan fehlgeschlagen war, den deutschen Vormarsch zum Kanal durch Gegenangriffe in Richtung Arras und Amiens aufzuhalten (21. Mai, 1. Juni, siehe Seite 42), organisierte er eine neue Verteidigungslinie (die Weygand-Linie) entlang der Somme und der Aisne. Aus Verstärkungen und Überlebenden der Schlacht im Norden war eine neue vierte Armeegruppe (Huntziger) gebildet worden, der befohlen wurde, zusammen mit der zweiten und einer reorganisierten dritten Armeegruppe 360 km Frontlinie mit nur 50 Divisionen zu halten. Die deutsche Stärke mit über 120 Divisionen war unbeeinträchtigt. Die französischen Luftstreitkräfte hatten Verstärkungen von der RAF erhalten; 1000 Flugzeuge waren noch im Einsatz. Bei der Verteidigung Belgiens war allerdings mehr als die Hälfte der französischen Panzer verlorengegangen, und die Moral der Armee hatte sich erheblich verschlechtert.

Die Deutschen hatten die Mehrzahl ihrer Panzerdivisionen in zwei Gruppen (Kleist und Guderian) gegenüber Amiens und Reims gegliedert; sie sollten die Speerspitzen der Heeresgruppen B und A bilden. Am 5. bzw. 9. Juni griffen sie an. Die Franzosen auf dem Weg der Heeresgruppe B verteidigten sich tapfer, ebenso wie die Franzosen im Küstenkessel um St. Valéry-en-Caux (Kapitulation am 12. Juni; zu den Verteidigern gehörte die britische 51. Highlanddivision). Doch in der Nacht des 8. Juni war Bock in Richtung Paris durchgebrochen, und am nächsten Tag griff Rundstedt in Richtung Reims an. Drei Tage traf er ebenfalls auf erbitterten Widerstand, doch am 11. Juni zwang der Zusammenbruch der Franzosen, die Bock gegenüberstanden, auch Rundstedts Gegner zum Rückzug hinter die Marne. Am nächsten Tag brach Guderians Panzergruppe (nunmehr gemeinsam mit Kleist) im Osten von Paris durch.

Die Regierung Reynaud hatte Paris verlassen und war am 10. Juni an der Spitze eines ungeheueren Stromes von Flüchtlingen *(l'exode)* in Tours eingetroffen. Als die Deutschen am 14. Juni in Paris einrückten, erschien die Stadt völlig menschenleer. Churchill besuchte Frankreich am 10. Mai zum vierten Mal, seit er Premierminister geworden war, und traf sich am 11. Juni in Tours mit Reynaud, um diesen zur Fortsetzung des Widerstandes zu drängen. Als er nach England zurückkehrte, nahm er als Verbündeten gegen die Friedenspartei im eigenen Kabinett General Charles de Gaulle mit. Nach dessen kühnem Versuch, den deutschen Vormarsch bei Laon (17.–19. Mai, siehe Seite 42) aufzuhalten, hatte Reynaud ihn zum Unterstaatssekretär im Kriegsministerium gemacht. Auf de Gaulles Bitte schlug Churchill am 16. Juni „eine unauflösliche Union" zwischen England und Frankreich vor, als ein Zeichen ihrer Entschlossenheit, Deutschland bis zum Ende zu bekämpfen. Dieser Vorschlag war jedoch nicht akzeptabel für die Friedenspartei, die in der Nacht des 16. Juni Marschall Philippe Pétain, den Helden von Verdun des Jahres 1916, zum Regierungschef ernannte. Am frühen Morgen des nächsten Tages entschied sich dieser dafür, in Waffenstillstandsverhandlungen einzutreten. Am 18. Juni hielt de Gaulle von London aus seine historische Rundfunkrede und gründete das „Freie Frankreich", um den Kampf fortzusetzen.

Innerhalb Frankreichs setzte sich der Vormarsch der deutschen Armee im allgemeinen unkontrolliert fort. Bordeaux war am 14. Juni Sitz der französischen Regierung geworden; am gleichen Tag überquerten die Heeresgruppen B und A die Seine und rückten zur Loire vor, während die Heeresgruppe C die Maginot-Linie bei Saarbrücken durchbrach. Am 15. Juni erfolgte ein weiterer Durchbruch in der

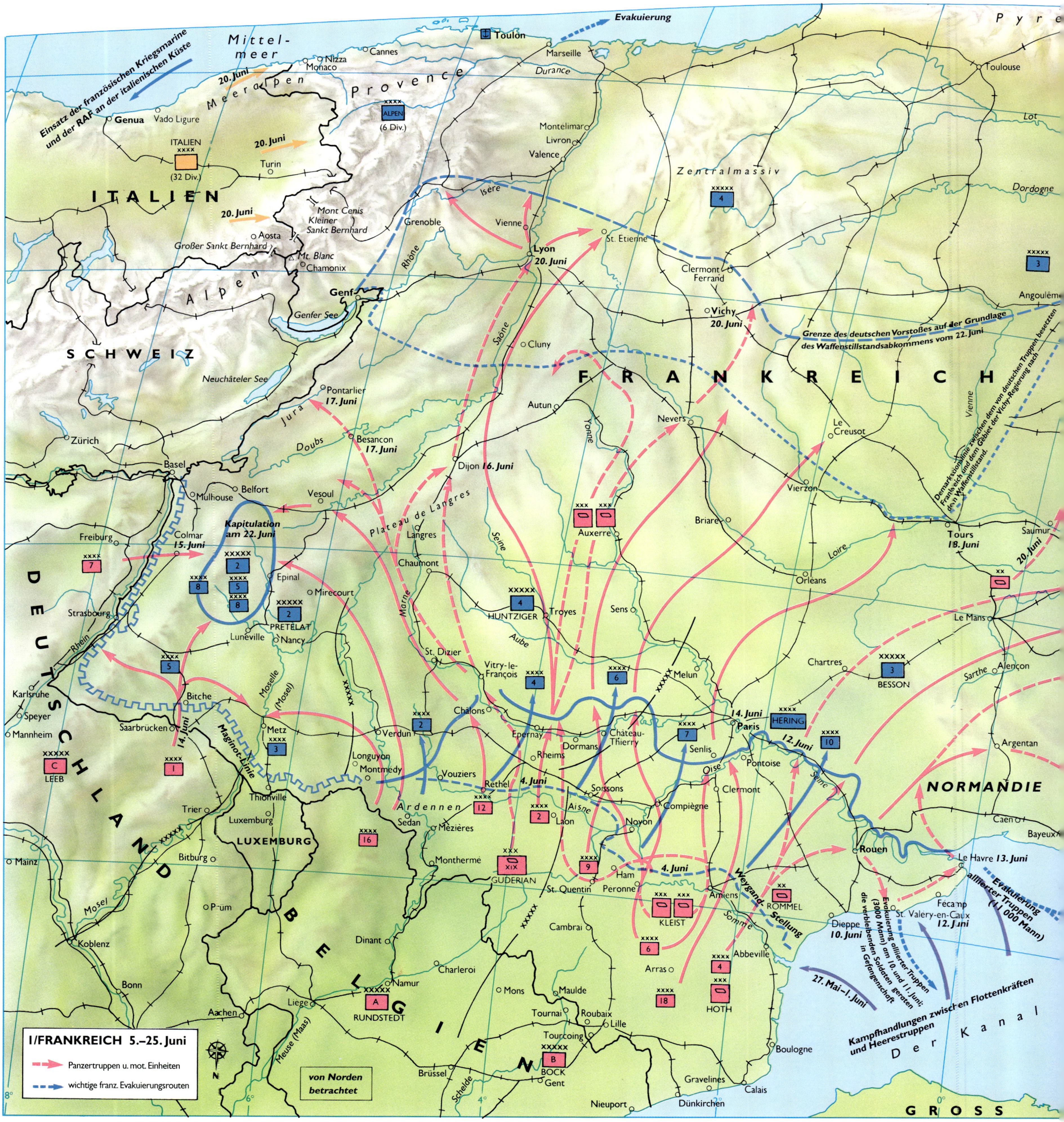

Nähe von Colmar. Die Reste der französischen Armeegruppe 2, eingeschlossen von der Heeresgruppe C in der Nähe von Epinal, kapitulierten am 22. Juni.

Stellenweise widerstanden die Franzosen weiterhin dem Vormarsch der Heeresgruppen B und A, namentlich bei Saumur an der Loire, wo die Studenten der berühmten Kavallerieschule vom 19. bis 20. Juni die Brücken gegen die Panzer der Heeresgruppe B hielten. Am 19. Juni jedoch hatte Pétain die Deutschen offiziell um einen Waffenstillstand gebeten. Am 21. Juni wurde eine französische Waffenstillstandsdelegation von den Deutschen zu dem Wald in der Nähe von Compiègne gebracht, der schon Ort des Waffenstillstandes mit Deutschland im November 1918 gewesen war. Hier unterzeichnete Hitler am nächsten Tag in einer betont demütigenden Geste die Waffenstillstandsbedingungen – in dem gleichen Eisenbahnwaggon, in dem die Deutschen der Beendigung des Ersten Weltkrieges zugestimmt hatten.

Der Waffenstillstand trat bis zum 25. Juni noch nicht in Kraft, sondern erst, nachdem auch Italien, das am 10. Juni in den Krieg eingetreten war, unterzeichnete. Mussolini, der sich Hoffnung auf ähnlich spektakuläre Siege wie die der Deutschen machte, griff die französischen Verteidiger der Alpen am 20. Juni an, erzielte aber überhaupt keinen Erfolg. Dessenungeachtet wurde Italien eine Okkupationszone in der Provence zugeteilt. Die durch den Waffenstillstand festgelegte deutsche Besatzungszone war kleiner als das von den deutschen Armeen eroberte Gebiet, waren diese am 22. Juni doch fast bis Bordeaux und in die Gegend südlich von Lyon vorgerückt. Die nicht besetzte Zone *(zone libre)* mit dem Regierungssitz in Vichy umfaßte schließlich Frankreich südlich der Loire, ausgenommen die Grenzgebiete am Atlantik und in den Alpen. Das französische Kolonialreich und die in den französischen Mittelmeerhäfen sowie in nordafrikanischen Häfen stationierte französische Flotte, verblieben unter der Kontrolle von Pétains Vichy-Regierung. Sie blieb eine dem Namen nach souveräne Regierung und hatte die Erlaubnis, eine „Waffenstillstandsarmee" von 100 000 Mann zu unterhalten; doch Paris und das Territorium außerhalb der *zone libre* kamen unter deutsche Militärverwaltung. Dessenungeachtet war eine erhebliche Menge französischer Truppen und Kriegsschiffe nach England evakuiert worden (von denen viele später freilich in die Vichy-Territorien zurückkehrten). Unterdessen wurden de Gaulle und seine Anhänger, die nun begannen, die französischen Kolonien zum Freien Frankreich zu vereinigen, von der Vichy-Regierung zu Verrätern erklärt.

Der Kampf um Frankreich endete ähnlich wie der Kampf um die Niederlande und ungeachtet des vielerorts tapferen Widerstandes der französischen Armee mit einem raschen Sieg der Deutschen ***(1)***. Die deutschen Heeresgruppen B und A, die vor Eröffnung der zweiten Etappe des Feldzugs im Westen Brückenköpfe über die Somme und die Aisne gesichert hatten, erreichten die Seine-Marne-Linie am 12. Juni.
Hoths Panzergruppe schwenkte dann nach Westen in die Bretagne und eroberte Brest am 19. Juni. Guderians Panzergruppe schwenkte nach Osten und half der Heeresgruppe C bei der Einkesselung der Reste der französischen Armeegruppe 2 (die am 22. Juni kapitulierte). Kleists Panzergruppe bildete die Spitze der nach Zentralfrankreich vordringenden Truppenteile. Die Loire-Linie wurde am 17. Juni, die Gironde und die untere Rhône am 25. Juni erreicht. Einige von Kleists Panzern drangen, bevor sie sich wieder zurückzogen, weit in die Pyrenäen vor. Die italienische Armee, die am 20. Juni angriff, wurde an der Grenze von sechs französischen Divisionen aufgehalten. Das eroberte Territorium wurde rasch reorganisiert ***(2)***. Gemäß den Bedingungen des Waffenstillstandes vom 25. Juni wurden die Teile des französischen Alsace-Lorraine (Elsaß-Lothringen), die von 1871–1914 deutsch gewesen waren, wieder in das Reich eingegliedert (das Gleiche gilt für belgische Grenzbezirke, die durch den Versailler Vertrag annektiert worden waren). Nizza und Savoy (Savoie) – seit 1859 in französischem Besitz – wurden an Italien zurückgegeben. Frankreich, soweit es nördlich der Loire lag, wurde einschließlich der Atlantikküste unter deutsche Militärverwaltung gestellt, die sich auch auf Belgien und Holland erstreckte. Die Hauptstadt des *Etat français* wurde in Vichy etabliert. Das französische Kolonialreich ***(3)*** verblieb unter der Kontrolle von Vichy. Dazu gehörten Syrien, der Libanon, Algerien, Tunesien und Marokko, Französisch-Westafrika, Madagaskar, Französisch-Guayana sowie Indochina (wo sich die Japaner durch Verhandlungen mit Vichy im Juli 1941 das Recht auf die Errichtung von Basen ausbedungen hatten, siehe Seite 66).
Die französischen Hafenstädte in Indien und die französischen pazifischen Territorien erklärten schon bald ihre Unterstützung für das Freie Frankreich. Trotzdem erforderte es einigen diplomatischen Druck, um die französischen Territorien in der Karibik auf einen Kurs mit den Alliierten zu bringen, die die Errichtung von U-Boot-Basen in diesem Bereich befürchteten.
Bild oben rechts: Eine deutsche Panzerdivision beim Manöver in einer Ebene im Norden Frankreichs, Juni 1940.

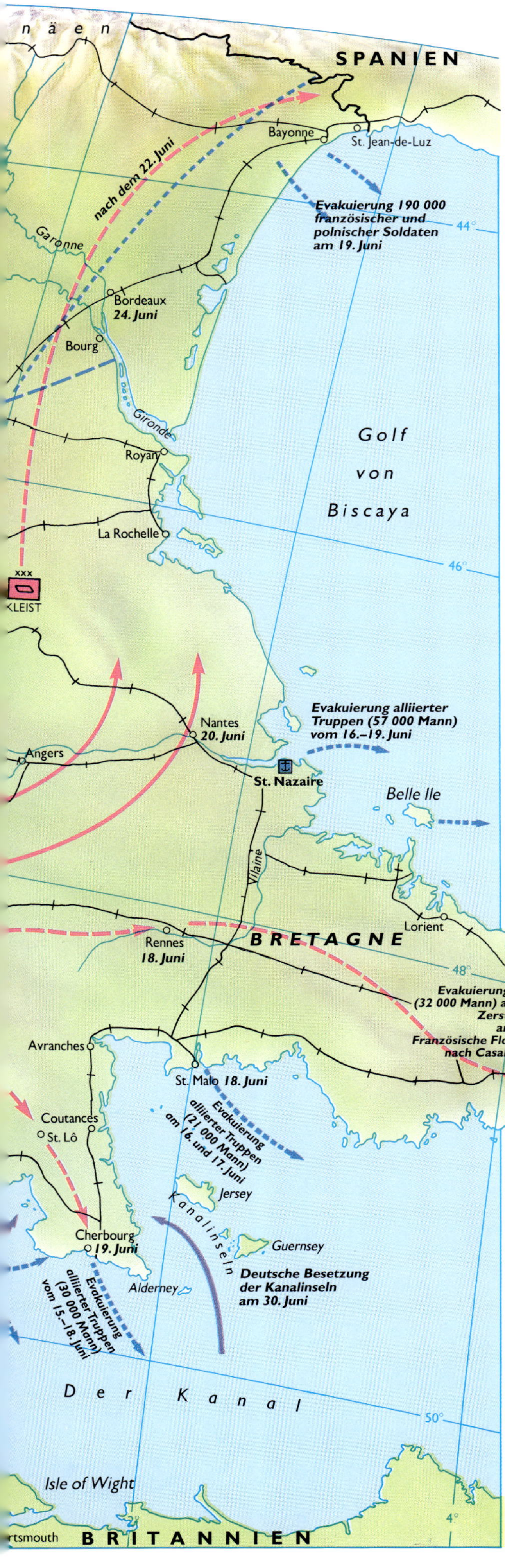

2/DAS BESETZTE FRANKREICH Juni 1940–Nov. 1942

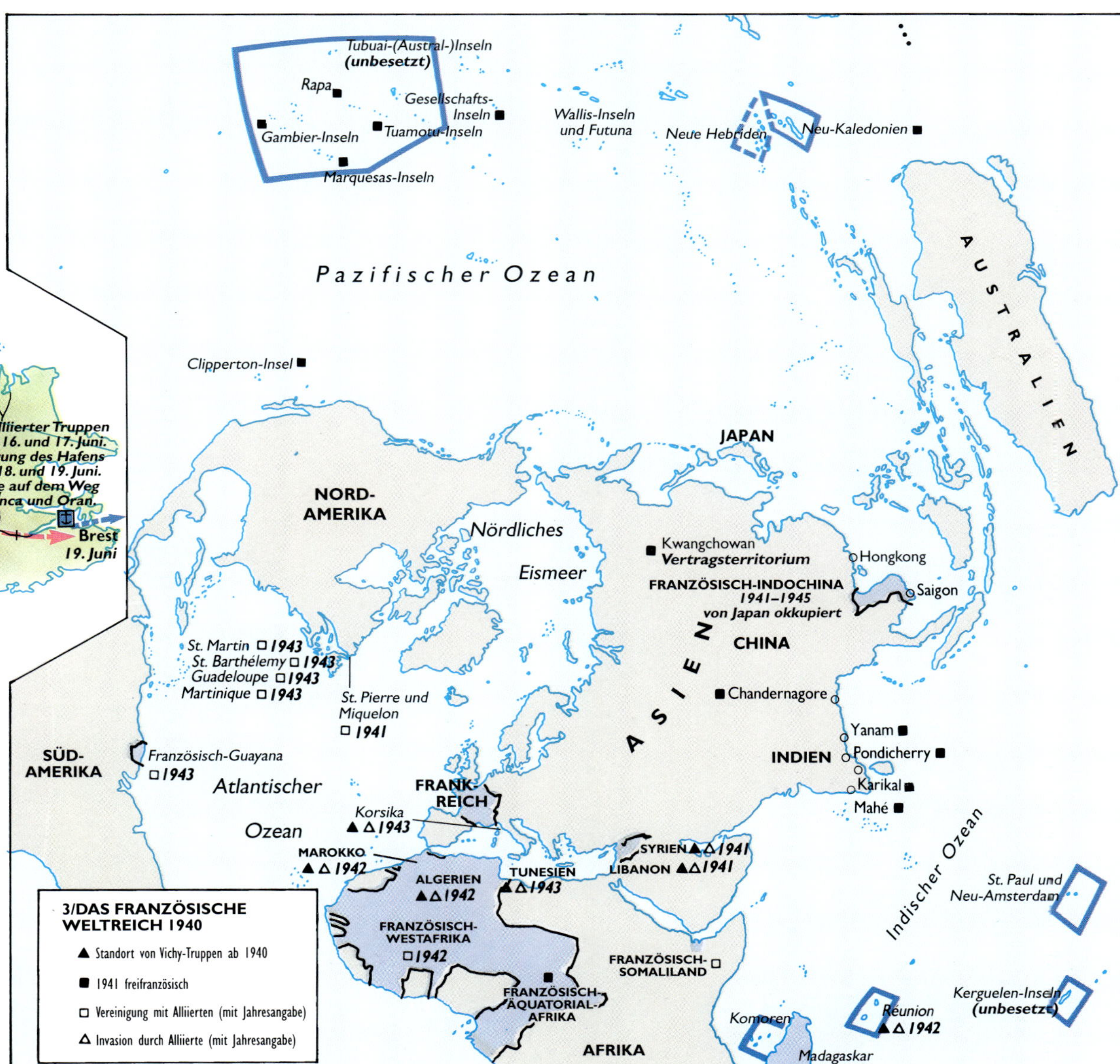

3/DAS FRANZÖSISCHE WELTREICH 1940

Großbritannien 1939–1945

Die allgemeine Mobilmachung des britischen Volkes für den Krieg begann im Juli 1939. Die erste Einberufung in Friedenszeiten betraf junge, zwanzigjährige Männer, die angeblich sechs Monate an einem militärischen Training teilnehmen sollten. Es sollten sechs Jahre werden, bevor die Überlebenden ins Zivilleben zurückkehrten.

Am 1. September, dem Tag, an dem Hitler in Polen einfiel, wurde ein landesweiter Black-out ausgenutzt und die offizielle Evakuierung der Städte begonnen. Die Kriegserklärung zwei Tage später und der „seltsame Krieg", der sich anschloß, stellten beinahe eine Enttäuschung dar, zumal auch die erwarteten Luftangriffe ausblieben. Die Moral unter einer schwachen, friedlich gesinnten Regierung wurde schlechter, doch die deutsche Invasion in Frankreich am 10. Mai 1940 und die am gleichen Tag erfolgte Bildung einer Koalitionsregierung unter Winston Churchill veränderten die Situation. Am 22. Mai passierte ein kurzes Notfallermächtigungs- (Verteidigungs-) Gesetz alle Gesetzgebungsetappen an einem einzigen Tag. Es forderte von allen Bürgern, „sich selbst, ihre Arbeit und ihr Eigentum" unter die Verfügungsgewalt Seiner Majestät zu stellen.

Pläne zur Evakuierung der Kinder aus Zielgebieten sowie die Schaffung von Zivilverteidigungsorganisationen und -maßnahmen waren 1939 in Angriff genommen worden. 1940 bestand das erste Ziel der Regierung jedoch darin, die Streitkräfte auf die erforderliche Stärke zu bringen und gut auszurüsten. Die verschiedenen Regierungsstellen erarbeiteten nunmehr jedes Jahr ein „Personalbudget", das ebenso entscheidend war wie die Finanzpläne. Die Summe dieses vorhergesehenen Bedarfs wurde anschließend mit der verfügbaren Arbeitskräftezahl abgestimmt. Das Kriegsministerium, die Admiralität und das Luftfahrtministerium hatten vorrangig Anspruch, und schließlich wurden alle Männer zwischen 18 und 50 wehrpflichtig. Der Begrenzungsfaktor für die Erweiterung der Streitkräfte bestand jedoch weit eher in der fehlenden Ausrüstung als im Mangel an Menschen. Das erste Verzeichnis zurückgestellter Berufe nahm bestimmte Typen von Handwerkern en bloc und Angehörige anderer Berufsgruppen erst ab einem bestimmten Alter aus der Verpflichtung heraus. Diese Altersbegrenzungen wurden jedoch ständig erhöht und bestimmte Berufsarten wurden aus der Rückstellung herausgenommen, so daß schließlich jede Unabkömmlichkeitserklärung entsprechend den individuellen Umständen entschieden wurde.

Im August 1940 wurde errechnet, daß 58 % der zusätzlichen Arbeiter, die die Munitionsfabriken im August 1941 benötigen würden, Frauen sein müßten. Es folgte eine öffentliche Kampagne, um Bewerber anzulocken; die Devise lautete: „Ihre Pflicht ist jetzt die Arbeit für den Krieg." Im Dezember 1941, dem Monat von Pearl Harbor, verpflichtete ein neues Gesetz nun auch Frauen im Alter zwischen 18 und 50 Jahren zur Ableistung einer bestimmten Form eines nationalen Dienstes. Dieses Gesetz wurde dann fortwährend auf immer neue Altersgruppen angewendet. Im Oktober 1942 betraf es Frauen bis zu einem Alter von 45 Jahren, die einer Fabrik zugeteilt werden konnten, es sei denn, sie hätten Kinder unter 14 Jahren, und jede, die als „mobil" eingestuft war, konnte veranlaßt werden, von zu Hause wegzugehen und irgendwo in möblierten Zimmern zu wohnen. Im Juli 1943 begann die Registrierung von Frauen bis zu 50 Jahren.

Die Materialressourcen des Landes wurden ebenso effektiv mobilisiert wie seine Ressourcen an Arbeitskräften. Der zivile Konsum jeder Art wurde radikal beschnitten, um Arbeitskräfte und Industriekapazitäten freizusetzen und Transportraum für die wichtigen Nahrungsmittel sowie für Munition bereitzustellen. Um in einer Zeit der (oft gut bezahlten) Vollbeschäftigung das Defizit niedrig zu halten, forderte eine anhaltende öffentliche Kampagne die Menschen zu strikter Sparsamkeit auf, wobei versucht wurde, das Interesse durch spezielle „Flügel für den Sieg"- und „Soldatengruß"-Wochen aufrechtzuerhalten. Etwas wegzuwerfen wurde sozial so inakzeptabel, wie eine kriminelle Handlung. Papier, Lumpen, Gummi, Knochen, Weißblechdosen, sogar Rasierklingen – alles wurde gesammelt. Der Trend, mehr einheimische Nahrungsmittel zu produzieren, erfaßte nicht nur die Bauern, sondern auch den gewöhnlichen Haushalt, der ab 1939 gedrängt wurde, „für den Sieg zu graben" jedes Stück ungenutzten Bodens zu bestellen und seine Blumenbeete auf Zwiebeln oder Kohl umzustellen.

Die wichtigste Maßnahme zur Begrenzung des Zivilbedarfs war die Rationierung. Benzin war das erste, was es seit dem 23. September 1939 nur „auf Bezugsschein" gab; seit dem 1. Juli 1942 gab es Benzin nur noch für wichtige Verbraucher. Die Lebensmittelrationierung war außerordentlich hilfreich für die Gesundhaltung der Nation, ebenso wie für die Einsparung von Importen; sie begann am 8. Januar 1940, als Speck, Schinken, Zucker und Butter nur mit einem Rationierungsbuch gekauft werden konnten; dazu kam im März Fleisch, im Juli Tee, Margarine und Fette, im März 1941 Marmelade und im Mai Käse sowie im Dezember 1941 der größte Teil der in Büchsen abgefüllten Lebensmittel sowie andere verpackte Erzeugnisse. Seife wurde im Februar 1942 und Süßigkeiten im Juli rationiert. Sperrige Importlebensmittel mit geringem Nährwert wie Zitronen und Bananen verschwanden völlig; dagegen war „Frühstücksfleisch" eine willkommene Neuerung, und getrocknete Eier – d. h. entwässertes Eipulver – sparten Transportraum. Im Juni 1941 wurde die Bekleidung rationiert, um Arbeitskräfte freizusetzen und Produktionsraum bereitzustellen. Neue Möbel und Bettwäsche, und zwar ausschließlich in einfacher

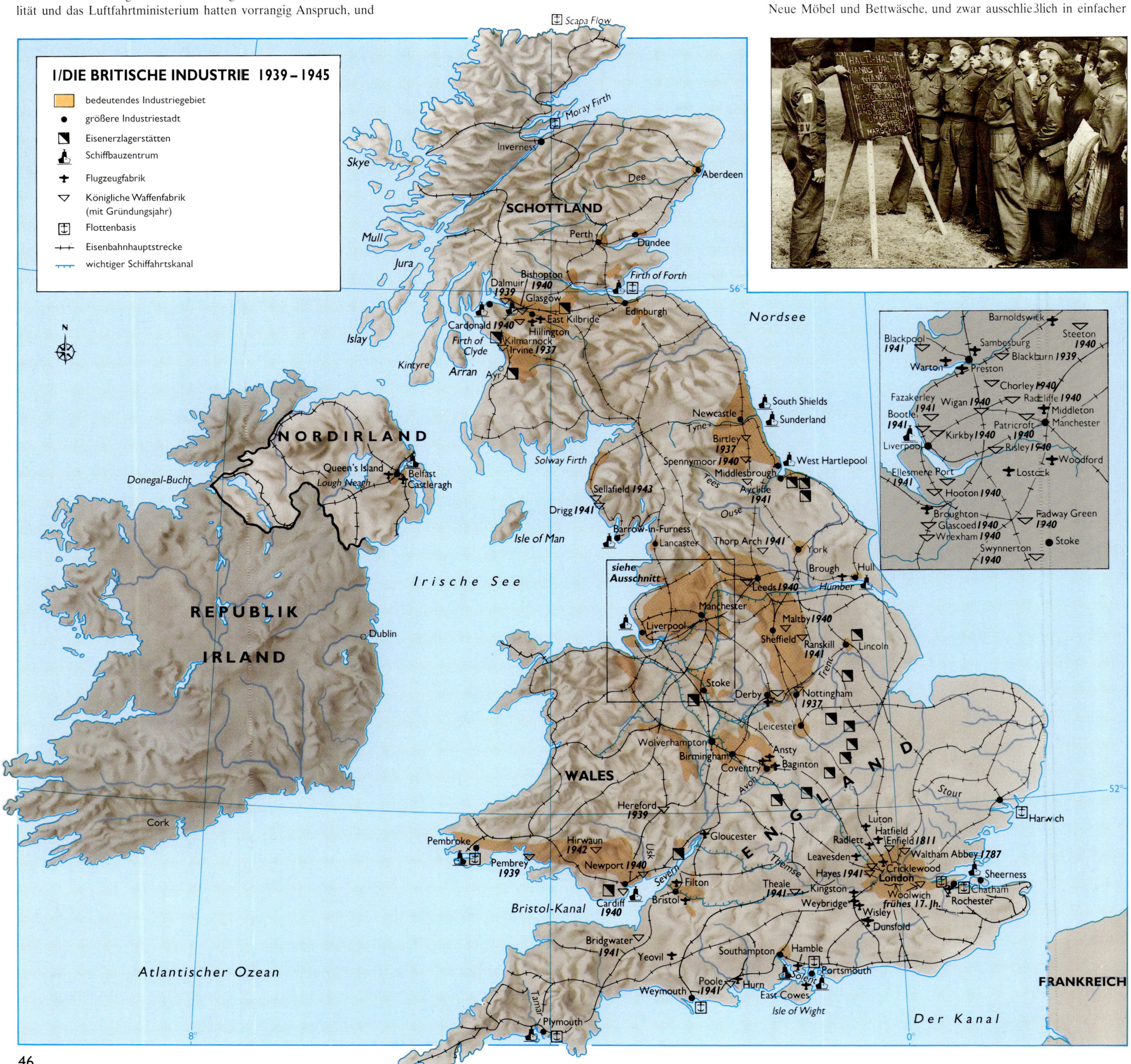

„Ausführung für den täglichen Gebrauch" gab es nur auf „Bezugsscheine", die an Neuverheiratete und Ausgebombte ausgegeben wurden. Wecker, unerläßlich für Schichtarbeiter, bedurften einer besonderen Erlaubnis, während solche nicht unbedingt notwendigen Dinge wie eine neue Zahnbürste oder ein Kochtopf eine lange und oft ergebnislose Suche in den Geschäften bedeuteten.

Die Brennstoffversorgung blieb eines der größten Probleme der Kriegswirtschaft. Kurzsichtigerweise hatte man die Bergleute ermutigt, in die Streitkräfte einzutreten oder in andere Industriezweige zu wechseln, so daß die Zahl der Arbeitskräfte von 766 000 im Jahre 1939 auf 698 000 im Jahre 1941 sank, während die Kohleproduktion von 231 auf 206 Millionen Tonnen zurückging. Als jedoch die Kriegsproduktion auf Touren kam, brauchten die Betriebe mehr statt weniger Brennstoff, so daß es zu einem ernsten Mangel kam. Ehemalige Bergleute wurden nun in ihre ursprüngliche Industrie zurückgeschickt; ab 1942 konnte jeder, der zu den Streitkräften einberufen wurde, sich dafür entscheiden, statt dessen ins Bergwerk zu gehen, und ab Dezember 1943 wurde eine Anzahl der Eingezogenen dazu verpflichtet. Die Industrieproduktion wurde aufrechterhalten, doch dem privaten Verbraucher, der immer am Ende der Schlange stand, ging es schlecht. Im Juni 1942 wurde ein freiwilliges Einsparungssystem gestartet, das von jedem Haushalt verlangte, sich ein „Brennstoffziel" zu setzen. Natürlich triumphierte die Kälte über die Prinzipien, und die tatsächliche Kontrolle erfolgte durch die Kohlehändler, die nur einen Bruchteil der meisten Bestellungen ausliefern konnten. So zitterte die ganze Nation auf ihrem Weg durch den letzten trostlosen, von Raketen beherrschten Kriegswinter zum Tag des Sieges in Europa, dem 8. Mai 1945. Jetzt konnte sie sich selbst dazu gratulieren, sich für den Krieg vollständiger mobilisiert zu haben als andere kriegführende Nationen (Rußland ausgenommen), und ihre Ressourcen sehr viel effektiver als Nazideutschland genutzt zu haben.

Der Vorkriegsbedarf der englischen Streitkräfte war durch regierungseigene königliche Waffenfabriken sowie einige Privathersteller gedeckt worden. Nur durch Einbeziehung des größten Teils der Industriekapazität des Landes ***(1)*** war es möglich, mit der Ausrüstung der stark vergrößerten Streitkräfte zu beginnen. Die Produktion von Gewehren des Typs 303 stieg von 34 416 Stück im Jahre 1939 auf 909 785 Stück im Jahre 1943; Panzer nahmen von 969 Stück im Jahre 1939 auf 8 611 Stück im Jahre 1942 zu; die Torpedos von 939 Stück im Jahre 1940 auf 7 288 Stück im Jahre 1943. Die größte Expansion erfolgte in der Flugzeugindustrie (siehe Seiten 52, 112 und 138), die nach dem Prinzip arbeitete: „Verteilen zum Herstellen, Konzentrieren beim Zusammenbauen". England bedurfte großer Importe an Öl, Rohstoffen und Nahrungsmitteln ***(2 D)***. Nach Vorkriegsschätzungen betrug der jährliche Bedarf (ohne Erdölerzeugnisse) etwa 47 Millionen Tonnen. Tatsächlich kam England mit sehr viel weniger aus: 30,5 Millionen Tonnen im Jahr 1941 und nicht mehr als 22,9 Millionen Tonnen (plus 10,7 Millionen Tonnen in Gestalt von Importen durch Tanker) im Jahr 1942. Die Gesamtmenge begann 1943 wieder zu steigen. Die Mobilisierung der Ressourcen in England war allumfassend ***(2 C)***. Die arbeitende Bevölkerung (Männer von 14 bis 64 Jahren und Frauen von 14 bis 59 Jahren) war aufgeteilt in Gruppe I: Schiffbau, Schwerindustrie, Flugzeugproduktion als Rückgrat der Kriegsanstrengungen, Gruppe II: Versorgungsindustrien wie Landwirtschaft, Bergbau, Verwaltung, Transport, Kommunikation usw. sowie Gruppe III: Dienstleistungen, Bau, Lebensmittel, Textilien, Banken und Handel. Der letztgenannte Sektor wurde ständig unter Druck gesetzt, Arbeitskräfte für die Betriebe bereitzustellen. Nach dem Blitzkrieg (1940/41) wurden die Zivilverteidigung und die Feuerwehr heruntergefahren, um die Anforderungen der Streitkräfte nach Rekruten zu befriedigen; Mitte 1943 übten über 3,5 Millionen Frauen eine Voll- oder Teilzeiterwerbstätigkeit aus, und eine weitere Million leistete freiwilligen Dienst. Eine Politik der Verminderung des Nahrungsmittelverbrauchs begleitete energische Bemühungen zur Steigerung der einheimischen Nahrungsmittelproduktion **(2 A, B)**. Die Anbauflächen zur Produktion von Weizen, Kartoffeln (nichtrationierte „Sättigungsbeilage") sowie Gerste wurde dramatisch erhöht. Ein großer Teil der Fleischration wurde durch eigene Tierhaltung gedeckt. Vor Kriegsbeginn war England entsprechend der Gefahr eines feindlichen Bombenangriffs in drei Kategorien eingeteilt worden. In Gebieten mit hohem Risiko waren Schulkinder und andere bevorzugte Personenkreise für die offizielle Evakuierung **(4)** in sichere „Aufnahme"-Gebiete (mit niedrigem Risiko) vorgesehen. Die Klassifikation änderte sich mit den Kriegsbedingungen. Der Südosten wurde im Juni 1940 zur Evakuierungszone; der Beginn der V1- und V2-Angriffe führte zur Evakuierung ursprünglich als neutral angesehener Bezirke von London in Städte wie Manchester, die vorher als hochgefährdet galten. England wurde in 12 Zivilverteidigungsregionen eingeteilt **(3)**. Innerhalb dieser Regionen sicherten kontrollierte regionale Kommissionen, daß die örtlichen Behörden mit den Luftangriffen fertig werden konnten, und setzten Luftschutzwarte ein. Sofern die überregionalen Verbindungen und die Zentralregierung zusammenbrechen sollten, würde sich jedes regionale Hauptquartier in eine Miniregierung mit nahezu unbegrenzter örtlicher Macht verwandeln. Die ungeheuren Zerstörungen, die während des Blitzkrieges durch Brände verursacht worden waren, führten zur Schaffung einer zentral gesteuerten Nationalen Feuerwehr; England wurde in 39 Feuerwehrbezirke eingeteilt.

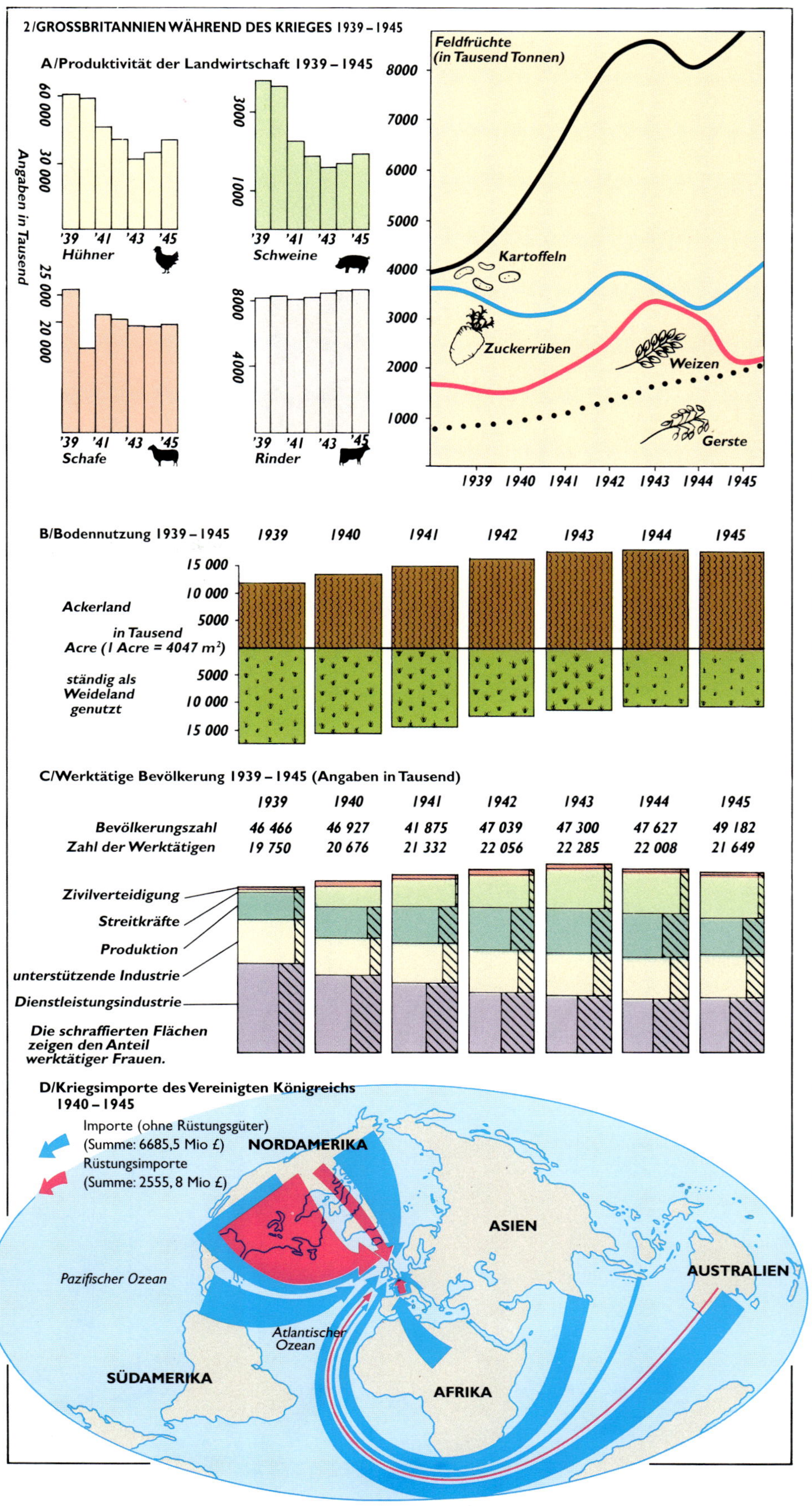

Bild links: Die britische Bürgerwehr (bestehend aus Freiwilligen zur örtlichen Verteidigung, die im Mai 1940 gebildet worden war) war schlecht ausgerüstet und trainiert, sollte jedoch gegen eine drohende deutsche Invasion antreten.
Rechts: Die britische Propaganda reichte von subversiven Publikationen, die in Feindesland verteilt wurden, bis zu einer Unzahl hausgemachter Moralpredigten, die zu zivilen Kriegsanstrengungen ermutigen sollten.

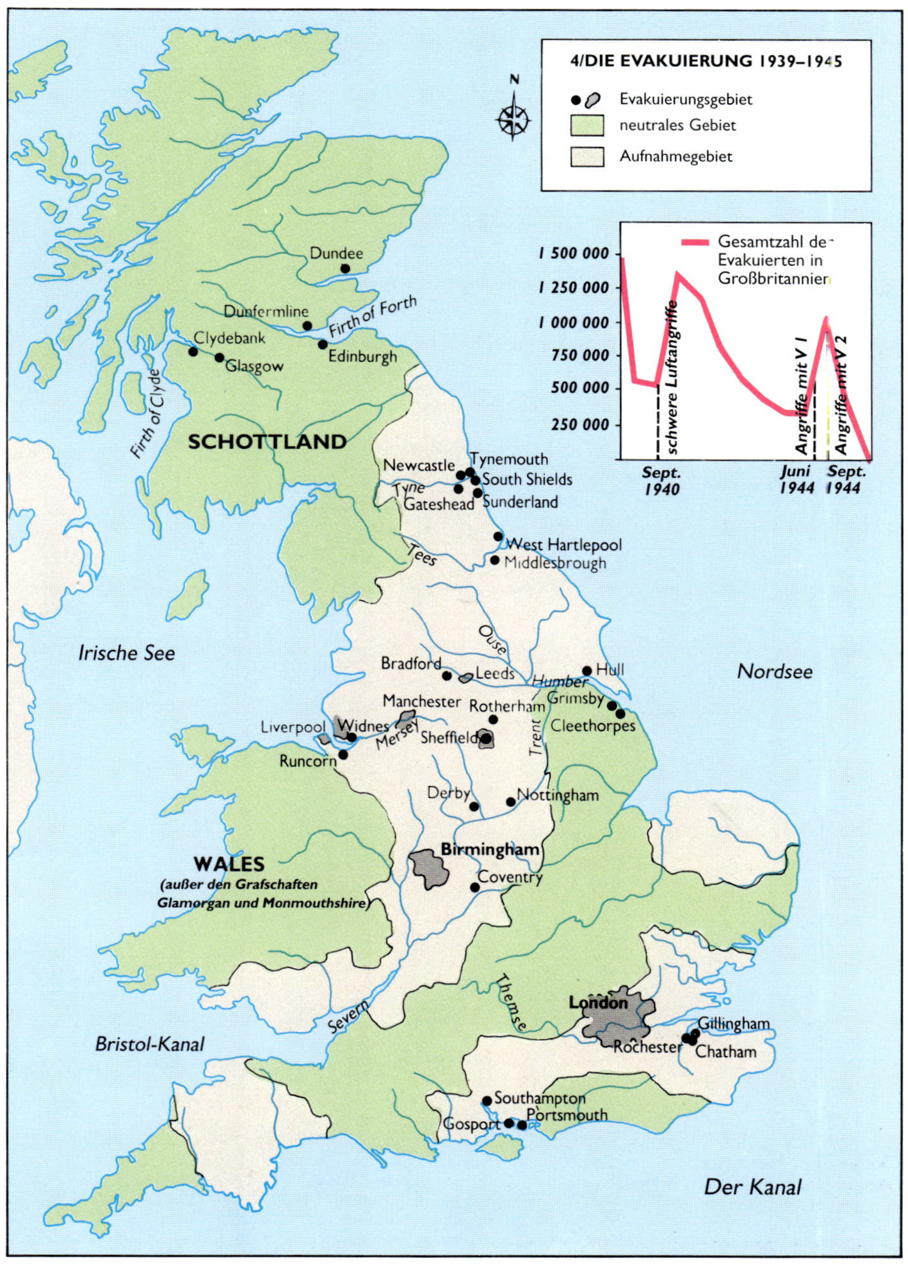

Die Atlantikschlacht I September 1939–März 1941

Die Niederlage der deutschen Marine im Ersten Weltkrieg rührte von dem Versuch her, einen Feldzug gegen die Handelsschiffahrt der Alliierten aus einer Position der strategischen und zahlenmäßigen Schwäche zu unternehmen. Obwohl sich die deutsche Marine der Gründe für ihre frühere Niederlage bewußt war, trat sie unter der gleichen, nach 1917 fehlgeschlagenen Zermürbungsdoktrin in den Zweiten Weltkrieg ein. So war sie gezwungen, unter den selben Handicaps zu operieren wie im Ersten Weltkrieg.

Die deutsche Marinestrategie 1939 – der Tonnagekrieg – basierte auf einer einfachen Rechnung: Könnten jeden Monat 750 000 Tonnen britischen Transportraums versenkt werden, wäre England innerhalb von 12 Monaten zur Kapitulation gezwungen. Zu dieser Zeit war England mit über 60 Millionen Tonnen an Importen jährlich völlig abhängig vom Seeverkehr; etwa 22 Millionen Tonnen Schiffsraum standen zur Verfügung, wovon nach dem September 1939 mehr als die Hälfte für den Überseehandel genutzt wurde. Deutschland begann den Krieg mit 57 U-Booten (also nicht mit den 350 Stück, die zur Sicherung der Niederlage Englands notwendig erschienen), doch bestand die Absicht darin, den Feldzug gegen den Schiffsbestand unter Verwendung von Minen, Flugzeugen, Kriegsschiffen und Hilfskreuzern weiterzuentwickeln. Nach dem Juni 1940 konnten deutsche Flugzeuge und U-Boote dank der in Norwegen und Frankreich eroberten Stützpunkte weit über den Bereich eines wirksamen Geleitschutzes hinaus in den Atlantik vordringen. Am Feldzug gegen die Schiffahrt der Alliierten nahmen nun zum erstenmal in großem Umfang Fliegerkräfte und Kaperschiffe teil. Der Höhepunkt ihrer Anstrengungen war jedoch schnell vorbei. Obwohl in der ersten Hälfte des Jahres 1941 fünf Kriegsschiffe in den Atlantik eingedrungen waren, verdeutlichte der Verlust der „Bismarck" die Gefahr des Fehlens einer Luftunterstützung in Gewässern, die von der alliierten Luftwaffe überwacht wurden; Angriffe der RAF auf Brest führten im Februar 1942 zum Rückzug der großen Kriegsschiffe nach Deutschland. Als unbewaffnete Handelsschiffe getarnte Hilfskreuzer liefen sie bis Oktober 1942 weiterhin aus, und operierten bis Oktober 1943. Nach 1941 wurden ihre Aktivitäten jedoch weitgehend durch die Verstärkung der Geleitzüge über den Atlantik neutralisiert; später wurden sie in entferntere und weniger lohnende Gewässer des Indischen und Pazifischen Ozeans verlegt. Die Luftwaffe spielte wegen ihrer Verpflichtungen an der Ostfront nach dem Juni 1941 in der Schlacht um den Atlantik keine Rolle mehr.

Nachdem der Einsatz von Magnetminen im Herbst 1939 und von Minen mit akustischem Zielsuchkopf im Herbst 1940 in den britischen Hoheitsgewässern abgewehrt war, blieben nur die deutschen U-Boote als entscheidende Waffe für die Bekämpfung der alliierten Handelsschiffahrt übrig. In der Anfangszeit waren die Alliierten am schwächsten. Damals gab es noch kein umfassendes transatlantisches Geleitzusystem. Die nur unzureichend geschützten Konvois wurden von der deutschen Kriegsmarine und der Luftwaffe kaum attackiert, denn es gab genügend Handelsschiffe, die den Atlantik ohne Geleitschutz befuhren und daher ohne Risiko angegriffen werden konnten. Von den 1 787 alliierten und neutralen Handelsschiffen, die zwischen September 1939 und Juni 1941 versenkt wurden, hatten sich nur 362 in einem Geleitzug befunden.

So vermochten die Deutschen nur während dieser Anfangsperiode des Krieges einen Feldzug gegen die alliierte Schiffahrt zu führen. Obwohl die deutschen Unterseeboote in dieser Zeit eindrucksvolle Erfolge erzielten – im Herbst 1940 waren sie am größten –, zeigten verschiedene andere Entwicklungen, daß die deutsche Tonnagekriegsstrategie schon in diesem frühen Stadium ein Fehlschlag war. Die Invasion in Norwegen und in den Niederlanden hatte die Schiffe der überfallenen Länder in die englischen Häfen gedrängt; Rationierung und strikte Kontrolle des Transportraumes reduzierten den englischen Importbedarf im Laufe des Krieges um mehr als die Hälfte. Ungeachtet des deutschen Erfolges – der im April 1941 einen

Zu Beginn des Krieges in Europa im September 1939 war die deutsche Marine – mit Ausnahme von zwei Kaperschiffen im Atlantik – nicht in der Lage, den Feldzug gegen die Schiffahrt der Alliierten auch außerhalb der Nordsee, des Kanals und des westlichen Küstenvorfeldes der Britischen Inseln zu führen. Daher waren die Schiffsverluste der Alliierten in diesen Gebieten am größten. Die Verminung der Gewässer durch die Deutschen bewirkte eine schwerwiegende Unterbrechung der Küstenschiffahrt in der Nordsee ***(1, 4)***. Obwohl der deutschen Marine für ihre Operationen im September 1939 faktisch die gesamte U-Boot-Flotte zur Verfügung stand, verfiel sie auf ein Operationsmuster, das die langfristige Expansion der U-Boot-Waffe in der ersten Kriegsphase behinderte ***(5)***. Daher wiesen die durch U-Boote erbrachten Versenkungszahlen in den ersten 10 Monaten erhebliche Schwankungen auf. Die Eroberung Frankreichs durch die Deutschen (siehe Seite 44) änderte allerdings das strategische Grundmuster des Seekrieges; der Besitz von Marinebasen an der französischen Atlantikküste ermöglichte deutschen U-Booten und Flugzeugen den direkten Atlantikzugang und zwang die Engländer, ihre Schiffe nicht auf den Südwest-, sondern auf den Nordwestrouten fahren zu lassen. Von wenigen Ausnahmen abgesehen, blieben die Südwestrouten für die alliierte Schiffahrt bis 1944 ***(4)*** geschlossen.

1/DER NORDATLANTIK Sept. 1939–Mai 1940

3/VERLUSTE DER ALLIIERTEN AN HANDELSSCHIFFEN Sept. 1939 – März 1941

Zeitpunkt	durch U-Boote	durch Flugzeuge	durch Minen	durch Kriegsschiffe auf Kaperfahrt	durch Hilfskreuzer auf Kaperfahrt	durch Sprengboote	andere oder unbekannte Ursachen	Gesamtverlust im Vierteljahr
Sept. - Dez. 1939	421 156 (114)	2 949 (10)	262 697 (79)	61 337 (15)	keine Verluste	keine Verluste	7 253 (4)	755 392 (222)
Jan. - März 1940	343 610 (108)	33 240 (20)	167 357 (50)	1 761 (1)	keine Verluste	keine Verluste	2 467 (2)	548 435 (181)
April - Juni 1940	372 160 (78)	276 950 (77)	153 591 (53)	25 506 (2)	40 631 (6)	7 701 (5)	155 636 (78)	1 032 175 (299)
Juli - Sept. 1940	758 778 (153)	179 804 (63)	55 300 (26)	keine Verluste	194 647 (30)	29 836 (15)	14 398 (10)	1 232 763 (297)
Okt. - Dez. 1940	711 610 (132)	90 080 (32)	133 641 (72)	69 719 (14)	131 366 (18)	10 448 (3)	31 404 (11)	1 178 268 (282)
Jan. - März 1941	566 585 (101)	281 216 (88)	57 199 (39)	187 662 (37)	114 222 (25)	23 340 (12)	23 115 (15)	1 253 339 (317)

Gesamtsumme je Kriegsschauplatz Sept. 1939 - März 1941

Atlantischer Ozean	Mittelmeer	Indischer Ozean	Pazifischer Ozean
5 605 449 (1 533)	84 394 (17)	210 005 (31)	99 531 (15)

Die Zahlen geben den Verlust in BRT Schiffsraum wieder (in Klammern Anzahl der Schiffe).

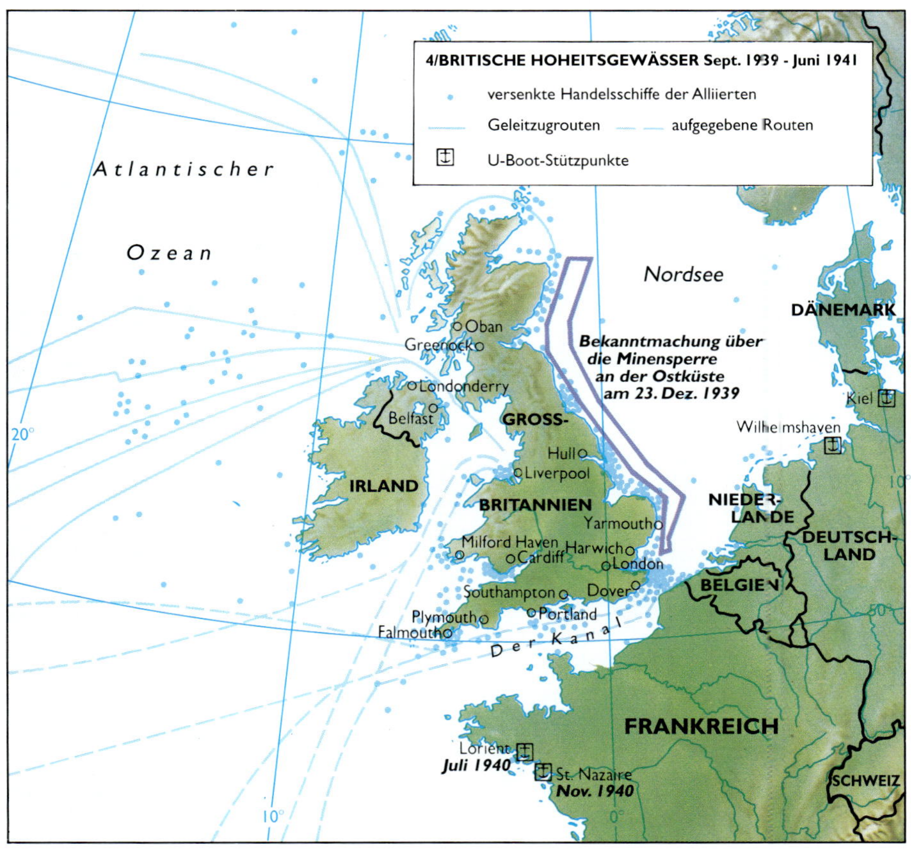

4/BRITISCHE HOHEITSGEWÄSSER Sept. 1939 - Juni 1941

Spitzenwert mit den vierthöchsten Verlusten der Alliierten im ganzen Krieg erreichte –, begannen die Versenkungszahlen, bezogen auf die im Einsatz befindlichen U-Boote, 1941 zu fallen; das galt auch für das direkte Verhältnis der Versenkung von Handelsschiffen zur Versenkung von U-Booten. Tatsächlich wurde es für die deutschen U-Boote zunehmend schwierig, Handelsschiffe zu versenken, da es immer mehr und immer besser geschützte Geleitzüge gab. In dieser Zeit konnten sie nie eine Versenkungsrate erzielen, die auch nur annähernd den ursprünglichen Anforderungen an den Tonnagekrieg entsprach.

Aufgrund der Probleme, die sich für den Ausbau der U-Boot-Waffe ergaben, betrug die Kampfkraft nach 18 Monaten Krieg weniger als die Hälfte dessen, was sie im September 1939 gewesen war. Schließlich waren die U-Boote infolge englischer Gegenmaßnahmen, die im Ostatlantik zunehmend wirksam wurden (das Geleitzugsystem im Nordatlantik wurde im Frühjahr 1941 ausgeweitet), gezwungen, ihre Aufmerksamkeit nunmehr auf Geleitzüge zu richten und gleichzeitig nach Westen zu gehen, in der Hoffnung, Ziele ausfindig zu machen, die sich außerhalb der Reichweite der englischen Luftwaffe befanden. Damit vergrößerten sie jedoch die Gefahr eines deutsch-amerikanischen Zusammenstoßes. Ungeachtet der immer deutlicher werdenden amerikanischen Absicht, Englands Überleben zu sichern, war Hitler verzweifelt bemüht, diesen Zusammenstoß zu verhindern.

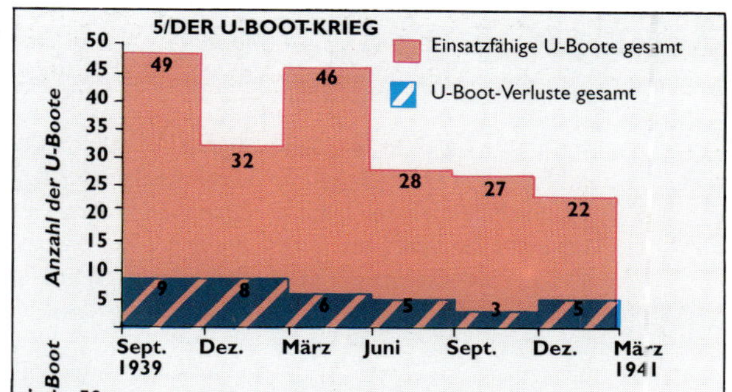

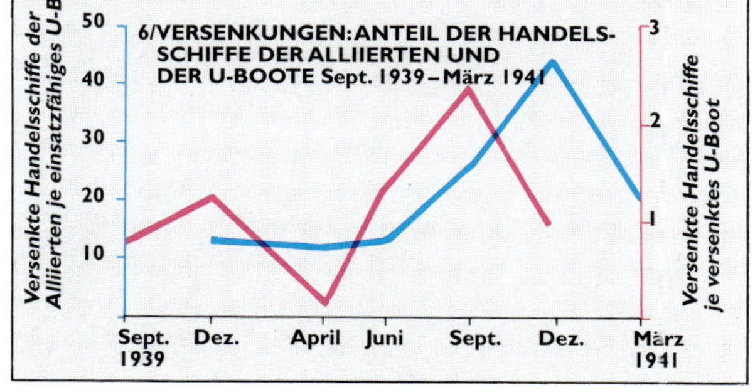

Die Kampagne gegen die Schiffahrt der Alliierten wurde ab Juni 1940 von Flugzeugen und Hilfskreuzern sehr unterstützt. Der Gipfel bei den Anstrengungen der Kriegsschiffe wurde in der ersten Hälfte 1941 erreicht, als fünf Schiffe in den Atlantik durchbrachen. Der Verlust der „Bismarck“ und die Angriffe der RAF auf Brest hatten im Februar 1942 die Rückführung der schweren Kriegsschiffe nach Deutschland zur Folge. Danach wurden deutsche Kriegsschiffe gegen die Geleitzüge im Eismeer eingesetzt. Der letzte der als Handelsschiff getarnten Hilfskreuzer wurde erst im Oktober 1943 versenkt. Die deutschen Unterseeboote verzeichneten jetzt zunehmende Erfolge, die mit 352 407 BRT versenkten Transportraums im Oktober 1940 ihren Höhepunkt erreichten. Die allmähliche Ausdehnung des Geleitzugsystems und die Entwicklung der britischen Luftstützpunkte in Island nach 1940 drängten die U-Boote nach Westen ab.

Bild rechts oben: Das deutsche Panzerschiff „Admiral Graf Spee“ bei der „Spithead Review“, 1937. Eines der erfolgreicheren deutschen Schiffe im Handelskrieg; es versenkte neun Schiffe mit insgesamt 50 089 BRT im Südatlantik und im Indischen Ozean, ehe es – von einem englischen Kreuzer schwer beschädigt – in den Rio de La Plata einlaufen mußte; am 17. Dezember 1939 wurde es vor Montevideo versenkt.

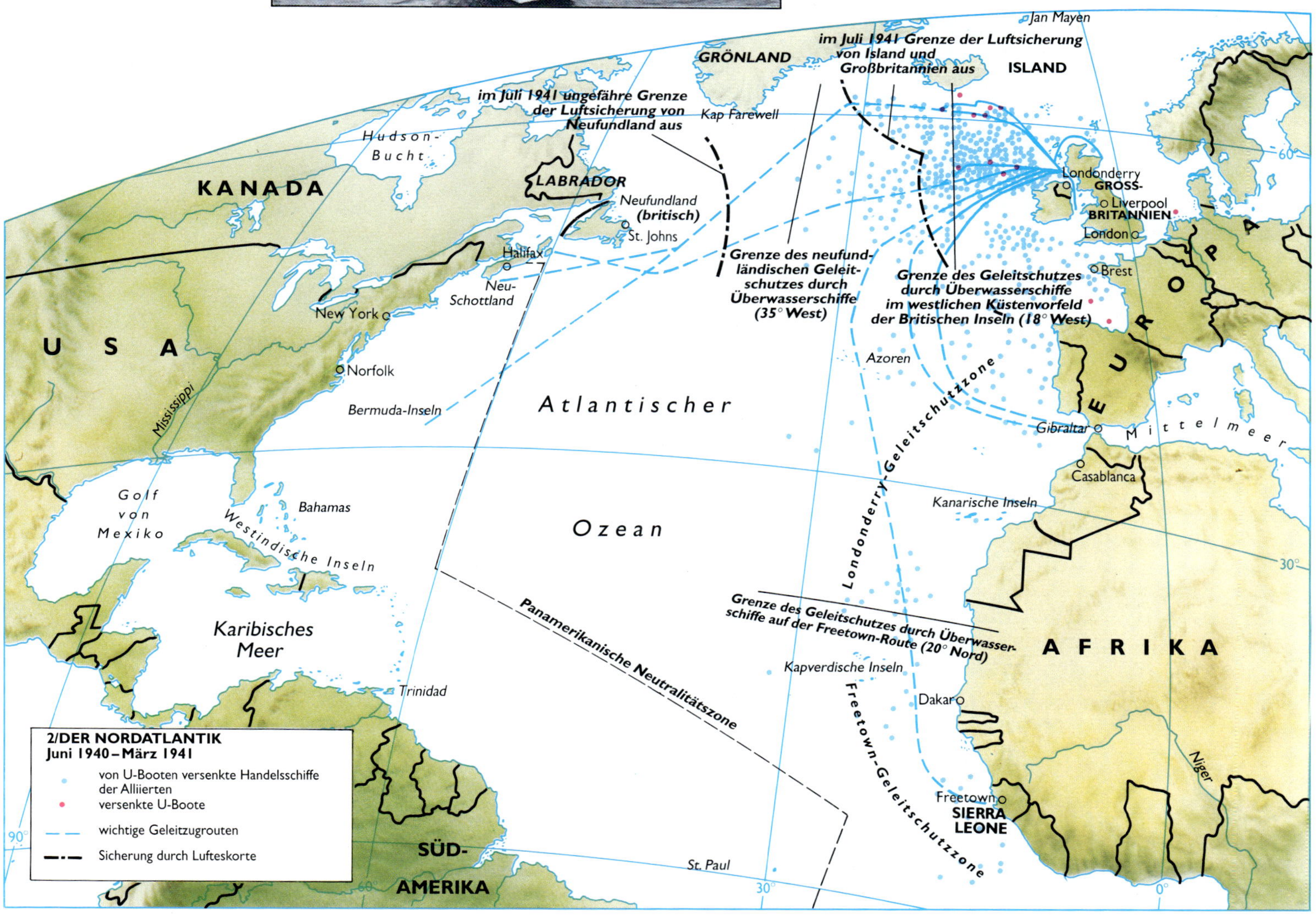

7/DEUTSCHE KRIEGSSCHIFFE Sept. 1939–1943		
von deutschen Überwasserschiffen versenkte Schiffe der Allierten; von den Alliierten versenkte deutsche Überwasserschiffe; ▼ Selbstversenkung		
Schlachtschiffe	**Operationsgebiet**	**versenkter Schiffsraum (BRT) (Versenkungen)**
„Tirpitz“	Nordatlantik	keine Versenkung
„Bismarck“	Nordatlantik	(HMS "Hood")
Schlachtkreuzer		
„Scharnhorst“	Nord- und Zentralatlantik – gemeinsame Operationen	115 622
„Gneisenau“ ▼		(22)
Panzerschiffe		
„Deutschland“ ▼	Nordwestatlantik	6 962 (2)
„Adm. Graf Spee“ ▼	Südatlantik	50 089 (9)
„Adm. Scheer“	Atlantik, Indischer Ozean	99 059 (16)
Schwere Kreuzer		
„Adm. Hipper“ ▼	Nordatlantik	59 960 (10)
„Prinz Eugen“	N.-Atlantik (operiert mit der "Bismarck")	(HMS "Hood")
„Blücher“	Nordatlantik	keine Versenkung
Zu Hilfskreuzern umgerüstete Handelsschiffe		
„Atlantis“	Atlantik, Pazifik, Indischer Ozean	145 697 (22)
„Orion“	Atlantik, Pazifik, Indischer Ozean	57 744 (9)
„Widder“	Zentralatlantik	58 645 (10)
„Thor“	Atlantik, Indischer Ozean	139 037 (21)
„Pinguin“	Atlantik, Pazifik, Indischer Ozean	136 551 (28)
„Komet“	Pazifischer Ozean	42 959 (7)
„Kormoran“	Atlantik, Pazifik, Indischer Ozean	68 274 (11)
„Michel“	Atlantik, Pazifik, Indischer Ozean	121 994 (17)
„Stier“	Zentral- und Südatlantik	29 362 (4)
„Coronel“ (ehem. „Togo“)	Nordatlantik	keine Versenkung

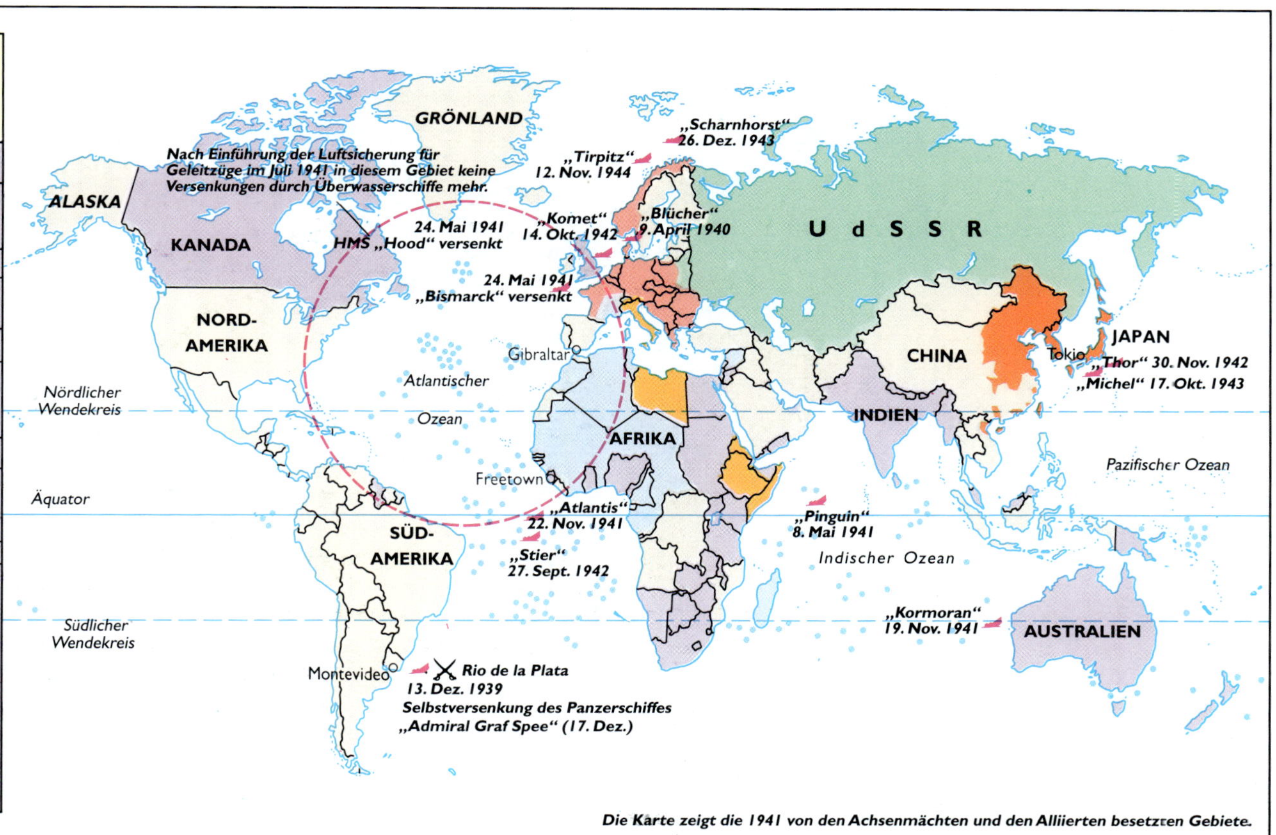

Afrika 1940–1941

Die strategische Situation im Mittelmeerraum und in Nordafrika hatte sich durch die deutsche Invasion in Frankreich im Juni 1940 (siehe Seite 44) verändert. Bisher hatte die überlegene Stärke von Flotte und Militär der Franzosen und Engländer in der Region, gesichert durch ihre den Mittelmeerraum überspannenden Flottenstützpunkte, Italien von einer Intervention an der Seite seines deutschen Verbündeten abgehalten. Mussolinis Entscheidung, sich am Sieg über Frankreich zu beteiligen (10. Juni), lag zum Teil der Wunsch zugrunde, seinen Vorteil aus dem gestörten Gleichgewicht der Kräfte im Mittelmeerraum zu ziehen. Durch die Neutralisierung der französischen Flotte trat die italienische Flotte im Mittelmeerraum an die erste Stelle. Darüber hinaus bildeten die in Libyen, Äthiopien, Eritrea und Italienisch-Somaliland stationierten italienischen Bodentruppen, die größte Kampfgruppe in Nordafrika. Die Engländer sahen sich der Gefahr einer möglichen Invasion unter Überquerung des Kanals ausgesetzt und schienen unfähig, ihre Streitkräfte außerhalb von Europa wirksam zu unterstützen. Mussolini ergriff die Gelegenheit und befahl Angriffe gegen die Grenzen des Sudan (Kassala und Gallabat, erobert am 4. Juli), Kenias (Moyale, erobert am 15. Juli) und Britisch-Somalilands (okkupiert vom 5.–19. August). Am 13. September drang eine große italienische Armee von Libyen aus in Ägypten ein, machte dann jedoch am 18. September nach Zurücklegung von rund 100 km Halt, um den vorgeschobenen Stützpunkt Sidi Barrani aufzubauen. Dieser frühe Erfolg wurde rasch in sein Gegenteil gekehrt.

Die Engländer sowie de Gaulles Freies Frankreich begannen bald nach der französischen Kapitulation, Aktionen gegen die Streitkräfte der Vichy-Regierung in Afrika zu unternehmen, um ihre Kontrolle über den Kontinent zu konsolidieren. Unter den Bedingungen des Waffenstillstandes mit Deutschland behielt Vichy die Kontrolle über das französische Kolonialreich und die dort befindlichen Streitkräfte einschließlich der französischen Flotte, die in Oran und Mers-el-Kebir in Algerien Zuflucht gefunden hatte. Am 3. Juli bombardierte die britische Mittelmeerflotte nach der Weigerung Vichys, seine Flotte zu demobilisieren, die genannten Häfen, versenkte ein Schlachtschiff, beschädigte drei weitere große Kriegsschiffe und tötete 1300 französische Seeleute, eine Aktion, die in Frankreich große Empörung auslöste. Das französische Geschwader in Alexandria ergab sich den Eng-

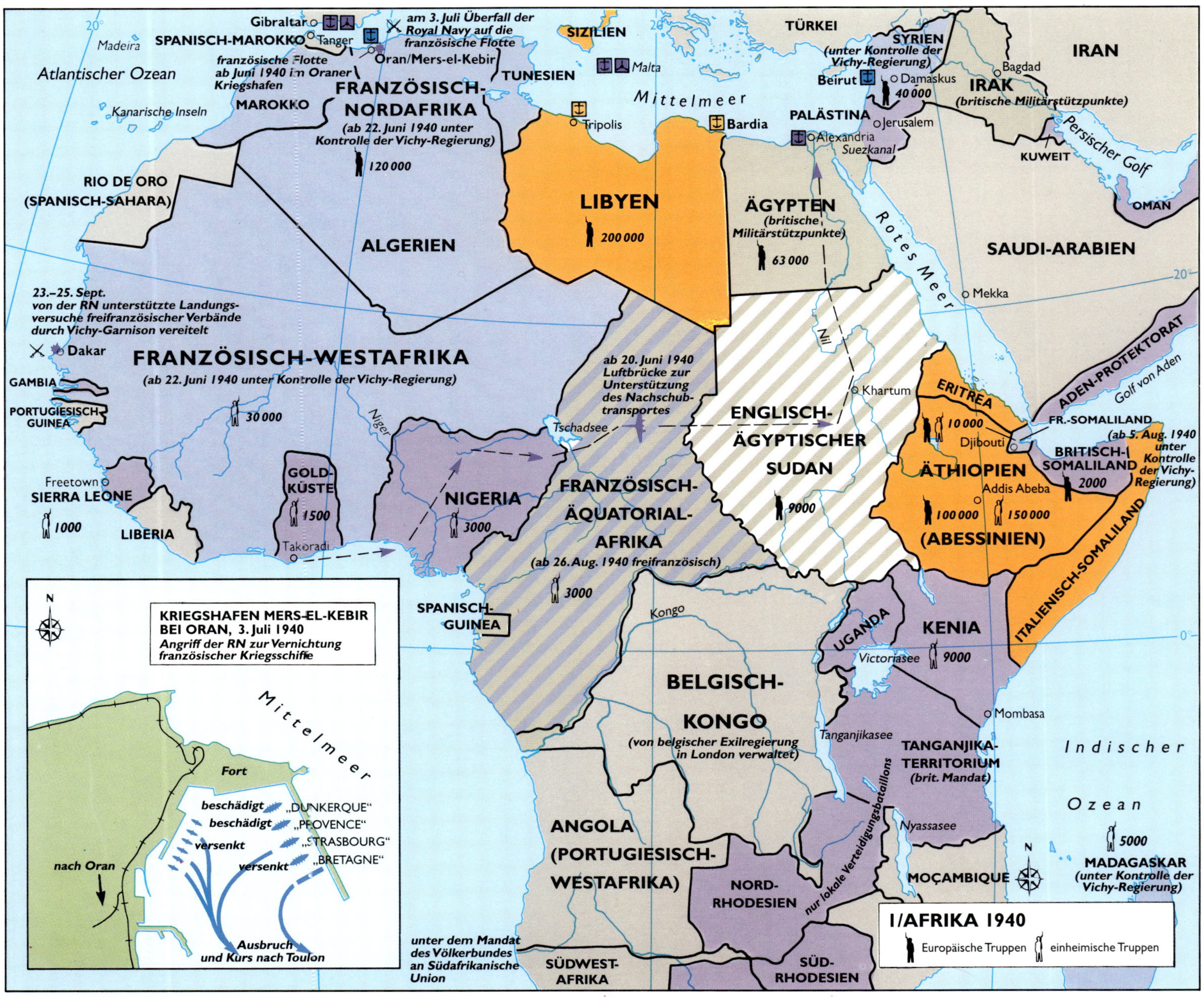

Hitler hatte keine Pläne für ein Eingreifen in Afrika (*1*). Die Bedingungen des Waffenstillstandes mit Frankreich vom Juni 1940 gestatteten Frankreich, die Kontrolle über seine Kolonien und Protektorate in Nord- und Westafrika zu behalten, desgleichen über seine Mandatsgebiete in Syrien und im Libanon, einschließlich der örtlichen Streitkräfte. Dies bedeutete eine potentielle Bedrohung der Kontrolle des Mittelmeerraumes durch die Engländer, die von den Stützpunkten auf Gibraltar und Malta sowie der Garnison in Ägypten ausgeübt wurde; England hatte auch Kolonialtruppen im Sudan, in Kenia sowie in Britisch-Somaliland. Mit dem Eintritt Italiens als Verbündeter Deutschlands in den Krieg (10. Juni) brach der Kampf um die Kontrolle über Afrika aus. Der Führer des Freien Frankreichs, de Gaulle, hatte durch seinen Gesandten Leclerc Erfolg beim Anschluß der französischen Kolonien in Äquatorialafrika (August–Oktober 1940); ein Versuch, auch im Senegal die Macht zu ergreifen (23.–25. September) schlug jedoch fehl. Die französische Flotte in Mers-el-Kebir und Oran (*1*, Nebenkarte) wurde von den Engländern (am 3. Juli) bombardiert, weil sie es ablehnte, sich selbst zu versenken, sich den Streitkräften des Freien Frankreichs anzuschließen bzw. einen englischen oder französischen Hafen in der Karibik anzulaufen. Von den Schlachtschiffen war die „Bretagne" gesunken, die „Dunkerque" und die

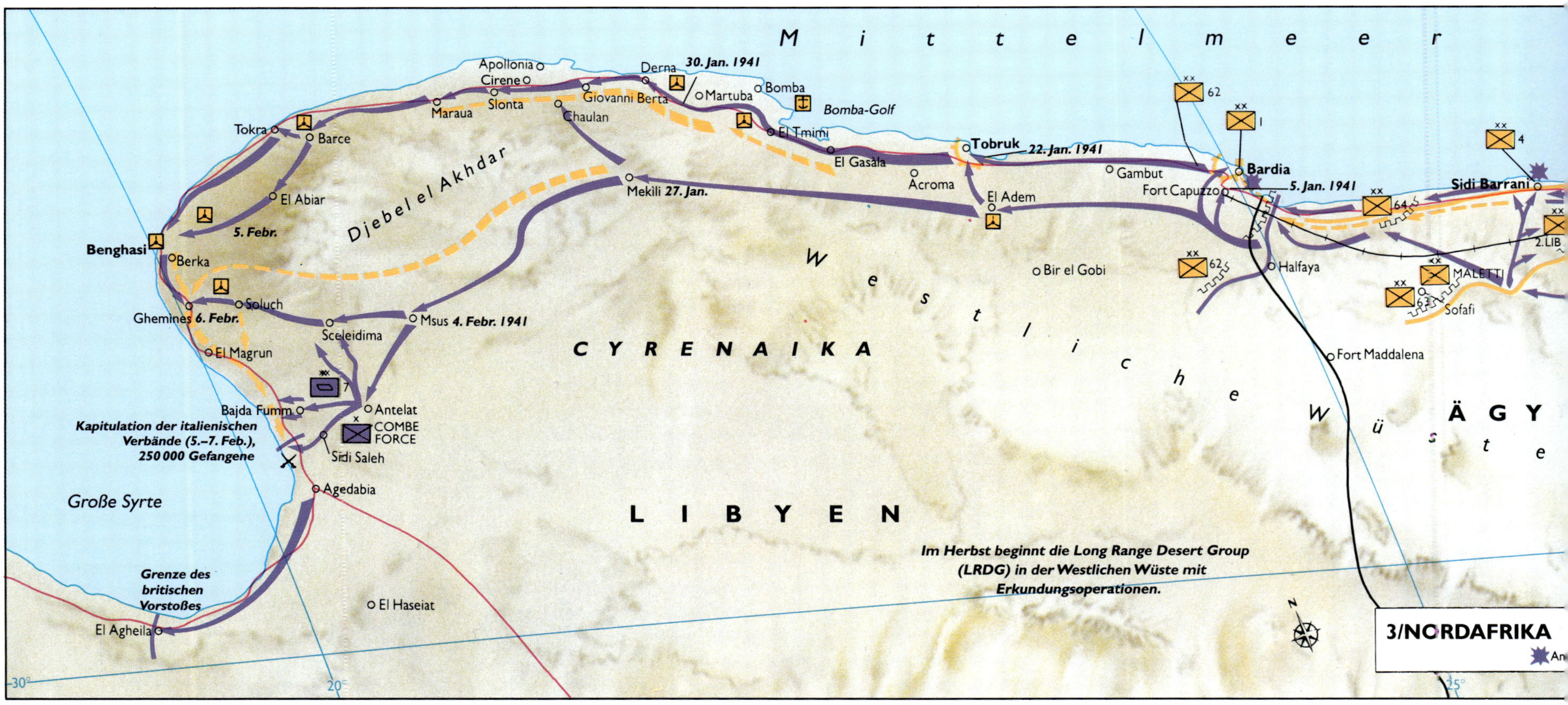

ländern ohne Verluste, und die verschiedenen französischen Kriegsschiffe, die sich in anderen englischen Häfen befanden, wurden übernommen. Als am 23.–25. September ein englisches Kriegsschiff mit de Gaulle an Bord Dakar in Französisch-Westafrika (Senegal) erreichte und Truppen an Land gehen ließ, wurde es vertrieben. Der einzige Erfolg des Freien Frankreichs in dieser Etappe des Krieges war der Anschluß der entfernteren Kolonien von Äquatorialafrika und Kongo (siehe Seite 44).

Auf dem Festland gingen die Engländer in Ägypten am 9. Dezember zu einer Offensive über. Die Operation war zu spät in nur fünf Tagen geplant worden, aber ihr Erfolg brachte Wavell, den Wüstenkommandeur, dazu, Anfang Januar 1941 in Libyen einzudringen und anschließend Bardia (5. Januar) und Tobruk (22. Januar) zu erobern. Danach teilte er seine Streitkräfte und schickte die 7. Panzerdivision quer durch die Wüste zwecks Vereinigung mit der australischen 6. Division, die im Verlauf der Küste vorrückte. Am 5. Februar trafen sie sich bei Beda Fomm; sie hatten 800 km zurückgelegt, 130 000 Gefangene gemacht und große Mengen an Ausrüstung erbeutet.

Die englische Offensive in Ostafrika begann am 19.–20. Januar 1941, als Streitkräfte vom Sudan aus in Eritrea und Nordäthiopien eindrangen. Drei Wochen später (am 11. Februar) begann Cunningham von Kenia aus eine Offensive gegen Italienisch-Somaliland und Südäthiopien und eröffnete so eine zweite Front. Britisch-Somaliland wurde durch Streitkräfte zurückerobert, die, von Aden kommend, am 16. März bei Berbera an Land gingen. Am 25. Februar war der größte Teil von Italienisch-Somaliland okkupiert. Addis Abeba, die Hauptstadt von Äthiopien, fiel am 6. April. Der italienische Widerstand war im Norden am größten, wo eine erbitterte Schlacht um die Gebirgsstellung von Keren erst am 26. März endete. Der italienische Oberkommandierende, Herzog von Aosta, zog sich nach Amba Alagi zurück, wo er nach weiteren Kämpfen am 16. Mai kapitulierte. Isolierte Truppenteile setzten ihren Widerstand bis 3. Juli fort. Etwa 420 000 Mann der italienischen Streitkräfte, in denen auch Afrikaner dienten, waren in Ostafrika entweder getötet oder gefangengenommen worden im Vergleich zu 3 100 Gefallenen des britischen Commonwealth. Der Sieg brachte Kaiser Haile Selassie von Äthiopien wieder auf den Thron.

Nun war die Initiative wieder in englischer Hand. Das Problem der Versorgung und der Koordinierung zwischen London und Ostafrika blieb weiter bestehen, ebenso wie die Tatsache, daß wesentliche Gebiete zum Vichy-Territorium gehörten. Konnte man die letzteren jedoch zum Stillhalten veranlassen und wesentliche Teile der Commonwealth-Truppen östlich von Aden vollständig einsetzen, ließ sich die alliierte Kontrolle über das östliche Mittelmeer und den Nahen Osten sichern. Ein Vorrücken deutscher Streitkräfte auf den Balkan und den Mittelmeerraum würde dieses Gleichgewicht jedoch stören.

„Provence" beschädigt, und die „Strasbourg" entkam nach Toulon. Mussolini nutzte die englische Schwäche in diesem Gebiet aus, um seine afrikanischen Kolonien auszudehnen; ab Juli unternahm er Offensiven in Ostafrika *(2)*. Mit Ausnahme der Okkupation von Britisch-Somaliland (vom 5.–19. August) schlugen diese Offensiven alle fehl. Eine englische Gegenoffensive hatte schwere Kämpfe um Keren im gebirgigen Norderitrea zur Folge. Die erste Schlacht (3.–13. Februar 1941) war ein Sieg der italienischen Verteidigung; in der zweiten Schlacht (15.–26. März 1941) nahmen die Engländer die Stellung ein und begannen einen siegreichen Vormarsch. Die italienische Offensive in Ägypten *(3)* begann am 13. September, wurde jedoch nicht fortgesetzt und erlaubte es einer englischen Gegenoffensive (9. Dezember), die Initiative zu übernehmen, was eine große italienische Streitmacht zwang, im Februar 1941 zu kapitulieren. Im Mittelmeer *(4)* fanden 1940 verschiedene ergebnislose Zusammenstöße zwischen der englischen und der italienischen Flotte statt; der einzige klare Erfolg war ein Angriff auf den Hafen von Tarent (11.–12. November, siehe Seite 54). Das Eingreifen der Luftwaffe, die einen Geleitzug von Gibraltar nach Malta angriff (6.–10. Januar), signalisierte den Beginn einer längeren Offensive gegen Malta selbst.
Bild oben: Die Folgen des britischen Überfalls auf Mers-el-Kebir, 3. Juli 1940.

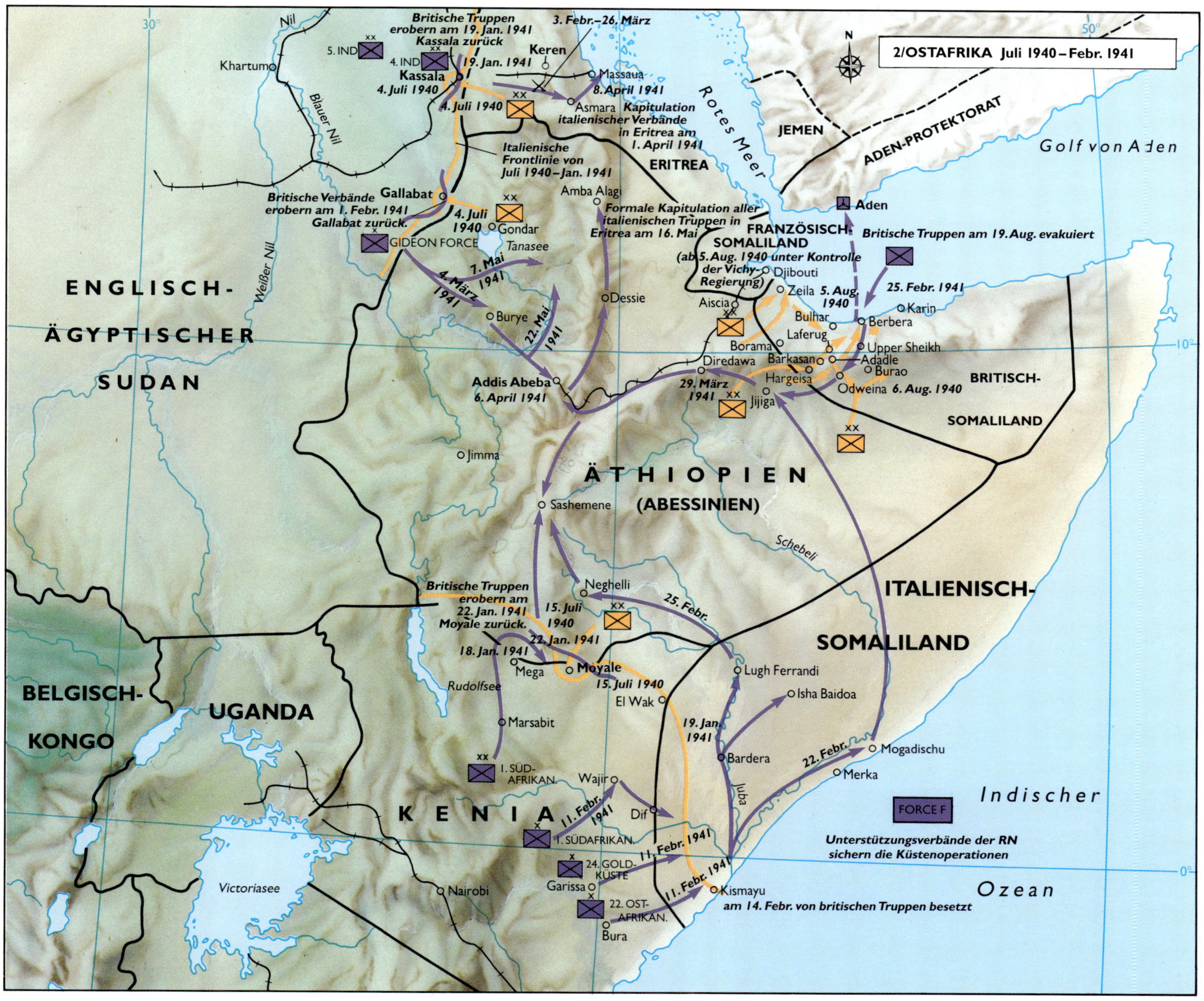

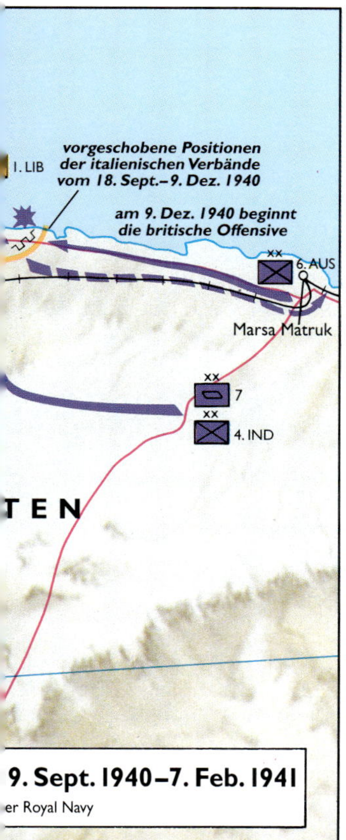

Der Luftkrieg über Europa I 1940–1941

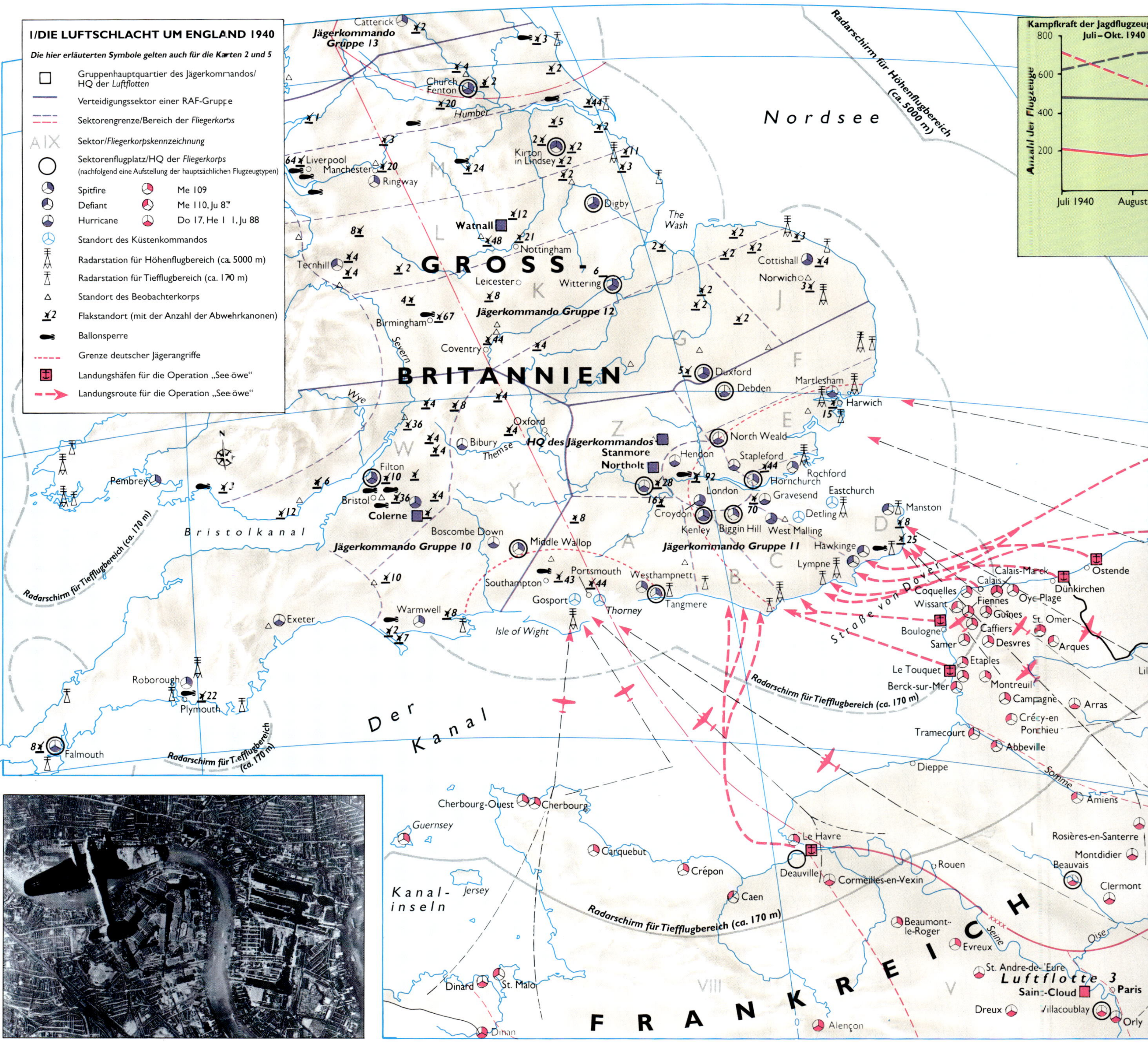

Seit Frankreichs Niederlage im Juni 1940 hoffte Hitler, daß England um Frieden bitten würde. Als England jedoch alle Angebote zur Beendigung des Krieges zurückwies, befahl Hitler die Invasion auf den Britischen Inseln. Am 16. Juli erging die Führerweisung zum Unternehmen „Seelöwe“. Sie befahl der Luftwaffe die Ausschaltung der Royal Air Force als Vorbereitung der für die Invasion erforderlichen Kanalüberquerung. Erstmals wurde hier eine Schlacht mit Flugzeugen ausgefochten, die den Kriegsverlauf ändern sollte.

Die Luftwaffe war auf diese Auseinandersetzung schlecht vorbereitet. Sie hatte im Frankreichfeldzug schwere Verluste erlitten. Weder hatten die deutschen Flugzeuge die nötige Reichweite, noch konnten sie genügend Bomben tragen, um gegen einen gut gerüsteten Gegner über feindlichem Territorium eine so große Operation auszuführen. Die deutschen Flieger hatten keine Erfahrungen mit solchen Unternehmungen. Ausschlaggebend war jedoch die Tatsache, daß die Reichweite der deutschen Jäger zu gering war, um mehr als nur einen kleinen Teil Südenglands – und den auch immer nur für kurze Zeit – zu erreichen. So war die Royal Air Force im Norden und Westen relativ sicher und konnte sich hier neu formieren.

Die Engländer hatten sich seit 1937 auf eine mögliche Invasion vorbereitet; trotzdem fehlte es der RAF noch an Piloten und Kampferfahrung. Allerdings besaß England nun das Radar sowie eine umfassende Luftverteidigungsorganisation. Die britischen Jägergeschwader waren zuletzt mit einer großen Anzahl schneller Eindecker der Typen „Hurricane“ und „Spitfire“ ausgerüstet worden: im Juni 1940 waren es fast 700 Stück. Außerdem produzierten die englischen Betriebe unter dem Kommando von Lord Beaverbrook, dem Minister für Luftwaffen- bzw. Materialbeschaffung, Ende 1940 über 400 Jäger monatlich; Deutschland stellte im Durchschnitt weniger als 200 Stück im Monat her.

Ab Juli 1940 griffen gemischte deutsche Bomber- und Sturzkampfbomberverbände, geschützt von Jägern, englische Flugplätze, Depots und Radarstationen innerhalb der Reichweite ihrer Stützpunkte in Frankreich und in den Niederlanden an. Mitte August berichtete die Aufklärung der Luftwaffe unzutreffend, die Aufgabe sei fast vollständig erledigt. Obwohl die deutsche Luftwaffe durch ihre Übermacht zeitweise nahe daran war, die Verteidigung der Bereiche Kent und Sussex zu überwältigen, wurden die Flugplätze schnell repariert, und ein Strom von Ersatzflugzeugen und Piloten gewährleistete, daß die Gesamtstärke des Jägerkommandos im August und September tatsächlich zunahm. Im Gegensatz dazu verringerte sich die Einsatzstärke der deutschen Jägereinheiten von über 700 im Juli auf 275 am 1. Oktober. Die Sturzkampfbomber des Typs Ju-87, die bei den Kämpfen auf dem Festland so effektiv gewesen waren, erwiesen sich nun als angreifbar und wurden zurückgezogen. Keines der Ziele wurde so intensiv attackiert, daß eine für die Verteidiger kritische Situation hätte entstehen können. Mitte September stoppte die Luftwaffe ihre Offensive, und das Unternehmen „Seelöwe“ wurde auf unbestimmte Zeit verschoben. Von Juli bis Oktober hatte die Royal Air Force 915 Flugzeuge verloren, die deutsche Luftwaffe dagegen 1733.

Hitler, der dabei war, sich nach Osten gegen die Sowjetunion zu wenden, gab seine Zustimmung, eine schwere Bomberoffensive zu versuchen. Mitte September ging die Luftwaffe von Tag- zu Nachtangriffen gegen militärische und wirtschaftliche Ziele in den wichtigsten Städten Englands über. Unterstützt durch gute elektronische Navigationshilfen, flogen die Deutschen mehr als ein halbes Jahr lang Vernichtungsangriffe auf 16 große Städte und Häfen. Die Luftwaffe litt jedoch unter dem zunehmenden Verschleiß bei Flugzeugen und Besatzungen. Ihr mangelte es an Piloten und Navigatoren, die auf Langstreckenflüge und Bombenangriffe trainiert waren, und für einen entscheidenden Schlag fehlten noch immer Flugzeuge mit ausreichender Reichweite und Tragkraft. Obwohl schwere Zerstörungen und hohe Verluste bei der Zivilbevölkerung hingenommen werden mußten, waren diese nicht so groß, wie die englische Regierung angenommen hatte (siehe Seite 46). Die englische Kriegsproduktion wurde nicht sonderlich beeinträchtigt, und die Moral blieb intakt. Zu Beginn des Frühjahrs befahl Hitler das Ende des Bombardements. Der erste strategische Feldzug in der Luft war fehlgeschlagen.

Diese Niederlage der Luftwaffe bewahrte die Engländer 1940 vor einer Invasion, die ihre schlecht ausgerüstete Armee wohl kaum hätte abwehren können. Die Chefs der Royal Air Force lernten jedoch nichts aus der deutschen Niederlage. Sie begannen eine begrenzte Offensive gegen Ziele in Deutschland unter Verwendung ähnlicher zweimotoriger Bomber mittlerer Größe. Im Laufe des Jahres 1941 nahm die Kampagne ständig zu und war zunächst gegen wirtschaftliche und militärische Ziele gerichtet. Diese Angriffe waren jedoch so ungenau, daß das Bomberkommando gezwungen war, auf „Flächenbombardements“ umzuschalten. Churchill sah, daß dies für England 1940 und 1941 die einzige Möglichkeit war zurückzuschlagen, und wollte, daß die deutsche Zivilbevölkerung „die Last des Krieges zu spüren bekam“. Damit waren die Voraussetzungen für jene großen Bombenangriffe geschaffen, die zu einem späteren Zeitpunkt im Kriegsverlauf erfolgten.

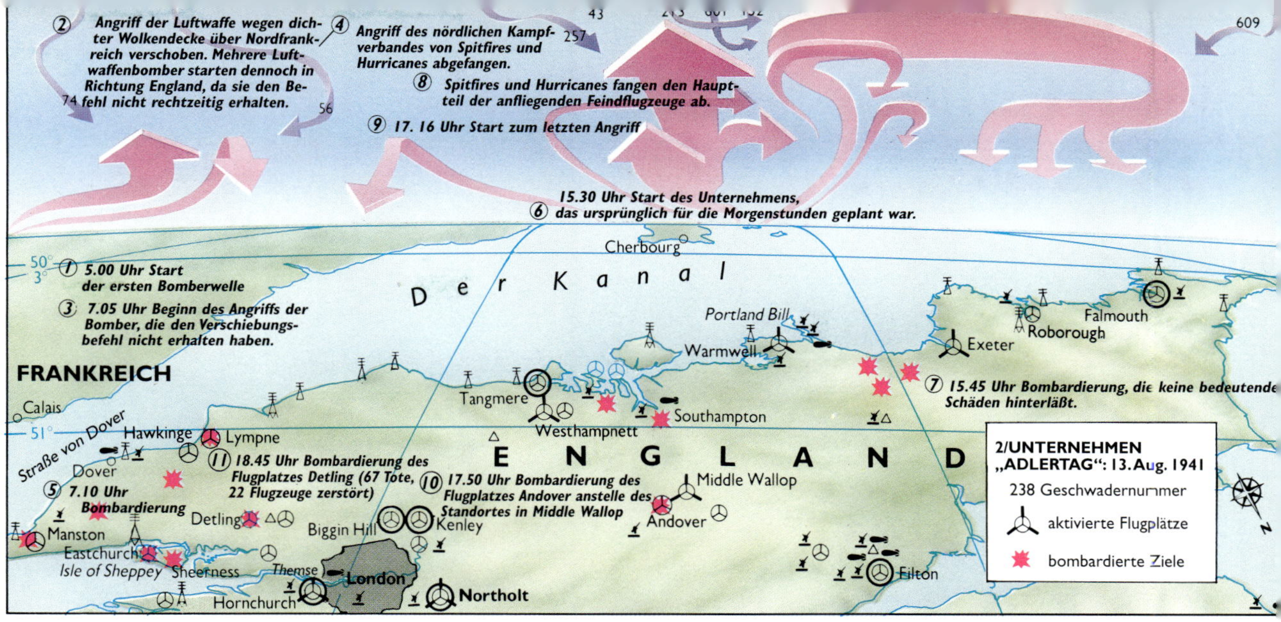

BIS ZUM SOMMER 1940 hatte die Luftkriegsführung in Europa hauptsächlich in einer engen Unterstützung der Bodentruppen sowie im Bombardement „verteidigter“ Städte (wie Warschau und Rotterdam) durch die Luftwaffe bestanden. Doch der anfangs von allen befürchtete „Knockout-Schlag“ aus der Luft blieb aus. Nach der Invasion in Frankreich änderte sich die Situation. Zwischen Ende Juli und Mitte September 1940 versuchte die Luftwaffe, die Royal Air Force niederzuringen, um den Weg für das Unternehmen „Seelöwe“ (eine deutsche Invasion in Südengland) freizumachen. Daraus ergab sich die „Luftschlacht um England“, der erste ernst zu nehmende Rückschlag, den die Deutschen einstecken mußten *(1)*. Die Deutschen unterschätzten die Hartnäckigkeit und Komplexität der englischen Verteidigung *(6)*. Wenn deren Radar und die Beobachtergruppen der Abwehr die Annäherung deutscher Flugzeuge meldeten, wurden die Details direkt an das Hauptquartier des Jägerkommandos sowie in die Einsatzräume der Jägergruppe übermittelt. Diese Gruppe gab dann ihre Befehle an die Kommandeure der Sektoren, die ihre Geschwader in Bereitschaft versetzten. Auf einen letzten Befehl des Hauptquartiers befahl der Kommandeur des Sektors dann den Kampf. Der Sektor behielt die Kontrolle über die in der Luft befindlichen Flugzeuge, solange Funkkontakt bestand. Danach übernahmen die Geschwaderführer die Einsatzleitung. Dies gewährleistete eine schnelle und effektive Befehlskette und trug viel zum erfolgreichen Einsatz der Royal Air Force bei. Verzweifelt über den fortgesetzten Zermürbungskrieg, begann die Luftwaffe am 13. August 1940 unter der Codebezeichnung „Adlertag“ einen umfassenden Angriff gegen die RAF *(2)*. Fünf Wellen von Bombern und Geleitjägern flogen Angriffe gegen die neun wichtigsten Flugplätze von Eastchurch bis Portland. Schlechte Sicht und der erbitterte Widerstand der Verteidigung hatten jedoch nur dürftige Ergebnisse zur Folge. Die Luftwaffe verlor 45 Flugzeuge, die RAF nur 13. Dessenungeachtet wurde die Zerstörungskampagne gegen die RAF noch einen Monat fortgesetzt, obwohl es die Deutschen nicht schafften, brauchbare taktische oder ökonomische Programme zu entwickeln, die einen fortgesetzten Luftangriff effektiv gemacht hätten. Enttäuscht vom Ausbleiben des Erfolges gegen die RAF, schaltete die Luftwaffe im September auf nächtliche Bombenangriffe gegen Städte um *(5)*. Es wurden über 35 000 Tonnen Bomben abgeworfen, wobei 650 deutsche Flugzeuge verlorengingen. London *(4)* wurde zwischen September 1940 und Mai 1941 19mal mit ungefähr 19 000 Tonnen Bomben angegriffen. Die Bomben sollten Eisenbahnzentren, Werften, Munitionsfabriken und Regierungsgebäude treffen. Statt dessen kam es vielerorts zu Zerstörungen in Wohngebieten, die sich in der Nähe strategischer Ziele befanden. Schließlich wurde das Unternehmen abgebrochen, um die Kräfte für die bevorstehende Rußlandoffensive aufzusparen. Es gelang nicht, England durch schwere Luftangriffe außer Gefecht zu setzen; das Ergebnis war vielmehr eine weitere Verbesserung der englischen Verteidigung. Im Mai 1940 begann die RAF, strategisch wichtige Wirtschaftsstandorte (Öl, Verkehr, Werften usw.) in Deutschland zu bombardieren *(3)*. Diese Angriffe wurde bald auf das gesamte von Deutschland okkupierte Territorium ausgedehnt. Die schwierige Lokalisierung solcher Standorte bei Nacht führte zu allgemeinen Angriffen auf ganze Industriegebiete und nicht so sehr auf spezielle Ziele. Hier liegt der Ursprung des „Flächenbombardements“. Bis Ende 1941 hatte die RAF über Europa 50 000 Tonnen Bomben abgeworfen, fast soviel wie Deutschland über England.

Bild links: Ein mittlerer Bomber des Typs He 111 überfliegt die Isle of Dogs im Londoner Hafenviertel.

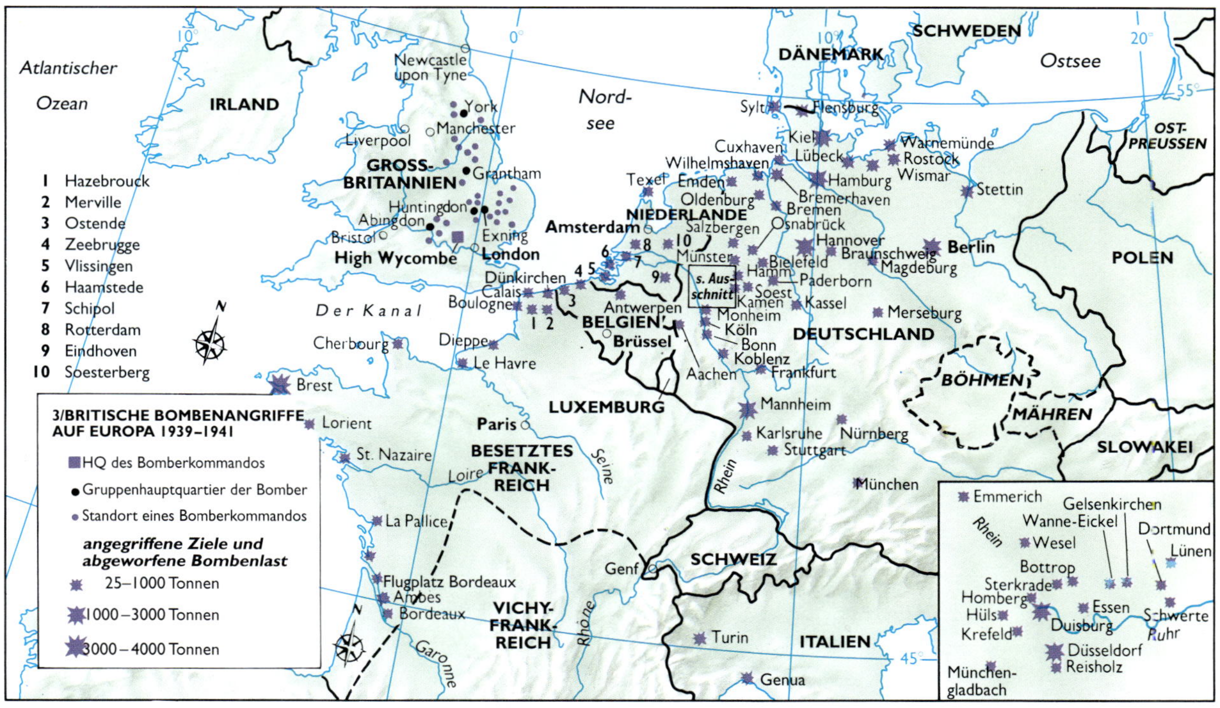

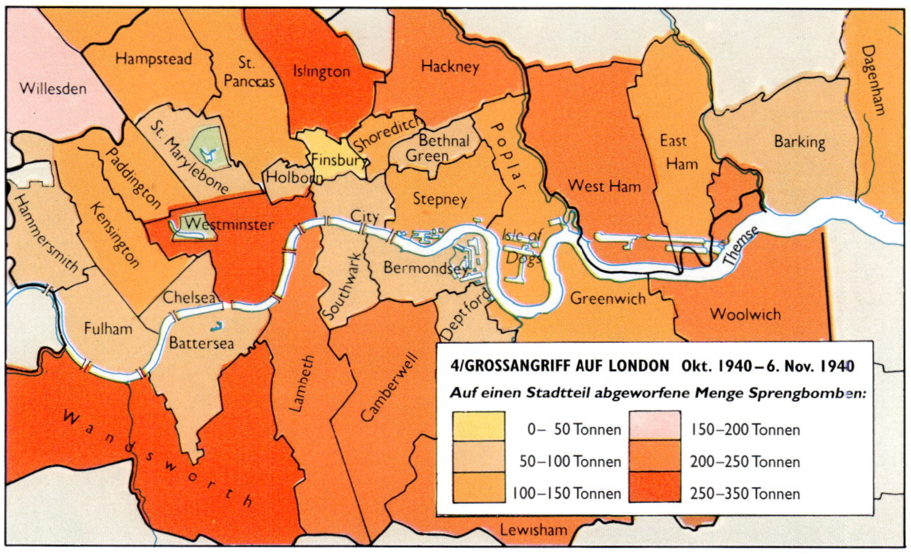

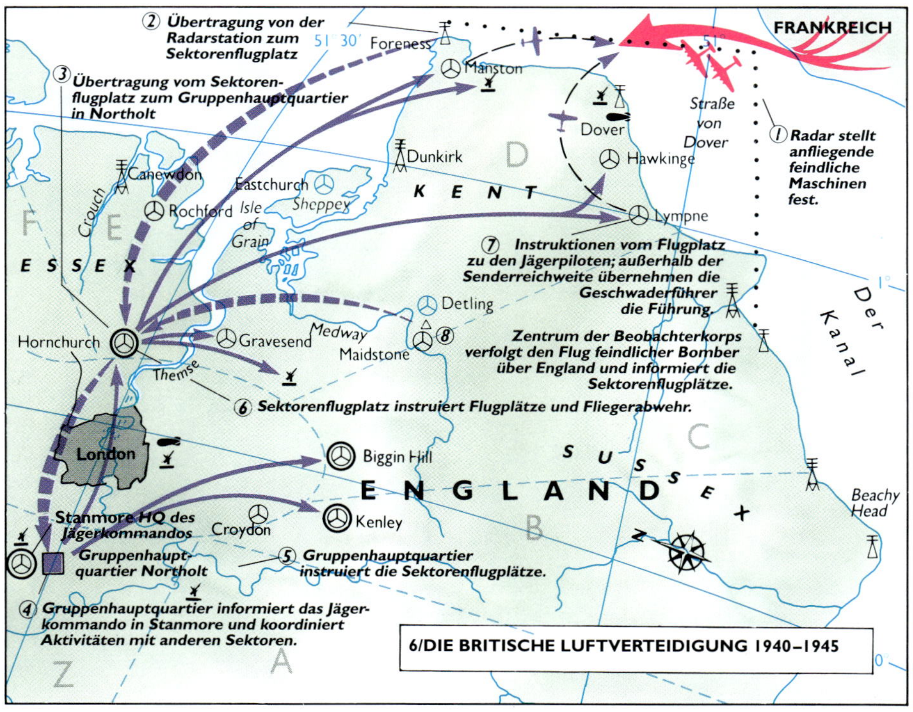

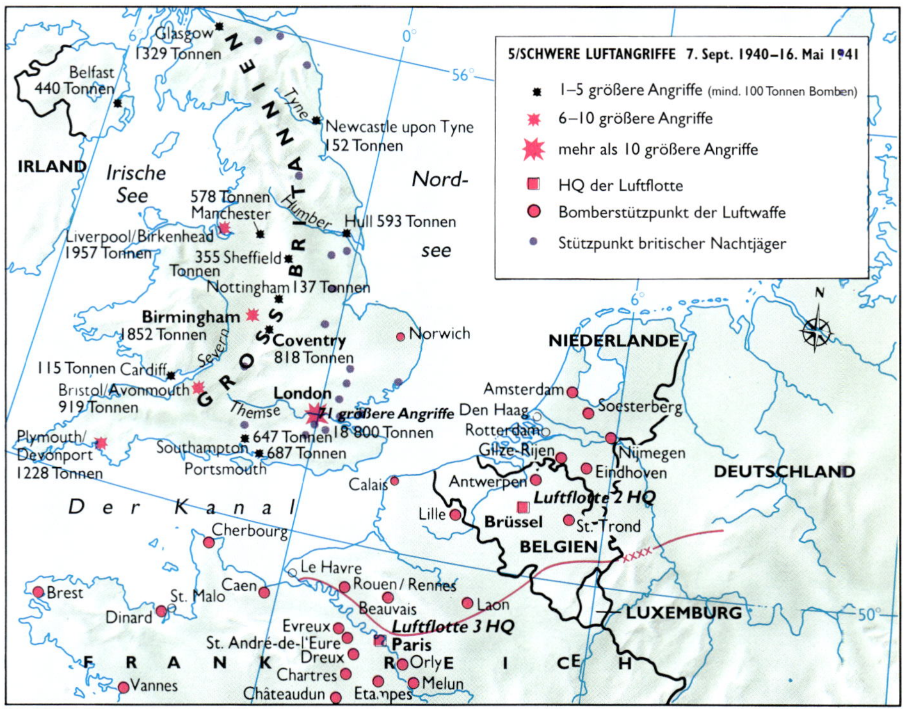

Der Balkan 1941

Der Balkan als Quelle der Meinungsverschiedenheiten, die den Ersten Weltkrieg ausgelöst hatten, blieb im ersten Jahr des Zweiten Weltkrieges von dessen Verlauf isoliert. Im Juni 1940 jedoch machte die Sowjetunion ihre im Hitler-Stalin-Pakt vom 22. August 1939 (siehe Seite 30) mit Deutschland vereinbarten territorialen Ansprüche gegenüber Rumänien geltend. Sie annektierte Bessarabien und die Nordbukowina (das erstgenannte Gebiet hatte vor 1917 zu Rußland gehört, das andere jedoch nicht). Deutschland und Italien akzeptierten diese Annexionen im zweiten Wiener Schiedsspruch vom 30. August 1940, durch den Nordsiebenbürgen an Ungarn und die Süddobrudscha (7. September) an Bulgarien zurückgegeben wurden. Gleichzeitig wurden Rumäniens verkürzte Grenzen von Italien und Deutschland garantiert. Hitler wollte den Zugang zu Rumäniens Ölfeldern bei Ploeşti sichern, die während des Krieges Deutschlands Hauptversorgungsquelle bleiben sollten. Er mißtraute auch sowjetischen Ambitionen auf dem Balkan, zumal sich seine Absicht, Rußland anzugreifen, im Herbst 1940 verstärkte. Im September entsandte er eine Militärmission nach Rumänien und Ungarn, wobei diese in den Drei-Mächte-Pakt eingebunden wurden. (Er war von Deutschland, Italien und Japan am 27. September unterzeichnet worden.) Bulgarien, das Hitler gleichzeitig davon abgehalten hatte, sich von Rußland abhängig zu machen, trat dem Pakt am 1. März 1941 bei.

Hitlers Ziel, den Balkan durch friedliche Diplomatie in eine Satellitenregion umzuwandeln, wurde am 28. Oktober 1940 durch Mussolinis unprovozierte, von Albanien aus vorgetragene Invasion in Griechenland gestört. Mussolini, dessen Beteiligung an Frankreichs Niederlage ihm keinen Ruhm eingetragen hatte (siehe Seite 44), hoffte seinen Diktatorkollegen mit einem eigenständigen militärischen Triumph zu konfrontieren. Er glaubte, Griechenland würde bei einem italienischen Angriff zusammenbrechen. Doch wider Erwarten leisteten die Griechen hartnäckigen Widerstand und gingen mit Unterstützung durch englische Luftwaffeneinheiten, die ab 3. November auf dem Peloponnes landeten, zum Gegenangriff über. Mitte Dezember waren die Italiener 80 km weit nach Albanien zurückgeworfen worden, und am 1. März war der größte Teil des Südens in griechischer Hand. Mussolinis Initiative versetzte Hitler in Wut: Zum einen lieferte sie England den Vorwand zu einer Intervention, und zum anderen verstärkte sie die russischen Zweifel an seiner Politik gegenüber Bulgarien, das die Sowjetregierung zum eigenen Satelliten bestimmt hatte. Bei Hitlers Treffen mit Molotow in Berlin am 11. und 12. November erklärte der sowjetische Außenminister Rußlands Absicht, Bulgariens Grenzen einseitig zu garantieren. Rußlands Ziel war hierbei, sich Stützpunkte zur besseren Kontrolle des Ausgangs aus dem Schwarzen Meer zu sichern. Diese Haltung Molotows festigte Hitlers Entschluß, Rußland anzugreifen.

Zwischenzeitlich (4. November) hatte Hitler dem Generalstab der Armee jedoch befohlen, Pläne zum Angriff auf Griechenland (Operation „Marita") vorzubereiten. Dieser Angriff sollte von Bulgarien aus erfolgen, wo deutsche Ingenieure am 28. Februar 1941 begonnen hatten, eine Brücke über die Donau zu bauen. Diese sollte es den Angriffskräften in Rumänien erlauben, ihre Ausgangsstellungen einzunehmen. Jugoslawien, von dem Hitler ebenfalls Transitrechte forderte, hatte seiner Diplomatie bisher Widerstand geleistet, erklärte sich jedoch am 25. März bereit, dem Drei-Mächte-Pakt beizutreten. Zwei Tage später wurde die jugoslawische Regierung durch einen Militärputsch gestürzt. Hitler bezog die Invasion in Jugoslawien daraufhin sofort in seinen Gesamtplan ein. Die Militärregierung in Jugoslawien hoffte auf sowjetischen Beistand, der ihr jedoch verweigert wurde. Die nach Moskau entsandte Delegation konnte am 5. April lediglich einen inhaltslosen Freundschaftsvertrag erwirken. Am nächsten Tag begannen die deutschen Streitkräfte ihren Angriff von Süddeutschland, Rumänien und Bulgarien aus. Bei einem Luftangriff auf Belgrad am 6. April wurden 17000 Zivilisten getötet. Am 10. April begann der jugoslawische Widerstand zusammenzubrechen, als die überwiegend aus Kroaten bestehende 4. und 7. Armee meuterte. Eine autonome kroatische Regierung hieß die Deutschen am selben Tag in Zagreb willkommen. Belgrad fiel zwei Tage später, und die Regierung suchte am 14. April um einen Waffenstillstand nach. Fast gleichzeitig begann der serbische Widerstand mit der Bildung royalistischer Tschetnik-Gruppen in den Bergen.

In Griechenland war die Regierung aus politischen Gründen gezwungen, die Metaxas-Linie im Verlauf der bulgarischen Grenze mit Thrakien zu verteidigen. (Dieses hatte man Bulgarien als Preis für seinen Beitritt zum Drei-Mächte-Pakt versprochen.) Daher waren die Hauptstreitkräfte Griechenlands nicht am rechten Ort, um den Deutschen Widerstand zu leisten, als diese am 10. April die jugoslawische Grenze überschritten. Ein britisches Expeditionskorps, das im März von Ägypten nach Griechenland entsandt worden war, befand sich ebenfalls nicht am richtigen Platz und sah sich zu einem raschen Rückzug gezwungen. Am 27. April eroberten die deutschen Truppen Athen. Die Briten verließen den Peloponnes unter schweren Verlusten am 30. April. Die britischen Flüchtlinge stießen zu einer Garnison, die im Oktober des Vorjahres nach Kreta geschickt worden war. Hitler entschied, die Insel den Engländern abzunehmen. Im Verlauf des Luftlandeunternehmens „Merkur" (20.–31. Mai) wurde der Flugplatz von Maleme erobert, und die Briten waren gezwungen, sich über den im Süden liegenden Hafen von Sphakia nach Ägypten zurückzuziehen. Deutsche Verstärkungen, die auf dem Seeweg eintrafen, wurden von einem Angriff der englischen Marine schwer getroffen, doch waren ihre Verluste nicht so groß wie die der Engländer.

Hitlers Blitzkrieg auf dem Balkan fügte den Engländern nicht nur Demütigungen und schwere Verluste zu. Er gefährdete auch ihre strategische Position im östlichen Mittelmeer. Es bestand die unmittelbare Gefahr, daß Hitler in der Levante ein Machtzentrum errichten könnte, das die britischen Streitkräfte in Ägypten und im Nahen Osten bedrohen würde. Dieser Umstand ließ darauf hoffen, daß die Türkei schon bald auf der Seite der Alliierten in den Krieg eintreten würde. Die Ausdehnung des von der Achse kontrollierten Gebietes auf den Balkan raubte den Engländern ihren letzten potentiellen Stützpunkt in Europa und zwang sie, gegen die Wehrmacht zu Land nur mit Guerillas und Widerstandstruppen vorzugehen (siehe Seiten 84 und 110). Für die Deutschen wurde in Jugoslawien der Guerillakrieg (Seite 128) zum aufwendigsten Krieg, den sie im besetzten Europa auszufechten hatten.

Bis 1940 gelang es weder durch diplomatische Schritte noch durch territoriale Veränderungen auf dem Balkan **(1)**, den Status quo für die europäischen Großmächte aufrechtzuerhalten. Hitlers Pläne zur friedlichen Sicherung des Territoriums der Achse im Rahmen des Drei-Mächte-Pakts wurden durch Mussolinis Intervention in Griechenland (28. Oktober 1940) von seinem neuen kolonialen Sprungbrett Albanien aus **(2)** unterlaufen. Unerwartet schlugen die Griechen zurück und trieben die Italiener am 23. Dezember tief nach Albanien hinein. Die britischen Streitkräfte besetzten Kreta und Lemnos (31. Oktober). Einheiten der Royal Air Force kamen am 3. November zur Unterstützung auf den Peloponnes. Ein britischer Flugzeugträger griff die italienische Flotte im Hafen von Tarent an (11. November), beschädigte drei Schlachtschiffe und erzwang ihren Rückzug an Italiens Westküste. Hitler entschied am 4. November, Reserven umzuleiten, um das Problem in den Griff zu bekommen. Die deutsche Offensive **(3)** gegen Jugoslawien, die am 6. April durch Bomber und Panzereinheiten begonnen wurde, führte am 14. April zur Kapitulation. Ein von zwei Seiten erfolgender Angriff auf Griechenland, der nach Thrakien und durch Mazedonien führte, durchbrach die griechischen Verteidigungslinien. Die am 4. März in Griechenland gelandeten englischen Truppen wurden am 30. April nach Kreta evakuiert, als deutsche Panzerdivisionen nach Süden vorrückten, um eine Luftlandung auf Korinth zu unterstützen. Anschließend wurden die Luftlandetruppen unter General Student zur Invasion auf Kreta (20. Mai) **(4)** eingesetzt, das die Engländer gezwungenermaßen nach hartnäckigem Widerstand (28.–31. Mai) aufgeben mußten. Die britischen Verluste auf dem Balkan umfaßten über 25000 Gefallene bzw. Gefangene. Dazu kam noch der Verlust von sechs Kreuzern und sieben Zerstörern sowie die Beschädigung von fünf Schlachtschiffen und einem Flugzeugträger während des Feldzuges und der Evakuierung **(5)**. Die Royal Navy zerstörte zwei deutsche Geleitzüge mit Nachschub für Kreta; dabei kamen 5000 Mann ums Leben. Die Kontrolle der Alliierten über das östliche Mittelmeer war jetzt gefährdet. Die Achse hatte den gesamten Südosten Europas durch militärische Mittel in ihre Hand bekommen.

Bild rechts: Deutsche Fallschirmjäger beim Absprung über Kreta im Mai 1941. Die 7. Fallschirmjägerdivision landete in zwei Wellen, eroberte den Flugplatz von Maleme nach zweitägigem Kampf und schuf dadurch einen Stützpunkt für die Versorgung und den Nachschub mit Hilfe von Flugzeugen. Die Höhe der Verluste (5678 Gefallene) veranlaßte Hitler, Luftlandeoperationen jeder Art in Zukunft zu vermeiden.

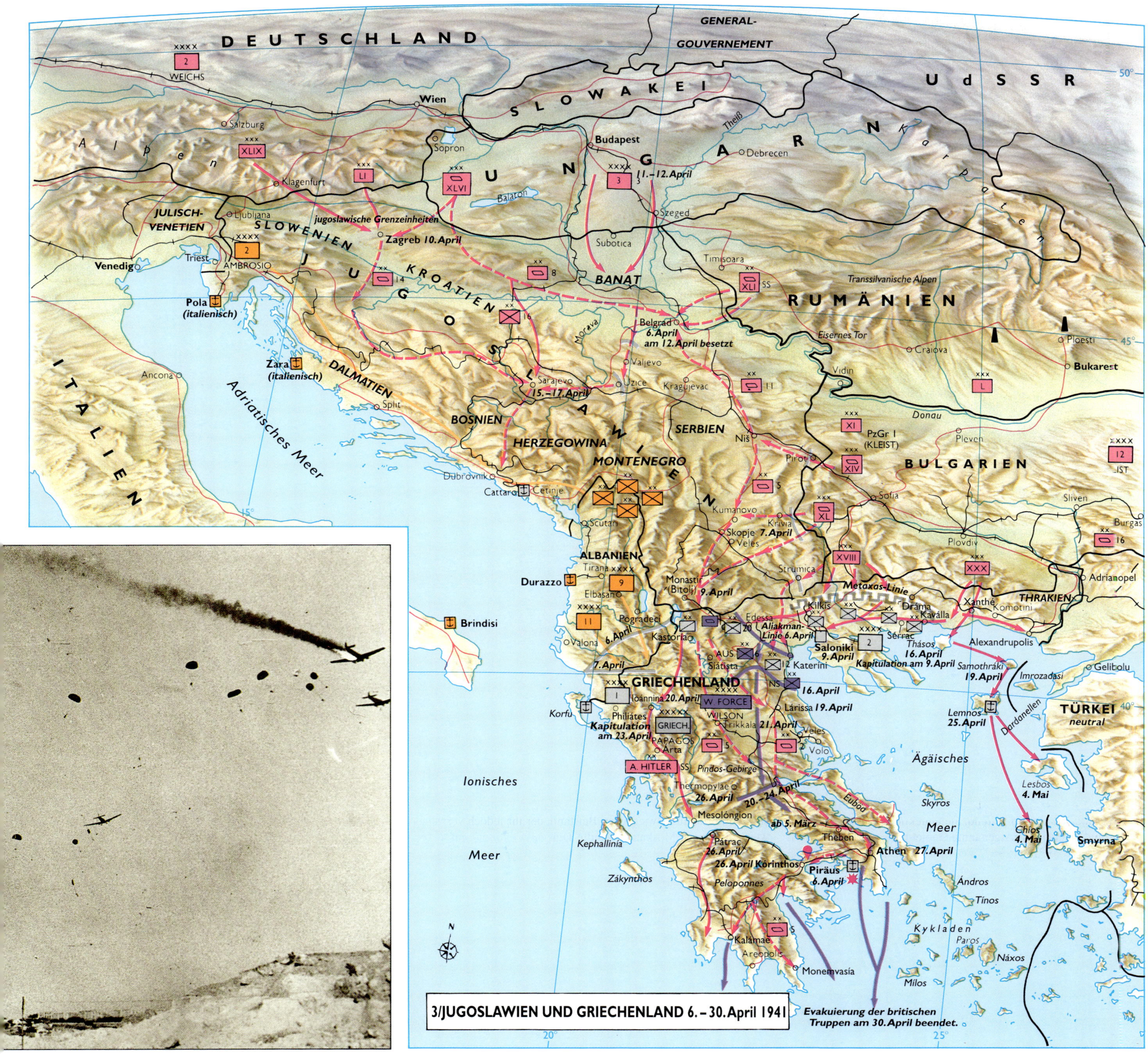
DEUTSCHLAND
GENERAL-GOUVERNEMENT
UdSSR
2 WEICHS
Wien
SLOWAKEI
Salzburg
Alpen
XLIX
Klagenfurt
LI
Sopron
XLVI
UNGARN
Budapest
3
11.–12. April
Debrecen
Theiß
Karpaten
Balaton
Szeged
JULISCH-VENETIEN
Ljubljana
jugoslawische Grenzeinheiten
SLOWENIEN
2 AMBROSIO
Zagreb 10. April
Subotica
Venedig
Triest
JUGOSLAWIEN
KROATIEN
BANAT
Timisoara
XLI SS
Transsilvanische Alpen
RUMÄNIEN
Pola (italienisch)
Belgrad 6. April am 12. April besetzt
Eisernes Tor
Craiova
Ploesti
Bukarest
ITALIEN
Ancona
Zara (italienisch)
DALMATIEN
Adriatisches Meer
Morava
Sarajevo
15.–17. April
Valjevo
Uzice
Kragujevac
Vidin
L
Split
BOSNIEN
XI
PzGr I (KLEIST)
Donau
HERZEGOWINA
SERBIEN
Niš
Pleven
12 LIST
MONTENEGRO
XIV
BULGARIEN
Dubrovnik
Cattaro
Cetinje
Pirot
Sofia
Sliven
Burgas
Scutari
Kumanovo
XL
Kriva
Skopje 7. April
Veles
Plovdiv
ALBANIEN
Tirana
XVIII
Strumica
XXX
Adrianopel
Durazzo
9
Monastir
Bitolj 9. April
Metaxas-Linie
Drama
Kavalla
Xanthe
Komotini
THRAKIEN
Brindisi
Elbasan
Pogradec
Edessa
Aliakmon-Linie 6. April
Kilkis
Serrai
Valona
11
6. April
Kastoria
Saloniki 9. April
Thasos 16. April
Alexandrupolis
Kapitulation am 9. April
Samothraki 19. April
Gelibolu
7. April
GRIECHENLAND
Katerini
Imrozadasi
Korfu
Ioannina 20. April
W. FORCE
16. April
Larissa 19. April
Lemnos 25. April
TÜRKEI neutral
Philiates
Kapitulation am 23. April
GRIECH.
WILSON
Trikkala 21. April
Dardanellen
Arta
Volo
A. HITLER SS
Pindos-Gebirge
Ägäisches Meer
Ionisches Meer
Thermopylae
26. April
Mesolongion
20.–24. April
Lesbos 4. Mai
Skyros
Euböa
Kephallinia
ab 5. März
Theben
Chios 4. Mai
Smyrna
Patras 26. April
26. April Korinthos
Athen 27. April
Zákynthos
Piräus 6. April
Peloponnes
Ándros
Tínos
Kykladen
Kalamae
Paros
Náxos
Areopolis
Monemvasia
Milos
3/JUGOSLAWIEN UND GRIECHENLAND 6.–30. April 1941
Evakuierung der britischen Truppen am 30. April beendet.

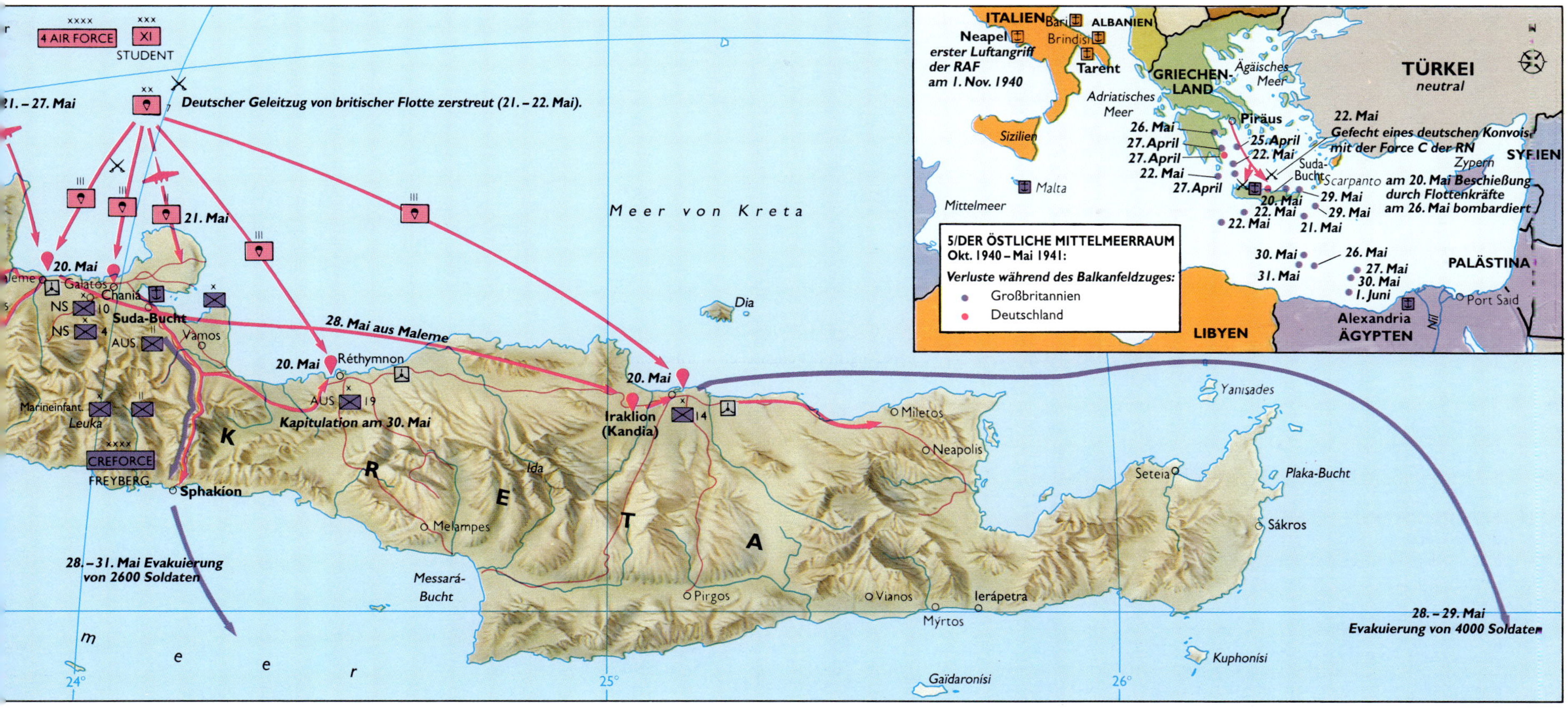
4 AIR FORCE
XI STUDENT
21.–27. Mai
Deutscher Geleitzug von britischer Flotte zerstreut (21.–22. Mai).
21. Mai
Meer von Kreta
20. Mai
Maleme
Galatas
Chania
NS
Suda-Bucht
AUS
Vamos
28. Mai aus Maleme
Dia
20. Mai
Réthymnon
20. Mai
Marineinfant.
Leuka
AUS
Kapitulation am 30. Mai
Iraklion (Kandia)
Miletos
CREFORCE
FREYBERG
KRETA
Neapolis
Sphakion
Ida
Yanisades
Seteia
Plaka-Bucht
Melampes
Sákros
28.–31. Mai Evakuierung von 2600 Soldaten
Messará-Bucht
Pirgos
Vianos
Ierápetra
Myrtos
28.–29. Mai Evakuierung von 4000 Soldaten
Meer
Gaidaronisi
Kuphonisi
ITALIEN
Bari
ALBANIEN
Neapel
Brindisi
erster Luftangriff der RAF am 1. Nov. 1940
Tarent
TÜRKEI neutral
GRIECHENLAND
Ägäisches Meer
Adriatisches Meer
Piräus
Sizilien
22. Mai Gefecht eines deutschen Konvois mit der Force C der RN
SYRIEN
Zypern
Malta
Suda-Bucht
Scarpanto am 20. Mai Beschießung durch Flottenkräfte am 26. Mai bombardiert
Mittelmeer
5/DER ÖSTLICHE MITTELMEERRAUM Okt. 1940 – Mai 1941:
Verluste während des Balkanfeldzuges:
Großbritannien
Deutschland
PALÄSTINA
Port Said
Alexandria
ÄGYPTEN
LIBYEN
Nil

Die Sowjetunion Juni–Juli 1941

Das Ausmass des Unternehmens „Barbarossa" übertrifft jede Vorstellungskraft. Am 22. Juni 1941, dem Tag des Angriffs auf die Sowjetunion, verfügten beide Seiten über Armeen von je 3 Millionen Mann nebst Luft- und Seeunterstützung. Das potentielle Operationsgebiet umfaßte halb Europa. Das deutsche Oberkommando wußte (wie frühere Invasoren auch), daß es die Verteidigungsarmee zerstören mußte, bevor sich diese ins Innere Rußlands zurückziehen und dann den Feldzug bis zum Winter ausdehnen konnte. Die einzige Erfolgschance boten hier die deutschen Panzerkräfte. Konzentriert in schmalen Sektoren, mußten die vier Panzergruppen die ersten strategischen Angriffswellen der sowjetischen Armeen westlich des Dnepr abfangen. In den ersten Tagen des Feldzuges erfolgte ein dramatischer Vormarsch der deutschen Panzerkräfte von 30 und mehr Kilometern pro Tag. Dahinter marschierten Infanteriedivisionen, die nicht einmal die halbe Geschwindigkeit der Panzer schafften. Die Aufgabe der Panzerkräfte bestand eher darin, die geschaffenen Durchbrüche geöffnet zu halten, als weiter nach Osten vorzudringen. Die deutschen Panzerkräfte waren für ihre Aufgabe zu klein und wurden durch das unzureichende russische Straßen- und Eisenbahnnetz zusätzlich behindert. Den Panzern fehlte Treibstoff. Die Versorgung war in jeder Beziehung mangelhaft und das Nachschubproblem größer als erwartet. Die Kampfkraft der deutschen Panzerdivisionen sank im ersten Kriegsmonat um die Hälfte.

In den ersten Kriegswochen gelangen den deutschen Streitkräften großräumige Einkesselungen; es wurden einige hunderttausend Gefangene gemacht. Ungeachtet des Schocks, den der deutsche Überraschungsangriff ausgelöst hatte, blieb der Verteidigungswille des sowjetischen Volkes im wesentlichen ungebrochen. Die strategische und logistische Unmöglichkeit einer Invasion in Rußland war von den deutschen Planern stets mit Behauptungen vom Tisch gewischt worden, daß der russische Soldat rassisch minderwertig sei oder daß er nicht für die Verteidigung des bolschewistischen Staates kämpfen würde. Sie hatten auch die Wirkung überschätzt, die die Säuberungen der 30er Jahre im sowjetischen Offizierskorps hinterlassen hatten. Ihr dritter Fehler bestand in der Unterschätzung der Fähigkeiten der russischen Regierung zur Bildung von Reserven (siehe Seite 58). Divisionen und ganze Armeen verschwanden in den Gefechten an der Front, und doch war die Zahl der sowjetischen Divisionen Mitte Juli von 170 auf 212 gestiegen, obwohl nur 90 dem vorgeschriebenen Personalbestand entsprachen. Das verdeutlicht die fehlerhaften Debatten über das Unternehmen „Barbarossa" im Westen. Auch wenn es möglich gewesen wäre, den Krieg früher zu beginnen, sich auf Moskau als Hauptziel zu einigen und alle Panzerkräfte auf die Erreichung dieses Zieles zu konzentrieren, wäre die Hauptstadt genauso hartnäckig verteidigt worden wie Leningrad und Stalingrad. Größere Bedeutung hat die Tatsache, daß man Panzerdivisionen schwerlich als geeignet für Straßenkämpfe ansehen kann und daß diese unvermeidlich einen Zustand der Erschöpfung erreichen mußten.

Der „Barbarossa"-Plan läßt sich in zwei Abschnitte und drei Phasen einteilen. Der Großteil der deutschen Kräfte war in den Heeresgruppen Nord und Mitte nördlich der Pripjat-Sümpfe konzentriert. Die Armeegruppe Mitte mit etwa der Hälfte aller deutschen Panzer sollte die Sowjetstreitkräfte in Weißrußland zerschlagen und anschließend der Heeresgruppe Nord beim „Aufräumen" des Baltikums und bei der Eroberung von Leningrad helfen. Im Südabschnitt hatte die Armeegruppe Süd von Rumänien aus einen nadelstichartigen Angriff zu führen, während ihre Panzergruppe zum Donez und dann nach Süden vorrücken sollte mit dem Ziel, die sowjetischen Streitkräfte in der Ukraine einzukesseln. Für den deutschen Plan war die Zerstörung der Sowjetarmee in dieser Phase entscheidend; sie sollte sich nicht ins Landesinnere von Rußland zurückziehen können. Während der zweiten Phase sollte Moskau das Ziel im Norden sein, während die Heeresgruppe Süd das Donezbecken besetzen und den Kaukasus bedrohen sollte. Am 22. Juni 1941 *(1)* war die Masse der sowjetischen Streitkräfte im europäischen Teil Rußlands in den seit 1939 okkupierten Territorien eingesetzt. Die Grenzarmeen waren in Militärbezirke eingeteilt, die in Kriegszeiten Fronthauptquartiere bilden sollten. Die sowjetischen Panzerkräfte waren als motorisierte Korps organisiert und auf die Militärbezirke aufgeteilt. Diese Korps waren erst kürzlich aufgestellt worden und weder gut ausgerüstet noch hinreichend trainiert. Der Roten Armee fehlten Panzereinheiten, die den deutschen vergleichbar gewesen wären. Hinter dem ersten Echelon der Armeen waren in den inneren Militärbezirken vier neue Armeen im Entstehen begriffen, und zwar je zwei hinter dem Kiewer Militärbezirk und der westliche besondere Militärbezirk. Die Deutschen hatten eine allgemeine Vorstellung davon, wie die sowjetischen Truppen eingesetzt waren, obwohl sie die Stärke der Infanteriearmeen über- und die der sowjetischen Panzerkräfte erheblich unterschätzten. Der deutsche

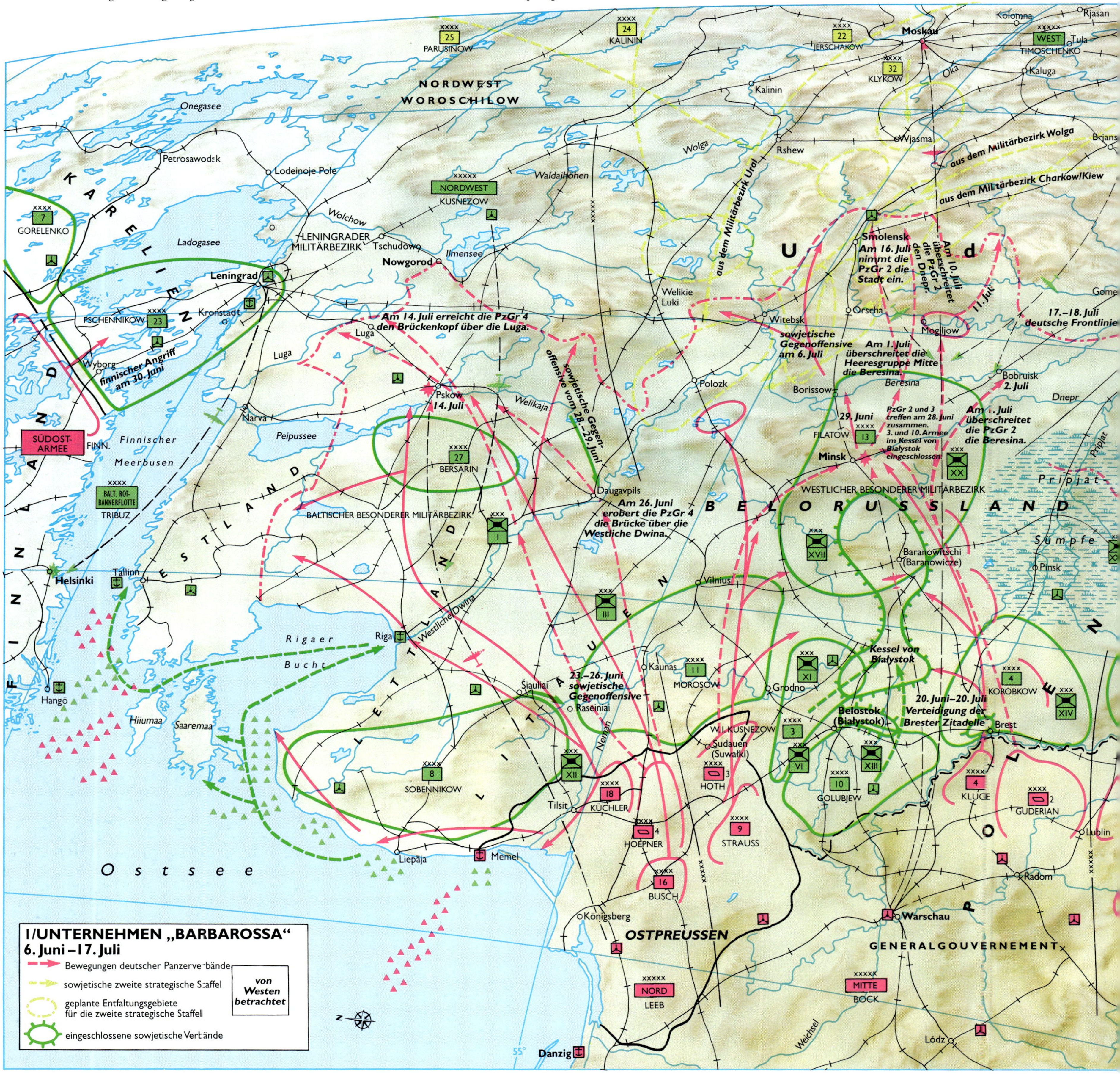

Überfall begann mit einer großen Zahl verheerender Angriffe, durch die Hauptquartiere und Versorgungsdepots zerschlagen und der größte Teil der Luftstreitkräfte am Boden vernichtet wurden. So konnte die deutsche Luftüberlegenheit gesichert werden. Dadurch war die Manövrierfähigkeit der Sowjets begrenzt, denn speziell im Bereich des Pripjat sowie der baltischen Territorien gerieten die Panzer schnell in Moore und Sümpfe, wenn sie keine Straßen benutzen konnten. Die Armeegruppe Nord kam ausgezeichnet voran. Sie eroberte am 26. Juni die Brücken von Daugavpils und überquerte am 4. Juli den Fluß Welikaja. Die Panzergruppe 4 erreichte den Fluß Luga am 14. Juli, mußte hier jedoch fast drei Wochen warten, damit die 18. Armee sie einholen konnte. Bei der Armeegruppe Mitte lief anfänglich auch alles nach Plan. Die Panzergruppen 2 und 3 vollzogen am 28. Juni eine doppelte Einkesselung bei Minsk, was zur Gefangennahme von 280 000 Mann führte. Ein Erfolg dieser Größenordnung brachte jedoch ganz eigene Probleme mit sich. Die Liquidierung der Kessel nahm Tage in Anspruch, wodurch die Bewegung nach Smolensk stockte. Währenddessen konnten die Sowjets ihre Verstärkungen in diesem Gebiet konzentrieren. Der größte Teil der Stadt befand sich am 17. Juli in deutscher Hand, doch der sowjetische Widerstand setzte sich fort. An dieser Stelle mischte sich Hitler ein. Er setzte sich über den Wunsch des Oberkommandos der Wehrmacht hinweg, Druck auf Moskau auszuüben und bestand darauf, daß die dritte Panzergruppe die Armeegruppe Nord gegen Leningrad unterstützt, während die zweite Panzergruppe einen Schwenk nach Süden in die Ukraine vollzieht, wo die Deutschen hinter ihrem Zeitplan zurückgeblieben waren. Die Südwestfront unter General Kirponos war, speziell bei Panzern, die stärkste sowjetische Gruppierung, und eine Reihe von Gegenangriffen des Generals hatte deutsche Angriffe gestoppt. Ende der ersten Juliwoche hatte die Panzergruppe 1 die Linie Shitomir-Berditschew noch nicht passiert, obwohl der sowjetische Widerstand weiter im Süden zu bröckeln begann.

Bild unten: Heinz Guderian, Kommandeur der zweiten Panzergruppe und führender Vertreter der Panzerstrategie, beobachtet ein Manöver während des Unternehmens „Barbarossa“.

Die Sowjetunion Juli–September 1941

Ab 17. Juli sah sich die deutsche Armee mit aus dem eigenen Erfolg resultierenden Schwierigkeiten konfrontiert. Die führenden Panzerdivisionen standen 500 bis 650 km tief im Inneren von Rußland und dehnten die deutsche Nachschubkette bis an die absolute Grenze des Möglichen aus. Hinter diesen Speerspitzen hatte die Infanterie alle Hände voll zu tun, denn es gab viele eingekesselte sowjetische Truppen, die nach wie vor Widerstand leisten konnten. Besondere Sorge bereiteten dem Oberkommando Reste verschiedener sowjetischer Armeen – von den Deutschen als 5. Armee bezeichnet – in den Pripjatsümpfen. Die Straßen waren von Fahrzeugkolonnen und Pferdefuhrwerken verstopft. Die russischen Eisenbahnen hatten eine größere Spurweite. Daher mußte neben der Reparatur kriegsbedingter Schäden auch die Umstellung der Eisenbahnlinien auf die in Deutschland übliche Standardspurweite erfolgen. So waren Verzögerungen unvermeidlich, während die Armeegruppen Munition und Kraftstoff jedoch stets in der erforderlichen Menge benötigten. Man hatte gehofft, den größten Teil der Verpflegung für die Soldaten im Lande requirieren zu können, doch hatten die Sowjets bei ihrem Rückzug die Taktik der „verbrannten Erde" angewandt. Erst wenn der Nachschub eintraf – während die Quartiermeister Wunder der Improvisation vollbracht hatten –, wurde ein weiteres Vorrücken möglich, bis die Panzer wieder aus der Reichweite des Nachschubs herausfuhren.

Die Kenntnis dieses logistischen Hintergrundes ist unabdingbar für das Verständnis der Operationen, die in dieser Zeit unternommen wurden. Zu Beginn war das XLI. Panzerkorps der Panzergruppe 4 etwa 130 km von Leningrad entfernt, besaß jedoch weniger als die Hälfte der erforderlichen Munition. Obwohl sich General Hoepner, Kommandeur der Panzergruppe, anheischig machte, Leningrad nur mit dieser einen Einheit einzunehmen, konnte das deutsche Heer den Nachschub nicht garantieren. Auf der Achse Smolensk–Moskau war mehr als zwei Monate lang kaum ein Fortschritt zu verzeichnen. Zum Teil hatte dies seinen Grund darin, daß Hitler darauf bestand, die Panzergruppen der Heeresgruppe Mitte nach seinem Belieben hin und her zu schicken, aber es war auch dem Nachschubproblem geschuldet.

Während die Armeegruppe Mitte auf Nachschub wartete, um weiter vorzurücken, führten sowjetische Gegenangriffe wie der bei Jelnja (30. August–8. September) zu erheblichen Forderungen nach Aufstockung der Munitionsvorräte, die im August und Anfang September stattdessen abnahmen. Der Aufbau einer Versorgungsgrundlage für den Angriff auf Moskau konnte erst begonnen werden, nachdem sich die sowjetische Offensive erschöpft hatte.

Sorgen machte dem deutschen Oberkommando auch die ständig steigende Anzahl der Gefallenen. Bis zum 13. Juli hatte das deutsche Heer 92 120 Gefallene, Verwundete und Vermißte zu verzeichnen (3,6 % der im Feld stehenden Armee). Einen Monat später war die Gesamtzahl auf 389 924 angestiegen (10 % der im Feld stehenden Armee). Ende September betrug die Anzahl der Gefallenen 551 039, das heißt 16,2 % der im Feld stehenden Armee. Nur etwa die Hälfte dieser Zahl konnte ersetzt werden, so daß die Stärke des deutschen Heeres nun über 200 000 Mann weniger betrug.

Obwohl die Zahl der Gefallenen auf sowjetischer Seite ein Mehrfaches der vorgenannten Werte ausmachte, kam hier immer neuer Nachschub. Neue Armeen wurden geschaffen und an die am stärksten bedrohten Frontabschnitte, besonders vor Moskau, gebracht. Die Versorgung mit Ausrüstung war knapp. Durch Verringerung der Divisionsgröße wurde trotzdem eine Reserve geschaffen. Die Stärke der Artilleriedivisionen wurde halbiert, so daß man neue Artillerieregimenter und -divisionen als Reserve des Oberkommandos aufstellen konnte. Diese Formationen spielten während des ganzen Krieges eine Schlüsselrolle; sie wurden an die Front geworfen, um an wichtigen Punkten die für Angriff oder Verteidigung entscheidende Überlegenheit herzustellen. Ähnliche Reserven wurden auch für andere Waffengattungen angelegt, insbesondere für die Luftwaffe.

Die Sowjetarmee lernte allmählich kämpfen. Nach den Katastrophen von 1941 kam eine neue Soldatengeneration zum Zuge. Zu denen, deren Namen in dieser Zeit bekannt wurden, gehörten Konjew, Rokossowski, Malinowski, Wlassow und andere die zu Armeebefehlshabern aufstiegen und später ganze Fronten kommandierten. Nach wie vor bestand ein ernster Mangel an ausgebildeten Stabsoffizieren, was die Fähigkeiten der Roten Armee noch für ein oder zwei Jahre einschränkte. Doch die Russen lernten schnell, und es stand außer Frage, daß ihre Armee nicht zusammenbrechen würde.

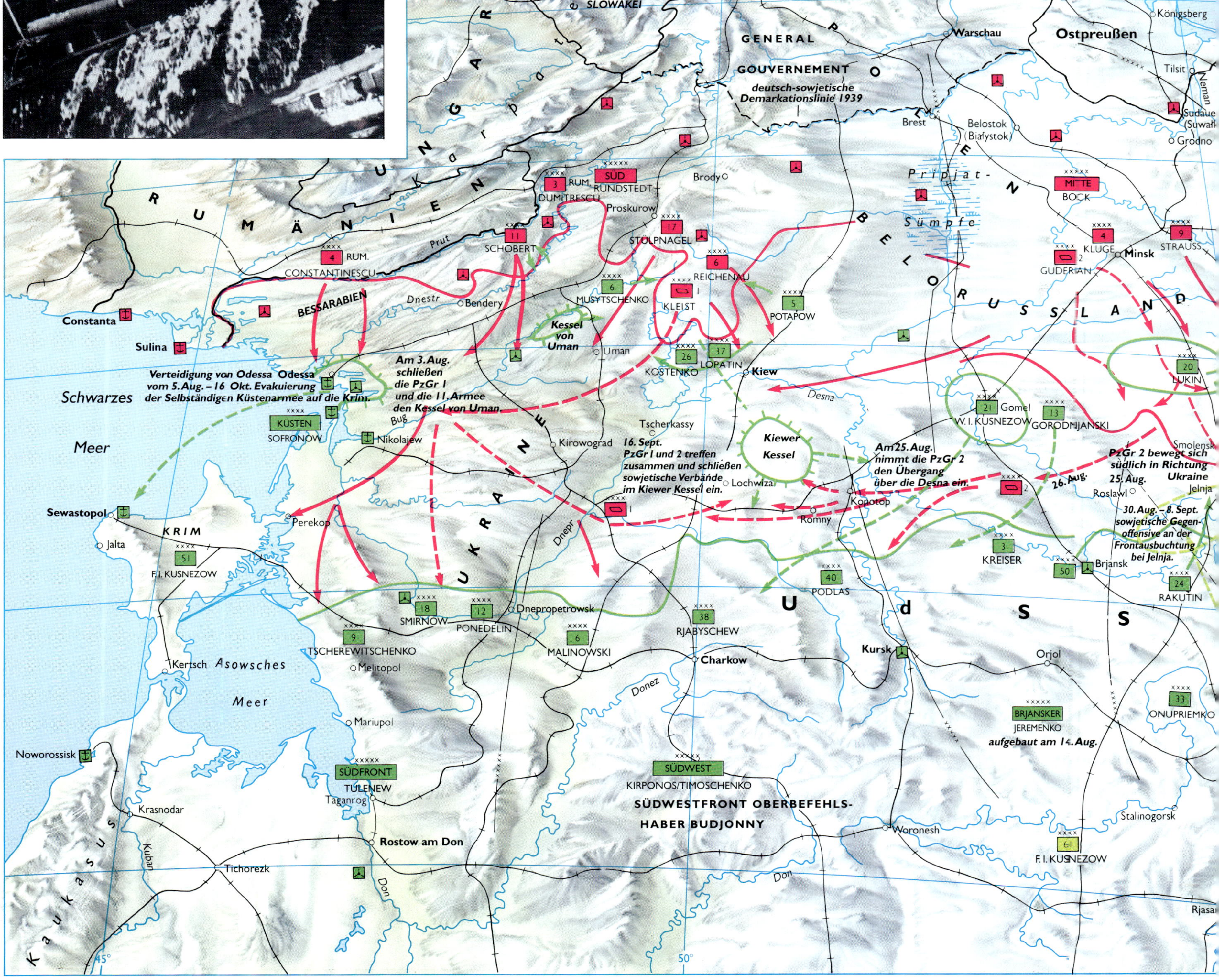

Ab Mitte Juli *(1)* begann die Heeresgruppe Süd, die in den ersten Kriegsmonaten die geringsten Fortschritte erzielt hatte, den sowjetischen Widerstand in der Ukraine zu brechen. Die 11. und die 17. Armee begannen sich bei Uman einander zu nähern. Ein Versuch der Sowjets, sich zurückzuziehen, wurde vereitelt, indem die Panzergruppe 1 von der Kiewer Achse aus nach Süden schwenkte. Vom 3.–10. August wurden im Kessel von Uman 100 000 Mann sowjetischer Truppen eingeschlossen. Noch weiter im Süden war die rumänische 4. Armee bis Odessa vorgerückt, doch dessen Garnison, die Selbständige Küstenarmee, hielt sich seit dem 5. August, bis sie Anfang Oktober auf die Krim evakuiert wurde. Die Verteidigung konnte das Vorrücken der 11. Armee durch die Ukraine (mit Unterstützung durch die 2. Panzergruppe) nicht verhindern. Die 11. Armee rückte auf die Krim ein, während die Reste der Südfront weiter kämpften, um den Donez zu halten. Als die Schlacht um Smolensk ihrem Ende entgegenging, diskutierte das deutsche Oberkommando die nächsten Ziele der Heeresgruppe Mitte. Hitler wollte keine Priorität für Moskau und bestand darauf, daß die 3. Panzergruppe die Heeresgruppe Nord durch einen Vorstoß zur Unterbrechung der Verbindung zwischen Moskau und Leningrad unterstützen sollte, obwohl das Gebiet für den Einsatz von Panzern nicht geeignet war. Die 2. Panzergruppe wurde nach Süden befohlen, um sich mit dem Hauptteil der 1. Panzergruppe in der Nähe von Konotop zu treffen. Das Vorrücken gegen Moskau sollte durch die Infanterie fortgesetzt werden, die einige Wochen brauchte, um den erforderlichen Nachschub heranzuschaffen. Die 1. und 2. Panzergruppe trafen sich am 15. September südlich von Romny und schlossen 650 000 Mann im Kessel von Kiew ein. Der Befehlshaber der Südwestfront, General Kirponos, fiel zu diesem Zeitpunkt, was einen vollständigen Zusammenbruch des Kommandos und der Kontrolle über dieses Gebiet zur Folge hatte. Nur etwa 150 000 sowjetische Soldaten entkamen aus dem Kessel von Kiew. Das Vorrücken der Heeresgruppe Nord wurde am 8. August fortgesetzt. Am 21. August erreichte die 4. Panzergruppe Nowgorod, doch ein Gegenangriff im Gebiet Staraja Russa hielt ihr südliches Korps vorübergehend auf. Die Verzögerung war nur kurz. Am 8. September erreichte die Heeresgruppe Nord den Ladoga-See bei Schlüsselburg und isolierte auf diese Weise Leningrad. Hitler entschied, daß die Stadt nicht gestürmt, sondern bei fortgesetzten Bombenangriffen der Luftwaffe ausgehungert werden sollte. In Karelien rückten die Finnen vor, waren jedoch außerstande, ganz bis zu den deutschen Truppen vorzustoßen; so blieb die lebenswichtige Verbindung über den Ladoga-See offen (siehe Seite 64). Unterdessen hatte die 18. Armee die baltischen Staaten besetzt und erzwang die Aufgabe der Flottenstützpunkte an der Ostsee. Der Erfolg an den Flanken, wo die Ziele fast in deutscher Hand schienen, ermutigte Hitler, wieder nach Moskau zu blicken. Er kam zu dem Schluß, der sowjetische Widerstand müsse nahezu völlig erschöpft sein. So genehmigte er am 6. September die Einkesselung von Wjasma, wonach gegen Moskau vorgerückt werden sollte. Allerdings war der Bestand der Heeresgruppe Mitte beim Abwehren sowjetischer Gegenangriffe bei Jelnja erheblich verringert worden, und die 2., 3. und 4. Panzergruppe mußte eine komplizierte Reorganisation vornehmen, um die notwendigen Einsatzgruppen zu schaffen. Der Rest des Septembers wurde für diese Vorbereitungen verwendet. So blieb die Front zwar statisch, aber nicht untätig. Die Manöver General Shukows *(2)* im Laufe des Jahres 1941 illustrieren die veränderte Vorgehensweise während der Kampagne sowie den Mangel der Roten Armee an erfahrenen höheren Kommandeuren. Bei Kriegsausbruch befand sich Shukow als Chef des Generalstabes in Moskau. Natürlich war er Mitglied der Stawka, des sowjetischen Oberkommandos, und wurde sofort als dessen Vertreter nach Süden an die Südwestfront entsandt. Nach nur vier Tagen in Ternopol – wo er dabei half, die Gegenangriffe in der Gegend von Brody zu organisieren – rief man ihn nach Moskau zurück. Stabsarbeit war nicht Shukows Sache; nach einer Auseinandersetzung mit Stalin am 29. Juli über die Notwendigkeit, Kiew zu evakuieren, wurde er als Chef des Generalstabes abgelöst und als Kommandeur an die Reservefront geschickt, die östlich von Smolensk aufgebaut wurde. Hier befehligte er die Gegenangriffe der Heeresgruppe Mitte bei Jelnja, die die Heeresgruppe Mitte aufhielten. Am 9. September wurde er als Befehlshaber der Leningrader Front nach Norden geschickt, wo vieles im argen lag, seit die Deutschen den Ladoga-See erreicht und Leningrad abgeschnitten hatten. Als die Deutschen jedoch mit Beginn des Unternehmens „Taifun“ auf Moskau vorrückten, wurde er am 6. Oktober zurückgerufen und am 10. Oktober zum Kommandeur der Westfront ernannt, die die Hauptstadt verteidigte. Hier blieb er den ganzen Winter über und befehligte den Moskauer Gegenangriff im Dezember (siehe Seite 60).

Bild links: Ein deutscher Panzer des Typs Mk. III überquert einen russischen Fluß. Dieses Modell bildete die Speerspitze bei Vorstößen deutscher Panzer während des Unternehmens „Barbarossa“.
Rechts: Ukrainische Bauern fliehen nach Osten; viele zerstörten ihre Dörfer, um sie nicht in deutsche Hände fallen zu lassen.

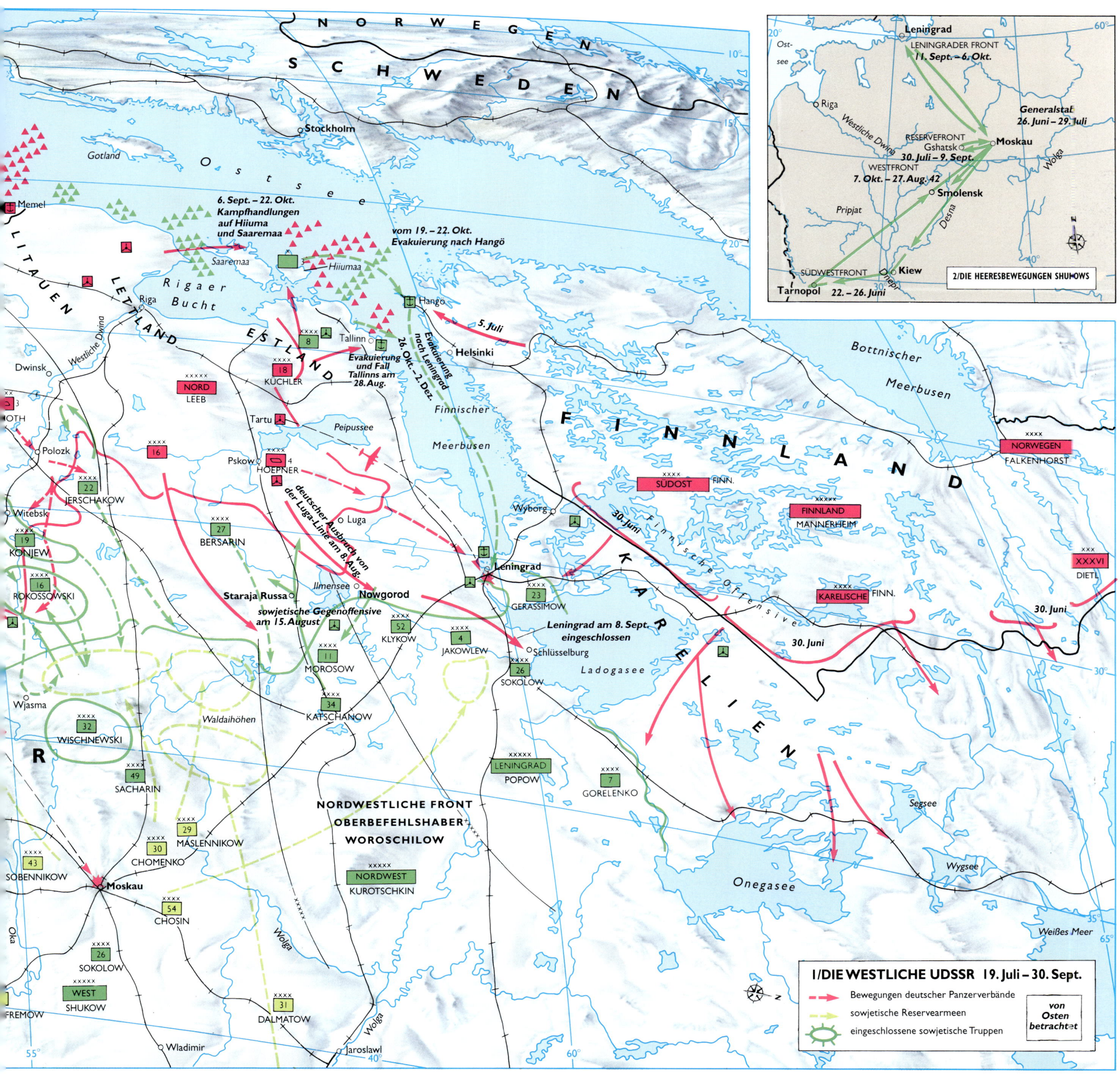

Moskau September 1941–April 1942

Hitlers Führerweisung Nr. 35 vom 6. September erklärte Moskau endgültig zum Ziel des Feldzuges 1941. Zwar sollten die Heeresgruppen Nord und Süd ihren Vormarsch auf Leningrad und Rostow fortsetzen, doch die Masse der deutschen Panzer, nämlich die 2., 3. und 4. Panzergruppe, war in der Heeresgruppe Mitte zu konzentrieren. Ihre Ausstattung für die vorgesehenen Aufgaben und die Neugruppierung würden den Rest des Septembers beanspruchen. Der deutsche Plan für das Unternehmen „Taifun", also den Angriff auf Moskau, folgte dem Standardmuster: Panzerkräfte sollten in die Tiefe vordringen und riesige Kessel bilden, die von den Infanteriearmeen zu vernichten waren. Einmal mehr hatte das deutsche Oberkommando hier allerdings die russische Geographie außer acht gelassen und mit dem Zusammenbruch des sowjetischen Widerstandes gerechnet. Im Oktober begannen Herbstregen und *Rasputiza* (Wegelosigkeit). Die meisten russischen Straßen waren unbefestigt und daher im Frühjahr und Herbst nicht benutzbar; die Masse des deutschen Heeres mußte einfach steckenbleiben, wo sie sich gerade befand. Der November konnte nur eine kurze Atempause vor Einbruch des berüchtigten russischen Winters bringen. Die Vorkriegsplanung war jedoch davon ausgegangen, daß zu dieser Zeit nur eine Garnison von 60 Divisionen in Rußland belassen werden sollte.

Auf sowjetischer Seite wurden immer neue Divisionen zusammengestellt, in Armeen eingruppiert und in die Reserve der *Stawka* eingegliedert. Wichtiger noch: Stalin war überzeugt, daß Japan im Südpazifik angreifen würde. Daher konnte er es sich leisten, die besser ausgebildeten und kampferprobten Divisionen aus dem Fernen Osten abzuziehen. Shukow übernahm für die Schlacht um Moskau den Befehl über die Westfront. Ihm stand eine Gruppe der besten jüngeren Generäle zur Seite. Eine Qualitätsbilanz sah die Deutschen noch immer an erster Stelle, aber die Lage war sehr viel ausgeglichener als noch vor drei Monaten. Anfangs schien das Unternehmen „Taifun" planmäßig zu laufen. Bei Wjasma und Brjansk fielen tausende Gefangene in deutsche Hand. Mitte Oktober gab es Anzeichen von Panik in Moskau; am 19. wurde der Belagerungszustand ausgerufen. An der Front hielt der russische Widerstand dagegen an, wie kraftvolle Gegenangriffe bei Kalinin und Mzensk zeigten. Ende November gab das deutsche Oberkommando schließlich zu, daß die Sowjetunion 1941 nicht besiegt werden könne.

In der letzen Phase ihrer Kampagne setzten die Deutschen ihre Angriffe fort, weil das Aufgeben der Initiative und der Übergang zur Verteidigung ein größeres Risiko beinhaltete. Neue Vorstöße Mitte November sowie in den ersten Dezembertagen brachten die Vorauseinheiten dicht an Moskaus Stadtgrenzen, aber jedes Vorrücken wurde schneller zum Stehen gebracht als die vorhergehende Aktion. Trotzdem glaubte man im deutschen Oberkommando weiterhin, die Rote Armee sei ebenso erschöpft wie die eigene und der Sieg würde der Seite zufallen, die das letzte Bataillon übrigbehielte. In Wirklichkeit hatten die Russen noch neun Reservearmeen in Frontnähe disloziiert und diskutierten darüber, wann und wo sie sie einsetzen sollten. Stalin wollte diese Reserve nicht in die Schlacht um Moskau hineinziehen lassen. Im November glaubte man, das deutsche Heer sei der völligen Erschöpfung sehr nahe. Die Gegenoffensive sollte unmittelbar nach dem Eintreten der Winterfröste erfolgen, da die deutschen Panzer und die sonstige Ausrüstung bei extremer Kälte funktionsunfähig waren, während die sowjetische Ausrüstung eigens dafür konstruiert war, solchen Bedingungen standzuhalten.

Die ersten Wochen der sowjetischen Gegenoffensive schienen diese Überlegungen zu rechtfertigen. Die extreme Kälte untergrub den Kampfeswillen der deutschen Soldaten und machte ihre Ausrüstung unbeweglich. Als die Einheiten zum Rückzug gezwungen wurden, ließen sie einen beträchtlichen Teil des Materials zurück. Auf deutscher Seite kam es zu einer großen Kommandokrise. Hitler gab seine Zustimmung zu Rückzugsbewegungen nur mit größtem Widerstreben. Die Befehlshaber der Heeresgruppen als Mittler zwischen ihm und den nachgeordneten Offizieren forderten dagegen Handlungsfreiheit, denn sie sahen, wie ihre Truppen nutzlos geopfert wurden. Das Ergebnis waren dramatische personelle Veränderungen. Hitler setzte im ersten Monat der sowjetischen Offensive alle drei Heeresgruppenbefehlshaber sowie mehrere Kommandeure einschließlich Guderian ab. Danach übernahm er persönlich den direkten Befehl über das deutsche Heer.

Kurzfristig wurde Hitlers Vorgehen durch die Ereignisse gerechtfertigt. Die Rote Armee begann die zweite Phase des Winterfeldzuges Mitte Januar, wobei sie den Druck im Abschnitt der Westfront aufrechterhielt und die Offensive an den beiden Flanken ausdehnte. Ihre Absicht war die Einkesselung der Heeresgruppe Mitte. Das Konzept war ausgezeichnet, nur fehlten den Russen die Ressourcen, um ihre entscheidenden Schläge gegen die feindlichen Stellungen fortzusetzen. Wegen der Verluste im Jahr 1941 mangelte es an Panzern, und Brigaden waren die größten Panzerformationen, die ihnen zur Verfügung standen. Dem 1. Gardekavalleriekorps gelang es, die deutschen Linien zu durchbrechen. In der Nähe von Wjasma wurde ein Luftlandekorps in kleinen Gruppen abgesetzt. Auf Hitlers Befehl hielt das deutsche Heer jedoch „Igel"-Stellungen rund um die wichtigsten Kommunikationszentren. Wie schwach die Garnison auch immer war, die sowjetischen Angreifer verfügten nicht über die Artillerie, die Panzer und den Nachschub, um einen Durchbruch zu erzielen. Die Schlammperiode im Frühling verfestigte diese Pattsituation nur noch. Als Hitler dann seinen Aufruf zum „fanatischen Widerstand" in den Folgejahren wiederholte, sollte sich das deutsche Heer einem Feind gegenübersehen, der seine geringen Möglichkeiten genutzt hatte, um seine Schlagkraft umfassend zu entwickeln.

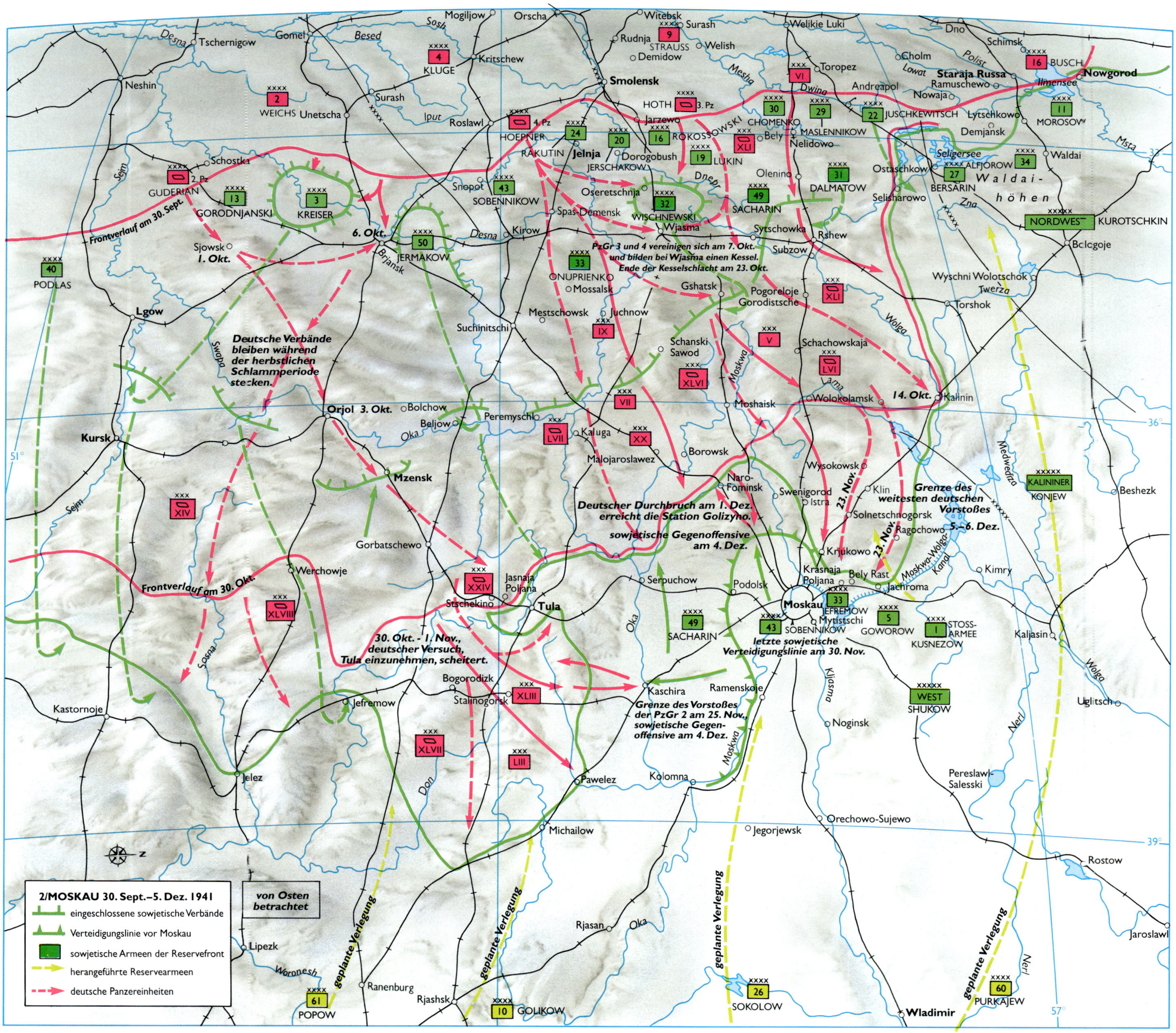

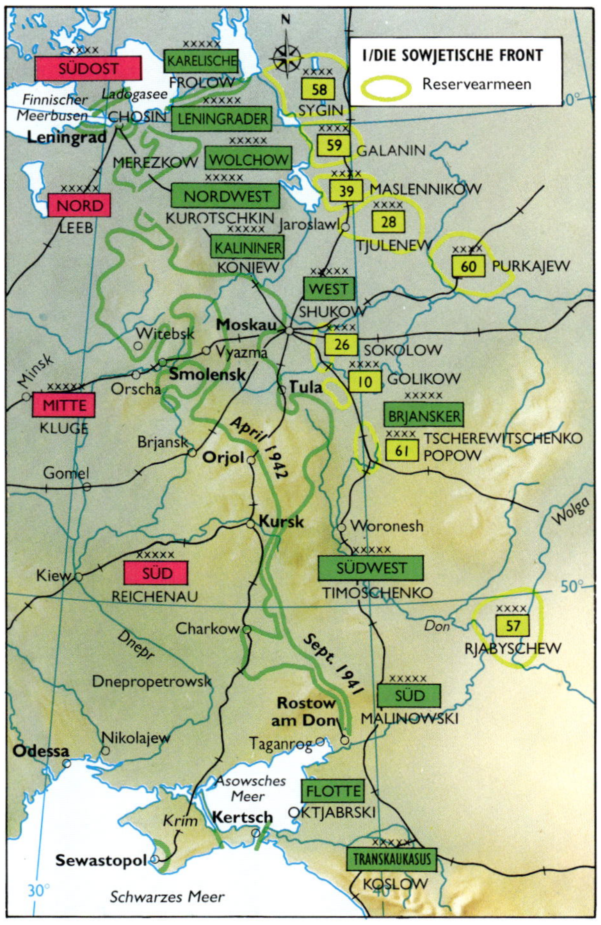

Ungeachtet der bedeutenden Verringerung der deutschen Kampfkraft im Verlauf des Unternehmens „Barbarossa" war Hitler überzeugt, ein entscheidender Sieg im Jahr 1941 würde den sowjetischen Widerstand ein für allemal beenden. Anfang November war Moskau nur 65 km von der deutschen Frontlinie entfernt. Der Angriff auf Moskau **(2)** begann am 30. September, als die 2. Panzergruppe die 13. Armee durchbrach und sowohl Orjol als auch Brjansk bedrohte; sie zwang die 3. und 50. Armee damit zu einem Angriff in Richtung Osten, um einer Einkesselung zu entkommen.

Am 2. Oktober vereinigten sich die 3. und 4. Panzergruppe bei ihrer Offensive und splitterten die sowjetische Verteidigung auf. Im Kessel von Wjasma waren große Teile von sechs sowjetischen Armeen eingeschlossen, was den Deutschen in drei Wochen rund 700 000 Gefangene einbrachte. Das Einsetzen des Herbstregens und die Notwendigkeit, die Kessel zu „beräumen", verlangsamte jedoch den deutschen Vormarsch. Der sowjetische Widerstand in Tula, Kalinin sowie an der Linie von Moshaisk war hartnäckig. Die zweite Phase des deutschen Angriffs begann am 15. November. Sie bestand in dem Versuch, Moskau von Tula und Kalinin aus einzuschließen; allerdings wurden nur sehr langsam Fortschritte erzielt. Anfang Dezember schlug der Winter zu. Bei –30 °C oder noch tieferen Temperaturen konnten die erschöpften deutschen Einheiten nicht weiter vorrücken. Durch Heranführen von Truppen aus dem Fernen Osten und die Aufstellung neuer Einheiten hatte das sowjetische Oberkommando unterdessen Reserven für eine entscheidende Gegenoffensive **(1)** geschaffen.

Die Sowjets hatten auch neue Formationen gebildet, die sogenannten Stoßarmeen, die für Schläge im Rahmen einer Gegenoffensive gedacht waren. Deren erste Phase begann am 6. Dezember **(3)**, als Shukow die 1. Stoßarmee sowie die 20. und 10. Armee angreifen ließ. Die vorgeschobenen Stellungen der Deutschen im Norden und Süden der Stadt brachen zusammen.

Nach Beseitigung der unmittelbaren Bedrohung Moskaus begann die Sowjetarmee auf ganzer Front anzugreifen. Obwohl Luftlande- und Kavalleriekorps in das deutsche Hinterland vordrangen, gab es doch keinen allgemeinen Rückzug. Der Frühling zwang beide Seiten innezuhalten.

Bild oben: Eine Batterie sowjetischer 85-mm-Flakgeschütze vom Typ M-39. Die deutschen Luftangriffe auf Moskau erreichten ihre größte Intensität im Oktober und November 1941. Insgesamt kamen 1200 Menschen ums Leben, und 5400 wurden im Verlauf von 122 Angriffen verwundet.

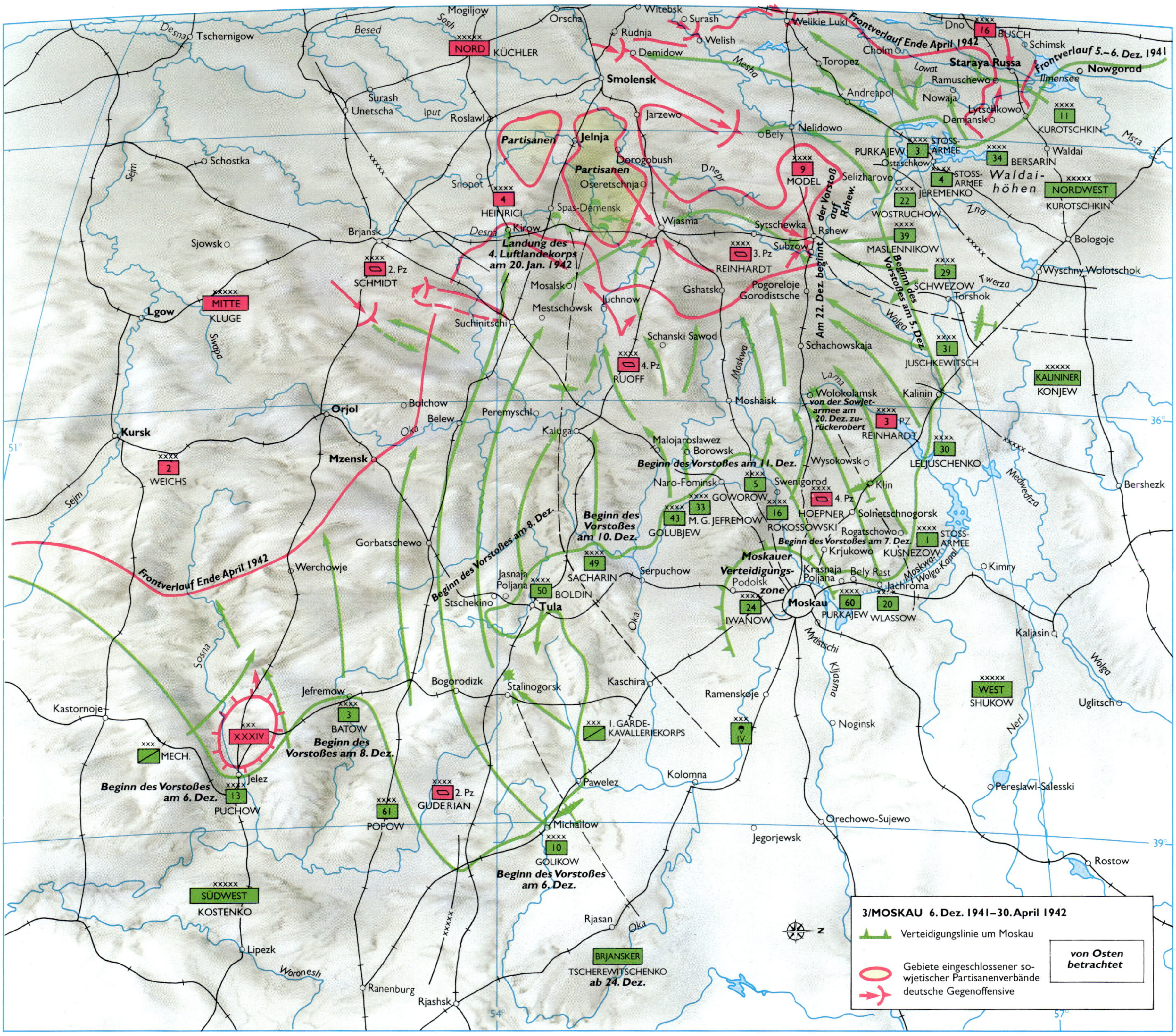

Die Ukraine und die Krim November 1941–Juli 1942

Ende 1941 wurden die deutschen Streitkräfte an der ganzen Ostfront von der Ostsee bis zum Schwarzen Meer in einer Folge von Verteidigungsgebieten, den sogenannten „Igeln" eingesetzt. Hitler befahl den deutschen Truppen, ihre Stellungen trotz großer Bedrängnis unverrückbar zu halten. Sie sollten versuchen, im steinhart gefrorenen Boden (der nur mittels Sprengladungen auszuheben gewesen wäre) Verteidigungsstellungen aufzubauen. Trotzdem machten die Deutschen aufsehenerregende Fortschritte. Im Süden hatten sie Taganrog in der Nähe der Mündung des Don ins Asowsche Meer erreicht. Mit Ausnahme der Festung von Sewastopol hielten sie die gesamte Krimhalbinsel im Westen und (zeitweilig) die Halbinsel Kertsch im Osten. Die wichtigsten Igelstellungen in diesem Bereich waren Charkow, Artjomowsk und Taganrog.

Am 5. Januar 1942 trug Stalin bei einer Beratung der *Stawka* seine Pläne vor. Wegen der Niederlage vor Moskau war den Deutschen einiges durcheinandergeraten; auch waren sie offensichtlich schlecht für den Winter gerüstet. Nun war die Zeit reif für einen Gegenangriff. Die Entwürfe zeichneten sich durch ihre beeindruckende Größe aus. Der erste signifikante Erfolg der Roten Armee war Stalin zu Kopf gestiegen. Im November und Dezember hatten die Sowjets nördlich von Rostow am Don, zeitgleich mit einer Offensive bei Tichwin in der Nähe von Leningrad eine Gegenoffensive gestartet (siehe Seite 64). Stalin plante einen Ausfall nach allen Seiten, um so den Druck auf Leningrad zu verringern, die Heeresgruppe Mitte zu vernichten und den Donbass sowie die Krim zu befreien. Die Ergebnisse übertrafen die Planung. Am 1. Januar hatte die Südwestfront in der Gegend von Kursk einen Angriff gegen die deutsche Heeresgruppe Süd unternommen, der 70 Tage dauerte und sich zum *Srashenie* (einer Schlacht auf der Ebene einer Operation) von Charkow entwickelte. Vom 18.–22. Januar erzielten die 6. und 57. Armee im Süden von Balakleja einen 30 km tiefen Durchbruch. Deutsche Divisionen verteidigten bei Balakleja und Slawjansk die beiden „Kanten" des Durchbruchs; dieses Vorgehen wurde zur lehrbuchmäßigen Reaktion der Deutschen auf einen Durchbruch ihrer Front. Am 27. Januar eroberte die Rote Armee Losowaja, einen wichtigen Eisenbahnknotenpunkt an der Spitze des Frontvorsprungs. Im ersten Drittel 1942 war das die einzige große Veränderung der Frontlinie im Süden.

Weiter im Süden kontrollierten die Deutschen den größten Teil der Krim. Sie hatten ihren Angriff ohne Deckung über den Isthmus von Perekop geführt. Zwischen Ende September 1941 und dem 16. November hatten sie die ganze Halbinsel mit Ausnahme der großen Festung und des Marinestützpunktes Sewastopol eingenommen. Nunmehr begann die 11. Armee, unterstützt von Teilen der rumänischen 3. Armee, die Belagerung von Sewastopol.

Sewastopol war von tief in Beton und Fels eingebetteten Forts mit gepanzerten Geschützstellungen umgeben. Die Mannschaften waren durch zurückweichende Truppen verstärkt worden und umfaßten etwa 106 000 Soldaten und Seeleute. Erste Versuche, die Festung am 30. Oktober zu überrennen, wurden mühelos abgewehrt. Der Hauptangriff wurde verschoben, da Bombardements nicht vor dem 17. Dezember beginnen konnten. Am 25. Dezember begannen die Sowjets die Landungsoperation bei Kertsch und Feodossija (einen Angriff mit Amphibienfahrzeugen) an der Ostseite der Krim mit dem Ziel, durch Einnahme der Halbinsel Kertsch günstige Voraussetzungen für die Wiedereroberung der übrigen Krim zu schaffen. Den Angriff mit Amphibienfahrzeugen unternahmen die Transkaukasusfront, ein Teil der Schwarzmeerflotte sowie die Asowflottille. Über 250 Marine- und Handelsschiffe sowie 660 Flugzeuge halfen beim Übersetzen der sowjetischen Truppen über die Straße von Kertsch sowie bei der Schaffung von Brückenköpfen an der Nordostküste der Halbinsel Kertsch. Am 29. Dezember wurde der Hafen von Feodossija unter dem Schutz überlegener Marinekräfte eingenommen.

Am 18. Januar eroberten Deutsche und Rumänen Feodossija zurück. Zu dieser Zeit war die Wasserstraße von Kertsch zugefroren, so daß die Russen bei der Versorgung ihrer Truppen im Brückenkopf weniger abhängig vom Hafen waren. Schwere Gefechte hielten den ganzen Februar an; auch versuchten die Sowjets mehrmals, aus Sewastopol auszubrechen. Anfang März waren beide Seiten erschöpft. Ein einziges deutsches Korps und eine rumänische Division hatten die sowjetischen Truppen die ganze Zeit über in Sewastopol eingeschlossen gehalten. Zwischen dem 8. und 18. Mai erfolgte die Operation „Trappenjagd" zur deutschen Rückeroberung von Kertsch. Danach stand die 11. Armee vor ihrer schwierigsten Aufgabe, der Eroberung von Sewastopol. Die Deutschen setzten hier das größte jemals gebaute 80-cm-Eisenbahngeschütz „Dora" ein. („Dora" hieß es bei der Truppe; nach dem Hersteller Krupp wurde es eigentlich als Gerät „Gustav" bezeichnet.) Beschuß und Infanterieangriff dauerten vom 7. Juni an 27 Tage. Die sowjetischen Truppen kämpften gemeinsam mit Matrosen von Handels- und Kriegsschiffen auch dann noch weiter, als die Festungsanlagen schon zerstört waren. Schließlich setzten die Deutschen Giftgas ein, um sie in ihrer unterirdischen Zuflucht zu töten. (Dies war einer der wenigen Fälle des Einsatzes chemischer Waffen im Zweiten Weltkrieg.) Einige hohe Offiziere und Funktionäre wurden auf Stalins Befehl in letzter Minute durch ein Unterseeboot herausgeholt; die anderen kämpften bis zum Tode.

Im Norden war der Fronteinbruch um Isjum gehalten worden, die Möglichkeit eines konzentrischen Angriffs auf Charkow von hier aus nach Nordwesten und von Woltschansk aus nach Osten zu gewährleisten. Der neue Chef der Abteilung Fremde Heere Ost, Gehlen, hatte einen derartigen Angriff vorhergesagt. Tatsächlich fand dieser zwischen dem 11. und 29. Mai statt und kam damit dem deutschen Unternehmen „Fridericus" zuvor, das den Fronteinbruch von Isjum abschneiden sollte. Die südliche Zangenbewegung des Unternehmens „Fridericus I." wurde am 17. Mai aus einer gewissen Verzweiflung heraus von der Heeresgruppe Kleist begonnen. Die Operation endete erfolgreich mit dem Abschneiden des Fronteinbruchs.

Am 5. April ging Hitler speziell im Süden zu einer Flankenbewegung in Richtung der Ölquellen und Weizenfelder über. Darüber hinaus hoffte er, die Türkei würde auf deutscher Seite in den Krieg eintreten, denn damit wäre die Versorgung von seiten der Westalliierten durch den Iran abgeschnitten.

Der sowjetische Widerstand wurde zuerst zwischen dem Donez und dem Don gebrochen; danach marschierten die deutschen Streitkräfte zwischen dem Schwarzen Meer und dem Kaspisee weiter bis zum Kaukasus. Dieses Unternehmen, das anfangs die Bezeichnung „Siegfried" trug, wurde in Unternehmen „Blau" umbenannt. Stalin hatte von der Aufklärung zuverlässige Kenntnisse von den deutschen Plänen erhalten, war aber überzeugt, das Unternehmen „Blau" sei eine großangelegte strategische Finte, um ihn zum Abzug von Streitkräften aus Moskau zu veranlassen. Bei ihrem Versuch, den sowjetischen Widerstand im Schlüsselbereich des Don zu brechen, um anschließend weiter nach Süden zu gehen, wurden die Deutschen unausweichlich nach Osten in Richtung Stalingrad gedrängt.

Die äussere Verteidigung von Sewastopol *(3)* bestand aus Verschanzungen, die den zweiten Verteidigungsgürtel mit seinen massiven unterirdischen Forts und seinen Geschützbatterien deckten. Der dritte Gürtel umfaßte Bunker und Feuernester aus Beton, die die Stadt selbst schützten. So gefährlich die modernen Forts auch waren, stellten sie für Manstein doch nicht das Hauptproblem dar. Dieses bestand vielmehr in der extremen Schwierigkeit des Terrains sowie der Art und Weise, wie die Sowjets es nutzten. Die Deutschen brauchten fünf Tage, um mit schwerem Artilleriefeuer, kombiniert mit Luftangriffen sowie einer Beschießung aus dem 80-cm-Geschütz „Gustav" die 15- und 30-cm-Geschütze von Sewastopol unschädlich zu machen. Sewastopol fiel am 4. Juli, obwohl sich die Sowjets noch bis 9. Juli in den Höhlen von Cherson halten konnten. Später wurde das Geschütz „Gustav" nach Leningrad geschickt, doch die Sowjets befreiten sich aus der Belagerung, noch ehe es zum Einsatz kam.

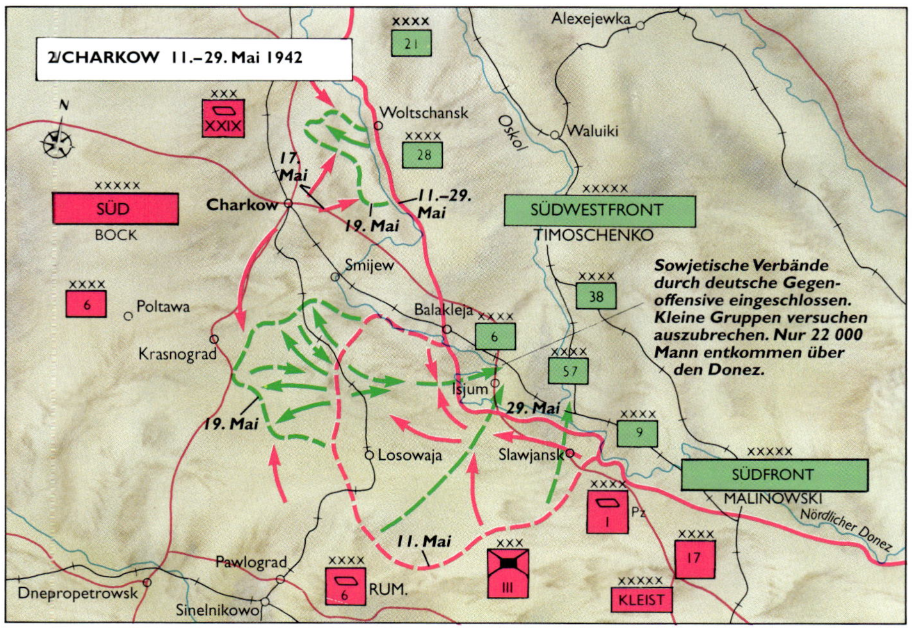

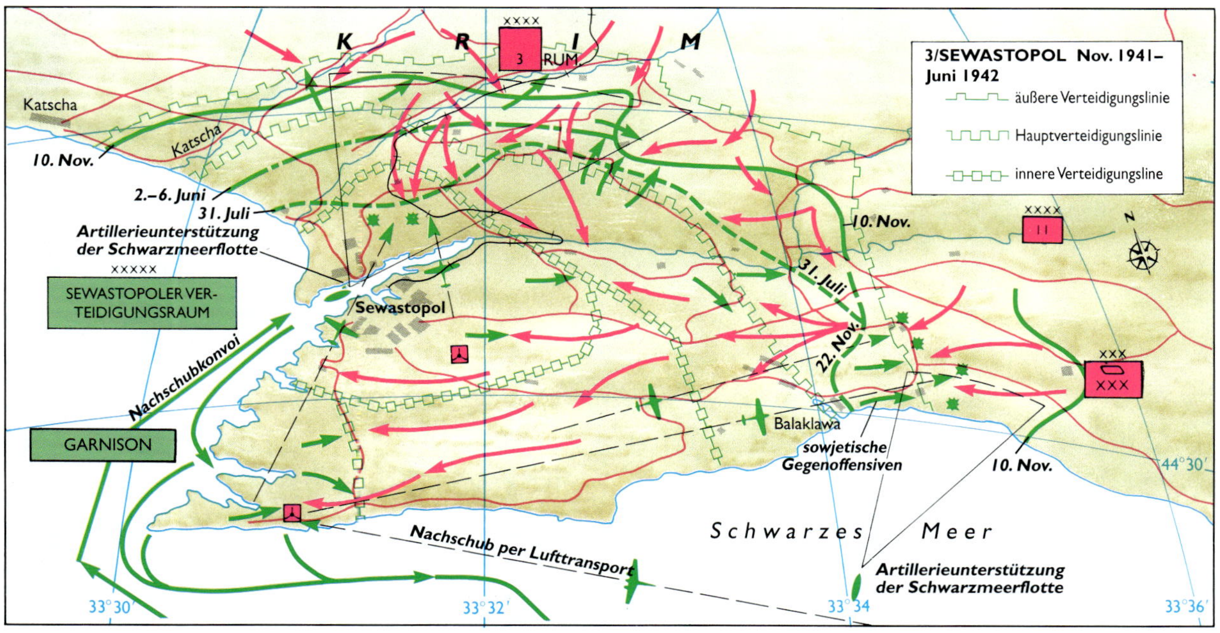

Zwischen der Schlacht vor Moskau Ende 1941 und dem Mai 1942 blieb die Front überall überraschend stabil, wenn man einmal vom sowjetischen Geländegewinn bei Moskau und dem Fronteinbruch von Isjum zwischen Januar und Mai 1942 *(4)* absieht. Der Krieg in der Ukraine und auf der Krim *(1)* begann dem Ersten Weltkrieg zu ähneln: Er war gekennzeichnet durch sowjetische Offensiven, die zwischen den deutschen „Igelstellungen" durchbrachen, wobei diese jedoch zuverlässig gehalten wurden. Die ehemals hohe Mobilität der deutschen Offensiven war verschwunden. Das größte sowjetische Unternehmen bestand in dem Versuch, Charkow zu erobern (12.–29. Mai 1942) *(2)*. In den ersten drei Tagen drang die Rote Armee im Süden über 50 km vor. Das XXI. Panzerkorps wurde jedoch erst am 17. Mai nachgezogen – zu spät, um den Durchbruch auszunutzen. Die Deutschen begannen am selben Tag ihr Unternehmen „Fridericus I.". Stalin lehnte es jedoch ab, die Offensive abzubrechen, um sich gegen die deutsche Zangenbewegung zu verteidigen, obwohl sich diese im Rücken zu schließen drohte. So trafen sich die Heeresgruppe Kleist und die 6. Armee am 23. Mai im Süden von Balakleja. Nur 22 000 Sowjets schafften den Ausbruch aus dem Kessel zurück an das Steilufer des nördlichen Donez; 200 000 gerieten

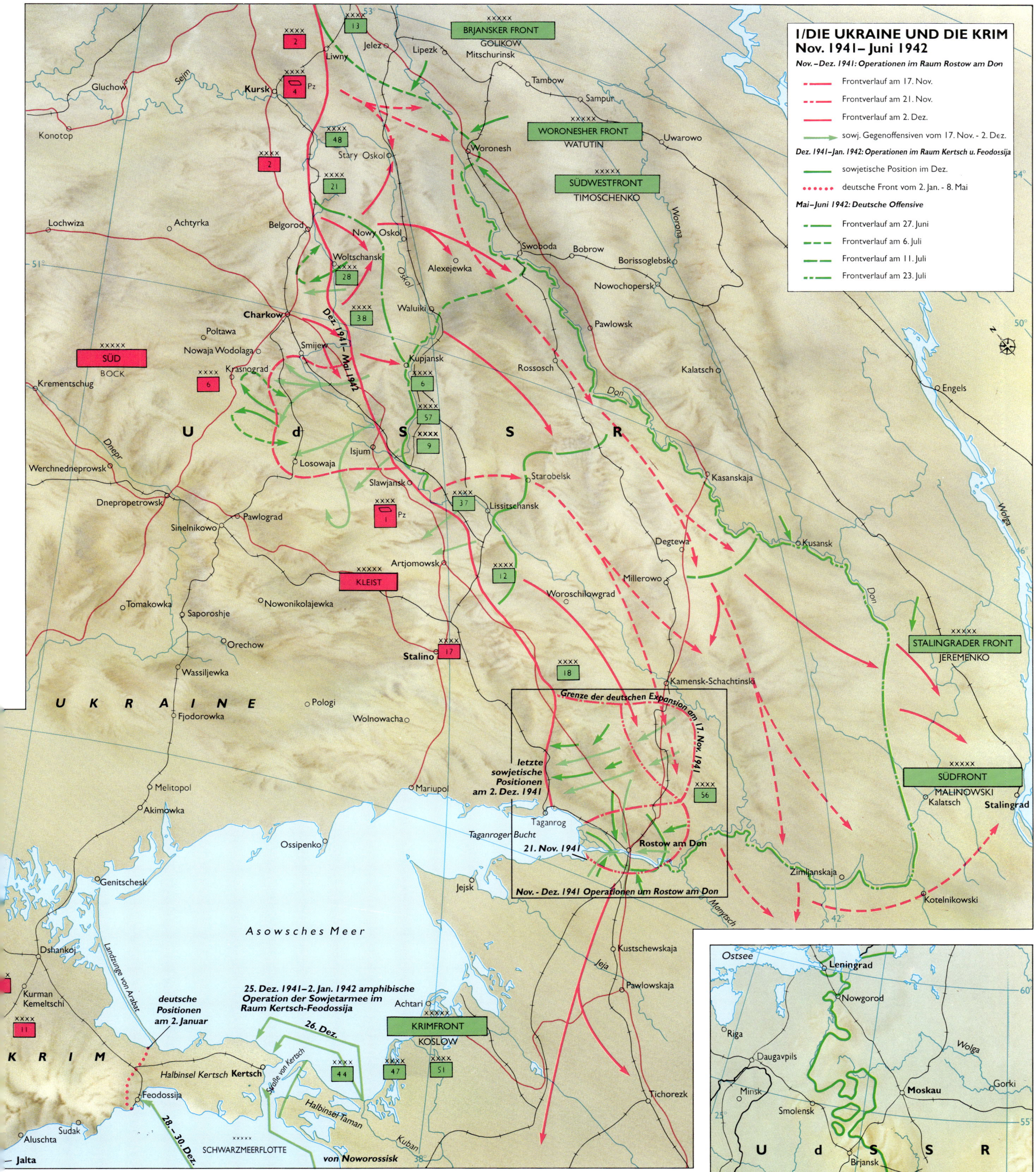

in Gefangenschaft. Im Süden eroberten Mansteins 11. Armee und die rumänische 3. Armee Ende 1941 die gesamte Krim mit Ausnahme von Sewastopol. Die Belagerung von Sewastopol wurde durch die amphibische Landungsoperation der Sowjets bei Kertsch und Feodossija *(1)* unterbrochen, die die Halbinsel Kertsch zurückeroberte. Im Mai trieben die Deutschen die Sowjets wieder zurück und erneuerten ihren Angriff auf Sewastopol *(3)*.

Bild oben links: Der historische Krimhafen von Sewastopol während der Belagerung.
Rechts: Eines der kleineren deutschen Belagerungsgeschütze im Einsatz.

Leningrad 1941–1943

Die zaristische Hauptstadt Sankt Petersburg war 1914 in einer antideutschen Geste in Petrograd umbenannt worden und hieß ab 1924 Leningrad. Sie zeichnete sich von jeher durch ihren einmaligen Charakter aus, wozu die Erinnerung an die „900 Tage" der Belagerung zwischen September 1941 und 1944 ihren Beitrag geleistet hat.

Leningrad war das Ziel der deutschen Armeegruppe Nord bei deren Eindringen in die UdSSR am 22. Juni 1941. Die Panzerspitzen der Armeegruppe Nord (Leeb) erreichten den Fluß Luga – 100 km südlich von Leningrad – Mitte Juli 1941, also zu der Zeit, als die finnische Armee das Nordufer des Ladogasees erreicht hatte. Die Finnen wollten nicht direkt mit der Heeresgruppe Nord zusammenwirken; trotzdem erreichte Leeb am 15. September die vollständige Einkesselung von Leningrad. Ende Juli, als die Leningrader Verteidigung desorganisiert war, hätte ein rascher Vorstoß der Heeresgruppe Nord vielleicht zur Eroberung der Stadt geführt, doch Hitler bestand darauf, daß Streitkräfte für den Angriff auf Moskau an die Heeresgruppe Mitte abgegeben werden mußten (siehe Seite 60).

Seit Juni herrschte in Leningrad Kriegsrecht; die Verteidigung wurde von Generalleutnant Popow befehligt. Der erste große Artillerieangriff auf die Stadt erfolgte am 1. September, und ab 8. September war Leningrad zu Lande vom Rest der Sowjetunion abgeschnitten. Zu dieser Zeit zählte die Bevölkerung 2,5 Millionen Einwohner sowie 100 000 Flüchtlinge und die gesamte Baltische Rotbannerflotte. Am 12. September besaß die Stadt noch Mehl für 25 Tage, Getreide für 30 Tage, Fleisch für 22 Tage, Fette für 45 Tage und Zucker für 60 Tage. Die Züge, die man benötigte, um mehr Lebensmittel in die Stadt zu bringen und diese so auf eine Belagerung vorzubereiten, waren für die Evakuierung der Industrie eingesetzt worden (siehe Seite 172). Eine geringe Menge Nahrungsmittel kam mit Booten über den Ladogasee, bis Tichwin am 9. November an die Deutschen fiel. Alles Fleisch und Fleischersatzstoffe gingen an die Verteidigungskräfte; nun begann die Suche nach Brot. Zunächst wurden dem Brot Braumalz und Viehfutter zugesetzt, doch schon bald mußte man nach künstlichen Ersatzstoffen Ausschau halten. In einem Leningrader Forschungsinstitut wurde ein Verfahren zur Herstellung von Zellulosemehl aus Munitionskisten entwickelt. Tapeten wurden von den Wänden gerissen und der Tapetenleim zur Herstellung von „künstlichem Brot" verwendet. Tote Pferde, Hunde und Katzen wurden zu Nahrung verarbeitet. All dies zusammen genommen ermöglichte es, einem Arbeiter etwa ein Zehntel seines normalen Kalorienbedarfs zuzuteilen. Im Ergebnis des Bombardements und der Artillerieangriffe brach das Abwassersystem gleich zu Beginn der Belagerung zusammen. Da jedoch schon bald darauf extreme Fröste einsetzten, verminderte sich wenigstens die Infektionsgefahr. Die Bedingungen in den überfüllten Krankenhäusern ohne Kanalisation, Heizung und Arzneimittel waren unbeschreiblich.

Nach dem Fall von Tichwin wurde unter deutschem Artilleriefeuer und ohne alle ingenieurtechnischen Hilfsmittel die „Straße des Lebens" durch den Wald gebaut. Tausende starben beim Bau. Die lang erwarteten Fröste, die eine Versorgung über das Eis des Ladogasees ermöglichen würden, blieben zunächst aus, doch nur drei Tage nach Fertigstellung der Straße eroberten sowjetische Truppen unter General Merezkow Tichwin zurück (9. Dezember), was eine zuver-

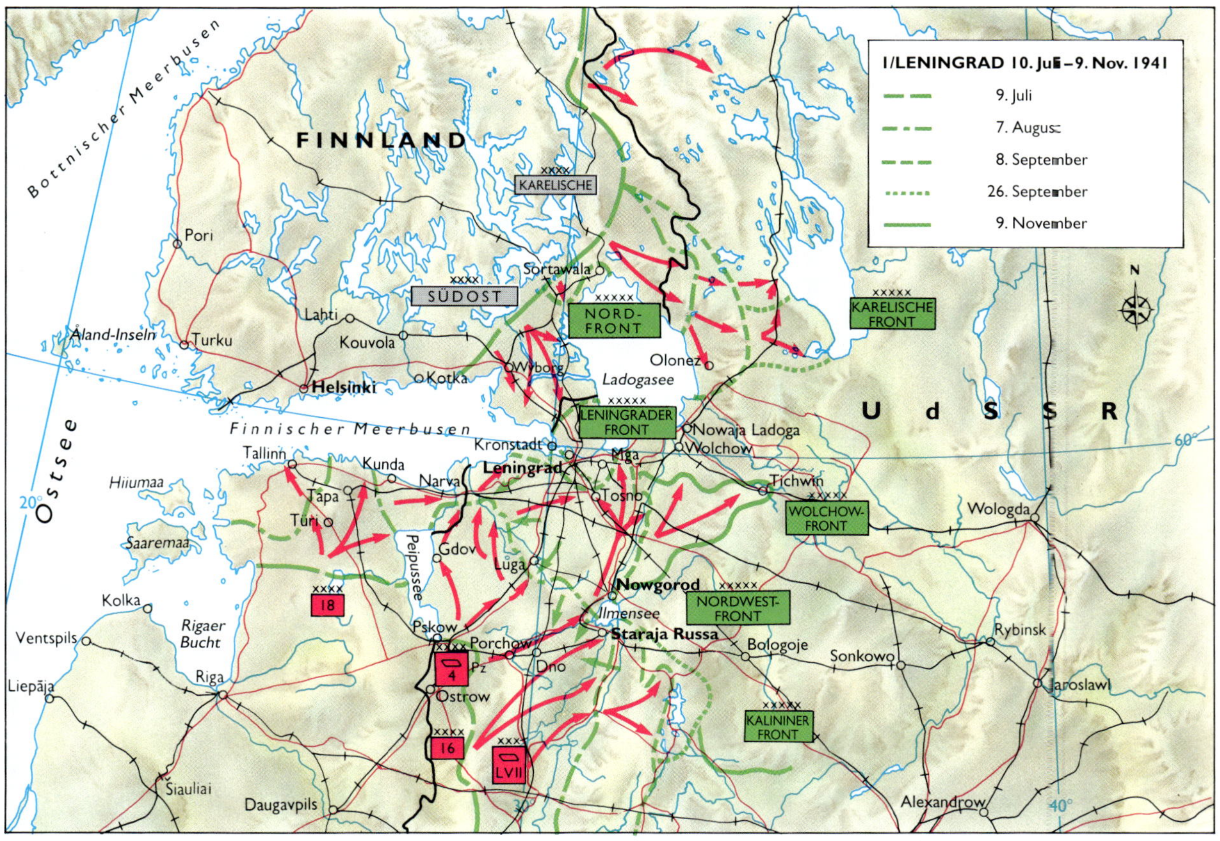

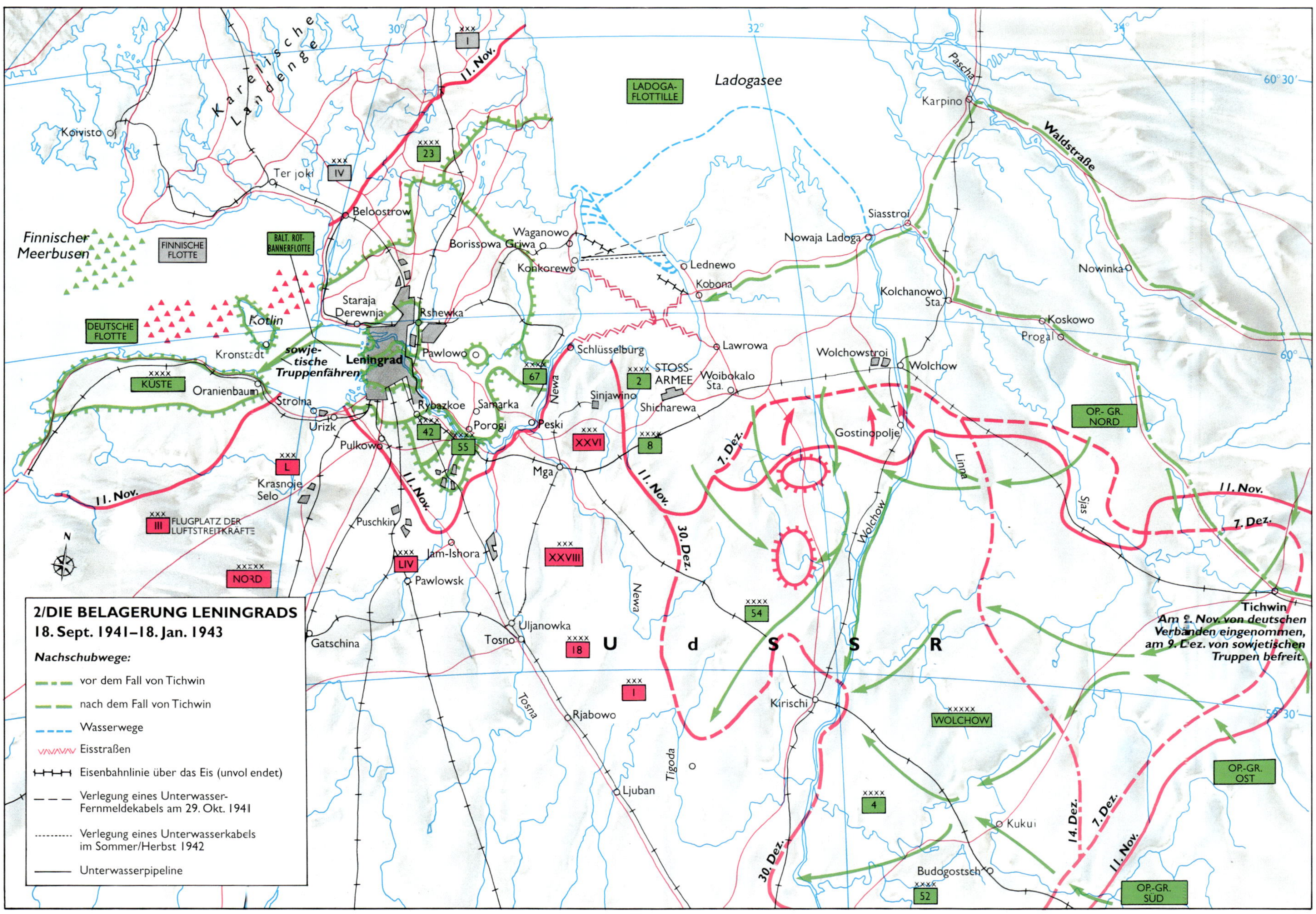

lässigere Route ermöglichte. Dazu mußten jedoch Brücken wieder instand gesetzt werden, und das letzte Stück des Weges in die Stadt war über das Eis zurückzulegen. Am 25. Dezember wurde die Brotration geringfügig erhöht. Allein an diesem einen Tag verhungerten 3700 Menschen; über 52000 Tote waren es im gesamten Monat. Die offizielle Zahl der Toten während der Belagerung von Leningrad ist 632000, obwohl die wirkliche Anzahl der Opfer wahrscheinlich nahe an einer Million liegt.

Die deutschen Luft- und Artillerieangriffe erfolgten zwar regelmäßig, waren jedoch nicht besonders intensiv. Während der Schlacht um Leningrad gingen etwa 150000 Artilleriegeschosse sowie über 100000 Brand- und 4600 Sprengbomben auf die Stadt nieder. Die Leningrader Front und die von Osten her vorrückende Wolchow-Front versuchten von August bis Oktober 1941 (Sinjawinoer Angriffsoperation) und von Januar bis April 1942 in Richtung Ljuban die Blockade zu brechen, jedoch ohne Erfolg. Die Baltische Rotbannerflotte deckte sowjetische Bewegungen und griff die Deutschen mit ihren Flugzeugen, der Küstenartillerie und den Schiffsgeschützen an. Am 12. Januar 1943 begannen Formationen der 67. Armee der Leningrader Front (Goworow) und der 2. Stoßarmee der Wolchow-Front (Merezkow) die Operation „Iskra" (Funke), um die Blockade aufzubrechen. Am 18. Januar 1943 trafen sich ihre Vorausabteilungen an der Arbeiterwohnsiedlung Nr. 5: die Blockade war gebrochen. Zwischen den am weitesten im Norden stehenden deutschen Truppen und dem Ladogasee wurde ein Korridor von 8 bis 11 km Breite freigehalten und in 17 Tagen mit einer Eisenbahnlinie und einer Straße versehen. Die Blockade war zwar gebrochen, doch die „900 Tage" gingen erst zu Ende, nachdem die Heeresgruppe Nord im Februar 1944 durch die Leningrad-Nowgorod-Operation (siehe Seite 150) endgültig vertrieben worden war.

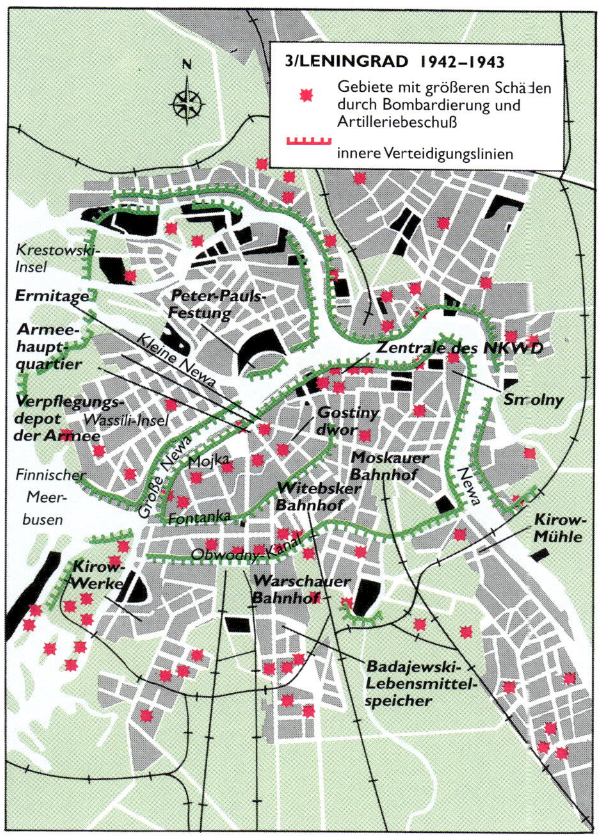

Am 8. September waren die deutschen Truppen noch etwa 16 km von Leningrad entfernt **(1)**. Nach dem Fall von Tichwin (9. November) wurde ein 320 km langer Knüppeldamm als Versorgungsstraße errichtet, oft über den Körpern von Menschen, die beim Bau zu Tode gekommen waren. Die Arbeiten waren am 6. Dezember abgeschlossen **(2)**. Am 9. Dezember wurde Tichwin zurückerobert. Die Zahl der Gefallenen auf deutscher Seite betrug 7000. Merezkow drängte die Deutschen nach Westen über den Wolchow zurück. Die „Straße des Lebens" über den Ladogasee bereitete jedoch Probleme. Das Eis mußte gleichmäßig 20 cm dick sein, um das Gewicht der LKWs tragen zu können; dieser Zustand war Ende November noch nicht erreicht. Am 26. November brachte ein Konvoi 33 Tonnen Nahrungsmittel. Um die Stadt am Leben zu erhalten, wurden jedoch 100 Tonnen täglich benötigt – eine Zahl, die nur in Einzelfällen erreicht wurde. Den Deutschen fehlte die Kraft, die sowjetische Verteidigung der Stadt zu überrennen **(3)** oder den Schutz auf der Seeseite durch die Baltische Rotbannerflotte und die große Festung von Kronstadt **(2)** zu überwinden. Ein erster Versuch, die Blockade zu brechen, erfolgte mit der Sinjawinoer Angriffsoperation (September sowie 20.–29. Oktober 1941), ein weiterer in Richtung auf Ljuban (Januar–April 1942) **(5)**. Andere sowjetische Operationen an dieser Front dienten dazu, die deutschen Kräfte von Leningrad fernzuhalten **(4)**. Dazu gehörte der Angriff der zweiten Stoßarmee über den Wolchow-Fluß hinweg **(5)**. Infolge der unzureichenden Ausrüstung wurde dieser Vorstoß von den deutschen Streitkräften abgeschnitten; unerklärlicherweise machte Stalin keine besonderen Anstrengungen zur Befreiung dieser Truppen. Am 24. Juni befahl Wlassow seinen Einheiten, sich zu versprengen und aus dem Kessel auszubrechen, wo es möglich war. (Nach seiner Gefangennahme durch die Deutschen wurde Wlassow zum Führer der antistalinistischen Russischen Befreiungsbewegung.)
Die zweite „Sinjawino"-Operation (19. August–10. Oktober 1942) **(6)** vermochte die Blockade zu Lande nicht zu brechen, unterbrach aber die Vorbereitungen der Deutschen für eine Erstürmung der Stadt und zwang sie, ihre 11. Armee von der Krim hierher zu verlegen. Tatsächlich beendet wurde die Blockade am 18. Januar 1943, als sich die 67. Armee der Leningrader Front und die neue 2. Stoßarmee der Wolchow-Front an der Arbeitersiedlung Nr. 5 trafen **(7)**.

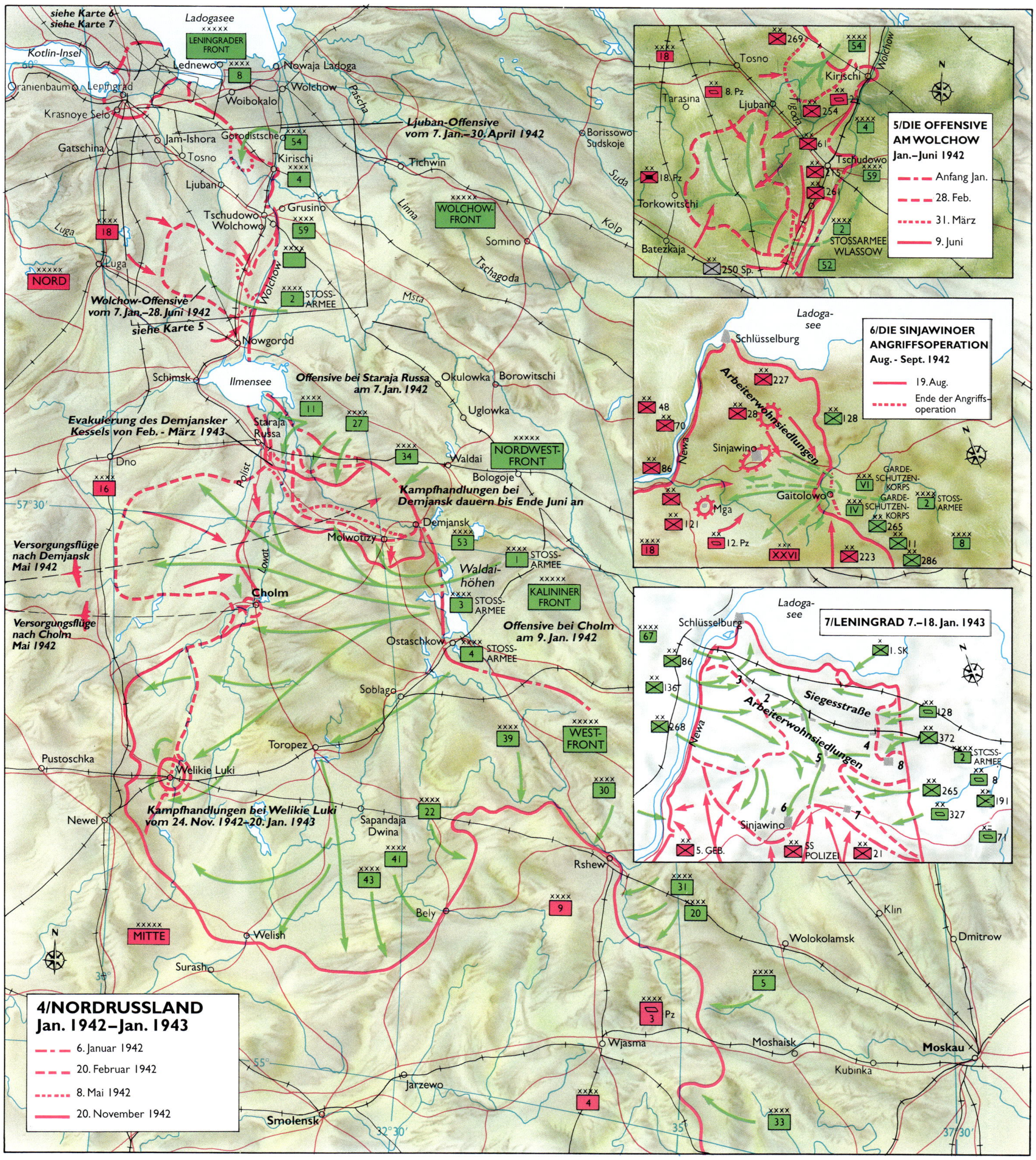

Bilder links: Die Entbehrungen, die die Bürger Leningrads zwischen 1941 und 1944 ertragen mußten, gelten als der heldenmütigste Widerstand, der in diesem Krieg geleistet worden ist.
Oben: Über den zugefrorenen Ladogasee wurde eine „Straße des Lebens" gebaut; zur Unterstützung der LKW-Konvois wurde auch der Bau einer Eisenbahnlinie über das Eis begonnen, jedoch nicht vollendet.

Der pazifische Raum September 1941

Der Vertrag von Versailles hatte Japan im Pazifik eine erhebliche Einflußsphäre eingeräumt, der jedoch ähnlich gelagerte territoriale und wirtschaftliche Interessen der siegreichen Alliierten entgegenstanden. Diese waren entschlossen, allen weitergehenden japanischen Ambitionen entgegenzutreten. Die Verpflichtungen aus dem ergebnislosen Krieg in China (siehe Seite 32) und die Empörung über Deutschlands Vertragsschluß mit der UdSSR (siehe Seite 30) veranlaßten Japan zu einer abwartenden Politik, konnten seine Ambitionen doch ohnehin nur realisiert werden, wenn die Alliierten den Sieg nicht errangen. Im Juni 1940 nutzte Japan die sich aus Frankreichs Niederlage ergebende Gelegenheit und zwang einerseits die Franzosen zur Schließung der Eisenbahnlinie Hanoi-Nanning und andererseits die Engländer zur Sperrung der Burmastraße. So gelang es, Chiang Kai-sheks Regime weitgehend von der übrigen Welt zu isolieren. Die japanischen Forderungen wurden im September schnell um das Recht zur Okkupation von Nordindochina erweitert, als Japan sich mit Deutschland und Italien im Drei-Mächte-Pakt zusammenschloß.

Die nach dem Juni 1940 offenkundig gewordene Schwäche der Engländer, Holländer und Franzosen im Fernen Osten lud Japan ein, sich Südostasien und damit die zu seiner Etablierung als Großmacht erforderlichen Ressourcen zu sichern. Im Dezember 1940 erhielt Japan aus deutschen Quellen einen abgefangenen Bericht des englischen Kriegskabinetts. Daraus ging hervor, daß England Japan in Indochina und Thailand keinen Widerstand leisten und auch keine Flotte nach Fernost entsenden könne, so daß Malaya nicht zu verteidigen war. Diese Enthüllung veranlaßte Japan, von den Alliierten immer weitergehende Konzessionen in Südostasien zu fordern. Nach dem Februar 1941, während die Armee auf Formosa ein Dschungeltraining begann, zeigte die Marine zunehmend Neigung, „die südlichen Rohstoffquellen" zu sichern.

Die japanischen Ambitionen wurden jedoch im Lauf des Jahres 1941 von den Vereinigten Staaten zurückgewiesen. Japans Okkupation von Nordindochina veranlaßte die USA, den Handel zwischen

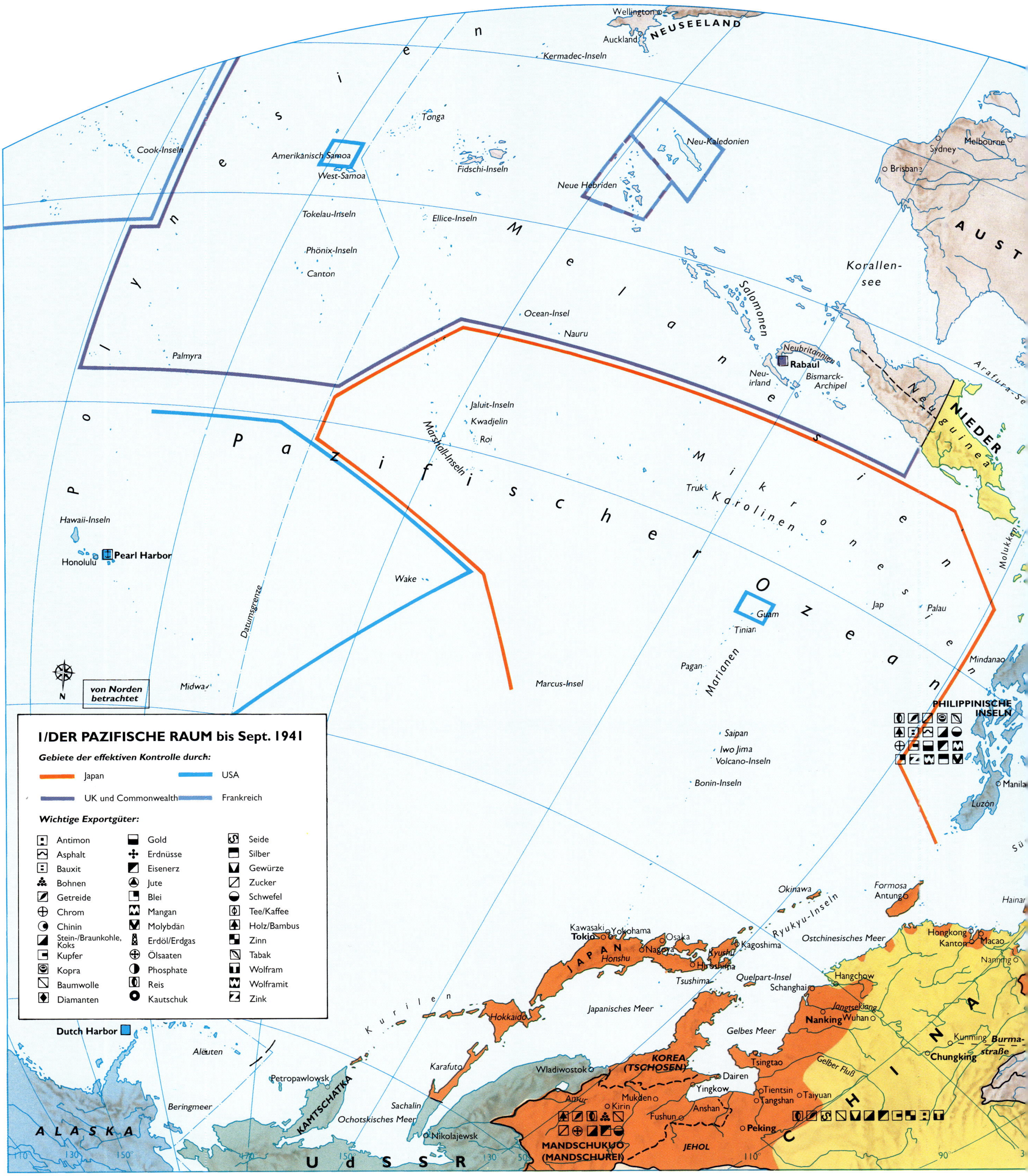

beiden Ländern für bestimmte Rohstoffe auszusetzen.

Im Juli 1940 passierte das Gesetz „Two Ocean Naval Expansion Act" den Kongreß, das 1941 zum wichtigsten Einzelfaktor in Japans Berechnungen werden sollte. Die USA proklamierten ihre Absicht, eine Flotte aufzubauen, die größer sein sollte als die Flotten der beiden nächstgrößten Marinemächte zusammen. Damit würde sich das gegenwärtige Verhältnis der japanischen Flotte zur US Navy von 7:10 auf 3:10 im Jahr 1944 verringern. Nach japanischen Berechnungen war jedoch ein Verhältnis von 5:10 das Minimum, um einen erfolgreichen Verteidigungsfeldzug im Westpazifik führen zu können. So erkannte die japanische Marine, daß ein Krieg gegen die USA, wenn er denn unvermeidbar war, rasch begonnen werden mußte.

Der Abschluß eines Nichtangriffspakts mit der UdSSR im April kündigte eine energischere Politik Japans in Südostasien an, was sich auch durch den deutschen Angriff auf die UdSSR im Juni nicht änderte. Im Juli entschloß sich die Marine zur Besetzung Südindochinas, auch wenn dies Krieg mit den USA bedeuten sollte. Diese Aktion und die Proklamation eines gemeinsamen französisch-japanischen Protektorats über Indochina am 23. Juli hatten ein totales Handelsembargo von seiten der Amerikaner zur Folge, dem sich die Engländer und Holländer sofort anschlossen. Da Japan 80 % seiner Erdölimporte aus den USA bezog, sah es sich nun mit der schweren Entscheidung zwischen einem Krieg und der Kapitulation vor den amerikanischen Bedingungen zur Wiederaufnahme des Handels konfrontiert. Letzteres kam der Aufgabe aller japanischen Eroberungen auf dem Festland seit 1931 gleich. Im September entschied sich die japanische Führung für die Eröffnung der Feindseligkeiten gegen England, die Niederlande und die USA, falls der Diplomatie eine Aufhebung der Sanktionen nicht gelingen würde.

Wochen vergingen ohne jedes Zeichen von Kompromißbereitschaft seitens der Amerikaner. Angesichts der ungleichen amerikanischen und japanischen Ressourcen durften die Japaner nicht mit einem Sieg über die USA rechnen. Sie hofften jedoch, die abnehmende Bereitschaft der Amerikaner, einen kostspieligen Krieg an den Grenzen des japanischen Reiches zu führen, könnte den Weg zu einem Kompromißfrieden ebnen. Die Japaner perfektionierten ihren Plan, Südostasien zu erobern und anschließend eine Verteidigungslinie um die eroberten Territorien zu ziehen, an der sie die Amerikaner aufzuhalten hofften. Im Dezember wurde dieser Plan plötzlich brutale Realität.

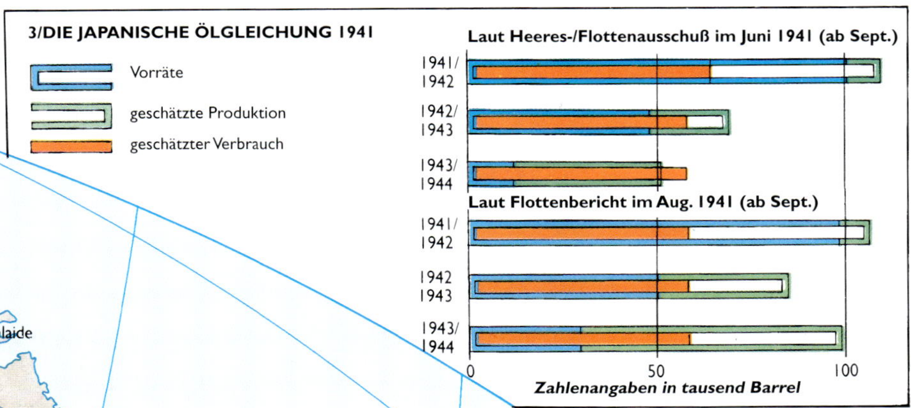

3/DIE JAPANISCHE ÖLGLEICHUNG 1941

4/DER BESTAND AN KRIEGSSCHIFFEN IM PAZIFIK Sept. 1941

Kriegsschiffe	Japan[1]	US-amerik. Pazifikflotte	US-amerik. Asienflotte	UK und Commonwealth[2]	Niederlande	USA[3]
Großkampfschiffe	10	9	?	0	0	15
Flugzeugträger	10	3	?	0	0	11
Kreuzer	38	20	2	8	3	54
Zerstörer	112	50	13	5	7	191
U-Boote	65	33	17	–	15	73

1 In Dienst gestellt oder laut Programm von 1937 im Bau befindlich
2 Am 1. Sept. 1941 in Singapur und Hongkong und einschließlich dreier Kreuzer in Sydney sowie eines Kreuzers in Wellington
3 Im Bau und Bau genehmigt

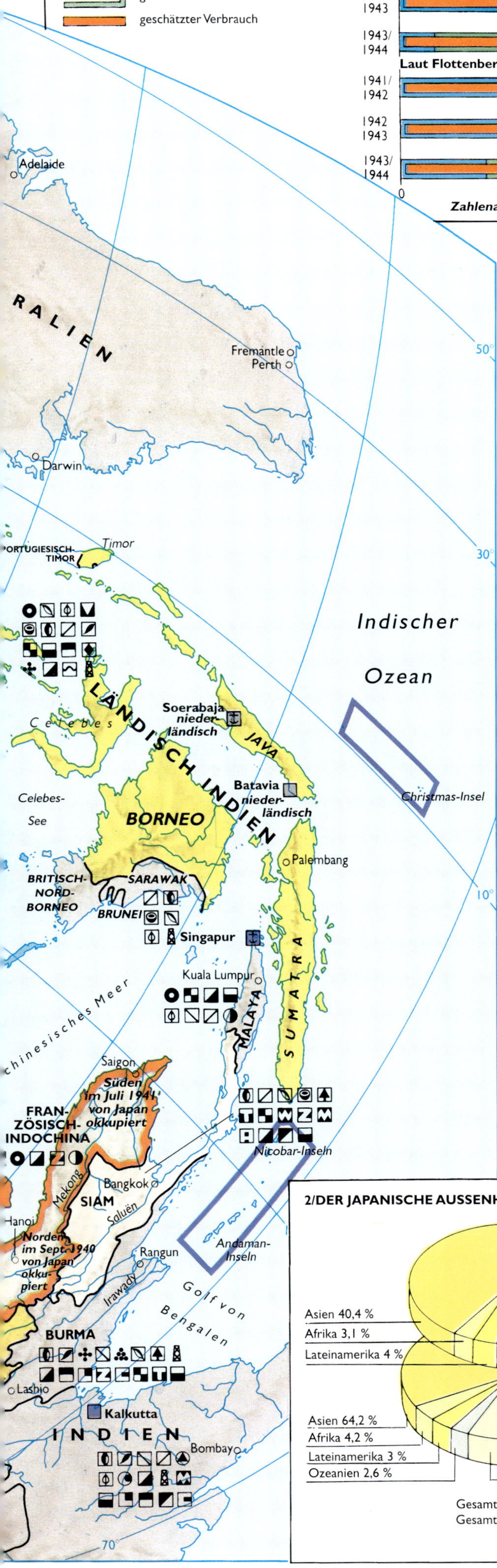

DER EINFLUSS DER ALLIIERTEN Handelssanktionen auf die japanische Wirtschaft *(2)* und die höchst appetitanregende Speisekarte von Territorien und Ressourcen in seinem „Hinterhof" *(1)* führten Japan zwangsläufig auf den Weg zum Zweiten Weltkrieg. Eine japanische Studie vom Juni 1941 über die im Kriegsfall *(3)* erreichbaren Ölressourcen gab keinen Anlaß zum Optimismus: Sie besagte, daß die japanische Produktion etwa 10 % der Anforderungen decken würde und auch eine allmähliche Instandsetzung der indischen Ölfelder dem Verbrauch nicht gerecht werden könnte. So würden die nationalen Reserven im Sommer 1944 erschöpft sein. Ein zuversichtlicherer Bericht der Marine vom August kam zu dem Schluß, daß die Vorräte im dritten Kriegsjahr zwar dramatisch abnehmen würden, eine Krise jedoch vermieden werden könnte, vorausgesetzt, daß Japan im Krieg nicht unterliegen würde. In Wirklichkeit waren beide Studien absolut falsch: Japans Reserven waren im Oktober 1943 völlig erschöpft. Die militärischen Berechnungen der Japaner waren zumindest im Kurzzeitbereich genauer. Die britischen Verpflichtungen und die geringe Größe der Asienflotte der USA bedeuteten, daß sich die japanische Marine in Südostasien keiner wirklichen Opposition gegenübersah *(5)*. Die militärischen Formationen, die den potentiellen Gegnern zur Verfügung standen, waren zahlenmäßig zu klein, schlecht trainiert und unzureichend ausgerüstet. Langfristig war die Gefahr für Japans Sicherheit, die von den Schiffbauprogrammen der US-Marine ausging *(4)*, dagegen offenkundig: Das Ungleichgewicht würde so groß werden, daß selbst so hervorragende Schiffe wie das Schlachtschiff „Yamato" mit 71 659 t Standardwasserverdrängung, neun 410-mm-Geschützen, einer Panzerung der Türme von 65 cm Dicke und einer Geschwindigkeit von 27 Knoten die rein zahlenmäßige Überlegenheit der Amerikaner nicht ausgleichen konnten.
Bild oben rechts: Das japanische Schlachtschiff „Yamato" bei einer Erprobung auf See.

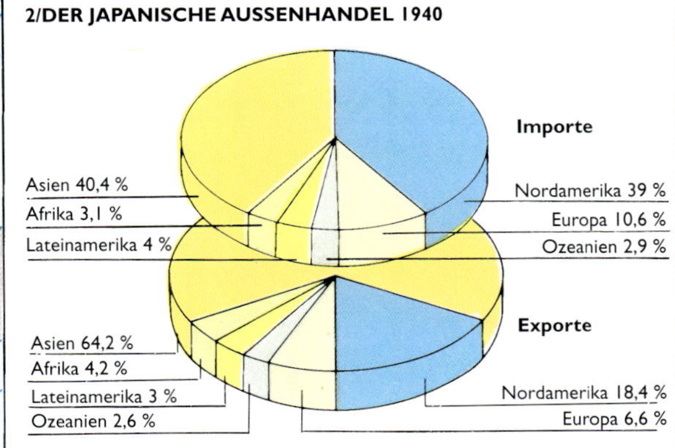

2/DER JAPANISCHE AUSSENHANDEL 1940

Gesamtwert der Exporte (1940): 3 972 400 Mio Yen
Gesamtwert der Importe (1940): 3 709 035 Mio Yen
Exportüberschuß: 263 365 Mio Yen

5/DER TRUPPEN- UND FLUGZEUGBESTAND Mitte 1941

Land	einsatzfähige Heeresverbände	Flugzeuge	Kriegsstärke der Truppen insgesamt (ca.)
Philippinen	3 Luzón 1 Mindanao	120	120 000
Hawaii	1	230	40 000
Niederländisch-Indien	2 Java	120	40 000
Malaya	3	180	80 000
Burma	1	16	30 000
Indien	2 Kalkutta	40	600 000
Australien	4	keine Angaben	250 000
Neuseeland	1	230	40 000
Hongkong	4	0	10 000
China (unbesetzt)*	10 Nationalisten	keine Angaben	2 500 000
Japan	51 59	1500	1 800 000
Japanische Inseln	8	150	160 000
Mandschukuo	21	900	660 000
Nordchina	13	250	450 000
Zentral- und Südchina	16	keine Angaben	550 000
Korea	2	keine Angaben	40 000
Französisch-Indochina	1	keine Angaben	18 000
Thailand	3	keine Angaben	80 000
für Angriffsoperationen verfügbar	10	1100	200 000

* Offiziell verfügte das unbesetzte China über 95 Armeen; in der Praxis handelte es sich wahrscheinlich um 60 Divisionen, von denen nur die Hälfte nationalistisch waren und den irregulären Verbänden der regionalen Militärmachthaber feindlich gegenüberstanden; davon wiederum waren nur etwa ein Drittel einsatzfähig.

Der pazifische Raum Dezember 1941

Der Feldzugsplan, mit dem Japan im Dezember 1941 den Krieg begann, war von großer Komplexität und umfaßte eine Reihe ausgefeilter Operationen, die sich über die Datumsgrenze sowie über sieben Zeitzonen erstreckten. Seine wesentlichen Festlegungen sahen gleich zu Beginn eine Reihe von Angriffen vor, die sowohl die amerikanische Marine im Zentralpazifik als auch die britischen Kräfte im Fernen Osten ausschalten sollten; dazu kam die Okkupation von Niederländisch-Indien und die Schaffung eines Verteidigungsringes um das eroberte Südostasien.

Japans erste Bewegungen umfaßten zwei Operationen, die mehr als einhundert Längengrade voneinander entfernt waren: Landungen von Einheiten der 25. Armee Yamashitas (siehe Seite 70) in Südthailand und Nordmalaya in den Morgenstunden des 8. Dezember und nur dreißig Minuten später (aber am Morgen des 7. Dezember) Schläge durch Flugzeugträger gegen die Fazifikflotte der USA im Stützpunkt Pearl Harbor auf Hawaii.

In diesem Krieg waren bisher bei keiner Einzeloperation mehr als ein Flugzeugträger und eine Handvoll Flugzeuge zum Einsatz gekommen. Für den in zwei Wellen erfolgenden Schlag gegen Pearl Harbor setzten die Japaner ihre gesamten Ersteinsatzkräfte ein, bestehend aus sechs Flugzeugträgern mit über 460 Flugzeugen unter dem Befehl von Admiral Nagumo. Der Überraschungseffekt war nahezu absolut und führte zur Zerstörung bzw. Kampfunfähigkeit von 18 US-Kriegsschiffen, von denen allerdings einige später wiederhergestellt wurden.

Am 11. Dezember wurde der japanische Versuch zur Einnahme des Wake-Atolls zurückgeschlagen, ohne daß auch nur ein einziger Soldat auf dem Atoll gelandet wäre, während die Japaner dabei einen Transporter und zwei Zerstörer verloren. Dies war während des Krieges im Pazifik der einzige Fall, wo ein Landungsversuch verhindert wurde. Doch war der Erfolg von kurzer Dauer. Durch ihren Mißerfolg angestachelt, entsandten die Japaner am 23. Dezember zwei von Nagumos zurückkehrenden Flugzeugträgern zur Unterstützung eines neuerlichen und nunmehr erfolgreichen Angriffs.

Im Westpazifik sicherten sich die japanischen Streitkräfte sehr schnell einen überwältigenden Vorteil gegenüber den amerikanischen und alliierten Streitkräften. Am ersten Tag der Kampfhandlungen zerstörten japanische Flugzeuge von Formosa aus die amerikanischen Luftstreitkräfte auf Luzon, während amphibische Streitkräfte die Insel Batan an den Zufahrtsrouten zu den Philippinen einnahmen (siehe Seite 72). Am 10. Dezember landeten japanische Einheiten der 14. Armee auf der Camiguin-Insel sowie im Norden von Luzon und am 12. Dezember eine von den Palau-Inseln kommende Einheit in Südluzon. Bei der wichtigsten Landungsoperation im Golf von Lingayen am 22. Dezember kam es zur Niederlage der Garnison auf den Philippinen. Gleichzeitig okkupierten die Japaner die wenigen bedeutsamen Orte in Sarawak und Britisch-Nordborneo. Die 38. Infanteriedivision hatte darüber hinaus die Engländer von den neuen Territorien auf dem chinesischen Festland vertrieben und sich selbst auf der Insel Hongkong etabliert, die am Weihnachtstag in ihre Hände fiel.

Im Süden vervollständigten die Japaner ihre Okkupation von Thailand und zwangen das Land zu einem Bündnis, während sie den englischen Streitkräften in Nordmalaya gleichzeitig eine Reihe kostspieliger und demoralisierender Niederlagen beibrachten (siehe Seite 70). Nach der Versenkung zweier englischer Großkampfschiffe im Golf von Thailand am 10. Dezember erfreuten sich die Japaner nicht nur in Malaya, sondern überall in Südostasien sowohl in der Luft als auch zur See einer überwältigenden Überlegenheit. Die Reaktionen der feindlichen Truppen auf ihre Aktionen verloren immer mehr an Wirkung.

Ende Dezember 1941 gehörte den Japanern auf dem gesamten Kriegsschauplatz die Initiative; doch gerade ihr aufsehenerregendster Sieg gleich zu Beginn, der Sieg von Pearl Harbor, enthielt bereits das Samenkorn der letztendlichen Niederlage. Bei allem offensichtlichen Erfolg hatte der Angriff keinen einzigen Flugzeugträger und kein U-Boot zerstört, und auch die Kraftwerke, die Docks, die Werkstätten und die Öllager des Stützpunkts waren unbeschädigt. Damit blieben die Basis für eine wiederhergestellte Flotte und der Stützpunkt, von dem aus sie operieren konnte, intakt. Von größerer Bedeutung war wahrscheinlich die Tatsache, daß die Japaner geglaubt hatten, durch den Angriff auf Pearl Harbor zu Beginn des Krieges die öffentliche Meinung in Amerika demoralisieren und spalten zu können. Statt dessen einte der Angriff die amerikanische Gesellschaft und gab ihr ein einziges Ziel vor: den totalen Sieg. Im Augenblick freilich schien der Sieg ein Monopol der Japaner zu sein.

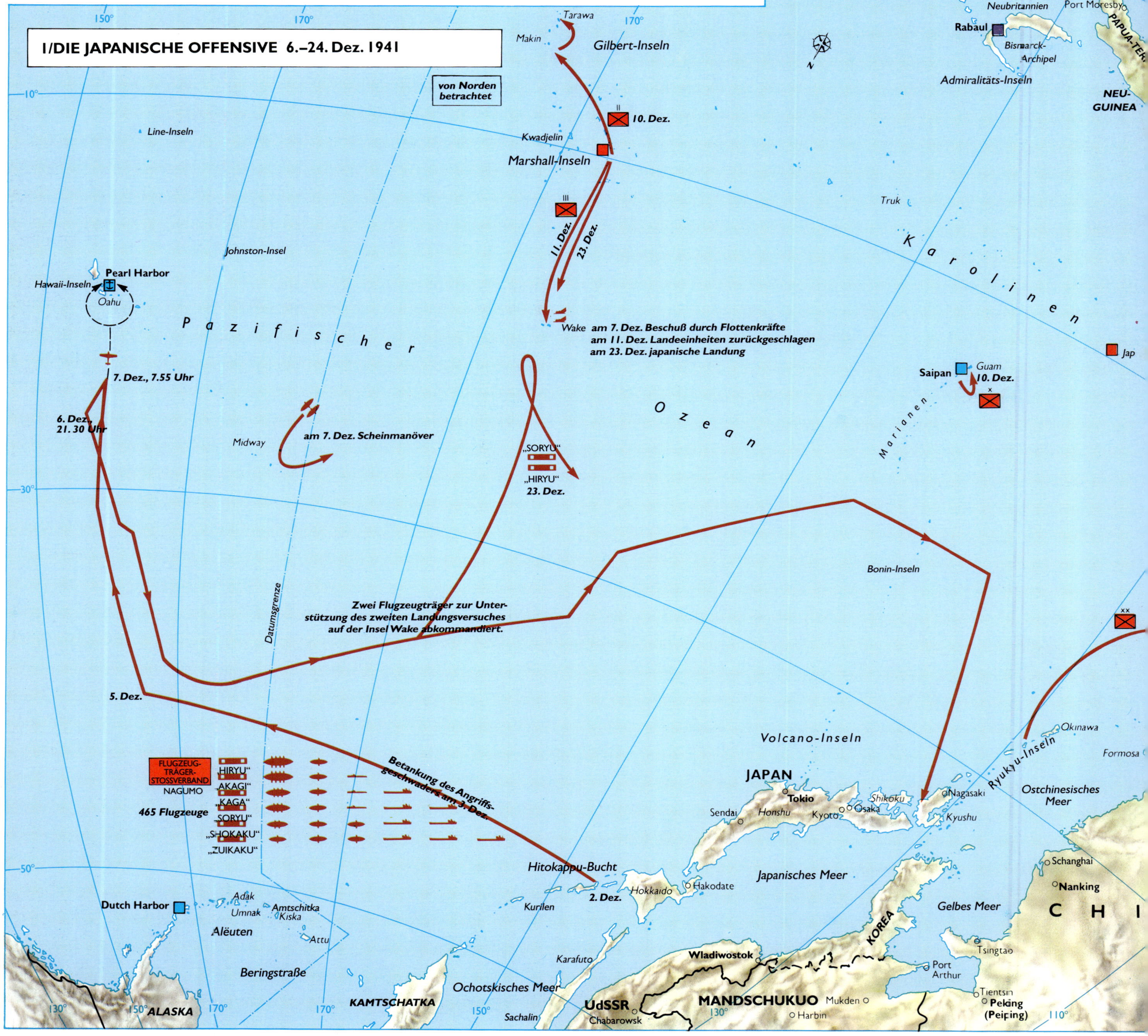

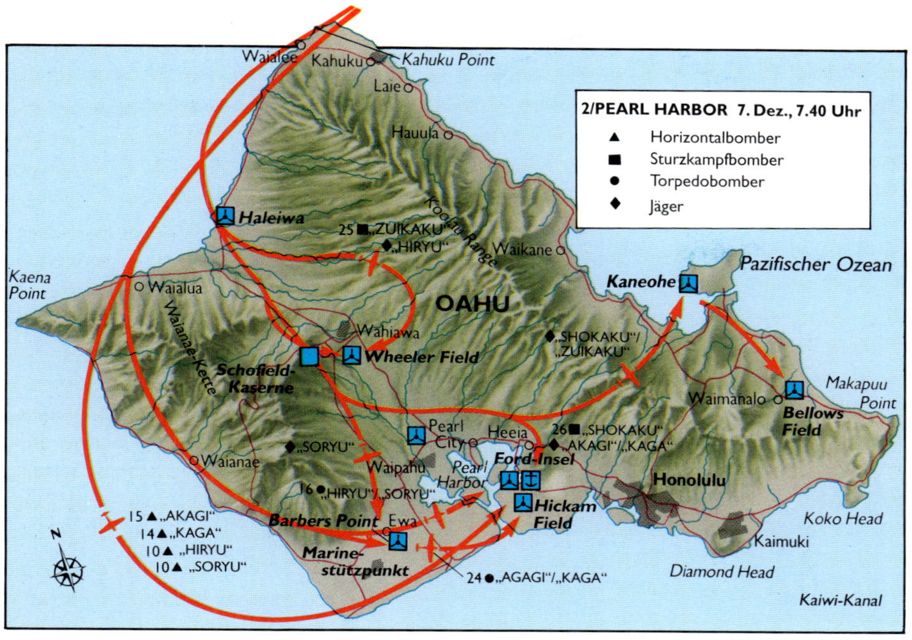

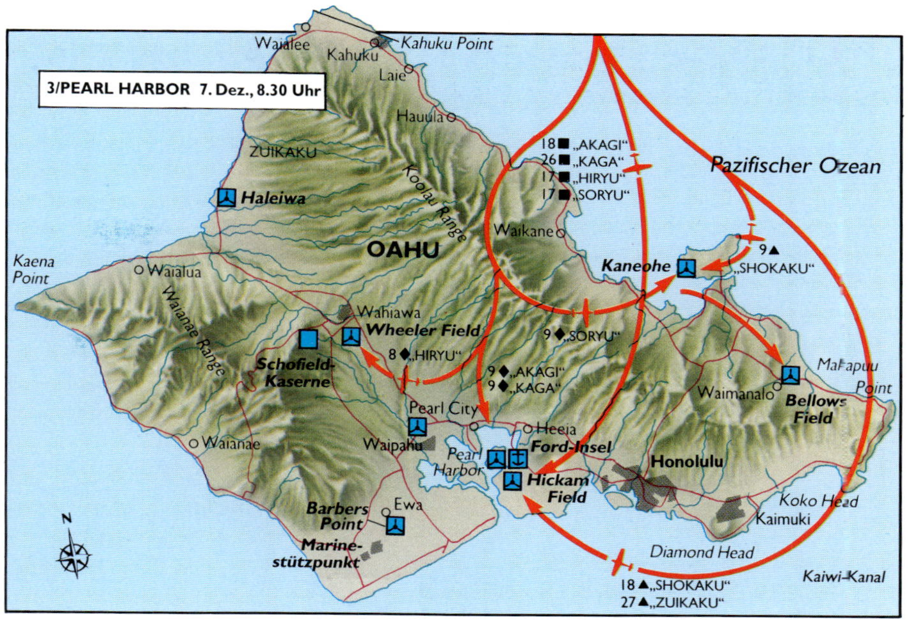

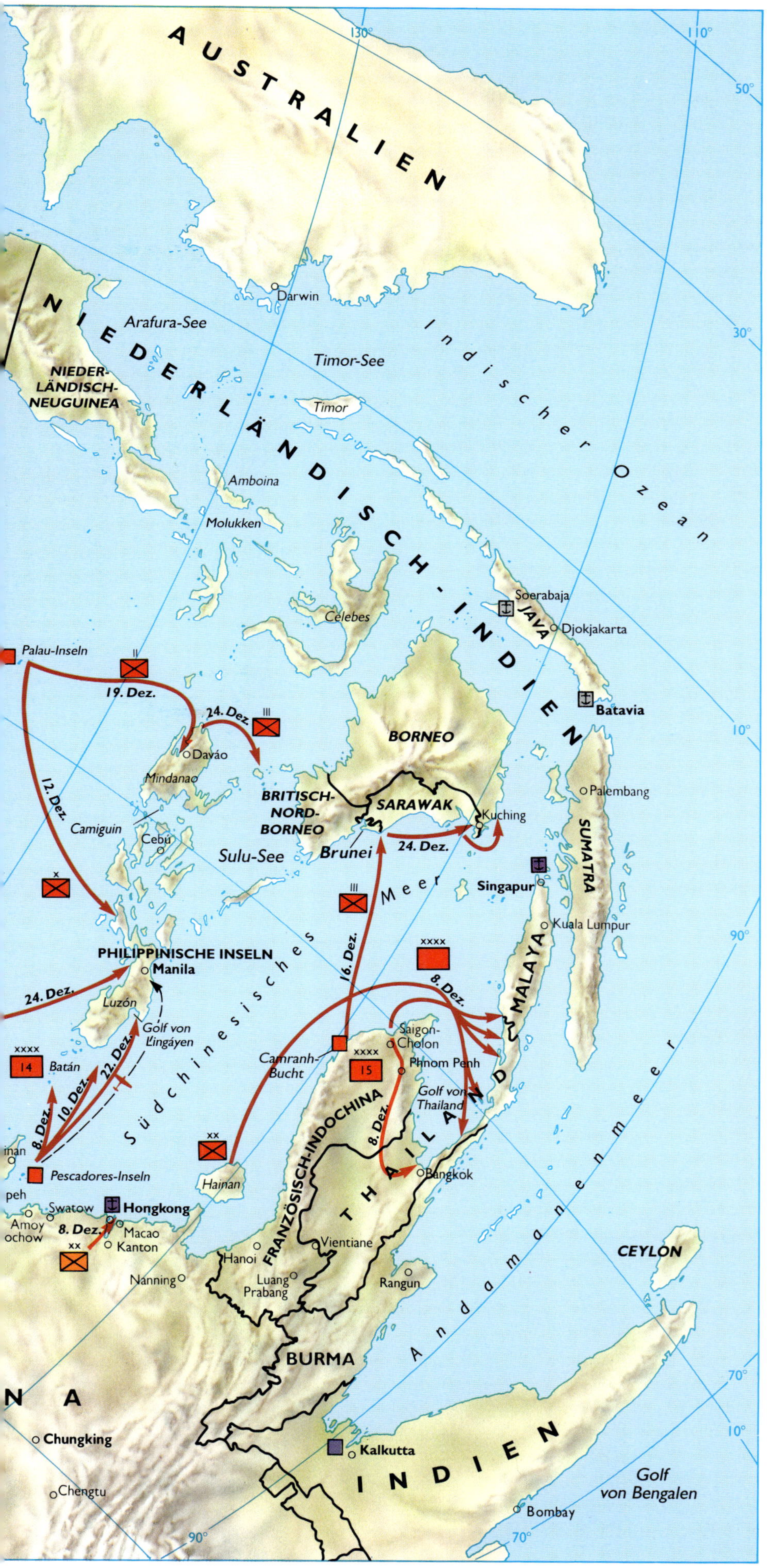

Der japanische Überfall auf Pearl Harbor (7. Dezember 1941) war die wichtigste der Unternehmungen, mit denen die Japaner den Krieg auf einem Gebiet von über 10000 km Ausdehnung eröffneten ***(1)***. Der erste Angriff auf Pearl Harbor ***(2)*** begann in der Dämmerung von einem 370 km nördlich von Oahu gelegenen Punkt aus und erfolgte mit 40 Torpedobombern, 49 Bombern, 51 Sturzkampfbombern und 43 Jägern. Der 30-Minuten-Angriff begann 7.40 Uhr und traf den Ankerplatz und die abseits gelegenen Luftstützpunkte. Der zweite Angriff ***(3)*** erfolgte durch 54 Bomber, 78 Sturzkampfbomber und 35 Jäger; er begann 8.50 Uhr und dauerte 65 Minuten. Er wurde jedoch durch schlechte Sicht und Flak-Beschuß gehemmt. 20 der 29 japanischen Flugzeuge, die verlorengingen, gehörten zur zweiten Welle. Von den 94 Kriegsschiffen im Hafen wurden 18 versenkt bzw. schwer beschädigt ***(4)***, darunter acht Schlachtschiffe. Von den fünf versenkten Schlachtschiffen konnten jedoch drei schließlich wieder in Dienst gestellt werden. Kein einziger US-Flugzeugträger lag hier vor Anker. Von den 394 US-Flugzeugen auf der Insel waren 188 zerstört und weitere 159 beschädigt. Am selben Tag wurde Guam ***(5)*** okkupiert, nachdem ein Teil der 365-Mann-Garnison gegen die 5000 Mann starken Einheiten aus Saipan symbolischen Widerstand geleistet hatte. Die Verteidigung Hongkongs ***(6)*** wurde als aussichtslos eingestuft. Am 10. Dezember durchbrachen die Japaner die Hauptverteidigungslinie an deren bestbefestigtem Punkt, der Shing-Mun-Redoute, und veranlaßten zwei Tage später den Rückzug der Engländer auf die Insel Hongkong. Die Kapitulationsaufforderung vom 17. Dezember wurde zurückgewiesen. Daraufhin überquerten die Japaner am nächsten Tag den Kanal und zwangen Kolonie und Garnison am 25. Dezember zur Kapitulation.

Bild rechts: Der US-Zerstörer „Shaw“ explodiert in Pearl Harbor.

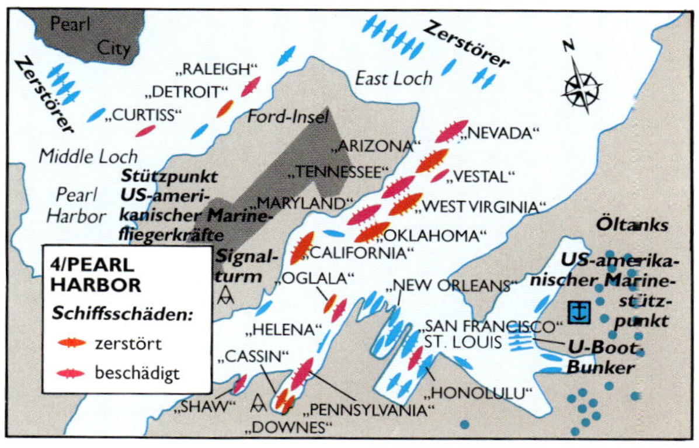

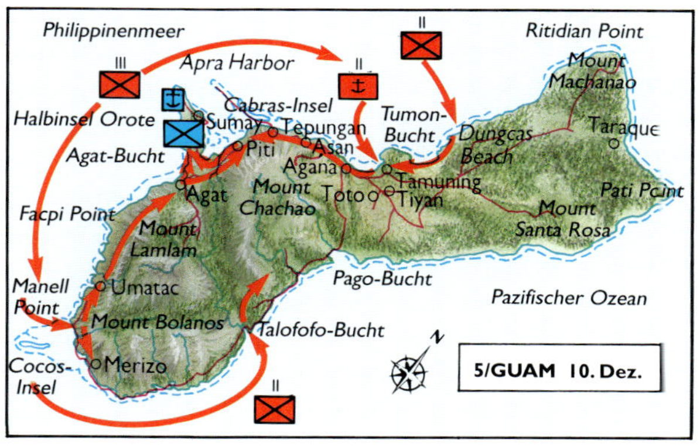

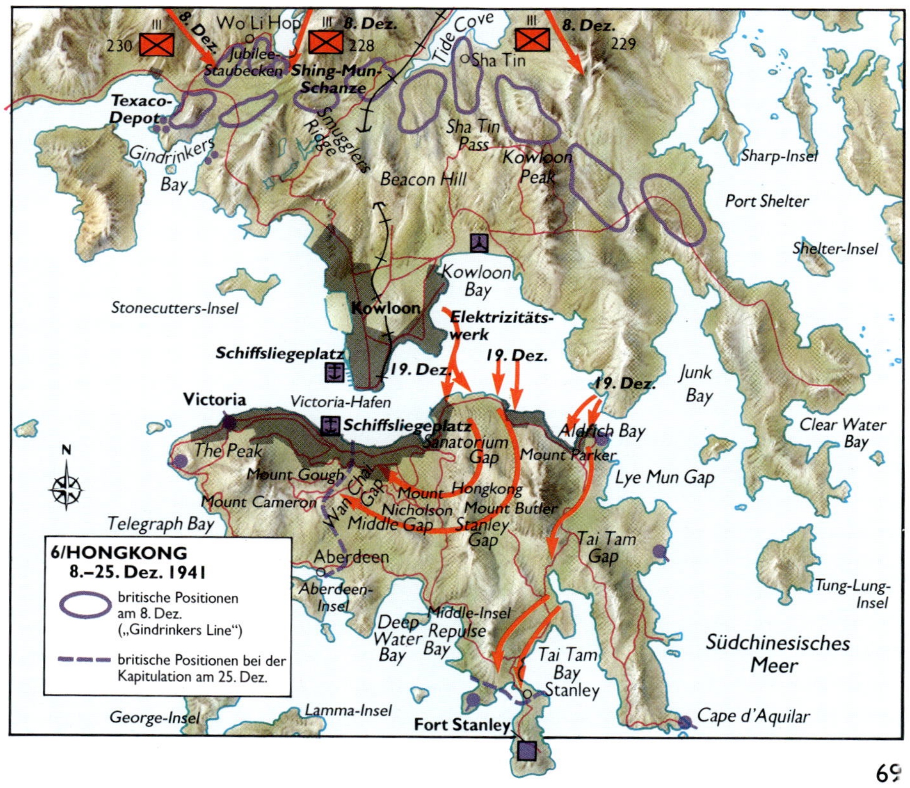

Malaya Dezember 1941–Februar 1942

Der japanische Plan zur Niederringung der englischen Kolonialstreitkräfte in Malaya und Singapur stellt unter den Operationen der ersten Etappe die komplexeste dar. An einer ganzen Reihe separater Landeoperationen in Südthailand und Nordmalaya waren Einheiten zweier Armeen beteiligt; aus Französisch-Indochina marschierten Streitkräfte in Thailand ein. Dazu kamen verschiedene Operationen gegen englische Stellungen in Tenasserim in Südburma sowie die Beförderung von Truppen mit der Eisenbahn nach Nordmalaya. Die Ankunft zweier englischer Großkampfschiffe am 4. Dezember in Singapur war eine zusätzliche Gefahr für alle japanischen Operationen im Golf von Thailand.

Die Situation der Engländer war nicht weniger kompliziert. Sie hatten spätestens 1937 erkannt, daß die Geschütze von Singapur direkte Angriffe auf ihren Stützpunkt vom Meer aus unmöglich machten. Daraus folgte, daß jedes japanische Vorgehen gegen Singapur vom Norden aus durch Malaya hindurch erfolgen mußte. Also war es für die Verteidigung Malayas von entscheidender Bedeutung, jede Benutzung der Flugplätze bei Singora und Patani sowie der Strände von Nordmalaya für Landungsoperationen zu verhindern. Im Dezember 1941 hofften die Engländer jedoch noch immer, die Japaner würden von einer Okkupation absehen, wenn man ihnen keinen Vorwand für einen Krieg lieferte. Da jedoch keine Präventivbewegung nach Südthailand erfolgte, wurden den englischen Streitkräften in Nordmalaya Verteidigungspflichten aufgebürdet, die über ihre tatsächlichen Möglichkeiten hinausgingen. Außerdem war die englische Führung nicht darauf vorbereitet, Nord- und Mittelmalaya aufzugeben, um die Streitkräfte auf die Verteidigung von Johore zu konzentrieren. So war die militärische Lage der Engländer in Malaya unmittelbar vor Ausbruch des Krieges durch eine Zerstreuung der Kräfte und deren Schwäche gekennzeichnet.

Die Landung der 5. Infanteriedivision bei Singora und Patani am 8. Dezember traf daher nicht auf englischen Widerstand. Während die Kaiserliche Gardedivision Bangkok einnahm und die 18. Infante-

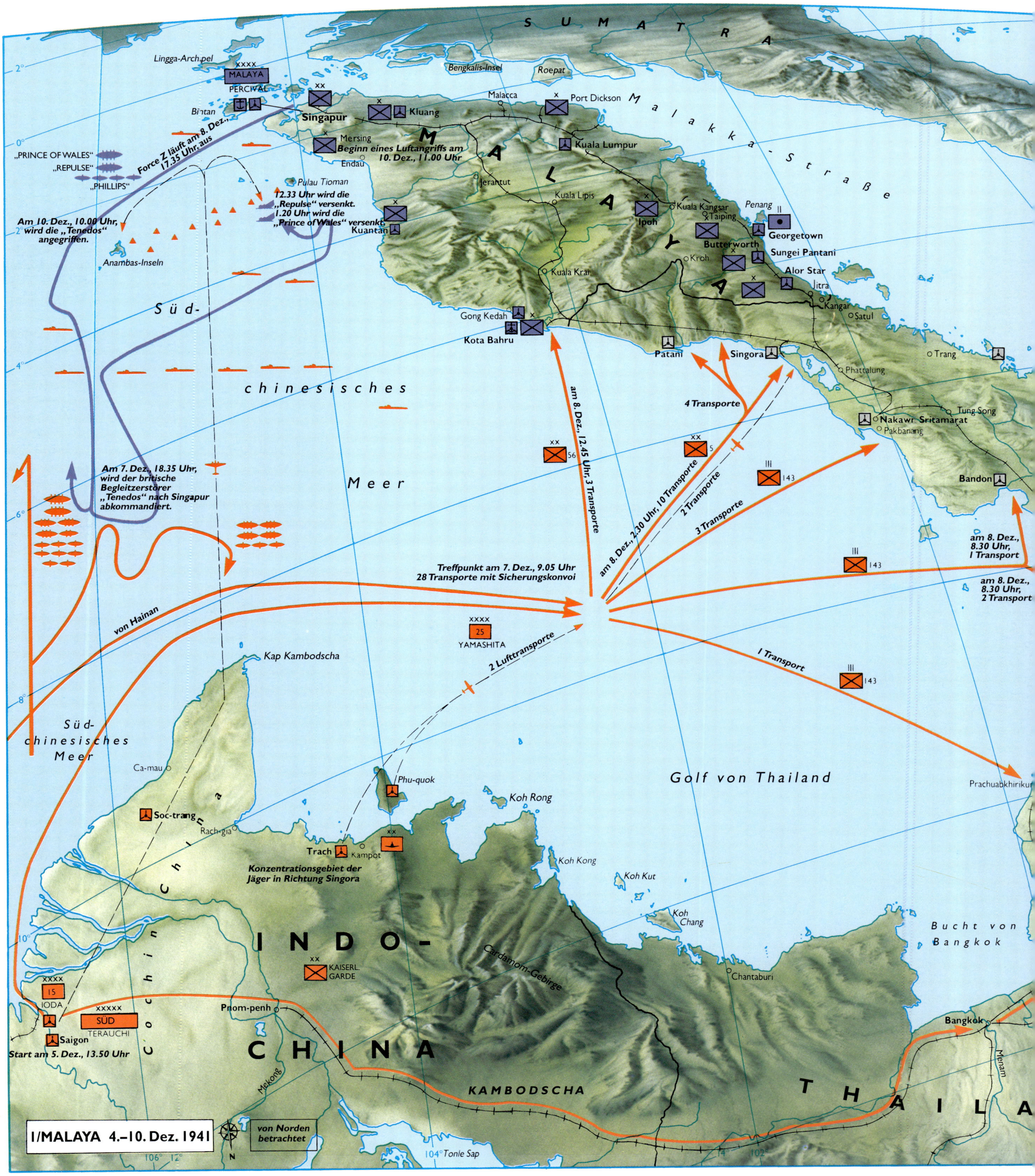

I/MALAYA 4.–10. Dez. 1941

riedivision mitten in der Brandung durch die Verteidiger von Kota Bharu fast in ein Desaster geriet, unternahm die 5. Infanteriedivision einen Angriff mit zwei Panzerspitzen nach Nordmalaya. Die britischen Stellungen bei Betong wurden am 10. Dezember unter gleichzeitiger Bedrohung von Kuala Kangsar vernichtend geschlagen. Die englischen Truppen in Kedah und westlich des Flusses Perak wurden umgangen. Am 21. Dezember erhielten die englischen Einheiten die Erlaubnis, sich hinter den Fluß zurückzuziehen. Beabsichtigt war eine Reihe von Verzögerungsmanövern, um in Mittel- und Südmalaya Auffangstellungen vorzubereiten. In der Realität schlug diese Absicht aus zwei Gründen fehl. Erstens konnte die indische 11. Division keine Verzögerungskämpfe ausfechten und gleichzeitig Auffangstellungen vorbereiten; der Versuch, beide Maßnahmen doch auszuführen, endete am 7. Januar im Desaster am Slim. Zweitens hatten die Engländer kein Gegenkonzept zur japanischen Einkesselungstaktik im Dschungel. Als die Japaner mit Sturmbooten von Singora aus in der Malakkastraße erschienen, konnten sie die britischen Stellungen an beiden Flanken bedrängen. Die geschilderten Aspekte machten die weitere Verteidigung von Nordjohore unmöglich. Die Evakuierung des Festlandes, die am 31. Januar abgeschlossen war, sowie die Zerstörung des Dammes und der Hauptwasserversorgung zwischen Johore Bahru und der Insel Singapur sicherten den Fall von Singapur. Nach einem anfänglichen erbitterten Schlagabtausch konnten die Japaner den westlichen Teil der Insel Singapur am 11. Februar erobern. Vier Tage später erfolgte die Kapitulation, und etwa 130 000 englische Soldaten wurden gefangengenommen. Es war die größte Einzelniederlage in der englischen Geschichte. Nach dem Fall der Stadt wurde ungefähr die gleiche Anzahl Chinesen von einer japanischen Armee getötet, die selbst nur 3 000 Tote im Verlauf des gesamten Feldzuges zu verzeichnen hatte.

Die Kontrolle über den Golf von Thailand war für den Erfolg der Japaner entscheidend. Nach der Versenkung der „Repulse“ und der „Prince of Wales“, der Einnahme der Flugplätze in Singora und Patani und der amphibischen Landungsoperation an der Nordküste von Malaya **(1)** konnten die Japaner jetzt an zwei Hauptfronten vorrücken. Die strategischen Vorzüge einer Stellung am Ledge (an der thailändischen Grenze) wurden zwar erkannt, aber in der Praxis nicht umgesetzt. Während sich japanische Truppen an der weniger bevölkerten Ostküste entlang bewegten, zwangen sie die Engländer zu fortgesetzten Rückzügen ins Landesinnere. An der Westküste mußten die Japaner eine ganze Reihe verteidigter Stellungen umgehen **(2)**. Indem sie sich Wege durch den dichten Dschungel suchten und – nach dem Fall von Penang – amphibische Umgehungsmanöver starteten, verwirrten sie die Verteidiger völlig. Deren geplante Verzögerungsmanöver scheiterten nach der Eroberung von Ipoh und Kampar. Die rasch aufeinanderfolgenden Rückzugsbewegungen und -gefechte kulminierten in einer großen Niederlage der Engländer am Slim **(3)**. Obwohl Johore nun nicht mehr zu verteidigen war, brachte die australische 8. Division den Japanern bei Gemas eine empfindliche Niederlage bei (14. Januar). Daraufhin griffen die Japaner wieder an den Flanken an, durchbrachen gleichzeitig die britischen Stellungen am unteren Maw und landeten am 16. Januar hinter Batu Pahat, so daß sie die Australier schließlich doch in die Falle bekamen. Der mit der Geschwindigkeit eines Wirbelsturms durchgeführte japanische Vormarsch wurde bei Parit und Pelandok unter großen Verlusten vorübergehend aufgehalten (20.–23. Januar) **(4)**. Mit der Eroberung von Endau (21. Januar) war Johore jedoch verloren. Bombenangriffe auf die Insel Singapur beeinträchtigten die Tätigkeit der örtlichen Behörden und erschwerten die zivile Evakuierung, verhinderten jedoch den Nachschub nicht. Zur Invasion auf die Insel Singapur konzentrierte die japanische 25. Armee die Kampfkraft von drei Divisionen an der Westseite (8./9. Februar), während sich die Engländer auf die Verteidigung der Anlagen für die Marine und die Luftwaffe im Osten konzentrierten. Die Japaner stießen rasch in die Außenbezirke der Stadt selbst vor, wo die Engländer nach intensiven Abwehrgefechten am 15. Februar kapitulierten **(5)**.

Bild oben rechts: Die vorrückende japanische Armee bewies großen Einfallsreichtum bei der Überwindung malayischer Dschungelflüsse. Im Gegensatz zu den Engländern hatte sie den Dschungelkrieg trainiert.

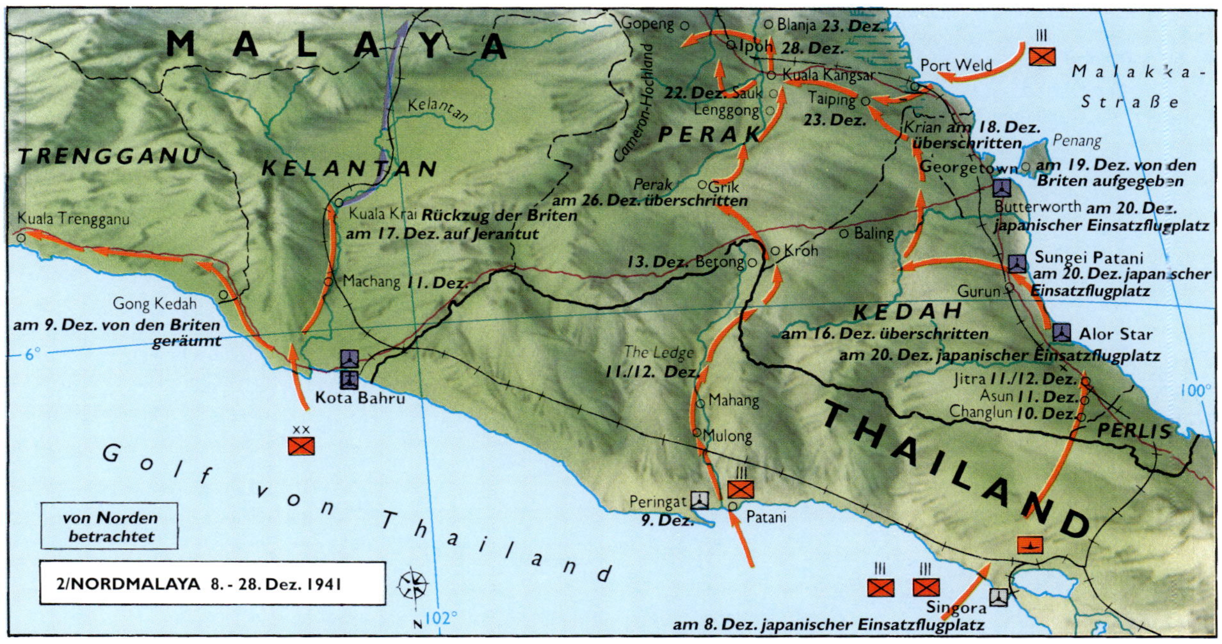

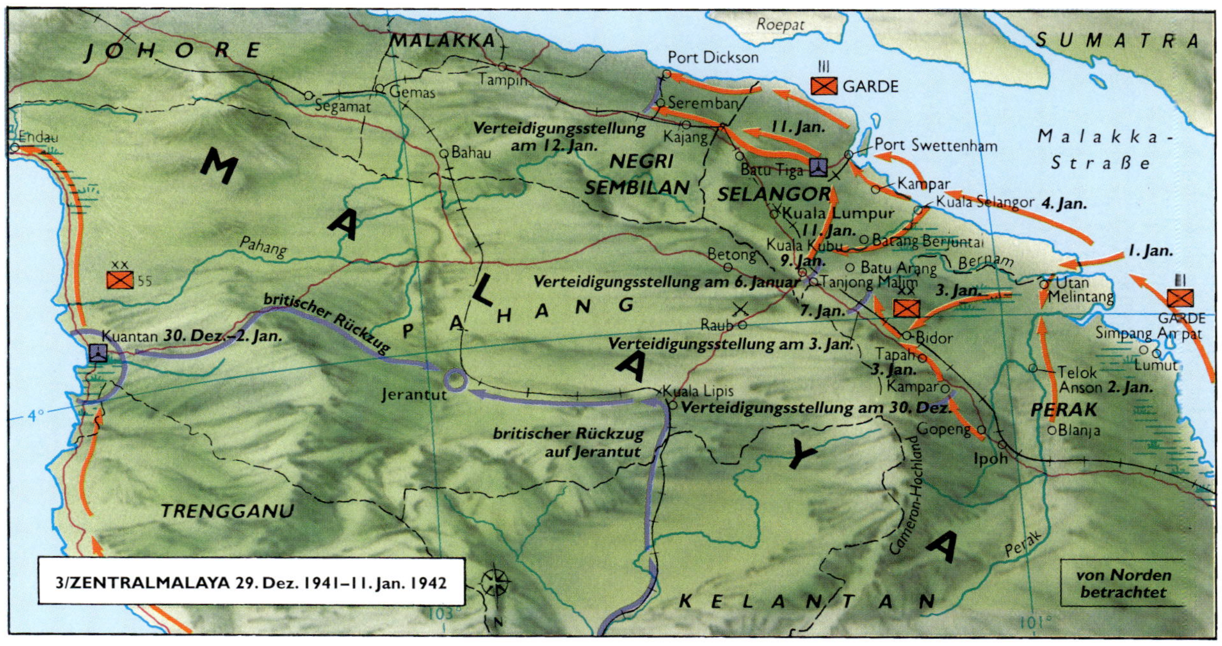

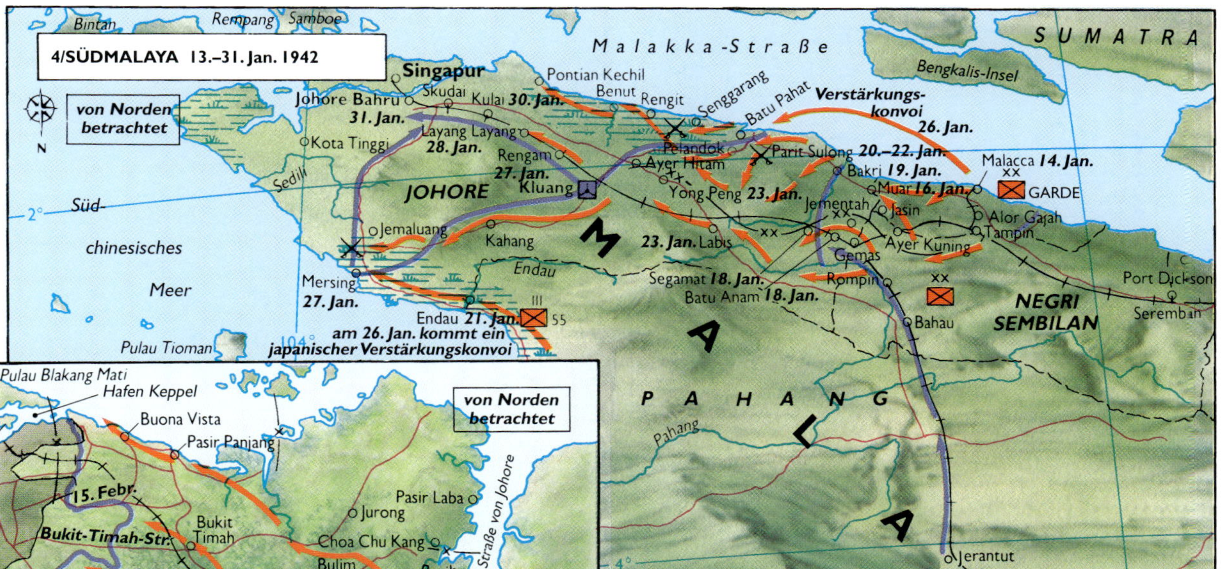

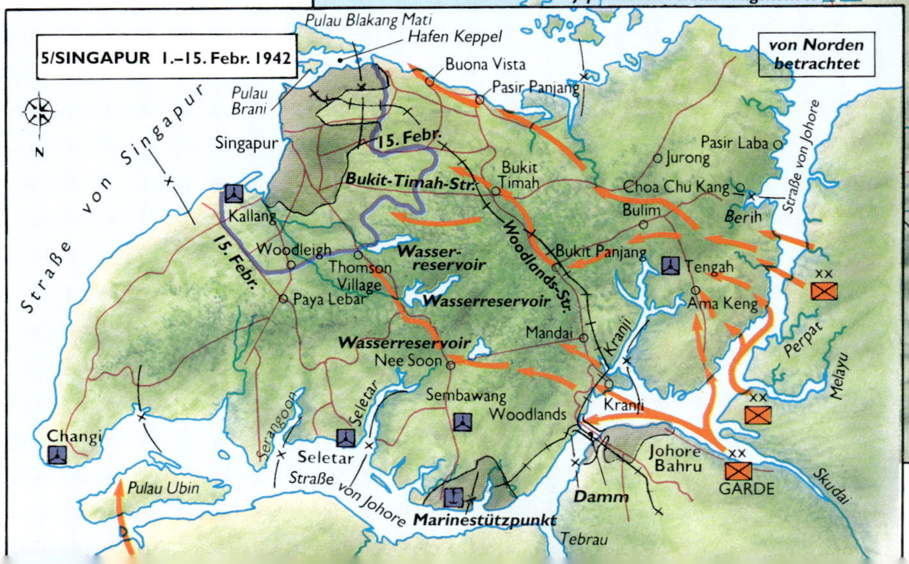

Die Philippinen Dezember 1941–Juni 1942

Seit Beginn des Philippinen-Feldzuges waren die japanischen Streitkräfte dadurch im Vorteil, daß sie die Initiative sowie die bessere geographische Position innehatten. Beides sicherte ihnen den Sieg über eine schlecht geführte Garnison, die auf die elf Hauptinseln der Philippinen verteilt und von den Vereinigten Staaten vom ersten Kriegstag an ihrem Schicksal überlassen worden war.

Die Vorkriegsplanung der Amerikaner zur Verteidigung der Philippinen basierte auf der Annahme, die amerikanischen Streitkräfte auf den Inseln würden einer Belagerung so lange widerstehen können, bis sich die Pazifikflotte den Weg in den Westpazifik freigekämpft hätte, um Verteidigungstruppen zu entsetzen. Diese allein schon höchst zweifelhafte Annahme wurde 1941 ergänzt durch eine Konzentrierung schwerer Bomber auf Luzon, was hauptsächlich der Abschreckung dienen sollte. Hinzu kam die Behauptung des US-Befehlshabers über die Inseln, Generalleutnant Douglas MacArthur, seine Streitkräfte seien imstande, jede Landung der Japaner auf den Philippinen zu verhindern. Daß alle drei genannten Aspekte der amerikanischen Politik völlig unrealistisch waren, bestätigte sich während der ersten Tage des Krieges im Pazifik. Der Verlust der Einsatzfähigkeit der Pazifikflotte war begleitet von japanischen Landungsoperationen auf der Insel Batan und Angriffen der auf Formosa stationierten japanischen Marinebomber auf die Flugplätze Clark und Nichols, wobei die meisten US-Flugzeuge am Boden überrascht wurden. So zerstörten die Japaner mit einem einzigen Schlag und nur etwa zehn Stunden nach dem Angriff auf Pearl Harbor 103 amerikanische Flugzeuge und sicherten sich damit die Luftüberlegenheit für den Rest des Feldzugs. Die Asienflotte der USA und die verbliebenen amerikanischen Bomber wurden nach dem 12. Dezember 1941 von Luzon zurückgezogen.

Nach ihrer Okkupation der Insel Batan landeten die Japaner in Nord- und Südluzon, was eine Isolierung der US-Hauptstreitkräfte in der Umgebung von Manila zur Folge hatte. Auch Davao auf Mindanao wurde eingenommen. Diese Erfolge sicherten den Japanern die absolute Machtposition auf den Philippinen, noch ehe ihre Hauptstreitkräfte an Land gingen.

Die Landeoperationen auf Luzon erfolgten aus der Annahme heraus, daß die Amerikaner versuchen würden, Manila zu verteidigen. So zielte die Verteilung der japanischen Anstrengungen auf eine rasche Einkesselung der Hauptstadt ab. Am 23. Dezember traf MacArthur jedoch die Entscheidung, seine Truppen auf die Halbinsel Bataan zurückzuziehen. In ihrer Konzentration auf die Eroberung Manilas erkannte die 14. Armee die Bedeutung der amerikanischen Truppenverlegung nicht. Am 2. Januar rückten etwa 80 000 amerikanische und philippinische Soldaten erfolgreich auf Bataan ein, obgleich ihre Ankunft hinsichtlich der Vorräte ungenügend vorbereitet worden war.

Die Japaner hatten ursprünglich beabsichtigt, vor einer Offensive in Ostindien die Okkupation der Philippinen zu vollenden. Doch die Leichtigkeit, mit der ihre Streitkräfte die Ziele auf Luzon und Mindanao erreichten, veranlaßte das japanische Oberkommando zur Revision der entsprechenden Pläne. Die 14. Armee erhielt den Befehl, ab 2. Januar Luftunterstützung sowie eine Division für die Operationen in Ostindien bereitzustellen. (Der Beginn dieser Operationen hatte sich bereits am Weihnachtstag angedeutet, als die japanischen Truppen im Anmarsch auf Borneo Jolo okkupierten.) Die Planänderung ließ die 14. Armee bei einer Unterlegenheit im Verhältnis 3:1 auf Bataan zurück. Sie war jetzt nicht mehr imstande, die Kampagne gegen Luzon rasch zu Ende zu bringen. Nach den anfänglichen Erfolgen fehlte es ihr inzwischen an Kraft, um die letzte amerikanische Verteidigungslinie zu durchbrechen. Bis frische Einheiten nach Luzon verlegt wurden, mußte die 14. Armee etwa zwei Monate Belagerung auf sich nehmen, um die amerikanische Garnison zu schwächen. Am 22. Februar fiel Niederländisch-Indien sehr schnell in japanische Hände, und MacArthur erhielt den Befehl, sein Hauptquartier nach Australien zu verlegen. Am 11. März evakuierten vier Torpedoboote MacArthur, seine Familie und Präsident Quezon nebst der philippinischen Goldreserve nach Mindanao und anschließend nach Australien. Der rasche Zusammenbruch des amerikanischen Widerstandes auf Bataan führte zur allgemeinen Kapitulation der Halbinsel am 8. April.

Nach dem Fall von Bataan blieben nur vier Inselforts in der Bucht von Manila im Norden, die Visayas und der größte Teil von Mindanao in amerikanischem Besitz. Während die Japaner nach der Räumung von Bataan den Überfall auf das amerikanische Hauptquartier auf Corregidor vorbereiteten, wurden zwei Regimenter aus Malaya nach Davao verlegt, um die mittleren und südlichen Philippinen zu sichern. Corregidor wurde einen Monat lang bombardiert und kapitulierte dann am 7. Mai nach einem von Panzern unterstützten Angriff vom Vortag. Die Japaner verweigerten jedoch die Annahme der Kapitulation ohne eine gleichzeitige allgemeine Kapitulation der Amerikaner auf den Philippinen. Unfähig, dieser Forderung Widerstand entgegenzusetzen, und im Bestreben, ein Massaker unter den Gefangenen, Verwundeten und Zivilisten zu verhüten, stimmten die Amerikaner zu. Das Ergebnis war die einzige Kapitulation in der Geschichte der amerikanischen Armee im Felde und vor einem ausländischen Feind. Obwohl es viele philippinische Soldaten vorzogen, in die Berge zu gehen, statt sich gefangennehmen zu lassen, beendete die Kapitulation am 7. Mai den organisierten Widerstand auf den Philippinen. Den Japanern sicherte sie die weitgehend widerstandslose Okkupation verschiedener Inseln, die im übrigen weit außerhalb ihrer Reichweite lagen.

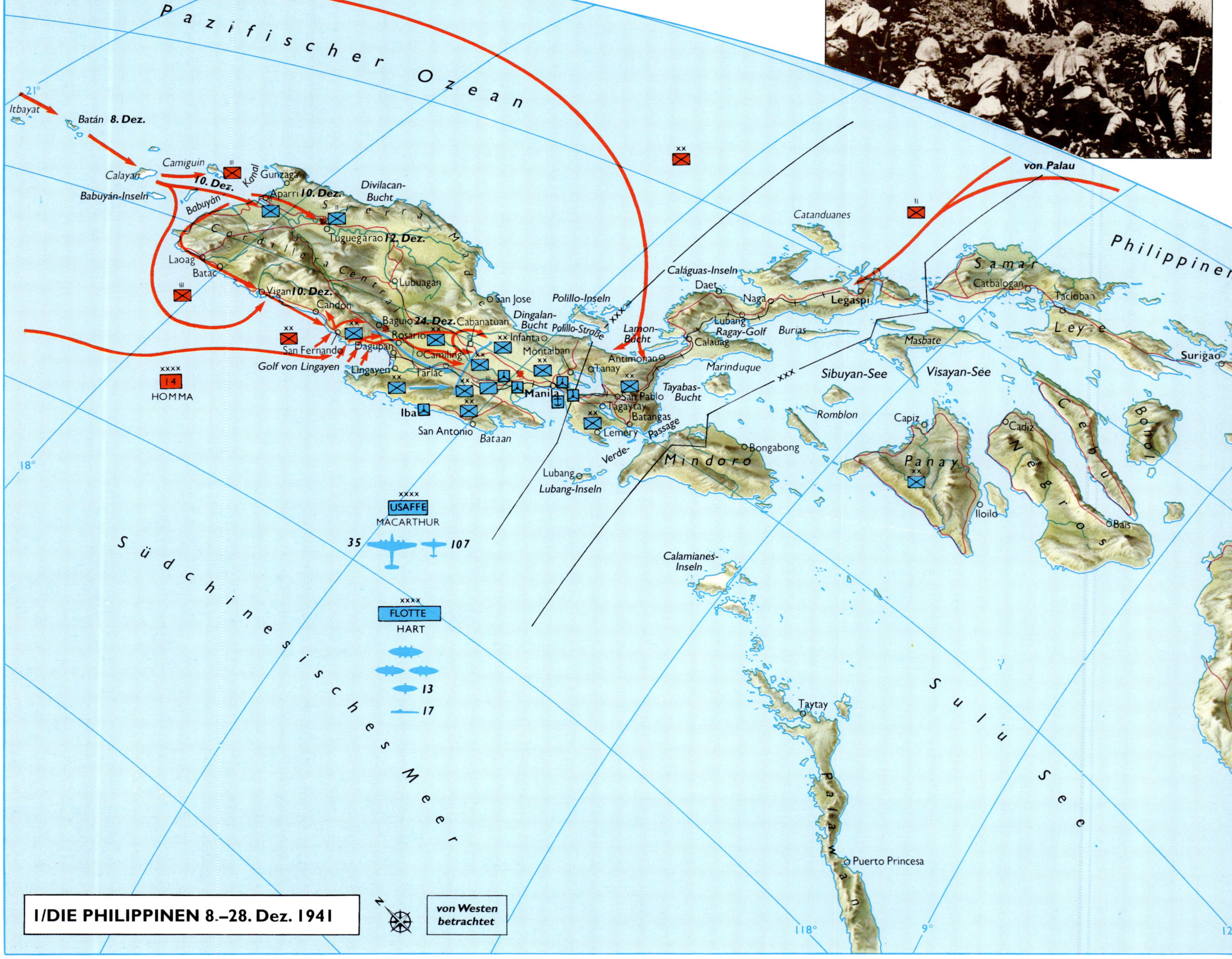

Der japanische Überfall auf Luzon *(1)* begann an zwei Fronten: Im Norden folgte am 10. Dezember auf die Okkupation der Insel Batan eine Landeoperation auf Camiguin bei Aparri und Vigan. Legaspi in Südluzon wurde am 12. Dezember eingenommen und die US-Streitkräfte im mittleren Teil von Luzon isoliert. Während auf diese Landungen ein widerstandsloser Vormarsch auf den mittleren Teil Luzons folgte, besetzte ein Regiment von den Palau-Inseln am 19. Dezember Davao auf Südmindanao. Mit der Hauptlandungsoperation japanischer Truppen im Golf von Lingayen (22. Dezember) und in der Lamon-Bucht (24. Dezember) begann MacArthur seinen Rückzug zur Bataan-Halbinsel *(2)*. US-Einheiten zogen sich etappenweise aus dem Golf von Lingayen zurück, während die Divisionen aus Südluzon die Halbinsel über Manila und San Fernando erreichten. Hier wurde die Hauptverteidigungslinie der US-Streitkräfte beiderseits des Mt. Natib zwischen dem 10. und 22. Januar durchbrochen *(3)*, was diese am 26. Januar zum Rückzug auf die Linie Bagac–Orion zwang. Während sie Angriffe zu beiden Seiten des Mt. Samat sowie drei Landungsversuche hinter den US-Linien durchführte (zwischen dem 23. Januar und dem 6. Februar), belagerte die erschöpfte japanische Armee die eingeschlossenen Verteidiger zwei Monate lang, um die Offensive mit frischen Einheiten am 3. April wieder aufzunehmen. Als sich die US-Streitkräfte am selben Tag endgültig nach Corregidor zurückzogen, wandten sich die Japaner dem Süden der Philippinen zu. Sie okkupierten die Stadt Cebu (10. April) und verschiedene Städte auf Panay (16.–20. April), was ihnen die Kontrolle über die Visayas *(5)* eintrug. Danach setzten dieselben beiden Regimenter ihre Bewegung fort, um am 7. Mai auch Westmindanao unter japanische Kontrolle zu bringen *(4)*.

Bild links: Japanische Truppen attackieren eine amerikanische Befestigung auf Corregidor mit Flammenwerfern.

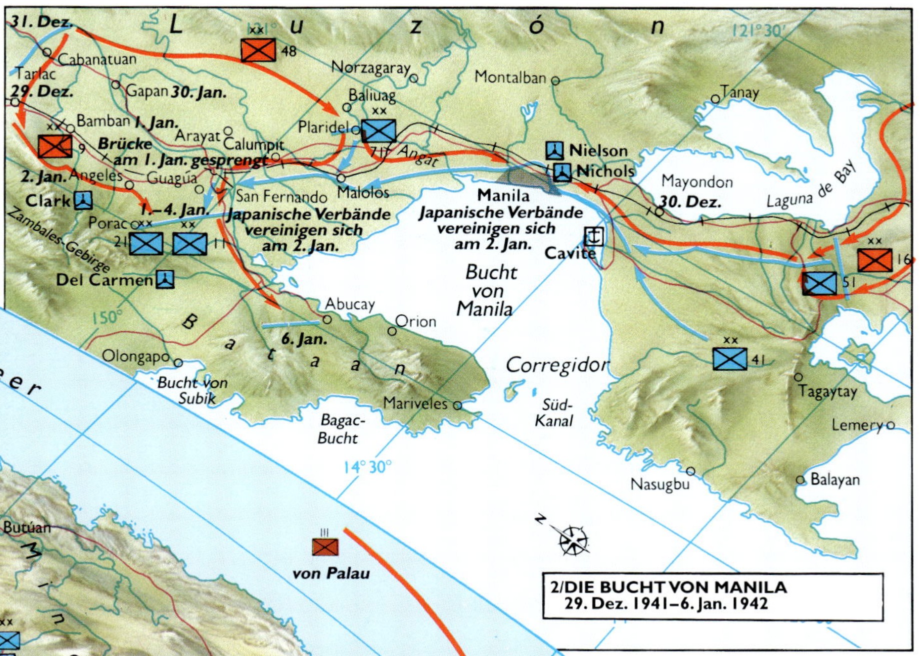

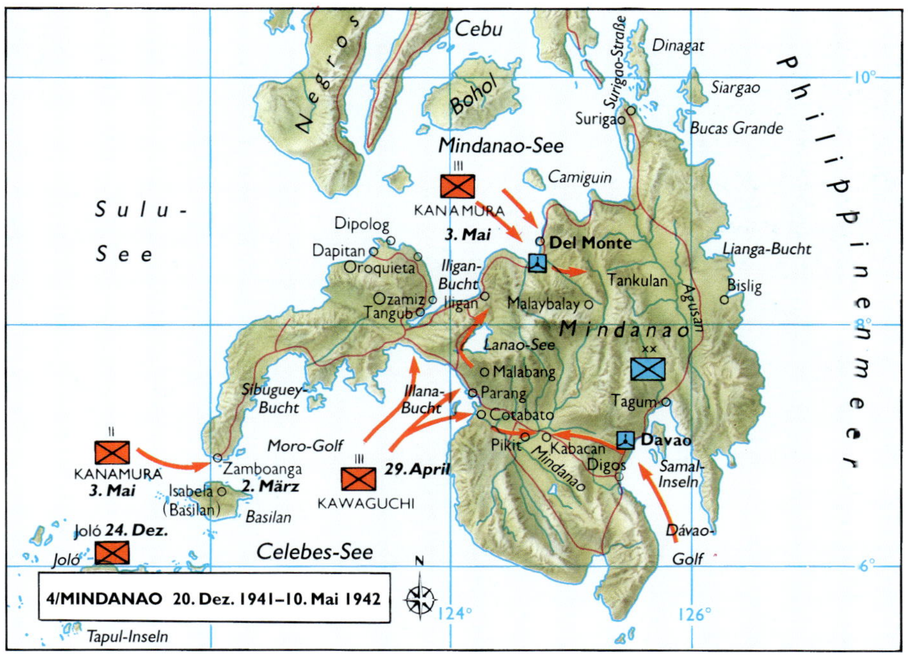

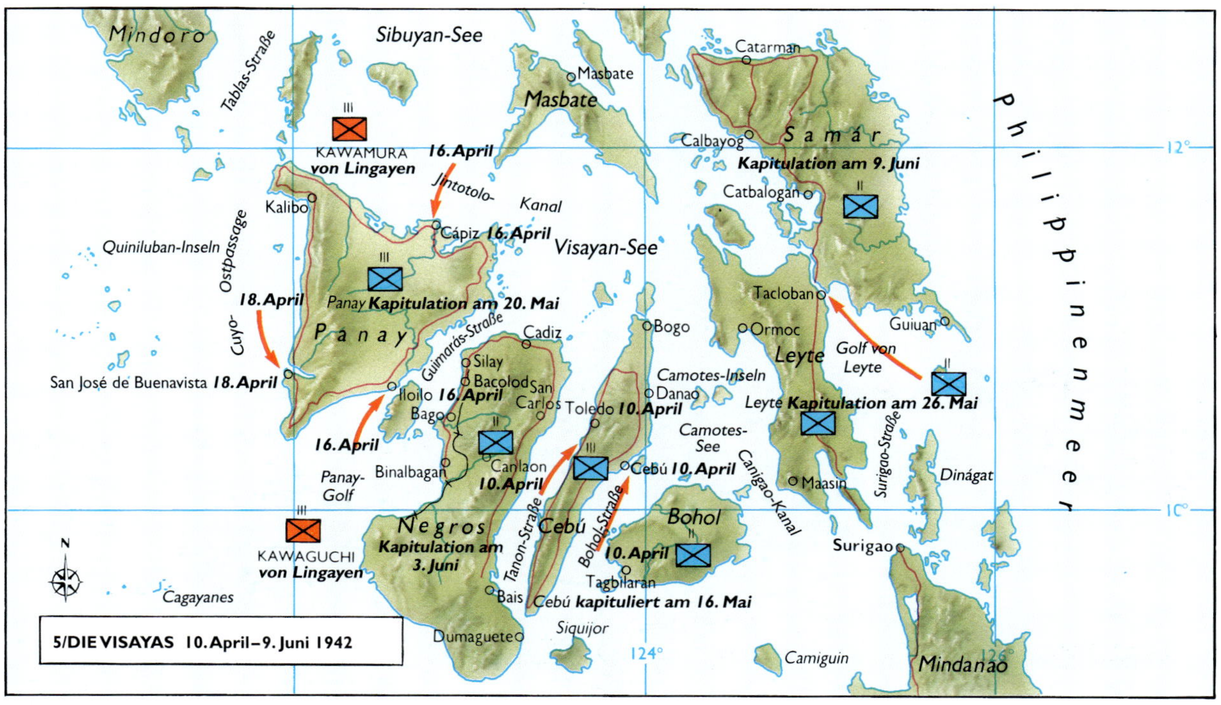

Die ostindischen Inseln Januar–Mai 1942

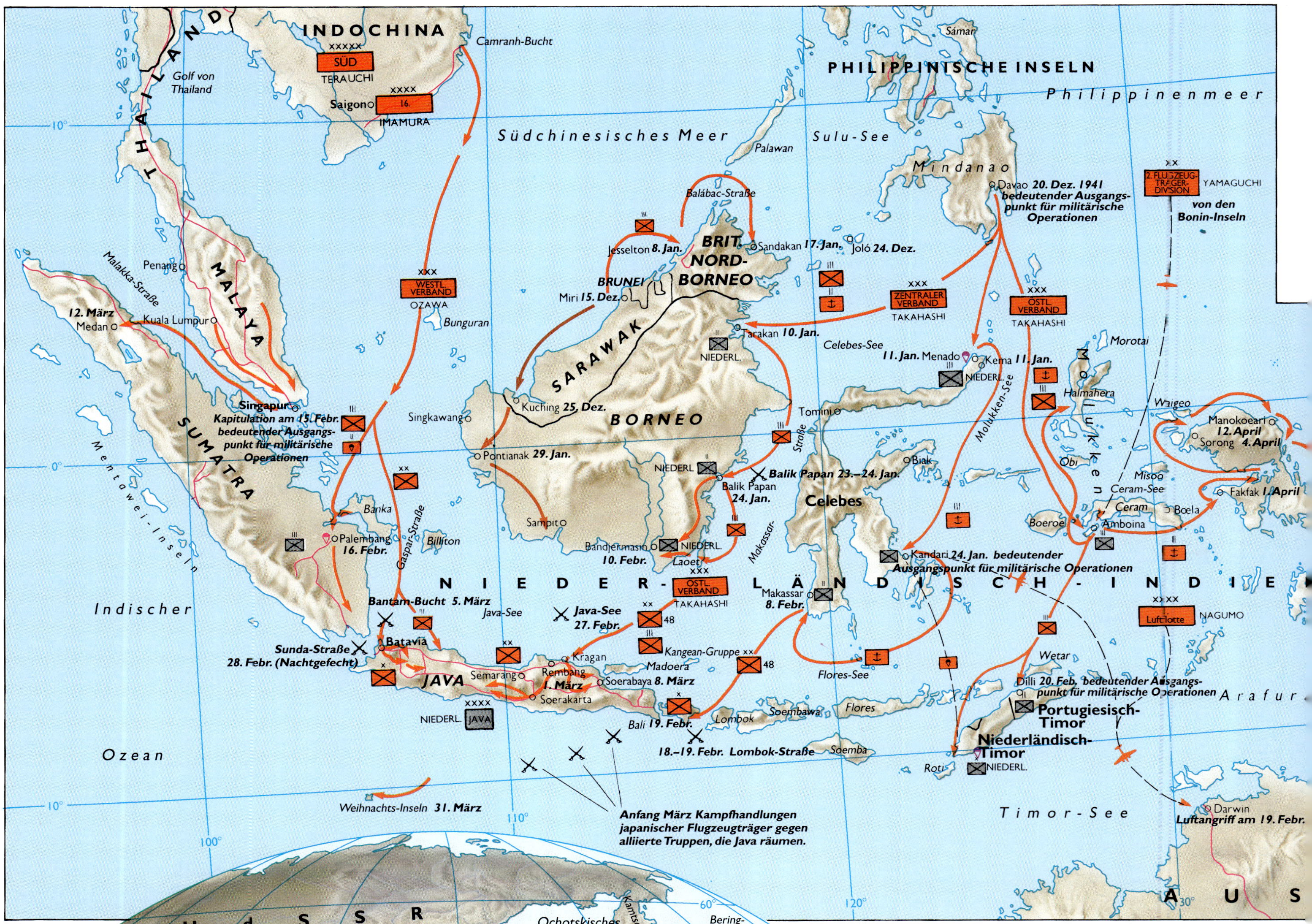

Die Invasion in Ostindien *(1)* illustriert die meisterhafte Ausführung kombinierter Operationen durch die Japaner, eine Fertigkeit, die die Alliierten erst erlernen mußten, ehe sie auch nur eine erfolgreiche Reaktion verzeichnen konnten. Mehrere kühne Angriffe von US-Flugzeugträgern in den ersten vier Monaten des Jahres 1942 *(6)* – wie der „Doolittle"-Luftangriff auf die größten japanischen Städte – verbesserten die Moral der amerikanischen Truppen zwar erheblich, aber erst die Schlacht in der Korallensee gab den Anlaß, einen bedeutenden amerikanischen Sieg zu melden. Die Aktion in der Korallensee *(2)* wurde eingeleitet von der japanischen Okkupation der Shortland-Inseln sowie der Salomonen-Inseln Santa Isabel und – am 3. Mai – Tulagi. Es kam jedoch durch von Truk kommende japanische Flugzeugträger zu Verzögerungen, die es der „Yorktown" ermöglichten, die japanischen Schiffe außerhalb von Tulagi anzugreifen (4. Mai), bevor sie wieder mit der „Lexington" zusammentraf *(3)*. Die amerikanischen Flugzeugträger steuerten danach einen Kurs, der japanische Transporte durch den Louisiade-Archipel verhindern sollte. Die japanischen Flugzeugträger trafen auf den Gegner, nachdem sie San Cristobal umfahren hatten. Die eigentliche Schlacht begann erst am 7. Mai *(4)*, fand jedoch zunächst nicht zwischen den Hauptkräften statt. Die Amerikaner versenkten den leichten Träger „Shoho" und zwangen die Angriffseinheiten von Moresby zum Rückzug, während die Japaner einen Tanker und einen Zerstörer („Neoshu" und „Sims") versenkten. Am nächsten Tag trafen dann die Hauptkräfte aufeinander *(5)*. Die „Lexington" wurde versenkt, die „Yorktown" beschädigt. Da aber auch die Japaner einen Flugzeugträger und zwei Fliegerstaffeln verloren hatten, mußten sie sich zurückziehen.

Bild oben rechts: Das US-Kriegsschiff „Lexington" wird aufgegeben.

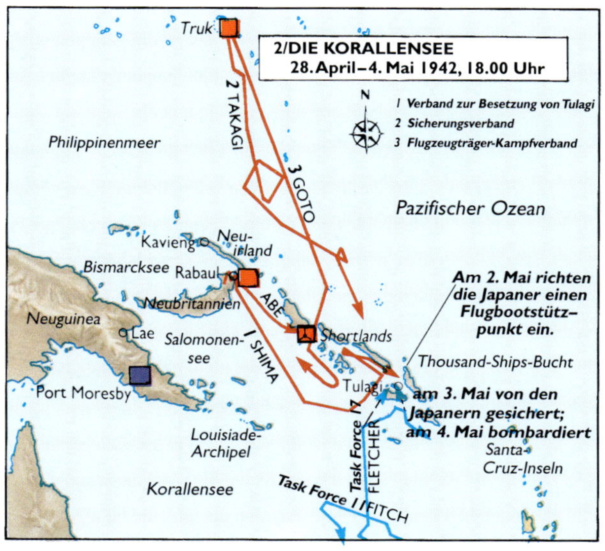

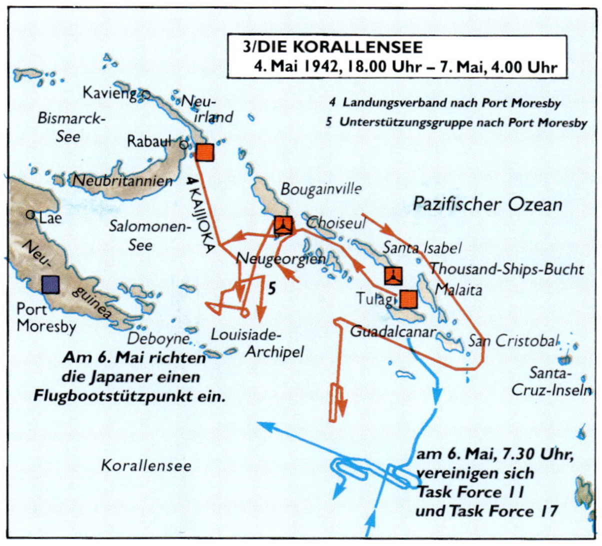

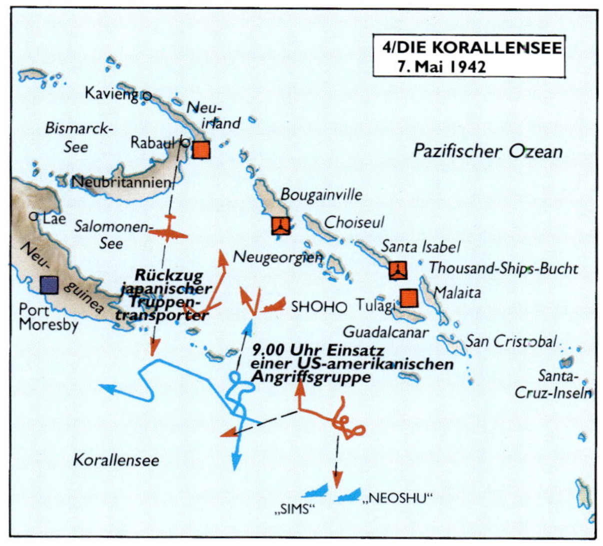

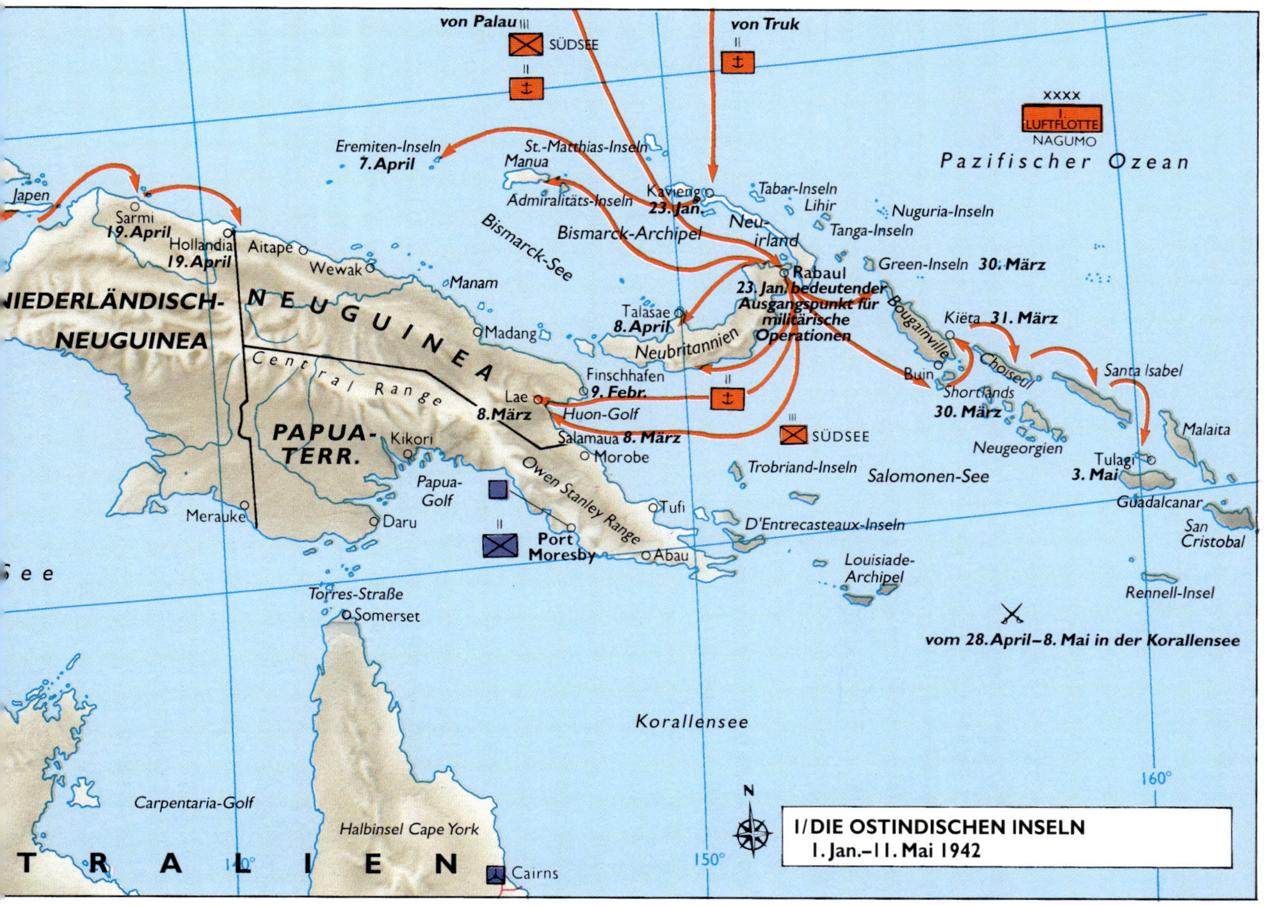

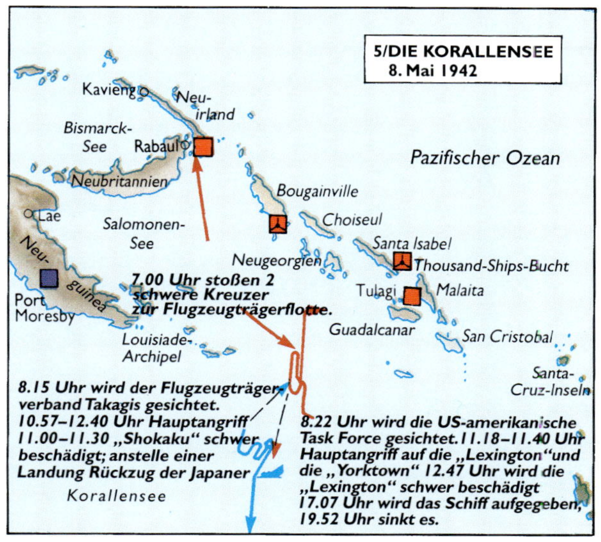

Das neue Jahr 1942 begann für Japan in einer Position der Gegensätze. Militärisch hatten die ersten drei Wochen des Krieges im Pazifik eine Serie überwältigender Siege in Malaya, auf den Philippinen und im westlichen Pazifik gebracht. Der Gesamtsieg in Südostasien schien gesichert. Am Neujahrstag erklärten 26 Nationen in einer Deklaration der Vereinten Nationen, den Krieg bis zum endgültigen Sieg über die Achsenmächte fortsetzen zu wollen. Nun sahen sich die Japaner mit dem Problem konfrontiert, wie der Krieg nach den Eroberungen der Anfangsphase zu einem erfolgreichen Ende gebracht werden könnte. Währenddessen gingen die Operationen in Südostasien weiter und würden in absehbarer Zeit abgeschlossen sein, was die Gegner gleichermaßen voraussahen.

Die ostindischen Inseln, die größtenteils aus niederländischen Kolonialgebieten bestanden, sollten nach der Eroberung und Konsolidierung das ökonomische Juwel in der Krone des neuen japanischen Reiches darstellen. Doch da die Eroberung den Verteidigungsgürtel sehr nach Osten ausdehnte, drohte sie zu einer Achillesferse zu werden.

Die britischen Besitzungen auf Borneo spielten bei den japanischen Operationen des Jahres 1941 den unfreundlichen Gastgeber. Miri war am 15. Dezember durch eine selbständige Einheit aus Südindochina besetzt worden; die Okkupation von Kuching war am Weihnachtstag erfolgt, die des niederländischen Flugplatzes von Singkawang fand Ende Januar statt. Von Miri aus okkupierten die japanischen Streitkräfte Britisch-Nordborneo; Sandakan wurde am 17. Januar erobert. Die japanische Hauptoffensive in Ostindien wurde durch Landungsoperationen auf Tarakan (10. Januar) und Menado (11. Januar) eröffnet. Von diesen zwei Häfen aus konnten die Japaner ihre Offensive nach jeder Seite von Makassar weiterentwickeln und damit die Aufmerksamkeit und die Ressourcen der Alliierten aufsplittern. Ihre Folgebewegungen auf Balik Papan und Kendari waren von einem Flugzeugträgerangriff auf den Stützpunkt Rabaul und der anschließenden Okkupation von Rabaul und Kavieng begleitet. Der Besitz des großen natürlichen Hafens von Rabaul war für die Japaner die Basis für die Besetzung der oberen Salomonen und Ost-Neuguineas (siehe Seite 180). Im Augenblick jedoch konzentrierte sich ihre Aufmerksamkeit auf Borneo und Makassar. Ungeachtet ihrer bei Balik Papan am 24. Januar erlittenen Verluste, okkupierten japanische Einheiten am 31. Januar Amboina und deren Flugplatz und nahmen am 8. Februar die Stadt Makassar ein. Nach der Besetzung von Bandjermasin am 10. Februar beherrschten die Japaner ab Mitte Februar alle Zugänge nach Java.

Die Schwächung von Singapur war die *conditio sine qua non* für die Einnahme Ostindiens. Nach einem Angriff auf die Insel am 8. Februar (siehe Seite 170) konnten die Japaner Palembang durch eine kombinierte amphibische und Luftlandeoperation am 14. Februar einnehmen. Die Stadt und ihre Raffinerien wurden am 17. Februar besetzt, nachdem die Evakuierung der Alliierten von Südsumatra abgeschlossen war. Anschließend erfolgten die Hauptschläge der Japaner im Osten. Flugzeugträger legten am 19. Februar, unterstützt durch Bomber von Kendari und Amboina, den größten Teil von Darwin in Trümmer, während Angriffsverbände am selben Tag auf Bali und am 20. Februar auch auf Niederländisch- und Portugiesisch-Timor landeten. Rechnete man die japanischen Streitkräfte hinzu, die sich gleichzeitig ihren Weg um Westborneo herum bahnten, stand die Niederlage der Alliierten auf Java schon fest, noch ehe die Japaner in der Nacht vom 28. Februar zum 1. März auf der Insel landeten.

Die Alliierten hatten ergebnislos verschiedene japanische Landungsvarianten diskutiert, doch nun zwang sie der Angriff auf Java zu einem entschlossenen Einsatz ihrer Marine in der östlichen Javasee. Zwei Kreuzer und drei Zerstörer gingen bei dem vergeblichen Versuch verloren, gegen die Transporter vorzugehen, die die 48. Infanteriedivision nach Kragan brachten. Nach dieser Aktion machten japanische Marineeinheiten Jagd auf die in der Javasee verbliebenen alliierten Kriegsschiffe, um sie zu zerstören. Gleichzeitig gingen im Süden von Java Flugzeugträger gegen Schiffe der Alliierten vor, die versuchten, von der Insel zu entkommen. Nur in der Bantam-Bucht griffen Kreuzer der Alliierten japanische Transportschiffe an und zahlten den unvermeidlichen Preis für ihren vergänglichen Erfolg. Im Westen von Java gelang es den Japanern, die langgestreckte Front zu durchbrechen und am 5. März Batavia einzunehmen. Nach der Kapitulation der Holländer in Ostindien am 9. und ihrer Verbündeten am 12. März konnten die Japaner mit der Okkupation von Nordsumatra und Nord-Neuguinea fortfahren und zwischen dem 31. März und dem 19. April ungehindert von Boela nach Hollandia gelangen. Mitte April hatte die japanische Politik die nächste Etappe ihrer Operationen festgelegt. Die UN-Deklaration und die amerikanischen Flugzeugträgereinsätze Anfang 1942 überzeugten das japanische Oberkommando von der Notwendigkeit eines offensiven Vorgehens, um die Zerstörung der amerikanischen Flugzeugträger zu vollenden und die Vereinigten Staaten zu dem von ihnen so verachteten Kompromißfrieden zu zwingen. Der Plan für diesen Feldzug wurde im März erarbeitet und am 5. April angenommen. Er sah einen Angriff auf die Aleuten und auf Midway vor mit dem Ziel, die amerikanischen Flugzeugträger zum Kampf zu zwingen und zu zerstören (siehe Seite 96). Anschließend sollten die japanischen Streitkräfte im Juli Neu-Kaledonien, die Fidschi-Inseln und Samoa sowie im August die Johnson-Inseln besetzen. Offenkundiges Ziel weiterer Operationen waren die Hawaii-Inseln. Verschiedene amerikanische Flugzeugträgereinsätze zwischen dem 1. Februar und dem 4. März gegen die Marshall-Inseln, Rabaul, Wake und Marcus hatten zwar nur unbedeutende Ergebnisse erbracht, bekräftigten jedoch die Notwendigkeit für die Japaner, die feindlichen Flugzeugträger so schnell wie möglich unschädlich zu machen. Im Golf von Huon erzielten die amerikanischen Flugzeugträger am 10. März einen Erfolg gegen japanische Schiffe, die die Landung auf Lae und Salamaua unterstützten. Damit verloren die japanischen Streitkräfte im Südwestpazifik die Mittel zur Durchführung ihrer nächsten Operationen, der Okkupation der Salomoneninsel Tulagi sowie von Port Moresby auf Neuguinea. Erkenntnisse der japanischen Aufklärung wiesen darauf hin, daß sich auch nach dem 10. März noch zwei amerikanische Flugzeugträger im südwestlichen Pazifik aufhielten. Daher wollte man die Entscheidungsschlacht im Zentralpazifik ausfechten und traf daneben die seltsame Entscheidung, vorher zwei Flugzeugträger der Flotte zur Unterstützung der Operationen gegen Tulagi und Port Moresby abzustellen.

Das Ergebnis – die Schlacht in der Korallensee – war nicht nur das erste Gefecht zwischen Flugzeugträgern in der Geschichte überhaupt, sondern auch die erste strategische Niederlage, die die japanischen Streitkräfte im Zweiten Weltkrieg hinnehmen mußten. Trotz der Versenkung des Flugzeugträgers „Lexington" mußten die Japaner ihren Versuch zur Invasion in Port Moresby abbrechen und sich zurückziehen. Von da an gerieten die japanischen Erfolge in diesem Gebiet endgültig ins Stocken, so daß die Alliierten ihre Kräfte allmählich konsolidieren konnten.

Burma Dezember 1941–Mai 1942

Bis 1941 hatte die Verteidigung von Burma bei den Briten eine außerordentlich geringe Priorität. Burma besaß keine große strategische Bedeutung und – abgesehen von Reis – auch nur wenige natürliche Ressourcen. Die japanische Besetzung von Südindochina im Juli 1941 setzte Burma zwar einer realen äußeren Bedrohung aus, doch der Bedarf Malayas und Singapurs an militärischen Ressourcen war weit höher. So kam es, daß im Dezember 1941 das gesamte militärische Potential in Burma aus einigen Kampfflugzeugen und Truppen in der Stärke einer Division bestand.

Für Japan würde eine Okkupation Burmas die Unterbrechung der Hauptverbindungslinie der chinesischen Nationalisten mit der Außenwelt (über Lashio und Rangun) bedeuten und die Verteidigung in der Tiefe des südostasiatischen Raumes gewährleisten. Für Operationen in Burma hatte das japanische Oberkommando nach Abschluß der Okkupation von Thailand die 15. Armee vorgesehen, die nur ein Regiment befehligte. Sie besetzte am 8. Dezember den Isthmus von Kra zwischen Prachuap und Nakhorn, um das Hinterland und den Nachschub der 25. Armee bei ihrem Vorrücken in Malaya zu sichern. Der Flugplatz Victoria Point wurde am 16. Dezember eingenommen. Erst danach begann die 15. Armee mit ernstzunehmenden Operationen. Sie besetzte die Flugplätze von Tavoy und Mergui, so daß japanische Jäger von hier aus den Geleitschutz für Bombenangriffe auf Südburma bereitstellen konnten. Ende Januar wurde der Hafenbetrieb in Rangun unterbrochen.

Ihre Hauptanstrengungen richteten die Japaner jedoch auf die Bahnlinie Raheng-Moulmein. Als sie die Grenze am 20. Januar überschritt, befehligte die 15. Armee zwei Divisionen in halber Stärke, besaß aber dennoch das zahlenmäßige Übergewicht über die Verteidigung, die sich auf Tenasserim und die Shan-Staaten verteilte. Obwohl in Rangun sechs Wochen vor dem Fall der Stadt noch vier Brigaden eintrafen, war die Vernichtung der indischen 17. Division das Todesurteil für die Hauptstadt und für alle englischen Hoffnungen, Burma zu halten. Die ursprüngliche japanische Intention bestand darin, Rangun einzunehmen und anschließend nach Zentralburma vorzurücken. Mit Beendigung der übrigen Feldzüge in Südostasien konnten die Japaner innerhalb von sieben Wochen Einheiten in der Stärke von drei Divisionen per Schiff nach Burma entsenden. Die 15. Armee kam mit ihrer Offensive in den Tälern des Irawadi und des Sittang ungeachtet der Anwesenheit chinesischer Streitkräfte schnell voran. (Letztere waren zerstreut, hatten höchstens die Stärke einer Division und unterstützten sich gegenseitig nicht.) Der erste kritische Zusammenstoß bei Toungoo endete mit einem Sieg der Japaner. Von entscheidender Bedeutung war die Tatsache, daß die Japaner die Brücke über den Sittang unbeschädigt besetzen und so ihre Offensive durch die Berge voranbringen konnten, was am 28. April zur Eroberung von Lashio führte. Vier Tage später nahmen die Japaner Mandalay ein und hatten damit die Kontrolle über Mittel- und Nordburma.

Die formale Entscheidung, Burma aufzugeben, wurde erst am 25. April getroffen; zu dieser Zeit war der Rückzug sowohl durch den Beginn des Monsuns als auch durch das Vorrücken der Japaner gefährdet. In der ersten Maiwoche gaben die letzten britischen Einheiten in Burma sowie eine chinesische Division den unteren Chindwin auf und machten sich auf den Weg nach Imphal, während sich der Rest der chinesischen 5. Armee nach Nordburma und danach entweder nach Assam oder nach Nordyunnan zurückzog. Teile der chinesischen 6. Armee versuchten, in den östlichen Shan-Staaten zu verbleiben, doch die Front der japanischen 66. Armee rückte nach Yunnan vor und quartierte sich am Saluen ein, wo sie bis Ende 1944 bleiben sollte.

Die Anwesenheit der Japaner im größten Teil von Burma beschäftigte die britische Strategie im Osten bis 1944 (siehe Seite 162). Die Versorgung der Streitkräfte der Nationalisten in China war unterbrochen. Die anfänglich befürchtete Bedrohung Indiens wurde zwar niemals Realität, aber Überfälle auf Ceylon und andere Häfen bewirkten eine Unterbrechung der Schiffahrt im Indischen Ozean und stimmten hinsichtlich japanischer Pläne für Madagaskar bedenklich (siehe Seite 78).

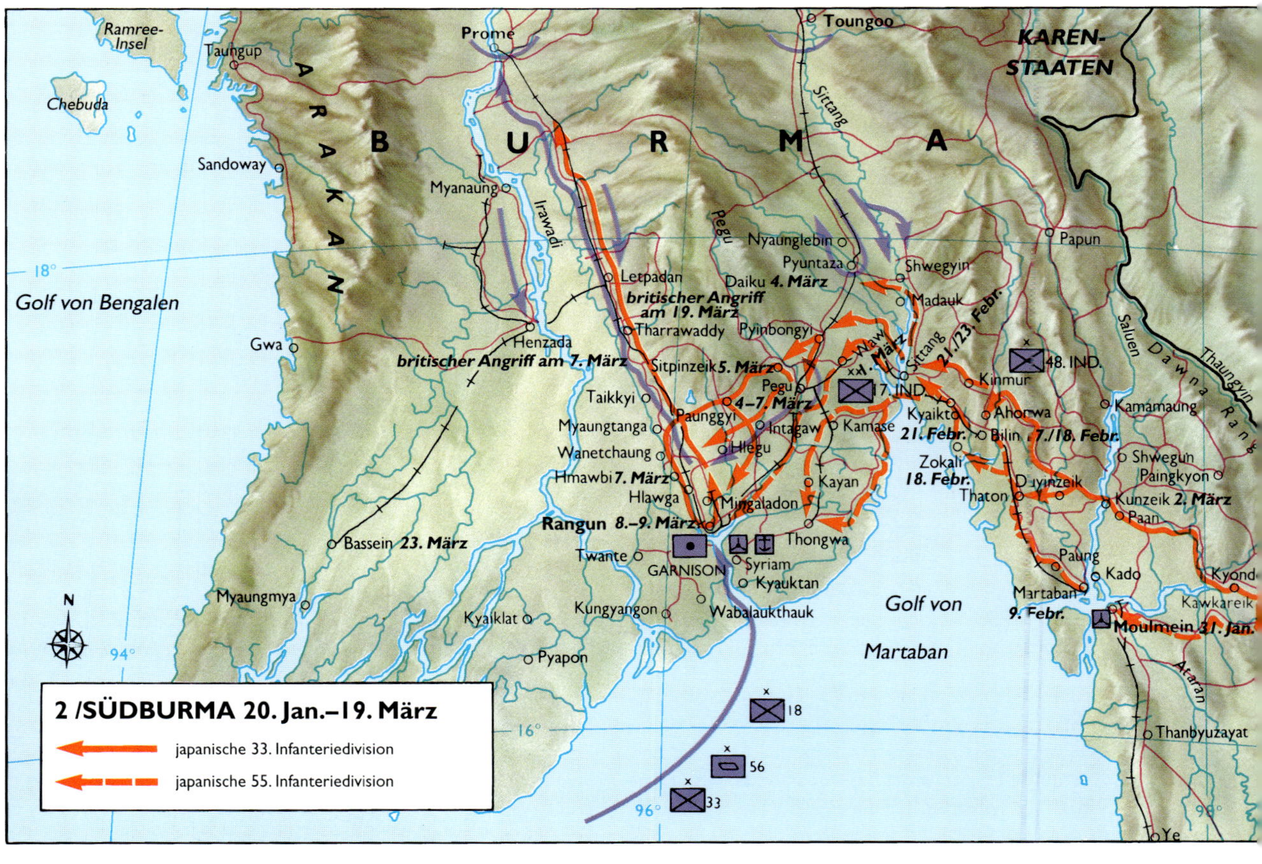

DIE ALLIIERTE GARNISON in Burma *(1)* wurde in größter Hast aufgelöst. Die Japaner rückten auf Moulmein *(2)* vor, dessen Verteidigung fast in einem Desaster endete, bevor es am 31. Januar evakuiert wurde. Der Versuch, Martaban zu halten, mißlang wegen der erforderlichen Flußüberquerungen, und die Entscheidung, am Bilin Stellung zu beziehen, bewirkte fast die völlige Vernichtung der indischen 17. Division. Als der Rückzug zum Sittang begann, befanden sich die Japaner näher am Fluß als die Briten. Bei der Sprengung der Brücke über den Sittang stand der größte Teil der indischen 17. Division noch auf der falschen Seite.
Der Fall von Rangun war nunmehr unvermeidlich. Die Japaner drangen am 8. Februar von Nordwesten in die Hauptstadt ein, was den Verteidigern erlaubte, hinter die Linien der japanischen Streitkräfte zu flüchten. Die Zerstörung von Brücken und andere Verzögerungsmaßnahmen während des Rückzugs nach Norden vermochten die Japaner nicht aufzuhalten *(3)*, die mit thailändischer Unterstützung die Shan-Staaten plünderten und im Westen einen gefährlichen Rückzug der Briten durch dichten Dschungel und über hohe Berge erzwangen.

Bild unten links: Japanische Truppen überqueren eine Brücke, die von britischen Truppen auf dem Rückzug zerstört wurde.

JAPANS EINSATZ von Trägerstreitkräften in Ostindien brachte diese Anfang 1942 in eine ideale Position für einen Überfall auf Ceylon. Die Schiffe fuhren am 2. März *(4)* von Kendari ab und überfielen Colombo mit überraschend geringem Erfolg am 5. April; ihre Flugzeuge fanden und zerstörten zwei schwere englische Kreuzer. Die englischen Streitkräfte versuchten, den Kampf im Schutz der Nacht aufzunehmen, doch wurde ihnen am 7. April anheim gestellt, sich zurückzuziehen, was sie auch taten. Ohne auf eine wirksame Gegenwehr zu treffen, überfielen die Japaner am 9. April Tricomalee. Sie versenkten vier Kriegsschiffe, darunter auch die „Hermes", den ersten Flugzeugträger, der durch Angriffe von Maschinen eines anderen Trägers versenkt wurde. Unterstützung kam von U-Booten, die an der Westküste von Indien fünf Handelsschiffe versenkten, sowie durch einen Verband von Flugzeugträgern und Kreuzern, die 23 Handelsschiffe versenkten, von denen aus Angriffe auf verschiedene Städte Ostindiens gestartet wurden. Der Schaden für das englische Prestige und den Handel im Golf von Bengalen war beträchtlich, doch strategisch gesehen, ergaben sich aus dem japanischen Überfall kaum nennenswerte Konsequenzen.

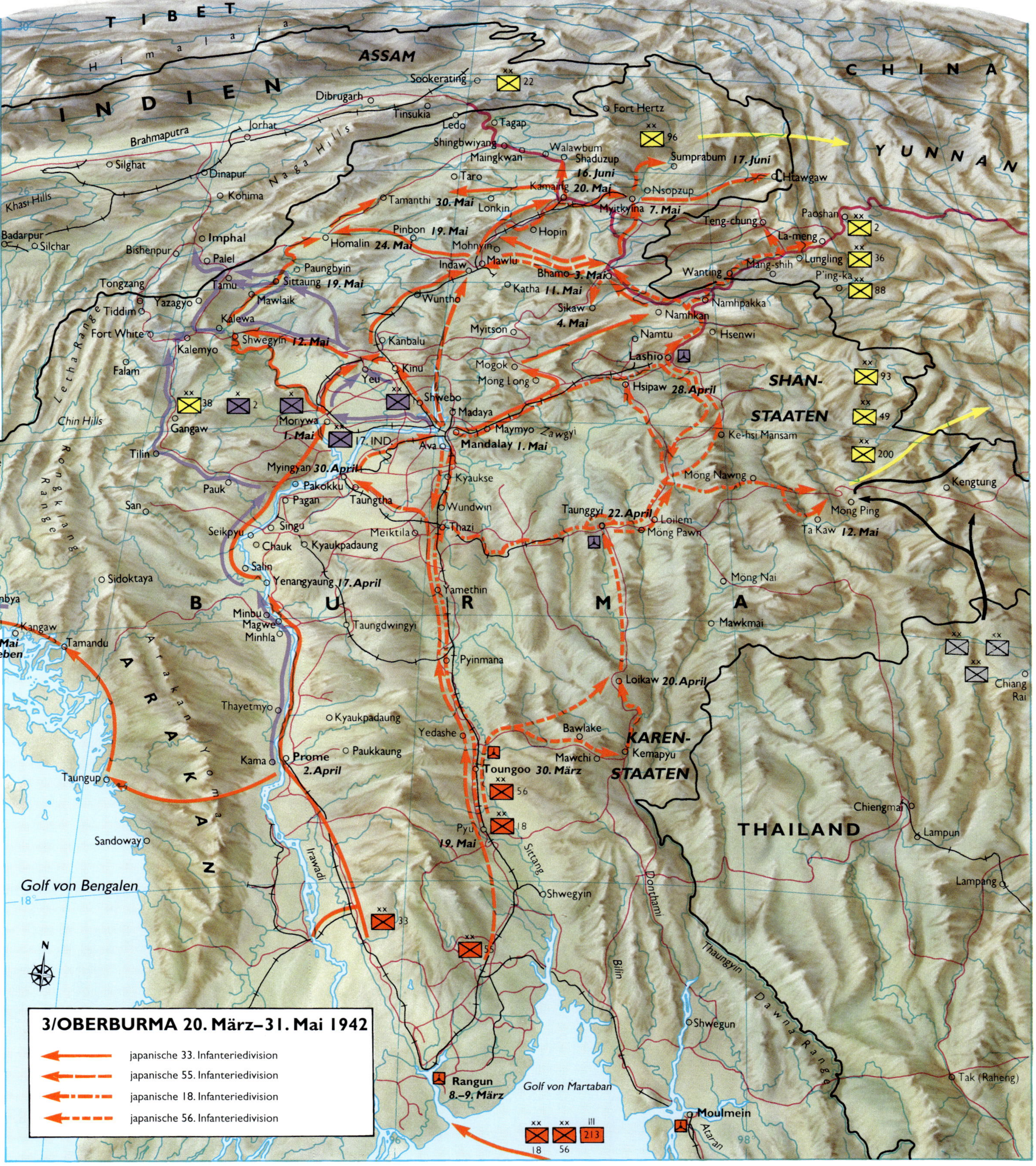

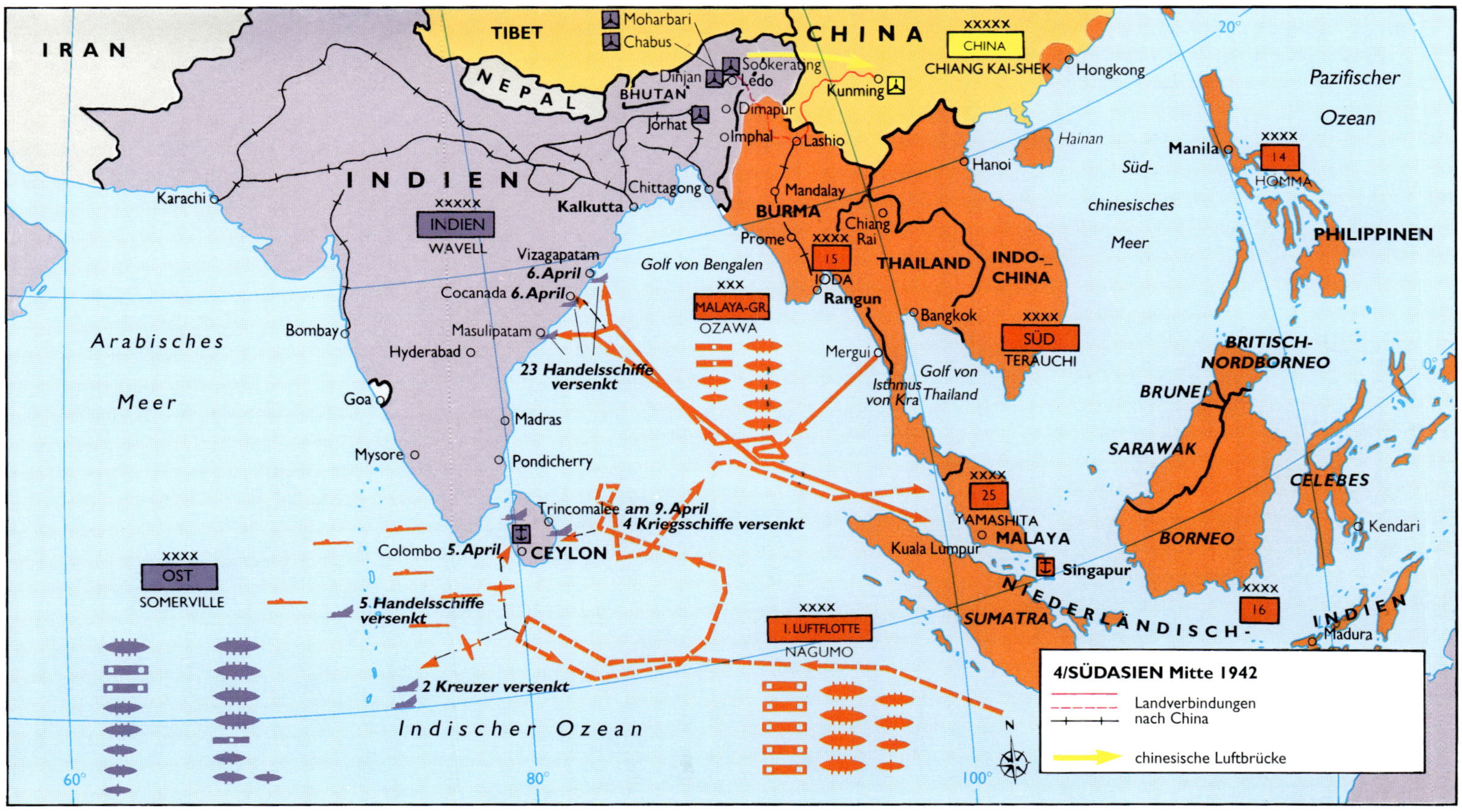

Der Nahe Osten 1940–1942

Bereits im Oktober 1940 hatte Hitler die strategischen Vorteile einer Ausdehnung seines Krieges gegen England auf den Nahen Osten erkannt. Mussolini nahm die deutsche Einmischung in die ureigenste Einfluß- und Interessensphäre Italiens anfangs übel, aber nach seiner Demütigung durch die Engländer in Ägypten (siehe Seite 50) und durch die Griechen in Albanien (siehe Seite 54) konnte er nicht länger darauf beharren, keine deutsche Hilfe zu benötigen. Bei einer Beratung mit den Italienern am 19. und 20. Januar 1941 arrangierte Hitler die Entsendung deutscher Truppen nach Libyen. Am 12. Februar trafen in Tripolis die Verbände des Deutschen Afrika-Korps (DAK) ein, das aus der 5. leichten und der 15. Panzerdivision bestand. Es wurde von dem Panzerstrategen Rommel befehligt, der bereits in Belgien und Frankreich Siege errungen hatte. Die Engländer waren sich der durch die zunehmende Präsenz von Truppen im Mittelmeerraum entstehenden Probleme voll bewußt. Als Alternativen zu den gefährlichen Routen über das Mittelmeer mußten für die britischen Garnisonen in Ägypten und Ostafrika neue Versorgungslinien eingerichtet werden. Die Bewältigung dieses Problems wurde durch Commonwealth-Truppen aus Indien, Australien, Neuseeland und Südafrika erleichtert, die man zur Unterstützung der britischen Präsenz in Afrika verpflichtete.

Rommel eröffnete seine Offensive bei El Agheila, wo die britische 2. Panzerdivision nur geringen Widerstand leistete. Wavells Streitkräfte in der Westlichen Wüste waren durch die Verlegung nach Griechenland stark beansprucht worden; ihre Luftunterstützung bestand aus nur 30 Flugzeugen, doch glücklicherweise waren die Luftstreitkräfte der Achse nicht stark. El Agheila fiel sogleich und Marsa Brega unmittelbar danach am 31. März. Ungeachtet gegenteiliger Befehle, setzte Rommel seinen Vormarsch nach der Cyrenaika fort. Er organisierte seine mobilen Streitkräfte in drei Kolonnen, von denen eine der Küstenstraße folgte, während die beiden anderen Wüstenstraßen benutzten, um die Engländer vom Hinterland abzuschneiden. Die Engländer zogen sich auf die Mekili-Wadi-Cuff-Linie zurück. Obwohl die Deutschen die Navigation auf den Wüstenstraßen als schwierig empfanden und in der Nacht des 5. April von Rommel persönlich geführt werden mußten, entschieden sich die Engländer am 6. April erneut für den Rückzug nach El Gasala. Dabei verloren sie ihre beiden führenden Generale, Neame und O'Connor; sie wurden von einem Spähtrupp der Achsenstreitkräfte gefangengenommen. Nach dreitägigem Widerstand (6.–8. April) wurde Mekili aufgegeben. Die australische 9. Division zog sich nach Tobruk zurück und wurde hier am 11. April eingekesselt. Rommel, der mit Tobruk im Rücken nicht weiter vorstoßen konnte, entschloß sich zu einem wohlkalkulierten Angriff auf dessen Verteidigung. Dieser Angriff wurde in der Nacht vom 30. April auf den 1. Mai 1941 begonnen und verlief einigermaßen erfolgreich.

Das Problem der Versorgung der britischen Streitkräfte in Afrika ***(1)*** wurde teilweise gelöst durch die Benutzung von Versorgungslinien der Commonwealth-Länder sowie durch eine transkontinentale Flugroute von Westafrika aus. Allerdings nahm die Entwicklung des Krieges in der Westlichen Wüste ***(2)*** nach Eintreffen der deutschen Truppen in Libyen eine böse Wendung für die Alliierten. Der Erfolg von Rommels Eröffnungsoffensiven war überwältigend. Seine Antwort auf die englischen Operationen „Brevity" (am 15.–26. Mai) und „Battleaxe" (am 15.–17. Juni) führte zur Isolierung von Tobruk. Weitere Gegenoffensiven Rommels bei Sollum, Halfaya und Fort Capuzzo drängten die britischen Truppen über die ägyptische Grenze. Die Engländer konnten sich vor Problemen nicht retten: Das Mittelmeer ***(6)*** verwandelte sich in einen großen Kriegsschauplatz. Der Kampf beider Seiten um Korridore für ihre Geleitzüge erreichte einen kritischen Punkt, als die Achsenmächte das ganze Mittelmeer zwischen 10° und 25° östlicher Länge kontrollierten. Eine Ausnahme bildete nur Malta, das die Alliierten als Luftstützpunkt und Zwischenstation für ihre Geleitzüge ausgebaut hatten. Ein Feldzug zur Sicherung der Vichy-Territorien im Nahen Osten ***(3)*** verursachte einen erbitterten Kampf, ebenso die britische Invasion von Madagaskar ***(5)*** ein Jahr später. Dessenungeachtet konnten nach Ausschaltung der Vichy- und achsenfreundlichen Elemente westlich von Ägypten die wichtigsten Nachschubrouten für die UdSSR über den Iran in Betrieb genommen werden ***(4)***. Auch die lebensnotwendigen Ölressourcen des Persischen Golfs waren den Alliierten jetzt sicher.

Bild unten: Erwin Rommels Ankunft mit dem Deutschen Afrika-Korps (DAK) in der Westlichen Wüste im Frühjahr 1941 bewirkte eine Transformation und Verlängerung des Wüstenkrieges. Als begnadeter Panzerstratege, der er war, gewann er in außergewöhnlicher Weise zahlreiche Feldzüge, oft gegen überwältigende gegnerische Kräfte.

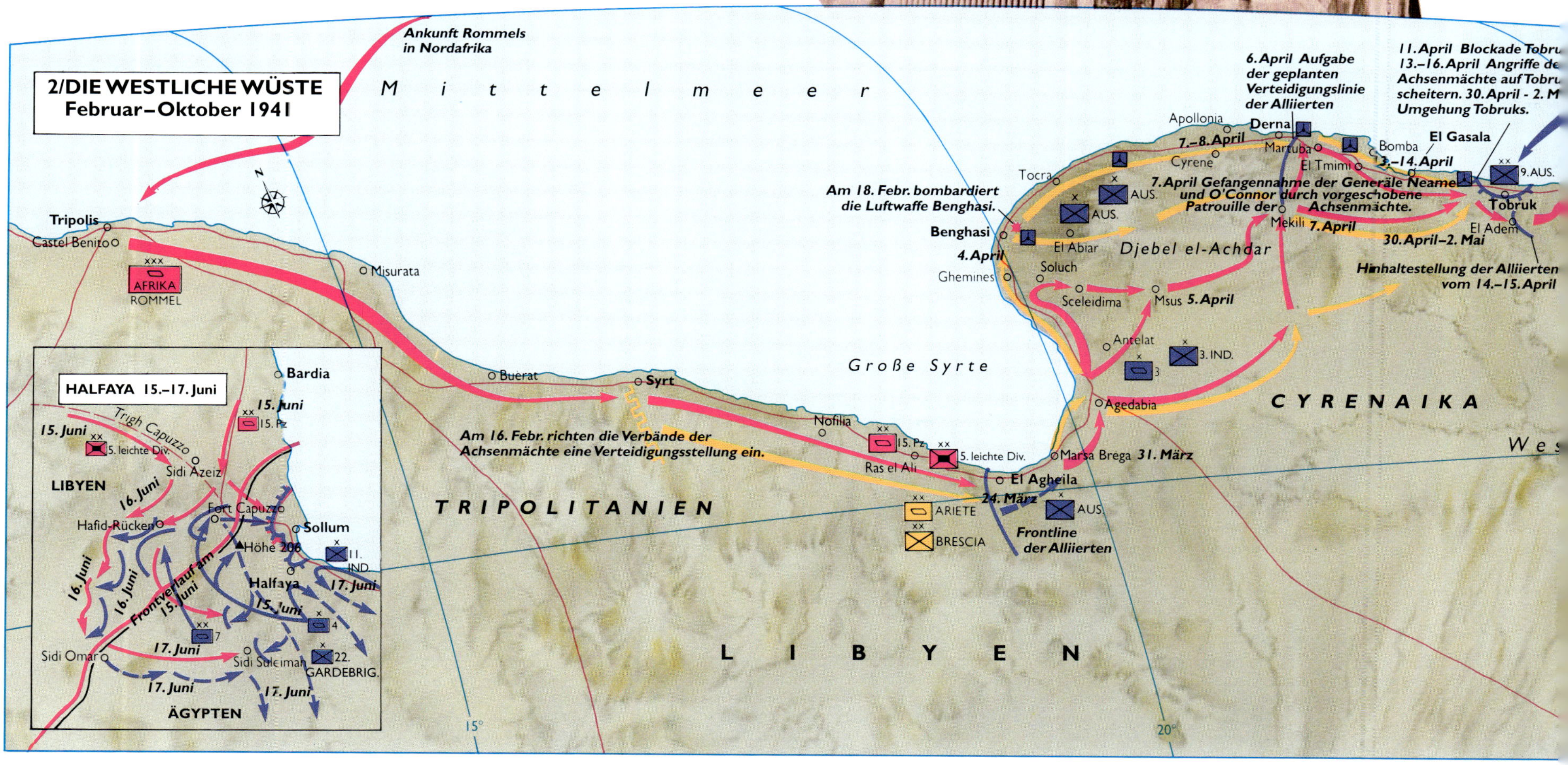

Mit starker Artillerieunterstützung zerstörten die Australier fast die Hälfte der angreifenden deutschen Panzer. Paulus, der eigens aus Berlin gekommen war, um Rommels Entscheidungen zu kontrollieren, erlaubte keinen neuerlichen Angriff. Statt dessen befahl er bis zum Eintreffen von Verstärkung und Nachschub die Errichtung einer Verteidigungslinie westlich von Tobruk bei El Gasala. Der Funkspruch nach Berlin über die Kursänderung wurde von den Briten im Rahmen der Operation „Ultra“ abgefangen. Er veranlaßte Churchill, Wavell, der am 12. Mai durch den Geleitzug „Tiger“ 240 Panzer erhalten hatte, eine Gegenoffensive zu befehlen. Der Angriff begann am 15. Mai unter der Codebezeichnung „Brevity“ durch die 7. Panzer- und die 22. Gardebrigade bei Sollum, doch fehlte es ihm an Kraft. Die Engländer nahmen zwar die äußeren Verteidigungsstellungen von Sollum, Halfaya und Fort Capuzzo ein, wurden allerdings durch einen Gegenangriff zum Rückzug gezwungen. Am 26. Mai holten sich die Deutschen ihr verlorenes Gelände zurück. Dann trat eine Pause bis zum Beginn von Wavells gleichermaßen erfolgloser Operation „Battleaxe“ am 15. Juni ein. Wavell schaffte es nicht, die vorgeschobene Linie der Achsenstreitkräfte bei Bardia zu durchstoßen. So kam es am Ende zu einem Rückzug der Engländer hinter die ägyptische Grenze.

Größeren Erfolg hatten die Engländer bei der Verhinderung eines indirekten deutschen Vordringens im Nahen Osten. Im Juni 1941 hatte sich zudem die Sowjetunion mit den Alliierten verbündet. Jetzt war es von größter Wichtigkeit, die Routen zur Versorgung der Sowjetunion über den Golf von Persien zu sichern und den Nahen Osten – nicht zuletzt wegen der Ölreserven am Golf – generell zu schützen. Am 3. April war der probritische Regent des Irak, Emir Abdullah, durch einen Staatsstreich unter Führung des achsenfreundlichen Generals Rashid Ali gestürzt worden. Am 29. April belagerte er den britischen Luftwaffenstützpunkt bei Habbanijja in der Nähe von Bagdad, um die Verstärkung der britischer Truppen im Irak zu verhindern, wo diese das Recht hatten, den Hafen von Basra zu benutzen.

Die Kämpfe bei Habbanijja begannen am 2. Mai. Die Habforce als Entsatzformation verließ Transjordanien am 13. Mai. Sie wurde von Flugzeugen der deutschen Luftwaffe angegriffen, die von Syrien und dem Irak aus operierten. In der Zeit zwischenn dem 27. und 30. Mai kamen sie jedoch bis Bagdad durch. Rashid Ali floh in den Iran, und Abdullah wurde am 30. Mai wieder eingesetzt. Der Nachweis, daß die Deutschen in Syrien involviert waren, wo sich die französischen Streitkräfte der Vichy-Regierung gegenüber loyal verhielten, veranlaßte Churchill, einen Angriff durch vier Einheiten zu organisieren, der am 23. Juni begann. Die Alliierten marschierten von Palästina aus nach Beirut und Damaskus, während die Habforce und die indische 10. Division auf Homs und Aleppo vorrückten. Sie erzielten meist nur geringe Geländegewinne, doch mit Unterstützung der Schiffsartillerie brach die australische 7. Division am 6. Juli nach Beirut durch und zwang Dentz, den von der Vichy-Regierung eingesetzten Befehlshaber nach einem 5-Tage-Gefecht um einen Waffenstillstand nachzusuchen. Der am 14. Juli unterzeichnete Waffenstillstand erlaubte es den französischen Truppen, nach Frankreich zurückzukehren, sofern sie dies wünschten.

Das Vertrauen der Briten sowohl auf die Commonwealth-Truppen östlich von Suez als auch auf die Sicherheit der Schiffahrtswege im Indischen Ozean wurde durch den Kriegseintritt Japans im Dezember 1941 (siehe Seite 68) erschüttert. Die Furcht vor japanischen Plänen zur Einrichtung eines U-Boot-Stützpunktes auf Madagaskar, das der Vichy-Regierung unterstand, war die Ursache für eine englische Invasion im Mai 1942 sowie einen längeren Feldzug. Nun verfügten die Alliierten zwischen 30° und 90° östlicher Länge über die uneingeschränkte Kontrolle, und hatten zugleich einen Keil zwischen die Achsenmächte in Europa und Asien getrieben.

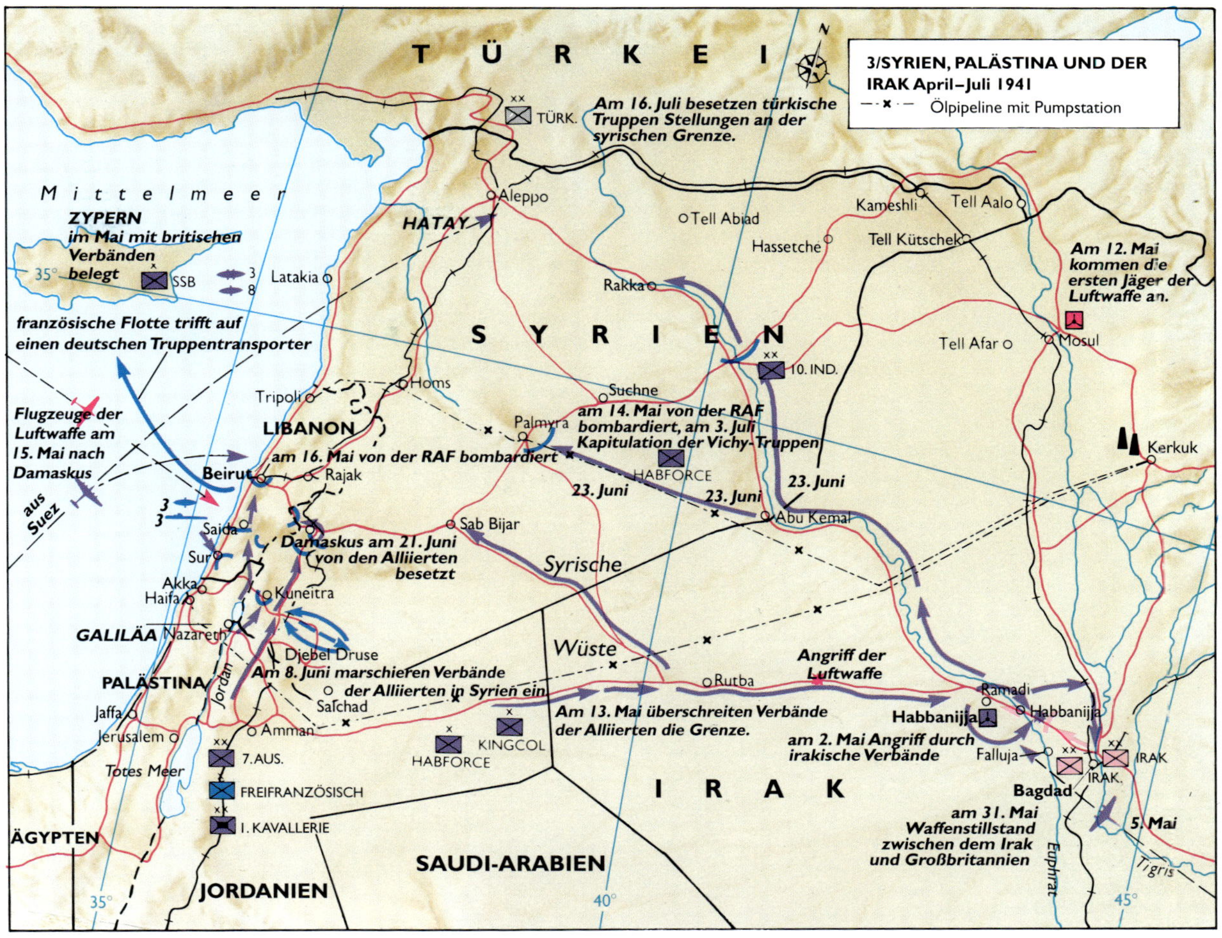

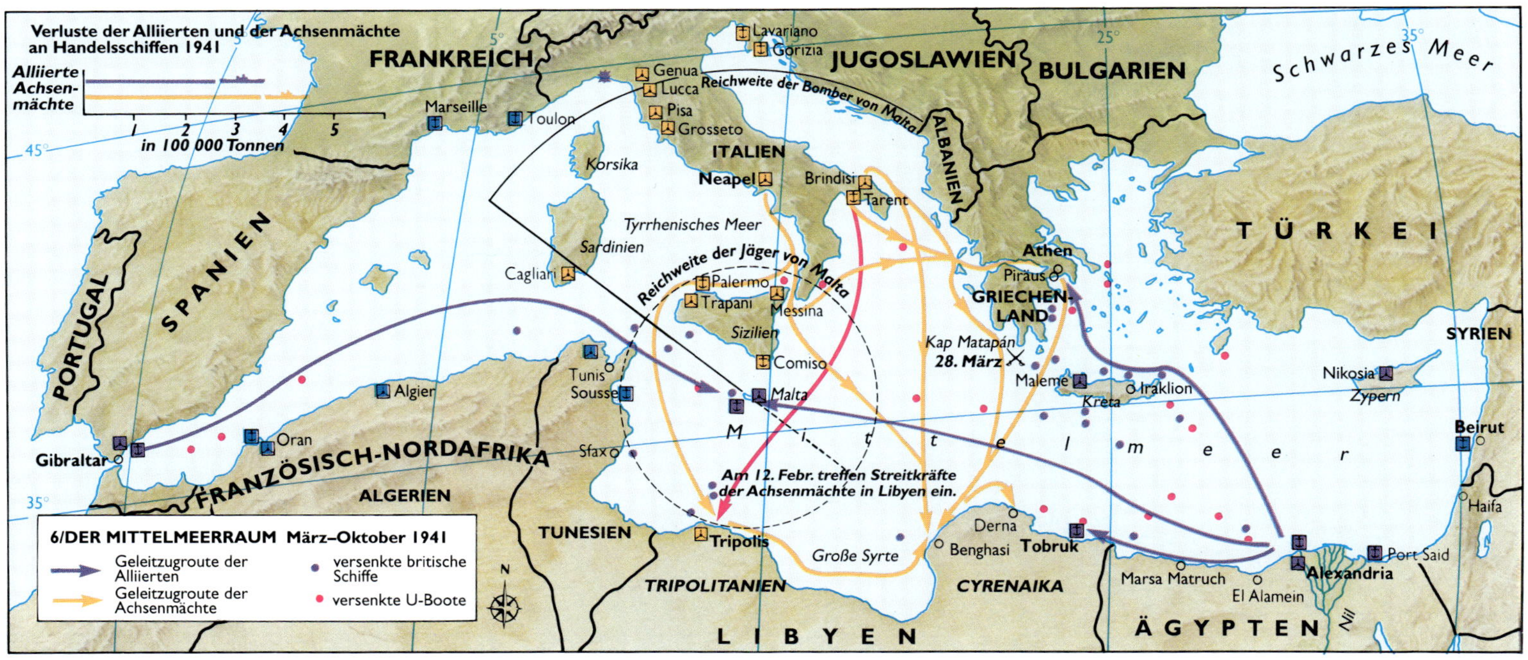

Nordafrika November 1941–Juli 1942

Nachdem Rommel Tobruk belagert zurückgelassen hatte und im März–April 1941 zur ägyptischen Grenze vorgerückt war (siehe Seite 78), befestigte er seine Stellung in der Nähe von Sollum. Auchinleck, der Wavell am 5. Juli als Befehlshaber für den Nahen Osten nachgefolgt war, begann für den August einen Gegenangriff mit den Streitkräften der Westlichen Wüste (der am 18. Dezember reorganisierten 8. Armee) zu planen (Operation „Crusader"). Die wichtigsten Ziele dieser Operation waren die Entsetzung von Tobruk und die Wiedereroberung der Cyrenaika. Sie sollte von Cunningham, dem Sieger des Ostafrikafeldzuges (siehe Seite 50), befehligt werden. Allerdings beanspruchte der inzwischen ausgebrochene Krieg mit Japan (siehe Seiten 68–76) große Kontingente der zur Verstärkung vorgesehenen Commonwealth-Truppen im Fernen Osten. Die Benutzbarkeit der Nachschubrouten für Großbritannien und für seine transatlantischen Alliierten über das Mittelmeer und die Sicherung von Malta auf halbem Wege zwischen Gibraltar und Alexandria war entscheidend. Die fast ununterbrochenen deutschen Bombenangriffe auf die Insel hatten bereits Ende 1940 begonnen, doch die RAF leistete erbitterten Widerstand. Viele große Geleitzüge wählten jetzt die Passage durch die gefährlich engen Wasserstraßen südlich von Sizilien und Sardinien.

In der Westlichen Wüste übertraf die 8. Armee die gemeinsamen Streitkräfte der Achse im November 1941 zahlenmäßig im Verhältnis 118 000 zu 113 000 Mann, desweiteren besaß sie 680 Panzer (weitere 500 waren als Reserve bzw. für den Nachschub vorgesehen). Rommel dagegen hatte nur 390 Panzer. 320 Flugzeugen der Achse standen 1000 britische Flugzeuge gegenüber. Die am 28. November begonnene Operation „Crusader" (die Rommel überraschen sollte) mußte eigentlich Erfolg haben, aber sie hatte keinen. Der Ausfall aus Tobruk zu Beginn der Operation wurde zum Stehen gebracht; das gleiche geschah mit der Hauptoffensive durch das XXX. Korps. Nun wurde Cunningham durch Ritchie ersetzt, der die Offensive der Alliierten wieder aufnahm und Rommel zwang, die italienischen Streitkräfte bei Bardia und Sollum (Kapitulation am 17. Dezember) zurückzulassen und sich bis westlich von Tobruk zurückzuziehen. Am 7. Dezember erreichte er El Gasala und Ende des Jahres El Agheila.

Das bekannte Phänomen des Wüstenkrieges, die übergroßen Entfernungen, wurden nun Rommels Vorteil. Er hatte sich mit seinem Hauptstützpunkt nach Tripolis zurückgezogen, wo am 5. Januar 1942 ein großer Geleitzug mit Nachschub eintraf.

Im Gegensatz dazu hatte die 8. Armee in drei Wochen über 500 km zurücklegen müssen. Daraus ergaben sich Probleme bei der Versorgung der Soldaten und Schwierigkeiten bei der Kommunikation mit den Stützpunkten. Rommel, der diese Schwäche intuitiv wahrnahm, ging am 21. Januar zum Gegenangriff über und trieb die Briten bis zum 4. Februar rasch nach El Gasala, 50 km westlich von Tobruk, zurück. An dieser Linie warteten beide Seiten den ganzen Frühling über auf Verstärkung.

Rommel griff am 26. Mai erneut an. Er hatte 560 Panzer, von denen 240 italienischer Herkunft waren und nichts taugten. Die Engländer hatten 700, einschließlich 200 neuer amerikanischer Panzer des Typs „General Grant" mit leistungsstarken 75-mm-Kanonen. Rommel führte seine Panzer um das südliche Ende der stark verminten El-Gasala-Front herum, zog sich jedoch binnen dreier Tage in einen Kessel innerhalb der britischen Linien zurück. Hier widerstand er den schweren Angriffen, brach dann nach Osten durch und trieb die Engländer wieder vor sich her.

Die Garnison von Tobruk mußte am 21. Juni kapitulieren, und die 8. Armee zog sich 500 km weit auf die Linie Alam-Halfa- El Alamein (7. Juli) zurück. Die Operation „Crusader" hatte sich als kostspieliger Fehler erwiesen.

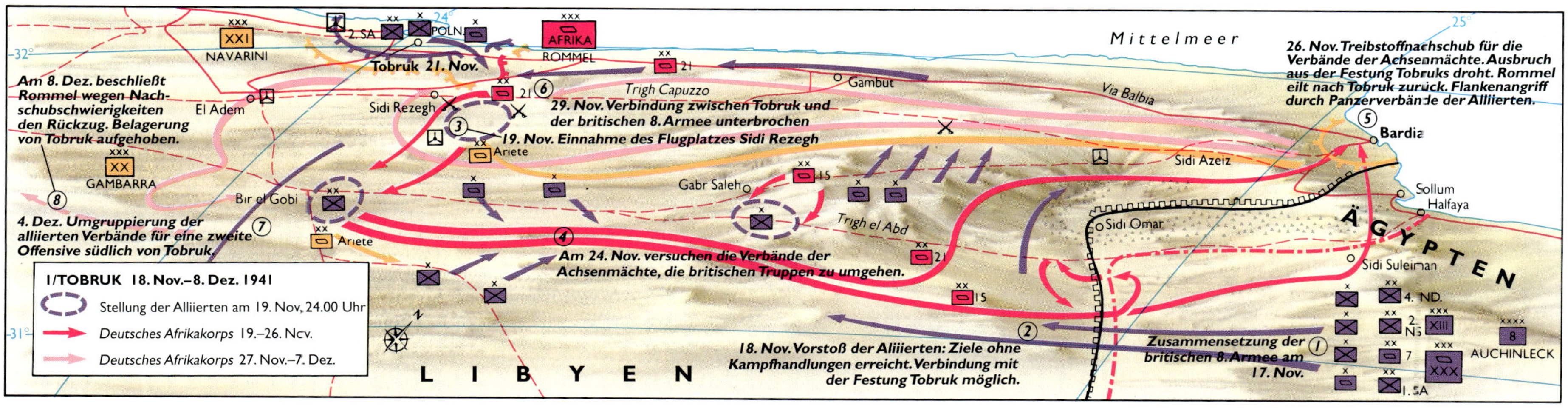

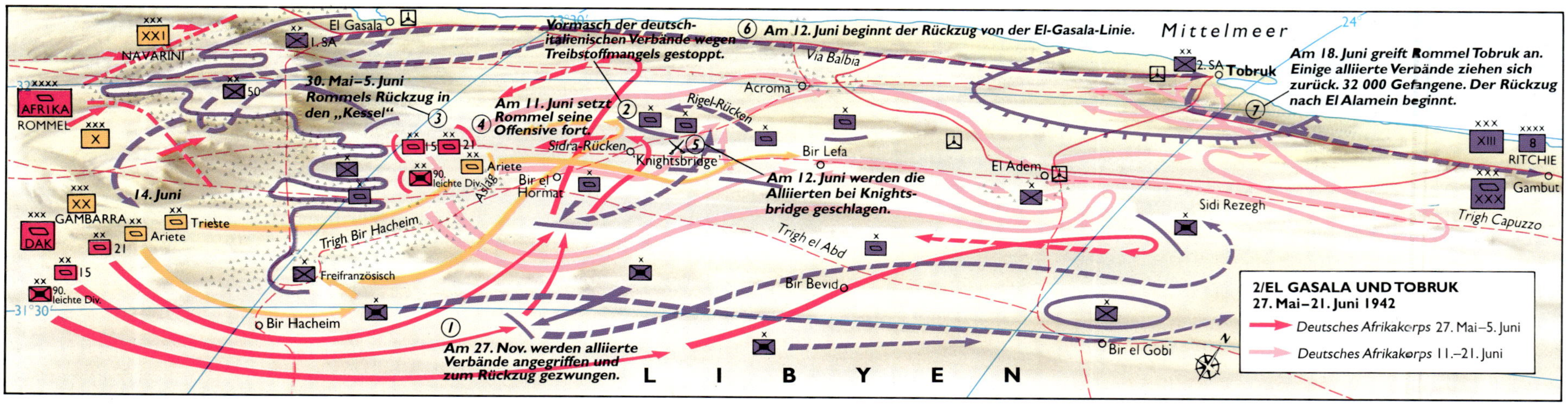

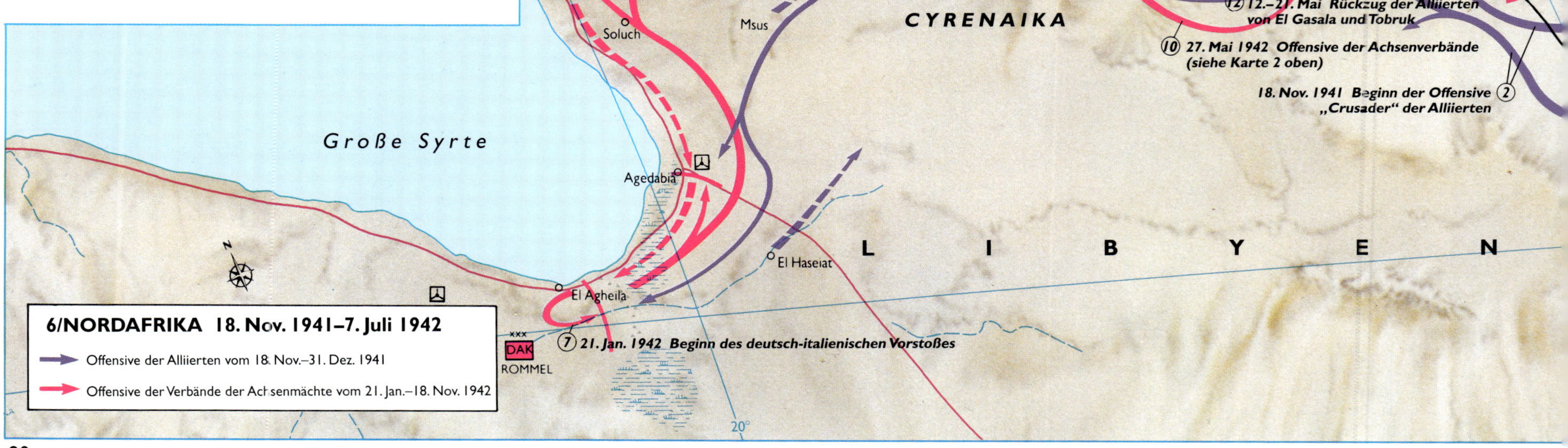

Zwischen dem November 1941 und dem Juli 1942 *(6)* fanden die ausgedehntesten Vormärsche und Rückzüge der britischen und der Achsenstreitkräfte während des ganzen Wüstenkrieges statt. Die Entsetzung Tobruks und die Säuberung der Cyrenaika bildeten das Herzstück des englischen „Crusader"-Planes. Während Auchinleck die Tobruk belagernden Achsentruppen *(1)* angriff, unternahm die 70. Division einen Ausfall, um sich mit dem XIII. Korps zu vereinigen, das sich an der Küste nach Westen vorarbeitete. Dieser Ausfall wurde gestoppt, und Rommel griff im Gegenzug Sidi Rezegh an. Erst angesichts der Zangenbewegung des XIII. und XXX. Korps entschloß er sich am 27. November zum Rückzug. Am 29. November gelang es dem XIII. Korps, eine Verbindung zur Garnison von Tobruk aufzunehmen, die jedoch am nächsten Tag wieder unterbrochen wurde. Nach schweren Kämpfen wurde die Belagerung schließlich nach 240 Tagen am 8. Dezember aufgehoben. Tags zuvor hatte Rommel seinen Rückzug nach El Agheila begonnen. Nun sammelten beide Seiten ihre Kräfte. Rommels wirkliche Stärke lag in seinen mobilen Streitkräften im Süden von Trigh Capuzzo. Mit diesen griff er *(2)* südlich der stark verminten Linie an und verwickelte die Engländer in ein schweres Panzergefecht an der „Knightsbridge". Als die Panzerverluste zu groß wurden (am 30. Mai), zog er sich in einen Kessel zurück, der durch die britischen Minenfelder hindurch versorgt werden konnte. Ritchie wurde von Rommels Ausfall (11. Juni) überrascht, mußte sich nach Osten zurückziehen und Bir Hacheim den Deutschen überlassen. Tobruk widerstand der Belagerung nur eine Woche (14.–21. Juni), bevor es kapitulierte. Die Position der Achse im Mittelmeerraum war gefestigt *(5)*: Malta war durch die Luftangriffe *(4)* wirksam neutralisiert, und 21 deutsche U-Boote halfen den Italienern bei der Verfolgung britischer Schiffe. Die Geleitzüge mit dem Nachschub für Rommel trafen größtenteils auf keinen Widerstand. Die Alliierten hatten mehrere große Kriegsschiffe durch Angriffe italienischer Kleinst-U-Boote bei Alexandria verloren, so daß Malta mittels U-Boot-Geleitzügen versorgt werden mußte. Große Geleitzüge wie der Konvoi „Pedestal" (*3*, 11.–13. August) erkämpften sich ihren Weg nach Malta um den Preis hoher Verluste.

Bild unten links: Deutsche Panzerspitzen werden durch motorisierte Einheiten unterstützt, die auf dem offenen Wüstenkriegsschauplatz eine große Bewegungsfreiheit ermöglichen.

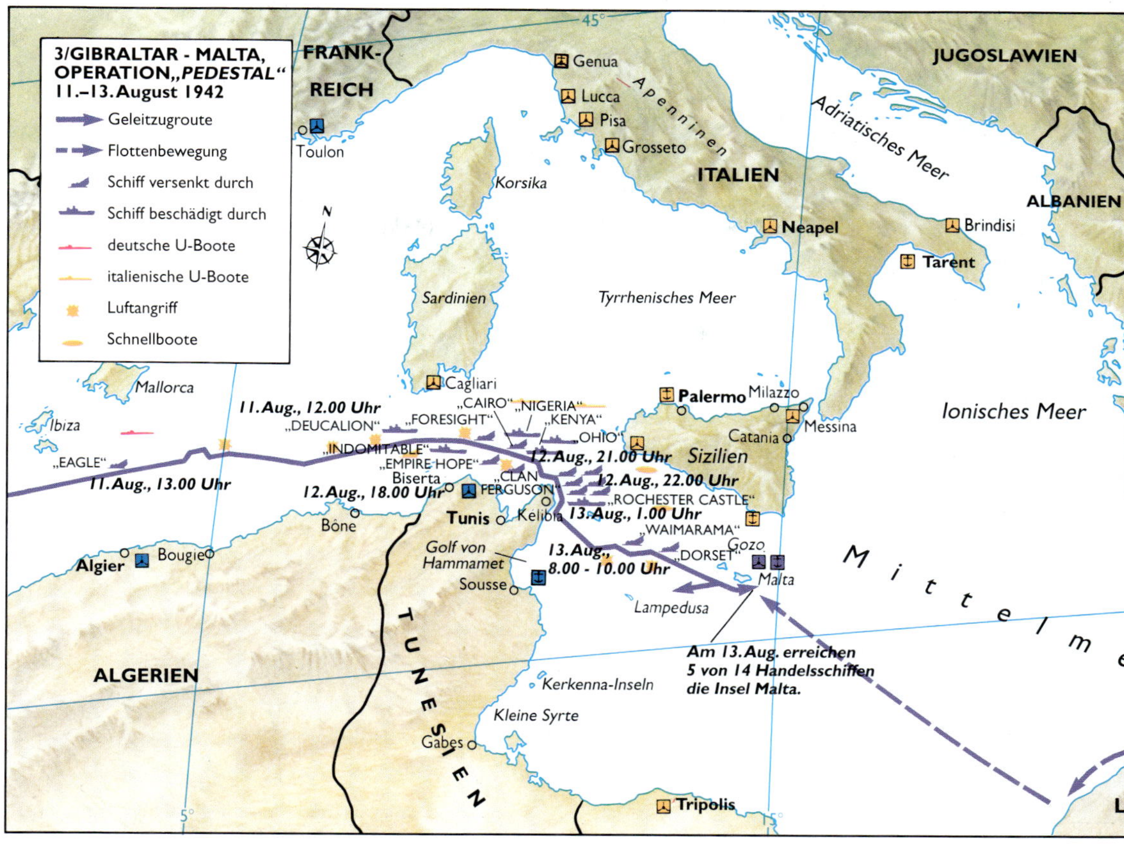

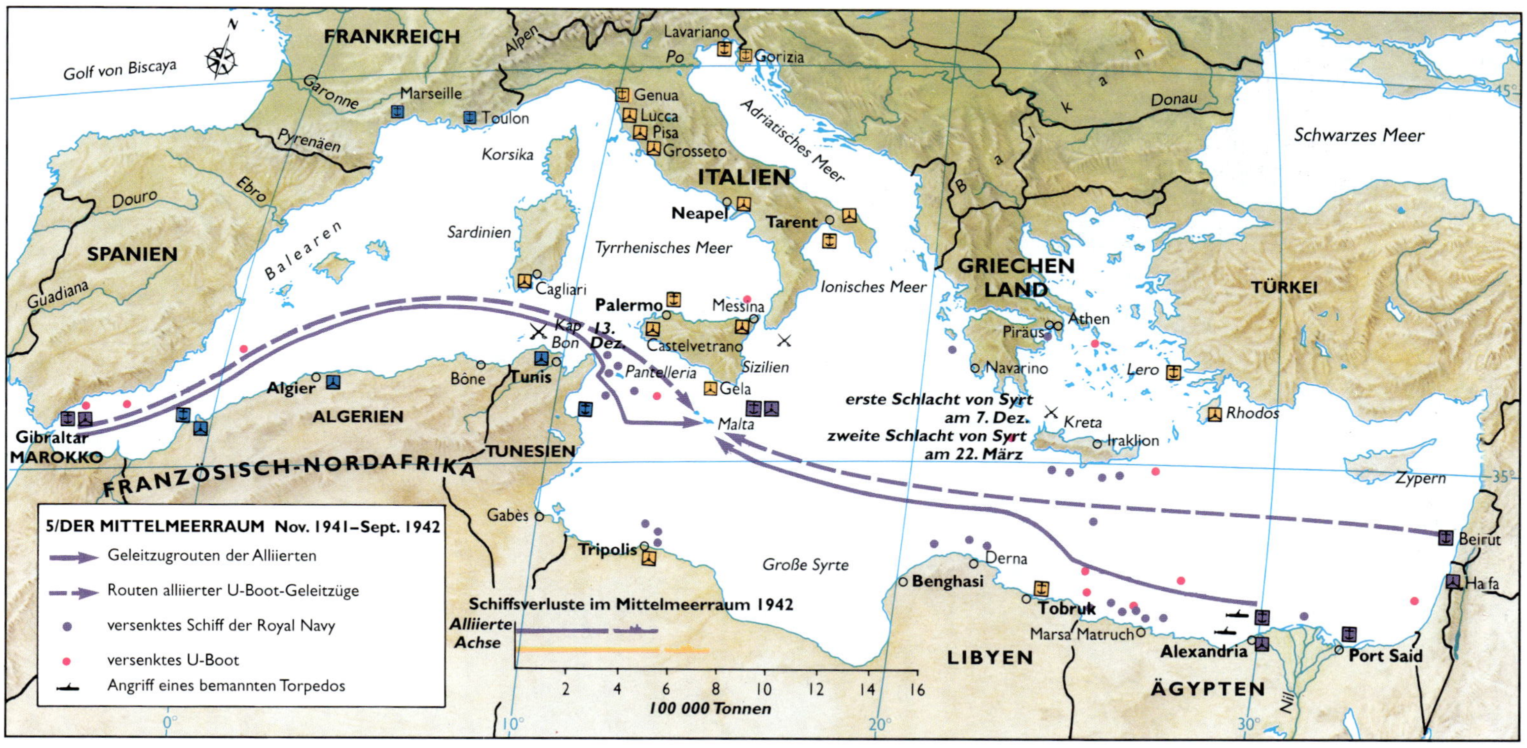

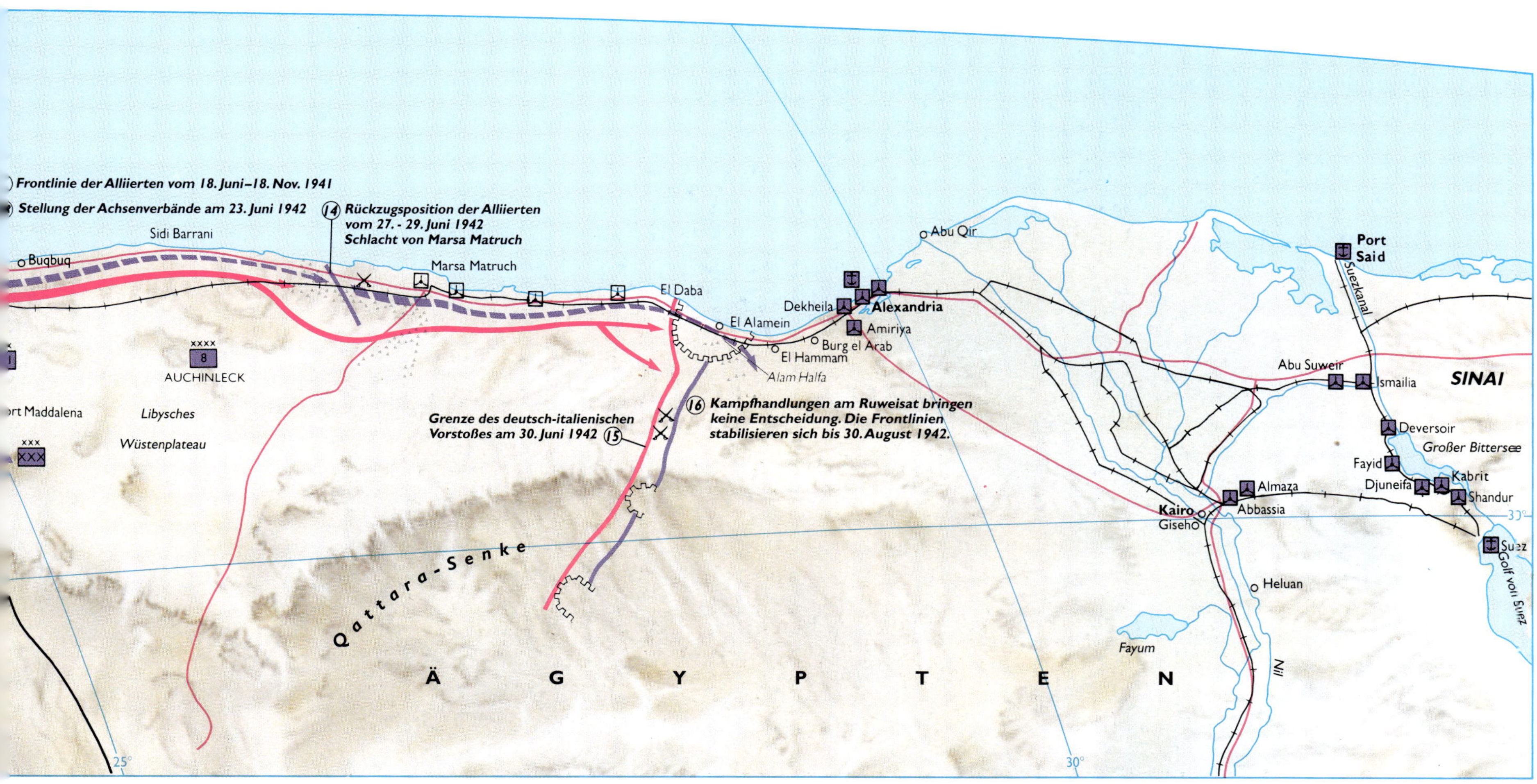

Der Krieg der Nachrichtendienste 1939–1945

Die Sammlung und Auswertung von Nachrichten sowie die Verbreitung von Desinformationen im Kriegsverlauf waren für alle Kriegsbeteiligten außerordentlich wichtig. Die unmittelbarste Wirkung hatten militärische Nachrichten, die durch die Befragung von Kriegsgefangenen, durch Überwachung, Aufklärung und Luftbildverfahren gewonnen wurden. Genauere, durch geheimdienstliche Mittel erhaltene Informationen wurden in der Terminologie der Alliierten in SIGINT und HUMINT eingeteilt (SIGINT = signals intelligence – Funkspionage, das heißt Auffangen und Dechiffrieren des gegnerischen Funkverkehrs und HUMINT = human intelligence – Einsatz von Spionen, das heißt Nachrichtensammlung und -übermittlung durch Menschen, z. B. durch Spione, Spionageringe und Widerstandsorganisationen). HUMINT hatte einen schlechten Start. Die offiziellen Mitarbeiter ausländischer Botschaften übermittelten regelmäßig Informationen nach Hause, doch war das nur unter ganz bestimmten Umständen von nennenswerter Bedeutung: Das japanische Konsulat in Hawaii übermittelte zum Beispiel regelmäßig Angaben über Flottenmanöver der USA in Pearl Harbor nach Tokio. Dafür überwachten die Amerikaner natürlich den Funkverkehr des japanischen Konsulats. Deutschlands Blitzkrieg im Westen und die Geschwindigkeit des japanischen Vormarsches im Fernen Osten überrumpelten die Spionage der Alliierten meist ebenso gründlich wie ihre Armeen geschlagen worden waren. Agentennetze, die ausschließlich für den Einsatz im Frieden gedacht waren, wurden überrannt und zerstört, als sich das Netz der Nazi-Sicherheitsdienste über Europa herabsenkte. Ähnlich wurden die Sicherheitsdienste der Kolonialmächte im Fernen Osten auf ihre Basen in Indien, Ceylon, Australien und Hawaii zurückgeworfen – viele tausend Meilen von ihren Zielgebieten entfernt. Ein sehr wichtiger Schlag gegen den MI 6 gelang den Deutschen bei Venlo an der deutsch-holländischen Grenze im November 1939, als zwei hochgestellte britische Agenten gekidnappt und erfolgreich verhört wurden.

Die heutzutage als normal anzusehende Abhängigkeit militärischer Operationen von drahtloser Kommunikation zeigte andererseits, welche große Möglichkeiten das Abhören des gegnerischen Funkverkehrs bietet. Überall, wo weit voneinander entfernte Armeen, Schiffe, Diplomaten und Geheimagenten versuchen mußten, miteinander zu kommunizieren, gewann SIGINT lebenswichtige Bedeutung für alle Kriegsteilnehmer. Für den Schutz seines Funkverkehrs verließ sich Deutschland völlig auf die Chiffriermaschine „Enigma", von der man glaubte, daß ihr Code nicht zu brechen sei. Sie wurde zur Nachrichtenübermittlung auf allen Kommandoebenen eingesetzt. Eine englische Geheimdienstabteilung in Bletchley Park, in der Polen, Franzosen und Engländer zusammenarbeiteten, schaffte es jedoch, den Code zu brechen. Damit verwandelten sich die deutschen Kriegsgeheimnisse für die Engländer in ein aufgeschlagenes Buch. Die durch Dechiffrierung abgehörter „Enigma"-Funksprüche erhaltenen Informationen bekamen die Kennzeichnung „Top secret Ultra" und wurden an alle höheren Befehlshaber übermittelt. Sie leisteten einen außerordentlichen Beitrag für den Sieg der Alliierten, obwohl allein die Menge der abgehörten Funksprüche Probleme machte. Oft wurden die Dechiffrierabteilungen nicht rechtzeitig mit der Entschlüsselung fertig. Ein ähnlicher Erfolg gelang amerikanischen Kryptologen, die den japanischen „Purpur-Code" brachen und die erhaltenen Informationen mit der Kennzeichnung „Magic" nicht nur für die Planung ihrer Feldzüge im Pazifik benutzten, sondern auch für die aufsehenerregende Organisation eines erfolgreichen Anschlages auf Admiral Yamamoto, den Oberkommandierenden der japanischen Marine, bei dessen Flug zu den westlichen Salomonen im April 1943.

Agenten, die auf feindlichem Territorium arbeiteten, waren ebenfalls vom Einsatz geheimer Funkanlagen abhängig. Die Sicherheitsdienste entwickelten raffinierte Techniken für das Abhören, Dekodieren und die Funkortung. Die deutsche Abwehr und der SD bewiesen ihre besondere Geschicklichkeit bei sogenannten Funkspielen, etwa dem „England-Spiel", bei dem die deutschen Sicherheitsdienste in Holland die Operationen des SIS, SOE und des holländischen Nachrichtendienstes von 1941–1942 wirkungsvoll kontrollierten. Nach Ge-

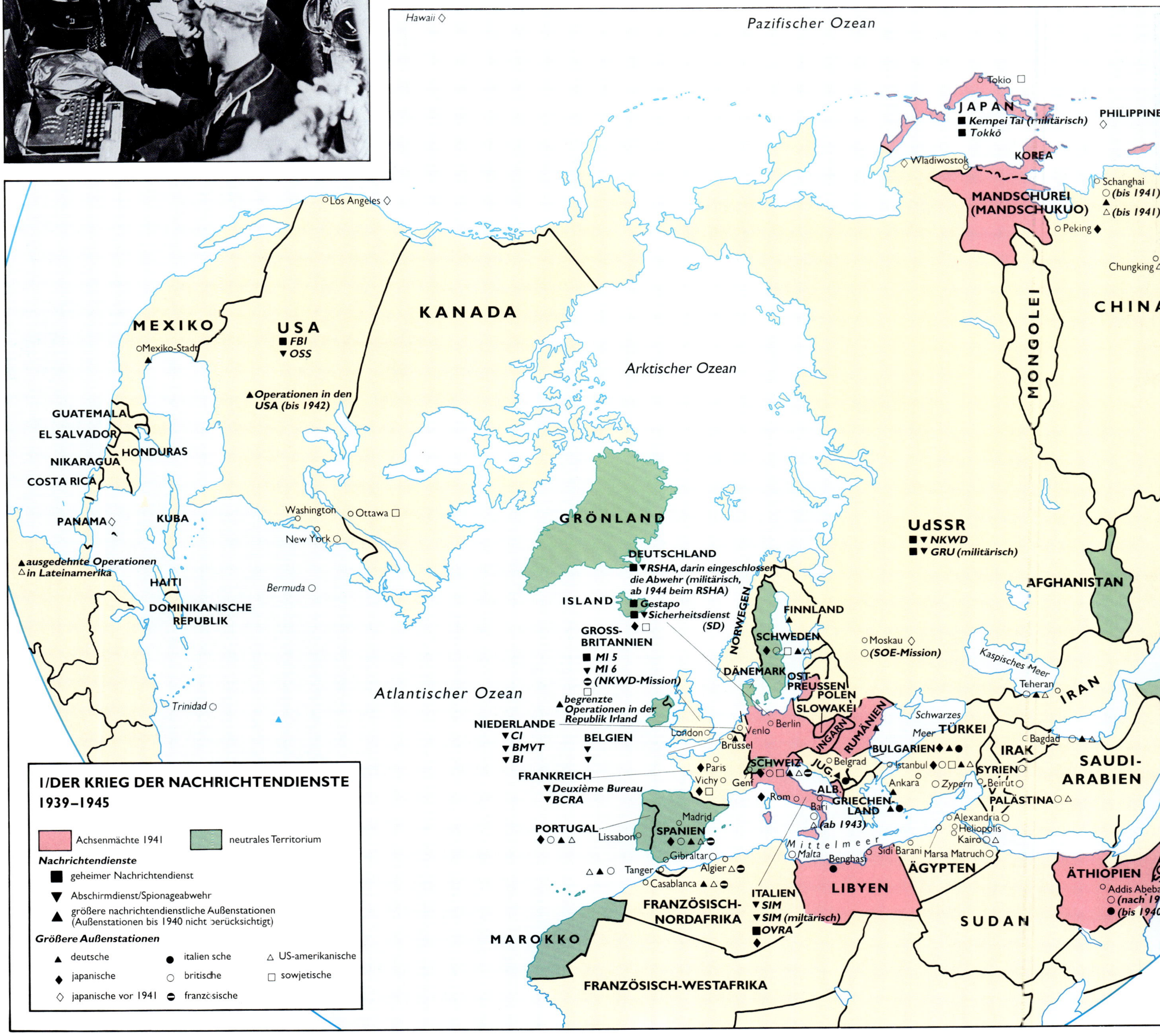

fangennahme eines Agenten, den man zwang, mit Hilfe seines Funkgeräts bei diesem Spiel mitzuspielen, wurden 61 in die Niederlande entsandte Agenten der Alliierten verhaftet. Noch größer war der Erfolg von MI 5 bei der Überwachung deutscher Versuche zur Einschleusung von Agenten nach England. Gefangene Agenten wurden „umgedreht", falsche Netze eingerichtet und falsche Spionageberichte übermittelt, wobei die Wirksamkeit des Ganzen ständig durch Mitlesen des mit Hilfe der „Enigma" chiffrierten Funkverkehrs der Abwehr kontrolliert wurde. Durch erfolgreiche Überwachung des Funkverkehrs konnten die Deutschen ein sowjetisches Spionagenetz, die „Rote Kapelle" liquidieren, das auf kommunistischen Zellen aus der Vorkriegszeit basierte und sich über Westeuropa ausgebreitet hatte.

Die Bedeutung von SIGINT darf jedoch nicht von der Rolle ablenken, die HUMINT auch weiterhin spielte. Nach wie vor wurden Agenten für bestimmte Zielgebiete oder zur Erlangung ganz spezieller Informationen eingesetzt. Richard Sorge, ein sowjetischer Agent, der in Japan arbeitete, lieferte Informationen über japanische und deutsche Kriegspläne von entscheidender Bedeutung, und der tschechische Nachrichtendienst hatte einige Jahre vor dem Krieg und während des Krieges einen eigenen Doppelagenten unter der Bezeichnung „A-54" in der Abwehr. Diese Schlüsselagenten der Alliierten wurden durch viele Spionagenetze unterstützt, deren Mitglieder im Widerstand tätig waren (siehe Seite 94). Angeleitet von alliierten Nachrichtendiensten lieferten sie Details über sämtliche Aspekte der militärischen, wirtschaftlichen, politischen und technologischen Aktivitäten des Gegners in Hülle und Fülle. Spionagenetze unterschiedlicher politischer Coleur schickten aus dem besetzten Europa einen Informationsstrom, den nicht einmal die Sicherheitsdienste der Nazis eindämmen konnten. Besonders erwähnt werden soll der „Service Clarence", ein belgisches Spionagenetz, das bereits im Ersten Weltkrieg eingerichtet worden war.

Die Rolle der neutralen Länder war außerordentlich groß. Sie wurden zu Kanälen für die Nachrichtenströme von HUMINT. Obwohl viele Einsatzkräfte als Doppelagenten fungierten und von beiden Seiten benutzt wurden, waren sie als Mittel für die Verbreitung von Desinformationen beim Feind von unschätzbarem Wert. In der Schweiz führte der spätere Chef der CIA, Allan Dulles, eine umfangreiche OSS-Operation durch, während der sowjetische Ring „Lucy" bei Gesprächen mit illoyalen, im Urlaub befindlichen deutschen Offizieren viele Informationen gewann.

Rivalitäten und Mißtrauen nicht nur zwischen verschiedenen Organisationen sondern auch zwischen den Alliierten lagen in der Natur des Spionagekrieges. Die außergewöhnliche Macht jener, die solche Geheimdienstorganisationen leiteten, war oft ein Sicherheitsrisiko, das eigenen Gesetzen gehorchte. So wurden die Ergebnisse des „Ultrasystems" der Sowjetunion nicht in vollem Umfang zugänglich gemacht, während die Sowjets den ganzen Krieg über fortfuhren, die Geheimdienste der westlichen Alliierten zu infiltrieren.

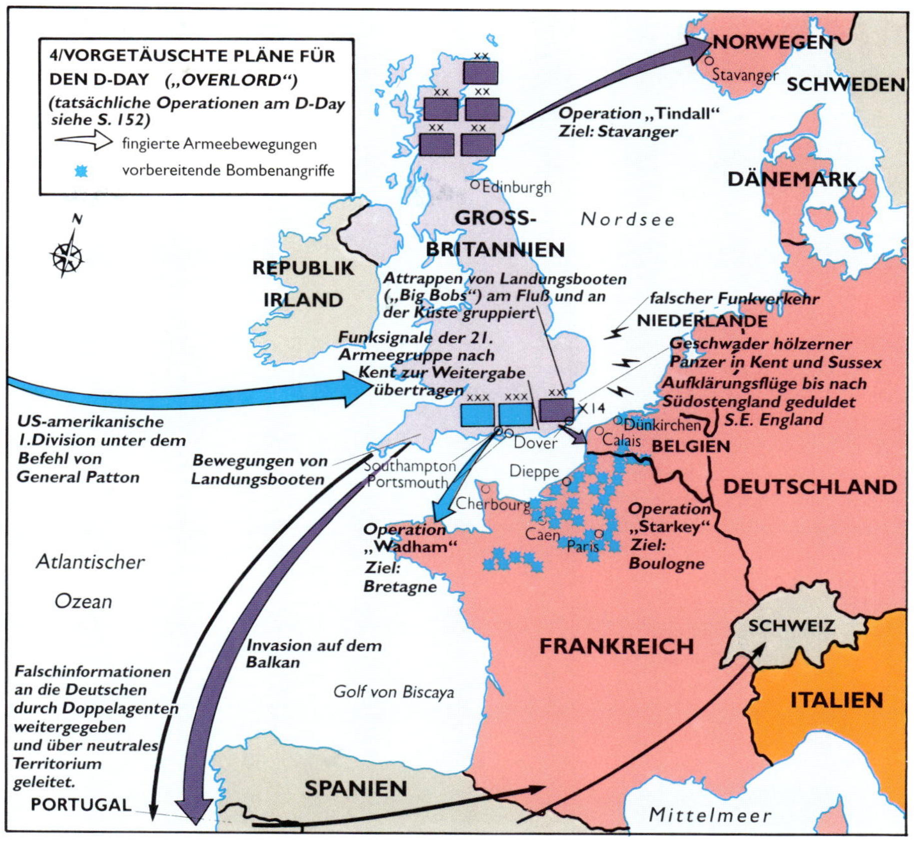

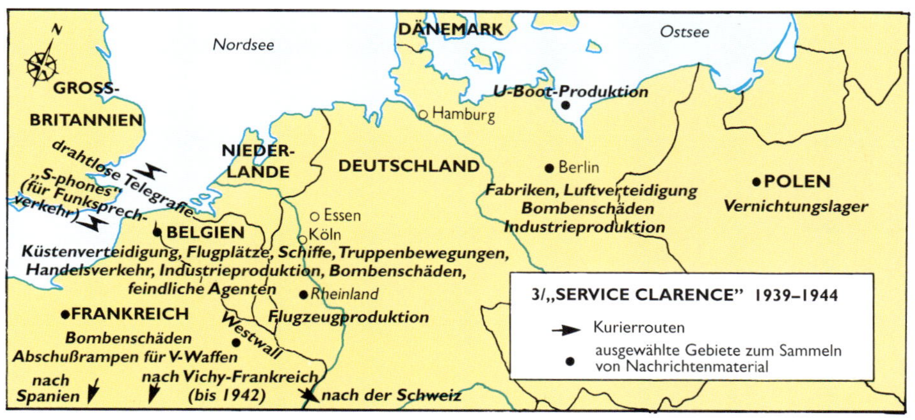

Die Instabilität der internationalen Beziehungen und die fragile Innenpolitik vieler Nationen in den Jahren zwischen den beiden Weltkriegen ließen die Nachrichtendienste und Sicherheitsorganisationen *(1)* merklich wachsen. Die Bedrohung durch die von der Sowjetunion organisierten kommunistischen Subversion, wurde durch die gefährliche Aggressionspolitik Deutschlands, Italiens und Japans noch übertroffen. Der militärische und diplomatische Funkverkehr wurde abgehört, und um die Entschlüsselung der chiffrierten Mitteilungen bemühten sich einhellig alle Nationen. In ihrer irrigen Annahme, die Chiffriermaschine „Enigma" sei nicht zu „knacken", kamen die Deutschen gar nicht auf den Gedanken, die Alliierten könnten längst Einblick in viele Aspekte ihrer Kriegsanstrengungen haben *(2)*. Trotzdem spielte der Geheimagent nach wie vor eine außerordentlich wichtige Rolle. Der belgische „Service Clarence" war eines der erfolgreichsten Spionagenetze des Zweiten Weltkrieges überhaupt *(3)*. Von 1939–1944 versorgten seine Agenten die englische Spionage mit einer Fülle von Informationen über deutsche Aktivitäten im okkupierten Europa. Zur Spionage gehörte aber nicht nur die Beschaffung von Nachrichten, sondern auch der Geheimnisschutz und die Täuschung des Gegners. Das arbeitsintensivste und umfangreichste dieser Täuschungsmanöver betraf die Eröffnung der zweiten Front in Europa durch die Alliierten *(4)*. Ort, Zeit und Umfang der Invasion wurden sorgfältig verschleiert, indem man gezielte Desinformationen über die Pläne der Alliierten „durchsickern" ließ, und Finten benutzte, die sowohl gegnerischen Agenten als auch der Luftaufklärung falsche Eindrücke glaubhaft erscheinen lassen sollten. Sogar als am 6. Juni 1944 die (wirkliche) Landung in der Normandie erfolgte, waren sich die Deutschen nicht sicher, ob es sich hier um den entscheidenden Vorstoß oder schlicht um ein Täuschungsmanöver handelte.

Bild oben links: Das Hauptquartier des deutschen Panzerkommandeurs Guderian im Feld, montiert auf einem Halbkettenfahrzeug; Guderian sorgte dafür, daß immer eine „Enigma-Maschine" zur Hand war.

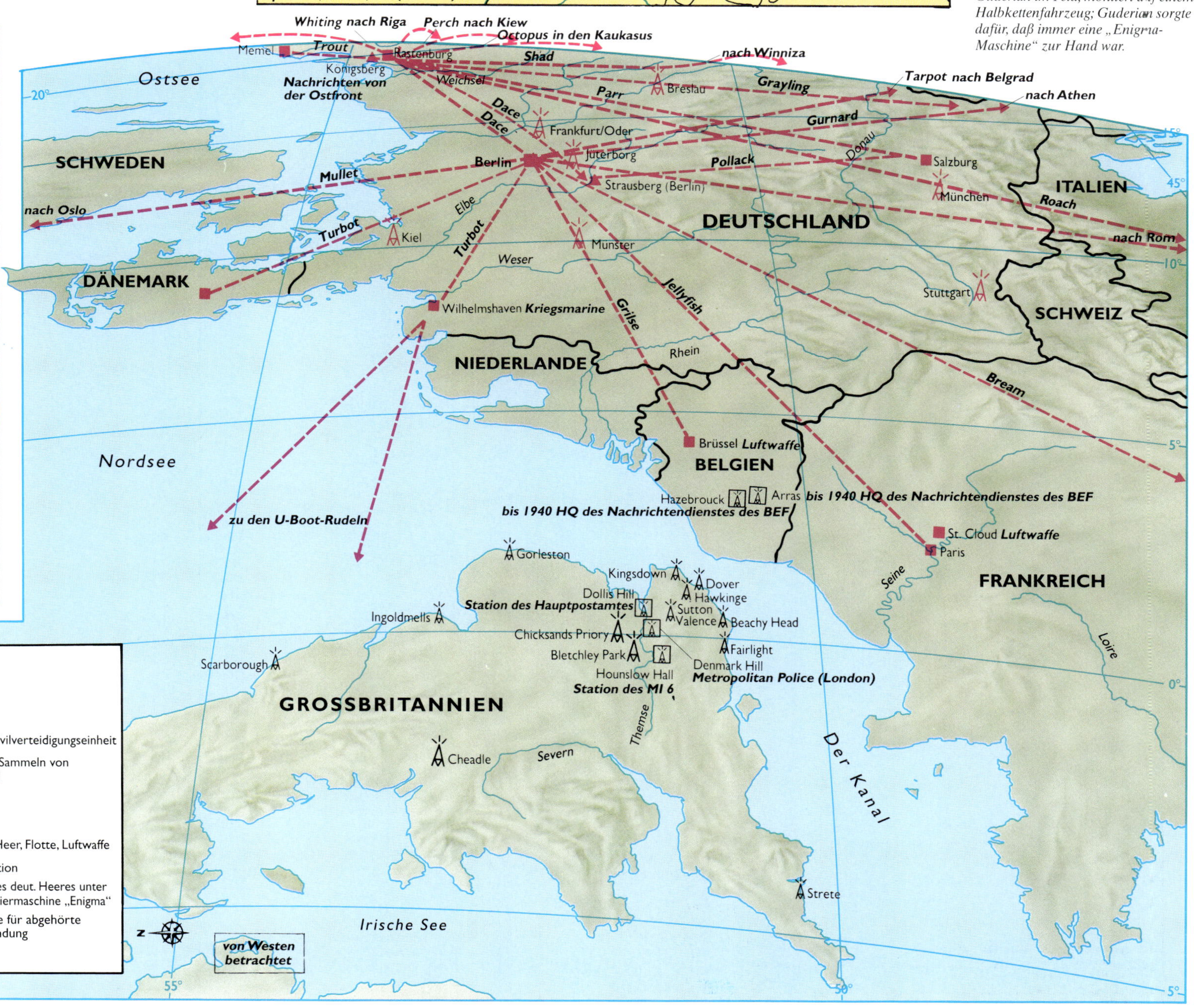

Der heimliche Krieg

Der Einsatz von Mitteln der verdeckten Kriegführung sowohl zur Erreichung konventioneller militärischer Ziele als auch zur wirkungsvolleren politischen Indoktrination, war ein spezieller Aspekt des Zweiten Weltkrieges. Die Aufstellung von Sondereinheiten (siehe Seite 110) war nur eine Variante davon. Auf deutscher Seite wurden die „Brandenburger" oft in Zivil im Vorfeld konventioneller Streitkräfte eingesetzt (Danzig 1939, Rotterdam 1940). Das sowjetische NKWD war in Europa allgegenwärtig und aktivierte Partisanen und Widerstandsgruppen auf der Basis existierender kommunistischer Zellen (siehe Seite 140). Die englische SOE und der amerikanische OSS sollten dabei unerreicht sein. Befürchtungen wegen der schnellen territorialen Expansion Deutschlands in Europa sowie der Einfluß irregulärer Operationen, die aus dem irischen und spanischen Bürgerkrieg bekannt waren, ermutigten das britische Kriegsministerium und den geheimen Nachrichtendienst (SIS), in den dreißiger Jahren Spezialabteilungen zum Studium dieser Form der Kriegführung zu schaffen. Der militärische Nachrichtendienst (MIR) und der SIS, Sektion D, hatten ihre Arbeit vor Ausbruch des Zweiten Weltkriegs begonnen, und, für den Fall, daß es zu Feindseligkeiten kommen sollte, verschiedene, wenn auch inadäquate Sabotage- und Subversionspläne und Guerillavorhaben in Europa entwickelt. Der triumphale Erfolg der deutschen Streitkräfte im Sommer 1940 und die Okkupation des größten Teils von Kontinentaleuropa ließ die Engländer verzweifelt nach allen nur denkbaren Mitteln für einen Gegenschlag suchen. Folgerichtig wurde im Juli die SOE gegründet zum Anfachen des Widerstandes, um – mit Churchills Worten – „Europa in Flammen zu setzen". Die Sektion D und der MIR wurden vereinigt, und die neue Organisation wurde dem Ministerium für Wirtschaftskriegsführung untergeordnet.

Trotz Churchills Unterstützung waren die Beziehungen des SOE zu den Diensten und anderen Abteilungen der Regierung, speziell zum SIS, keineswegs immer harmonisch. Die Bereitstellung von Schiffen und Flugzeugen zur Durchführung seiner Operationen sowie die Abstellung von hochkarätigem Personal zur Besetzung der neuen Organisation löste erhebliche Kritik aus. Die Aktivitäten des SOE standen gelegentlich im Widerspruch zur Politik des Außenministeriums. Auch waren seine Beziehungen zum SIS häufig von Erbitterung und Aggression gekennzeichnet, denn die Beschaffung von Nachrichten einerseits und subversive Operationen andererseits, waren sehr gegensätzlicher Natur. So kämpften beide Organisationen ständig um Einflußsphären, Ressourcen und Personal.

Doch ungeachtet aller Schwierigkeiten wurden Agenten angeworben, trainiert und in sämtliche okkupierten Länder Westeuropas eingeschleust, wo sie mithalfen, Widerstandsgruppen für den geheimen Krieg zu organisieren, auszurüsten und auszubilden. Die besondere Aufmerksamkeit galt der Schaffung bewaffneter, von London aus gesteuerter Gruppen, die im Falle einer Invasion der Alliierten aktiviert werden konnten. Ihre Aufgabe bestand darin, die Kommunikationslinien des Gegners funktionsunfähig zu machen und das Heranführen von Nachschub an die Hauptkampflinie zu verhindern. Diese Leistung ähnelte der des Zentralen Stabes der Partisanenbewegung an der Ostfront (siehe Seite 140) und war von großer Bedeutung. Zusätzlich sollte der SOE Exilarmeen trainieren und mit den betreffenden Regierungen für spezielle Einsätze, Anschläge und Entführungen Verbindung halten.

Mit Beginn des Krieges gegen Japan mußte der SOE seine Aktivitäten auf Asien ausdehnen, wobei er gleichzeitig die Bildung einer entsprechenden amerikanischen Organisation, des Büros für strategische Dienste (OSS), provozierte. Glücklicherweise bezeugten die Amerikaner der Erfahrung und dem Fachwissen der Briten gegenüber angemessenen Respekt, was die ausgezeichnete Kooperation der Alliierten auf diesem Gebiet positiv beeinflußte, so daß SOE und OSS sowohl in Europa als auch im Fernen Osten gut zusammenarbeiteten.

Der oft spektakuläre und widersprüchliche Charakter von Geheimoperationen sowie umfangreiche Enthüllungen der Nachkriegszeit über die berühmtesten Agenten und Operationen verhalfen SOE und OSS zu einer Popularität, die in keinem Verhältnis zum tatsächlichen Beitrag dieser Organisation zu den Kriegsanstrengungen insgesamt stand. Der Überfall auf die Produktionsstätte für Deuterium der Norsk Hydro in Norwegen (im Februar 1943) oder der Anschlag auf Heydrich im Mai 1942, stellten zu einem nicht geringen Teil nur eine Rechtfertigung angesichts der Kritik an irregulären Operationen dar. Generell läßt sich sagen, daß die größte Wirksamkeit des heimlichen Krieges sich nicht bei aufsehenerregenden Einzelaktionen zeigte, sondern bei effektvollen Zermürbungen. Die Moral in den von den Streitkräften der Achse besetzten Ländern wurde zweifellos durch das Wissen um Operationen der Alliierten auf dem vom Gegner besetzten Gebiet gehoben, und die Versorgung mit Waffen und Sprengstoff machte aus Zivilisten hoch motivierte Widerstandskämpfer.

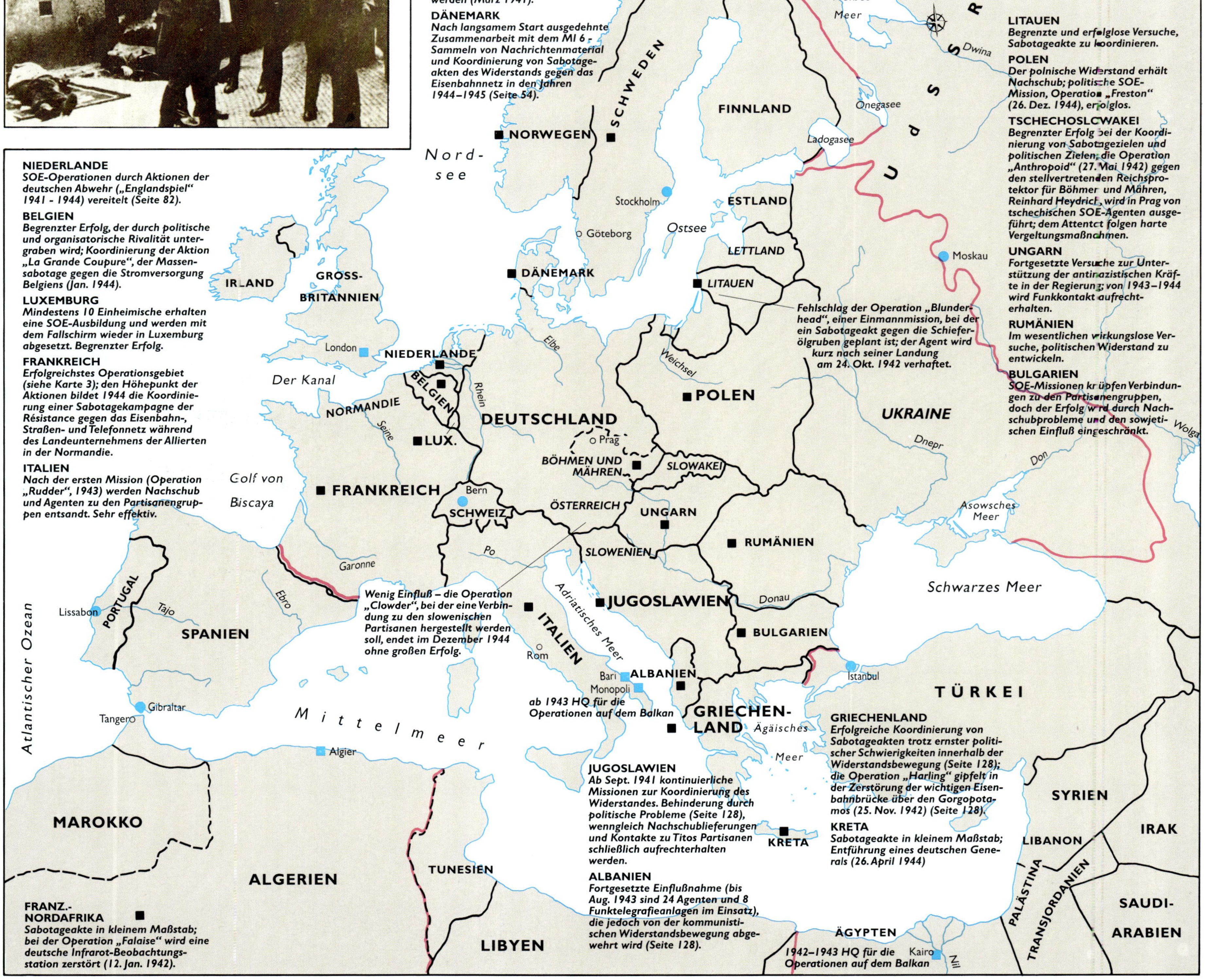

GEHEIMOPERATIONEN auf dem von Japan okkupierten Territorium stießen offenkundig auf Probleme beim rassenbedingten Erscheinungsbild sowie bei der japanischen antiimperialistischen Propaganda (siehe Seite 192). Trotzdem wurden in Südostasien *(4)* englische, US-amerikanische und asiatische Agenten eingeschleust, um auf dem von den Japanern besetzten Territorium Nachrichten zu sammeln, Guerillaoperationen zu koordinieren und Sabotageakte gegen die Kommunikationslinien und die Schiffahrt des Gegners zu unternehmen. Am erfolgreichsten war die von der indischen Abteilung des SOE geplante, aber von Australien aus gestartete Operation „Jayvick". Nach einer langen gefährlichen Reise in einem gekaperten Fischerboot (das den Namen „Krait" trug) griffen die Einsatzkräfte die im Hafen von Singapur vor Anker liegenden japanischen Handelsschiffe unter Benutzung von Kanus an. Mittels Haftminen versenkten die Saboteure über 30 000 BRT gegnerischen Schiffsraums und konnten am Ende entkommen. Ein Versuch zur Wiederholung dieser Operation im Oktober 1944 endete dagegen mit einer Katastrophe: Das gesamte Sabotagekommando fiel oder wurde gefangengenommen und im Juli 1945 exekutiert.

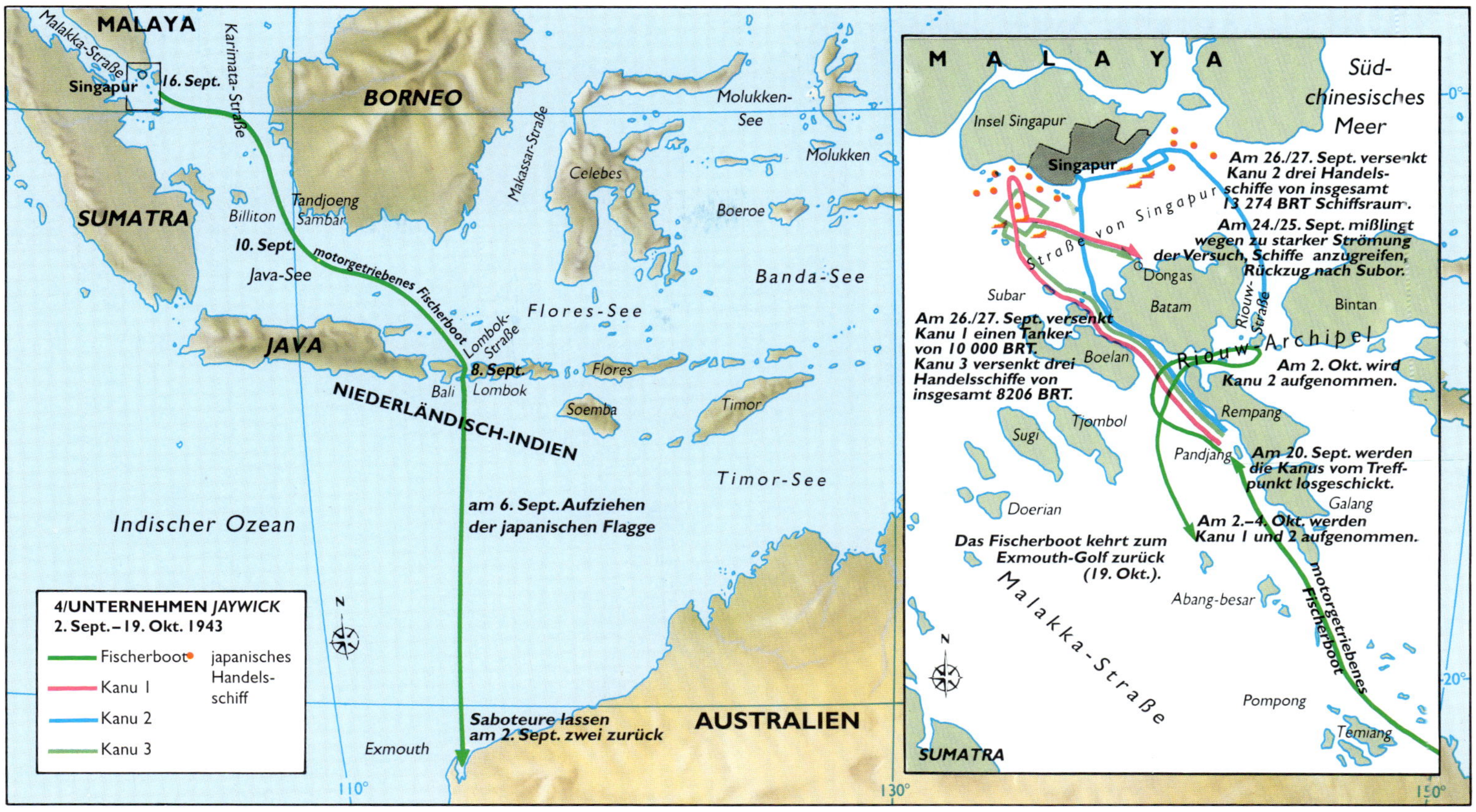

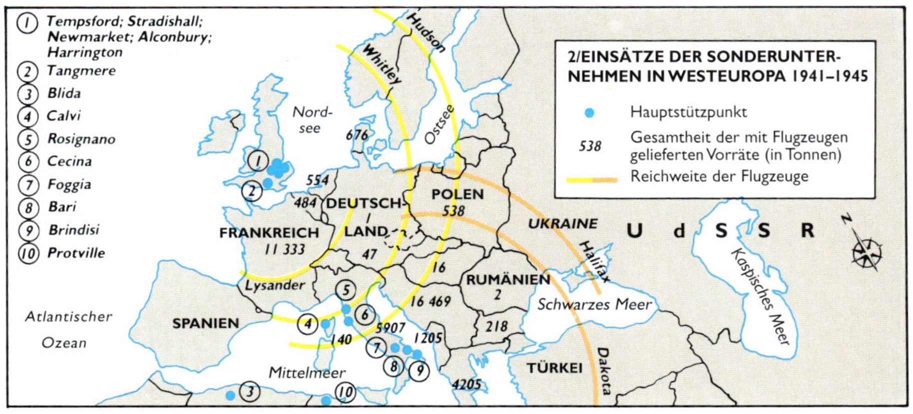

DIE BRITISCHE Special Operations Executive (SOE) war die wichtigste Organisation der Alliierten, die sich im okkupierten Westeuropa mit Geheimdienstoperationen befaßte *(1)*. Sie war nach Ländern in Sektionen gegliedert und arbeitete eng mit den jeweiligen Exilregierungen zusammen, wobei die Harmonie ihrer Beziehungen und die Art der betreffenden Operationen sehr stark variierten. Auf dem Balkan und in Italien wurden die Einsatzkräfte bestimmten Partisanengruppen zugeordnet, um diese mit Waffen und Material zu versorgen und ihre Tätigkeit mit der SOE und den Hauptquartieren der Alliierten abzustimmen. Im Nordwesten Europas arbeiteten die Einsatzkräfte generell als Geheimagenten. Sie bauten Netze zur Durchführung von Sabotageakten auf und bereiteten den Widerstand für konzentrierte Anstrengungen zur Unterstützung der zweiten Front vor. Allerdings wurde die Arbeit der SOE in den Niederlanden und in Frankreich durch den SD und die Abwehr extrem behindert. Die meisten Einsätze dieser Art wurden durch ein RAF-Geschwader für Spezialaufgaben wahrgenommen *(2)*. Diese Einheiten operierten von Stützpunkten in England, Nordafrika und Italien aus, warfen Agenten mit dem Fallschirm ab oder holten sie auch über große Entfernungen aus Polen oder Estland zurück. Das von der RAF abgeworfene Material in Form von Waffen, Munition, Sprengstoff, Funkgeräten und Geld war sehr wichtig für den Aufbau und die Entwicklung des bewaffneten Widerstands in ganz Europa. Frankreich nahm wegen seiner Nähe zu England, seiner politischen und ökonomischen Wichtigkeit und weil es zur Eröffnung der zweiten Front bestimmt war, in den Plänen der SOE die entscheidende Position ein *(3)*. Mindestens sechs verschiedene SOE-Sektionen arbeiteten hier neben anderen britischen Organisationen, dem amerikanischen OSS, den Diensten des Freien Frankreich und dem sowjetischen NKWD.

Bild oben links: SS-Offiziere nehmen die Leichen von Heydrichs Attentätern in Augenschein, Prag 1942.

Politik und Strategie 1939–1942

Im Sommer 1939 wurde für Großbritannien und Frankreich immer wahrscheinlicher, daß sich ihre Garantien für Polen (siehe Seite 30) für den Fall eines deutschen Angriffs zur „Regelung" der Streitfragen um Danzig und den polnischen Korridor ausdehnen würden. Man glaubte allgemein, daß eine Allianz mit der Sowjetunion diese Garantie verstärken würde. Ungeachtet der Gefahr, den kommunistischen Einfluß in Osteuropa zu stärken, konnte eine derartige Allianz Hitlers Ambitionen zügeln. Die englisch-sowjetischen Verhandlungen waren im August 1939 über der Frage ins Stocken geraten, ob Sowjettruppen im Fall eines deutschen Vormarsches Polen durchqueren dürften. In der Nacht vom 23. zum 24. August flog Reichsaußenminister von Ribbentrop nach Moskau und unterzeichnete mit Stalins Regierung einen Nichtangriffspakt. Die Beziehungen zwischen Nazideutschland und der Sowjetunion gestalteten sich überraschend herzlich. Sie beinhalteten einen Warenaustausch von erheblichem Umfang sowie die Überstellung von diversen exilierten Deutschen in deutsche Konzentrationslager. Allerdings bestand auf beiden Seiten starkes Mißtrauen wegen ihrer beiderseitigen Interessen in Finnland, der Türkei und Rumänien, wo sich im Raum von Ploeşti die für die deutschen Kriegsanstrengungen so wichtigen Ölquellen befanden. Stalin nutzte die deutsche Invasion in Frankreich im Juni 1940 zur Annektierung erheblicher Teile Nordrumäniens. Daraufhin entschloß sich Hitler zur Entsendung einer Militärmission in dieses Land. Vorher wollte er jedoch die in diesem Gebiet seit 1919 bestehenden Grenzstreitigkeiten ein für allemal ausräumen. Gemäß dem 2. Wiener Schiedsspruch (30. August 1940) mußte Rumänien den größten Teil Nordsiebenbürgens sowie den mittleren und östlichen Teil des Székely-Gebiets an Ungarn abtreten. Damit wurden die seit 1920 bestehenden Gebietsansprüche Ungarns befriedigt, das ja bereits durch den 1. Wiener Schiedsspruch (1938) südliche Gebiete der Slowakei bekommen hatte. Im Oktober 1940 traf die deutsche Militärmission in Rumänien ein und ebnete den Weg für die Beherrschung des Balkans durch Deutschland (siehe Seite 54). In den folgenden Monaten erklärten die Staaten in diesem Gebiet ihre Bereitschaft, sich dem Dreimächtepakt von Deutschland, Italien und Japan (27. September 1940) anzuschließen. Kurze Zeit hatte auch die Sowjetunion die Absicht, diesem Pakt beizutreten. In Berlin fand am 11. und 12. November 1940 eine Konferenz mit von Ribbentrop und Molotow, Stalins Außenminister, statt. Die Konferenz endete unbefriedigend, weil Molotow im Nahen Osten eine größere Rolle für die Sowjetunion beanspruchte, als Deutschland ihr zugestehen wollte; ab jetzt allerdings plante Hitler seinen Angriff auf die UdSSR (siehe Seite 56).

In der Zeit zwischen der deutschen Invasion in Frankreich und Hitlers Überfall auf Rußland waren die Briten isoliert. Freilich wurde die Haltung der USA zunehmend wohlwollender. 1940 fanden geheime Gespräche mit Vertretern der Flotte und des Militärs der USA und den Briten statt. Im gleichen Jahr gewährten die USA den Briten Wirtschaftshilfe (Lend-Lease-Abkommen, siehe Seite 98). Im August 1941 trafen sich Roosevelt und Churchill in der Nähe von Argentia (Placentia Bucht, Neufundland), um die zukünftige Strategie zu diskutieren. Zu dieser Zeit bedurfte England sehr dringend der Hilfe der Vereinigten Staaten in Nordafrika, während Roosevelts Berater eine „Europe-first"-Strategie bevorzugten, um so jede denkbare Gefahr eines Zusammenbruchs von Großbritannien auszuschließen. Das Treffen führte jedoch nur zu einer Deklaration von Prinzipien, der sogenannten Atlantikcharta. Dies versetzte die Engländer zumindest in die Lage, sich den sowjetischen Forderungen nach Anerkennung der Grenzveränderungen zu widersetzen, die es seit 1939 zugunsten der UdSSR gegeben hatte.

Als Japan in den Krieg eintrat (siehe Seite 66–68), fand in Washington eine dreiwöchige Konferenz statt, die am 22. Dezember 1941 unter der Codebezeichnung „Arcadia" eröffnet wurde, und an der Churchill und Roosevelt mit ihren Beratern teilnahmen. Erneut bekräftigt die amerikanische Seite ihren „Europe-first"-Standpunkt. Es wurden zwei Pläne beschlossen, einer mit der Bezeichnung „Sledgehammer" (Vorschlaghammer) für die Stationierung einer amerikanischen Streitmacht auf den Britischen Inseln zur Vorbereitung der Invasion auf dem europäischen Festland, und ein zweiter Plan unter dem Namen „Super-Gymnast" für die Landung amerikanischer Truppen an der Atlantikküste von Marokko, die den Engländern zu Hilfe kommen sollten. Die Engländer würden ihrerseits im Rahmen der Operation „Torch" (Taschenlampe) Truppen an Land in Algerien setzen (siehe Seite 116). Die Konferenz legte zugleich ein Funktionsschema für das Zusammenwirken der Vereinigten Stabschefs fest. Außerdem wurde die Deklaration der Vereinten Nationen unterzeichnet, welche die Kriegsziele der Alliierten festlegte. Es mußte allerdings auch etwas für die Sowjetunion getan werden. Im April 1942 traf sich daher der Stabschef der US-Armee, General George C. Marshall, mit dem Roosevelt-Vertrauten Harry Hopkins in London, um die Möglichkeit einer Landung mit Kanalüberquerung noch im Jahr 1942 auszuloten. Die Briten stimmten theoretisch zu, obwohl dies das Aus für die Operation in Nordafrika bedeutete. Im Juni suchte Churchill Roosevelt (in dessen Haus, im Hyde Park, New York) erneut auf, um den letztgenannten Aspekt zu verdeutlichen und um ganz allgemein größere Anstrengungen im Mittelmeerraum zu befürworten. Es kam zu einem langen Streit, aber die Fakten des Krieges – der Einsatz großer Mengen von Schiffsmaterial im Pazifik und die Krise der britischen Front in Nordafrika – verliehen Churchills Argumenten Gewicht. Bei den Verhandlungen in London vom 18.–25. Juli 1942 stimmten die Amerikaner schließlich der Mittelmeerstrategie zu. Damit blieb die Forderung der Sowjets nach Eröffnung einer zweiten Front in Europa unerfüllt.

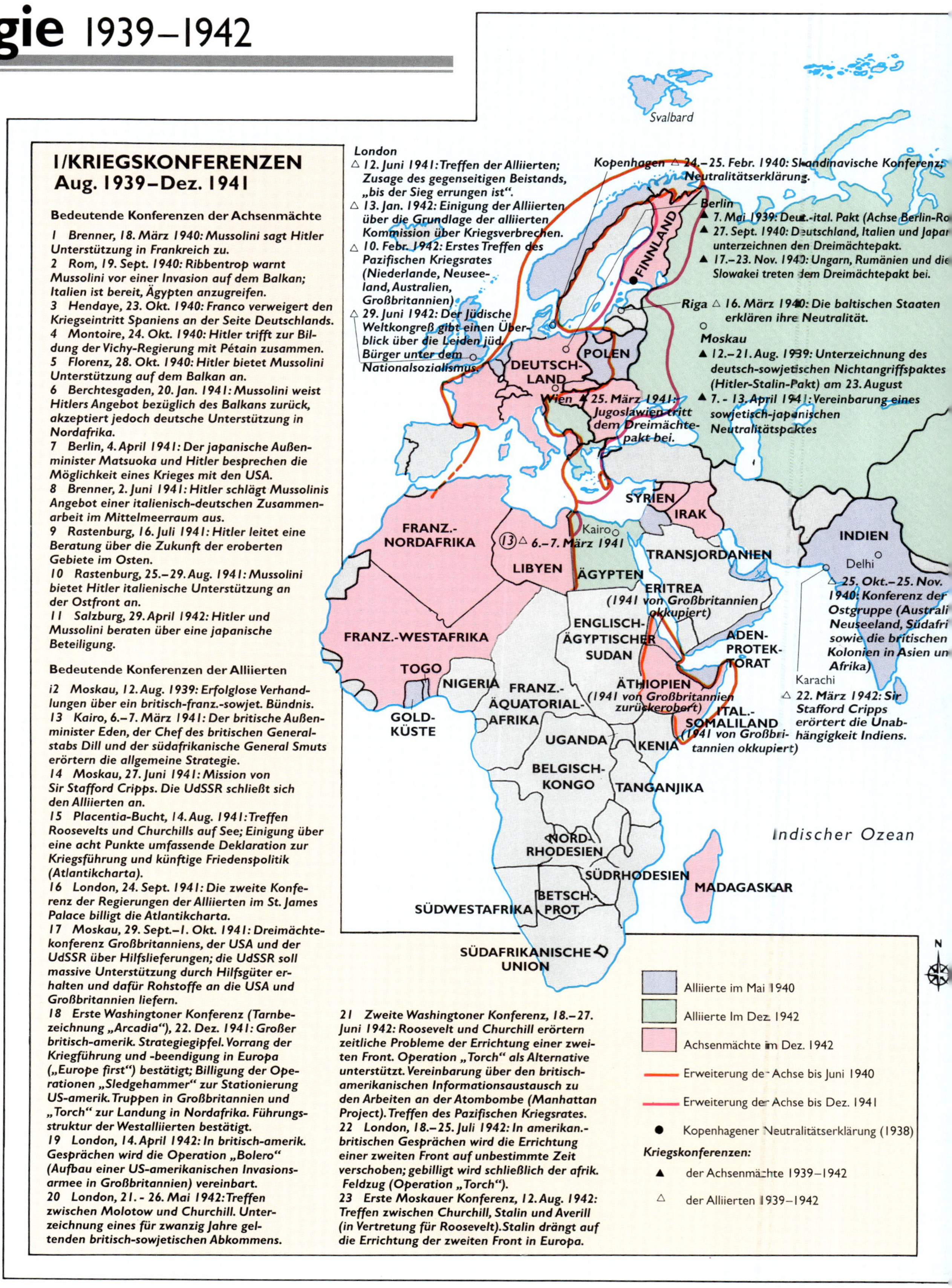

1/KRIEGSKONFERENZEN Aug. 1939–Dez. 1941

Bedeutende Konferenzen der Achsenmächte

1 Brenner, 18. März 1940: Mussolini sagt Hitler Unterstützung in Frankreich zu.
2 Rom, 19. Sept. 1940: Ribbentrop warnt Mussolini vor einer Invasion auf dem Balkan; Italien ist bereit, Ägypten anzugreifen.
3 Hendaye, 23. Okt. 1940: Franco verweigert den Kriegseintritt Spaniens an der Seite Deutschlands.
4 Montoire, 24. Okt. 1940: Hitler trifft zur Bildung der Vichy-Regierung mit Pétain zusammen.
5 Florenz, 28. Okt. 1940: Hitler bietet Mussolini Unterstützung auf dem Balkan an.
6 Berchtesgaden, 20. Jan. 1941: Mussolini weist Hitlers Angebot bezüglich des Balkans zurück, akzeptiert jedoch deutsche Unterstützung in Nordafrika.
7 Berlin, 4. April 1941: Der japanische Außenminister Matsuoka und Hitler besprechen die Möglichkeit eines Krieges mit den USA.
8 Brenner, 2. Juni 1941: Hitler schlägt Mussolinis Angebot einer italienisch-deutschen Zusammenarbeit im Mittelmeerraum aus.
9 Rastenburg, 16. Juli 1941: Hitler leitet eine Beratung über die Zukunft der eroberten Gebiete im Osten.
10 Rastenburg, 25.–29. Aug. 1941: Mussolini bietet Hitler italienische Unterstützung an der Ostfront an.
11 Salzburg, 29. April 1942: Hitler und Mussolini beraten über eine japanische Beteiligung.

Bedeutende Konferenzen der Alliierten

i2 Moskau, 12. Aug. 1939: Erfolglose Verhandlungen über ein britisch-franz.-sowjet. Bündnis.
13 Kairo, 6.–7. März 1941: Der britische Außenminister Eden, der Chef des britischen Generalstabs Dill und der südafrikanische General Smuts erörtern die allgemeine Strategie.
14 Moskau, 27. Juni 1941: Mission von Sir Stafford Cripps. Die UdSSR schließt sich den Alliierten an.
15 Placentia-Bucht, 14. Aug. 1941: Treffen Roosevelts und Churchills auf See; Einigung über eine acht Punkte umfassende Deklaration zur Kriegsführung und künftige Friedenspolitik (Atlantikcharta).
16 London, 24. Sept. 1941: Die zweite Konferenz der Regierungen der Alliierten im St. James Palace billigt die Atlantikcharta.
17 Moskau, 29. Sept.–1. Okt. 1941: Dreimächtekonferenz Großbritanniens, der USA und der UdSSR über Hilfslieferungen; die UdSSR soll massive Unterstützung durch Hilfsgüter erhalten und dafür Rohstoffe an die USA und Großbritannien liefern.
18 Erste Washingtoner Konferenz (Tarnbezeichnung „Arcadia"), 22. Dez. 1941: Großer britisch-amerik. Strategiegipfel. Vorrang der Kriegführung und -beendigung in Europa („Europe first") bestätigt; Billigung der Operationen „Sledgehammer" zur Stationierung US-amerik. Truppen in Großbritannien und „Torch" zur Landung in Nordafrika. Führungsstruktur der Westalliierten bestätigt.
19 London, 14. April 1942: In britisch-amerik. Gesprächen wird die Operation „Bolero" (Aufbau einer US-amerikanischen Invasionsarmee in Großbritannien) vereinbart.
20 London, 21. - 26. Mai 1942: Treffen zwischen Molotow und Churchill. Unterzeichnung eines für zwanzig Jahre geltenden britisch-sowjetischen Abkommens.
21 Zweite Washingtoner Konferenz, 18.–27. Juni 1942: Roosevelt und Churchill erörtern zeitliche Probleme der Errichtung einer zweiten Front. Operation „Torch" als Alternative unterstützt. Vereinbarung über den britisch-amerikanischen Informationsaustausch zu den Arbeiten an der Atombombe (Manhattan Project). Treffen des Pazifischen Kriegsrates.
22 London, 18.–25. Juli 1942: In amerikan.-britischen Gesprächen wird die Errichtung einer zweiten Front auf unbestimmte Zeit verschoben; gebilligt wird schließlich der afrik. Feldzug (Operation „Torch").
23 Erste Moskauer Konferenz, 12. Aug. 1942: Treffen zwischen Churchill, Stalin und Averill (in Vertretung für Roosevelt). Stalin drängt auf die Errichtung der zweiten Front in Europa.

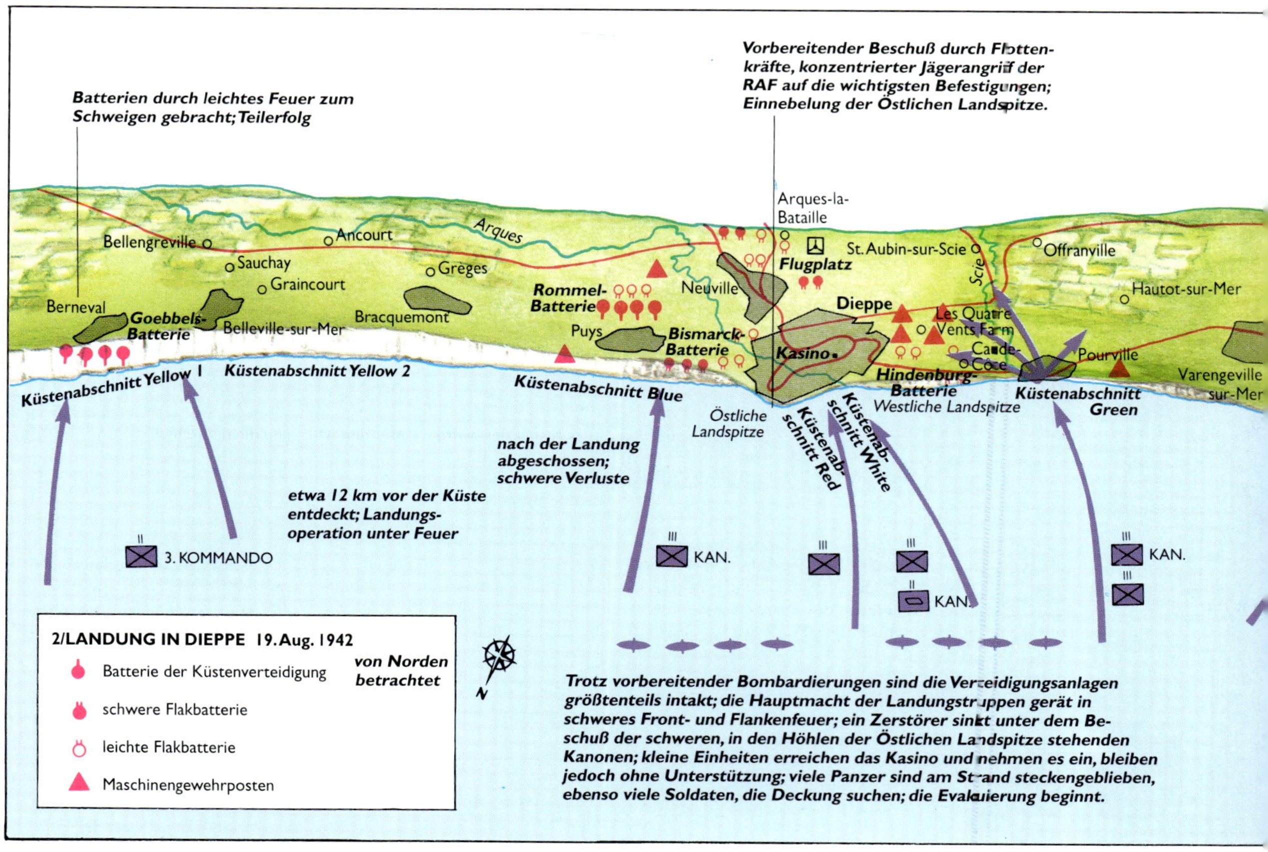

2/LANDUNG IN DIEPPE 19. Aug. 1942

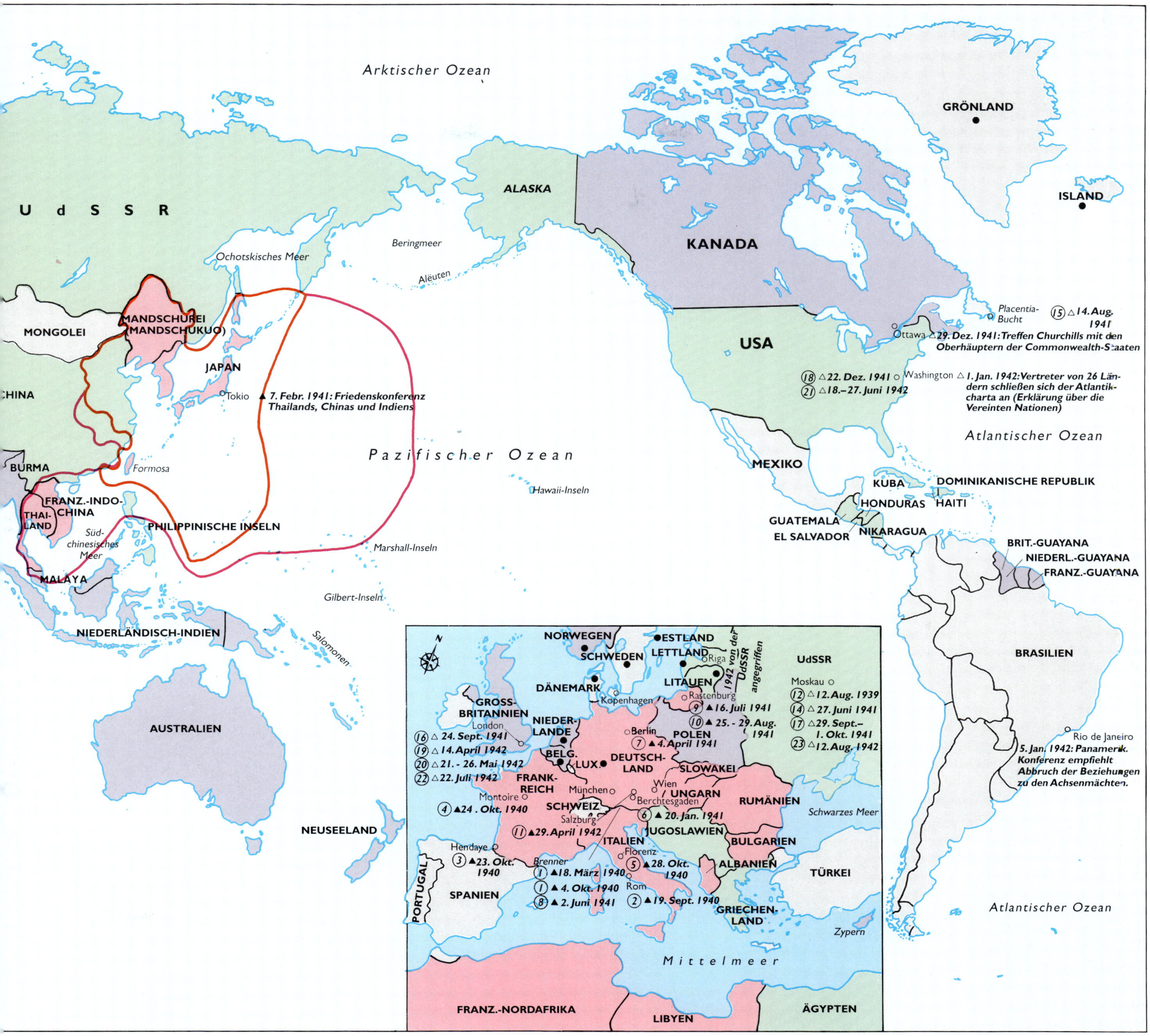

Der Zweite Weltkrieg begann zu einer Zeit, als sich die Kommunikationsmittel soweit entwickelt hatten, daß eine Änderung des Charakters der Diplomatie und der Entscheidungsfindung insgesamt möglich wurde. Der Luftverkehr ließ den kurzfristigen persönlichen Kontakt zwischen politischen Führern zu. Funk und Presse besaßen ausreichend Mittel, um die öffentliche Verantwortlichkeit der politischen Führer wichtiger als je zuvor zu machen. Sowohl Hitler als auch Chamberlain bedienten sich bei ihrer hektischen Shuttle-Diplomatie in den Monaten kurz vor Kriegsausbruch des Flugzeugs und der Publicity. Doch der bis dahin noch nie dagewesene Stil der Kriegsdiplomatie – die Treffen auf höchster Ebene – war hauptsächlich eine von Hitler eingeführte Neuerung und spiegelte seine Erfahrung bei der Manipulation der Medien wider. Die internationale Diplomatie der ersten Kriegsjahre ***(1)*** war durch eine Kette von Erfolgen der Achse gekennzeichnet: Großbritannien und Frankreich hatten in München Deutschland gegenüber eine Beschwichtigungspolitik gewählt (siehe Seite 30) und Hitler die Initiative überlassen. Der Achsenpakt besiegelte am 7. Mai 1939 die Allianz zwischen Deutschland und Italien, und der Dreimächtepakt vom 27. September 1940 garantierte die wechselseitige Unterstützung der europäischen Achsenmächte und Japans. In diesem Sinne war er gewissermaßen das Echo des antikommunistischen Paktes zwischen den drei Mächten aus dem Jahre 1936. Hitler war zwar bei der Einbindung vieler Balkanstaaten in den Dreimächtepakt Ende 1940 erfolgreich, vermochte sich jedoch nicht der spanischen Unterstützung zu versichern. Ein ganz außerordentlicher Coup der Deutschen war jedoch ihr Nichtangriffspakt mit der UdSSR (23. August 1939), der Hitler die erforderliche Zeit zur Regelung seiner Angelegenheiten in Westeuropa gab, ehe er das Unternehmen „Barbarossa" begann (siehe Seite 56). Die UdSSR schloß, zwei Monate bevor die Invasion der Deutschen sie veranlaßte, ins Lager der Alliierten zu wechseln, einen ähnlichen Pakt mit Japan, der bis August 1945 respektiert wurde. Unter den Alliierten erhielt England 1939 sofort die Unterstützung des Commonwealth und ab 1940 auch die Unterstützung durch die Exilstreitkräfte vieler okkupierter europäischer Länder. Roosevelt bot dem britischen Commonwealth und der UdSSR Unterstützung in Gestalt des Lend-Lease-Abkommens an, bevor die USA selbst in den Krieg eintraten. Nach Pearl Harbor (Dezember 1941) bestanden die beiden Hauptfragen darin, wie die USA ihre Anstrengungen auf den pazifischen und den europäischen Kriegsschauplatz aufteilen und wann sie die zweite Front in Europa eröffnen würden, um den Druck auf die UdSSR zu vermindern. Als Antwort auf die sowjetischen Forderungen bezüglich der zweiten Front wurde eine Kanalüberquerung bei Dieppe vorbereitet ***(2)***. Konzipiert als ein Mittel zur Gewinnung von Informationen über die deutsche Verteidigung des Kanals sowie als Demonstration des Willens der Westalliierten, die zweite Front in Frankreich zu eröffnen, endete die Expedition in einer Katastrophe. Einige wenige der ins Auge gefaßten Verteidigungsanlagen wurden zerstört, doch von 6000 Soldaten englischer, kanadischer, US-amerikanischer und freifranzösischer Streitkräfte fielen 3600, ehe die Landungszone evakuiert werden konnte. Verloren gingen auch 106 Flugzeuge, 30 Panzer, 33 Landungsfahrzeuge und 1 Zerstörer. Im Vergleich dazu betrugen die deutschen Verluste 600 Soldaten und ca. 50 Flugzeuge. Die so gewonnenen Erfahrungen erwiesen sich allerdings bei der Planung der Alliierten für die Invasion in der Normandie als wichtig (siehe Seite 152).

Bild rechts: Die meisten kriegführenden Staaten maßen dem technischen Fortschritt erstrangige Bedeutung bei. Der größte Vorteil der Engländer gegenüber den Deutschen bestand in den ersten beiden Kriegsjahren darin, daß sie das Radar als Schlüsselinstrument sowohl für die Schlacht um England als auch für die Schlacht im Atlantik besaßen. Die Deutschen entwickelten rasch ein ähnliches System. Ihre ersten hier dargestellten Anlagen waren noch sehr groß und plump.

Die Atlantikschlacht II April 1941–März 1943

Beim Kampf gegen den Schiffsverkehr der Alliierten wechselte die Initiative von April 1941 bis März 1943 zwischen den Beteiligten hin und her. Allgemein gesprochen und zumindest äußerlich betrachtet, schienen sich die Ereignisse zunächst günstig für die Achse zu entwickeln. Wie die britische Admiralität später feststellte, kamen die deutschen U-Boote ihrem Ziel, die Verbindungswege der Alliierten über den Nordatlantik zu unterbrechen, niemals so nahe wie in den ersten 20 Tagen des März 1943. In diesem Monat versenkten deutsche U-Boote 108 von 120 Handelsschiffen. Das war nicht der schwerste monatliche Verlust im Kriegsverlauf, aber dennoch sehr ernst zu nehmen, weil 72 Handelsschiffe aus Geleitzügen heraus versenkt wurden.

Rückblickend muß der deutsche Erfolg im März 1943 jedoch als Ausnahme gesehen werden, bestenfalls als Teilerfolg, jedoch mit Schönheitsfehlern, der gegen den allgemeinen Trend der Schlacht im Atlantik erreicht worden war. In diesem einen Monat erreichten die deutschen U-Boote ihr bestes Ergebnis bei der Vernichtung von Schiffen der Alliierten. Nach dem März 1943, als der Kampf gegen die U-Boote einsetzte, sanken die von den Deutschen erzielten Monatsergebnisse dramatisch ab (siehe Seite 108).

Die Langzeittrends der Schlacht im Atlantik zeigten während dieser Phase des Frühjahrs 1942, daß die deutsche Marine ihre schlußendliche Niederlage ungefähr in der Mitte einer Periode beispiellosen Erfolges vorhersagen konnte. Das war möglich, wenn man das Zusammentreffen verschiedener ungünstiger Bedingungen anerkannte. Außergewöhnlich an diesen Umständen war die Tatsache, daß man den U-Booten nach dem Mai 1941 die ganze Last des Krieges gegen die Schiffahrt des Gegners ohne eine wirksame Unterstützung durch Überwasserschiffe, Kaperschiffe und Luftwaffe aufbürdete. Ab Jahresmitte wurde darüber hinaus eine zunehmende Anzahl von U-Booten ins Mittelmeer abgestellt. Diese Neugruppierung sollte zum einen die Moral der verzagenden Italiener heben, und zum anderen auf Hitlers Befehl die Wahrscheinlichkeit eines Zusammenstoßes mit den Vereinigten Staaten verringern. Die letzteren verfolgten, ungeachtet ihres neutralen Status, eine zunehmend englandfreundliche Vorwärtsstrategie im Nordatlantik.

So kam es, daß die wesentlichsten Anstrengungen der U-Boote in der zweiten Hälfte des Jahres 1941 im Ostatlantik unternommen wurden, wo die Konzentration der englischen Geleitzüge am größten war. Ende des Jahres erlitten die U-Boote bei ihren Angriffen auf die Geleitzüge erstmals erhebliche Verluste. Der Kriegseintritt der Amerikaner im Dezember 1941 gab den Deutschen ohne Frage die Möglichkeit, Handelsschiffe mit nur geringem Risiko an der Ostküste der USA zu versenken, wo die Unsicherheiten eines Kampfes geringer waren als im Ostatlantik. Wegen der mangelnden Bereitschaft und später wegen der Schwierigkeiten bei der Organisation eines Geleitzugsystems entlang der Ostküste und in der Karibik, erzielten die U-Boote in diesen Gewässern während der ersten sechs Monate des Jahres 1942 massive Erfolge. Später verlagerte sich die Hauptkampfzone zurück in den mittleren Atlantik, als die Einführung des Geleitzugsystems durch die Amerikaner die U-Boote zwang, den Westatlantik wieder zu verlassen. So war der Einsatzbereich der U-Boote erneut eingeschränkt.

Nach dieser Änderung war der Kampf zwischen dem Geleitschutz und den U-Booten neun Monate lang einigermaßen ausgeglichen, zumindest was die Verluste betraf. Eine wachsende Anzahl von U-Booten, die in den Dienst gestellt wurden bzw. bereits am Kampfgeschehen beteiligt waren, sorgten dafür, daß die Verluste der Alliierten unangenehm hoch blieben. Darüber hinaus kam es in der zweiten Hälfte des Jahres 1942 zur Einführung ausgedehnter Aufklärungsrouten von U-Booten in großem Umfang. Die deutsche Marineaufklärung genoß den Vorteil, englische Flotten- und Marinefunksprüche lesen zu können. Doch die monatliche Anzahl der Versenkungen der im Einsatz befindlichen U-Boote nahm stetig ab und verschlechterte die

Solange die Vereinigten Staaten neutral blieben, mußten englische und kanadische Streitkräfte bis Dezember 1941 weiterhin die Last des Geleitschutzes für die Handelsschiffahrt auf sich nehmen *(1)*. Als dann mehr Schiffe unterwegs waren, wurde die Organisation der Geleitzüge immer komplizierter. Für jeden Geleitzug mußten vier separate Geleitschutzgruppen koordiniert werden. Die U-Boot-Produktion nahm zu *(5)*, doch auch die Verluste der im Einsatz befindlichen U-Boote wurden durch Bombardierungen der U-Boot-Stützpunkte an der Westküste von Frankreich vergrößert (siehe Seite 112). Während die Luftsicherung der Alliierten jetzt besser funktionierte als 1940, bestand nach wie vor ein ernster Mangel an Flugzeugen, und so konnte auch die Lücke in der Luftsicherung des Atlantik nicht geschlossen werden. Bis zur Lieferung des US-amerikanischen „Liberator" mit seiner großen Reichweite sollten noch 18 Monate vergehen. Beim Küstenkommando *(4)* trafen ab Dezember allmählich Lieferungen von Flugbooten der Typen „Hudson" und „Catalina" ein, doch das Aufspüren der U-Boote, die ihre Haupteinsatzbasis im Golf von Biskaya verließen, blieb enttäuschend. Es wurden mehr U-Boote durch Sichtung als durch Radar entdeckt. Die Benutzung von Stützpunkten im neutralen Island, erst durch die Engländer und dann durch die Amerikaner (nach dem 11. Juli 1942), vergrößerte den durch Luftpatrouillen abgedeckten Bereich des Nordatlantik.

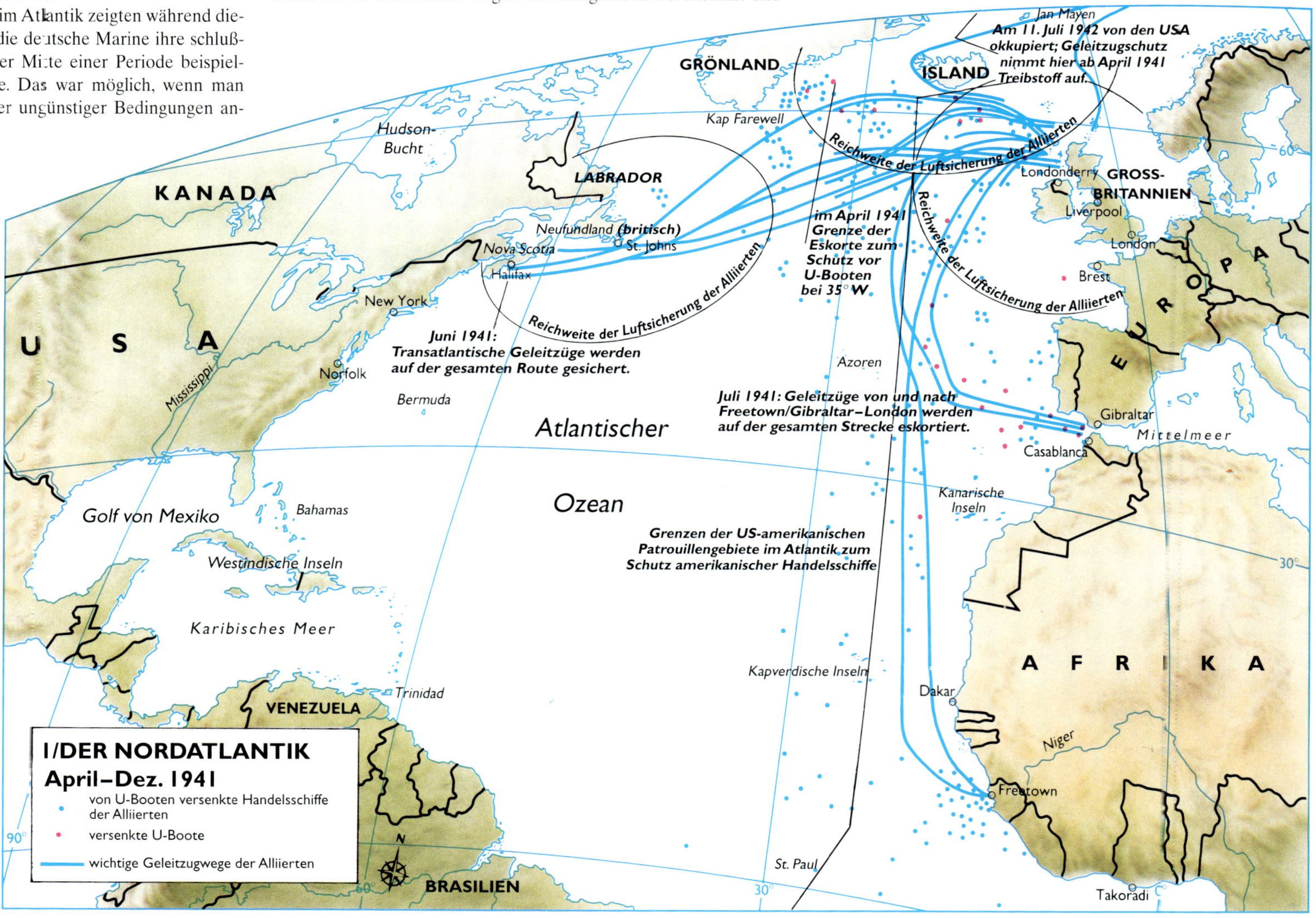

Datum	durch U-Boote	durch Flugzeuge	durch Minen	durch Schlacht- und Panzerschiffe	durch Hilfskreuzer auf Kaperfahrt	durch Sprengboote	unbekannte oder andere Ursachen	Gesamtverluste im Quartal
April–Juni 1941	885 010 (162)	531 170 (222)	63 408 (25)	keine	76 401 (13)	4299 (3)	70 680 (34)	1 630 968 (443)
Juli–Sept. 1941	377 341 (98)	73 949 (45)	24 931 (19)	7500 (1)	35 904 (6)	10 195 (5)	7798 (7)	537 616 (168)
Okt.–Dez. 1941	342 820 (71)	131 087 (45)	85 304 (28)	6661 (2)	keine	21 020 (9)	319 743 (216)	906 635 (371)
Jan.–März 1942	1 341 788 (242)	246 538 (58)	34 183 (18)	19 347 (9)	8591 (2)	951 (1)	202 305 (203)	1 933 703 (533)
April–Juni 1942	1 739 146 (343)	196 707 (42)	53 730 (23)	100 001 (20)	99 024 (15)	keine	13 092 (13)	2 213 703 (456)
Juli–Sept. 1942	1 505 880 (302)	192 371 (36)	8905 (2)	3188 (1)	76 312 (11)	49 762 (9)	10 147 (4)	1 846 573 (365)
Okt.–Dez. 1942	1 679 393 (272)	63 707 (9)	7767 (8)	7925 (1)	10 698 (2)	20 443 (13)	4556 (2)	1 794 489 (308)
Jan.–März 1943	1 189 833 (208)	90 706 (16)	53 782 (14)	keine	7040 (1)	4858 (1)	11 591 (3)	1 357 810 (243)

3/VERLUSTE ALLIIERTER HANDELSSCHIFFE April 1941–März 1943 *(in BRT, in Klammern Anzahl der Schiffe)*

Schiffsverluste insgesamt auf den Seekriegsschauplätzen (April 1941–März 1943)

Atlantischer Ozean	Mittelmeer	Indischer Ozean	Pazifischer Ozean
8 631 521 (1727)	1 032 733 (271)	838 511 (231)	1 043 328 (467)

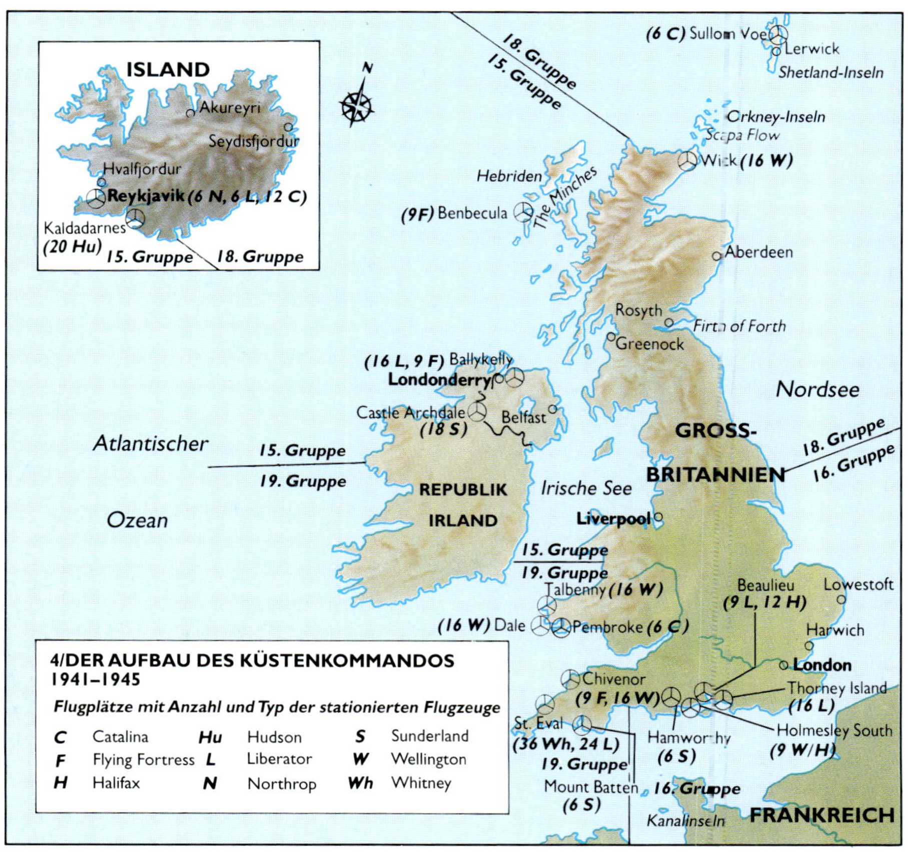

deutschen Ergebnisse. Nach dem August 1942 wäre die Erfolgsquote an vernichteten Schiffen noch weiter gesunken, wenn die Deutschen nicht Erfolge in der Arktis erzielt hätten (siehe Seite 180). Hier führte im Spätsommer 1942 die Kombination von U-Boot- und Luftangriffen sowie die Anwesenheit großer deutscher Kriegsschiffe in den norwegischen Fjorden zu einer zeitweiligen Einstellung der Geleitzüge der Alliierten in die UdSSR.

Die erwähnte Verschlechterung der Ergebnisse der Deutschen hängt damit zusammen, daß zum Zeitpunkt des zahlenmäßigen Anstiegs von U-Booten seit Kriegsbeginn, auch die Stärke des englischen Geleitschutzes zunahm. Ende 1942 lag die Zahl der Begleitschiffe je Geleitzug etwa bei fünf, doch jetzt brachten die immer zahlreicheren und besser gesicherten Geleitzüge die U-Boote um die leichte Beute, die einst den Erfolg der Deutschen ausgemacht hatte. 1942 wurden 962 Handelsschiffe, die nicht in Geleitzügen fuhren, versenkt, 840 davon durch deutsche U-Boote. Nachdem das Geleitzugsystem erweitert worden war, mußten die U-Boote ihre Aufmerksamkeit auf Geleitzüge und den Kampf mit deren Sicherungskräften richten, die einzeln und vereint eine weit stärkere Bedrohung darstellten als 1940 und 1941. Zu den deutschen Schwierigkeiten kam nach 1942 hinzu, daß die englische Flottenaufklärung den deutschen Funkverkehr mithören konnte und außerdem Schritte zur Sicherung des eigenen Funkverkehrs unternahm. Nach dem Januar 1943 verschoben die Erfolge der „Ultra"-Kryptologen das nachrichtendienstliche Gleichgewicht zugunsten Großbritanniens. Eine Ausnahme bildete dabei der März 1943; damals hatten die Briten wegen technischer Änderungen auf deutscher Seite keinen Zugang zu deren Funksignalen. Dieser Zeitraum war zugleich der Schwanengesang der deutschen U-Boote im Zweiten Weltkrieg.

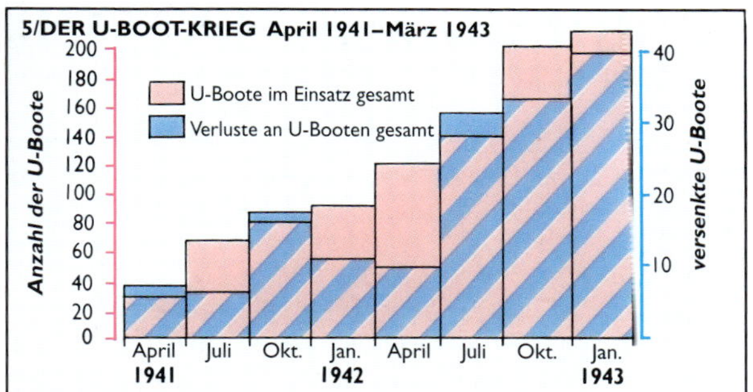

5/DER U-BOOT-KRIEG April 1941–März 1943

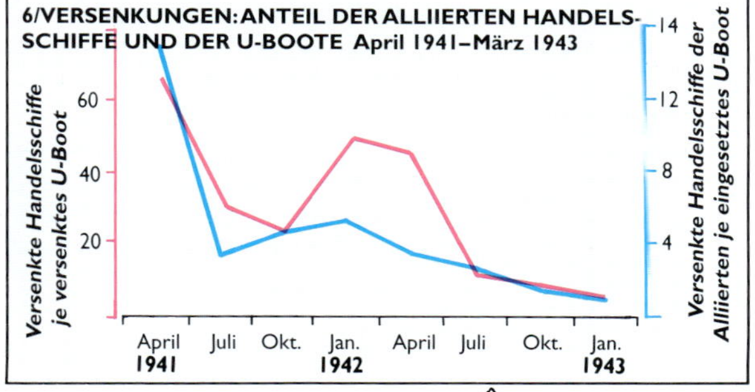

6/VERSENKUNGEN: ANTEIL DER ALLIIERTEN HANDELSSCHIFFE UND DER U-BOOTE April 1941–März 1943

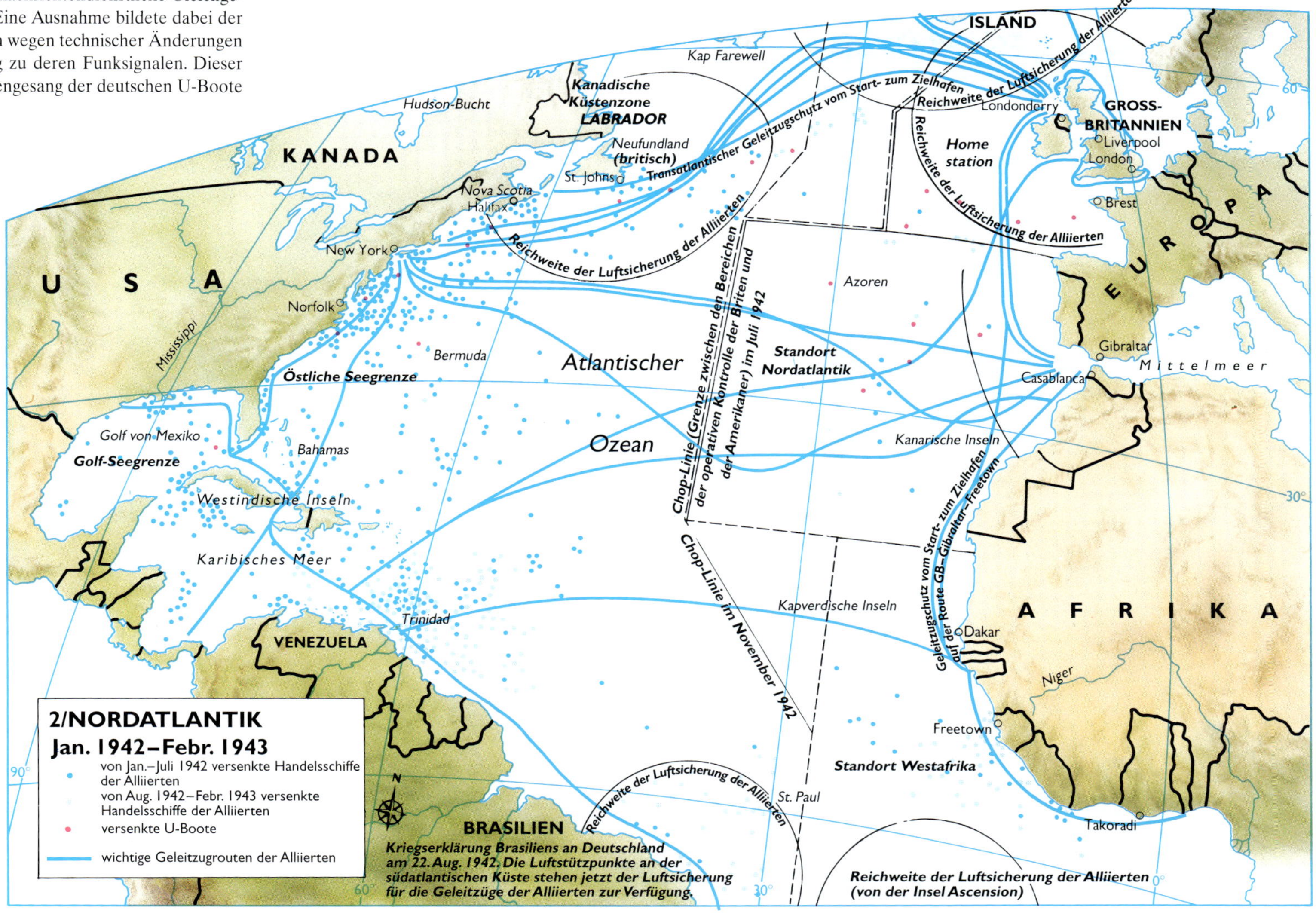

DER EINTRITT DER USA in den Krieg führte zu einer Ausdehnung des U-Boot-Krieges bis an die Ostküste der USA **(2)**. Noch immer nicht überzeugt von der Effektivität des Geleitzugsystems, mußten sich die Amerikaner später durch die hohen Verluste, die sie erlitten, eines Besseren belehren lassen. Im Februar sanken jedoch die Verluste durch U-Boot-Angriffe **(3)**, was die Briten in ihrer Zuversicht bestärkte, daß sich die Gefahr beherrschen ließe. Im März sollte sich dieser Trend umkehren: U-Boote versenkten mehr als die doppelte Anzahl von Handelsschiffen aus Geleitzügen heraus als in irgendeinem anderen vorangegangenen Kriegsmonat. Die Fahrt der Geleitzüge HX 229 und SC 122 **(7)** war begleitet von erbitterten Kampfhandlungen. 40 U-Boote versenkten 141 000 BRT der Alliierten und illustrierten damit die Effektivität der Rudel-Taktik, die das Fehlen jeder Art von Luftdeckung sowie eine große Dichte des Funkverkehrs mit den Gegenstellen in Deutschland zur Voraussetzung hatte. Das Abfangen von Funksprüchen und ihre Dechiffrierung durch die „Ultra"-Kryptologen und die ständige Deckung durch Flugzeuge, die von den Alliierten im Frühjahr 1943 eingeführt wurde, ließen die Sicherheit der Geleitzüge der Alliierten im Nordatlantik eindrucksvoll ansteigen.

Bild oben rechts: Ein Handelsschiff der Alliierten wird angegriffen. Blick durch das Periskop eines U-Bootes.

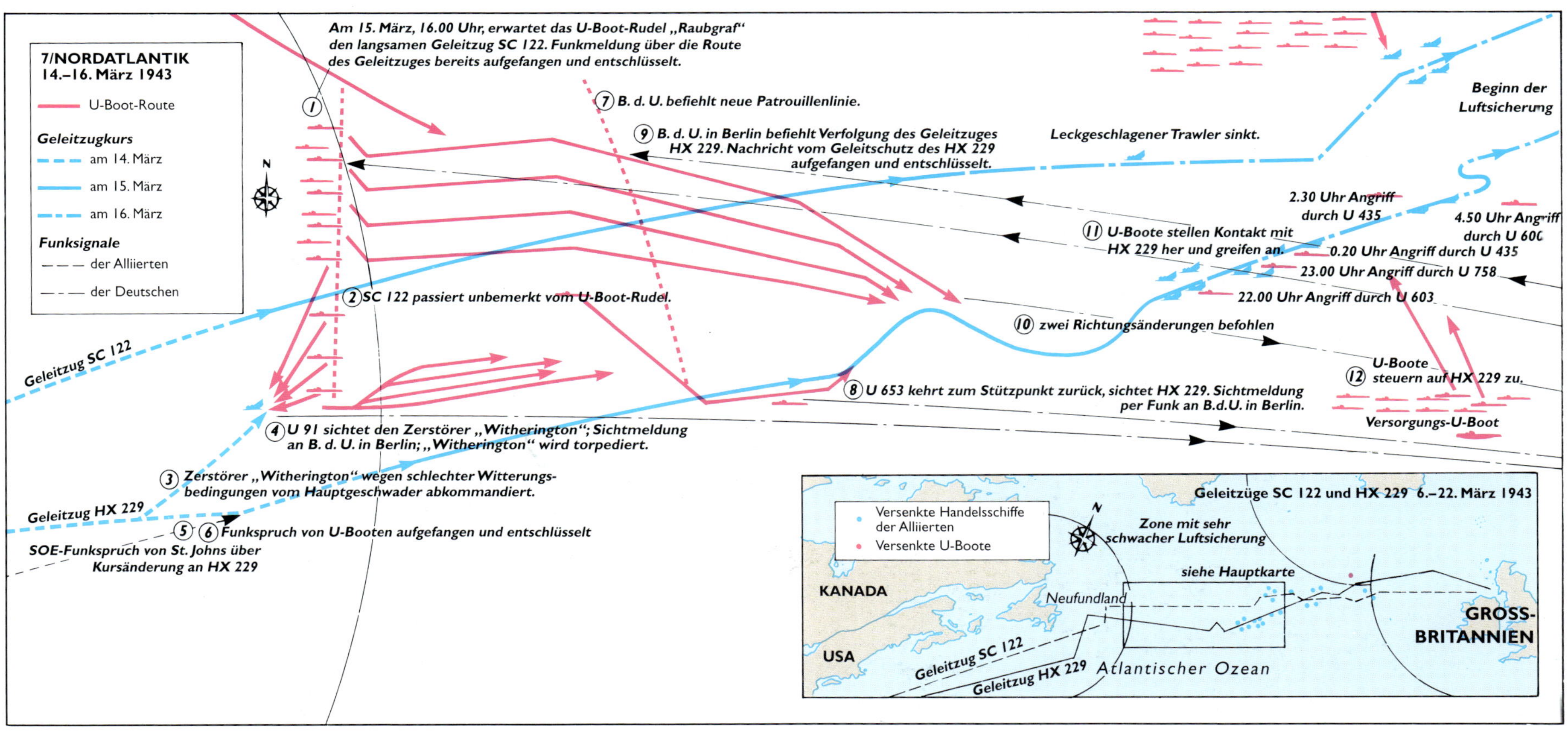

Das Großdeutsche Reich 1939–1945

Die frühen Kriegserfolge in Europa gaben den Naziführern die Möglichkeit, den Aufbau dessen zu beginnen, was sie die „Neue Ordnung" nannten: eine neue Grenzziehung in Europa mit dem Ziel, ein System europäischer Staaten zu installieren, worin Deutschland die dominierende imperiale Macht wäre. Deutschland sollte das neue Rom werden, das Europa von seinem ethnischen Heimatland aus beherrschen würde. Zu diesem Zweck sollte es sich einige Staaten (Österreich, Böhmen und Mähren sowie Westpolen) unmittelbar einverleiben, andere (Ukraine, Slowakei, Kroatien, Norwegen und die Niederlande) hingegen als Satellitenstaaten mit eigenen Regierungen und vor Ort residierenden Statthaltern der Nazis bestehen lassen. Andere wichtige Staaten sollten durch ein Bündnis oder durch Niederwerfung lediglich eine begrenzte Autonomie in dem von Deutschland dominierten Europa behalten. Die Verwaltung Europas während des Krieges reflektierte diese Absichten bereits, obwohl große Teile des Kontinents kriegsbedingt unter formaler militärischer Kontrolle bleiben mußten. Die „Neue Ordnung" sollte erst mit Beginn des Friedens geschaffen werden.

Diese Ordnung sollte sowohl die Wirtschaft als auch die Politik erfassen. Die ökonomischen Ressourcen des ganzen Kontinents sollten von Berlin aus reguliert bzw. beeinflußt werden. Deutschland sollte der größte Industriestaat überhaupt werden, der seine Waren an die angrenzenden, stärker landwirtschaftlich orientierten und Primärressourcen produzierenden Staaten verkauft. Eine neue, im zentralen Teil der Ostgebiete liegende große Industrieregion – von Schlesien bis zum Schwarzen Meer – sollte Deutschland einen hohen Lebensstandard garantieren und das Gleichgewicht des industriellen Wirtschaftssystems Europas verändern. Die deutsche Vorherrschaft und die Ausbeutung der europäischen Wirtschaft wurde in der Mitte des Krieges vollendete Tatsache (siehe Seite 202). Das eroberte Europa trug 90 Mrd. Mark zu den deutschen Kriegsanstrengungen bei. Ein Strom lebenswichtiger Rohstoffe, Nahrungsmittel und Arbeiter ergoß sich ins Reich. Deutsche staatliche und private Unternehmen organisierten die Übernahme eines großen Teils der europäischen Industrie.

Hitler glaubte, daß dieser Krieg nicht nur für Deutschland, sondern insgesamt für die europäische Kultur ein endgültiger Krieg sei, der daher bis zum bitteren Ende ausgefochten werden mußte. Darum befahl er gleich bei Beginn des Konflikts die rücksichtslose Nutzung aller ökonomischen Ressourcen in Deutschland. Mitte 1941 waren fast zwei Drittel des Arbeitskräftepotentials mit der Erfüllung von kriegsbezogenen Aufträgen beschäftigt; das war mehr als in Großbritannien. Der Lebensstandard wurde gleich von Anbeginn einschneidend reduziert. Nahezu alle wichtigen Konsumgüter und Nahrungsmittel wurden rationiert. Das Rationierungssystem funktionierte gut, und der Schwarzmarkt war durch Androhung drakonischer Strafen für den Verkäufer ebenso wie für den Käufer verbotener Güter unter Kontrolle. Der Verbrauch sank in Deutschland sehr viel tiefer als in Großbritannien oder den USA. Bei Kriegsende waren mehr als die Hälfte der deutschen Arbeitskräfte Frauen. Die Wirtschaft wurde von der Kriegsproduktion beherrscht. Die deutsche Rüstungsindustrie funktionierte in den ersten Kriegsjahren nicht besonders gut, doch ihre von Albert Speer (ab 1942) vorangetriebene Rationalisierung steigerte die Waffenproduktion in nur zwei Jahren erheblich. 1943 forderte Goebbels den totalen Krieg.

Zur gleichen Zeit bekamen die Opfer der Unterdrückung durch die Nazis die praktische Realität von Hitlers kulturellen und rassischen Visionen unnachsichtig zu spüren. Der Geist der „Endlösung" der europäischen Judenfrage (siehe Seite 92) war auf die Bevölkerung der eroberten Ostgebiete ausgedehnt worden: Polen, Balten, Ukrainer und Angehörige anderer Völker der westlichen Sowjetunion waren in großer Zahl rücksichtslos ausgerottet worden. Die Überlebenden waren als Arbeitssklaven einzusetzen oder ins sibirische Exil zu verbannen, während das Land, das ihnen bis dahin gehört hatte, von deutschen Bauern kolonisiert werden sollte.

In dem Maße, wie der Krieg fortschritt, war Hitler immer stärker bemüht, die Kriegführung unter seine unmittelbare Kontrolle zu bringen. 1942 übernahm er den Oberbefehl über seine Armeen. Im gleichen Jahr begann er sich unmittelbar um Kriegsproduktion und Waffenentwicklung zu kümmern. Keine Entscheidung konnte ohne Hitlers direkte Zustimmung oder, was öfter vorkam, die Entscheidung eines unmittelbaren Mitarbeiter Hitlers, Bormann, Keitel oder Lammers, getroffen werden. Der allgemeine Enthusiasmus für die Partei begann zu schwinden, als sich das Kriegsglück wendete, doch dessenungeachtet behielt der Durchschnittsbürger seinen Glauben an den Führer, an Hitlers Fähigkeit, Deutschland noch viel länger vor der Katastrophe bewahren zu können. Erst nach Stalingrad (siehe Seite 104) und Hamburg (siehe Seite 112) begann der Führermythos zu wanken. Danach kämpften viele Deutsche aus Angst vor den „Russen" und auch aus Furcht vor der SS weiter, die die Krise in diesem Krieg nutzte, um mit brutalen Methoden ihre Macht in Deutschland zu vergrößern. Je rücksichtsloser die Nazibewegung wurde, um so mehr nahm ihre Anziehungskraft für viele Deutsche ab. Als dann die deutsche „Neue Ordnung" allenthalben zusammenbrach, resignierte das deutsche Volk, wurde apathisch und bezeichnete den Augenblick der Niederlage als die „Stunde Null".

1941 ERSTRECKTE sich Deutschlands Herrschaft auf 15 europäische Länder; nur die neutralen Regierungen in Schweden, Spanien, der Schweiz und Portugal behielten tatsächlich eine gewisse Unabhängigkeit *(1)*. Deutsche Beamte und Funktionäre begannen die Planung der „Neuen Ordnung“ in Europa bereits zu einem sehr frühen Zeitpunkt des Krieges. Das eroberte Rußland sollte die Gestalt mehrerer Provinzen des deutschen Reiches annehmen, mit einem sibirischen Rumpfstaat für die russische Bevölkerung, die durch eine Anzahl großer deutscher Garnisonen von Europa fern gehalten werden sollte. Die in den eroberten Territorien ansässige Bevölkerung sollte umgesiedelt, germanisiert oder vernichtet werden. Europa sollte durch ein Netzwerk neuer Autostraßen, das von Paris bis zur Krim reichte *(4)*, für den Verkehr erschlossen werden. Die in Gaue gegliederte Parteiorganisation wurde auf die okkupierten Territorien an Deutschlands Grenzen ausgedehnt. Die SS-Organisation mit ihren Wirtschaftsunternehmen war auch in die deutsche Wirtschaftsverwaltung eingegliedert *(3)*. Die gesamte Schwerindustrie der besetzten Territorien wurde größtenteils durch die staatlichen Reichswerke „Herrmann Göring“ übernommen, eine riesige Holdinggesellschaft, die 1 Million Arbeiter beschäftigte und überall in Europa eigene Anlagen besaß, von den Eisenerzvorkommen in Lothringen bis zu den Stahlwerken in der Ukraine *(2)*. Europa wurde als Quelle von Rohstoffen und Arbeitskräften ausgebeutet. Einige Arbeiter kamen, angelockt durch die höheren Löhne sowie eine feste Anstellung, freiwillig, die meisten wurden jedoch gezwungen, in Deutschland zu arbeiten *(2)*. 1944 waren es 6 Millionen ausländische Arbeiter, die ihren Teil dazu beitrugen, die deutsche Kriegsproduktion zu verdreifachen *(5)*.

Bild unten links: Die Nazipropaganda zeigte, wie hier in der Ukraine, Menschen, die die Nazis als ihre Befreier begrüßten. Oben links: Der Bolschewismus galt als Ursache des Krieges, während die Deutschen als heroische Kämpfer für die Freiheit dargestellt wurden.

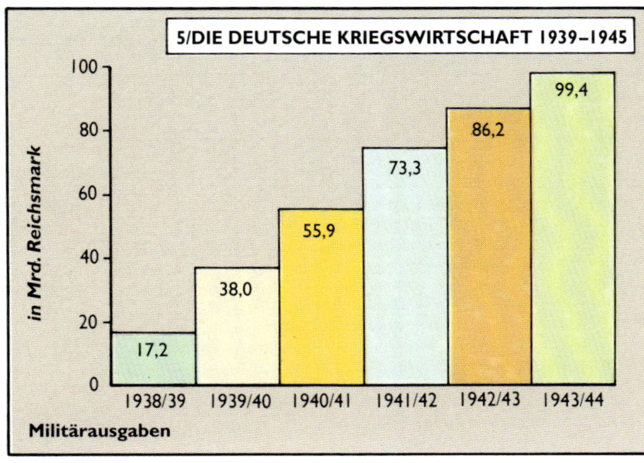

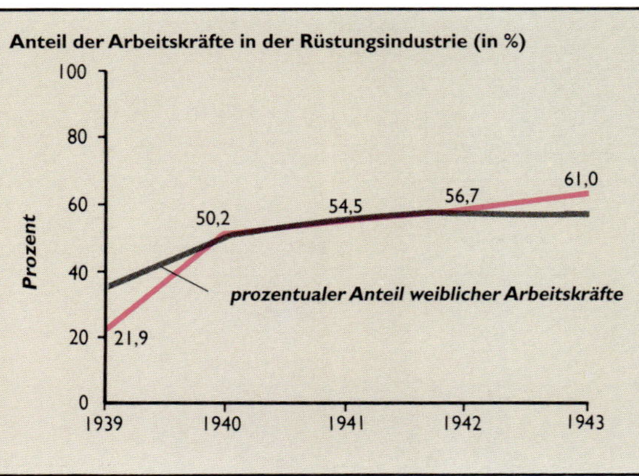

Die Rüstungsproduktion

	1940	1941	1942	1943	1944	1945
Flugzeuge	10 257	11 776	15 409	24 897	39 807	7 540
Panzer	2 200	5 200	9 300	19 800	27 300	o.A.
Artilleriegeschütze	6 000	30 000	69 000	157 000	361 000	o.A.
Munition (in t)	865 000	540 000	1 270 000	2 558 000	3 350 000	o.A.

Verfolgungen im Deutschen Reich 1933–1945

Kaum war Adolf Hitler 1933 deutscher Reichskanzler geworden, initiierte er Gesetze, die gegen seine politischen Widersacher, gegen sozial „Unerwünschte" sowie gegen bestimmte rassische Gruppen gerichtet waren und diese diskriminierten. Eine Sonderstellung unter Hitlers Opfern nahmen die Juden ein. Binnen zweier Jahre wurde eine halbe Million deutscher Juden vom Leben in Deutschland ausgeschlossen und aus ihren Berufen vertrieben. Etwa 250 000 fanden im Ausland Zuflucht, darunter jene 50 000 denen man den Aufenthalt in Großbritannien gestattete. Alle, die zurückbleiben mußten, waren fortan ständiger Verfolgung ausgesetzt. Während der sogenannten Reichskristallnacht im November 1938 wurden Hunderte Juden umgebracht und viele Synagogen niedergebrannt. Die Angriffe auf Juden und jüdisches Eigentum erfolgten koordiniert in ganz Deutschland und Österreich. Die deutsche Besetzung Böhmens und Mährens im März 1939 brachte eine weitere halbe Million Juden unter deutsche Herrschaft. Da diese ebenfalls sehr diskriminiert wurden und ihr Heil in der Flucht suchten, zeigten sich immer weniger Regierungen bereit, jüdische Flüchtlinge aufzunehmen. Mit der Eroberung Polens durch Deutschland (im September 1939) kamen weitere 2 Millionen Juden unter deutsche Herrschaft. Nun sahen sich die Deutschen plötzlich kriegsbedingt in die Lage versetzt, von der Verfolgung zur Ermordung überzugehen. Hunderte polnischer Juden wurden auf den Straßen getötet. In verschiedenen Städten wurden Männer, Frauen und Kinder in den örtlichen Synagogen eingeschlossen und diese dann angezündet. Es folgten Massenmorde an vielen tausend polnischen Juden (September–Oktober 1939). Die Überlebenden wurden von den Deutschen gezwungen, in sorgfältig separierten Stadtvierteln, sogenannten Ghettos, zu leben, was einen Rückfall in das Leben der Juden im Mittelalter darstellte. Die letzten europäischen Ghettos waren unter Napoleon aufgehoben worden. Nun wurden sie wieder eingeführt und durch entsprechende Maßnahmen ergänzt: Stacheldraht, extrem niedrige Lebensmittelrationen und die Todesstrafe für jeden Juden, der versuchte zu fliehen, oder auch für jeden Nichtjuden, der versuchte, Ghettobewohnern Nahrungsmittel zukommen zu lassen. Mitte 1940 verhungerten in dem von Deutschland besetzten Teil Polens jeden Monat Tausende Juden in den Ghettos.

Mit der Eroberung Frankreichs, Belgiens, der Niederlande, Norwegens, Dänemarks kamen ab Sommer 1940 weitere Hunderttausende Juden unter deutsche Herrschaft, die ebenfalls diskriminiert wurden. Ab Frühjahr 1941 galt dies auch für die Juden Jugoslawiens und Griechenlands. Mit der deutschen Invasion in der Sowjetunion begannen im Juni 1941 schließlich die Massenmorde auf sowjetischem Territorium, wo mehr als 1 Million Juden umkamen. Ihre Ermordung erfolgte durch besonders ausgebildete deutsche Einsatzgruppen, oft unter Mithilfe von Kollaborateuren und örtlicher Miliz. Ab Juni 1941 wurden Juden an Orte außerhalb der großen Städte gebracht, die für die massenhafte Ermordung von Juden vorgesehen waren. Hier wurden Hunderttausende von Juden durch Maschinengewehrfeuer getötet. Die größten und bekanntesten Einrichtungen dieser Art waren Ponar (bei Wilna), Rumbuli (bei Riga), das Neunte Fort (bei Kaunas) sowie Babi Jar (bei Kiew).

Ende 1941 entschlossen sich Hitler und die SS, das jüdische Leben in ganz Europa auszurotten. Die Bezeichnung für dieses Vorhaben lautete „Endlösung". Die Juden wurden in Todeslager gebracht, die sich überwiegend auf polnischem Territorium befanden. Hierher wurden alle Juden aus der betreffenden Region, aber auch Juden aus Westeuropa deportiert und gleich nach der Ankunft in eigens für diesen Zweck konstruierten Gaswagen und Gaskammern umgebracht. Das erste Todeslager wurde bei Chelmno eröffnet (Dezember 1941). Innerhalb weniger Monate folgten weitere bei Bełzec, Sobibór, Treblinka und Maly Trostinez. Bis 1945 waren in diesen fünf Lagern über zweieinhalb Millionen Juden ermordet worden.

Die nichtjüdischen Opfer der Naziverfolgung – darunter Kommunisten und Homosexuelle – wurden ab 1933 in einer ganzen Reihe von Konzentrationslagern entsetzlich gefoltert. Zu den ersten derartigen Lagern auf deutschem Reichsgebiet gehörten Sachsenhausen, Buchenwald und Dachau. Juden wurden ebenfalls in diese Lager geschickt und dort in großer Zahl ermordet. Mauthausen in Österreich, Natzweiler im Elsaß und Stutthof in Polen waren besonders berüchtigt. Im Sommer 1940 richteten die Deutschen bei Auschwitz ein Straflager speziell für Polen ein. Im Sommer 1942 wurde dieses Lager vergrößert und mit Gaskammern versehen, so daß man jetzt Juden aus ganz Europa hierher bringen konnte. Hunderttausende Juden wurden zu Arbeitssklaven gemacht. Etwa 2 Millionen – meist Frauen und Kinder sowie Alte und Kranke – wurden innerhalb weniger Stunden nach ihrer Ankunft im Lager vergast. Auch einige hunderttausend Sinti und Roma wurden in Auschwitz und einigen der anderen Todeslager umgebracht.

Ende 1943 hatten die meisten der Todeslager ihr furchtbares Werk beendet und wurden geschlossen. Nur die Gaskammern in Auschwitz und Majdanek, einem anderen Lager in Polen, machten fast bis zum

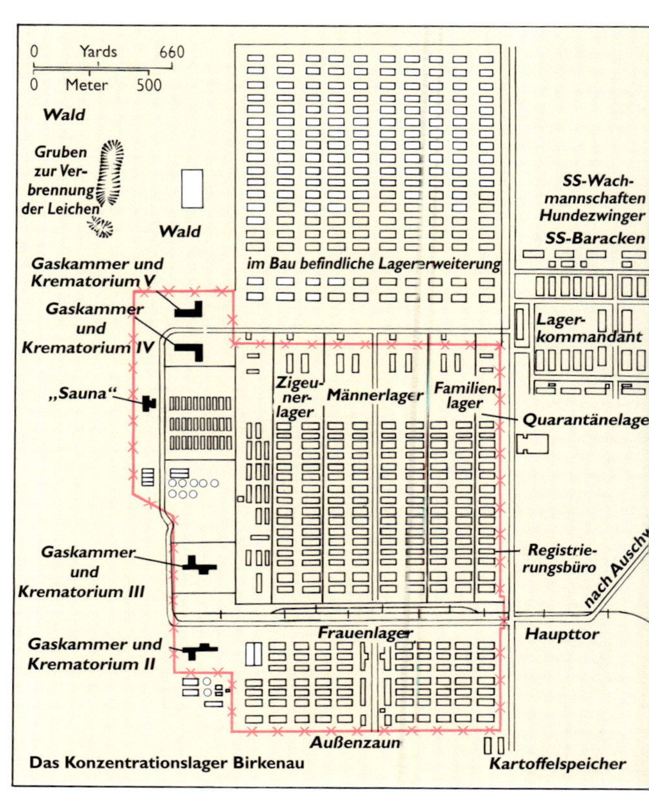

Das System der Konzentrationslager *(1)* wurde 1933 in Deutschland etabliert. Mit jeder deutschen Eroberung dehnte es sich aus, zunächst auf Österreich, dann auf Polen, Frankreich, Jugoslawien, Westrußland, das Baltikum und die Ukraine. Oft wurden die Lager hier von örtlichen Kollaborateuren geleitet. Insgesamt unterstanden die Konzentrationslager einer zentralen Kontrolle in Berlin. Zum System der Konzentrationslager gehörten auch sogenannte Durchgangslager, wo die Juden vor der Deportation zusammengetrieben wurden. Drancy in Paris, Malines im Norden von Brüssel und Westerbork in den Niederlanden waren die größten derartigen Durchgangslager in Westeuropa. Von hier wurden die Juden nach Auschwitz oder in andere Todeslager geschickt. In Theresienstadt, einem „Modell-Ghetto", das von den Deutschen in Böhmen eingerichtet worden war, wurden Hunderttausende deutsche, österreichische und tschechoslowakische Juden etwa zwei Jahre gefangen gehalten, bevor man sie nach Auschwitz und Maly Trostinez brachte. Die Gesamtzahl der Juden, die die Nazis zu töten beabsichtigten *(2)*, wurde auf einer Geheimkonferenz festgelegt, die im Januar 1942 am Wannsee in Berlin stattfand. Diese Konferenz beschäftigte sich auch mit den Juden in England und Spanien, die beide noch nicht unter deutscher Herrschaft standen, die man aber letztendlich doch ebenfalls in Todeslager zu deportieren hoffte. Die Gesamtzahl französischer Juden umfaßte auch die sephardischen Juden aus Französisch-Nordafrika.

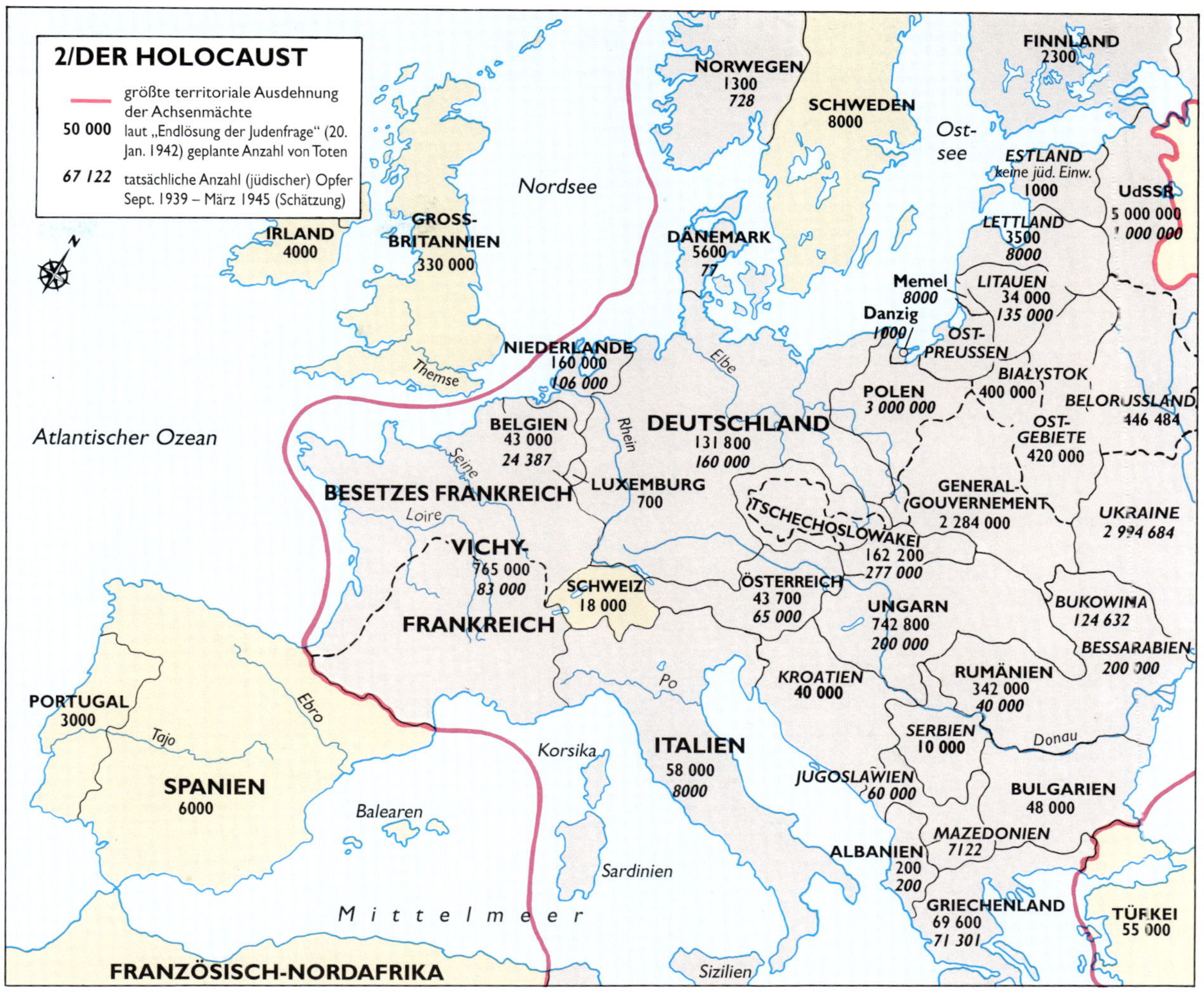

Eintreffen der Sowjetarmee weiter. Diejenigen, die in den Baracken der Arbeitssklaven von Auschwitz und anderswo beim Näherkommen der Sowjets noch am Leben waren, wurden nach Westen in Marsch gesetzt. Zehntausende ausgezehrte und halb verhungerte Menschen starben oder wurden auf diesen Todesmärschen erschossen. Wer überlebte, kam in Konzentrationslager auf deutschem Reichsgebiet, darunter nach Dachau und Bergen-Belsen. Als britische und US-amerikanische Streitkräfte diese Lager endlich erreichten, waren weitere Zehntausende verhungert.

Die Gesamtzahl der zwischen 1939 und 1945 umgebrachten Juden liegt in der Größenordnung von 6 Millionen. Außerdem wurden Hunderttausende Sinti und Roma sowie über 100 000 Deutsche und Polen ermordet, die entsprechend dem deutschen Euthanasieprogramm als so hochgradig geisteskrank oder physisch so zurückgeblieben galten, daß ihnen nicht erlaubt werden konnte, weiterzuleben. 3 Millionen nichtjüdische polnische Zivilisten und 1 Million Serben sowie einige hunderttausend Arbeitssklaven aus Westeuropa und dem Balkan wurden ebenfalls von Deutschen getötet oder starben aufgrund von Hunger bzw. schlechter Behandlung während der Kriegsjahre. Etwa 4 Millionen sowjetische Kriegsgefangene wurden von den Deutschen umgebracht; einige starben in Auschwitz, doch die meisten ließ man ohne Nahrung und medizinische Hilfe in Lagern zusammengepfercht sterben.

Mehr als irgendein anderer Einzelfaktor war es die Verfolgungs- und Vernichtungspolitik der Nazis gegenüber den Juden und anderen Gruppen, die weltweit verurteilt wurde und zur Schaffung der Kommission für Kriegsverbrechen führte.

Bild unten: Diese Handkoffer gehörten deportierten Juden, die man unter Vorspiegelung einer Umsiedlung in die Todeslager von Auschwitz oder Birkenau geschickt hatte. Das Programm der systematischen Judenvernichtung umfaßte auch eine industrielle Nutzung für Deutschland: Kleidung, Brillen, Schuhe, Haar und Zahngold der Opfer wurden gesammelt, um in Deutschland verkauft oder wiederverwendet zu werden.

Einige unter deutschem Einfluss stehende Länder, lehnten es angesichts des von Deutschland ausgeübten Druckes ab, ihre Juden zu deportieren: Finnland, Italien (bis zur Okkupation Italiens durch die Deutschen im Jahre 1943) und Ungarn (bis zur Okkupation durch die Deutschen im Jahre 1944). In Bulgarien retteten König, Kirche und Parlament 48 000 Juden vor dem sicheren Tode, indem sie deren Abtransport nicht erlaubten. Die Sinti und Roma *(3)* waren eine weitere ethnische Gruppe, die von den Nazis zwecks Deportation, Ausnutzung zur Sklavenarbeit und anschließender Vergasung ausgesondert wurden. Viele wurden in jüdische Ghettos geschickt. Andere schaffte man direkt in die Todeslager. Noch mehr wurden in dem von Deutschland okkupierten Teil Rußlands durch Einsatzgruppen *(5)*, deren Hauptaufgabe die Vernichtung der mehr als 1 Million in dieser Region lebenden Juden war, erschossen. Die Einsatzgruppen begannen ihre Tätigkeit am 22. Juni 1941, dem ersten Tag des deutschen Überfalls auf die Sowjetunion und setzten sie ohne Unterbrechung bis weit in das Jahr 1942 fort. Sie bestanden aus vier Hauptgruppen, die der deutschen Armee auf dem Fuße folgten und sämtliche Juden, bolschewistischen Kommissare und andere „Unerwünschte" töteten, derer sie in jeder Groß- oder Kleinstadt, in jedem noch so winzigen Dorf in ganz Westrußland und der Ukraine habhaft werden konnten. Von Babi Jar in der Nähe von Kiew sind uns pedantisch genaue Aufzeichnungen überliefert: 33 771 Juden wurden innerhalb von drei Tagen umgebracht. Die größte Anzahl von Juden, die in einem einzelnen Lager ermordet wurde, beträgt über 2 Millionen und betrifft Auschwitz (*4*, von Mitte 1942 bis Ende 1944 in Betrieb). In den Lagern befanden sich Hunderttausende jüdischer Arbeitssklaven und Sinti und Roma. Vier Gaskammern waren Tag und Nacht in Betrieb, um Deportierte zu töten, die von weither aus Frankreich, Norwegen, Italien, Griechenland oder von den Ägäis-Inseln Kos und Rhodos kamen. Zu Hunderttausenden wurden sie bei ihrer Ankunft selektiert, um als Arbeitssklaven durch Arbeit vernichtet oder gleich vergast zu werden, wenn sie ihres Gesundheitszustandes wegen nicht zum Arbeiten taugten. Im Gebiet von Auschwitz gab es riesige Industrieanlagen, darunter Monowitz-Buna, eine Fabrik für synthetisches Benzin, wo Arbeitssklaven aus Auschwitz ebenso wie alliierte Kriegsgefangene ausgebeutet wurden. Im Januar 1945 mußten die KZ-Häftlinge aus dieser Region zwecks Evakuierung die Todesmärsche antreten.

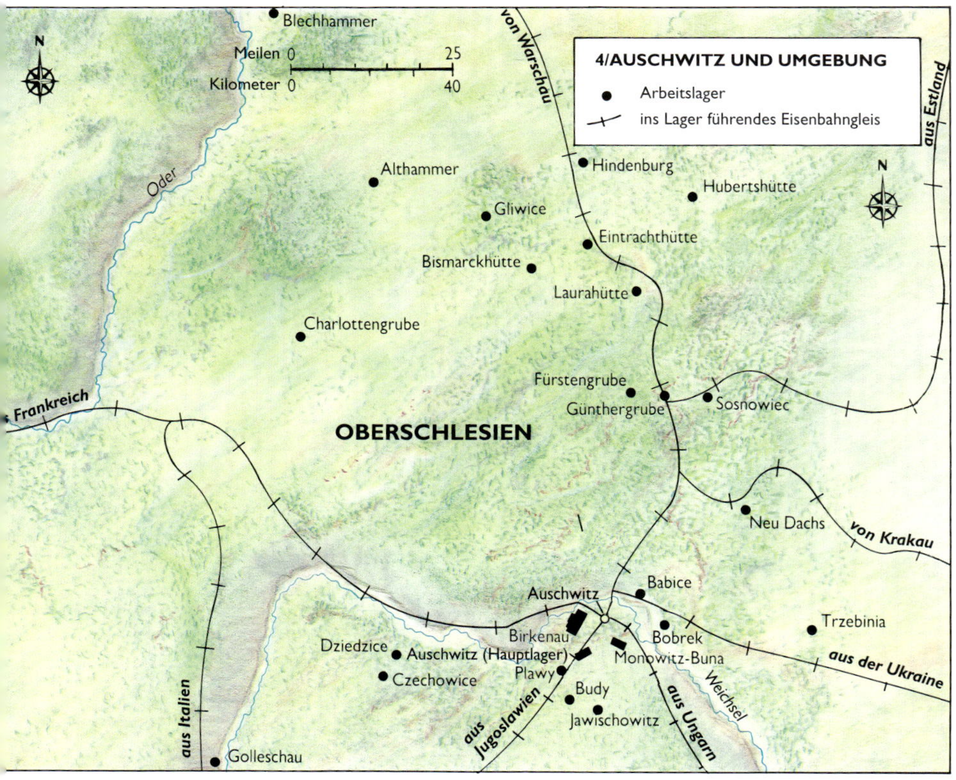

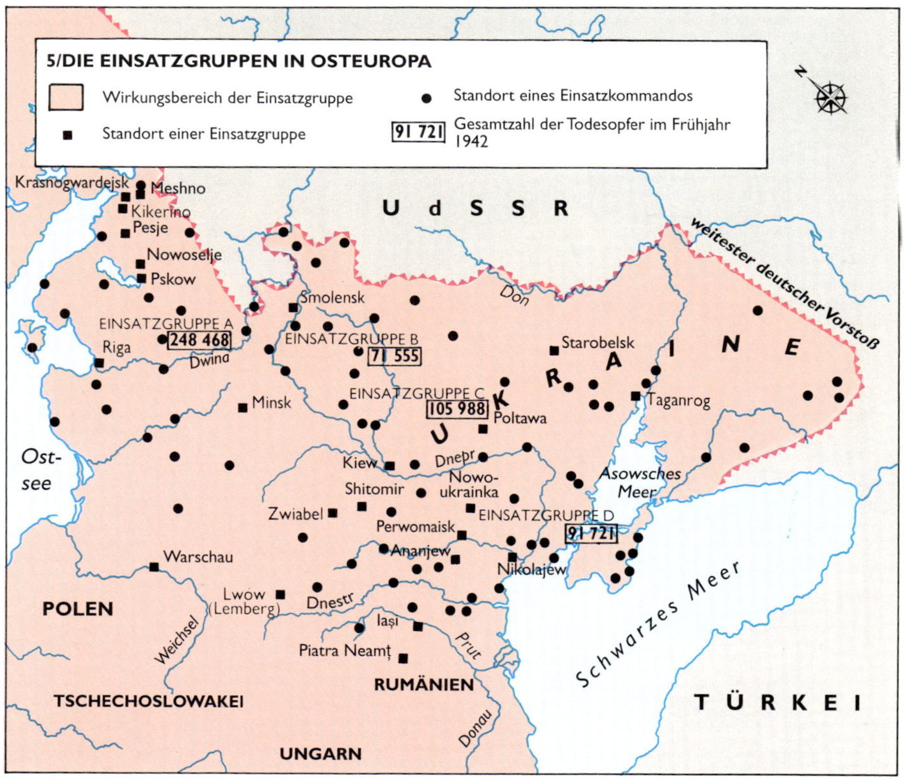

Der Widerstand in Westeuropa 1940–1945

Da der deutsche Sieg in Westeuropa 1940 so rasch und vollständig errungen wurde, gab es bei Beendigung der Kampfhandlungen praktisch keine Pläne für einen Widerstand gegen die Besatzungsmacht. Nach dem Schock der militärischen Niederlage und unter dem Eindruck der gnadenlos zupackenden Repressionsorgane der Nazis war die Opposition gegen die deutsche Herrschaft zunächst unkoordiniert und schwach. Große Teile der Bevölkerung versuchten sich dem neuen Status quo anzupassen und bemühten sich um Wiederherstellung einer Art von Vorkriegsnormalität. Ganz im Gegensatz hierzu sahen die Naziparteien in den eroberten Ländern vor allem die Möglichkeit, unter den neuen Bedingungen die Macht zu ergreifen. Aber selbst Führern wie Quisling in Norwegen und Mussert in Holland, die bei den Nazis als vertrauenswürdig galten, wurde von den Deutschen nur die Ausübung einer sehr begrenzten politischen Kontrolle gestattet. Angesichts Hunderttausender, die freiwillig für die Besatzungsmacht arbeiteten, konnten sich viele nicht entschließen, Widerstand zu leisten, zumal man durch bedingungslose Kollaboration auch Vorteile genoß. Deutschlands Angriff auf die Sowjetunion im Jahr 1941 beruhigte so manches Gewissen: Wer sich bei der Waffen-SS eingeschrieben hatte, galt plötzlich nicht mehr als Verräter an den nationalen Idealen, sondern wurde in den Rang eines Kreuzfahrers gegen den Kommunismus erhoben.

Viele der ersten Widerstandskämpfer flüchteten vor der Okkupation, um den Kampf vom Exil aus fortzusetzen. Die Staatsoberhäupter von Holland, Norwegen, Jugoslawien, Griechenland und Luxemburg sowie die Exilregierungen von Belgien, der Tschechoslowakei und Polen wurden zu Leitfiguren, unter deren Führung sich ein nationaler Widerstand aufbauen konnte. Wie wichtig die allgemein anerkannte Führerrolle war, machten besonders die Probleme deutlich, die General de Gaulle als Führer des Freien Frankreich bewältigen mußte, weil er es in der französischen Regierung nur für kurze Zeit zum Unterstaatssekretär für nationale Verteidigung gebracht hatte.

Die Exilstreitkräfte bedeuteten für den Krieg jedoch sehr viel mehr als nur das moralische Stimulans für jene, die zu Hause geblieben waren und Widerstand leisteten. Polnische Exilarmeen kämpften in Norwegen, der Sowjetunion, Nordafrika, Italien und in den Niederlanden (siehe Seite 95). Polnische, tschechische, französische und belgische Piloten spielten bei der Schlacht um England eine wichtige Rolle. Norwegische, dänische und holländische Handelsschiffe halfen den Engländern, die durch U-Boot-Angriffe entstandenen Schiffsraumverluste auszugleichen. Auch während der Feldzüge der Alliierten im Mittelmeerraum und in Nordwesteuropa standen Franzosen und Tschechen ihren Mann.

Die Widerstandsakte im okkupierten Europa waren anfangs notwendigerweise passiver Natur. Bei der Zivilbevölkerung stießen die Okkupanten auf Ablehnung. Diesem Gefühl gab auch eine wachsende Zahl antideutscher Aktionen Ausdruck. Der scheinbaren Allgewalt und Allwissenheit deutscher Sicherheitskräfte zum Trotz kam es zu öffentlichen Demonstrationen. In den Niederlanden wurde 1941 als Protest gegen juden- und arbeiterfeindliche Gesetze ein Generalstreik ausgerufen. Ein Jahr später lehnten es die meisten norwegischen Lehrer ab, eine Loyalitätserklärung für das neue Regime zu unterzeichnen. Der ideologische und kulturelle Widerstand wurde auch durch eine Untergrundpresse unterstützt, die in allen besetzten Ländern regelrecht aufblühte. In Frankreich, Polen und in den Niederlanden erschienen jeweils über 1 000 illegale Zeitungen und Millionen von Büchern, Flugschriften und Informationsblättern gegen die Nazipropaganda im okkupierten Europa. Viele Informationen stammten von dem verbotenen Sender BBC, dessen bloßes Abhören schwer bestraft wurde.

Das gewachsene Selbstvertrauen der Widerstandskämpfer in den okkupierten Ländern und der Aufbau unterstützender Dienste der Alliierten, z. B. des *Special Operations Executive* (SOE) (siehe Seite 84), führten zur Zunahme subversiver Aktivitäten. Der SOE sowie später der sowjetische NKWD und der amerikanische OSS schickten ausgebildete Agenten in die besetzten Länder zur Koordinierung der Widerstandsgruppen und zur Ausbildung ihrer Mitglieder an Sprengmitteln und Waffen. Wichtiger noch waren drahtlose oder kuriergestützte Verbindungen zur „freien“ Welt, die es erlaubten, den Widerstand in die Strategie der Alliierten zu integrieren. Als von unschätzbarem Wert erwies sich die Schaffung von Fluchtrouten, um aus deutscher Gefangenschaft geflohene Angehörige der alliierten Truppen und andere Flüchtlinge in neutralen Ländern wie Spanien, der Schweiz und Schweden in Sicherheit zu bringen. Dies war eine kriegswichtige Unterstützung für die Alliierten, denn so konnten z. B. hervorragend ausgebildete Flugzeugbesatzungen schon bald wieder ihren aktiven Dienst versehen. Eine noch wichtigere Rolle spielte der Widerstand für die zweite Front. Zur Unterstützung der Invasion in der Normandie erfolgten umfangreiche Angriffe auf französische Straßen, Eisenbahnlinien und Telefonleitungen. Weit weg vom Kriegsschauplatz, zum Beispiel in Skandinavien, wurden Sabotageakte ausgeführt, um zu verhindern, daß deutscher Nachschub die Front erreichte. Dadurch mußten erhebliche deutsche Ressourcen für Aufgaben der inneren Sicherheit abgezweigt werden, während sie doch äußerst dringend an ganz anderer Stelle gebraucht wurden. Weniger erfolgreich waren von Selbstüberschätzung gekennzeichnete Versuche bestimmter Widerstandsgruppen, deutsche Streitkräfte in einen offenen Konflikt zu verwickeln, statt die bewährte Taktik des „hit and run“ anzuwenden. Die Niederschlagung der Aufstände von Vercors und Warschau im Jahr 1944 (siehe Seite 170) stand im Gegensatz zu den in Frankreich, Belgien und Italien erzielten Erfolgen, wo der Widerstand eng mit den vorrückenden Bodentruppen der Alliierten zusammenwirkte.

Nicht nächtliche Anschläge auf gegnerische Verbindungslinien oder hochemotionale Befreiungsszenen in Paris, Brüssel oder Genua machten den eigentlichen Erfolg des Widerstandes aus. Dieser bestand vielmehr im während des ganzen Kriegsverlaufs niemals unterbrochenen Fluß lebenswichtiger Nachrichten an die Alliierten. Allein der belgische *Service Clarence* (siehe Seite 82), nur eines von vielen derartigen Netzwerken, umfaßte 1 500 Agenten und belieferte den SIS mit Informationen über Bombenschäden in Berlin, Vorgänge in Konzentrationslagern in Polen, über tägliche Truppenbewegungen und den Eisenbahnverkehr. Dänische und polnische Zellen erlangten wichtige Einzelinformationen über deutsche V-Waffen. Die Polen leiteten auch Nachrichten von Agenten weiter, die weit im Osten, im Kaukasus hinter der deutschen Front arbeiteten. Gleichzeitig übermittelten französische Agenten außerordentlich wichtige Angaben über die deutsche Verteidigung und Truppenbewegungen in der Normandie an die Planer der Alliierten.

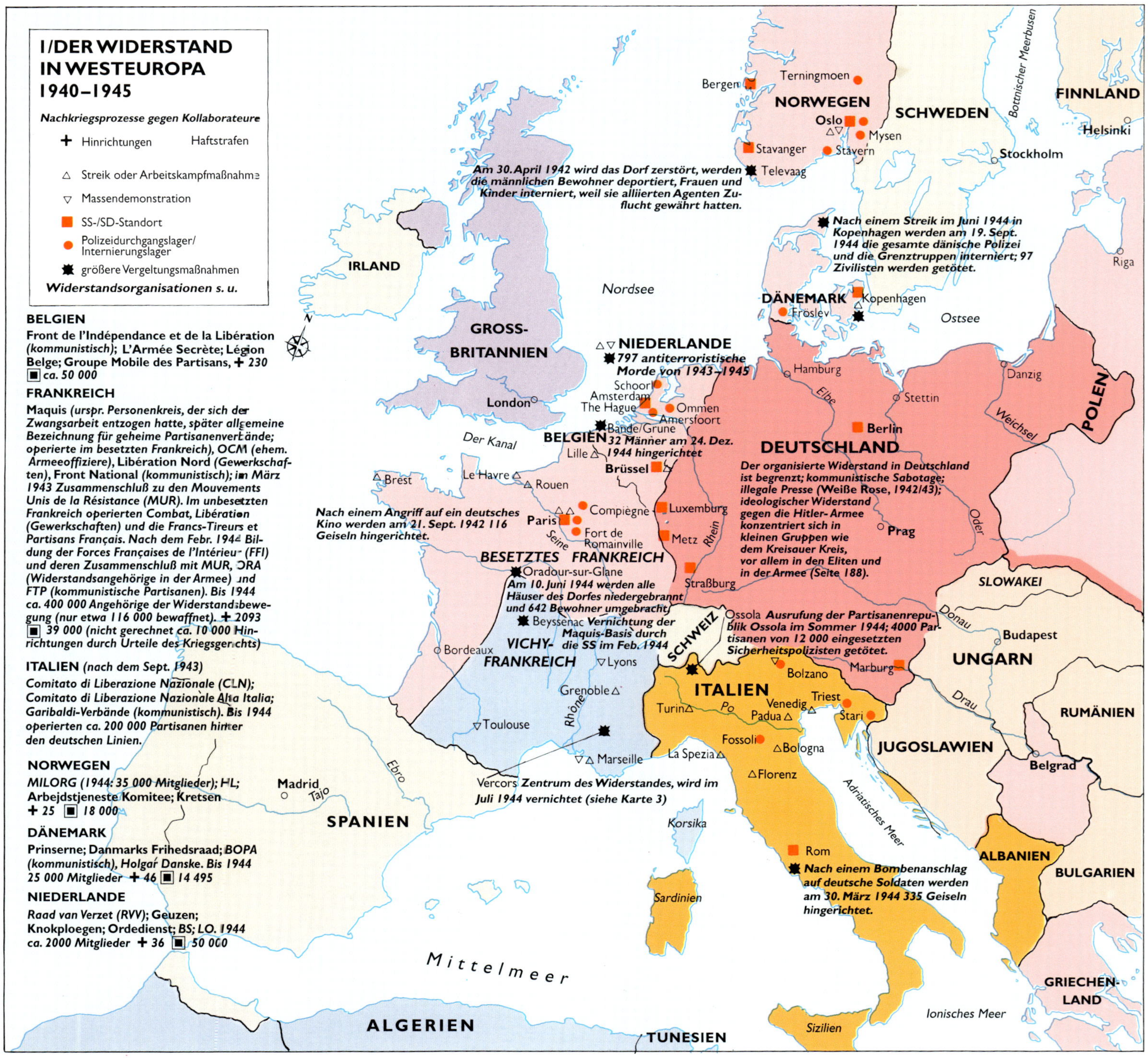

Im Gegensatz zur Situation in Osteuropa wurden die Aufgaben der deutschen Besatzungstruppen in Westeuropa dadurch erleichtert, daß jeder substantielle politische oder militärische Brennpunkt des Widerstandes fehlte. Folglich lag die Aufrechterhaltung der Kontrolle über die eroberten Territorien weniger bei der Wehrmacht als bei den Sicherheitsdiensten der Nazis sowie den kollaborierenden paramilitärischen Einheiten, wie etwa der *Milice* in Frankreich und dem *Schalburg Korps* in Dänemark. Massenverhaftungen von vermeintlichen Dissidenten neutralisierten potentielle Widerstandsquellen, wobei die Gefangenen zugleich wertvolle Geiseln abgaben, falls Unterdrückungsmaßnahmen gegen die Zivilbevölkerung notwendig werden sollten. Doch allen derartigen Maßnahmen zum Trotz entstanden nach und nach unglaublich viele Widerstandsorganisationen, die ein weites Spektrum politischer, religiöser, beruflicher und ethnischer Gruppierungen repräsentierten. Ihre Aktivitäten waren fast ebenso unterschiedlich wie ihr Erscheinungsbild und reichten von Streiks und Demonstrationen bis zu Gewaltmaßnahmen wie Sabotageakten und Anschlägen auf Personen ***(1)***. Aber der Widerstand befaßte sich keineswegs nur mit „inneren“ Angelegenheiten des jeweiligen Landes, sondern leistete auch einen wichtigen Beitrag zum Sieg der Alliierten in Europa. Dies gilt speziell für die Nachrichtensammlung, Sabotageakte gegen Industrie- und Kommunikationsanlagen, die Unterhaltung von Fluchtwegen und nach dem D-Day auch für die unmittelbare taktische Zusammenarbeit mit den alliierten Armeen ***(2)***. Ein Beispiel für derartige Aktivitäten waren die Aktionen des dänischen Untergrunds gegen deutsche Eisenbahnverbindungen ***(4)***, die sich von 6 Operationen im Jahr 1942 auf 1 301 Operationen im Jahr 1945 erhöhten. Das störte nicht nur die Verlegung deutscher Truppen aus Norwegen nach Frankreich im Sommer 1944, sondern machte es auch notwendig, rund 40 000 Mann zum Schutz des Eisenbahnnetzes in Jütland abzustellen. So hatte sich der Widerstand bei Sabotageakten und Guerilla-Überfällen nach der „hit and run“-Taktik als effektiv bewährt. Für eine offene Konfrontation mit deutschen Streitkräften oder die Verteidigung der ohne alliierte Unterstützung befreiten Territorien war er jedoch zu schlecht ausgerüstet. Im Juni 1944 erklärte sich die „Bergfestung“ des Vercors-Plateaus in Südostfrankreich – lange Zeit ein sicherer Sammelpunkt französischer Widerstandskämpfer –, als frei von der deutschen Herrschaft **(3)**. Die Franzosen vertrauten darauf, daß die Alliierten sie mit allem Erforderlichen aus der Luft versorgen würden; auch sollte der bewaffnete Widerstand bis zur Landung der Alliierten in der Provence (Operation „Anvil“) und in der Normandie (Operation „Overlord“) nur kurze Zeit nötig sein. So verteidigten sie das Plateau entschlossen und nutzten das verkarstete Terrain zu ihrem Vorteil. Doch schon bald sah sich der Maquis mit einer energischen Operation der Deutschen zur Unterdrückung des Aufstandes konfrontiert. Wie es im August in Warschau abermals geschehen sollte, so führten hier übermäßiges Vertrauen der Widerstandskräfte und Mißverständnisse über die Pläne der Alliierten zu einer voreiligen Aktion. Außerdem hatten die Widerstandskämpfer die deutsche Kampfbereitschaft völlig unterschätzt. Bei den anschließenden Kämpfen zeigte sich, daß der ungenügend bewaffnete Maquis gegen die zahlenmäßig überlegenen, gut ausgerüsteten und trainierten Truppen keine Chance hatte. Die Unterstützung durch Artillerie, Panzer und Flugzeuge kulminierte in einem Angriff einer Luftlandeeinheit, bei dem die Mehrheit der Verteidiger massakriert wurde.

Bilder unten: Ein Plakat wirbt um amerikanische Hilfe für das Freie Frankreich (links). Ein deutsches Plakat, das in den Niederlanden verbreitet wurde, diffamiert die Alliierten (rechts). Dänische Arbeiter reparieren unter deutscher Bewachung ein durch Sabotage beschädigtes Eisenbahngleis (unten).

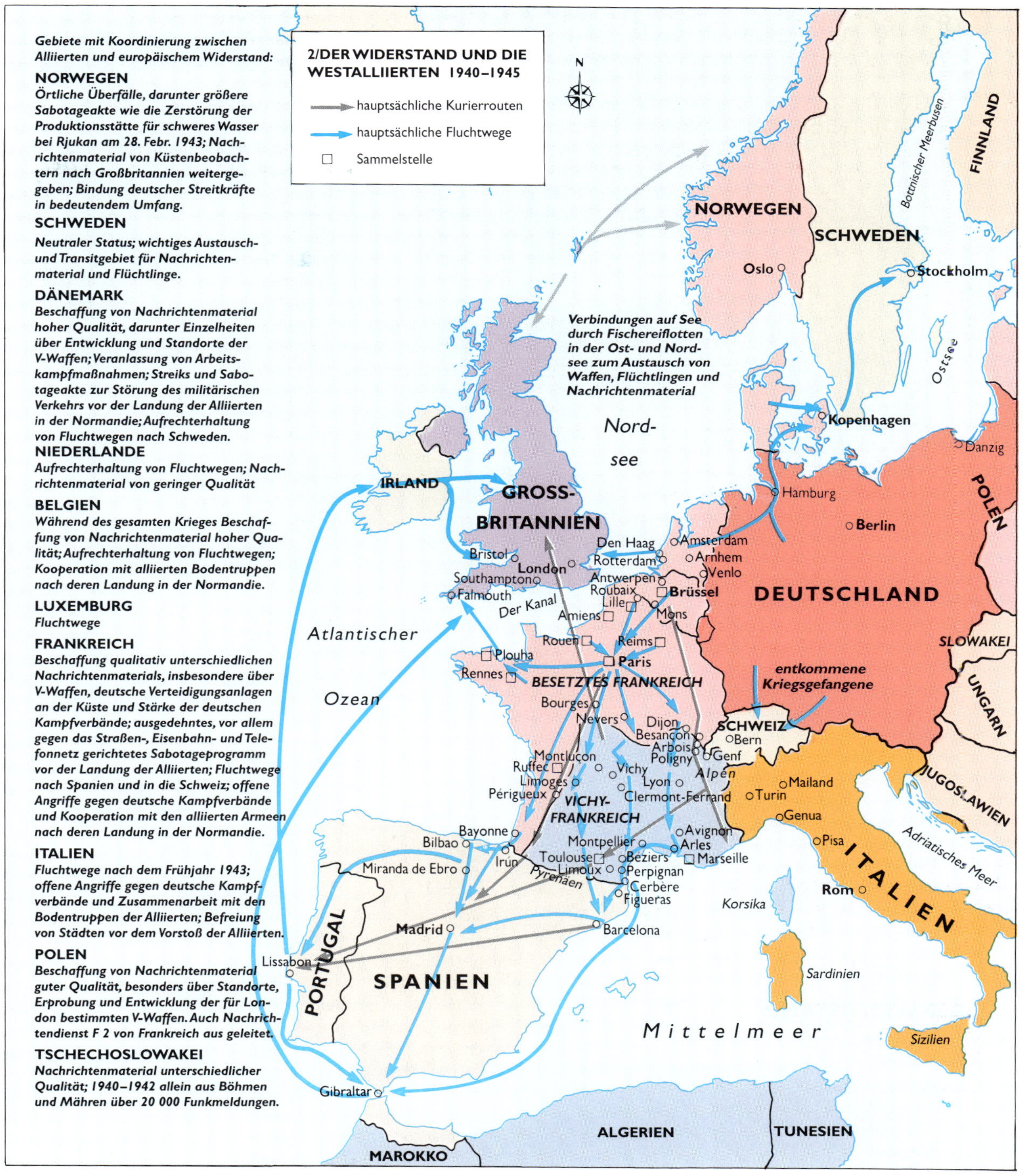

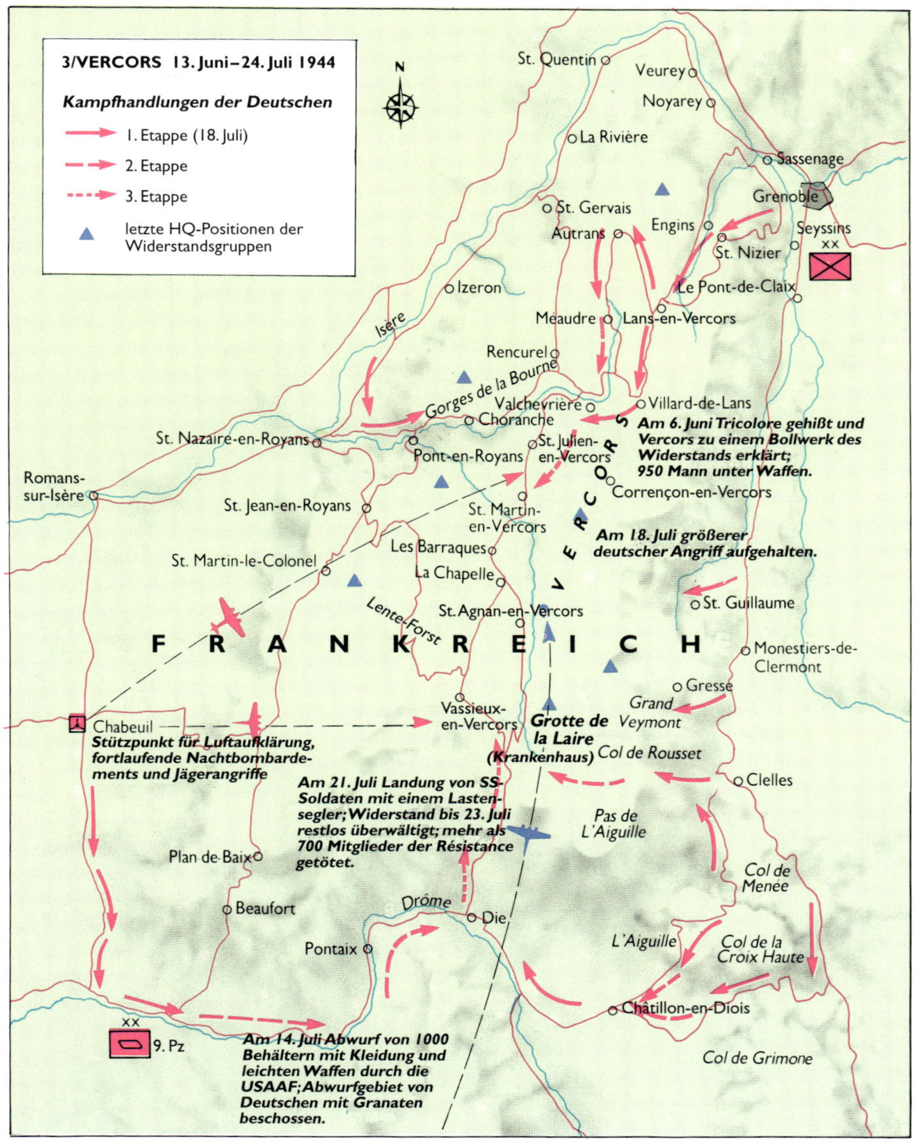

Midway Mai–Juni 1942

Die Japaner konnten weder Lehren aus der Schlacht in der Korallensee ziehen (siehe Seite 32) noch ihre Pläne ändern: Sie waren gezwungen, im Zentralpazifik eine Verteidigungslinie zu etablieren, an der alle amerikanische Offensiven zum Stehen gebracht würden. Der Mißerfolg bei den Louisiaden wurde als lokaler Rückschlag abgetan, wenn man auch den Ausfall zweier Träger als bedeutsam für die Fortsetzung der Operation ansah. Obwohl ihnen praktisch die gesamte Flotte der Alliierten als Offensivstreitmacht gegenüberstand, blieben die Japaner sehr zuversichtlich.

Mit acht für die Offensive eingesetzten Flugzeugträgern hatten die Japaner einerseits gute Gründe für ihre Zuversicht. Andererseits hatte das Einsatzmuster schon in der Korallensee fast zu einem Desaster geführt, weil sich die auf weit voneinander entfernte Formationen verteilten Kräfte nicht gegenseitig unterstützen konnten. Doch genau dieser Fehler wurde wiederholt. Der Plan verlangte den Angriff und die Besetzung bestimmter Aleuten-Inseln, die Ausschaltung und Besetzung von Kure und Midway sowie die Vernichtung jedes feindlichen Flugzeugträgers, der sich auf einen Kampf einließ. Gegen einen schlecht vorbereiteten oder überraschten Gegner hätte ein derartiger Plan Erfolg haben können. Doch beides traf im Mai 1942 auf die Amerikaner nicht zu. Sie waren in der Lagen, den japanischen Funkverkehr abzuhören und erkannten so Schwachstellen des gegnerischen Plans: die weite Zerstreuung der Kräfte, die relativ geringe Größe von Nagumos Trägerverbänden sowie deren Verletzlichkeit in der Eröffnungsphase. Da die Japaner für diese Operation nur vier Flugzeugträger einsetzen konnten, rechneten sich die Amerikaner realistische Chancen aus, wenn sie gegen die zerstreuten Kräfte des Gegners drei Flugzeugträger einsetzen würden.

Von Anbeginn an schlugen die japanischen Pläne fehl. Erstens kamen die Unterseeboote, die die Hawaii-Inseln ansteuern sollten, zu spät und konnten die Trägereinsatzkräfte der USA nicht aufspüren, die sich auf eine Angriffsposition nördlich von Midway begeben hatten. Zweitens wurde eine geplante Aufklärung von Pearl Harbor mit Flugbooten von den Marshall-Inseln aus abgesagt. Nagumo war über keine dieser Entwicklungen unterrichtet. Er hatte daher, als er auf Midway zusteuerte und Kakutas Flugzeugträger eine planlose Attacke auf Dutch Harbor begannen (3. Juni), keinen Grund anzunehmen, daß sich die Trägerverbände der USA auf See befanden.

Die Schlacht, die sich am 4. Juni entwickelte, nahm für die Japaner einen unglücklichen Verlauf. Nagumos Fliegerkräfte griffen Midway in der Dämmerung an. Der Gegenangriff der hier stationierten Flugzeuge blieb ohne Wirkung. Doch während dieser Vorgänge entdeckten Nagumos Flugzeuge, daß die amerikanische Task Force 17, die gemeinsam mit der Task Force 16 die japanische Trägerstreitmacht angriff, nachdem sie die Angriffsgruppen von Midway zurückgeholt hatte, aber selbst noch keinen Angriff hatte starten können. Drei von Nagumos Flugzeugträgern wurden schwer beschädigt. Als dann schließlich seine Sturzkampfbomber den amerikanischen Flugzeugträger „Yorktown" angriffen, hatten die Amerikaner bereits den Todesstoß vorbereitet. Noch vor Einbruch der Dunkelheit stand Nagumos Flaggschiff, der Flugzeugträger „Hiryu", in Flammen. So war die ganze Operation zum Mißerfolg geworden, ehe die Hauptver-

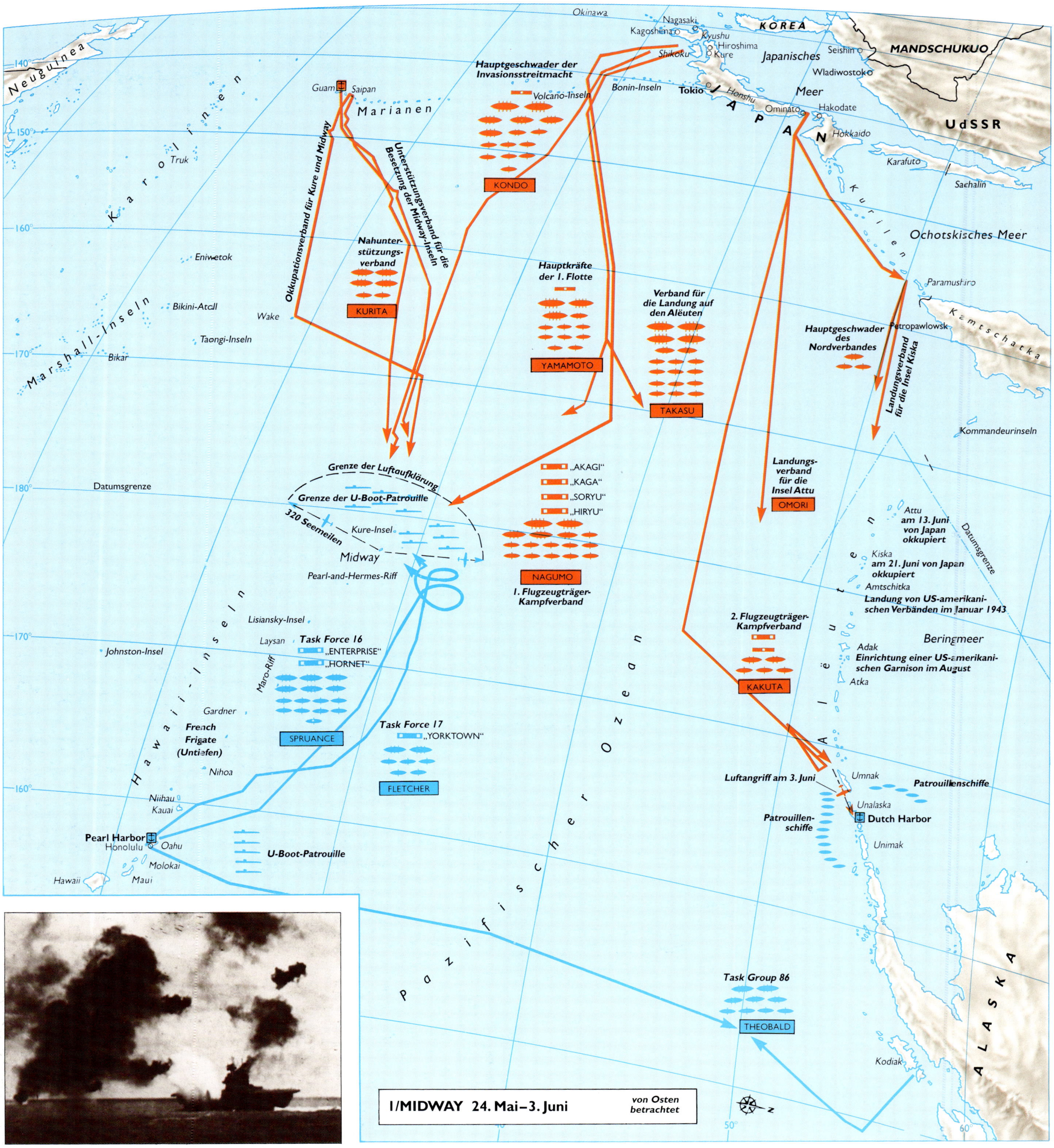

bände unter Yamamoto, Kurita und Kondo überhaupt das Schlachtfeld erreichten. Die Amerikaner wollten sich nicht in Überwassergefechte hineinziehen lassen und begannen erst dann eine begrenzte Verfolgung, als feststand, daß sich die Japaner wirklich zurückzogen. Durch die Umkehrung des Überraschungsmoments und die Sicherung einer überwältigenden Luftüberlegenheit blieb die amerikanische Kontrolle über den Zentralpazifik erhalten.

Bei Midway errangen die Amerikaner einen entscheidenden Sieg – den ersten unumkehrbaren Sieg der Alliierten in diesem Krieg überhaupt. Er wurde nur geschmälert durch die japanische Okkupation der Aléuten-Inseln Attu und Kiska sowie durch den Verlust des Trägers „Yorktown" und des Zerstörers „Hammann". Beide Kriegsschiffe gingen durch den Angriff des U-Boots I-168 am 6. Juni um 13.36 Uhr verloren. Der Zerstörer „Hammann" wurde sofort versenkt, während die „Yorktown" am 7. Juni unterging. Die Eroberung von Attu und Kiska hatte keine strategische Bedeutung. Die Japaner nahmen die Inseln nur aus politisch-propagandistischen Gründen ein. Niemand im Oberkommando der Kaiserlichen Marine konnte das ungeheuerliche Ausmaß dieser Niederlage leugnen. Sie kennzeichnete das Ende der scheinbar überwältigenden japanischen Überlegenheit. Zur nächsten Phase dieses Seekrieges traten zwei Gegner an, die sich weniger stark voneinander unterschieden.

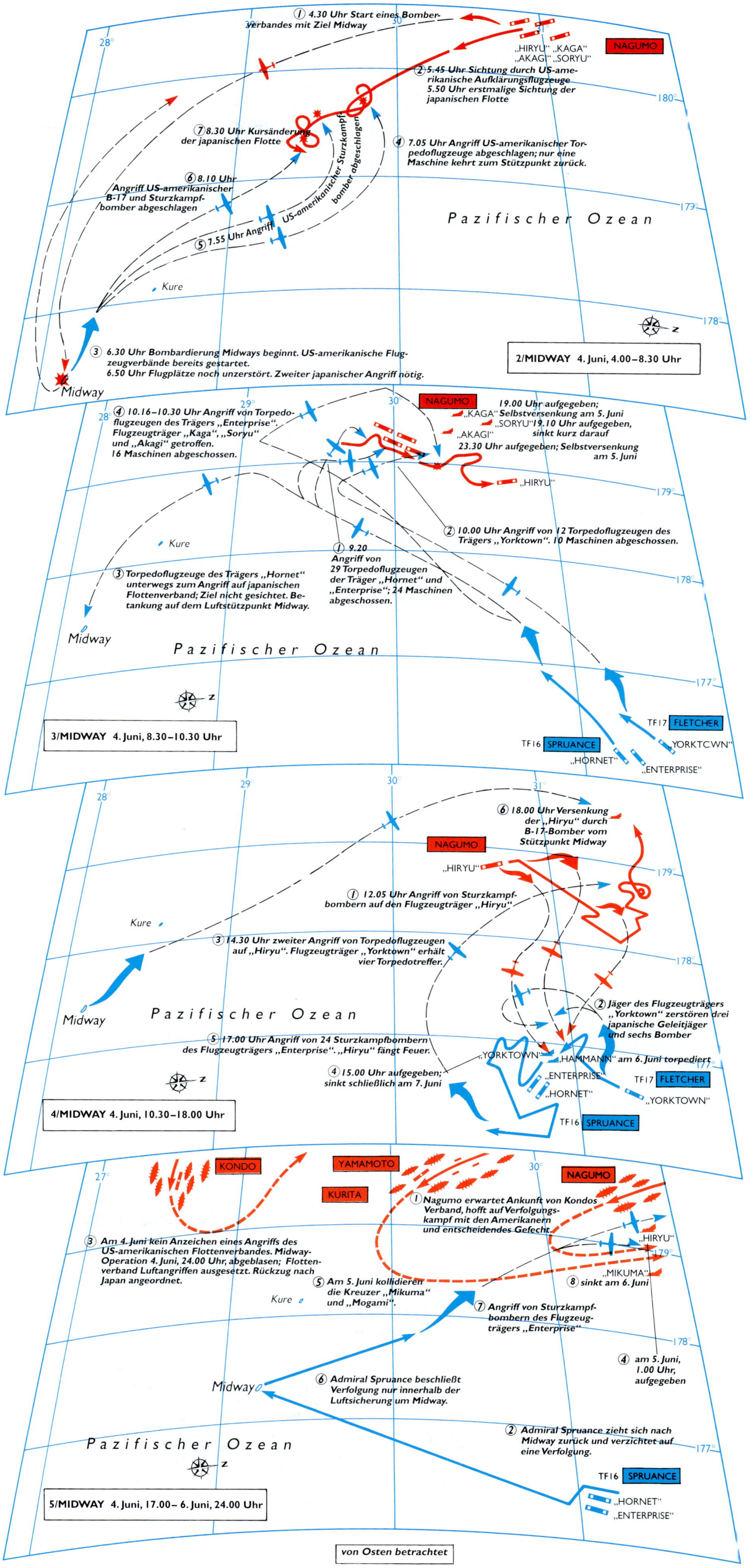

Das Ausmass der japanischen Offensive im Zentralazifik ließ große Ambitionen erkennen ***(1)***. Nach dem von Kakuta am 3. Juni gegen Dutch Harbor geführten Eröffnungsluftschlag griff Nagumos erster Flugzeugträger-Angriffsverband in die Schlacht ein. Am 4. Juni um 4.30 Uhr, als die „Yorktown" Aufklärungsflugzeuge aufsteigen ließ – etwa 15 Minuten, nachdem Midway begonnen hatte, das gleiche zu tun –, führte Nagumo mit nur der Hälfte seiner Kampfflugzeuge einen Schlag gegen Midway. Dabei befand er sich ungefähr 400 km nordwestlich des Atolls ***(2)***. Darüber hinaus behielt Nagumo ausreichende Kräfte für den Fall des Angriffs einer gegnerischen Task Force in Bereitschaft. Doch er ließ seine Aufklärungspatrouillen erst komplett aufsteigen, nachdem der Angriffsverband Midway vollständig verlassen hatte. Um 5.45 Uhr entdeckte ein auf Midway stationiertes „Catalina"-Flugboot Nagumos Streitkräfte und die US-Flugzeugträger nahmen Kurs auf den Gegner. Dieser hielt weiter auf Midway zu, um seine Angriffsverbände zurückzuholen. Die „Yorktown", die ihre Flugzeuge ebenfalls einholen mußte, wurde dadurch von der Task Force 16 getrennt. Um 6.00 Uhr starteten Angriffsverbände von Midway und um 7.02 Uhr Verbände der Task Force 16 zum Angriff auf Nagumos Träger. Die „Yorktown" konnte ihren Angriffsverband erst um 8.38 Uhr losschicken. Der japanische Angriff auf Midway erfolgte also als erster (zwischen 6.35 Uhr und 6.45 Uhr), traf jedoch einen im wesentlichen leeren Stützpunkt. So begannen die Japaner mit dem Aufmunitionieren und Betanken ihrer Flugzeuge für den zweiten Angriff. Ab 7.05 Uhr kam es zu Angriffen durch auf Midway stationierte Flugzeuge, die mühelos abgewehrt werden konnten. Erst bei der Rückkehr von diesen Gefechten wurde den Japanern der Anmarsch einer amerikanischen Task Force bewußt. In diesem Augenblick ahnten sie noch nicht, daß auch Flugzeugträger dazugehörten. Die Bestätigung dieser Tatsache folgte nach 8.10 Uhr, als Nagumos Geschwader von sehr vielen Flugzeugen angegriffen wurde – ein Hinweis darauf, daß mehr als nur ein Flugzeugträger anwesend sein mußte ***(3)***. Die Befehlshaber der US-Flugzeugträger hatten gehofft, ihre Flugzeugverbände in großer Dichte angreifen lassen zu können. In Wirklichkeit waren die verschiedenen Geschwader dann aber weit voneinander entfernt. Diejenigen, die Nagumos Verband entdeckt hatten, unternahmen unkoordinierte Attacken gegen einen Feind, der gerade seine Kampfflugzeuge einholte. Der erste Angriff durch „Devastator"-Torpedobomber bewirkte sehr große Verluste, ohne daß ein einziger Angriff auf ein bestimmtes japanisches Kriegsschiff erfolgt wäre. Nagumos Einheit wurde jedoch insgesamt desorganisiert. Patrouillierende japanische Kampfflugzeuge mußten auf ihre Träger zurückkehren, als die abschließenden Angriffe in Gang waren. Diese erfolgten zwischen 10.25 Uhr und 10.30 Uhr durch „Dauntless"-Sturzkampfbomber von der „Enterprise" und der „Yorktown" und richteten sich gegen die Träger „Akagi", „Kaga" und „Sorju", gerade als die Japaner sich darauf vorbereiteten, die US-Flugzeugträger anzugreifen. Die „Hiryu" wurde nicht angegriffen, und im Laufe des Nachmittags ***(4)*** sichteten ihre Flugzeuge die „Yorktown" zweimal uund griffen sie an. Nach dem zweiten Angriff mußte diese aufgegeben werden und blieb als Wrack zurück. Zum Unglück für die Japaner verfügte die „Hiryu" im Ergebnis dieser Operationen nur noch über eine Handvoll Kampfflugzeuge. Während ihr Befehlshaber glaubte, es seien zwei amerikanische Flugzeugträger außer Gefecht gesetzt worden, waren in Wirklichkeit noch zwei Träger intakt. Die „Dauntless"-Sturzkampfbomber von der „Enterprise" und der „Hornet" erwischten die „Hiryu" am 4. Juni kurz vor Sonnenuntergang während der letzten Trägeroperation und beschädigten sie ebenso schwer wie ihre drei Schwesterschiffe. Die Amerikaner holten um 19.07 Uhr ihre Bomber an Bord und nahmen danach Kurs nach Osten ***(5)***.

Nach diesem Desaster am Morgen des 4. Juni wollten die Japaner nun versuchen, Midway zu erreichen. Dort sollten ihre Überwasserkräfte, verstärkt durch Yamamotos 1. Flotte, im Schutz der Nacht die amerikanischen Trägereinheiten aufspüren und zerstören. Weil sich die Task Force 16 jedoch bereits bei Eintritt der Dunkelheit vom Schauplatz entfernt hatte, war die nächtliche Aktion der Japaner zum Scheitern verurteilt. Kurz nach Mitternacht brachen sie ihren Versuch ab. Bei Kure wurden dann noch zwei von Kuritas schweren Kreuzern stark beschädigt, als sie versuchten, einem amerikanischen U-Boot auszuweichen und dabei miteinander kollidierten. Während die vier havarierten japanischen Träger im Laufe der Nacht entweder sanken oder versenkt wurden und sich ihre Geleitschiffe zurückzogen, um sich mit Yamamotos Hauptstreitkräften zu treffen, lagen in der Morgendämmerung des 5. Juni die japanischen Hauptformationen noch in bequemer Reichweite der auf Midway stationierten Flugzeuge. Die beiden beschädigten Kreuzer Kuritas blieben jedoch den ganzen Tag über unbehelligt, weil die amerikanischen Trägerverbände im Norden nach weiteren japanischen Einheiten suchten. Dabei stießen sie auf einen versprengten Zerstörer, die „Tanikaze", den sie – allerdings ohne Erfolg – angriffen. Am 6. Juni wandten sich die amerikanischen Flugzeugträger den japanischen Kreuzern zu und versenkten die „Mikuma". Die „Mogami" konnte der Versenkung entgehen und vom Schlachtfeld flüchten. In den frühen Morgenstunden des 7. Juni ging die Task Force 16 schließlich auf Heimatkurs.

Bild links: Angriff auf den amerikanischen Flugzeugträger „Yorktown" am Nachmittag des 4. Juni. Allen Abwehrmaßnahmen zum Trotz wurde die „Yorktown" hafenseitig von einem Torpedo getroffen.

Vereinigte Staaten v. Amerika 1941–1945

Die Wirtschaft der USA war für die Kriegsanstrengungen der Alliierten von entscheidender Bedeutung. Ohne die Ressourcen und die Produktionskraft Amerikas wäre es für die Alliierten schwierig, wenn nicht unmöglich gewesen, dem Gegner zu widerstehen. Diese Ressourcen waren allerdings schon vor dem Kriegseintritt der Amerikaner zugunsten der Alliierten mobilisiert worden, denn bereits seit 1939 erhielten England und Frankreich umfangreiche Lieferungen aus den USA. Als England 1941 nicht mehr zahlungsfähig war, wurde das Lend-Lease-Gesetz initiiert, das die unentgeltliche Lieferung von militärischen Ausrüstungsgegenständen, Nahrungsmitteln und Industrieausrüstungen an das Britische Reich und die Sowjetunion ermöglichte.

Dieser wirtschaftliche Beistand bildete den zentralen Teil der materiellen Stärke, die die amerikanische Auffassung von Kriegführung veranschaulichte. Bereits 1938 hatte Präsident Roosevelt erkannt, daß Amerika in der sich entwickelnden internationalen Krise seine Rolle nur spielen konnte, wenn es gelang, die Wirtschaft rasch zu mobilisieren und für den Krieg umzurüsten. Der Krieg löste in mancher Beziehung Probleme, denen bereits Roosevelts Politik des „New Deal" in den 30er Jahren (siehe Seite 30) gegolten hatte, stimulierte er doch wirtschaftliches Wachstum, erhöhte die Staatsausgaben und regte private Investitionen an. 1939 beschloß der Kongreß eine bedeutende Erhöhung der Militärausgaben, größtenteils zur Finanzierung neuer Rüstungsbetriebe, Flugzeugfabriken und Umschulungsprogramme für Arbeiter. Im selben Jahr wurde das „War Resources Board" geschaffen, das die Industrie auf die kriegsbedingte Produktionsumstellung vorbereiten und kriegswichtige Investitionen beschleunigen sollte. Roosevelt bestand darauf, für diese Aufgabe bekannte Wirtschaftsführer mit Erfahrungen in der Massenproduktion heranzuziehen. Das betraf auch William Knudsen, den Chef von General Motors, der nunmehr der Leiter des *Office of Production Management* wurde, das im Januar 1941 entstand. Ein großer Teil des Erfolges bei der Mobilisierung der amerikanischen Wirtschaft rührte auch von der Tatsache her, daß die Kriegsproduktion in der Hand von Zivilisten mit Kenntnissen von Technik und Management verblieb. Die amerikanische Motorenindustrie wurde 1941 auf den Bau von Panzern, LKWs, Flugzeugmotoren und Flugzeugen umgestellt. Ihre Erfahrung mit der in früheren Jahren eingeführten Massenproduktion erwies sich dabei als außerordentlich wertvoll.

Die Produktionszahlen der USA waren bemerkenswert: Innerhalb von fünf Jahren baute Amerika 86 000 Panzer (Deutschland dagegen 61 000 Stück), 8800 Schiffe für die Marine sowie 87 000 Landungsfahrzeuge. Von 1942 bis 1945 wurden über 193 000 Geschütze und 2,1 Millionen LKWs an die Armee geliefert. Die Flugzeugindustrie produzierte 1939 nur 5800 Einheiten, 1944 waren es 96 000. Insgesamt stellten die USA während des Krieges 297 000 Flugzeuge her, nahezu das Doppelte des Ausstoßes aller feindlichen Mächte zusammengenommen. Außerdem produzierten sie dreimal soviel Flugzeugmotoren wie die Achsenmächte. Der größte Produktionserfolg war jedoch der in sehr hoher Stückzahl hergestellte Frachter der Baureihe „Liberty". Die durchschnittliche Produktionsdauer je Schiff sank von etwa 260 Tagen Anfang 1942 auf 40 Tage Ende 1943. Diese außerordentliche Produktionsleistung gewährleistete, daß die Vereinigten Staaten alle ihre Verbündeten sehr großzügig beliefern konnte.

Ehe derartige Rekordzahlen erreicht werden konnten, mußte jedoch eine ganze Reihe anderer wichtiger Probleme gelöst werden. 1941 umfaßten die Staatsausgaben nur 12 Milliarden Dollar, und die Steuern waren niedrig. Von 1941 bis 1945 gab der Staat insgesamt 317 Milliarden Dollar aus, wovon 88 % auf die Kriegsanstrengungen entfielen. Das Geld kam aus wesentlich höheren Steuern sowie aus sieben weitverbreiteten Kriegsanleihen *(War Loans)* und einer Siegesanleihe *(Victory Loan)*. Preiskontrolle und Rationierung sowie eine Kontrolle der Kredite verringerten die Inflationsgefahr, während die steigenden Einkünfte der Bevölkerung durch Anleihen und Kriegsschuldverschreibungen „aufgesaugt" wurden. Der Lebensstandard der Amerikaner verschlechterte sich während des Krieges kaum, ihre Ausgaben blieben fast unverändert. Dem gesamten zusätzlichen Wirtschaftswachstum und der Entwicklung der Industrie nach 1941 lagen jedoch die Kriegsanstrengungen zugrunde. Die Industrieproduktion erfuhr zwischen 1939 und 1943 etwas mehr als eine Verdoppelung; die landwirtschaftliche Produktion stieg um mehr als ein Drittel. Das einzige Problem war die Mobilisierung von Arbeitskräften. Die 9 Millionen Arbeitslosen des Jahres 1941 wurden wieder in Arbeit gebracht, und 5 Millionen Frauen arbeiteten 1945 zusätzlich in der Industrie. Die Zahl der Beschäftigten nahm ungeachtet der 12 Millionen, die eingezogen wurden, fast um ein Fünftel zu. Das „War Labour Board" brachte Arbeiter aus den ärmeren Staaten des Südens und Mittelwestens in den Nordosten und an die Westküste, wo die Kriegsproduktion konzentriert war.

Die Importe – hauptsächlich Nahrungsmittel und Rohstoffe – stiegen zwischen 1940 und 1945 auf 2,6 Mrd. Dollar; der Export nahm schneller zu und erhöhte sich von 4 auf 14 Mrd. Dollar. Der Zahlungsbilanzüberschuß während der Kriegsjahre betrug insgesamt 34 Mrd. Dollar.

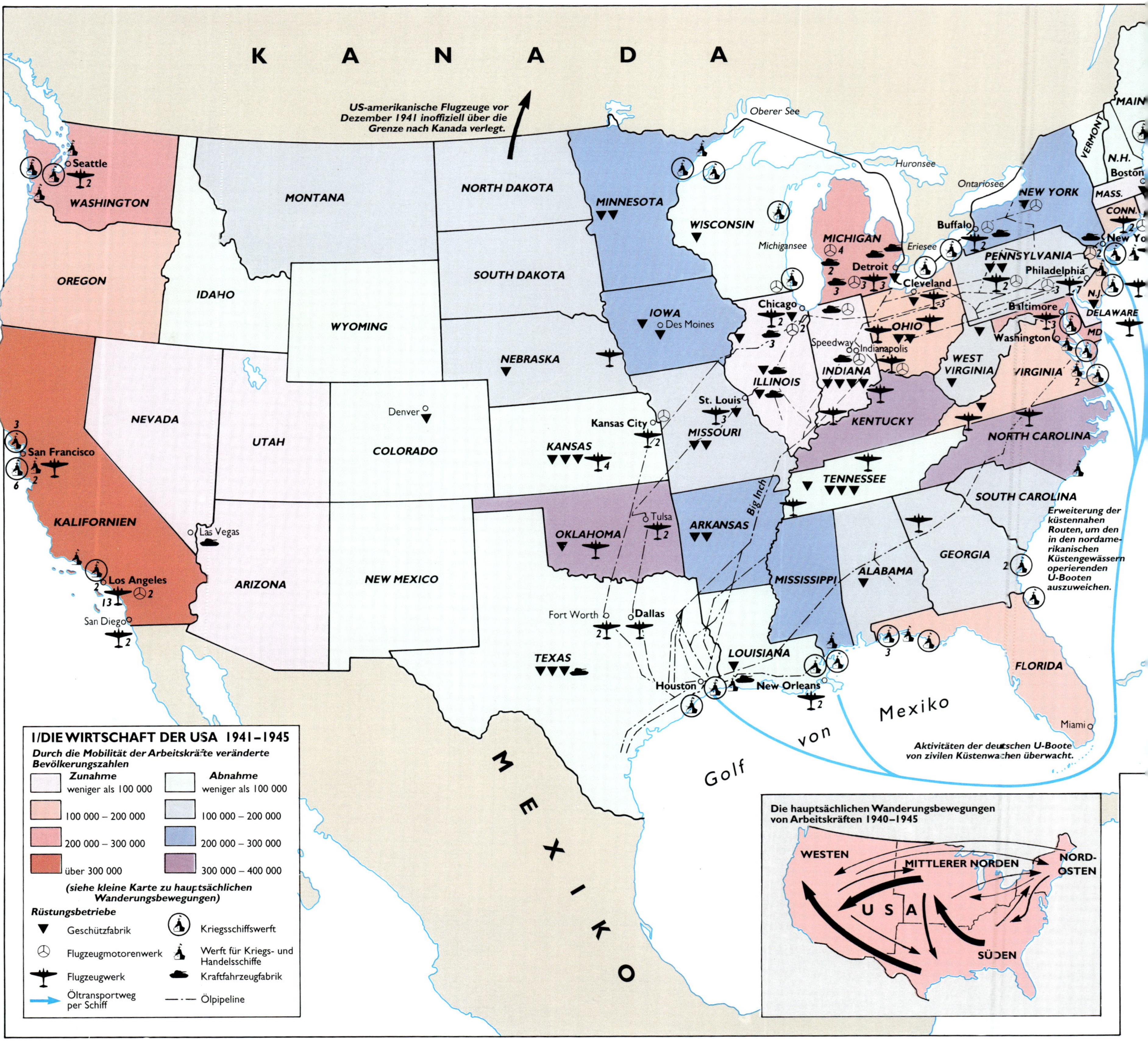

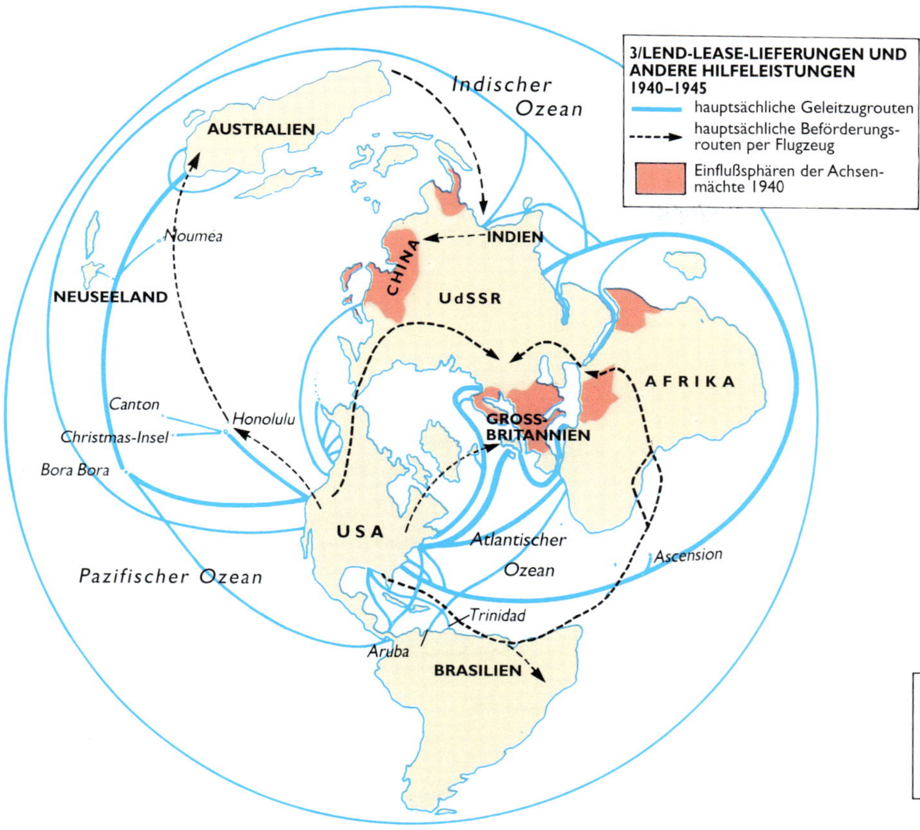

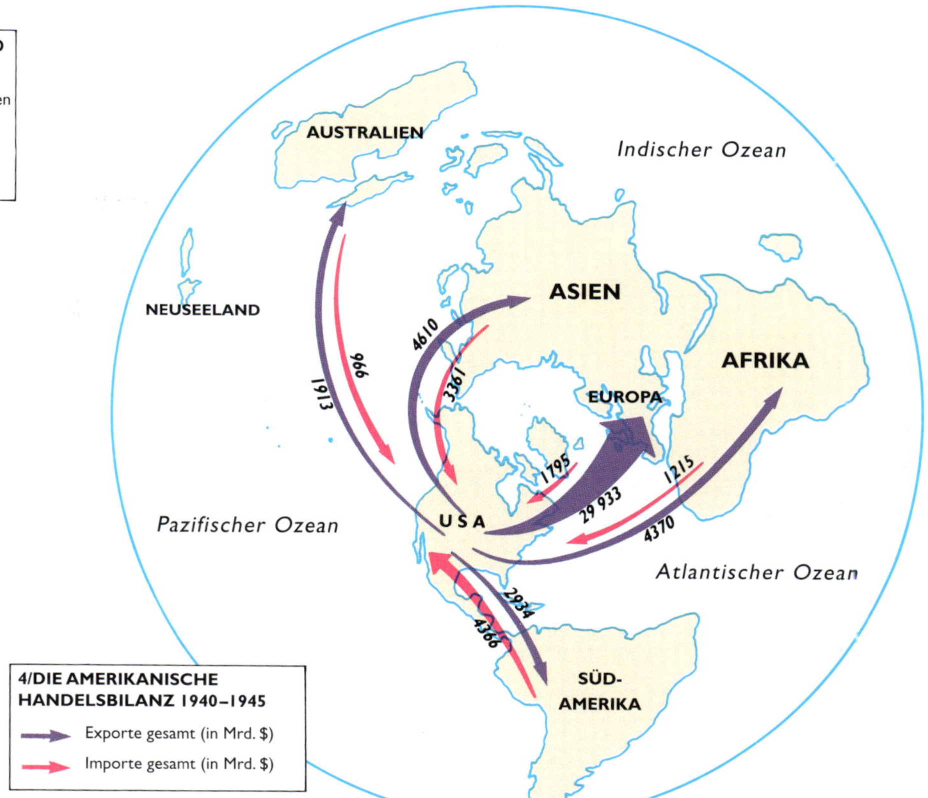

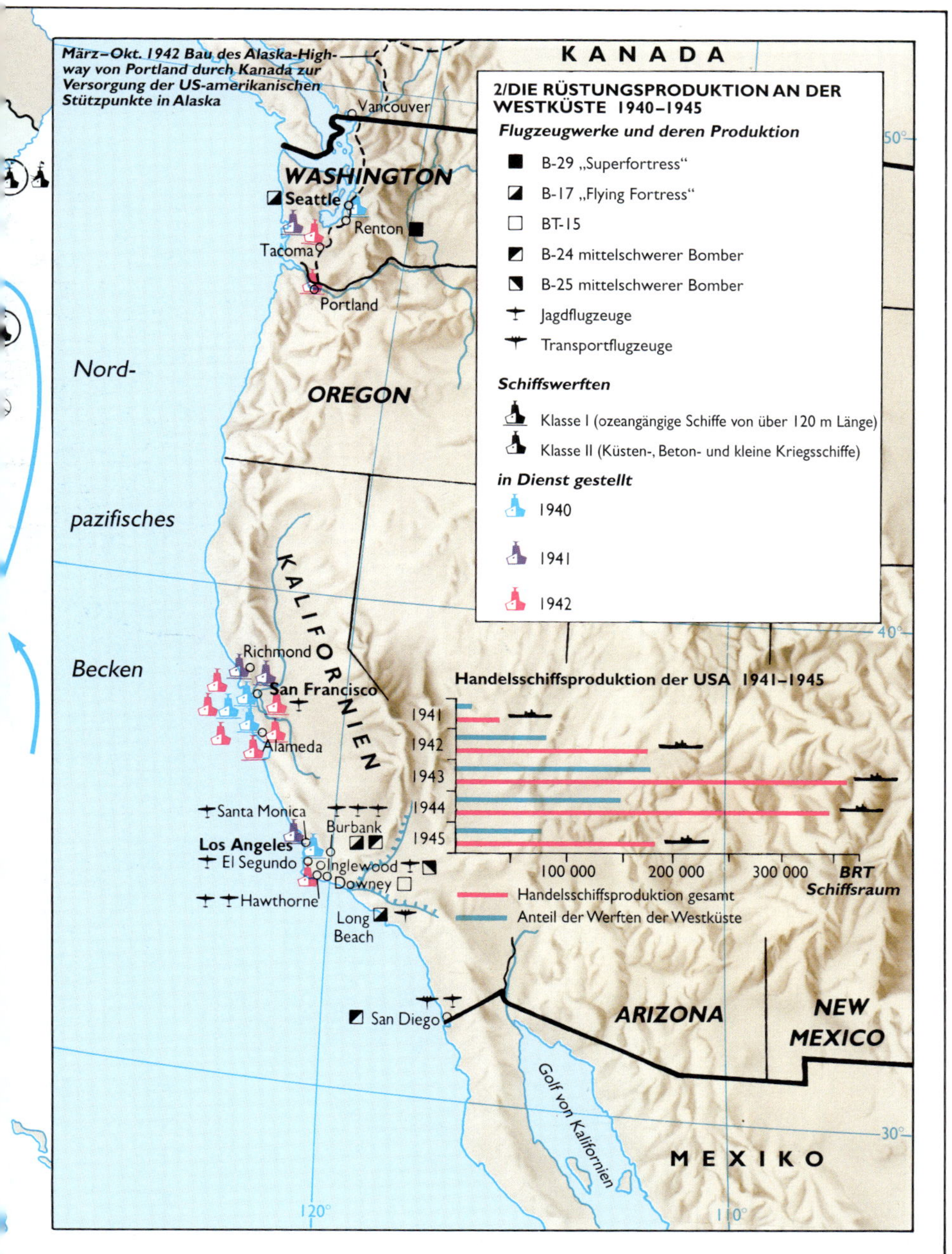

Anfang der 30er Jahre traten die USA noch für die Abrüstung ein. Doch schon 1938 war klar, daß nur eine massive Wiederaufrüstung die Sicherheit der Vereinigten Staaten garantierten konnte. In der Zeit von 1939–1941 stellte Amerika seine Wirtschaft auf die Bedürfnisse der Verteidigung und die Erzeugung von Rüstungsgütern um ***(1, 5)***. Arbeitskräfte wurden aus ländlichen Gegenden in die neuen Fabriken nach Kalifornien sowie in die Werften des Südens und Nordostens geholt, so daß es zu einer neuen Bevölkerungsverteilung kam. Von den texanischen Ölfeldern wurden Pipelines zu den Industriezentren im Nordosten geführt, um dem Risiko einer kriegsbedingten Unterbrechung der Tankertransporte begegnen zu können. Damals entstand auch die berühmte „Big Inch"-Leitung von Houston nach New York. Während des Krieges produzierte die amerikanische Industrie Munition im Wert von 186 Mrd. Dollar. Die größte Umstellung erfolgte in den amerikanischen Bundesstaaten des Westens ***(2)***, wo die Mehrzahl der amerikanischen Flugzeuge und Schiffe hergestellt wurde. 1943 lieferten die Werften in Kalifornien und im Bundesstaat Washington 50 % aller produzierten Schiffe. Die Flugzeugfabrikation in Kalifornien betrug 24 000 schwere Bomber. Nach 1941 floß ein regelrechter Strom militärischer Ausrüstungen, Rohstoffe und Nahrungsmittel aus den USA an die Staaten, die in Europa und im Fernen Osten gegen die Achsenmächte kämpften ***(3)***. Die wichtigsten Versorgungslinien führten durch Sibirien und den Iran sowie über den Atlantik nach Großbritannien und Nordrußland (siehe Seite 180). Zwei Drittel dieser Lieferungen gingen an das Britische Reich und 22 % an die Sowjetunion. So wurden z. B. insgesamt 14 018 Flugzeuge geliefert.

Der Handel der USA wandelte sich im Kriegsverlauf grundlegend ***(4)***. Die Importe aus Europa sanken um zwei Drittel, während die Exporte nach Europa auf das Siebenfache anstiegen. Eine weltweite Expansion war möglich, da der amerikanische Handel alle Lücken ausfüllte, die die kriegführenden Nationen hinterließen. Amerikas Exporte beliefen sich 1944 auf das Dreifache der Exporte des Jahres 1940, die Anforderungen der Rüstungsproduktion noch gar nicht gerechnet. Der Krieg hatte die anhaltende Depression beendet und Wirtschaft wie Gesellschaft Amerikas auf jenen Überfluß und uneingeschränkten Konsum vorbereitet, der die Nachkriegsjahre kennzeichnete.

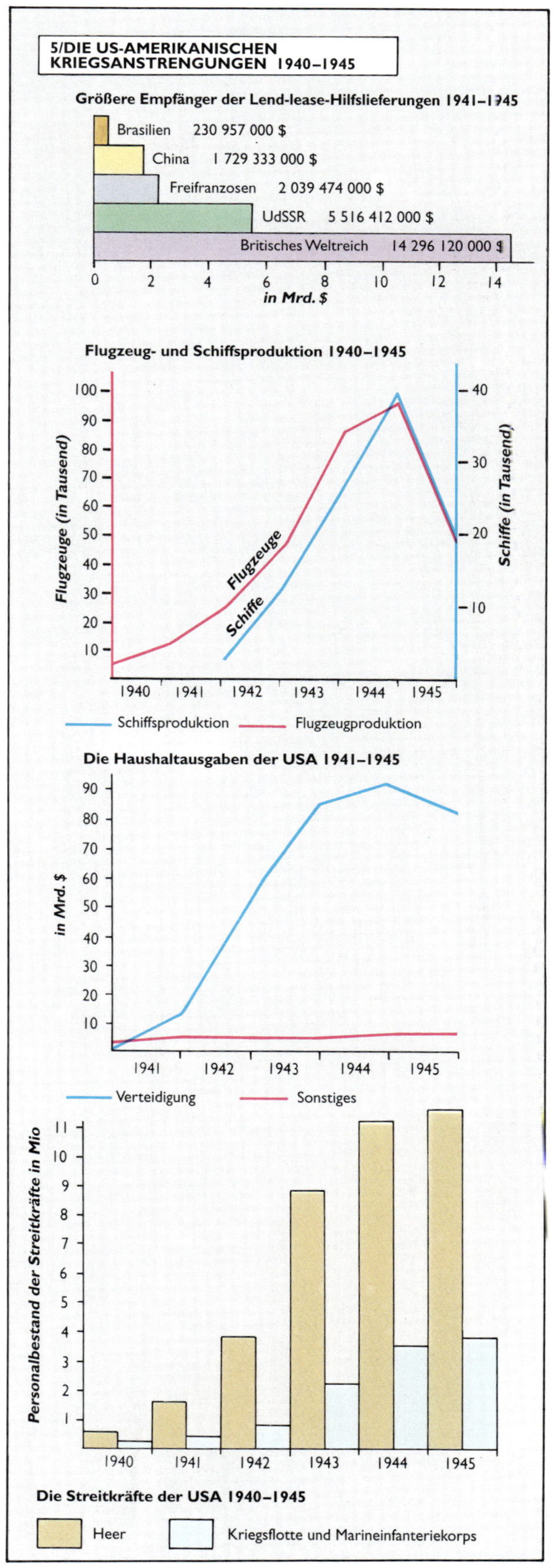

Bild links außen: Dieses Plakat der US-Regierung verdeutlicht die Auffassung, daß der Krieg durch industrielle Leistungskraft entschieden würde. Links: Eine Fließstrecke im Boeing-Werk in Seattle mit einem hohen Anteil an Arbeiterinnen.

Stalingrad Juli–November 1942

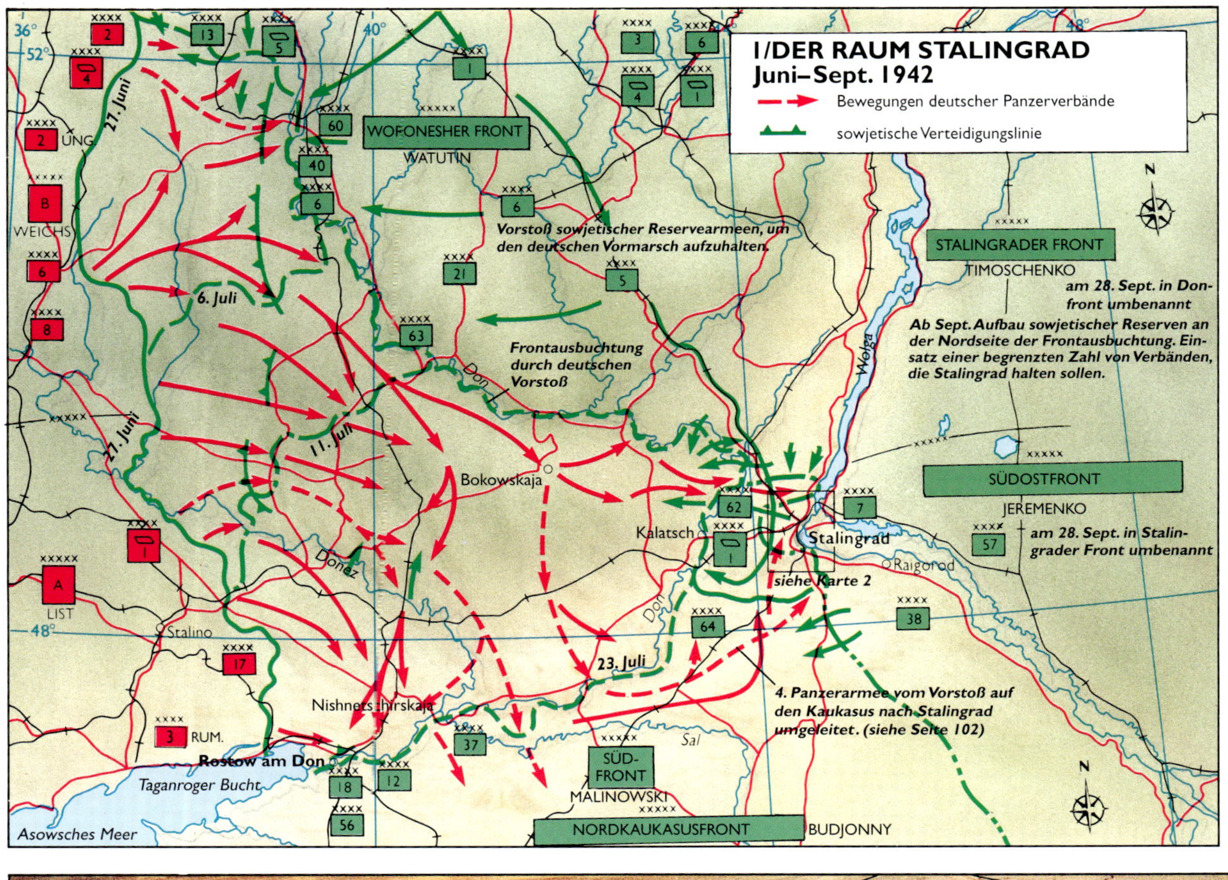

Stalingrad, das frühere Zarizyn und heutige Wolgograd, war Schauplatz der größten und furchtbarsten Schlacht des Zweiten Weltkrieges und zugleich der ersten wirklich signifikanten Niederlage der Landstreitkräfte Nazideutschlands. Stalins Verbindung mit dieser Stadt geht auf die Zeit des Bürgerkrieges zurück, als er an der Verteidigung Zarizyns teilnahm. Für Hitler hatte die Stadt sowohl symbolische als auch strategische Bedeutung. 1942 erstreckte sich Stalingrad am westlichen Steilufer der Wolga in aufgelockerter Bebauung über insgesamt 50 km. Der zentrale Teil der Stadt war 20 km lang, aber nirgends über 4 km breit. Stalingrad war ein sehr wichtiges Industrie- und Verkehrszentrum, das den nordöstlichen Zugang zum Kaukasus beherrschte.

Im Juli 1942 war offensichtlich, daß die Hauptstoßrichtung der Deutschen jetzt nach Südosten ging. Die Heeresgruppe A bewegte sich nach Süden zum Kaukasus, die Heeresgruppe B zum Don. Am 23. Juli brachen deutsche Einheiten in der Nähe von Kamensk zum Westufer des Don durch, und in der ersten Augustwoche erlebten die Sowjets ein Desaster am Donknie. Die Verteidigung von Stalingrad oblag nun zwei Fronten, der Stalingrader Front (Gordow) im Norden und der neuen Südostfront (Jeremenko) im Süden. In der Nacht des 23. August fiel Rostow am Don an die Deutschen, und die sowjetischen Truppen zogen sich, so rasch sie konnten, zurück. Die Wolga war die letzte Verteidigungslinie. Die Evakuierung der Industrie und die Zerstörung von Betrieben in Stalingrad war untersagt. Stalin hatte seine Streitkräfte zu einer furchtbaren Zermürbungsschlacht verpflichtet. Am 23. August erreichten die Deutschen die Wolga vom Norden her, und von nun an war Stalingrad unaufhörlichen Luftangriffen ausgesetzt. Als deutsche und andere Achsenstreitkräfte die Stadt schließlich einschlossen, hatte Sowjetrußland den wohl kritischsten Punkt des Krieges erreicht.

Am 10. September wurde Lopatin, Befehlshaber der 62. Armee, die jetzt Stalingrad verteidigte, abberufen. Er wurde durch Tschui-

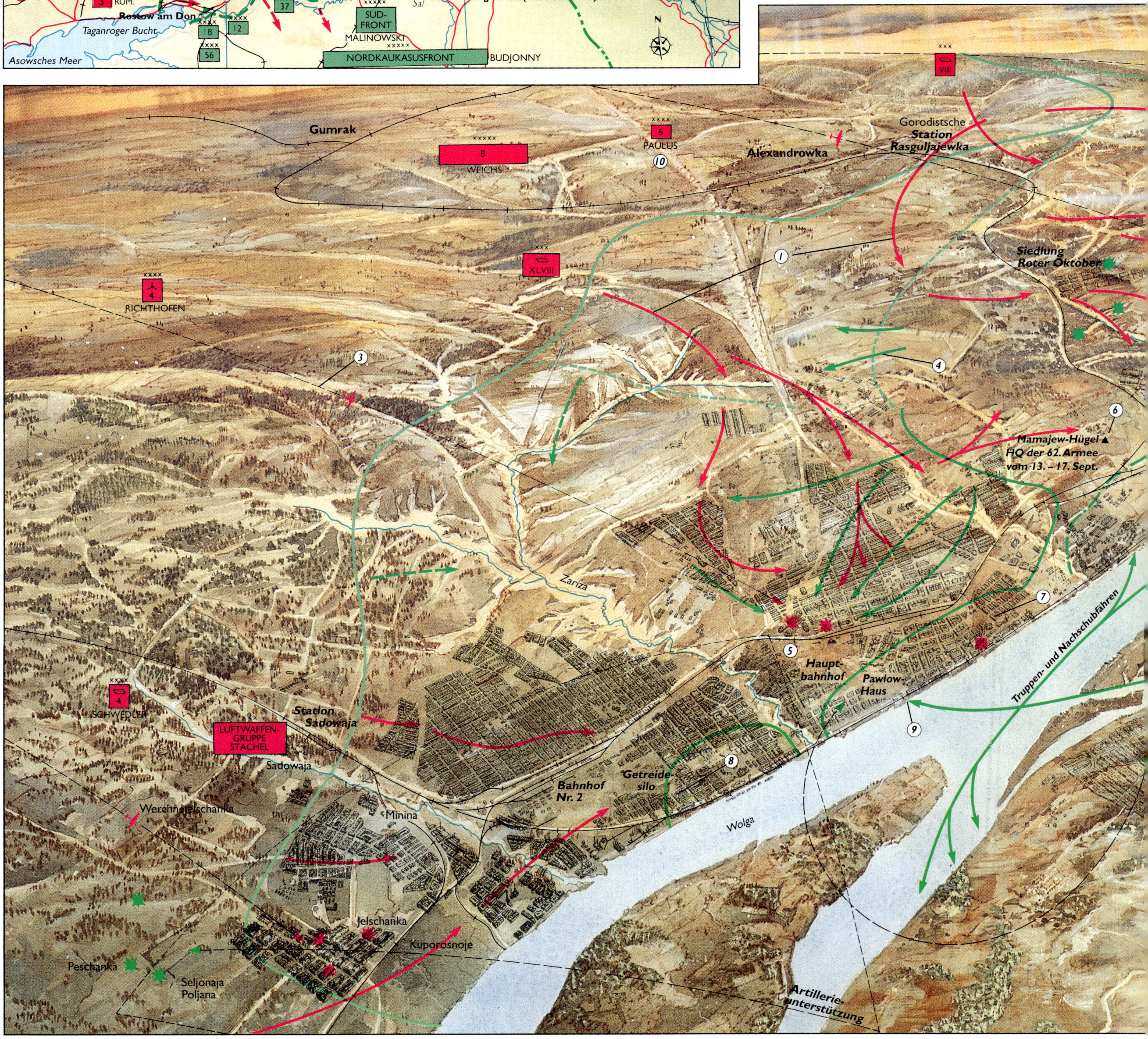

kow ersetzt, dessen Ankunft am 13. September mit dem heftigsten deutschen Angriff gegen das Stadtzentrum von Stalingrad zusammenfiel. Zu diesem Zeitpunkt hatte die 62. Armee schwerste Bombenangriffe über sich ergehen lassen müssen und bestand nur noch aus versprengten Resten. Ihre Divisionen umfaßten statt der vorgeschriebenen 10 000 nur noch einige hundert Mann. 7000 Arbeiter hatte man zu den sogenannten Volksmilizen eingezogen, um die Fabriken zu verteidigen. Frauen und Kinder waren ans Ostufer evakuiert worden.

Tschuikows Hauptquartier befand sich auf dem Mamajew-Hügel, einem Skythengrab auf der Höhe 102. Es kommandierte die mittleren und nördlichen Vorstädte, die zum Zentrum des Infernos werden sollten, als sich die deutschen Truppen mit beispielloser Brutalität und Entschlossenheit ihren Weg durch die Stadt erkämpften. Am 14. September besetzten sie die Einrichtungen in der Nähe des Stalingrader Hauptbahnhofs und konnten jetzt die Hauptanlegestelle des Flusses unter gezieltes Maschinengewehrfeuer nehmen. Währenddessen setzten sie ihren Kampf zum Erreichen des Getreidesilos fort. Die durch die 13. Division verstärkte 62. Armee rückte während der Nacht ins Stadtzentrum ein und schaffte es trotz des mörderischen deutschen Geschützfeuers, einen Stützpunkt am Westufer einzunehmen. Im Laufe des 14. September wechselte der Stalingrader Hauptbahnhof viermal den Besitzer, und die ganze Stadt wurde zu einem glühenden Ofen voller ausbrennender Gebäude, in dem kleinere, grausame Einzelaktionen stattfanden. Am 17. September verlegte Tschuikow sein Hauptquartier in die Nähe der Fabrik „Roter Oktober". Im gespenstischen Glühen von brennenden Gebäuden und Leuchtspurgeschossen dauerten die Kämpfe an, ohne in ihrer Intensität nachzulassen. Kleine Boote schafften Munition heran und brachten Verwundete über den durch brennendes Öl erleuchteten Fluß zurück. Am 27. September gab es weitere deutsche Angriffswellen, wobei 80 Panzer zur Fabrik „Roter Oktober" vorstießen. In der Nacht wurde die 193. Schützendivision der Sowjets über die Wolga gesetzt, um die Fabrik zurückzuerobern. Am 5. Oktober besetzten die Deutschen die nördliche Anlegestelle. Auf Stalins Befehl, sie vom Fluß zurückzudrängen, folgte ein schwerer, 40 Minuten dauernder Artillerieangriff aus 300 Geschützen und unter Einsatz von fünf Katjuscha-Regimentern. Er vernichtete die deutschen Verbände, die sich darauf vorbereitet hatten, in die Traktorenfabrik und die Geschützfabrik „Barrikady" einzudringen. Daraufhin starteten deutsche Truppen einen Angriff von noch größerer Heftigkeit. Am 16. Oktober konnten sie die Traktorenfabrik einnehmen und waren im Begriff, auch das Werk „Barrikady" zu nehmen; die Sowjets hielten jedoch die von ihnen besetzten Teile der Fabrik bis zum 23. Oktober.

In der Zwischenzeit hatte die deutsche Führung Berichte über sowjetische Umgruppierungsbewegungen nördlich des Don erhalten. Der einzige Ausweg bestand darin, Stalingrad einzunehmen, und zwar bald. Bei einem verzweifelten Versuch, dieses Ziel zu erreichen, warfen die Deutschen noch mehr Ressourcen in die Schlacht. Am 11. November zerstörte ihr letzter großangelegter Versuch, zur Wolga durchzudringen, Tschuikows Brückenkopf zum dritten Mal. Die Fabrik „Roter Oktober" war in deutscher Hand. Die sowjetischen Einheiten und Verbände hatten günstigstenfalls noch ein Zehntel ihrer Sollstärke, auch gingen Munition und Nahrungsmittel zu Ende. Am 17. November war die Situation der Russen verzweifelt, und zu allem Unglück begann auch noch die Wolga zuzufrieren. Bis jetzt hatte die Schlacht um Stalingrad die deutsche Seite 700 000 Tote, Verwundete, Gefangene und Vermißte sowie 1 000 Panzer, über 2 000 Geschütze und 1 400 Flugzeuge gekostet.

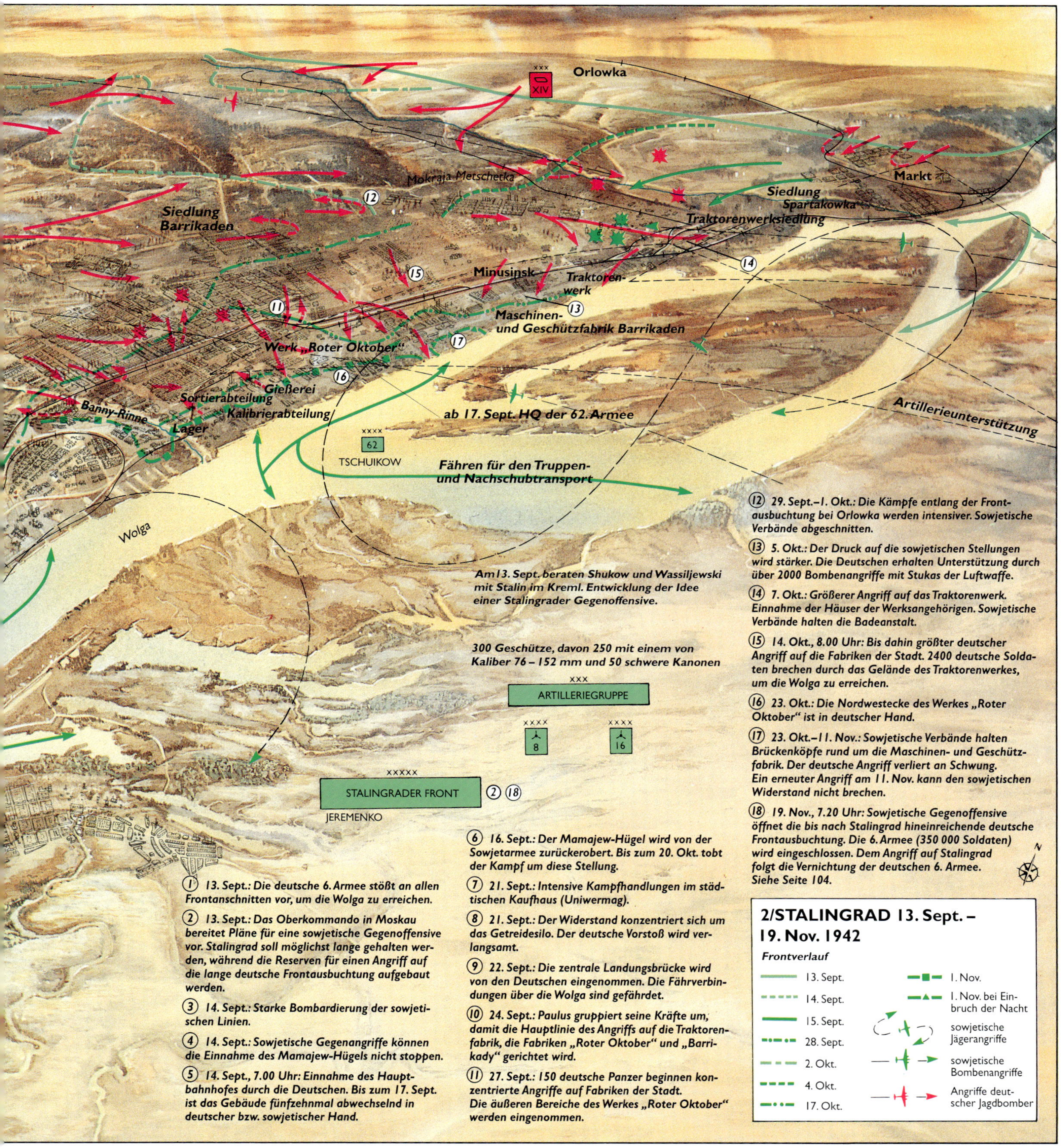

1942 LAG STALINGRAD 20 km weit an der Wolga ausgestreckt. Im Mittelpunkt befand sich der Mamajew-Hügel, eine Schlüsselstellung, um die der Kampf niemals nachließ. Die sowjetischen Stellungen am Ostufer waren, von Luftangriffen abgesehen, relativ sicher. Hier war der größte Teil der Artillerie konzentriert. Um Stalingrad einzuschließen, überquerten die deutschen Streitkräfte Mitte August den schmalen Landstreifen, der Don und Wolga voneinander trennte. Am 12. September war die Stadt am Westufer vollständig eingekreist, so daß die Sowjets nur über die Wolga hinein und heraus kamen. Der Mamajew-Hügel, das Hauptquartier von Tschuikows 62. Armee, die Fabriken „Barrikady", „Roter Oktober" und die Traktorenfabrik stellten allesamt Schlüsselpositionen dar; sie wurden mehrfach eingenommen und wieder aufgegeben. Während die deutsche Luftüberlegenheit den Tag für die sowjetischen Truppen besonders gefährlich machte, holten sich diese das verlorengegangene Gelände nachts immer wieder zurück. Der Hauptbahnhof und in der Nähe befindliche Einrichtungen stellten ebenso wichtige Ziele dar; von letzteren aus konnte man die Hauptanlegestelle an der Wolga beschießen. Ein viergeschossiges Haus in der Nähe des zur Ruine gewordenen Getreidesilos wurde in eine kleine Festung verwandelt, die sämtliche Zugänge zum Fluß beherrschte. Ihr Verteidiger Pawlow schlug 58 Tage lang jeden Angriff zurück. Die sowjetische Artillerie war auf dem Ostufer konzentriert und feuerte über den Fluß hinweg. Mitte Oktober trafen besonders schwere weitreichende 203-mm- und 208-mm-Geschütze ein, um das Artilleriegefecht zu intensivieren. Ein Teil der Artillerie der 62. Armee, einschließlich der Katjuscha-Raketenwerfer mit ihrer geringen Reichweite, blieb jedoch am Westufer. Die Katjuschas mußten am 14. Oktober rückwärts in die Wolga gefahren werden, um den für die Beschießung notwendigen Winkel zu ermöglichen. Versuche, die deutschen Angriffe auf Stalingrad durch Gegenangriffe aus Norden und Süden abzulenken, wurden zweitrangig gegenüber der sorgfältigen Planung einer großen Gegenoffensive (siehe Seite 104). Zwei Monate lang – bis zum 19. November – wurde die Innenstadt gegen alle deutschen Angriffe verteidigt. Die Schlacht war eine perfekte Illustration der unglaublich großen Zahl an Soldaten, die eine Stadt von der Größe Stalingrads verschlingen konnte. Der deutsche Angriff am 14. Oktober, der das Fabrikgelände überrennen sollte, schlug trotz des Einsatzes von drei Infanteriedivisionen und über 300 Panzern fehl. Diese Streitkräfte gingen einfach „verloren", wurden vom glühenden Strudel Stalingrads verschlungen.

Bild oben: Sowjetische Truppen rücken in den Ruinen des Stadtzentrums von Stalingrad vor.

Der Kaukasus 1942–1943

Die erste Phase der deutschen Sommeroffensive 1942 hatte die deutschen Heeresverbände an den Don geführt (siehe Seite 62). In der zweiten Phase hatte die Heeresgruppe A die Aufgabe, im Rahmen der Operation „Edelweiß“ die kaukasischen Ölfelder bei Maikop, Grosny und Baku einzunehmen. Vom Standpunkt der deutschen Kriegswirtschaft betrachtet, stellte allein das schon einen beachtlichen Gewinn dar. Unter dem Aspekt der übergeordneten Strategie war das Eintreffen deutscher Truppen im Kaukasus jedoch noch sehr viel mehr wert: Jetzt konnte die Türkei möglicherweise gezwungen werden, sich den Achsenmächten anzuschließen. Der Erfolg des deutschen Afrikakorps in Nordafrika könnte eine vollständige Einkesselung der britischen Besitzungen im Nahen Osten bedeuten und das Mittelmeer zu einem Binnensee der Achsenmächte machen. Doch die Träume über der Karte und die Kämpfe auf dem Schlachtfeld waren sehr verschiedene Dinge. Die Entfernung von Rostow bis Baku war bei zunehmend schwieriger werdendem Gelände ebenso groß wie die von der polnisch-sowjetischen Grenze bis Rostow. Die östliche Hälfte des Landes zwischen dem Kaspisee und dem Schwarzen Meer bildete eine unwegsame Wüste. In der westlichen Hälfte waren die deutschen Armeen auf zwei schmale Achsen beschränkt: entweder auf den Küstenverlauf des Schwarzen Meeres und dann über Land von Suchumi nach Tbilissi oder im Norden des Kaukasus über Armawir, Grosny und Machatschkala nach Baku. Die sowjetische Verstärkung sah sich zur Umgehung der Front einem langen Umweg gegenüber, konnte jedoch zumindest die Kaspi-Route von Astrachan nach Machatschkala benutzen, um gleichzeitig einige Truppenteile von der türkischen Grenze mit zurückzunehmen.

Das Unternehmen „Edelweiß“ begann am 25. Juli. Die Sowjettruppen, die den Kaukasus verteidigten, hatten sich von ihren früheren Niederlagen noch nicht wieder erholt. Hingegen schaffte die Heeresgruppe A während der ersten zwei oder drei Wochen auf ihrem Vormarsch bis zu 50 km am Tag. Ab Mitte August sank diese Leistung jedoch auf durchschnittlich anderthalb bis drei km pro Tag, was nicht zuletzt dem immer schwieriger werdenden Gelände geschuldet war. Zudem wurden auch noch Teile der Heeresgruppe A an die Stalingrader Front abgezogen. Das betraf insbesondere die 4. Luftflotte, die ursprünglich als wichtige taktische Luftunterstützung gedacht war und nun den Befehl erhielt, ihre Ressourcen gegen Stalingrad einzusetzen. Gleichzeitig trafen auf sowjetischer Seite neue Kommandeure und frische Truppen ein, unter ihnen Lawrenti Berija mit den Truppenteilen des NKWD. Diese sollten die Hoffnungen der Deutschen auf eine antisowjetische Erhebung der nichtrussischen Völker im Kaukasus durch rücksichtslose Unterdrückung jedes nur denkbaren Widerstandes zunichte machen. Deutsche und rumänische Gebirgstruppen wurden in die Schlacht geschickt, aber die Rote Armee hielt stand. An den Gebirgspässen verwandelte sich das Gefecht in eine Folge von Zusammenstößen und Auseinandersetzungen um Einzelstellungen in der Größenordnung eines Zuges. Hitler wollte die Schwierigkeit des Geländes einfach nicht zur Kenntnis nehmen. Er ließ auch schlechtes Wetter und dahinschwindende Ressourcen nicht gelten, sondern drängte General List, den Oberbefehlshaber der Heeresgruppe A, zur Fortsetzung des Vormarsches. Am 10. September wurde List schließlich gezwungen, das Kommando niederzulegen. Einige Zeit blieb die Heeresgruppe A ganz ohne Oberbefehlshaber, während die 17. Armee und die 1. Panzerarmee direkt Hitlers Hauptquartier unterstanden.

Auf sowjetischer Seite war der Oberkommandierende genauso stur. Bei der Beratung der Pläne für die Winteroffensive 1942 wies Stalin alle Vorschläge der Transkaukasusfront zurück, die Hauptachse nördlich des Kaukasus gegen die 1. Panzerarmee zu richten, die auf Maikop vorstieß. In Moskau hatte man anspruchsvollere Pläne entwickelt und hoffte, die Heeresgruppe A einkesseln und vollständig zerstören zu können. Dazu sollte die Südfront durch Salsk nach Tichorezk vorrücken, die Schwarzmeergruppe dagegen ihren Angriff nördlich von Tuapse bis Krasnodar führen, um bei Tichorezk die Verbindung zur Südfront herzustellen. Dieser Plan versprach zwar auf der Karte einen eindrucksvollen Sieg, ignorierte aber die reale Beschaffenheit des Geländes.

Der endgültige Plan umfaßte zwei Angriffe. Der erste der Unternehmen sollte bei Gorjatschi Kljutsch beginnen und nach Tichorezk führen; das zweite Unternehmen war ein amphibisch geführter Angriff zur Befreiung von Noworossisk bei gleichzeitiger Bedrohung des Gegners auf der Taman-Halbinsel. Jedoch verzögerte das schlechte Wetter die Vorbereitungen. Es wurde noch schlechter, als das Unternehmen begann. Die Landung bei Noworossisk führte nicht zur Eroberung der Stadt, sondern nur zur Errichtung eines kleinen Brückenkopfes im Süden von Noworossisk, der den Sommer über in sowjetischer Hand blieb. Die zahlreichen kleinen Landeoperationen an der Küste im Verlauf dieses Feldzuges waren charakteristisch dafür, wie die Sowjets während des Zweiten Weltkrieges – im krassen Gegensatz zum Vorgehen der westlichen Alliierten – amphibische Angriffe ausführten: Es gab hier keine großangelegten Überseeangriffe. Statt dessen wurden amphibische Streitkräfte eingesetzt, um über kurze Entfernungen Umgehungsbewegungen auszuführen. Solche Angriffe wurden oft kurzfristig improvisiert. Damit wird auch klar, warum die Russen für die zögerliche Haltung der Westmächte beim Start des Unternehmens „Overlord“ kein Verständnis hatten und ungeduldig wurden.

Die Befreiung des Kaukasus war nur ein Teil der sowjetischen Winteroffensive 1942/43, die für die Deutschen eine Wende an der Ostfront bedeutete. Deutschland wurde von den Ölfeldern bei Baku abgedrängt, auf die Hitler so große Hoffnungen gesetzt hatte.

Das Eindringen der Deutschen in den Kaukasus begann am 25. Juli 1942, als die Heeresgruppe A (*1*) vom Don aus rasch vorzurücken begann. Am 9. August hatte sie die Linie Krasnodar–Stawropol–Maikop erreicht. Nun behinderten die Ausläufer des Kaukasus den Vormarsch und die Gebirgsmassive selbst zwangen beide Seiten zur Aufsplitterung ihrer Kräfte. Der deutschen 17. Armee, unterstützt durch die 3. rumänische Armee, standen vier Sowjetarmeen gegenüber, die als Schwarzmeergruppe der Transkaukasusfront bezeichnet wurden und die Küstenstraße von Noworossisk nach Suchumi kontrollieren sollten. Im Rahmen des Unternehmens „Blücher II“ (ein amphibischer Angriff am 2. September über die Straße von Kertsch zur Befreiung der Taman-Halbinsel) erreichte die 17. Armee am 6. September Noworossisk. Doch am 11. September kam die Front an einer Zementfabrik am Stadtrand zum Stehen. Das blieb auch für die nächsten 360 Tage so. Versuche, über die Berge wieder zur Küste durchzubrechen, führten nur zu einem geringfügigen Geländegewinn, bis der Wintereinbruch jedes Vorrücken unmöglich machte. Im Osten hatte die 1. Panzerarmee die scheinbar leichtere Aufgabe, den Kaukasus im Norden gegen den Widerstand der Truppen der Nordgruppe zu umgehen. Das LII. Korps überquerte den Fluß Terek bei Mosdok am 2. September, wurde jedoch anschließend durch sowjetische Gegenangriffe in seinem Brückenkopf festgehalten. Hoffnungen keimten auf, als es Ende September Fortschritte entlang der Terek-Linie und Ende Oktober nochmals Bewegung in Richtung Naltschik gab. Doch der Winter mit Regen und Schnee beendete alle Operationen am 9. November. Die sowjetische Gegenoffensive im Kaukasus hatte den Sinn, die übermäßige Ausdehnung der deutschen Truppen und die Winterbedingungen auszunutzen. Sie war nur ein Teil der allgemeinen Gegenoffensive an der ganzen Front. Der Gesamtplan für die sowjetische Winteroffensive im Jahr 1942 (siehe Seite 106) sah für die Transkaukasusfront die Zusammenarbeit mit der Südfront zwecks Einkesselung der Heeresgruppe A vor, bevor

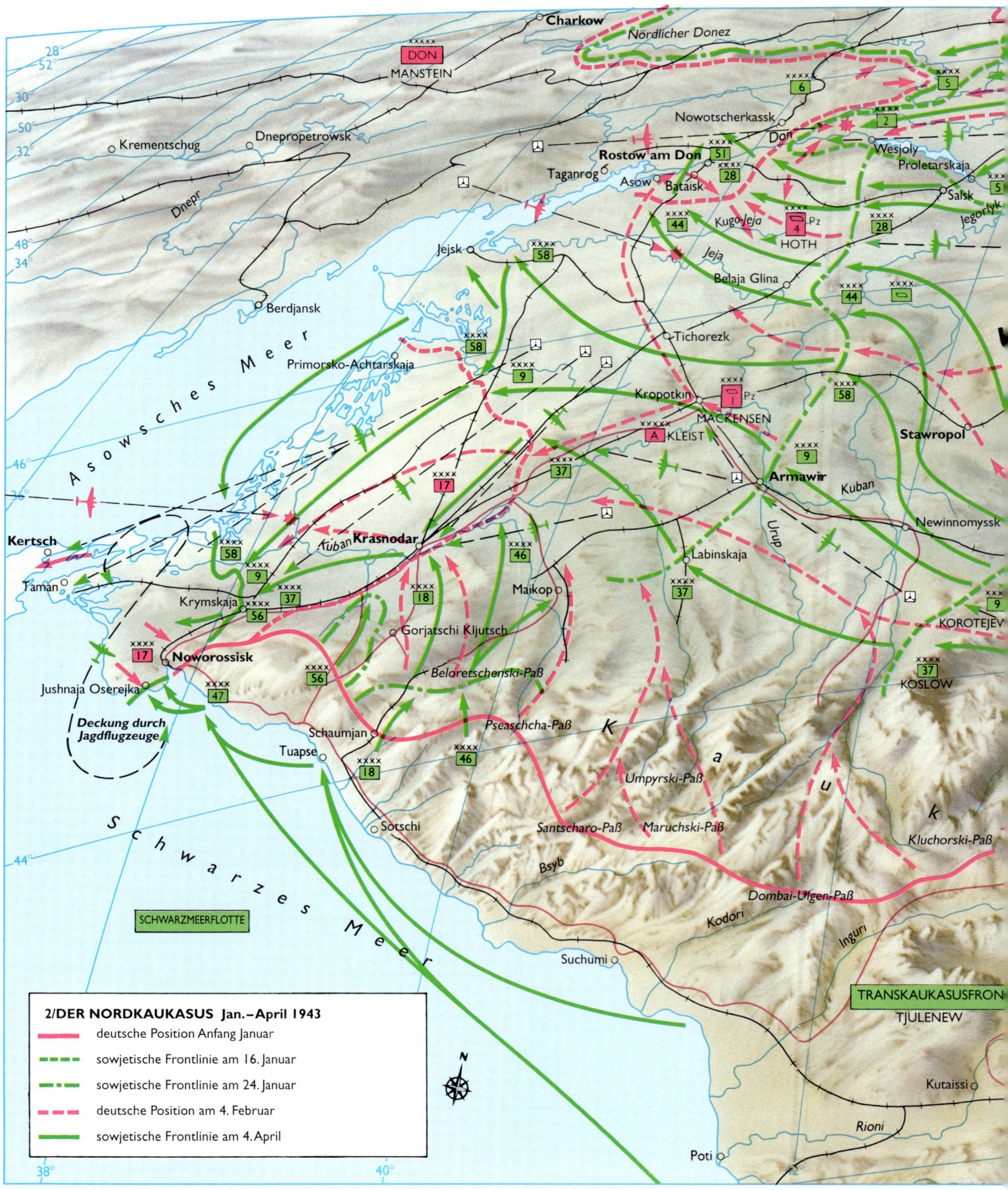

diese über Rostow *(2)* den Rückzug antreten konnte. Wegen des grauenvollen Wetters machte die Schwarzmeergruppe jedoch nur geringe Fortschritte entlang der Achse Tuapse–Krasnodar–Tichorezk. Obwohl die *Stawka* die Aktivitäten der Nordgruppe zu forcieren suchte, konnte sich die 1. Panzerarmee von Fluß zu Fluß stetig zurückziehen. Eine größere Bedrohung für die 1. Panzerarmee war das Vordringen der Südfront zum Fluß Manytsch. Doch die Linie wurde lange genug gehalten, so daß die 1. Panzerarmee entkommen und sich Mansteins Gegenoffensive bei Charkow anschließen konnte. Die 17. Armee hielt weiterhin einen großen Brückenkopf auf der Taman-Halbinsel, die Große Gotenstellung. Während des Sommers war die Aufmerksamkeit auf den Norden konzentriert, und so blieb die Front im Kaukasus statisch. Am 9. September wurde die Taman-Offensive durch einen Angriff von Seelandeverbänden direkt auf den Hafen von Noworossisk eröffnet *(3)*. Frontaler Druck, kombiniert mit kleinen amphibischen Umgehungsmanövern im Küstenverlauf *(4)*, befreite die Taman-Halbinsel im folgenden Monat. Der größte Teil der 17. Armee konnte sich über die Straße von Kertsch auf die Krim zurückziehen.

Bild oben links: Die Verbände der sowjetischen Kavallerie erwiesen sich im schwierigen Kaukasus-Gelände als sehr nützlich.
Links: Deutsche Truppen rücken in die Ausläufer des Kaukasus vor.

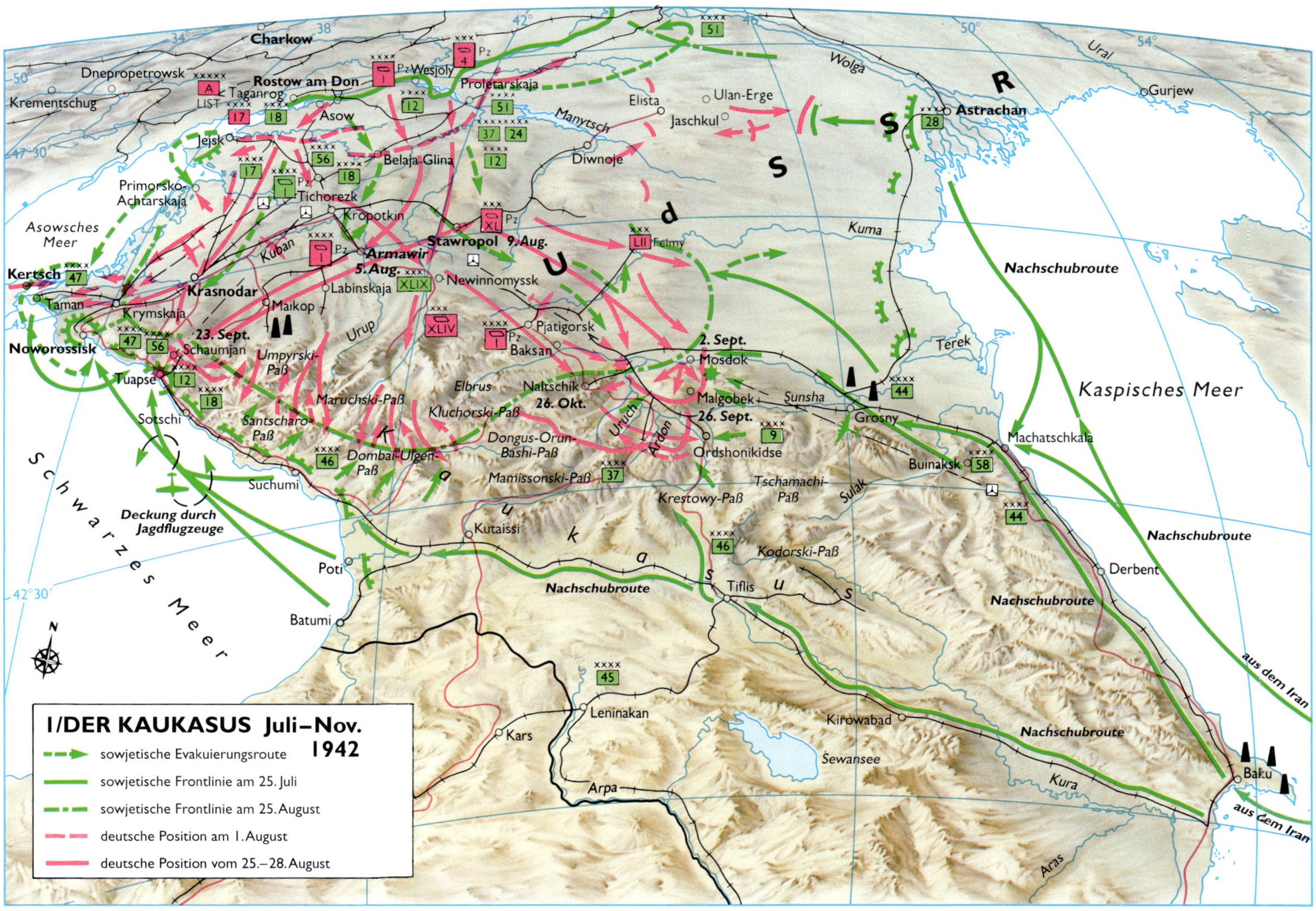

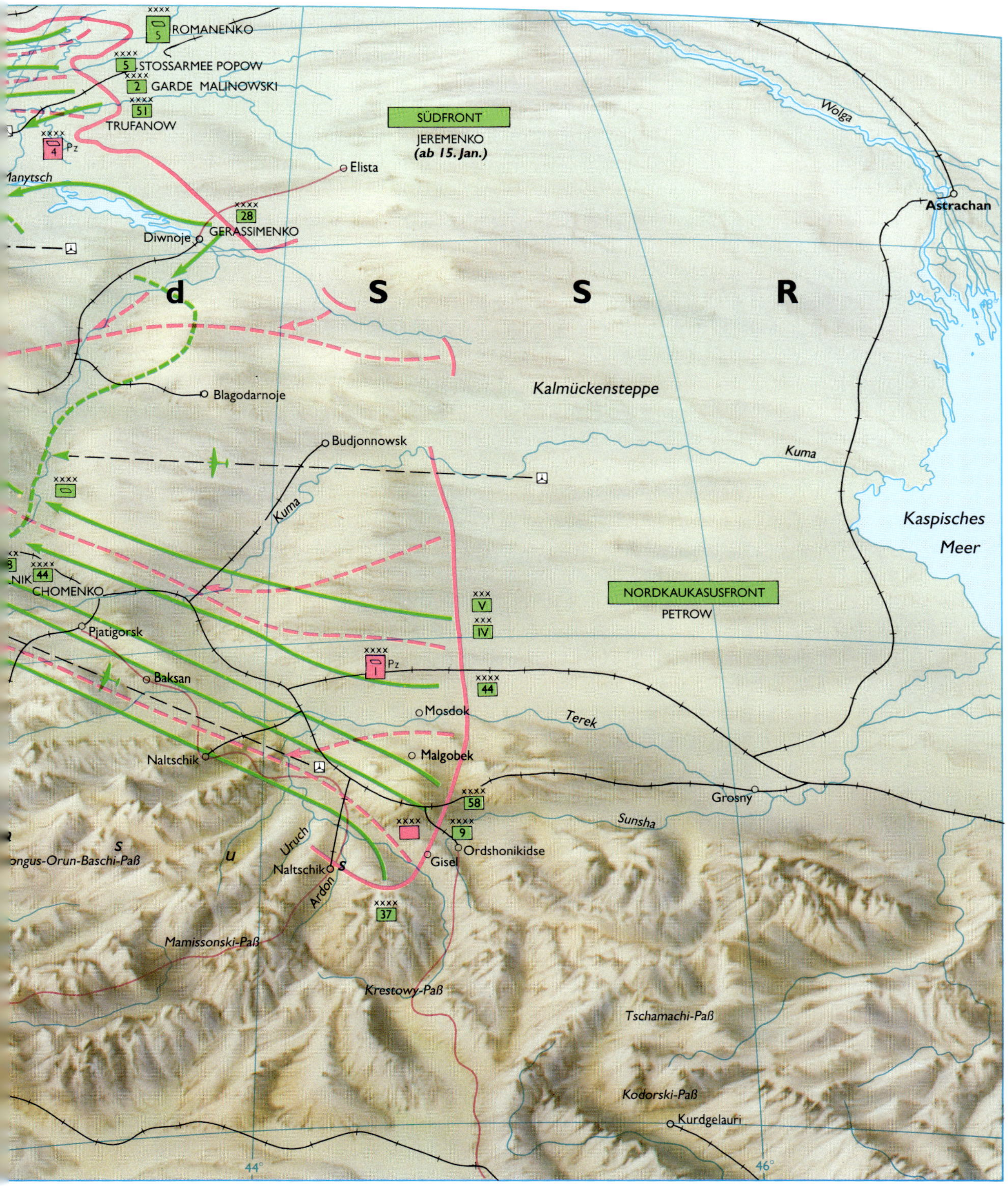

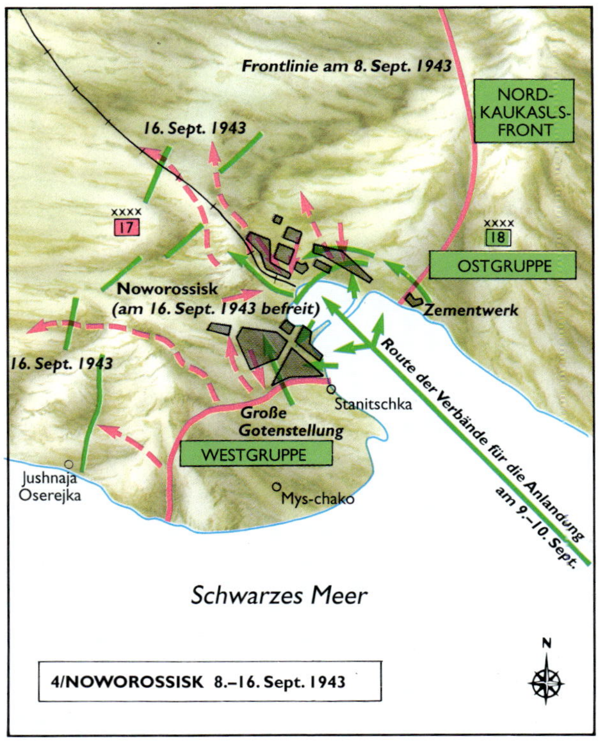

AM 18. NOVEMBER um Mitternacht wurde Tschuikow, dem Kommandeur der 62. Armee in Stalingrad, mitgeteilt, er solle sich für den Empfang neuer Befehle bereithalten. Am nächsten Morgen kündigte eine 80minütige Artillerievorbereitung das Unternehmen „Uranus" an. Dabei handelte es sich um eine sowjetische Gegenoffensive mit über 1 Million Soldaten sowie mehr als 13 000 Geschützen, 894 Panzern und 1 150 Flugzeugen, die von Norden und Osten bis weit hinter die deutschen Truppen vordrangen, während diese nach wie vor Tschuikows zerfetzte Frontlinie berannten. Am 16. November waren die ersten Schneeflocken vom Himmel gefallen. In der Nacht vom 18. auf den 19. brachten dichte Wolken Nebel und noch mehr Schnee, der die gequälte Erde in einen weißen Mantel hüllte und die Sicht auf Null reduzierte. Um 7.20 Uhr waren die Geschütze geladen, und ab 7.30 Uhr feuerten sie in einer Weise, die diesem Tag später die Bezeichnung „Artillerietag" einbringen sollte. Um 8.50 Uhr begann der Infanterieangriff.

Pläne für eine Gegenoffensive in der zweiten Phase der Schlacht um Stalingrad waren Stalin erstmals am 13. September vorgelegt worden. Sie enthielten zwei Hauptaufgaben: erstens die Einkesselung der Streitkräfte, die im Gebiet von Stalingrad operierten, und zweitens ihre Vernichtung. Um die relativ geringe Effektivität der rumänischen Streitkräfte auszunutzen, sollten die Schläge weit hinten an den Flanken erfolgen. Bis dahin sollte Stalingrad selbst die Stellung halten. Im Operationsbefehl Nr. 1 vom 14. Oktober beendete Hitler die deutsche Sommeroffensive in dem Glauben, die Verteidigung der gegenwärtigen Stellungen würde bis zum endgültigen Vernichtungsschlag im Jahr 1943 genügen. Am 23. Oktober wurde dies vom Chef des Generalstabs Zeitzler bekräftigt, der meinte, die Russen wären „nicht in der Lage, eine große Offensive mit weitreichenden Zielen zu starten". Tatsächlich waren die sowjetischen Vorbereitungen jedoch gut vorangekommen. Nur Gehlen, Chef der Spionageorganisation Fremde Heere Ost, schien Kenntnis davon zu haben – oder zumindest genügend Vorstellungskraft –, um begrenzte Einsätze gegen die ungarische 3. Armee bzw. größere Operationen über den Don hinweg gegen die italienischen und ungarischen Armeen am 12. November vorherzusagen.

Rückblickend erscheint die deutsche Position zum damaligen Zeitpunkt hochgradig gefährdet. Manstein, der am 20. November zum Befehlshaber der neuen Heeresgruppe Don ernannt worden war, hielt ein Erreichen der Wolga nur durch eine kurzfristige Operation statt durch die sorgfältig geplante Einnahme von Stalingrad für möglich. Eine so große Streitmacht wochenlang ohne angemessenen Flankenschutz bei Stalingrad liegen zu lassen, war wohl ein Kardinalfehler. Die deutsche Kommandostruktur war zudem absolut grotesk: Die Heeresgruppe A im Süden wurde von Hitler „nebenbei" befehligt; die Heeresgruppe B umfaßte nicht weniger als sieben Armeen, einschließlich der vier Armeen der Verbündeten – ein unmöglich zu kontrollierender Umfang. Unbestimmtheiten und geteilte Verantwortlichkeiten in der Befehlskette behinderten die Re-

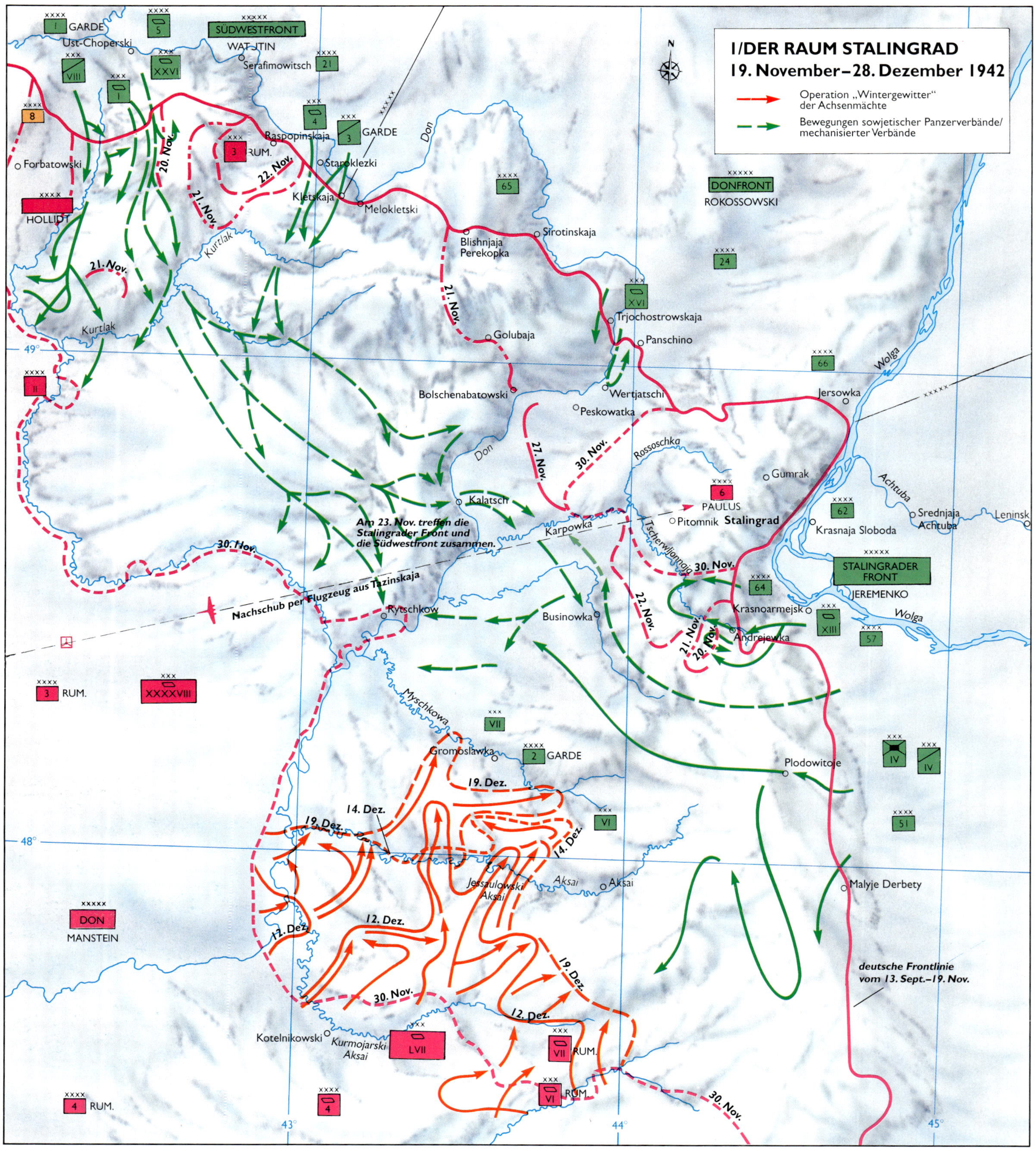

DER HAUPTSTOSS des Unternehmens „Uranus" zur Einkesselung der Achsenstreitkräfte im Gebiet von Stalingrad und ihrer anschließenden Vernichtung begann am 19. November (*1*). Als die sowjetischen Einheiten der Südwestfront eine 13 km breite Lücke in die Verteidigung rissen, begannen die rumänischen Divisionen zu zerfallen und zurückzuweichen, von Panzerkolonnen über die Steppe am Don verfolgt. Der Angriff der Stalingrader Front (20. November) wurde von 8 Uhr auf 10 Uhr verschoben, da die Wetterbedingungen eine Beobachtung des Artilleriefeuers unmöglich machten. In der folgenden Nacht wurde die Ostflanke der 4. Panzerarmee auf einer Breite von 30 km aufgeschlitzt. Ihr Hauptquartier mußte sich zurückziehen. Am Morgen des 23. November trafen sich Vorausabteilungen der Südwestfront und der Stalingrader Front in der Nähe von Kalatsch und hatten damit, wie sie glaubten, 90 000 Mann gegnerischer Truppen in einem Kessel von 300 km Umfang eingeschlossen. In Wirklichkeit war die Zahl wenigstens zweieinhalbmal so groß. Die ersten deutschen Transportflugzeuge flogen am 25. November in den Kessel hinein, während die belagerte sowjetische 62. Armee nach wie vor ihre unsicheren Positionen am Westufer hielt. Der Versuch der Deutschen, aus dem Kessel auszubrechen (Unternehmen „Wintergewitter"), begann am 12. Dezember im Gebiet von Kotelnikowski (*1*). Das LVII. Panzerkorps überquerte den Aksai und erreichte den Fluß Myschkowa in etwa 50 km Entfernung von der Einschließungsfront (19. Dezember). Der Versuch zur Befreiung der 6. Armee schlug fehl. Nun umringten fünf sowjetische Armeen Paulus' 6. Armee sowie Teile der 4. Panzerarmee. Die Donfront erhielt den Auftrag, die eingekesselten Streitkräfte zu vernichten, nachdem die Deutschen am 10. Januar ein Ultimatum zurückgewiesen hatten (*2*). Am 9. Januar war die Westseite des Kessels 40 bis 50 km von der Wolga entfernt. Am 16. Januar betrug die Entfernung der Sowjets von Stalingrad 10 km, und am 25. waren die deutschen Stellungen auf zwei Kessel im Süden und Norden der Stadt gegenüber Krasnaja Sloboda und der Saizew-Insel reduziert. Am 26. erreichten die sowjetischen Truppen die Abhänge des Mamajew-Hügels, wo sich der Schnee nicht hatte halten können: die Hitze der unablässigen Granaten- und Bombenexplosionen hatte ihn wegschmelzen lassen. Die Südgruppe mit dem inzwischen zum Feldmarschall ernannten Paulus kapitulierte am 31. Januar, die Nordgruppe am 2. Februar.

Bild oben links: Ein deutsches Versorgungsflugzeug landet im Schneesturm. Oben rechts: Sowjetische Artillerie am Stadtrand von Stalingrad.

aktion der Deutschen auf die gut organisierten und gründlich geplanten sowjetischen Schläge.

Die sowjetische Gegenoffensive wurde am 19. November mit einem Vorstoß der Südwestfront und der 65. Armee der Donfront aus nördlicher Richtung eröffnet. Bis zum Ende des ersten Tages hatten sie den Durchbruch auf 30 km Breite erweitert. Am nächsten Tag griffen die Einkesselungstruppen der Stalingrader Front im Süden an. Am 23. November trafen sich die beweglichen Einheiten beider Fronten an ihrem Zielpunkt im Gebiet von Kalatsch, schnitten den Nachschub der 6. Armee ab und machten den Rückzug unmöglich. Ein gigantisches Cannae, das den preußischen Generalstab imponiert hätte, bahnte sich an. Die sowjetischen Truppen hielten eine große feindliche Streitmacht in einem Kessel gefangen, der von West nach Ost 50 km und von Nord nach Süd 40 km maß. Es scheint keine genauen Zahlen darüber zu geben, wieviel Mann sich tatsächlich im Kessel befanden: Manstein hielt Schätzungen von mehr als 300 000 – die offizielle sowjetische Schätzung nennt 330 000 – für übertrieben. 200 000 bis 220 000 dürfte ein einigermaßen zuverlässiger Wert sein. Seit Beginn des Zweiten Weltkriegs waren die Deutschen nun zum ersten Mal in eine derartige Situation geraten.

Manstein hielt es für unabdingbar, die 6. Armee aus dem Kessel zu befreien, da die Sowjets zu deren Vernichtung gewiß alles in ihrer Macht Stehende tun würden. Sie konnten schließlich mechanisierte Einheiten über den großen Donbogen nach Rostow vorstoßen lassen, um auch die Armeegruppe A abzuschneiden. Die eingekesselten Streitkräfte benötigten 550 Tonnen Nachschub täglich, die man jedoch vorübergehend auf 400 Tonnen hätte reduzieren können, bis die Vorräte durch Nachschub aus der Luft aufgefüllt worden wären. Göring behauptete prahlerisch, dies wäre möglich. So blieb Hitler dabei, die 6. Armee in der „Festung Stalingrad" zu belassen und sie – möglicherweise durch einen Landkorridor – mit Nachschub zu versorgen.

Nachdem die sowjetischen Einheiten die Einkesselung vollzogen und sowohl die innere als auch die äußere Front verstärkt hatten, begannen sie am 2. Dezember den ersten Angriff auf die 6. Armee. Zu dieser Zeit hatten die Deutschen Pläne für einen Entsatzversuch gemacht – das am 12. Dezember gestartete Unternehmen „Wintergewitter". Die groteske Befehlsstruktur behinderte jedoch alle Versuche, die 6. Armee aus dem Kessel herauszuholen. Paulus schien Hitlers Befehl zum Halten von Stalingrad befolgen zu wollen, während Manstein, sein unmittelbarer Vorgesetzter, am 19. Dezember befahl, die 6. Armee solle versuchen, nach Südwesten durchzubrechen. Das Dilemma war nicht zu lösen. Ließ man die 6. Armee und einen großen Teil der 4. Panzerarmee in Stalingrad, blieb die Armeegruppe als Ganzes jedoch in einer sehr verletzlichen Lage. Andererseits war die 6. Armee zu schwach, um für einen Ausbruchsversuch mit den Entsatzstreitkräften Kontakt aufzunehmen und gleichzeitig die Umfassungsfront zu halten. Wem sollte Paulus gehorchen, Hitler oder Manstein?

Unterdessen nahm das sowjetische Unternehmen „Kolzo" (Ring), d. h. die Vernichtung der eingekesselten Garnison, seinen Lauf. Am 26. Dezember funkte Paulus, er würde sich nicht mehr lange halten können, zumal er an diesem Tag nur 70 Tonnen Nachschub erhalten habe. In einer letzten, fast komisch wirkenden Geste beförderte Hitler Paulus mit geradezu unanständiger Geschwindigkeit erst zum Generaloberst und Ende Januar zum Feldmarschall, um die 6. Armee zum Durchhalten zu motivieren. Bis zum 24. Januar waren 30 000 Verwundete ausgeflogen worden. Die Garnison hatte den Befehl erhalten, sich in kleine Gruppen aufzuteilen. Am 31. Januar kapitulierte die Südgruppe der deutschen Streitkräfte, bei der sich Paulus befand, und am 2. Februar auch die Nordgruppe. 91 000 Mann wurden gefangengenommen, nachdem im Januar etwa 140 000 im Kessel gefallen waren. Die Schlacht von Stalingrad hatte die 6. Infanteriearmee und die 4. Panzerarmee, die rumänische 3. und 4. sowie die italienische 8. Armee vernichtet. Insgesamt dürfte sie die Deutschen 1,5 Millionen Tote, Verwundete, Vermißte und Gefangene gekostet haben, fast ein Viertel ihrer Truppenstärke an der Ostfront.

Die Deutschen hatten nie gelernt, mit einer Einkesselung umzugehen. Manstein glaubte allerdings, daß die 6. Armee ein notwendiges Opfer war: Andere Frontabschnitte der Heeresgruppe B wurden nur mit Mühe gehalten. Ohne den energischen, anhaltenden Widerstand der 6. Armee – trotz Kälte, Hunger und fehlender Munition –, hätte die Rote Armee die ganze deutsche Ostfront aufrollen können. Deutschland hätte den Landkrieg um ein Haar bereits hier verloren.

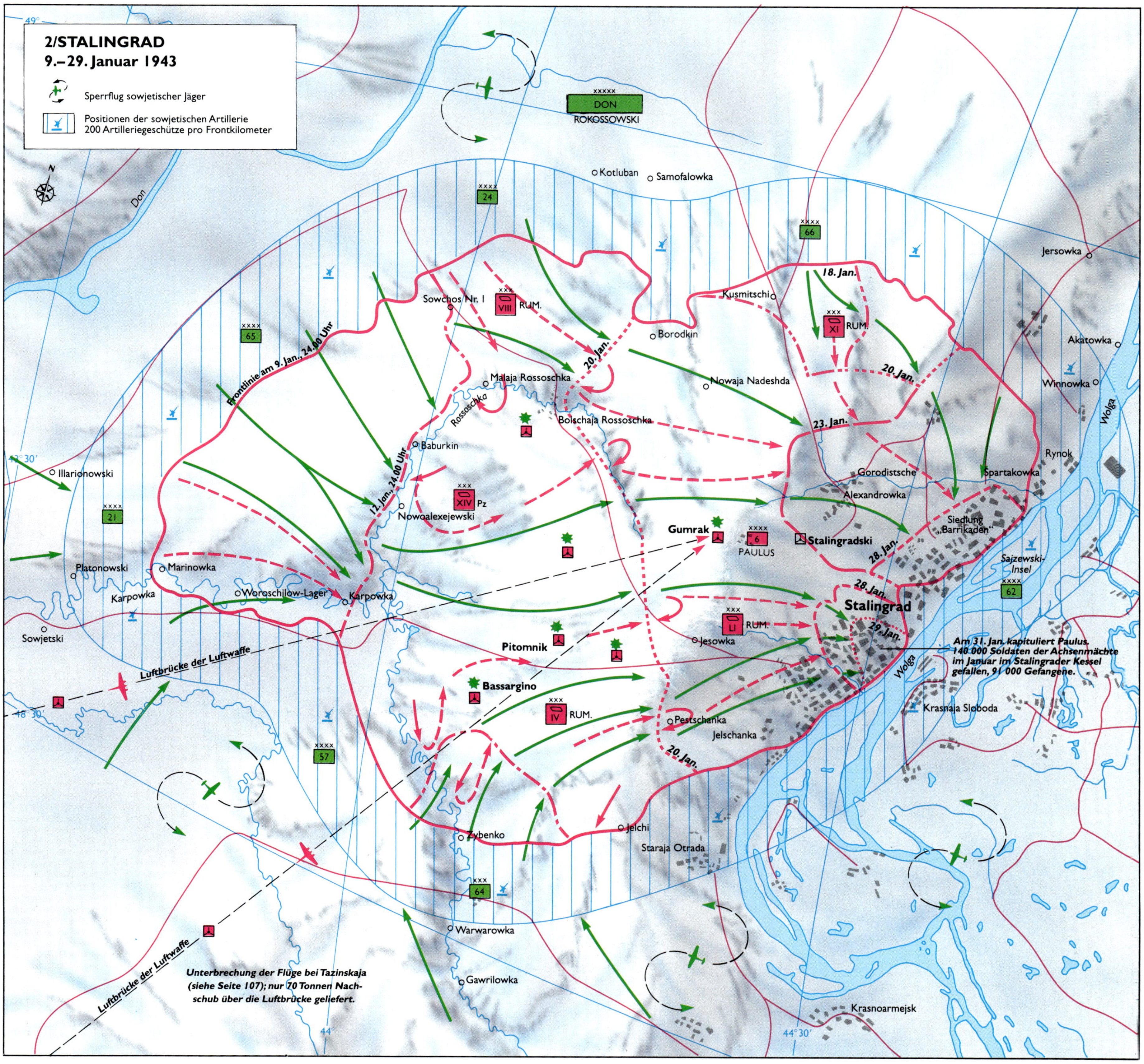

Südrußland Februar–Juni 1943

Die endgültige Vernichtung der 6. Armee bei Stalingrad (siehe Seite 105) ermöglichte einen weiteren sowjetischen Angriff von der äußeren Front des Stalingrader Kessels aus. Diese war im Dezember im Verlauf der Operation „Kleiner Saturn“ am mittleren Don gebildet worden. Am 2. Februar rückten die Sowjetstreitkräfte nach Süden zum Don, zum nördlichen Donezbecken und dann bis an eine 80 km östlich von Belgorod und Kursk nach Norden verlaufende Linie vor. Nunmehr planten die Sowjets eine neue Angriffswelle. Wie im Jahr zuvor (siehe Seite 62) hatte der Wintersieg Stalin und die *Stawka* übermütig gemacht. Drei Fronten – die Woronesher Front, die Südwestfront und die Südfront – sollten die Ukraine, die zweitgrößte politische Einheit der UdSSR, befreien. Von den überzogenen Ambitionen einmal abgesehen, konnte sich Stalin wohl auch nicht zwischen der Besetzung des Territoriums sowie der Kontrolle über dessen Ressourcen einerseits und der Vernichtung der gegnerischen Kräfte andererseits entscheiden. Die *Stawka*-Direktive vom 6. Februar befahl der Südwestfront, die Donezgruppe der deutschen Truppen abzuschneiden und sie auf der Krim zu isolieren. Im Norden hatten die Sowjetstreitkräfte durch Brjansk und Smolensk hindurch zunächst einen Schlag in den Rücken der Heeresgruppe Mitte zu führen. Anschließend sollten sie ihren Weg nach Norden fortsetzen, um den Kessel von Demjansk zu beräumen und den Weg zum Entsatz von Leningrad (siehe Seite 64) freizumachen.

Die Südwestfront griff am 29. Januar und die Woronesher Front am 2. Februar an. Die deutsche Heeresgruppe Don hielt noch immer die Verbindung zwischen den Flüssen Don und Donez besetzt, war dabei jedoch in der unmittelbaren Gefahr, ebenfalls eingekesselt zu werden. Am 6. Februar suchte Manstein Hitler auf, um dessen Genehmigung zum Rückzug vom östlichen Teil dieses Gebietes zu erhalten. Typischerweise lehnte Hitler zunächst ab, stimmte dann aber doch zu. Am 9. Februar hatten die Sowjets Belgorod und Kursk nördlich von Charkow genommen. Die Heeresgruppe B sah sich nun einer Übermacht von 8:1 (nach deutscher Schätzung) gegenüber. Mitte Februar war die Gefahr einer Einkesselung des gesamten deutschen Südflügels vom Norden aus akut geworden, doch gerade diese besonderen Gegebenheiten enthielten das Potential für einen Gegenschlag.

Charkow, die viertgrößte Stadt in der Sowjetunion, war ein Prestigeobjekt. Am 13. Februar befahl Hitler, Charkow um jeden Preis zu halten. Das dortige SS-Panzerkorps zog sich jedoch am 15. Februar zurück, um einer Einkesselung zu entgehen. Einen Tag später fiel Charkow an die Sowjettruppen. Damit entstand zwischen den deutschen Heeresgruppen B und Don (letztere wurde am 13. Februar in Heeresgruppe Süd umbenannt) eine 160 km breite Bresche. Nunmehr verwarfen die Deutschen ihre Pläne für eine Expansion im Kaukasus, und aus der Heeresgruppe A wurde ein Kräftereservoir für die Heeresgruppe Süd. Am 19. Februar unternahm die 4. Panzerarmee einen Gegenangriff und veranlaßte damit die sowjetischen Streitkräfte zu dem Versuch, am Unterlauf des Dnepr einen Keil in die deutsche Flanke zu treiben. Die Schlacht zwischen Donez und Dnepr tobte bis zum 2. März. Währenddessen hielt die Armeeabteilung Hollidt den Fluß Mius, und die 1. und 4. Panzerarmee fügten den Sowjettruppen in diesem Gebiet schwere Verluste zu. Bei 23 000 Toten und 615 erbeuteten Panzern hatten die Deutschen nur 9 000 sowjetische Gefangene gemacht. Die meisten Rotarmisten konnten über den zugefrorenen Donez fliehen.

Der nächste deutsche Gegenangriff erfolgte am 7. März. Die 4. Panzerarmee hoffte, in den Rücken der Woronesher Front und der Zentralfront einzubrechen, um diese vom Charkower Territorium abzuschneiden und ein Gebilde zu erzeugen, das Stalin später als „deutsches Stalingrad“ bezeichnete. Die Woronesher Front zog sich 100 bis 160 km zurück und bildete damit den Südteil des Kursker Bogens, der etwa die halbe Größe von England hatte. Die Schlammperiode begünstigte die Deutschen, die jetzt in der Rolle der Verteidiger waren; zugleich barg sie die Gefahr sowjetischer Angriffe nach Süden und Norden in die Flanken der Heeresgruppen Süd und Mitte. Je früher die Deutschen angriffen, um so schlechter wäre die sowjetische Verteidigung des Kursker Bogens vorbereitet. Dies war der rationale Hintergrund des Unternehmens „Zitadelle“ (siehe Seite 124), das ursprünglich Anfang Mai begonnen werden sollte und zu diesem Zeitpunkt wahrscheinlich auch gelungen wäre. Es wurde jedoch zunächst auf Juni verschoben und begann schließlich erst im Juli.

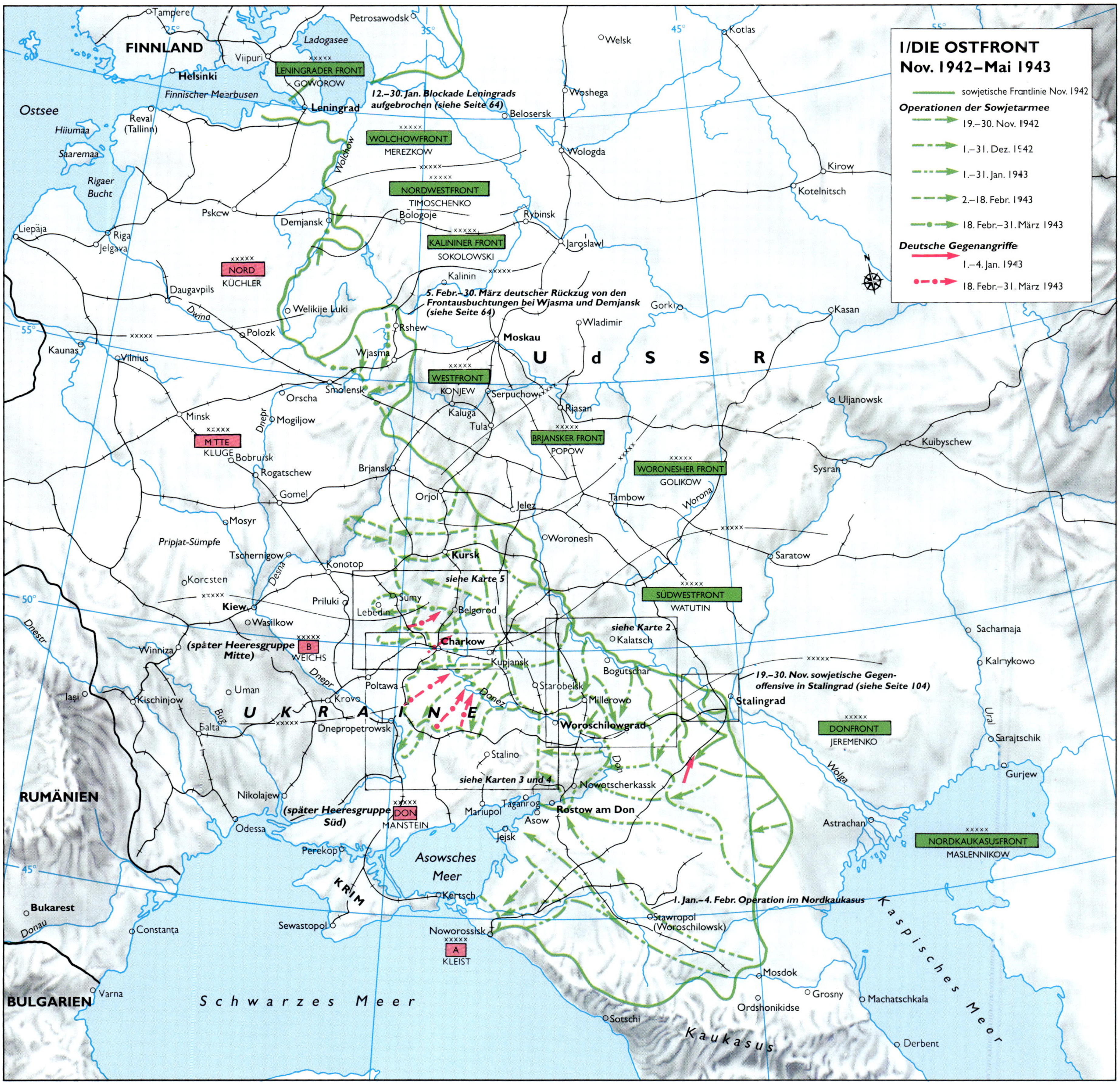

Die Stalingrader Gegenoffensive (19.–30. November) *(1)* und die Operation „Kleiner Saturn" (16. bis 30. Dezember) *(2)* hatten die sowjetischen Streitkräfte zum mittleren Don vorstoßen lassen. Im Januar 1943 drängten die Woronesher-, Südwest-, Don-, Stalingrader- und Südfront die deutschen Truppen wieder an den unteren Don und an eine Linie östlich von Belgorod und Kursk zurück. Der sowjetische Vormarsch setzte sich ins westliche Donezgebiet fort (2.–28. Februar). Manstein hoffte, Hitler schließlich doch zur Aufgabe dieses Gebietes bewegen zu können. Ihr weiteres Vordringen brachte die Sowjets fast bis nach Dnepropetrowsk. Die Kämpfe um Charkow lassen sich in zwei Phasen einteilen: Während der sowjetischen Offensive (2. Februar–3. März 1943) griffen Streitkräfte der Woronesher Front und der Südwestfront die Hauptstreitkräfte der Heeresgruppe B mit dem Ziel an, sie südlich von Charkow zu vernichten. Die Stadt fiel am 16. Februar *(3)*. Dieser große Erfolg löste einen deutschen Gegenschlag am 19. Februar aus *(4)*, den Mansteins Heeresgruppe Don führte. Im Norden (15.–28. Februar) hatte die sowjetische Nordwestfront (Timoschenko) den Befehl erhalten, die deutschen Truppen im Kessel um Demjansk *(1)* zu zerschlagen und so Vorstöße in den Rücken der feindlichen Belagerungstruppen vor Leningrad zu erleichtern. Am 7. März griff die 4. Panzerarmee in Richtung Charkow *(5)* an, weniger mit dem Ziel, die Stadt zurückzuerobern, als vielmehr, um die hier befindlichen Sowjettruppen zu vernichten. Obwohl sie durch den nicht mehr gefrorenen Donez vor einem Angriff in dieser Rücken der Woronesher Front geschützt waren, verloren die Sowjets Charkow am 14. März. Im Ergebnis der Operationen auf dem südlichen Kriegsschauplatz bildete sich der südliche Teil des Kursker Bogens, welcher das Ziel der letzten großen deutschen Offensive im Osten, des Unternehmens „Zitadelle" (siehe Seite 124), werden sollte.

Bilder unten: Sowjetische Panzer der Typen KV 2 (im Vordergrund) und T 34, November 1942. Sowjetische Truppen in Wintertarnanzügen.

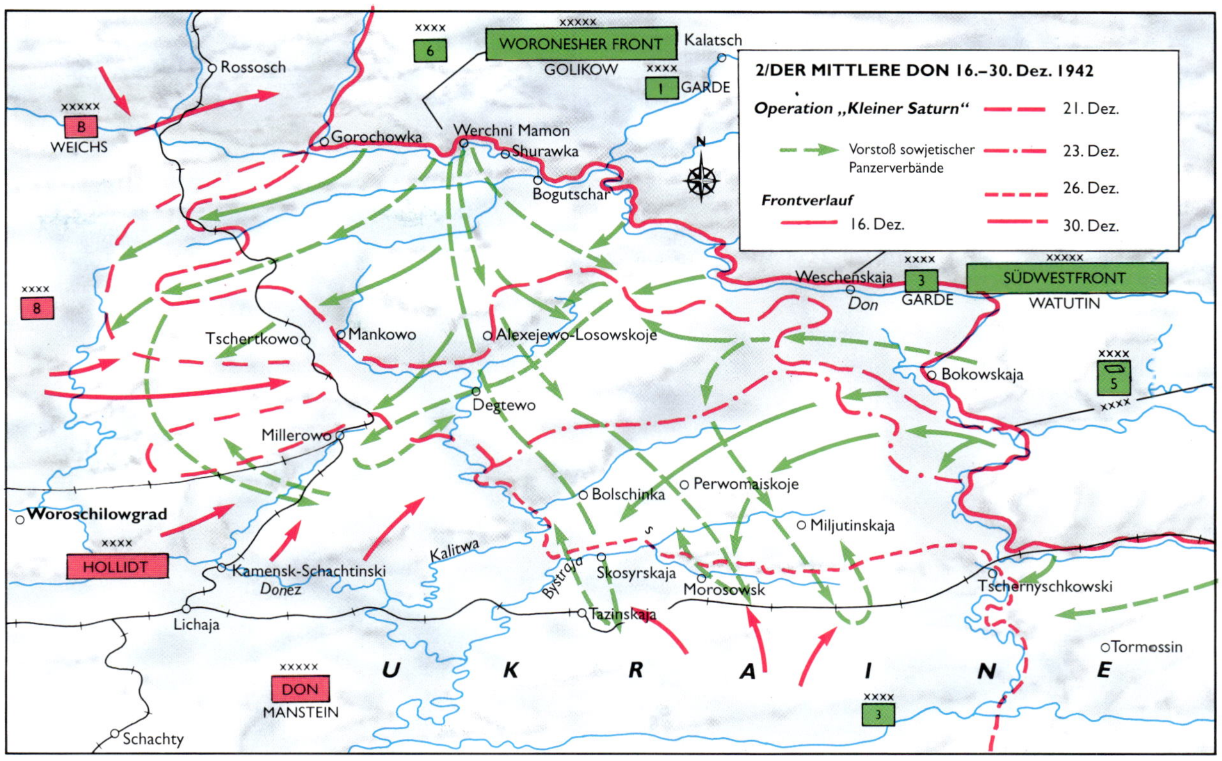

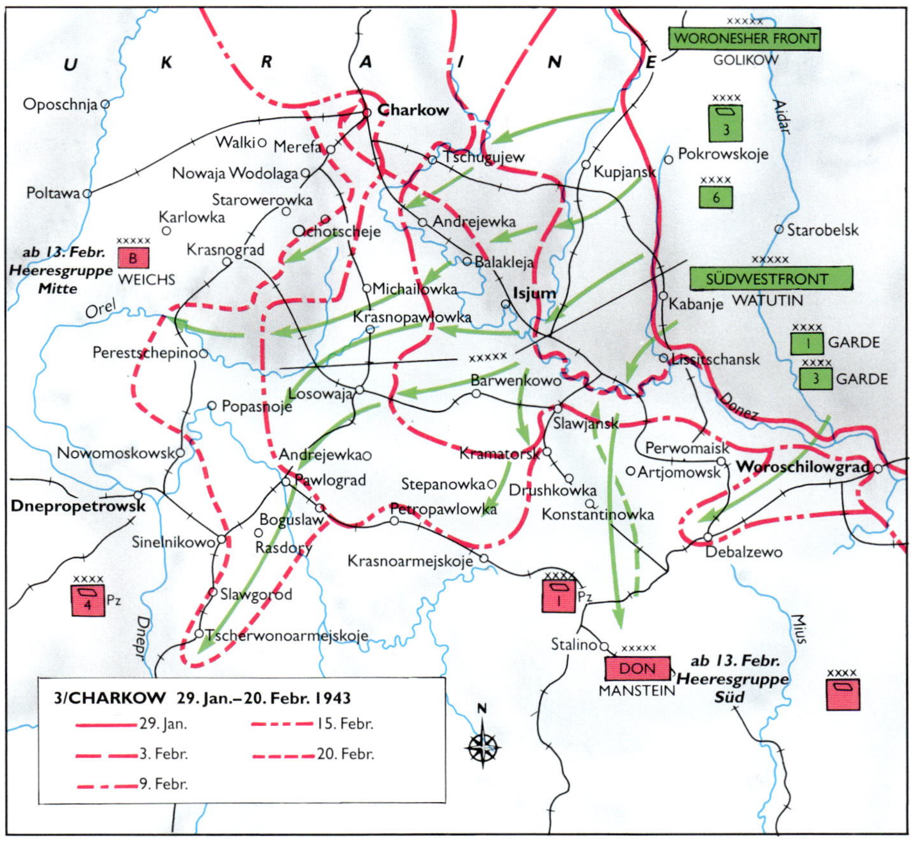

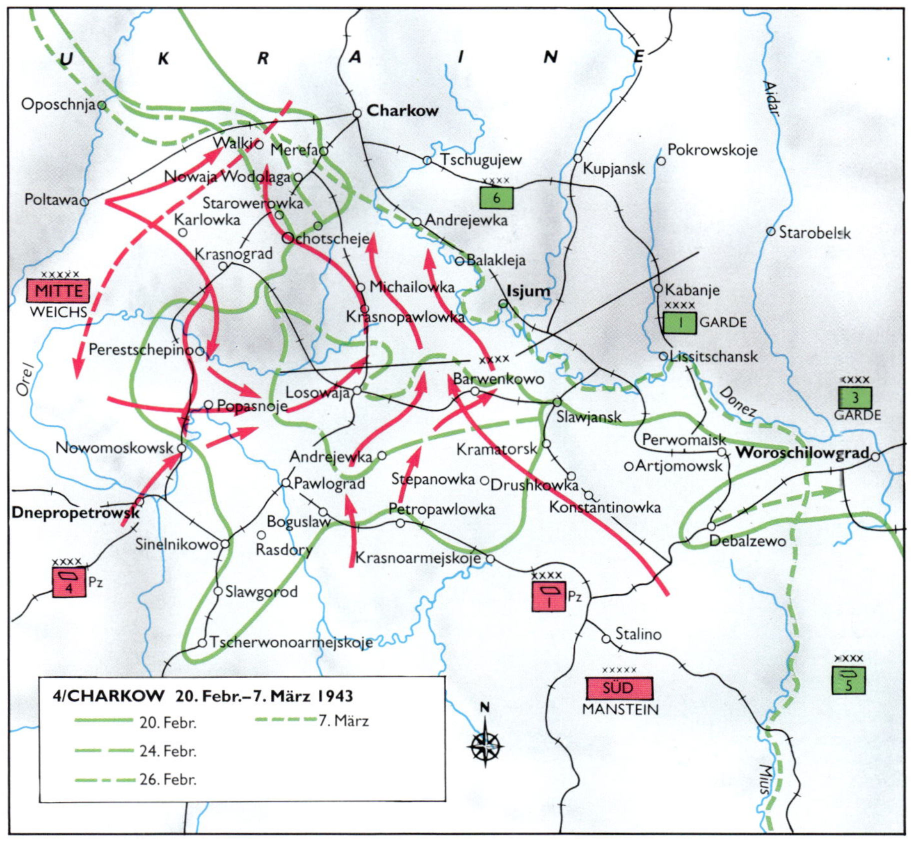

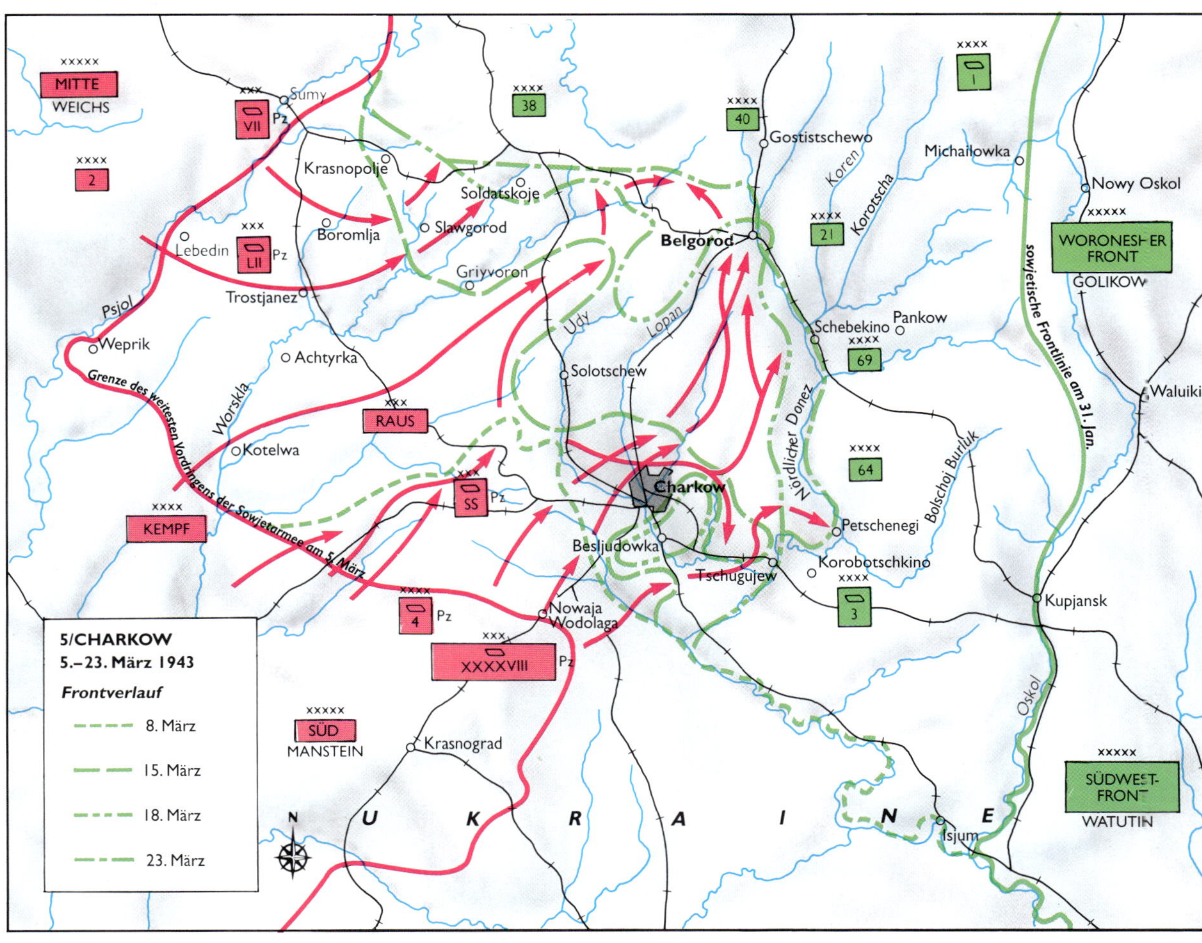

Die Atlantikschlacht III April–September 1943

ALLE ZUKÜNFTIGEN OPERATIONEN der Alliierten – insbesondere Vorbereitung und Durchführung des Unternehmens „Overlord“ – hingen von ihrem Sieg über die gegnerischen U-Boote ab. Deshalb kamen die Amerikaner und Engländer während der Konferenz in Casablanca im Januar 1943 überein, dem Sieg in der Atlantikschlacht die höchste Priorität einzuräumen. Schon im März 1943 zeigten die zunehmenden U-Boot-Verluste, daß diesem neuen Hauptaspekt des Krieges Rechnung getragen wurde: Der Einsatz zusätzlicher Flugzeuge großer Reichweite in der Atlantikschlacht war nach allgemeiner Auffassung von entscheidender Bedeutung für den Sieg über die U-Boote im Mai 1943.

Dieser Sieg war jedoch weder das Ergebnis einer einzigen Ursache – wie wichtig sie auch immer gewesen sein mag –, noch gründete er sich auf den Verlust von 41 U-Booten im Mai 1943. Auch die Tatsache, daß die U-Boot-Waffe im Juli und August 1943 ähnlich schwere Niederlagen erlitt, trug zum Sieg der Alliierten in dieser Schlacht bei. Obwohl die Verluste in diesen Monaten mit 37 bzw. 25 Booten geringer ausfielen, waren sie von größerer Bedeutung: Sie trafen eine Waffengattung, die nach dem Debakel vom Mai erst reorganisiert worden war, um eine massierte Offensive zur Wiedergewinnung der Initiative zu starten. Der August 1943 kennzeichnet den eigentlichen Sieg der Alliierten in der Atlantikschlacht, danach wurde die U-Boot-Waffe nie wieder zu einer wirklichen Gefahr im Nordatlantik. Ab August 1943 bestand die Hauptaufgabe der U-Boote darin, die überproportional großen Marinekräfte der Alliierten so lange zu binden, bis die neue U-Boot-Generation zur Verfügung stand.

Der Sieg der Alliierten im Nordatlantik in der Zeit von Mai bis August 1943 war das Ergebnis vier miteinander verbundener Entwicklungen: Erstmals wurde die organisatorische, taktische und technische Überlegenheit der Geleitzüge im Vergleich zu den U-Booten offensichtlich; außerdem nahm die Effektivität der alliierten Luftwaffe zu. Aus den von *Ultra*-Mitarbeitern abgefangenen Funksprüchen bekam man zudem genauere Angaben über die U-Boot-Bewegungen, und nicht zuletzt machten die Deutschen Fehler bei der Durchführung ihrer Operation. Vielleicht hätten die Alliierten diesen Sieg noch vor dem Frühjahr 1943 erringen können, wäre da nicht das Unternehmen „Torch“ (siehe Seite 116) gewesen, das erhebliche Kräfte für den Schutz der Geleitzüge band. Gerade in dieser Periode kamen auch verschiedene technische Entwicklungen auf: das Schiffsradar, ein verbessertes, dem Sonar ähnliches Schallortungsverfahren und Wasserbomben mit größerer Sprengkraft. Damit war ein angemessener Schutz der Geleitzüge möglich. In seiner herkömmlichen Form war das U-Boot zu keiner taktischen oder technologischen Entwicklung fähig, die es ihm ermöglicht hätte, der wachsenden Zahl von Geleitschiffen und den Fortschritten der U-Boot-Abwehrtechnik zu begegnen. Schließlich konnte das konventionelle U-Boot auch dem Eingreifen der alliierten Luftstreitkräfte in die Atlantikschlacht im Frühjahr 1943 keinen Widerstand entgegensetzen.

Dieses erfolgte in drei Formen: durch Flugzeugträger, die als Geleitschutz fuhren, patrouillierende Flugzeuge sehr großer Reichweite (VLR) zur unmittelbaren Unterstützung von Geleitzügen sowie die regelmäßige Überwachung der Geleitzugrouten. Alle drei Möglichkeiten wurden damals nur in geringem Umfang genutzt. Im März 1943 setzten die Alliierten nur 18 Flugzeuge mit sehr großer Reichweite ein, 9 davon für Patrouillenflüge. Im Mai 1943 hatte sich die Gesamtzahl jedoch auf 49 Flugzeuge erhöht. So konnten den ganzen Mai über in 1 000 km Entfernung vom Festland täglich 12 bis 15 Flugzeuge durchschnittlich 3 Stunden für Geleitzüge zur Verfügung gestellt werden. Die Alliierten waren damit bei einer kleinen Anzahl

DER MÄRZ 1943 war ein entscheidender Monat in der Atlantikschlacht ***(1)***. Die Zahl der im Einsatz befindlichen deutschen U-Boote hatte einen Spitzenwert erreicht ***(5)***, was sich in der Heftigkeit der Geleitzugsgefechte in den vorangegangenen Monaten widergespiegelt hatte (siehe Seite 89). Die Änderung der Geleitzugsorganisation durch die Alliierten begann jedoch Früchte zu tragen. Die meisten Schiffe aus den USA und von den Küsten der Karibik fuhren in Geleitzügen. Das ließ die Versenkungszahlen rapide abnehmen. Deren weitere Verringerung im April und Mai ***(6)*** war der besseren Luftunterstützung zu danken, wobei einige Atlantikgeleitzüge von Flugzeugträgern begleitet und insgesamt mehr Flugzeuge für Geleitschutzaufgaben bereitgestellt wurden. Als die deutschen U-Boot-Verluste anstiegen und die Ersatzlieferungen abnahmen, richtete sich das Hauptaugenmerk auf den Golf von Biscaya ***(4)***. Für Patrouillenflüge wurden mehr Flugzeuge zur Verfügung gestellt und ab April mit 10-cm-Radar ausgestattet, der von den U-Booten nicht ausgemacht werden konnte. Von 86 U-Booten, die im Juli den Golf von Biscaya passierten, wurden 55 gesichtet, 16 durch Flugzeuge sowie eines durch ein Überwasserschiff versenkt, und sechs wurden gezwungen abzudrehen. Dies kostete die Alliierten 14 Flugzeuge. Im August jedoch sanken die U-Boot-Verluste im Golf von Biscaya dank der verbesserten deutschen Luftunterstützung, der Benutzung der spanischen Küstengewässer zum Erreichen des Atlantik und der Rückkehr zu Unterwasserfahrten.

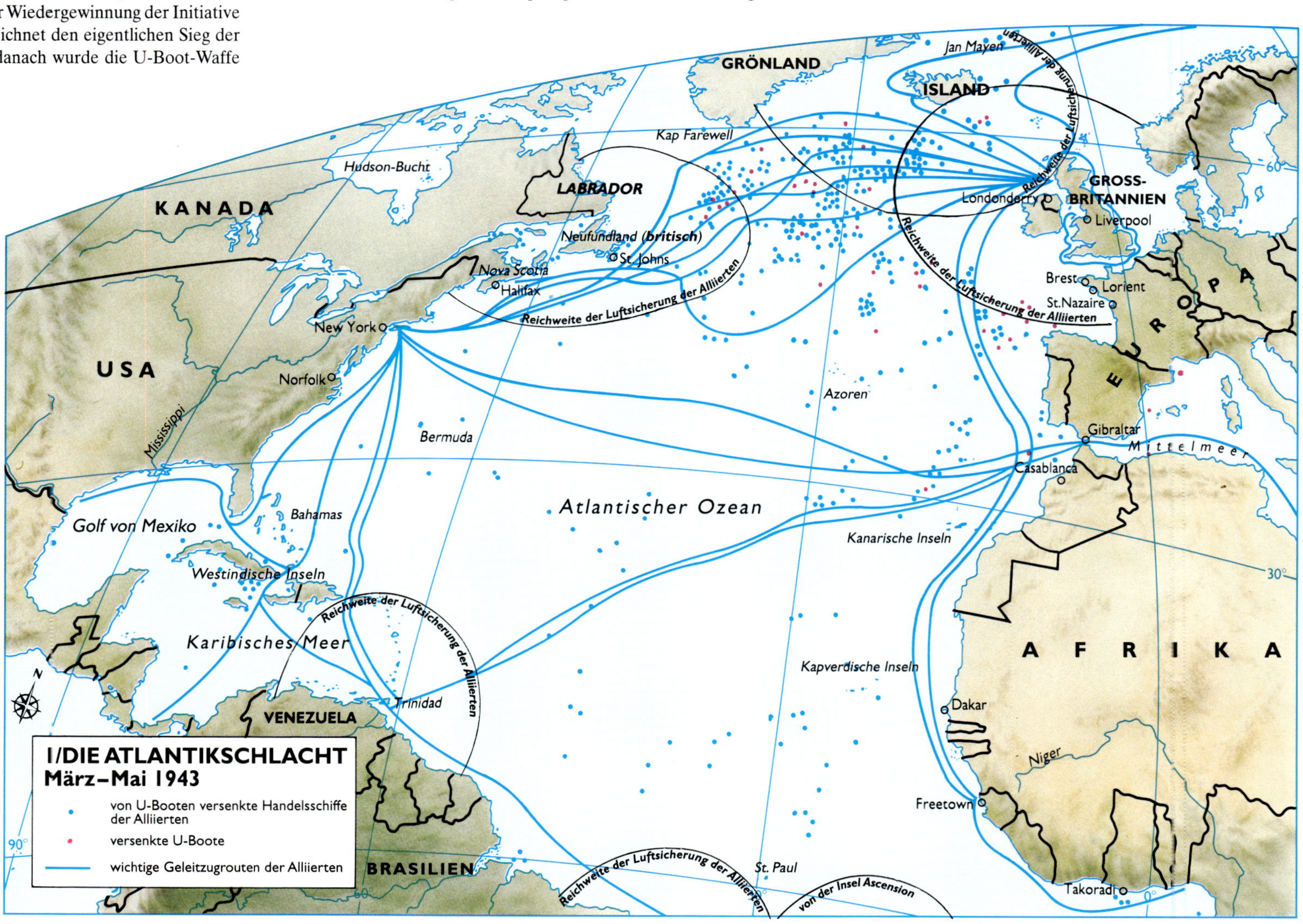

1/DIE ATLANTIKSCHLACHT März–Mai 1943

3/VERLUSTE DER ALLIIERTEN AN HANDELSSCHIFFEN April–Sept. 1943 *in BRT (Anzahl der Schiffe)*

Datum	*durch U-Boote*	*durch Flugzeuge*	*durch Minen*	*durch Kriegsschiffe auf Kaperfahrt*	*durch Hilfskreuzer auf Kaperfahrt*	*durch Sprengboote*	*unbekannte oder andere Ursachen*	*Gesamtverluste im Monat*
April	327 943 (56)	3 034 (2)	11 961 (5)	keine	keine	1 742 (1)	keine	344 680 (64)
Mai	264 852 (50)	20 942 (5)	1 568 (1)	keine	keine	keine	12 066 (2)	299 428 (58)
Juni	95 753 (20)	6 083 (3)	4 334 (3)	keine	17 655 (2)	keine	keine	123 825 (28)
Juli	252 145 (46)	106 005 (13)	72 (1)	keine	7 176 (1)	keine	keine	365 398 (61)
August	86 579 (16)	14 133 (5)	19 (1)	keine	keine	keine	19 070 (3)	119 801 (25)
September	118 841 (20)	22 905 (4)	4 396 (3)	keine	9 977 (1)	keine	300 (1)	156 419 (29)

Schiffsverluste insgesamt auf den Seekriegsschauplätzen (April–Sept. 1943)

Atlantischer Ozean	*Mittelmeer*	*Indischer Ozean*	*Pazifischer Ozean*
744 507 (130)	246 889 (55)	322 080 (54)	84 341 (16)

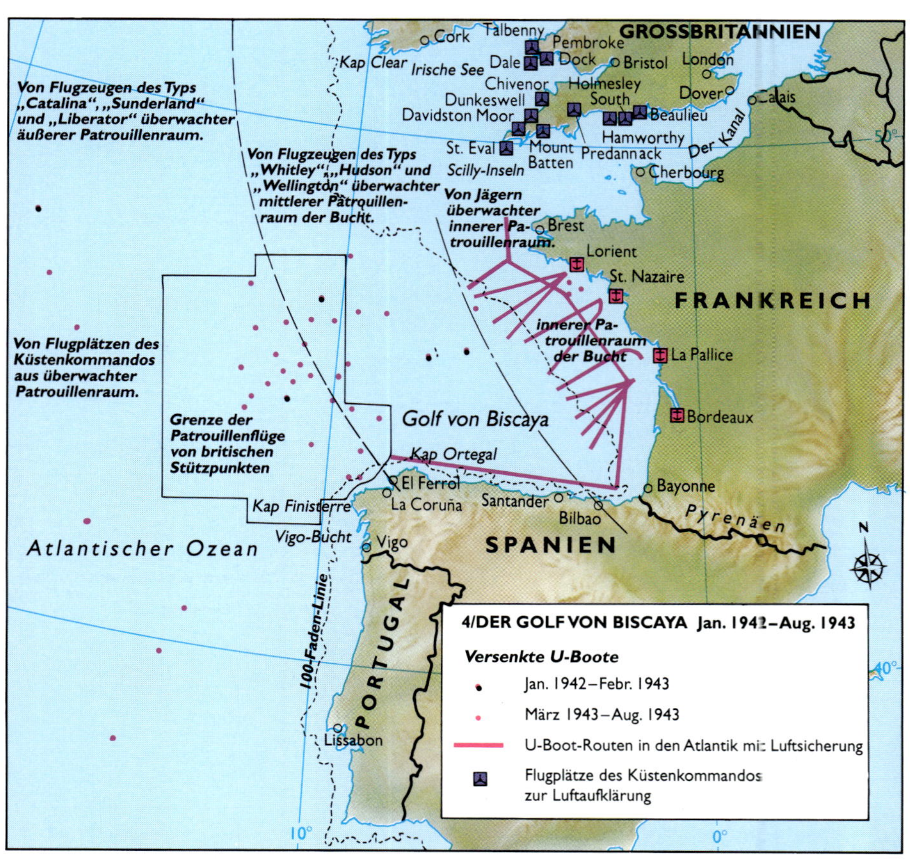

4/DER GOLF VON BISCAYA Jan. 1942–Aug. 1943

von Geleitzügen in der Lage, sowohl U-Boote in Geleitzugnähe anzugreifen als auch Angriffe gegen U-Boote auf hoher See zu fliegen, wenn diese zum Aufladen ihrer Batterien auftauchen mußten. Im Frühjahr unternahmen die Deutschen einen Versuch, die Fähigkeit der Alliierten zum Aufspüren der U-Boote bei ihrer nächtlichen Überwasserfahrt im Golf von Biscaya zu kompensieren. Man ließ sie bei Tag fahren mit dem Befehl, die Flugzeuge anzugreifen. Dieser Fehler verhalf den Flugzeugpatrouillen zur einzigen Periode im ganzen Krieg, während der sie substantielle Erfolg für sich verbuchen konnten.

Die Kombination von starker Luftunterstützung und zunehmender Effektivität des Geleitschutzes war – vom technischen Standpunkt aus betrachtet –, die entscheidende Voraussetzung für die bevorstehende Niederlage der U-Boot-Waffe. Diese verzeichnete indessen ohnehin einen Qualitätsabfall infolge der raschen Expansion in den vorangegangenen Jahren. Selbst wenn man die Erfolge des Jahres 1942 (siehe Seite 88) im Jahr 1943 hätte wiederholen können, wäre ein deutscher Sieg doch nicht zu gewährleisten gewesen. Die Ausdehnung des Geleitzugsystems war ein entscheidender Schlag gegen die Effektivität der U-Boot-Waffe schlechthin, die ihre größten Erfolge bekanntlich auf Kosten alleinfahrender Handelsschiffe erzielt hatte. Noch wichtiger war die Tatsache, daß der Schiffbau der USA im März 1943 (siehe Seite 98) die alliierten Schiffsverluste übertraf. Dieser Komplex von Faktoren führte dazu, daß der kritische Punkt in der Atlantikschlacht 1943 überwunden und die Alliierten vor einer Niederlage bewahrt wurden.

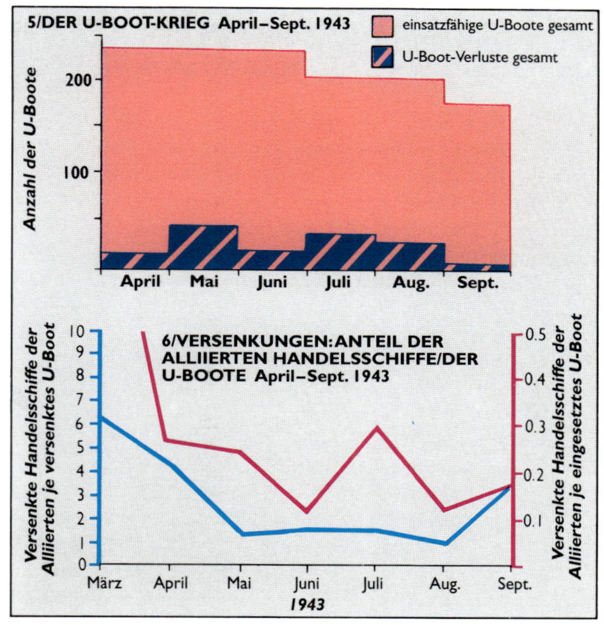

DER JUNI 1943 war der ruhigste Monat im Nordatlantik; die U-Boote konzentrierten sich auf leichte Ziele vor der afrikanischen Westküste und der Küste von Brasilien *(2)*. Verstärkte Patrouillenflüge im Golf von Biscaya *(4)*, der wachsende Umfang des Geleitschutzes und die Schwierigkeiten bei der Entschlüsselung der neuen alliierten Codes, die im Mai eingeführt worden waren, veranlaßten Dönitz zum Rückruf seiner U-Boote zwecks Ausrüstung mit neuen Flugzeugabwehrmitteln und Schnorcheln. Außerdem versuchte er Hitler davon zu überzeugen, mehr gemeinsame Operationen von Marine und Luftwaffe zu gestatten. Im Juli 1943 überstieg die alliierte Schiffsproduktion zum ersten Mal die Verluste durch Feindeinwirkung. Danach produzierten die Alliierten jeden Monat im Durchschnitt 5000 BRT mehr, als sie verloren. Der Geleitzug SC 130 war ein typisches Beispiel für diese Zeit *(7)*; er veranschaulichte die Effektivität der Kombination von Geleitschutz, Unterstützungsgruppen und Flugzeugen. Im September kehrten die U-Boote jedoch in großer Zahl mit einer neuen Taktik in den Nordatlantik zurück: Sie verwendeten jetzt Schnorchel zum Wiederaufladen ihrer Batterien während der Tauchfahrt, benutzten eine Route dicht an der spanischen Küste zum Erreichen des Nordatlantik und weiteten die Betankung auf hoher See aus. Die Anzahl der versenkten Schiffe stieg wieder. Die U-Boote hatten den Kampf keinesfalls aufgegeben.

Bild oben: Ein aufgetauchtes deutsches U-Boot während eines Luftangriffs.

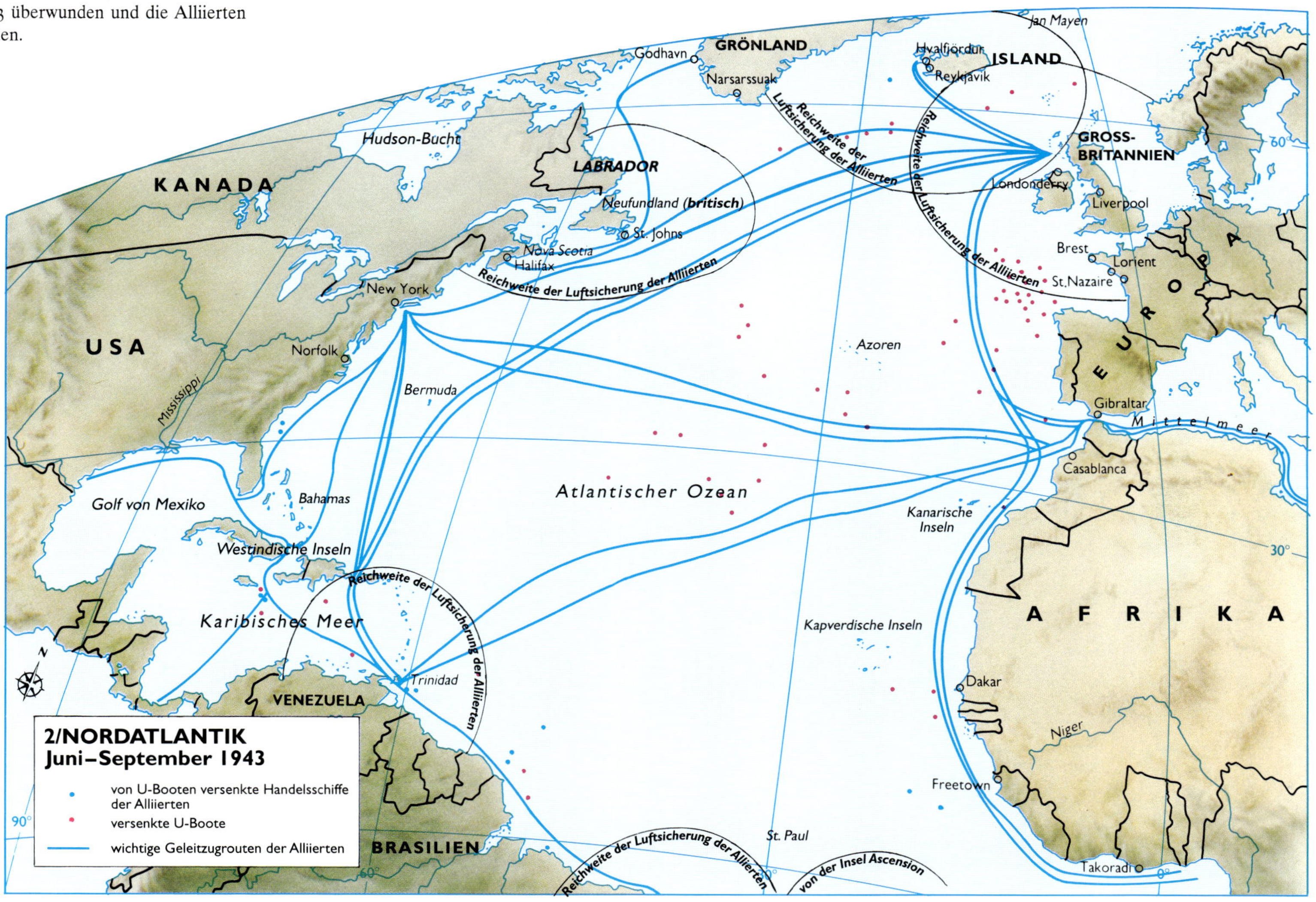

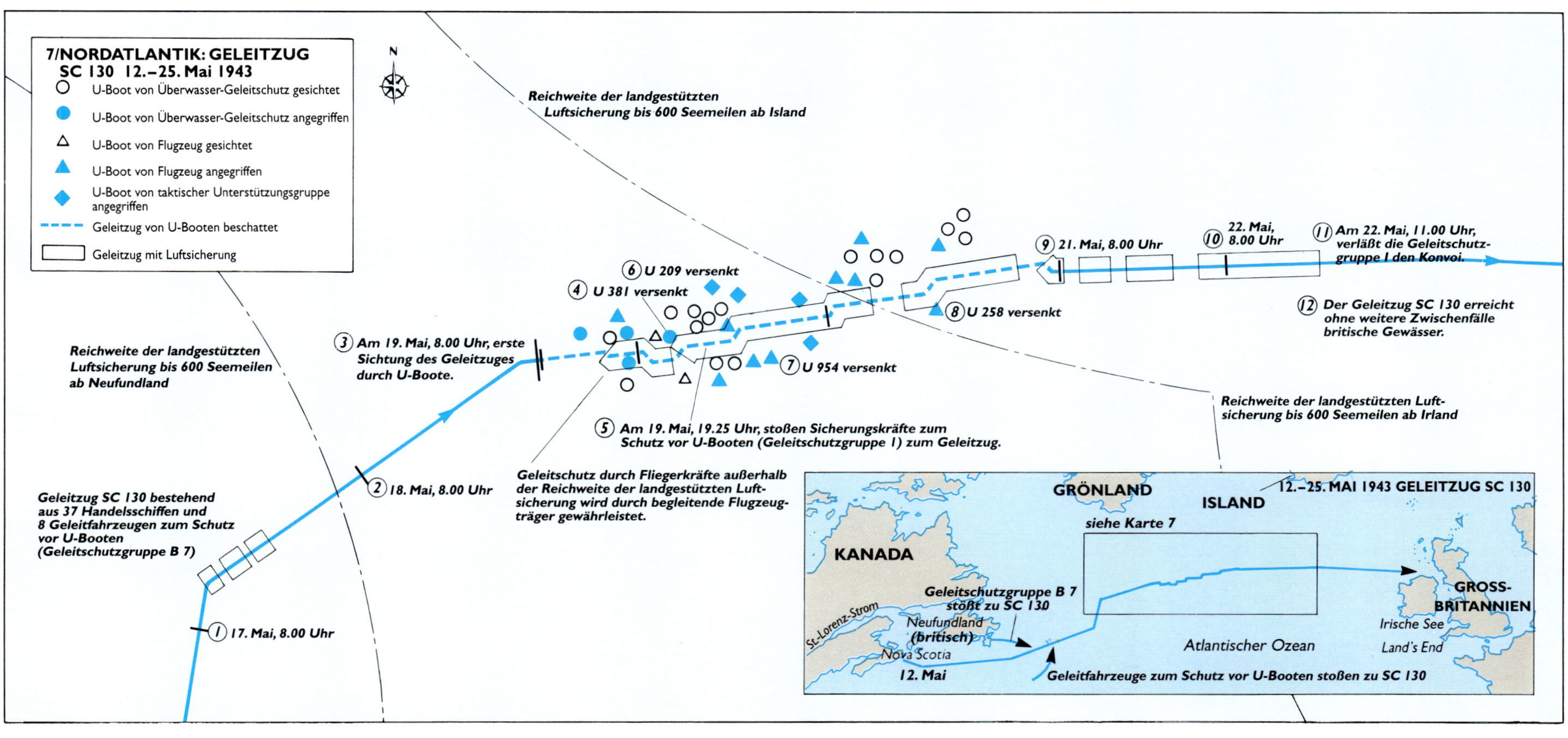

Sondereinheiten

Die Schaffung von Sondereinheiten (Special Forces), d.h. militärischen Verbänden aus besonders ausgebildeten Soldaten für unkonventionelle Kampfeinsätze, war ein ganz spezieller Aspekt des Zweiten Weltkrieges. Alle wesentlich am Krieg beteiligten Nationen bauten – meist zur Unterstützung der konventionellen Streitkräfte –, eigene Sondereinheiten auf. Am häufigsten wurden diese allerdings von den Briten eingesetzt. Die erste Sondereinheit in Deutschland wurde 1939 unter der Bezeichnung „Bau-Lehr-Kompanie z.b.V. 800" von der Abwehr organisiert. Es waren kleine Zivileinheiten, die im Vorfeld der konventionellen Streitkräfte tätig wurden, um Schlüsselpunkte zu besetzen oder zu zerstören. Ihr erster Einsatz erfolgte am 1. September 1939 gegen Polen. Später wurde die Einheit unter der Bezeichnung Lehr-Regiment „Brandenburg" auf Regimentsstärke gebracht und auf allen Kriegsschauplätzen eingesetzt.

Am 3. Juni 1940 sandte Churchill den Stabschefs eine Notiz mit der Aufforderung, Kommandoeinheiten zu bilden, die die deutschen Truppen an den Küsten des okkupierten Europa im Bedarfsfall niederhalten sollten. Innerhalb von zwei Monaten wurden 11 Kommandos gebildet, die aus jeweils 500 Freiwilligen bestanden. Aus dem Kommando Nr. 2 wurde schließlich das Fallschirmjägerregiment. Der erste Kommando-Einsatz wurde in der Nacht vom 24. auf den 25. Juni von der Independent Company Nr. 11 ausgeführt. Sie war Teil einer Einheit für Sondereinsätze im Norwegenfeldzug, als die Kommandos noch im Aufbau waren. Am Einsatz gegen Guernsey einen Monat später nahm auch das Kommando Nr. 3 teil.

Im Spätsommer 1940 wurden drei aus Freiwilligen bestehende Kommandos im Nahen Osten gebildet. Zur gleichen Zeit entstand auch die englische Long Range Desert Group (LRDG). Sie beschaffte Informationen von unschätzbarem Wert durch Infiltration der feindlichen Linien über die offenen Flanken in der Wüste (siehe Seite 78). Anfang 1941 wurden drei vom Vereinigten Königreich aufgestellte Kommandos mit einem Nahostkommando zur Layforce zusammengestellt. Diese unternahm Kommandooperationen an der nordafrikanischen und der syrischen Küste, doch der größte Teil dieser Einheit fiel im Mai auf Kreta. Dadurch war die Zukunft der Kommandos im Nahen Osten gefährdet. Doch Auchinleck schuf eine neue Einheit, den Special Air Service (SAS), der feindliche Frontlinien infiltrieren und Flugzeuge am Boden zerstören sollte. Gegen Ende des Krieges hatte der SAS die Größe einer Brigade erreicht und wurde sowohl in Nordwesteuropa als auch in Italien bei Operationen hinter den Frontlinien eingesetzt. Die Nahostkommandos wurden bald verstärkt durch sogenannte „Privatarmeen", darunter das Special Boat Squadron, das sich auf die Landung an vom Feind besetzten Küsten spezialisierte. Hinzu kam Popskis Private Army (ein Kommando libysch-arabischer Streitkräfte) sowie das erste Special Service Regiment. Die Koordinierung ihrer Aktivitäten wurde allerdings immer schwieriger.

1941 machten die Kommandos in Großbritannien wegen ihrer Einsätze auf den Lofoten und bei Vaagsö von sich reden. Neben dem Bomberkommando der RAF sah man diese Kommandos als die einzige Möglichkeit an, die Deutschen unmittelbar zu treffen. Besonders nach dem Angriff auf Dieppe im August 1942, der in einem Desaster endete (siehe Seite 86), verfestigte sich jedoch die Erkenntnis, daß der Krieg in Westeuropa und im Mittelmeerraum nur durch große erfolgreiche Landungsoperationen an den feindlichen Küsten gewonnen werden konnte. Daher wurden Nahostkommandos für diese Einsätze organisiert. Die Combined Operations Pilotage Parties (COPPs) waren auf die Aufklärung geeigneter Strände für Landungsoperationen spezialisiert. Das Kommando Nr. 30 als eine Analogie des deutschen Abwehrkommandos hatte die Aufgabe, angreifende Truppen zu begleiten, um Unterlagen und Ausrüstungen des Gegners in Sicherheit zu bringen. Seit den Landungen an der Küste Madagaskars im Mai 1942 (siehe Seite 78) spielten die Kommandos an der Spitze amphibischer Landungsoperationen eine große Rolle.

Auch Burma bot Einsatzmöglichkeiten für Nahostkommandos, etwa für die tief im Feindesland operierenden Chindits, ihr US-amerikanisches Äquivalent, die „Merrill's Marauders" (siehe Seite 162), und die sogenannten V-Force, eine Informationsbeschaffungs- und Sabotagegruppe aus Angehörigen der einheimischen Bevölkerung, die von einem englischen Offizier geführt wurde. Der Krieg im Pazifik brachte auch amerikanische Äquivalente der Kommandos hervor: die Rangers (beim Heer), die auch in Europa kämpften, die Raider-Bataillone (bei der Marine), die Seabees, Baubataillone der US-Navy, welche Hindernisse am Strand, in Häfen und auf Flugplätzen beseitigten, sowie die Australian Coastwatchers, die über japanische Truppenbewegungen berichteten. In den letzten Kriegsmonaten brachten die Japaner ihre Kamikaze-Selbstmordkommandos (siehe Seite 166) gegen die US-Navy zum Einsatz, während die Nazipartei ihre Organisationsstruktur zur Bildung von Spezialformationen benutzte: den Volkssturm als deutsche Heimatarmee und die Partisanenorganisation „Werwolf", die die Invasionsarmeen der Alliierten in Deutschland bekämpfen sollten.

Obwohl sie von den konventionellen Streitkräften manchmal mit Mißtrauen bedacht wurden, steht doch außer Frage, daß die Nahostkommandos bei vernünftigem Einsatz einen wichtigen Beitrag zur Durchführung von Angriffen, zur Spionagetätigkeit sowie zu kombinierten Operationen geleistet haben.

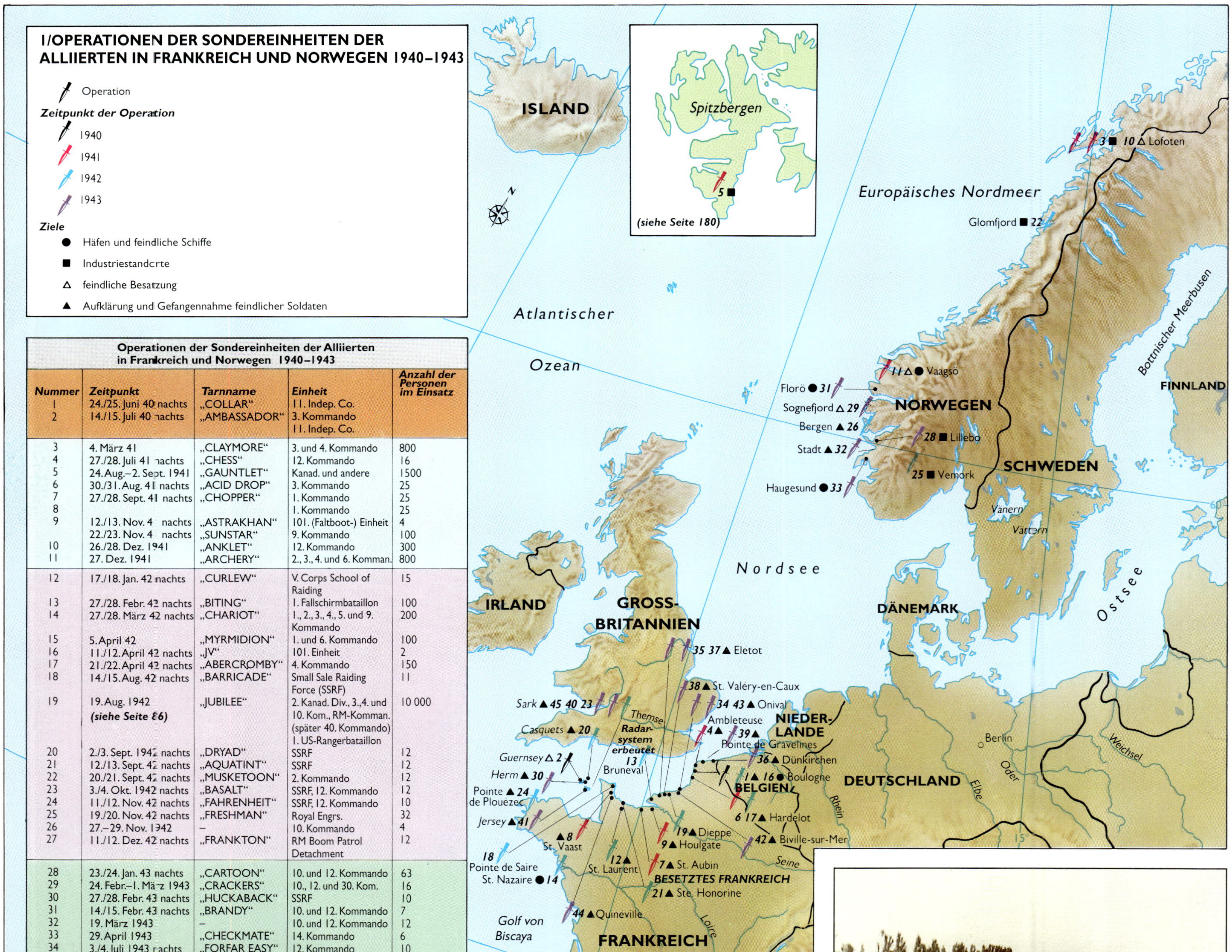

Nummer	Zeitpunkt	Tarnname	Einheit	Anzahl der Personen im Einsatz
1	24./25. Juni 40 nachts	„COLLAR"	11. Indep. Co.	
2	14./15. Juli 40 nachts	„AMBASSADOR"	3. Kommando 11. Indep. Co.	
3	4. März 41	„CLAYMORE"	3. und 4. Kommando	800
4	27./28. Juli 41 nachts	„CHESS"	12. Kommando	16
5	24. Aug.–2. Sept. 1941	„GAUNTLET"	Kanad. und andere	1500
6	30./31. Aug. 41 nachts	„ACID DROP"	3. Kommando	25
7	27./28. Sept. 41 nachts	„CHOPPER"	1. Kommando	25
8			1. Kommando	25
9	12./13. Nov. 4 nachts	„ASTRAKHAN"	101. (Faltboot-) Einheit	4
	22./23. Nov. 4 nachts	„SUNSTAR"	9. Kommando	100
10	26./28. Dez. 1941	„ANKLET"	12. Kommando	300
11	27. Dez. 1941	„ARCHERY"	2., 3., 4. und 6. Komman.	800
12	17./18. Jan. 42 nachts	„CURLEW"	V. Corps School of Raiding	15
13	27./28. Febr. 42 nachts	„BITING"	1. Fallschirmbataillon	100
14	27./28. März 42 nachts	„CHARIOT"	1., 2., 3., 4., 5. und 9. Kommando	200
15	5. April 42	„MYRMIDION"	1. und 6. Kommando	100
16	11./12. April 42 nachts	„JV"	101. Einheit	2
17	21./22. April 42 nachts	„ABERCROMBY"	4. Kommando	150
18	14./15. Aug. 42 nachts	„BARRICADE"	Small Sale Raiding Force (SSRF)	11
19	19. Aug. 1942 ***(siehe Seite 86)***	„JUBILEE"	2. Kanad. Div., 3., 4. und 10. Kom., RM-Komman. (später 40. Kommando) 1. US-Rangerbataillon	10 000
20	2./3. Sept. 1942 nachts	„DRYAD"	SSRF	12
21	12./13. Sept. 42 nachts	„AQUATINT"	SSRF	12
22	20./21. Sept. 42 nachts	„MUSKETOON"	2. Kommando	12
23	3./4. Okt. 1942 nachts	„BASALT"	SSRF, 12. Kommando	12
24	11./12. Nov. 42 nachts	„FAHRENHEIT"	SSRF, 12. Kommando	10
25	19./20. Nov. 42 nachts	„FRESHMAN"	Royal Engrs.	32
26	27.–29. Nov. 1942	–	10. Kommando	4
27	11./12. Dez. 42 nachts	„FRANKTON"	RM Boom Patrol Detachment	12
28	23./24. Jan. 43 nachts	„CARTOON"	10. und 12. Kommando	63
29	24. Febr.–1. März 1943	„CRACKERS"	10., 12. und 30. Kom.	16
30	27./28. Febr. 43 nachts	„HUCKABACK"	SSRF	10
31	14./15. Febr. 43 nachts	„BRANDY"	10. und 12. Kommando	7
32	19. März 1943	–	10. und 12. Kommando	12
33	29. April 1943	„CHECKMATE"	14. Kommando	6
34	3./4. Juli 1943 nachts	„FORFAR EASY"	12. Kommando	10
35	3.–5. Aug. 1943	„FORFAR BEER"	12. Kommando	10
36	3./4. Aug. 1943 nachts	„FORFAR LOVE"	Special Boat Section (SBS) Nr. 2	4
37	1.–4. Sept. 1943	„FORFAR ITEM"	12. Kommando	20
38	2./3. Sept. 1943 nachts	„FORFAR ITEM"	12. Kommando	20
39	24./25. Dez. 43 nachts	„HARDTACK 11"	10. Kommando	9
40	25./26. Dez. 43 nachts	„HARDTACK 7"	10. Kommando	10
41	25./26. Dez. 43 nachts	„HARDTACK 28"	10. Kommando	10
42	26./27. Dez. 43 nachts	„HARDTACK 4"	10. Kommando	10
43	26./27. Dez. 43 nachts	„HARDTACK 5"	4. Kommando	10
44	26./27. Dez. 43 nachts	„HARDTACK 21"	10. Kommando	10
45	27./28. Dez. 43 nachts	„HARDTACK 7"	10. Kommando	10

Operationen der Sondereinheiten der Alliierten in Frankreich und Norwegen 1940–1943

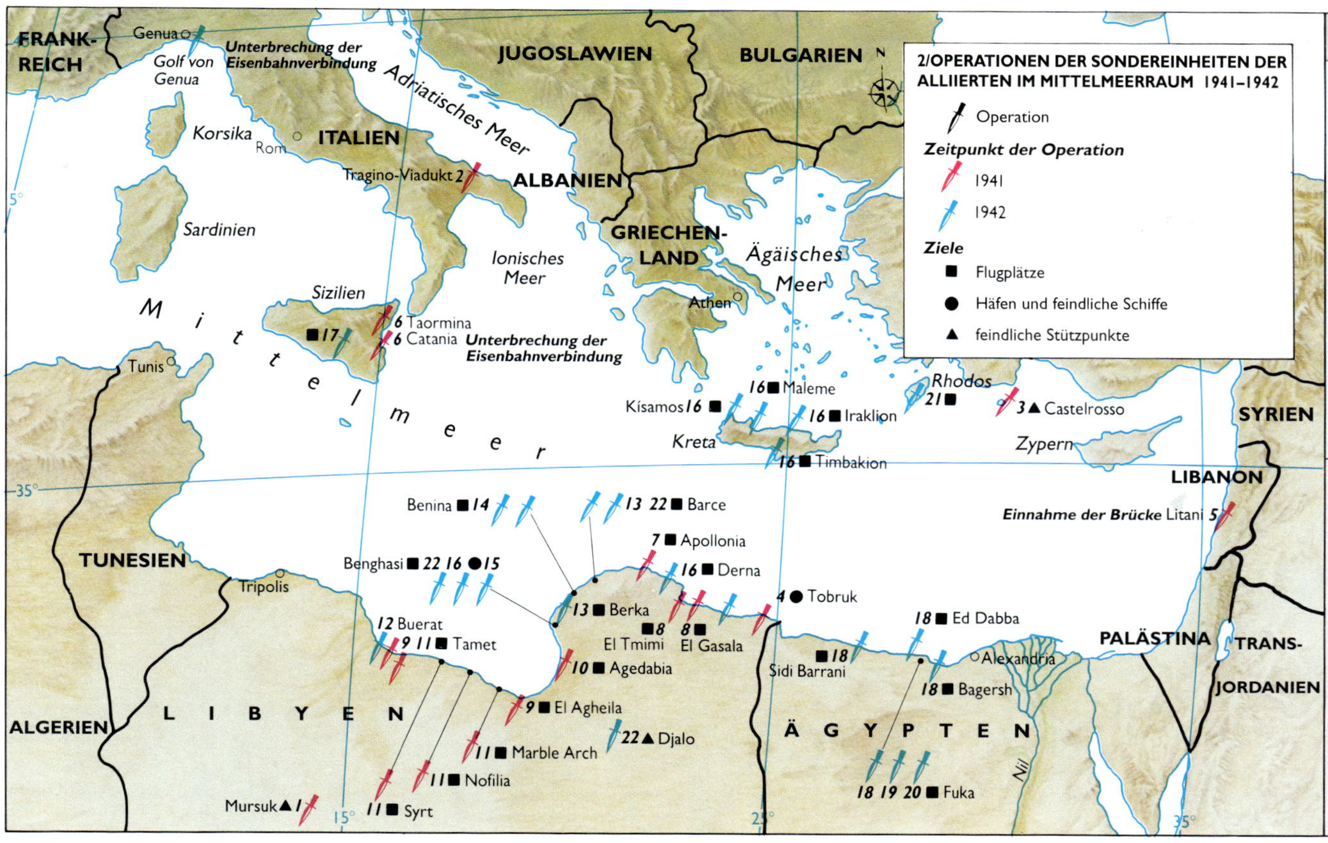

OPERATIONEN DER SONDEREINHEITEN DER ALLIIERTEN IM MITTELMEERRAUM 1941–1942

Nummer	Zeitpunkt	Einheit	Anzahl der Personen im Einsatz
1	11. Jan. 1941	LRDG Freifranzosen	86
2	10. Febr. 1941	11. SAS-Bataillon (später 1. Fallschirmb.)	35
3	23.–28. Febr. 1941	50. ME-Kommando	380
4	19./20. April 41 nachts	A-Bataillon d. Layforce (7. Kommando)	500
5	9. Juni 1941	C-Bataillon d. Layforce (11. Kommando)	500
6	22. Juni 1941	Special Boat Section (SBS)	2
7	17./18. Nov. 41 nachts	11. Kommando	50
8	17./18. Nov. 41 nachts	L-Detachment d. SAS	64
9	14./15. Dez. 41 nachts	L-Detachment d. SAS	22
10	21./22. Dez. 41 nachts	L-Detachment d. SAS	5
11	27. Dez. 1941	L-Detachment d. SAS	22
12	23. Jan. 1942	SAS, SBS	16
13	8. März 1942	SAS	14
14	24. März 1942	SAS	7
15	April 1942	SAS	5
16	14./15. Juni 1942	SAS, SBS, Special Interrogation Group (SIG)	60
17	Juli 1942	SBS	8
18	7./8. Juli 1942 nachts	SAS	50
19	12./13. Juli 42 nachts	SAS	20
20	26./27. Juli 42 nachts	SAS	50
21	4.–18. Sept. 1942	SBS	10
22	13. Sept. 1942	1. Special Service Reg. LRDG, SIG, SBS, 11. RM-Bat., 1. Argylls SAS Sudan Defence Force LRDG	800 200 100 40
23	30. Nov. 1942	SBS	2

Sondereinsätze in Norwegen *(1)* waren eine wichtige Möglichkeit, eine Invasion der Alliierten in Norwegen vorzutäuschen. Angriffe über den Kanal hinweg wurden Ende 1943 wegen der Befürchtung eingestellt, sie könnten die Deutschen zu einer Verstärkung ihrer Küstenverteidigung veranlassen. Sie wurden im Mai 1944 allerdings kurzzeitig wieder aufgenommen, um die Hindernisse an den vorgesehenen Landungsabschnitten zu erkunden. Es waren weit mehr Operationen geplant, als die Karte zeigt. Der Angriff auf Vaagsö im Dezember 1941 *(4)* war eine der frühen Kommandooperationen und hatte die Zerstörung deutscher Militäranlagen zum Ziel. Das Kommando war in fünf Gruppen aufgeteilt: eine Gruppe sollte die Heranführung deutscher Verstärkungen aus dem Norden verhindern, eine weitere sollte die Stadt Vaagsö selbst angreifen, eine dritte hatte Maalöy zum Ziel, und die vierte sollte einen Stützpunkt bei Hollevik attackieren. Außerdem gab es eine Reservegruppe. Die Gruppen näherten sich Vaagsö in der Dämmerung des 27. Dezember. RAF-Flugzeuge der Typen „Blenheim“ und „Hampden“ erzeugten eine künstliche Nebelwand. Die Royal Navy beschoß die deutschen Batterien bei Maalöy, ehe das Kommando in seinem Landungsfahrzeug ablegte. Der Widerstand in Süd-Vaagsö war sehr heftig. Trotzdem wurden alle Ziele erreicht, wenn auch um den Preis von 19 Gefallenen. Die Kommandos zerstörten Hafen- und Militäranlagen und fast 100 deutsche Soldaten und einige Freiwillige für die Norwegischen Freien Streitkräfte wurden Gefangene. Nordafrika und der Mittelmeerraum boten viele Gelegenheiten für Spezialoperationen *(2)*, und es wurde eine Reihe von Diversionsangriffen ausgeführt. Zahlreiche Aufklärungseinsätze der SAS und SBS sind auf der Karte ebenfalls nicht dargestellt. Auch nach der Invasion in Sizilien blieben die Sondereinheiten in der Ägäis, auf dem Balkan, in der Adria und in Italien aktiv. Deutsche Sonderkommandos *(3)* waren in Skandinavien und während des Westfeldzuges im Mai 1940 tätig, ab April 1941 auch auf dem Balkan und später in Afrika sowie in der UdSSR. Ab 1943 expandierten die militärischen Sondereinheiten. Eine eigene Spezialbooteinheit, je ein Fallschirmjägerbataillon der SS und der „Brandenburger“ sowie Antipartisaneneinheiten (Jagdverbände) wurden integriert. Die deutsche Marine stellte bemannte „Ein-Mann-U-Boote“, Sprengboote sowie Froschmänner in Dienst. Die Luftwaffe verfügte über ein Selbstmordgeschwader sowie das Geschwader KG 200, das Agenten über feindlichem Territorium absetzte bzw. aufnahm.

Bilder, links: Die „Brandenburger“ bei einer Übung, 1940.
Rechts: Der Angriff auf Vaagsö, Dezember 1941.

OPERATIONEN DEUTSCHER SONDEREINHEITEN

Nummer	Zeitpunkt	Angriffsziel
1	August 1939	Angriff der „Brandenburger“ auf die pol. Grenze: (I) Sender Gleiwitz (II) deutsches Zollhaus in Hochlinden (III) Forsthaus im Grenzwald Pitschen
2	Mai 1940	„Brandenburger“ übernehmen die Kontrolle über die Maas-Brücke von Gennep
3	Mai 1940	„Brandenburger“ nehmen Brücke in Nieuport ein
4	April 1941	„Brandenburger“ erobern das „Eiserne Tor“ an der Donau
5	Juni–Aug. 1941	Operationen an der Ostfront
6	April 1942	Operationen in Nordafrika
7	Sommer/Herbst 1942	Einsätze zur Bekämpfung von Partisanen in Jugoslawien
8	Sommer 1942	Agenten der Sondereinheit „Brandenburg“ operieren mit der Heeresgruppe Süd (UdSSR)
9	November 1942	Absetzung eines Sonderkom. mit dem Ziel, dieEisenbahnbr. bei Sidi Bou Bakir (Tunesien) zu zerstören.
10	August 1943	Einsatz der „Brandenburger“ gegen US-amerikanische Verbände am Kasserine-Paß
11	Mai 1944	Angriff vereinigter Sondereinheiten auf Titos Hauptquartier
12	November 1944	Beteiligung von „Brandenburger“-Gruppen an den Operationen auf Lero
13	Dezember 1944	Skorzeny schleust Kommandogruppen hinter die feindlichen Linien in den Ardennen (Belgien)
14	1945	Operationen der Jagdverbände der SS an der Ostfront bis zum Kriegsende
15	1944–1945	Angriff deutscher Marinekommandos (K-Abteilung) auf feindliche Schiffe bei Anzio, an der Normandieküste und in Rotterdam

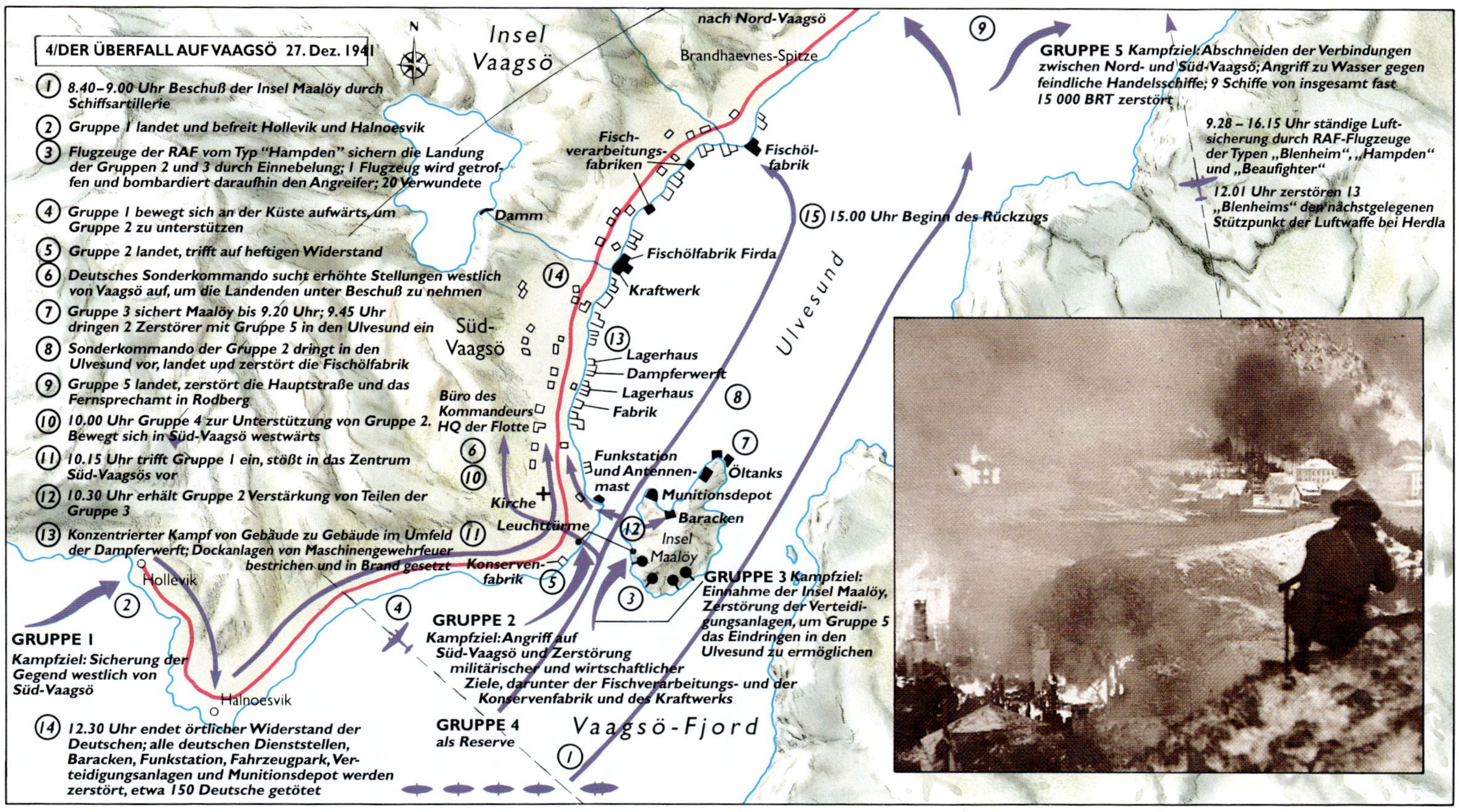

Der Luftkrieg über Europa II 1941–1943

Vor Kriegsausbruch wurden nur zwei Luftstreitkräfte, die RAF und das US Army Air Corps mit dem strategischen Bombardement als zentralem Teil der Luftstrategie betraut. Die Luftwaffenchefs beider Länder glaubten, man könne die Kriegsbereitschaft in den feindlichen Ländern durch Luftangriffe auf die Industrie und die zivilen Arbeitskräfte untergraben. Damit sollte die Versorgung der gegnerischen Streitkräfte abgeschnitten und die Forderungen des Volkes nach Frieden verstärkt werden. Seit Kriegsbeginn war allerdings nicht zu übersehen, daß es der RAF an technischen Mitteln zur Umsetzung dieser Strategie fehlte (siehe Seite 52). Eine Bombenoffensive konnte keine Aussicht auf Erfolg haben, bevor nicht eine große Zahl schwerer viermotoriger Bomber mit entsprechend trainierten Mannschaften zur Verfügung stand. Erst ab 1942, als die größeren „Lancaster"- und „Stirling"-Bomber in Dienst gestellt wurden und die US-amerik. 8. Luftwaffeneinheit mit ihren hochleistungsfähigen viermotorigen Bombern B-17, der „Fliegenden Festung" und B-24, dem „Liberator" eingetroffen war, schien eine wirkliche strategische Offensive möglich.

Das RAF-Bomberkommando wich zu keiner Zeit von seiner Auffassung ab, daß der Bombereinsatz den Aufwand wert war. Sogar in den schwierigen Anfangsjahren des Krieges wurden bereits Pläne für den systematischen Angriff auf Zielobjekte der deutschen Industrie aufgestellt. Vorrang hatten Raffinerien und Kraftwerke, aber auch Verkehr und Flugzeugindustrie standen weit oben auf der Liste. Allerdings fehlten der RAF gute Navigationshilfen bzw. Geleitschutzjäger. Daher konnte nur nachts bei klarem Himmel geflogen werden, und so war es schwieriger, einzelne Fabriken zu treffen, als eine ganze Stadt. Im Ergebnis ging das Bomberkommando – seit Februar 1942 unter dem Befehl von Luftmarschall Harris – gezwungenermaßen zur Strategie des Flächenbombardements über. Man meinte, auch Angriffe, die sich nicht auf ganz bestimmte Ziele konzentrierten, würden Stockungen der örtlichen Wirtschaft verursachen und die Kriegsbereitschaft untergraben.

Die USAAF hatte eine andere Auffassung. Die amerikanischen Planer vertrauten auf ein zielgenaues Bombardement bei Tageslicht unter Einsatz großer, gut bewaffneter Bomber, die sich ihren Weg zum Ziel und zurück freikämpfen konnten. Das US Army Air Corps unter General Arnold stellte noch vor Amerikas Kriegseintritt detaillierte Bombardierungspläne auf, in denen Raffinerien, Kraftwerke, Flugzeugbau, Verkehr, Chemie und Maschinenbau die wichtigsten Ziele darstellten. Die Amerikaner bestanden – anders als die RAF – auch darauf, die feindliche Luftwaffe als unmittelbares Ziel anzugreifen. Ohne Vernichtung der deutschen Luftabwehr, so wurde argumentiert, würde die strategische Offensive ihre Schlagkraft verlieren, wie es 1940 der Luftwaffe geschehen war. Als die US-Bomber 1942 in geringer Stückzahl und schlecht vorbereitet in Großbritannien eintrafen, wurden sie zu Angriffen auf Industrie- und Luftwaffenziele bei Tageslicht losgeschickt.

Dieser alliierte Feldzug 1942 hatte einen sehr begrenzten Umfang. Es war eine Lehrzeit, in der sich die Bomberkommandeure Grundlagen der Taktik aneigneten, ihre Besatzungen trainierten und eine befriedigende organisatorische Grundlage aufbauten. Im Mai wurde der „Tausend-Bomber-Angriff" gegen Köln gestartet, ein für die Offensive eher atypisches Unternehmen. Gedacht als eine spektakuläre Demonstration der wachsenden Stärke und des Vertrauens in die RAF, war es zugleich eine Botschaft an die Kritiker in der Heimat. Die Bomberoffensive weitete sich erst zu einem großen Feldzug aus, nachdem Roosevelt und Churchill im Januar 1943 (siehe Seite 134) in Casablanca die Direktive für eine „Gemeinsame Bomberoffensive" beschlossen hatten. Jetzt wurden Bomber in großer Zahl produziert. Auch Stalin drängte die beiden Westalliierten, etwas für die Verminderung des Drucks auf die sowjetischen Streitkräfte an der Ostfront zu tun. Die Bomberoffensive war eine Art zweite Front, die die Deutschen zwang, zur Bekämpfung der Gefahr aus der Luft Fliegerkräfte und Ressourcen abzuziehen. Sowohl das RAF-Bomberkommando als auch die US-amerik. 8. Luftwaffeneinheit begannen nun systematisch deutsche Ziele immer tiefer im Landesinneren anzugreifen. Während sich die Amerikaner auf spezielle Industrieziele konzentrierten, griff die RAF Städte an und verwüstete sie völlig. Ende Juli kam es bei der Bombardierung von Hamburg zum ersten „Feuersturm", der die Stadt zu 70 % zerstörte und über 30 000 Einwohner tötete.

Im Laufe des Jahres 1943 begann die deutsche Verteidigung mit der Organisation einer wirksameren Abwehr der Bombenangriffe. General Kammhuber baute in Norddeutschland, in den Niederlanden und in Dänemark eine Verteidigungslinie mit Flaks und Suchscheinwerfern auf und vergrößerte den Bestand an Jägern für den Tag- und Nachteinsatz. Im Spätherbst wendete sich das Blatt dann zugunsten der Verteidiger. Während der intensiven Angriffe auf Berlin (1943) erlitt das RAF-Bomberkommando Verluste, die zur Einstellung der Großangriffe zwangen. Beim Angriff der US-amerik. 8. Luftwaffeneinheit auf die Kugellagerfabriken in Schweinfurt im Oktober

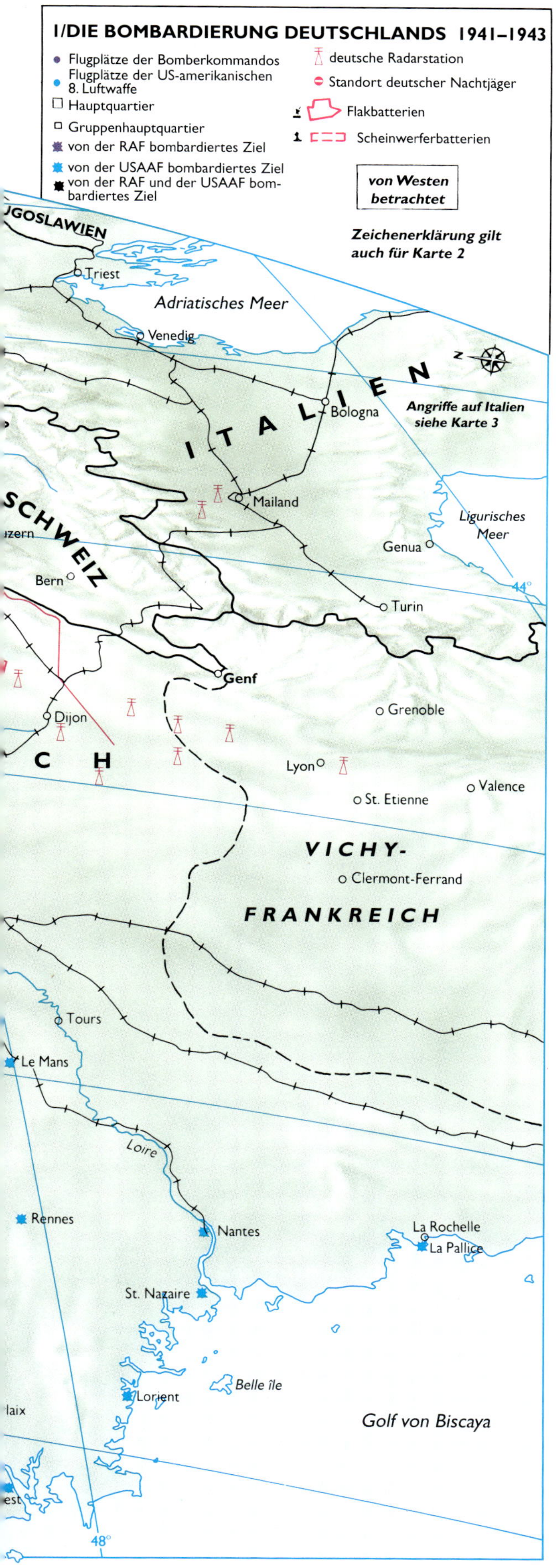

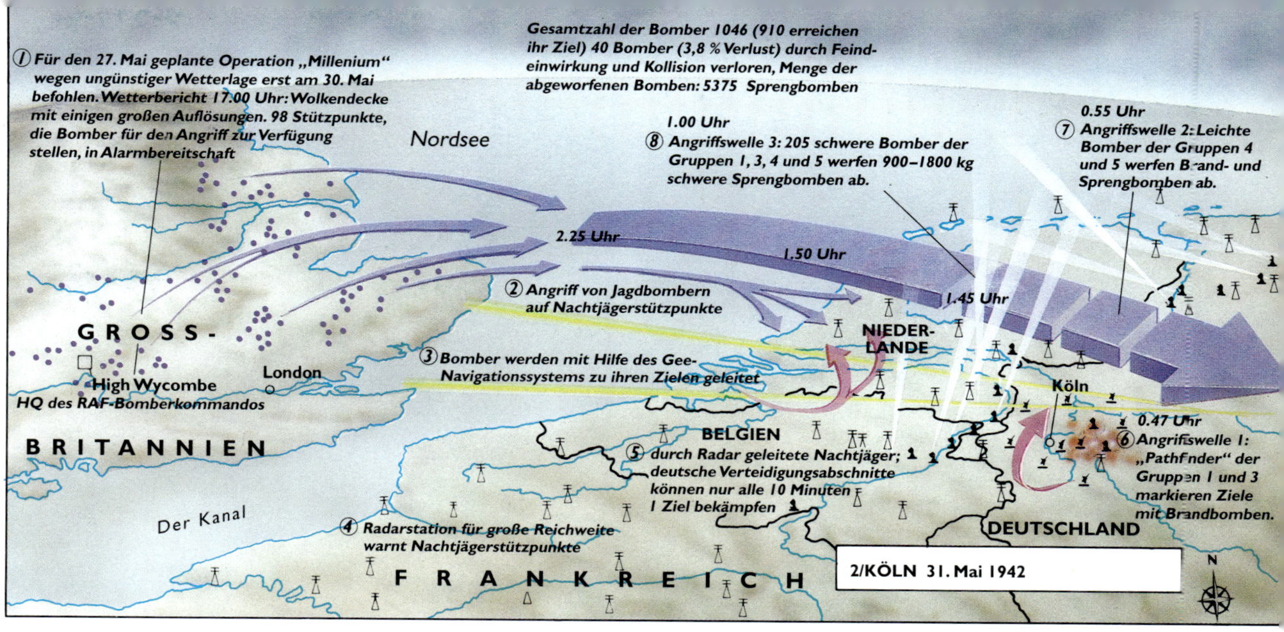

SEIT MAI 1940 führte das RAF-Bomberkommando seinen strategischen Bombenkrieg gegen einzelne Städte und militärische Ziele in Deutschland sowie im okkupierten Europa von der Ostsee bis Westfrankreich ***(1)***. Seine Wirkung war jedoch wegen der geringen Treffgenauigkeit, der begrenzten Reichweite und der stärker werdenden deutschen Verteidigung begrenzt. In der Nacht des 30. Mai 1942 starteten in England 1046 Bomber zum größten Luftangriff, den es bis dahin gegeben hatte ***(2)***. Das Ziel war Köln am Rhein. Der sogenannte „Tausend-Bomber-Angriff" war eine sorgfältig abgestimmte Aktion zur Untergrabung der gegnerischen Moral. Er bestand aus drei Wellen von Flugzeugen, die über 2 000 Tonnen Spreng- und Brandbomben trugen. Das Bombardement hatte großräumige Zerstörungen zur Folge und tötete 469 Einwohner. 1942 schloß sich die US-amerik. 8. Luftwaffeneinheit diesem Feldzug an und begann ihre Präzisionsangriffe bei Tag auf ausgewählte Industrieziele. Das Bomberkommando griff seit 1940 auch regelmäßig italienische Städte an ***(3)***. Die Angriffe wurden entweder von Stützpunkten im Mittelmeerraum oder im Shuttle-Einsatz von England nach Nordafrika geflogen. 1942 beteiligte sich auch die US-amerik. 15. Luftwaffeneinheit an diesen Einsätzen. 1943 waren 60 % der italienischen Industriekapazität vernichtet. Italien verlor durch Luftangriffe mehr Zivilisten als Großbritannien. Als Antwort auf die Angriffe gegen historisch bedeutsame deutsche Städte befahl Hitler 1942/43 die Bombardierung von Städten wie Bath, York und Exeter ***(6)***. (Man sprach damals von Angriffen nach dem „Baedeker", da es sich um Touristenstädte handelte.) Sie wurden jedoch abgebrochen, weil die Flugzeuge an der Ostfront gebraucht wurden. Erst zu Beginn des Winters 1943/44 wurde erneut ein Angriff der Luftwaffe auf England befohlen. Das Hauptziel des Unternehmens „Steinbock" war London. Die Luftwaffe sah sich diesmal einer starken Abwehr gegenüber. Auch fehlte es ihr an einer ausreichenden Zahl von Flugzeugen, als daß sie viel Schaden hätte anrichten können. 1943 warf die Luftwaffe insgesamt nur 2 298 Tonnen Bomben auf England ab ***(5)***, ein Bruchteil der Menge, die die RAF bei nur einem einzigen Angriff beförderte. Aus dem Luftkrieg war nun ein Krieg um Produktionsmengen und Nachschublieferungen geworden ***(4)***, in dem die Alliierten die Oberhand gewannen.

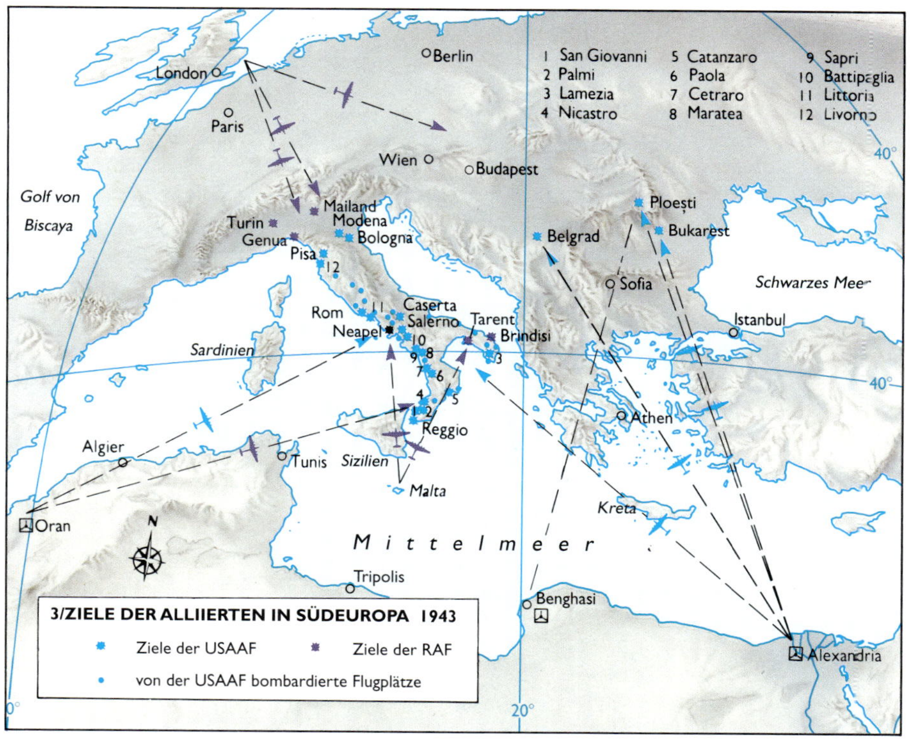

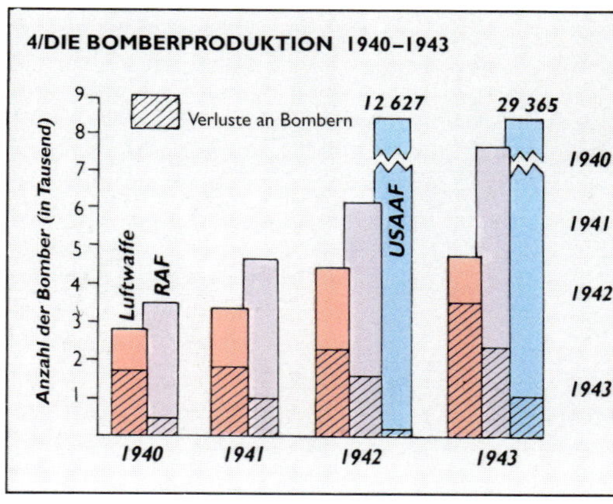

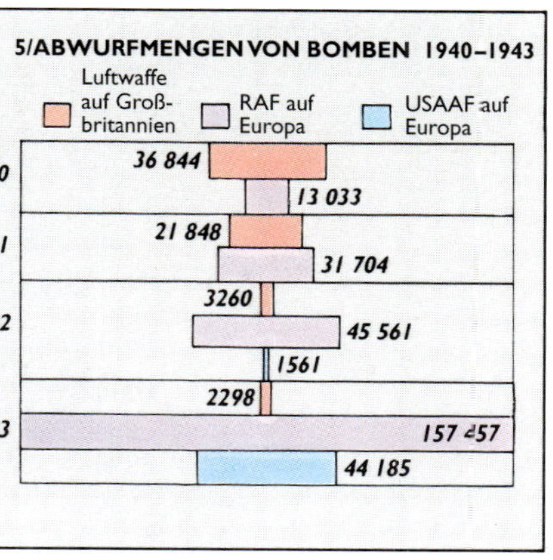

wurden die Bomberverbände sowohl beim Hin- als auch beim Rückflug immer wieder angegriffen. Von insgesamt 291 Bombern gingen 65 verloren. Dieser Preis für die Zermürbung des Gegners war nicht hinnehmbar. Ehe nicht Jäger entsprechend großer Reichweite verfügbar wären, um den Bombern auf dem Weg zu ihren Zielen Geleitschutz zu geben, durfte man nicht auf nennenswerte Erfolge der Offensive hoffen. Der Unterlassungsfehler, die deutsche Luftverteidigung nicht außer Gefecht gesetzt zu haben, erschien wie ein Echo auf die deutsche Niederlage in ihrem Kampf gegen England im Jahr 1940. Er ließ die gewichtige Forderung aufkommen, Bomber doch besser zur Unterstützung der Bodentruppen einzusetzen. Ende 1943 sollte der Bombenkrieg seinen Wert beweisen.

Bild unten: Schwere Bomber vom Typ B-17 während eines Tagesangriffs auf Bremen.

El Alamein August–November 1942

Trotz Auchinlecks Erfolg, der Rommel im Juli an der Linie El Gasala–Bir Hacheim aufgehalten hatte (ein Gefecht, das auch als Erstes El Alamein bezeichnet wird, siehe Seite 80), entschied sich Churchill nach der Kairoer Konferenz vom 4. bis 10. August 1942 (siehe Seite 86) für dessen Ablösung. Am 15. August wurde an seiner Stelle Alexander zum Oberbefehlshaber im Nahen Osten ernannt; zwei Tage zuvor hatte Montgomery den Befehl über die 8. Armee erhalten. Alexanders Aufgabe bestand darin, so schnell wie möglich die von Rommel befehligte deutsch-italienische Panzerarmee Afrika zu vernichten. Montgomerys erster Befehl an die 8. Armee war, sich nicht weiter zurückzuziehen, sondern jede deutsche Offensive in der gegenwärtigen Stellung an der Alam-Halfa-Linie aufzuhalten.

Rommel, der sich mit seinen vier deutschen und sechs italienischen Divisionen (je zwei davon waren Panzerdivisionen) auf den Angriff vorbereitet hatte, eröffnete die Offensive am 31. August. Bis zum Abend des 2. September erzielte er einen geringen Geländegewinn. Seinen Panzern fehlte es jedoch an Treibstoff, so daß er für den nächsten Tag den Rückzug befahl. Montgomery verfolgte ihn nicht, da er fürchtete, seine Panzer durch die deutsche Panzerabwehr zu verlieren. Statt dessen befahl er schwere Luftangriffe auf die sich zurückziehenden Deutschen. Am 7. September war das Gefecht beendet.

Montgomery setzte nunmehr die Reorganisation der 8. Armee fort, die er bei Übernahme des Kommandos begonnen hatte. Im September und Oktober trafen Verstärkung und Nachschub einschließlich 300 amerikanischer „Sherman"-Panzer in Ägypten ein. Am 23. Oktober, dem Tag, den Montgomery für seine Offensive gegen Rommel gewählt hatte, befehligte er 230 000 Mann und 1 030 Panzer. Rommel verfügte über 100 000 Mann und 500 Panzer, von denen nur 218 deutsche Panzer waren. Die Luftüberlegenheit der Engländer betrug nunmehr etwa 5 : 3. Montgomery hatte dem Druck seiner Vorgesetzten widerstanden, die Offensive zu eröffnen, ehe er genügend Truppen und Feuerkraft zur Verfügung hatte, um deren Erfolg zu sichern.

Rommel hatte seine Stellung bei Alam-Halfa befestigt und seine deutschen Truppen mit denen der italienischen Verbündeten vermischt. Montgomerys Gefechtsplan sah einen Infanterieangriff des XXX. Korps im Küstenverlauf und gleichzeitig einen Ablenkungsangriff des XIII. Korps im Süden in Divisionsstärke vor. Nachdem das XXX. Korps einen Korridor eröffnet hatte, sollten die Panzer des X. Korps durch diesen hindurch angreifen und Rommels Panzerarmee an der afrikanischen Küste entlang zurücktreiben.

Der Angriff begann in der Nacht des 23. Oktober mit einem schweren Artilleriebombardement, dem ein Angriff von vier Infanteriedivisionen folgte. Als die 15. Panzerdivision versuchte, den Einbruch aufzuhalten, kam es zu schweren Gefechten. Im Süden leisteten die Deutschen hartnäckigen Widerstand. Am 25. Oktober entschied Montgomery, Truppen aus diesem Sektor zur Beschleunigung des Nahkampfs an die Küste zu entsenden. Rommel, der sich in Italien befand, kehrte am selben Tag zurück.

Das Gefecht konzentrierte sich anschließend auf den Korridor an der Küste, in dem die meisten Kommunikationslinien verliefen, sowie auf die Befehlsstelle auf dem Kidney-Hügel auf halbem Wege zwischen Küste und Kattara-Senke. Trotz des vollen Einsatzes von Rommels Panzerdivisionen wurde der Kidney-Hügel eingenommen, und Montgomery führte von hier aus seinen Entscheidungsschlag. Nach schwerem Artilleriesperrfeuer kam es zu einem erbitterten Panzergefecht. Am Abend des 2. November waren nur noch 35 deutsche Panzer einsatzfähig. Rommel entschied sich für den Rückzug, aber Hitler erteilte einen gegenteiligen Befehl. Die alliierten Verbände schlugen jedoch eine Bresche in die deutsche Linie und ließen dort ihre gepanzerten Einheiten vorrücken, so daß Rommel am nächsten Tag schließlich den vollständigen Rückzug anordnen mußte. Die Reste seiner Armee setzten sich auf der Küstenstraße nach Westen in Richtung Tobruk ab.

Montgomery legte eine Pause ein, um seine Kräfte vor Aufnahme der Verfolgung neu zu ordnen. Als er diese am 5. November begann, hoffte er noch, Rommels Truppen an der Küste einkesseln zu können. Als dies nicht gelang und auch das Wetter immer schlechter wurde, sah Montgomery am 7. November frustriert ein, daß sich das Unternehmen in die Länge ziehen würde. Trotzdem gönnte er Rommel keine Ruhepause und setzte in den nächsten drei Monaten die Verfolgung fort – allerdings mit zwei langen Pausen bei El Agheila und Wadi Zemzem –, behindert durch unzählige Minenfallen und eine wachsende Zahl von Gefangenen. Rommels Rückzug endete erst an der Mareth-Linie in Tunesien, wo er vorübergehend in Sicherheit war (siehe Seite 116). Die 8. Armee hatte nach der Schlacht von El Alamein 13 500 Gefallene zu beklagen. Während Rommel die Mannschaften seiner deutschen Divisionen geschont hatte, verlor er nahezu alle Panzer, und seine italienischen Einheiten hatten praktisch aufgehört zu bestehen. Aber er hatte etwas Zeit gewonnen, um sich auf eine energische Verteidigung von Tunesien vorzubereiten.

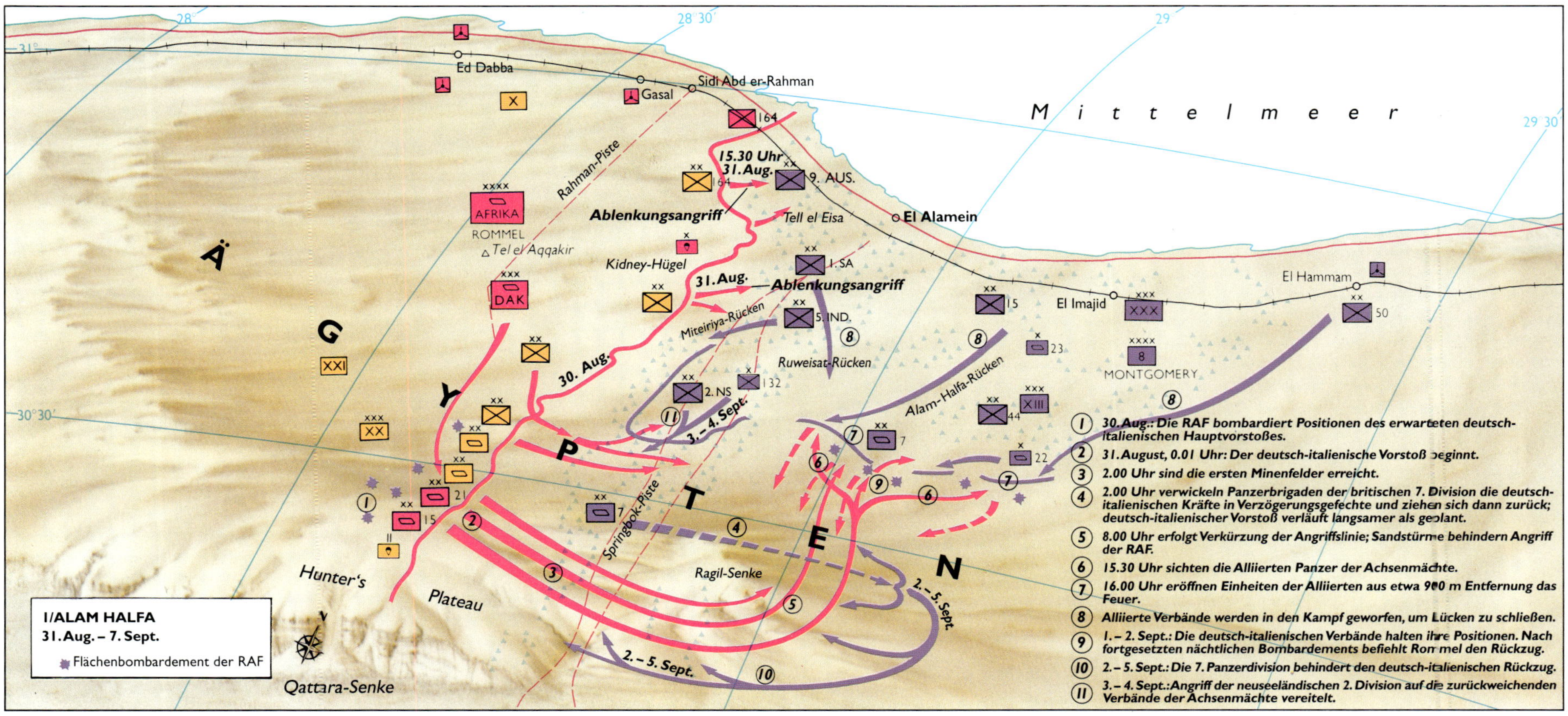

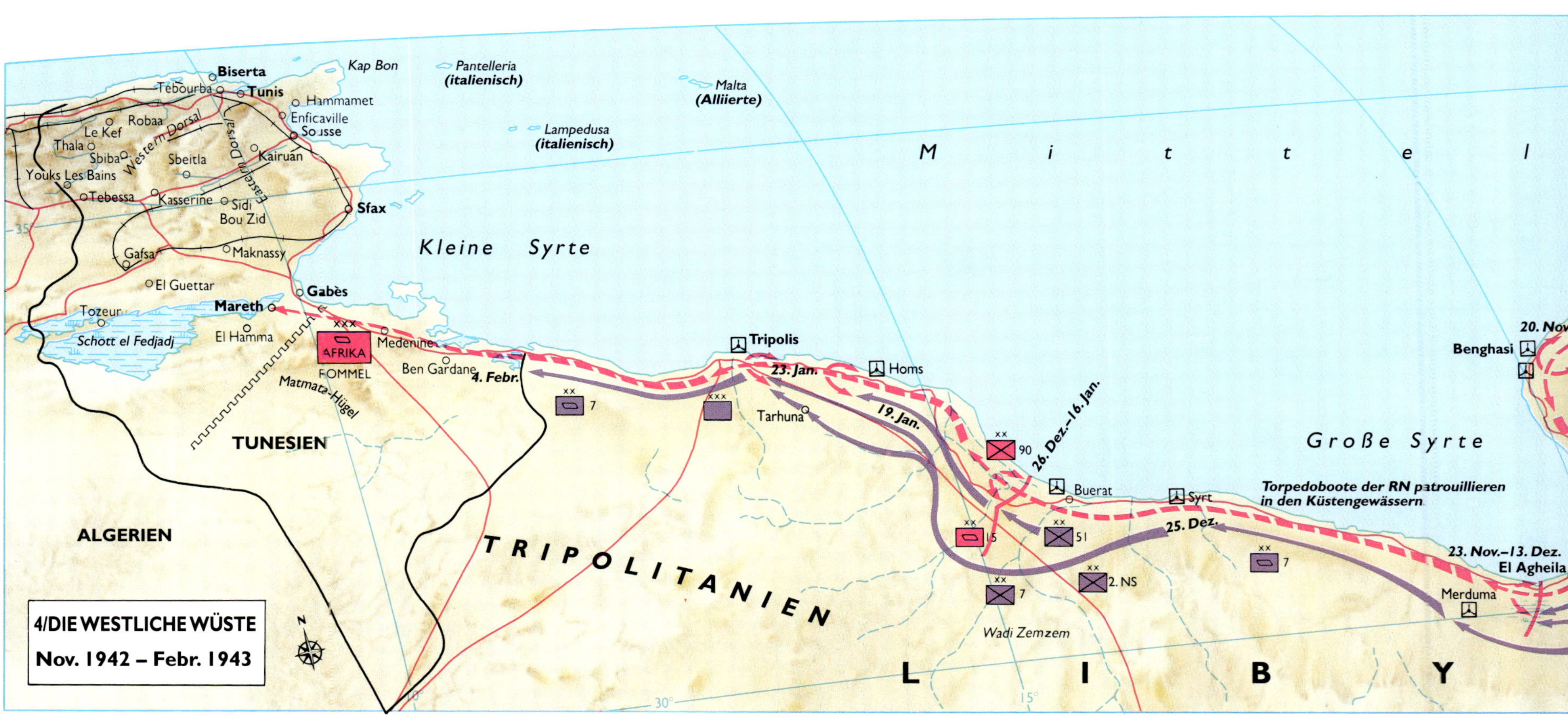

Die Kampfhandlungen in der Westlichen Wüste erreichten ihren Höhepunkt in einer Reihe von Unternehmungen *(1–3)* in der zweiten Hälfte des Jahres 1942. Beide Seiten hatten diese Aktionen als „Knockouts“ geplant und sich taktisch sowie mit den Nachschublieferungen darauf eingestellt. Rommel begann einen Angriff auf Montgomerys Stellung bei Alam-Halfa *(1)* in der Nacht vom 30. auf den 31. August. Die britische Linie verlief von der Küste aus 65 km weit in die Kattara-Senke und war im Süden am schwächsten. Hier erzielte Rommel seinen Anfangserfolg. Montgomery hatte dies vorausgesehen und bei Alam-Halfa eine Sperrstellung aus drei Panzerbrigaden und einer Infanteriedivision aufgebaut. Als Rommels 15. und 21. Panzerdivision, unterstützt von der italienischen Division „Trieste“, die Minenfelder durchbrachen, zog sich die 7. Panzerdivision bis zu dieser Stellung zurück. Die Angreifer konnten zurückgeschlagen und zum Rückzug gezwungen werden. Am 2. September fand der Kampf um den Gebirgskamm sein Ende, als Rommels Truppen praktisch auf ihre Ausgangslinien zurückgekehrt waren. Die einzigen schweren Verluste auf seiten der Briten erlitt die neuseeländische 2. Division bei einem Flankenangriff am 3. September. Montgomery bereitete nun eine große Gegenoffensive vor, die am 23. Oktober mit einem Angriff um 22 Uhr begann *(2)*. Der Ablenkungsangriff des XIII. Korps hielt zwar die 21. Panzerdivision auf, die 15. Panzerdivision führte jedoch ihren Schlag gegen den in Küstennähe eröffneten Korridor. Am 24. und 25. Oktober kam es hier zu einem erbitterten Stellungskampf. Um schneller vorwärts zu kommen, konzentrierte sich Montgomery vor allem auf die Eroberung der Küste und versuchte vom 26. bis 29. Oktober mit der 1. Panzerdivision den Kidney-Hügel einzunehmen. Rommel unternahm ständig Gegenangriffe mit seiner 21. Panzerdivision und setzte am 29. Oktober die 90. Division zur Unterstützung der 164. Division an der Küste ein. Montgomery zog deshalb die 1. Panzerdivision und die neuseeländische 2. Division zurück und hielt sie für den Fall in Reserve, daß der Einbruch in das Gebiet um den Kidney-Hügel gelingen würde. Der Durchbruch bei El Alamein *(3)* begann am 2. November um 1 Uhr nördlich des Kidney-Hügels. Diese Wahl hatte Montgomery getroffen, weil es den Deutschen im Verlauf der vorangegangenen Kämpfe gelungen war, in den Korridor und an die Küste vorzudringen. Der Angriff wurde von der neuseeländischen 2. Division angeführt und von der 1. Panzerdivision unterstützt. Letztere kämpfte den ganzen Tag über erbittert gegen die 15. und die 21. Panzerdivision. Rommels Verluste waren so schwer, daß er sich noch in der Nacht zum Rückzug entschloß, allerdings von Hitler gezwungen wurde, das Gefecht fortzusetzen. Widersprüchliche Befehle verursachten ein Durcheinander, von dem Montgomery profitierte. Am 3. November schickte er die indische 51. und 4. Division zu einem Nachtangriff auf den Kidney-Hügel und ließ, nachdem diese durchgebrochen waren, die 7. und 10. Panzerdivision ins offene Gelände vorstoßen. Die 1. Panzerdivision und die neuseeländische Division schlossen sich an. Die italienische Division „Ariete“ war in der Schlacht fast aufgerieben worden, als sich Rommel nun im Küstenverlauf zurückzog. Montgomerys Streitkräfte begannen die Verfolgung ihrer Beute *(4)*. Sie versuchten am 5. November, Rommels Rückzug bei Fuka aufzuhalten und die von der 21. Panzerdivision übriggebliebenen Panzer am 6. November bei Mersa Matruch einzukesseln. Nach diesem Ereignis hielt Rommel stets einen ausreichenden Abstand zu Montgomery und erreichte am 4. Februar die tunesische Grenze. Mehr als 2600 km weit hatte die 7. Panzerdivision Montgomerys Verfolgungsjagd angeführt. Obwohl den Deutschen die geplante entscheidende Niederlage nicht hatte zugefügt werden können, waren sie nun zumindest aus der Westlichen Wüste vertrieben.

Bild unten: Ein britischer Truppenkonvoi in der Westlichen Wüste. Anhaltendes Artilleriefeuer und ausgedehnte Minenfelder waren charakteristische Merkmale der Wüstenfeldzüge.

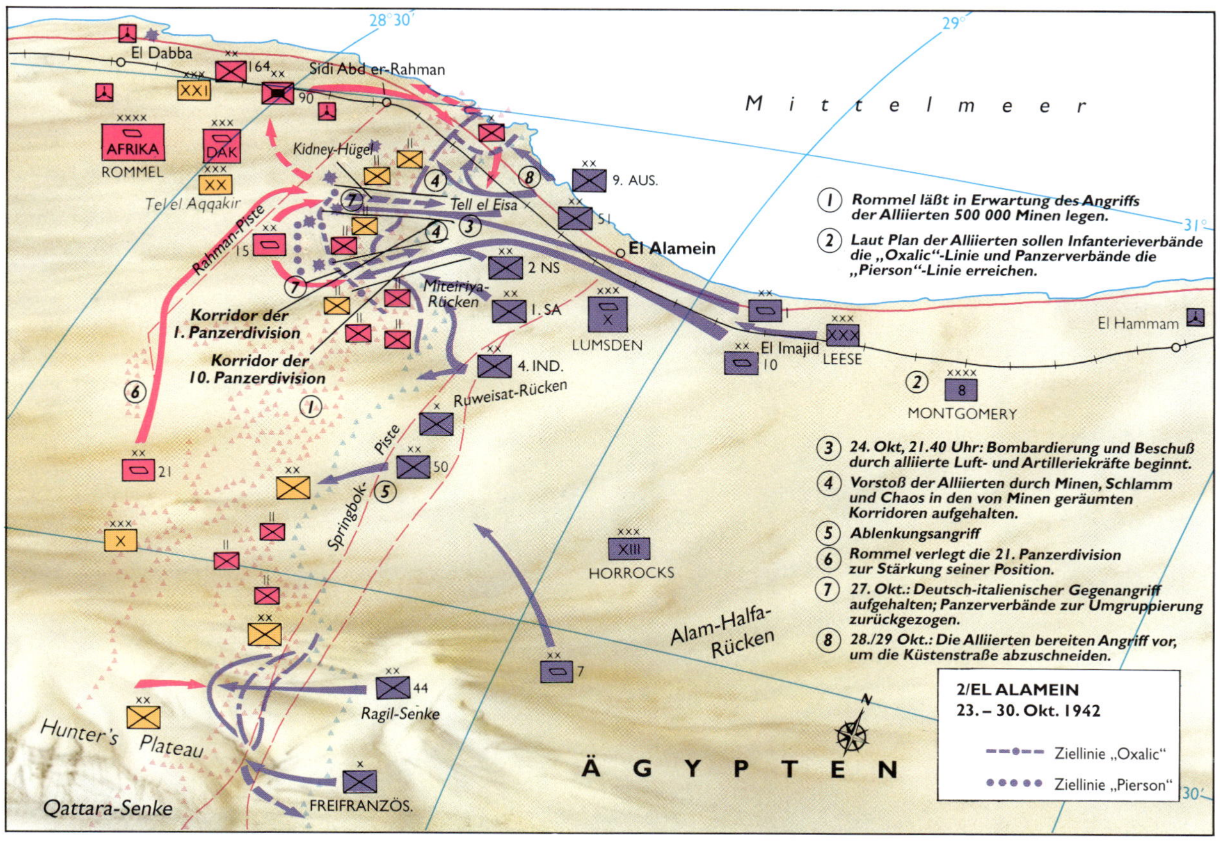

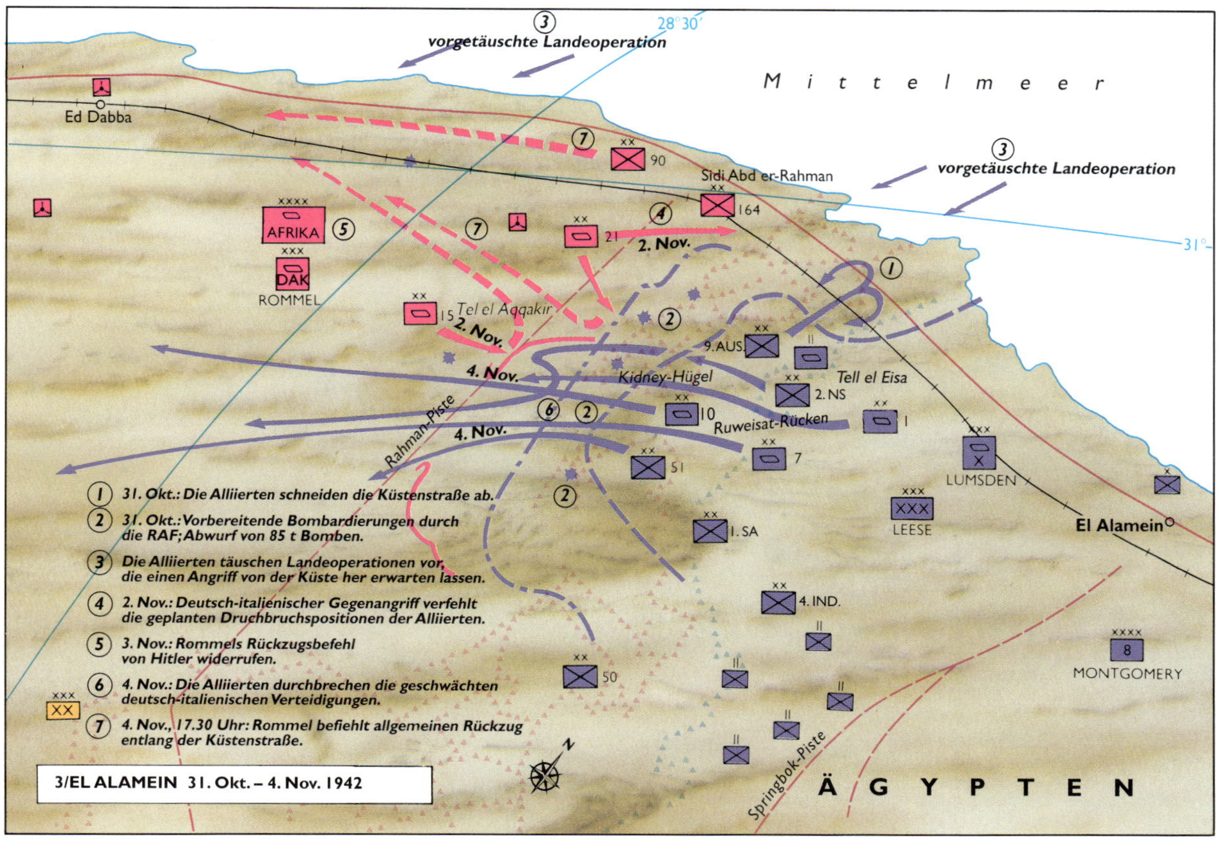

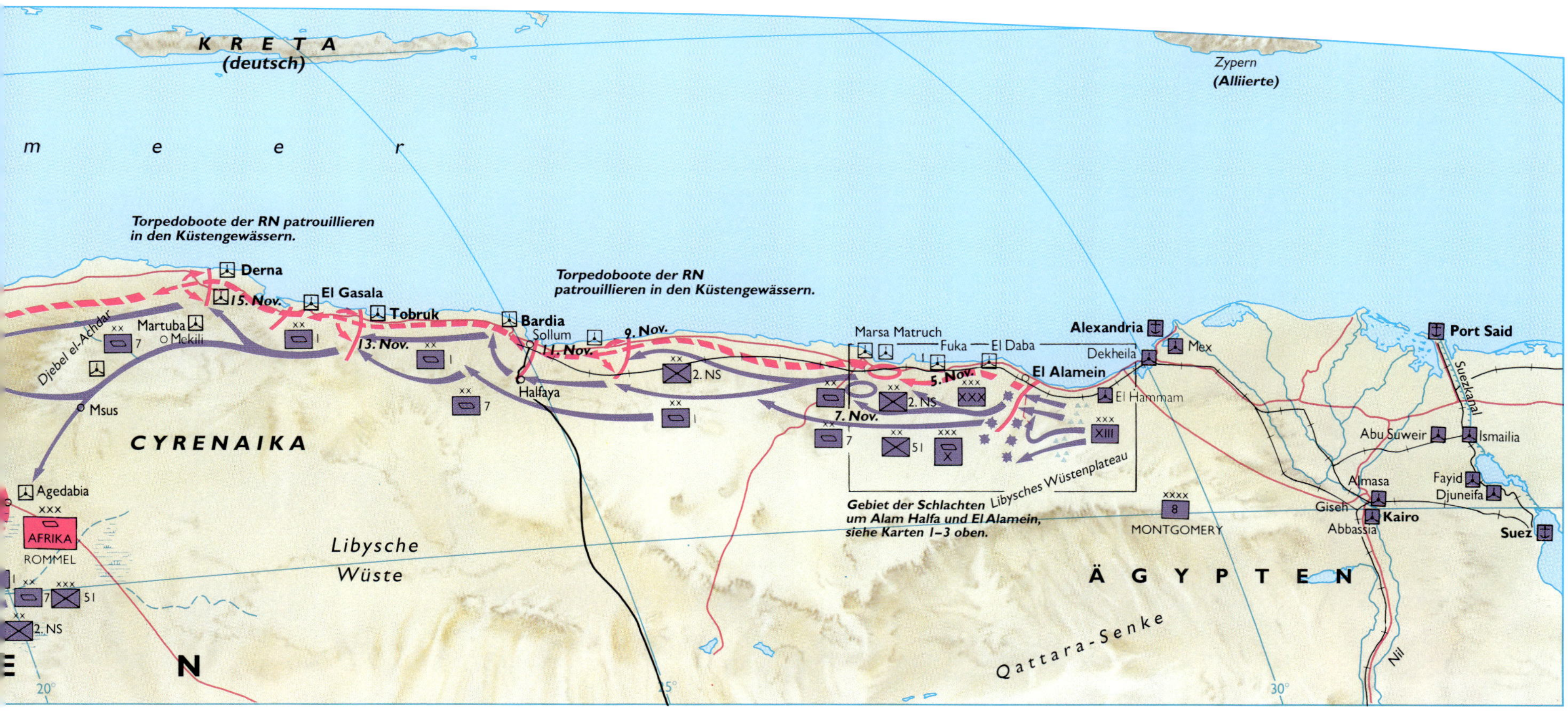

Nordafrika November 1942–Mai 1943

DIE ANGLO-AMERIKANISCHEN Konferenzen im Jahr 1942 (siehe Seite 86) vereinbarten keine Strategie für einen frühen Einfall in das von Deutschland okkupierte Westeuropa, weil die Briten einen Angriff mit den 1942 zur Verfügung stehenden Kräften für zu schwierig hielten. Bei einem Treffen in London vom 20. bis 22. Juli schlug Marshall deshalb vor, die in England eingetroffenen amerikanischen Streitkräfte gemeinsam mit der britischen 1. Armee für eine Invasion in Französisch-Nordafrika einzusetzen. Für dieses Unternehmen mit dem Codenamen „Torch“ wurde am 14. August in London ein Hauptquartier unter Eisenhowers Leitung eingerichtet und das Datum für die Landungsoperation auf den 8. November festgelegt.

Französisch-Nordafrika, d. h. Marokko, Algerien und Tunesien (also der Maghreb), waren nicht von deutschen Truppen besetzt, standen jedoch unter der Kontrolle der Vichy-Regierung. Nach der Schlacht von El Alamein (siehe Seite 114) hatte sich Rommels Panzerarmee von Ägypten nach Tunesien zurückgezogen. Admiral Darlan, der Oberkommandierende der Streitkräfte der Vichy-Regierung in Nordafrika, sollte einer Invasion der Alliierten Widerstand leisten. Von den drei Operativen Verbänden der Alliierten hatte die von Patton befehligte und direkt aus den USA eingetroffene TF West den größten Widerstand zu überwinden. Die TF Ost fand in Algier den Hafen in der Hand friedlich gesinnter Streitkräfte vor. Widerstand kam erst auf, als Vichy-Offiziere am Vormittag des 8. November die Kontrolle zurückgewannen.

Die Deutschen hatten fälschlicherweise geglaubt, die Geleitzüge der Alliierten seien für Malta oder Ägypten bestimmt, und sie deshalb nicht allzu heftig attackiert. Am 10. November erfuhren sie dann, Darlan befände sich in Schutzhaft und habe mit den Alliierten einen Waffenstillstand vereinbart. Hitler besetzte daraufhin die nicht okkupierte (Vichy-) Zone von Frankreich und erzwang von Laval, Pétains Premierminister, die Zustimmung zu einer Luftbrücke sowie zur Entsendung von Truppenkonvois nach Tunesien. Italien besetzte unterdessen Korsika. Bei den Garnisonen in Französisch-Nordafrika herrschte absolute Konfusion. Während einige Einheiten die Alliierten freudig begrüßten, versuchten andere, Anweisungen von Darlan zu erhalten, und wieder andere befolgten Pétains ursprünglichen Befehl zum Widerstand. Die französische Flotte in Tou-

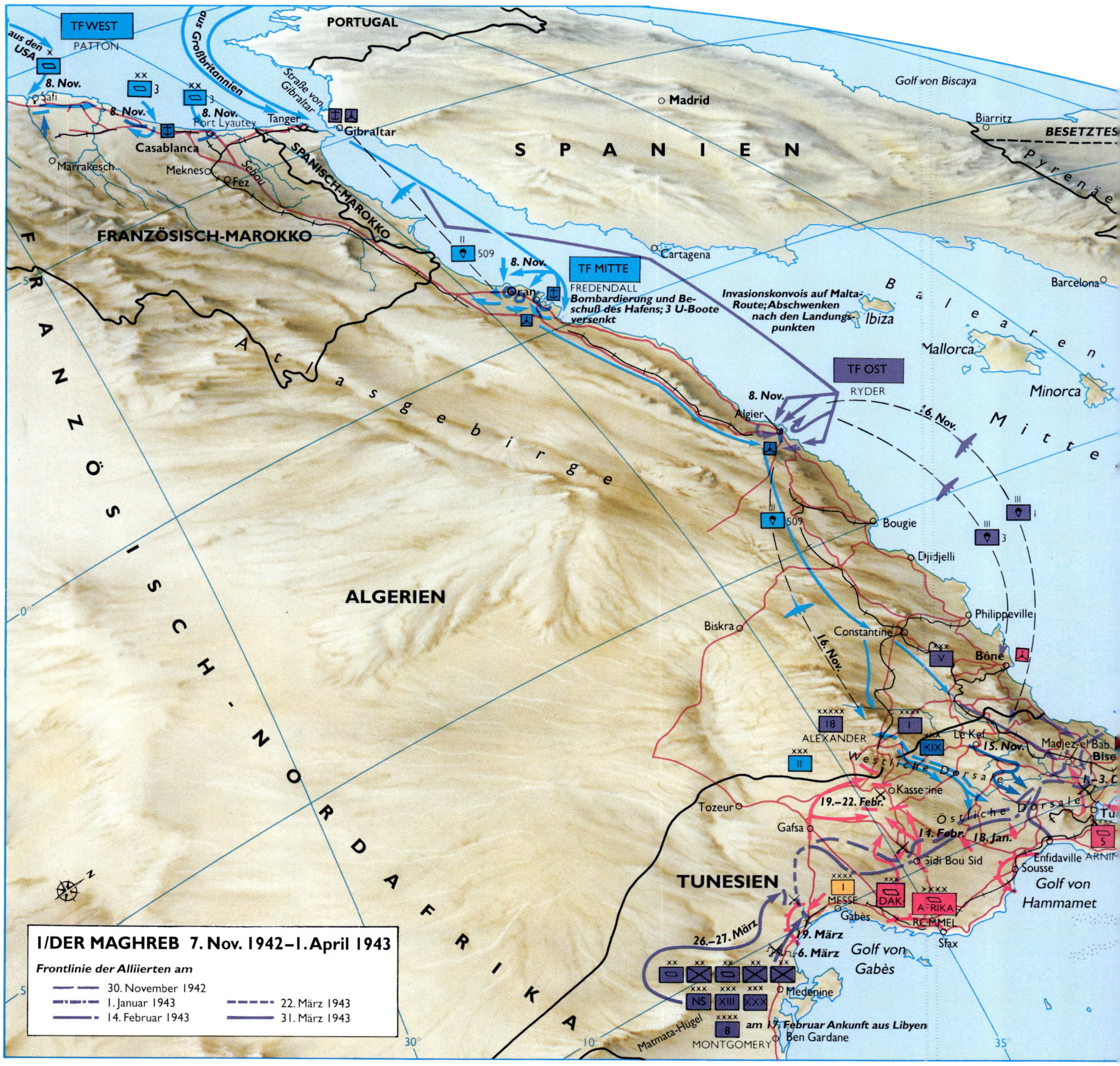

DAS UNTERNEHMEN „TORCH“, eine komplexe gemeinsame Operation der Alliierten, hatte die vollständige Vernichtung der Achsenstreitkräfte in Nordafrika zum Ziel ***(1)***. Der Operative Verband TF West unter Pattons Befehl landete am 8. November in den marokkanischen Häfen Safi, Casablanca und Port Lyautey an der Atlantikküste. Der nicht allzu starke Widerstand lokaler französischer Streitkräfte konnte weder die Landungsoperation noch den Vormarsch auf Marrakesch aufhalten. Die Kämpfe endeten am 11. November. Der Operative Verband TF Mitte unter dem Befehl von Fredendall kam am 5. und 6. November in Begleitung des Operativen Verbandes TF Ost aus britischen Gewässern in den Mittelmeerraum. Fredendalls Kommando landete am 8. November in der Nähe von Oran. Die lokalen französischen Streitkräfte im Hafen von Oran wurden überwältigt und am 10. November zur Kapitulation gezwungen. Der Operative Verband TF Ost unter Ryders Befehl landete am 8. November in Algier und traf dort auf geringen Widerstand. Am 10. November wurde ein Waffenstillstand vereinbart. Ryders Truppen durchquerten sofort das ganze Land, um das 650 km entfernte Tunis zu besetzen. Die britische 1. und 3. Fallschirmjägerbrigade und das amerik. 509. Fallschirmregiment wurden bei Bône und Tebessa abgesetzt, um Luftlandeköpfe zu bilden (12.–16. November). Unzufrieden mit der Reaktion der Vichy-Regierung, entschied Hitler am 10. November, den nicht okkupierten Teil Frankreichs zu besetzen, während die Angriffsspitzen des 10. Panzerregiments, des Panzerregiments „Hermann Göring“ und der 334. Infanteriedivision in Tunis eindrangen. Rommel, der sich zu dieser Zeit von Ägypten nach Tunesien durchkämpfte, war von Montgomerys 8. Armee umgeben. Einzelgefechte zwischen Streitkräften der Alliierten und der Achsenmächte begannen schon am 17. November. Am 23. November stießen dann beide Seiten in voller Stärke aufeinander, und der Kampf um Tunesien begann. Er sollte bis zum 13. Mai andauern. Am 14. Februar begannen die Deutschen nach 3 Monaten unkoordinierter Angriffe und Gegenangriffe im Atlasgebirge eine Offensive ***(2)*** ihrer 10. und 21. Panzerdivision gegen das US-amerik. II. Korps am Faïd-Paß. Die amerik. 1. Panzerdivision wurde zerstreut und rasch zum Kasserine-Paß zurückgetrieben (18. Februar). Als die Deutschen jedoch versuchten, die Gelegenheit auszunutzen und nach Norden in Richtung Sbiba und Thala weiterzumarschieren, wurden sie durch britische und amerikanische Verstärkungstruppen aufgehalten. Am 23. Februar begann Rommel – inzwischen zum Befehlshaber der neu geschaffenen HG Afrika ernannt –, mit dem Rückzug. Er entschied sich, am 3. März Montgomerys 8. Armee ***(3)*** anzugreifen, die außerhalb der befestigten französischen Mareth-Linie formiert wurde. Der Angriff mißlang, und Rommel mußte am 6. März verwundet nach Deutschland zurückgebracht werden. Während Patton einen Ablenkungsangriff auf Gafsa unternahm, ging Montgomery am 20. März zur Offensive über. Sein Hauptstoß wurde durch die 15. Panzerdivision aufgehalten, doch eine Flankenbewegung der neuseeländischen Division am 22. März führte zu einer Kehrtwendung an der Mareth-Linie und zwang die deutsch-italienischen Verteidiger, sich am 31. März nach El Alamein zurückzuziehen. Montgomery erneuerte seine Offensive am 6. April ***(4)*** und zwang, unterstützt durch Pattons Angriff bei Maknassy, Messes 1. Armee zum Rückzug (12. April). Nunmehr begannen die Alliierten eine Folge konzentrischer Angriffe auf die Befestigungen der Achsenmächte rund um Tunis (Montgomery am 19., die britische 1. Armee am 22. und Bradleys II. Korps am 23. April). Nach einer Umgruppierung wurden die Angriffe am 3. Mai wieder aufgenommen. Biserta und Tunis fielen am 7. Mai an die Briten. Am 13. Mai ergab sich Messes 1. Armee Montgomery. Entscheidend für den Erfolg des Unternehmens „Torch“ und die Säuberung Tunesiens vom Feind war die Kontrolle über das Mittelmeer ***(5)***, wo strategische Fragen stets mit der Sicherung des Nachschubs zusammenhingen. Rommels zurückweichende Streitkräfte wurden aus der Luft versorgt. Die Eroberung von Häfen und Flugplätzen an der nordafrikanischen Küste ermöglichte den Alliierten eine schnelle Versorgung ihrer vordringenden Truppen. Die Straße von Sizilien wurde zum Hauptoperationsgebiet von Lufttransporten und Geleitzügen der Achsenmächte und zum Schauplatz ihres Kampfes gegen Angriffe von Torpedobooten und aus der Luft sowie gegen starke Minensperren. Im April 1943 verloren die Achsenmächte 15 von 26 eingesetzten Schiffen sowie 117 Transportflugzeuge. Den Alliierten gelang es, das Gebiet zu isolieren und den Truppen der Achsenmächte ein Entkommen unmöglich zu machen. Überwassereinsätze waren nur beschränkt möglich, weil es die Deutschen versäumt hatten, die bei Toulon liegenden intakten Reste der französischen Flotte zu besetzen, während die italienische Marine wegen Treibstoffmangels in den Häfen festlag. Die Schlacht im Mittelmeer ***(6)*** durchlief eine kritische Phase, als sich die Zahl der Geleitzüge der Achsenmächte auf ein Minimum reduzierte.

Bild rechts: Gefangene Soldaten der Achsenstreitkräfte in einem Lager bei Mateur westlich von Tunis. Insgesamt machten die Alliierten bei der Eroberung Tunesiens 275 000 Gefangene.

lon, die Darlan am 11. November nach Abschluß des Waffenstillstandes nach Nordafrika befahl, wurde an ihren Liegeplätzen versenkt.

Der Brennpunkt der Ereignisse verschob sich nun nach Tunesien, wo die Deutschen eine Garnison aufbauten, während die Alliierten ihre Einheiten auf dem Luft- und Seeweg aus Algier hierher verlegten. Die deutschen Truppen waren schweren Luft- und Artillerieangriffen ausgesetzt. Dennoch konnte der Vormarsch der Alliierten zu Lande nach Tunis am 11. Dezember durch einen deutschen Gegenangriff außerhalb der Stadt Madjez-el-Bab gestoppt werden. Aus Italien waren Truppenteile von drei deutschen Divisionen eingetroffen, woraus nun kurzfristig die 5. Panzerarmee gebildet wurde. Als Gegengewicht dazu hatten die Alliierten zwei eigene Panzerarmeen. Sie wurden durch französische Einheiten unter dem Kommando von Giraud unterstützt, der als ziviler und militärischer Oberbefehlshaber in Nordafrika galt, nachdem ein gaullistischer Fanatiker am 24. Dezember ein Attentat auf Darlan verübt hatte.

Im Januar fanden in Osttunesien nur sporadische Gefechte statt. Die Bombenangriffe der Alliierten wurden fortgesetzt, und auf die italienischen Routen zur Versorgung der Achsenmächte wurde zunehmend Druck ausgeübt. Während Rommel die Verteidigung der Mareth-Linie verstärkte, auf die er sich Anfang des Monats zurückgezogen hatte, griff am 14. Februar die 5. Panzerarmee das US-amerik. II. Korps zwischen dem Faïd-Paß und Gafsa an und schlug das Korps 80 km zurück. Diese Offensive konnte erst am 22. Februar zum Stehen gebracht werden. Eisenhower, der inzwischen drei Divisionen in Bereitschaft hatte, unternahm am 26. Februar einen Gegenangriff und hatte am 3. März die Ausgangspositionen wieder erreicht.

Inzwischen war Alexander, Eisenhowers Stellvertreter für die laufenden Operationen, eingetroffen. Er reorganisierte die Front der Alliierten und stellte dabei das US-amerik. II. Korps gegenüber Biserta, die britische 1. Armee gegenüber Tunis und das franz. XIX. Korps gemeinsam mit Montgomerys 8. Armee südlich von Tunis auf. Montgomery hatte zwischen dem 26. Februar und dem 31. März die Mareth-Linie im Süden durchbrochen. Am 4. Mai eröffnete er eine Generaloffensive gegen die Achsenstreitkräfte und zwang sie durch konzentrisches Vorrücken am 13. Mai zur totalen Kapitulation. Biserta und Tunis, die beide von deutschen Streitkräften gehalten wurden, kapitulierten am 7. Mai. Die italienische 1. Armee – Reste von Mussolinis Garnison in Libyen –, war von Montgomerys 8. Armee eingeschlossen und kapitulierte am 13. Mai. Etwa 115 000 Italiener und 125 000 Deutsche, einschließlich des Befehlshabers Arnim, wurden gefangengenommen. Damit war die militärische Präsenz der Achsenmächte in Nordafrika beendet.

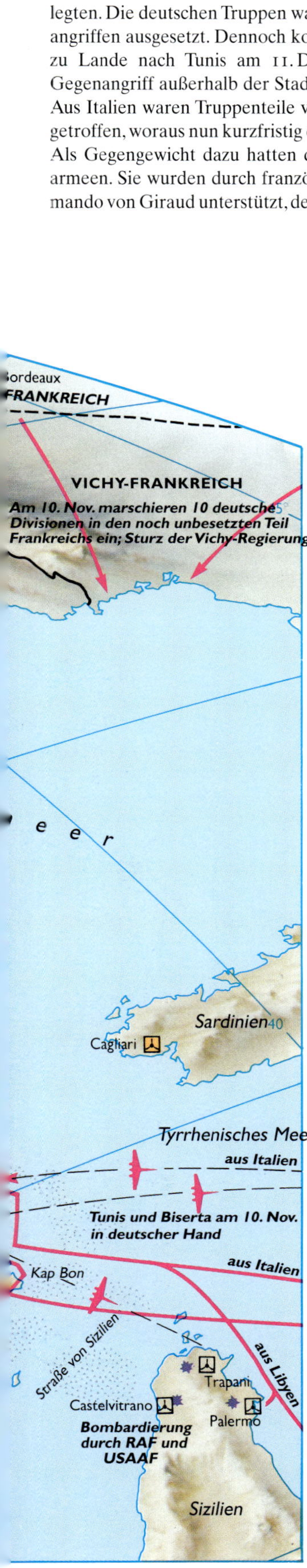

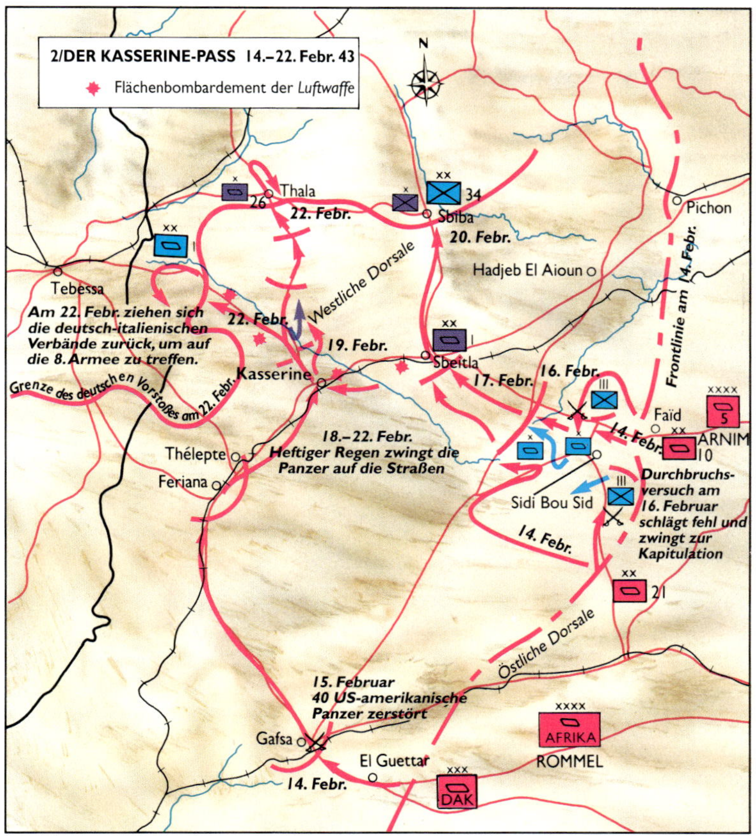

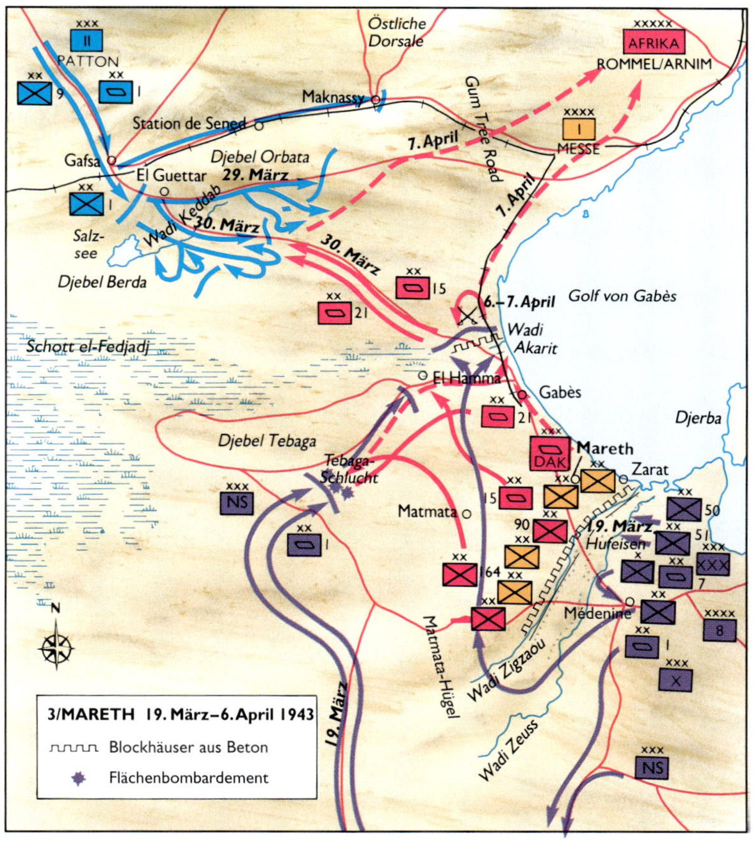

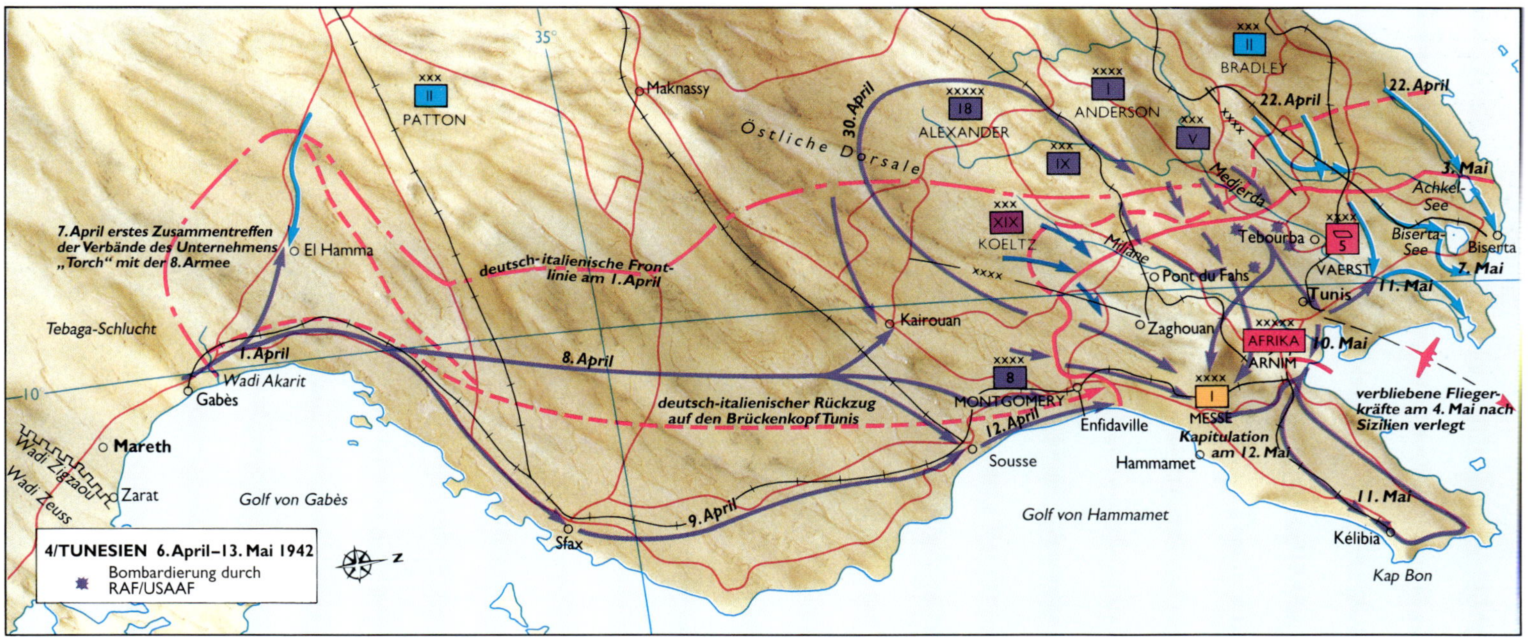

6/IM MITTELMEER VERSENKTE SCHIFFE

Schiffe der Alliierten (obere Zeilen); deutsche Schiffe / italienische Schiffe (untere Zeilen)

		1940	1941	1942	1943	1944	1945
Handelsschiffe (Alliierte)	BRT	64 183	501 363	365 127	635 658	159 545	14 374
	Schiffe	13	158	73	137	30	2
Handelsschiffe (deutsche/italienische)	BRT	253 452	691 658	576 704	1 466 611	930 885	80 930
	Schiffe	104	313	288	1 223	642	104
Flugzeugträger	Alliierte	0	1	1	0	0	0
	deutsche / italienische	0	0	0	0 / –	0 / –	0 / –
Schlachtschiffe	Alliierte	0	1	0	0	0	0
	deutsche / italienische	0 / 1	0 / 0	0 / 0	0 / –	0 / –	0 / –
Kreuzer	Alliierte	1	8	5	1	2	0
	deutsche / italienische	0 / 1	0 / 7	0 / 3	0 / 3	0 / –	0 / –
Zerstörer	Alliierte	3	15	25	9	4	0
	deutsche / italienische	0 / 9	0 / 15	0 / 8	1 / 11	3 / 2	4 / 2
U-Boote	Alliierte	4	8	15	7	1	0
	deutsche / italienische	0 / 19	3 / 12	14 / 22	20 / 16	29 / –	1 / –

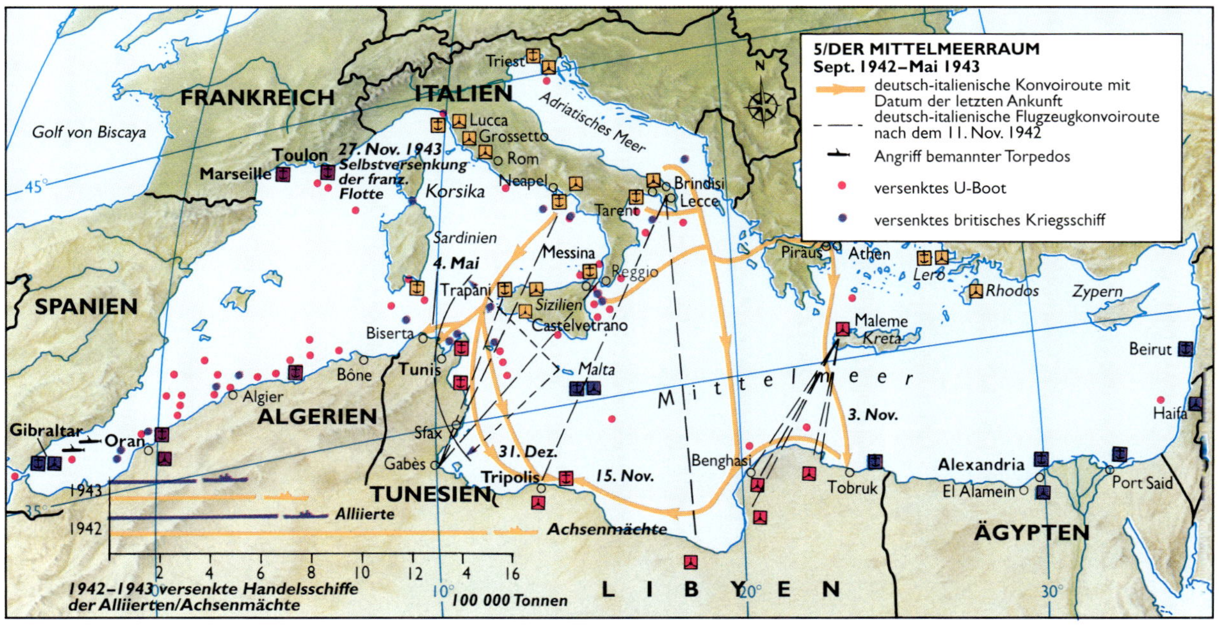

Der Südwestraum des Pazifik Juli–Oktober 1942

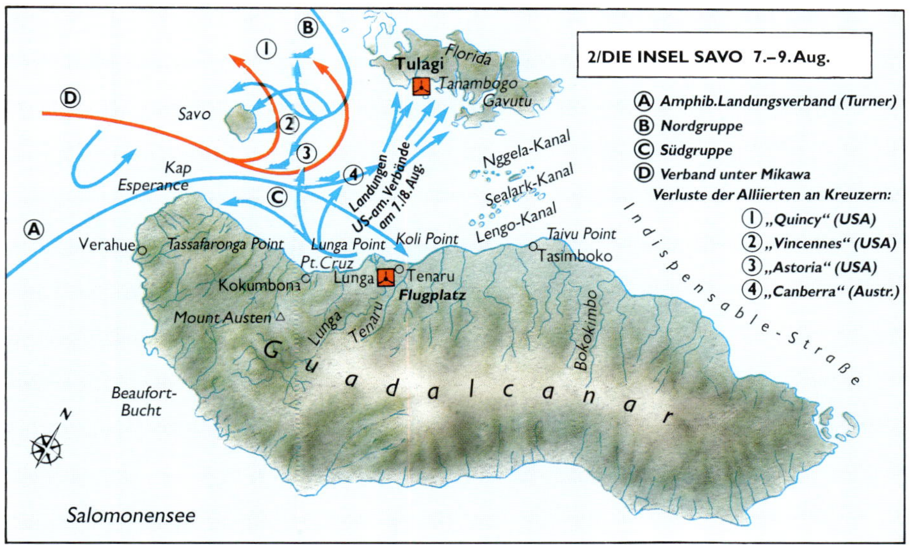

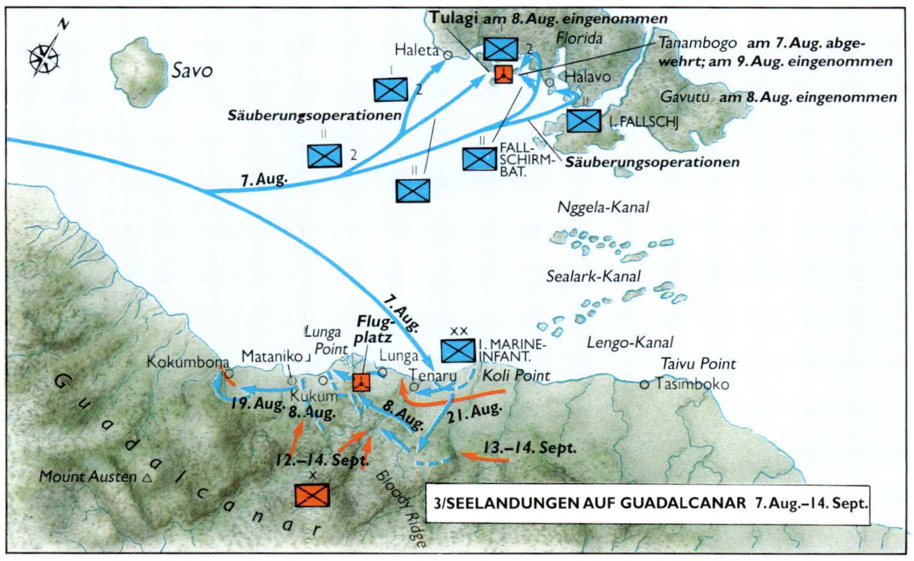

Die erste japanische Landung auf Guadalcanar nach der US-Invasion und dem folgenden Gefecht bei der Insel Savo ***(2, 3)*** fand am 18. August mit rund 2 000 Mann am Taivu Point statt. Der Landungsverband unternahm den Versuch, die Stellung von Lunga zu erobern, wurde jedoch in den frühen Morgenstunden des 21. August bei Tenaru vernichtet. Der japanische Mißerfolg beim Gefecht auf der östlichen Salomonen führte dazu, daß die Landung von Truppen auf Guadalcanar am 25. August durch Flugzeuge vom Flugplatz Henderson Field schwer beeinträchtigt wurde. Trotzdem konnten im Verlauf der nächsten zehn Tage rund 4 700 Mann in der Nähe von Kokumbona und Tasimboko im Schutz der Dunkelheit an Land gesetzt werden. Die Probleme beim Vorwärtskommen im dichten Dschungel und bei der Koordinierung der verschiedenen Angriffe machten den Truppen zu schaffen. Der erste großangelegte Versuch, Henderson Field zu überrennen, führte zu einer Anzahl verlustreicher Niederlagen, von denen die auf dem Bloody Ridge (12. bis 14. September) wohl die größte war ***(3)***. Ein im Oktober ***(4)*** mit größerer Intensität unternommener Versuch schlug ebenfalls fehl. Der Ablenkungsangriff am 23. Oktober über den Fluß Matanikou hinweg erfolgte zu früh, weil sich die 2. Infanteriedivision nicht schnell genug über die Dschungelpfade zur Ausgangslinie südlich des Bloody Ridge durchkämpfen konnte. Sie war nun gezwungen, jeweils in der Nacht des 24. und 25. Oktober ohne wirksame Artillerieunterstützung anzugreifen, und das jedesmal nur mit halber Kraft. Dieser „Angriff auf Raten" schwächte die Einheit und machte einen weiteren Versuch unmöglich.

Im Frühjahr 1942 hatten die Japaner verschiedene Operationen im Südwest- und Zentralpazifikraum geplant: Nach der Midway-Operation (siehe Seite 56) hofften sie, mit der Besetzung von Port Moresby auf Neuguinea, von Neukaledonien, den Fidschi-Inseln, Samoa und der Johnston-Insel fortfahren zu können. Die unerwartete Niederlage bei Midway kostete die Kaiserliche Flotte die Trägerstreitkräfte, die erforderlich waren, um in größerer Entfernung operieren zu können. Die Japaner gingen jedoch nicht von der Einnahme von Port Moresby und der Befestigung ihrer Stellungen auf den Salomonen ab. Unter Berücksichtigung aller Umstände erwarteten sie vor dem zweiten Quartal 1943 im Südwestpazifik keinen Gegenangriff der US-Streitkräfte und versuchten, ihr Stützpunktnetz in diesem Gebiet so schnell wie möglich zu vervollständigen. Der Sieg der Amerikaner bei Midway machte den Japanern jedoch ihre eingenommenen Territorien jenseits von Rabaul streitig. In der Absicht, den Japanern nach ihrer Niederlage keine Ruhepause zu gönnen, entschied sich das US-Oberkommando für ein schrittweises Vorrücken auf Rabaul. Im Südwesten der Salomonen besetzten die Amerikaner den Hafen Tulagi sowie die Landebahn, die die Japaner auf Guadalcanar bauten. Auf Ost-Neuguinea planten die Alliierten inzwischen einen Vormarsch auf dem Landweg nach Gona und Buna, um das Gebiet von Dobodura zu sichern. Beide Maßnahmen sollten Anfang bzw. Mitte August begonnen werden.

Noch ehe die Alliierten eine Chance hatten, sich ins vorgesehene Kampfgebiet zu begeben, wurden bei Gona japanische Streitkräfte an Land gebracht, die nach Port Moresby vorrücken sollten. Die dazu benutzte angebliche Autostraße erwies sich als Dschungelpfad, den in den letzten zwei Jahrzehnten kein einziger Weißer auf ganzer Länge passiert hatte. Doch weder der Zustand des Kokoda-Pfades noch das unwegsame Gelände oder das Klima schreckten die Japaner ab. Sie fegten den australischen Widerstand an ihrem Landekopf beiseite, drangen rasch ins Innere der Insel vor und besetzten Kokoda am 27. Juli.

Danach nahm die Geschwindigkeit des Vormarschs ab. Die Japaner hatten zu wenig Leute und außerdem Nachschubprobleme. Der zweite Teil ihres Vorhabens – die Besetzung der Milne-Bucht und der Südostspitze von Neuguinea am 25. August – mißlang. Dessenungeachtet hatten sich die Japaner am 16. September von Kokoda aus bis auf 40 km an Port Moresby herangekämpft. Erschöpfung und die Situation, die sich auf Guadalcanar entwickelt hatte (siehe unten), zwangen die Japaner, ihren Vormarsch auf dem Kokoda-Pfad zu stoppen und bis zur Stabilisierung der Situation auf den Salomonen zunächst den Landekopf am Strand von Gona zu befestigen. Ange-

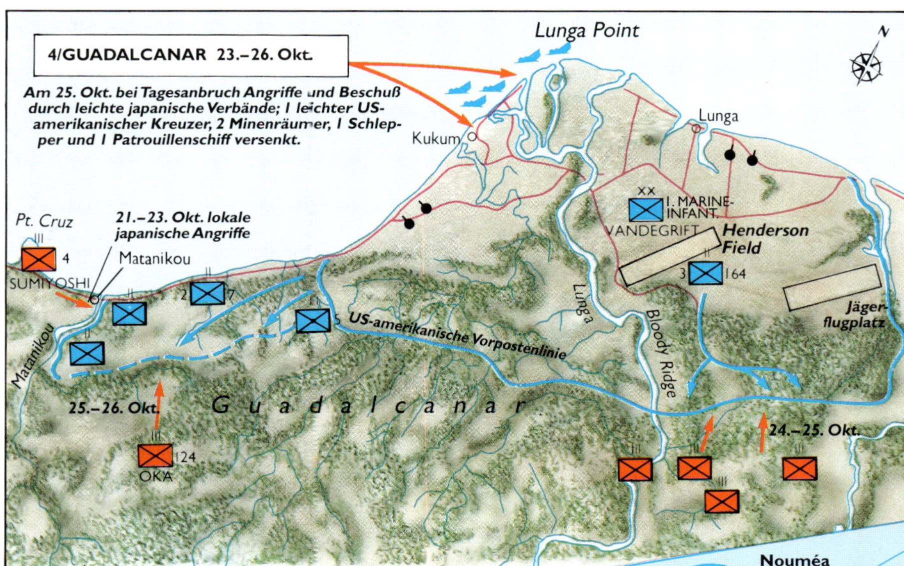

Bild unten: Ein japanischer Sturzkampfbomber greift am 26. Oktober 1942 die „Hornet" in der Nähe von Santa Cruz an.

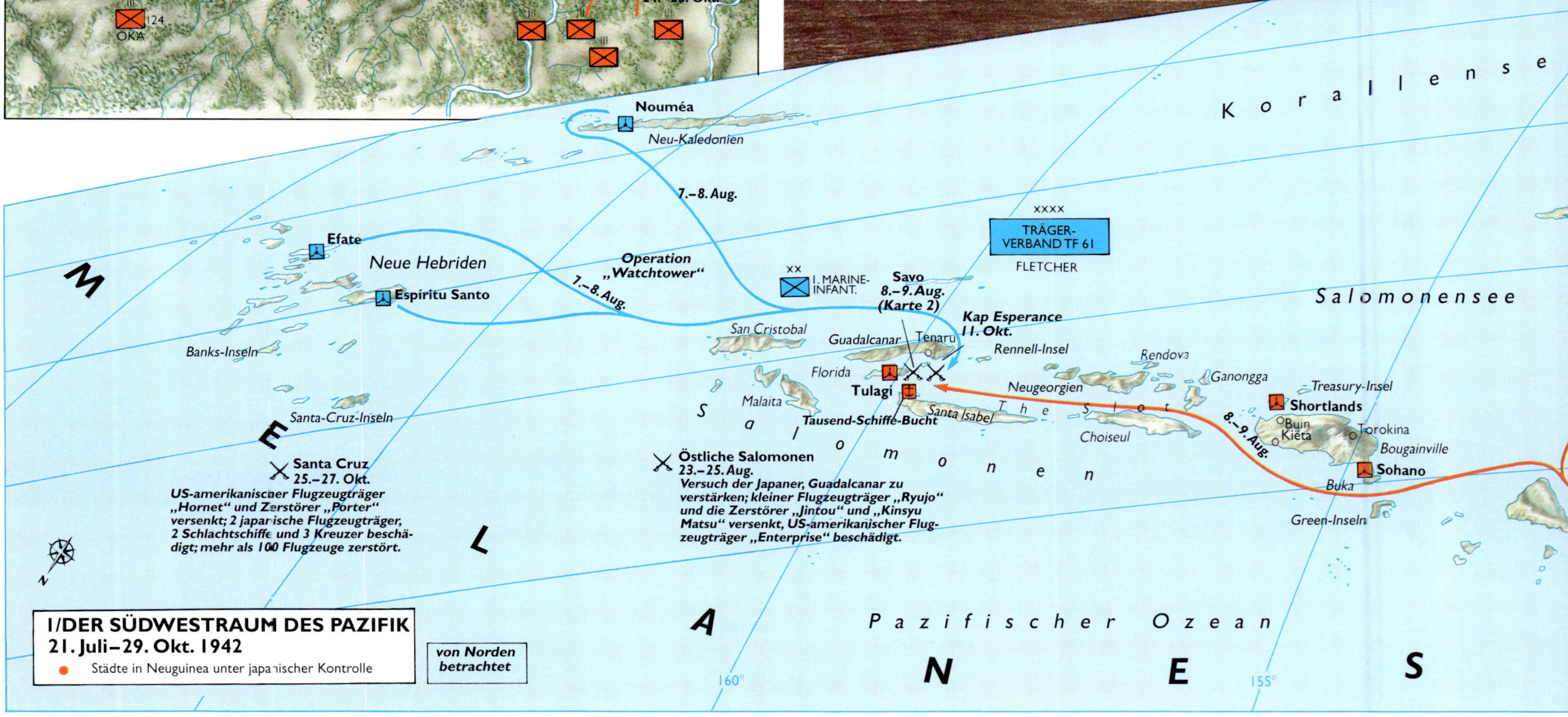

Bild links: Australische Truppen überwinden den Kokoda-Pfad.

sichts der Gefahr durch eine massiv verstärkte gegnerische Garnison mußten die Japaner jedoch am 24. August beginnen, sich über den Kokoda-Pfad zurückzuziehen. Daraufhin starteten die Alliierten einen Umgehungsangriff und begannen, Truppen in das Gebiet von Wanigela-Pongani zu fliegen – eine direkte Bedrohung für den japanischen Brückenkopf in der Nähe von Buna und Gona. Mitte Oktober waren die japanischen Truppen auf dem Kokoda-Pfad ohne die erforderliche Verstärkung und ohne Nachschub in einer so ausweglosen Lage, daß es zu Fällen von Kannibalismus kam.

Auf den Salomonen eroberten die Amerikaner am 7. und 8. August gegen den verzweifelten Widerstand der Japaner den Hafen von Tulagi und okkupierten die Landebahn von Lunga, die nun in Henderson Field umbenannt wurde. Die japanische Antwort kam unverzüglich: Kreuzer unternahmen im Süden von Rabaul einen Überfall und brachten den Schutzkräften der Alliierten auf der Insel Savo in der Nacht vom 8. auf den 9. August eine vernichtende Niederlage bei. Allerdings bauten die Japaner diesen Sieg nicht aus und unternahmen keinen Angriff auf die US-Transporter im Hafen von Tulagi. Ohne Bodentruppen, mit denen sie den Amerikanern die Kontrolle über Lunga hätten streitig machen können, konnten die Japaner nicht verhindern, daß die Amerikaner Henderson Field fertig bauten und am 21. August in Dienst stellten.

Der Besitz der Landebahn war von entscheidender Bedeutung für den Ausgang des Feldzugs von Guadalcanar zugunsten der Alliierten. Ohne einen großen Luftstützpunkt im Bereich der nördlichen und mittleren Salomonen konnten japanische landgestützte Flugzeuge über Guadalcanar nur in einer extrem großen Entfernung von Rabaul eingesetzt werden. Falls es nicht gelang, die amerikanische Luftwaffe außer Gefecht zu setzen, war sowohl die Landung von Truppen auf Guadalcanar als auch ein Beschuß der US-Stellungen durch Schiffsartillerie voller Gefahren und Risiken. Außerdem hatten die Japaner anfangs keine klare Vorstellung von der Stärke der US-Streitkräfte auf der Insel. Die gewohnt schlechte Koordinierung zwischen der Kaiserlichen Armee und der japanischen Marine behinderte die Pläne zudem auf fatale Weise. Nach der Aktion auf der Insel Savo wurde das Gefecht „auf Raten" fortgeführt, wobei die Japaner ihr Engagement allmählich verstärkten, jedoch immer einen Schritt hinter den Amerikanern zurückblieben. Die Unterstützung durch südlich von Guadalcanar operierende US-Trägerschiffe brachte den Amerikanern – wenn man einmal vom Verlust des Trägers „Wasp" am 15. September absieht –, sowohl auf der Insel selbst als auch in ihrer Umgebung zusätzliche militärische Stärke. Zwei Versuche der japanischen Flotte, diese zu überwinden, schlugen fehl. Bei den östlichen Salomonen (23.–25. August) führten zwei Trägereinheiten einen zurückhaltenden und ergebnislosen Kampf. In der Schlacht von Santa Cruz (25.–27. Oktober) konnten die Japaner die durch die Versenkung der „Hornet" und die Beschädigung der „Enterprise" gewonnenen Vorteile aufgrund ihrer Flugzeugverluste nicht ausnutzen. Als später sowohl die japanischen als auch die amerikanischen Trägerstreitkräfte ausgeschaltet waren und der Kampf in eine heißere Phase eintrat, sahen sich die Gegner gezwungen, ihre Großschiffe in den Gewässern von Guadalcanar einzusetzen.

Vor ihren Siegen in der Korallensee und bei Midway hatten es die Alliierten versäumt, ihre Streitkräfte auf Neuguinea wirksam zu verstärken. Die Japaner waren jedoch von dem Gedanken besessen, hier Stützpunkte einzurichten, um ihre Kontrolle auszudehnen. Die Befestigung von Port Moresby nach dem Juli 1942 und die Okkupation der Milne-Bucht erlaubte es den Australiern, Ostneuguinea zurückzuerobern. Daran änderte auch der japanische Angriff nichts, der auf das Landungsunternehmen bei Gona und Buna **(5)** folgte – allerdings ohne wirksame Unterstützung durch Luftwaffe und Marine. Auch daß die japanischen Streitkräfte während der Fahrt zur Milne-Bucht infolge alliierter Luftangriffe auf den D'Entrecasteaux-Inseln strandeten und nur mit großen Schwierigkeiten von dort zurückgeholt werden konnten, hatte seinen wahren Grund in den unzureichenden japanischen Ressourcen. Nachdem die Japaner in der Milne-Bucht zurückgeschlagen worden waren, erwies sich die Evakuierung der überlebenden japanischen Soldaten am 5. und 6. September als genauso schwierig. Der japanische Vormarsch zum Ioribaiwa Ridge und der Versuch zur Einnahme der Milne-Bucht waren die größten Anstrengungen, zu denen die Japaner in Ostneuguinea noch fähig waren. Danach führte die Überlegenheit der Alliierten nach Anzahl und Disponibilität der Streitkräfte zu Wasser und in der Luft zur Niederlage der Japaner auf dem gesamten Kriegsschauplatz. Australische Truppen befreiten Normanby im September und Goodenough im Oktober. Danach besetzten sie die Landebahn bei Wanigela **(6)** als Basis für zukünftige Einsätze gegen Buna. Mit einem auf dem Landweg erfolgenden Vorstoß der alliierten Streitkräfte zur Salomon-See war die japanische Position auf Ostneuguinea unhaltbar geworden.

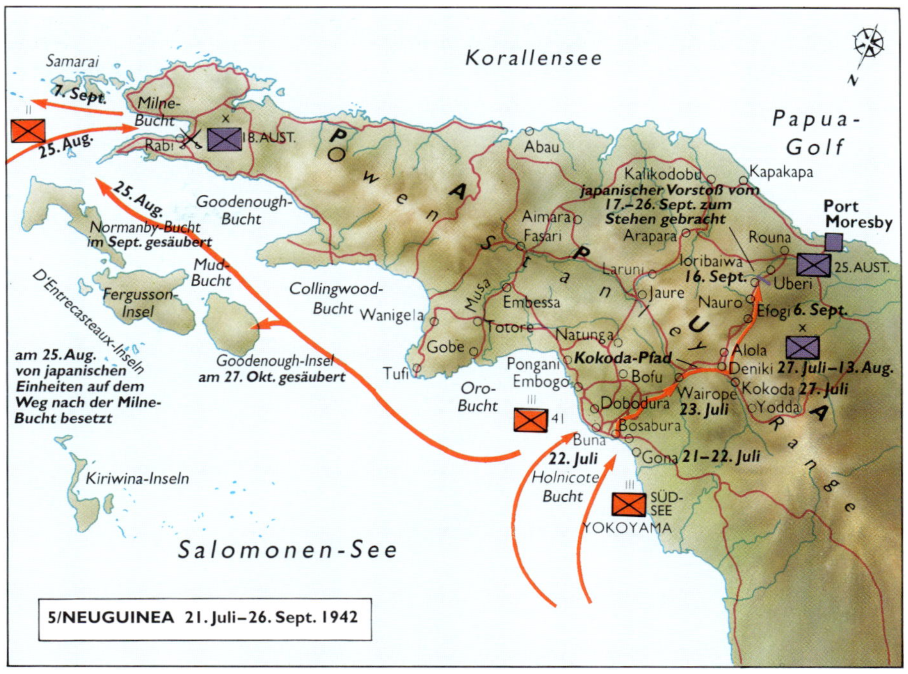

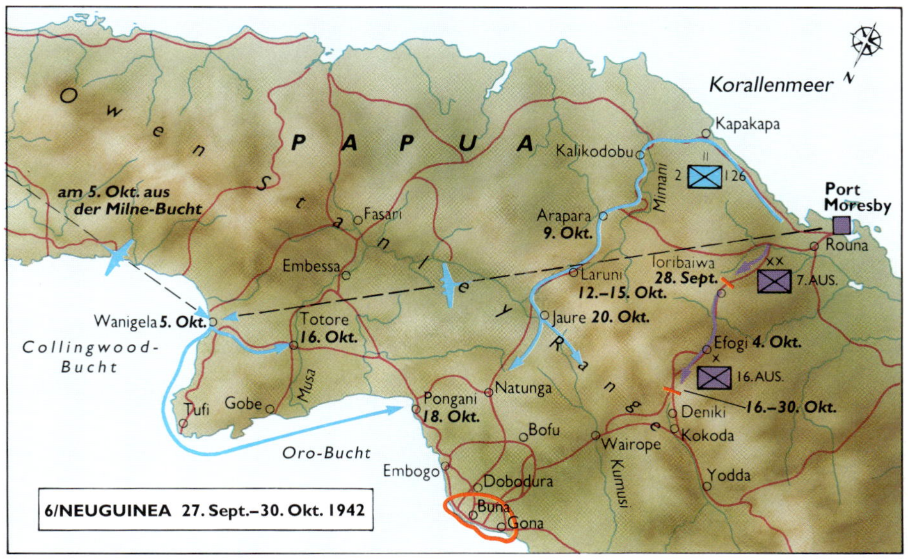

Der Südwestraum des Pazifik November 1942–Februar 1943

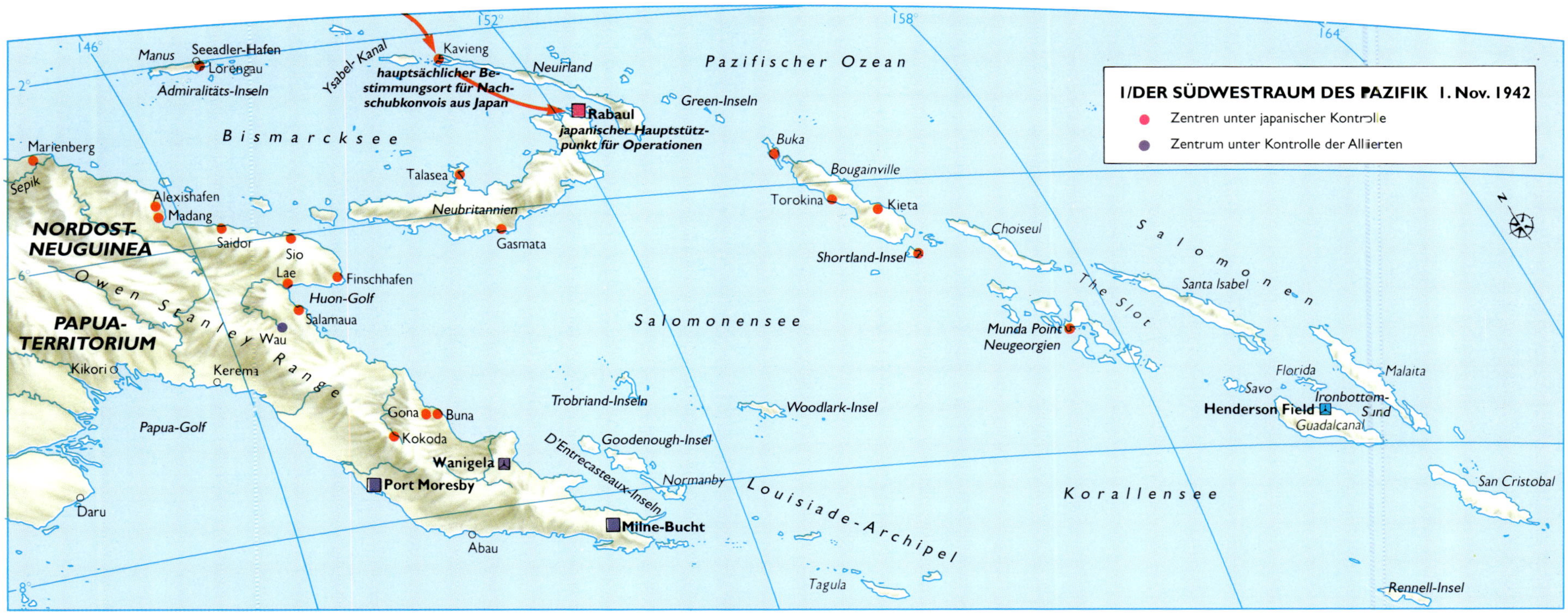

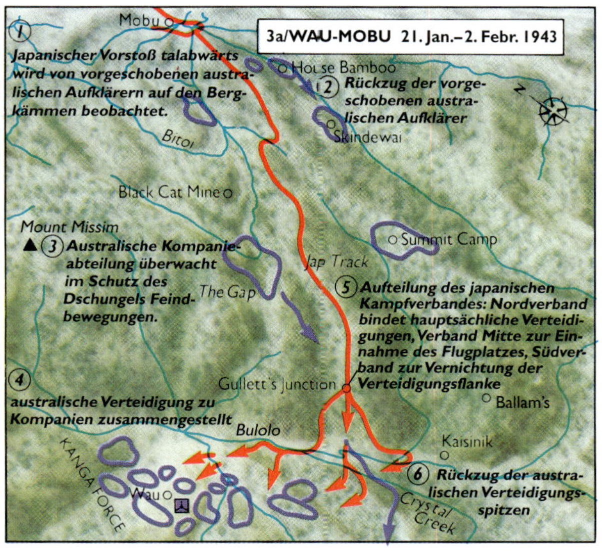

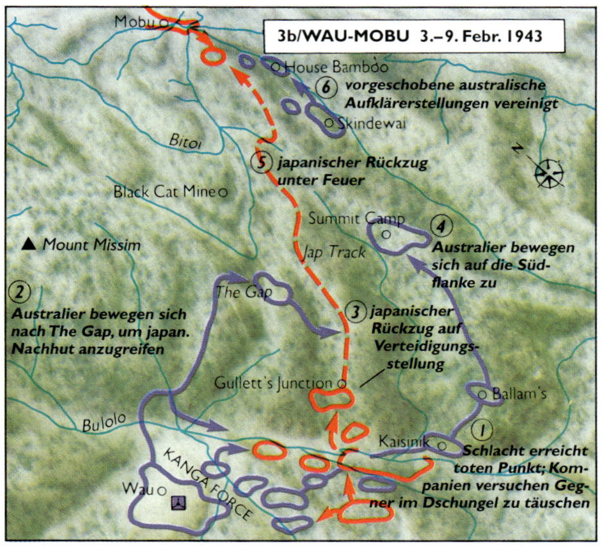

Ungeachtet des Verlustes von Henderson Field auf Guadalcanar (siehe Seite 118) kontrollierten die Japaner im November 1942 nach wie vor viele Schlüsselstellungen im Südwestpazifik ***(1)***. Auf Neuguinea geriet der japanische Rückzug über den Kokoda-Pfad jedoch zu einer überstürzten Flucht ***(2)***. Am 30. November waren die Japaner in ihren Brückenköpfen eingeschlossen und nicht einmal zwei Kilometer weit nach Gona und Buna eingedrungen. Der Brückenkopf auf Gona wurde am 9. Dezember eliminiert, doch die noch verbliebenen japanischen Stellungen lagen hinter ausgedehnten Sümpfen. Sie waren für die verfügbare Artillerie unerreichbar und konnten nur durch Infanterie angegriffen werden. Krankheiten und Verwundungen minderten die Schlagkraft der Alliierten während dieser Zeit erheblich. Schließlich wurde Buna am 1. Januar eingenommen und das ganze Gebiet am 22. Januar endgültig gesäubert. Weiter im Norden versuchten die Japaner Mitte Januar, einen australischen Außenposten in der Nähe der Siedlung Wau einzunehmen, indem sie mit etwa 3 000 Mann durch einen dichten Dschungel marschierten ***(3a)***. Eine Verteidigungseinheit von nur 700 Australiern wurde hinter dem Bulolo-Fluß in Angriffsstoßtrupps und in Verteidigungsverbände gegliedert. Während die Japaner am 28. Januar die Landebahn von Wau erreichten, erlaubte eine Unterbrechung der jahreszeitlich bedingten Regenfälle den Alliierten, trotz feindlichen Beschusses über eine Luftbrücke genügend Mannschaften herbeizuschaffen, um ihre Stärke zu verdoppeln. Anfang Februar ***(3b)*** zogen sich die Japaner zurück. Sie hatten nicht in die Verteidigungsverbände eindringen können und waren ihrerseits einem gegnerischen Umgehungsmanöver ausgesetzt. Damit war der Versuch der Japaner, auf Neuguinea Fuß zu fassen, endgültig fehlgeschlagen.

Im Oktober 1942 begann die Gefahr einer Niederlage der Alliierten im Kampf um den Südwestpazifik Gestalt anzunehmen. Die Japaner hatten Port Moresby fast erreicht. Ihre Brückenköpfe bei Gona und Buna auf Ostneuguinea standen zwar unter wachsendem Druck, wiesen jedoch immer noch eine beträchtliche Stärke auf. Auf den Salomonen hatten japanische Luftangriffe auch zu einer partiellen Ausschaltung des neu errichteten amerikanischen Luftstützpunkts Henderson Field auf der Insel Guadalcanar geführt. Obwohl die Japaner im November entscheidende Niederlagen auf Guadalcanar und Ostneuguinea erlitten hatten, zogen sich beide Feldzüge noch bis weit ins Jahr 1943 hin.

Die Unfähigkeit, ihre Luftangriffe auf Henderson Field im Oktober fortzusetzen und danach entweder den Flugplatz zu besetzen oder der US-Marine bei Santa Cruz eine Niederlage beizubringen (siehe Seite 118), ließ den Japanern keine Alternative: Wollten sie die Schlacht fortsetzen, mußten sie ungeachtet der amerikanischen Luftherrschaft versuchen, ihre Einheiten auf Guadalcanar zu verstärken und neu auszurüsten. Eine Serie von Geleitzügen durch den Slot (einen relativ geschützten Meeresarm, der sich durch die Salomonen zieht) führte am 12. November erstmals zu einem zahlenmäßigen Übergewicht der Japaner auf Guadalcanar. In dem Versuch, eine potentiell entscheidende Verstärkung ihrer Garnison herbeizuführen, setzten die Japaner Mitte November einen großen Geleitzug mit 11 schnellen Transportschiffen und rund 10 000 Soldaten ein. Überwasserstreitkräfte hatten Henderson Field zuvor durch schweren Beschuß ausgeschaltet. Diese Operation fiel mit einer veränderten Befehlsstruktur der Amerikaner zusammen. Ein Ergebnis dieser Änderung war der Beschluß, auf dem gesamten Kriegsschauplatz des Südpazifik das militärische Potential zu verstärken. Das US-Oberkommando maß einem Sieg im Salomonen-Feldzug hohe Priorität bei, um damit die Verlegung von Marinestreitkräften in den Atlantik zu rechtfertigen. Allerdings wurde dieser Beschluß der Amerikaner nach der Schlacht bei Santa Cruz (siehe Seite 118) wieder aufgeweicht, weil man im Bereich der Salomonen keinen Träger einer Gefahr aussetzen wollte. So wurde die Verstärkung der amerikanischen Garnison auf Guadalcanar am 12. November durch die „Enterprise" und 2 Schlachtschiffe mehr geschützt als unterstützt, als es zu einem schweren, aber wirkungslosen Luftangriff kam.

Diese Situation führte zwischen dem 12. und 16. November zu einer Reihe von Marineunternehmungen, die letztlich den Guadalcanar-Feldzug entschieden. Zur selben Zeit begannen die Streitkräfte der Alliierten damit, die japanischen Brückenköpfe bei Gona auf Ostneuguinea fest einzuschließen. Zwei Nachtangriffe vor der Nordküste von Guadalcanar im Ironbottomsund (12./13. sowie 14./15. November), der Angriff auf die japanischen Bomber bei ihrem Rückzug am 14. und die Vernichtung des Transportgeleitzugs am 14. und 15. November bewirkten auf japanischer Seite hohe Verluste: zwei Schlachtschiffe, ein schwerer Kreuzer, 4 Zerstörer und 10 Transportschiffe gingen verloren, und nur 2 000 Mann ohne Ausrüstung und Proviant erreichten am 16. November Guadalcanar. Die japanische Garnison konnte der ersten großen amerikanischen Offensive Mitte November standhalten. Eine Einsatzgruppe der Marine erzielte am 30. November vor Tassafaronga sogar einen bemerkenswerten taktischen Erfolg, indem sie eine weit überlegene amerikanische Einheit besiegte. Dennoch gelangten die Befehlshaber der Kaiserlichen Flotte zu der Einsicht, daß ihre Verluste inakzeptabel seien. Um ihre Stärke und die Bereitschaft für die Entscheidungsschlacht zu bewahren, beschlossen sie am 12. Dezember, den Guadalcanar-Feldzug zu beenden. Das kaiserliche Hauptquartier gab hierzu am 31. Dezember sein Einverständnis.

Bild links: Australische Infanterie beräumt die hartnäckig verteidigten japanischen Stellungen auf Buna.

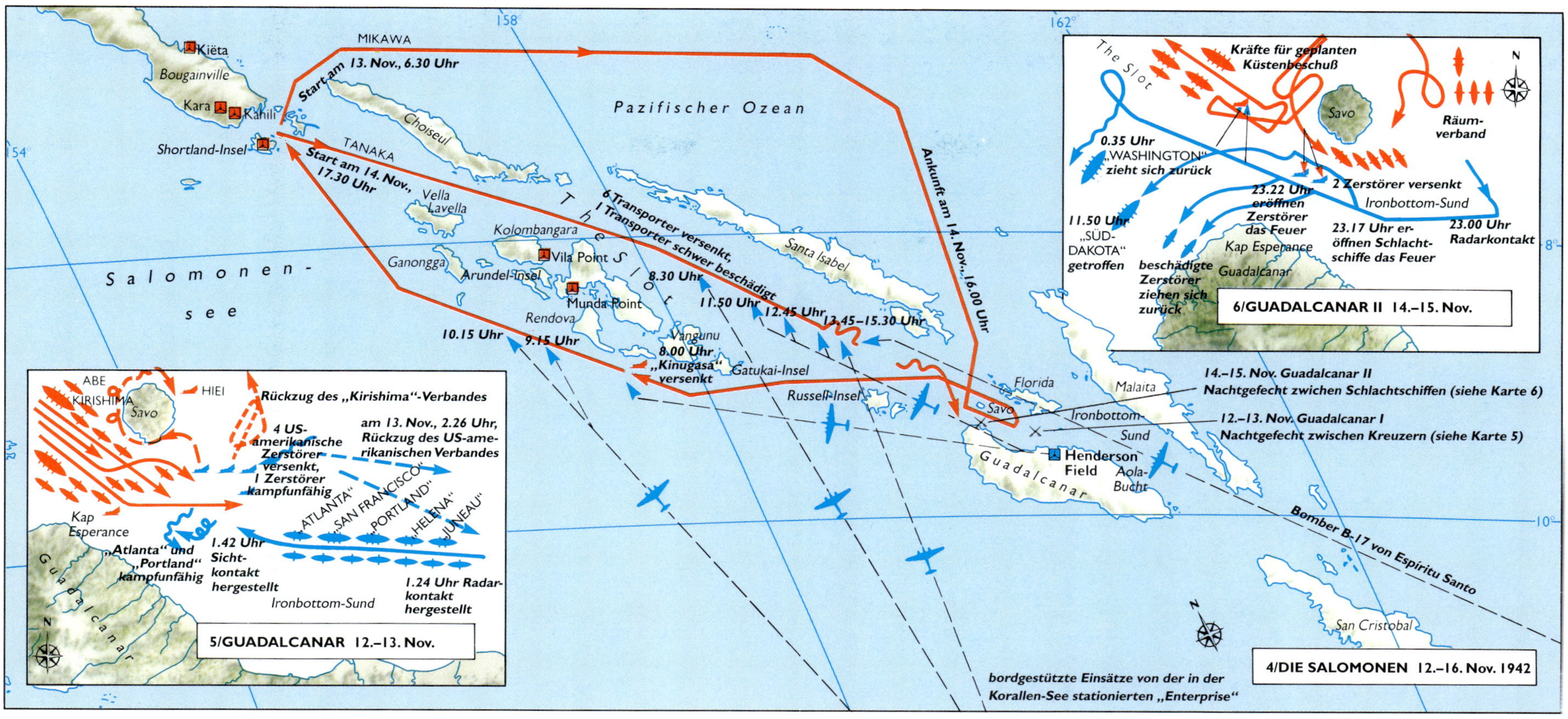

Diese Entscheidung fiel, als die Amerikaner ihre Truppen auf Guadalcanar durch neue ersetzt hatten und die Kämpfe um Gona auf Neuguinea sich ganz offensichtlich in ihrer Endphase befanden. Hier hatten die Alliierten ständigen Druck auf die japanischen Brückenköpfe ausgeübt. Gleichzeitig rückten die Australier über den Kokoda-Pfad nach Gona vor, während amerikanische Truppen in großer Zahl von Port Moresby über eine Luftbrücke in den Raum südlich von Buna gebracht wurden. Der japanische Widerstand war zunächst erbittert, doch ohne jede Aussicht auf Verstärkung oder Nachschub für ihre Truppen bei Gona gaben die Japaner ihre Brückenköpfe schließlich auf und konzentrierten ihre Kampfkraft ganz auf das Zurückdrängen der australischen Streitkräfte nach Norden hinter Lae und Salamaua.

Die Streitkräfte auf Guadalcanar konnten jedoch nicht einfach ihrem Schicksal überlassen werden. Daher evakuierten die Japaner sie (insgesamt 10652 Mann) binnen dreier Nächte zwischen dem 2. und 8. Februar. Dabei erweckten sie den Anschein, Vorbereitungen zur Verstärkung ihrer Garnison zu treffen, ohne daß die Amerikaner mitbekamen, was wirklich geschah. Diese erfolgreiche Aktion, in deren Verlauf sie nur einen einzigen Zerstörer einbüßten, änderte jedoch nichts an der Tatsache, daß Guadalcanar verloren war, und mit ihm 20000 Mann, 860 Flugzeuge und 15 Kriegsschiffe. Gleichzeitig war der Widerstand auf Gona zusammengebrochen, und der japanische Versuch zur Sicherung einer vorgerückten Stellung weiter nördlich bei Wau war fehlgeschlagen. Jetzt wurde es offensichtlich, daß der Feldzug von Guadalcanar und Ostneuguinea ein Mißerfolg war und die Japaner ihre Verteidigungslinie um die eroberten Territorien nicht halten konnten. Die Amerikaner hatten die Evakuierung der japanischen Truppen von Guadalcanar zwar nicht verhindern können, gingen jedoch sofort daran, die nahegelegenen Russell-Inseln zu besetzen. Damit deklarierten sie ihre Absicht, den Feldzug fortsetzen und den Japanern auf den Salomonen weitere Niederlagen beibringen zu wollen.

Der Versuch der Japaner, im Guadalcanar-Feldzug einen Sieg herbeizuführen, erreichte Mitte November 1942 seinen Wendepunkt. Zwei entscheidende Marineoperationen wurden im Ironbottom Sund ausgefochten. Das erste Gefecht ***(5)*** fand am 12./13. November statt, und zwar bei einer Entfernung, die den Einsatz von Torpedos unmöglich machte. Ein japanisches Schlachtschiff und ein Zerstörer sowie ein US-amerikanischer Kreuzer und vier Zerstörer wurden dabei versenkt bzw. sanken. Zwei Nächte später, nachdem die Amerikaner zwei Schlachtschiffe zur Verteidigung von Henderson Field abgestellt hatten, wurden ein weiteres japanisches Schlachtschiff und ein Zerstörer an der Küste auf Kosten von zwei US-Zerstörern versenkt ***(6)***. Anschließend versuchten die Japaner, einen Geleitzug nach Guadalcanar zu bringen ***(4)***. Dabei wurden sie durch Flugzeuge von der „Enterprise" sowie von den Stützpunkten Henderson Field und Espiritu Santo angegriffen. Bei der Rückkehr am Abend des 14. Dezember wurden vier übriggebliebene Transportschiffe auf Grund gesetzt und später auf Cape Esperance zerstört. 14 Tage später wurden in einer Schlacht vor Tassafaronga ***(7)*** ein amerikanischer Kreuzer versenkt und drei weitere schwer beschädigt. Die Japaner konnten diesen Teilerfolg jedoch nicht nutzen. Im Dezember begannen neue amerikanische Truppen auf Guadalcanar einen gemeinsamen Vorstoß, um die Insel zu beräumen ***(8)***, und die Japaner mußten Anfang Februar ihre Garnison aufgeben. Die amerikanischen Truppen ***(9)*** stießen bei Tenaru zueinander. Damit war der Guadalcanar-Feldzug am 9. Februar vorüber.

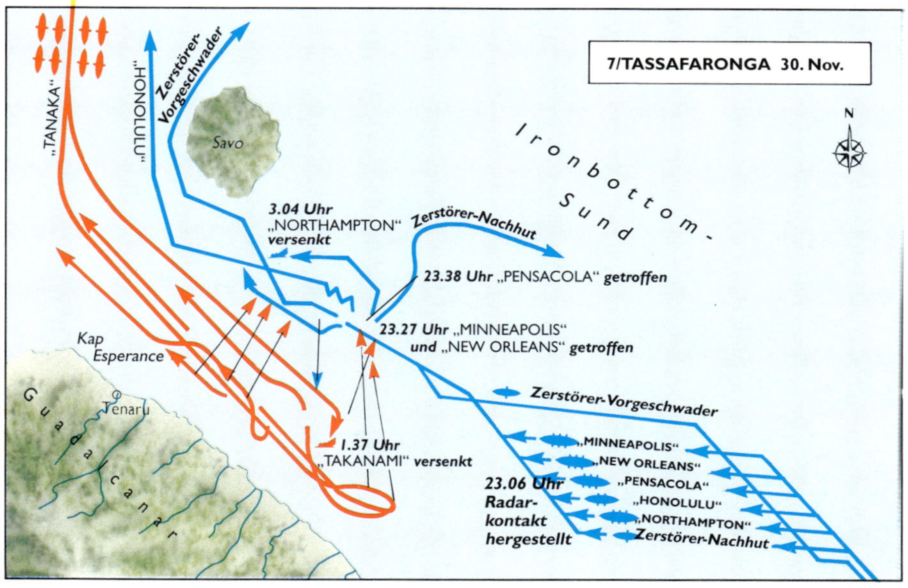

Bild rechts: US-Streitkräfte arbeiten sich durch das Laub des dichten Dschungels auf Guadalcanar hindurch.

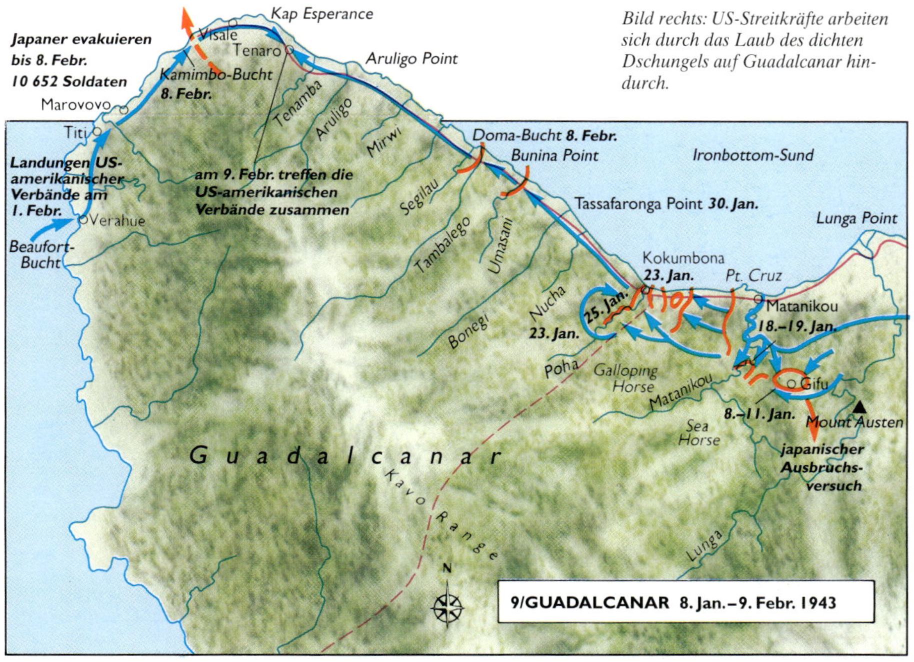

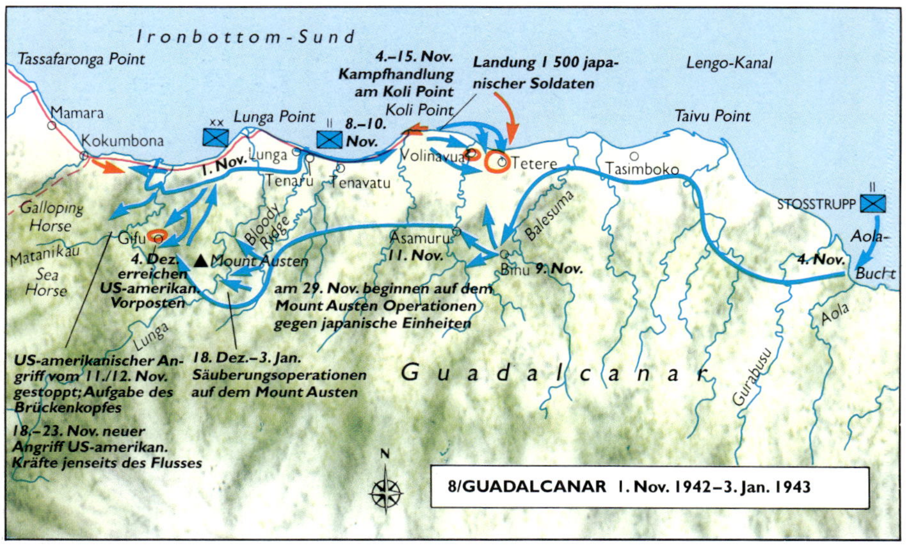

Der Südwestraum des Pazifik Februar 1943–April 1944

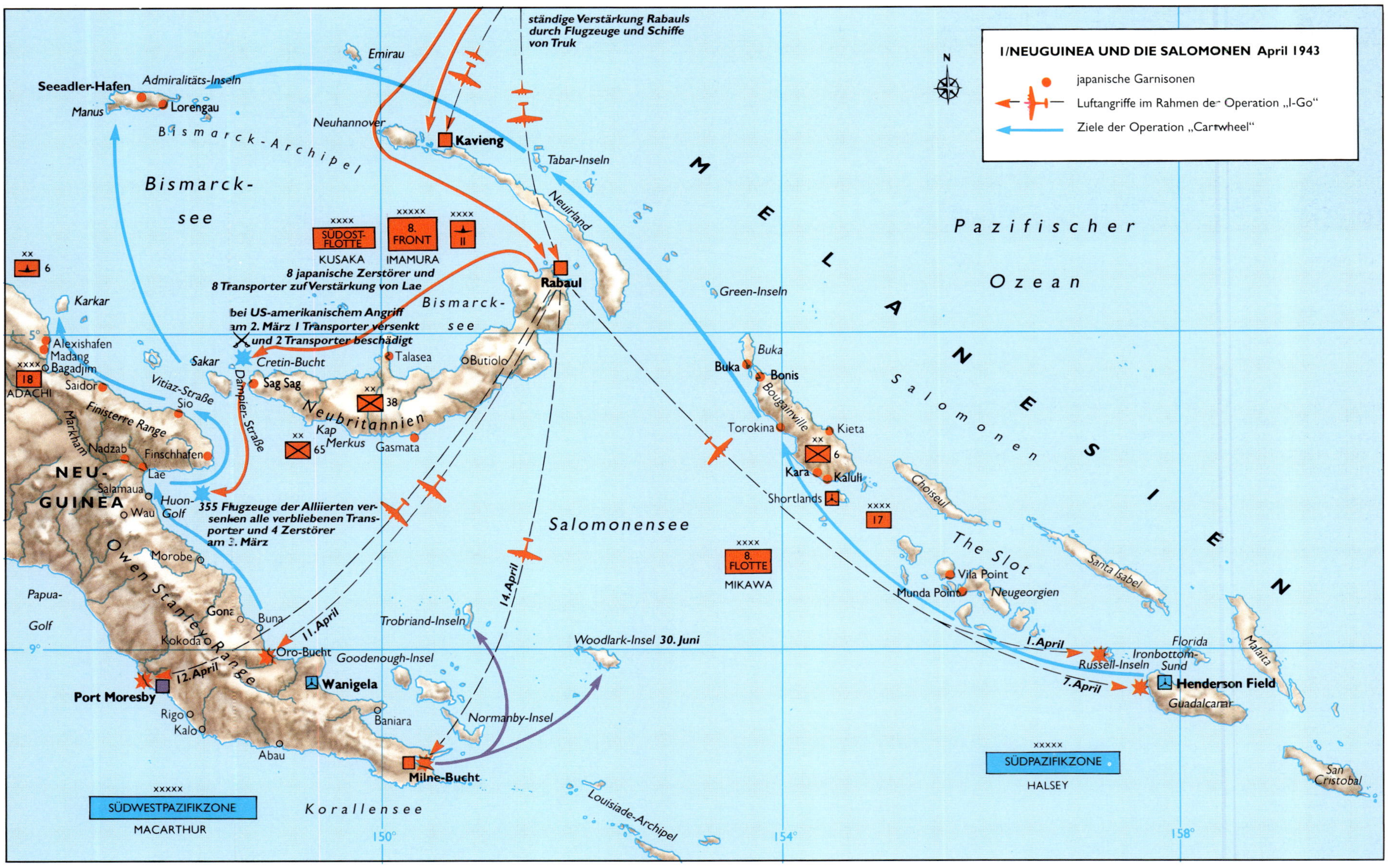

Die Ausschaltung des Landekopfes bei Gona im Januar (siehe Seite 122) und die Zerstörung eines Verstärkungskonvois, welcher sich auf dem Wege nach Lae befand, im März *(1)* bestätigte, daß die Alliierten die Initiative auf dem Kriegsschauplatz im südwestlichen Pazifik ergriffen hatten. Trotz der von den alliierten Streitkräften durchgeführten Säuberungsoperationen auf den Trobriand-Inseln und der Insel Woodlark kam es erst im September zu amphibischen Landeoperationen im Golf von Huon *(2)* (4. September) und zu einer der sehr wenigen Luftlandeoperationen des Kriegs im Pazifik bei Nadzab (6. September), welche Salamaua (12. September) und Lae (16. September) unter die Kontrolle der Alliierten brachte. Die japanischen Streitkräfte im Golf konnten jedoch eine Einkreisung vermeiden und kämpften um das Markham-Tal. Allerdings waren sie nicht in der Lage, Landungen der Alliierten am Kap Cretin zu verhindern, und die Australier schlugen die zahlenmäßig überlegenen Japaner bei Finschhafen in die Flucht, was einzigartig für den Krieg im Pazifik war. Beginnend mit der US-Offensive in der Zentralpazifikzone (siehe Seite 140) bewegten sich die Alliierten dann gegen den westlichen Teil von Neubritannien vorwärts, um mit der Isolierung von Rabaul zu beginnen. Das Jahr 1943 endete jedoch damit, daß die alliierten Streitkräfte in Neuguinea noch immer um Nadzab und Saidor herum aufgehalten wurden.

Bild unten: US-Streitkräfte bombardieren japanische Anlagen in Rabaul mit Napalm.

Das Jahr 1943 war ein Jahr der Konsolidierung im Pazifik, da sowohl die Amerikaner als auch die Japaner danach strebten, ihre Streitkräfte und Positionen zu verstärken, um für die Schlachten, die vor ihnen lagen, gewappnet zu sein. Ungeachtet ihrer Niederlage im Feldzug um Guadalcanar konnten die Japaner Trost aus der Tatsache schöpfen, daß die Sicherung der Insel die Amerikaner sechs Monate anhaltender Bemühungen gekostet hatte und sie nach 14 Kriegsmonaten noch immer Tausende von Kilometern von den südlichen Rohstoffquellen entfernt waren. Im Endeffekt wies der Versuch der Japaner, ihren Landbesitz im südlichen Pazifik im Verlauf des Jahres 1943 zu konsolidieren, allerdings in dreierlei Hinsicht Fehler auf: Erstens konnten ihre Schiffswerften nicht mit dem Ausstoß amerikanischer Werften mithalten, die allein in diesem Jahr eine Kriegsschifftonnage in Dienst stellten, die der Tonnage der gesamten Kaiserlichen Flotte bei Ausbruch des Krieges entsprach. Zweitens konnten die während des Luftkrieges über Guadalcanar erlittenen Verluste nicht wieder ausgeglichen werden, während die Amerikaner dies konnten. Drittens ging die strategische Initiative im Verlauf des Feldzuges um Guadalcanar auf die Amerikaner über.

Die grundlegende Schwäche der Japaner lag darin, daß sie nicht über das Potential verfügten, um die Amerikaner in der Luft und auf See zu schlagen. Jede japanische Inselgarnison konnte daher einem überwältigenden Angriff, schrittweiser Schwächung oder einfach der Umgebung durch einen Feind ausgesetzt sein. Die Amerikaner entwickelten eine Doppelstrategie: ein kraftvoller Vorstoß über die kleinen Inseln der Zentralpazifikzone (siehe Seite 140), und eine konzertierte Offensive mit dem Ziel eines Vorstoßes auf den Salomonen und auf Neuguinea (Operation „Cartwheel").

Die Besetzung der Russell-Inseln durch die Amerikaner innerhalb von zwei Wochen nach Ende der Militäroperation auf Guadalcanar machte klar, wie entschlossen sie waren, den Krieg auf die zentralen und nördlichen Salomonen auszudehnen. Mit der Landung auf Vella

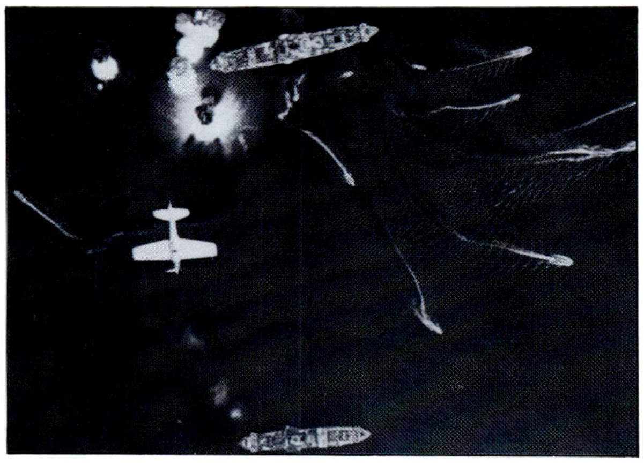

Die Operation „Cartwheel“ *(1)* sollte einerseits dafür sorgen, daß den Japanern nach ihrer Niederlage auf Guadalcanar (siehe Seite 122) keine Ruhepause vergönnt sein würde, und andererseits der Koordination an der Südflanke eines breiten US-amerikanischen Vorstoßes in den Westpazifik dienen. Die Japaner unternahmen nicht den Versuch, die Besetzung der Russell-Inseln durch die USA (21. Februar, siehe Seite 120) in Frage zu stellen, als sie sich daranmachten, ihre Truppenstandorte und Stellungen auf der Inselgruppe Neugeorgien zu verstärken. Jedoch für die nächsten vier Monate wurde der Luftkampf aufgenommen, da beide Seiten bestrebt waren, sich die Überlegenheit über die zentralen Inseln der Salomonen zu sichern. In einem Versuch, die Truppenmassierungen der USA auf den südlichen Salomonen zum Stillstand zu bringen oder zu verlangsamen, sandten die Japaner im April trägergestützte Fliegerkräfte nach Rabaul. Bei dieser Auseinandersetzung erlitten sie eine entscheidende Niederlage. Selbst die Operation „I-Go“ belief sich auf lediglich vier Luftangriffe, bei denen jeweils nicht mehr als 200 Flugzeuge zum Einsatz gegen unterschiedlichste Ziele kamen. Nachdem die Amerikaner ihre Luftüberlegenheit gesichert hatten, gingen sie *(3)* gegen Neugeorgien und Rendova vor (30. Juni), doch trotz unterstützender Landungsaktionen verhinderte die chaotische Ausführung dieses Unternehmens bis zum 5. August die Einnahme des Flugplatzes von Munda Point. Am 15. des Monats landeten US-Verbände auf Vella Lavella. Die Säuberung der Insel wurde ab Mitte September den Neuseeländern überlassen. Diese Landungsoperationen wurden durch eine Serie von Seegefechten zwischen leichten Verbänden unterbrochen. Durch Landungsoperationen auf den Treasury-Inseln (Oktober) und in der Kaiserin-Augusta-Bucht (1. November) gelangten die Allierten in Reichweite der Jäger von Rabaul. Außerdem erzielten die Amerikaner durch die Landung an einer schwer zugänglichen Küste und gegenüber einem Sumpf eine vollkommene strategische Überraschung. Als dann japanische Streitkräfte auf Bougainville gegen den Landekopf vorrückten, war der Sumpf trockengelegt, ein Flugplatz einsatzbereit und die Umgebung abgesichert. Nach den verlorenen Gefechten an diesen Verteidigungsstellungen verblieben japanische Streitkräfte bis zum Ende des Krieges auf Bougainville und wurden dann mit Spürhunden gejagt. Die Insel war jedoch praktisch in den Händen der Allierten. Inzwischen stießen US-Streitkräfte um Neuirland herum zu den Admiralitäts-Inseln, wodurch Rabaul vollständig isoliert wurde.

Bild oben: US-Luftstreitkräfte greifen ein japanisches Wasserflugzeug-Begleitschiff bei den Salomonen an. Unten: US-Truppen beim Überwinden von schwer begehbarem Sumpfland auf Bougainville.

Lavella und dem Umgehen japanischer Garnisonen auf Neugeorgien und Kolombangara wandten die Amerikaner zum ersten Mal die Methode des Inselspringens an. Gleichzeitig vollzog sich in ihrer Taktik ein Wandel. Die Amerikaner versuchten nicht, Rabaul zurückzugewinnen, sondern entschlossen sich, den Ort, der eigentlich der Grundpfeiler der japanischen Verteidigung in dieser Region hätte sein sollen, zu isolieren und zu umgehen. Trotz dieser Entscheidung sollte die Neutralisierung japanischer Truppenstandorte auf den nördlichen Salomonen eine lange und blutige Auseinandersetzung werden.

Auf der anderen Seite des Korallensees wurden nach der Vernichtung eines japanischen Verstärkungskonvois im Verlauf der Schlacht in der Bismarcksee (2.–4. März) ergänzende Anstrengungen unternommen. In der Folgezeit versuchten die Japaner nie wieder, ihre Truppenstandorte im östlichen Teil Neuguineas zu verstärken. Der langsame, aber fortschreitende Abbau japanischer Stellungen rund um den Golf von Huon setzte sich das gesamte Jahr über fort, obwohl das Hauptaugenmerk der US-amerikanischen Strategie auf den Salomonen ruhte. Dort unternahmen die Japaner im April den letzten Versuch einer Offensive in diesem Krieg (Operation „I-Go“). Um amerikanischen Truppenbewegungen in Richtung der nördlichen Salomonen zu begegnen, wurde Rabaul im Oktober mit Hilfe von trägergestützten Luftwaffeneinheiten und Kreuzern verstärkt, die aus der Flotte bei Truk herausgelöst worden waren. Beiden sollte im Verlauf von Angriffen am 5. und 11. November durch US-amerikanische Flugzeugträgerverbände übel mitgespielt werden. Diese Angriffe waren so von Erfolg gekrönt, daß die japanische Flotte danach nicht mehr in der Lage war, den amerikanischen Bewegungen in Richtung der Gilbert-Inseln und rund um Rabaul zu begegnen. Die Isolierung Rabauls galt es noch zu vollenden, doch nach dem November 1943 war es mit Rabauls Effektivität vorbei, wenn es auch bis zur allgemeinen Kapitulation am 6. September 1945 in japanischen Händen verblieb.

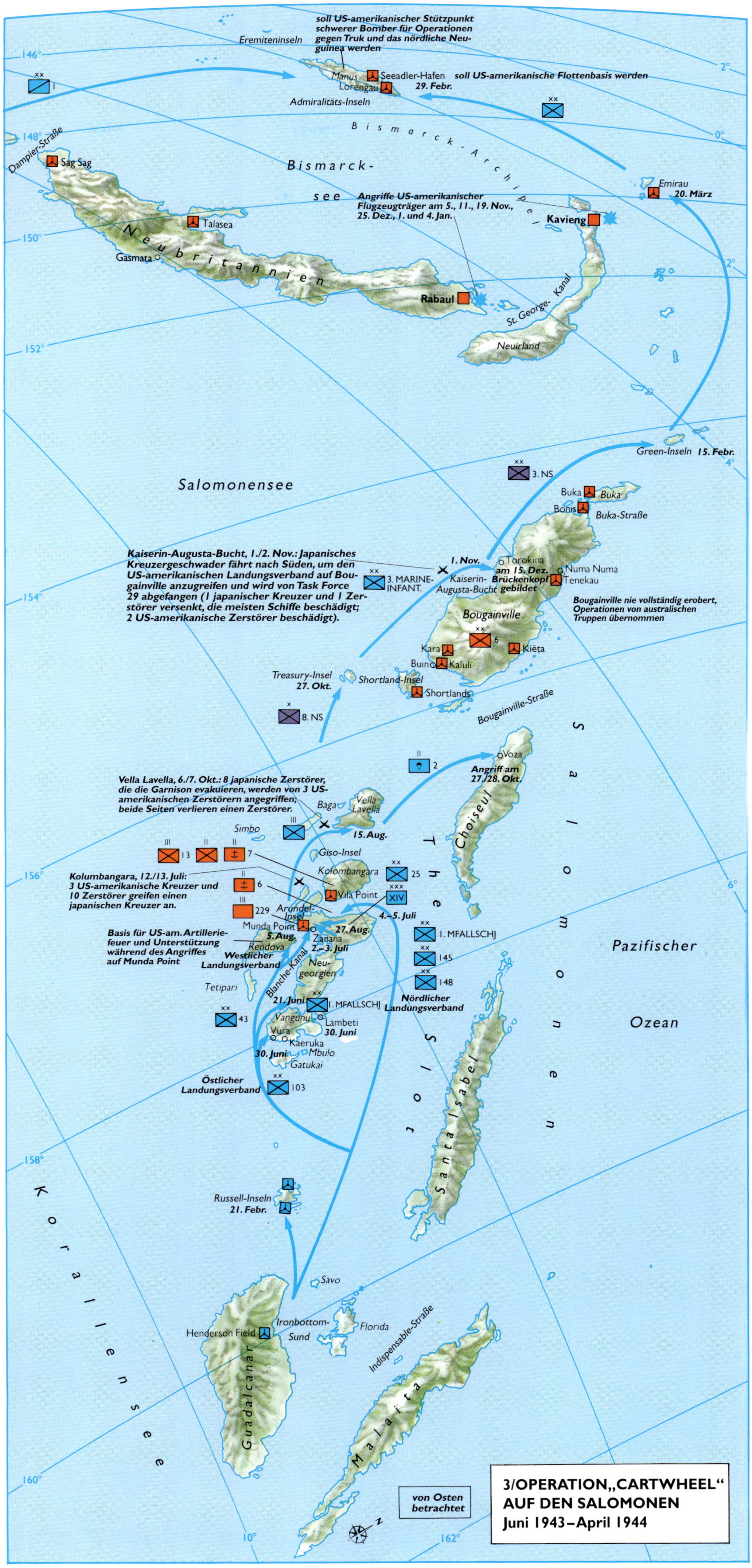

3/OPERATION „CARTWHEEL“ AUF DEN SALOMONEN
Juni 1943–April 1944

Kursk Juli–August 1943

Die sowjetischen Kampferfolge Anfang 1943 und die deutschen Gegenangriffe hatten um Kursk herum einen großen Frontbogen entstehen lassen. Der Plan zur Einschnürung des Kursker Bogens – bekannt als Operation „Zitadelle“ – war einst verschoben worden. Hitler hatte einen Vorschlag des OKW in Betracht gezogen, der vorsah, stattdessen eine starke Reserve aufzubauen. Doch am 18. Juni entschied er fortzufahren: „Zitadelle“ würde die deutsche Überlegenheit demonstrieren, indem sie das Desaster von Stalingrad und die Pattsituation an der Front umkehrte. In der Tat verdeutlichte der Plan die deutsche Stärke: 900 000 Mann, 2 700 Panzer und Sturmgeschütze sowie 1 800 Flugzeuge waren für den Angriff zusammengezogen worden. Dies wurde allerdings nur durch eine Konzentration von 70 Prozent der deutschen Panzer und 65 Prozent der Flugzeuge, die an der gesamten Ostfront im Einsatz waren, erreicht. Kursk sollte auch die Vorzüge und Nachteile der neuen deutschen Technik demonstrieren. Seit die Deutschen in der Schlacht um Moskau auf die furchterregenden neuen T 34 gestoßen waren, hatten sie versucht, einen vergleichbaren Panzer zu entwickeln. Die Antwort war der „Panther“, welcher erstmals im Mai 1943 in Erscheinung trat. Er besaß ein 75-mm-Geschütz und eine 70 mm starke Panzerung an der Stirnseite, hatte aber Probleme mit dem Fahrwerk. Die Deutschen setzten auch den schweren „Tiger“ ein, der über ein 88-mm-Geschütz und eine bis zu 100 mm starke Panzerung verfügte. Desweiteren benutzten sie das Sturmgeschütz „Ferdinand“, das auf das Fahrgestell des „Tigers“ montiert war. Inzwischen hatte die Rote Armee das Geschütz des T 34 von 76 mm auf 85 mm aufgerüstet.

Obwohl oftmals von einer Panzerschlacht gesprochen wird, so verdeutlichte Kursk insgesamt wohl eher den Triumph der Artillerie, der Infanterie und der Pioniere über die Panzerfahrzeuge. Der Plan der Sowjets bestand darin, den deutschen Ansturm in einem riesigen Netz von Verteidigungsstellungen aufzusaugen und erst dann zum Gegenangriff mit Panzertruppen überzugehen. Es war jedoch auch eine bedeutende Luftschlacht, in deren Verlauf sich das Kräfteverhältnis zugunsten der Sowjets verlagerte.

Der sowjetische Spionagering „Lucy“ gab Stalin den ungefähren Termin des deutschen Angriffs bekannt: zwischen dem 3. und 6. Juli. Die Sowjets warteten. Am 4. Juli legte die Frontaufklärung die Stunde X auf den 5. Juli, 2.00 Uhr europäischer Zeit fest. Die sowjetische Artillerie begann nun mit dem Beschuß der deutschen Streitkräfte. Es war die größte Gegenvorbereitung in der Kriegsgeschichte, in deren Verlauf die feindlichen Streitkräfte während ihrer Vorbereitungen zum Angriff zerschlagen wurden. 600 Geschütze und Granatwerfer in den Gebieten der 6. und 7. Gardepanzerarmee (links vom geplanten Durchbruch nach Süden) eröffneten am Abend des 4. Juli das Feuer und jede Front – sowohl Rokossowskis Zentralfront als auch Watutins Woronesher Front – feuerte noch einmal während der Nacht.

Um 5.00 Uhr griff die bereits erschütterte 4. Panzerarmee Hoths in Keilformation aus Richtung Süden an: motorisierte Infanterie im Kern, „Panther“ und Panzer vom Typ Mk IV an den Flanken und schwere „Tiger“ und „Ferdinands“ in vorderster Linie. Sie fuhren in einen erbarmungslosen Feuerbogen, einen „Flammenring“ hinein. Viele der „Panther“ blieben liegen. Die schwergewichtigen „Ferdinands“ und „Tiger“ bahnten sich mühsam ihren Weg und stießen auf Pak-Fronten. Das waren Batterien von Panzerabwehrgeschützen, die streng koordiniert alle gleichzeitig einen Panzer nach dem anderen beschossen. Am 10. Juli hatten sich die Angreifer im Süden festgerannt. Lediglich 32 km waren zurückgelegt worden.

Dem Angriff der 9. Armee Models im Norden, der um 5.30 Uhr begann, setzte die 13. sowjetische Armee besonders in der Gegend um Ponyri heftigen Widerstand entgegen (7.–8. Juli). Bis zum 10. Juli waren die Deutschen nur rund 13 km vorgedrungen.

Erst jetzt, da der Angriff gezügelt worden war, wurden sowjetische Panzerarmeen ins Gefecht geschickt. Im Süden wurde Hoths 4. Panzerarmee in einem letzten Versuch eingesetzt, die sowjetische Verteidigung durch einen Angriff nahe Prochorowka zu zerschlagen. Sie prallte in der größten Panzerschlacht des Krieges auf Rotmistrows 5. Gardepanzerarmee. Das heiße, trockene Wetter war am 7. Juli zu Ende gegangen. Der Kampf um Prochorowka vollzog sich im Regen unter einem Himmel, der voller Gewitterwolken hing. Guderian erinnerte sich später, daß er niemals „einen so überwältigenden Eindruck sowjetischer Stärke und zahlenmäßiger Überlegenheit bekommen hatte wie an jenem Tag“. Bald darauf strömten die T-34-Panzer „wie Ratten“ über das Schlachtfeld. Allein bei diesem Aufeinandertreffen verloren die Deutschen 400 Panzer und 10 000 Mann. Auf sowjetischer Seite waren die Opfer größer. Gegen Ende der sowjetischen Verteidigungsphase gaben die Sowjets an, 70 000 Mann getötet und nahezu 3 000 Panzer zerstört zu haben. Die deutsche Seite behauptete, sie habe allein im Süden 1 800 sowjetische Panzer zerstört oder kampfunfähig gemacht. Nach der Schlacht um Prochorowka war die sowjetische Panzerstärke halb so groß wie acht Tage zuvor.

Der sowjetische Gegenangriff hatte am 12. Juli begonnen. Am 2. August hatte die Rote Armee das während des deutschen Angriffs verlorene Gebiet zurückerobert, und am 3. August startete im Rahmen der Schlacht bei Kursk eine umfassende Gegenoffensive in der Richtung Belgorod–Charkow. Sie begann nach massiver Artillerie- und Luftvorbereitung. Am 6. August wurde Belgorod und am 23. August Charkow befreit. Der Übergang zur Gegenoffensive erfolgte gemeinsam mit den Partisaneneinheiten hinter den deutschen Linien. Allein in der Nacht vom 2. zum 3. August verübten diese über 600 Anschläge. Vielleicht hätte die Zerstörung deutscher Verbindungswege vor Beginn der Gegenoffensive die Deutschen nur noch verbissener kämpfen lassen, da ihr Rückzug dadurch erschwert worden wäre. Doch jetzt traf es sie, als sie am verletzlichsten waren: auf der Flucht. Ein derartiger Einsatz von Partisanen in enger Koordination mit den Hauptstreitkräften seitens der Sowjets war wirkungsvoller als die Zusammenarbeit der westlichen Alliierten mit den Widerstandsbewegungen.

Kursk markierte das Ende großer deutscher Anstrengungen im Osten. Von nun an befanden sich Deutschland und seine Verbündeten sowohl hier als auch sonst überall in der Defensive.

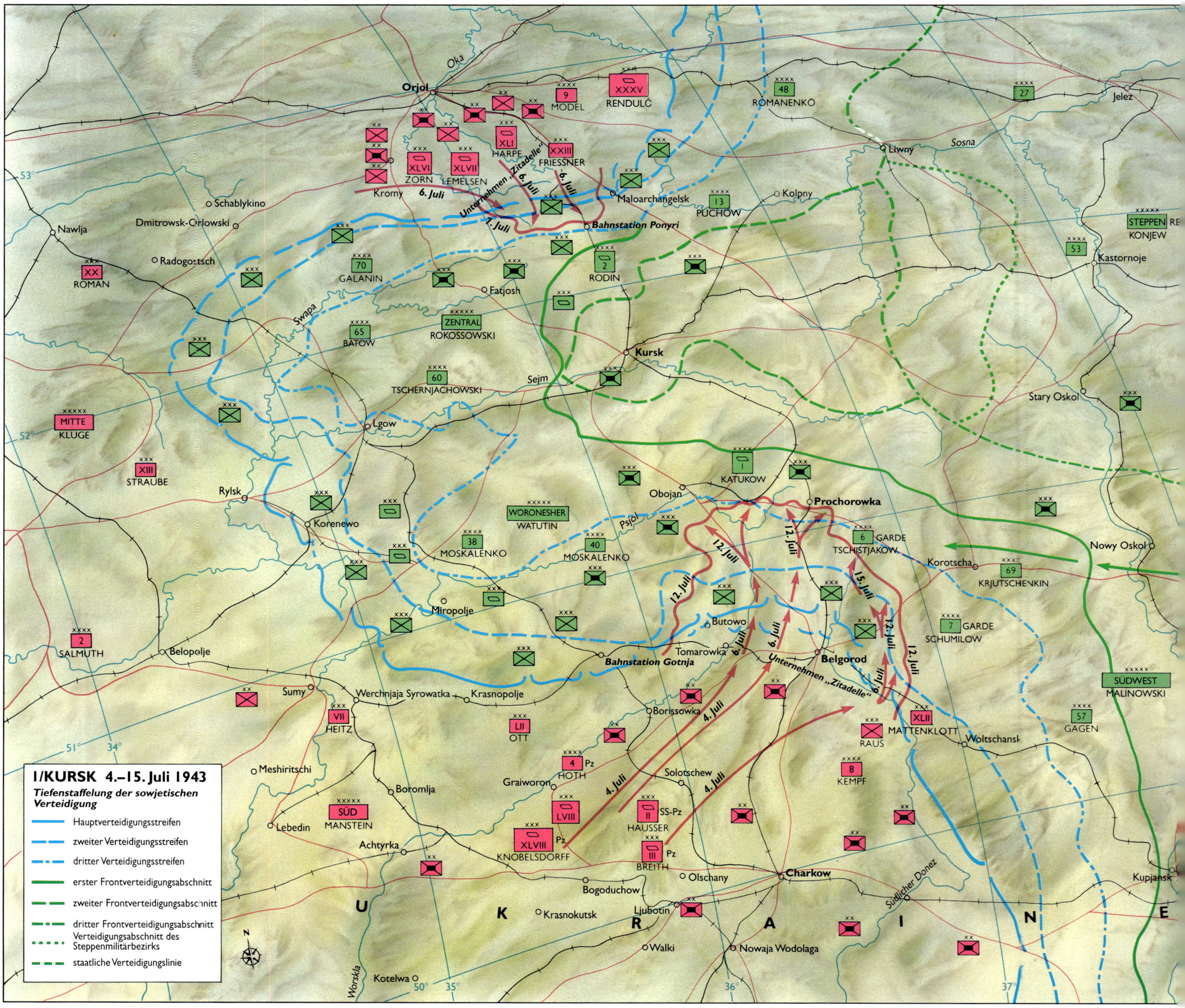

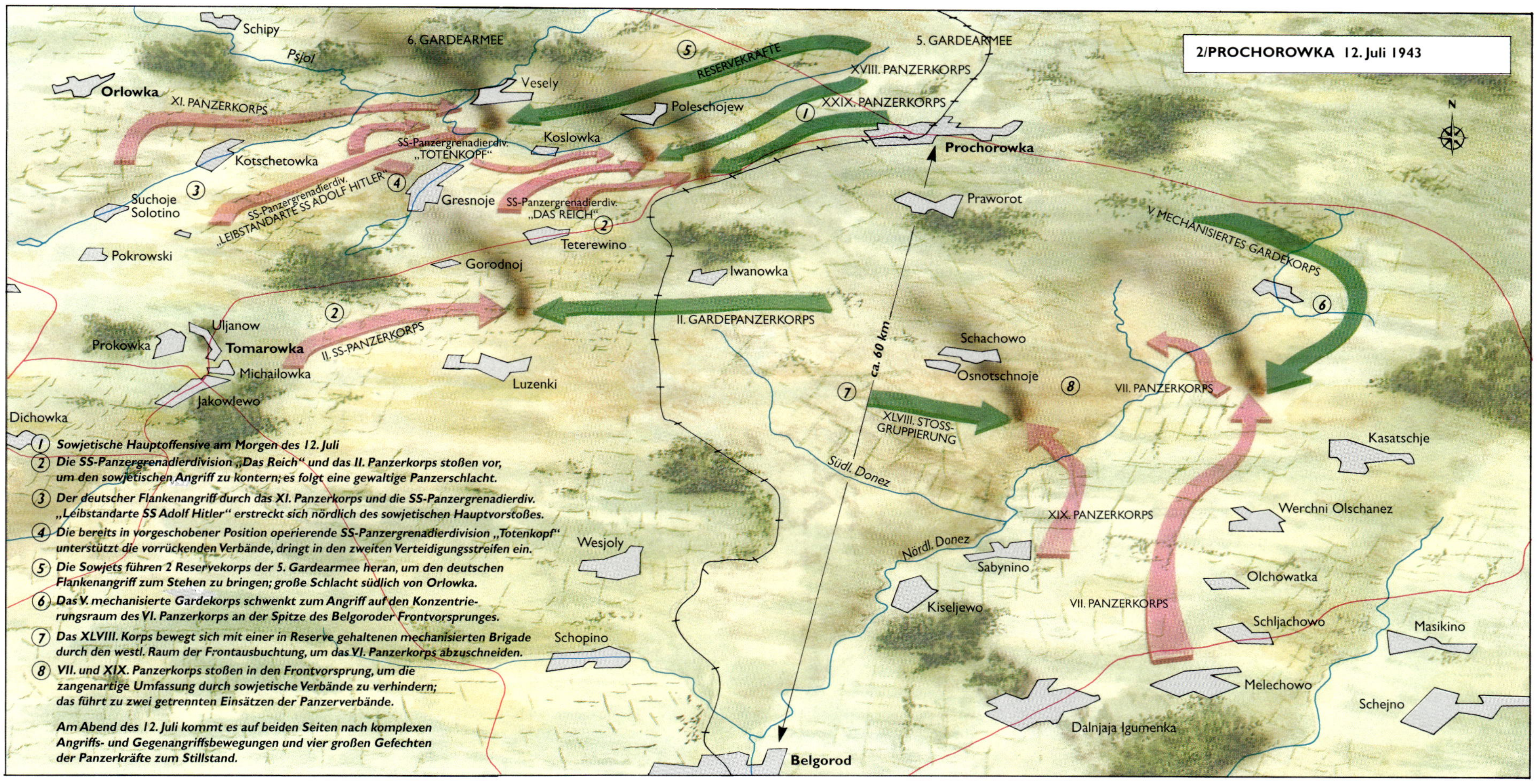

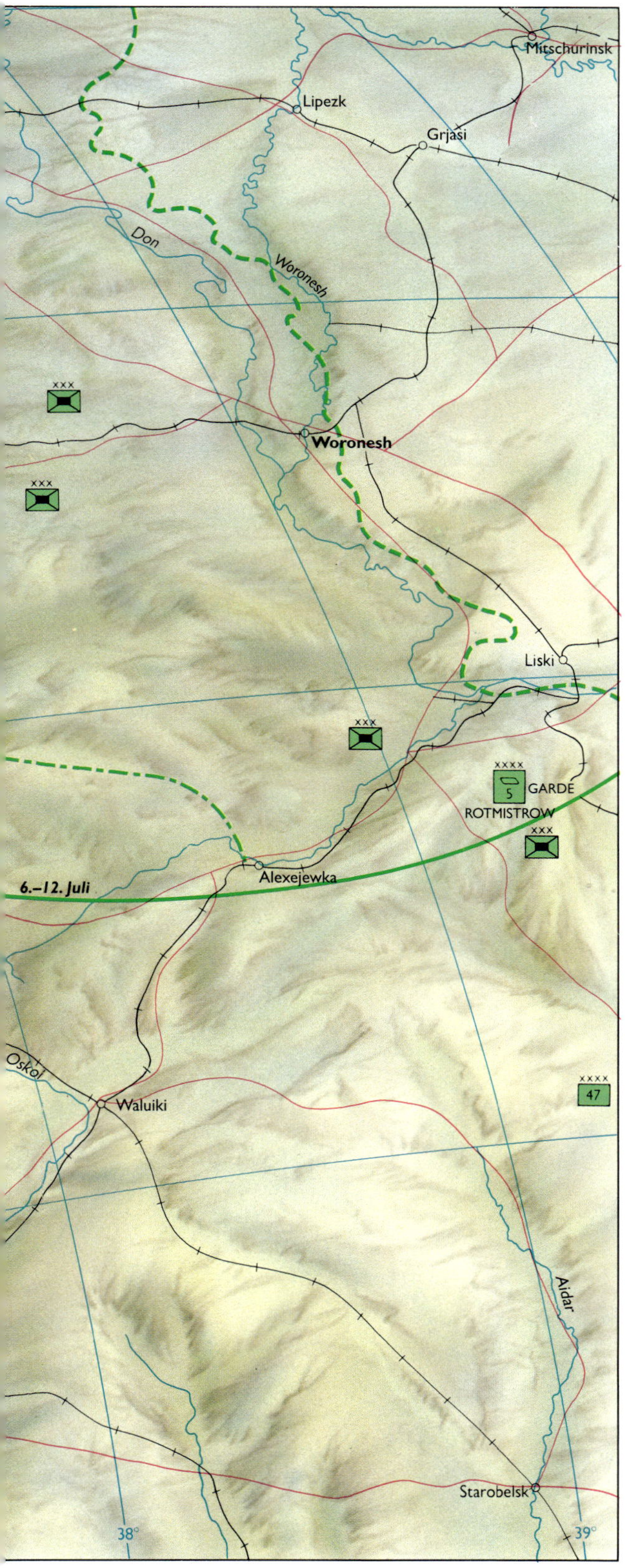

Die Rote Armee errichtete Verteidigungsstellungen am Kursker Bogen *(1)* und in Richtung Osten auf einer Gesamttiefe von ca. 240 bis 320 km. An der Zentralfront und der Woronesher Front befanden sich fünf bis sechs Verteidigungsstreifen hintereinander: zwei von ihnen in der taktischen Zone der Verteidigung, die die ersten 15–20 km umfaßte, einer im Hinterland der Armee und drei in den Gebieten hinter den Frontlinien. Dahinter lag die Verteidigungslinie des Steppenmilitärbezirks (später Steppenfront) und letztlich eine staatliche Verteidigungszone am Ostufer des Don. Die meisten der pioniermäßig errichteten Anlagen (Befestigungsanlagen, Minen) befanden sich in der taktischen Zone. Jeder Streifen setzte sich aus zwei bis drei Stellungen zusammen, von denen jede etwa 1,5 km tief war. Jede Stellung wiederum umfaßte zwei bis drei Linien aus miteinander verbundenen Gräben. Die Anlagen zur Panzerabwehr waren bis über 30 km tief. Der deutsche Plan sah vor, daß Models 9. Armee (XX. und XXIII. Korps sowie XLI., XLVI. und XLVII. Panzerkorps) von Norden her zuschlagen sollte. Hoths 4. Panzerarmee (LII. Korps, XLVIII. Panzerkorps und II. SS-Panzerkorps) sollte gemeinsam mit der Armeeabteilung Kempf (III. Panzerkorps, Korps Raus und XLII. Korps) von Süden her angreifen. Doch diese Angriffe drangen kaum in die taktische Zone der Sowjets vor (die beiden ersten Verteidigungsstreifen) und erreichten bereits ihr größtes Ausmaß bei Prochorowka und Ponyri. Bei Prochorowka begannen die Deutschen ihren Vorstoß am 11. Juli. Am 12. Juli drohten sie Prochorowka zu umschließen, und Rotmistrows 5. Gardepanzerarmee erhielt den Befehl, dies zu verhindern. Rotmistrow verfügte über etwa 900 Panzer, die Deutschen über 600 Panzer westlich von Prochorowka und 300 im Süden. Beide Seiten lagen folglich etwa gleich, mit der Ausnahme, daß die Deutschen rund 100 „Tiger" ins Feld schickten. Insgesamt trafen mehr als 1000 Panzer aufeinander. Als am 12. Juli die Nacht hereinbrach, hatten die Deutschen über 300 Panzer verloren. Doch die Kämpfe hielten bis weit in die Nacht hinein an und wurden am nächsten Tag wieder aufgenommen. Der so begonnene sowjetische Gegenangriff entwickelte sich zu einer kompletten Gegenoffensive.

Bild oben rechts: Sowjetische T-34-Panzer im Vormarsch, unterstützt durch Infanterieeinheiten, geraten unter Beschuß.

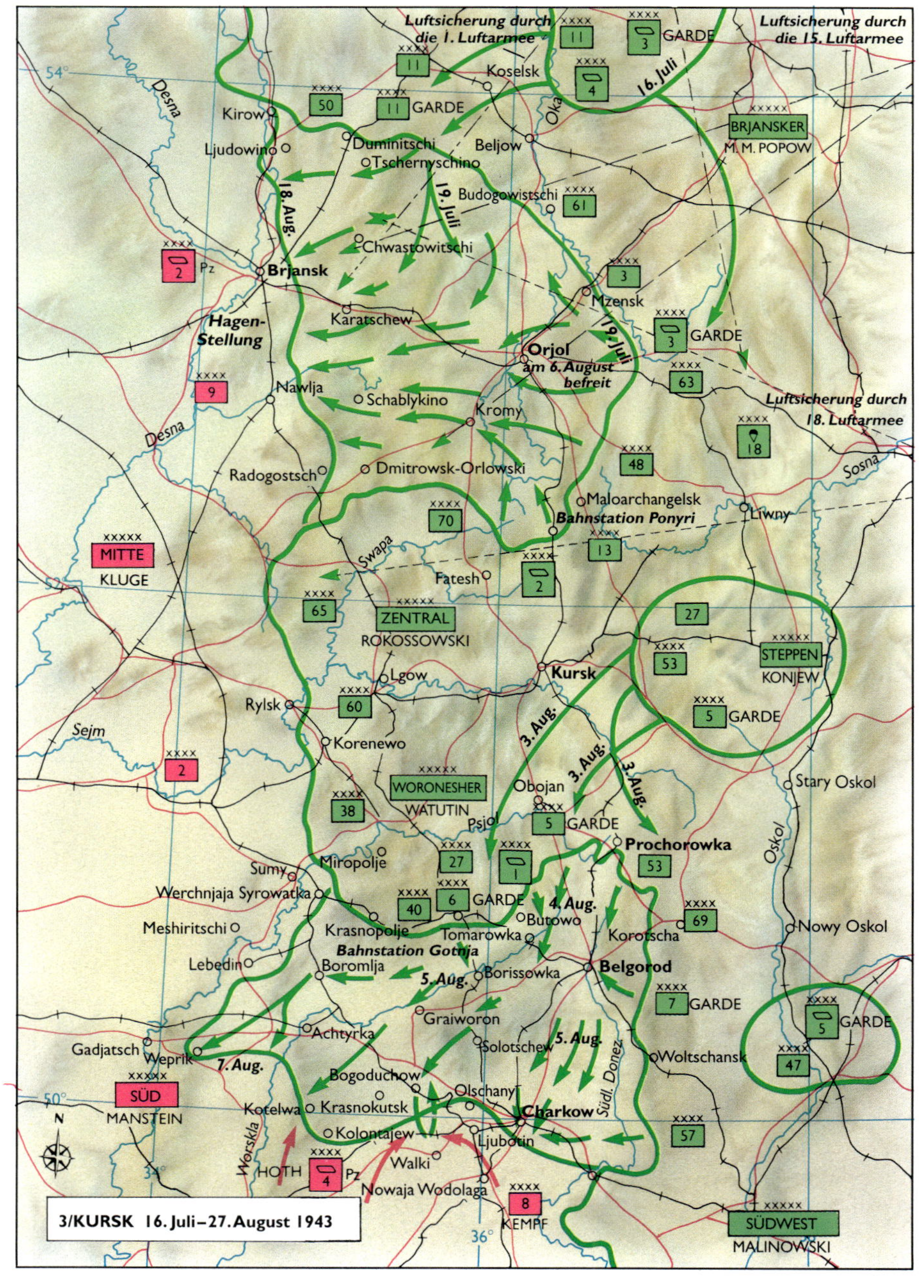

Die Ukraine August–Dezember 1943

Die Schlacht am Dnepr war eine der großen historischen Schlachten des Krieges in der Sowjetunion. Die Kämpfe nahmen ein enormes Ausmaß an. Die sowjetischen Truppen setzten sich aus fünf Fronten zusammen: der Zentralfront (Rokossowski), der Woronesher Front (Watutin), der Steppenfront (Konew), der Südwestfront (Malinowski) sowie der Südfront (ab 21. September, Tolbuchin). Am 20. Oktober wurden diese in Belorussische bzw. Ukrainische 1. bis 4. Front umbenannt. Die sowjetische Gruppierung bestand aus 2633000 Mann, über 51000 Geschützen und Granatwerfern, 2400 Panzern und Sturmgeschützen sowie aus 2850 Kampfflugzeugen. Die deutschen Truppen ihrerseits setzten sich zusammen aus der 2. Armee der Heeresgruppe Mitte (Kluge), der 4. Panzerarmee sowie der 8., 1. und 6. Armee der Heeresgruppe Süd (Manstein). Alles in allem waren das 1240000 Mann, 12600 Geschütze und Granatwerfer, 2100 Panzer und Sturmgeschütze sowie 2100 Kampfflugzeuge. Somit verfügten die Sowjets über etwa viermal soviel Artillerie und mehr als doppelt soviel Soldaten wie der Feind, sie besaßen jedoch nicht viel mehr Panzerfahrzeuge oder Luftstreitkräfte.

Die sowjetische Seite begann mit der Planung für die Schlacht am Dnepr, als sich die Schlacht bei Kursk entfaltete (siehe Seite 124). Ziel der ersten Stufe war die Befreiung der Ukrainegebiete östlich des Dnepr, des Industriegebietes im Donezbecken und der Stadt Kiew. Mehrere Teiloperationen wurden entlang einer Front von über 640 km Länge ausgeführt. Ihr auffälligstes Merkmal bestand darin, daß der Fluß an mehreren Stellen zu überqueren war. Im Verlauf der zweiten Stufe errichteten die Sowjets strategische Brückenköpfe am Westufer des Dnepr und eroberten Kiew zurück. Die sich nach der Einnahme von Charkow (siehe Seite 124) in Richtung Dnepr zurückziehenden deutschen Streitkräfte glaubten, daß der unbefestigte Flußlauf ein ausreichendes Hindernis darstellte, um hier ihre Ostfront für gewisse Zeit zu stabilisieren. In der Ukraine begann am 13. August der rechte Flügel der Steppenfront seinen Vorstoß in Richtung Krasnodar und griff im Rahmen der Offensive im Donezbecken (13. August–22. September) am 16. August von einem Brückenkopf am Nördlichen Donez aus an. Die Südwestfront und die 17. Luftarmee sowie die Südfront und die 8. Luftarmee gingen zum Angriff auf die deutsche Heeresgruppe Süd und die Luftflotte 4 über. Am 22. September hatten sie den Dnepr bei Dnepropetrowsk erreicht. Im Norden griffen am 26. August Streitkräfte der Zentralfront an. Die 60. Armee konnte den größten Erfolg verzeichnen, indem sie einen Durchbruch südlich von Sewsk erzielte. Am 31. August war dieser ca. 96 km breit und ging beinahe 80 km in die Tiefe.

Anfang September erhielten die Frontkommandeure den Befehl, Brückenköpfe einzunehmen, indem sie direkt von der Marschlinie aus angriffen. Zur gleichen Zeit rückten die Zentralfront und die Woronesher Front auf Kiew zu, die Steppenfront auf Poltawa und Krementschug und die Südwestfront auf Dnepropetrowsk. Im Verlauf der zweiten Septemberhälfte rückte die sowjetische Zentralfront westwärts in Richtung des Flusses nördlich von Kiew vor, die Woronesher Front südlich davon. Letztere setzte eine bewegliche Gruppe ein – eine klassische Methode der Sowjetarmee, um den Feind nicht zur Ruhe kommen zu lassen. Den langsameren Hauptstreitkräften auf einer Frontbreite von 72 km vorauseilend, erreichte die bewegliche Gruppe den Dnepr in der Nacht vom 21. zum 22. September. Am Folgetag errichteten Vorauseinheiten kleine Brückenköpfe bei Rshistschew und Weliki Bukrin. Im Verlauf der Nacht vom 24. zum 25. September wagten die Sowjets einen Luftlandeangriff zur Ausdehnung der Brückenköpfe, dessen Ergebnis jedoch katastrophal war. Während die Überlebenden hinter den deutschen Linien kämpften, näherten sich die Hauptstreitkräfte zwischen dem 22. und dem 30. September dem Fluß auf einer Frontbreite von fast 805 km.

Die zweite Phase der großen Schlacht währte von Oktober bis Dezember und spielte sich um die 23 Brückenköpfe herum ab, die nun über den Dnepr errichtet worden waren. Am 12. Oktober griff die Woronesher Front (umbenannt in Ukrainische 1. Front) in Richtung Kiew an, das nach heftigen Kämpfen letztlich am 6. November wieder eingenommen wurde. Die sowjetischen Streitkräfte drängten auf etwa 160 km Breite weiter voran und errichteten einen strategischen Brückenkopf westlich des Dnepr.

Nun gewann der Gedanke an Bedeutung, sowjetisches Gebiet zu befreien, anstatt nur deutsche Truppen zu vernichten. Darüber hinaus schuf die Einnahme des strategischen Brückenkopfes über den Dnepr ein Sprungbrett für die belorussische Offensive (siehe Seite 148). In der Schlacht um den Dnepr wurden 38000 Ansiedlungen zurückerobert, 160 davon waren Städte und Großstädte. Ende Dezember lagen die meisten schwierigen Flußhindernisse hinter den sowjetischen Vorauseinheiten. Das Ende des Jahres 1943 stellte aus Sicht der Sowjets das Ende der „zweiten Periode des Krieges“ dar. Es war eine fundamentale Kräfteverlagerung zu verzeichnen. In der dritten Periode sollte Deutschland schließlich entscheidend geschlagen werden.

Die Schlacht um den Dnepr wurde an einer riesigen Front zwischen dem Asowschen Meer im Süden und den weiten Pripjat-Sümpfen im Norden geschlagen ***(1)***. Die Kampfhandlungen begannen am 13. August im südlichen Sektor mit der Operation im Donezbecken, während die Schlacht bei Kursk (siehe Seite 124) noch in vollem Gange war. Im Norden begannen die Kämpfe gegen Ende August ***(2)***. Hitler lehnte Pläne, die Front von Kluges Heeresgruppe Mitte zu verkürzen und sie zur Dnepr-Linie (14. September) zurückzuziehen, ab. Er stimmte jedoch einem Rückzug der Heeresgruppe Süd Mansteins bis zur Linie von Melitopol und dem Dnepr sowie deren Verstärkung durch vier Divisionen aus der Heeresgruppe Mitte zu. Der Rückzug stellte wohl die schwierigste Operation dar, die die Heeresgruppe Süd im Verlauf des Feldzuges zwischen 1943 und 1944 auszuführen hatte. Manstein zufolge ging er „im Angesicht nicht nachlassenden Druckes durch einen weit überlegeneren Gegner vonstatten. Von einer rund 710 km breiten Front kommend, mußten sich drei Armeen an maximal fünf Dnepr-Übergängen sammeln. Auf der anderen Seite des Flusses angelangt, mußten sie an einer gleichermaßen breiten Front wieder fächerförmig ausschwärmen, ohne daß die Sowjets Fuß fassen konnten. Am 30. September wurde die Operation erfolgreich abgeschlossen.

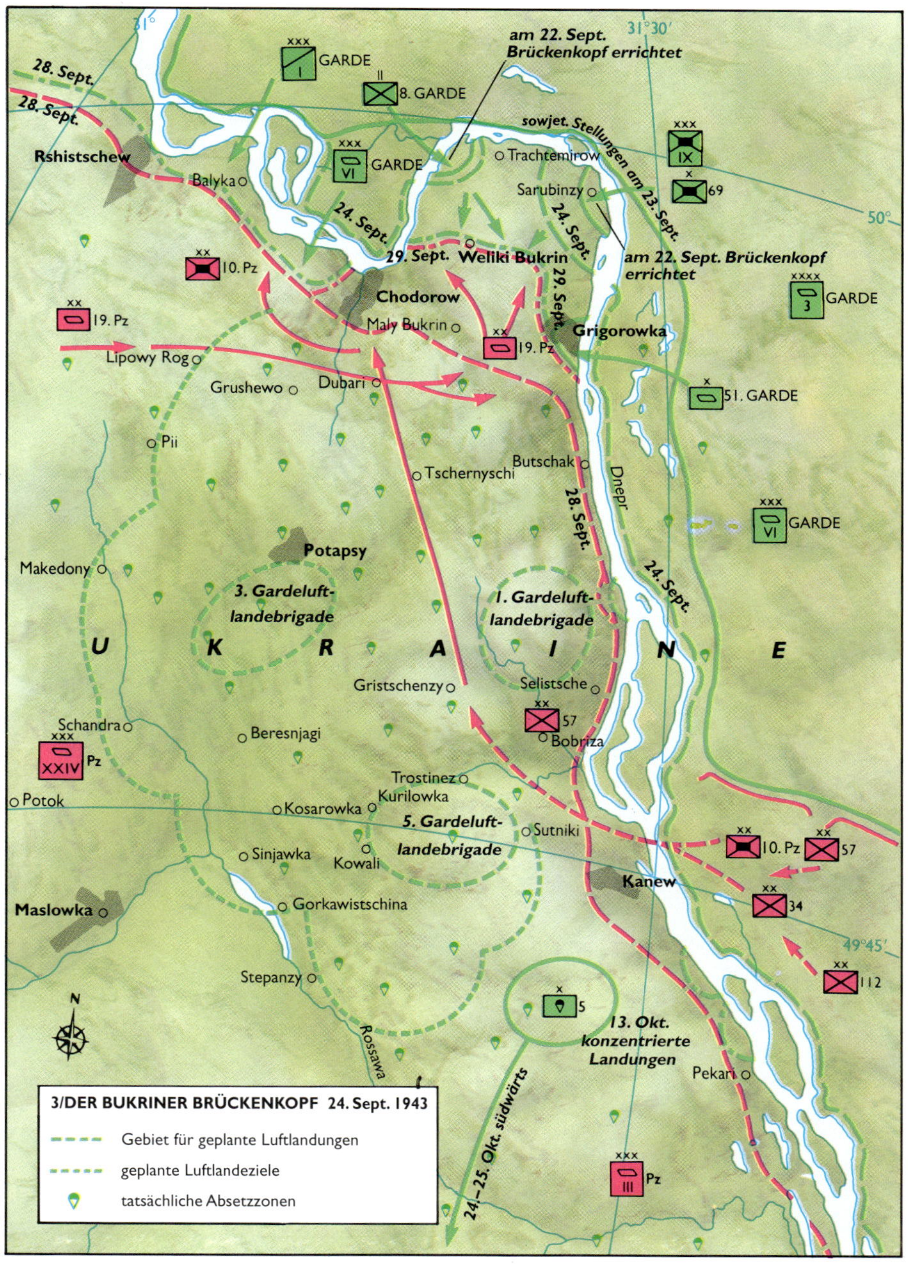

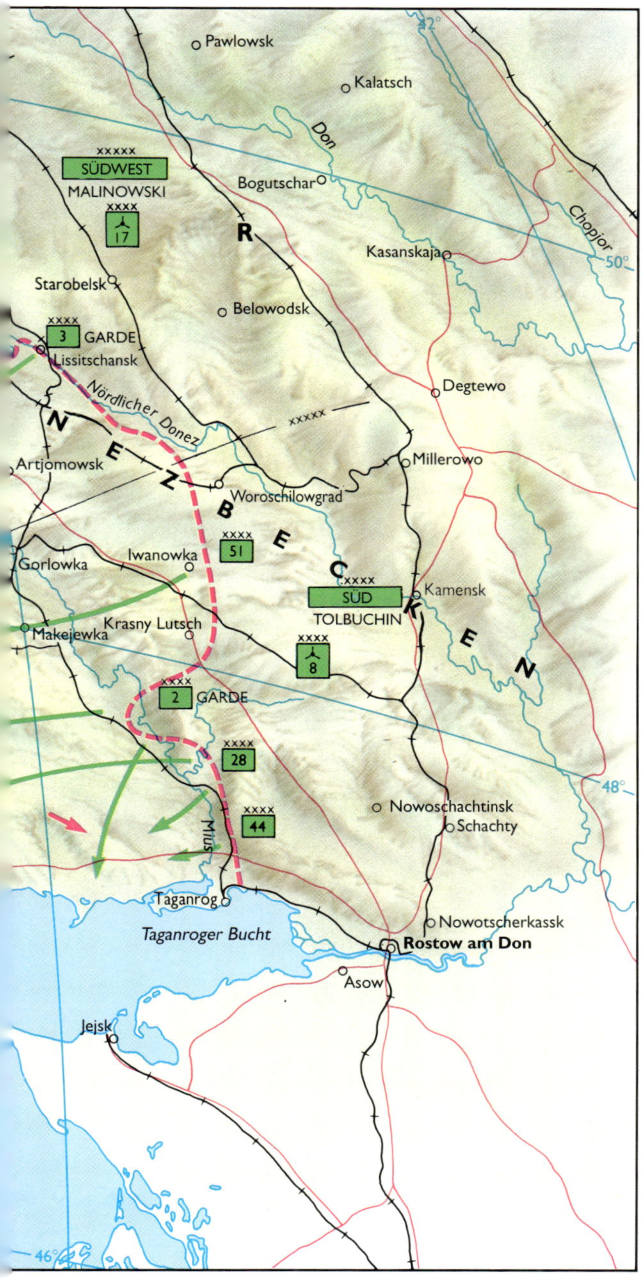

Als die sowjetische Offensive weiterging, sandte das Hauptquartier des Obersten Befehlshabers (*Stawka*) drei Luftlandebrigaden an die Woronesher Front, um dort einen Angriff über den Dnepr auszuführen ***(3)***. Vorausabteilungen überquerten den Fluß am 21./22. September. Am 24./25. September erhielt die 3. Gardepanzerarmee den Befehl, südlich von Rshistschew zu marschieren, um eine Linie zwischen Lipowy Rog und Kosarowka zu sichern und sie bis zum Eintreffen der 40. Armee zu halten. Die 5. Gardepanzerarmee versperrte den deutschen Truppen den Weg, die von Süden her vormarschierten. Die Luftlandeoperation wurde sowohl schlecht konzipiert als auch schlecht ausgeführt: Die Fallschirmjäger landeten zu weit verstreut, viele von ihnen gar inmitten der feindlichen Stellungen. Nur die Hälfte der 4575 Fallschirmjäger überlebte die Landeaktion und konnte dann die Offensivoperation fortsetzen. Letztendlich faßte in der Nacht vom 13. zum 14. November die 254. Division der 52. Armee am Westufer Fuß, und am folgenden Tag hatte diese den Fluß überquert. Das war der letzte sowjetische Versuch einer großen Luftlandeoperation in Europa. Bei der Kiewer Operation ging der Hauptangriff der Sowjets um den Brückenkopf von Bukrin vonstatten ***(3)***. Doch die Deutschen konzentrierten in diesem Abschnitt 10 Divisionen, so daß die *Stawka* den Plan änderte: Ein Nebenangriff wurde vom Brückenkopf Bukrin aus unternommen (1. November), während der Hauptansturm von Ljutesh aus erfolgte (3. November). Aus Angst vor einer Einkesselung begannen die deutschen Befehlshaber mit dem Rückzug aus Kiew, gingen jedoch südlich von Fastow am 8. November ***(4)*** zu einem starken Gegenangriff auf die Hauptgruppierung der sowjetischen Truppen über. Diese wurden von Shitomir aus bis zum Dnepr in die Defensive gedrängt, konnten aber die Deutschen westlich von Kiew aufhalten. Im Norden ***(2)*** setzte die rechte sowjetische Flanke ihren Vormarsch fort, um einen strategischen Brückenkopf über den Dnepr zu errichten.

Bild oben: Sowjetische Einheiten beim Überqueren einer provisorischen Eisenbahnbrücke über den Dnepr.

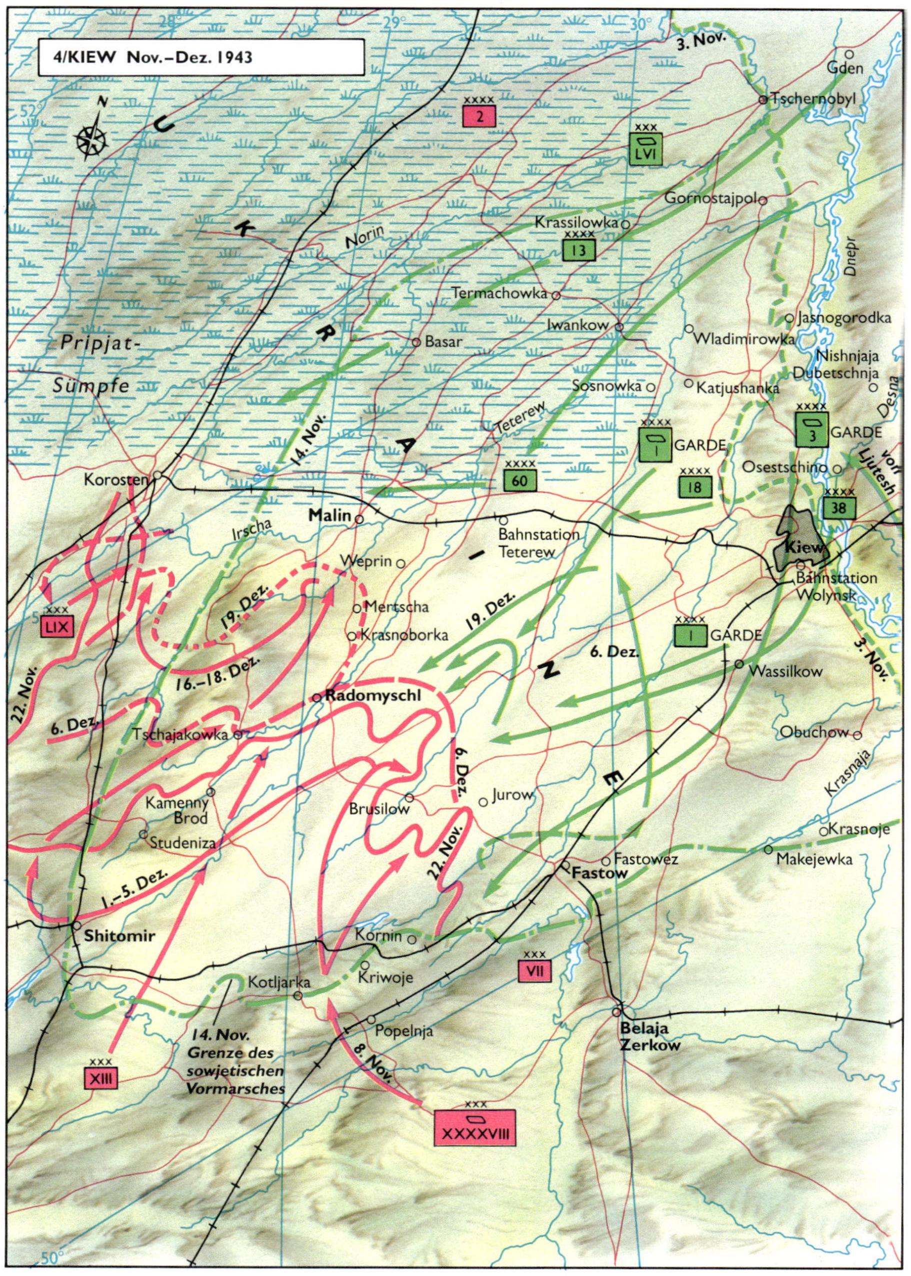

Der Balkan 1941–1945

Hitlers blitzschnelle Eroberung Jugoslawiens und Griechenlands im April 1941 (siehe Seite 54) sowie seine eilig improvisierte Aufteilung der Beute schufen die Bedingungen für den Widerstand gegen die Achse, für Bürgerkriege und kommunistische Revolutionen im westlichen Teil des Balkans. In dem Wunsch, sich das Gebiet mit einem Minimum an Truppeneinsatz zunutze zu machen, verließ er sich beim Errichten von Garnisonen und bei der Verwaltung im großen und ganzen auf seine Verbündeten. Die rücksichtslose und auf Ausnutzung ausgelegte „Neue Ordnung“ bot dem Großteil der Bewohner dieser Region nichts Positives.

Noch ehe der deutsche Einmarsch in der UdSSR die Komintern dazu nötigte, die im Untergrund arbeitenden kommunistischen Parteien auf dem Balkan zum Partisanenkampf für die Verteidigung von „Mütterchen Rußland“ aufzurufen, waren Überreste der Königlichen Jugoslawischen Armee bereits in die Wälder gegangen. Als Tschetniks bekannt geworden, gelangte diese Bewegung serbischer Milizen allmählich unter die nominelle Befehlsgewalt von Oberst Draža Mihajlović. Dessen Ziel war eine geheime Armee, die mobilisiert werden sollte, um die serbisch dominierte Monarchie zu restaurieren und die Feinde der Serben zu bestrafen, wenn die westlichen Alliierten auf den Balkan zurückkehren würden. Er hatte jedoch weder mit der Konkurrenz durch die Kommunisten gerechnet noch mit den spontanen Aufständen unter den Serben im „Unabhängigen Staat von Kroatien“, die von Mai an einer Völkermordkampagne durch ihre neuen Ustascha-Herrscher (von ustaša: Rebell) ausgesetzt waren. Im September 1941 zog sich der Führer der Kommunisten, Josip Broz Tito, in das Gebiet von Westserbien zurück. Hier stritten die kommunistisch geführten Einheiten mit Mihajlović um die Vormachtstellung in einer nunmehr wirklich aufständischen Republik.

Mihajlović war entsetzt über die Geringschätzung, die die Partisanen den Opfern des unversöhnlichen Krieges entgegenbrachten, und auch über die revolutionären Methoden, die sie einsetzten, um ihn zu propagieren. Hitlers Befehl, den Aufstand zu zerschlagen und 100 Zivilisten für jeden getöteten Deutschen hinzurichten, bekräftigten Mihajlovićs Ängste. Im November erbat er sich Waffen von den Deutschen, mit denen er die Kommunisten vernichten wollte. Sie lehnten ab, doch weder die Verantwortlichen, die sie in Serbien eingesetzt hatten, noch deren italienische Verbündete erwiesen sich als so korrekt. Die Deutschen jagten die Partisanen inzwischen aus Serbien hinaus und degradierten Mihajlović zu einem Offizier ohne Armee.

Der in Serbien im November ausbrechende Bürgerkrieg übertrug sich bald auf nahezu alle restlichen Landesteile. Im Jahre 1943 bekamen die Partisanen die Gewißheit, daß der Sieg letztendlich der ihre sein würde. Die Tatsache, daß sie in der ersten Jahreshälfte zwei große Offensiven der Achse („Weiß“ und „Schwarz“) überstanden hatten, daß sie ab April britische Delegationen empfingen und Unterstützung erhielten, und die italienische Kapitulation im September gestatteten es ihnen, die Anerkennung als die zukünftigen Herrscher eines föderativen Jugoslawiens einzufordern. Zu Beginn des Jahres 1944 gab Tito an, über 300 000 bewaffnete Männer und Frauen zu verfügen und so viele Soldaten der Achse in Schach halten zu können wie die Alliierten in Italien. Er bemühte sich um die Sicherung seiner internationalen Anerkennung, indem er nominelle Zusagen an den im Exil weilenden König Peter machte, und trieb gleichzeitig die Zerschlagung der royalistischen Tschetniks in Serbien voran. Er ersuchte Stalin erfolgreich, die Rote Armee umzuleiten, um ihm im Kampf gegen die Tschetniks zu helfen. Belgrad fiel am 20. Oktober, und die Sowjets zogen nach Ungarn ab. Den Partisanen blieb es überlassen, die Deutschen zu verfolgen und ihre Ansprüche an die slowenische und kroatische Irredenta zu verwirklichen. Am 1. Mai zogen die Jugoslawen Stunden vor den Westalliierten in Triest ein.

In Albanien gründete die Kommunistische Partei ihre Nationale Befreiungsbewegung im September 1942. Der Versuch der Kommunisten, die Kontrolle bei gleichzeitigem Einfluß Jugoslawiens zu erhalten, führte zur Bildung einer republikanischen Bewegung *(Balli Kombëtar)*, die eine antikommunistische Zusammenarbeit mit den Achsenmächten als vernünftig betrachtete. Die Kommunisten konnten ihre Widersacher zerschlagen und die Deutschen ablösen, als diese sich im Herbst 1944 zurückzogen.

Die griechischen Kommunisten waren in ihrem Land die ersten, die sich zum Widerstand bereit machten. Im September 1941 schufen sie eine Nationale Befreiungsfront (EAM) und im Dezember eine Nationale Volksbefreiungsarmee (ELAS). Guerillagruppen bildeten sich in den Bergen jedoch erst im Sommer 1942. Dann organisierten sich auch nichtkommunistische Milizen. Die Kommunisten konzentrierten sich darauf, die Bewegung dieser Milizen zu liquidieren und manövrierten sich gleichzeitig in die Räte der Exilregierung. Bis zum Sommer hatten sie beide Zielstellungen verwirklicht. Sie waren allerdings nicht in der Lage, aus ihrer mit dem Rückzug der Deutschen erlangten Kontrolle über das Land Kapital zu schlagen. So ließen sie es zu, daß die Regierung und ihre britischen Garanten im Oktober nach Athen zurückkehrten. Als die griechischen Kommunisten bemerkten, welchen Fehler sie begangen hatten, entzündeten sie einen chaotisch verlaufenden Kampf, um ihre Position wiederzuerlangen. Sie schafften es allerdings nicht, die sich eilig verstärkenden Briten aus dem Lande zu werfen. Ihnen war nicht klar, daß zu jenem Zeitpunkt Stalin bereits ihr Land zum britischen Einflußgebiet bestimmt hatte (siehe Seite 158).

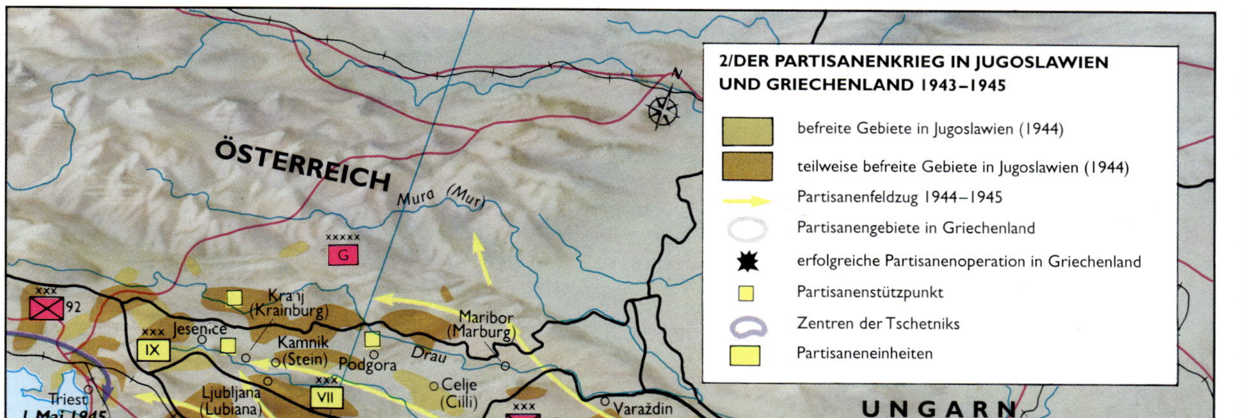
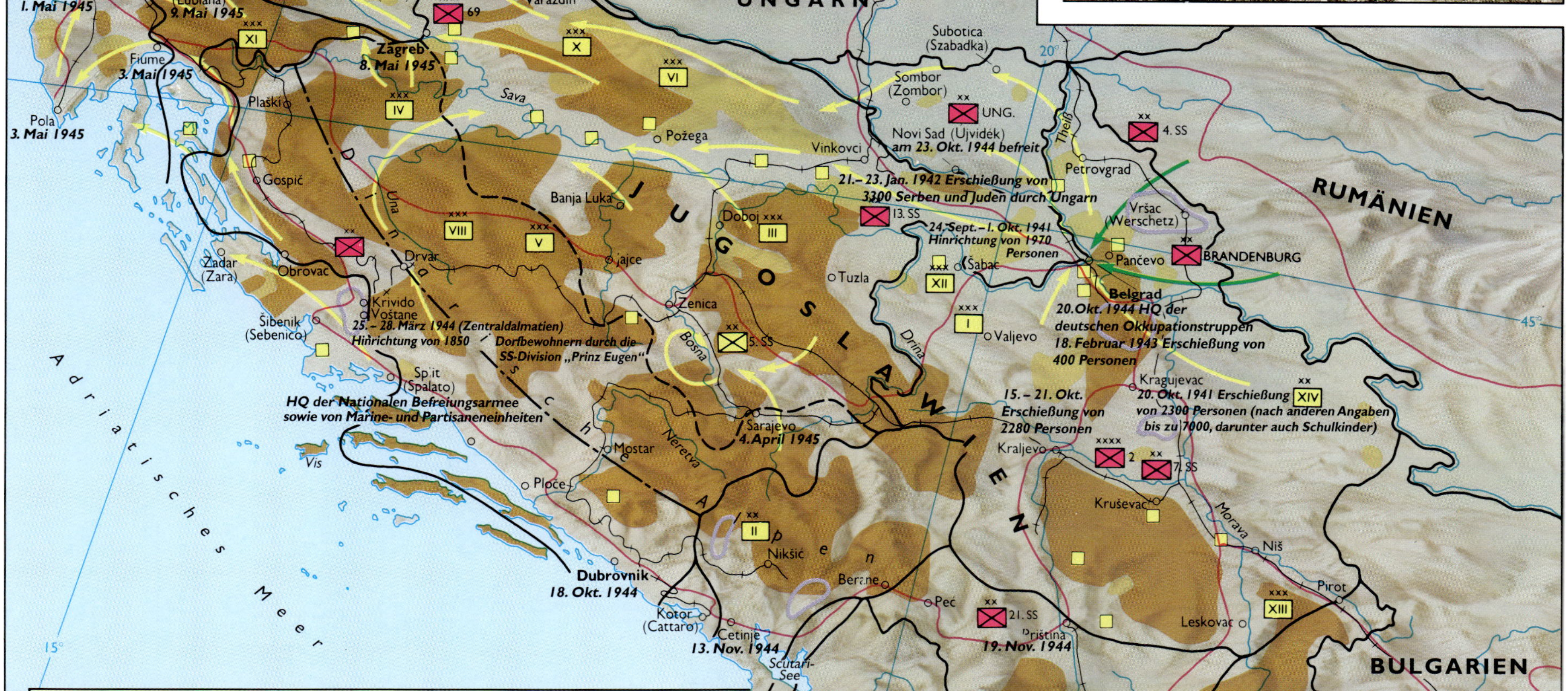

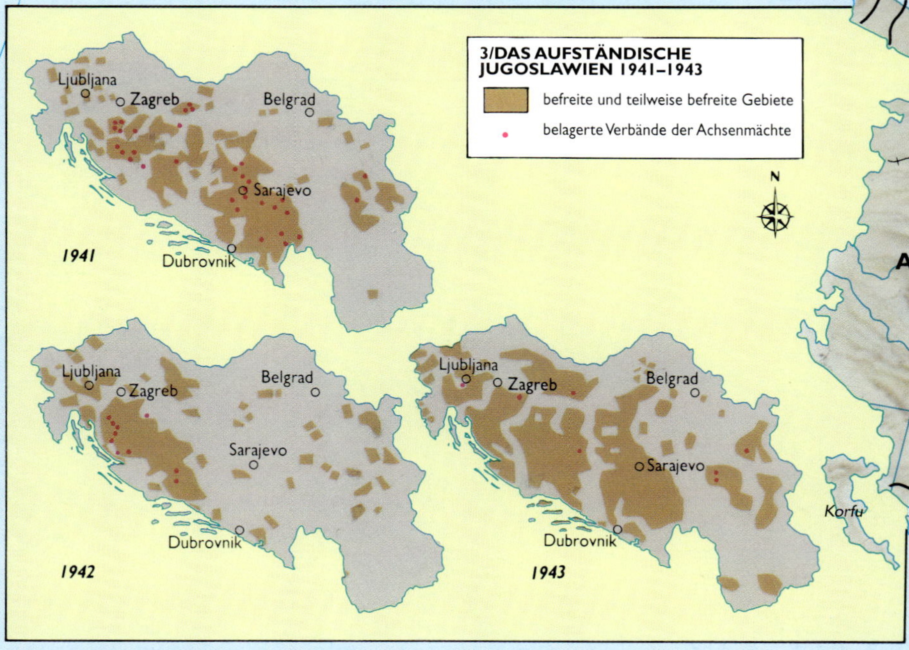

Die neue Ordnung auf dem Balkan ***(1)*** veränderte die politische Karte der Region nachhaltig. Nachdem Deutschland und seine Verbündeten der Achse verschiedene Abschnitte des Territoriums annektiert hatten, wurde der „Unabhängige Staat Kroatien“ gegründet, wobei dieser jedoch eigentlich in deutsche und italienische Einflußsphären aufgeteilt war. Politisch prekäre oder strategisch wertvolle Gebiete waren von den Achsenmächten okkupiert. Deutsche Truppen nahmen die meisten der ehemals italienischen Gebiete ein, nachdem Italien sich im September 1943 den Alliierten ergab. Sowohl die Führer der Achsenmächte als auch die der Widerstandsbewegungen auf dem Balkan waren der Überzeugung, daß die westalliierten Truppen auf der Halbinsel einmarschieren würden. Die erfolgreiche Ausprägung dieser Annahme spielte eine beträchtliche strategische Rolle bei den Truppenlandungen auf Sizilien im Juli 1943. Die Deutschen zogen den Trugschluß, ihre Truppenstandorte in Griechenland verstärken zu müssen, und die Widerstandsgruppierungen steigerten in Erwartung der Befreiung ihre Bemühungen ihre Rivalen auszuschalten. Obwohl sich Churchill für Operationen auf dem Balkan aussprach (als Unterstützung eines verunglückten Versuches, die Türkei im September durch die Einnahme des Dodekanes in den Krieg zu ziehen), waren die Amerikaner gegen solcherlei Ablenkungsmanöver, und der langsame Vormarsch der Alliierten in Italien schloß diese ohnehin aus. Hitler jedoch fürchtete weiterhin eine Invasion auf dem Balkan. Er beeilte sich, die abtrünnig werdenden Italiener im Herbst 1943 zu ersetzen und verlieh somit dem Widerstand weiterhin strategische Bedeutung. Die mächtigste und erfolgreichste Widerstandsgruppierung waren Titos kommunistische Partisanen in Jugoslawien, die aus den Regionen der zerklüfteten Dinarischen Alpen heraus operierten ***(2)***. Ihr Krieg gegen die Achsenmächte wurde durch interne Auseinandersetzungen mit royalistischen Tschetniks, die in Serbien, Montenegro, Herzegowina und im Landesinneren von Dalmatien stationiert waren, erschwert. Als 1944 Rumänien (23.–25. August) und Bulgarien (5.–8. September) von der Achse abfielen, eröffnete sich für die Rote Armee die Möglichkeit, nach Ungarn vorzurücken und Tito bei der Erringung des Sieges im Bürgerkrieg beizustehen ***(3)***. Belgrad fiel am 20. Oktober im Zuge eines kombinierten Angriffs der Sowjets und der Partisanen, doch die deutsche Heeresgruppe G konnte ihre Front in Nordjugoslawien und Ungarn stabilisieren und sich dort bis Kriegsende halten. Der gleichzeitige Rückzug aus Albanien und Griechenland ermöglichte den kommunistisch geführten Widerstandsbewegungen, in ersterem die Macht zu übernehmen und in letzterem den britischen Streitkräften, die mit der zurückkehrenden Exilregierung kamen, entgegenzutreten. In Athen brachen im Dezember Kämpfe aus, doch im Februar 1945 wurde ein unsicheres Waffenstillstandsabkommen unterzeichnet.

Bild oben rechts: Auswirkungen eines Partisanenangriffes auf einen deutschen Versorgungskonvoi.

Italien Juli 1943–Januar 1944

CHURCHILL UND ROOSEVELT trafen auf der Konferenz von Casablanca (14.–24. Januar 1943, siehe Seite 134) die Entscheidung, auf Sizilien zu landen, anstatt den Großteil der Alliiertenarmeen aus dem Mittelmeerraum abzuziehen und Nordwesteuropa anzugreifen, nachdem Tunesien erst einmal von den Achsenmächten befreit war. Die Amerikaner hegten jedoch weiterhin das Mißtrauen, daß die mit dem Codenamen „Husky" versehene Operation eine Verpflichtung mit offenem Ende werden könnte, die eine Landung in Nordwesteuropa über den Anfang des Jahres 1944 hinauszögern würde. Sie verlangten deshalb, daß ihre Ziele darauf beschränkt würden, die Verbindungswege im Mittelmeerraum zu sichern, deutsche Divisionen von der Sowjetunion abzulenken, Italien von Deutschland loszulösen und die Türkei zum Eintritt in den Krieg auf der Seite der Alliierten zu bewegen. Erst auf der 2. Washingtoner Konferenz (Tarnname „Trident", 12.–25. Mai, siehe Seite 134) konnte Churchill Roosevelt die Zustimmung abringen, daß Eisenhower, der Oberkommandierende der Alliierten Streitkräfte, Italien durch Ausnutzung der Ergebnisse der Operation „Husky" aus dem Krieg herausführen sollte.

Der Tag X für „Husky" wurde auf den 10. Juli festgelegt. Die eingesetzten Truppen bestanden aus der US-am. 7. Armee (Patton) und der 8. britischen Armee (Montgomery) und umfaßten Divisionen, die aus Großbritannien, den Vereinigten Staaten sowie Tunesien und dem Nahen Osten abgezogen worden waren. Durch ein Täuschungsmanöver der Alliierten desinformiert, verstärkten die Achsenmächte ihre Kräfte auf Sardinien und an bestimmten Küstenabschnitten des Peloponnes. Der Angriff der Alliierten, dem Luftangriffe und Luftlandeoperationen vorausgingen, wurde zwar durch schlechtes Wetter behindert, traf aber nicht auf ernsthaften Widerstand. Die Amerikaner und Briten landeten ohne größere Schwierigkeiten jeweils vier Divisionen westlich bzw. östlich von Kap Passero. Am 15. August waren die Alliierten an der Linie Agrigento–Augusta angelangt und setzten Verstärkungstruppen ab. Während Montgomery an der Ostküste entlang in Richtung Catania und Messina vormarschierte, rückte Patton westwärts auf Palermo zu. Am 20. Juli erhielt Patton jedoch den Befehl von Alexander, mit seinen Truppen nach Osten abzuschwenken, um Einheiten der Achse zu umfassen, die Montgomerys Vormarsch vorbei am Ätna behinderten.

Während die Deutschen Verstärkungstruppen herbeiholten, begannen die Italiener am 25. Juli mit dem Rückzug ihrer Truppen von Sizilien. Mussolini war durch einen innerparlamentarischen Coup entmachtet worden, und die Italiener fingen ernsthaft damit an, ihre Treue zur Achse zu hinterfragen. Im Angesicht schwindenden Widerstandes erreichte Patton am 15. August die Zufahrtsstraßen nach Messina. Montgomery, der seine Divisionen westlich des Ätna hatte vorbeipreschen lassen, kam einen Tag später an. Zu jenem Zeitpunkt befanden sich die Deutschen aber bereits in vollem Rückzug über die Straße von Messina. Als die Stadt am 17. August fiel, hatten alle 100 000 Soldaten der Achsentruppen Italien erreicht.

Angesichts des Sturzes von Mussolini erhielt Eisenhower die Genehmigung zur Planung einer Landung auf dem italienischen Festland. Er entschied sich dafür, am 3. September britische Ablenkungsangriffe auf die „Stiefelspitze" Italiens durchzuführen, denen am 9. September eine große anglo-amerikanische Landungsoperation unter dem Befehl von Mark Clark im Golf von Salerno folgte. Badoglio, der Nachfolger Mussolinis im Amt des italienischen Regierungschefs, führte inzwischen Verhandlungen über ein Waffenstillstandsabkommen mit den Alliierten, welches am 3. September unterzeichnet und am 8. September öffentlich bekanntgemacht wurde. Hitler aber ließ seine Truppen in Italien aufstocken. Die Luftwaffe griff die italienische Flotte auf ihrem Weg nach Malta an und beschädigte sie (9.–11. September). Deutsche Streitkräfte setzten außerdem der Landung der US-am. 5. Armee bei Salerno heftigen Widerstand entgegen. Besonders schwere Gegenangriffe waren am 13. September sowie am 16. September zu verzeichnen. Daraufhin schloß sich Montgomerys 8. Armee, verstärkt durch die 1. Luftlandedivision, die bei Tarent am 9. September gelandet war, mit den anderen Streitkräften zusammen.

Neapel wurde am 1. Oktober besetzt, und am 12. Oktober hatten die 5. und die 8. Armee eine etwa 190 km lange Linie vom Volturno bis nach Termoli an der Adriaküste über die Halbinsel hinweg geschaffen. In der Zwischenzeit hatten die Achsentruppen Sardinien (18. September) und Korsika (3. Oktober) geräumt. Am 13. Oktober, als Italien in den Krieg auf Seiten der Alliierten eintrat, überquerte die 5. Armee den Volturno und begann am 15. November ihren Vormarsch auf den Garigliano. Zwischen dem 20. November und dem 2. Dezember erkämpfte sich die 8. Armee den Übergang über den Sangro. Schwieriges Gelände und Winterwetter mit sintflutartigen Regenfällen ermöglichten es dann den Deutschen, die Alliierten trotz erbitterter Gefechte (besonders bei Ortona an der Adriaküste) ab 15. Januar 1944 an den Winterstellungen an der Gustav-Linie aufzuhalten, die von Minturno am Mittelmeer nach Pescara an der Adria verlief. Beide Seiten waren zahlenmäßig etwa gleich stark. 13 deutschen Divisionen standen 18 Divisionen der Alliierten gegenüber. Den Befehl über den Kriegsschauplatz im Mittelmeerraum hatte Alexander von Eisenhower übernommen, nachdem dieser am 31. Dezember abgezogen worden war, um die Invasion der Normandie vorzubereiten. Montgomery, der am 30. Dezember abgereist war, übergab den Befehl über die 8. Armee an Leese, und fungierte ab sofort als dessen Stellvertreter.

Trotz des ziemlich raschen Erfolges der Alliierten bei der Einnahme von Sizilien und Süditalien waren wenige deutsche Truppenteile in Gefangenschaft geraten oder vernichtet worden, so daß den Alliierten nun eine langwierige Auseinandersetzung nördlich der Alpen bevorstand.

ES DAUERTE EINE gewisse Zeit, bis Übereinstimmung über die Pläne zur Landung der Alliierten auf Sizilien und in Italien (*1*) mit der Operation „Husky" erzielt wurde. Die Deutschen dagegen begannen mit der Verstärkung auf der italienischen Halbinsel und entwickelten Ausweichpläne, um jeglichem Einmarsch begegnen zu können. Pattons 7. Armee landete auf Sizilien westlich von Kap Passero. Montgomerys 8. Armee landete östlich davon. Sowohl die amerikanischen als auch die britischen Luftlandeeinheiten erlitten schwere Verluste, aber den Seelandeoperationen wurde nur leichter Widerstand entgegengesetzt. So war am 15. Juli die Linie Agrigento–Augusta erreicht. Ein deutscher Panzergegenangriff in Richtung Gela (11. Juli) schlug fehl. Die Alliierten kamen zügig voran, bis Montgomery südlich von Catania auf die Division „Hermann Göring" stieß, wo seine Fallschirmjäger die Primasol-Brücke eingenommen, aber wieder verloren hatten (13.–14. Juli). General Alexander beschloß, Patton, dessen Truppen Westsizilien eingenommen hatten, eine neue Stoßrichtung vorzugeben (20. Juli), um sich Messina zu nähern. Montgomery änderte seine Stoßrichtung ebenfalls und griff am 31. Juli westlich des Ätna an. Mit Unterstützung durch Seelandeeinheiten (US-Truppen am 8., 11. und 15. August, Briten am 16. August) erreichten die 7. und 8. Armee Messina (17. August) und stellten fest, daß der Feind bereits abgezogen war. Die Offensive der Alliierten wurde nun auf dem italienischen Festland fortgesetzt. Die Landung bei Salerno am 9. September erfolgte überraschend (*3*, Nebenkarte). Die deutsche Reaktion bestand darin, daß sie ihre Kräfte vor Ort gen Norden verschob, um die Verbindungslinien nach Neapel zu schützen. Nach dem Eintreffen von Verstärkungstruppen führten sie schwere Gegenangriffe durch (11.–13. September), die jedoch durch Angriffe von See und aus der Luft unterbrochen wurden (14. September). Am 14. September war der Bereich um den Brückenkopf herum gesichert. Im Verlauf der Landungsoperationen Montgomerys am 3. September bei Reggio di Calabria und am 9. September bei Tarent gelang es den Alliierten nicht, die deutschen Truppen im Süden einzuschließen. Am 16. September stieß Montgomerys Vorhut 65 km südlich von Salerno auf Clarks 5. Armee. Am 18. September ließ Kesselring seine Truppen abziehen und zog sich auf die Linie Neapel–Bari zurück (25. September). Drei Tage später befand sich seine Adria-Flanke bei Termoli. Neapel fiel am 1. Oktober. Kesselring begann nun eine Rückzugsaktion in die Winterstellung (Gustav-Linie) bereits im Herbst. Dort wurden den Offensiven der Alliierten durch die 5. Armee im Liri-Tal (1. Oktober) und durch die 8. Armee am Sangro eingeleitet (20. November).

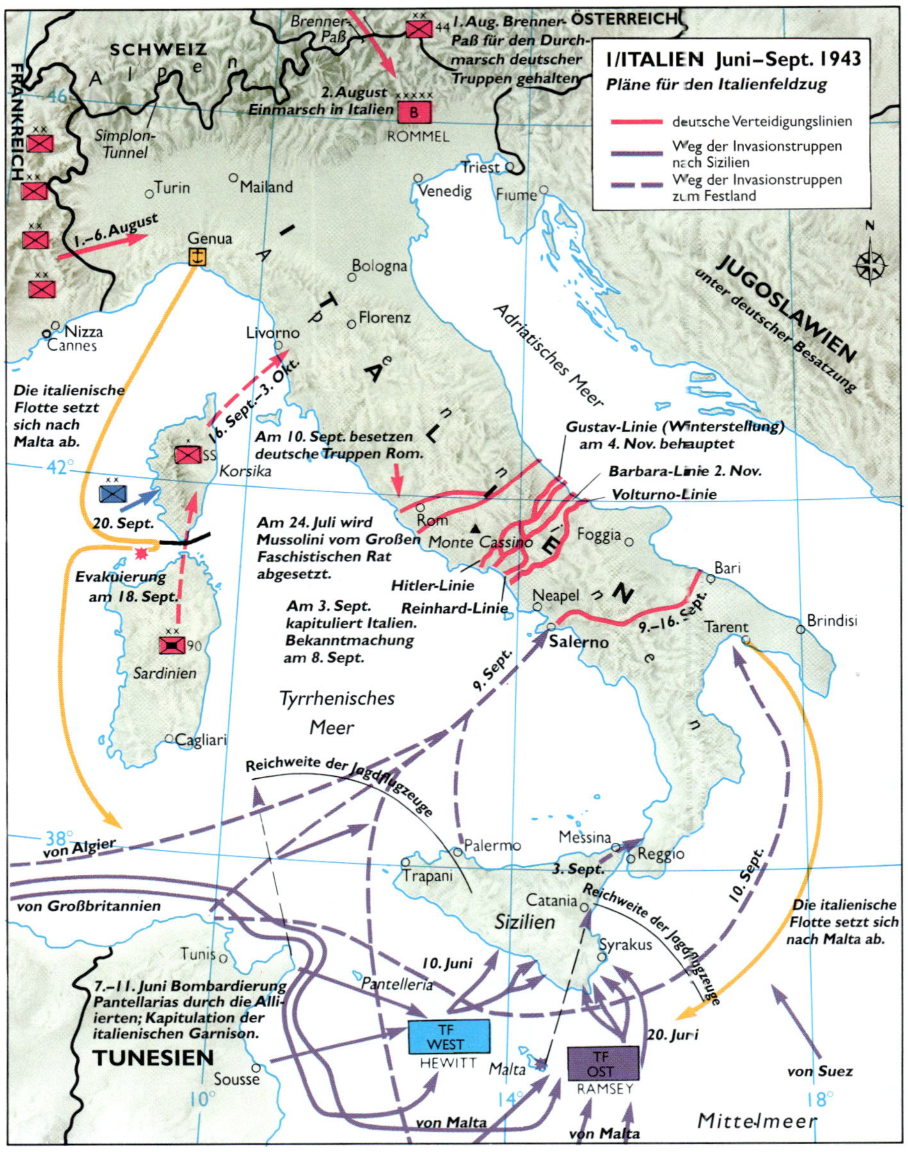

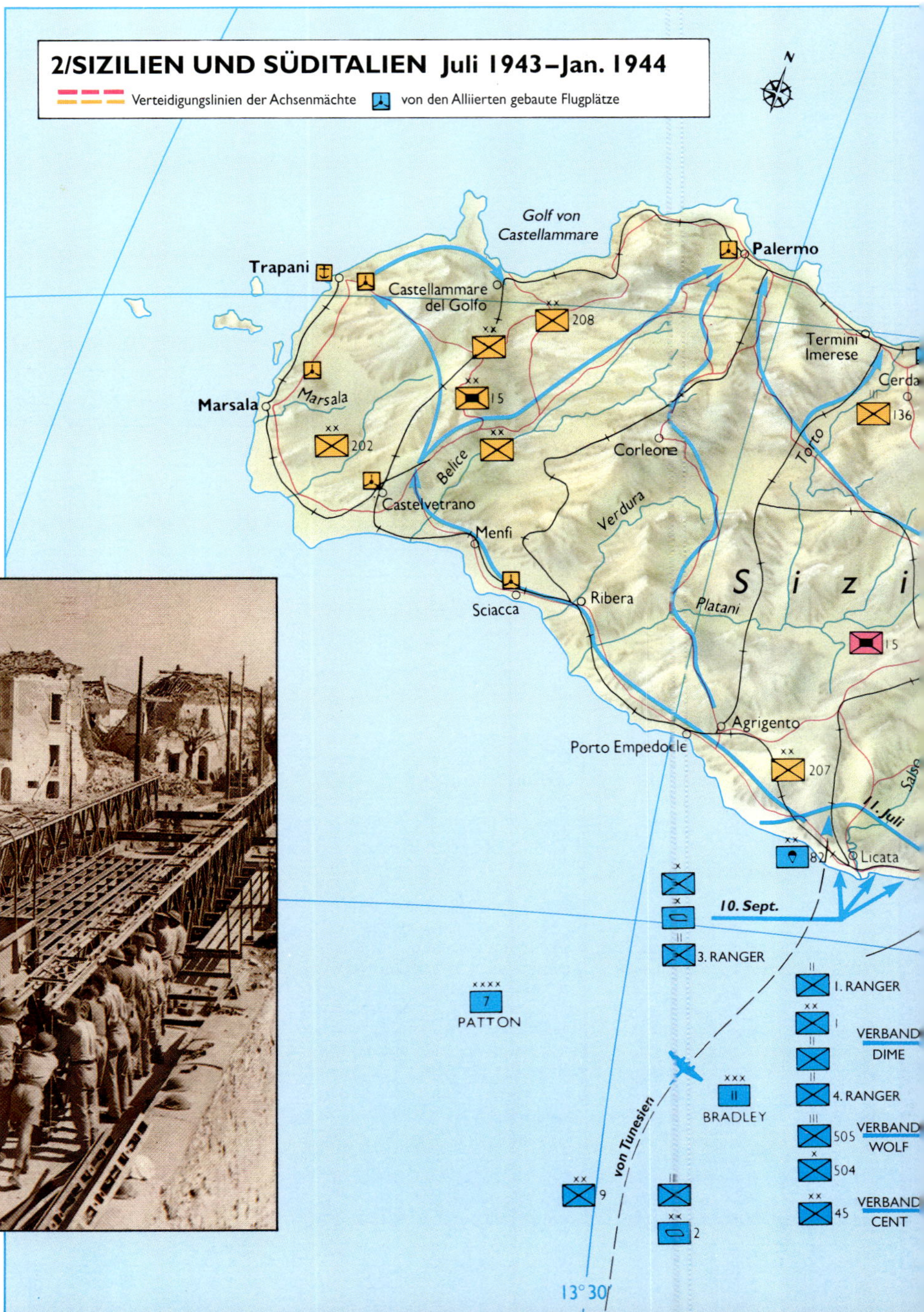

Bild unten: Brückenbau in Battipaglia nahe Salerno im September 1943. Der Erfolg der Alliierten hing im großen Maße von den Pionieren ab.

nach Süden zur Verstärkung der deutschen Linie
Pescara
Ortona 20.–28. Dez.
Orsogna 15. Dez.
Sangro 27. Nov.–2. Dez.
Vasto
Termoli 3. Okt.
Civitavecchia
Rom
Tiber
RESERVE
VIETINGHOFF
LXXVI
Celano
Avezzano
Sulmona
Lanciano
Gustav-Linie
Molise-Berge
Trigno
Fortore
Rapido
Liri
XIV
Anzio
Monte Camino 5.–15. Nov.
Cassino
Monte Trocchio 15. Jan.
San Pietro
Monte Maggiore
Campobasso
San Severo
Peschici
Monte Sant'Angelo
Golf von Manfredonia
Dauna-Berge
Lucera
Foggia
Hitler-Linie
Gustav-Linie
Minturno
Garigliano
Barbara-Linie
Viktor-Linie
Volturno
Beim Rückzug zerstören die deutschen Verbände alle Brücken und verminen die Ufer hinter sich.
Benevento
Neapel
Ischia
Capri
Ariano
MONTGOMERY
Cerignola
Barletta
Ofanto
Canosa
Melfi
Minervino
Avellino
Salerno
CLARK
Spinazzola
Rionero
Golf von Salerno
9. Sept.
Sele
Eboli
Potenza
Altamura
25. Sept.
Bari 14. Sept.
Monopoli
Fasano
RANGER
KOMMANDOS
McCREERY
CLARK
DAWLEY
45. RESERVE
19. Sept.
siehe kleine Karte unten
Agri
Bradano
Tarent
Brindisi
Manduria
Mesagne
Pisticci
Senise
Sinni
Lauria
Golf von Policastro
Deutsche Verbände zerstören auf dem Rückzug Nebenstraßen.
Golf von Tarent
Lecce
15. Sept.
Crati
Tyrrhenisches Meer
Adriatisches Meer
13. Sept.
Corigliano
Rossano
San Marco
Cosenza
Maglie
Gallipoli
Otranto
Tricase
Kap Santa Maria di Leuca
Neto
Strongoli
Nicastro
Crotone
Liparische Inseln
13.–17. Aug. Die deutsche Evakuierungsoperation findet nachts und tagsüber statt. Die Luftangriffe der Alliierten bleiben wirkungslos. Deutsche Soldaten werden nach dem italienischen Festland übergesetzt.
Golf von Sant'Eufemia
8. Sept.
Vibo Valentia
Nicotera
Catanzaro
Golf von Squillace
Kap Rizzuto
15. Aug.
11. Aug.
8. Aug.
Kap Milazzo
Cefalu
Campofelice
Santo Stefano
San Fratello
Tortorici
Falcone
Paradiso
Ganzirri
Kap Peloro
Palmi
San Giovanni
Montalto
13. Juli
Messina
Cannitello
Gallico
HUBE
am 3. Sept. von der brit. 8. Armee erobert
10. Sept.
Siderno
Mittelmeer
Santo-Stefano-Linie 23. Juli
San-Fratello-Linie
Gangi
Nicosia
Randazzo
Evakuierungswege
16. August
Straße von Messina
Kap Spartivento
Ätna
Agira
Adernò
Enna
Caltanissetta
LIVORNO
GUZZONI
Dittaino
Gornalunga
Simeto
Catania
Golf von Catania
Primasole-Brücke
„HERMANN GÖRING"
NAPOLI
Gela
Grammichele
Acate
Vizzini
Augusta
MONTGOMERY
11. Juli
Comiso
Ragusa
Irminio
Syrakus
von Malta
10. Sept.
ALEXANDER
Kap Passero
Royal Marines
I. KAN.
„HERMANN GÖRING"
16. Sept.
14. Sept. größere deutsche Gegenoffensive
16. Sept. langsamer Rückzug der deutschen Verbände zum Volturno
14.–15. Sept. schwerer Beschuß durch Schiffsartillerie
Vietri sul Mare
Maiori
Amalfi
Salerno
Eboli
Ponte Sele
Porte di Ferro
Ponte alla Scarfa
Altavilla
Albanella
Capaccio
Paestum
Agropoli
Ogliastro
von Minen geräumter Zugang
Grenze des Vorstoßes der Alliierten am 11. Sept., 24.00 Uhr
16. Sept. Zusammentreffen der brit. 8. Armee und Patrouillen der US-am 5. Armee
Golf von Salerno
McCREERY
CLARK
DAWLEY
100-Faden-Linie
Castellabate
Vallo
3/SALERNO 9.–16. Sept. 1943

Italien Januar–August 1944

Anfang Januar des Jahres 1944 hatten die alliierten Armeen in Italien die deutsche 10. Armee im Verlauf einer Reihe von erbitterten Kampfhandlungen von den Zugangsstraßen zu Kesselrings Winterstellung vertrieben (siehe Seite 130). Einer am 8. November erteilten Weisung Alexanders folgend, unternahm die 5. Armee nun mehrere Offensiven mit dem Ziel, durch das Liri-Tal hindurch eine Verbindung in Richtung Norden nach Rom zu schaffen. Alexanders Vorstellung war es, die Stadt letztlich mit einer Offensive entlang des Liri, unterstützt durch eine amphibische Landeoperation in ihrer Nähe, bei Anzio, einzunehmen.

Im Dezember hatte die 5. Armee Offensiven um den Monte Cassino (1.–10. Dezember) und um San Pietro (20.–21. Dezember) gestartet, die den Weg ins Liri-Tal versperrten. Zwischen dem 5. und dem 15. Januar 1944 rückte die 5. Armee bis zum Rapido vor. Dieser fließt in den Liri nahe bei dessen Zusammenfluß mit dem Garigliano. Dort war der stärkste Punkt der Winterstellung, der Gustav-Linie, geschaffen worden.

Am 17. Januar forcierte das britische X. Korps der 5. Armee die Kämpfe am Garigliano. Der Angriff der 36. texanischen Division auf den Rapido am 20. Januar wurde jedoch blutig zurückgeschlagen. Am folgenden Tag begann die Landung bei Anzio (Operation „Shingle"). Vier britische und amerikanische Divisionen gingen, unterstützt durch Angehörige von Kommandotrupps und durch Ranger ohne Verluste an Land, da ihnen gegen Kesselring ein Überraschungsangriff gelungen war. Lucas, der Kommandeur des VI. Korps, konzentrierte sich dann allerdings darauf, den Brückenkopf auszubauen, anstatt auf Rom zu marschieren. Ein sofortiger Vormarsch hätte zwar womöglich vereitelt werden können, doch Lucas' Untätigkeit gestattete es Kesselring, eilends Hilfstruppen nach Anzio zu senden. Reservetruppen wurden aus anderen Bereichen der Winterstellung zusammengezogen, und am 15. Februar waren ausreichend Truppen versammelt, um eine überlegte Gegenoffensive zu beginnen, die beinahe den Brückenkopf in zwei Hälften teilte. Sie wurde erst mit Hilfe von schwerem Luft-, Artillerie- und Seebeschuß zum Stocken gebracht.

Das anfängliche Fehlschlagen der Landung bei Anzio nahm die Streitkräfte der 5. US-Armee, die gegenüber der Gustav-Linie lagen, wieder in die Verantwortung zur Rettung des Italienfeldzuges aus der Pattsituation. Die Truppenstärke der Alliierten verminderte sich fortwährend, da Einheiten und Kampftechnik abgezogen wurden, um die Operationen „Overlord" (siehe Seite 152) und „Anvil" (siehe Seite 156) vorzubereiten. Der Schlüssel zur Gustav-Linie war die Klosterfestung Monte Cassino, die über die Zugangsstraßen ins Liri-Tal gebot. Clark, der die 5. Armee befehligte, unternahm vier Versuche, sie einzunehmen, und setzte dabei zwei der Verstärkungseinheiten ein, die sich der alliierten Armee in Italien seit dem Beginn der Schlacht um die Winterstellung angeschlossen hatten: das freifranzösische Expeditionskorps und das polnische II. Korps. Zunächst griff Clarks 34. US-Division am 24. Januar an, wurde jedoch schließlich durch die deutsche 1. Fallschirmjägerdivision, die die Höhen des Klosters verteidigte, zurückgeschlagen. Das neuseeländische Korps führte die zweite Attacke vom 16.–18. Februar aus. Doch auch ihm wurde trotz der schweren Bombardierung des Klosters durch B-17-Bomber am 16. Februar eine Niederlage zugefügt. Das neuseeländische Korps unternahm vom 15.–23. März einen weiteren Versuch, wiederum unterstützt durch Bomber. Nachdem es sogar an Boden gewonnen hatte, war es jedoch gezwungen, sein Vorhaben aufzugeben.

Alexanders Stabschef Harding entwarf nun einen Plan („Diadem"), um die Handlungsfähigkeit an der Front südlich von Rom herzustellen. Beim VI. Korps in Anzio waren inzwischen Verstärkungstruppen eingetroffen. Die letzte Schlacht um den Monte Cassino begann am 11. Mai. Bergsteiger des freifranzösischen Expeditionskorps umgingen das Kloster auf der westlichen Seite. Nach einem opferreichen Überraschungsangriff nahm das polnische II. Korps am 18. Mai das Kloster ein. Das britische XIII. Korps durchbrach die Küstenlinie westlich des Monte Cassino am 23. Mai. Am gleichen Tag brach das VI. Korps aus Anzio aus, und das II. Korps rückte vor, um sich mit ihm am 25. Mai zu vereinigen. Hardings Plan, die deutsche 10. Armee zwischen Anzio und Monte Cassino in die Zange zu nehmen, schien nun vor der Verwirklichung zu stehen. Am nächsten Tag allerdings verschob Clark, der überzeugt war, daß die Amerikaner die ersten sein sollten, die in Rom einmarschieren, die Vormarschrichtung der 5. Armee nach Nordwesten. Die deutsche Nachhut war dadurch in der Lage, das VI. Korps bei Velletri und Valmontone bis zum 2. Juni aufzuhalten, wodurch sich im Verlaufe des Rückzuges bis zur Linie Pisa–Rimini (Goten-Linie) 240 km nördlich von Rom die 10. Armee mit der 14. Armee vereinigen konnte. Letztere war im November gebildet worden, um den Brückenkopf von Anzio in Schach zu halten.

Am 4. Juni zogen amerikanische Streitkräfte an der Spitze eines alliierten Vormarsches in Rom ein. Während die 8. Armee die Säuberung der Adriaküste zwischen Pescara und Ancona durchführte, rückte die 5. Armee am Mittelmeer entlang vorwärts. Livorno fiel am 19. Juli, Florenz am 11. August. Sowohl die 5. als auch die 8. Armee waren nun an der Goten-Linie angelangt. Aufgrund des Rückzuges des freifranzösischen Expeditionskorps und des VI. US-Korps, welche die Landung in Südfrankreich (Operationen „Anvil" und Dragoon", siehe Seite 156) vorbereiten sollten, waren die beiden Armeen zum vorübergehenden Pausieren gezwungen, ehe sie die Linie angriffen.

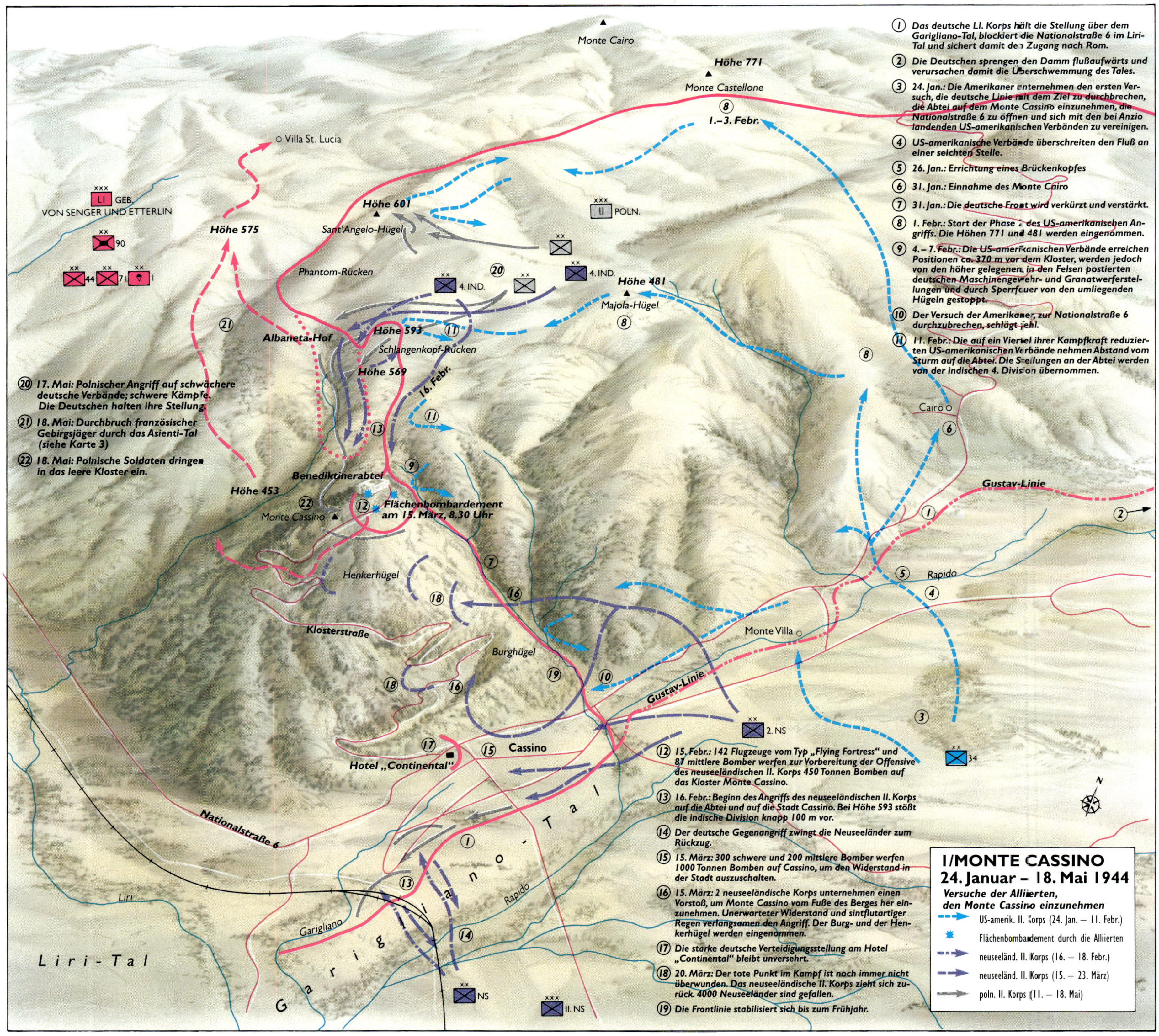

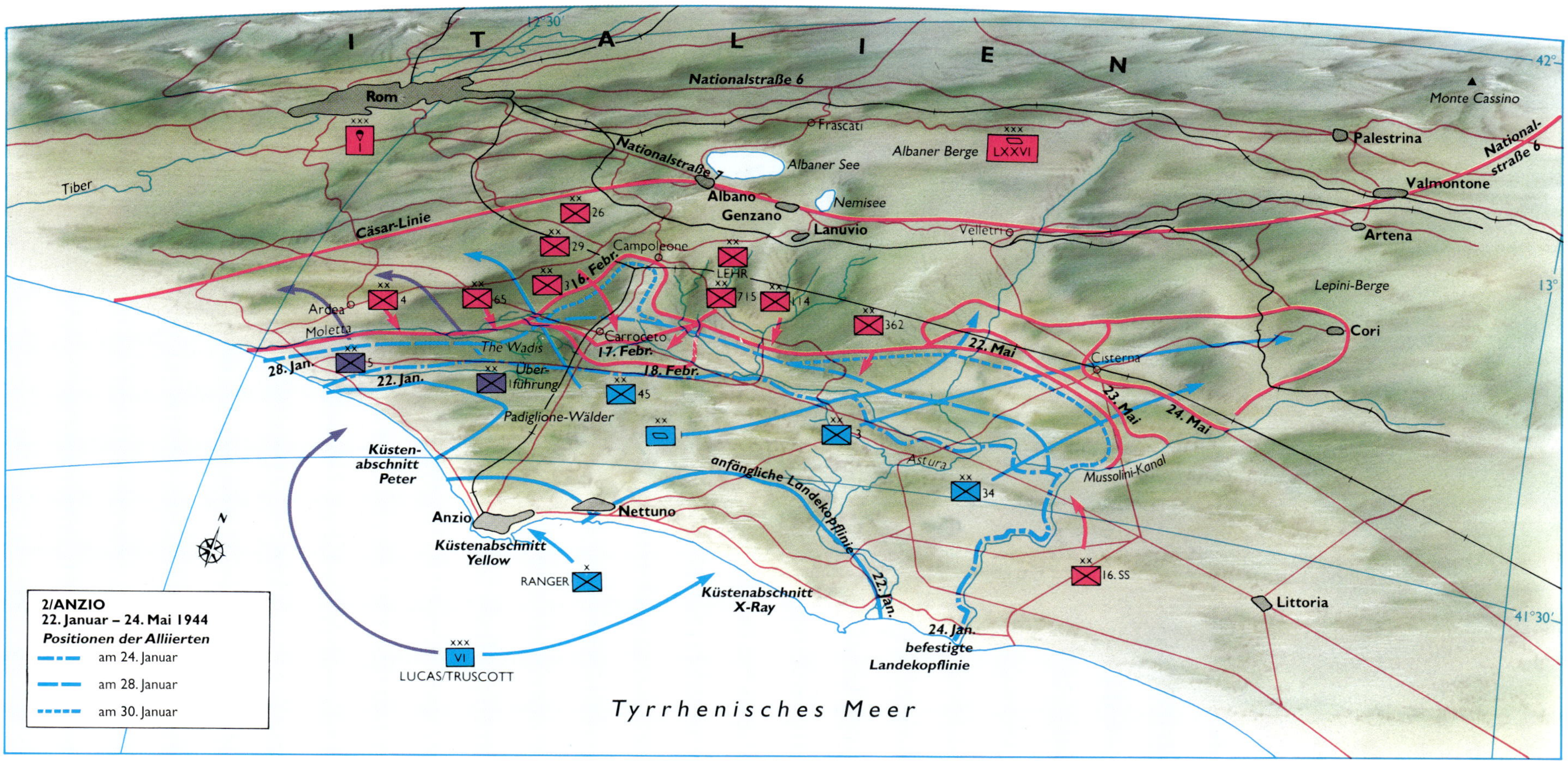

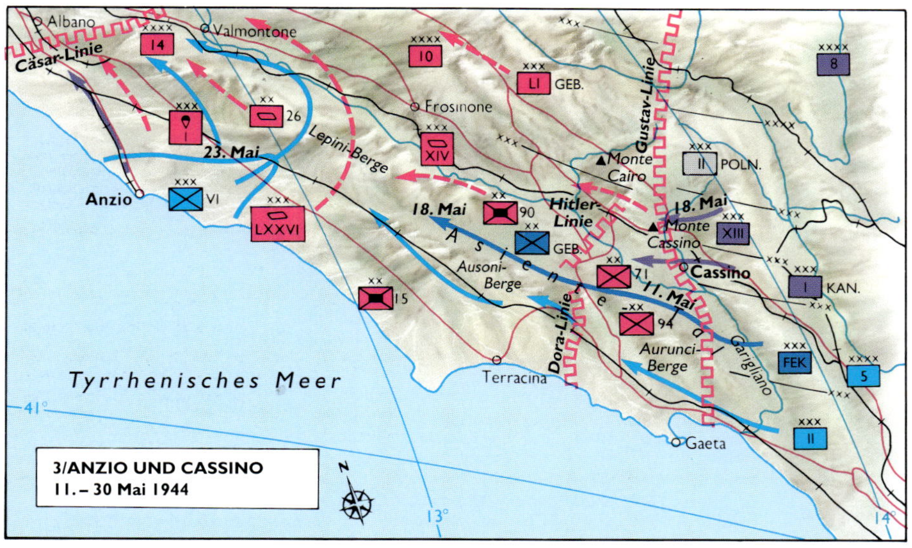

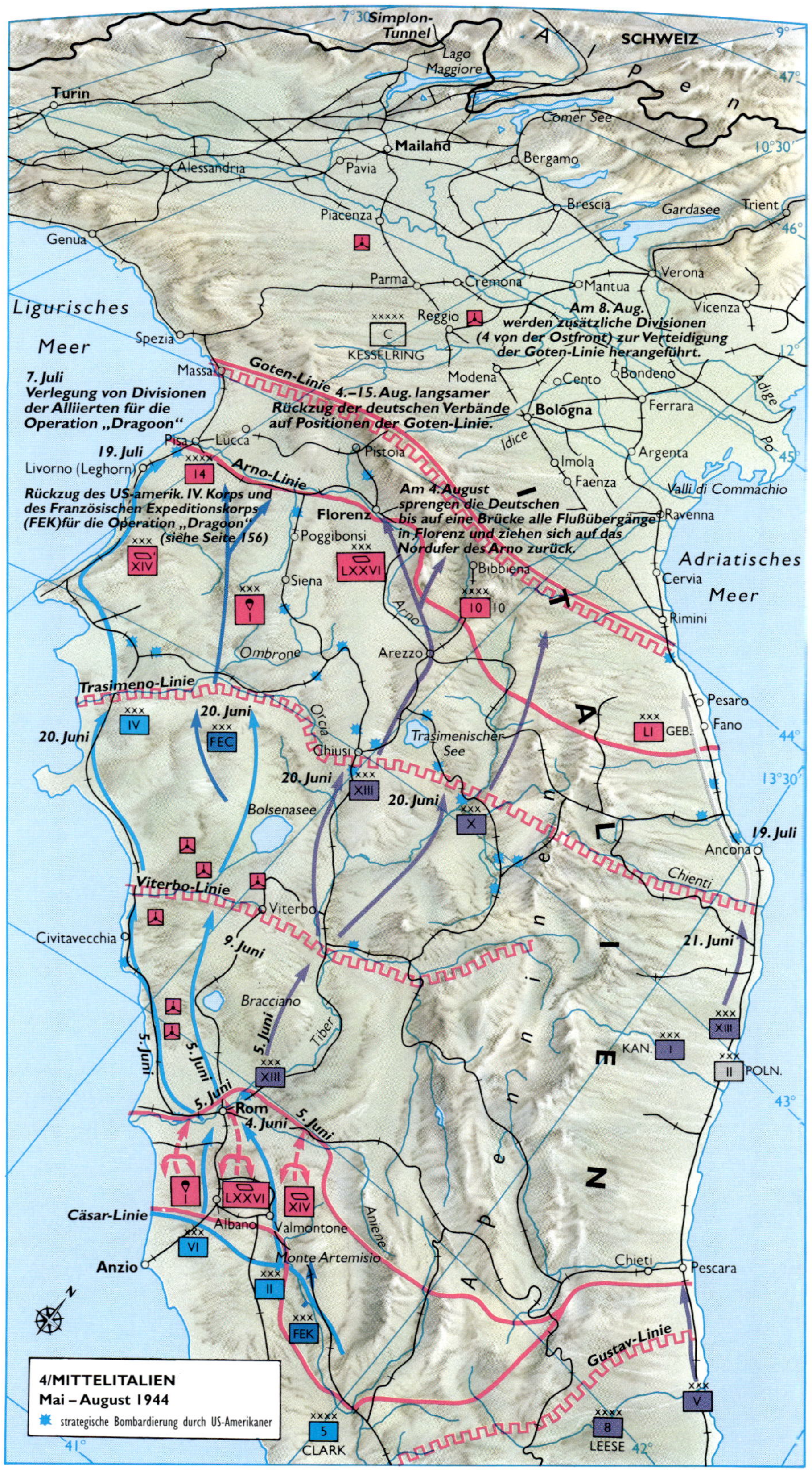

DIE SCHLACHTEN um Monte Cassino ***(1)***, ein auf einem alles überragenden Gipfel thronendes Kloster, welches über den Zugang zum Liri-Tal gebot, forderten von den Alliierten große Opfer. Die Kampfhandlungen waren von außergewöhnlichem Mut und enormem Durchhaltevermögen bei allen Beteiligten geprägt. Die erste Schlacht nahm ihren Verlauf am 24. Januar 1944. Der 34. US-Division gelang es dabei, unter beträchtlichen Opfern bis zum 11. Februar Höhenlagen im Nordosten des Klosters einzunehmen. Die deutsche 1. Fallschirmjägerdivision hielt die Klostergebäude auf Befehl des Kommandeurs des LI. Korps, von Senger und Etterlin, nicht besetzt. Dennoch wurde das Kloster durch das heftige Bombardement der Alliierten zerstört (16. Februar), um den Angriff des neuseeländischen Korps (neuseeländische 2. und indische 4. Division) am gleichen Tag vorzubereiten. Ihr Angriff kam am 18. Februar zum Erliegen, obwohl in seinem Verlauf weitere Gebiete eingenommen wurden. Das neuseeländische Korps griff am 15. März erneut an, während alliierte mittlere Bomber die Stellungen der deutschen Fallschirmjäger mit einem massiven Bombenteppich überzogen. Doch am 23. März war es gezwungen, den Angriff abzublasen, nachdem ein Großteil der südlichen Zugänge nördlich der Stadt besetzt worden waren. Am 11. Mai eröffnete schließlich das polnische II. Korps die vierte Schlacht im Verlauf der Operation „Diadem“. Zwar wurde es zunächst wieder zurückgeschlagen, nahm dann aber letzten Endes am 18. Mai die Ruinen des Klosters ein. Weiter nördlich landete überraschend von Neapel kommend das VI. Korps bei Anzio (21. Januar) ***(2)***. Lucas, der Kommandeur des Korps, ließ nicht weiter in Richtung Rom marschieren, sondern baute zunächst seinen Brückenkopf auf einer Tiefe von nur 9 km aus. Kesselring umstellte ihn mit Reserveeinheiten und brachte Verstärkungstruppen heran. Am 15. Februar griff er an und brach beinahe zur Küste durch. Er wurde lediglich durch die schwere Feuerkraft der Alliierten zum Halten gebracht. Die Schlacht ging dann in eine blutige Belagerung über. Am 23. Mai wurde das VI. Korps, seit dem 23. Februar von Truscott befehligt, auf sieben Divisionen aufgestockt. So war es leicht, an jenem Tag den Ausbruch durchzuführen und seinen Beitrag zur Operation „Diadem“ zu leisten. Diese begann am 11. Mai ***(3)*** mit der Zielstellung, die Gustav-Linie zu durchbrechen und die deutsche 10. Armee südlich von Rom zu umfassen. Während das polnische II. Korps nördlich von Cassino angriff, gingen das britische XIII. Korps, das freifranzösische Expeditionskorps und das II. US-Korps gemeinsam zum Angriff zwischen Cassino und der Küste über. Das XIII. und das II. Korps rückten entlang der Küste in Richtung des Brückenkopfes von Anzio vor, aus dem am 23. Mai das VI. Korps ausbrach. Die 10. Armee war nun von der Einschließung bedroht, doch am 26. Mai, einen Tag nachdem sich die Streitkräfte von Anzio mit dem Rest der 5. Armee vereinigt hatten, verschob Clark seinen Vormarsch direkt in Richtung Rom. Die 10. Armee konnte somit ihren Rückzug abdecken und entkommen. Kesselring erkannte, daß nach dem Durchbrechen der Winterstellung (Gustav-Linie) seine nächste und letzte Verteidigungslinie zwischen Pisa und Rimini verlief: die Goten-Linie. Er hatte Zwischenstellungen vorbereiten lassen ***(4)***, in die er sich sofort nach der Einnahme von Rom (4. Juni) zurückzog. Nach dem Eintreffen von Verstärkungstruppen und Zwischenhalten an der Viterbo-Linie sowie der Trasimeno-Linie zog er sich zur Goten-Linie zurück (4. August).

Bild links: Deutsche Soldaten mit Maschinengewehr am Nordufer des Arno in Florenz. Während Rom am 10. August 1943 nach einem Bombardement durch die US-Luftwaffe zur offenen Stadt erklärt worden war, wurden viele andere italienische Städte schwer in Mitleidenschaft gezogen.

Politik und Strategie 1943

Nach dem Erfolg der Operation „Torch“ (siehe Seite 116) mußten sich die Alliierten ihrer Strategie erneut zuwenden. Sollte man nun seine Anstrengungen auf eine zweite Front in Frankreich verlagern oder die Bemühungen in Italien verstärken, nachdem in Nordafrika schließlich der Sieg errungen worden war? Roosevelt und Churchill trafen sich Mitte Januar 1943 in Casablanca. Auf amerikanischer Seite sprach sich General Marshall für die Eröffnung der zweiten Front aus, während Admiral King für ein verstärktes Handeln gegen Japan eintrat. Die Briten bezweifelten, daß die Kräfte der Alliierten ausreichend für eine Landung in Frankreich vor 1944 sein würden, und befürworteten die Verstärkung der Bemühungen im Mittelmeerraum, gegen Italien und die Balkanländer. Sie vertraten den Standpunkt, daß die Bombardierung von Deutschland dessen Anstrengungen an der Ostfront schwächen würde. Letzten Endes ergriff Roosevelt für die britische Seite Partei, obwohl bereits zwei umfangreiche Offensiven für den pazifischen Raum geplant waren (Operation „Cartwheel“, siehe Seiten 122 und 140). Die politische Bedeutung der Konferenz von Casablanca bestand in der beinahe am Rand gestellten Forderung Roosevelts, daß die feindlichen Mächte eine „bedingungslose Kapitulation“ hinnehmen müßten.

Im Mai trafen sich Roosevelt und Churchill zu einer weiteren Konferenz („Trident“), diesmal in Washington. Es war schwierig gewesen, die Streitigkeiten über die verschiedenen Vorstellungen zu Truppenmassierungen auf den Britischen Inseln für eine Invasion in Frankreich und Italien sowie für Angriffshandlungen im Pazifik beizulegen. Auf der „Trident“-Konferenz wurde Übereinstimmung über die Eröffnung einer zweiten Front am 1. Mai 1944 erzielt, wofür eine aus 29 Divisionen bestehende Truppe aufgestellt werden sollte. Einigkeit wurde aber auch über eine Landung auf Sizilien erreicht, wenn auch nicht über einen Einmarsch in Italien. Die Ziele für den Pazifikraum wurden auf die Öffnung der Burmastraße nach China und die Einrichtung von US-amerikanischen Luftstützpunkten in den von Chiang Kai-shek kontrollierten Gebieten beschränkt.

Nach der Landung auf Sizilien (siehe Seite 130) und Mussolinis Sturz (25. Juli 1943) konnten die Vereinten Stabschefs der Alliierten von Churchills Meinung überzeugt werden, daß die nächsten Anstrengungen in Italien unternommen werden sollten. Um die Details näher zu besprechen und die Nachschublieferungen zwischen Kanal, Mittelmeerraum und Pazifik aufzuteilen, wurde eine weitere britisch-amerikanische Konferenz Mitte August in Quebec abgehalten („Quadrant“). Dort bestanden die Amerikaner auf einer über den Kanal auszuführenden Invasion in Frankreich („Overlord“, siehe Seite 152), die massiv unterstützt werden sollte. Darüber hinaus einigten sie sich darauf, weitere Anstrengungen in Italien zu unternehmen, worin immer noch das Hauptziel der Briten bestand. Ein Teil dieser Anstrengungen sollte auf einer Landung in Südfrankreich („Anvil“, siehe Seite 156) zum Zeitpunkt der Operation „Overlord“ verlagert werden. Weitere Gedanken wurden über den Bau der Atombombe ausgetauscht, auf dem mittlerweile in den USA besonderes Augenmerk lag.

Der Vormarsch in Italien vollzog sich jedoch – selbst angesichts des Seitenwechsels Italiens – recht langsam, während an der Ostfront die Sowjets die Deutschen rasch vor sich her trieben. Es war notwendig, eine Einigung über die Strategie zu erzielen, um einerseits Stalin die Gewißheit zu geben, daß die zweite Front eröffnet werden würde, andererseits aber auch für einen sowjetischen Kriegseintritt im Fernen Osten zu sorgen. Vor ihrer Zusammenkunft mit Stalin trafen sich Roosevelt und Churchill in Kairo mit Chiang Kai-shek („Sextant“). Die Ergebnisse waren mit Ausnahme der Deklaration von Kairo vom 1. Dezember 1943 gering. Diese schrieb die Bedingungen für Japans Kapitulation, die Rückgabe der Mandschurei an China und die Unabhängigkeit Koreas fest.

Roosevelt und Churchill begaben sich nun nach Teheran zu einer Konferenz mit Stalin („Eureka“, 28. November – 1. Dezember). Dieser ging ein Treffen der drei Außenminister (Eden, Hull und Molotow) in Moskau vom 19.–30. Oktober voraus. Dort wurden unter dem Eindruck eines sich mehr und mehr abzeichnenden sowjetischen Sieges verschiedene Probleme diskutiert. Den Sowjets wurde die Zustimmung zu einer Einigung für Italiens Kapitulation und Besetzung abgerungen: Eine Kommission, in der alle drei Seiten vertreten sein sollten, könnte einen militärischen Befehlshaber beraten, der ansonsten dem Befehl der Vereinten Stabschefs im Westen unterstehen würde. Darüber hinaus einigten sich die Außenminister auf die Rückgabe Österreichs und die Schaffung einer Europäischen Beratenden Kommission in London, die Deutschlands Zukunft diskutieren sollte.

In Teheran versprach Stalin, daß er letztendlich in den Krieg gegen Japan eintreten würde. Er wiederum war erfreut über die Aussicht einer zweiten Front in Europa. Polen betreffend forderte er jedoch Sicherheiten. Die Sowjetunion hatte 1939/40 große Teile Ostpolens annektiert, hauptsächlich mit der Begründung, daß seine aus Ukrainern und Belorussen bestehende Bevölkerung „von Natur aus“ zur UdSSR gehörte. Die polnische Exilregierung erwartete Unterstützung aus London. Churchill und Roosevelt wußten um die Macht Stalins in dieser Region. Sie kamen daher in Teheran – wenn auch nicht offiziell – überein, daß Polen für den Verlust seiner östlichen Gebiete mit industriereichen deutschen Gebieten entschädigt werden sollte. Gleichzeitig wurde die Integrität des durch die Alliierten okkupierten Iran (siehe Seite 78) garantiert und ein Abzug nach dem Krieg zugesagt. Nach Kairo zurückgekehrt, beschlossen Roosevelt und Churchill am 7. Dezember, daß in Anbetracht des verlangsamten Vormarsches in Italien „Overlord“ in Nordfrankreich und „Anvil“ in Südfrankreich nun den Vorrang erhalten sollten.

1/KRIEGSKONFERENZEN Jan. – Dez. 1943

Wichtige Konferenzen der Achsenmächte

1 Rom (24. – 28. Febr.): Ribbentrop trifft mit Mussolini zur Beratung über die Situation in Afrika zusammen.

2 Berchtesgaden (31. März – 18. Sept.): Hitler empfängt die Führer der mit Deutschland verbündeten Achsenmächte – König Boris von Bulgarien, Antonescu (Rumänien), Admiral Horthy (Ungarn), Vidkun Quisling (Norwegen), Tiso (Slowakei), Pavelić (Kroatien), Nedić (Serbien), um den militärischen und politischen Beistand zu verstärken.

3 Salzburg (7. – 10. April): Hitler und Mussolini beschließen, ihre Positionen in Afrika nach Möglichkeit zu halten.

4 Berchtesgaden (29. April): Hitler berät mit Pierre Laval, dem Ministerpräsidenten des besetzten Frankreich, über die Situation in Französisch-Nordafrika.

5 Verona (19. Juli): Hitler und Mussolini kommen zu einem Gespräch über Afrika und Verteidigungsmaßnahmen für Italien zusammen.

Wichtige Konferenzen der Alliierten

6 Casablanca (14.–24. Jan.): Roosevelt und Churchill kommen zusammen, um Differenzen beizulegen und ihre zukünftige Strategie festzulegen. Es werden Beschlüsse über eine Invasion in Frankreich 1944 von der englischen Kanalküste aus, über eine ergänzende Offensive in Italien, über die U-Boot-Offensive, die oberste Dringlichkeitsstufe der Lieferungen an die Sowjetunion, das gemeinsame Vorgehen im Bombenkrieg gegen Deutschland gefaßt und die Forderung nach einer bedingungslosen Kapitulation formell verkündet.

7 Adana (30. Jan.): Auf dem Treffen mit Churchill lehnt der türkische Staatspräsidenten Inönü den Eintritt seines Landes in den Krieg ab.

8 Zweite Washingtoner Konferenz (Tarnname „Trident“) (11. –27. Mai): Roosevelt und Churchill erzielen in allen wichtigen Fragen Kompromisse. Das betrifft den Zeitpunkt der Invasion in Frankreich (festgelegt für den 1. Mai 1944), die Billigung sofortiger Offensiven im Pazifikraum und in Italien sowie die Haltung zum Thema Balkan (Großbritannien gibt seine Hoffnung auf eine Balkanoffensive auf).

9 Erste Quebec-Konferenz (Tarnname „Quadrant“) (14. – 17. Aug.): Führende Militärs der USA und Großbritanniens erörtern während der Konferenz Roosevelts und Churchills Einzelheiten der Invasion in Frankreich über den Kanal, vereinbaren Unterstützung bei der Offensive in Italien, Hilfe für China zur Fortsetzung des Kampfes gegen Japan und halten Vorbesprechungen über die Offensive in Burma ab.

10 Washington (2. Sept.): Churchill und Roosevelt setzen ihre Planungsgespräche fort.

11 Zweite Moskauer Konferenz (18. Okt. – 1. Nov.): Die Außenminister der Alliierten verabschieden Erklärungen über gemeinsames militärisches/politisches Entscheiden in befreiten Ländern.

12 Atlantic City (9. Nov. – 1. Dez.) Die erste Zusammenkunft der UNRRA (Hilfsorganisation zur Unterstützung der Flüchtlinge und Verschleppten) findet statt.

13 Erste Kairoer Konferenz (Tarnname „Sextant“) (22. – 25. Nov.) Roosevelt, Churchill und Chiang Kai-shek erörtern Pläne für Burma und China. Keine Resolutionen. Die Erörterung einer gemeinsamen Strategie des Westens für die Konferenz von Teheran (siehe unten) bleibt aus.

14 Teheran (Tarnname „Eureka“) (28.11. – 1.12.) Stalin, Roosevelt und Churchill treffen am 28.11. erstmals zusammen. Die Invasion über den Kanal wie auch die Pläne für eine Invasion in Südfrankreich werden bestätigt. Stalin sagt den Eintritt der SU in den Krieg gegen Japan zu.

15 Zweite Kairoer Konferenz (4. – 6. Dez.): Roosevelt und Churchill treffen mit dem türkischen Staatspräsidenten Inönü zusammen, der den Eintritt der Türkei in den Krieg abermals ablehnt.

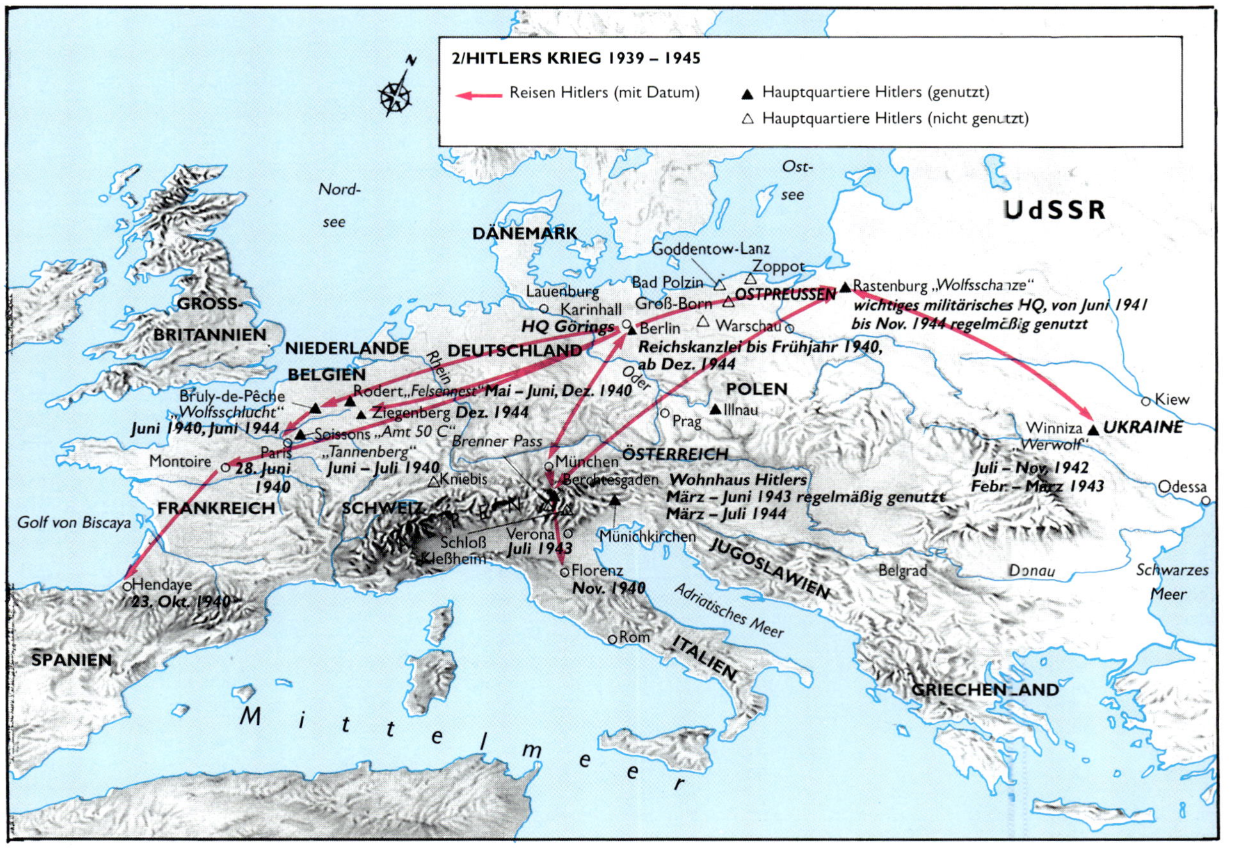

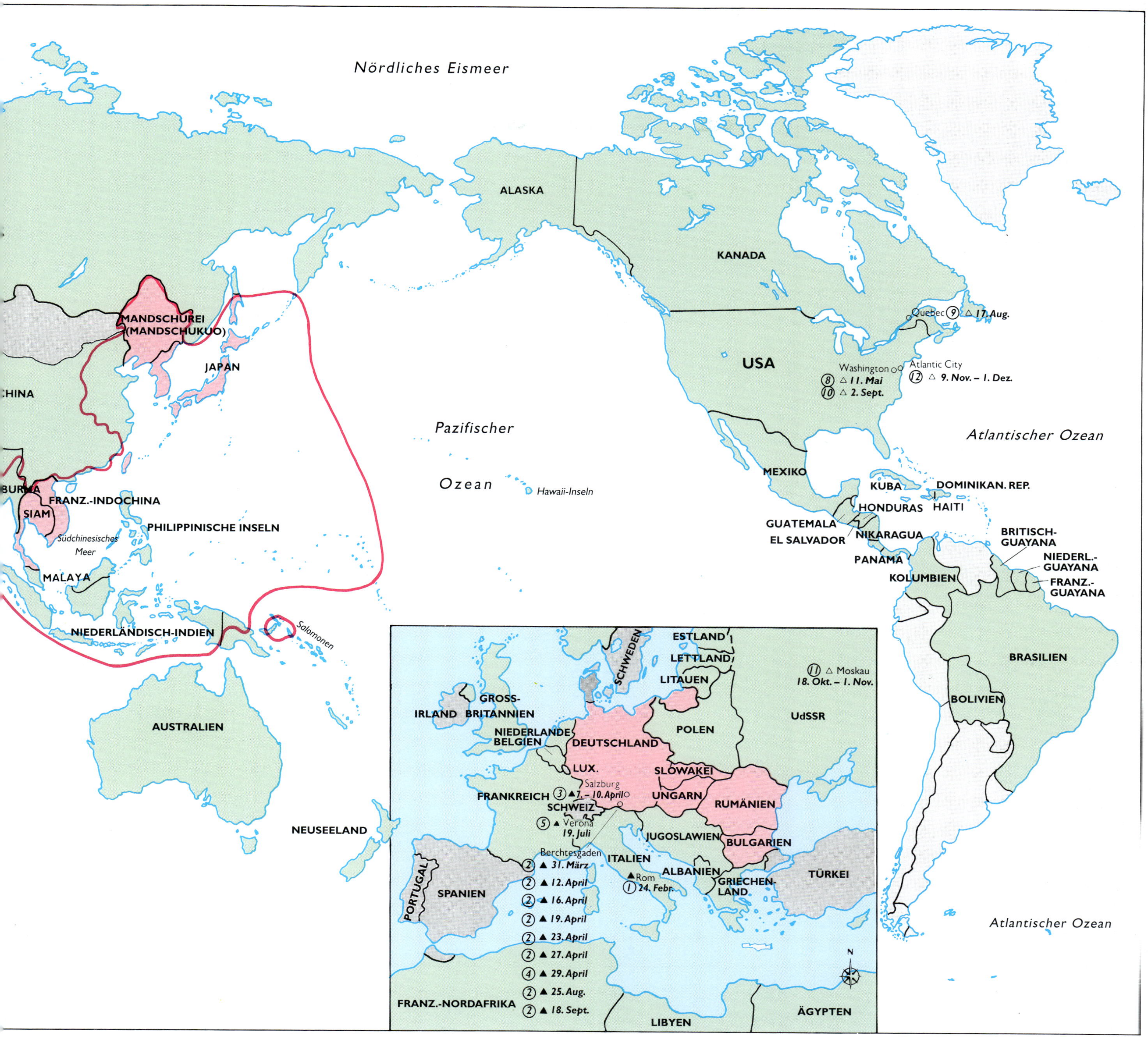

1943 WAR EIN JAHR wichtiger Entscheidungen für die Alliierten *(1)*. Es wurden Beschlüsse über die Form der Strategie gefaßt, die den Krieg in Europa beenden sollte. Weiterhin wurden vorläufige Pläne für die politische Neustrukturierung der Nachkriegswelt geschmiedet. Während die zweite Front in Europa noch zu eröffnen war, hatten die westlichen Alliierten Nordafrika bereits zurückgewonnen und marschierten in Italien ein. Die Rote Armee hatte Stalingrad befreit und entscheidende Schlachten bei Kursk und Charkow gewonnen. Im Herbst begann sie ihren Siegeszug in Richtung Westen und trieb die Deutschen und ihre Verbündeten zurück bis zur Dnepr-Linie. Im Südwestraum des Pazifik traten die Japaner schleunigst den Rückzug an und bereiteten sich auf den unvermeidlichen US-Vormarsch in den westpazifischen Raum vor, obwohl ihnen nicht klar war, wann und wo dieser vonstatten gehen würde. Die Stärke der Alliierten nahm noch immer zu: Die Türkei blieb neutral, doch Italien wechselte mit seiner Kriegserklärung gegen Deutschland im September 1943 die Seiten. Sowohl brasilianische als auch mexikanische Einheiten befanden sich im Einsatz, und die polnische 1. Armee unter Anders war, aus der UdSSR kommend, auf dem Mittelmeerschauplatz eingetroffen, um in Italien zur Tat zu schreiten. Der Umschwung im Erfolg der Achse spiegelte sich in der Behandlung der Angelegenheiten Hitlers wider: Die glorreichen Gipfeltreffen vergangener Jahre waren aufgegeben worden, und er verbrachte seine Zeit nun in militärischer Klausur in seinem östlichen Hauptquartier bei Rastenburg (das HQ bei Winniza war aufgegeben worden) oder in seiner Villa in Berchtesgaden. Hitler geriet bei jeder neuerlichen Krise an der Ostfront in zunehmendem Maße außer Fassung. Die Audienzen mit seinen Verbündeten waren von Konfrontationen überschattet. Er entzog sich seiner politischen Verantwortung, indem er Berlin mied. Hitler begann sich nun einzubilden, daß er den Krieg mit Geheimwaffen gewinnen könne. Die fliegende Bombe V 1 und die V 2-Rakete, düsengetriebene Jagdflugzeuge, sehr weitreichende Artillerie, ein U-Boot vom Typ XXIII – sie alle befanden sich noch in der Entwicklung. Doch mit Ausnahme der 1944 in Dienst gestellten V-Waffen wurden sie – wenn überhaupt – viel zu spät einsatzfähig.

Bild oben rechts: Ein sowjetisches Plakat, das die Stärke der Alliierten preist. Darunter: Die „Sextant"-Konferenz fand in Kairo vom 22. bis 25. November statt. Sitzend (von links) Chiang Kai-shek, Roosevelt, Churchill, Madame Chiang Kai-shek. Ganz rechts: Die deutsche V 2-Rakete bei einem Test in Peenemünde 1943.

Die Atlantikschlacht IV Oktober 1943–Mai 1945

Zu keinem Zeitpunkt – selbst auf dem Höhepunkt der Macht – beruhte die britische Seeherrschaft auf dem Ausgang einer einzelnen Schlacht. Die Herrschaft über die Meere, die Großbritannien in aufeinanderfolgenden Kriegen ausgeübt hatte, war durch wiederholte Siege gesichert worden. Sie war allerdings nie in der Lage gewesen, beträchtliche Handelsverluste durch Feinde zu verhindern, die einen *Kaperkrieg* führten. Ab August 1943 mußten die Alliierten ihre im Sommer errungenen Siege (siehe Seite 108) über die U-Boote wiederholen, wenn auch auf einer bescheideneren Ebene. Im Verlauf der verbleibenden zwanzig Kriegsmonate gab es zwei recht unterschiedliche Aspekte für die Anwendung einer siegreichen Seemachtpolitik: einen Defensiverfolg, um weiterhin die gegen den Schiffsverkehr gerichteten Bestrebungen der Deutschen zu durchkreuzen, und einen Offensiverfolg beim Hineintragen des Krieges nach Nordeuropa sowie bei der vollständigen Zerstörung des deutschen Seehandels.

In der letzten Phase des Krieges in Europa war eine abnehmende Bedrohung durch U-Boote zu verzeichnen, jedoch nicht der Sieg über die U-Boot-Waffe an sich. Im gesamten Jahr 1943 stellte die deutsche Kriegsflotte 272 Boote in Dienst. Weitere 242 Boote folgten 1944. Angesichts des Verlustes von 237 bzw. 242 Booten im Verlauf dieser beiden Jahre war die U-Boot-Flotte in der Lage, sich zu behaupten und ihre zahlenmäßige Stärke sogar zu erhöhen, bis im April 1945 die größte Anzahl von im Dienst befindlichen Booten erreicht wurde. Im Verlauf des Jahres 1944 versenkten deutsche U-Boote 432 Handelsschiffe mit ca. 785 700 BRT Schiffsraum. Das waren zwar weniger Schiffe, jedoch mehr Tonnage, als die Alliierten im Juni 1942 verloren hatten. In dieser letzten Phase des Kampfes auf dem Meer beruhte die Wirksamkeit der deutschen U-Boote allerdings nicht auf dem Versenken alliierter Handelsschiffe. Vielmehr bestand sie darin, unverhältnismäßig umfangreiche alliierte Seestreitkräfte zu binden, während die deutsche Seite auf die Indienststellung einer neuen U-Boot-Generation wartete, die, so hoffte man insgeheim, den Alliierten die Initiative entreißen würde (Typ XXIII mit hoher Unterwassergeschwindigkeit). Am 30. April 1945, dem Tag, an dem Hitler Selbstmord beging, fand der erste Einsatz dieser neuen U-Boote statt. Er kam aber viel zu spät, um noch irgendeine Auswirkung auf den Seekrieg zu haben.

In dieser letzten Phase des Krieges kam der Geleitschutz für Schiffe wieder als Hauptmittel zur Zerstörung von U-Booten auf. Die Einführung des Schnorchelbetriebes gestattete es U-Booten, ihre Batterien in Sehrohrtiefe aufzuladen, womit sie ein Auftauchen vermeiden konnten. Sie verfügten nun über eine gewisse Sicherheit vor einer Entdeckung aus der Luft und damit vor Zerstörung, wenn auch auf Kosten einer beträchtlich geminderten Leistung. Die verschiedenen technischen Entwicklungen der vorangegangenen Jahre ermöglichten es den Alliierten nun, den Kampf gegen die U-Boote aufzunehmen. Die Geleitzüge wurden größer und waren in der Lage, unabhängig in Gewässern zu operieren, die von U-Booten befahren wurden.

Die Einführung des Torpedos mit akustischem Zielsuchkopf als Mittel gegen die Wirksamkeit des Geleitschutzes war nicht von Erfolg gekrönt. Da die Geleitschutzkräfte genötigt waren, bei geringer Geschwindigkeit zu operieren, um die Wirkung der Torpedos zunichte zu machen, sahen sie sich nun erstmals gezwungen, gegen die U-Boote Raketen einzusetzen, die die Boote tauchunfähig machten, so daß sie an der Wasseroberfläche bekämpft werden konnten. Dieses Waffensystem war 1941 eingeführt, aber kaum genutzt worden. Von 1944 an erwies es sich jedoch als das gefährlichste Mittel zum Angriff und zur Zerstörung von U-Booten.

Die alliierte Seekriegsoffensive wurde hauptsächlich durch landgestützte Luftstreitkräfte getragen. Acht der neun bedeutenden deutschen Kriegsschiffverluste im letzten Kriegsjahr waren auf direkte Luftangriffe zurückzuführen. Diese Operationen und das Verminen führten in den letzten fünf Kriegsmonaten zum Zusammenbruch der deutschen Minenräumflotte sowie der Handelsmarine. Seit Beginn

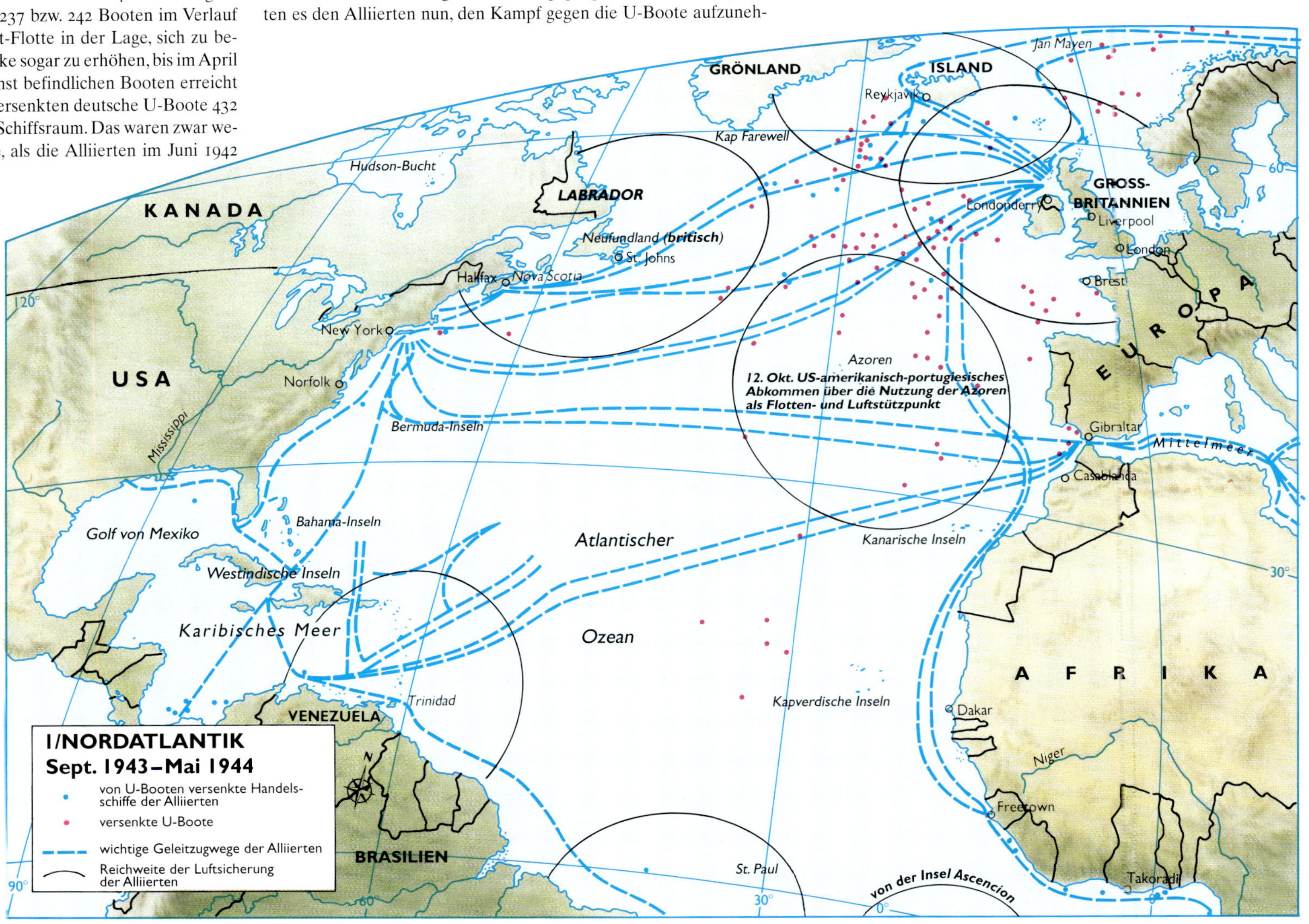

Nach ihrer Niederlage im August 1943, als sie lediglich zwei Handelsschiffe im Nordatlantik versenkten (siehe Seite 108), unternahmen die deutschen U-Boote mehrfach den Versuch, die Initiative wieder an sich zu reißen. Doch trotz der Einführung des Torpedos mit akustischem Zielsuchkopf und des Schnorchelbetriebes waren sie gezwungen, sich aus dem Atlantik zurückzuziehen, nachdem sie im November 1943 und im März 1944 schwere Verluste erlitten hatten ***(1)***. Danach wurden die U-Boote für Operationen in britischen Heimatgewässern ***(4)*** und gegen alliierte Invasionstruppen konzentriert. Später, als der „Schnorchel" allgemein in Dienst gestellt wurde, waren auf beiden Seiten immer weniger Erfolge zu verzeichnen, da die U-Boote nun über ein hohes Maß an Sicherheit vor Entdeckung und Zerstörung verfügten. Dies ging jedoch zu Lasten der Angriffswirksamkeit ***(3)***. Die für die Alliierten zu verzeichnenden Erfolge der letzten Kriegswochen speziell im Kattegat ***(4, 5,*** und ***7)*** betrafen hauptsächlich ältere Boote.

Bild oben rechts: Britische „Beaufighter" beim Angriff auf deutsche Minenräumboote im Hafen. Die Vorherrschaft der Alliierten in der Luft behinderte von 1944 an ernsthaft die Aktivitäten der deutschen Kriegsflotte.

3/VERLUSTE DER ALLIIERTEN AN HANDELSSCHIFFEN Okt. 1943–Mai 1945 *in BRT (Anzahl der Schiffe)*

Datum	durch U-Boote	durch Flugzeuge	durch Minen	durch Kriegsschiffe auf Kaperfahrt	durch Hilfskreuzer	durch Sprengboote	andere oder unbekannte Ursachen	Gesamtverluste im Vierteljahr
Okt.–Dez. 1943	250 959 (47)	160 603 (28)	32 526 (9)	keine Verluste	keine Verluste	8 538 (4)	150 (1)	452 776 (89)
Jan.–März 1944	328 145 (54)	45 853 (7)	14 352 (2)	7 840 (1)	keine Verluste	2 280 (4)	755 (4)	405 450 (74)
April–Juni 1944	144 448 (24)	31 636 (6)	24 654 (6)	keine Verluste	2 280 (4)	10 735 (4)	keine Verluste	213 753 (44)
Juli–Sept. 1944	205 448 (37)	keine Verluste	16 745 (7)	keine Verluste	keine Verluste	14 395 (2)	5 277 (2)	241 865 (48)
Okt.–Dez. 1944	95 286 (17)	43 167 (6)	40 104 (13)	keine Verluste	keine Verluste	1 141 (1)	4 863 (2)	184 561 (39)
Jan.–März 1945	187 298 (39)	14 353 (2)	70 508 (18)	keine Verluste	keine Verluste	10 222 (5)	7 036 (7)	289 417 (71)
April–Mai 1945	82 979 (16)	29 998 (4)	8 733 (6)	keine Verluste	keine Verluste	keine Verluste	keine Verluste	121 710 (28)
Juni–Aug. 1945	11 439 (1)	keine Verluste	14 422 (4)	keine Verluste	keine Verluste	keine Verluste	1 833 (3)	25 888 (7)

Gesamtverlust je Kriegsschauplatz *Okt. 1943–Aug. 1945*

Atlantischer Ozean	*Mittelmeer*	*Indischer Ozean*	*Pazifischer Ozean*
497 895 (88)	371 012 (69)	417 938 (68)	120 023 (16)

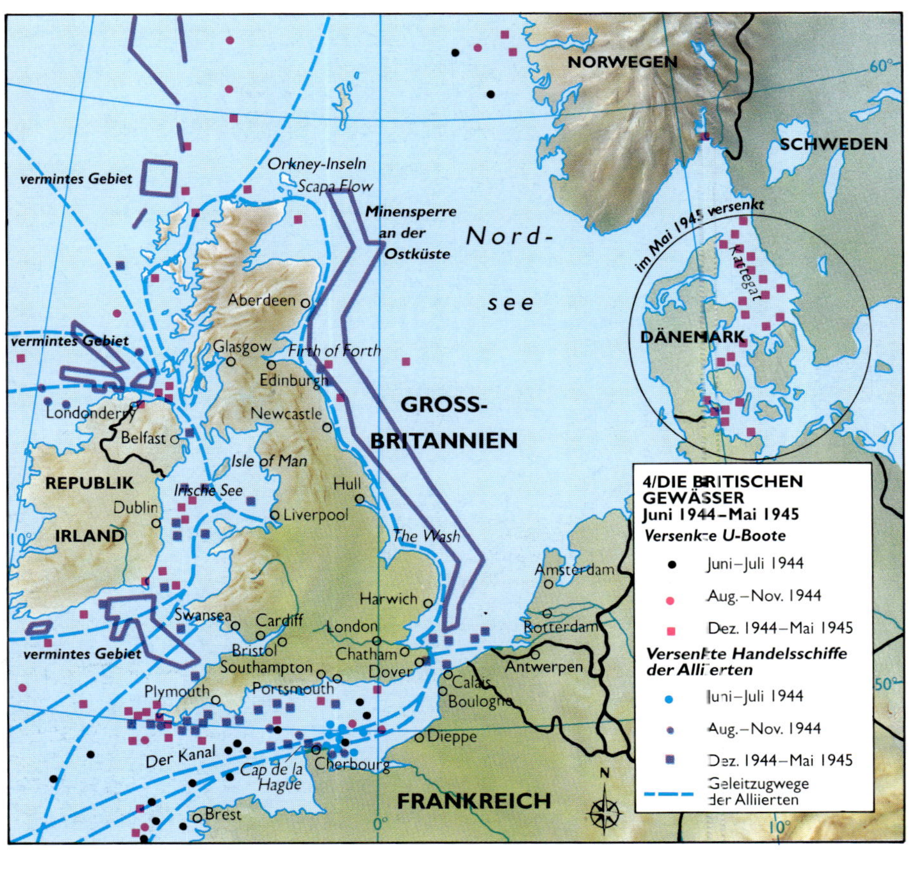

des Krieges hatte zwar die konventionelle Seemacht die deutschen Handelsschiffe von den Weltmeeren vertrieben, doch aufgrund seiner eigenen Rohstoffe sowie durch seine Eroberungen verfügte Deutschland bis 1944 über ausreichend Schiffsbestand, um seinen bescheidenen Ansprüchen an den Schiffsverkehr Genüge zu tun. Als allerdings 1944 Schweden den Rückzug aus dem Seehandel mit Eisenerz antrat, war Deutschland nicht mehr in der Lage, den Mangel in diesem Bereich auszugleichen. Die deutsche Marine behielt zwar einen gewissen Grad an Wirksamkeit bis zum Ende des Krieges bei. Hatte sie im Jahr 1939 allerdings noch über etwa 4 572 241 BRT Schiffsraum verfügt, so verblieben ihr im Mai 1945 nur noch 1 524 080 BRT. Allein in den letzten 16 Kriegsmonaten verlor Deutschland 1 068 888 BRT Schiffsraum.

Folglich war der Sieg der Alliierten auf dem Meer ebenso umfassend wie die Ergebnisse der Auseinandersetzungen auf dem Lande und in der Luft. Im Verlauf des gesamten Krieges beliefen sich die Verluste an alliierten und neutralen Schiffen, die auf Kampfhandlungen der Achse und auf natürliche Ursachen zurückzuführen waren, auf 22 353 180 BRT Schiffsraum. Doch die Alliierten bauten in diesem Zeitraum Schiffe mit einem Gesamtschiffsraum von 42 674 253 BRT Schiffsraum. Hinzu kommt, daß der dank ihrer Seeherrschaft weltweite Zugang zu den Rohstoffquellen der Alliierten die Oberhand über Deutschland gab, das in zunehmendem Maße darauf angewiesen war, den Krieg auf der Grundlage der eigenen Ressourcen zu führen. Die Marine hatte bei der Erhaltung des deutschen Handels auf den Weltmeeren versagt. Sie war darüber hinaus nicht in der Lage gewesen, die deutschen Eroberungen und Deutschlands Verbündete vor einer Invasion zu schützen.

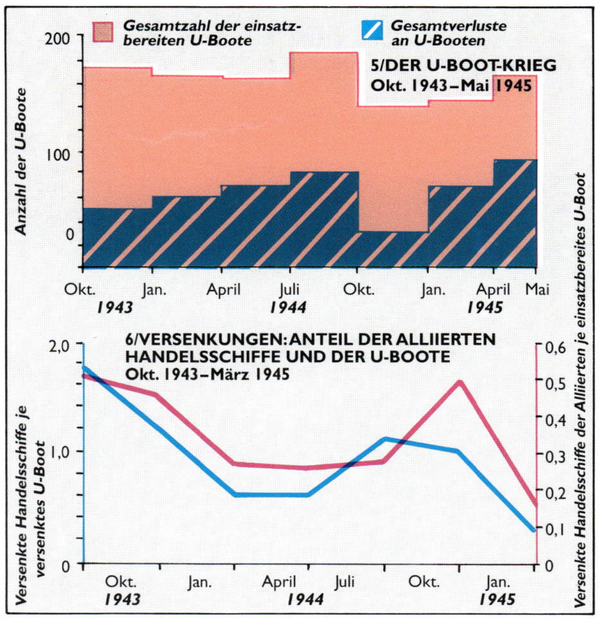

Abgesehen von Rückzugsaktionen vor größeren Invasionen nahm die Stärke der alliierten Geleitzüge im Atlantik im Verlauf des Krieges zu **(7)**. Ausgenommen davon waren die letzten Monate, als eine zunehmende Flottenkonzentration in britischen Heimatgewässern als Antwort auf das veränderte deutsche Operationsmuster zu verzeichnen war **(2)**. Selbst mit dem „Schnorchel" waren die U-Boote nicht in der Lage, den generellen Trend in den verschiedenen Verhältnisrechnungen **(6)** umzukehren, die am besten den Verlauf der Schlacht im Atlantik widerspiegelten. Das neue Klein-U-Boot vom Typ XXIII forderte sein erstes Opfer erst im Frühjahr 1945. In den letzten Kriegsmonaten verzeichneten alliierte strategische Bomber ihren einzigen länger anhaltenden Erfolg mit der Zerstörung von 62 U-Booten und verursachten eine Reihe von bedeutsamen Verzögerungen und Verlusten beim Bau der U-Boote vom Typ XXI und XXIII. Nur 830 der insgesamt 1 162 gebauten U-Boote wurden in Dienst gestellt. Die Verluste beliefen sich auf 784 U-Boote, von denen 696 durch alliierte Kampfhandlungen zerstört wurden.

Bild unten: Ein im Bau befindliches Schiff vom Typ „Liberty" in Oregon. Durch den Einsatz von Fertigungslinien und vorgefertigten Baugruppen waren die US-Schiffsbauer in der Lage, ein solches Handelsschiff innerhalb von nur 10 Tagen zu bauen.

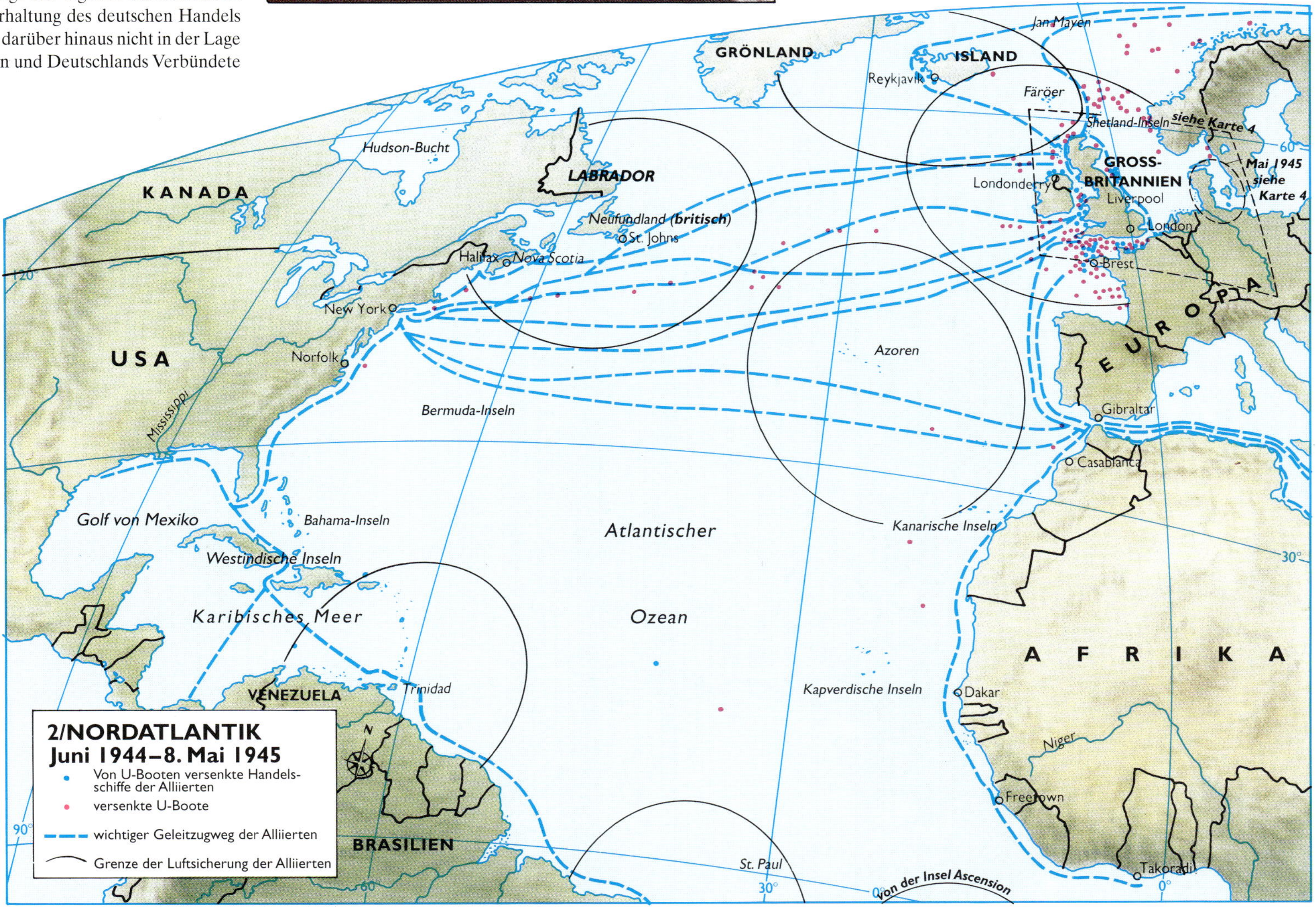

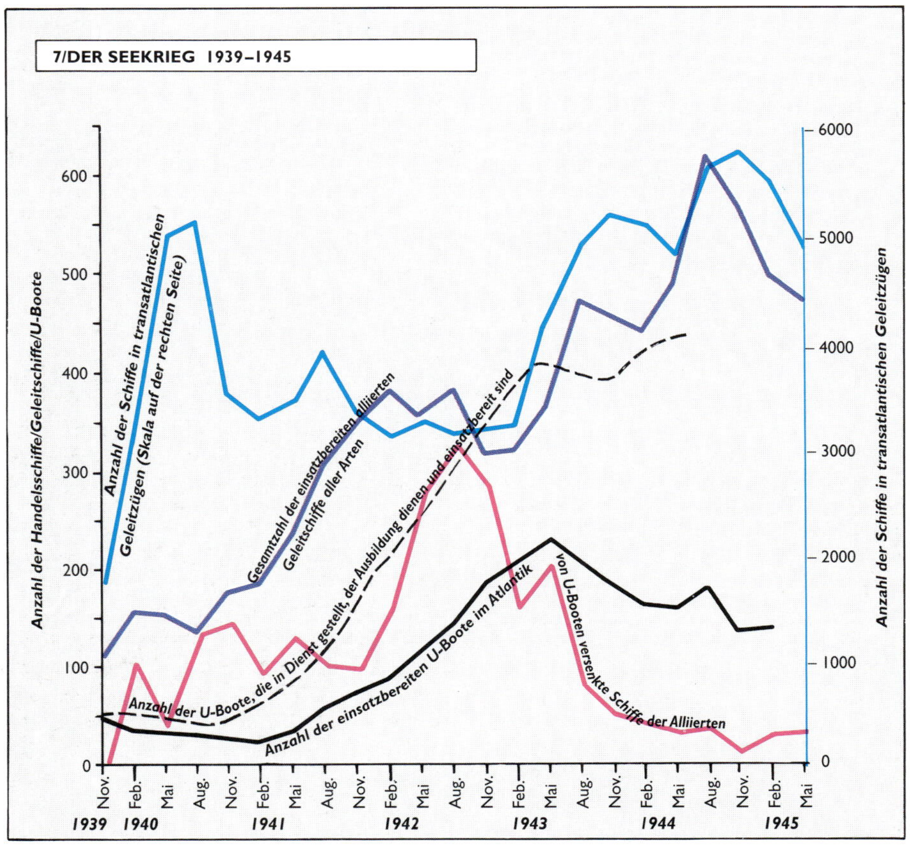

Der Luftkrieg über Europa III 1944–1945

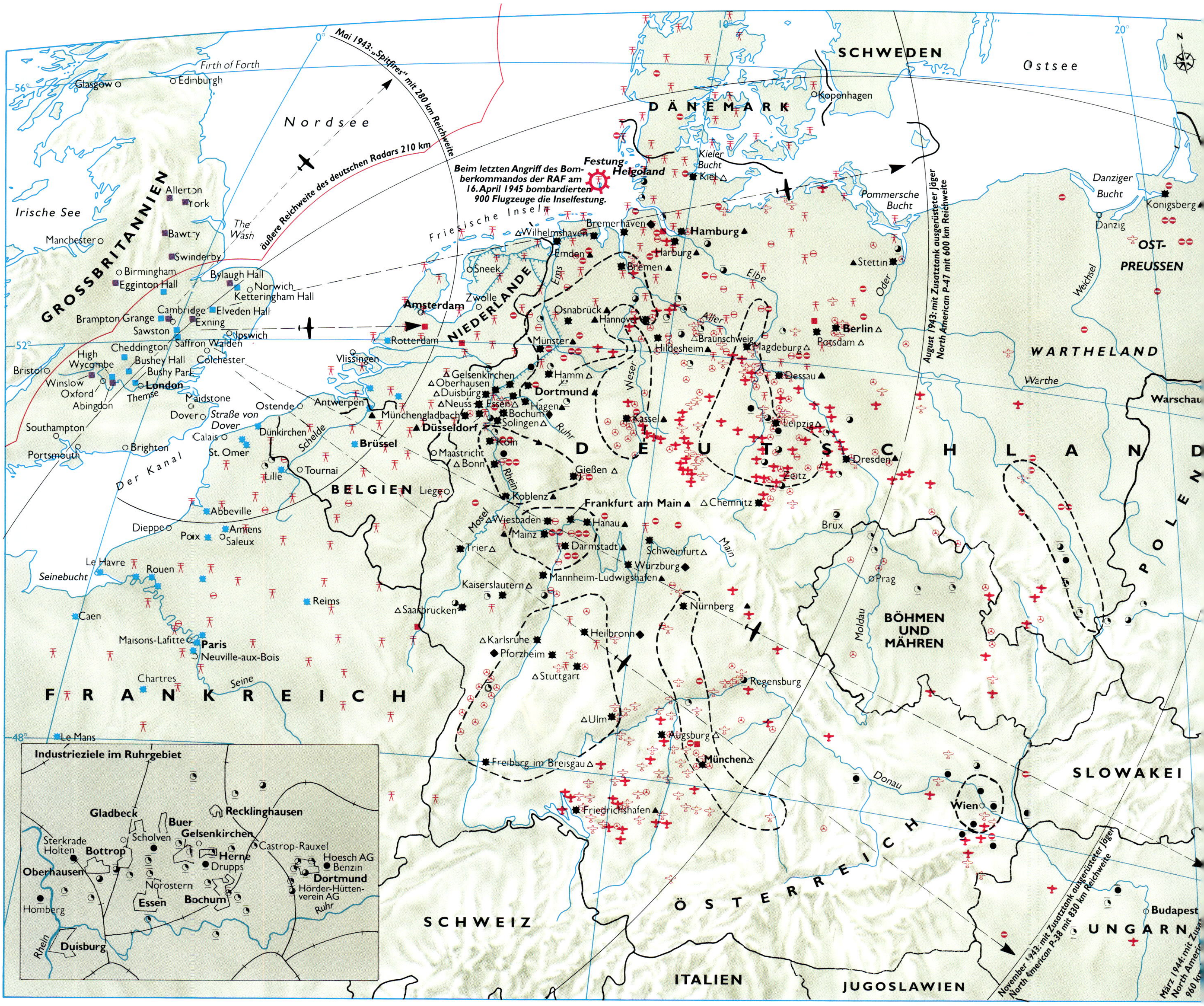

DIE STRATEGISCHEN Bombenangriffe, die vier Jahre zuvor von der RAF begonnen wurden, hatten 1944 eine neue Qualität erreicht. Bis dahin hatten weder das britische Bomberkommando noch die 8. US Air Force ausreichend Bomber an der Frontlinie, um der deutschen Wirtschaft nennenswerten Schaden zuzufügen. Erst 1944 wurde der Einsatz des neuentwickelten Funkpeilverfahrens allgemein üblich, das die Zielgenauigkeit der Bombenabwürfe verbesserte. Außerdem entwickelten die Alliierten im Jahr 1944 den Langstrecken-Begleitjäger P-51 „Mustang“ mit abnehmbaren Zusatztanks, mit dessen Hilfe sie den Kampf mit der Luftwaffe über deren eigenem Territorium aufnehmen und die für weitere Bombenangriffe notwendige Luftüberlegenheit erreichen konnten. Die enorme zahlenmäßige Überlegenheit der Alliierten hatte entscheidende Auswirkungen: Im Sommer 1944 besaß die Luftwaffe keine wesentliche Kampfkraft mehr, und die Alliierten konnten schließlich den strategischen Wert der kombinierten Bomberoffensive testen.

Bevor dies jedoch geschah, forderten die Oberbefehlshaber der Alliierten, daß die Bomber, die durch die starke deutsche Luftverteidigung vom Territorium Deutschlands ferngehalten wurden, stattdessen dazu eingesetzt werden sollten, dem Einmarsch der alliierten Truppen auf dem europäischen Festland den Weg zu ebnen. Diese Hilfe nahm zweierlei Form an: Zum einen zielte die Operation „Pointblank“ auf die Zerstörung der deutschen Luftwaffe und ihrer Versorgungsquellen ab, zum anderen bestand sie in der systematischen Zerstörung taktischer Ziele (Brücken, Bahnlinien und Lagerhäuser), um die bewaffneten deutschen Streitkräfte daran zu hindern, den Einmarsch in der Normandie abzuwehren. Der Angriff auf die deutsche Luftwaffe wurde in der Operation „Big Week“ im Februar 1944 mit größtem Erfolg ausgeführt. Er zerstörte einen Großteil der deutschen Flugzeugindustrie und der im Bau befindlichen Flugzeuge. Die Luftschlacht, die der Operation „Overlord“ vorausging, vernichtete schließlich die deutsche Luftwaffe, das als ein Zwischenschritt betrachtet wurde. Ab Juni konnten sich die alliierten Bomber ohne Gegenwehr der Luftwaffe über deutschem Territorium bewegen.

Obwohl die beiden alliierten Luftwaffen noch immer ihre Angriffe getrennt voneinander bei Tag und bei Nacht flogen, gingen sie nun daran, größere Präzision walten zu lassen. Das wurde durch neue Navigationshilfen möglich. In der zweiten Jahreshälfte 1944 erfolgten zunächst systematische Angriffe auf die Erdölindustrie und schließlich auf die Verkehrsanlagen. Deren Zerstörung behinderte entscheidend die Fortsetzung der Kriegsproduktion auf hohem Niveau. Wenn auch die deutsche Produktionsleistung sich bis gegen Ende des Jahres 1944 noch steigerte, so wurden doch nun die letzten unersetzlichen Rohstoffreserven aufgebraucht. Strategische Angriffe der Alliierten Ende 1944 und im Jahr 1945 führten die deutsche Industrie an den Rand des Zusammenbruchs. Die kombinierte Offensive schwächte das Reich auf verheerende Weise und ermöglichte es den Armeen aus Ost und West, nach Deutschland vorzudringen und den Krieg zu beenden.

Insgesamt gesehen wurden im Verlauf der kombinierten Offensive 920 545 Tonnen Bomben auf deutsche und französische Ziele abgeworfen. Die meisten von ihnen waren Industrieanlagen: 227 590 Tonnen auf die Erdölindustrie, 324 120 Tonnen auf Verkehrsanlagen und 57 915 Tonnen auf die Flugzeugindustrie. Vor und nach der kombinierten Offensive warf die RAF weitere 684 820 Tonnen auf Ziele in Europa ab, in der Hauptsache auf deutsche und italienische Städte. Im März 1945 verfügte die achte US Air Force über 7 100 Flugzeuge, das britische Bomberkommando über 6 900. Beide Streitkräfte verloren insgesamt 21 900 Flugzeuge und 158 000 Angehörige von Flugzeugbesatzungen. Doch der von Deutschland zu zahlende Preis war gewaltig: die Beschädigung oder Zerstörung riesiger städtischer Gebiete und schätzungsweise 650 000 Tote, von denen ein Großteil Frauen, Kinder und alte Menschen waren. Das Ausmaß der Zerstörung in den Feuersturm-Angriffen auf Dresden (Februar 1945) löste allerdings in der Nachkriegszeit hitzige Debatten über die Ethik von Flächenbombardements aus.

Die Bombenangriffe ließen den Krieg nicht von selbst aufhören, wie manche der Strategen gehofft hatten. Aber die Auswirkungen auf Deutschland waren beträchtlich. Die Offensive machte die Umverteilung enormer Ressourcen erforderlich. Ab 1944 arbeiteten über zwei Millionen Deutsche in der Luftverteidigung. Das war mehr als die gesamte Arbeitnehmerschaft in der Flugzeugindustrie. Ein Drittel der Artillerieproduktion und ein Fünftel aller Granaten wurde der Luftverteidigung zugeführt. Gleiches galt für die Hälfte der elektrotechnischen Produktion und für ein Drittel der in der optischen Industrie hergestellten Produkte. Mit dem Aluminium, welches in der Luftverteidigung Verwendung fand, hätten schätzungsweise 10–15 000 Jagdflugzeuge mehr gebaut werden können. Abgesehen davon erzwang das Präzisionsbombardement der Alliierten die Streuung eines Großteils der Waffenproduktion auf weniger effektive und auf dezentralisierte Standorte. Die dort Beschäftigten lebten in ständiger Furcht vor Störangriffen. Der Kampfgeist der Menschen war zwar noch nicht gebrochen, doch sie reagierten zunehmend mit Apathie und Passivität. Unter diesen Umständen war es für Deutschland unmöglich, die für den Krieg benötigten Dinge zu produzieren. Die deutsche Luftwaffe hatte geplant, bis 1945 80 000 Flugzeuge jährlich herzustellen. Doch 1944 wurden lediglich 36 000 Stück gefertigt, von denen viele bei der Überführung oder auf den Flugplätzen zerstört wurden bzw. aus Mangel an Treibstoff nicht geflogen werden konnten. Ohne die Bombardierung hätte Deutschland über weitaus mehr Gefechtstechnik verfügt, und die Luftwaffe wäre ein viel wirksamerer Gegner gewesen.

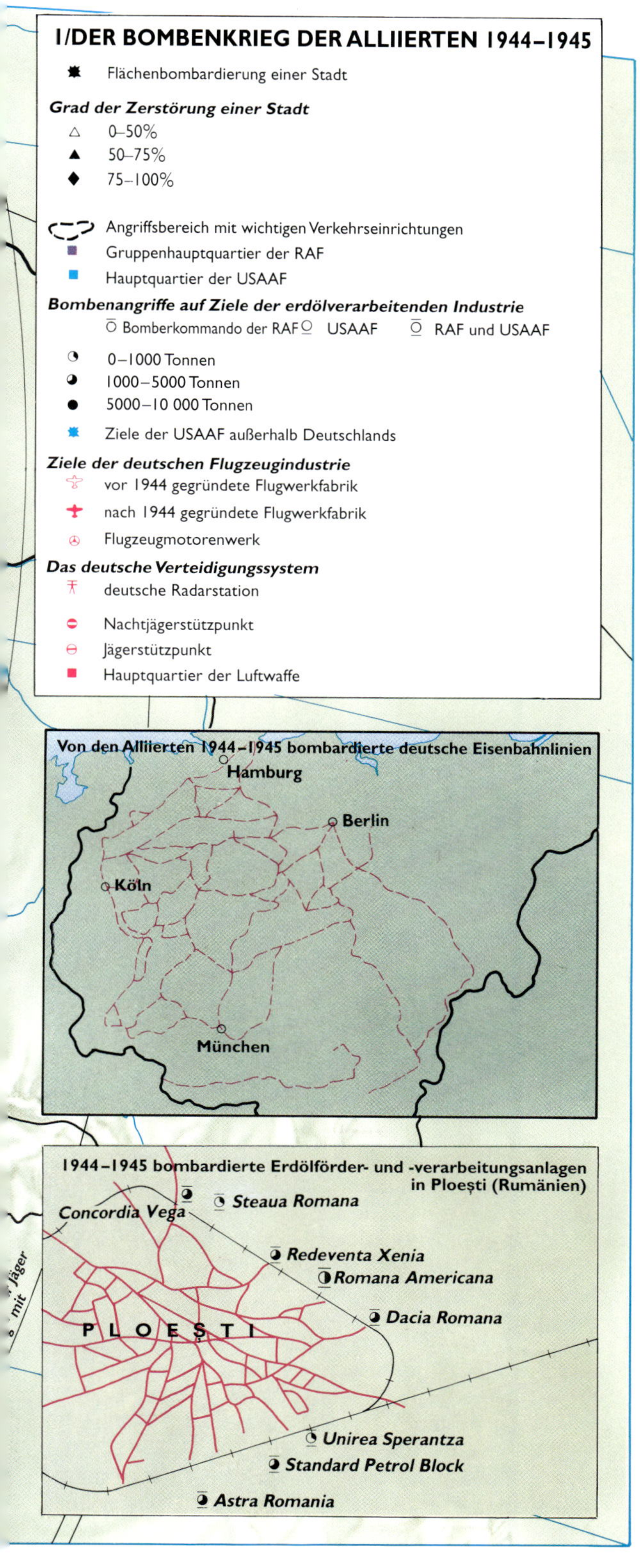

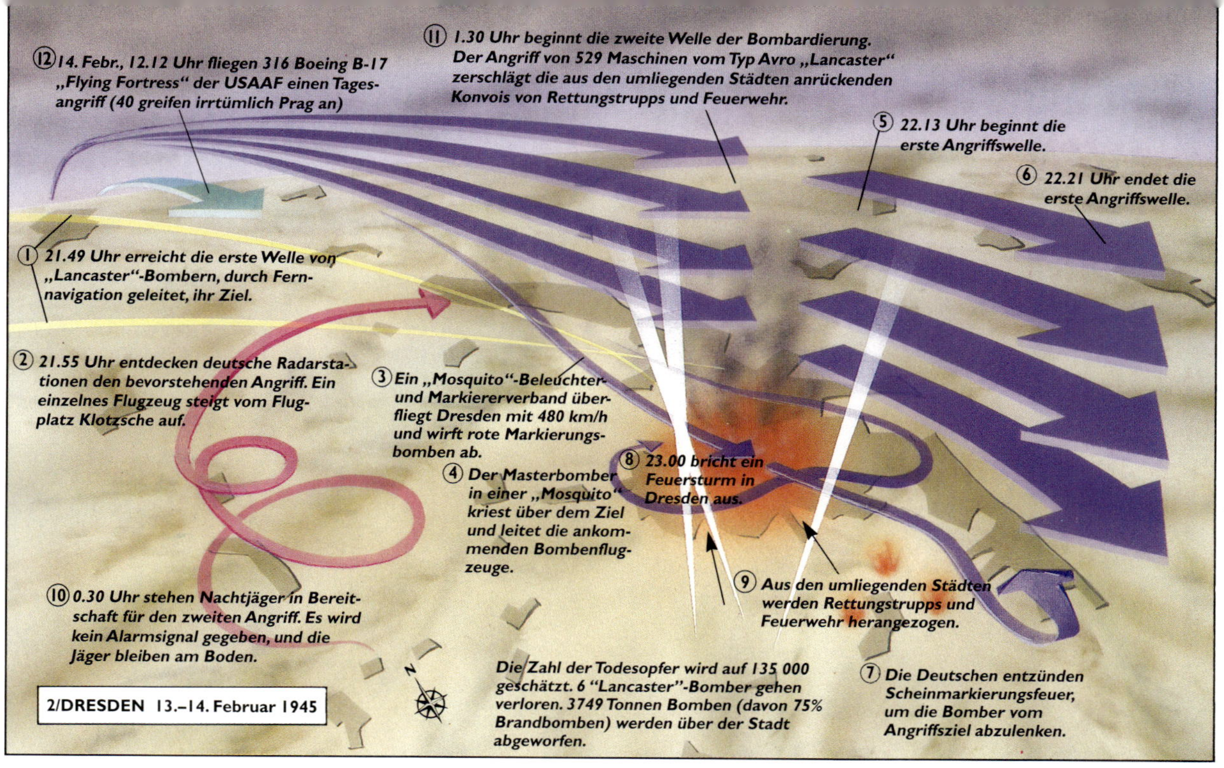

2/DRESDEN 13.–14. Februar 1945

Während der letzten beiden Kriegsjahre richtete sich die kombinierte Bomberoffensive gegen deutsche Industriestandorte *(1)*. Die RAF bombardierte Großstädte und Industriezentren, die 8. US Air Force griff mit Präzision industrielle Ziele an. Das waren hauptsächlich Einrichtungen zur Produktion von Heizöl, Verkehrsanlagen und die Flugzeugindustrie *(4)*. Mit Hilfe technischer Verbesserungen war es möglich, eskortiert durch Langstreckenjagdflugzeuge nahezu alle Gebiete Deutschlands zu bombardieren. Gegen Ende des Jahres 1944 stand die deutsche Wirtschaft trotz immenser Intensivierung der Luftverteidigung vor dem Kollaps. Dresden wurde wurde Opfer einer flächendeckenden Großstadtbombardierung. 70 % der Stadt wurden zwischen dem 13. und dem 15. Februar 1945 im Zuge dreier Angriffswellen durch Bomber zerstört (*2* und *3*). Im Sommer 1944 ordnete Hitler Luftangriffe auf London an *(6)*. Er ließ dabei Geheimwaffen einsetzen, von denen er hoffte, daß sie kriegsentscheidend sein würden: die fliegende Bombe V1 und später die V2-Rakete. Etwa 2 420 V1 und 517 V2 erreichten London, doch sie enthielten nur eine geringe Sprengmitteltonnage. Die Wirksamkeit des Unternehmens wurde durch die Bombardierung der Abschußrampen und durch Angriffe von Jagdflugzeugen auf die Flugkörper beeinträchtigt. Es wurde ein großer Flak-Gürtel zur Verteidigung geschaffen, um die Flugkörper abzufangen. Die Angriffe endeten allerdings erst mit der Einnahme der Abschußrampen.

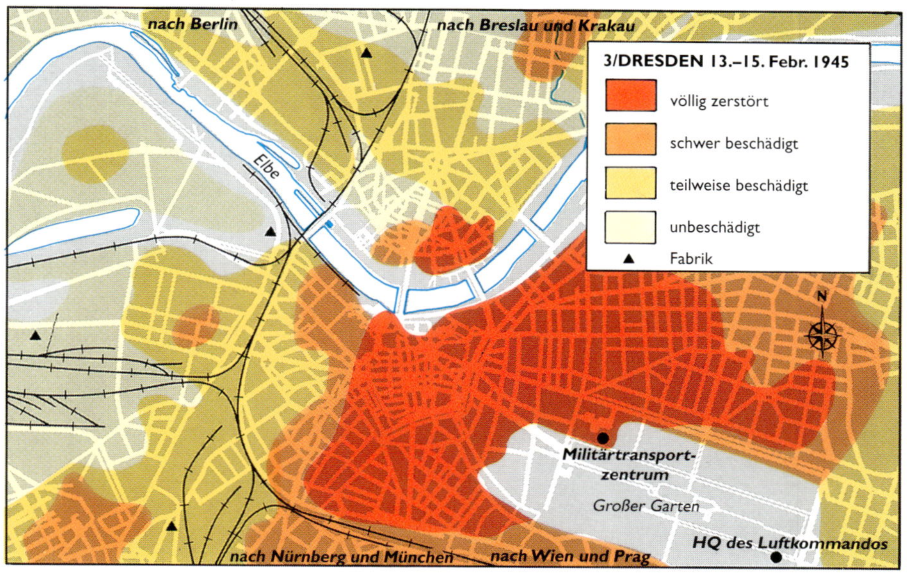

Bild rechts: Die Auswirkungen der alliierten Bombenangriffe auf Dresden.

4/DIE BOMBENSTRATEGIE DER RAF/USAAF 1944–1945

Ziele	Bombenmenge (in t)	Anteil (in %)	Bombenmenge (in t)	Anteil (in %)	USAAF/RAF gesamt
deutsche Flugzeugindustrie	51 017	5,2	6 024	0,5	57 041
Luftstützpunkte, Deutschland	46 979	4,8	4 353	0,3	51 332
U-Boot-Liegeplätze	17 108	1,8	16 721	1,3	33 829
Kugellagerfabriken	6 513	0,7	13 522	1,0	20 035
Anlagen der erdölverarb. Ind.	130 979	13,5	93 902	7,1	224 881
Anlagen der chem. Industrie	14 615	1,5	18 212	1,4	32 827
Gummiwerke	1 032	0,1	771	0,1	1 803
Panzerproduktionsstätten	16 922	1,7	68	0,01	16 990
Straßen- u. Schienenverkehr (einschl. Fr.)	307 115	31,6	107 420	8,1	414 535
Zwischensumme	592 280	60,9	260 993	19,7	853 273
Flächenbombardements	378 780	39,1	1 053 758	80.29	1 432 538
Insgesamt	971 060	100,0	1 314 751	100,0	2 285 811

5/DER BOMBENKRIEG DER ALLIIERTEN 1940–1945 IN ZAHLEN

	USAAF	RAF
abgeworfene Bomben in t	1 461 864	1 235 609
Einsätze von Bombenflugzeugen	754 818	687 462
Einsätze von Jagdflugzeugen	991 750	1 695 049
Verluste an Bombenflugzeugen	9 949	11 965
Verluste an Jagdflugzeugen	8 420	10 045
Verluste an Fliegerpersonal (im Einsatz)	79 265	79 281

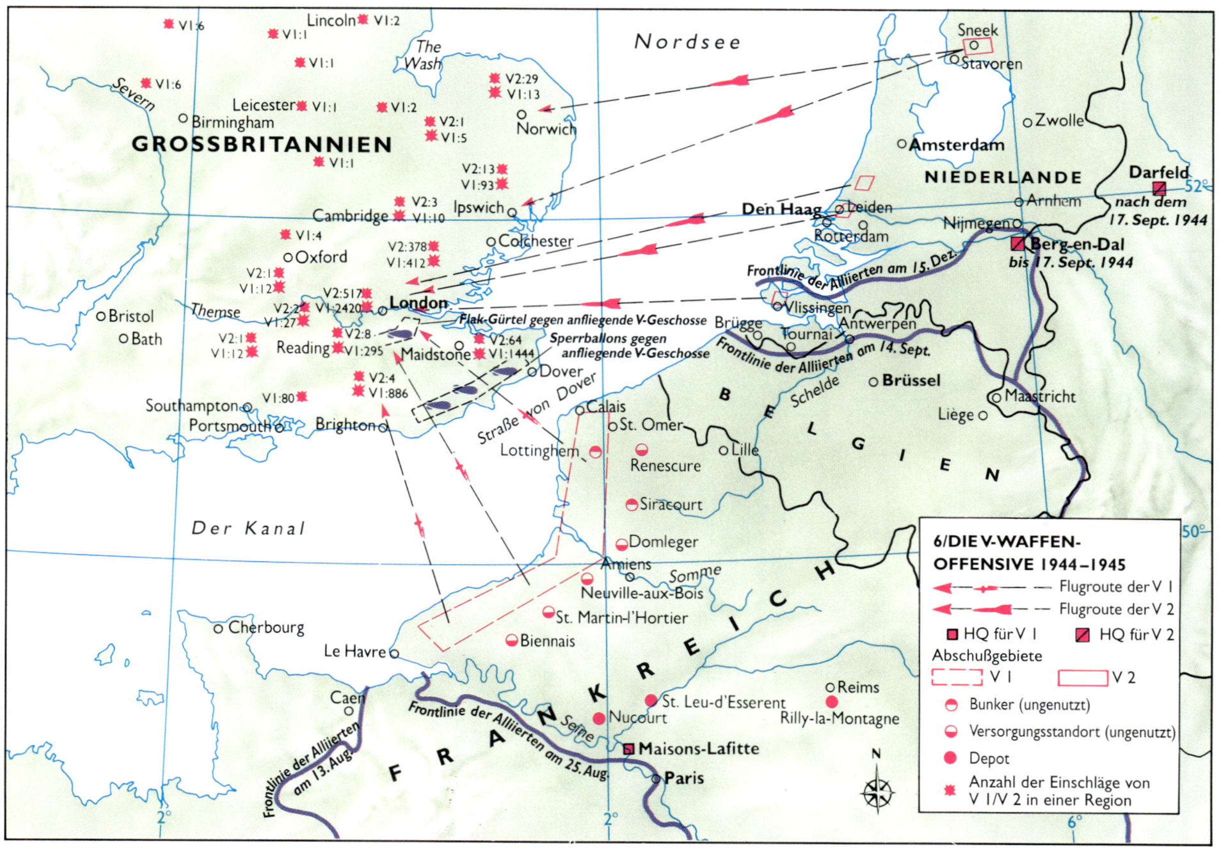

Der pazifische Raum Nov. 1943–Okt. 1944

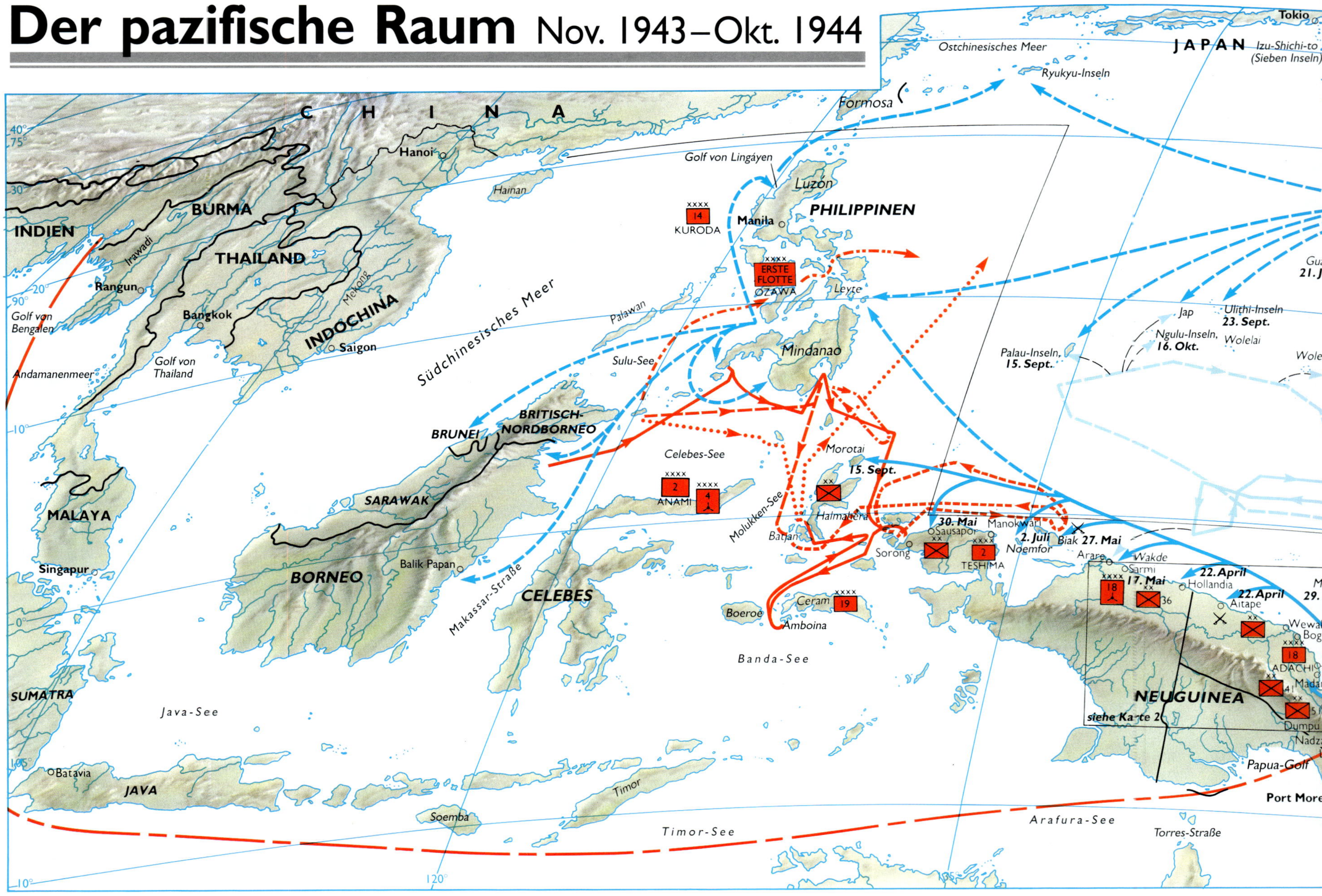

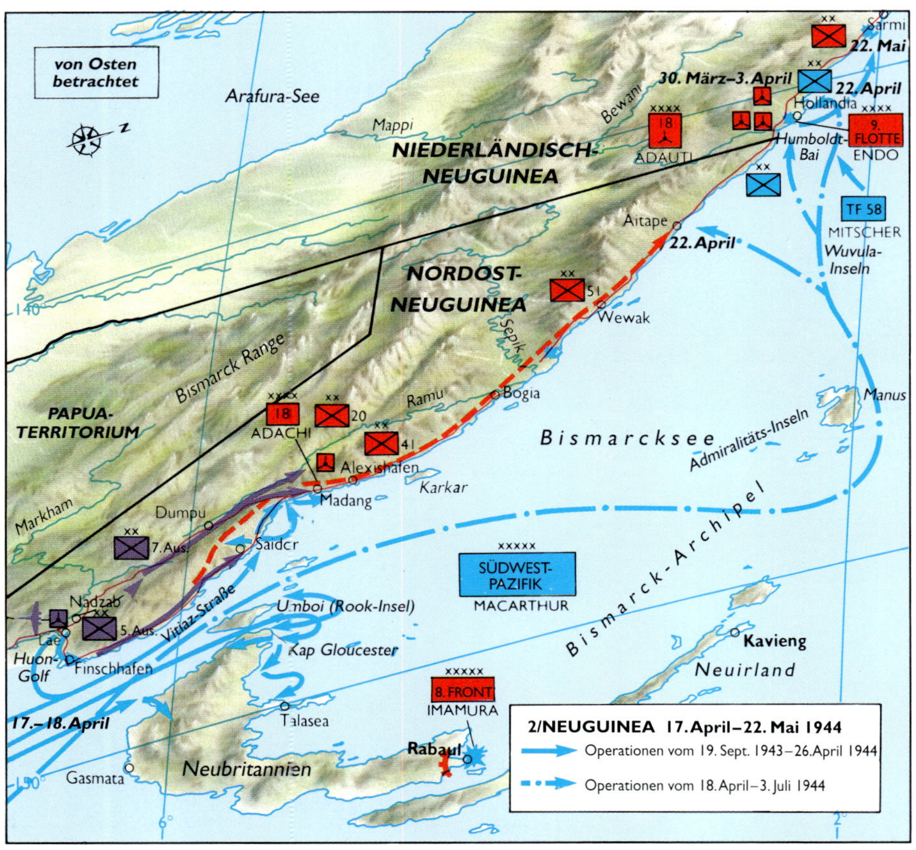

Gegen Ende November 1943 hatte sich das Netz der Alliierten rund um Rabaul infolge der Landeoperationen im Golf von Huon bei Neuguinea und im Gebiet der nördlichen Salomonen zu schließen begonnen (siehe Seite 138). Die Isolierung Rabauls wurde danach in zwei Stufen zu vollziehen ***(2)***. Die enge Belagerung des Stützpunktes wurde erreicht, indem alliierte Truppen zwischen dem 15. Dezember 1943 und dem 20. März 1944 im Westteil Neubritanniens, in Saidor und auf den Admiralitäts-Inseln landeten. Rabauls endgültige Blockade aus der Ferne war dann durch die Landungen in Hollandia und Aitape am 22. April vollzogen, in deren Verlauf die japanische 18. Armee im Markham-Tal und um Wewak herum umgangen wurde. Obwohl der Auftrag der TF 58 gelautet hatte, die Landeoperationen im April zu unterstützen, war ihr Eingreifen weitgehend unnötig gewesen. Im Zuge von sechs schweren Angriffen zwischen dem 30. März und dem 16. April zerstörte die 5. US Air Force die 6. Luftdivision in Hollandia. Der Verlust von Hollandia zwang die Japaner dazu, Biak und Manokwari als Widerstandszentren in Neuguinea einzurichten, doch aufgrund der auf See erlittenen Verluste mußten sie diese zugunsten von Sorong und Halmahera wieder aufgeben. Am 17. Mai landeten US-amerik. Verbände auf Wakde sowie im Gebiet von Arare; ihre Landung auf Biak zehn Tage später ***(1)*** veranlaßte die Japaner, den Amerikanern „die entscheidende Schlacht" vor der Küste der Insel aufzuzwingen. Es dauerte allerdings noch bis zum 10. Juni, bis japanische Einheiten in den Kampf geschickt wurden. Als diese dann am 11. Juni Batjan erreichten, hatten US-amerik. Flugzeugträgerverbände bereits Guam, Tinian und Saipan überfallen. Im Südwestraum des Pazifik fanden keine entscheidenden Kampfhandlungen statt, aber selbst ohne diese war die Front der Alliierten innerhalb zweier Monate um etwa 800 km vorgerückt.

Bild links: Ein vom Flugzeugträger ausgehender Angriff auf japanische Schiffe nahe Hollandia.

Trotz der Niederlage auf Guadalcanar und im östlichen Teil Neuguineas (siehe Seite 120) konnte das japanische Oberkommando sich bis Oktober 1943 damit trösten, daß seine Verteidigungskriegstaktik entlang einer ausgedehnten Frontlinie funktionierte. Diese Taktik hatte das Ziel, die Entschlossenheit der Amerikaner zu zermürben. Nach beinahe zwei Jahren war Japans Stellung im zentralpazifischen sowie im südwestpazifischen Raum kaum gefährdet. Doch die kurz zuvor im Bereich der mittleren Salomonen erlittenen Rückschläge (siehe Seite 122) waren in ihren Auswirkungen nicht gerade vielversprechend. Ein Umdenken in der Strategie im September 1943 sollte dieses Problem lösen. Die Linie Saipan–Truk–Timor wurde zur Hauptwiderstandslinie im Pazifik bestimmt, den Truppenstützpunkten im Osten eine Verzögerungsfunktion zugewiesen. Von nun an betrachtete das japanische Oberkommando zukünftige Operationen nicht mehr mit einem unguten Gefühl und mit Verzweiflung. Im November 1943 sollten die Japaner jedoch feststellen, daß sie ihre Stärke und ihr Durchhaltevermögen überschätzt hatten.

Zwischen September und November 1943 führten die Amerikaner zwei parallel verlaufende Operationen durch. Diese rissen die japanischen Verteidigungsstellungen im zentral- und südwestpazifischen Raum auf und offenbarten gleichzeitig, daß die Berechnungen der Japaner bezüglich der Wirksamkeit ihrer Flotte auf Truk fehlerhaft waren. Anstatt von dort aus dem amerikanischen Vormarsch im Zentral- und Südwestpazifik Einhalt zu gebieten, mußte sich die kaiserliche Flotte vorführen lassen, wie schlecht sie in der Lage war, Flottenkonzentrationen sowohl gegen die eine als auch die andere Offensive durchzuführen. Im November 1943 von Flugzeugträgern aus unternommene Angriffe neutralisierten wirkungsvoll den japanischen Stützpunkt von Rabaul, der in der Folgezeit umgangen wurde (siehe Seite 122). Im gleichen Monat unternahmen die Amerikaner eine Reihe von Landeoperationen auf den Gilbert-Inseln. Dadurch gewannen sie die Kontrolle über die Inselgruppe und verfügten gleichzeitig über einen Standort, von dem erfolgreiche Operationen gegen die Marshall-Inseln ausgehen konnten.

Die Führung eines Zweifrontenkrieges im Pazifik durch die Amerikaner war in der Hauptsache das Ergebnis einer enormen Vergrößerung der US-Pazifikflotte im Jahre 1943. Sie konnten nun beispielsweise elf leichte und größere Flugzeugträger zur Unterstützung der Landung auf den Gilbert-Inseln einsetzen. Ihre enorm gewachsene Stärke veranlaßte die US-Navy auf dem Vorrücken in Richtung der Marianen-Insel Saipan zu bestehen. Von hier aus konnten Bombenangriffe auf die japanischen Inseln gestartet werden. Im amerikanischen Oberkommando herrschte zu der entscheidenden Frage, welcher der beiden Offensiven – der im Zentralpazifik oder jener im Südpazifik – mehr Gewicht beigemessen werden sollte, keine Übereinstimmung. Überdies war noch keine Entscheidung darüber gefallen, welche Ziele im Westpazifik für die nächsten

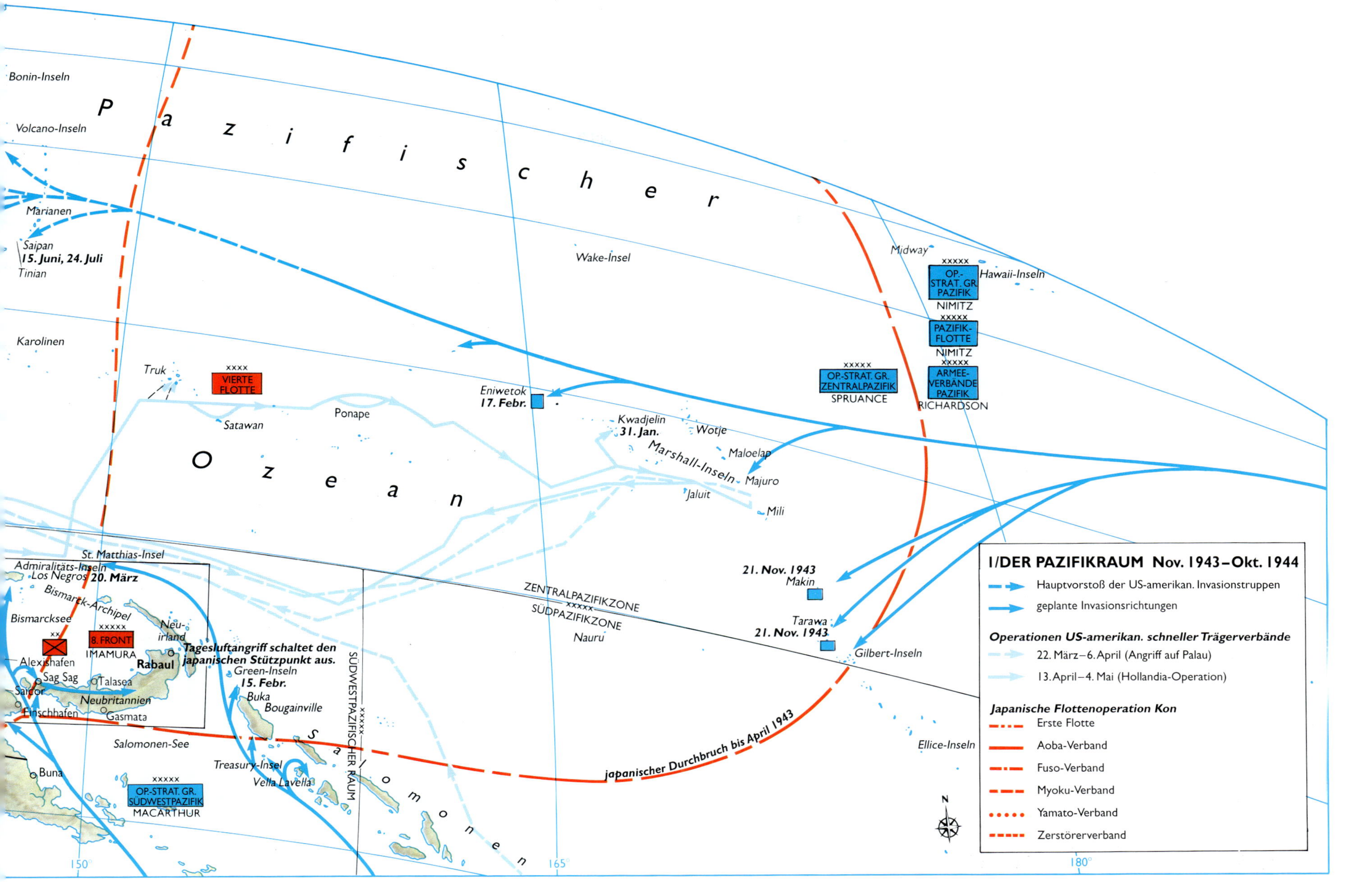

größeren Offensiven der Alliierten ausgewählt werden sollten. Die schweren Verluste, die im Verlauf der US-Invasion auf der zu den Gilbert-Inseln gehörenden Insel Tarawa erlitten worden waren, untermauerten zeitweilig MacArthurs Ansprüche auf den Vorrang des südwestpazifischen Raums. Doch strategische Entscheidungen und die Wucht der Ereignisse im Zentralpazifik führten dazu, daß das Gleichgewicht wiederhergestellt wurde: Die Marshall-Inseln und Eniwetok wurden zwischen dem 31. Januar und dem 23. April 1944 geräumt. Im gleichen Zeitraum agierte ein US-amerik. Flugzeugträgerverband im Zentralpazifik und drang westwärts bis zu den Palau-Inseln vor. Dies zwang die vereinte japanische Flotte, ihre Hauptstreitkräfte nach Singapur zurückzuziehen.

Nach der Ausschaltung des japanischen Stützpunktes auf Truk lag nun der gesamte zentralpazifische und südwestpazifische Raum ungeschützt vor den Waffen der Amerikaner, obwohl die Japaner versucht hatten, ihre Verteidigungspläne im Bereich der Linie Saipan–Truk–Westneuguinea neu zu überdenken. Lange bevor diese Vorstellungen jedoch Gestalt annehmen konnten, waren die japanischen Streitkräfte gezwungen gewesen, ihre Südflanke angesichts des amerikanischen Küstenspringens entlang der Nordküste Neuguineas zurückzuziehen. Sie hofften nun, jeder weiteren Truppenbewegung der Amerikaner mit einer Konzentration ihrer land- und trägergestützten Luftstreitkräfte begegnen zu können. Die amerikanischen Landungen auf Biak am 27. Mai schienen den Japanern die Möglichkeit zu bieten, dem Gegner eine Auseinandersetzung aufzuzwingen. Doch während die kaiserliche Flotte versuchte, Kräfte für einen Gegenangriff zusammenzuziehen, wurden die Hauptanstrengungen der Amerikaner auf den Marianen unternommen (siehe Seite 142). Trägergestützte Verbände schalteten zunächst die landgestützten japanischen Luftstreitkräfte auf der Inselgruppe aus und zerstörten dann nachhaltig ihre trägergestützten Luftstreitkräfte in der Schlacht im Philippinenmeer.

Danach wandte die US-Navy ihre Überlegungen den möglichen Zielen im Westpazifik zu. Die japanische Verteidigung wies entscheidende Brüche auf. Ihr Mittel zur Erhaltung des Verteidigungsstreifens im Ozean, die Vereinigte Flotte, wich ungeordnet zurück. Ein direkter Angriff gegen Iwo Jima hätte die US-amerik. Bomber mit Jagdschutz in unmittelbare Reichweite der japanischen Inseln bringen können. Mit einem erfolgreich geführten Angriff auf Okinawa wäre es möglich gewesen, einen Keil zwischen die japan. Inseln und die südlichen Rohstoffgebiete zu treiben. Doch MacArthurs Forderung, die Philippinen für die Amerikaner zur vorrangigen Angelegenheit zu erklären, erhielt im September 1944 unerwartete Unterstützung, als ein von einem Flugzeugträger aus geflogener Angriff über den Inseln auf geringen Widerstand stieß. Daraufhin wurden die im Zeitplan vorgesehenen amphibischen Landeoperationen auf Leyte im südlichen Teil der Philippinen (siehe Seite 164) beschleunigt.

Im Zeitraum vom 20. bis 29. November 1943 okkupierten amerikanische Streitkräfte erfolgreich sechs Atolle der Gilbert-Inseln ***(1)***, darunter das Makin-Atoll ***(3)***, und brachen damit durch den äußeren Teil des Verteidigungsstreifens der Japaner im zentralpazifischen Raum. Dieser unbestrittene Erfolg wurde von den 3301 Opfern überschattet, die auf Tarawa ***(4)*** zu beklagen waren, einem Verlust, der für die amerikanische Öffentlichkeit nicht akzeptabel erschien. Allerdings war die Zahl der Opfer im Verhältnis zu der in dieser Operation insgesamt eingesetzten Streitmacht relativ gering. Die Ergebnisse der erfolgreichen Okkupation der Gilbert-Inseln waren von enormer Bedeutung. Von hier aus sicherten sich die Amerikaner das unverteidigte Atoll Majuro, welches zu den Marshall-Inseln gehört (31. Januar 1944) und nun das erste japanische Gebiet war, das im Verlauf des Krieges verloren wurde. Am gleichen Tag landeten amerikanische Truppen auf dem Kwadjelin-Atoll, einem vorgeschobenen japanischen Stützpunkt für Operationen im Zentralpazifik. Unterstützt durch massives Feuer nahmen am 4. Februar Marineinfanteristen des 5. amphibischen Korps die Insel Kwadjelin ein ***(5)***. Unterstützt durch Flugzeuge der 7. Air Force von Tarawa sicherten sich die Amerikaner zwischen dem 17. und dem 23. Februar Eniwetok ***(1)***. Danach vollendeten sie die Säuberung der Marshall-Inseln mit Ausnahme der japanischen Truppenstandorte auf Wotje, Maloelap, Jaluit und Mili. Während all dieser Operationen war die Kaiserliche Flotte zu einem Einschreiten nicht imstande. Sie sammelte stattdessen ihre Streitkräfte im Zuge der Operation „Kon", um entscheidende Kampfhandlungen im Philippinenmeer zu beginnen (siehe Seite 142). Der Verlust der Gilbert-Inseln sowie von Majuro und Kwadjelin machte Truk und Rabaul unhaltbar. Zwei massive trägergestützte Angriffe auf Truk am 17./18. Februar sowie am 29./30. April vervollständigten die Zerstörung der japanischen Herrschaft im Gebiet der Karolinen.

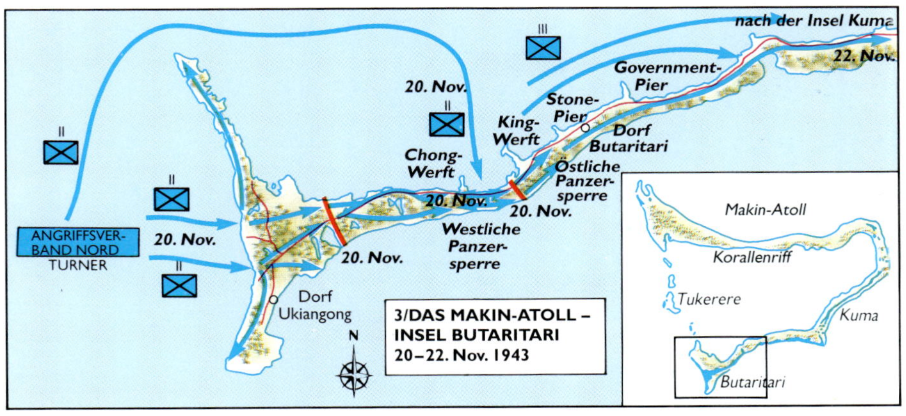

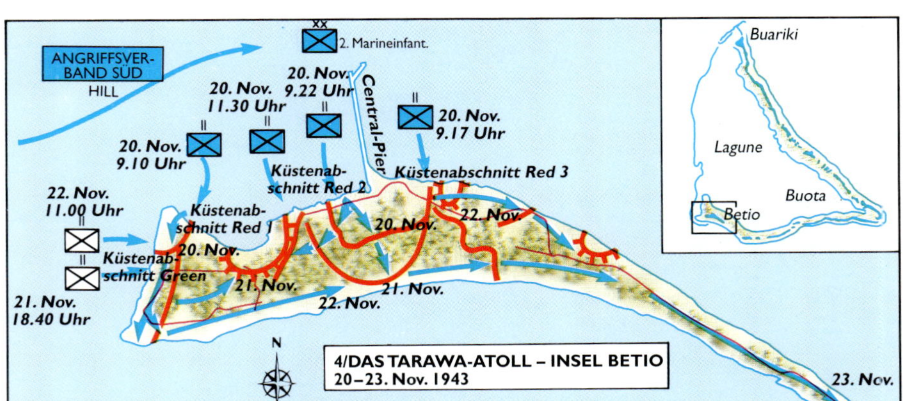

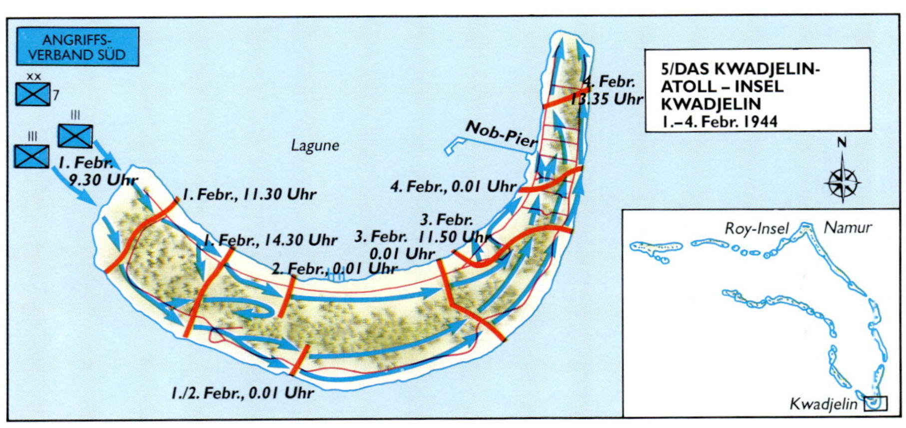

Die Marianen Juni–August 1944

Im November 1943 stellte sich für die Japaner das Problem, einer amerikanischen Doppeloffensive im Pazifik begegnen zu müssen. Doch die japanische Flotte verfügte nicht einmal über ausreichend Kraft, um wenigstens einem dieser Vorstöße entgegenzuwirken. So war sie dann auch weder in der Lage, die Isolation Rabauls (siehe Seite 122) noch den Zusammenbruch des äußeren Verteidigungsringes im zentralpazifischen Raum (siehe Seite 140) zu verhindern. Dennoch konnten die Japaner den Kampf nicht verweigern, da die Amerikaner im westpazifischen Raum ihre Hände nach Positionen ausstreckten, von denen aus sie den Raum Südostasien bedrohen konnten. Im Frühjahr 1944 verfolgte dann Japan nachdrücklich eine Politik des Widerstandes im Bereich der Marianen, der Karolinen und im Westteil Neuguineas.

Als im Mai die Amerikaner auf Biak landeten, stellten sich die Japaner nur zögerlich dem Kampf. Ihre Entschlossenheit wurde am 11. Juni erneut auf die Probe gestellt, als trägergestützte amerikanische Einheiten gegen Guam, Saipan und Tinian vorgingen. Diese Kampfhandlungen waren der Auftakt zu Landeoperationen auf den Marianen-Inseln, wobei Saipan das erste und wichtigste Ziel für die Amerikaner darstellte. Sie beabsichtigten, sich die Marianen als Ausgangspunkt für weitere Operationen im westpazifischen Raum und für Bombenangriffe gegen die japanischen Mutterinseln zu sichern. Das Resultat dieser Auseinandersetzung war die erste Flugzeugträgerschlacht im Pazifik seit zwanzig Monaten und die größte dieses Krieges überhaupt. Die Schlacht im Philippinenmeer brachte den Vereinigten Staaten einen überwältigenden Sieg ein, wenn auch sein volles Ausmaß zu jenem Zeitpunkt nicht leicht ersichtlich war.

Die Grundlage für einen amerikanischen Sieg war bereits durch die Ausschaltung der japanischen landgestützten Luftstreitkräfte auf den Marianen geschaffen worden, als amerikanische Streitkräfte am 15. Juni auf Saipan an Land gingen. Die Japaner hatten eigentlich beabsichtigt, diese Streitkräfte in Verbindung mit den trägergestützten Einheiten zum Einsatz zu bringen. Die eine Seite hätte dann im Falle einer Schwäche der anderen einspringen können, was der Kaiserlichen Flotte die Möglichkeit eingeräumt hätte, mit zahlenmäßig gleicher Stärke wie die Amerikaner in die Schlacht zu ziehen. Ozawas erste Mobile Flotte verfügte über neun Flugzeugträger und 450 Flugzeuge. Sie war damit sowohl zahlenmäßig als auch qualitativ der amerikanischen TF 58 (Mitscher) enorm unterlegen, deren Bestand fünfzehn Träger und 902 Flugzeuge umfaßte. Die TF 58 verfügte zudem über die vom Aufklärungsdienst entschlüsselten Dokumente zu japanischen Vorhaben und Plänen. Sie hatte recht weitgefächerte Aufgaben zu erfüllen. Abgesehen von der Mission, Maßnahmen gegen die von Land aus operierenden Luftstreitkräfte zu ergreifen, sollte sie den auf den Marianen eingesetzten US-amerikanischen Seelandeeinheiten Rückendeckung verschaffen und die japanische Flotte in Schach halten. Trotz ihrer zahlenmäßigen und qualitativen Unterlegenheit hatten die Japaner den Amerikanern gegenüber zwei Vorteile: die hervorragende Reichweite ihrer Flugzeuge und ihre günstige Ausgangsposition. Die vornehmlich von Osten her wehenden Passatwinde ermöglichten es den Japanern, einen Angriff aus großer Entfernung auszuführen. Der Feind konnte indessen nicht näher rücken, da beim Starten und Landen die Flugzeuge den Wind im Rücken haben mußten.

Angesichts dieser Tatsachen entschloß sich Spruance, einen Angriff abzuwarten und die Kampfkraft seiner Jagdflugzeuge zur Verteidigung der eigenen Truppen zu konzentrieren. Diese Taktik ging auf, obwohl die amerikanischen Einheiten über nahezu keinen Spielraum auf See verfügten. Ab 20. Juni hatten die japanischen Flugzeugträger nur noch 100 funktionstüchtige Flugzeuge. Zwei der Träger, u. a. auch Ozawas Flaggschiff, waren durch U-Boot-Angriffe versenkt worden. Die US-Flugzeugträger setzten inzwischen ihren Beschuß japanischer Flugplätze auf den Marianen ununterbrochen fort.

Aufgrund falscher Erfolgsmeldungen sowohl durch seine eigenen Piloten als auch durch das Hauptquartier an Land beschloß Ozawa, seine Schiffe am 20. Juni neu betanken zu lassen und am 21. Juni die Schlacht wieder aufzunehmen. Nach dem Untergang seines Flaggschiffes war er über den Fortgang der Schlacht nicht mehr genau unterrichtet. Erst als er gegen Mittag des 20. Juni wieder an Bord eines Flugzeugträgers ging, wurde er sich über die am Vortag erlittenen Verluste klar und befahl daraufhin den Rückzug. Doch es war bereits zu spät für ein Entkommen. Die amerikanischen Trägerflugzeuge, die über eine sehr große Entfernung und bei schlechter werdenden Lichtverhältnissen operierten, versenkten einen Träger und beschädigten vier weitere. Beschädigt wurden darüber hinaus ein Schlachtschiff, ein Kreuzer sowie zwei Tanker, die beide sanken. Nach Ende dieses Angriffes verblieben den Japanern 35 Flugzeuge. Von ihren für diesen Angriff eingesetzten 216 Flugzeugen verloren die Amerikaner 99, wovon 82 sich bereits auf dem Rückflug zu ihren Flugzeugträgern befunden hatten.

Am 23. Juni griff die TF 58 Pagan an. Zwischen dem 17. und dem 24. Juni fielen ihr insgesamt etwa 200 landgestützte Flugzeuge zum Opfer. Nach dem Sieg bei den Marianen waren die Amerikaner in der Lage, jede beliebige Insel der Region zu erobern. Die Schnelligkeit ihrer Operationen gegen die Philippinen machte es der Kaiserlichen Flotte Japans in der Folge unmöglich, den Amerikanern mit einer ebenbürtigen Seestreitmacht entgegenzutreten.

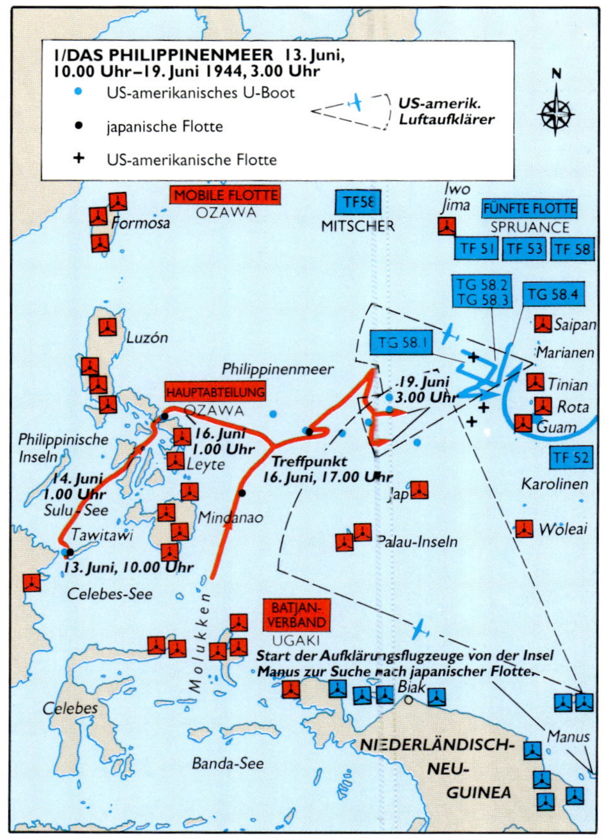

Bild oben: Das Schlachtschiff „Pennsylvania“ bereitet mit dem Beschuß von Guam (20. Juli 1944) die amphibische Landeoperation der US-Truppen am Folgetag vor.

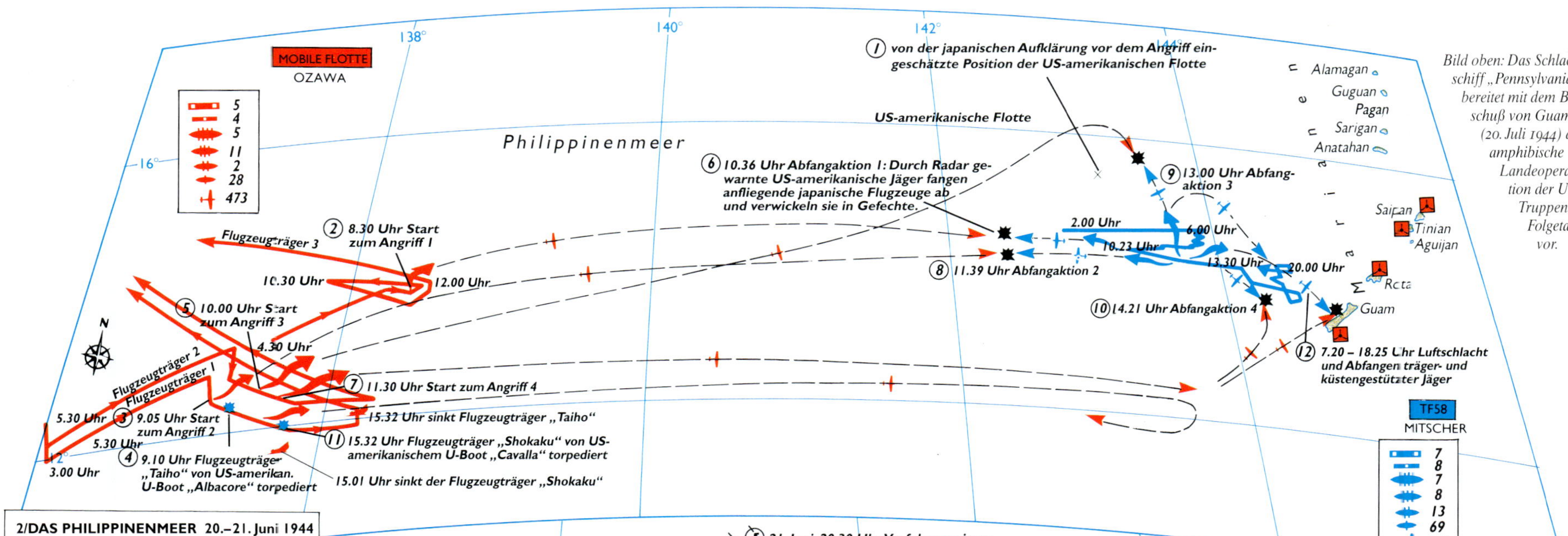

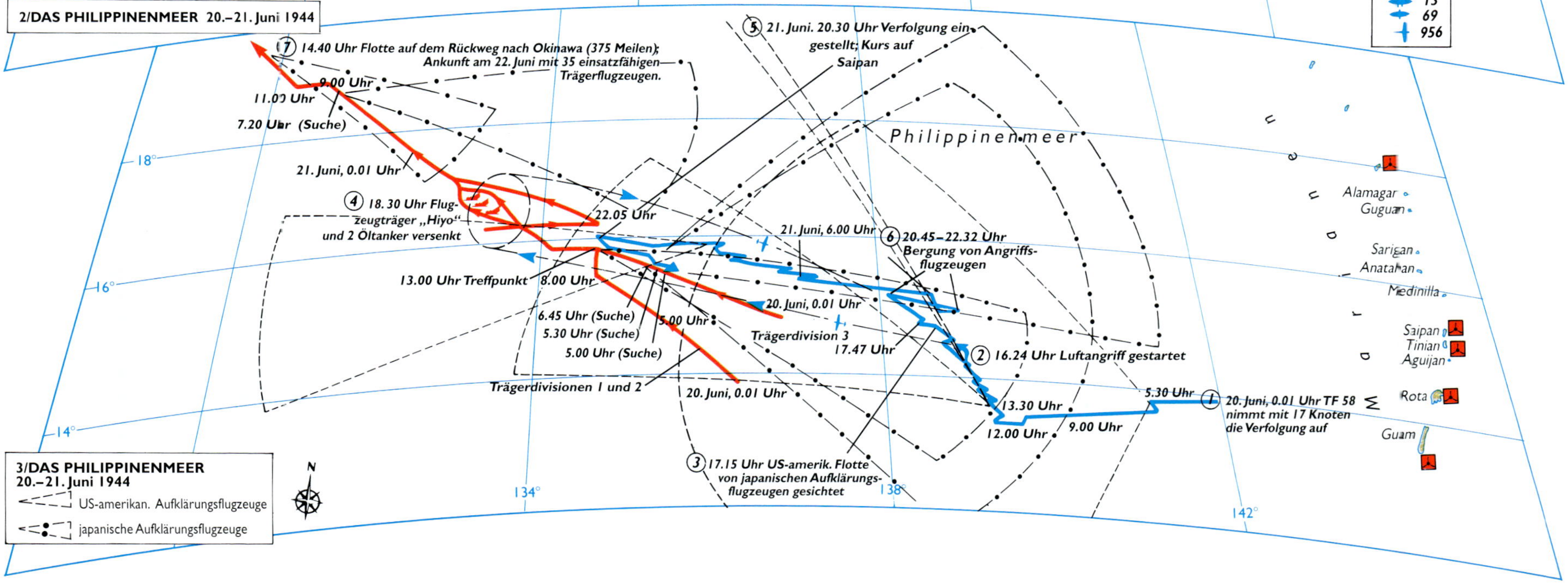

Mit der Entscheidung der USA für eine Landung auf Saipan war die Einfahrt ins Philippinenmeer verbunden, wobei der japanische Verteidigungsgürtel zu durchbrechen war (siehe Seite 140). Selbst im Verlauf einer Vielzahl von Erkundungsflügen ***(1)*** war es jedoch nicht gelungen, den Standort der japanischen Flotte ausfindig zu machen. Sie hielt sich zurück, bis die Landeoperationen bereits im Gange waren. Diese Operationen sind ein gutes Beispiel für die Wirksamkeit und sorgfältige Koordination der US-amerikanischen Vorgehensweise bei amphibischen Landungen. Das Beherrschen von unter Beschuß ausgeführten Seelandeoperationen war eine unentbehrliche Voraussetzung für den Erfolg der Amerikaner im zentralpazifischen und westpazifischen Raum. Abgesehen davon erwies es sich auch als außerordentlich wertvoll während der Feldzüge in Nordafrika, Italien und der Normandie. Am Morgen des 15. Juni bezog eine riesige Flotte von US-amerikanischen Transportschiffen ihre Stellungen vor der Küste von Charan Kanoa ***(4, 4a)***. Die Landung verlief planmäßig, doch die Insel konnte drei Wochen lang nicht gesichert werden. Insgesamt 27 000 Japaner – also fast die gesamte Garnison – fanden den Tod. Die US-Flotte blieb vor Saipan. Von dort aus erfolgte ein bis zum 18. Juni andauerndes Luft- und Seebombardement. An diesem Tag trafen die Amerikaner ihre Vorbereitungen, um der vorrückenden japanischen Flotte zu begegnen ***(1)***. Die Schlacht im Philippinenmeer war durch eine Reihe von Luftschlägen gekennzeichnet, in deren Verlauf etwa 280 japanische und 20 US-amerikanische Flugzeuge abgeschossen wurden. Die Verfolgung der sich zurückziehenden japanischen Flotte in der zweiten Hälfte der Operation wurde schließlich aufgegeben. Statt dessen konzentrierten sich die Amerikaner auf die Bereitstellung von Truppen für die weiteren Landungen auf Guam und Tinian. Die Landeoperationen auf Tinian ***(5)***, das über einen hervorragenden Flugplatz mit einer 4 300 m langen Start- und Landebahn verfügte, waren außerordentlich erfolgreich. Marineinfanteristen, die schon an der Landung auf Saipan beteiligt gewesen waren, sicherten innerhalb von neun Tagen die Insel. Die US-Truppen demonstrierten damit ihre Effizienz im Angesicht japanischer Streitkräfte, die wiederum – wenn auch in hoffnungsloser Lage – bis zum letzten Mann kämpften. Abgeschlagene Gruppierungen der Japaner leisteten noch weitere drei Monate lang auf der Insel Widerstand. Guam war die letzte der noch einzunehmenden Marianen-Inseln ***(6)***. Die Planung der Amerikaner hatte eigentlich eine Landung am 18. Juni vorgesehen. Doch die Notwendigkeit, vorher die japanische Flotte zu schlagen, verzögerte diese bis zum 21. Juli. Im Gegensatz zu Saipan und Tinian hatten die Japaner alle für eine Landung in Frage kommenden Strände mit Hindernissen gespickt. Die Landungen fanden auf beiden Seiten der Halbinsel Orote statt, die am 29. Juli gesichert wurde. Bereits am 30. Juni benutzten amerikanische Flugzeuge die dortige Start- und Landebahn. Nach einem letzten Gefecht am Mt. Santa Rosa endete am 10. August der organisierte Widerstand der Japaner. Viele japanische Offiziere und Soldaten setzten den Krieg mit sporadischen Guerillaangriffen fort. Nach der endgültigen Kapitulation Japans im September 1945 gab die Mehrheit von ihnen jedoch auf.

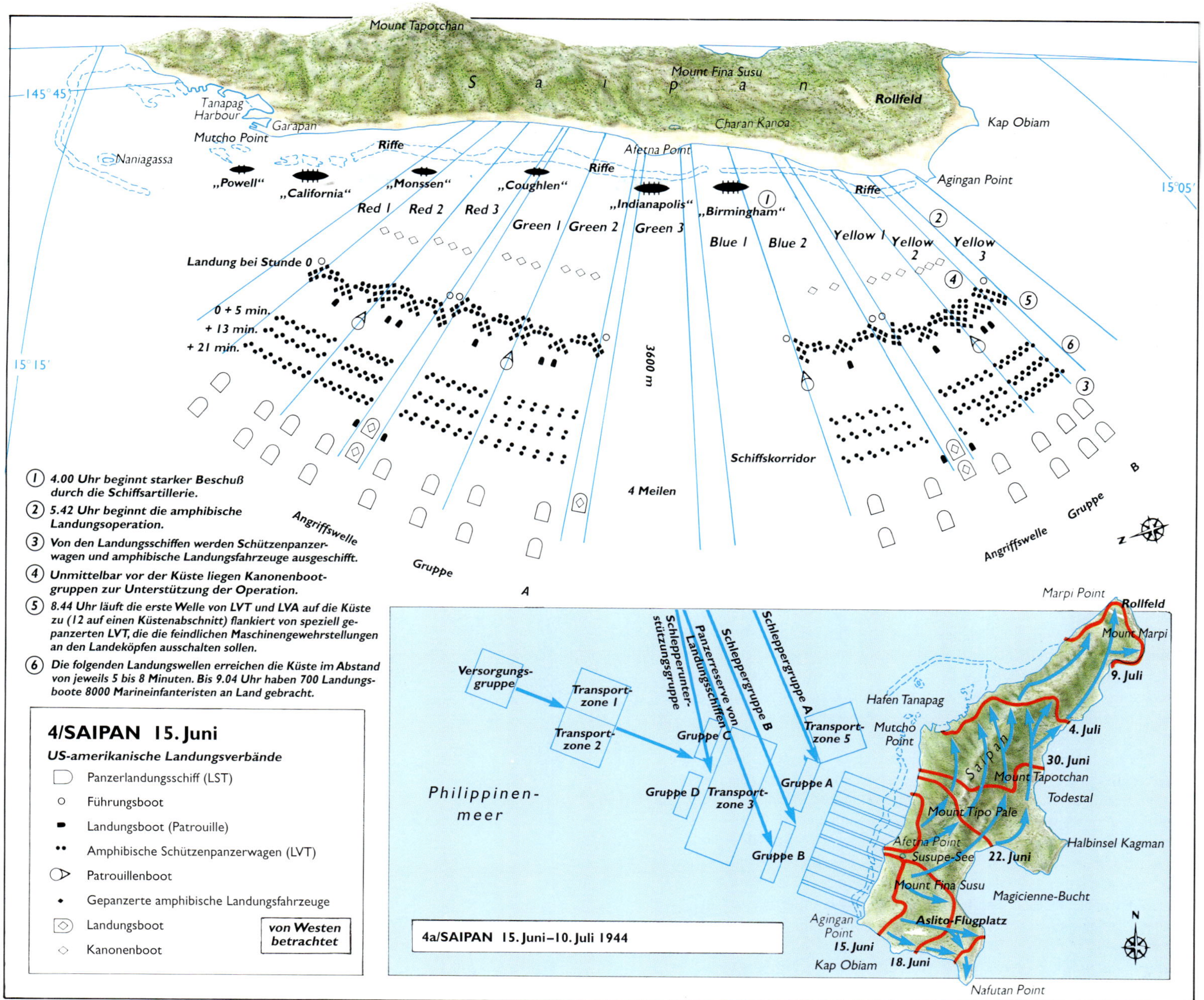

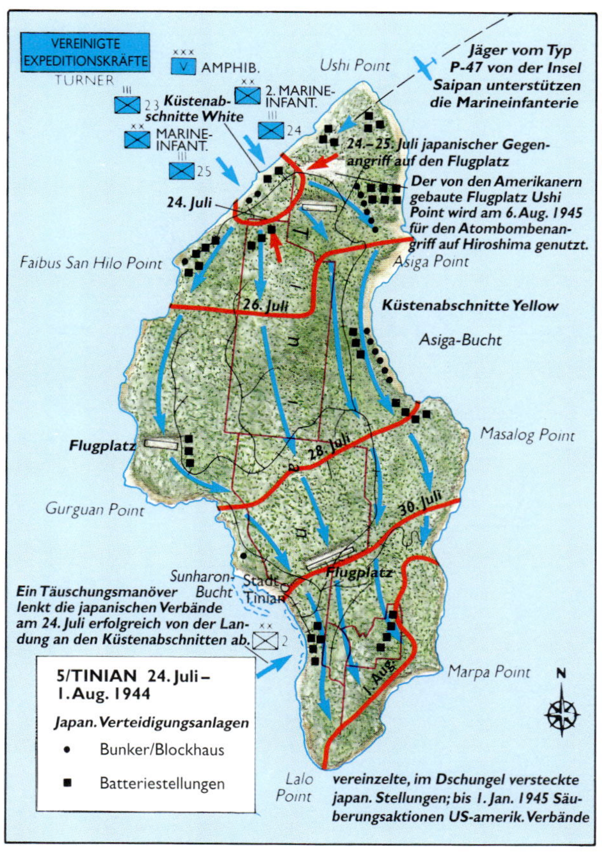

Bild unten: US-Landeeinheiten beim Angriff auf den Landungsabschnitt Blue auf Guam am 21. Juli 1944.

China 1941–1945

Der Schauplatz China war während des Krieges hauptsächlich von der Tatsache bestimmt, daß die Japaner schon 1937/38 im Prinzip alle wichtigen Gebiete des Landes okkupiert hatten. Mit Ausnahme einer Reihe von Operationen in den südlichen Küstenregionen im Jahr 1941 nahmen sie von da an in China eine Defensivhaltung ein. Drei Hauptlager konkurrierten um die Macht in China: das Kuomintang-Regime (KMT) von Chiang Kai-shek, Mao Tse-tungs Kommunisten und die Japaner. Selbst mit weiteren militärischen Siegen waren letztere nicht in der Lage, das Kuomintang-Regime an den Verhandlungstisch zu bringen. In dem Versuch, dessen Machtzentrum Chungking zu isolieren, führte ihr Weg nun nach Indochina und von dort weiter in den Krieg im Pazifik. Die japanische Obrigkeit verlieh weder dem Marionettenregime in Nanking noch dessen Gegenspielern in Peking ausreichend Macht, um sich als ernstzunehmende Alternative zur Kuomintang zu präsentieren. Letztere verhielt sich den japanischen Okkupationstruppen gegenüber zunehmend passiv. Amerikanische Verhandlungsteams, die vor dem Ausbruch des Pazifikkrieges nach China kamen, waren schockiert über diesen „nichterklärten Frieden“, der sich in weiten Teilen des Landes durchgesetzt hatte. Zur ständigen Verärgerung der Amerikaner florierte der Handel über das Niemandsland hinweg. So überboten die Japaner die Vereinigten Staaten während des gesamten Krieges bei Wolfram-Lieferungen durch die Kuomintang.

In allererster Linie fügte sich die Kuomintang schon deshalb in die Okkupation weiter chinesischer Gebiete, weil Chiang davon ausging, daß im Endeffekt Japans Niederlage gewiß war. Infolgedessen würden die Japaner von den Alliierten gezwungen werden, die eingenommenen Gebiete zurückzugeben. Darüber hinaus beabsichtigte die Kuomintang, ihre Kräfte zu sparen, um für eine Wiederaufnahme des Kampfes mit den Kommunisten bereit zu sein. Die kommunistische Vorgehensweise war nichts weiter als ein Spiegelbild der Politik der KMT. Die im Ergebnis der Ereignisse von Sian (siehe Seite 32) zustande gekommene Kooperation zwischen den beiden Fraktionen war fast nur nominell: Im Zeitraum 1940 bis 1945 gab es viele Konflikte zwischen den Kommunisten und der Kuomintang. Diese Auseinandersetzungen gefährdeten bald erheblich die Macht der Kommunisten. Sie waren gezwungen, sich um die Festigung ihrer Positionen in Yenan zu bemühen, anstatt Operationen gegen ihre beiden Feinde auszuführen.

Die eingeschränkte Offensivkraft aller drei Parteien führte sogar zum Abschluß eines De-facto-Waffenstillstandes zwischen den Japanern und beiden chinesischen Kontrahenten. Dieser wurde jedoch von wiederholten Überfällen auf Reisbauern und grausamen Befriedungsoperationen unterbrochen, in deren Verlauf die Japaner systematische Massaker und Zerstörungen anrichteten. Doch die hauptsächliche Bedrohung ging von der Entschlossenheit der Amerikaner aus, China zum aktiven Schauplatz von Land- und Luftkriegshandlungen zu machen. Damit sollten die amerikanischen Seekriegsaktivitäten und amphibischen Landeoperationen im Pazifik ergänzt werden. Die Chinesen stellten eine aus 90 Divisionen bestehende Armee für Angriffshandlungen großen Ausmaßes auf. Zusätzlich entstanden Luftstützpunkte in Südostchina, die als Basen für Bombenangriffe gegen die japanischen Mutterinseln fungieren sollten.

Allerdings bestanden praktische Schwierigkeiten, China von Indien aus in dem Maße zu versorgen, wie es für die Verwirklichung dieser Absichten vonnöten gewesen wäre. Auch erfüllte Chungking nur zögerlich die amerikanischen Erwartungen. Das führte dazu, daß die Amerikaner ihre Ziele beschneiden mußten und ihre Hauptunternehmung letzten Endes in einer strategischen Luftoffensive bestand. Diese Vorgehensweise bewirkte jedoch schließlich genau die Situation, der man hatte vorbeugen wollen: Eine allgemeine Offensive der Japaner (Operation „Ichi-Go“) begann in ganz Südchina und zielte auf die Zerstörung der Luftstützpunkte hin, von denen aus die US-Bomber Japan angreifen sollten.

Dies stellte den letzten größeren Versuch einer japanischen Offensive im Verlauf des Krieges dar. Die Operation begann im April 1944 mit der Räumung jenes Teils von Honan, der seit 1938 in den Händen der KMT gewesen war. Der zusammenbrechende Widerstand der KMT in der Provinz war begleitet von Massakern wütender Bauern an den fliehenden nationalistischen Streitkräften. Im Anschluß daran begannen am 27. Mai die Hauptanstrengungen der Japaner über den mittleren Jangtsekiang hinweg. Mehrere auf ein Ziel ausgerichtete Offensiven führten in den folgenden sechs Monaten langsam dazu, daß bereits eroberte Gebiete miteinander verbunden wurden. Ende November verfügten die Japaner über durchgängige Landverbindungen zwischen Singapur und der Mandschurei. Gleichzeitig wurde auch die Ausschaltung US-amerikanischer Luftstützpunkte in Südchina nahezu vollständig verwirklicht. Diese waren allerdings mit der Entscheidung zur Einnahme der Marianen (siehe Seite 142) für die Amerikaner auch nicht mehr notwendig. Alle territorialen Gewinne der Japaner waren letztlich nur illusorisch. Im Frühling 1945 begannen sie mit dem Rückzug aus ihren neuesten Eroberungen. Es war ihnen zu spät klargeworden, daß die flächenmäßige Ausdehnung überhandgenommen hatte. Sie mußten nun zügig ihre Positionen in Nordchina und der Mandschurei festigen. Kaum waren sie abgezogen, so folgten ihnen auch schon – meist in respektvollem Abstand – Truppen der KMT sowie der Kommunisten. Diese waren bemüht, sich in Erwartung der Wiederaufnahme des „wahren“ Krieges gegenseitig zuvorzukommen.

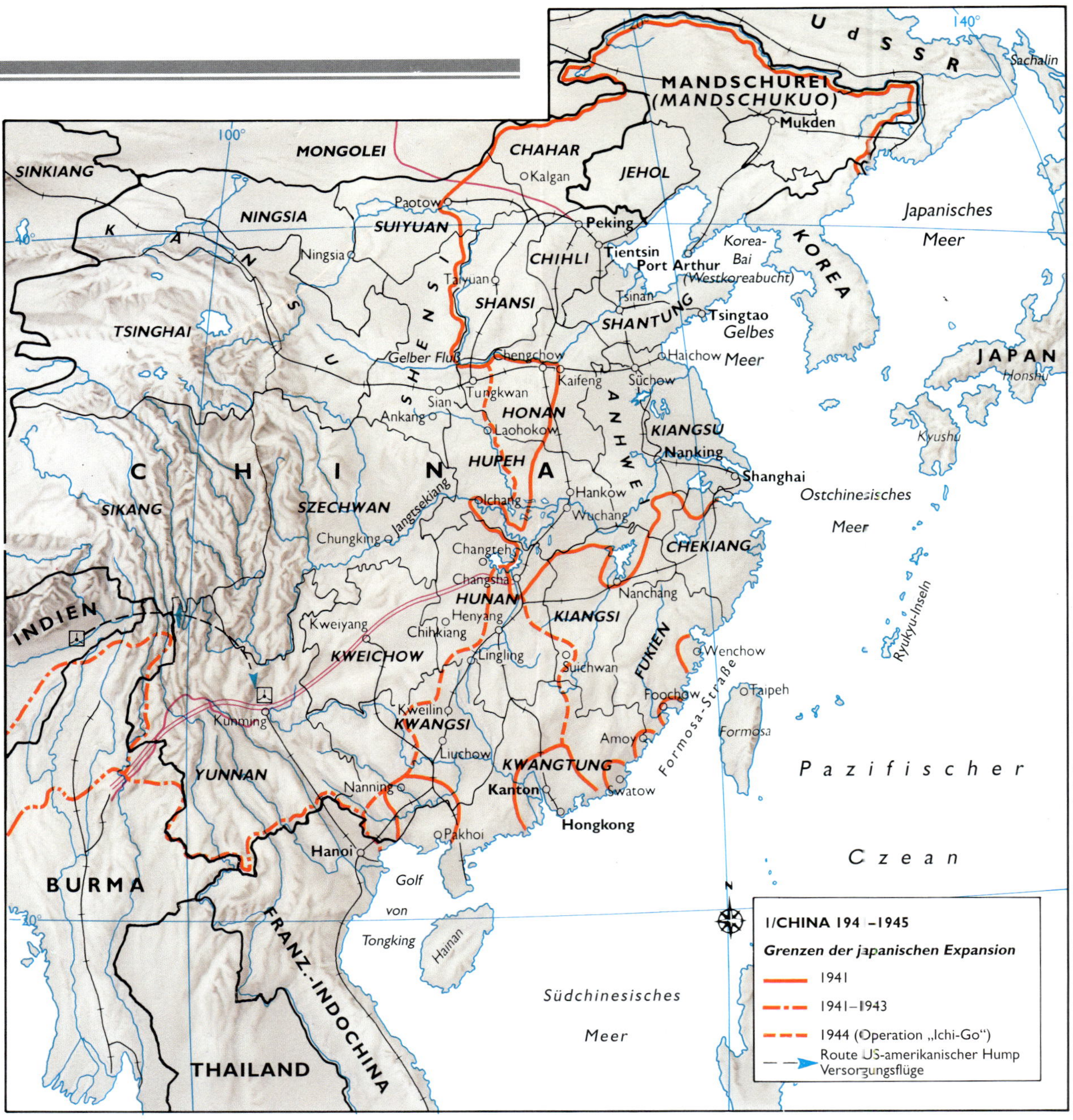

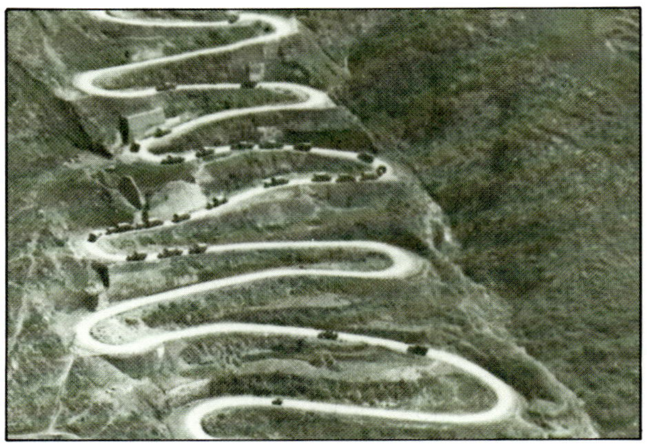

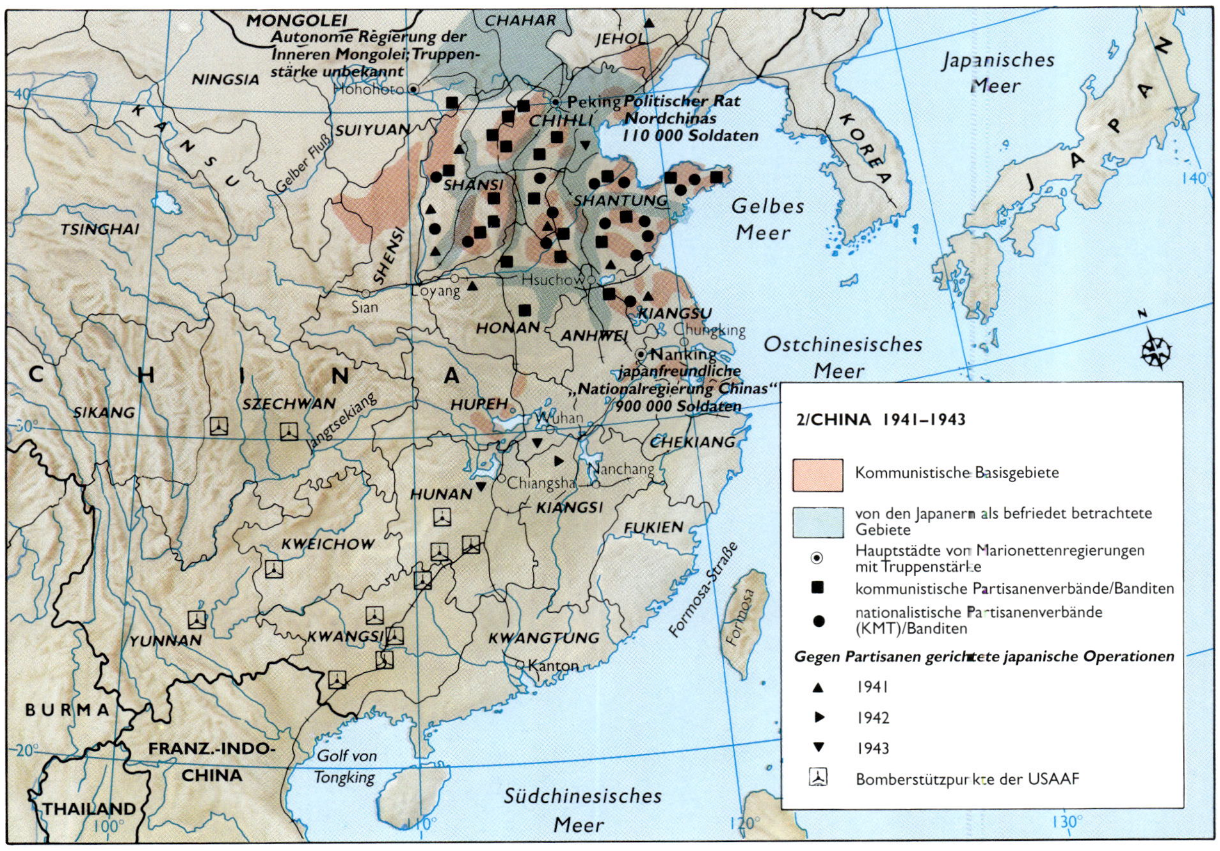

Zwischen 1941 und 1945 war China – besonders der Teil nördlich des Jangtsekiang – ein ungeordnetes Flickwerk, geteilt durch die Machtgrenzen der um die Vormachtstellung streitenden Gruppierungen. Wenn auch nominell der gesamte Norden Chinas unter der Kontrolle der Japaner war ***(1)***, so erstreckte sich doch die japanische Okkupation hauptsächlich auf dicht besiedelte Regionen, Industrie- und Bergbaugebiete sowie Verbindungsadern. Dagegen wurden die ländlichen Regionen zumeist von der KMT oder den Kommunisten kontrolliert ***(2)***, oder sie befanden sich unter keiner formellen Kontrolle. Im allgemeinen herrschte in Nordchina der kommunistische Einfluß vor, während sich die Macht der KMT auf „unbesetzte“ Gebiete des Landes erstreckte. In letzteren errichteten dann die Amerikaner ihre Flugplätze, von denen die Operationen gegen Japan ausgingen. Die meisten von ihnen lagen an der Achse Changsha–Kweilin. Gerade hier konzentrierten die Japaner von Mai bis Dezember 1944 ihre Anstrengungen im Zuge der Offensive „Ichi-Go“ ***(3)***. Zunächst wurde am 26. Mai Leiyang besetzt. Am 10. Juni sicherten japanische Truppen Changsha und am 26. Juni den Flugplatz von Henyang, während sich die Stadt selbst dem Angriff bis zum 8. August widersetzte. Versorgungsengpässe verlangsamten dann den Fortgang der japanischen Operationen. Im Oktober wurde Foochow durch einen kombinierten Angriff von Land und von See aus gesichert. Unabhängig voneinander ablaufende Offensiven der Japaner von Henyang und Kanton aus sicherten am 11. November Kweilin und Liuchow. Die auf See erlittenen Verluste und die amerikanischen Vorstöße in den westpazifischen Raum erforderten in der Folgezeit eine Ausweitung der Operationen, um eine alternative Verbindungslinie nach Süden zu schaffen. Gleichzeitig rückten japanische Truppen auf Kweiyang vor und sicherten Anfang Dezember Tushan und Tuyün. Angesichts eines drohenden Vormarsches auf Chungking brach kurzzeitig Panik aus, doch die Japaner zogen sich bereits nach einer Woche wieder aus Tunyün zurück. Ihnen war bewußt geworden, daß sie sich an dieser Front übernommen hatten. Die Operation „Ichi-Go“ war der Auslöser für die Entscheidungen der US-Politik in Bezug auf China. Die gegensätzlichen Ansichten innerhalb der amerikanischen Planung über Operationen aus der Luft bzw. zu Lande erreichten ihren Höhepunkt. Das Übergewicht zugunsten des Luftangriffsplanes im Jahr 1944 war hauptsächlich der Bereitschaft Chiang Kai-sheks geschuldet, eine Offensive unter geringer Beteiligung der KMT zu akzeptieren. Stilwell, der ranghöchste amerikanische Offizier in China, war aufgrund der Passivität der KMT gegen Chiang eingestellt. Außerdem mißbilligte er den Luftangriffsplan, denn es waren nicht ausreichend Bodentruppen vorhanden, um die Sicherheit der Luftstützpunkte zu gewährleisten. Als sich mit der japanischen Offensive Stilwells Vorhersage zu erfüllen begann, forderten die Amerikaner Chiang auf, Stilwell die volle Kontrolle über das gesamte KMT-Regime zu übertragen. Allerdings hatten sie keine Mittel in der Hand, um dieser Forderung Nachdruck zu verleihen. Schließlich mußte Washington Stilwell sogar zurückbeordern, als die Kuomintang dies verlangte. In der Folgezeit war die US-Administration an deren Entscheidungen gebunden. Letzten Endes verlor die KMT jedoch den Kampf um die Gebiete, die ehemals in japanischer Hand gewesen waren ***(4)***. Ihre Truppen im Süden wurden unablässig von den im Norden stationierten Truppen der Kommunisten aufgerieben.

Bild links außen: Ein Abschnitt der gewundenen Kunmingstraße. Rechts daneben: Ein US-amerikanisches Flugzeug vom Typ B-24 nach einem Luftangriff auf japanische Versorgungsdepots in Henyang.

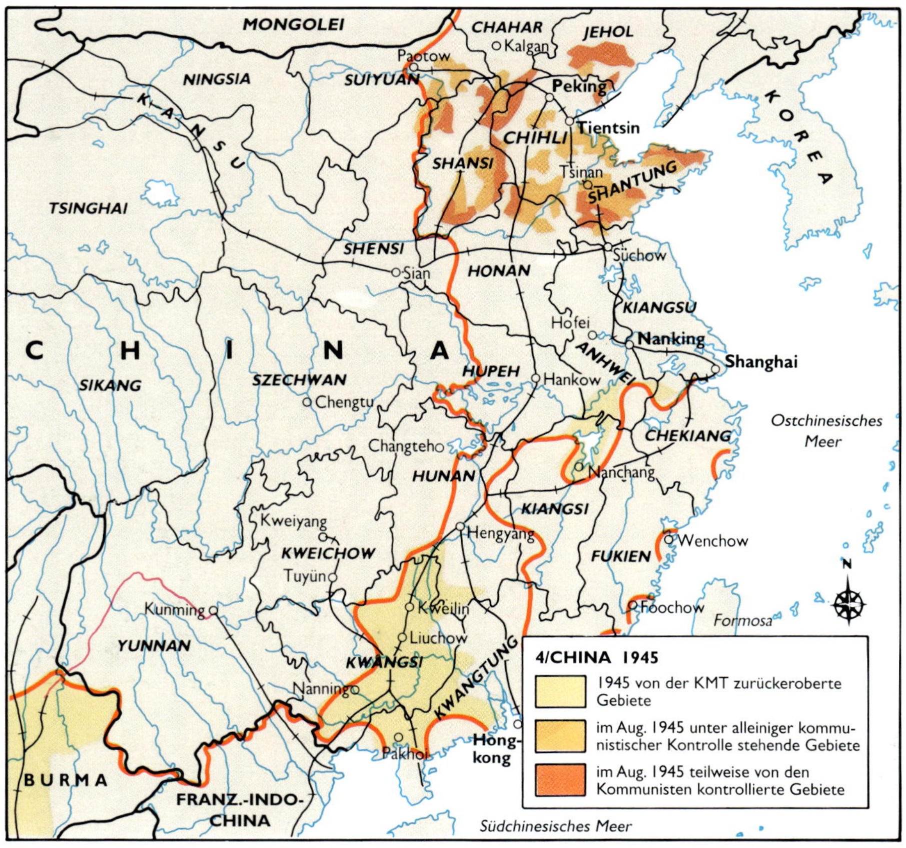

Die Ukraine und die Krim Dezember 1943–Mai 1944

Das Ende des Jahres 1943 stand im Zeichen einer grundlegenden Verlagerung im Kräftegleichgewicht an der Ostfront. Im Verlauf der nun folgenden Phase wurden die feindlichen Truppen endgültig von sowjetischem Territorium vertrieben. Deutschland näherte sich immer mehr einer totalen militärischen Niederlage. Auf der Teheraner Konferenz im November 1943 wurde der Zeitpunkt für die Operation „Overlord", die Eröffnung der zweiten Front im Westen, unwiderruflich auf das Ende des Frühjahres 1944 festgelegt. Stalin schöpfte Mut, weil die bevorstehende Operation die Deutschen zum Abzug von Truppen zwingen würde. Außerdem würden die mit den Sowjets rivalisierenden Armeen der Alliierten von der Südflanke ferngehalten, und seine Verbände hätten somit freie Hand.

Am 23. Dezember 1943 erreichten sowjetische Truppen eine Linie westlich von Kiew (siehe Seite 126) und nördlich der Halbinsel Krim. Am Heiligabend begann die Rote Armee in der Ukraine mit neuerlichen Offensiven. Diese Operationen in den ukrainischen Gebieten westlich des Dnepr währten vom 24. Dezember 1943 bis zum 17. April 1944 und erstreckten sich über eine Front von etwa 1450 km. Ihr Ziel bestand in der Zerstörung der deutschen Heeresgruppen A und Süd (Manstein). Parallel zu diesen Operationen griffen sowjetische Einheiten auch Leningrad und Nowgorod an (14. Januar–1. März 1944, siehe Seite 150). In der Ukraine begann die *Stawka* eine strategische Offensive an fünf Fronten: Watutins 1., Konjews 2., Malinowskis 3. und Tolbuchins 4. Front sowie Kurotschkins 2. Belorussische Front. Die Vertreter der *Stawka* zur Koordinierung der Kampfhandlungen an den verschiedenen Fronten waren Shukow (1. und 2. Ukrainische Front) und Wassiljewski (3. und 4. Ukrainische Front). Die Operationen unterteilten sich in zwei Phasen: Winter (24. Dezember–Ende Februar) und Frühjahr (4. März–17. April). Insgesamt setzte sich die Offensive westlich des Dnepr aus zehn einzelnen Operationen zusammen.

Während der letzten Tage des Jahres 1943 drängte die 1. Ukrainische Front die deutschen Armeen von Kiew ab. Bis 5. Januar hatten sie Belaja Zerkow und Berditschew gesäubert. Noch am gleichen Tag griff die 2. Ukrainische Front, die mit der ersten kooperierte, in der Nähe von Kirowograd an. Leichter Schnee und Frost machten den Boden hart und halfen so den Bodentruppen, während die Flugzeuge durch tiefhängende Wolken behindert wurden. Weder die 1. noch die 2. Ukrainische Front waren in der Lage, die Frontausbuchtung der Deutschen einzudrücken, die um Korsun-Schewtschenkowski herum bis zum Dnepr reichte. Das hügelige Gelände kam den zwölf sich verteidigenden deutschen Divisionen aus der 1. Panzerarmee und der 8. Armee der Heeresgruppe Süd sehr gelegen. So wurde das Gebiet denn auch zum Ziel einer Spezialoperation (24. Januar–17. Februar). Die klassische Umfassungsschlacht, ausgeführt durch beide Fronten, endete in einem Blutbad. Insgesamt waren rund 73000 Offiziere und Soldaten eingekreist worden. Darüber hinaus hatten 15 deutsche Divisionen, die die äußere Umfassungsfront angriffen, schwere Verluste zu verzeichnen.

Die südliche Gruppierung der 1. Ukrainischen Front brach bis nach Tarnopol und Proskurow durch und spaltete die 1. und die 4. Panzerarmee. Die 2. Ukrainische Front schlug die deutsche 8. Armee. Ihre Angriffsspitzen erreichten den südlichen Bug und vereitelten damit den Rückzug der 1. Panzerarmee. Motorisierte Einheiten schnitten den sich zurückziehenden Truppen im Raum Beresnegowatoje–Snigirjowka ebenfalls den Weg ab. Außerdem war zwischen die Heeresgruppen Süd und A eine große Bresche geschlagen worden. Die *Stawka* stimmte Shukow zu, den Vormarsch über den Dnestr bis hin nach Tschernowzy am Prut nahe der rumänischen Grenze fortzusetzen, was vom 11. bis 13. März geschah. Dadurch wurden die deutschen Streitkräfte in Polen von denen in Südrußland abgeschnitten, und letztere zogen sich eilends bis zur Donau zurück.

Die Deutschen hatten die Krim länger als erwartet gehalten. Im Ergebnis der amphibischen Landeoperationen bei Melitopol und im Raum Kertsch–Eltigen im Jahr 1943 war die Rote Armee schließlich in der Lage, einen Angriff auf die Halbinsel zu wagen, deren wichtigster Marinestützpunkt sich in Sewastopol befand. Von hier aus war es zudem möglich, über das Schwarze Meer sowie die rumänischen und bulgarischen Küstenregionen zu gebieten. Anfang 1944 brachen sowjetische Truppen durch den „Türkenwall" und nahmen Brückenköpfe über den breiten, salzhaltigen Siwaschsee hinweg ein. Die 4. Ukrainische Front griff aus dem Raum Siwasch–Perekop, die Selbständige Primorjearmee unter Jeremenko vom Brückenkopf auf der Halbinsel Kertsch an. Die sowjetische Operation begann am 8. April und erreichte die Zufahrtsstraßen nach Sewastopol am 5. Mai.

Während des gesamten Zeitraumes gingen die Reaktionen der Deutschen sehr weit auseinander. Hitler erwartete ständig, daß eine Erschöpfung der Kräfte die Rote Armee zum Stehen bringen würde. Andere wiederum hofften, daß die *Rasputiza*, die schlammige Jahreszeit, ihr Einhalt gebieten würde. Manstein war allerdings weniger optimistisch. Er nahm an, daß die Rote Armee im Februar die Eisenbahnlinie Lwow–Odessa hinter der Nordflanke der Heeresgruppe Süd durchtrennen würde. Allerdings rechnete er nicht damit, daß Operationen die Größenordnung der zweiten (Frühjahrs-)Phase annehmen würden. Vier Fronten griffen von den Pripjat-Sümpfen her in Richtung Schwarzes Meer an. Ziel der Offensive war die völlige Vernichtung der deutschen Streitkräfte im Süden. Gehlen, der Chef der deutschen Militäraufklärung, hielt sich lediglich an Statistiken und berichtete am 30. März, daß die Sowjets in der Lage seien, unablässig ihre Operationen fortzusetzen. Ohne Zweifel würden sie weiter bis zur Ostgrenze des Reiches vormarschieren.

Am 17. April lagen hinter den sowjetischen Streitkräften vier Monate ununterbrochener Offensiven, in deren Verlauf sie den gesamten südlichen Flügel der deutschen Armeen zerstört hatten. Die einzige Ausnahme bildete die auf der Krim eingeschlossene 17. Armee. Doch Mitte Mai war auch die Halbinsel zurückerobert. Auf einer 1450 km breiten Front hatten die sowjetischen Truppen eine der gigantischsten Operationen des Krieges ausgeführt und waren 240 bis 480 km in Richtung Karpaten vorgedrungen. Die Streitkräfte bestanden während der gesamten Operation aus vier Millionen Mann, verfügten über mehr als 45000 Geschütze und Granatwerfer, mehr als 4000 Panzer und Sturmgeschütze sowie 4000 Flugzeuge.

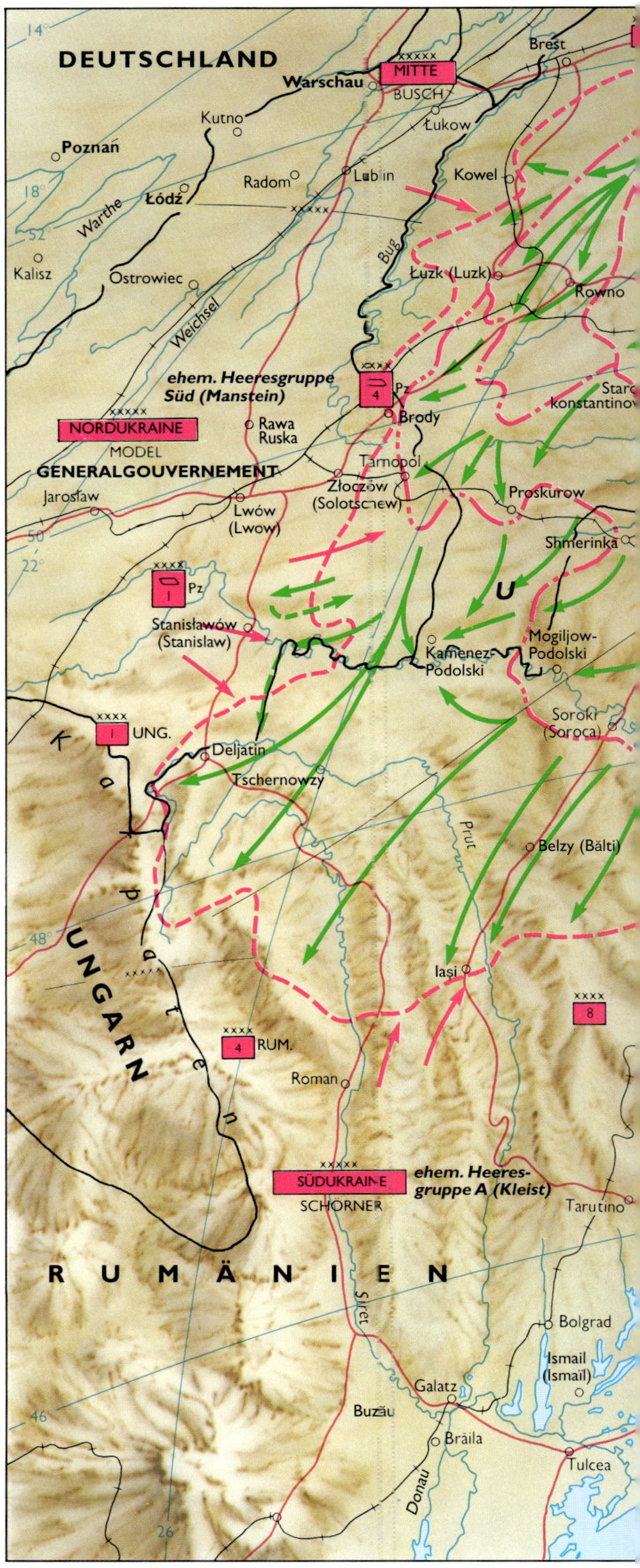

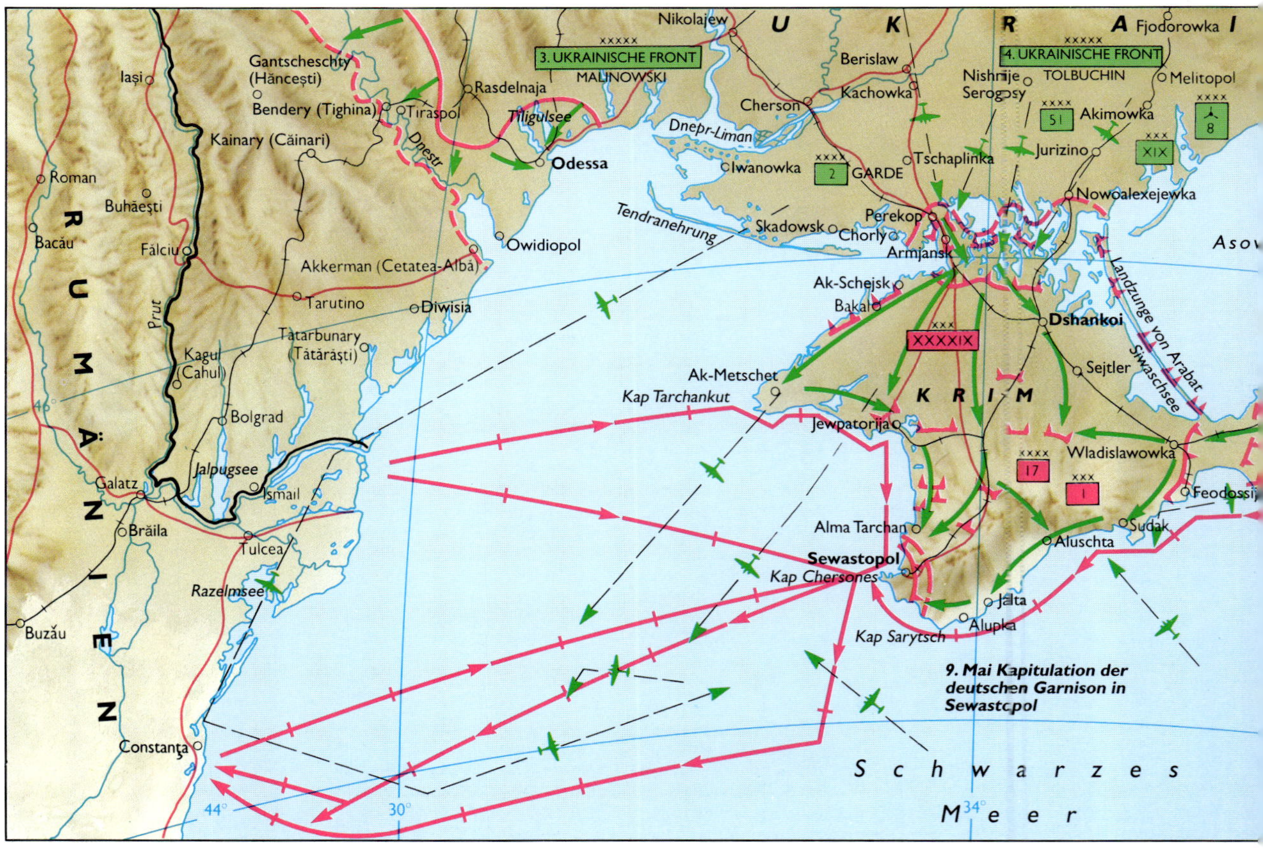

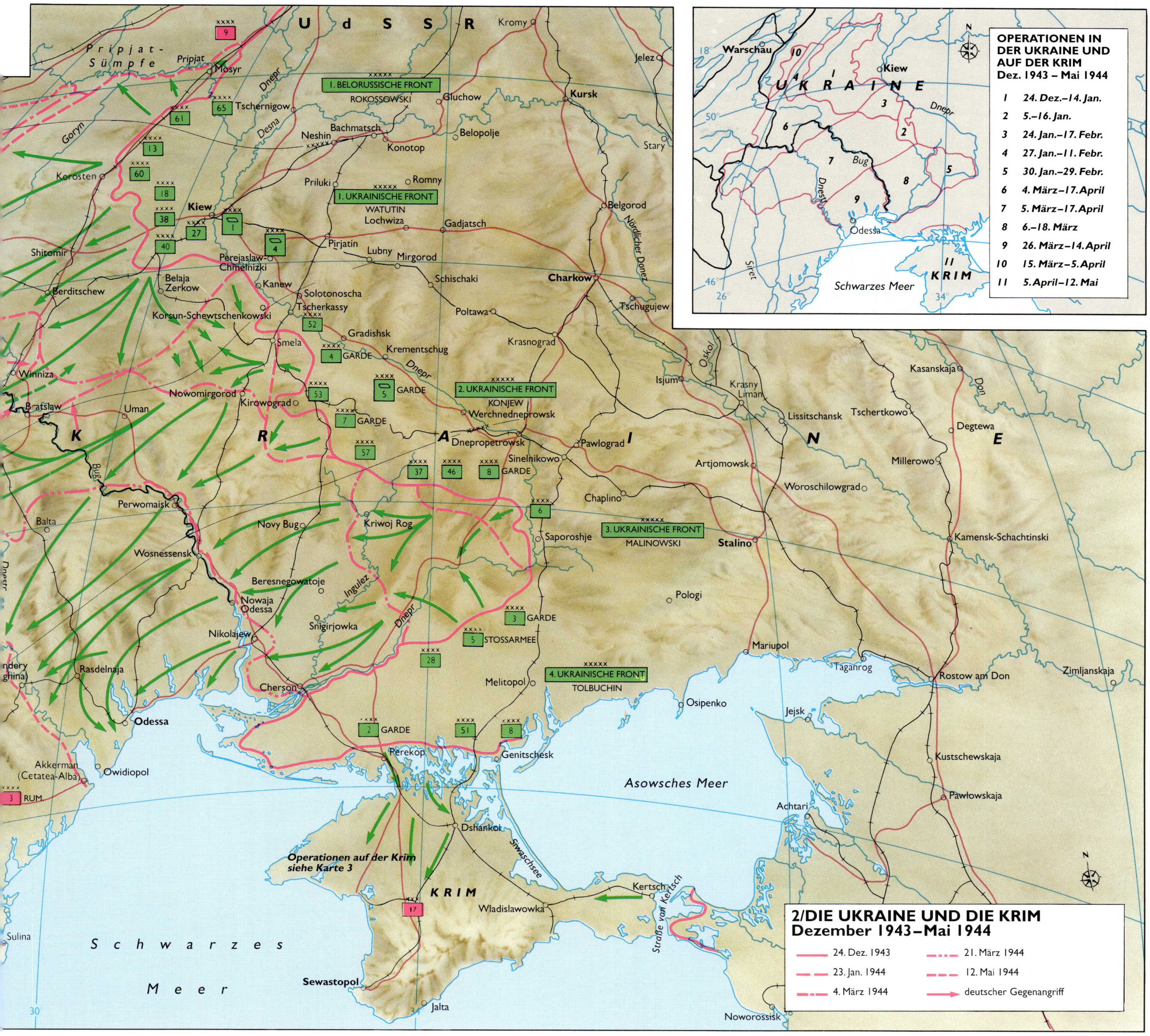

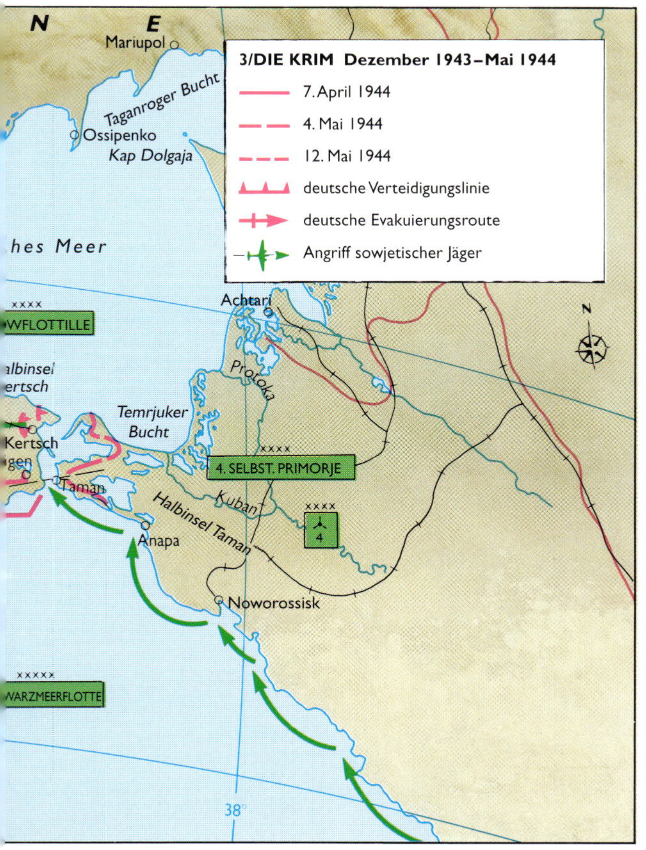

Am 23. Dezember 1943 waren die sowjetischen Streitkräfte bis zu einer Linie vorgerückt, die von Leningrad im Norden bis zum Siwaschsee im Süden reichte, welcher die Begrenzung der Halbinsel Krim darstellt **(1)**. Im Mai 1944 hatten sie die Krim und die Ukraine zurückerobert, doch die Achsenmächte waren noch immer im Besitz Belorußlands. Eine Offensive mit dem Ziel, die Ukraine westlich des Dnepr wieder einzunehmen, begann am 23. Dezember 1943 **(2)**. Im einzelnen setzte sie sich aus zehn Teiloperationen zusammen *(Nebenkarte 2)*, die bis zum 17. April andauerten. Hinzu kam vom 8. April bis 12. Mai 1944 als elfte Operation jene auf der Krim **(3)**, bei der die Sowjets insgesamt 470 000 Mann, 6 000 Geschütze und Granatwerfer, 560 Panzer und Sturmgeschütze und 1 250 Flugzeuge einsetzten. Unterstützt wurde die Offensive darüber hinaus von der Schwarzmeerflotte und der Asowflottille. Die deutschen Truppen verfügten über 150 000 Deutsche und Rumänen (11 Divisionen) sowie den Großteil der deutschen 17. Armee unter General Jänecke, die von Taman abgezogen worden war. Jäneckes Einheiten setzten großes Vertrauen in ihre Verteidigungsstreifen: Drei befanden sich gegenüber dem Brückenkopf von Siwasch, zwei an der Landenge von Perekop und vier am Brückenkopf von Kertsch. Im Angesicht sowjetischer Überlegenheit brachen diese allerdings bald zusammen. Der Angriff von Norden und Westen her begann am 8. April. Am 12. April verfolgten die sowjetischen Streitkräfte bereits die sich aus dem Osten der Halbinsel zurückziehenden Achsentruppen entlang der Route Feodossija–Sudak–Sewastopol **(3)**. Am 9. Mai ergab sich die deutsche Garnison von Sewastopol. Die enorme Luftüberlegenheit ermöglichte es den Sowjets, die über den Brückenkopf von Cherson nach Constanța und Varna zurückweichenden Reste der 17. Armee niederzumetzeln. Daneben griffen sie mit Flugzeugen und U-Booten Truppentransporte an, die versuchten, Einheiten zu evakuieren. Die Hauptangriffe erfolgten am 23. April sowie am 3. und 12. Mai auf halbem Weg zwischen der rumänischen Küste und der Krim sowie am 12. April und 11. Mai vor Sewastopol. Bis zum Mittag des 12. Mai ergaben sich bei Cherson 25 000 deutsche Soldaten. Die sowjetische Seite schätzte ein, daß sich die Verluste der Deutschen mit der Vernichtung der 17. Armee auf 110 000 Tote, Verletzte und Gefangene beliefen.

Bild auf der Nebenseite: Sowjetische Kavallerie bei Odessa. Rechts oben: Sowjeteinheiten in den Ruinen von Sewastopol. Darunter: Sowjetische 152-mm-Kanonenhaubitzen vom Typ ML20 werden mit der Fähre über den Dnestr übergesetzt.

Belorußland 1944

Die Planung der Sowjets für die Operation in Belorußland lief im Frühjahr 1944 an. Das sowjetische Oberkommando kam zu dem Schluß, daß die Befreiung Belorußlands und seiner Hauptstadt Minsk nun die höchste Priorität besaß. Diese Schlußfolgerung war von der Heeresgruppe Mitte erwartet worden. Ihre Frontausbuchtung erschien für Moskau noch immer bedrohlich nahe. Für die Nordflanke der drei ukrainischen Fronten bestand weiterhin die Gefahr eines Luftangriffes, wodurch jegliche Offensiven weiter westwärts verhindert wurden. Der belorussische Frontbogen war gleichzeitig der kürzeste Weg für die sowjetischen Streitkräfte in das Herz Deutschlands. Die Operation in Belorußland erhielt nach einem Helden von 1812 den Codenamen „Bagration“, und auch die Wahl des Zeitpunktes für die Offensive hatte etwas Schicksalhaftes: Der 22. Juni war genau der Tag, an dem drei Jahre zuvor die Deutschen die Sowjetunion überfallen hatten. Im Mai wurde der Umfang der Operation noch einmal erweitert. Bis zu einer Tiefe von nunmehr 640 km sollte sie in ausreichendem Abstand zu den Pripjat-Sümpfen ausgeführt werden und die Landbrücke zwischen den Flüssen Dwina und Neman einnehmen. Die Operation erreichte somit fast die volle Nord-Süd-Ausdehnung. Der Zeitpunkt war so gewählt, daß sie nach der Landung der Alliierten in der Normandie ihren Anfang nehmen sollte. So konnte die Bindung der deutschen Landstreitkräfte durch die anglo-amerikanischen Einheiten ausgenutzt werden. Das Durcheinander, das sich aus der Verwicklung Deutschlands in einen Zweifrontenkrieg ergab, sollte sich für die Operation als günstig erweisen.

Die sowjetischen Streitkräfte setzten sich aus 19 allgemeinen Armeen und zwei Gardepanzerarmeen (alles in allem 1,4 Millionen Mann), 31 000 Geschützen und Granatwerfern, 5 200 Panzern und Sturmgeschützen zusammen. Sie wurden durch über 5 000 Flugzeuge unterstützt. Das auf einer *Stawka*-Tagung vom 22. bis 23. Mai 1944 beschlossene militärische Ziel bestand in der Zerschlagung der deutschen Heeresgruppe Mitte durch zeitgleich erfolgende Durchbrüche an sechs Abschnitten. Dabei hatte jede der vorgeschobenen sowjetischen Divisionen eine 1,5 km breite Front zu bilden. Darüber hinaus sollten sich die drei belorussischen Fronten den Hauptkräften der Heeresgruppe Mitte in der Gegend um Minsk nähern. Die deutschen Truppen hatten eine bis zu 27 km tief gestaffelte Verteidigungsstellung bezogen, in der sich insgesamt 1,2 Millionen Mann, 9 500 Geschütze und Granatwerfer, 900 Panzer und Sturmgeschütze und 1 350 Flugzeuge befanden.

Am 10. Juni fingen die Deutschen einen Befehl an die Partisanen hinter den deutschen Linien auf, in dem diese aufgefordert wurden, vom 20. Juni an den Eisenbahnkrieg zu verstärken und Truppenbewegungen zunichte zu machen. Am 19. und 20. Juni erfolgten Anschläge auf Bahnlinien westlich von Minsk. In der Nacht vom 22. zum 23. Juni griffen sowjetische Langstreckenflugzeuge zunächst Flugplätze und Eisenbahnverbindungen und anschließend Artilleriestellungen und -depots sowie sich bewegende Truppen an. In deutschen Berichten war die Rede von neuen, geschickt in die Tat umgesetzten Infanterietaktiken und von Lufteinsätzen bislang nie dagewesenen Ausmaßes.

Während der ersten Phase (23. Juni–4. Juli) fanden Kampfhandlungen bei Bobruisk, im Raum Witebsk–Orscha sowie bei Mogiljow und Polozk statt. Die deutsche Gruppierung im Raum Minsk wurde vollständig eingekesselt. Am Abend des 26. Juni brachen Streitkräfte der 1. Belorussischen Front im Gebiet um Bobruisk in Stellungen der Heeresgruppe Mitte ein, während die 3. Belorussische Front im Raum Witebsk – Orscha durchbrach. Auf Hitlers Befehl sollten diese beiden Städte als feste Plätze bis zum letzten Schuß und bis auf den letzten Mann gehalten werden. Doch am Abend des 3. Juli befanden sich die Einheiten des 27. Panzerkorps, der 110. Division und der Sondereinheit Müller bereits auf der Flucht, bis sie östlich von Minsk zusammen mit den Resten der Heeresgruppe Mitte eingekesselt und in das Gebiet westlich der Stadt zurückgedrängt wurden. Im Verlauf der zweiten Phase (5. Juli–29. August) führten die Fronten fünf weitere Angriffsoperationen aus: bei Šiauliai, Vilnius, Kaunas, Białystok und zwischen Lublin und Brest. Die östlich von Minsk eingekesselten Truppenteile wurden zwischen dem 5. und 11. Juli zerschlagen. Am 8. Juli erbat sich Model, der von Busch am 28. Juni den Befehl über die Heeresgruppe Mitte übernommen hatte, ein Gespräch mit Hitler. Seine Absicht war es, die Garnison von Vilnius freizukämpfen. Hitler befahl jedoch den Standort zu halten, koste es, was es wolle. Er stimmte zwar auf Models Drängen hin zu, die Heeresgruppe Mitte durch ein paar Einheiten der Heeresgruppe Nord zu verstärken, verweigerte jedoch den Abzug letzterer, da Admiral Dönitz auf einem Offenhalten der baltischen Häfen bestand. Am 13. Juli fiel Vilnius, am 14. Juli Pińsk und am 16. Juli Grodno. Am 15. Juli errichteten die Sowjets bei Alytus ihren ersten Brückenkopf über den Neman.

Die Tatsache, daß Hitler darauf bestand, feste Plätze zu halten, und einen Rückzug von Streitkräften ablehnte, trug wesentlich zur Einkesselung großer deutscher Truppenteile bei. Die Heeresgruppe Mitte wurde in einer klassischen Kesselschlacht zerschlagen, wobei 17 Divisionen vollständig aufgerieben wurden und weitere 50 die Hälfte ihrer Kampfkraft verloren. Am 20. Juli, dem Tag der endgültigen Vernichtung der Heeresgruppe, verübten deutsche Offiziere ein Attentat auf Hitler, bestürzt über seine Art der Kriegsführung. Es schlug jedoch fehl. Währenddessen verlangsamte sich zwangsläufig der Vormarsch der Sowjets, die nun eine Linie westlich von Białystok und östlich von Kaunas erreicht hatten. Bis zum 29. August drängten sie weiter vorwärts, nahmen Kaunas ein und hatten bereits Berührung mit der Grenze zu Ostpreußen. Im Süden rückten sie sogar noch etwa 95 km weiter vor und erreichten den Rand von Warschau. Die territoriale Rückeroberung war eher symbolischer Natur und eine Prestigefrage.

1/DIE OSTFRONT Juni–Sept. 1944

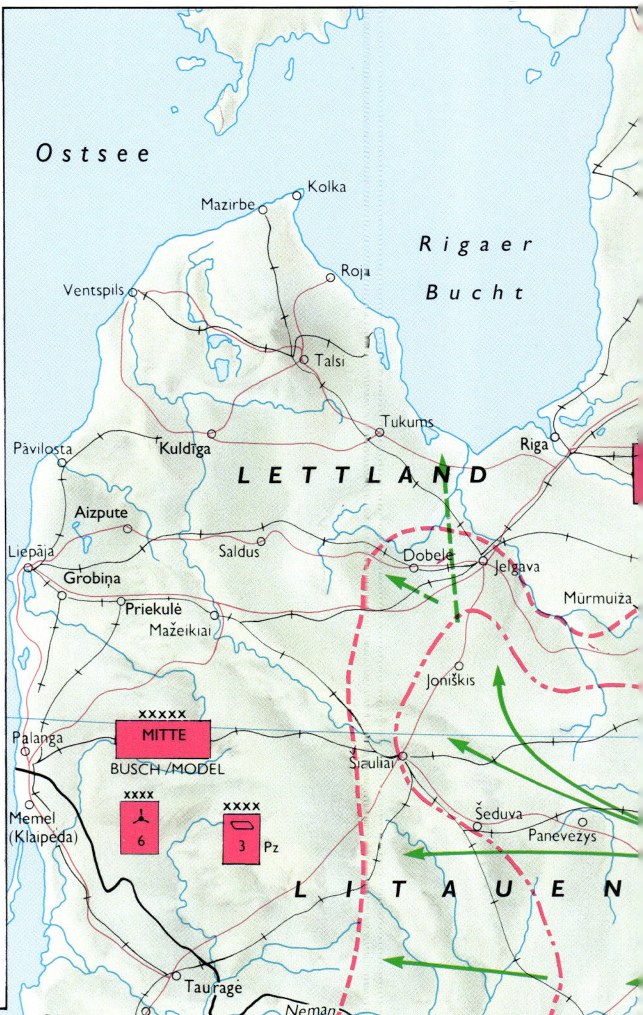

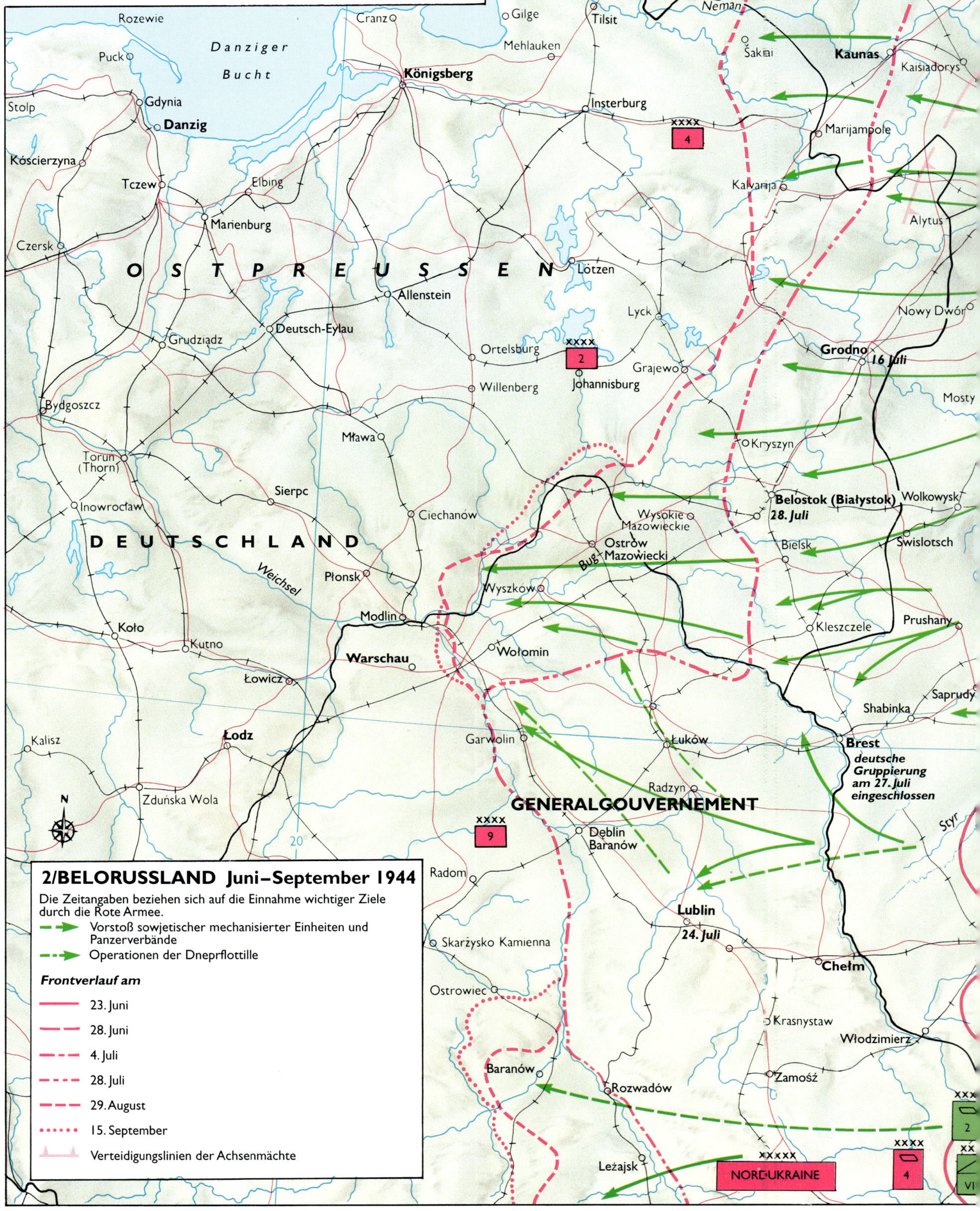

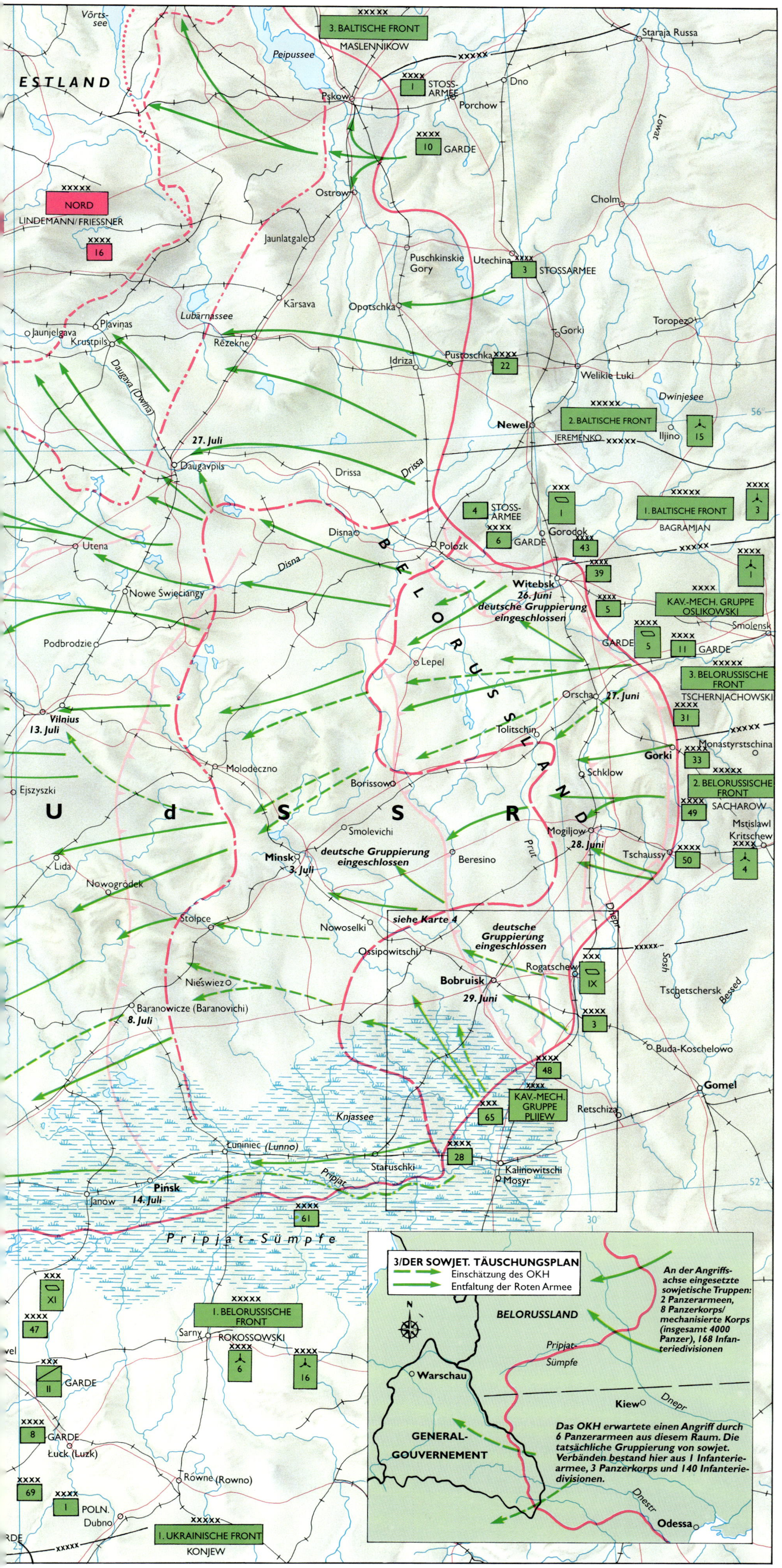

Bild oben: Sowjetische Infanterie und Panzerfahrzeuge rücken bei Minsk vor.

Die strategische Offensive in Belorußland vom 23. Juni bis zum 29. August war eine der größten sowjetischen Operationen des Krieges ***(1)***. Der Plan der Sowjets ***(3)*** beinhaltete ein strategisches Täuschungsmanöver *(Maskirowka)*: Im südlichen Gebiet der 3. Ukrainischen Front gaben sie vor, eine große Truppenkonzentration in Vorbereitung eines Angriffs durchzuführen, während in Belorußland die eigentliche Massierung sorgfältig im Verborgenen ablief. Die deutschen Befehlshaber fielen teilweise darauf herein. 24 der 30 mechanisierten und Gardepanzerdivisionen an der sowjetisch-deutschen Front wurden südlich der Pripjat-Sümpfe zusammengezogen. Auch an der Front zur deutschen Heeresgruppe Mitte nördlich der Pripjat-Sümpfe wurde durch die Sowjets der Anschein gewahrt. Die Deutschen erkundeten rechtzeitig die Schlachtordnung der Sowjets und die Konzentration der Luftstreitkräfte im Süden merklich stärker war als an den mittleren und nördlichen Frontabschnitten. Sie unterschätzten jedoch die Stärke der ihnen gegenüberstehenden Streitkräfte und vermuteten alle fünf sowjetischen Panzerarmeen im südlichen Abschnitt. Unbestätigten Berichten zufolge lag die 5. Gardepanzerarmee der Heeresgruppe Mitte gegenüber. In Wirklichkeit handelte es sich um eine der beweglichen Einheiten der 3. Belorussischen Front, die gemeinsam mit einer kavallerie-mechanisierten Gruppe der 3. Panzerarmee gegenüberstand. Die Operation von Bobruisk vom 24. bis 29. Juni ***(4)*** an der Südflanke des Angriffs auf die Heeresgruppe Mitte war ein wichtiger Bestandteil der Offensive in Belorußland. Daran beteiligt waren die 3., 48., 65. sowie die 28. allgemeine Armee und die 16. Luftarmee, das IX. und I. Gardepanzerkorps sowie die kavallerie-mechanisierte Gruppe (KMG) als bewegliche Frontgruppe der 1. Belorussischen Front. Aus den Gardepanzerkorps wurden mobile Armeegruppen und KMGs gebildet. Ihre Bestimmung war es, den Erfolg auszuweiten, im Idealfall nach einem sauberen Durchbruch durch die taktische Zone. Die Verteidigung der Deutschen bestand hier aus der 9. Armee und zwei Divisionen der 4. Armee. Das Ziel der Sowjets war ein Vormarsch auf Bobruisk und die Umfassung der dortigen Hauptgruppierung. Am 23. Juni erfolgte eine gewaltsame Aufklärung, und am 24. Juni griffen die sowjetischen Einheiten nach einer zwei Stunden und fünf Minuten währenden Artillerievorbereitung an. Sie drangen bis zu einer Tiefe von 5 bis 8 km vor. Dann kam das I. Gardepanzerkorps zum Einsatz, um den Durchbruch auszunutzen. Am zweiten Tag wurde die KMG, die zwischen der 65. und 28. Armee in Warteposition gelegen hatte, in den Kampf geschickt. Sie sollte noch tiefer vordringen, die eingekesselten Truppen umgehen und nordwestwärts zum Ptitsch und nach Glusk marschieren. Ein weiteres wichtiges Manöver bestand in der massiven Umgruppierung von Artillerieeinheiten zwischen dem 5. und 13. Juli mit der Aufgabe, den Südflügel des sowjetischen Angriffs zu verstärken. Nachdem der Durchbruch im Gebiet um Bobruisk vollzogen war und die Deutschen sich am 4. Juli bis zu einer Linie westlich von Minsk zurückgezogen hatten, wurden 3500 Artilleriegeschütze durch die unwirtlichen Pripjat-Sümpfe von Shlobin über Kalinkowitschi in neue Stellungen östlich von Kowel umgesetzt. Die Artilleriestärke an der linken Flanke der 1. Belorussischen Front stieg somit auf 9000 Geschütze an, was einer Dichte von jeweils 300 Geschützen auf 1,5 km Frontbreite entsprach. Die 1. Belorussische Front konnte im Ergebnis dessen in der zweiten Julihälfte nach Polen vordringen. Sie befand sich somit direkt vor einer weiteren Front, deren Aufgabe die Säuberung des befreiten sowjetischen Territoriums war.

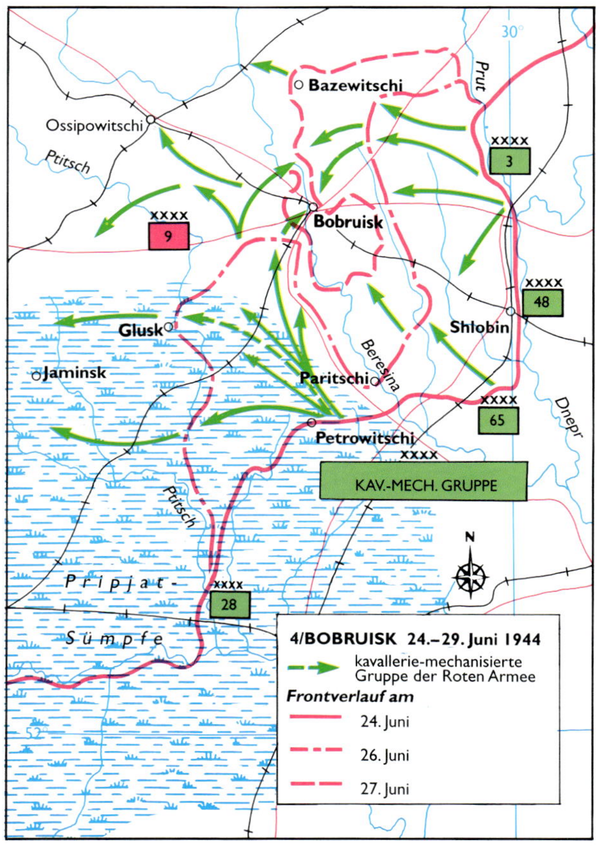

Das Baltikum 1944–1945

NACH IHREN SIEGEN bei Kursk (siehe Seite 124) sowie in der Ukraine und im Donezbecken (siehe Seite 146) waren die sowjetischen Streitkräfte ab Anfang 1944 in der Lage, eine Generaloffensive in Richtung Nordwesten zu beginnen. Ihr Ziel war es, Leningrad von den deutschen Belagerungstruppen zu befreien und einen gewissen Normalzustand unter Kriegsbedingungen wiederherzustellen. An den Kämpfen im Raum Leningrad–Nowgorod waren die Leningrader Front, die Wolchow-Front (bis zum 15. Februar 1944) und die 2. Baltische Front sowie 35 000 Partisanen beteiligt. Unterstützt wurden die Kampfhandlungen durch Langstreckenflugzeuge. Diese stellten das sowjetische Äquivalent zu den britischen und amerikanischen strategischen Bombern dar und kamen fast ausschließlich gegen Ziele auf dem Schlachtfeld und im Hinterland zum Einsatz. Die Offensive begann am 14. Januar 1944. Am 20. Januar war Nowgorod bereits zurückerobert, und am 1. März standen die Sowjets an der Grenze zu Lettland. Erst jetzt war die 900 Tage währende Belagerung Leningrads wirklich vorüber. Gegen Ende des Winters erreichten die sowjetischen Einheiten den Peipussee.

Zwischen Juli und November 1944 rückten sie im Gebiet der baltischen Staaten vor. Diese waren erst 1940 auf der Basis des geheimen Zusatzprotokolls zum Hitler-Stalin-Pakt der Sowjetunion angeschlossen worden. Die 1. Baltische Front unter Bagramjan führte die Angriffsoperation in Richtung Klaipéda zur Eroberung von Memel an der litauischen Küste durch (8.–10. Oktober). Gleichzeitig nahm die 2. Baltische Front unter Jeremenko Riga, die Hauptstadt Lettlands, ein. Dadurch wurden 33 deutsche Divisionen der 16. und 18. Armee der Heeresgruppe Nord in Kurland eingeschlossen. Am 26. Januar 1945 wurden diese Truppen in Heeresgruppe Kurland umbenannt. Die *Stawka* schätzte richtig ein, daß die Einheiten in Kurland zwar ein Grund zum Ärgernis seien, es aber von größerer Wichtigkeit wäre, weiter nach Polen und Ostpreußen hinein vorzudringen. Die Sowjets begnügten sich daher mit einer Land- und Seeblockade. Die sowjetische Flotte im Baltikum hatte schwer unter den Säuberungsaktionen gelitten, und viele der Seeleute waren bei den Auseinandersetzungen an Land eingesetzt worden. Deutsche Minen und die Blockade des Finnischen Meerbusens über die meiste Zeit des Krieges hinweg hatten ihre Schiffe und U-Boote in Schach gehalten. Die Feuerkraft der Schiffe war hauptsächlich zur Unterstützung der Feldartillerie zum Einsatz gekommen. Erst nach der Einnahme der estnischen Stadt Narwa im Juli 1944 und nach Einstellung der finnischen Feindseligkeiten am 19. September erhielten die Sowjets Zugang zu den Nordufern einschließlich Hangö, und ihre Kriegsflotte konnte nun endlich in die Ostsee auslaufen. Die Sowjets verfügten jedoch weder über die Schiffe noch über die Mannschaften und Fertigkeiten, den Kampf mit so erstklassigen deutschen Kriegsschiffen wie der „Admiral Hipper" aufzunehmen. Somit konnten die Deutschen eine große Zahl ihrer Soldaten und viel Kriegsgerät aus Kurland abtransportieren. Es verblieben lediglich 21 Divisionen und eine Brigade (insgesamt 189 000 Offiziere und Soldaten sowie 42 Generäle) bis zum Ende des Krieges auf sowjetischem Territorium. Sie kapitulierten am 9. Mai 1945.

Die sowjetischen Streitkräfte umgingen in der Zwischenzeit die eingeschlossenen Truppen. Zeitgleich mit der Weichsel-Oder-Operation führten sie eine Offensive in Ostpreußen (13. Januar–25. April 1945) durch, wo die 2. und 3. Belorussische Front und Teile der 1. Baltischen Front zum Einsatz kamen. Am 10. Februar löste sich die 2. Belorussische Front von den anderen Streitkräften, um bis zum 4. April die Offensive in Ostpommern durchzuführen.

Als die Sowjets auf deutschem Boden einmarschierten, hatten viele von ihnen wohl das Gefühl, noch alte Rechnungen begleichen zu müssen. In verschiedenen Quellen wird von Massakern und Vergewaltigungen enormen Ausmaßes berichtet. Die Sowjetsoldaten glaubten, daß sie ungestraft deutsche Frauen und Mädchen vergewaltigen konnten. Es scheint, als ob solcherlei Zwischenfälle stillschweigend geduldet oder gar sanktioniert wurden. Schilderungen von Greueltaten trugen dazu bei, daß Zivilisten und Militärangehörige eine panikartige Flucht zu den Ostseehäfen hin antraten. Gdynia, Danzig, Königsberg und die Stadt Pillau am Ende einer abgeschnittenen Landzunge waren das Ziel.

Der Seeweg stellte bei weitem die sicherste und gewiß auch die rationellste Methode für den Transport von großen Truppenkontingenten und Seeleuten sowie von Flüchtlingen, Verwundeten und Gütern dar. Admiral Dönitz, für kurze Zeit Hitlernachfolger, war der führende Kopf bei der Evakuierung von 2 022 602 Personen aus eingeschlossenen Gebieten entlang der Ostseeküste (Kurland, Ost- und Westpreußen sowie Pommern) zwischen dem 23. Januar und 8. Mai 1945. Die sowjetische Flotte im Baltikum erhielt den Befehl, ihre Aktivitäten gegen deutsche Verbindungswege zu verstärken. Infolgedessen wurden drei große, mit Flüchtlingen vollbesetzte Schiffe auf der Überfahrt von Danzig nach Gdynia versenkt. Die größte jemals bekannt gewordene Schiffskatastrophe ereignete sich am 30. Januar, als vor Stolpebank die „Wilhelm Gustloff" vom sowjetischen U-Boot S-13 torpediert wurde, wobei mehr als 7000 Menschen den Tod fanden. Das gleiche Schicksal erlitten das Lazarettschiff „Steuben" am 9. Februar und die „Goya" am 16. März. So erschütternd diese Verluste auch waren, sie stellten lediglich ein Prozent der Menschenmassen dar, die auf dem Seeweg evakuiert wurden. Gdynia fiel am 28. und Danzig am 30. März. Als letzter größerer Hafen wurde Pillau am 25. April durch die Sowjets eingenommen. In der Folgezeit bedienten sich die Deutschen einer Vorgehensweise wie bei der Operation „Dynamo" in Dünkirchen: Sie nahmen Menschen direkt am Strand auf, wenn die Sowjets sich näherten, und brachten sie mit dem Schiff in den Westen, wo sie dann in britische oder amerikanische Hände fielen. Die größte jemals übers Meer ausgeführte Evakuierung von Menschen endete am 8. Mai 1945.

Bild oben links: Zu Friedenszeiten diente die „Wilhelm Gustloff" als Passagierschiff für Kreuzfahrten. Oben rechts: Das sowjetische U-Boot S-13, das die „Wilhelm Gustloff" versenkte, wird im finnischen Hafen von Hangö mit Torpedos bestückt.

ZWISCHEN ANFANG 1944 und Mai 1945 rückten die sowjetischen Streitkräfte entlang der Ostseeküste von Leningrad bis Wismar vor. Das entspricht einer Luftlinie von mehr als 1280 km. Sie umgingen Kurland, da sie weitaus wichtigere strategische Ziele anstrebten, insbesondere die deutschen Gebiete in Ostpreußen. Die Deutschen hatten ein mächtiges System aus sieben Verteidigungsstreifen geschaffen, das durch Betonbunker, Höckersperren und andere dauerhafte Befestigungsanlagen verstärkt wurde. Darüber hinaus verfügten sie über sechs befestigte Räume. Während der Kämpfe in Ostpreußen belief sich die sowjetische Truppenstärke auf nahezu 1,7 Millionen Mann, 25 000 Geschütze und Granatwerfer, fast 3 900 Panzer und Sturmgeschütze sowie über 3 000 Flugzeuge. Dem standen auf deutscher Seite 8 200 Geschütze, 700 Panzer und 775 Flugzeuge gegenüber. Die 3. Belorussische Front unter Tschernjachowski griff am 13. Januar nördlich der Masurischen Seen an, die ein bedeutendes Hindernis darstellten. Sie beabsichtigte, die Heeresgruppe Mitte vom Rest Deutschlands abzuschneiden und in Richtung Meer zu drängen. Die 2. Belorussische Front unter Rokossowski ging am 14. Januar gegen die Achse Marienburg–Elbing zum Angriff über. Ende Januar war das Frische Haff erreicht und der größte Teil Ostpreußens vom restlichen Deutschland abgetrennt. Am 10. Februar lenkte die 2. Belorussische Front ihre Stoßrichtung nach Ostpommern, während die 3. Belorussische Front die Aufgabe erhielt, deutsche Einheiten in Ostpreußen zu liquidieren. Damit verbunden war die Schwächung der Festungsstadt Königsberg (Kaliningrad). Sie wurde durch drei Verteidigungssystemen geschützt. Die erste, sechs bis acht Kilometer vom Stadtkern entfernt, bestand aus einem System von zwei bis sieben miteinander verbundenen Gräben und 15 alten Bastionen. Die zweite, am Rand der Innenstadt gelegen, schloß Minenfelder, Barrikaden und massive deutsche Steinbauten ein. Die dritte Stellung umfaßte neun Bastionen, die sich um die Altstadt herum befanden. Nach einem vier Tage andauernden Artilleriebeschuß durch die sowjetischen Streitkräfte begannen diese am 7. April mit der Erstürmung der Stadt, die schließlich am 9. April fiel. Die Deutschen evakuierten viele Zivilisten und Militärangehörige aus Ostpreußen und dem polnischen Korridor auf dem Seeweg. Im Zuge einer dieser Operationen mit dem Codenamen „Hannibal" wurden auch U-Boot-Mannschaften evakuiert. Eines der Schiffe, die „Wilhelm Gustloff", hatte über 8 000 Menschen an Bord, als es am 30. Januar Gdynia verließ. Um 23.08 Uhr feuerte das sowjetische U-Boot S-13, das drei Wochen zuvor Hangö mit dem Auftrag zur Zerstörung deutscher Verbindungswege verlassen hatte, drei Torpedos auf das Schiff ab. (Der Torpedo mit der Kreideaufschrift „für Stalin" versagte bereits beim Abschuß. Einer von denen, die trafen, trug die Aufschrift „für Leningrad".) Bei dem schlimmsten Schiffsuntergang in der Geschichte verloren über 7 000 Menschen ihr Leben.

FINNLAND
Ladogasee
Karelische Landenge
Gävlebucht
Åland-Inseln
Finnischer Meerbusen
Sowjetische U-Boote nutzen Hangö als Basis für Angriffe auf die deutschen Evakuierungsrouten.
Stockholm
Uppsala
Helsinki
Hangö
Tallinn
Leningrad
Kronstadt
Schlüsselburg
Tichwin
GOWOROW
LENINGRADER FRONT
STOSSARMEE
WOLCHOW-FRONT
MEREZKOW
BALT. ROTBANNER-FLOTTE
NARVA-GRUPPE
Narva
Luga
Nowgorod
NORD
3. BALTISCHE FRONT
MASLENNIKOW
STOSSARMEE
Peipus-see
Pskower See
Pskow
Ilmensee
Staraja Russa
2. BALTISCHE FRONT
JEREMENKO
ESTLAND
Saaremaa
Hiiumaa
Pärnu
Rigaer Bucht
Gotland
Visby
Ventspils
26. Jan. 1945 Heeresgruppe Kurland, verbleibt bis Kriegsende hier
FRIESSNER/SCHÖRNER
KURLAND
LETTLAND
Riga
Liepāja
Daugava
Daugavpils
STOSSARMEE
GARDE
1. BALTISCHE FRONT
BAGRAMJAN
2. BALTISCHE FRONT
JEREMENKO
LITAUEN
Klaipėda (Memel)
Kaunas
Vilnius
Polozk
Witebsk
Smolensk
Newel
3. BELORUSSISCHE FRONT
TSCHERNJACHOWSKI
Nowe Święciany
ehem. KdF-Passagierschiff „Wilhelm Gustloff“ von sowjetischem U-Boot torpediert; mehr als 7000 Todesopfer
Danziger Bucht
Danzig
Gdynia
Pillau
Königsberg siehe Karte 2
BALTISCHE FRONT
Tilsit
Insterburg
OSTPREUSSEN
MITTE
REINDHART/RENDULIC/WEISS
Masurische Seen
Allenstein
Elbing
Marienburg
PREUSSEN
Grodno
2. BELORUSSISCHE FRONT
ROKOSSOWSKI
Białystok
U d S S R
Minsk
Molodeczno
Borissow
Bobruisk
Lida
Nowogrodek
THORN
BEFESTIGTER RAUM
Warschau
Łódź
Modlin
Pułtusk
1. BELORUSSISCHE FRONT
SHUKOW
POLN.
STOSSARMEE
GARDE
Radom
Lublin
Deblin
GENERALGOUVERNEMENT
Krakau (Kraków)
Katowice
Częstochowa
Sosnowiec
2/ KÖNIGSBERG 5.–9. April 1945
Frontlinie am
5. April
8. April
9. April
deutscher Gegenangriff
deutsche Verteidigungslinie
äußerer Verteidigungsring
Erste Stellung
Zweite Stellung
Dritte Stellung
FLIEGERKRÄFTE D. BALT. ROTBANNERFLOTTE
Fuchsberg
Schönwalde
Neuhausen-Tiergarten
nach Pillau
Metgethen
ARMEEABT. SAMLAND
Groß-Holstein
Königsberg
Pregel
Adl.-Neuendorf
Frisches Haff
Wangitt
Heyde-Waldburg
Altenberg
GARDE
3. BELORUSSISCHE FRONT

Die Normandie Juni–Juli 1944

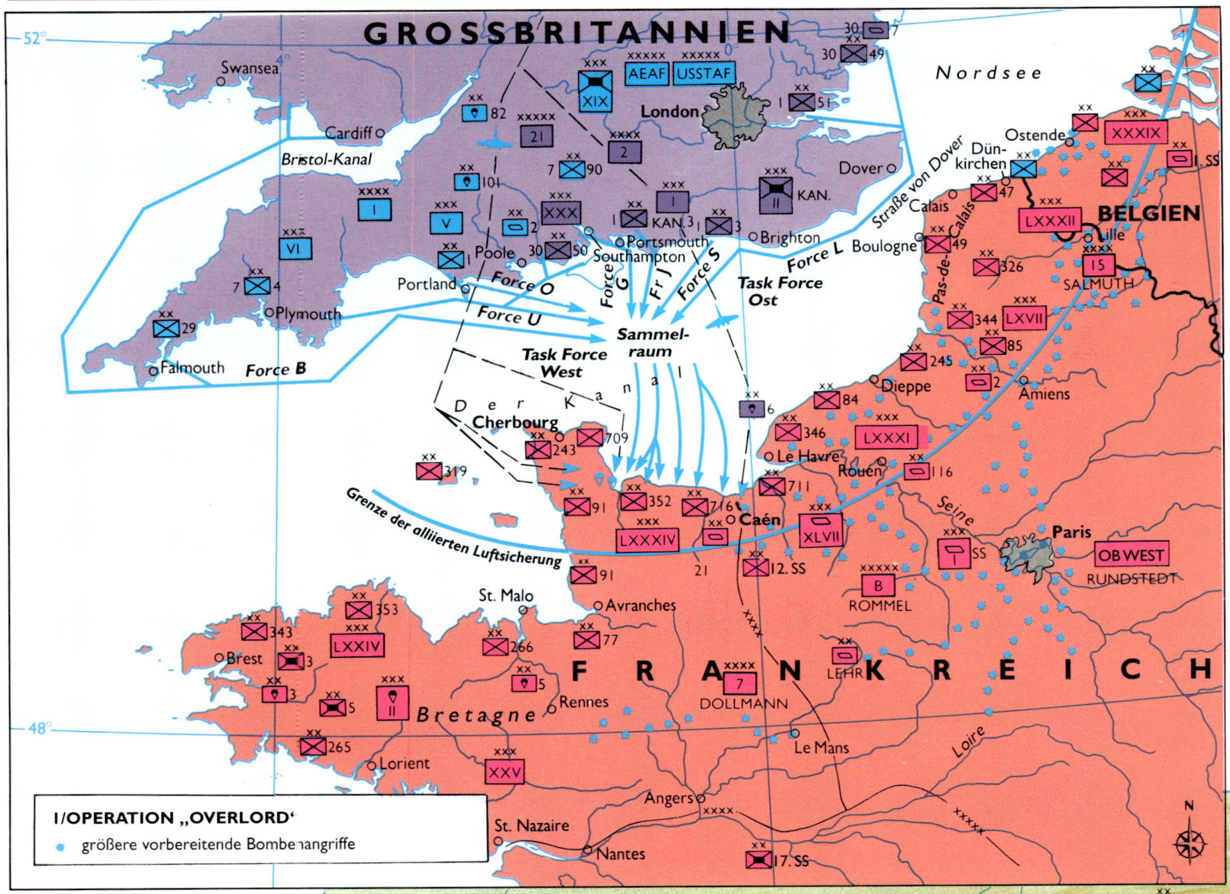

Die Pläne zum Einmarsch in das besetzte Europa durch Nordfrankreich hindurch waren von den Briten und Amerikanern seit Anfang 1942 diskutiert worden. Doch strategischen Schwächen und auch Meinungsverschiedenheiten zur Vorgehensweise war es geschuldet, daß die Operation zugunsten einer Mittelmeerraum-Strategie mehrfach verschoben werden mußte. Auf der Quebecer Konferenz im August 1943 gaben die Briten ihre Zustimmung zur Berufung von Befehlshabern (siehe Seite 134). Im Dezember ernannte man Eisenhower zum Oberbefehlshaber der Alliierten. Er gab Montgomery den Auftrag, detaillierte Invasionspläne zu erstellen und während des Einmarsches als Befehlshaber der Bodentruppen zu agieren.

Hitler, den die Angelegenheiten an der Ostfront in Beschlag nahmen, schob die Ausarbeitung von Plänen zur Verteidigung im Westen bis zum November 1943 vor sich her. Doch dann erhielt sie im Rahmen des Führerbefehls 51 eine neue Priorität. Im Dezember wies er Rommel an, sich der Vorbereitung auf die Verteidigung als Kommandeur der Heeresgruppe B – bestehend aus der 7. und der 15. Armee – anzunehmen. Rundstedt blieb weiterhin Oberbefehlshaber West der Heeresgruppe B und C, die sich aus der 1. und der 19. Armee zusammensetzten. Insgesamt stellte er etwa 50 Infanterie- und zehn Panzerdivisionen auf.

Das Problem für die deutsche Strategie bestand aber darin, daß alle Küsten gleichzeitig zu verteidigen waren, da die Alliierten mit Erfolg ihre Absichten verschleierten (siehe Seite 82). Es verblieben darum zu viele Infanteriedivisionen im Süden (Heeresgruppe C). Rommel und Rundstedt hatten bezüglich des Einsatzes von Panzerfahrzeugen auseinandergehende Meinungen. Ersterer wollte sie an den Küsten nutzen, letzterer als Eingreifreserve an zentraler Stelle halten. Hitler verfügte, daß ein Kompromiß zu schließen sei, und beging den Fehler, ein paar der Einheiten unter seinen unmittelbaren Befehl zu stellen.

Der Operationsradius einer „Spitfire“ war ein bedeutender Faktor für die Ausführung des Planes zur Operation „Overlord“, denn er bestimmte die Größe des Gebietes, in dem Landeoperationen ausgeführt werden konnten **(1)**. Obwohl die Massierungen von Truppen und Technik an der Südküste sorgfältig verdeckt abliefen mußten dennoch Konvois der Alliierten aus Wales und East Anglia vor der Isle of Wight zusammengeführt werden, um die Normandie innerhalb einer Nacht erreichen zu können. Sie erhielten Deckung aus der Luft, und das Bombardement brachte Unordnung in die deutsche Verteidigung. Luftlandeeinheiten wurden im Dunkeln abgesetzt, und die Konvois erreichten die Küste in der Morgendämmerung des 6. Juni **(2)**. Rundstedt setzte noch am gleichen Abend die 21. Panzerdivision gegen die von den Briten besetzten Küstenabschnitte ein. Er und Hitler schickten anschließend ihre eigenen Panzerreserven ins Gefecht (1. und 12. SS-Panzerdivision sowie die Panzerlehrdivision), die von der alliierten Luftwaffe und den Widerstandsorganisationen in Schach gehalten wurden. Die Alliierten bauten ihre Landeköpfe zu einem Streifen aus, drückten landeinwärts und verstärkten ihre Streitkräfte für einen Ausbruch. Sie montierten schwimmende Häfen mit dem Tarnnamen „Mulberry“ direkt vor der Küste **(3)**: ein britischer befand sich bei Arromanches, ein amerikanischer bei St. Laurent. Letzterer wurde durch einen Sturm zwischen dem 19. und 22. Juni völlig zerstört, der britische Hafen konnte jedoch weiterhin genutzt werden. Von hier wurden täglich bis zu 11 000 Tonnen Nachschub ausgeliefert. Am Landeabschnitt *Utah*, wo US-amerikanische Fallschirmjäger ein großes geflutetes Gebiet eingenommen hatten **(4)**, war der Widerstand der Deutschen gering. Im Abschnitt *Omaha* dagegen wurden die Strände von hohen Klippen überragt, und die Verteidiger, Einheiten der besten deutschen Küstendivision in der Normandie (352. Division), fügten der US-Infanterie schwere Verluste zu. Nach dem Ausbau alliierter Landeköpfe in einen verteidigungsfähigen Streifen sollte die Operation „Epsom“ **(5)** die Stadt Caen isolieren. Aber deutsche Panzereinheiten hielten den vom 24. Juni bis zum 1. Juli dauernden heftigen Kämpfen stand. Das gleiche Schicksal ereilte die Operation „Goodwood“ (18.–20. Juli), deren Ziel es gewesen war, Caen von Osten her zu isolieren und eine Passage nach Paris zu sichern. Beide Vorstöße banden jedoch den Widerstand der Deutschen und setzten die US-Streitkräfte im Westen frei für den bevorstehenden Ausbruch.

Bild oben rechts: Invasionstruppen der Alliierten im Juni 1940 am Landeabschnitt Juno.

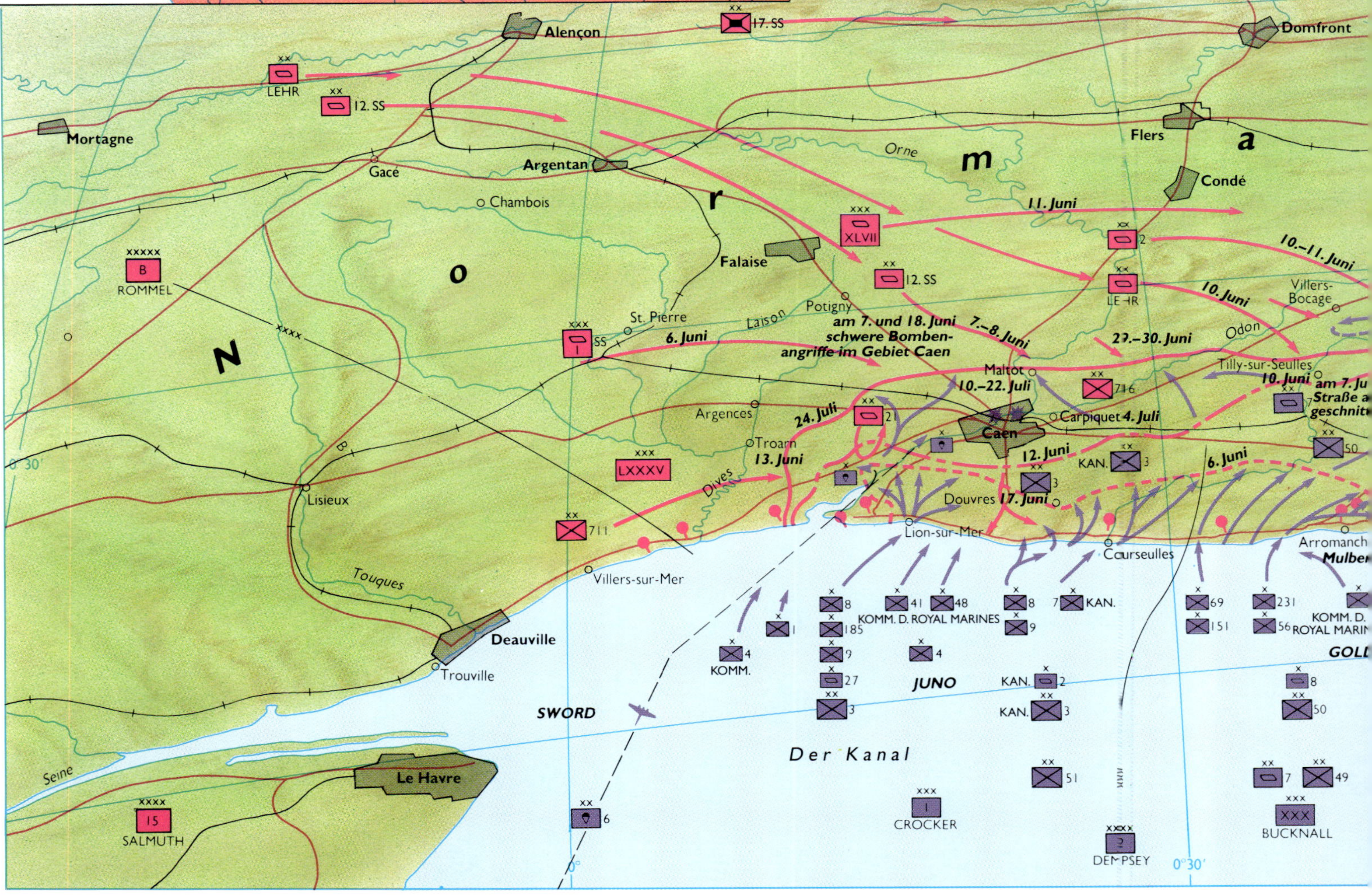

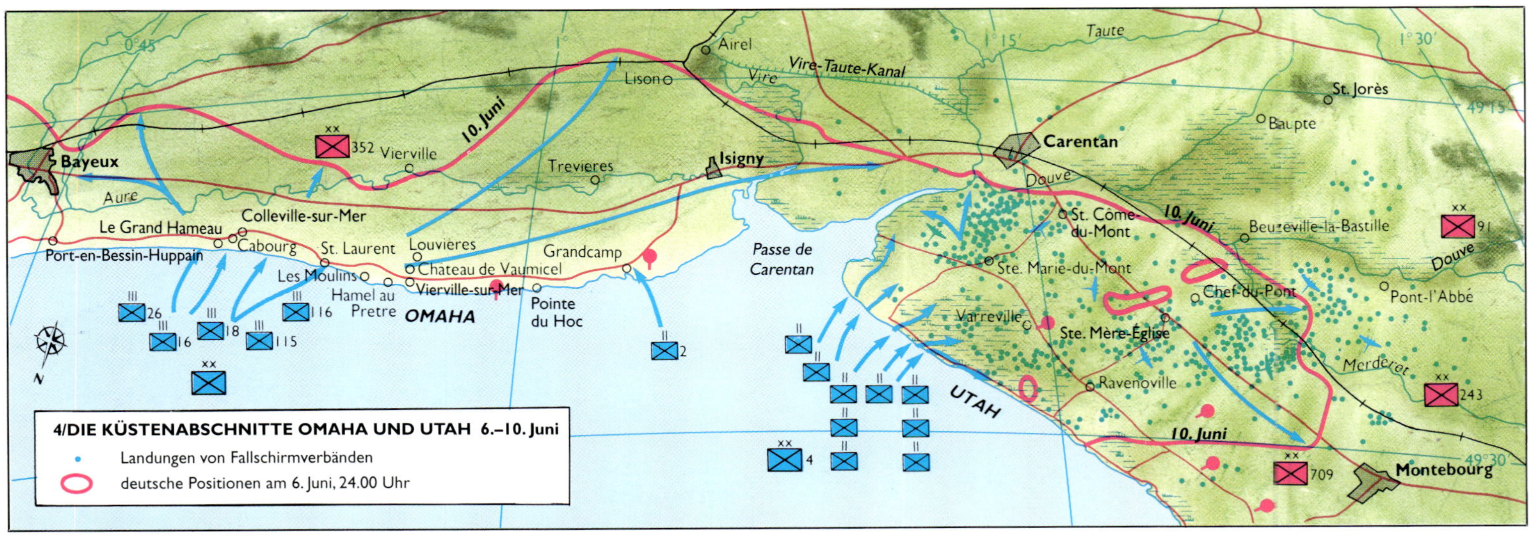

Die Alliierten hatten im März 1943 beschlossen, in der Normandie einzumarschieren. Dieses Gebiet lag innerhalb des Deckungsbereiches der in Großbritannien stationierten Jagdfliegerkräfte. Abgesehen davon nahm man berechtigterweise an, daß die Deutschen hier weniger eine Landung erwarten würden als in der Straße von Dover. Montgomery änderte den von ihm übernommenen Plan für die Operation „Overlord" dahingehend, daß statt der vorgesehenen drei insgesamt fünf Seelandedivisionen sowie drei Luftlandedivisionen zum Einsatz kamen. Er hielt aber daran fest, die Luftlandedivisionen zur Flankendeckung des Brückenkopfes zu nutzen, eine starke „Schanze" zu errichten und dann Seelandedivisionen einzusetzen. Es war sein Ziel, rechtzeitig Caen zu sichern, die deutschen Panzerfahrzeuge in einer Schlacht zu vernichten und anschließend US-amerikanische Divisionen vom westlichen Ende des Brückenkopfes aus ins Innere Frankreichs vordringen zu lassen. Die Ausführung des Plans würde jedoch viel Zeit erfordern, und man nahm an, daß die deutsch-französische Grenze nicht vor 1945 erreicht werden würde.

Die Überquerung des Kanals durch 75 Konvois mit etwa 6 500 Marine- und Transportschiffen mußte mit 12 000 Flugzeugen gesichert werden, denen die Deutschen lediglich 425 Jagdflugzeuge entgegensetzen konnten. Die Strände waren in Landeabschnitte mit den Bezeichnungen *Sword, Juno, Gold, Omaha* und *Utah* eingeteilt worden. In der Nacht vom 5. zum 6. Juni begannen die Konvois mit der Überfahrt, während weitgefächerte Luftangriffe der Alliierten die deutschen Warnsysteme ablenkten. Die Landung der britischen 3. und 50., der kanadischen 3. sowie der US-amerikanischen 1. und 4. Infanteriedivision wurde durch ein schweres See- und Luftbombardement gesichert. Im Laufe der Nacht waren außerdem östlich von *Sword* die britische 6. und westlich von *Utah* die 82. und 101. US-Luftlandedivision abgesetzt worden. Die Seelandeeinheiten wurden durch Schwimmpanzer unterstützt und gingen ohne ernstere Verluste oder Verzögerungen an Land. Eine Ausnahme bildete *Omaha*, wo die Panzerfahrzeuge zu weit vom Strand entfernt abgesetzt worden waren und infolgedessen versanken. In diesem Landeabschnitt waren mit 3 000 Mann die schwersten Verluste des „D-Day" zu verzeichnen. Bei Einbruch der Nacht waren jedoch alle Landeköpfe gesichert. Ein mit Panzern ausgeführter deutscher Gegenangriff war fehlgeschlagen, da das Oberkommando zu spät reagiert hatte, während bereits alliierte Verstärkungstruppen an Land gingen. Die einzelnen Landeköpfe waren am 10. Juni zu einem Streifen vereint und ausgebaut. Die Amerikaner gewannen landeinwärts und in Richtung Cherbourg an Boden. Die Briten wiederum bereiteten sich auf die Einnahme von Caén vor, nachdem sie deutsche Panzerangriffe zurückgeschlagen hatten.

Trotz der Bombardierung Caéns und der deutschen Stellungen im Süden schlug der Versuch fehl, die Stadt zwischen dem 10. und 12. Juni von Villers-Bocage aus zu umfassen. Ein zweiter Vorstoß, den mit größerer Truppenstärke die schottische 15. Infanteriedivision unternahm (Operation „Epsom" vom 24. Juni bis 1. Juli), wurde ebenfalls aufgehalten. Währenddessen besetzten die Amerikaner die Halbinsel Cotentin und erzwangen die Kapitulation von Cherbourg am 27. Juni. Die Deutschen hatten damit begonnen, Infanteriedivisionen aus der 1. und 19. Armee abzuziehen, um die Normandieeinheiten zu verstärken. Hitler, der eine weitere Landung im Departement Pas-de-Calais befürchtete, lehnte jedoch den Abzug von Truppenteilen der 15. Armee bis zum 30. Juli ab. Der dritte britische Versuch einer Einnahme von Caen zwischen dem 18. und 20. Juni erfolgte in Form eines heftigen Panzervorstoßes im Osten der Stadt (Operation „Goodwood"). Auch er wurde von den Einheiten vor Ort abgewehrt. Im Ergebnis von „Goodwood" wurden allerdings deutsche Panzereinheiten am östlichen Ende der Schanze gebunden. Die Amerikaner hatten sich westlich davon eine Reserve geschaffen und schickten diese im Zuge der wuchtigen Operation „Cobra" (25. Juli, siehe Seite 154) in den Kampf. Sie stieß nur auf geringen Widerstand. Der Ausbruch hatte begonnen.

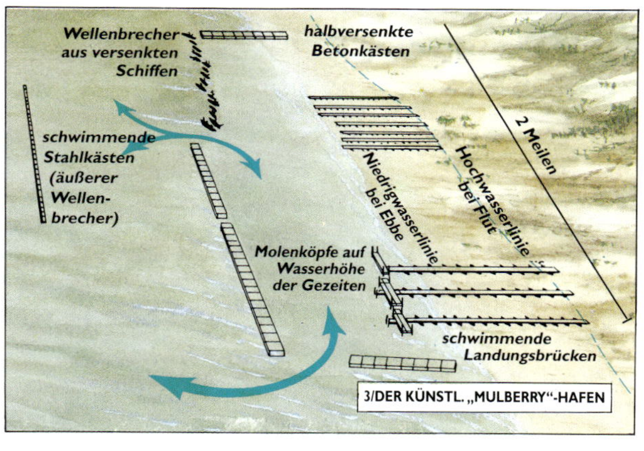

3/DER KÜNSTL. „MULBERRY"-HAFEN

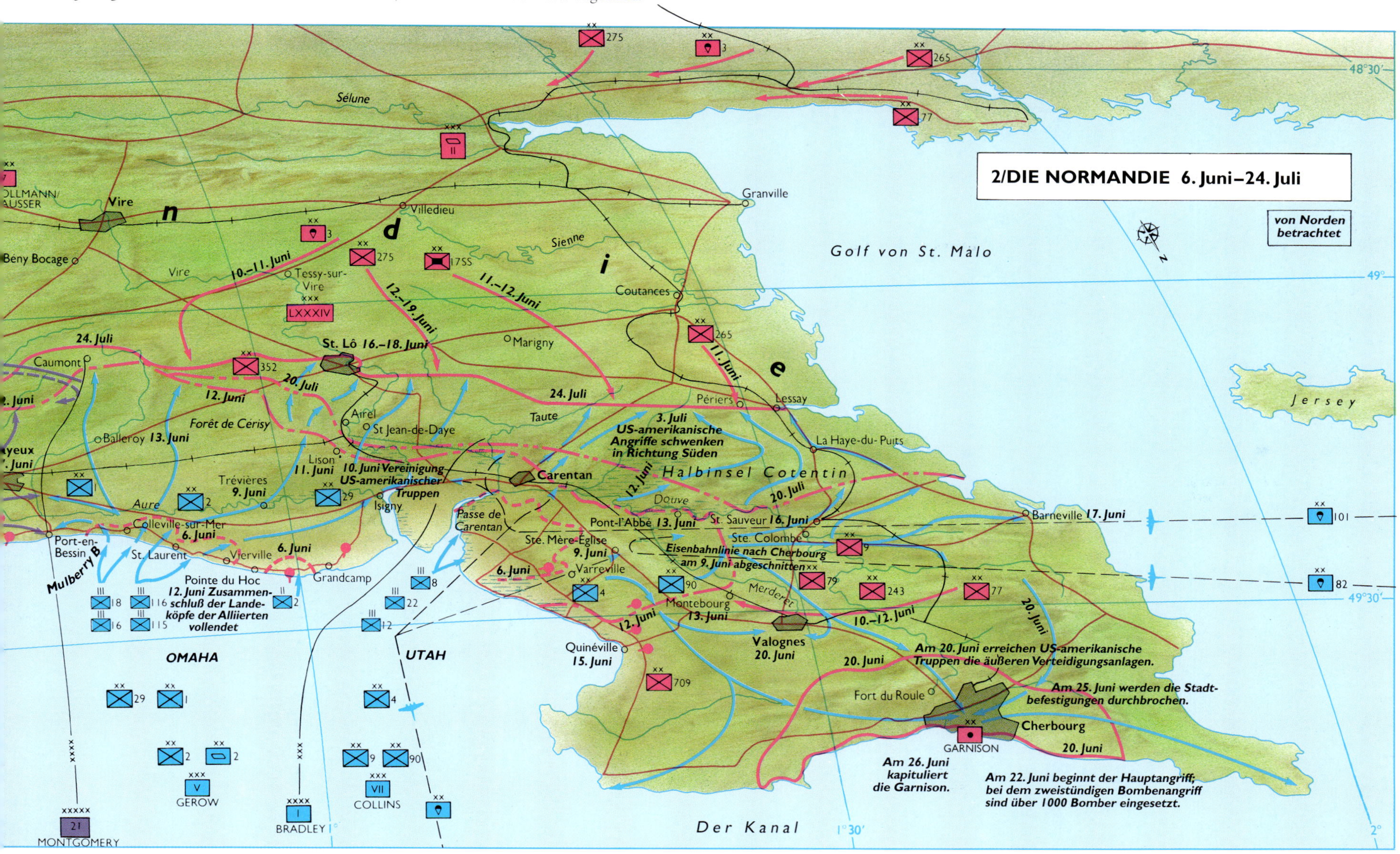

2/DIE NORMANDIE 6. Juni–24. Juli

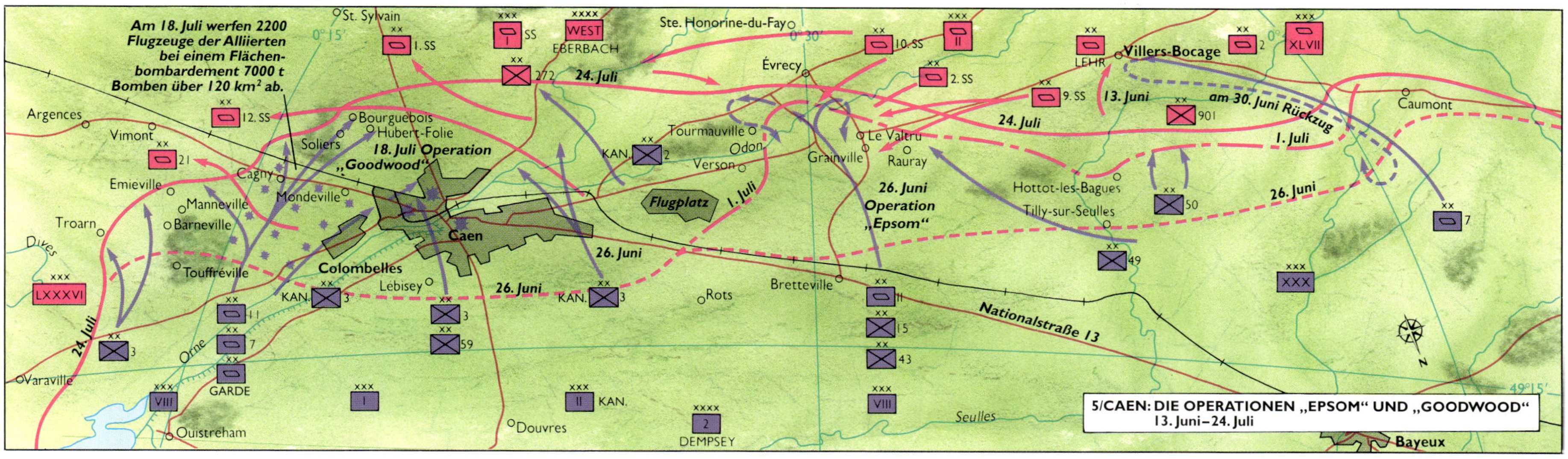

5/CAEN: DIE OPERATIONEN „EPSOM" UND „GOODWOOD" 13. Juni–24. Juli

Nordfrankreich Juli–August 1944

Im Verlauf der ersten sechs Wochen nach dem „D-Day“ hatten die Alliierten einen wichtigen Landekopf konsolidiert und unter erheblichen Verlusten somit ihr zweites Ziel erreicht (siehe Seite 152). Die Deutschen benötigten nicht viel Zeit, um zu reagieren. Sie zogen alle verfügbaren Einheiten zusammen, um das Problem unter Kontrolle zu bringen. Größe und Fähigkeiten dieser Verstärkungskontingente lagen etwas unter den Erwartungen der Alliierten. Das militärische Engagement der Deutschen an den anderen Fronten zeigte auf, wie sehr sie sich in Bezug auf ihre verfügbare Truppenstärke überschätzt hatten. Das Ziel der am 25. Juli eingeleiteten Operation „Cobra“ war, Gebiete westlich von St. Lô einzunehmen, von denen der alliierte Ausbruch seinen Anfang nehmen konnte. Der Erfolg war größer als erwartet. Zurückzuführen war er auf zwei Aspekte: die zerstörerischen Auswirkungen der vorbereitenden Luftangriffe und das Fehlen deutscher Reserven im Hinterland des gewählten Angriffssektors. Mehr als 4000 Tonnen Bomben vernichteten die deutsche Panzerlehrdivision, die einzige Panzerdivision hinter der Front. (Allerdings fiel ein Teil der Bomben im falschen Abschnitt, wodurch Hunderte Amerikaner bereits an der Ausgangslinie ums Leben kamen.) Die meisten anderen deutschen Panzerdivisionen befanden sich noch nahe Caen, wohin sie nach Beginn der Operation „Goodwood“ beordert worden waren (siehe Seite 152).

Da der Widerstand geringer ausfiel als erwartet, rückte das VII. US-Korps rasch nach Coutances vor. Auch das XIX. Korps gewann östlich von St. Lô an Boden und diente als Flankenschutz, als Kluge – seit 17. Juli Nachfolger Rommels, der bei einem Luftangriff verwundet wurde –, am 27. Juli zwei Panzerdivisionen zum Angriff auf Bradleys Armee umsetzte. Im Zuge heftiger Gefechte bei Tessy-sur-Vire ermöglichte das XIX. Korps dem VII. sowie dem verstärkenden VIII. Korps, Avranches zu erreichen und den Weg in die Bretagne zu ebnen. Gleichzeitig konnten alliierte Einheiten bis hinter die deutschen Positionen in der Normandie vordringen.

Am 1. August übertrug Bradley den Befehl der 1. Armee auf Hodges und wurde selbst Kommandeur der 12. Armeegruppe. Er befehligte damit auch die neu gebildete 3. Armee unter Patton. Dieser wiederum nahm sich der Führung des Vormarsches von Coutances aus an. Dabei kam ihm bei den Panzerangriffen seine ausgeprägte

Der Ausbruch aus der Normandie *(1)* nahm einen erfolgreicheren Verlauf, als es von den Alliierten ursprünglich erwartet worden war. Obwohl es den Briten zunächst schwer fiel, Caen zu isolieren und dort einen Durchbruch zu erzielen, nahm mit den ständigen Truppenmassierungen der US-Streitkräfte im Westen das Unvermeidliche seinen Lauf. Der Durchbruch gelang mit Hilfe eines Vorstoßes nach Süden. Danach schwenkten die Streitkräfte herum und schlossen die deutschen Truppen im sogenannten Sack von Falaise ein. Der Beginn der Operation „Cobra“ *(2)* schlug zunächst fehl, als Flugzeuge der Alliierten ihre Bombenlast am 24. Juli im falschen Gebiet abwarfen und Einheiten des VII. US-Korps trafen. Am 25. Juli erfolgte ein Bombardement mit größerer Präzision. Es zerstörte die deutschen Verteidigungsanlagen und erlaubte einen schnellen Vorstoß aus der Normandie heraus in Richtung Atlantikhäfen und in östlicher Richtung zur Seine hin. Die Häfen, welche gemäß Hitlers Befehl wie Festungen verteidigt worden waren, hielten letzten Endes einer Belagerung durch die US-amerikanische 9. Armee nicht mehr stand. Der Plan für die Operation „Overlord“ wurde am 4. August abgeändert: An die Stelle der Besetzung Westfrankreichs trat der Plan zur Einkesselung von Streitkräften in der Normandie. Dennoch wurde die Loire am 11. August erreicht und die Seine am 19. August überquert. Brest fiel am 19. September, doch Lorient und St. Nazaire sowie La Rochelle und Bordeaux weiter südlich wurden bis 1945 gehalten. Das VII. US-Korps kam zügig vorwärts und nahm – gefolgt vom VIII. Korps – Coutances ein. Inzwischen fing das XIX. Korps einen Gegenangriff der Deutschen bei St. Lô ab (27.–30. Juli) ab. Vom 6.–10. August führten deutsche Truppen einen Angriff von Mortain in Richtung Avranches aus. Er konnte durch amerikanische Panzer und Luftstreitkräfte zurückgeschlagen werden, die der Nachrichtendienst *Ultra* in Alarmbereitschaft versetzt hatte. Das US-amerikanische XV. Korps erreichte Argentan am 13. August, und die kanadische 1. Armee gelangte zwei Tage später nach Falaise. Sie waren dort nur noch rund 25 km voneinander entfernt. Doch trotz heroischer Bemühungen durch die polnische 1. Panzerdivision, die Schlinge bei Falaise zuzuziehen, hielten die Deutschen aufgrund ihrer zahlenmäßigen Stärke noch bis zum 20. August stand. Sobald klar wurde, daß die alliierten Armeen im Anmarsch waren, brach am 19. August in Paris ein Volksaufstand aus, in dessen Verlauf die bewaffnete antifaschistische Gruppe (FFI) und die Gendarmerie ihre Kräfte vereinten. Die Antwort der deutschen Okkupanten war halbherzig, und der Plan zur Zerstörung von Brücken und Verkehrsanlagen wurde nicht umgesetzt. Zwar kamen bei dieser Erhebung beinahe eintausend Angehörige der FFI ums Leben, doch es blieb den vorrückenden bewaffneten Einheiten vorbehalten, sich mit dem Lorbeer der Befreier zu schmücken. Eisenhower legte fest, daß die französische 2. Panzerdivision die Stadt befreien sollte. Ihr Befehlshaber Leclerc nahm am 19. August die deutsche Kapitulation auf der Ile de la Cité entgegen.

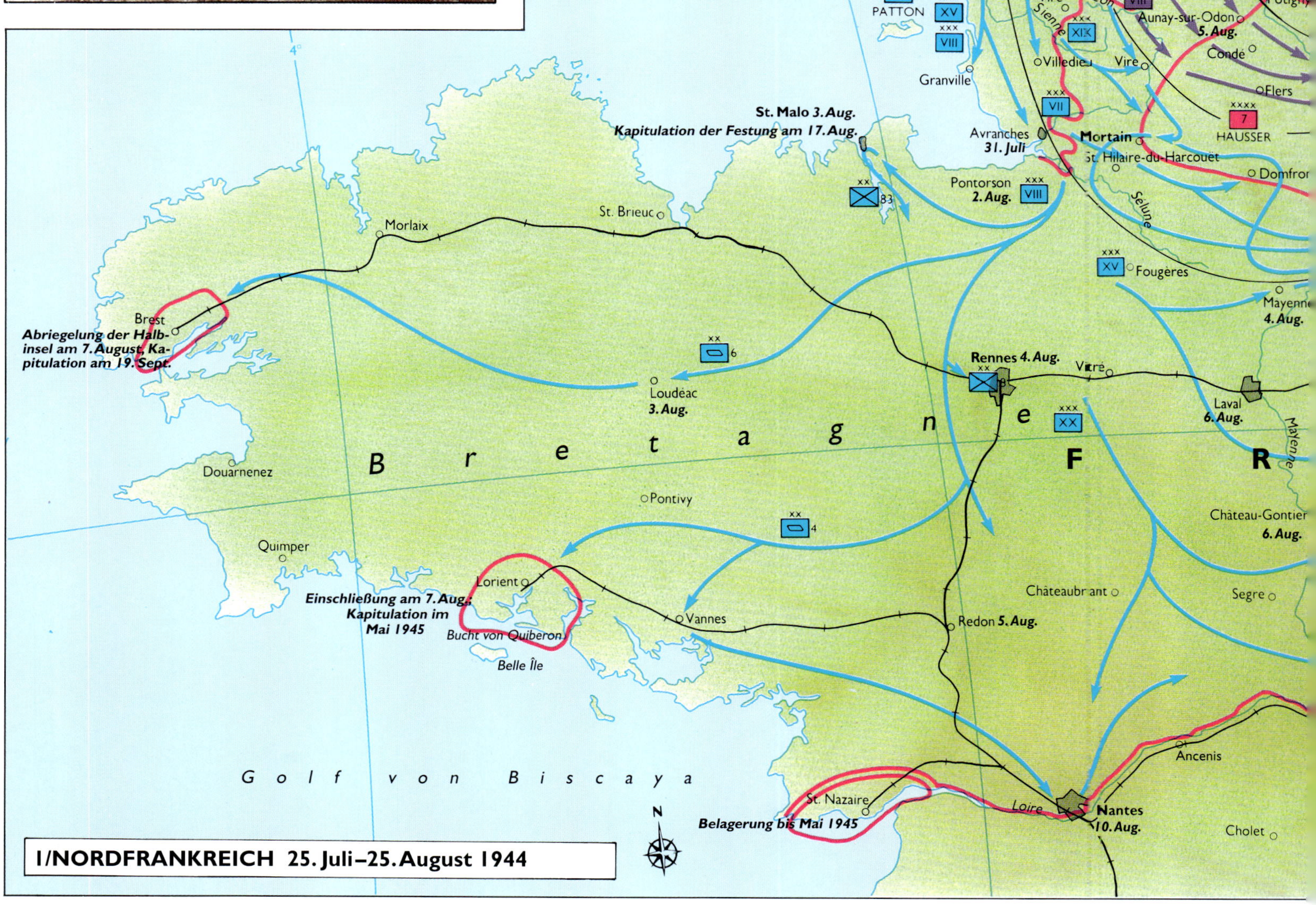

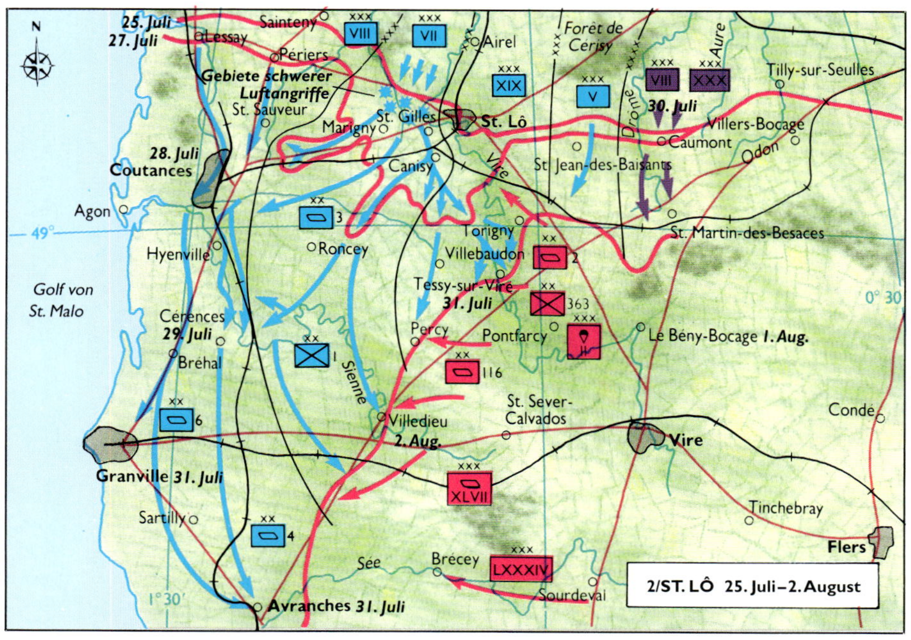

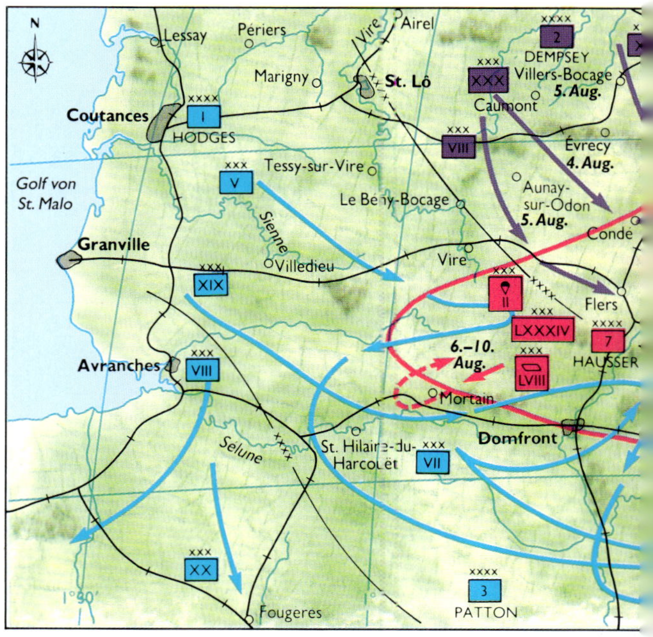

Bild oben: Nach einem Bombenangriff der Alliierten im Sack von Falaise zurückgelassenes Kriegsgerät der Deutschen. Die engen Hohlwege in diesem Gebiet erwiesen sich für die Streitkräfte beider Seiten als tödliche Fallen.
Bild rechts: General Patton beim Überqueren einer Pontonbrücke über die Seine. Nahezu alle Brücken über den Fluß waren im Verlauf von taktischen Bombenangriffen durch alliierte Fliegerkräften zerstört worden.

Persönlichkeit und seine Willensstärke zugute, die er bereits auf Sizilien gezeigt hatte. Seine Angriffsspitzen erreichten am 4. August Mayenne. Am selben Tag ordnete Montgomery, der noch immer die Befehlsgewalt über die Operationen an Land ausübte, die erste Änderung zum Plan der Operation „Overlord" an. Anstatt in die Bretagne einzumarschieren und die Häfen an der Atlantikküste einzunehmen, schickten die Amerikaner nur kleinere Einheiten in diese Richtung.

Die 1. Armee setzte ihren Vormarsch ostwärts fort und umfaßte dadurch in einem weiten Bogen deutsche Stellungen in der Normandie. Pattons Auftrag bestand in einem Schlag direkt durch das deutsche Hinterland in Richtung Le Mans. Die britische 2. Armee sowie die neue kanadische 1. Armee (aufgestellt am 23. Juli) griffen aus südlicher Richtung von Caen aus an. Die Deutschen waren nun von einer direkten Einkesselung in der Normandie und einer weiträumigeren entlang der Seine-Linie bedroht. Hitler aber erblickte hier eine Gelegenheit: Er befahl Kluge am 2. August, alle verfügbaren Panzerdivisionen nach Westen zu verlegen und von Mortain aus Richtung Meer zuzuschlagen. Ziel der Unternehmung war es, den amerikanischen Ausbruch abzuschneiden. Diese Truppenverlegung wurde durch *Ultra*-Mitarbeiter entdeckt. Als dann am 6. August der Gegenangriff bei Mortain begann, wurde er umgehend durch amerikanische Streitkräfte zum Stehen gebracht.

Die deutschen Panzerdivisionen waren zunächst von Caen nach Mortain gelockt und anschließend zerstört worden. Ihre Niederlage bereitete den Weg für die britische und die kanadische Armee, die nun in südlicher Richtung auf Falaise marschierten, um den Deutschen den Rückzug zur Seine abzuschneiden. Währenddessen eilten die US-amerikanische 1. und 3. Armee zunächst westwärts und dann gen Norden in Richtung Argentan, wo sie am 13. August anlangten. Bradley entsandte ebenfalls Einheiten des XV. Korps direkt an die Seine, die am 19. August bei Mantes überquert wurde.

Am 20. August schnappte die Falle bei Falaise endgültig zu: 50 000 Deutsche und die gesamte schwere Kampftechnik der 7. und der 5. Panzerarmee wurden eingeschlossen. Ein Großteil der Soldaten hatte jedoch entkommen können. Sie überquerten in der letzten Augustwoche die Seine auf Fähren oder Pontonbrücken, denn alle Brücken flußabwärts von Paris waren im Zuge alliierter Luftangriffe zerstört worden. In Paris hatten verschiedene Gruppierungen der Résistance am 19. August einen Aufstand inszeniert. Am 25. August wurde die Stadt dann durch die französische 2. Panzerdivision befreit. General de Gaulle, der am 20. August in Frankreich eingetroffen war, zog am folgenden Tag triumphierend in Paris ein.

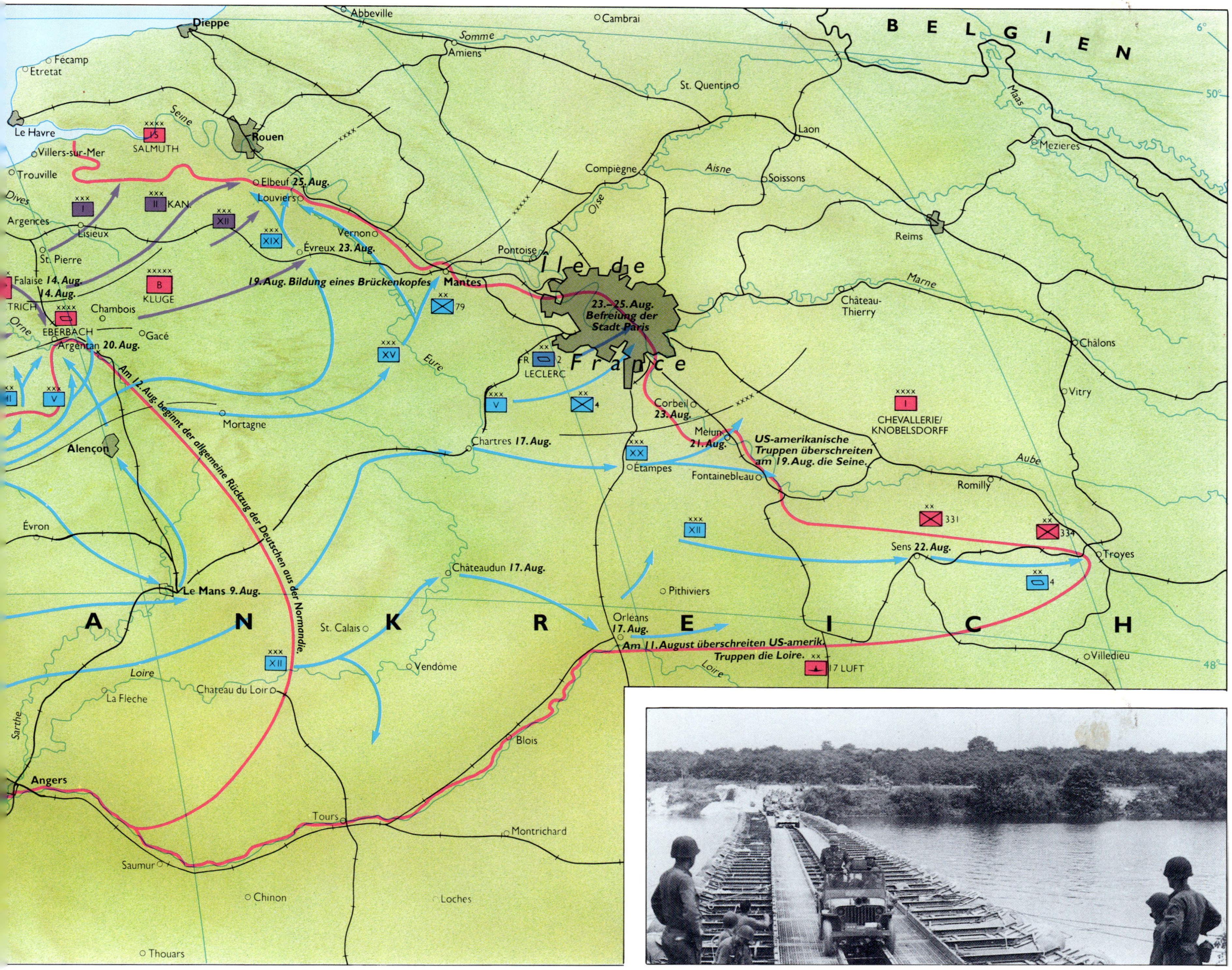

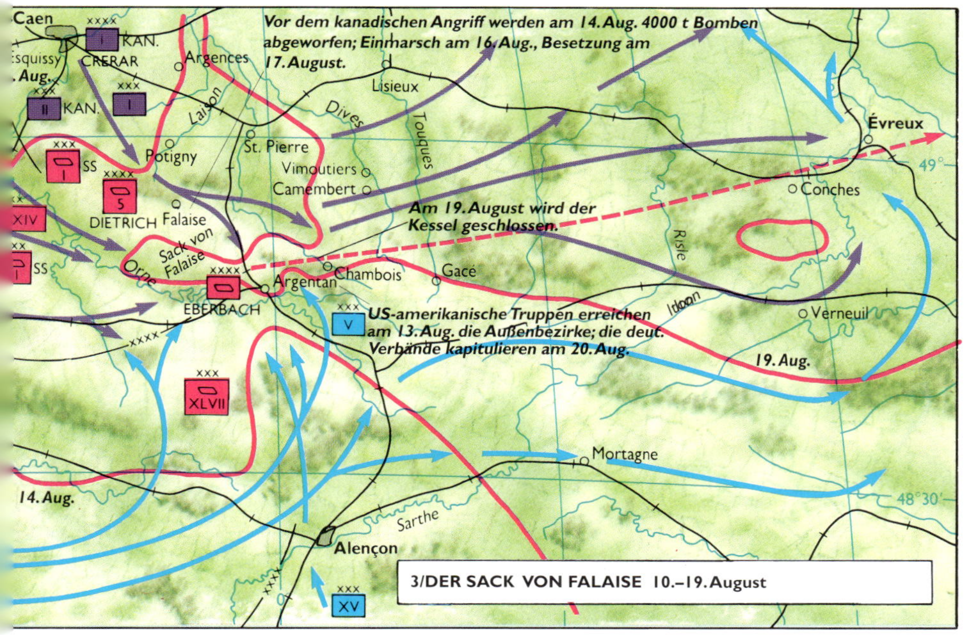

3/DER SACK VON FALAISE 10.–19. August

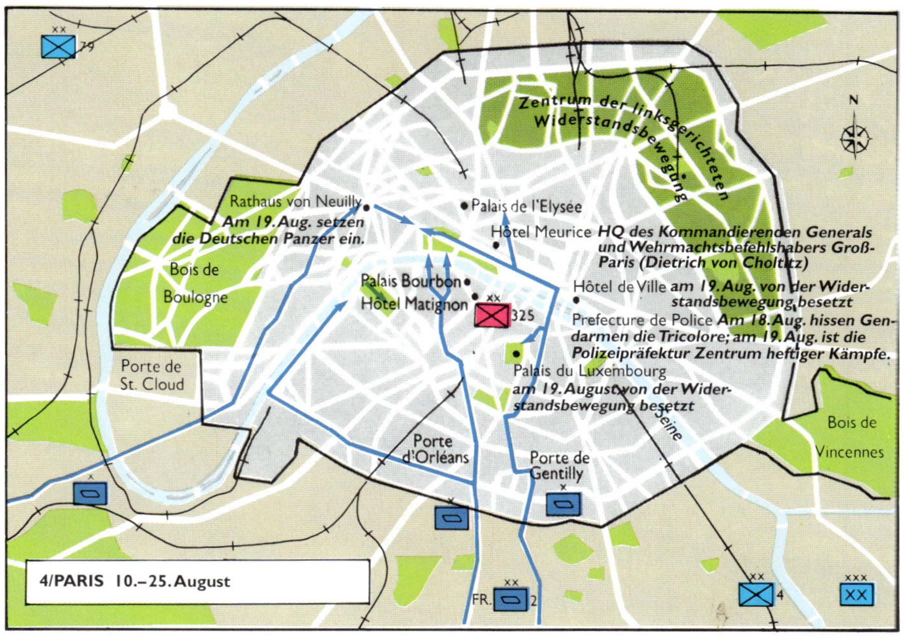

4/PARIS 10.–25. August

Südfrankreich und Norditalien August 1944–Mai 1945

Eine gleichzeitig mit der Operation „Overlord" ablaufende Landung in Südfrankreich war bereits im August 1943 von den Vereinigten Stabschefs in Erwägung gezogen und schließlich als Operation „Anvil" auf der Teheraner Konferenz im November beschlossen worden. Es wurde jedoch noch kein Zeitpunkt festgelegt, da es schwierig war, die benötigten Schiffe und Streitkräfte aufzubringen. Im Januar 1944 entschied Eisenhower, jene bis nach dem Beginn der Operation „Overlord" zu verschieben. Am 11. Juni, also fünf Tage nach der Landung in der Normandie, legte Churchill sogar nahe, die Operation zugunsten eines Angriffs auf dem Balkan ganz zu streichen. Roosevelt lehnte dies angesichts einer mit Stalin erzielten Übereinkunft ab; der 15. August wurde für die Operation festgelegt.

Die Befehlshaber im Mittelmeerraum, Wilson, Alexander und Clark, waren ebenfalls gegen die Ausführung der Operation „Anvil" gewesen. Sie befürchteten Truppen abgeben zu müssen, die sie benötigten, um die Deutschen an der Errichtung starker Stellungen an der Linie Pisa – Rimini zu hindern. Eine französische Division wurde aus Nordafrika herbeigebracht. Der Rest – drei französische und drei US-amerikanische Divisionen – wurde tatsächlich aus Clarks 5. Armee in Italien abgezogen. Sie bildeten gemeinsam mit US-amerikanischen und kanadischen Fallschirmjägern die US-amerikanische 7. Armee unter General Patch. Die Einheiten sammelten sich, mit dem Schiff von Tarent, Salerno, Brindisi, Korsika und Oran kommend, in der Nacht vom 14. zum 15. August vor der Küste der Provence.

Insgesamt gehörten der den Bereich verteidigenden 19. Armee acht deutsche Divisionen an. Von diesen war allerdings nur eine erstklassig: die 11. Panzerdivision. Unterstützt durch schweren Beschuß aus der Luft und von See aus, verlief die Anlandung problemlos. Während die Franzosen Toulon und Marseille am 28. August einnahmen, begannen die Amerikaner damit, die auf dem Rückzug befindlichen Deutschen durch das Rhône-Tal hinauf zu verfolgen. Patch eilte ihnen mit großer Geschwindigkeit hinterher, denn er hatte vom Nachrichtendienst *Ultra* die Versicherung erhalten, daß für ihn keine Gefahr eines deutschen Gegenangriffes von Norditalien aus bestehe. Die 19. Armee deckte jedoch geschickt ihren Rückzug. Obwohl 57 000 deutsche Soldaten gefangengenommen wurden, konnten ihre Einheiten einschließlich der 11. Panzerdivision das Elsaß unversehrt erreichen. Am 11. September hatte dann die 7. Armee in der Nähe von Dijon Berührung mit der 3. Armee Pattons.

In der Zwischenzeit hatten die alliierten Armeen in Italien die Verfolgung der sich von der Winterstellung zur Goten-Linie zurückziehenden Deutschen fortgesetzt. Am 4. August mußte Alexander zur Umsetzung von Streitkräften für die Operation „Anvil" einen Zwischenhalt einlegen. Er hatte bislang innerhalb von 64 Tagen 435 km zurückgelegt. Nun gruppierte er seine Kräfte neu, um einen überlegten Angriff auf Kesselrings letzte starke Stellung südlich der Po-Ebene auszuführen. Die 8. Armee wurde wieder an der Adriaküste in Stellung gebracht, während das XIII. britische Korps gemeinsam mit der US-amerikanischen 5. Armee marschierte. Deren Aufgabe bestand darin, einen Durchbruch in Richtung Bologna zu bewerkstelligen, sobald die 8. Armee die deutschen Reserven an ihrer Ostflanke gebunden hätte. Unter erheblichen pioniertechnischen Anstrengungen wurden die von den Deutschen auf ihrem Rückzug zerstörten Straßen und Brücken wieder repariert. Am 25. August erfolgte der Angriff der 8. Armee. Gleich mit ihrem ersten Vorstoß durchbrach sie die Goten-Linie und kämpfte bereits am 4. September um Rimini. Kesselring verlegte Einheiten, um die Stellung zu halten, schwächte damit allerdings nur seine Mitte, die gleich am 1. September von der 5. Armee attackiert wurde. Zwischen dem 13. und dem 18. September gelang dem US-amerikanischen II. Korps ein rascher Vormarsch auf Bologna. Rimini fiel am 21. September in britische Hände, und am 1. Oktober holte die 5. Armee zum letzten Schlag gegen Bologna aus. Kesselring konzentrierte seine Reserven, um die Stadt zu halten, was der 8. Armee ein Vorrücken über Rimini hinaus gestattete. Doch am 20. Oktober war Clark, der nur noch 15 km vor Bologna stand, zum Halten gezwungen. Das Winterwetter gebot den Operationen Einhalt.

Die letzte große Offensive der Alliierten begann Anfang April 1945 und war gegen La Spezia am Mittelmeer (5. April), gegen eine enge und stark befestigte Passage von Bastia nach Argenta im Bereich der 8. Armee (9. April) sowie im Zentrum gegen Bologna (14. April) gerichtet. Am 20. April war Bologna umfaßt, und alle Einheiten der Alliierten – mit Ausnahme der bei La Spezia – waren in die Po-Ebene ausgebrochen. Schnell wurde der Vorteil ausgenutzt: Die 8. Armee schwenkte nordostwärts in Richtung Venedig, während die 5. Armee sich nach Nordwesten in Richtung Mailand wandte. Die US-amerikanische 92. Division, welche den Angriff auf La Spezia geführt hatte, bewegte sich entlang der Küste auf Genua und Monaco zu. Am 28. April nahmen italienische Partisanen Mussolini gefangen und ermordeten ihn, am selben Tag kapitulierten die Reste seiner faschistischen Armee. Am 29. April bat Vietinghoff als Nachfolger Kesselrings in Italien um einen Waffenstillstand, der am 2. Mai in Kraft trat.

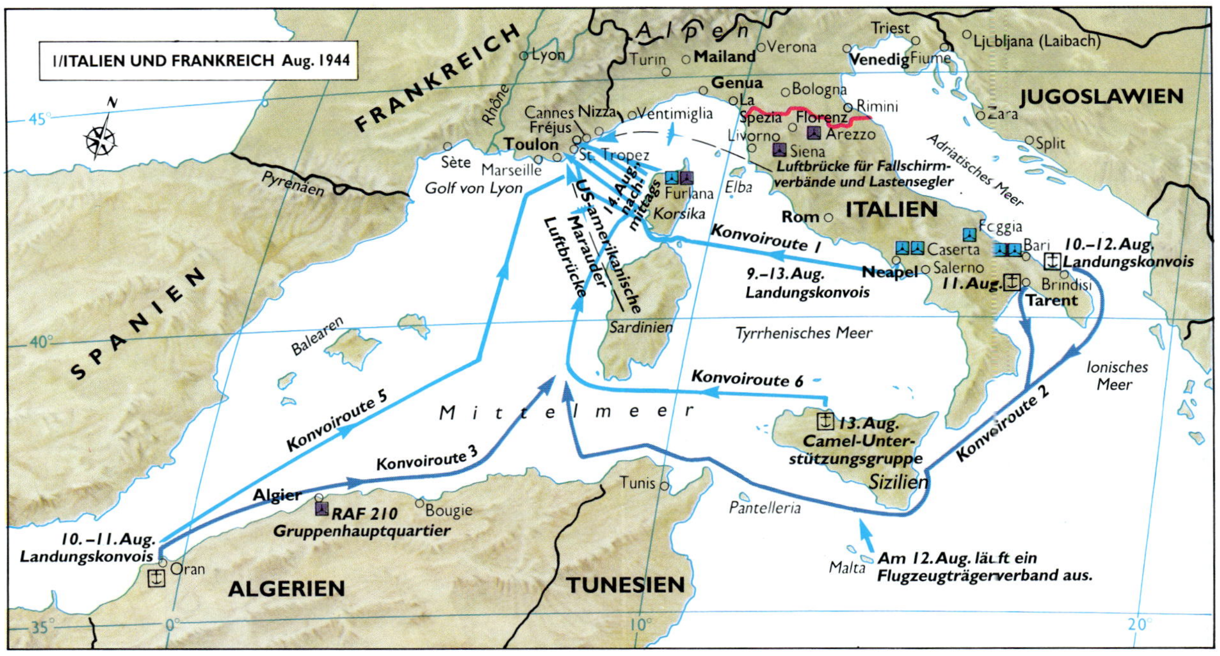

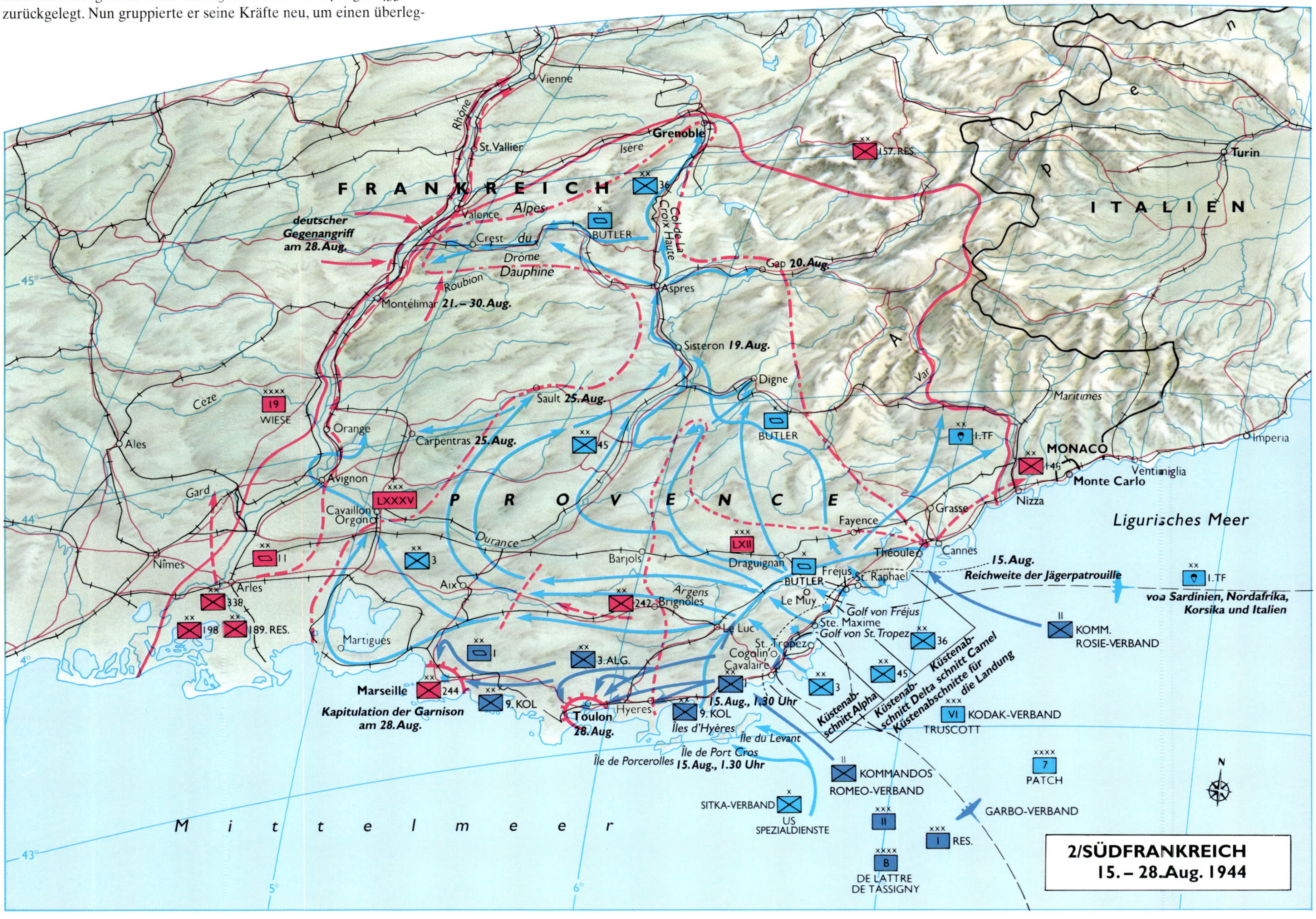

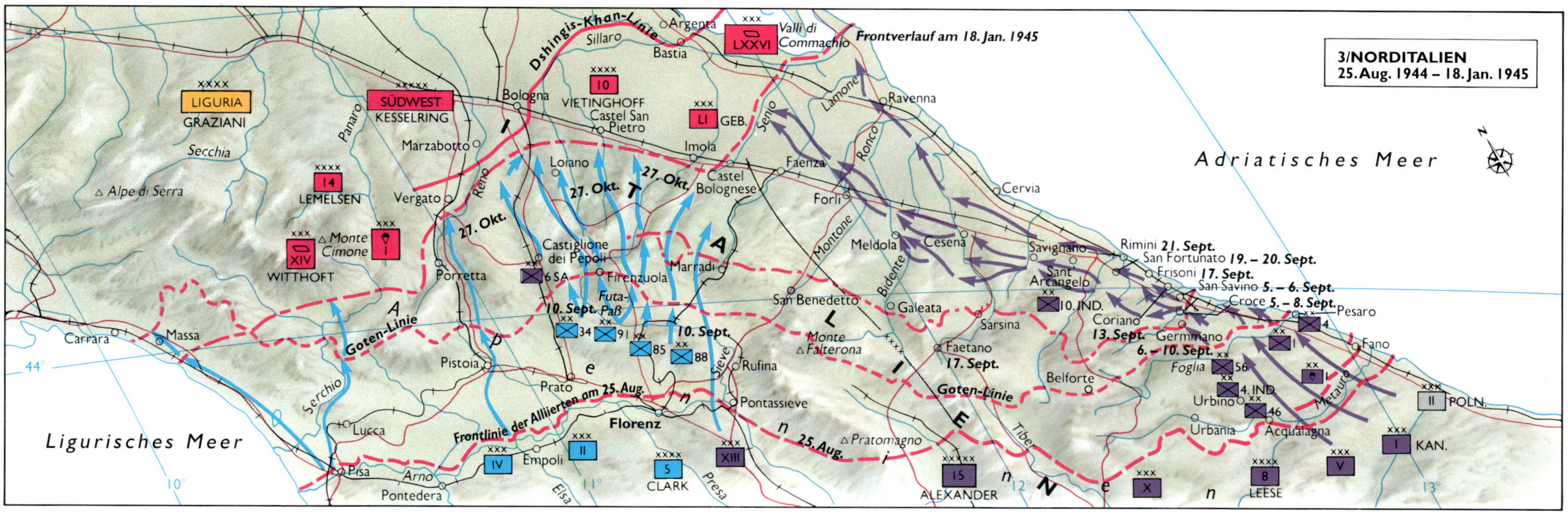

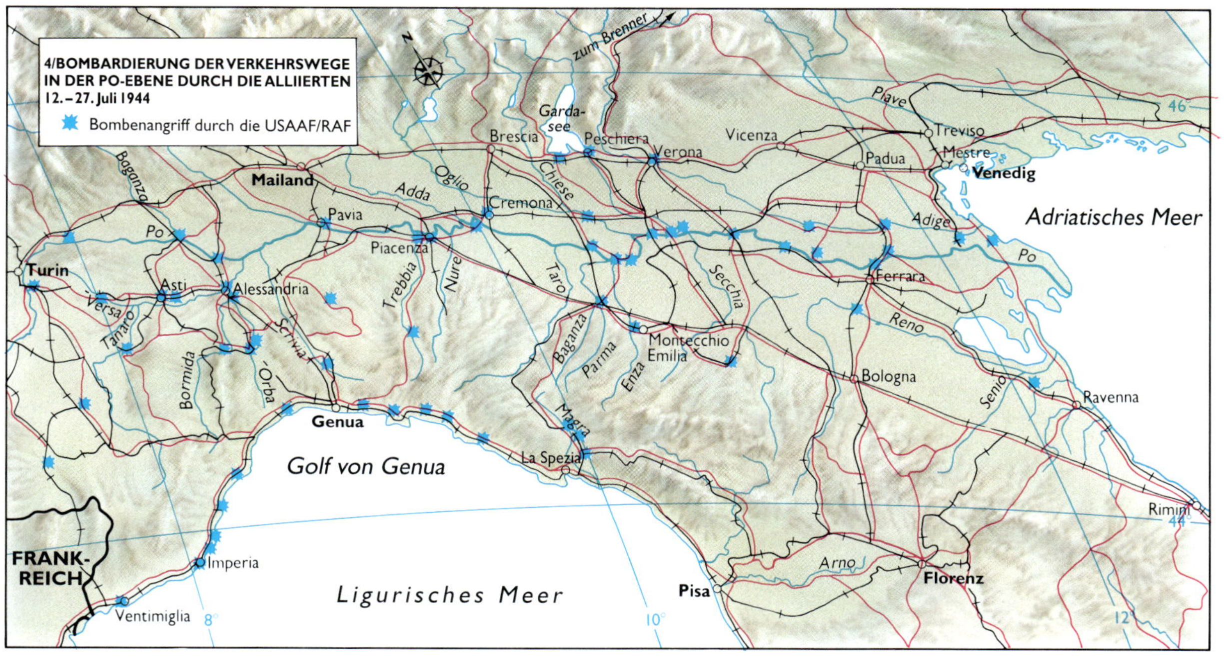

IM VERLAUF der Operation „Anvil" in Südfrankreich, landeten am 15. August Einheiten der Alliierten im Gebiet zwischen Toulon und Cannes *(1)*. Vier französische Divisionen nahmen Toulon und Marseille ein, die aufgrund ihrer Hafenanlagen von großer Wichtigkeit waren. Währenddessen verfolgten die US-Divisionen die Deutschen das Rhône-Tal hinauf *(2)*. Verzögerungshandlungen der 11. Panzerdivision hinderten die US-amerikanische 36. Division daran, den Deutschen den Rückzug abzuschneiden. Letztlich erreichte der Vormarsch der US-Streitkräfte am 11. September Dijon, wo sich Patchs 7. und Pattons 3. Armee vereinten. Ein Großteil der deutschen 19. Armee entkam in das Elsaßgebiet. In Italien wurden von alliierten Bombern bis Ende Juli alle wichtigen Brücken in der Po-Ebene zerstört *(4)*. Im Anschluß daran attackierten am 25. August die Alliierten südlich von Rimini Kesselrings Goten-Linie *(3)*. Das US-amerikanische IV. Korps drang in das Zentrum der deutschen Verteidigung ein und umging den massiv verteidigten Futa-Paß am 1. September. Dem Vormarsch der amerikanischen Streitkräfte auf Bologna wurde am 20. Oktober Einhalt geboten. Im Monat Dezember überquerte die US-amerikanische 8. Armee eine Reihe von Flüssen in Richtung Ravenna. Nach einem rauhen Winter nahmen die alliierten Truppen ihre Angriffe gegen die Goten-Linie wieder auf (9. und 14. April), unterstützt durch Luftstreitkräfte *(5)*. Die US-amerikanische 10. Gebirgsjägerdivision durchstieß die Stellungen in den Bergen oberhalb Bolognas im Zeitraum 14. bis 17. April und brach am 20. April in die Po-Ebene aus. Zu diesem Zeitpunkt war die US-amerikanische 8. Armee bereits durch die Passage von Bastia nach Argenta vorgerückt. Die Verteidigung der sich zurückziehenden Deutschen brach schließlich zusammen, als die amerikanischen Einheiten Gebiete östlich und westlich von Verona einnahmen, um ihnen den Rückzug abzuschneiden. Die 8. Armee rollte durch Venedig und erreichte im Mai vor den Truppen Titos Triest.

Bild oben: Ein massiver Luftangriff im Bereich der Provence-Küste am 15. August 1944.

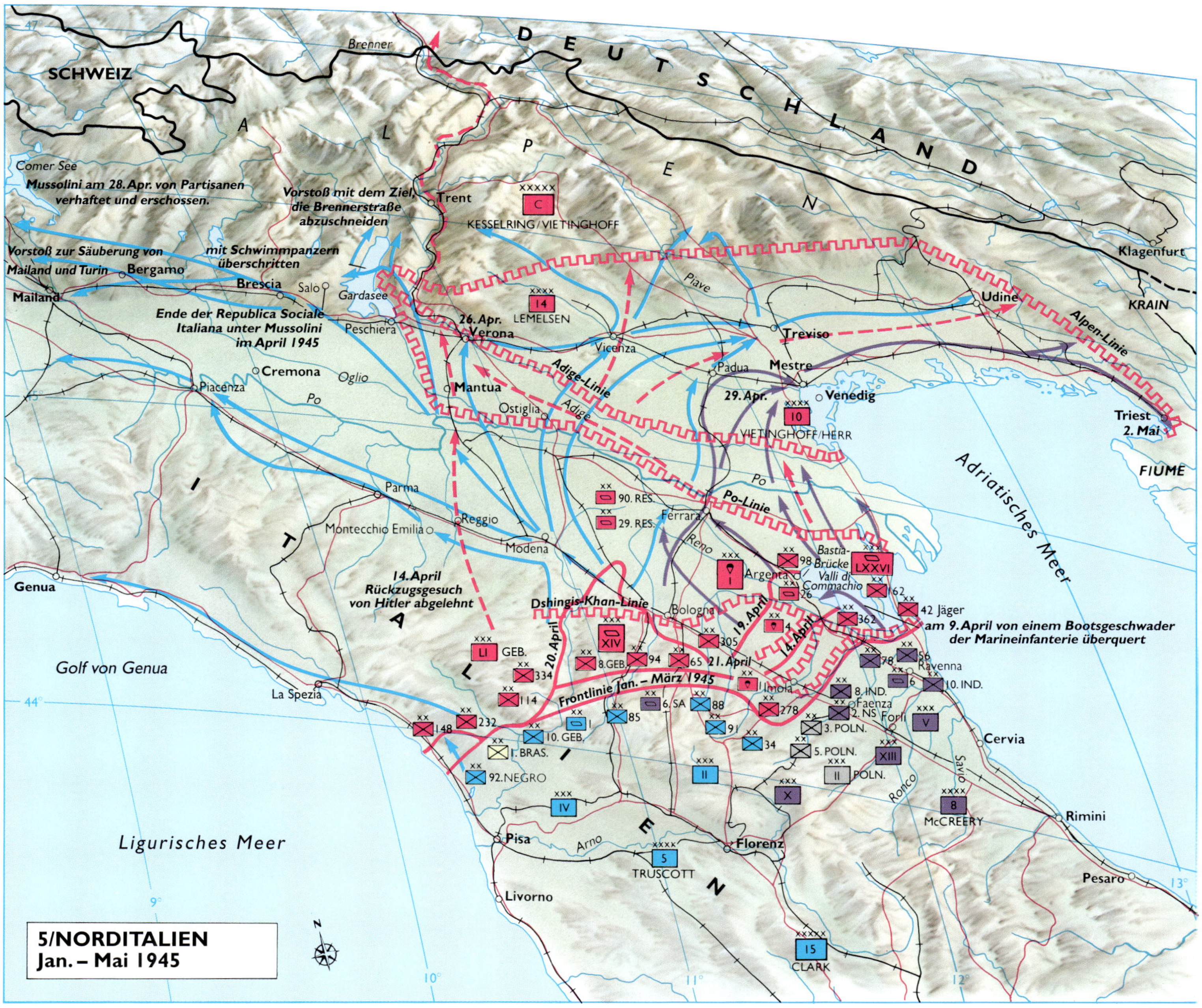

Frankreich und Belgien 1944

Das Ausmass der deutschen Niederlage im Kessel von Falaise (siehe Seite 154) zwang die überlebenden deutschen Einheiten der Heeresgruppe B, sich eilends über die Seine zurückzuziehen. Da Hitler eine Verteidigungslinie an der Somme abgelehnt hatte, ging es von hier aus weiter bis zu den nächsten größeren Wasserhindernissen: zur Maas (Meuse) in Ostfrankreich und zur Schelde in Zentralbelgien. Die Alliierten verfolgten die deutschen Truppen, wurden aber durch die mangelnde Versorgung mit Treibstoff und anderem Nachschub immer wieder behindert. Hitlers Befehl lautete, die Häfen entlang der Kanalküste als Festungen zu halten. Le Havre wurde bis zum 12. September belagert, Boulogne und Calais fielen am 30. September, Dünkirchen wurde jedoch bis zum Kriegsende gehalten. Montgomery und Patton waren somit gezwungen, sich auf Schiffslieferungen entlang der Strände in der Normandie zu stützen. Natürlich minderte das das Tempo des alliierten Vormarsches und schränkte die zur Verfügung stehenden Vorräte ein. Beide Befehlshaber wandten sich daher an Eisenhower, den Oberbefehlshaber der Alliierten, mit der Bitte, ihnen den größeren Teil der verfügbaren Lieferungen zukommen zu lassen. Die Auseinandersetzung über die richtige Strategie, bekannt als „Broad versus Narrow", drehte sich um die Entscheidung, ob man in breiter Front marschieren oder eng zusammengefaßt zuschlagen solle. Montgomery behauptete, er könne durch Holland hindurch nach Deutschland hereinbrechen, wenn er den Löwenanteil erhalte. Patton dagegen meinte, mit ausreichendem Nachschub den Westwall in Lothringen schnell durchstoßen zu können. Eisenhower vergab diplomatisch gleiche Anteile an beide Seiten, was zu dem Ergebnis führte, daß der Vormarsch der Alliierten Anfang September an den Zufahrtswegen zur deutschen Grenze zum Stehen kam. Das war wohl ohnehin unvermeidlich angesichts der Einberufung von Reserven durch Hitler.

Mit einem für ihn untypischen Eigensinn überredete dann Montgomery Eisenhower, ihm die Luftlandearmee der Alliierten zu unterstellen, bestehend aus der US-amerikanischen 82. und 101. Luftlandedivision sowie der britischen 1. Luftlandedivision. Er beabsichtigte, einen kombinierten Angriff von Luftlande- und Bodentruppen über den Rhein hinweg ausführen zu lassen. Vorauseinheiten der Luftlandetruppen sollten bestimmte Brücken über den Rhein sichern und damit den Weg für einen Panzervorstoß bereiten. Das Manöver erhielt den Codenamen „Market Garden" und begann am 17. September. Es bestand aus zwei Abschnitten: Die Operation „Market" umfaßte die Einnahme der Brücken von Eindhoven und Nijmegen durch die amerikanischen Divisionen und verlief ausgezeichnet. Dagegen endete die Operation „Garden", in deren Verlauf die Briten die Brücken von Arnhem unter ihre Kontrolle bringen sollten, in einem Desaster. Die Luftlandetruppen sahen sich umgehend einem Gegenangriff durch die 9. und 10. SS-Panzerdivision ausgesetzt, welche sich im sogenannten „Auffrischungsbereich" von Arnhem von der Schlacht in der Normandie erholen sollten. Nur der nördliche Abschnitt der Rheinbrücke konnte eingenommen werden. Doch die Briten waren gezwungen, ihn am 21. September wieder aufzugeben. Die britische Gardepanzerdivision drängte inzwischen durch den Luftlandekorridor vorwärts, wurde jedoch durch heftigen Widerstand aufgehalten. Auch nach der Verstärkung durch die polnische Fallschirmjägerbrigade konnte die 1. Luftlandedivision ihre Stellungen nur bis zum Abend des 25. September halten.

Da Montgomery darauf bestanden hatte, die Überquerung des Rheins mit Luftlandeeinheiten zu wagen, hatten die Deutschen in seinem Rücken Gelegenheit, die Verteidigung an der Schelde zu verstärken, was bedauerliche Folgen für die alliierten Nachschublieferungen hatte. Selbst nach der Einnahme Antwerpens am 4. September konnten seine Hafenanlagen, die die größten in Europa waren, nicht genutzt werden, da sich die Flußmündung noch in den Händen der Deutschen befand. Darum begannen am 2. Oktober Operationen zu deren Einnahme, die jedoch erst am 8. November beendet werden konnten. Die Deutschen hatten einige Gebiete geflutet, was die Aktionen sehr beeinträchtigte. Es dauerte noch weitere 20 Tage bis zur Wiedereröffnung des Hafens. Die 85 Tage zwischen der Einnahme Antwerpens und seiner Nutzung als Hafen stellten eine Zeit großer Knappheit bei der Versorgung und Ausrüstung der alliierten Streitkräfte an der deutschen Grenze dar. Hitler entwarf währenddessen seinen Plan, die vorgerückten alliierten Armeen im Westen durch einen verwegenen Panzervorstoß durch die Ardennen hindurch bis hin zur Nordseeküste (siehe Seite 160) zu isolieren.

Die amerikanischen Generäle Hodges, Kommandeur der 1. Armee, und Patton, der die 3. Armee befehligte, hatten inzwischen mit den verfügbaren Reserven weitergekämpft, um Gebiete bei Aachen und in Lothringen einzunehmen. Unterstützt von Simpsons 9. Armee, brach Hodges im November unter Mühen durch den Westwall zum Hürtgenwald durch. Anfang Dezember erreichten sie die Rur. Bis zum Beginn der deutschen Ardennenoffensive Mitte Dezember konzentrierten sie ihre Hauptanstrengungen darauf, die Staudämme an der Rur zu sichern. Patton wurde durch die 6. Armeegruppe unterstützt, bestehend aus amerikanischen und französischen Einheiten, welche im August in der Provence gelandet waren. Sie kamen in Lothringen besser voran. Bereits Mitte Dezember verlief ein Großteil ihres Abschnitts entlang der Linie zwischen Rhein und Westwall. Die Alliierten standen nun an der Schwelle zum Reich.

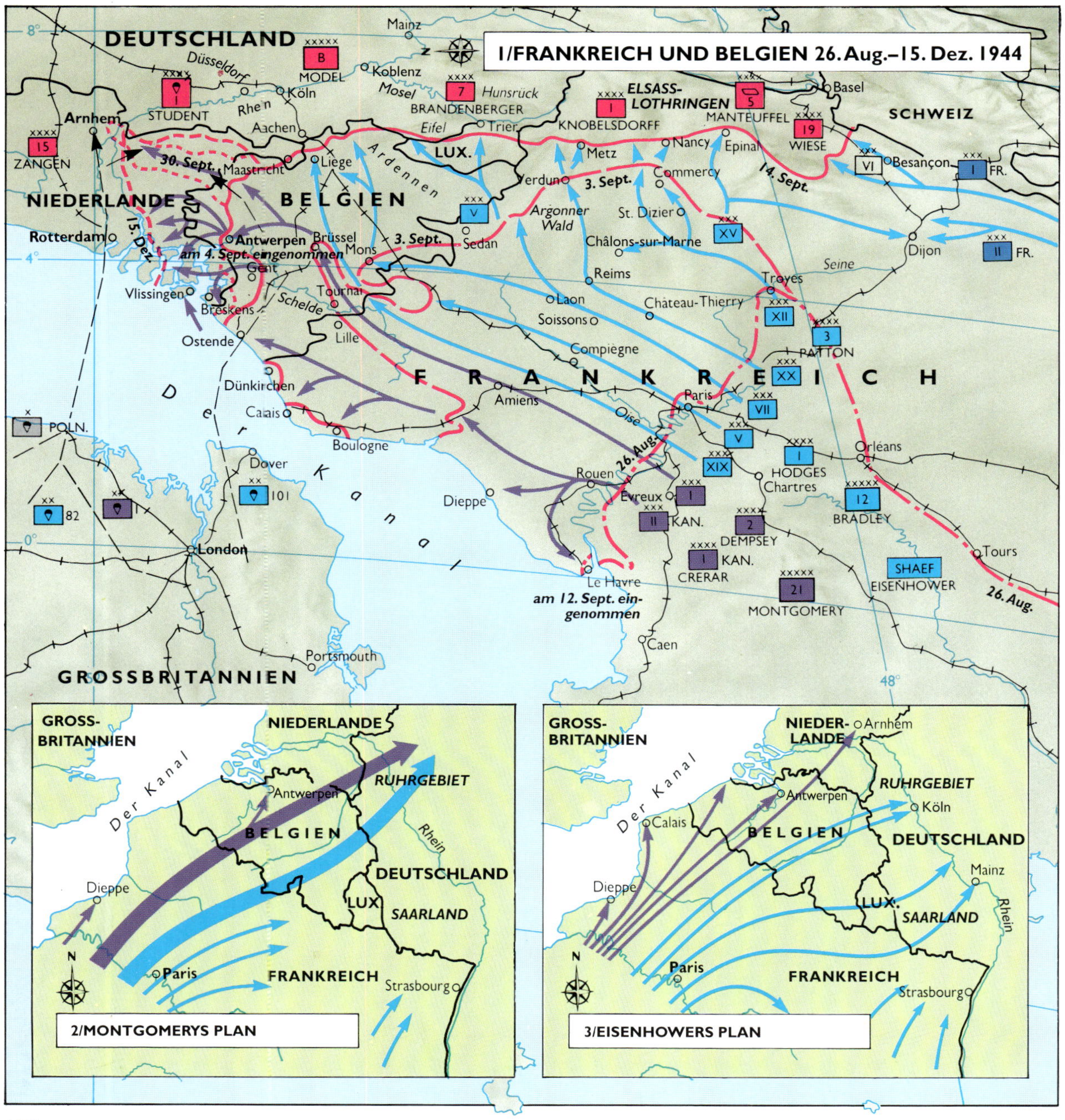

Die Verfolgungsjagd von der Seine bis an die Grenzen Deutschlands begann zehn Wochen nach der Landung in der Normandie. Patton brach am 26. August aus seinen Brückenköpfen über den Fluß hinweg aus, Montgomery folgte ihm drei Tage später ***(1)***. Am 3. September marschierten die Briten in Brüssel ein, nachdem Pattons 3. Armee am 30. August die Maas bei Verdun überschritten hatte. Am 15. September wurde Luxemburg von Hodges' 1. Armee befreit, während Pattons 3. Armee an der Maas und die Briten in Antwerpen und Maastricht standen. Montgomerys Plan, Mitte September die alliierte Luftlandearmee zur Einnahme wichtiger Rheinbrücken vor dem Eintreffen der Bodentruppen einzusetzen, erhielt den Codenamen „Market Garden". „Market", die Einnahme von Brücken in Eindhoven und Nijmegen durch amerikanische Divisionen, verlief planmäßig. „Garden" dagegen war ein völliger Fehlschlag. Vereinte Bemühungen deutscher Einheiten rissen im Zuge eines Gegenangriffs die Kontrolle über die einzige bisher von den Briten eingenommene Brücke von Arnhem nach vier Tagen wieder aus deren Händen. Die vorrückenden britischen Bodentruppen waren nicht in der Lage, Arnhem rechtzeitig zu erreichen, um die belagerte britische Truppe zu retten. General von Zangen, der neue Kommandeur der 15. Armee, sammelte währenddessen entschlossen Verstärkungstruppen und versprengte Einheiten, um die Ufer und Inseln der Schelde zu halten ***(6)***. Die Briten starteten am 2. Oktober von Antwerpen aus eine Säuberungsoperation, während die Kanadier das Südufer attackierten. Die Insel Walcheren, die letzte deutsche Stellung, wurde im Rahmen einer amphibischen Landeoperation vom 1. bis 8. November gesichert. Auf Pattons Vormarsch von der Mosel (Moselle) her antwortete die 5. Panzerarmee am 18. September mit einem Gegenangriff, doch dieser brachte nur eine kurzzeitige Verzögerung ***(7)***. Pattons 3. Armee setzte ihren Vormarsch nach Lothringen fort, belagerte Metz, das am 22. November fiel, und kämpfte sich anschließend weiter zur Saar durch, wo sie am 15. Dezember bereits über mehrere Brückenköpfe verfügte. Die Armeen von Hodges und Simpson durchstießen unter großen Verlusten im Oktober den Westwall und erreichten am 16. November das schwer zugängliche Gebiet des Hürtgenwaldes, nach dessen Durchquerung sie Anfang Dezember an der Rur anlangten.

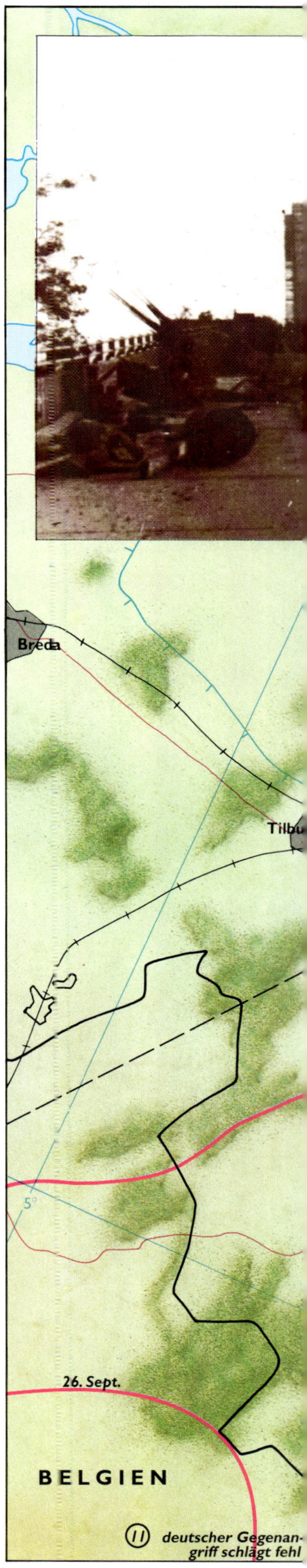

Bild oben rechts: Die Rheinbrücke von Arnhem. Sie war eines der Hauptziele der Operation „Market Garden" und stand bald im Brennpunkt des britischen Widerstandes gegen die zurückschlagenden Deutschen. Diese nahmen die Brücke am 21. September wieder ein.

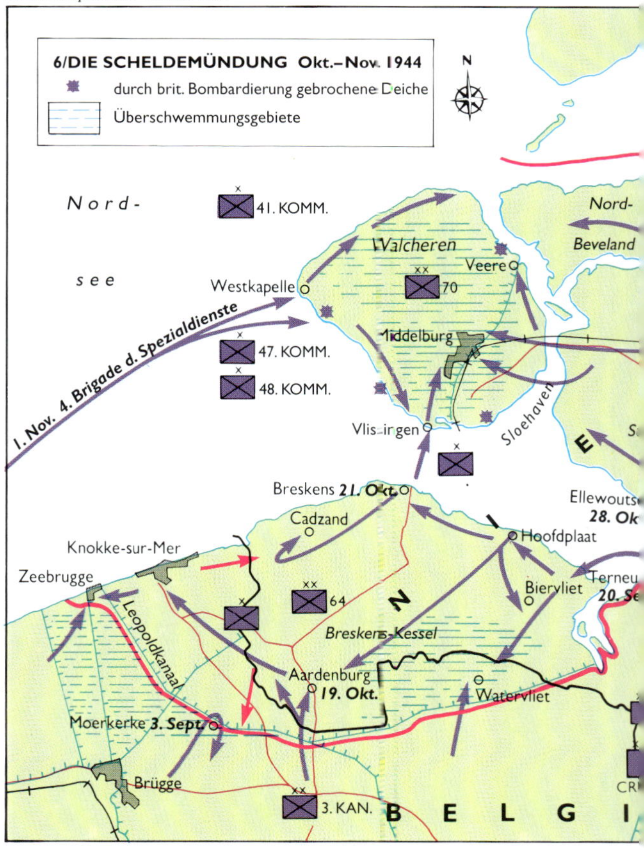

Weihnachten und Sylvester 2001

Alles hat seine Zeit ...... (Elli Michler)

Wir wünschen Euch nicht alle möglichen Gaben.
Wir wünschen Euch nur, was die meisten nicht haben:
Wir wünschen Euch Zeit, Euch zu freun und zu lachen.
Und wenn Ihr sie nützt,
könnt Ihr etwas draus machen....

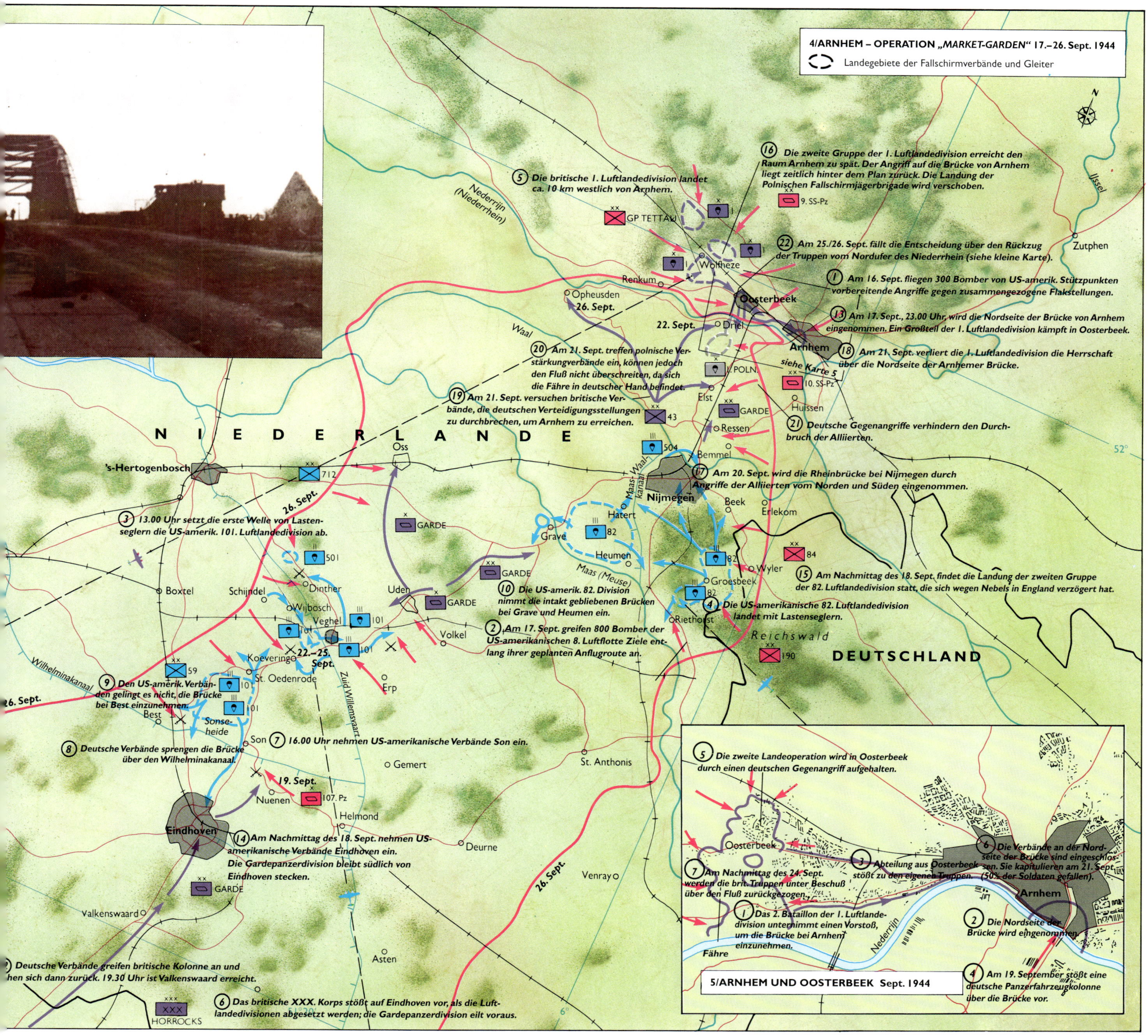

4/ARNHEM – OPERATION „MARKET-GARDEN" 17.–26. Sept. 1944
Landegebiete der Fallschirmverbände und Gleiter
16 Die zweite Gruppe der 1. Luftlandedivision erreicht den Raum Arnhem zu spät. Der Angriff auf die Brücke von Arnhem liegt zeitlich hinter dem Plan zurück. Die Landung der Polnischen Fallschirmjägerbrigade wird verschoben.
5 Die britische 1. Luftlandedivision landet ca. 10 km westlich von Arnhem.
22 Am 25./26. Sept. fällt die Entscheidung über den Rückzug der Truppen vom Nordufer des Niederrhein (siehe kleine Karte).
1 Am 16. Sept. fliegen 300 Bomber von US-amerik. Stützpunkten vorbereitende Angriffe gegen zusammengezogene Flakstellungen.
13 Am 17. Sept., 23.00 Uhr, wird die Nordseite der Brücke von Arnhem eingenommen. Ein Großteil der 1. Luftlandedivision kämpft in Oosterbeek.
18 Am 21. Sept. verliert die 1. Luftlandedivision die Herrschaft über die Nordseite der Arnhemer Brücke.
20 Am 21. Sept. treffen polnische Verstärkungverbände ein, können jedoch den Fluß nicht überschreiten, da sich die Fähre in deutscher Hand befindet.
19 Am 21. Sept. versuchen britische Verbände, die deutschen Verteidigungsstellungen zu durchbrechen, um Arnhem zu erreichen.
21 Deutsche Gegenangriffe verhindern den Durchbruch der Alliierten.
17 Am 20. Sept. wird die Rheinbrücke bei Nijmegen durch Angriffe der Alliierten vom Norden und Süden eingenommen.
3 13.00 Uhr setzt die erste Welle von Lastenseglern die US-amerik. 101. Luftlandedivision ab.
10 Die US-amerik. 82. Division nimmt die intakt gebliebenen Brücken bei Grave und Heumen ein.
15 Am Nachmittag des 18. Sept. findet die Landung der zweiten Gruppe der 82. Luftlandedivision statt, die sich wegen Nebels in England verzögert hat.
4 Die US-amerikanische 82. Luftlandedivision landet mit Lastenseglern.
2 Am 17. Sept. greifen 800 Bomber der US-amerikanischen 8. Luftflotte Ziele entlang ihrer geplanten Anflugroute an.
9 Den US-amerik. Verbänden gelingt es nicht, die Brücke bei Best einzunehmen.
8 Deutsche Verbände sprengen die Brücke über den Wilhelminakanaal.
7 16.00 Uhr nehmen US-amerikanische Verbände Son ein.
14 Am Nachmittag des 18. Sept. nehmen US-amerikanische Verbände Eindhoven ein. Die Gardepanzerdivision bleibt südlich von Eindhoven stecken.
Deutsche Verbände greifen britische Kolonne an und ziehen sich dann zurück. 19.30 Uhr ist Valkenswaard erreicht.
6 Das britische XXX. Korps stößt auf Eindhoven vor, als die Luftlandedivisionen abgesetzt werden; die Gardepanzerdivision eilt voraus.
NIEDERLANDE
DEUTSCHLAND
Nederrijn (Niederrhein)
Waal
Maas (Meuse)
Maas-Waal-Kanaal
Zuid Willemsvaart
Wilhelminakanaal
IJssel
Reichswald
Arnhem
Oosterbeek
Wolfheze
Renkum
Opheusden
Driel
Elst
Huissen
Ressen
Bemmel
Nijmegen
Beek
Erlekom
Wyler
Groesbeek
Riethorst
Hatert
Heumen
Grave
Oss
Uden
Volkel
Erp
Veghel
Wijbosch
Dinther
Schijndel
Boxtel
Koevering
St. Oedenrode
Best
Sonsbeide
Son
Nuenen
Gemert
Helmond
Eindhoven
Deurne
St. Anthonis
Venray
Valkenswaard
Asten
Zutphen
's-Hertogenbosch
GP TETTAU
9. SS-Pz
10. SS-Pz
1. POLN.
GARDE
43
504
712
501
502
506
82
84
190
59
107. Pz
HORROCKS
22. Sept.
26. Sept.
19. Sept.
22.–25. Sept.
siehe Karte 5
5/ARNHEM UND OOSTERBEEK Sept. 1944
5 Die zweite Landeoperation wird in Oosterbeek durch einen deutschen Gegenangriff aufgehalten.
6 Die Verbände an der Nordseite der Brücke sind eingeschlossen. Sie kapitulieren am 21. Sept. (50% der Soldaten gefallen).
3 Abteilung aus Oosterbeek stößt zu den eigenen Truppen.
7 Am Nachmittag des 24. Sept. werden die brit. Truppen unter Beschuß über den Fluß zurückgezogen.
1 Das 2. Bataillon der 1. Luftlandedivision unternimmt einen Vorstoß, um die Brücke bei Arnhem einzunehmen.
2 Die Nordseite der Brücke wird eingenommen.
4 Am 19. September stößt eine deutsche Panzerfahrzeugkolonne über die Brücke vor.
Fähre
Nederrijn

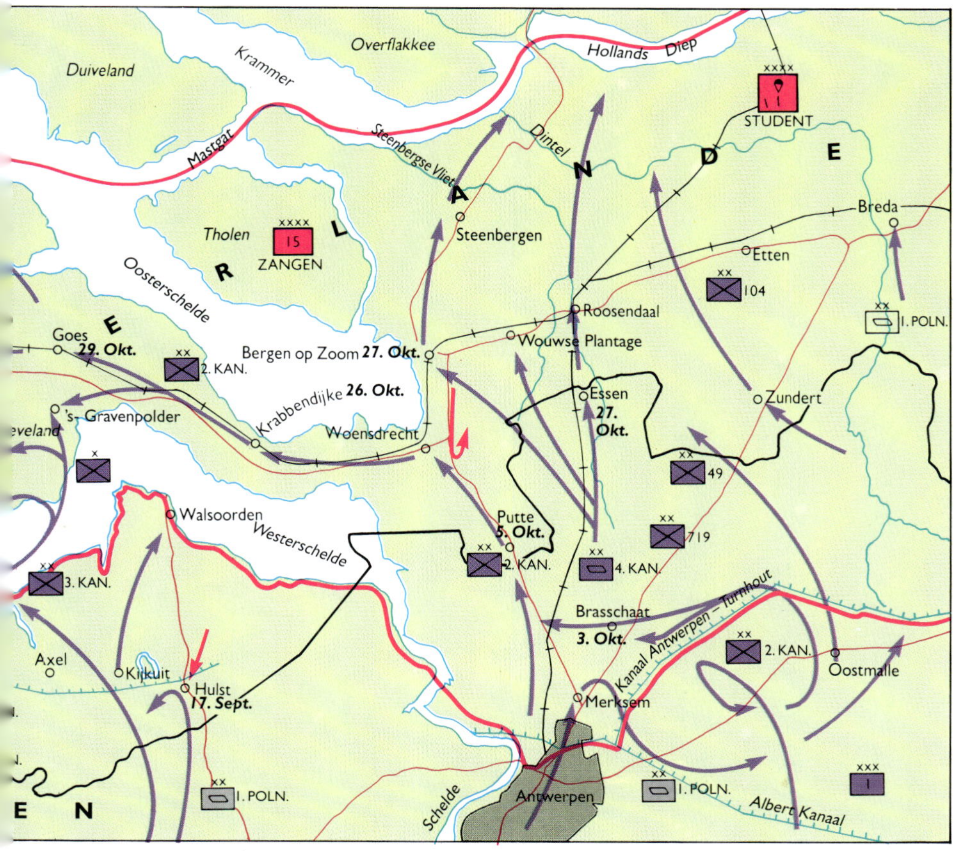

Duiveland
Overflakkee
Krammer
Hollands Diep
Mastgat
Steenbergse Vliet
Dintel
STUDENT
NIEDERLANDE
Tholen
15 ZANGEN
Steenbergen
Breda
Etten
104
1. POLN.
Oosterschelde
Goes 29. Okt.
2. KAN.
Bergen op Zoom 27. Okt.
Roosendaal
Wouwse Plantage
Krabbendijke 26. Okt.
Essen 27. Okt.
Zundert
's-Gravenpolder
Woensdrecht
49
Walsoorden
Westerschelde
Putte 5. Okt.
4. KAN.
719
3. KAN.
Brasschaat
3. Okt.
Kanaal Antwerpen–Turnhout
Axel
Kijkuit
Hulst 17. Sept.
Merksem
Oostmalle
Schelde
Antwerpen
Albert Kanaal
1. POLN.
I

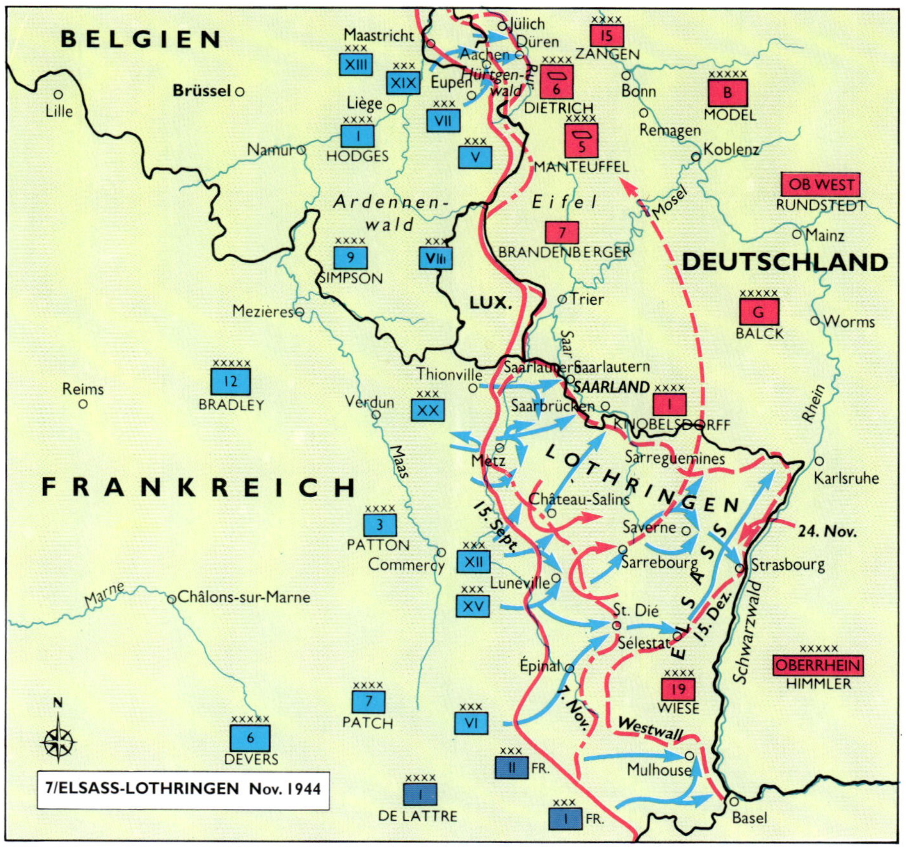

BELGIEN
Brüssel
Lille
Maastricht
XIII
XIX
Jülich
Düren
Aachen
Hürtgenwald
Eupen
15 ZANGEN
6 DIETRICH
Bonn
Remagen
B MODEL
Lüttich
Liège
VII
1 HODGES
Namur
V
5 MANTEUFFEL
Koblenz
Mosel
OB WEST RUNDSTEDT
Ardennenwald
Eifel
7 BRANDENBERGER
Mainz
9 SIMPSON
VIII
LUX.
DEUTSCHLAND
Trier
Mezieres
G BALCK
Worms
Thionville
Saarlautern
SAARLAND
1 KNOBELSDORFF
Saarbrücken
12 BRADLEY
Reims
Verdun
XX
Maas
Metz
LOTHRINGEN
Sarreguemines
Karlsruhe
Rhein
FRANKREICH
Château-Salins
3 PATTON
Commercy
15. Sept.
XII
Saverne
24. Nov.
Sarrebourg
Strasbourg
Marne
Châlons-sur-Marne
Lunéville
XV
Schwarzwald
Sélestat
ELSASS
15. Dez.
Epinal
19 WIESE
OBERRHEIN HIMMLER
7. Nov.
Westwall
7 PATCH
VI
6 DEVERS
Mulhouse
II FR.
I DE LATTRE
I FR.
Basel
7/ELSASS-LOTHRINGEN Nov. 1944

Die Ardennen 1944

Hitler entwickelte bereits seinen Plan für eine Winteroffensive gegen die Alliierten, als sich seine Armeen nach ihrer Niederlage in der Normandie noch schwer angeschlagen zurückzogen (siehe Seite 154). Sein Ziel bestand darin, die Alliierten an einer Linie zwischen dem Westwall und den niederländischen Flüssen aufzuhalten und ihnen den Zugang zu den Versorgungshäfen entlang der Kanalküste zu versperren. Hitler wußte, daß die damit verbundenen langen Transportwege die Offensivkraft der alliierten Streitkräfte schwächen würden und sie im Falle eines Gegenschlages verletzlicher wären. Deshalb ordnete er an, Le Havre, Boulogne, Calais und Dünkirchen wie Festungen zu halten und die Scheldemündung mit einer Garnison zu belegen. Der Hafen der am 4. September an die Alliierten verlorenen Stadt Antwerpen sollte somit für deren Truppen nicht nutzbar werden. Darüber hinaus ließ er hinter dem Westwall 25 neue Volksgrenadierdivisionen für die bevorstehende Operation aufstellen.

Die Operation erhielt den Codenamen „Herbstnebel“. Ein Vorstoß zweier Panzerarmeen aus verdeckten Stellungen in der Eifel sollte durch die Wälder der Ardennen und über die Maas hinweg führen und das 160 km entfernte Antwerpen erreichen. Im Zuge dieser Operation sollte nicht nur der Hafen zurückgewonnen, sondern auch die Armeen der Briten und Kanadier im Norden von den Amerikanern im Süden abgeschnitten werden. Die daraus resultierende Verwirrung und den Zeitgewinn wollte Hitler ausnutzen: Er plante die Umsetzung seiner Kampfreserven in Richtung Osten, um einen vergleichbaren Schlag auch gegen die auf Berlin vorrückenden Sowjets auszuführen.

Rundstedt und Model als Oberbefehlshaber West bzw. der Heeresgruppe B hielten beide den Plan für zu hochfliegend. Sie traten im Oktober für eine kleinere Version ein, deren Ziel darin bestehen sollte, die Alliierten durch einen Vormarsch bis zur Maas aus dem Gleichgewicht zu bringen. Hitler blieb jedoch unnachgiebig und legte fest, daß die Panzer sich in Bewegung zu setzen hätten, sobald eine Schlechtwetterperiode Schutz vor alliierten Luftangriffen bieten würde. Anfang Dezember waren sie bereit. Acht neu ausgerüstete Panzerdivisionen und eine Panzergrenadierdivision sollten die Speerspitze eines Angriffs der 6. SS- und 5. Panzerarmee auf einen Frontabschnitt bilden, der von vier unerfahrenen und ermüdeten amerikanischen Divisionen gehalten wurde.

Der Nachrichtendienst der Alliierten hatte aufgrund einer strengen Funkstille keine Anzeichen eines drohenden Angriffs bemerkt. Außerdem hatten sie heftige Gefechte in den abgelegenen und schwer zugänglichen Ardennen für unwahrscheinlich gehalten. So konnten die Deutschen am frühen Morgen des 16. Dezember die Verteidiger schnell überrennen, deren mutiger Widerstand den deutschen Vormarsch dennoch verlangsamte. Darüber hinaus durchkreuzte Eisenhowers umgehende Reaktion die Absichten der Deutschen. Durch die Entsendung der amerikanischen 7. Panzerdivision und der 101. Luftlandedivision am 17. Dezember, die die Verkehrsknotenpunkte St. Vith und Bastogne halten sollten, erreichte er eine weitere Verzögerung im Ablaufplan der deutschen Offensive. St. Vith wurde am 23. Dezember aufgegeben, doch Bastogne konnte gehalten werden. Es wurde zum Drehpunkt der amerikanischen Gegenoffensive aus südlicher Richtung, die Patton am 22. Dezember begann. Am 20. Dezember hatte Eisenhower Montgomery mit der Koordination des Angriffs aus dem Norden beauftragt. Eine Wetterbesserung trug in großem Maße zu dessen Erfolg bei, weil somit am 23. Dezember die Luftoperationen wieder aufgenommen werden konnten. Am gleichen Tag kam der Angriff der Deutschen zum Stehen, da ihnen das Benzin ausging und es nicht gelungen war, das Kraftstoffdepot einzunehmen, auf das sie so sehr gerechnet hatten. Am 26. Dezember konnte die 2. Panzerdivision der Amerikaner die deutsche 2. Panzerdivision bei Celles aufhalten und somit den Bemühungen der Deutschen, die Maas zu erreichen, ein Ende bereiten. Rundstedt trat nun für den Abbruch der Offensive ein, doch Hitler lehnte ab. Zwischen dem 27. und dem 30. Dezember kam es zu erbitterten Kämpfen bei Bastogne, das am 26. Dezember von Pattons Armee befreit worden war. Hitler ordnete an, am 1. Januar ein Ablenkungsmanöver im Elsaß durchzuführen. An diesem Tag begann die Luftwaffe ihre letzten Operationen größeren Ausmaßes. In einer auch für sie selbst verlustreichen Offensive zerstörte sie 156 Flugzeuge auf Flugplätzen der Alliierten in Belgien.

Montgomery sammelte inzwischen seine Truppen an der Nordflanke der deutschen Frontausbuchtung und unternahm am 3. Januar einen mächtigen Gegenangriff. Am 7. Januar schnitt das US-amerikanische VII. Korps den Deutschen den Weg über die Straße von La Roche nach Vielsalm ab. Dadurch wurden deutsche Einheiten in den Ardennen eingeschlossen. Die einzige für sie verbleibende Verbindungsstraße war die nach Houffalize. Dietrich, der Kommandeur der 6. SS-Panzerarmee, erhielt am 8. Januar die Rückzugsgenehmigung.

Die Wehrmacht erlitt Verluste in Höhe von 100 000 Mann, 600 Panzern und 1600 Flugzeugen, während die Alliierten 76 000 Tote zu beklagen hatten. Alles in allem hatte Hitler den Vormarsch der Alliierten nach Deutschland um sechs Wochen verzögern können, verlor dabei allerdings seine letzte Panzerreserve. Die Operation „Herbstnebel“ war zwar ein kühnes Unterfangen, gleichzeitig jedoch ein verlustreicher Fehlschlag.

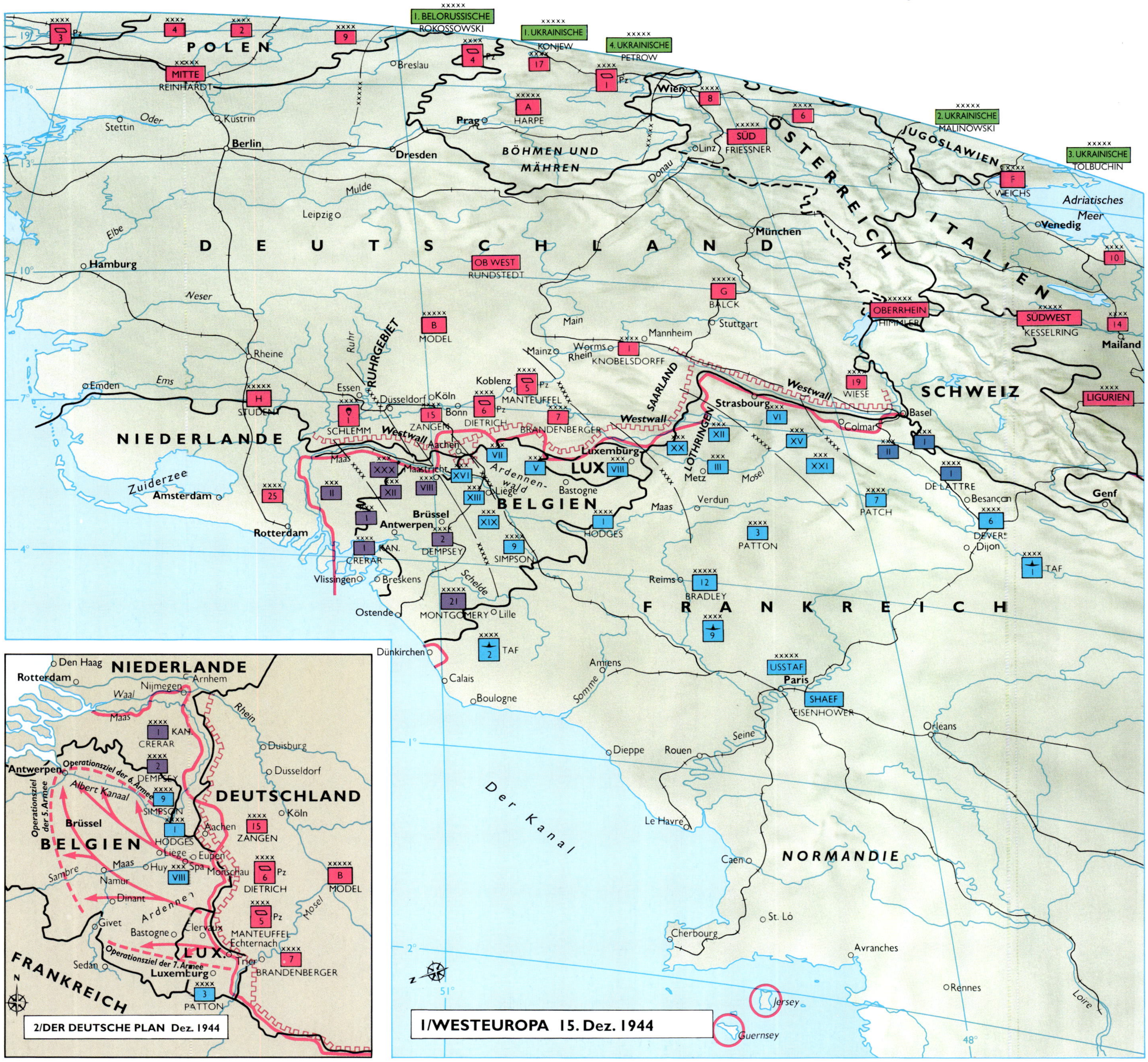

1/WESTEUROPA 15. Dez. 1944

2/DER DEUTSCHE PLAN Dez. 1944

Der grösste Teil der alliierten Streitkräfte an der deutschen Grenze wurde im Dezember 1944 zusammengezogen, um Angriffshandlungen gegen das Ruhrgebiet und Lothringen auszuführen ***(1)***. Hitlers Plan ***(2)*** sah einen Vorstoß von Dietrichs 6. SS-Panzerarmee nach Antwerpen vor, wobei ihnen Manteuffels 5. Panzerarmee an der linken Flanke Schutz gewähren sollte. Als US-Einheiten verkleidete Spezialeinheiten sorgten im Hinterland der alliierten Armee für Verwirrung, während das Absetzen von Fallschirmjägern in der Nähe von Spa Dietrichs Durchbruch schützen sollte. Die Attacke der 6. SS-Panzerarmee begann mit einem Vorstoß, um im Gebiet zwischen St. Vith und der Maas Gelände zu gewinnen. Er wurde jedoch durch die amerikanische 2. und 99. Division aufgefangen ***(3)***. Dietrichs Panzer fuhren sich auf den engen Straßen der Ardennen fest. Am besten kam noch das I. SS-Panzerkorps voran, deren Kommandeur Peiper während des Vormarsches barbarische Greueltaten beging. Manteuffel, ein erfahrenerer Panzergeneral, konnte zügiger voranschreiten, doch seine Vormarschrichtung war von untergeordneter Bedeutung. Er erhielt nur schwache Unterstützung von Brandenbergers 7. Armee und wurde in eine frustrierende Schlacht um die Stadt Bastogne hineingezogen ***(4)***, wo am 17. Dezember die amerikanische 101. Luftlandedivision zur Verstärkung eingetroffen war. Manteuffels Vormarsch auf die Maas wurde am 26. Dezember bei Celles zum Stehen gebracht. In der Folgezeit führten die Konzentration von 33 Divisionen der Alliierten und deren Unterstützung durch Luftstreitkräfte allmählich zur Wiederherstellung der ursprünglichen Situation. Ihnen standen 29 deutsche Divisionen gegenüber. Der Vorstoß der Alliierten betrug an seiner tiefsten Stelle 110 km. Am 16. Januar war nahezu das gesamte von den Deutschen eingenommene Gebiet zurückerobert.

Bild rechts: Eine verlassene US-amerikanische Panzerabwehr-Selbstfahrlafette vom Typ M-10 inmitten der Ruinen von Bastogne wird von einer deutschen Panzerkampfwagenpatrouille inspiziert.

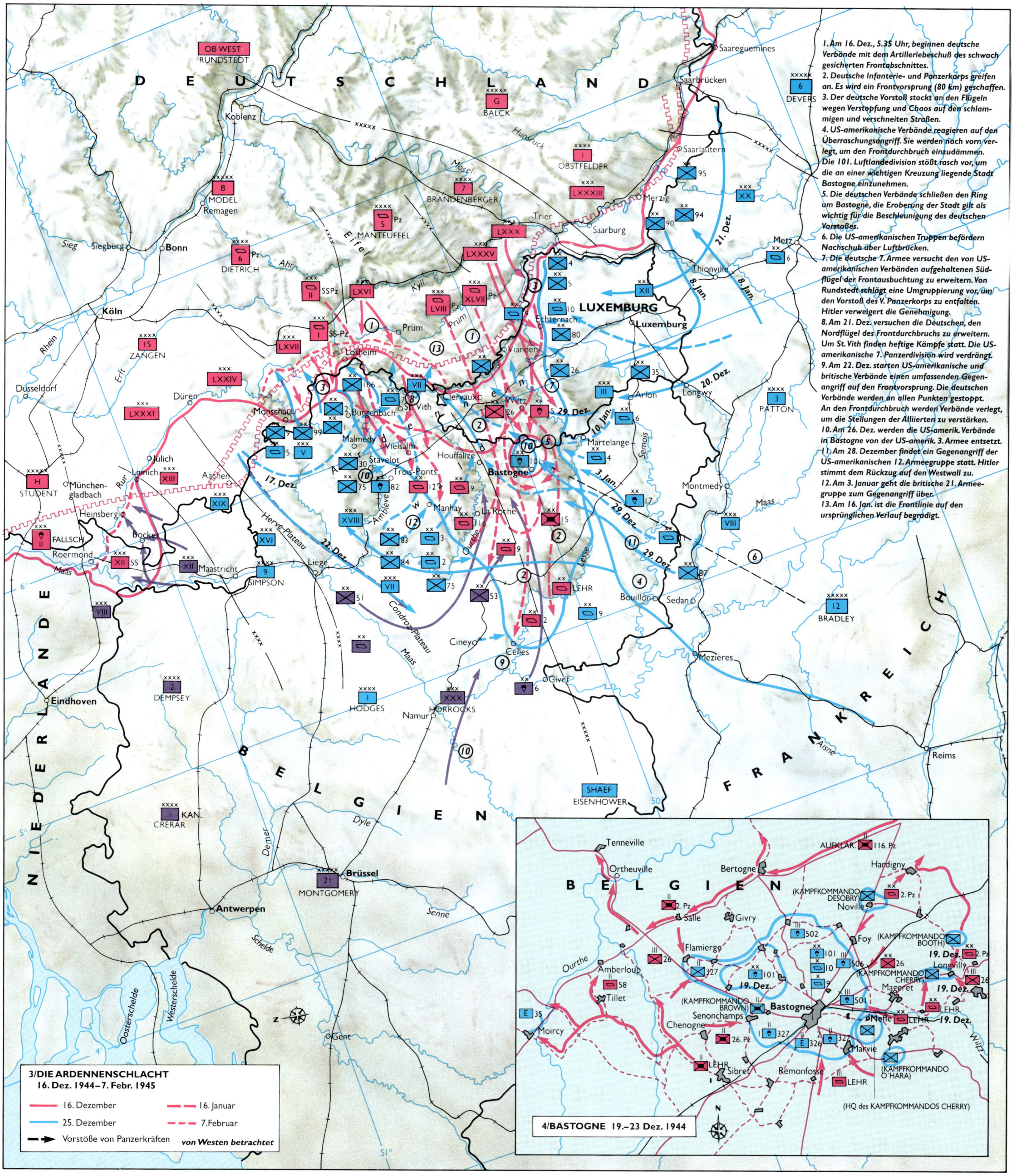

Burma 1942–1945

Die Amerikaner verfolgten die strategische Absicht, China zum aktiven Schauplatz militärischer Land- und Luftoperationen zu machen. Infolgedessen war es notwendig, Burma zurückzuerobern, denn nur durch die Wiederherstellung von Landverbindungen mit Chiang Kai-sheks Regime in Chungking durch Burma hindurch konnten China und die Armeen der KMT auf Angriffshandlungen vorbereitet werden. Diese Absicht besaß einerseits große Relevanz, andererseits waren mit der Wiedereroberung Nordburmas oder von ganz Burma auf dem Landweg von Nordostindien her große Schwierigkeiten verbunden. Dies gab von 1942 bis 1944 ausreichend Anlaß für eine nicht enden wollende Serie von Kontroversen zwischen den Briten und den Amerikanern.

Im Mittelpunkt der Auseinandersetzungen stand das Problem, Streitkräfte durch die straßenlosen Berg- und Dschungelgebiete führen zu müssen, die Indien und Burma voneinander trennten. Der Feind verfügte statt dessen über gute und sichere Verbindungswege im Sittang-, Irawadi- und Chindwin-Tal, die ihm bei Begegnungsgefechten einen großen Vorteil sichern würden. Die chinesischen Streitkräfte in Yunnan konnten die Situation am Saluën-Fluß nicht effektiv kontrollieren, ohne über die Straße beliefert zu werden, die von den Alliierten eröffnet werden sollte. Den ersten Versuch einer begrenzten Offensive unternahmen sie während der Trockenzeit 1942/43 im Arakan. Er endete mit einer Niederlage der indischen 14. Division. Eine drei Wochen andauernde Operation im Hinterland der japanischen Linien, die erste Chindit-Operation, wurde von aus der Luft versorgten Kolonnen durchgeführt. Sie bewirkte außer der zeitweiligen Unterbrechung der japanischen Verbindungswege zwar nur wenig; doch während die japanische Armee den Gedanken an einen Landeangriff in Richtung Nordostindien noch 1942 als unpraktikabel zurückgewiesen hatte, stellte die Burmesische Front nun die (von Tokio befürwortete) Forderung nach einem Präventivangriff. Die Offensive sollte zum Ende der Trockenzeit beginnen und Imphal sowie Kohima sichern. Man spekulierte darauf, daß das Einsetzen des Monsunregens wirksame Gegenangriffe der Alliierten ausschließen würde.

Die Japaner begannen ihre Kampfhandlungen im Februar 1944 mit einem Ablenkungsangriff im Arakan. Die Alliierten schickten sechs britische Divisionen in den Kampf, unterstützt durch Transportflugzeuge, die sogar aus dem Mittelmeerraum herangebracht wurden. Das US-amerik. Kommando des Nordabschnittes der Front begann mit zwei aus US-amerik. Beständen unterhaltenen chinesischen Armeen im Oktober 1943 einen Vormarsch in das Hukawng-Tal. Er endete im Mai 1944 mit der Einnahme des Flugplatzes von Myitkyina. Die chinesischen Streitkräfte sollten dort mit den Einheiten Verbindung aufnehmen, die seit der im März begonnenen zweiten Chindit-Operation in Nordburma verblieben waren. Vereinte Bemühungen der Alliierten führten im August zur Einnahme der Stadt Myitkyina. Der japanische Angriff auf Nordostindien war zu diesem Zeitpunkt schon fehlgeschlagen. Die britischen Streitkräfte vor Imphal waren bereits über die Absichten der Japaner informiert, so daß sie eine Einkesselung während der ersten Phase der japanischen Offensive vermeiden und anschließend in der Imphal-Ebene in Stellung gehen konnten. Aufgrund ihrer zahlenmäßigen Überlegenheit, ihrer Feuerkraft sowie der Unterstützung und Versorgung aus der Luft gelang es ihnen, den Belagerungsring zu durchbrechen. Die japanischen Einheiten verfügten über keine sicheren seitlichen Verbindungswege und waren demzufolge zu keinem Zeitpunkt des Angriffs in der Lage, die Überlegenheit zu erringen. Auch in der Gegend von Kohima wurde dem ersten Ansturm der Japaner Einhalt geboten. Da sich diese jedoch weigerten, ihre Niederlagen zu akzeptieren und sich nach Burma zurückzuziehen, wurde ihre 15. Armee in einer Reihe von sich hinziehenden Schlachten vollständig vernichtet. Imphal wurde durch einen Vormarsch von Kohima aus am 22. Juni von der Belagerung befreit. Während die Macht der Japaner in Nordostindien 1944 zerbrach, war Burma ab 1945 Invasionen und Eroberungen aus dem Norden ausgesetzt. Chinesische Einheiten versuchten, den Nordosten zu säubern. Gleichzeitig richteten sich die Hauptanstrengungen der Alliierten gegen die japanischen Streitkräfte, die sich zur Verteidigung von Mandalay gesammelt hatten. Unterstützt durch amphibische Landeoperationen, nahmen die Briten Flugplätze ein, die bei einem Angriff auf Rangun von Nutzen sein würden. Die größten Kraftanstrengungen unternahmen sie von Kalewa und Nyaungu aus in Richtung Meiktila, das am 4. März eingenommen wurde. Die Burmesische Front war nun gezwungen zu reagieren, denn ihre rückwärtigen Verbindungen waren gefährdet. Sie begann daher einen massiven Gegenangriff, der mit der Einnahme des Flugplatzes von Meiktila endete. Die Stadt selbst konnte jedoch nicht zurückerobert und Mandalay nicht gehalten werden. Ende März mußte die Burmesische Front eine Niederlage in beiden Städten hinnehmen. Die Briten setzten ihren Vormarsch nach Südburma fort und nahmen im Mai Rangun durch eine amphibische Landeoperation ein. Als der Krieg endete, versuchten die Japaner ihre noch immer recht zahlreichen Streitkräfte in Burma zur Verteidigung von Tenasserim und Thailand neu zu formieren.

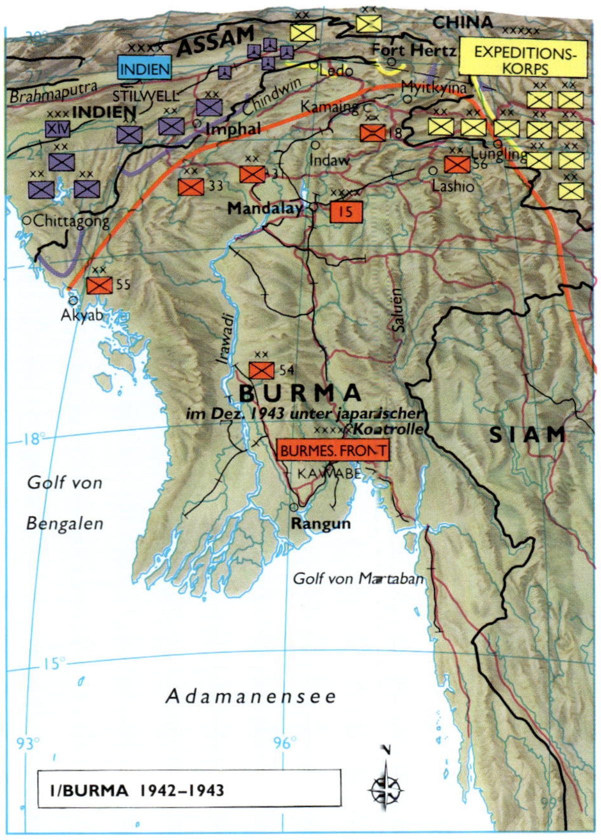

1/BURMA 1942–1943

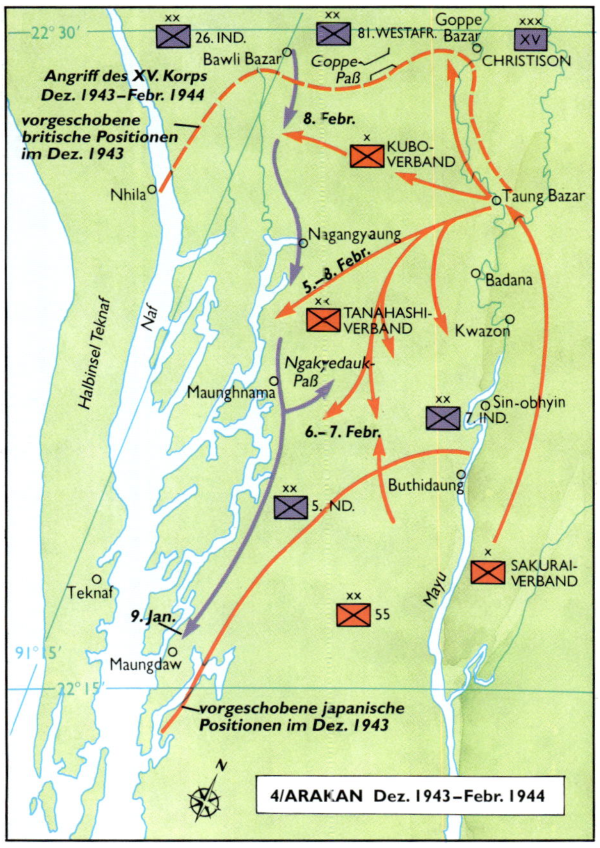

4/ARAKAN Dez. 1943–Febr. 1944

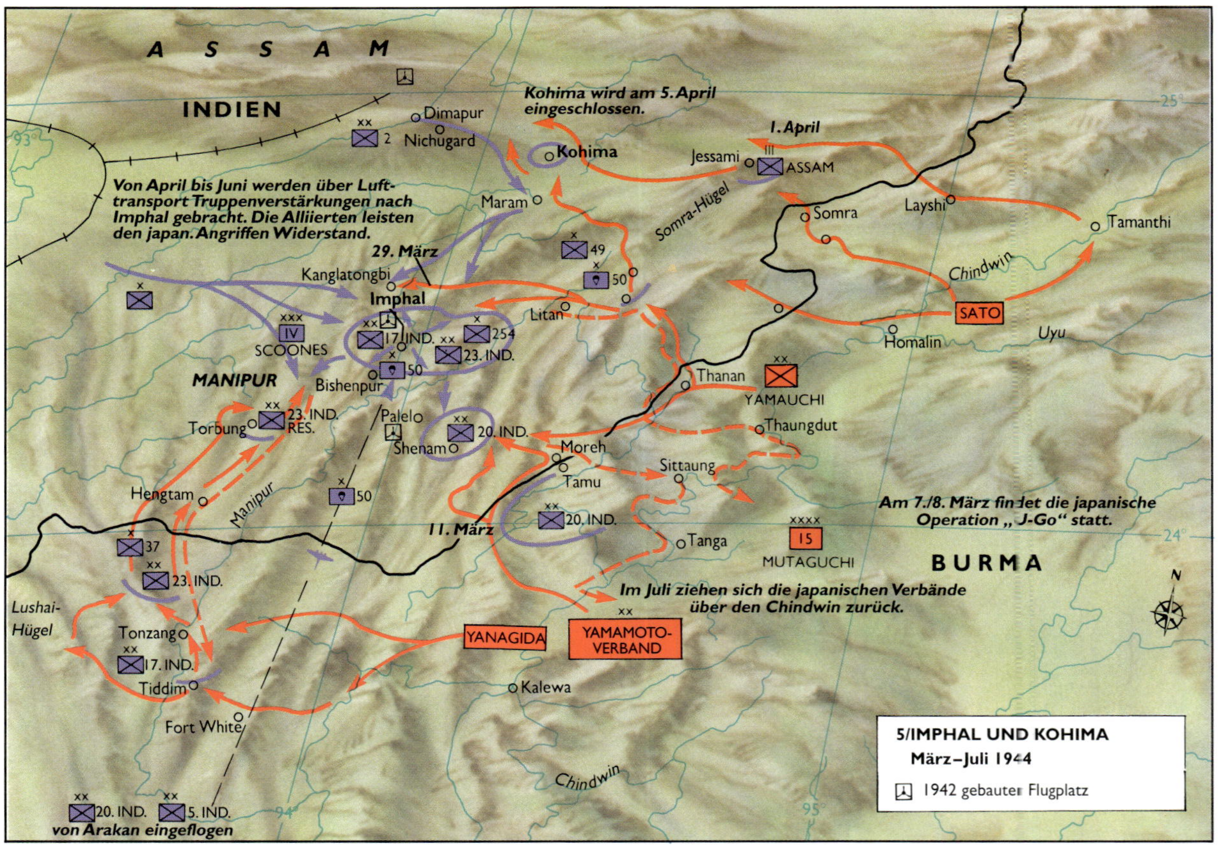

5/IMPHAL UND KOHIMA März–Juli 1944

1942 gebauter Flugplatz

ZWISCHEN 1942 UND 1943 befanden sich die Japaner in Burma in der Defensive. Bei der Aufstellung von Truppen auf Seiten der Alliierten zeigten sich Probleme innerhalb der Allianz. Der Erfolg einer Invasion hing von der Kooperation der britischen, US-amerik. und chinesischen Streitkräfte ab, die sowohl von Indien als auch von China her angriffen. Letztere waren jedoch in zwei Fraktionen gespalten ***(1)***, deren Ziele auseinandergingen.
Die USA hofften, durch den Bau einer Straße von Ledo zur alten Burmastraße eine Landverbindung nach China einrichten zu können. Die Briten hielten diesen Plan dagegen für nicht realisierbar. Chiang Kai-shek lehnte es ab, Streitkräfte zur Verfügung zu stellen, ehe eine See- und Luftvorherrschaft im Golf von Bengalen errichtet wäre. Der Einsatz der Kriegsschiffe anderenorts machte das jedoch unmöglich. Daher konzentrierten sich die Hauptaktivitäten 1942/43 darauf, einen Angriff aus Indien vorzubereiten ***(3)***. Da keine großangelegte Offensive stattfand, entwickelten die Briten die Idee zur Schaffung von sogenannten Long Range Penetration Groups (LRPs). Deren Kampfauftrag bestand darin, hinter den feindlichen Linien zu operieren, wobei Schwierigkeiten bei der Kommunikation und Versorgung durch Funkkontakt überwunden werden sollten. 3 000 Mann, Chindits genannt, wurden im Februar 1943 während der ersten Operation dieser Art aus der Luft hinter den feindlichen Linien abgesetzt. Vier Monate später kehrten 2 182 von ihnen nach Indien zurück. Die Hauptauswirkung der Operation war wohl, die Japaner in Imphal und Kohima in die Offensive gedrängt zu haben ***(5)***. Die kühnste Unternehmung im Verlauf der Chindit-Operationen war jedoch jene, die den Vormarsch der US-Truppen durch das Hukawng-Tal nach Burma unterstützte ***(3)***. Die Taktik bestand unter anderem darin, hinter den feindlichen Linien Start- und Landebahnen zu schaffen – benannt nach britischen Großstädten und Straßen in London –, von denen aus mehr Einheiten versorgt werden konnten. Auf diese Weise wurden 9 000 Mann und Vorräte hinter die japanischen Linien gebracht. Am 15. März gelang es, die Eisenbahnverbindung zwischen Mandalay und Myitkyina zu unterbrechen. In der Folgezeit verloren die Chindits ihre spezielle Funktion. Myitkyina fiel schließlich am 3. August. Die Opfer auf Seiten der Alliierten beliefen sich auf 5 383 Mann. Im August 1943 beschlossen die Japaner, im Arakan ***(4)*** sowie bei Imphal und Kohima in die Offensive zu gehen. Letztere wurde zur entscheidenden Schlacht in Burma. Die Briten waren sowohl auf das Tempo als auch auf den Zeitpunkt des japanischen Vormarsches (9. März) nicht gefaßt. Die Straße nach Imphal konnte erst am 29. März unterbrochen werden, während sich bei Kohima die schwersten Kämpfe ereigneten. Zwar dauerte die Belagerung von Imphal noch an, doch die Briten flogen weiterhin Verstärkungstruppen ein. Am 8. Juli entschlossen sich die Japaner zum Rückzug. Sie hatten während dieses Feldzuges 30 000 Tote zu beklagen. Die Opfer unter den Alliierten beliefen sich auf 16 700. Nun gingen die britischen Streitkräfte in die Offensive ***(2)***. Die Insel Ramree konnte am 17. Dezember 1944 eingenommen werden, und am 1. Februar 1945 wurden Brückenköpfe über den Irawadi errichtet. Der Knotenpunkt Meiktila wurde durch einen Überraschungsangriff eingenommen, da die Japaner davon ausgegangen waren, daß sich die Anstrengungen hauptsächlich gegen Mandalay richten würden. Mit der Eroberung von Landebahnen und Verbindungswegen erhöhte sich auch das Tempo des Vormarsches. Rangun wurde am 3. Mai durch Landstreitkräfte und amphibische Landeeinheiten eingenommen.

Bild links: Indische Einheiten der Sikh in einer Maschinengewehrstellung in Mandalay.
Mitte oben: Japanische Truppen bei der Verteidigung der Ölfelder von Yenangyaung.
Mitte unten: Chindits bei der Überquerung des Chindwin.

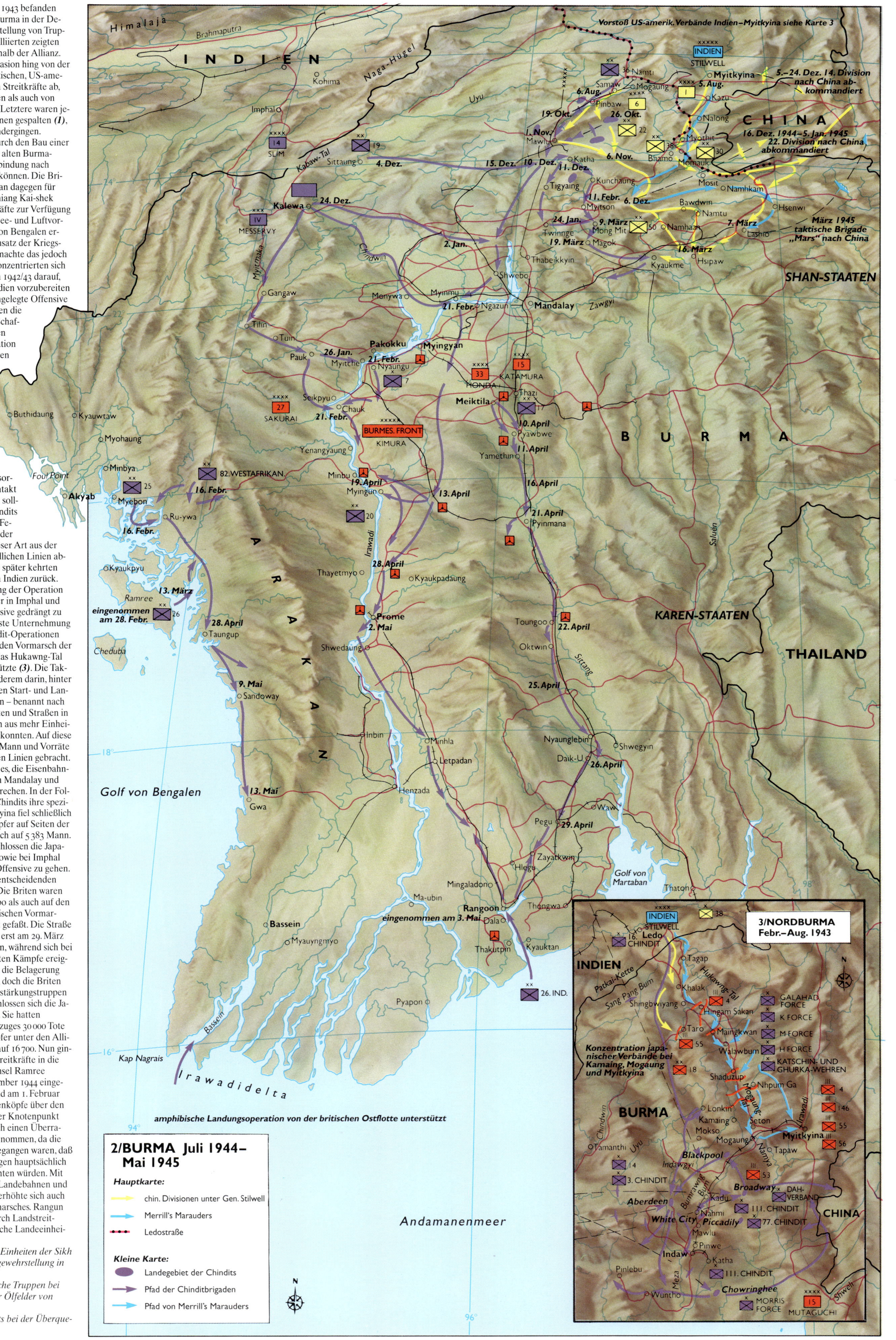

Der Golf von Leyte 22.–27. Oktober 1944

Die Niederlage der Japaner bei den Marianen im Juni 1944 (siehe Seite 142) öffnete den gesamten westpazifischen Raum für einen Vorstoß der Amerikaner. Während deren Planer darüber debattierten, ob Luzón eingenommen oder zugunsten von Formosa umgangen werden sollte, mußten sich die Japaner mit schwerwiegenderen Entscheidungen herumschlagen. Sie verfügten über keine wirksame Trägerflotte, mit der sie die Initiative hätten an sich reißen können und mußten auf Landeoperationen reagieren, die überall zwischen Okinawa und Mindanao stattfinden konnten. Die amerik. Dominanz bedeutet jedoch eine Gefährdung für die Verbindungen zwischen den japanischen Mutterinseln und dem südostasiatischen Raum. So rüsteten sich die Japaner einmal mehr für die „entscheidende Schlacht". Sie setzten all ihre See- und Luftstreitkräfte in der größten jemals auf See geführten Auseinandersetzung ein, der Schlacht im Golf von Leyte.

Amerik. Flugzeugträgerangriffe auf die Philippinen im September brachten jedoch die Planung der Japaner bereits in ihrem Anfangsstadium durcheinander, indem sie deren Luftstreitkräften schweren Schaden zufügten. Die US-Amerikaner zogen ihren Vorteil aus der Schwäche der Japaner und beschleunigten ihren Zeitplan: eine Landung auf den Philippinen sollte im Oktober erfolgen. Nach weiteren US-amerik. Angriffen mit vier Marinespezialeinheiten, siebzehn Trägern und beinahe 1 100 Flugzeugen verblieben den Japanern auf den Philippinen nur noch 200 Flugzeuge. Darüber hinaus zwangen sie die knapper werdenden Ölreserven auf den Mutterinseln dazu, ihre Seestreitkräfte weiter zu streuen. In Vorbereitung auf die Schlacht mußten diese vor der Küste von Brunei konzentriert werden, wodurch sich die Reaktionszeit auf gegnerische Landungen merklich erhöhte. Unter Berücksichtigung dieser Einsatzschwierigkeiten wurde der Plan der Japaner in den Tagen vor der amerik. Landung auf den Philippinen endgültig fertiggestellt. Die japanischen Seestreitkräfte wurden in drei Formationen aufgeteilt: eine Zentralgruppe, eine Südgruppe (Abteilung 1 und 2) sowie eine Nordgruppe. Ozawas Nordgruppe mit vier Trägern und lediglich 116 Flugzeugen, diente als Köderverband, um den Großteil der US-amerik. 3. Flotte, welche die Landeoperationen deckte, von den Landestränden wegzulocken. In-

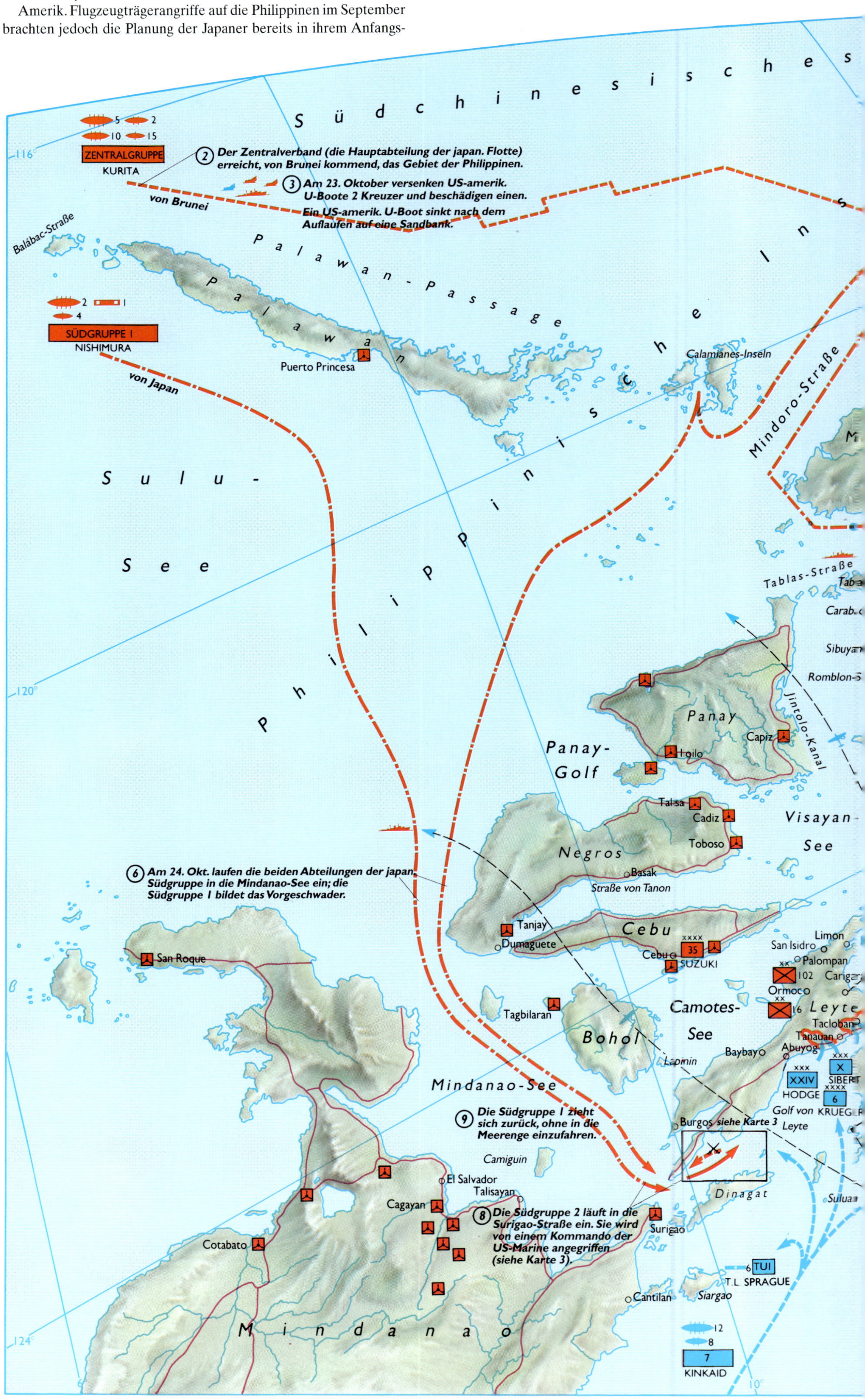

Der amerik. Feldzug zur Wiedereinnahme der Philippinen wurde durch trägergestützte Angriffe der Task Force 38 auf Formosa und Luzón sowie durch einen intensiven Einsatz der U-Boote eingeleitet *(1)*. Die Landungen begannen am 17. Oktober mit der Einnahme der Inseln Suluan und Dinagat durch ein Rangerbataillon *(2)*. Am 20. Oktober landeten zwei US-amerik. Korps zu beiden Seiten von Tanauan auf Leyte. Das war der Auftakt zu einem Feldzug, der erst im Mai 1945 endete (siehe Seite 167). Die japanische Südarmee war entschlossen, einer amerik. Landung entgegenzutreten, wo immer sie ausgeführt würde. Innerhalb weniger Stunden wurden japanische Marinestreitkräfte vor Brunei zusammengezogen. Es dauerte jedoch noch bis zum 22. Oktober, ehe die Hauptstreitkräfte die Philippinen ansteuerten. Kuritas Zentralgruppe (fünf Schlachtschiffe, zehn schwere und zwei leichte Kreuzer sowie 15 Zerstörer) bekam sofort Schwierigkeiten, als sie versuchte, die komplizierte Palawan-Passage zu durchfahren. Am 23. Oktober versenkten zwei US-amerik. U-Boote zwei schwere Kreuzer und beschädigten einen weiteren. Doch trotz dieser Rückschläge fuhr die Zentralgruppe am 24. Oktober in die Sibuyan-See ein. Dort stellte sie allerdings fest, daß die verbliebenen japanischen Luftstreitkräfte für Angriffe auf die TF 38 eingesetzt worden waren, anstatt die Durchfahrt zu schützen. Im Verlauf fortwährender amerik. Trägerangriffe wurden das Schlachtschiff „Musashi" sowie ein Zerstörer versenkt und fünf weitere Kriegsschiffe der Zentralgruppe beschädigt, ehe Kurita um 15.00 Uhr westwärts abdrehte. Der einzige beachtenswerte Erfolg der Japaner war am 24. Oktober zu verzeichnen, als ein einzelner Bomber vom Typ „Yokosuka" östlich von Luzón den leichten Kreuzer „Princeton" versenkte. Die 1. Abteilung der Südgruppe, die über zwei Schlachtschiffe, einen schweren Kreuzer und vier Zerstörer verfügte, stieß kaum auf Gegenwehr, als sie am gleichen Tag die Sulu-See überquerte und in die Mindanao-See einfuhr. Bei ihrem Eintreffen wurden jedoch die verschiedenen US-amerik. Zusatzeinheiten zu aufeinanderfolgenden Linien aus Torpedobooten, Zerstörern, Kreuzern und Schlachtschiffen in der Surigao-Straße organisiert *(3)*. Der erste Zusammenstoß fand gegen 22.00 Uhr statt, doch die eigentliche Schlacht entwickelte sich erst nach 0.15 Uhr am 25. Oktober, als die Japaner in die Straße einfuhren. Mit Ausnahme des Kreuzers „Mogami" und eines Zerstörers waren um 3.19 Uhr bereits alle Kriegsschiffe durch Torpedos und Geschützfeuer überwältigt. Eine zweite japanische Formation mit einem leichten und zwei schweren Kreuzern sowie sieben Zerstörern lag etwa 65 km hinter der ersten. In Erwartung eines ähnlichen Schicksals sahen ihre Befehlshaber davon ab, in die Straße einzufahren. Auf ihrem Rückzug kollidierte jedoch eines ihrer Schiffe mit der „Mogami". Diese konnte ihre Fahrt nur verlangsamt fortsetzen und wurde deshalb nach Tagesanbruch von US-amerik. Flugzeugen eingeholt und in ein Wrack verwandelt (siehe Seite 96). Trotz des Verlustes der „Princeton" waren die Amerikaner bis zum Morgen des 25. Oktober eindeutig im Vorteil gewesen. Doch am Vortag hatte eines der Aufklärungsflugzeuge der TG 38.3 gegen 16.40 Uhr Ozawas Trägerflotte ausgemacht, die als Lockvogel diente *(2)*. Die US-amerik. und japanischen Trägerverbände waren nun nur noch 225 km voneinander entfernt. Die TF 38 erhielt umgehend den Befehl, in Begleitung ihrer Schlachtschiffe nordwärts abzudrehen und am nächsten Morgen den Kampf zu eröffnen. Die Sicherung der San-Bernardino-Straße war damit nicht mehr gewährleistet, so daß die Zentralgruppe am 25. Oktober kurz nach Mitternacht hindurchfahren konnte. Als die Japaner Samar um 5.49 Uhr umfuhren, sichteten sie den ersten von drei Geleitträgerverbänden vor den Brückenköpfen von Leyte. Um 6.12 Uhr entbrannte die Schlacht auch mit den beiden anderen *(4)*. Insgesamt verfügten die drei US-amerik. Verbände über etwa 500 Flugzeuge, welche bis 11.36 Uhr mehrere aufeinanderfolgende Angriffswellen gegen die Zentralgruppe flogen. Dann stellten die Japaner plötzlich das Feuer ein und zogen sich in nördlicher Richtung zurück. Im Norden begann am Morgen des 25. Oktober gegen 7.35 Uhr vor Kap Engaño die Schlacht zwischen den schnellen Trägerformationen von Halseys dritter Flotte und Ozawas Nordgruppe. Die Amerikaner führten im Verlauf des Tages sechs Angriffe und versenkten drei Träger sowie einen Zerstörer. Jedoch schon während der ersten Angriffe wurde die TF 38 über die Ereignisse vor Samar unterrichtet. Auf das verzweifelte Ersuchen um Unterstützung hin wurden zwei Einsatzgruppen auf den Weg nach Samar geschickt. Außerdem erhielten die sich in der Schlacht befindenden Streitkräfte den Befehl, nach Süden abzudrehen und die San-Bernardino-Straße abzuriegeln. Trägerflugzeuge der TG 38.1 und TG 38.2 griffen gemeinsam mit US-Bombern die sich zurückziehende Zentralgruppe an, welcher es unter Verlust eines Zerstörers glückte, nach Brunei zurückzukehren. Die See- und Luftangriffe, die während der Schlacht im Golf von Leyte stattfanden, beraubten die Japaner ihrer Fähigkeit, großangelegte Gefechte auf dem Meer zu führen. Angesichts der amerik. Überlegenheit setzten sie zunehmend unkonventionelle Mittel ein: Kamikaze-Angriffe. Diese wurden erstmals erfolgreich in den Gefechten vor der Insel Samar geführt *(4)*.

Bild oben rechts: US-amerik. Fliegerabwehrfeuer im Golf von Leyte.

zwischen sollten die Zentralgruppe und die Südgruppe in einer Zangenbewegung nördlich und südlich von Leyte vorrücken und auf diese Weise die anlandenden Streitkräfte vernichten.

Am 23. Oktober begann die Seeschlacht. Die Zentralgruppe verlor in der Palawan-Passage zwei Kreuzer an US-amerik. U-Boote, einen weiteren in der Sibuyan-See während eines amerik. Luftschlages. Die beiden Abteilungen der Südgruppe konnten bis in die Mindanao-See eindringen. In straffer Organisation gelang es den US-amerik. Streitkräften, ihnen mit Torpedobooten und Zerstörern die Durchfahrt durch die Surigao-Straße zu verwehren. Am 25. Oktober konnte schließlich ein US-amerik. Aufklärungsflugzeug Ozawas Nordgruppe ausmachen. Halsey, der Kommandeur der US-amerik. 3. Flotte, sah in der Anwesenheit von Flugzeugträgern die größte Bedrohung für die Landeoperationen. Darum sammelte er den größten Teil seiner Streitkräfte vor Catanduanes und ließ sie von den Landestränden weg in Richtung Norden fahren, um die Verfolgung aufzunehmen. Er war auf den Lockvogel der Japaner hereingefallen. Dadurch gelang es Kuritas Zentralgruppe, die San-Bernardino-Straße ohne Gegenwehr zu passieren und die US-amerik. Landestrände anzusteuern, die lediglich von drei Spezialeinheiten auf Geleitträgern verteidigt wurden. Es folgten erbitterte Kämpfe, bei denen sich die Amerikaner auf ihre Luftstreitkräfte und die Japaner auf ihre Feuerkraft verließen. Letztere griffen gegen Ende der Kampfhandlungen auch auf Kamikaze-Flieger zurück. Unerklärlicherweise beschloß der japanische Befehlshaber gerade in dem Augenblick die Kämpfe abzubrechen, als er die Oberhand gewonnen hatte. Das gab den Amerikanern die dringend benötigte Zeit, um sich neu zu formieren und die Japaner zum Rückzug zu zwingen.

Im Zeitraum vom 23. bis 27. Oktober versenkten die Amerikaner von den 64 in der Schlacht eingesetzten japanischen Kriegsschiffen insgesamt vier Träger, drei Schlachtschiffe, sechs schwere und vier leichte Kreuzer sowie elf Zerstörer. Über 10 500 Mann japanischer Schiffs- und Flugzeugbesatzungen wurden getötet. Die Amerikaner verloren aus einer Gesamtstreitmacht von 218 Schiffen den leichten Kreuzer „Princeton“, zwei Geleitträger, zwei Zerstörer und einen Geleitzerstörer. Die Schlacht im Golf von Leyte bestätigte die Vorherrschaft der Amerikaner auf dem Meer und nahm den Japanern die Fähigkeit, weitere größere Seegefechte zu führen.

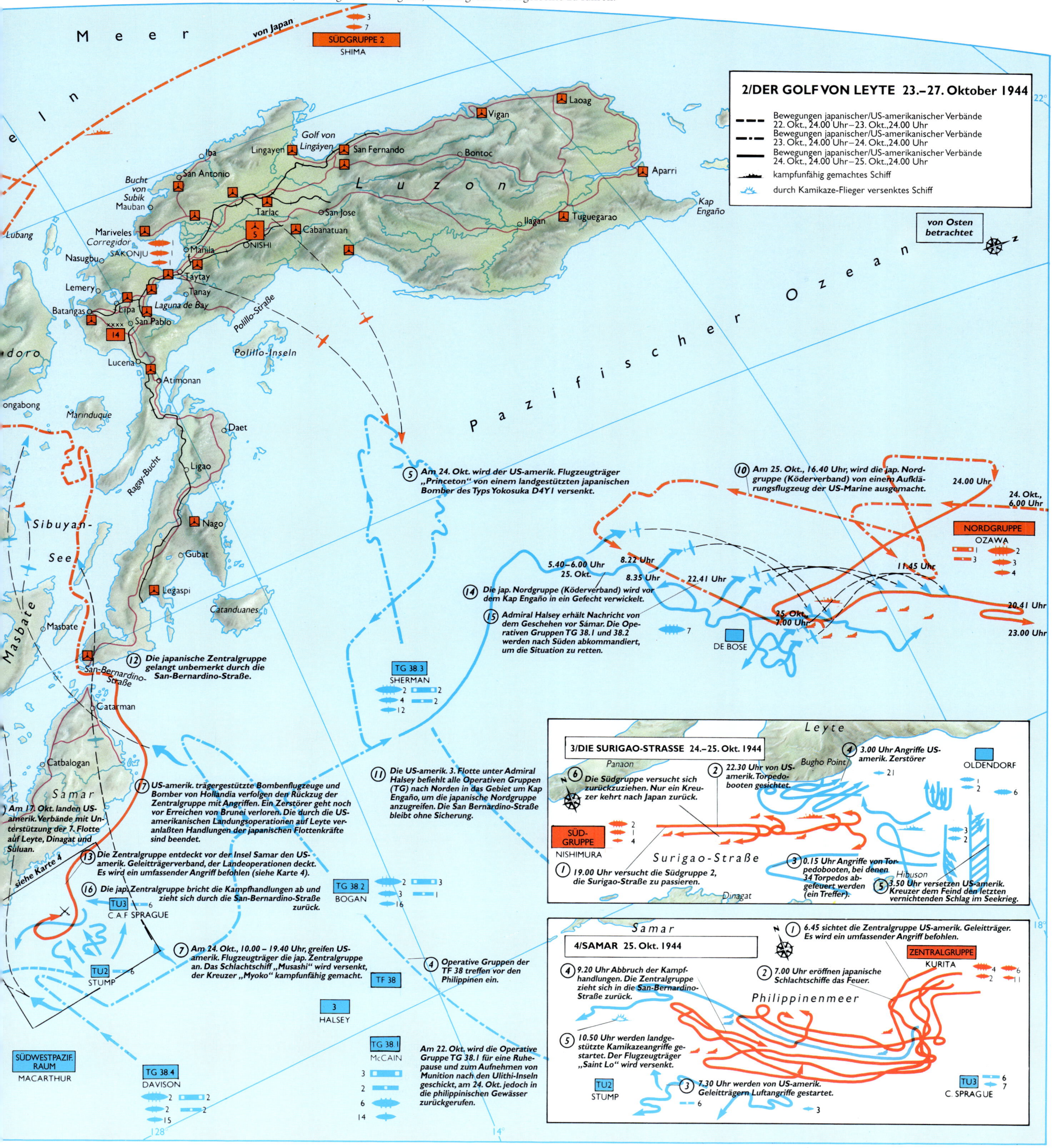

Die Philippinen 1944–1945

1/DER PAZIFISCHE RAUM
November 1944–August 1945

DIE AUSSCHALTUNG der japanischen See- und Luftstreitkräfte im Golf von Leyte (siehe Seite 164) versetzte die Amerikaner in die Lage, die Japaner von deren südlichen Rohstoffquellen abzuschneiden. Im Ergebnis der Landungen und des Feldzuges auf Leyte **(2)** verfügten sie zudem über wertvolle Luft- und Marinestützpunkte zur Räumung der Visayas und der Philippinen **(1)**. Obwohl die Lage der japanischen Streitkräfte auf jeder der Inseln aussichtslos war, kämpften sie bis zum letzten Mann und setzten verstärkt Kamikaze-Angriffe gegen amerik. Landungstruppen ein. Sowohl aus politischen als auch aus militärischen Erwägungen heraus wurde die Möglichkeit verworfen, Luzón zugunsten eines Vormarsches gegen Formosa zu umgehen. Die Schlacht um Luzón **(3, 4)** war die langwierigste Auseinandersetzung im Verlauf des Krieges im Pazifik. Die US-Amerikaner mußten gewaltige logistische Schwierigkeiten bewältigen, um erfolgreiche Landeoperationen im Golf von Lingáyen durchzuführen. Am 31. Januar befanden sich alle wichtigen Flugplätze in ihren Händen. Die Japaner wandten eine eher statische Verteidigungspolitik an und setzten getrennt operierende Dschungeleinheiten ein. Unter immensen Opfern wurde der Großteil der Insel durch die Amerikaner gesäubert, die zweite Hälfte des Feldzuges wurde Guerillaeinheiten der Filipinos überlassen **(4)**. Das kam dem Eingeständnis gleich, daß japanische Truppen weiterhin bis zum Ende des Krieges einzelne Gebiete der Insel okkupiert halten würden. Der Feldzug auf Borneo **(5)** wurde von australischen Streitkräften ausgeführt und war im Grunde genommen eine Säuberungsaktion, die hauptsächlich auf die Ölfelder von Brunei, Tarakan und Balikpapan abzielte. Das Öl erwies sich für die US-Pazifikflotte als äußerst nützlich. Für die Japaner besaß es zu jenem Zeitpunkt keinen strategischen Wert, da sie ohnehin nicht mehr über die Mittel für den Transport zu den Mutterinseln verfügten. Die Anstrengungen, die die Amerikaner zur Räumung der Insel von japanischen Truppen unternahmen, waren eher mäßig. Statt dessen wurden die eroberten Gebiete gesichert. All diese Feldzüge sollten den politischen Ambitionen dienen, sowie der Geltungssucht amerik. und australischer Stabschefs. Mit dem Ziel, Japan in die Knie zu zwingen, wurde der Krieg inzwischen weiter auf Iwo Jima und Okinawa ausgedehnt (siehe Seite 168).

Bild oben rechts: US-amerik. 105-mm-Haubitzen in Manila (Februar 1945).
Bild unten rechts: Amerik. Streitkräfte mit Nachschublieferungen nach den Landeoperationen der Alliierten im Golf von Lingáyen bei der Insel Luzón (Januar 1945).

DER AUSGANG DES KRIEGES auf den Philippinen war von Beginn an vorgezeichnet durch das Überraschungsmoment zugunsten der Amerikaner sowie durch deren Vorteile bezüglich der Truppenkonzentration und der Gefechtsstellungen. Der überwältigende Sieg der amerik. Streitkräfte im Golf von Leyte im Oktober (siehe Seite 104) stärkte diese günstige Position. Die Amerikaner waren in der Lage, japanische Stützpunkte von der auswärtigen Versorgung abzuschneiden, was für deren endgültige Niederlage sorgte. Dennoch war der Feldzug auf den Philippinen recht langwierig und in verschiedenerlei Hinsicht für beide Seiten opferreich.

Obwohl den Japanern auf See eine Niederlage beigefügt worden war, so tat das doch ihrem Besitzanspruch auf Leyte keinen Abbruch. Bei dem Versuch, ihre einzige Division auf der Insel zu verstärken, boten die jahreszeitlich bedingten Regenfälle der 35. Armee einen gewissen Schutz vor Luftangriffen. Außerdem kam den Japanern der erzwungene Rückzug der TF 38 nach der Schlacht im Golf von Leyte und der erfolgreiche Einsatz von Kamikaze-Fliegern entgegen. Zwischen dem 24. Oktober und dem 12. Dezember wurden etwa 45 000 Soldaten aus fünf Divisionen von anderen Philippinen-Inseln nach Leyte umgesetzt. Zwangsläufig schwächten die Japaner dabei ihre Position auf den mittleren und südlichen Philippinen, zudem konnten sie nicht mit den amerik. Truppenmassierungen auf Leyte mithalten. Je mehr der Umfang, die Intensität und die Wirksamkeit der amerik. Luftoperationen zunahmen, desto größer wurden die Verluste auf seiten der Japaner. Im Dezember 1944 zählten die Amerikaner etwa 200 000 Soldaten auf Leyte. Der Widerstand der Japaner konnte aber erst gegen Mitte des Monats im Nordwesten der Insel gebrochen werden, nachdem amerik. Einheiten in der Ormoc-Bucht und bei Palompon gelandet waren. Am 19. Dezember gaben die japanischen Truppen den Kampf um Leyte auf, wenn auch vereinzelte Widerstandsaktionen auf der Insel noch bis Mai 1945 zu verzeichnen waren.

Was die Amerikaner eigentlich zu den Philippinen geführt hatte, war die Absicht, die japanische Vorherrschaft zu brechen und sich Luft- und Flottenstützpunkte auf den Inseln zu schaffen. Mit der Kontrolle über Leyte verfügten sie über einen Zugang zur San-Pedro-Bucht, die durch die US-amerik. Träger erstmals im April genutzt wurde. Vollständig gesichert werden konnte sie allerdings nicht, da die Japaner die Kontrolle über Luftstützpunkte auf anderen Inseln behielten. Luzón allein bot den Amerikanern jedoch schon genügend Möglichkeiten zur Verwirklichung ihrer Ansprüche. Am 15. Dezember landeten ihre Streitkräfte im Südwesten Mindoros, nachdem sie zunächst die Mindanao-See überquert hatten. Zum Jahresende waren bereits zwei Flugplätze in der Nähe von San José in Dienst gestellt, obwohl es noch einen weiteren Monat dauerte, bis die Insel vollständig eingenommen war. Nachdem die Task Force 38 vom 3. Januar an mehrere Ziele zwischen Luzón und Okinawa beschossen hatte, landeten am 9. Januar zwei der US-amerik. 6. Armee angehörende Korps im Golf von Lingáyen. Sie drangen schnell landeinwärts vor, indem sie die zentral gelegene Ebene in Richtung Manila durchquerten. (Gleiches hatten die Japaner vor ihnen bereits 1941 getan.) Sowohl Clark Field als auch Calumpit wurden am 31. Januar gesichert. Am selben Tag fanden auch Landeoperationen bei Nasugbu statt. Dieses Voranschreiten war nur möglich, weil die Japaner nicht die Absicht hatten, im Bereich der Hauptstadt ernsthaften Widerstand zu leisten. Statt dessen wollten sie in den Bergen Truppen konzentrieren und dadurch versuchen, möglichst viele amerik. Einheiten in anhaltende Kämpfe zu verwickeln. Die drei japanischen Verbände auf Luzón erhielten darum den Befehl zum Rückzug in die Berge (Zambales und Sierra Madre) sowie in den Raum Baguio. Die Seestreitkräfte in Manila verteidigten die Hauptstadt bis zum 3. März gegen die Amerikaner, obwohl deren 6. Armee schon am 4. Februar in die Stadt eingedrungen war und sie am 12. Februar vollständig eingeschlossen hatte. Nach der Säuberung Manilas und mit der Einnahme von Corregidor am 28. Februar besaßen die Amerikaner nunmehr die Kontrolle über alle wichtigen politischen und militärischen Einrichtungen auf Luzón. Insgesamt fielen den Kämpfen um die Hauptstadt schätzungsweise 100 000 Filipinos zum Opfer.

Die Japaner hatten Luzón praktisch schon am 13. Januar aufgegeben, als die Entsendung verstärkender Luftstreitkräfte auf die Philippinen gestoppt wurde. Die ihnen verbliebenen Flugplätze wurden unbrauchbar gemacht. Japanische Ressourcen mußten zur Verteidigung der Mutterinseln zurückgehalten werden. Die Amerikaner erlitten nun nahezu keine Verluste mehr auf See. Im Monat vor der Entscheidung waren von den Japanern durch Kamikaze-Angriffe noch 79 Kriegs-, Handels- und Landungsschiffe versenkt oder beschädigt worden. Die amerik. Streitkräfte begannen nun mit der Säuberung der mittleren und südlichen Philippinen, um die Schiffswege zwischen den Inseln freizumachen: Am 19. Februar landeten sie auf Samar und am 28. Februar in Puerto Princesa auf Palawan. Im Verlauf der folgenden sieben Wochen wurden im Bereich der mittleren und südlichen Philippinen 38 weitere Landeoperationen ausgeführt. Obwohl etwa 110 000 ihrer Soldaten auf diesen Inseln stationiert waren, konnten die Japaner lediglich auf Negros und Mindanao anhaltenden Widerstand leisten. Selbst die Anwesenheit von 115 000 Soldaten auf Luzón konnte ab Mitte 1945 nicht verhindern, daß die Kaiserliche Armee zu einem Verteidigungsfeldzug kaum noch in der Lage war. Die Amerikaner nahmen dies stillschweigend zur Kenntnis, als sie im Juni ihre 6. Armee abzogen. Gegen Kriegsende verblieben noch vier US-amerik. Divisionen zur Weiterführung von Operationen auf den Philippinen. Die Verantwortung für das Säubern der Inseln vom japanischen Widerstand wurde Einheiten der Filipinos übertragen, während australische Streitkräfte den unangenehmen Auftrag erhielten, die inzwischen isolierten japanischen Garnisonen

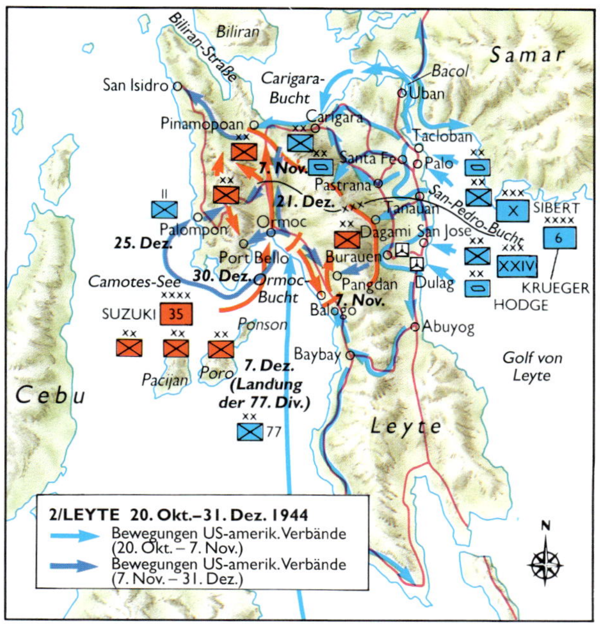

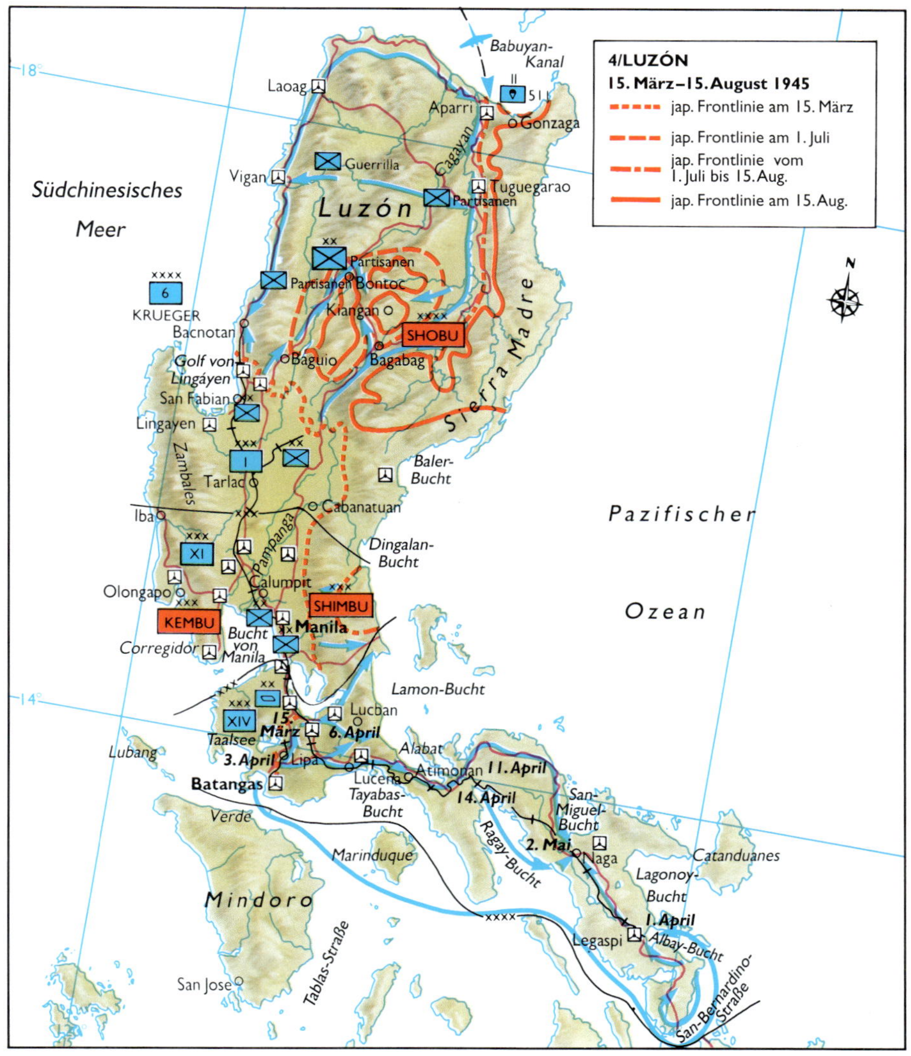

auf Borneo und dem Malaiischen Archipel zu säubern und zu sichern. Insgesamt hatten die USA 16 Divisionen auf den Philippinen eingesetzt. Die Sicherung und teilweise Säuberung der Inseln forderte auf seiten der US-Armee beinahe 146 000 Opfer.

Im Frühjahr 1945 kontrollierten die Amerikaner wichtige Orte wie z. B. Leyte und Manila. Dadurch standen ihnen Basen zur Verfügung, von denen sie die japanischen Mutterinseln leichter erreichen konnten. Mit Beginn des alliierten Feldzuges gegen Iwo Jima und Okinawa (siehe Seite 168) verschob sich das Hauptziel ihrer Anstrengungen weiter nordwärts.

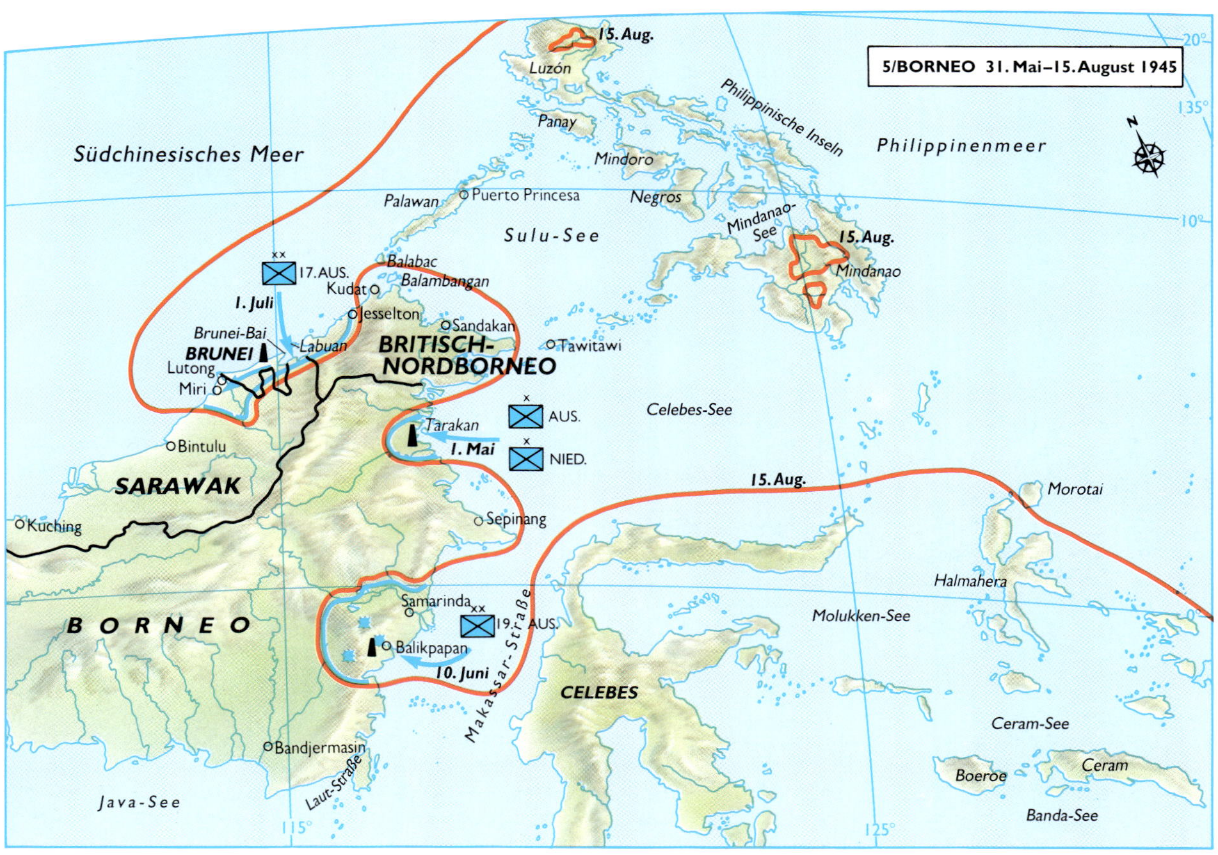

Iwo Jima und Okinawa Februar–Juni 1945

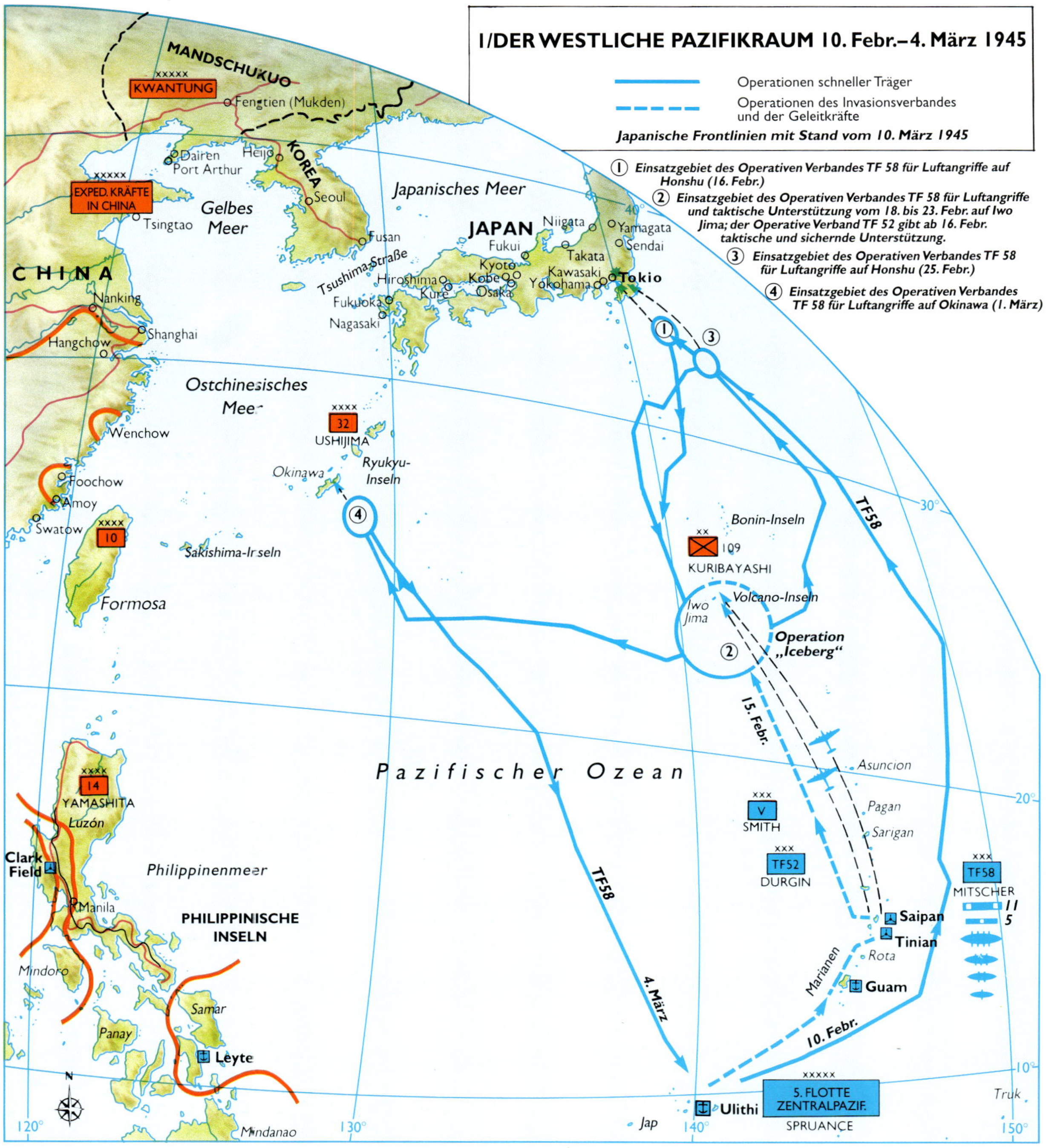

Bei der Planung für den Vormarsch im westpazifischen Raum (siehe Seite 140–142) hatten die Amerikaner den Inseln Okinawa und Iwo Jima bis Mitte 1944 wenig Aufmerksamkeit geschenkt. Ihr Hauptaugenmerk hatten sie bis dahin auf die Frage gerichtet, ob man auf den Philippinen einmarschieren oder sie umgehen sollte. Als dann jedoch die Pläne der US-Marine für einen Einmarsch auf Formosa aufgegeben wurden, erhielt Okinawa eine neue Bedeutung: Die Luftstützpunkte auf den Philippinen lagen zu weit von den japanischen Mutterinseln entfernt und konnten daher nicht für eine Invasion genutzt werden. Okinawa dagegen eignete sich als Ausgangspunkt sowohl für taktische als auch strategische Luftoperationen über Japan. Die Bedeutung von Iwo Jima war dagegen schon im Verlauf der von den Marianen aus geplanten Bombenangriffen erkannt worden. Im Oktober 1944 gaben daher die Vereinigten Stabschefs der USA ihre Zustimmung zur Einnahme der beiden Inseln.

Die Japaner waren sich bereits über die strategische Relevanz sowohl Okinawas als auch Iwo Jimas im klaren gewesen, ehe die Amerikaner ihren Kampf um die südlichen Marianen (siehe Seite 142) und die mittleren Philippinen (siehe Seite 164–166) begonnen hatten. Die Verteidigung der beiden Inseln stellte sie jedoch vor beträchtliche Schwierigkeiten: Iwo Jima, die größte der Volcano-Inseln, war zu klein, um aus der Tiefe heraus verteidigt zu werden, und Okinawa gehörte zu den japanischen Verteidigungsproblemen an den südwestlichen Zugängen zur Insel Kyushu. Die Japaner erkannten, daß keine der beiden Inseln vor dem Zugriff der Amerikaner bewahrt werden konnte. Darum bestand das Ziel der Verteidigung nicht in dem Versuch, Invasionen bereits an den Küsten abzuwehren, sondern in zeitraubenden Feldzügen. Diese, so hofften die Japaner, würden den Willen der Amerikaner schwächen, gegen die japanischen Mutterinseln vorzugehen. Gleichzeitig wären die Amerikaner gezwungen, massive Marineeinheiten zu den Landeköpfen zu entsenden, wo diese in konzentrierten Luftangriffen vernichtet werden könnten.

Beide Operationen nahmen enorme Ausmaße an, umfassende vorbereitende Bombardements der Mutterinseln durch Trägerflugzeuge eingeschlossen. Außerdem kamen riesige Geleitzüge zum Einsatz, und die Invasionstruppen wurden über große Entfernungen herangebracht. Alles in allem nahmen die alliierten Operationen eine solche Größenordnung an, daß sie selbst die Operation „Overlord" in der Normandie noch übertrafen (siehe Seite 152). Während des Feldzuges auf Luzón eingetretene Verzögerungen (siehe Seite 166) zwangen das amerik. Oberkommando, die Invasion auf Iwo Jima bis zum 19. Februar und auf Okinawa bis zum 1. April zu verschieben. Zwar verblieb dem US-amerikan. Schnellen Trägerverband vor dem Angriff auf Iwo Jima lediglich die Zeit für eine Attacke auf Honshu,

Die gleiche Route, die die von den Marianen kommenden Bomber nahmen **(1)**, um den Tokioter Raum anzugreifen, führte sie auch am 19. Februar nach Iwo Jima **(2)**. Bereits am ersten Tag gelang es den Amerikanern, sechs Regimenter zu landen. Am 23. Februar wurde der stark befestigte Felsvorsprung des Mt. Suribachi eingenommen, der die Landungsabschnitte überragte. Im Anschluß daran kämpften sich die Amerikaner bis zum Flugplatz Nr. 2 durch und erreichten beinahe die japanische Hauptverteidigungslinie. Das amphibische V. Korps setzte daraufhin drei Divisionen ein und überrannte die verbliebenen japanischen Stellungen am 16. März. Zwar erklärten die Amerikaner die Insel am 26. März für gesichert, doch wurden während des immer wieder aufflackernden Widerstandskampfes bis Juni noch weitere 2409 Japaner getötet oder gefangengenommen. Die TF 58 wurde vor Okinawa in eine langanhaltende Auseinandersetzung verwickelt **(3)**, als sie der 10. Armee Beistand leisten wollte. Diese hatte zunächst beträchtliche Erfolge zu verzeichnen gehabt. Sie stand dann jedoch einer japanischen Streitmacht gegenüber, die über einen ausgeprägten Sinn für das sie umgebende Gelände und über einen hochentwickelten Selbsterhaltungstrieb verfügte. Darüber hinaus demonstrierte sie hervorragende Fähigkeiten bei der Führung einer vielfältigen Verteidigung, wobei die Artillerie ein großes Gewicht besaß. Am 26. März sicherte die 77. Infanteriedivision sowohl die Kerama- als auch die Keise-Inseln **(4)**, von denen aus der südliche Teil Okinawas unter Beschuß genommen werden konnte. Am 1. April gingen bei Katena vier Divisionen an Land und drangen innerhalb von 36 Stunden an der schmalsten Stelle Okinawas bis zur Ostküste vor. Die 6. Marinedivision begann anschließend damit, den Norden Okinawas zu sichern und stieß dabei mit Ausnahme der Halbinsel Motobu nur vereinzelt auf Widerstand. Nachdem sie letztere gesichert hatten, konnten die Marineinfanteristen Ie Shima unter Feuer nehmen, bis es zwischen dem 16. und 21. April von der 77. Infanteriedivision eingenommen wurde. Einheiten der 27. Infanteriedivision sicherten vom 8. bis 22. April einige der östlich gelegenen Inseln, während die US-Hauptstreitkräfte in den Süden Okinawas vorrückten **(5)**. Der japanische Widerstand hielt bis zum 17. Juni an, obwohl die 24. Infanteriedivision für weitere vier Tage organisierten Widerstand leistete. Die japanischen Mutterinseln befanden sich nun in unmittelbarer Reichweite.

Bild oben links: US-Landungsschiffe steuern auf Iwo Jima zu. Im Hintergrund der Mt. Suribachi.
Bild oben rechts: Ein japanisches Kamikaze-Flugzeug kurz vor seinem Aufprall auf das Schlachtschiff „Missouri".

doch dafür fiel das vorbereitende Bombardement der Insel beträchtlich länger aus. Es erfolgte vor Beginn der Landeoperationen über einen Zeitraum von 72 Tagen hinweg sowohl von See aus als auch durch Flugzeuge des Typs B-24 und B-25, welche von den Marianen-Inseln starteten. Im Verlauf des Pazifikkrieges war dies das längste Bombardement einer Insel, und erstmals wurden Gebiete mit einem kriechenden Sperrfeuer durch Kriegsschiffe belegt. Allerdings wurde die Wirkung des Bombardements weitestgehend durch die poröse Lava auf Iwo Jima beeinträchtigt, die die Insel in Staub hüllte. Hinzu kam, daß die Japaner ein dichtes Netz aus Tunneln und Verteidigungsstellungen errichtet hatten. Die bröcklige Lava und die steilen Abhänge an den Stränden verursachten am 19. Februar ein Chaos unter den Landetruppen. Nachdem sich zunächst ein rascher Erfolg eingestellt hatte, stießen die US-Einheiten auf erbitterten Widerstand, welcher etwa fünf Wochen lang anhielt, bis die Insel schließlich am 26. März für gesichert erklärt wurde. 23 300 Japaner wurden während des Feldzuges getötet und 1 000 gefangengenommen. Auf amerik. Seite waren 24 391 Opfer zu verzeichnen. Einer ihrer Träger wurde schwer beschädigt, ein weiterer Geleitträger am 21. Februar versenkt. Schnell wurde die Insel in einen Luftstützpunkt für die Bombenangriffe auf Japan umgewandelt (siehe Seite 196). Bis zum Ende des Krieges waren 2.251 „Superfortress“-Bomber auf Iwo Jima notgelandet, der erste von ihnen am 4. März. Ab 11. März konnten Kampfflugzeuge auf der Insel starten und landen.

Drei Tage später, am 14. März, säuberte die TF 58 Ulithi, um Operationen zur Unterstützung der Landungen auf Okinawa zu beginnen. Sie verblieb 92 Tage lang auf See, was nicht nur die Länge, sondern auch die Intensität der Operationen über der Insel sowie vor ihrer Küste unterstreicht. Britische Flugzeugträger unterstützten die Amerikaner dabei. Auch hier führte eine verbissene japanische Verteidigung zu einem opferreichen, sich über Monate hinziehenden Feldzug. In seinem Verlauf wurden sowohl die umliegenden Inseln gesäubert als auch die Hauptstreitkräfte der Japaner von der Insel verdrängt.

Bei der Verteidigung Okinawas verloren 110 000 Japaner ihr Leben. Zum ersten Mal im Verlauf des Krieges kapitulierte eine beträchtliche Anzahl japanischer Soldaten – 7 400 Mann. Dem standen auf seiten der Amerikaner 20 195 Tote und 55 162 Verwundete gegenüber. 38 Schiffe der Alliierten sanken, und 368 wurden beschädigt. Während die Alliierten 763 Flugzeuge verloren, zerstörten ihre Seestreitkräfte den verbliebenen Teil der japanischen Kriegsflotte sowie 691 Flugzeuge, unter denen sich etwa 190 Kamikaze-Flieger befanden. Als letztes größeres Schiff wurde die „Yamato“, die Japan an der Spitze einer Sondereinheit verlassen hatte, von US-amerikanischen Bombern versenkt.

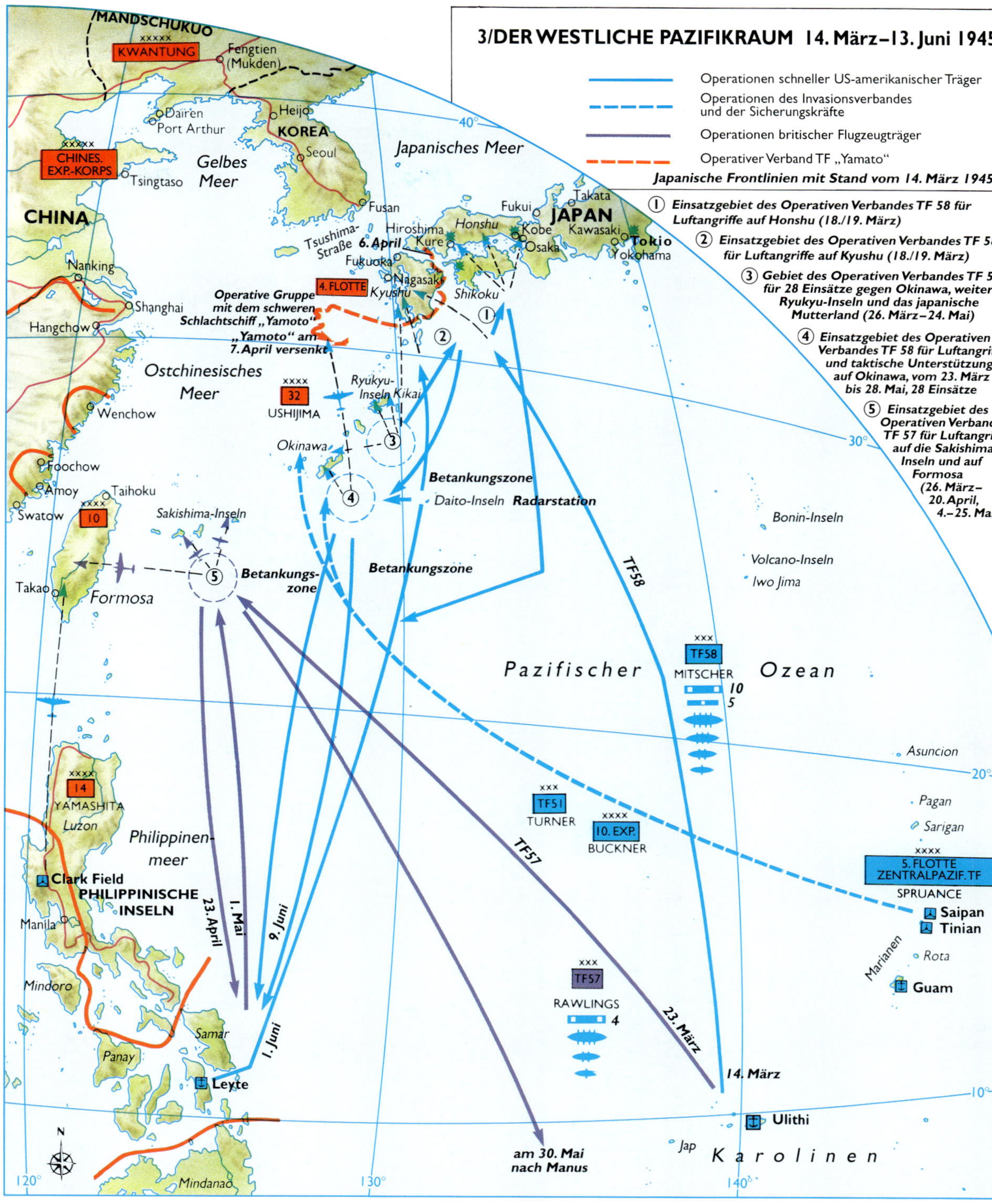

Der Widerstand in Osteuropa 1941–1945

Während Hitlers „Neue Ordnung“ in Westeuropa den eroberten Staaten ein gewisses Maß an Brüderlichkeit und sogar Unabhängigkeit zugestand, war die deutsche Herrschaft im Osten uneingeschränkt und unnachgiebig. Die Rassentheorie und -ideologie der Nazis lieferte den Verwaltern der Macht den Vorwand für die Verfolgung einer unbarmherzigen Politik der Ausbeutung und Unterdrückung in Polen, den baltischen Staaten und den besetzten Gebieten der Sowjetunion. Natürlich führte diese Haltung nur zu einem begrenzten Erfolg in Bezug auf die Zusammenarbeit mit der Zivilbevölkerung, obwohl nationalistische Bestrebungen – besonders in Belorußland und der Ukraine – bestärkt wurden. Darüber hinaus stellte der Mangel an deutschen Soldaten ein ernstes Problem dar, so daß sogar gefangene Rotarmisten in die Wehrmacht aufgenommen wurden. Hauptsächlich betraf das Wlassows Russische Befreiungsarmee.

Die Härte der deutschen Politik gegenüber der Zivilbevölkerung im Osten trug teilweise zum Anwachsen des Widerstandes bei: Als Slawen und Juden sich darüber klar wurden, welches Schicksal sie als geächtete „Untermenschen“ letztendlich erwartete, spürten viele von ihnen, daß sie wenig zu verlieren hatten, wenn sie Widerstand leisteten. Während die Deutschen gegenüber geringfügigen Widerstandsaktionen in westlichen Ländern gelegentlich Nachsicht übten (siehe Seite 94), bot sich in den besetzten Ostgebieten kaum Gelegenheit, mit Streiks und Demonstrationen Protest anzumelden. Antifaschistische Demonstrationen und Arbeitskampfmaßnahmen waren dagegen in den besetzten Satellitenstaaten der Achse in Mittel- und Südosteuropa verbreiteter. Schulen und Universitäten wurden unterdrückt, und man unternahm systematische Versuche, die polnische Intelligenz sowie die höheren Berufsstände auszurotten. Dennoch kursierten in Warschau und anderen Großstädten illegale Zeitungen. Darüber hinaus war die polnische Untergrundbewegung in der Lage, die Alliierten mit wichtigen Informationen zu versorgen und geflohenen Kriegsgefangenen Unterstützung zu gewähren.

Der Widerstand im Osten war in der Hauptsache durch den Partisanenkrieg gekennzeichnet. Die weiten Gebiete hinter den deutschen Frontlinien sowie Sümpfe, Wälder und Berge waren wie geschaffen für Guerillaoperationen. Die Partisanenbewegung entstammte größtenteils den Einheiten der Roten Armee in deutsch besetzten Gebieten, die durch den schnellen Vormarsch der deutschen Truppen im Jahr 1941 von ihren Streitkräften abgespalten worden waren (siehe Seite 58). Zwar stellten sie kaum eine ernstzunehmende militärische Bedrohung dar, doch sie boten eine Grundlage für den Aufbau wirkungsvoller Partisanenoperationen. Genau wie Großbritannien versuchte, durch die Unterstützung von Widerstandsbewegungen auf dem europäischen Festland seine konventionellen Streitkräfte zu entlasten, so forderte die Sowjetunion ihre Zivilbevölkerung dazu auf, Guerillataktiken gegen die Invasoren anzuwenden. Schon im Juli 1941 rief das Zentralkomitee der Kommunistischen Partei die Sowjetbürger zum Kampf auf. Im Mai 1942 unternahm das sowjetische Oberkommando Schritte zur Koordination der Guerillahandlungen, indem es einen Zentralen Stab der Partisanenbewegung schuf. Verbindungsoffiziere, Funkausrüstungen, Waffen und Proviant wurden in zunehmendem Maße zur Verfügung gestellt und die Partisanenoperationen vollständig in die Strategie der Roten Armee einbezogen. Zusätzlich zu den weit verbreiteten Anschlägen auf die deutschen Verbindungswege unternahmen die Partisanen spezielle Anstrengungen zur Unterstützung sowjetischer Offensiven, insbesondere im Jahr 1943 bei der Schlacht am Kursker Bogen. In ähnlicher Weise konnten Guerillaeinheiten das Vorankommen konventioneller Streitkräfte erleichtern, indem sie Brücken und andere Schlüsselpositionen sicherten, die sich in deren Vormarschrichtung befanden. Es zeigte sich, daß ein solches Vorgehen wesentlich effektiver war als die Versuche der Partisanen, deutschen Truppen eine offene Schlacht zu liefern oder Gebiete zu befreien bzw. zu verteidigen. Trotz der sich stetig verringernden Vorräte und Truppenstärke der deutschen Streitkräfte waren diese zumeist besser und schwerer bewaffnet als die Partisanen. Volkserhebungen waren demzufolge meist recht kurzlebig, und bewaffneter Widerstand – wie in Warschau und in der Slowakei 1944 – wurde durch resolute Maßnahmen der Deutschen im Keim erstickt.

Die Wirksamkeit von Partisanenoperationen ist umstritten, zumal in der Nachkriegszeit auch übertriebene Behauptungen aufgestellt worden sind, um derartige Aktivitäten positiv darzustellen. Ebenso sollte eingeräumt werden, daß die großen, angeblich von Guerillaeinheiten eroberten Gebiete diesen oftmals durch die Deutschen überlassen worden waren. Damit soll jedoch nicht der wirklich erhebliche Beitrag heruntergespielt werden, den die Partisanen bei der Beseitigung der deutschen Vorherrschaft in Osteuropa geleistet haben. Kommunistische Partisanengruppen zeugten darüber hinaus von der Entschlossenheit der Sowjets, die verlorenen Gebiete zurückzugewinnen und ihren Einfluß auf die anderen besetzten Länder Osteuropas auszudehnen.

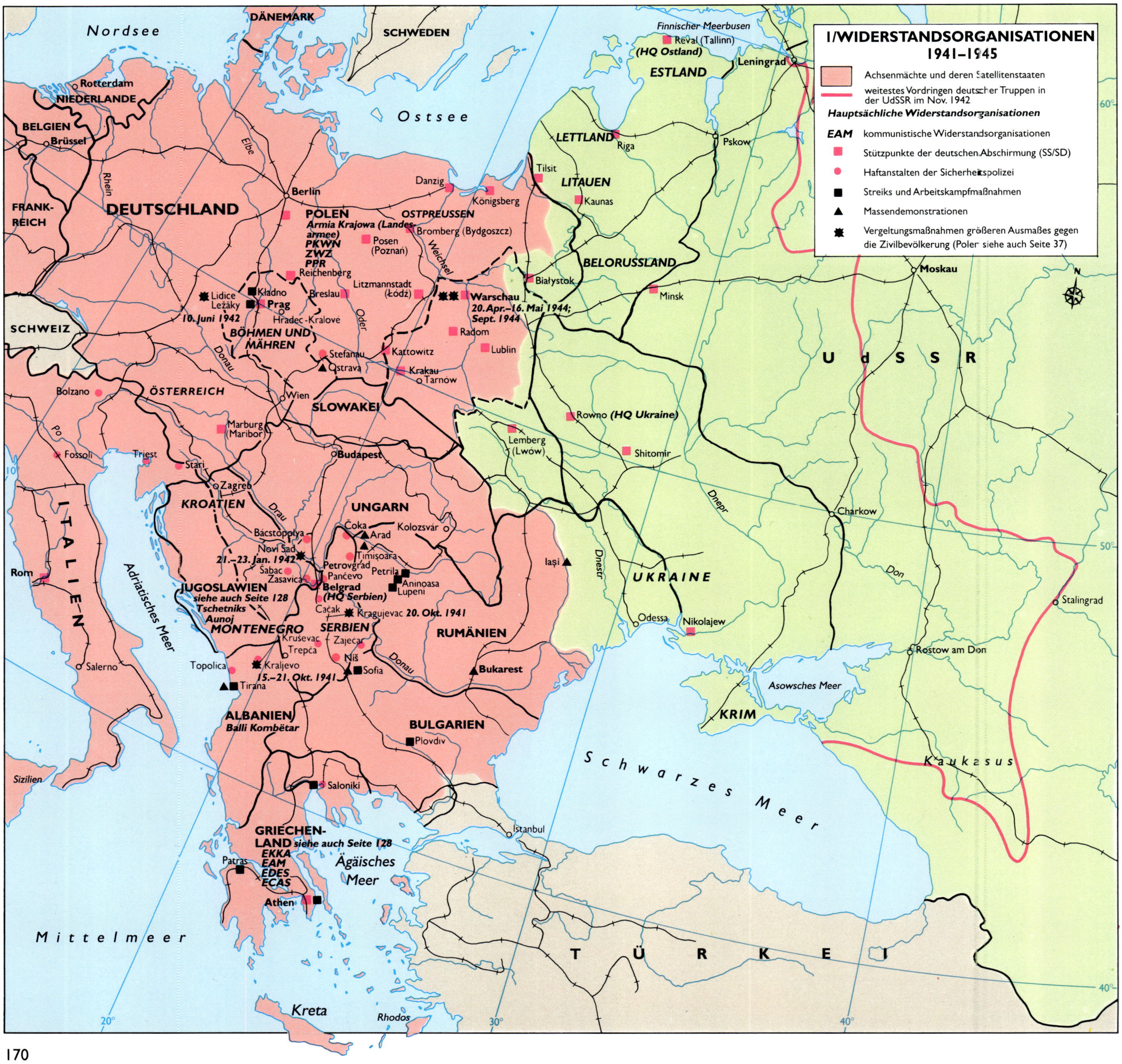

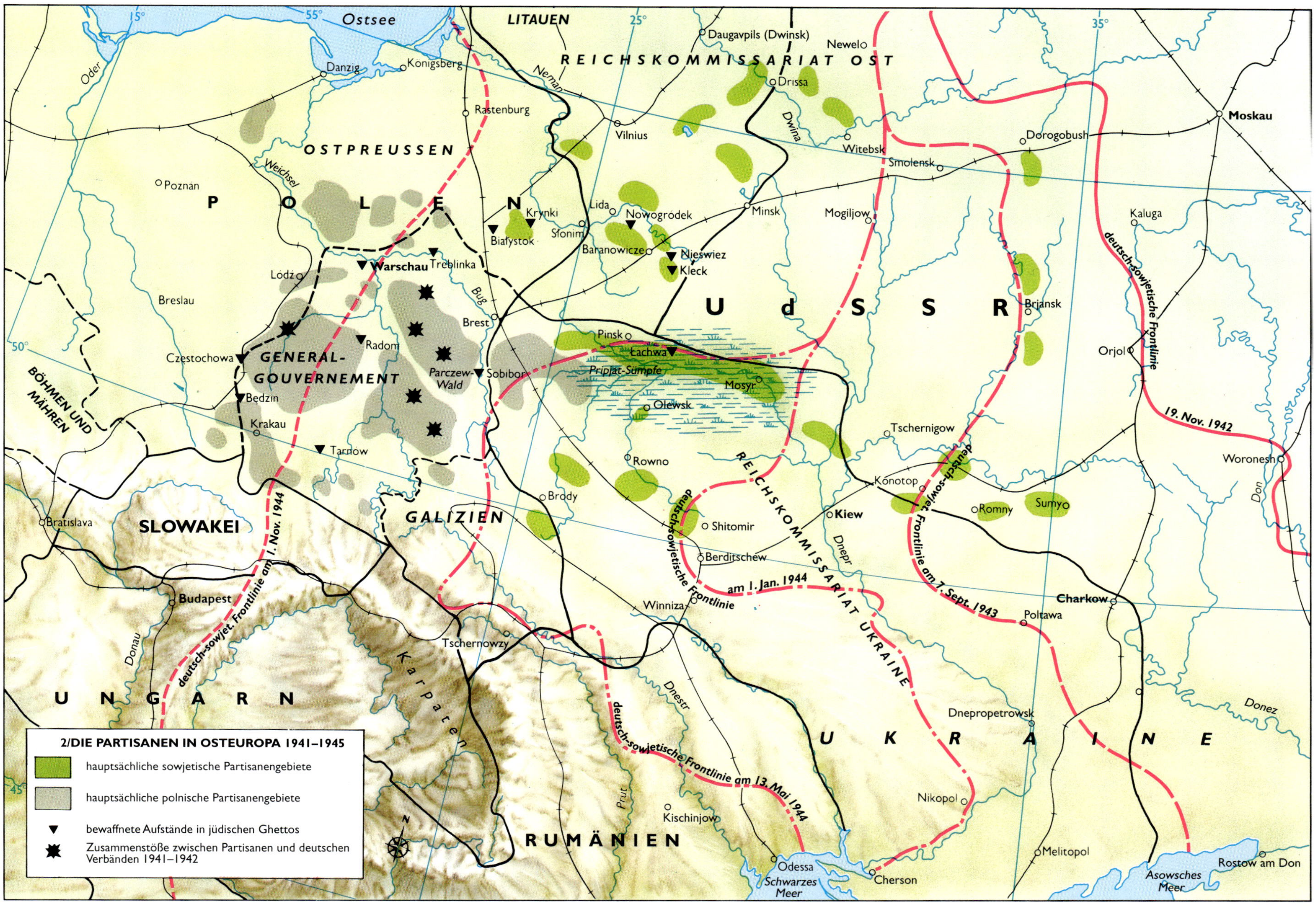

Es war Deutschland nicht möglich, all seine Eroberungen in Osteuropa umfassend zu überwachen (*1*). Die Deutschen griffen immer wieder auf Vergeltungsmaßnahmen gegen die Zivilbevölkerung und auf große Offensiven gegen die Partisanengruppen zurück. Diese taten dem Widerstand jedoch keinen Abbruch und banden große Truppenkontingente. Schätzungen für das sowjetische Territorium allein sprechen von ungefähr einer halben Million Deutschen, die etwa 250000 Partisanen gegenüberstanden. Selbst wenn diese Zahlen übertrieben sein sollten, so war doch der Partisanenkampf bedeutsam, da er weite Teile des deutsch besetzten Territoriums im Grunde genommen zu Sperrgebieten machte. Hier konnten die Sowjets die von den Partisanen ausgeführten Sabotageakte mit Operationen konventioneller Einheiten koordinieren, so geschehen z. B. 1943/44 in Polen (*3*). Im Gegenzug führten die Wehrmacht und die Sicherheitskräfte umfangreiche Säuberungsaktionen gegen Partisanen durch. Die größte von ihnen, die Operation „Cottbus", fand im Juni 1943 in Belorußland statt. Es waren fast 17000 Mann daran beteiligt, dennoch verlief die Aktion erfolglos. Auch die Sowjets unternahmen in die Tiefe gehende Operationen. Im Sommer des Jahres 1943 führte Kowpak seinen ausgedehnten „Karpatenmarsch" in die Nordwestukraine durch, übernahm sich dabei allerdings, so daß seine 3000 Mann starke Einheit schwere Verluste hinnehmen mußte (*4*). Er war aber in der Lage, die Rote Armee um Beistand bei der Reorganisation seines Befehlsbereiches zu ersuchen. Eine solche Kooperation fehlte ein Jahr später, als die polnische Armia Krajowa einen Aufstand in Warschau begann (*5*). Zunächst gelang es den Aufständischen, zwei Drittel der Stadt unter ihre Kontrolle zu bringen. Ihre Führer, die unter dem Befehl von General Bor-Komorowski standen, hatten jedoch die Heftigkeit der deutschen Reaktion unterschätzt. Einheiten der SS begannen eine grausame Vergeltungsaktion, die – als sich die Vorräte an Nahrungsmitteln und Munition erschöpften – die Überlebenden im wahrsten Sinne des Wortes in den Untergrund zwang: Sie zogen sich in das Kanalisationssystem zurück, wo ihre Zahl nach und nach dezimiert wurde. Die Polen hatten sich einerseits auf Nachschublieferungen aus dem Westen verlassen, die unter großen Schwierigkeiten von den Alliierten eingeflogen wurden. Andererseits hatten sie mit der kurz bevorstehenden Befreiung der Stadt durch Einheiten der Polnischen sowie der Roten Armee gerechnet. Letzteres erwies sich jedoch als vergebliche Hoffnung.

Bild unten: Warschau im Jahr 1944. Die öffentliche Massenhinrichtung von als Partisanen bezichtigten Personen war eine verbreitete Sicherheitsmaßnahme in Osteuropa.

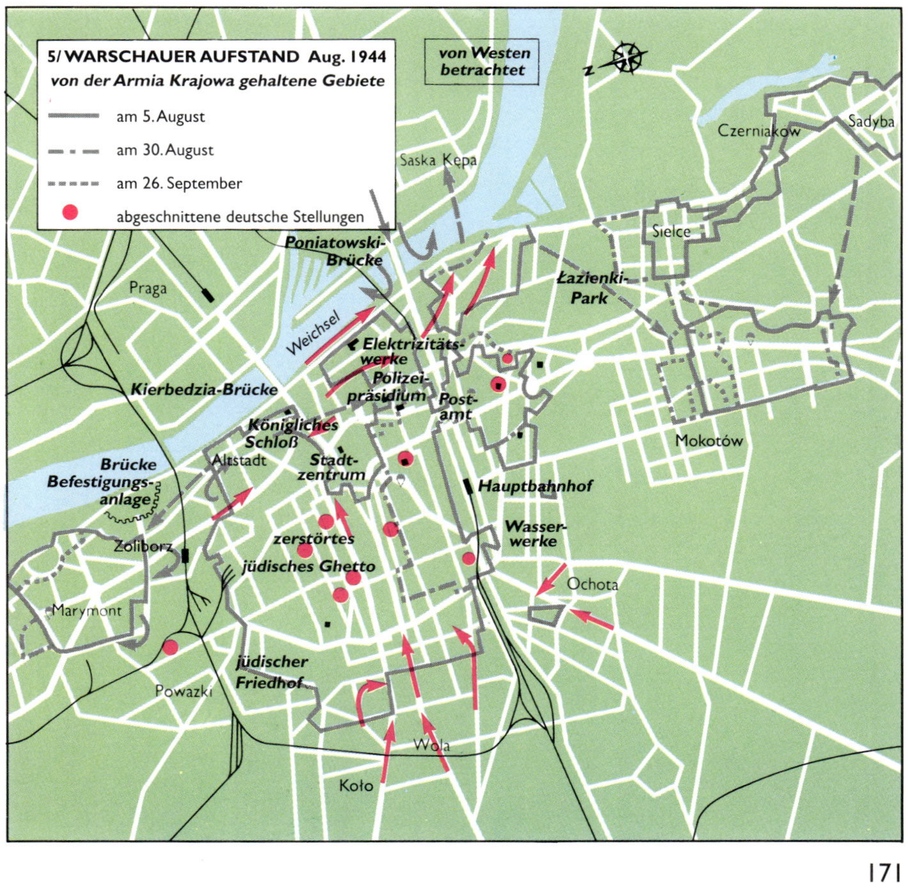

Die Sowjetunion 1940–1945

Deutschland konnte Frankreich im Jahr 1940 mit etwa 3000 Panzern schlagen. 1945 setzte Marschall Shukow 6200 Panzer und Sturmgeschütze allein gegen Berlin ein, und das, obwohl die UdSSR während der ersten sechs Kriegsmonate 63 % ihrer Kohle-, 68 % ihrer Eisen- sowie 58 % ihrer Stahlproduktion eingebüßt hatte. Außerdem verlor sie 40 % der Bevölkerung und ebensoviel Ackerland. Wie konnte ihr dennoch ein solcher Erfolg gelingen?

Die sowjetische Kriegswirtschaft beruhte nicht auf einer eilig durchgeführten Improvisation. Bereits Mitte der 20er Jahre hatte Sowjetrußland die Vorbereitungen für einen totalen Krieg aufgenommen, da man entschlossen war, sich eine Schwäche wie während des Ersten Weltkriegs nicht noch einmal zu leisten. Mit der Einführung der Fünfjahrplanung im Jahr 1928 (siehe Seite 30) begann man mit dem Bau von Fabriken und der Erschließung von Bodenschätzen im asiatischen Teil der Sowjetunion. Das geschah einerseits in der Absicht, den nichtrussischen Völkern Industriebetriebe zur Verfügung zu stellen und den Rohstoffquellen näher zu sein, hauptsächlich aber aus strategischen Erwägungen. Als Hitler im Juni 1941 in die Sowjetunion einmarschierte, befand sich ein Drittel der sowjetischen Kohle-, Eisen- und Stahlproduktion im Ural und östlich davon. Der Anteil Asiens an der Nichteisenmetall- und der Chemieindustrie war sogar noch größer. Dennoch lagen noch immer zwei Drittel der kriegswichtigen Produktion westlich des Urals. Ein großer Teil davon fiel in die Hände der Deutschen oder wurde zerstört. Ohne die Auslagerung der wichtigen Bereiche der Schwerindustrie in den Jahren vor dem Krieg hätte die Sowjetunion diesen schon nach wenigen Monaten verloren.

Der Hauptanteil der asiatischen Produktion kam aus wenigen, dafür aber sehr großen Industriekomplexen. Die Fahrzeugwerke in Gorki, das Eisenbahnwerk von Nishni Tagil, das die Panzer herstellte, die Ural-Maschinenbauwerke in Swerdlowsk, das Traktorenwerk von Tscheljabinsk und das riesige metallurgische Kombinat in Magnitogorsk, welches das größte seiner Art in ganz Europa war – sie alle nahmen ihre Arbeit Anfang der 30er Jahre auf. Abgesehen von der Tatsache, daß die metallurgische Industrie des Urals sich außerhalb der Reichweite feindlicher Bomber befand, konnte sie sich noch eines weiteren Vorteils erfreuen: Zur Stahlherstellung müssen dem Eisen härtende Metalle wie Nickel und Chrom hinzugefügt werden; das Eisenerz des Urals enthält diese Metalle bereits. Sieben der dreizehn Nitratwerke, die 1941 existierten und für die Herstellung von Sprengstoffen unerläßlich sind, befanden sich in Asien. Die Verlagerung der Leichtindustrie und des Maschinenbaus war jedoch nicht im gleichen Maß erfolgt, wie die Umverlegung kriegswichtiger Materialien vonstatten gegangen war. Als Hitler angriff, befand sich kaum mehr als ein Zehntel der Maschinenbauindustrie im bzw. hinter dem Ural. Darum machte nach Kriegsbeginn dieser Industriezweig zusammen mit Bereichen der Sprengmittelproduktion den größten Teil einer umfangreichen Verlagerung der Industrie aus.

Allerdings befanden sich zwei Fünftel des Getreide- sowie vier Fünftel des Zuckerrübenanbaus der UdSSR in den deutsch besetzten Gebieten. Darüber hinaus verlor das Land etwa ein Viertel seiner Viehbestände, Traktoren und Mähdrescher. Die Kollektivierung der Landwirtschaft, die ebenfalls in den dreißiger Jahren begann, versetzte den Staat in die Lage, aus den verbliebenen landwirtschaftlichen Betrieben ein Maximum herauszuholen. In den ersten sechs Kriegsmonaten wurde im ganzen Land die Rationierung von Lebensmitteln eingeführt. Den größten Anteil erhielten Militärangehörige und Industriearbeiter. An zweiter Stelle kamen Büroangestellte und zuletzt die nichtarbeitende Bevölkerung. Die Rationen wurden nicht immer in voller Höhe ausgegeben, und die örtlichen Behörden bestimmten sogar Parkanlagen und Gärten in den Stadtrandgebieten zum Anbau von Nahrungsmitteln.

Ein markantes Wesensmerkmal der sowjetischen Bemühungen während des Krieges bestand in der Mobilmachung und dem Einsatz von Frauen. Auf der Grundlage eines Gesetzes vom Februar 1942 konnten alle tauglichen Männer aus den Städten im Alter von 16 bis 55 Jahren und alle Frauen von 16 bis 45 Jahren zum Kriegsdienst herangezogen werden. Ausgenommen davon waren lediglich Studenten und Mütter von Kindern unter acht Jahren. Im September 1942 wurde die obere Altersgrenze für Frauen sogar auf 50 Jahre angehoben, sie traten in die Streitkräfte ein und wurden als Pilotinnen, Politoffiziere, Militärpolizistinnen oder als Scharfschützen eingesetzt.

Die sowjetischen Streitkräfte halfen bei der Maximierung der Kriegsanstrengungen. So wurde zum Beispiel der größte Teil der Rüstungs- und Munitionsindustrie durch die Hauptartillerieverwaltung unter Jakowlew kontrolliert. Neuerungen wie das Formpressen von Panzertürmen und Geschützrädern erhöhten den Produktionsausstoß erheblich. Als die Rote Armee nach der Schlacht bei Kursk in die Offensive ging (siehe Seite 124), begannen auch erobertes Kriegsgerät und Vorräte eine wichtige Rolle zu spielen.

Ab 1941 unterstützten die westlichen Alliierten die Sowjetunion in ihrer Kriegführung. Churchill räumte im Dezember ein, daß die Sowjetunion der Hauptschauplatz des Landkrieges sei und daß Hilfe für die UdSSR der beste Weg sei, die gewaltigen sowjetischen Anstrengungen in den gemeinsamen Kampf einzubinden. Während des ganzen Krieges waren die Rote Armee und die Luftstreitkräfte jedoch bei den meisten Waffenarten auf die sowjetische Produktion angewiesen. Die von den Briten an die UdSSR gelieferten Panzer, Artilleriegeschütze und Flugzeuge er-

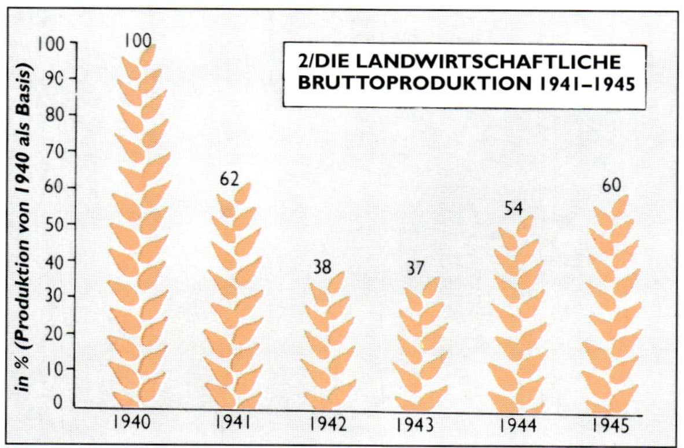

wiesen sich als technisch überholt und minderwertig. Doch wo die sowjetische Produktion Lücken aufwies – hauptsächlich bei Lastkraftwagen und Jeeps –, leisteten die westlichen Alliierten einen erheblichen Beitrag. Gegen Ende des Krieges waren 427 000 der 665 000 motorisierten Fahrzeuge in der Roten Armee westlichen Ursprungs. Für die Mobilität der Sowjets in den späteren Phasen des Krieges war das lebenswichtig. Weitere entscheidende Lieferungen umfaßten 250 000 Telefone, Kupfer, Aluminium, Gummi, Kraftstoff mit hoher Oktanzahl sowie Nahrungsmittel. Die USA schickten fünf Millionen Tonnen Nahrungsmittel, von denen ein Großteil Konzentrate waren. Das reichte aus, um eine zwölf Millionen Mann starke Armee an jedem Kriegstag zu versorgen.

An der sowjetischen Heimatfront jedoch herrschte ein miserabler Lebensstandard. Nahrungsmittel, Kleidung und Seife waren knapp. Die Menschen in der Sowjetunion glaubten daran, daß der Sieg eine schnelle und merkliche Wende zum Besseren bringen würde; sie sollten jedoch enttäuscht werden.

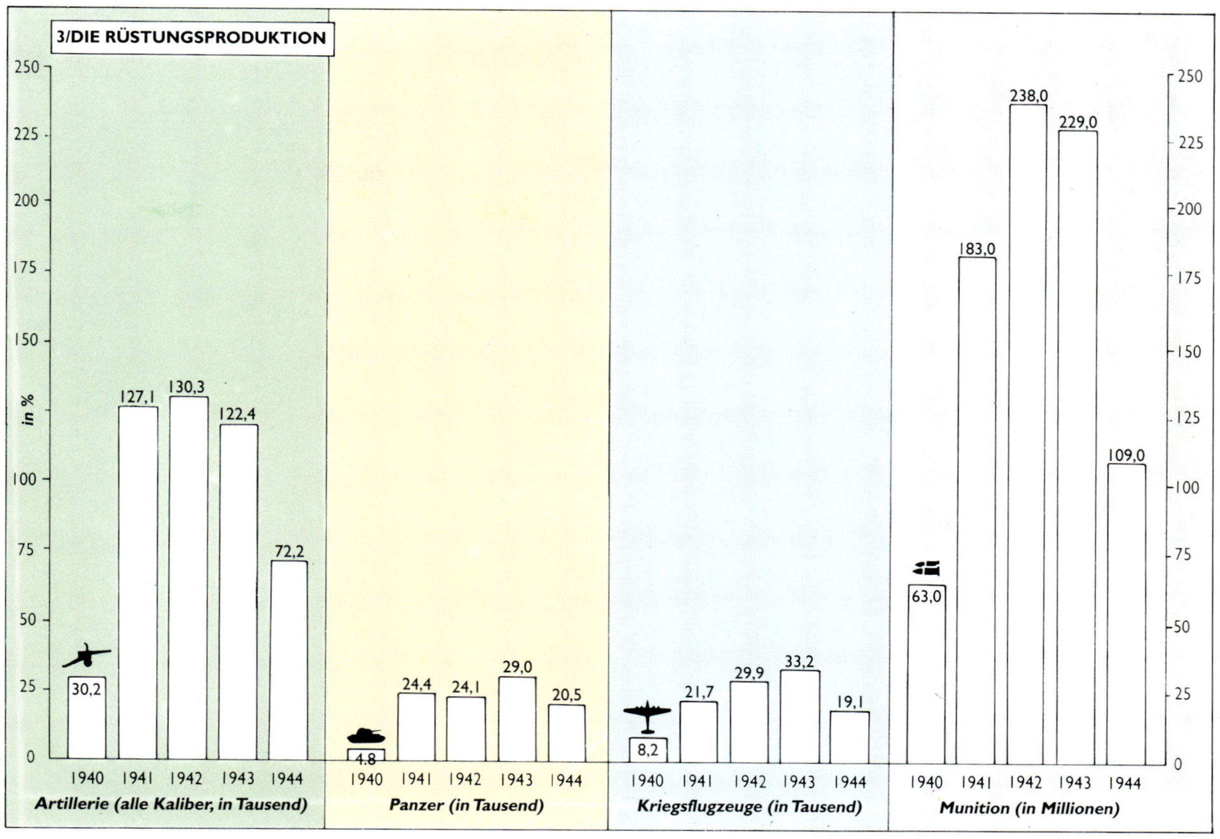

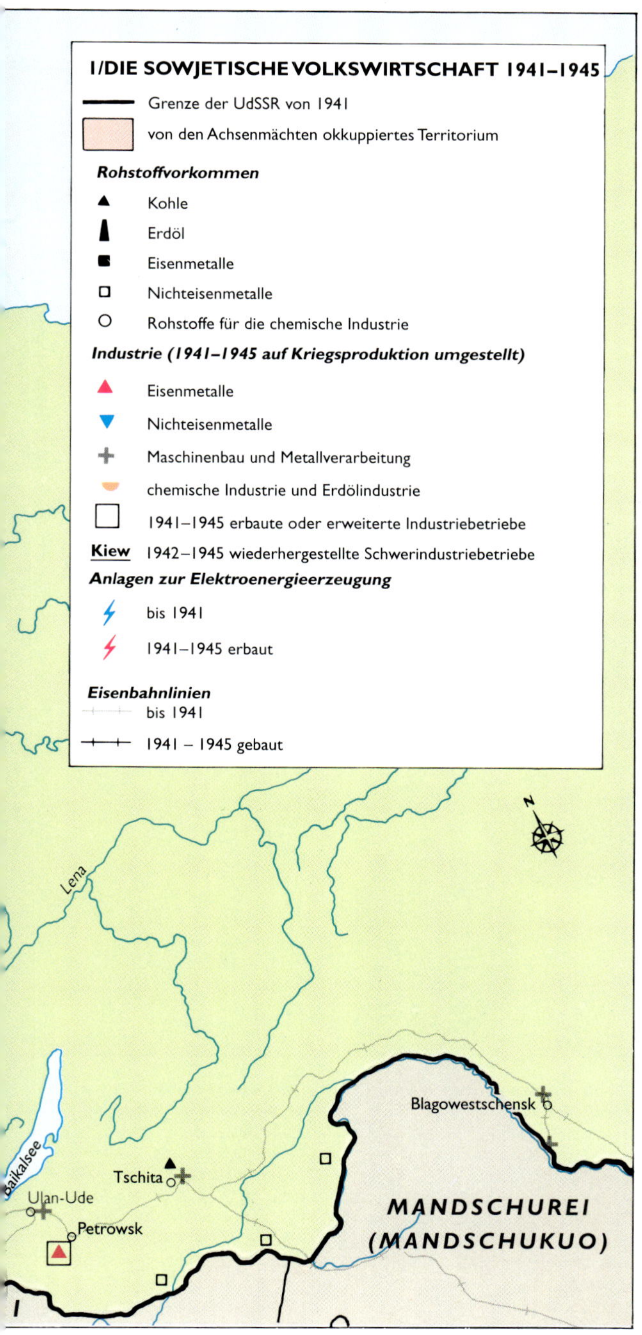

Im Jahr 1941 befand sich ein beträchtlicher Teil der sowjetischen Schwerindustrie im Ural oder in den Gebieten westlich davon: die Eisen- und Nichteisenmetallurgie sowie die chemische und erdölverarbeitende Industrie *(1)*. Auch der Maschinenbau war auf den europäischen Teil Rußlands konzentriert, und zwar auf Gebiete, die rasch von den Deutschen annektiert wurden. Das erforderte eine Verlagerung all dieser kriegswichtigen Industriezweige nach Beginn des Krieges *(5)*. Im Spätherbst befand sich die sowjetische Wirtschaft auf dem Umzug. Dabei waren die großen Industriezentren Asiens, die durch die Fünfjahrpläne geschaffen worden waren, das Hauptziel, wobei die größte Konzentration im Ural erreicht wurde. Zwar hatte man sich bemüht, Mittelasien zu einer landwirtschaftlichen Region zu entwickeln, doch noch 1941 lieferte der europäische Teil der Sowjetunion nahezu die Hälfte aller Nahrungsmittel. Nicht zuletzt deshalb stellte der Verlust der großen Kornkammer Ukraine einen schweren Schlag dar *(2)*. Die sowjetische Rüstungsproduktion war selbst vor dem Krieg enorm. *(3)*. Wenn ein Werk vor Kriegsbeginn neben vielen Traktoren noch einige Panzer hergestellt hatte, so kehrte sich diese Proportion mit Beginn des Krieges um. Die USA lieferten der Sowjetunion insgesamt 14 795 Flugzeuge *(3)*. Doch diese Menge lag kaum höher als die Zahl der innerhalb von vier Kriegsmonaten in der UdSSR produzierten Flugzeuge. Auch die Anzahl der von den westlichen Alliierten gelieferten 12 000 Panzer konnten sowjetische Betriebe im Zeitraum von vier Monaten herstellen. Der Kriegserfolg der Sowjetunion beruhte in einem hohem Maß auf Stalins Führungsstil. Wie Hitler nahm er sich persönlich aller Entscheidungen von Belang an. Diese wurden durch die Befehlsstruktur der *Stawka* und durch das Staatliche Verteidigungskomitee, einem am 30. Juni 1944 gegründeten Kabinett von Politbüromitgliedern, verwirklicht. Der Krieg begann jedoch, als der stalinistische Terror noch im Gange war *(4)*. In den 30er Jahren waren über dreißig Millionen Menschen in der UdSSR im Zuge der Kollektivierung und der Säuberungsmaßnahmen Stalins getötet worden. Die Säuberung der Roten Armee und enorme, besonders gegen neuerworbene Gebiete im Westen gerichtete Unterdrückungsmaßnahmen standen bis zu Stalins Tod im Jahr 1953 auf der Tagesordnung.

Bild links: Ein unterirdischer Rüstungsbetrieb in Sewastopol 1941/42. Die Herstellung und Montage von Munition und Waffen durch Zivilisten erfolgte oftmals innerhalb der Kriegsgebiete.
Bild links außen: Die sowjetische Propaganda berief sich häufig auf historische Ereignisse, um die nationale Einheit zu stärken.

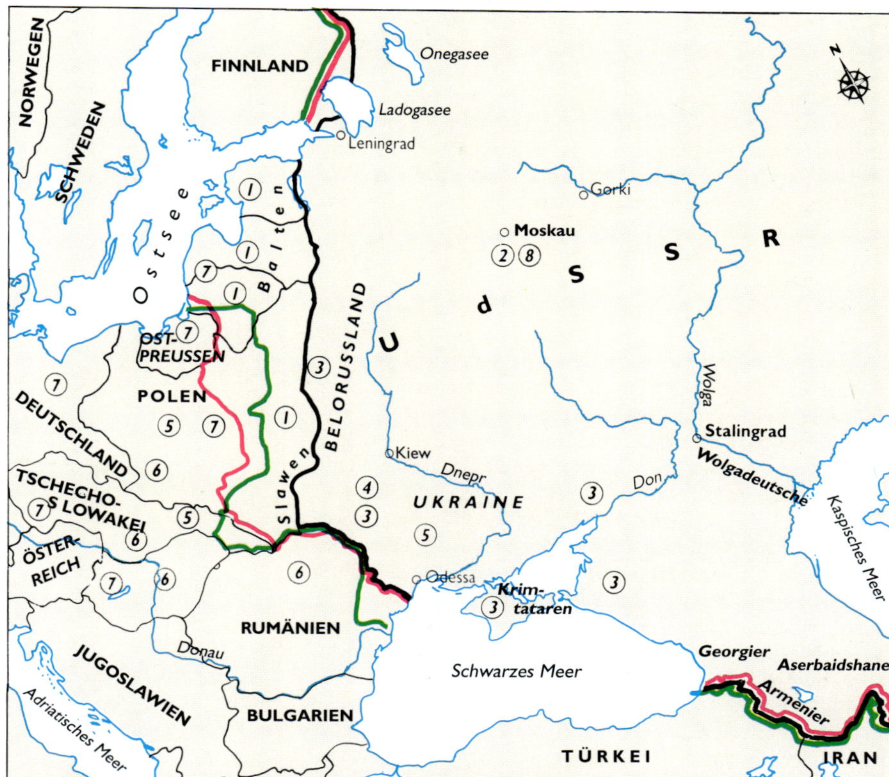

4/VERFOLGUNGEN IN DER SOWJETUNION 1940–1946

Grenzen der UdSSR
- 1939
- Sept. 1939–Juni 1941
- nach 1945

① Massendeportationen von sog. Klassenfeinden aus den 1939–1940 annektierten Gebieten (ca. 3 Millionen Menschen).
② Fortwährende politische Säuberungen; im ganzen Land Repressionen gegen Sowjetbürger, Deportationen sowjet. Bürger hauptsächlich in die sibirischen Lager des Gulag (Hauptverwaltung der Straflager) (1939–1945 ca. 1 Million Menschen jährlich).
③ 1942–1943 Massendeportation von Angehörigen anderer Nationalitäten, die der Konspiration mit den deutschen Invasoren beschuldigt wurden.
④ 1942–1943 Unterdrückungsmaßnahmen gegen Personen, die während der Naziinvasion unter dem Verdacht der Kollaboration standen.
⑤ Eliminierung aller unabhängigen Widerstandsbewegungen der Kriegszeit.
⑥ Unterdrückung jeglicher politischer Opposition während der Befreiung Osteuropas durch die Sowjetarmee (1944–1945).
⑦ Massentötung und Gewalt gegen die deutsche Zivilbevölkerung während der Befreiung Osteuropas durch die Sowjetarmee (1944–1945).
⑧ Massendeportation aller Sowjetbürger, die 1945 aus deutscher Gefangenschaft in die UdSSR zurückkehrten, in sowjet. Straflager; darunter Zwangsarbeiter, Soldaten, die unter deutschem Kommando gedient hatten, von den Westalliierten übergebene Personen und etwa 1 Million aus deutschen Lagern befreite Kriegsgefangene.

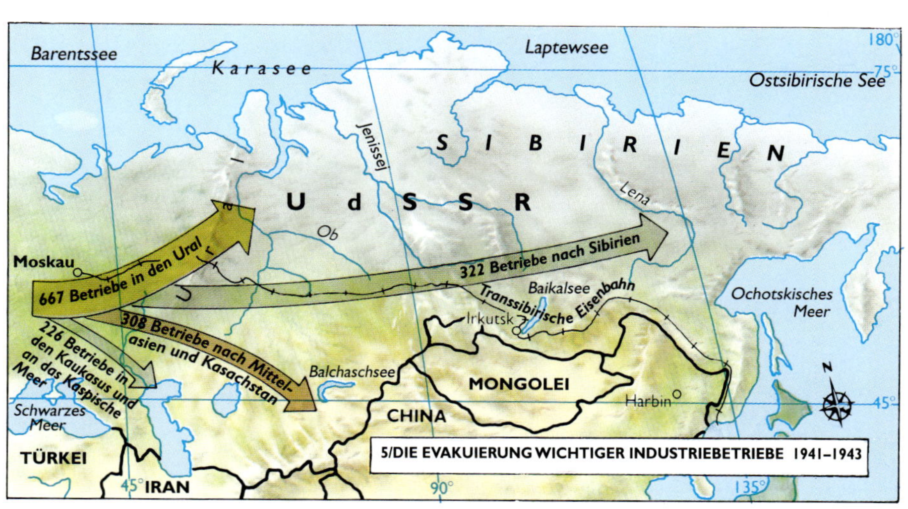

5/DIE EVAKUIERUNG WICHTIGER INDUSTRIEBETRIEBE 1941–1943

Polen Januar–Februar 1945

Die deutsche Gegenoffensive in den Ardennen (Dezember 1944) lenkte Hitler von dem sich im Osten zusammenbrauenden Sturm ab. Sowohl Guderian als auch Gehlen, der Chef des Nachrichtendienstes an der Ostfront, versuchten Hitler zu warnen. Doch Hitler wollte nicht glauben, daß die Sowjets in der Lage seien, eine weitere wuchtige Offensive zu beginnen. Der Gedanke an die Möglichkeiten im Westen und die Illusion, daß die sowjetischen Panzerarmeen nicht über ausreichend Panzer verfügten, faszinierte ihn noch immer. In Wirklichkeit waren Operationen von starken sowjetischen Panzerarmeen eines der markantesten Merkmale dieses Feldzuges. Gehlen sagte den Beginn der sowjetischen Offensive mit erstaunlicher Genauigkeit voraus: Er erwartete diese für Mitte Januar. Am 9. Januar verkündete er, daß sich die Sowjets eine völlige Zerstörung der deutschen Kampfbereitschaft und -fähigkeit zum Ziel gesetzt hätten. Drei Tage danach begann der Angriff. Möglicherweise war er auf Ersuchen der westlichen Alliierten auf den 12. Januar vorverlegt worden, die aufgrund der Ardennenoffensive Hilfe benötigten. Wahrscheinlich wollte man aber auch dem deutschen Versuch zuvorkommen, die Verteidigung zu verstärken.

Die Grundzüge des sowjetischen Planes waren schon im November 1944 skizziert worden. Man beabsichtigte, den kürzesten Weg nach Berlin zu nehmen: direkt durch Warschau hindurch. Die Operation wurde der 1. Belorussischen Front (Shukow) sowie der 1. Ukrainischen Front (Konjew) übertragen, die mit dem linken Flügel der 2. Belorussischen Front (Rokossowski) und dem rechten Flügel der 4. Ukrainischen Front (Petrow) kooperieren sollten. Shukow richtete seine Anstrengungen auf Poznań und Konjew auf Breslau. Die beiden Fronten verfügten allein schon über 2,2 Millionen Mann, 33 500 Geschütze und Granatwerfer, 7 000 Panzer und Sturmgeschütze sowie 5 000 Flugzeuge in insgesamt 22 Armeen. Ihre Mission bestand in der Vernichtung der Heeresgruppe A (Harpe) – am 26. Januar in Heeresgruppe Mitte umbenannt – und in der Eroberung Polens. Harpes Heeresgruppe umfaßte 400 000 Mann mit 1 136 Panzern und Sturmgeschützen sowie 270 Flugzeugen in insgesamt drei Armeen. 30 Divisionen befanden sich in einem Gebiet von der Weichsel nördlich von Warschau bis zu den Karpaten. Reinhardts Heeresgruppe Mitte in Ostpreußen stellte darüber hinaus mit 580 000 Mann, 700 Panzern und Sturmgeschützen sowie 515 Flugzeugen eine Gefahr für die Flanke dar.

Die Operation unterteilte sich in zwei Phasen. Im Verlauf der ersten (bis zum 17. Januar) griffen die sowjetischen Streitkräfte von drei Brückenköpfen aus an: die 1. Belorussische Front von Magnuszew und Puławy und die 1. Ukrainische Front von Sandomierz. Das schlechte Wetter erschwerte die Unterstützung aus der Luft und verlangte der Artillerie große Anstrengungen ab. Am 12. Januar erfolgte der Angriff der 1. Ukrainischen Front (Sandomierz-Schlesien-Frontoperation) nach einem 107 Minuten währenden Artilleriebeschuß. Die 1. Belorussische Front griff zwei Tage später an (Frontoperation Warschau-Poznań). Sie begann mit einer 25-minütige Artillerievorbereitung, in deren Verlauf doppelte Feuergassen in die deutschen Stellungen geschossen wurden, durch welche die Sowjets stürmten. Auf 480 km Frontbreite brachen die sowjetischen Streitkräfte in einer Tiefe von 95 bis 160 km durch. Die erste Phase endete am 17. Januar mit dem Fall von Warschau. Die Sowjets hatten sich 1944 zurückgehalten, als der von der „Armia Krajowa" angeführte und von London unterstützte Aufstand niedergeschlagen wurde. Doch nun kämpfte sich die sowjetisch dominierte 1. Polnische Armee zusammen mit der 1. Belorussischen Front bis in die Stadt durch. Trotz Hitlers Befehl, die Stadt zu halten, waren die deutschen Befehlshaber in Warschau entschlossen, ein zweites Stalingrad nicht zuzulassen. Sie zogen sich eilig zurück, um eine Einkesselung zu vermeiden.

Im Verlauf der zweiten Phase, die bis zum 3. Februar andauerte, nahmen die Sowjets das schlesische Industriegebiet ein. Nach einem Vormarsch von mehr als 480 km innerhalb von zwei Wochen errichtete zwischen dem 26. Januar und dem 3. Februar die 1. Belorussische Front Brückenköpfe über die Oder. Die Sowjets waren nun am letzten großen Flußhindernis angelangt, das etwa 65 km von Berlin entfernt lag.

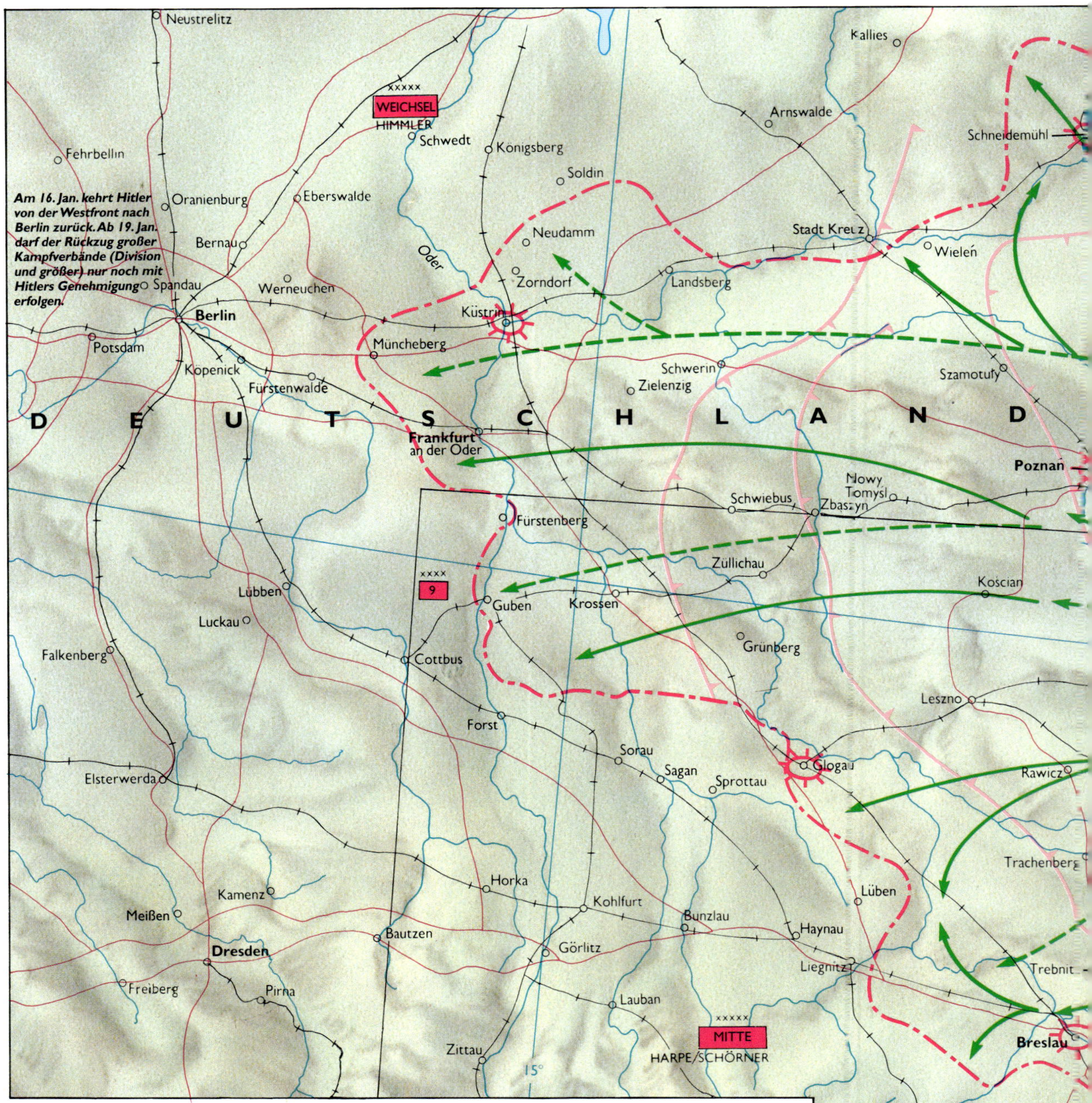

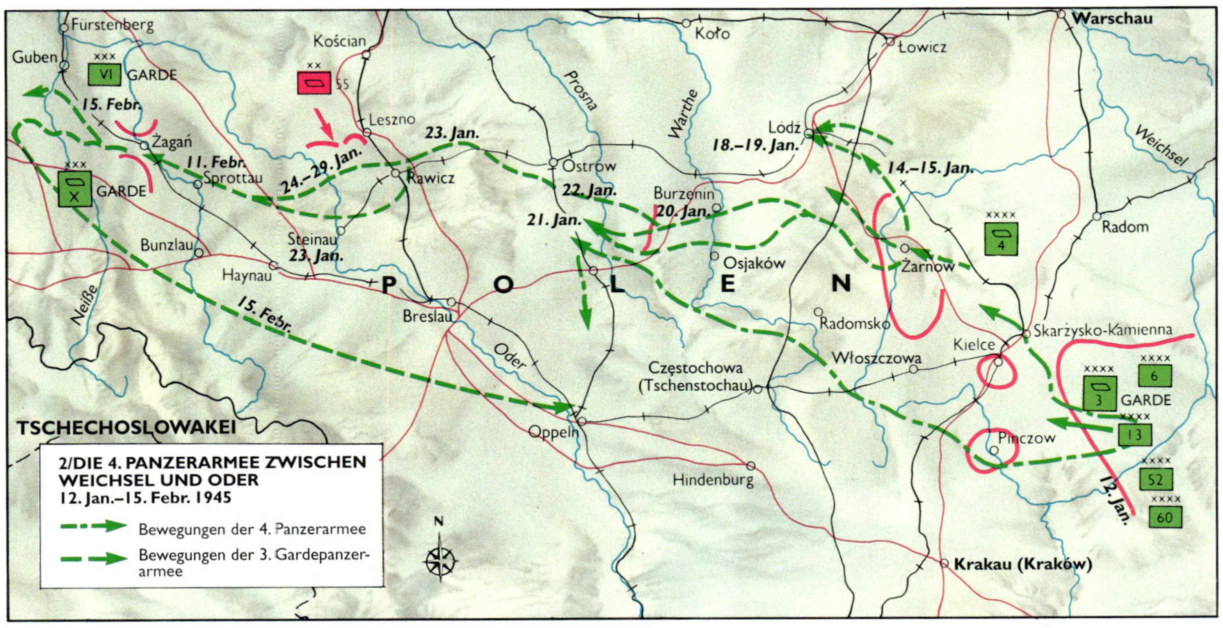

Die Deutschen errichteten zwischen Weichsel und Oder auf einer Gesamttiefe von etwa 480 km Befestigungsanlagen, die aus sieben Verteidigungsgürteln bestanden *(1)*. Darin wurden natürliche Gegebenheiten wie Flüsse sowie „Festungsstädte" einbezogen. Die 1. Ukrainische Front griff am 12. Januar vom Brückenkopf bei Sandomierz an. Zwei Tage später folgte die 1. Belorussische Front. Im Abschnitt der 1. Ukrainischen Front brachen alle vier Panzerarmeen bis zu großer Tiefe durch und nahmen die Verfolgung auf. Schon am ersten Tag wurden 200 deutsche Panzer zerstört, die Hälfte davon schwere „Tiger". Die Sowjets konnten verhindern, daß sich die Deutschen hinter vorbereitete Verteidigungslinien zurückzogen. Am 31. Januar überquerte das 1. mechanisierte Korps die Oder und eroberte einen Brückenkopf im Raum Küstrin, der bei der darauffolgenden Offensive gegen Berlin eine Schlüsselrolle spielen sollte. 40 bis 85 km vor den Hauptstreitkräften eingesetzte Panzerarmeen, sogenannte „gepanzerte Speerspitzen", beschleunigten den sowjetischen Vormarsch und sorgten für die Beibehaltung des Tempos. Besondere Erfolge konnten die 3. Gardepanzerarmee sowie die 4. Panzerarmee verzeichnen. Erstere isolierte im Zuge einer spektakulären Umgehungsoperation einen deutschen Verband in Schlesien und konnte die Region relativ unbeschädigt besetzen. Durch den Vormarsch der 4. Panzerarmee wurden am 19. Januar Kielce und Lódz eingenommen und das Panzerkorps „Großdeutschland" ausmanövriert. Umfangreiche Kavallerieeinheiten drangen außerdem zügig und weit in den Rücken der deutschen Front ein. Für die sowjetischen Streitkräfte ergaben sich jedoch Probleme bei der Versorgung ihrer schneller vorrückenden Einheiten. Sie verbrauchten eine außerordentlich große Menge an Kraftstoff, der ihnen schließlich ausging, als sie sich etwa 640 km weit entfernt von ihren Versorgungsdepots befanden.

Bild oben: Deutsche Panzereinheiten auf dem Rückzug in Mittelpolen im Jahr 1945.

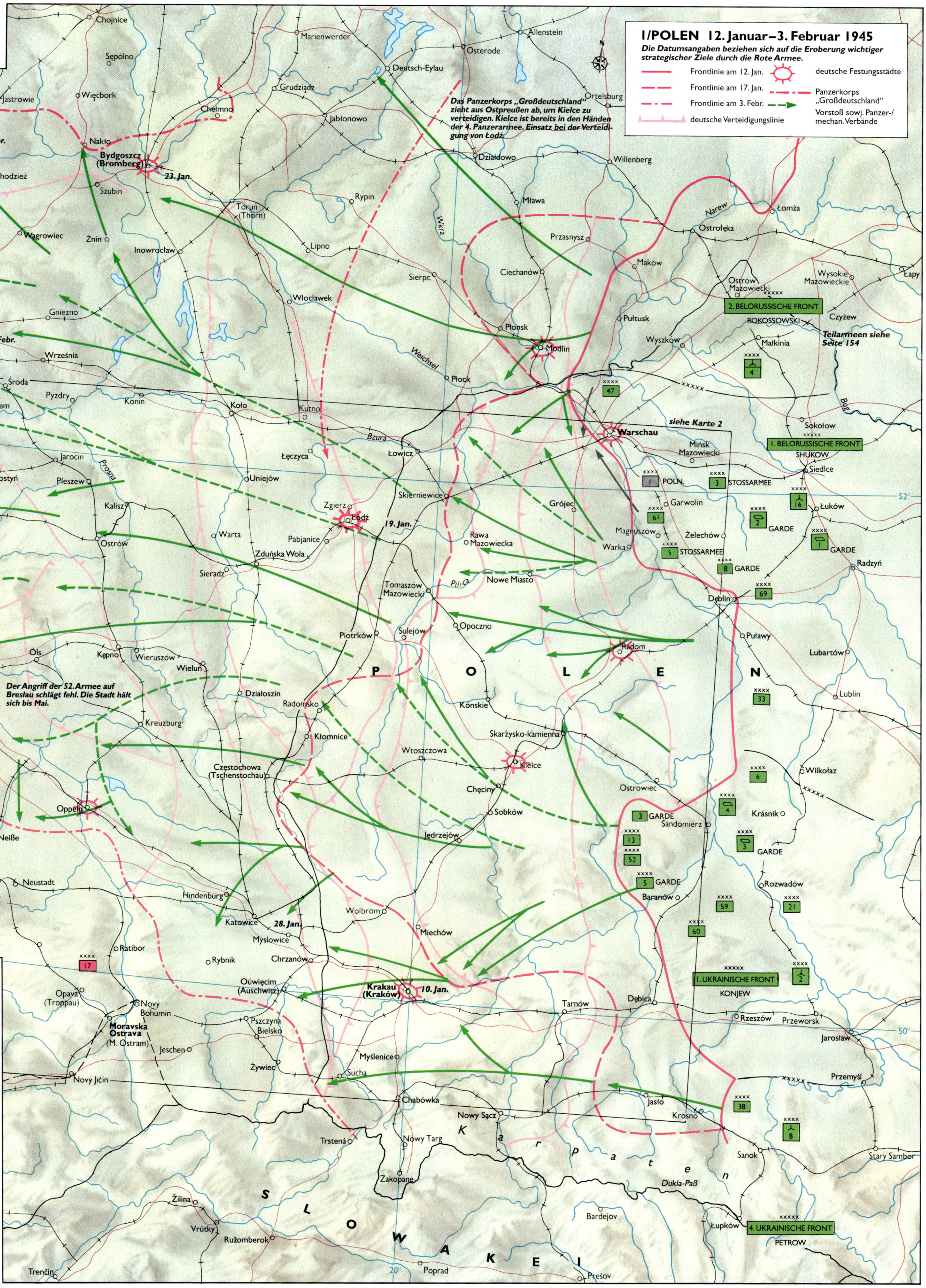

I/POLEN 12. Januar–3. Februar 1945
Die Datumsangaben beziehen sich auf die Eroberung wichtiger strategischer Ziele durch die Rote Armee.
Frontlinie am 12. Jan.
Frontlinie am 17. Jan.
Frontlinie am 3. Febr.
deutsche Verteidigungslinie
deutsche Festungsstädte
Panzerkorps „Großdeutschland"
Vorstoß sowj. Panzer-/mechan. Verbände
Das Panzerkorps „Großdeutschland" zieht aus Ostpreußen ab, um Kielce zu verteidigen. Kielce ist bereits in den Händen der 4. Panzerarmee. Einsatz bei der Verteidigung von Łodz.
Der Angriff der 52. Armee auf Breslau schlägt fehl. Die Stadt hält sich bis Mai.
Teilarmeen siehe Seite 154
siehe Karte 2
2. BELORUSSISCHE FRONT
ROKOSSOWSKI
1. BELORUSSISCHE FRONT
SHUKOW
1. UKRAINISCHE FRONT
KONJEW
4. UKRAINISCHE FRONT
PETROW
POLEN
SLOWAKEI
Karpaten
Dukla-Paß
Bydgoszcz (Bromberg) 23. Jan.
Łodz 19. Jan.
Krakau (Kraków) 10. Jan.
Katowice 28. Jan.
4. Febr.
23. Febr.
Warschau
Modlin
Radom
Kielce
Oppeln
Chojnice
Sepólno
Marienwerder
Allenstein
Osterode
Deutsch-Eylau
Grudziadz
Chełmno
Jabłonowo
Ortelsburg
Jastrowie
Więcbork
Nakło
Chodzież
Szubin
Toruń (Thorn)
Rypin
Działdowo
Willenberg
Mława
Łomża
Ostrołęka
Przasnysz
Wągrowiec
Żnin
Inowrocław
Lipno
Maków
Ciechanów
Ostrow Mazowiecki
Wysokie Mazowieckie
Łapy
Sierpc
Włocławek
Płonsk
Pułtusk
Czyżew
Gniezno
Wyszków
Małkinia
Września
Płock
Środa
Śrem
Pyzdry
Konin
Koło
Kutno
Sokołow
Bzura
Łowicz
Mińsk Mazowiecki
Jarocin
Łęczyca
Siedlce
Gostyń
Pleszew
Uniejów
Zgierz
Skierniewice
Grójec
Garwolin
Łuków
Kalisz
Ostrow
Warta
Pabjanice
Rawa Mazowiecka
Magnuszow
Warka
Żelechów
Radzyń
Sieradz
Zduńska Wola
Nowe Miasto
Pilica
Tomaszów Mazowiecki
Dęblin
Puławy
Piotrków
Sulejów
Opoczno
Lubartów
Öls
Kępno
Wieruszów
Wieluń
Lublin
Działoszin
Radomsko
Końskie
Kreuzburg
Kłomnice
Skarżysko-Kamienna
Włoszczowa
Częstochowa (Tschenstochau)
Wilkołaz
Chęciny
Ostrowiec
Sobków
Kraśnik
Neiße
Sandomierz
Jędrzejów
Neustadt
Rozwadów
Baranów
Hindenburg
Wolbrom
Miechów
Ratibor
Myslowice
Rybnik
Chrzanów
Opava (Troppau)
Oświęcim (Auschwitz)
Tarnów
Dębica
Nový Bohumín
Moravska Ostrava (M. Ostram)
Pszczyna
Bielsko
Rzeszów
Przeworsk
Jarosław
Jeschen
Żywiec
Myślenice
Nový Jičín
Sucha
Przemyśl
Chabówka
Jasło
Krosno
Nowy Sącz
Trstená
Nowy Targ
Sanok
Stary Sambor
Zakopane
Žilina
Vrútky
Ružomberok
Bardejov
Łupków
Trenčín
Poprad
Prešov
Weichsel
Narew
Bug
Wkra
Prosna
POLN.
STOSSARMEE
GARDE

Osteuropa August–September 1944

Während die Heeresgruppe Mitte unter den Hammerschlägen der Operation „Bagration" Mitte Juli 1944 auseinanderbrach (siehe Seite 148), weiteten die sowjetischen Befehlshaber ihre Offensive auf das Gebiet südlich der Pripjat-Sümpfe aus, wo die Heeresgruppe Nordukraine (Harpe) die deutsche Front an der gewaltigen natürlichen Barriere der Karpaten hielt. Hier, in der Westukraine und in Südostpolen, hatten die Deutschen den Schlag erwartet, der jedoch in Belorußland erfolgte. Sie mußten nun sechs Divisionen zur Heeresgruppe Mitte verlegen und ließen die 34 Infanterie- und 5 Panzerdivisionen zurück mit dem Befehl, Lwów, das Industriegebiet im Raum Drohobycz–Borislaw, die Zugangswege nach Südpolen, der Tschechoslowakei und Schlesien mit ihren wertvollen Industriestandorten zu sichern.

Stalin hatte vorgeschlagen, einen Vorstoß in Richtung Lwów zu unternehmen. Konjew jedoch forderte noch einen weiteren, der auf Rawa Ruska abzielen sollte. Unter der Bedingung, daß Konjew die volle Verantwortung übernehmen müsse, stimmte Stalin schließlich zu. Die Operation im Raum Lwów–Sandomierz (13. Juli–29. August) wurde zum Gegenstand der *Stawka*-Verordnung vom 24. Juni. Konjews 1. Ukrainische Front, die bereits die stärkste innerhalb der Roten Armee war, wurde erheblich aufgestockt. Das Ziel der Operation bestand darin, die deutschen Streitkräfte in der Gegend von Brody und Lwów einzukesseln und zu vernichten, anschließend die Heeresgruppe Nordukraine aufzuspalten und einen Teil davon westwärts zu treiben, während der andere in die Karpaten abgedrängt werden sollte. Schließlich sah der Plan ein Vorrücken bis zur Weichsel vor.

Zu Beginn der ersten Phase der Operation am 13. Juli zogen die deutsche 4. und 1. Panzerarmee Einheiten aus vorgezogenen Stellungen ab, um die Auswirkungen des gegnerischen vorbereitenden Trommelfeuers abzuschwächen. Die Sowjets, die das bemerkten, nahmen Abstand von einem Beschuß und griffen sofort an. An den ersten beiden Tagen spielten sich heftige Kämpfe nordwestlich von Brody ab. Am Abend des 15. Juli erhielt die kavallerie-mechan. Gruppe (KMG) unter Baranow den Befehl, den deutschen Streitkräften in dieser Region den Fluchtweg abzuschneiden. Die Deutschen waren auf den Angriff bei Lwów vorbereitet. Doch dieser kam schlecht voran, da Nebel und Regen den Artilleriebeschuß behinderten. So drangen die sowjetischen Truppen nur auf einer geringen Tiefe vor, als sie am 14. Juli angriffen, und die Deutschen setzten umgehend ihre taktischen Reserven ein. Als die deutschen Gegenangriffe sich erschöpft hatten, kam Rybalkos 3. Gardepanzerarmee am 16. Juli zum Einsatz. Es gelang den Sowjets, südwestlich von Brody acht Divisionen einzukreisen, indem sie die beiden KMG zu beiden Seiten der eingekreisten Streitkräfte vorbeiführten. Von den drei Panzerarmeen wurden zwei im Süden und eine im Norden eingesetzt. Die Sowjets rückten weiter vor, nahmen Rawa Ruska, Przemyśl, Lwów und Stanisławów ein und erreichten den San.

Mit dem Fall von Lwów am 27. Juli war die erste Phase der Operation zu Ende. Die sowjetischen Ziele waren genau der Planung entsprechend erreicht worden. Nur wurde die Stoßrichtung aus der Region Lwów–Przemyśl nach Sandomierz im Norden verschoben. Die entscheidenden Übergänge über die Weichsel lagen dort näher. Bereits am 30. Juli hatten Einheiten der 3. Gardepanzerarmee und der KMG Sokolows die Weichsel überquert. Ihre Brückenköpfe waren jedoch zu klein und zu unsicher, um ausgeweitet zu werden. Es entspann sich eine erbitterte Schlacht, bei der sowjetische Einheiten parallel zu den zurückweichenden deutschen Verbänden über den Fluß setzten. Die 1. Ukrainische Front war plötzlich – ebenso wie die Heeresgruppe Nordukraine –, gespalten. Ende Juli empfahl Konjew, die Einheiten links der Vormarschrichtung (Karpaten) unter gesonderten Befehl zu stellen. Am 8. August übernahm Petrows 4. Ukrainische Front die Kontrolle über die 1. Gardepanzerarmee und die 18. Armee und brachte sie bei Operationen am Fuß der Karpaten zum Einsatz.

Inzwischen hatte am 2. August die *Stawka* den Befehl zum Angriff auf Rumänien erlassen. Nach der Aufspaltung und Zerschlagung der Heeresgruppe Nordukraine stand das gleiche Schicksal nun der Heeresgruppe Südukraine unter Frießner bevor. Diese verfügte über eine Truppenstärke von 600 000 Deutschen und Rumänen, wobei letztere bereit waren, den Deutschen in den Rücken zu fallen. Ein Großteil der Panzer der Heeresgruppe Südukraine war nach Norden umgesetzt worden, um anderen heftigen Angriffen der Sowjets entgegenzutreten. Darauf aufbauend, entwickelte die *Stawka* den Plan für eine strategische Offensive im Raum Iaşi–Kischinjow, deren Ziel darin bestand, die Heeresgruppe Südukraine zu zerschlagen und durch die Einnahme Moldawiens die deutsch-rumänische Allianz zu spalten.

Am 20. August holte die 2. Ukrainische Front nordwestlich von Iaşi zum Hauptschlag aus. Währenddessen griff die 3. Ukrainische Front vom Brückenkopf bei Kızman (Cozmeni) in Richtung Huşi an. Der 23. August wurde zum entscheidenden Tag dieses Feldzuges: Südwestlich der Stadt wurden 18 deutsche Divisionen eingekesselt und die rumänische 3. Armee in ähnlicher Weise eingekreist. Sowjetische Panzer erreichten bei Leowo den Prut, während die 6. Panzerarmee weiter in Richtung Focşani jagte und die gesamte deutsche Heeresgruppe bedrohte. Am gleichen Tag brach Deutschlands Position in Südosteuropa infolge der Ereignisse in Bukarest zusammen. König Michael von Rumänien befahl den rumänischen Truppen, das Feuer auf die Sowjets einzustellen, ließ Marschall Antonescu festnehmen, der sich erst am 5. August mit Hitler getroffen hatte, und verkündete den Alliierten die bedingungslose Kapitulation. Die Deutschen wurden vom rumänischen Frontenwechsel völlig überrascht, und der deutsche Botschafter in Bukarest beging Selbstmord. Die *Stawka* lehnte den Vorschlag ab, den Vormarsch der sowjetischen Truppen zu beenden und die Abrechnung mit den verbleibenden deutschen Streitkräften den Rumänen zu überlassen. Am 31. August zogen die sowjetischen Streitkräfte in Bukarest ein.

Nachdem Rumänien von der Achse abgefallen war, erreichten die Ereignisse in Bulgarien ihren Höhepunkt. Am 26. August erklärte die bulgarische Regierung angesichts der sich nähernden sowjetischen Streitkräfte das Land für neutral. Doch das genügte den Sowjets nicht. Am 5. September erklärten sie Bulgarien den Krieg, und am 8. September überschritt die 3. Ukrainische Front Tolbuchins die bulgarische Grenze. Es fand kein Schußwechsel statt. Am folgenden Tag übernahm die Vaterländische Front aus Bauern und Kommunisten in Bulgarien die Macht, und die sowjetischen Einheiten erhielten den Befehl, die militärische Operation zu beenden. Der Sieg war ohne Blutvergießen errungen worden.

Am 29. August begann südlich der Karpaten der Aufstand in der Slowakei. Am 8. September starteten die 1. und 4. Ukrainische Front ihre Offensive in den Ostkarpaten, um die Streitkräfte der Achse zu zerbrechen und die Kontrolle über die Karpatenpässe zu erlangen, wodurch sie eine Verbindung zu den slowakischen Partisanen erhielten (siehe Seite 186). Bis zum 28. Oktober waren die deutschen Streitkräfte aus der östlichen Tschechoslowakei und den Gebieten nördlich der Theiß vertrieben. Da Rumänien und Bulgarien sich in den Händen der Sowjets befanden, konnte die riesige Ostfront von der rechten Flanke her aufgerollt werden. Diese lag nun – in Bezug auf die Verteidigung des Reiches –, in Ungarn und der westlichen Tschechoslowakei.

1/SÜDOSTEUROPA Juni–Dezember 1944

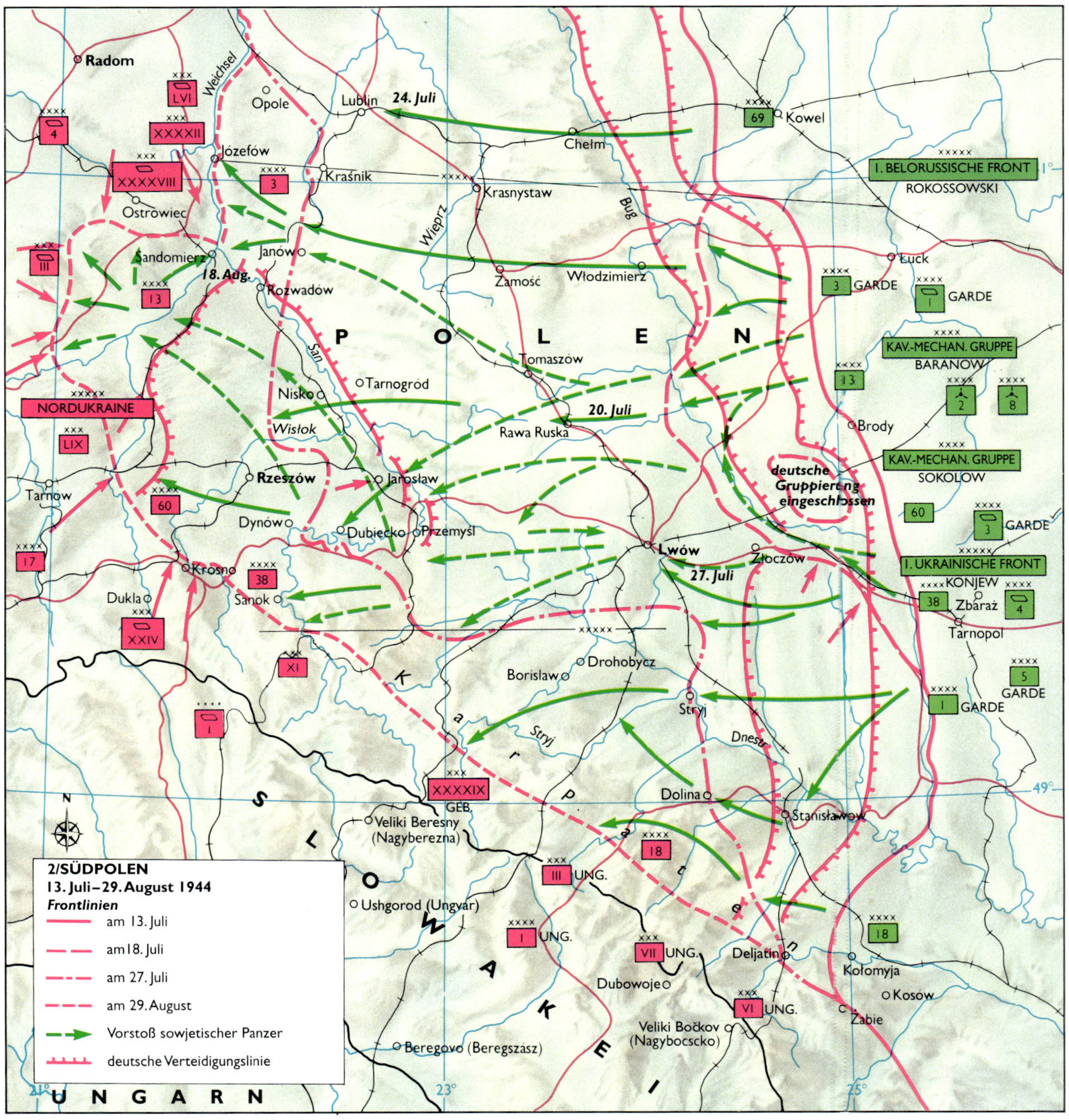

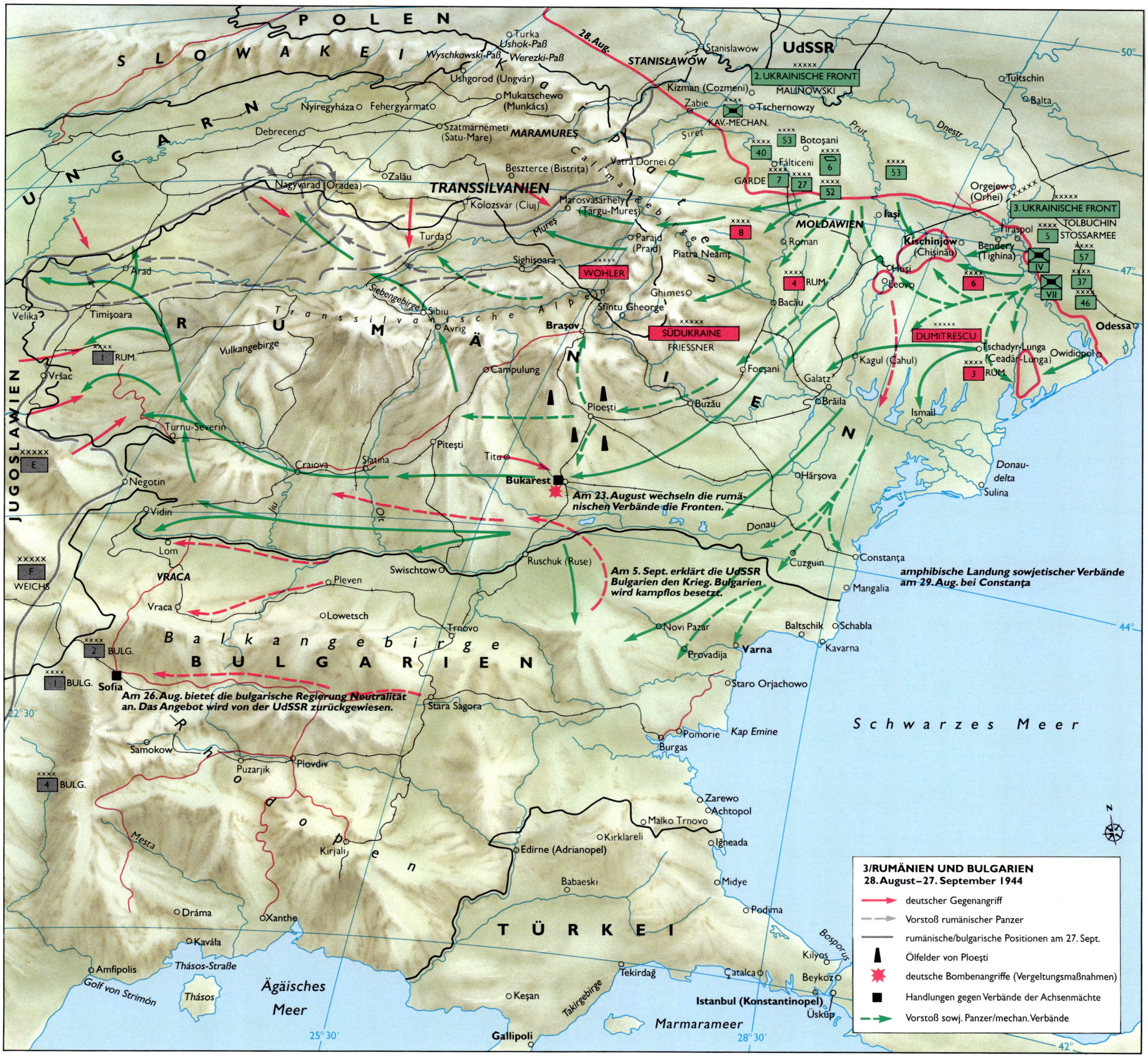

Im Zeitraum Juni bis Dezember 1944 verschob sich die Front, die südlich der Pripjat-Sümpfe sowie westlich und südlich des großen Frontbogens in der Ukraine verlief, fast über die Hälfte des polnischen Territoriums hinweg. Sie verlagerte sich außerdem über die Ostkarpaten und Ungarn in die Tschechoslowakei und nach Jugoslawien (*1*, siehe auch Seite 128). Lwów in Südpolen diente den deutschen Streitkräften, die die Zugänge zum Reich verteidigten, und jenen in Rumänien als wichtiger Verbindungspunkt. Das vorteilhafte Gelände mit den durch zahlreiche Nebenflüsse des Dnestr gebildeten Hindernissen wurde zur Errichtung von drei Verteidigungsstreifen genutzt, deren Breite 40 bis 50 km betrug. Die Städte Włodzimierz, Brody, Złoczów, Rawa Ruska und Stanisławów dienten als „Igel"-Stellungen. Die Hauptstreitmacht der Deutschen hielt die Achse, die Lwów deckte, wobei die Infanterie die beiden ersten Verteidigungslinien behauptete und die sowjetischen Panzerkräfte etwa 16 km dahinter aufhielt. Eine der beiden Stoßrichtungen der Operation im Raum Lwów–Sandomierz (13. Juli–29. August) verlief in Richtung Lwów, die andere nach Rawa Ruska. Die erste Phase ging am 27. Juli zu Ende, die zweite am 29. August. In ihrem Ergebnis gelangten die Sowjets bis zu den Karpaten ***(2)***. Die Offensive im Gebiet zwischen Iași und Kischinjow (20.–29. August) führte die sowjetischen Streitkräfte bis nach Bukarest in Südrumänien. Rumänien fiel nach einem Volksaufstand am 23. August von der Achse ab ***(3)***. Die Rumänen versuchten die Sowjets zum Stoppen ihres Vormarsches zu veranlassen, doch Malinowski erhielt als Kommandeur der 2. Ukrainischen Front den Befehl, ab 31. August weiter nach Bukarest vorzurücken. Am 29. August stieß er auf Reste von sieben Divisionen der Achse. Jeglicher weiterer Widerstand hatte sich aufgelöst. Nun marschierten die Sowjets in Richtung Bulgarien und überschritten am 8. September die Grenze. Innerhalb von zwölf Stunden drangen sie ohne Gegenwehr 65 km weit vor. Am 28. September erreichte das LXXV. Korps von Tolbuchins 3. Ukrainischer Front die jugoslawische Grenze. Die Kanonenboote von Gorschkows Donauflottille näherten sich unterdessen Negotin, dem ersten sowjetischen Ziel in Jugoslawien, welches am 30. September fiel ***(3)***. Inzwischen hatte am 8. September auch die Offensive in den Ostkarpaten begonnen, in der unter anderem der Jablunkov-, Wyschkowski-, Werezki-, Ushok-, Russki-, Lupkowski und Dukla-Paß umkämpft wurden. Mit der Offensive bei Dukla wurde die Einnahme der Tschechoslowakei durch sowjetische Streitkräfte eingeleitet ***(4)***. Ausgeführt wurde sie durch die 38. Armee, der auch das 1. Tschechoslowak. Armeekorps unterstand. Die Einnahme des Dukla-Passes sollte den Kontakt mit slowakischen Partisanen herstellen, was die Wahl des tschechoslowakischen Armeekorps erklärt. Die Stadt Dukla wurde am 20. September eingenommen. Der sowjetischen Vorgehensweise zur Einnahme von Gebirgspässen folgend, wurden auf der Südseite der Karpaten Luftlandebrigaden abgesetzt. Am 1. Oktober erreichten Teile der 38. Armee die Grenze nordwestlich des Dukla-Passes, und am 6. Oktober nahmen Einheiten des 1. Tschechoslowak. Armeekorps gemeinsam mit dem sowjetischen LXVII. und XXXI. Panzerkorps den Paß ein. Am 28. Oktober waren die sowjetisch-tschechische Verbände bereits 15 bis 25 km westlich und südwestlich des Passes ins Landesinnere eingedrungen ***(4)***.

Bilder oben links: Ein tschechisches Plakat als Teil einer konzertierten Kampagne, die die Verbündeten der Deutschen in Osteuropa zum Umschwenken bewegen sollte. Daneben: Don-Kosaken werden von rumänischen Dorfbewohnern begrüßt.

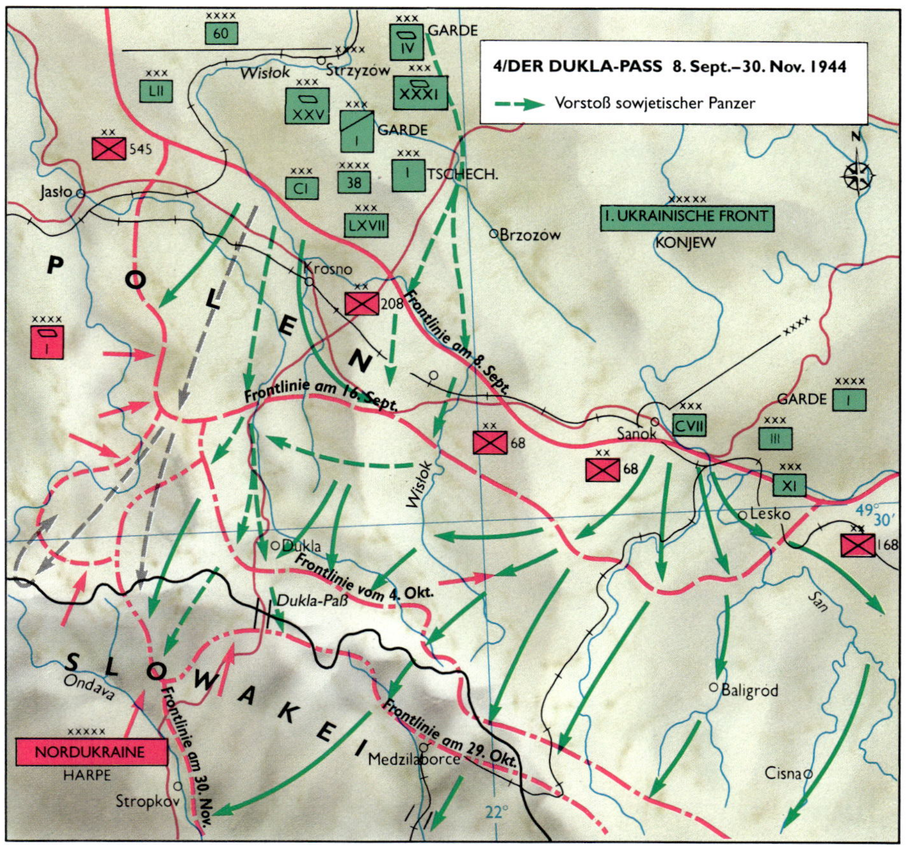

Ungarn September 1944–März 1945

Am 24. September 1944 hatten die Sowjets Rumänien bereits überrannt und waren im östlichen Teil Ungarns bis nach Tîrgu Mureş vorgedrungen (siehe Seite 176). Ungarn war im März von den Deutschen okkupiert worden. Nun begann die 2. Ukrainische Front unter Malinowski mit der Operation „Debrecen“ (6.–28. Oktober), deren Ziel in der Zerstörung von Frießners Heeresgruppe Süd und von drei Divisionen der Heeresgruppe F in Ungarn und im Norden Transsilvaniens bestand. Dies sollte der 4. Ukrainischen Front (Petrow) die Überquerung der Karpaten ermöglichen. Bestandteil der 2. Ukrainischen Front waren die rumänische 1. und 4. Armee und zwei KMG unter Plijew bzw. Gorschkow. Die Offensive begann am 6. Oktober, und nach drei Tagen war die KMG Plijews bereits 95 km in das Hinterland des Feindes eingedrungen. Am 20. Oktober erreichte sie gemeinsam mit Einheiten der KMG Gorschkows die Theiß und schnitt damit der ungarischen 1. und 2. Armee und der deutschen 8. Armee den Rückzug ab. Am 28. Oktober standen die Sowjets und ihre Verbündeten 80 km vor Budapest.

Stalin forderte die sofortige Einnahme Budapests, während Malinowski um fünf Tage Zeit bat. Er erhielt jedoch den Befehl zum Angriff für den folgenden Tag und begann sofort, gemeinsam mit Verbänden aus Tolbuchins 3. Ukrainischer Front, die Budapester Operation (29. Oktober–13. Februar). Frießners Heeresgruppe Süd und Verbände der Heeresgruppe F sowie der im Norden stehenden Heeresgruppe A (am 26. Januar 1945 in Heeresgruppe Mitte umbenannt) hatten sich nordwestwärts zurückfallen lassen. Am 10. Dezember schnitten die Sowjets und Rumänen den sich von Budapest in nördlicher Richtung zurückziehenden Achsentruppen den Weg ab. Die Hauptstadt wurde am 26. Dezember vollständig eingekreist. Budapest fiel am 13. Februar, obwohl die Deutschen noch drei starke Gegenangriffe unternommen hatten. Durch die Ablehnung von Malinowskis Bitte um fünf Tage Aufschub verlor Stalin damals möglicherweise dreieinhalb Monate. Die beiden Teile Buda und Pest wurden stark verwüstet, was für Stalin ein heikles Thema werden sollte. Infolge der sowjetischen Anstrengungen in Ungarn waren umfangreiche deutsche Einheiten aus dem Norden abgezogen worden (Heeresgruppe A). Dadurch war das Reichsgebiet schlechter geschützt und konnte nun über Polen erreicht werden (siehe Seite 174). Mit dem Fall Budapests endete der Krieg für die 188 000 Mann starke deutsch-ungarische Streitmacht. Inzwischen erzielte eine provisorische Regierung in Ungarn mit den Sowjets eine Übereinkunft zur Einstellung der Feindseligkeiten.

Am 5. März hatten sowjetische und osteuropäische Streitkräfte eine Linie auf gleicher Höhe mit dem Südwestufer des Balaton erreicht. Hitler befahl einen Gegenangriff mit dem Codenamen „Frühlingserwachen“ nördlich und südlich des Sees. Im Norden erhielt die 6. SS-Panzerarmee den Auftrag, nordwärts in Richtung Budapest loszuschlagen und die Verteidigungslinie entlang der Donau wiederherzustellen. Mit dem gleichen Ziel sollte die 2. Panzerarmee im Süden ostwärts vorrücken. Der Angriff blieb jedoch aufgrund der schlammigen Bodenverhältnisse stecken und geriet auf einer Tiefe von 25 bis 50 km in die eilig errichteten sowjetischen Verteidigungsstellungen hinein. Letztere setzten nun ihre Fliegerabwehrgeschütze gegen die deutschen Panzer und die Infanterie ein.

Die Schlacht mit Tolbuchins 3. Ukrainischer Front tobte zehn Tage lang. Auf beiden Seiten wurden insgesamt 800 000 Mann, 12 500 Geschütze und Granatwerfer, 1 300 Panzer und Sturmgeschütze sowie 1 800 Flugzeuge eingesetzt. Am 15. März kam die Operation „Frühlingserwachen“ zum Stillstand, und die Sowjets nahmen ihren Vormarsch gegen die Heeresgruppe Süd wieder auf. Am 4. April säuberten sie den Bereich südwestlich des Balaton und standen nun acht Kilometer vor Wien.

Im September 1944 hatten die Sowjets während der Operation in Belorußland einen Frontbogen geschaffen, der durch deutsche Streitkräfte in Polen und Rumänien von Norden und Süden her bedroht wurde **(1)**. Als die Einheiten der 1. Ukrainischen Front am 8. April die Ostgrenze der Tschechoslowakei erreichten, desertierten die Slowaken und schlossen sich der Roten Armee an. Unter dem aktiven Einfluß der Londoner Emigrantenregierung waren detaillierte militärische Pläne für einen Aufstand in der Slowakei ausgearbeitet worden. Auch Moskau verhielt sich nicht untätig: Durch die Schaffung einer unter sowjetischer Kontrolle stehenden Partisanenbewegung in der Slowakei verhinderten die Sowjets, daß eine bürgerliche, von London beeinflußte Regierung die Macht übernahm. Vom 25. August an verstärkte sich der Guerillakampf, und am 27. August wurde ein deutscher General gefangengenommen und erschossen. Hitler erließ sofort den Befehl an die 357. Infanteriedivision (20 000 Mann), in die Slowakei einzumarschieren **(2)**. Es war den Deutschen ein Leichtes, die regulären slowakischen Verbände zu entwaffnen, doch einige von ihnen konnten entkommen und schlossen sich den Partisanen an. Am 2. September befahl die *Stawka* der 2. Ukrainischen Front, sich mit den slowakischen Einheiten zu vereinen. Im September kämpften sowjetische Streitkräfte und von den Sowjets ausgebildete tschechische Einheiten in der Slowakei, während die slowakischen Partisanen unter offenen sowjetischen Befehl gestellt wurden. Anfang Oktober begannen deutsche Einheiten – unter ihnen die berüchtigte Waffen-SS –, den Aufstand niederzuwerfen. Diese Ereignisse unterstreichen die Bedeutung, die das OKH Ungarn und den Karpaten beimaß. Letztere sollten als ein natürliches Hindernis zur Verteidigung genutzt werden. Die sowjetische Eroberung Ungarns umfaßte zwei Phasen: die Operation „Debrecen“ (bis zum 28. Oktober) und die Operation „Budapest“ (29. Oktober bis 13. Februar). Während der ersten Phase spielten die KMG eine dominierende Rolle. In Budapest kam es zu besonders heftigen Kämpfen. Am 24. Dezember stellten die 2. und die 3. Ukrainische Front die Verbindung her und kreisten die Stadt ein. Vier Divisionen mit 188 000 Mann wurden eingeschlossen. Das IV. SS-Panzerkorps wurde von der Heeresgruppe Mitte nach Ungarn entsandt und beteiligte sich am 1. Januar an dem Versuch, Budapest zu entsetzen **(3)**. Am 17. Januar befand sich fast ganz Pest in den Händen der Sowjets. Am folgenden Tag ergab sich die deutsche Garnison. Dagegen dauerten die Kämpfe um Buda bis zum 13. Februar an, weil die sowjetischen Streitkräfte ein befestigtes Gebäude nach dem anderen einnehmen mußten. Nach dem Fall Budapests gingen die Deutschen zu einem großangelegten Gegenangriff nördlich und südlich des Balaton über **(4)**. Die aus dem Westen herangeführte 6. Armee unter Balck griff im Gebiet zwischen dem Balaton und dem Velencei-See an und spaltete die 3. Ukrainische Front. Die Deutschen drangen durch die russische 57. Armee bis nach Kaposvár vor, wurden dann aber in einer großen Verteidigungsschlacht zum Stehen gebracht (15. März). Tolbuchin bat die *Stawka* um Erlaubnis zum Einsatz der 9. Gardearmee, erhielt aber den Befehl, diese für den Gegenschlag zurückzuhalten (7. März). Die 6. Gardepanzerarmee konzentrierte sich nun im Bereich der 9. Armee westlich von Budapest. Der Angriff erfolgte durch die 4. und die 9. Gardearmee, während die 6. Gardepanzerarmee eine Bresche schlug. Am 25. März hatte die 2. Ukrainische Front eine 95 km weit klaffende Lücke in die deutschen Verteidigungsstellungen gerissen. Die Sowjets drangen weiter durch das Hron-Tal vor und marschierten auf Bratislava.

Bild unten: Sowjetischer Häuserkampf in Budapest.

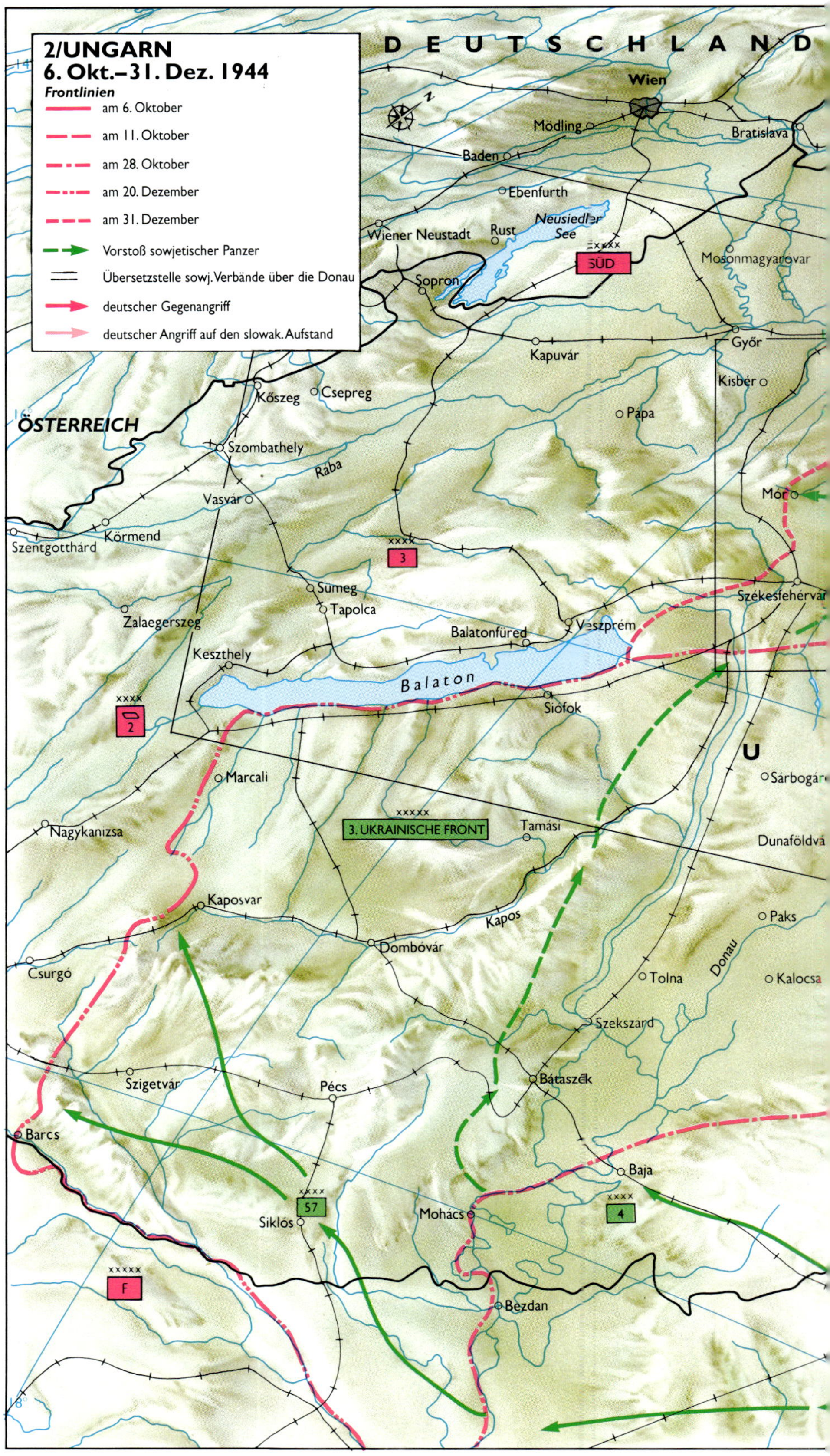

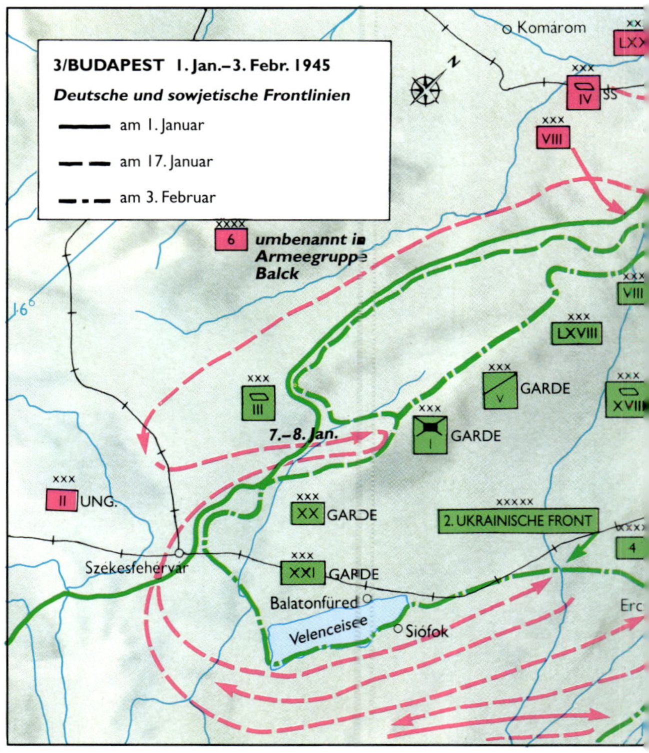

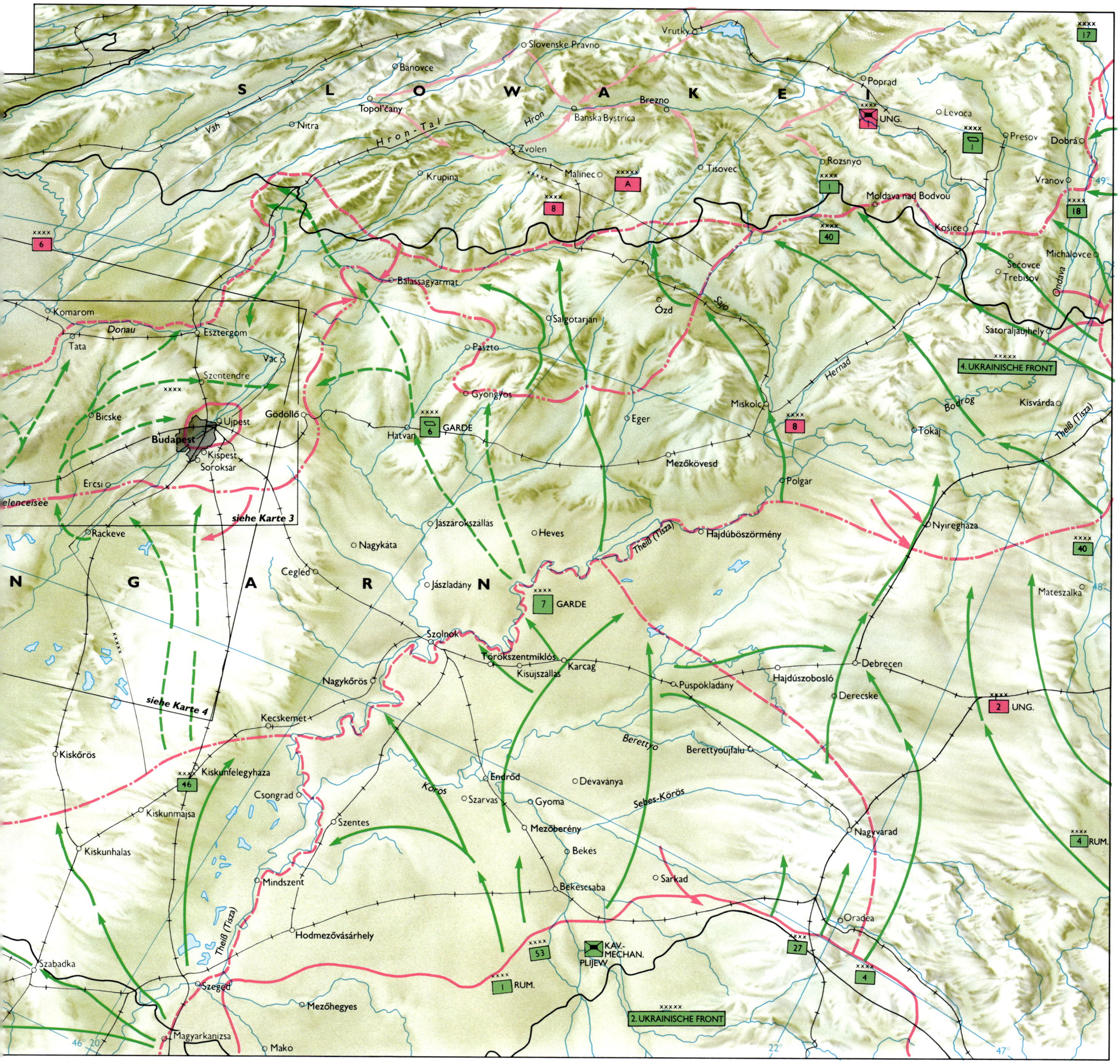

S L O W A K E I
U N G A R N
Slovenske Pravno
Vrutky
Poprad
Banovce
Topol'čany
Hron
Brezno
Banska Bystrica
UNG.
Levoca
Presov
Dobrá
Vah
Nitra
Hron-Tal
Zvolen
Krupina
Malinec
Tisovec
Rozsnyo
Vranov
Moldava nad Bodvou
Kosice
Michalovce
Secovce
Trebisov
Ondava
Balassagyarmat
Sajo
Salgotarján
Ózd
Komarom
Donau
Tata
Esztergom
Vac
Szentendre
Pászto
Sátoraljaújhely
4. UKRAINISCHE FRONT
Hernad
Gyöngyös
Bodrog
Kisvárda
Bicske
Budapest
Ujpest
Gödöllő
Hatvan
GARDE
Eger
Miskolc
Tokaj
Theiß (Tisza)
Kispest
Soroksár
Mezőkövesd
Ercsi
Velenceisee
Polgar
Nyiregháza
siehe Karte 3
Ráckeve
Jászárokszállás
Heves
Hajdúböszörmény
Nagykáta
Cegléd
Jászladány
Mateszalka
Szolnok
Törökszentmiklós
Kisujszallás
Karcag
Debrecen
Nagykőrös
Puspokladany
Hajdúszoboszló
Derecske
UNG.
siehe Karte 4
Kecskemét
Berettyó
Berettyóujfalu
Kiskőrös
Kiskunfelegyhaza
Endrőd
Dévaványa
Csongrad
Körös
Szarvas
Gyoma
Sebes-Körös
Kiskunmajsa
Szentes
Mezőberény
Nagyvárad
RUM.
Kiskunhalas
Békes
Mindszent
Bekescsaba
Sarkad
Theiß (Tisza)
Oradea
Hodmezővásárhely
KAV.-MECHAN.
PLIJEW
Szabadka
RUM.
Szeged
Mezőhegyes
2. UKRAINISCHE FRONT
Magyarkanizsa
Mako

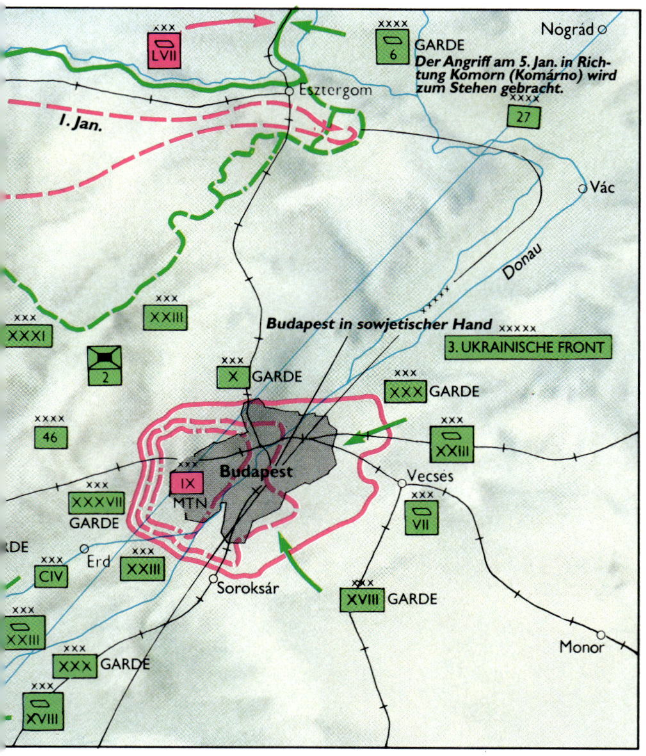

GARDE
Nográd
Der Angriff am 5. Jan. in Richtung Komorn (Komárno) wird zum Stehen gebracht.
Esztergom
1. Jan.
Vác
Donau
Budapest in sowjetischer Hand
3. UKRAINISCHE FRONT
GARDE
GARDE
Budapest
MTN
Vecses
GARDE
Erd
Soroksár
GARDE
GARDE
Monor

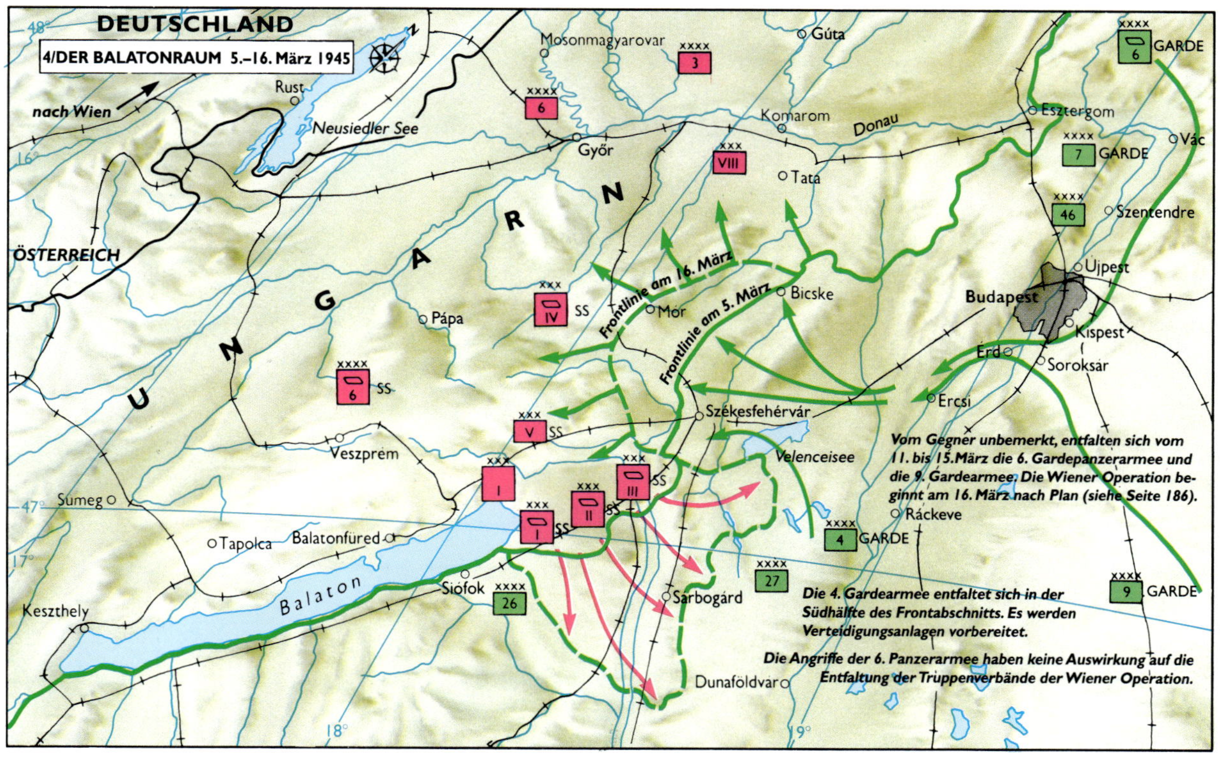

DEUTSCHLAND
4/DER BALATONRAUM 5.–16. März 1945
Mosonmagyarovar
Gúta
GARDE
Rust
nach Wien
Neusiedler See
Komarom
Esztergom
Donau
Győr
Tata
GARDE
Vác
ÖSTERREICH
U N G A R N
Szentendre
Frontlinie am 16. März
Frontlinie am 5. März
Bicske
Ujpest
Mór
Budapest
Pápa
Kispest
Erd
Soroksar
Ercsi
Székesfehérvár
Vom Gegner unbemerkt, entfalten sich vom 11. bis 15. März die 6. Gardepanzerarmee und die 9. Gardearmee. Die Wiener Operation beginnt am 16. März nach Plan (siehe Seite 186).
Veszprem
Velenceisee
Ráckeve
Sumeg
Tapolca
Balatonfured
GARDE
Siofok
GARDE
Sárbogárd
Keszthely
Balaton
Die 4. Gardearmee entfaltet sich in der Südhälfte des Frontabschnitts. Es werden Verteidigungsanlagen vorbereitet.
Die Angriffe der 6. Panzerarmee haben keine Auswirkung auf die Entfaltung der Truppenverbände der Wiener Operation.
Dunaföldvar

Der Krieg in der Arktis 1941–1945

Mit zunehmender Ausdehnung der Kriegsgebiete in Europa und im pazifischen Raum gewann auch die Arktis für die Kriegsteilnehmer an Bedeutung. Eine Vielzahl von Gründen sprach dafür: Durch das Eismeer führten wichtige Verbindungswege, insbesondere zwischen den britischen und amerik. Häfen sowie denen im Norden der Sowjetunion. Hier wurde der Transport von Kriegsmaterial in die Sowjetunion abgewickelt. Die Gebiete der Arktis verfügten über Zugangswege oder Landbrücken zu den dichter besiedelten und strategisch bedeutsamen Regionen unterhalb des nördlichen Polarkreises. Darüber hinaus waren hier wertvolle Rohstoffe zu finden. Mit der Errichtung von Wetterstationen in der Arktis war es möglich, frühzeitig die Witterungsbedingungen vorherzusagen, die die See- und Luftoperationen in südlicheren Breiten beeinflußten. Die deutschen Pläne zum Aufbau von Wetterstationen westlich von Norwegen wurden weitestgehend vereitelt. Spitzbergen erhielt nach einem im August 1941 durch Einheiten der Alliierten ausgeführten Kommandoüberfall eine Garnison. Im Jahr 1943 kehrten die Deutschen zurück und zerstörten die elektrischen Leitungen auf der Insel.

Bei Ausbruch des Krieges brachten die Deutschen ihre Erzlieferungen aus der Arktis durch die Küstengewässer Norwegens ins Land. Admiral Raeder befürchtete daß die Briten den Schiffsverkehr durch das Verminen der Schiffahrtswege unterbrechen könnten. Abgesehen davon hegte er den Wunsch, über Stützpunkte für Seekriegsoperationen im Atlantik zu verfügen. Das veranlaßte ihn ab 1939, Hitler zum Einmarsch in Norwegen zu drängen. Doch erst als deutlich wurde, daß Großbritannien und Frankreich in den Krieg zwischen der Sowjetunion und Finnland eingreifen würden, entschloß sich Hitler zum Handeln (siehe Seite 40).

Die Fjorde im Norden Norwegens wurden nun zu wichtigen Stützpunkten für die deutsche Seekriegsflotte, die ihre Angriffe auf britische Transporte nach Murmansk und Archangelsk im Juni 1941 aufnahm. Mit der Ankunft des Schlachtschiffes „Tirpitz“ in Trondheim (Januar 1942) wuchs die Bedrohung sogar noch mehr an. Allerdings fanden die wichtigsten Auseinandersetzungen seit dem Beginn der Operation „Barbarossa“ im Juni 1941 an Land statt. Ab 1940 befanden sich die Finnen zur Sicherung ihrer Beziehungen mit der Sowjetunion in einem formellen Bündnis mit Deutschland. Am 28. Juni 1941 begannen das finnische III. Korps und das deutsche Armeeoberkommando Norwegen einen Angriff in Richtung der Halbinsel Kola, dem jedoch am 1. Juli Einhalt geboten wurde. Im Süden konnten sie auf der Karelischen Halbinsel etwas vorankommen, brachen den Vormarsch aber noch vor Leningrad ab. Deutsche Truppen führten außerdem einen Angriff auf Kandalakscha am Weißen Meer aus, und die Finnen setzten die Offensive vom 19. August bis zum 19. September erfolgreich fort. Die Deutschen führten vom Balkan Verstärkungseinheiten heran und gingen erneut in die Offensive. Ihr Ziel bestand nun darin, die Murmansker Eisenbahnlinie zu durchtrennen. Diese stellte die Hauptverbindung für die Transporte ins sowjetische Territorium dar, welche durch das Nordmeer herangebracht worden waren. Zunächst kooperierten die Finnen vom 3. November an mit Erfolg. Doch schließlich lehnten sie es ab, die Grenze von 1939 zu überschreiten. Die deutsche Armee Lappland unter Hitlers Lieblingsgeneral Dietl kam von 1942 bis 1944 kaum voran und war hauptsächlich damit beschäftigt, die Nickelminen von Petsamo zu schützen. Als Finnland im September 1944 nur wenige Wochen nach Beginn einer großen sowjetischen Offensive die Fronten wechselte, unternahm Dietl einen langsamen und geschickten Rückzug nach Nordnorwegen. Er erhielt sich jedoch einen Stützpunkt im finnischen Kilpisjärvi, wodurch er erreichte, daß seine Einheiten im hohen Norden bis April 1945 nicht abgeschnitten wurden.

Auf der anderen Seite der Arktis besetzten die Japaner im Zuge der Gefechte um die Midway-Inseln die Aleuten-Inseln Kiska und Attu, um gegebenenfalls eine Offensive gegen Alaska zu starten. Die japanischen Truppen konnten zwar erst zwei Jahre später vertrieben werden, stellten jedoch keine ernsthafte Bedrohung für den nordamerik. Kontinent dar, wenn auch ihre Anwesenheit auf US-amerik. Gebiet weiterhin für die Propaganda herhalten mußte. Letzten Endes bewirkte sie aber doch eine schwerfällige Reaktion in Form von Bombenangriffen und Aufmärschen der Kriegsflotte, die mit amphibischen Landeoperationen 1943 ihren Höhepunkt erreichte. Zu dem Zeitpunkt waren die meisten japanischen Garnisonen jedoch bereits evakuiert. Die wichtigen amerik. Transporte in die Sowjetunion, die über den nordpazifischen Raum und durch das Beringmeer nach Nikolajewsk führten, wurden aufrechterhalten.

Den kriegführenden Mächten wurde klar, über welches Potential die arktischen Regionen verfügten, die zwar nur einen Randschauplatz darstellten, aber dennoch von strategischem Wert waren. Ab 1941 wurde somit ein Wandel im strategischen Denken deutlich: Der Krieg beschränkte sich nicht mehr nur auf ein Schlachtfeld, daß sich im Zentrum eines umstrittenen Gebietes oder doch zumindest in dessen Nähe befand; er war zum Mittel der Machtdarstellung auf einem globalen Kriegsschauplatz geworden.

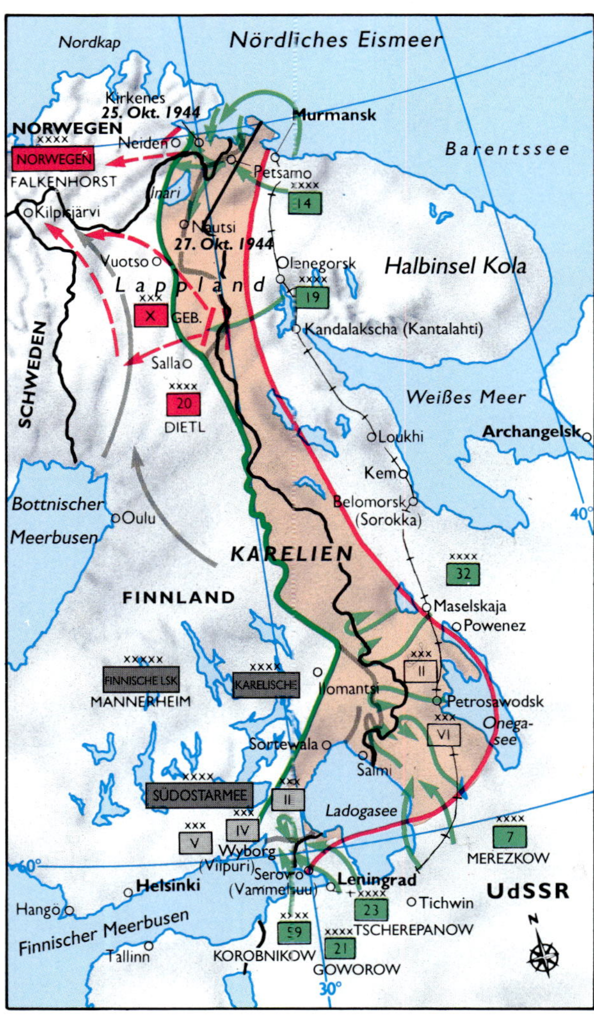

Die für die Lieferungen im Rahmen des Leih-Pacht-Abkommens wichtigsten sowjetischen Häfen waren Murmansk und Archangelsk am Weißen Meer sowie Wladiwostok am Japanischen Meer. Das im Mai 1940 von den Briten okkupierte und im Juli 1941 von den Amerikanern übernommene Island war ein lebenswichtiger Zwischenlandeplatz für die Flugzeuge, die den Geleitzügen auf dem Weg über den Atlantik und durch das Europäische Nordmeer Luftsicherung gaben. Auf der Insel befand sich außerdem eine wichtige Wetterstation, ebenso auf Grönland, auf der Insel Jan Mayen und auf Spitzbergen. Zu den letztgenannten Standorten schickte auch Deutschland Mannschaften zum Betreiben von Wetterstationen, die jedoch durch Einheiten des US-amerikanischen Küstenschutzes und der Royal Navy behindert oder gefangengenommen wurden. Der Schiffahrtsweg nach Wladiwostok wurde durch die japanische Invasion auf den Aléuten-Inseln Kiska und Attu (6./7. Juni 1941) bedroht. Im Ergebnis eines Gefechts japanischer und amerik. Kreuzer vor den Kommandeur-Inseln am 26. März 1943 wurde zunächst Attu (11.–30. Mai) und anschließend Kiska (15. August) wiedereingenommen. In den Jahren 1941/42 fielen im Europäischen Nordmeer von den 533 unter Geleitschutz fahrenden Schiffen aus 39 Geleitzügen der Alliierten 69 Schiffe den U-Booten bzw. Luft- und Überwasserangriffen zum Opfer. Am heftigsten wurde der Konvoi PQ 17 attackiert ***(2)***. Als dessen Kommandeur vernahm, daß das Schlachtschiff „Tirpitz" gemeinsam mit der „Admiral Scheer" und der „Admiral Hipper" von Norwegen her nahte, ordnete er an, sich zu verstreuen. Obwohl der Schlachtschiffverband seine Mission abbrach, wurden durch U-Boot- und Fliegerangriffe 23 der 37 Handelsschiffe versenkt. Churchill setzte daraufhin für einige Monate die Geleitzüge in die Sowjetunion aus. Zusätzlich zur Operation „Barbarossa" (siehe Seite 56) eröffneten deutsche und finnische Truppen am 28. Juni 1941 eine Offensive gegen die Halbinsel Kola ***(3)***, die durch den erbitterten Widerstand der Sowjets zum Stehen gebracht wurde. Im November wurde erneut der Versuch unternommen, die Murmansker Eisenbahnlinie zu durchtrennen, doch die Finnen lehnten das Überschreiten der Grenze von 1939 ab. Ab September 1944 drängten sie nach ihrem Frontwechsel gemeinsam mit den sowjetischen Streitkräften die Deutschen bis zum April 1945 in den Norden Norwegens zurück.

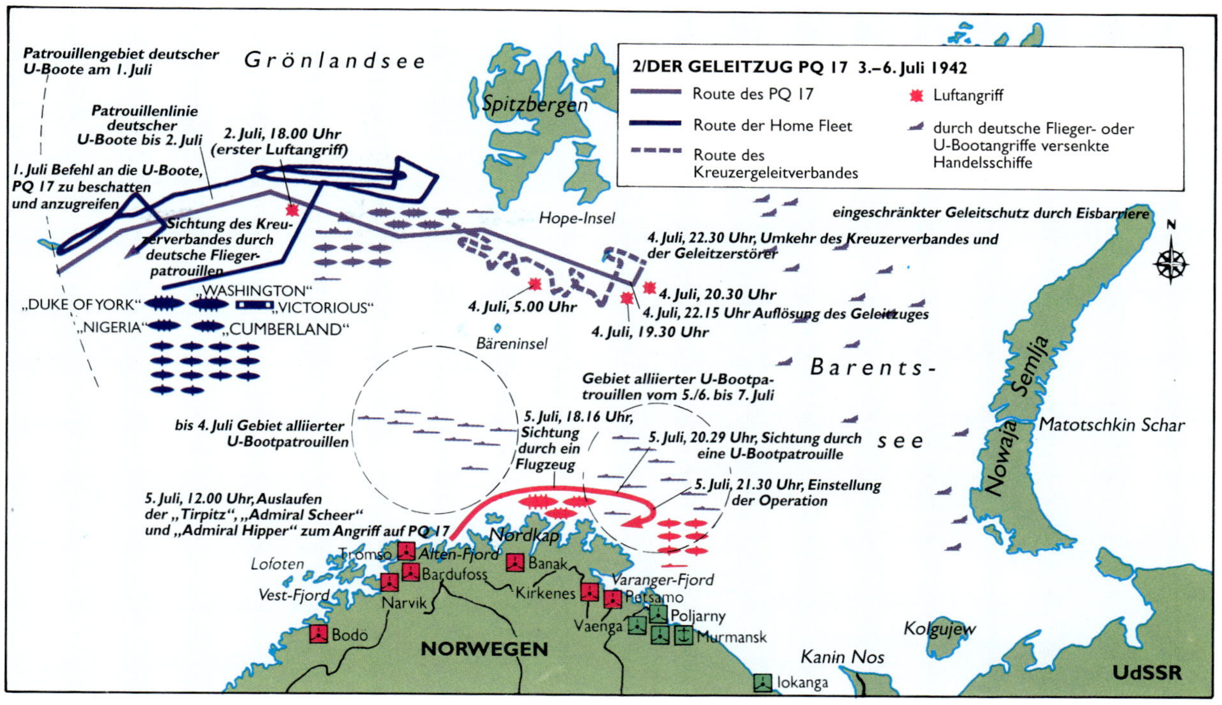

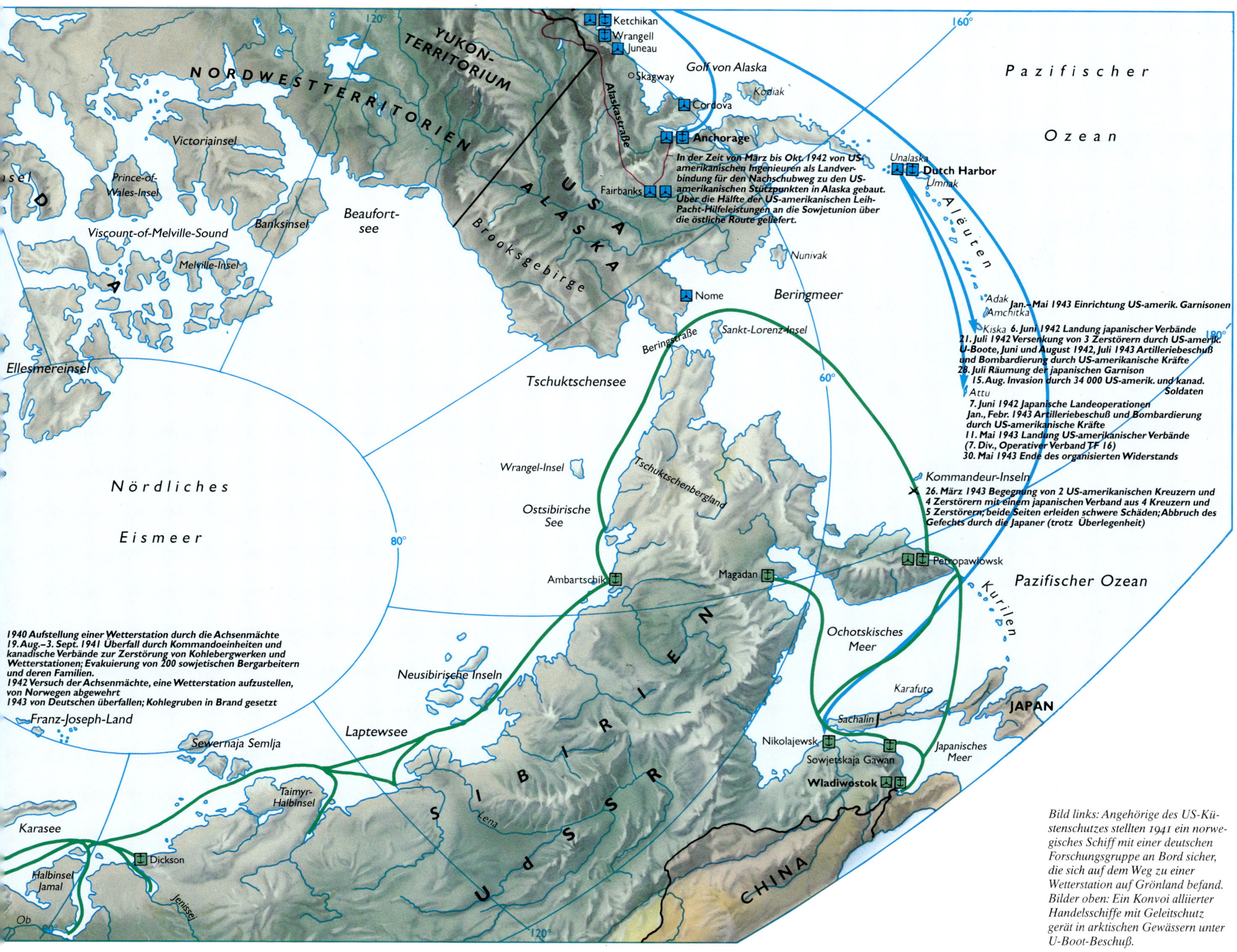

Bild links: Angehörige des US-Küstenschutzes stellten 1941 ein norwegisches Schiff mit einer deutschen Forschungsgruppe an Bord sicher, die sich auf dem Weg zu einer Wetterstation auf Grönland befand. Bilder oben: Ein Konvoi alliierter Handelsschiffe mit Geleitschutz gerät in arktischen Gewässern unter U-Boot-Beschuß.

Deutschland 1945

Das Fehlschlagen der Ardennen-Offensive machte die Fähigkeit des deutschen Heeres zunichte im Westen eine Gegenoffensive zu starten, und schwächte dessen Defensivkraft beträchtlich. Im Februar 1945 bestand es nur noch aus drei Heeresgruppen: der Heeresgruppe H (Student), welche die Niederlande und das nördliche Rheinland verteidigte, der Heeresgruppe B (Model) zur Verteidigung des Ruhrgebietes und der Heeresgruppe G (Blaskowitz) in Süddeutschland. Sie alle verfügten nicht mehr über ihre volle Truppenstärke, und es fehlte ihnen an schwerer Kampftechnik, insbesondere an Panzern.

Im Gegensatz dazu konnte Eisenhower auf 85 vollständige Divisionen zurückgreifen, davon 23 Panzer- und 5 Luftlandedivisionen. Die Übermacht seiner Luftstreitkräfte war überwältigend. Eisenhowers Plan für die Überquerung des Rheins und den Vormarsch in Deutschland bestand aus drei Phasen: Während der ersten Phase hatte Montgomerys 21. Armeegruppe die Aufgabe, die Zugänge zum Niederrhein zu säubern. Sie sollte dabei von Bradleys 9. Armee Unterstützung erhalten. Für die zweite Phase war vorgesehen, daß Bradleys 1. und 3. Armee die Deutschen aus der Eifel vertreiben und die Gebiete am Mittelrhein sichern sollten. In Phase drei bestand die Aufgabe der 7. und 3. Armee in der Säuberung der Moselufer, während Montgomery zusammen mit der 9. Armee einen wohlüberlegten Angriff über den Niederrhein auszuführen hatte. Im Anschluß daran lautete der Auftrag der 9. und 1. Armee, nach der Überquerung des Rheins die Heeresgruppe B im Ruhrgebiet einzukesseln. Die anderen Einheiten sollten währenddessen auf die tschechisch-österreichische Grenze vorstoßen und dort auf die von Osten vorrückende Rote Armee treffen.

Bis auf zwei Ausnahmen verliefen die Operationen nach Plan: Die unter Montgomerys Befehl stehenden Kanadier stießen am Niederrhein auf stärkeren Widerstand als erwartet. Doch die US-amerik. 1. Armee konnte die deutschen Verteidiger der zwischen Bonn und Koblenz gelegenen Rheinbrücke von Remagen am 7. März überraschen. Dadurch gelang es ihr ohne Gegenwehr am anderen Ufer zu landen. Die 1. Armee errichtete an dieser Brücke eine Schanze, von der aus sie am 25. März ihren Vormarsch nach Deutschland begannen. Die Briten und Kanadier hatten bereits am 23. März gemeinsam mit der amerik. 9. Armee den Niederrhein überschritten, und die US-amerik. 7. sowie die französische 1. Armee folgten ihnen kurze Zeit später.

Die deutschen Streitkräfte im Westen waren während der Kämpfe westlich des Rheins auf eine Stärke von 26 Divisionen geschrumpft und konnten dem Vormarsch der Alliierten nur noch vereinzelt Widerstand entgegensetzen. Nach wie vor waren die meisten Einheiten im Kampf gegen die Sowjets konzentriert. Nach Schätzungen, die auf den Zeitraum Mitte April zurückgehen, verfügten diese über 214 Divisionen, darunter 34 Panzerdivisionen und 15 motorisierte Divisionen. Kesselring war am 10. März auf Anordnung Hitlers an die Stelle von Rundstedt getreten, doch der so erfolgreiche Verteidiger Italiens verfügte nicht mehr über das nötige Kräftepotential für eine zusammenhängende Verteidigung des Deutschen Reiches. Am 1. April kreisten die US-amerik. 1. und 9. Armee das Ruhrgebiet ein, und am 18. April ergaben sich die Reste der eingeschlossenen Heeresgruppe B. Ihr Befehlshaber Model nahm sich das Leben. Inzwischen erreichten die anderen Armeen der Alliierten ein Vormarschtempo von bis zu 50 km am Tag und näherten sich den vereinbarten Grenzen ihrer Besatzungszonen an der Elbe, wo ihre Patrouillen am 25. April auf sowjetische Einheiten trafen.

Berlin befand sich schon im Belagerungszustand, und Hitler leitete von seinem Bunker aus die Truppenbewegungen von Phantomarmeen. Am 22. April ließ er seine letzte Chance zur Flucht ungenutzt und erlaubte dem Stab des OKW, sich zusammen mit dem OKH und

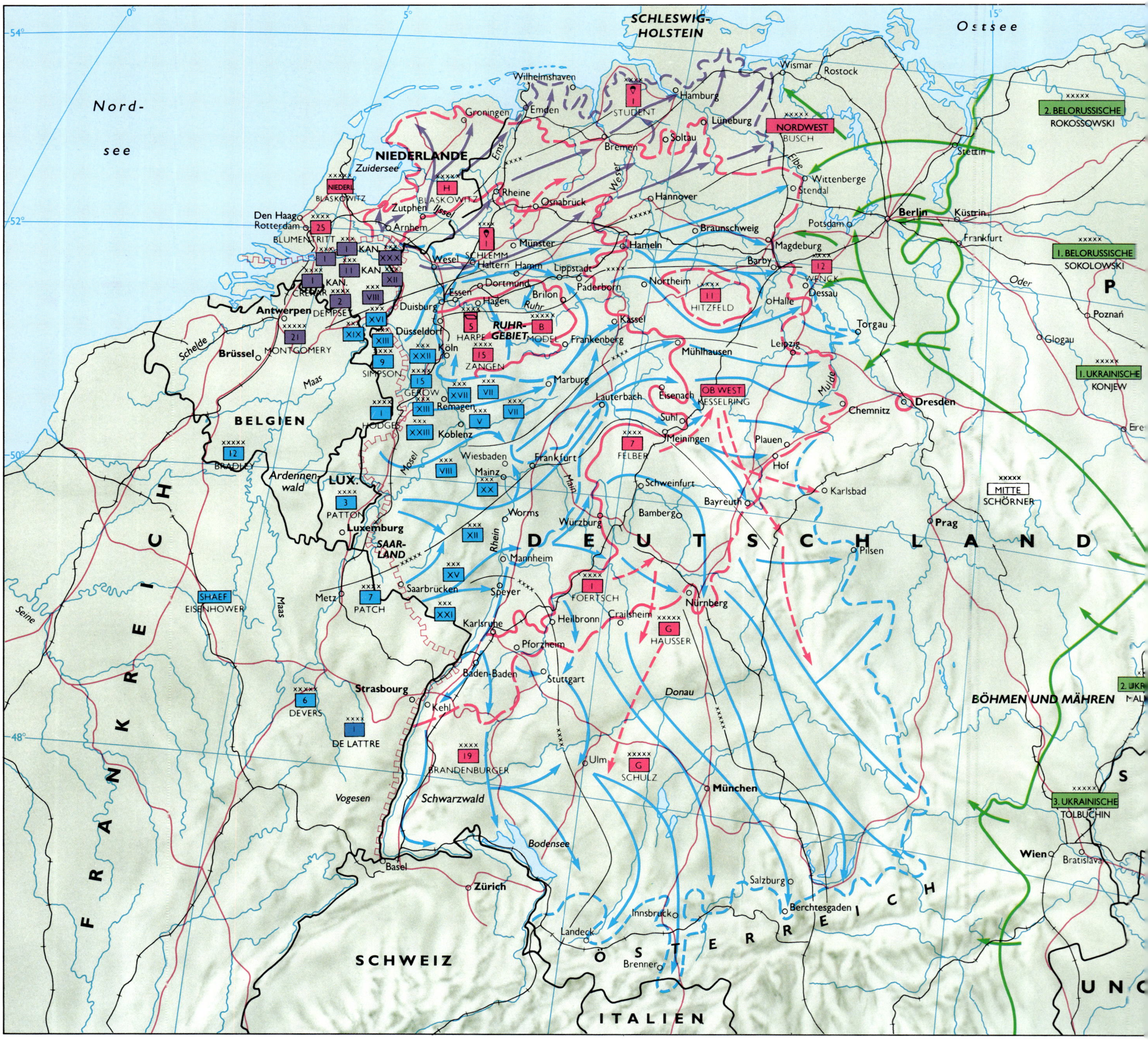

Admiral Dönitz nach dem Norden abzusetzen. Im schleswig-holsteinischen Mürwik errichteten diese ihr Hauptquartier, das nach Hitlers Selbstmord am 30. April zum letzten Regierungssitz im Dritten Reich wurde.

Zu dieser Zeit befanden sich die sowjetischen Streitkräfte bereits in den Randgebieten Berlins. Am 27. April lag vor ihnen nur noch ein 16 km langer und 6 km breiter Streifen (siehe Seite 184). Umringt von sowjetischen Geschützen und Streitkräften reagierte Hitler selbst am 28. April noch verärgert, als er von Himmlers Verrat erfuhr. Letzterer war an Großbritannien und die Vereinigten Staaten mit der Bitte um einen Separatfrieden herangetreten. Am gleichen Abend berichtete der General der Artillerie Weidling, der Befehlshaber des Verteidigungsbereichs Berlin, Hitler über den Zustand der zusammenbrechenden Stadt. Er beschrieb den Führer später einem sowjetischen Vernehmungsoffizier als einen kranken, gebrochenen Mann. Bei der letzten Lagebesprechung im Führerbunker zeigte sich Hitler in einem erschöpften Zustand, aber die Kapitulation Berlins verbot er dennoch. Am 30. April, 1.00 Uhr, meldete Keitel, daß alle zur Entlastung Berlins eingesetzten deutschen Streitkräfte zum Stehen gekommen, eingekesselt und in die Defensive gezwungen worden seien. Anscheinend beschloß Hitler daraufhin, seinem Leben ein Ende zu setzen. Um 15.30 Uhr – etwa eine Stunde nachdem das sowjetische Siegesbanner auf dem Reichstagsgebäude gehißt worden war –, zogen sich Hitler und seine Frau Eva Braun in sein Arbeitszimmer zurück, und begingen Selbstmord. Am gleichen Abend noch wurde Weidling zum Führerbunker bestellt, wo ihm Bormann, Himmler und Krebs mitteilten, daß Hitler tot sei und man seinen Leichnam verbrannt habe. Um 23.30 Uhr übermittelte eine deutsche Delegation sowjetischen Offizieren, man habe wichtige Neuigkeiten. Am 1. Mai um 3.50 Uhr wurde Generaloberst Tschuikow, der die 8. Gardearmee befehligte, von Hitlers Selbstmord unterrichtet.

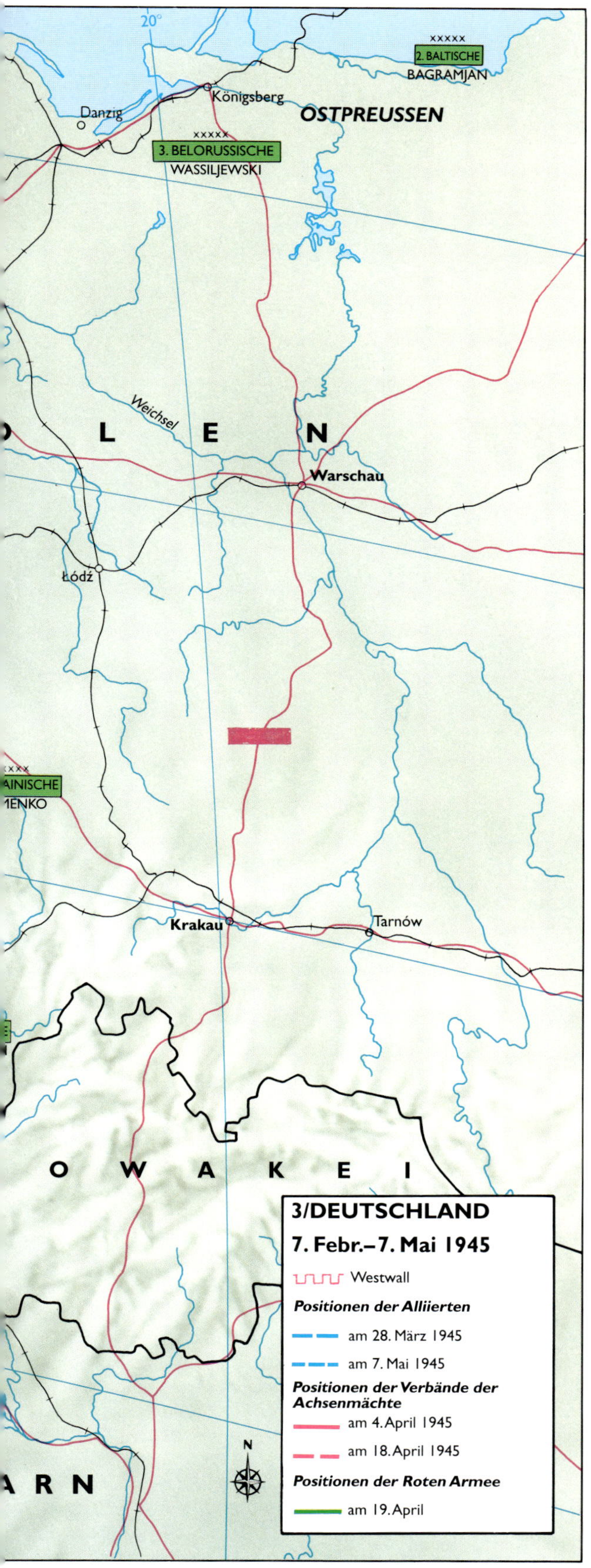

Die Karte *(2)* stellt den Verlauf des Rheinlandfeldzuges dar. Nach der Abwehr der Ardennenoffensive *(1)* ging die kanadische 1. Armee zum Angriff über. Die Operation „Veritable" (8. Februar), deren Ziel es war, Gelände westlich des Rheins zu gewinnen, stieß auf den heftigen Widerstand der 1. Fallschirmarmee und der 25. Armee. Die US-amerik. 9. Armee, die durch die von den Deutschen herbeigeführte Überschwemmung der Rur aufgehalten wurde, konnte sich erst ab 23. Februar an der Operation „Grenade" beteiligen. Sie rückte nun in nördlicher Richtung vor, um auf die Kanadier und Briten zu stoßen. Die US-amerik. 1. Armee hielt inzwischen mit der 9. Armee Schritt (Operation „Lumberjack") und nahm am 5. März Köln ein. Die dramatischste Aktion des Feldzuges fand im südlichen Rheinland statt: Dort wurde am 7. März im Zuge eines Überraschungsangriffs durch die 1. Armee die Brücke von Remagen eingenommen, da ihre deutschen Verteidiger es nicht mehr geschafft hatten, die Sprengung durchzuführen. Am 1. März nahm die 3. Armee Trier ein und säuberte bis zum 11. März das Gebiet südlich der Mosel. Anschließend besetzte sie gemeinsam mit der 7. Armee bis zum 25. März die Pfalz und das Saarland. Am 22. März gelang der 3. Armee bei Oppenheim außerdem die Einnahme eines Brückenkopfes über den Rhein. Die Operation „Plunder", in deren Verlauf die 21. Armeegruppe den Rhein überquerte, begann am 23. März zwischen Xanten und Rees. Am folgenden Tag setzte die 9. Armee bei Wesel über den Rhein, und die US-amerik. 17. sowie die britische 6. Luftlandedivision wurden auf dem anderen Rheinufer abgesetzt, um einen Luftlandekopf einzunehmen. Bei Einbruch der Nacht hatten beide bereits den Kontakt mit der britischen 2. und der US-amerik. 9. Armee hergestellt, die einen 10 km tiefen Brückenkopf errichtet hatten. Die US-amerik. 3. Armee weitete ihren Brückenkopf am 25. März aus, marschierte am nächsten Tag in Frankfurt ein und vereinigte ihren Brückenkopf mit dem der 1. Armee am 29. März. Die US-amerik. 7. Armee überquerte den Fluß am 26. März bei Worms und die französische 1. Armee am 31. März bei Speyer. Alle Armeen setzten dann ihren Vormarsch durch Deutschland fort *(3)*. Die US-amerik. 9. und 1. Armee begannen mit der Einkreisung des Ruhrgebiets und trafen am 1. April bei Lippstadt nahe Paderborn aufeinander. Am 18. April ergaben sich die deutschen Verteidiger. Die britische 2. Armee überschritt am 5. April die Weser, erreichte am 24. April die Elbe und nahm am 3. Mai Hamburg ein. Abgesandte der Deutschen trafen am 4. Mai in Montgomerys Hauptquartier ein, um die Kapitulation auszuhandeln. Zum gleichen Zeitpunkt säuberte die kanadische 1. Armee bereits die Niederlande. Vorauseinheiten der US-amerik. 9. Armee erreichten am 11. April die Elbe, und die 1. Armee nahm am 18. April Leipzig ein. Beide Armeen trafen am 25. April bei Torgau mit Einheiten der Roten Armee zusammen. Die 3. Armee, welche durch Süddeutschland vorrückte, marschierte am 4. Mai in Österreich und in der Tschechoslowakei ein. Am 22. April überschritten die US-amerik. 7. und die französische 1. Armee die Donau. Sie nahmen München am 30. April und Salzburg am 4. Mai ein.

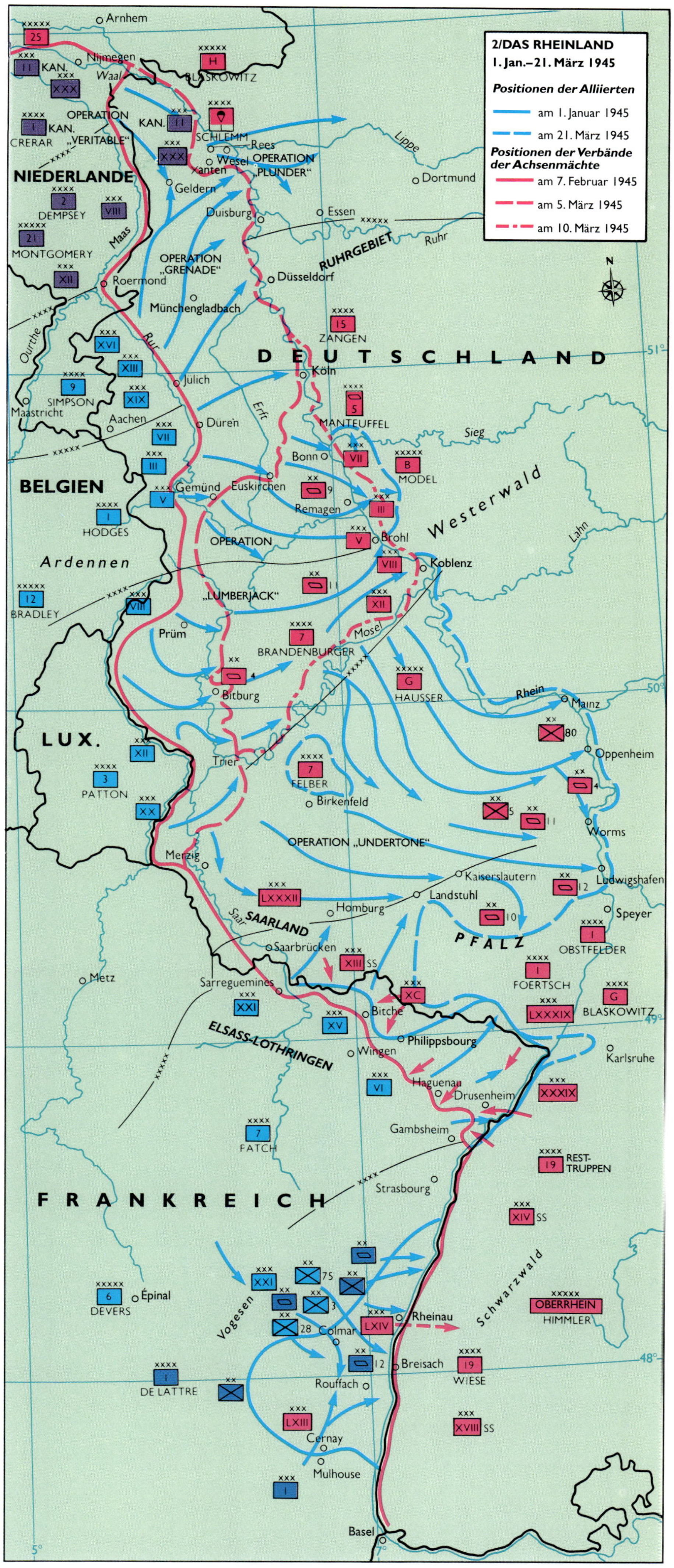

Bild unten links: Der US-amerik. Generalleutnant Simpson und Feldmarschall Montgomery nehmen Panzerfallen an der Siegfried-Linie (Westwall) in Augenschein.
Bild unten rechts: US-Einheiten beim Überwinden des Rheins.

Berlin 1945

Zu Beginn der Berliner Operation (16. April–8. Mai) waren die Kampfverbände, die die Stadt verteidigten, theoretisch in der Lage, eine Million Mann aufzubringen. Das deutsche Oberkommando hatte im Oder-Neiße-Gebiet fünf Verteidigungslinien mit einer Tiefe von 20 bis 40 km anlegen lassen, die sich innerhalb von drei Verteidigungsstreifen befanden. Dahinter lag die Verteidigungszone Berlins. Die Lage der Stadt und die zahlreichen Flüsse und Kanäle machten die Einnahme Berlins zu einer schwer zu bewältigenden Aufgabe. Am 26. April griff eine halbe Million Sowjetsoldaten, unterstützt durch 12 700 Geschütze und Granatwerfer sowie 21 000 Mehrfachraketenwerfer („Stalinorgeln") das Stadtzentrum an **(2)**. Dort stellten die hohen Flak-Türme die größte Gefahr dar, da die Fliegerabwehrgeschütze auf ihren Dächern von oben auf die sowjetischen Panzer feuern konnten. Im Inneren der Gebäude und in Kellern verbargen sich Zivilisten, von denen manche durch das Ausmaß des Granatbeschusses in den Wahnsinn getrieben wurden. Am 28. April wurde die Brücke in der Potsdamer Straße eingenommen. Gegen den erbitterten Widerstand von SS-Einheiten begann der Sturm auf den Tiergarten. Am gleichen Abend besetzten Einheiten der 1. Belorussischen Front die Moltke-Brücke, die über die Spree führt, und das Reichsministerium des Innern **(3)**. Die Deutschen versuchten, die Moltke-Brücke zu sprengen, was ihnen jedoch nicht gelang. Das Reichstagsgebäude war eine gewaltige Verteidigungsstellung der Deutschen und konnte erst eingenommen werden, als die sowjetischen Streitkräfte in ausreichender Stärke die Spree überquert hatten. Die sowjetische Artillerie belegte das Innenministerium am 29. April ab 7.00 Uhr mit Sperrfeuer und setzte dabei unter anderem schwere Geschütze mit einem Kaliber von 152 mm und 203 mm ein. Anschließend brach die sowjetische Infanterie in den Tiergarten durch, wo sie vom Nilpferdhaus aus die Flak-Türme unter Beschuß nehmen konnte. Gegen Mittag des 30. April nahmen Regimenter der 150. und 171. Schützendivision ihre letzten Angriffsstellungen ein. Um 13.00 Uhr jagten die Sowjets unter dem Feuerschutz schwerer Geschütze, von Katjuscha-Raketenwerfern und erbeuteten Panzerfäusten über den offenen Platz vor dem Reichstagsgebäude und dort die Haupttreppe hinauf. Sowjetische Einheiten hißten um 22.50 Uhr das Siegesbanner auf dem Dach, doch erst am 2. Mai wurde das Gebäude vollständig gesäubert. Am selben Tag gab die Berliner Garnison ihren Widerstand endgültig auf.

Bild unten rechts: Das Reichstagsgebäude im Mai 1945.

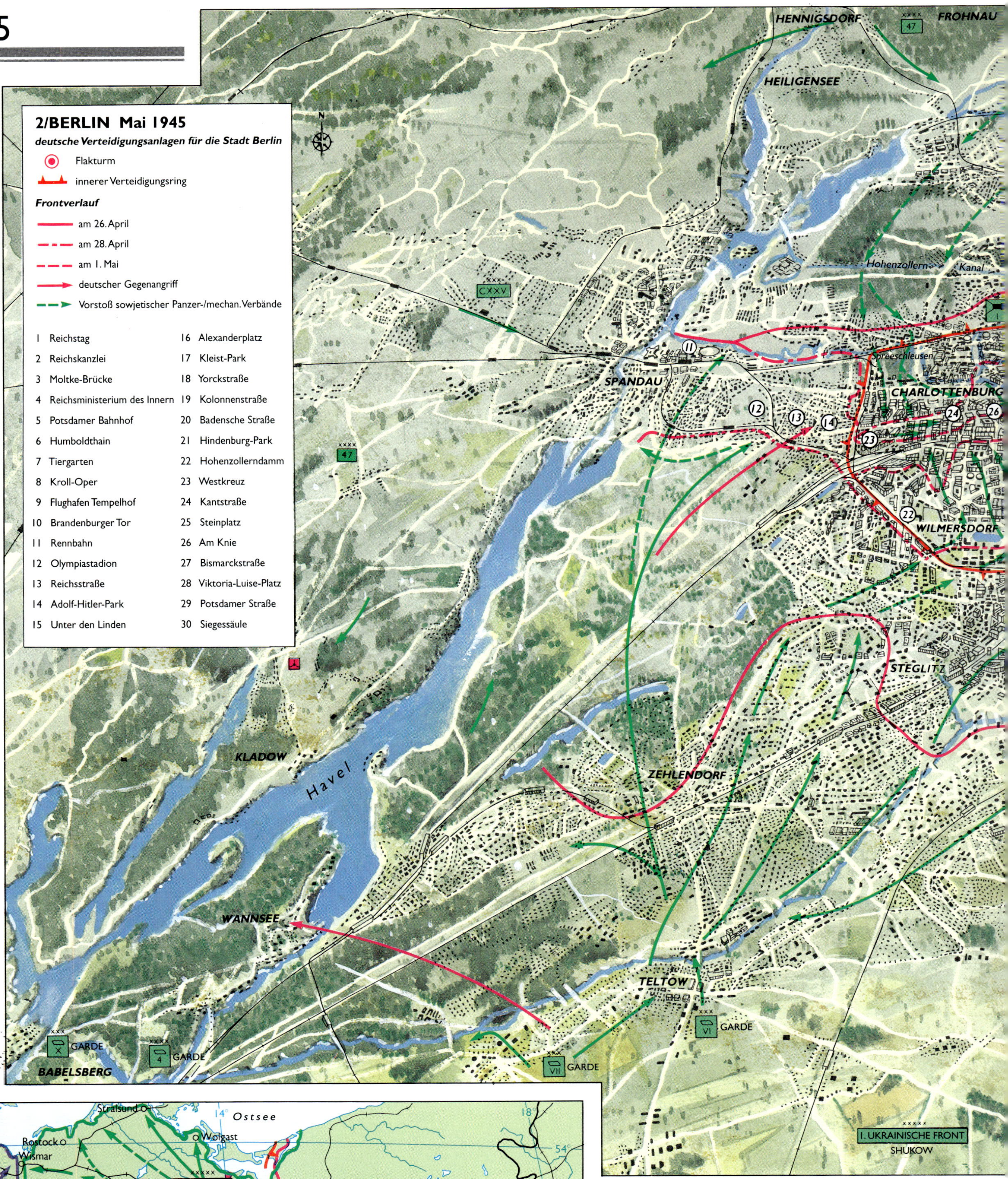

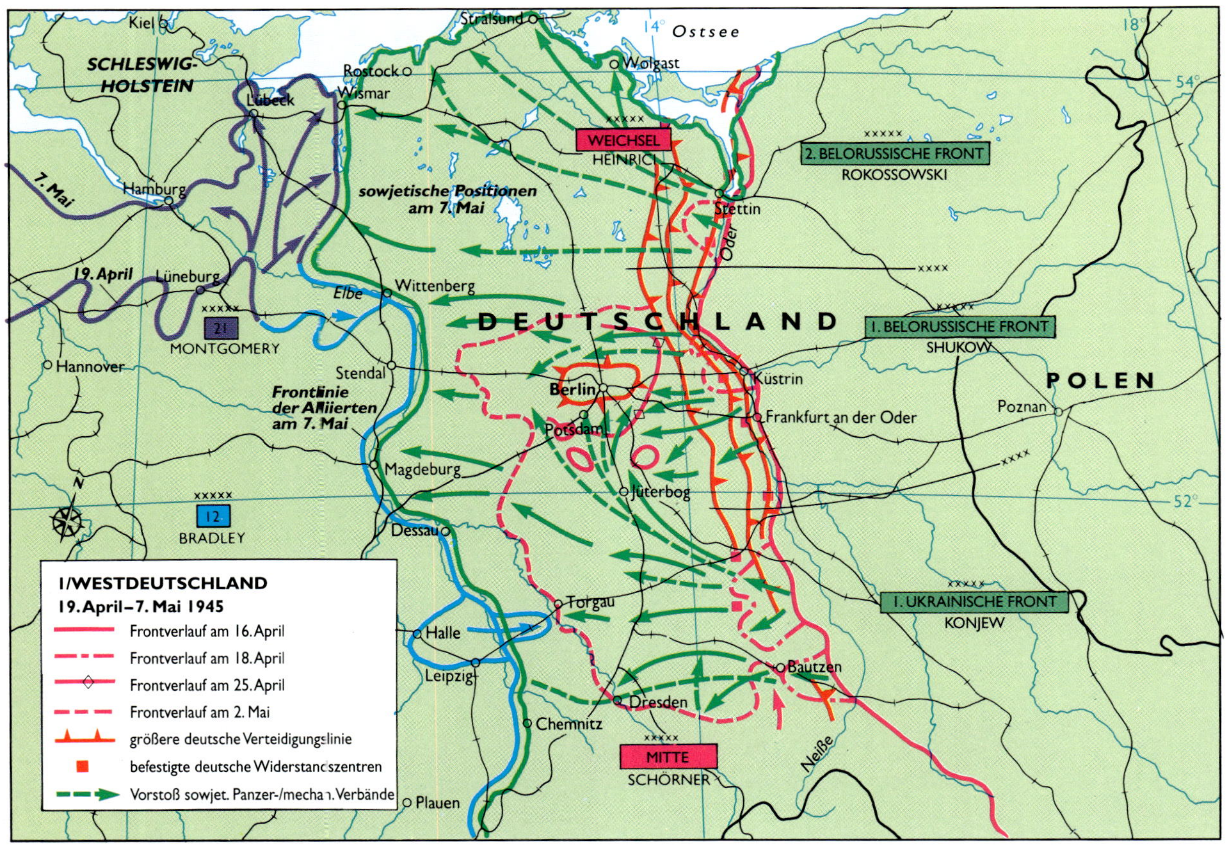

Am 1. April 1945 fand in Stalins Arbeitszimmer die Beratung des Sowjetischen Hauptquartiers zum allgemeinen Plan für die Berliner Operation statt, an der das GKO, die Kommandeure der 1. Belorussischen und der 1. Ukrainischen Front, Shukow und Konjew, Antonow vom Generalstab der Sowjetarmee und Schtemenko von der Operativen Hauptverwaltung teilnahmen. Stalin stellte die Frage, wer wohl die deutsche Hauptstadt einnehmen würde: sie oder die Alliierten. Es war keine Zeit zu verlieren, da man annahm, daß eine Operation der westlichen Alliierten zur Einnahme Berlins bevorstand. Die Stadt lag in der Vormarschrichtung der 1. Belorussischen Front unter Shukow. Südlich von ihr befand sich die 1. Ukrainische Front. Um beiden einen zusätzlichen Ansporn zu geben, radierte Stalin die festgelegten Grenzlinien für die einzelnen Frontoperationen aus, beginnend in 65 km Abstand zur Nazihauptstadt. Von nun an entbrannte ein Wettlauf zwischen Shukow und Konjew. Rokossowski war mit seiner 2. Belorussischen Front noch immer in schwere Kämpfe in Ostpreußen verwickelt. Er erhielt nun den Befehl, sich zum Umschwenken von Osten nach Westen bereitzuhalten, um nördlich von Berlin anzugreifen.

Die beiden miteinander um den Einmarsch in Berlin wetteifernden Fronten gingen auf unterschiedliche Weise an die Aufgabe heran. Shukow verfügte bei Küstrin bereits über einen Brückenkopf über die Oder. Dorthin schickte er nun mehr als 8000 Geschütze. Er ließ etwa 140 Scheinwerfer aufstellen, um die Verteidiger zu blenden und zu verwirren, und ein 30-minütiges Sperrfeuer niedergehen. Konjews Angriff erfolgte gedeckt durch Dunkelheit und Nebelwände, sein Sperrfeuer dauerte 145 Minuten. Die Verdecktheit der Handlungen

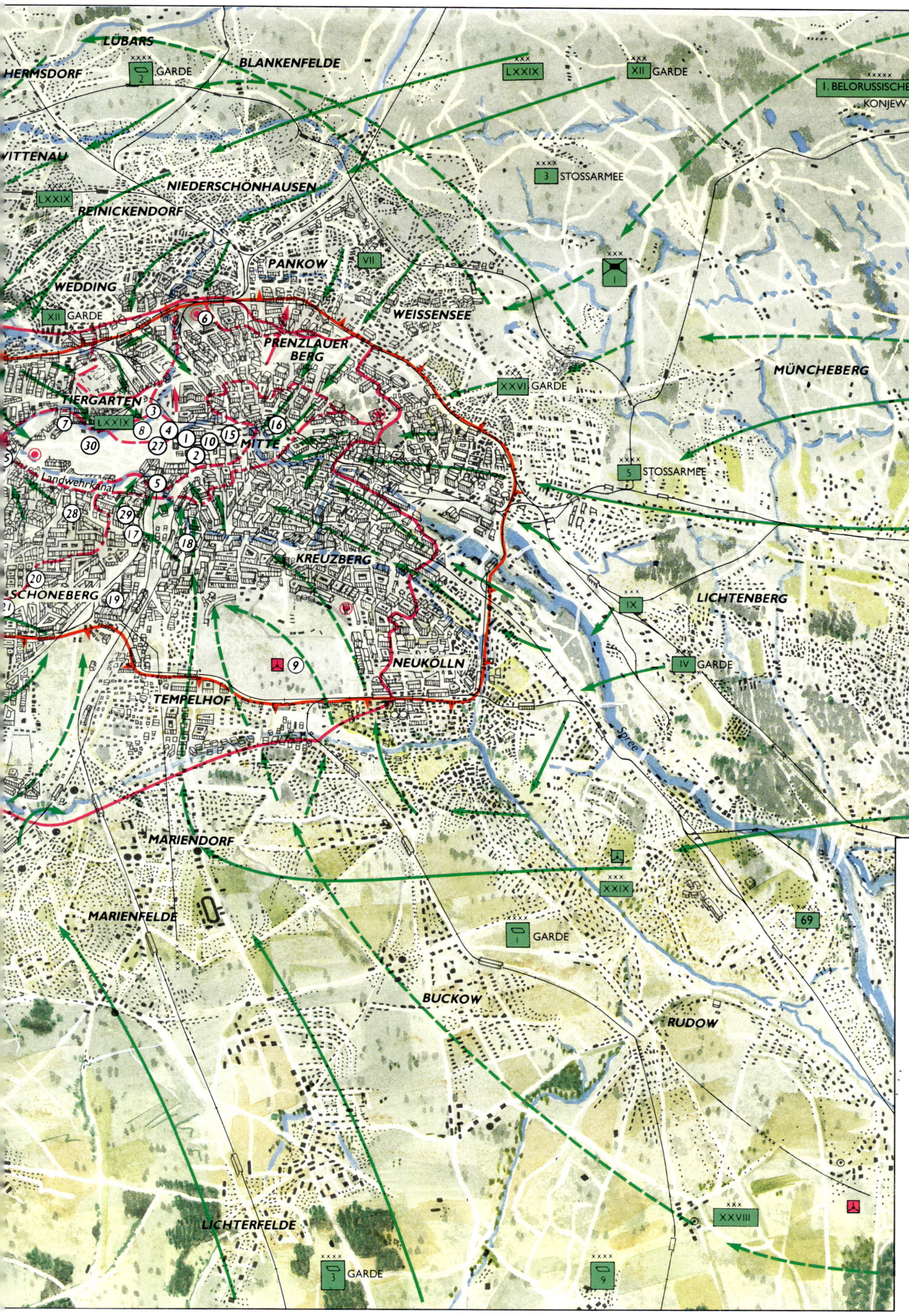

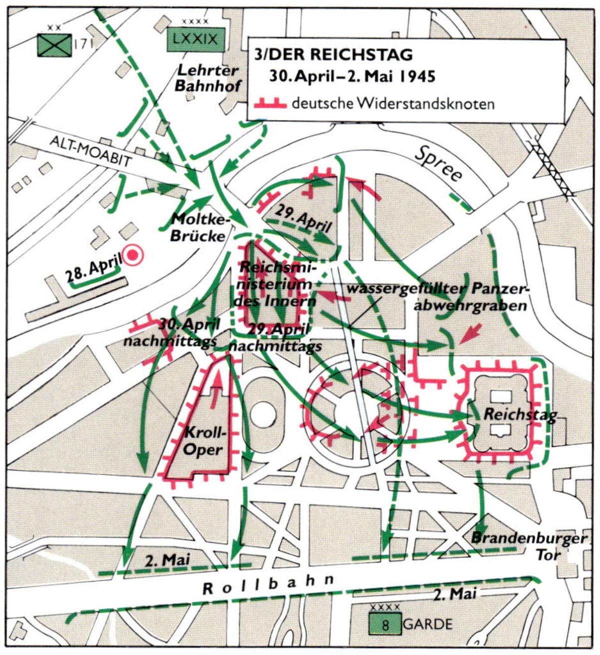

war ein ernstes Problem, insbesondere für Shukows dichtbestückten Brückenkopf. Da der Frühling sich in jenem Jahr erst spät einstellte, erschwerten die noch blattlosen Bäume und der aufgeweichte Boden die Tarnung und das Eingraben. Die Sowjetsoldaten gruben ihre Geschütze ein und brachten sieben Millionen Ladungen Artilleriemunition in Shukows Depots an der Frontlinie.

Sowohl der Beschuß als auch der folgende Angriff richteten sich mit unbarmherziger Genauigkeit gegen ihr Ziel. Shukow hatte sich ein riesiges, detailliertes und maßstabgetreues Modell Berlins anfertigen lassen, welches er für die Lagebesprechungen einsetzte. Darüber hinaus nutzten beide Fronten Luftaufnahmen, die die Staffelung der deutschen Verteidigungsstellungen auf eine Tiefe von 95 km wiedergaben.

Am 14. April begann die gewaltsame Aufklärung, doch Shukow bemerkte nicht, daß die Hauptkampflinie der Deutschen weiter zurückgezogen worden war. Seine Front griff am 16. April um 5.00 Uhr an, die Front Konjews um 6.15 Uhr. Konjews Angriff über die Neiße verlief gut, doch Shukows Einheiten kamen zum Stehen, da ihnen heftiger Widerstand entgegenschlug und die Seelower Höhen ein schwieriges Hindernis darstellten. Stalin war wütend über die Verzögerung und auch darüber, daß Shukow, um diese wettzumachen, seine 1. und 2. Gardepanzerarmee entgegen der *Stawka*-Anweisung frühzeitig zum Einsatz gebracht hatte. Trotz der Verspätung gelang es ihm, bis zum 19. April alle drei Verteidigungsstreifen im Oder-Neiße-Gebiet zu durchbrechen und sowohl die Seelower Höhen als auch Müncheberg westlich von Küstrin einzunehmen. Am gleichen Abend begann auch Rokossowskis 2. Belorussische Front ihren Angriff, während Konjew und Shukow weiter voranstürmten. Konjew befahl seiner 3. und 4. Gardepanzerarmee, am Abend des 20. April nach Berlin hereinzubrechen. Mittlerweile hatte die sowjetische Artillerie mit dem Beschuß der Stadt begonnen, die bereits durch anglo-amerikanische Bomber weitgehend in Schutt und Asche gelegt worden war. Die Trümmer ließen sich jedoch hervorragend als Festungen nutzen, von wo aus sogar mit Panzerfäusten bewaffnete Jungen und alte Männer die einrückenden Truppen bekämpften. Am 23. April verkündete Stalin, daß Shukow das Rennen gewonnen habe. Die Grenzlinie seiner Front verlief nur 150 m westlich des Reichstagsgebäudes, der noch ausstehenden Siegestrophäe, die sich nun im Abschnitt der 1. Belorussischen Front befand. Am 25. April war Berlin vollständig eingeschlossen, und am folgenden Tag brach etwa eine halbe Million sowjetischer Soldaten zum Stadtzentrum durch. Am späten Abend des 28. April begann das 79. Schützenkorps mit der Vorbereitung seines Angriffs auf das Reichstagsgebäude. Am 30. April stand die 150. Division an der Schwelle des symbolischen Sitzes der Nazimacht, der für die Rote Armee das „Ziel Nr. 105" darstellte. Nachmittags hißten die beiden Sergeanten Jegorow und Kantarija das rote Siegesbanner in der zweiten Etage des Reichstagsgebäudes. Um 22.50 Uhr wehte es schließlich auf dem Dach des Gebäudes, während sich noch viele deutsche Soldaten im Inneren befanden. Ausnahmsweise wurde die kostbare Munition zu einem kurzen Salut abgefeuert. In der Nacht erfuhren die Sowjets von Hitlers Tod. Bis gegen Mitte des folgenden Tages wurden Verhandlungen geführt. Tschuikow, der Kommandeur der 8. Gardearmee, war über den unproduktiven Verlauf der Gespräche verärgert und ließ das Artilleriefeuer wiederaufnehmen. Früh am Morgen des 2. Mai verfaßte der Berliner Kampfkommandant Weidling einen Befehl zur Kapitulation Berlins, den die Sowjets billigten. Um 15.00 Uhr stellten die sowjetischen Geschütze das Feuer auf Berlin ein. Das Dritte Reich war untergegangen.

Wien und Prag 1945

Im Ergebnis der Operationen am Balaton (siehe Seite 178) nahmen am 15. März 1945 sowjetische Einheiten das Südufer des Sees ein. Die nördliche Grenze der während des Vormarschs eroberten Gebiete verlief westlich von Budapest sowie an den Karpaten und hinter dem Hron entlang. Im Verlauf der Wiener Operation wurden die deutschen Streitkräfte in Ungarn endgültig vernichtet und die österreichische Hauptstadt eingenommen. Darüber hinaus überschritten die sowjetischen Einheiten die Kleinen Karpaten, die die Westgrenze der Gebirgskette und ein natürliches Hindernis darstellen.

Die *Stawka* beabsichtigte zwei Schläge auszuführen, die den Gegner zersplittern sollten: der eine in Richtung Pápa, der andere in Richtung Győr. Die 3. Ukrainische Front begann am 16. März den Angriff nach einer Vorbereitung durch schwere Artillerie und durch Luftstreitkräfte. Am 19. März kamen geschwächte Panzerarmeen zum Einsatz. Die Deutschen machten sich die zahlreichen Hohlwege, engen Bergpässe und Flüsse zunutze, um die sowjetischen Panzer aufzuhalten. Einheiten der 2. Ukrainischen Front brachen am 17. März südlich der Donau durch die deutschen Verteidigungsstellungen. Am 2. April erreichten sowjetische Einheiten den Neusiedler See und die österreichisch-ungarische Grenze. Am 4. April war Ungarn vollständig von den deutschen Okkupanten befreit.

Vom 5. bis 8. April wurde die sowjetische 46. Armee von der Donauflottille über den Fluß ans Nordufer gebracht, um Wien von Norden aus anzugreifen. Die 4. Gardearmee führte einen Angriff von Südosten. Zwischen dem 5. und 9. April spielten sich heftige Straßenkämpfe in den Vororten der Stadt ab. Am 6. April appellierten die Sowjets an die noch verbliebenen Einwohner Wiens, nicht zuzulassen, daß die Deutschen zerstörten, was von der Stadt noch übrig war. Am 9. April verkündete die Sowjetregierung, daß sie die Moskauer Deklaration über die Unabhängigkeit Österreichs erfüllen werde. Jedoch hielten die erbitterten Kämpfe um die Stadt noch bis zum 13. April an. An jenem Tag übernahmen die sowjetischen Einheiten die volle Kontrolle über Wien, und 130 000 Deutsche gerieten in Gefangenschaft. Der Vormarsch kam bei Stockerau zum Stehen, da sich die Aufmerksamkeit nun auf die Schlacht um Berlin richtete, die die letzte werden sollte (siehe Seite 184).

Doch sofort nach dem Fall der deutschen Hauptstadt Anfang Mai verlagerte sich das Interesse wieder in Richtung Süden auf die letzte große Konzentration von Nazi-Einheiten: Schörners Heeresgruppe Mitte, die mittlerweile östlich von Prag durch sowjetische Truppen und in größerer Entfernung durch die Amerikaner eingeschlossen war. Die Deutschen hofften noch immer auf einen Separatfrieden mit den westlichen Alliierten. Doch der stand zu keinem Zeitpunkt zur Debatte, obwohl Churchill und Eisenhower sich darüber einig waren, die Demarkationslinie zwischen den Sowjets und den westlichen Alliierten so weit östlich als möglich zu etablieren. Angesichts dessen wurden die Sowjets zu einer schnellen Ausschaltung der letzten deutschen Einheiten ermutigt. Als Eisenhower ihnen vorschlug, daß die Amerikaner nun auf Prag vormarschieren könnten, erhielt er die scharfe Antwort, die westlichen Alliierten sollten im Westen der Demarkationslinie bleiben und sich von Prag fernhalten.

Nachdem sich die Nachricht über den Vormarsch der US-Amerikaner in Böhmen verbreitet hatte, brachen Anfang Mai in der gesamten Tschechoslowakei nationalistische Unruhen aus, und am 5. Mai begann in Prag ein Aufstand. Die Lage wurde außerdem durch die Anwesenheit von Wlassows Divisionen erschwert, die in deutschen Diensten standen. Wlassow drängte seine Leute, zu den Deutschen zu halten. Die Aufständischen in Prag wandten sich an sie als „Russen und Sowjetbürger" und forderten sie auf, zu desertieren und ihnen beizustehen. Doch der Großteil der Soldaten Wlassows wollten nicht mehr, als sich den Amerikanern zu ergeben, um nicht in sowjetische Gefangenschaft zu geraten. Anfangs unterstützte die 1. Division der Russischen Befreiungsarmee die Aufständischen, doch als Einheiten der deutschen Heeresgruppe Mitte anrückten, um den Aufstand niederzuschlagen, wurden sie eingeschlossen und gezwungen, gemeinsam mit der Waffen-SS zu kämpfen.

Am 7. Mai hatten die Deutschen in Reims ihre bedingungslose Kapitulation erklärt. Es gab jedoch keine Garantie dafür, daß die deutschen Truppen ihrem eigenen Oberkommando Folge leisteten, und so kämpften Schörners Truppen weiter. Marschall Konjew übermittelte am 8. Mai um 20.00 Uhr Details zur deutschen Kapitulation an alle deutschen Einheiten im Westteil der Tschechoslowakei und gab ihnen drei Stunden, sich zu äußern. Als die Antwort ausblieb, nahmen die Sowjets die Kampfhandlungen wieder auf und belegten die Deutschen mit einem gewaltigen Artilleriesperrfeuer. Leljuschenkos 4. Gardepanzerarmee eilte in den frühen Morgenstunden des 9. Mai nach Prag, um von dort Bericht zu erstatten, daß der letzte deutsche Widerstand gebrochen sei. Darüber hinaus habe man viele Gefangene gemacht, und von den amerik. Streitkräften sei nichts zu sehen. Prag war gefallen, doch die sowjetischen Einheiten rückten eilig weiter voran, um die Einkesselung der deutschen Heeresgruppe Mitte zu vollenden. Am 11. Mai, drei Tage nach den Siegesfeiern der westlichen Alliierten in Europa und zwei Tage nach denen der Sowjets, kapitulierte der letzte große Kampfverband der Deutschen.

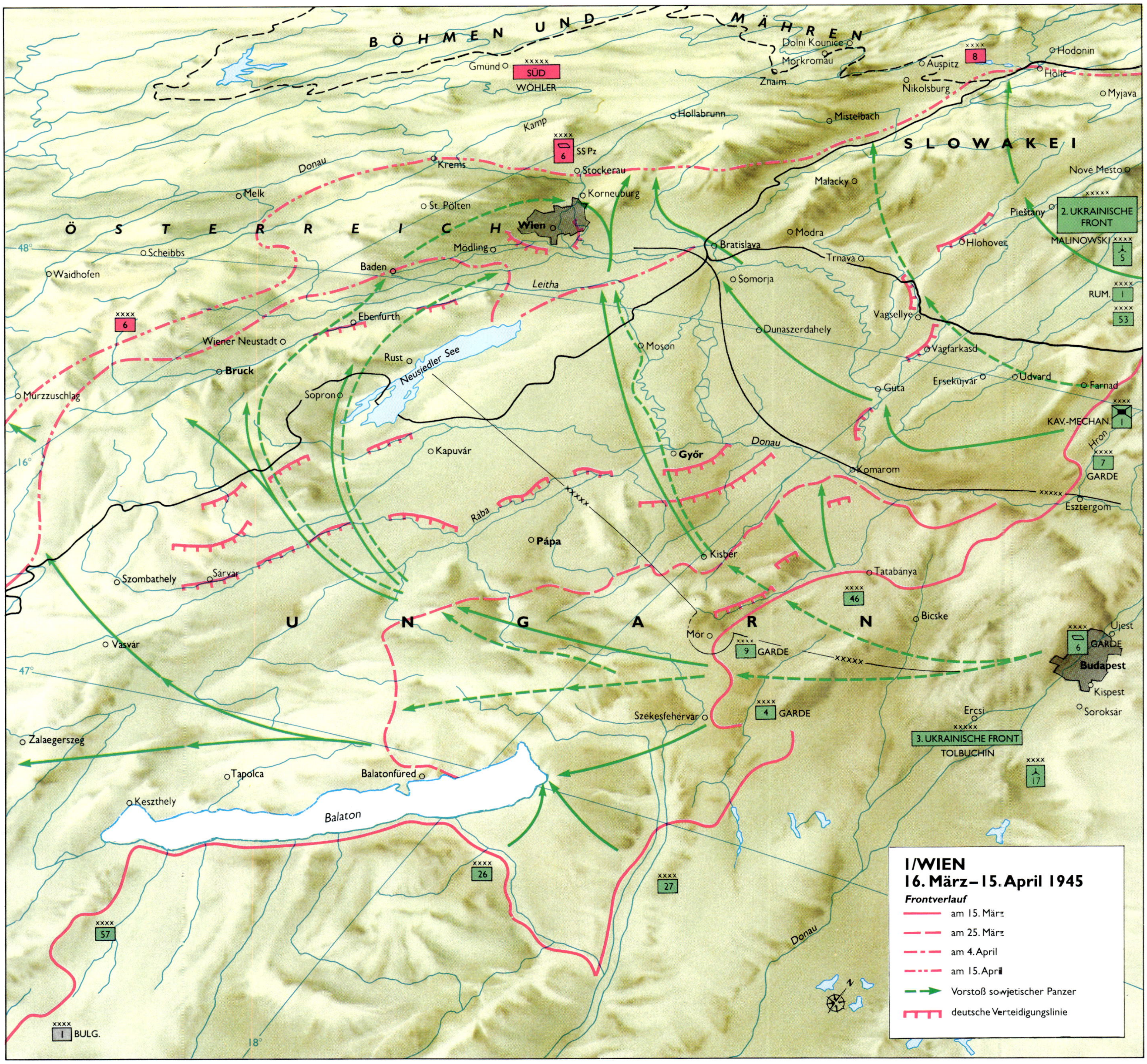

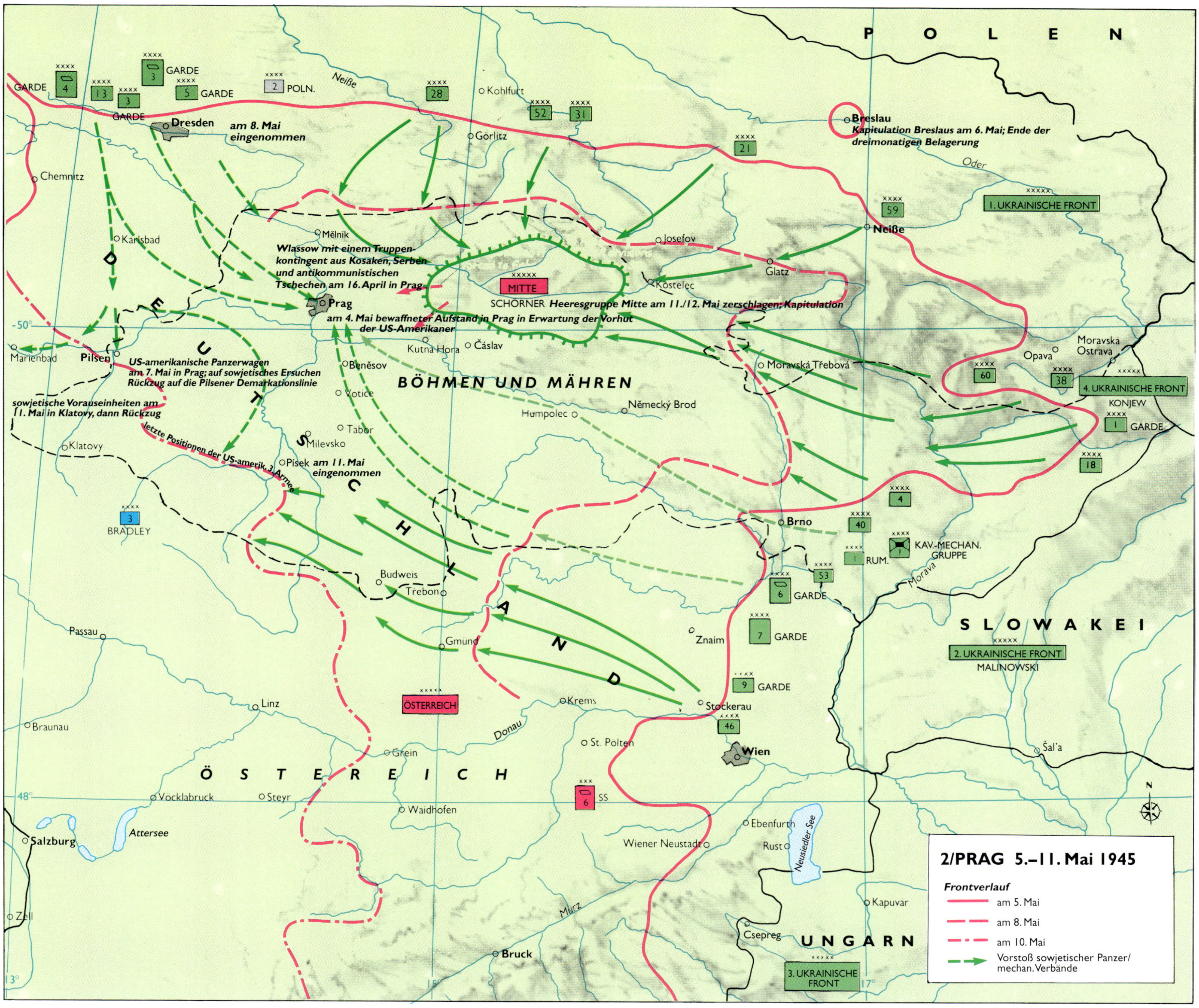

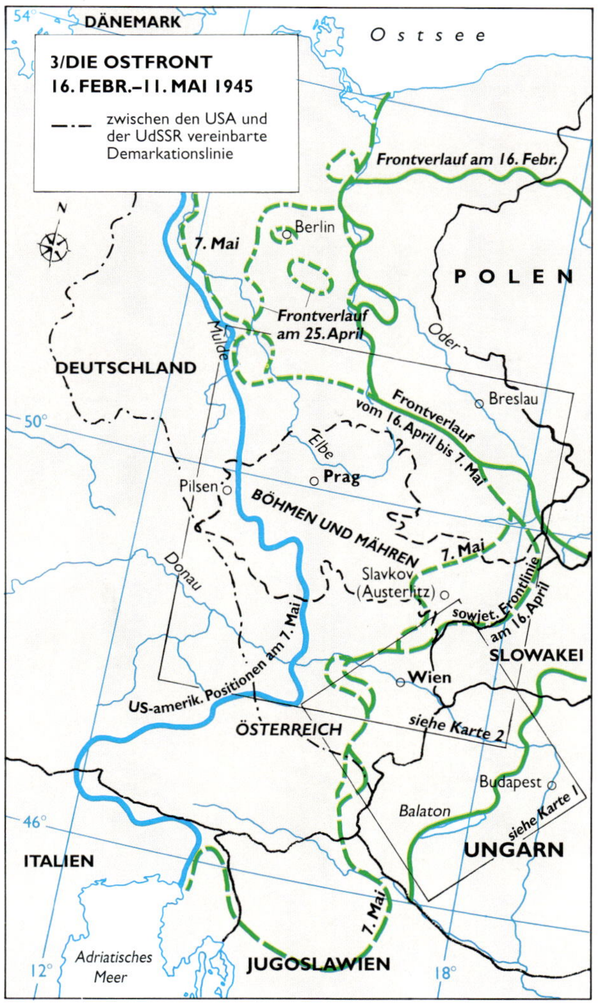

Die 3. Ukrainische Front bestand im Verlauf der Wiener Operation (16. März–15. April 1945) ***(1)*** aus 18 Schützendivisionen, die über 3 900 Geschütze und Granatwerfer, 800 Flugzeuge, aber nur über 197 Panzer und Sturmgeschütze verfügten. Die 2. Ukrainische Front setzte sich aus zwölf Schützendivisionen zusammen, deren Bestand 2 686 Geschütze und Granatwerfer und lediglich 165 Panzer und Sturmgeschütze zählte. Die geringe Panzerdichte war zum Teil auf die Beschaffenheit des Geländes zurückzuführen. Trotz der deutschen Verteidigungsstellungen bei Győr befanden sich die sowjetischen Streitkräfte am 4. April bereits 8 km südlich von Wien. Die Stadt wurde durch eine mechanisierte Division und 8 Panzerdivisionen sowie 15 unabhängige Bataillone verteidigt. Das Vordringen der sowjetischen Truppen in der Stadt selbst vollzog sich langsam, so daß Wien erst am 13. April fiel. Für den Rest des Monats kam der sowjetische Vormarsch zum Erliegen. Nach dem Fall Berlins waren sowohl die Heeresgruppe Mitte als auch Österreich selbst mit einer Gesamtstärke von 900 000 Soldaten, 9 700 Geschützen und Granatwerfern, 1 900 Panzern und Sturmgeschützen sowie 1 000 Flugzeugen das letzte Zentrum deutschen Widerstands in Europa. Aufgrund der Fortschritte der Alliierten im Westen sowie der Aufstände in der Tschechoslowakei vom 1. Mai an, war Eile geboten, und die Sowjets eröffneten den Kampf um Prag, der vom 6. bis 11. Mai 1945 währte ***(2)***. Drei sowjetische Fronten zogen sich wie ein Ring um die Deutschen zusammen: die 1., 2. und 4. Ukrainische Front. Hinzu kamen eine 1. Garde-Kavallerie – mechanisierte Gruppe und verschiedene selbständige Korps, das 1. Tschechoslowakische Armeekorps sowie die 2. Polnische Armee und die rumänische 1. und 4. Armee. Diese Streitkräfte verfügten über insgesamt zwei Millionen Mann, 30 500 Geschütze und Granatwerfer, 2 000 Panzer und Sturmgeschütze und mehr als 3 000 Flugzeuge. Der Prager Aufstand, bei dem etwa 30 000 Aufständische an 1.600 Barrikaden kämpften, begann am 5. Mai. Am 6. Mai nahm die sowjetische Operation ihren Lauf, in deren Ergebnis die deutschen Einheiten bei Breslau zerschlagen wurden. Am 8. Mai erfolgte die Einnahme Dresdens, und am 9. Mai fuhren sowjetische Panzereinheiten in Prag ein, nachdem die deutschen Truppen in der Tschechoslowakei die am 7. Mai in Reims unterzeichnete Kapitulation ignoriert hatten. Die Möglichkeit, daß US-Truppen Prag vor den Sowjets erreichen könnten, hatte sich gegen Ende April ergeben ***(3)***. Doch die Amerikaner respektierten die festgelegte Demarkationslinie in der Tschechoslowakei, zumal auch die Sowjets ihren Vormarsch an der unteren Elbe eingestellt hatten. Letztere verwirklichten ihr Vorhaben, die Unabhängigkeit Österreichs wiederherzustellen. Die beiden letzten sowjetischen Divisionen wurden jedoch erst 1955 aus Österreich abgezogen. Die US-Streitkräfte zogen sich beinahe umgehend aus der Tschechoslowakei zurück. Abgesehen von der Eroberung Rutheniens durch die Sowjets waren in dieser Region – im Gegensatz zu Deutschland und Polen im Norden – die nationalen Grenzen von 1938 wiederhergestellt worden.

Bild rechts: Sowjetische Panzer vom Typ T-34 auf einer Prager Durchgangsstraße nach der Vertreibung deutscher Streitkräfte.

Politik und Strategie 1944–1945

Die Alliierten hatten bis gegen Endes des Jahres 1943 bereits die Grundzüge ihrer Vorgehensweise miteinander abgestimmt: Während durch eine massive Truppenkonzentration der Einmarsch in Westeuropa vorbereitet werden sollte, wurde Stalin zugesichert, daß er die durch seine Armee eroberten Gebiete besetzen könne. Churchill hatte noch immer die Hoffnung, daß ein Vordringen der Alliierten über Italien hinaus bis nach Nordjugoslawien, Ungarn und Österreich anstelle der Operation „Anvil" in Südfrankreich möglich sei. Die Operation fand jedoch statt (siehe Seite 156) und verlangsamte den Vormarsch der Alliierten in Italien nach der Einnahme Roms im Juni 1944 (siehe Seiten 130–132).

Nach dem erfolgreichen Abschluß der Operation „Overlord" kamen Churchill und Roosevelt erneut in Quebec zusammen („Octagon"-Konferenz, 10.–16. September 1944). Dort wurde Eisenhowers Plan für einen Vormarsch nach Nord- und Mitteldeutschland genehmigt, und Roosevelt stimmte dem Vorhaben zu, britische Fallschirmeinheiten über Griechenland abzusetzen. Er schlug außerdem eine Landung von anglo-amerikanischen Einheiten in Nordjugoslawien vor sowie einen Angriff auf Rangun und die Räumung der Burmastraße zur Entlastung Chiang Kai-sheks. Dieser war mittlerweile auch in Chungking unter Druck geraten (siehe Seite 144). Weiterhin nahmen die Konferenzteilnehmer den Vorschlag an, das Nachkriegsdeutschland in eine britische, amerikanische und sowjetische Besatzungszone aufzuteilen, und sie einigten sich auf den Plan des amerik. Finanzministers Morgenthau zur Umwandlung der deutschen Wirtschaft in eine Agrarwirtschaft.

Churchill flog anschließend nach Moskau, um mit Stalin und dem US-Botschafter Harriman zu konferieren (9.–20. Oktober). Er schlug ihnen eine Aufteilung Osteuropas in Einflußsphären vor, wobei den Sowjets der Vorrang in Bulgarien und Rumänien eingeräumt wurde, den Briten dagegen in Griechenland. Jugoslawien und Ungarn sollten zu etwa gleichen Teilen unter den Einfluß beider Seiten gestellt werden. Über die Zukunft Polens wurde ausgiebig gestritten. Bezüglich des 1939/40 annektierten Territoriums blieb Stalin hart, nicht zuletzt, weil seine Streitkräfte mittlerweile ohnehin das gesamte Gebiet besetzt hielten. Churchill war der Ansicht, daß die polnische Exilregierung dies akzeptieren müsse, wenn sie weiterhin auf eine Unabhängigkeit von der Sowjetunion nach dem Krieg hoffen wollte. Deutschland würde dafür jedoch einige Gebiete an Polen abtreten müssen. Die Aufteilung in Einflußsphären konnte mehr oder weniger als Erfolg betrachtet werden, zumindest was die unmittelbaren britischen Interessen anbelangte. Stalin verhinderte, daß die griechischen Kommunisten im Winterhalbjahr 1944/45 die Macht ergriffen (siehe Seite 128), und hielt die Kommunisten in Italien davon ab, das Mehrparteiensystem in ihrem Land zu zerstören. Der Einfluß der westlichen Politik in Jugoslawien schien durch das Zustandekommen einer Vereinbarung mit dem Kommunistenführer Tito gesichert zu sein (siehe Seite 128).

Die letzte Zusammenkunft von Roosevelt, Stalin und Churchill fand vom 4. bis 11. Februar 1945 in Jalta statt. Die Westmächte zogen dort endgültig ihre Anerkennung der polnischen Exilregierung in London zurück. Außerdem erreichten die Konferenzteilnehmer eine prinzipielle Einigung auf die schon früher vorgeschlagene Entschädigung Polens auf Kosten Deutschlands. Der Morgenthau-Plan war inzwischen wieder fallengelassen worden. Statt dessen sollte eine Konferenz in Moskau die Art und Höhe der Reparationen für den durch das Dritte Reich verursachten Schaden bestimmen. Auf das Drängen der Briten kam man überein, ein vierte Besatzungszone für die Franzosen festzulegen. Die Hauptkriegsverbrecher sollten vor Gericht gestellt werden. Darüber hinaus gaben die Westmächte ihre Zusage, im Zuge eines allgemeinen Austauschs von Angehörigen der alliierten Nationen die in Deutschland befindlichen Sowjetbürger in ihr Heimatland zurückzusenden (siehe Seite 190). Stalin seinerseits versprach, daß die Sowjetunion in den Krieg gegen Japan eintreten werde und bekam dafür Sachalin und die Kurilen-Inseln zugesichert (siehe Seite 200).

Am 25. April 1945 erzielte man in San Francisco Einigkeit über die Grundzüge der Vereinten Nationen, deren in Dumbarton Oaks verabschiedete Charta bereits früher in Jalta angesprochen worden war. 1943 schufen die Vereinigten Staaten eine UN-Hilfsorganisation zur Unterstützung der Flüchtlinge und Verschleppten (UNRRA), die besonders nach dem Krieg damit beschäftigt war, den leidgeprüften Ländern Europas Beistand zu leisten. Dennoch konnten all diese Vereinbarungen nicht das Entstehen von rivalisierenden Machtblöcken und die Entfesselung eines Wettrüstens verhindern (Kalter Krieg). Doch über einige Jahre hinweg hielt ein neugeschaffener Rat der Außenminister Tagungen ab. Die letzte Kriegskonferenz mit der Bezeichnung „Terminal" fand schließlich vom 17. Juli bis 2. August 1945 in Potsdam statt. An die Stelle des verstorbenen US-Präsidenten Roosevelt war Harry S. Truman getreten, der gemeinsam mit seinem neuen Außenminister Byrnes anreiste. Außerdem nahmen Stalin, Churchill und Eden sowie der spätere britische Premierminister Attlee teil. Am 26. Juli forderte die Potsdamer Erklärung Japan zur Kapitulation auf. Da Moskau sich noch neutral verhielt, akzeptierte Japan, doch die von Japan gestellten Bedingungen wurden von den Alliierten nicht angenommen. Die USA verfügten mittlerweile über Atombomben, die sie gegen Japan einsetzen konnten, und Stalin wurde über diese Tatsache unterrichtet. Er erhielt den Auftrag, in den Krieg im pazifischen Raum einzugreifen, obwohl klar war, daß die Sowjets damit gleichzeitig Einfluß auf Teile Chinas gewinnen würden. Es zeigte sich, daß bestimmte Fragen aufgrund ihrer Komplexität nicht in Potsdam würden gelöst werden können.

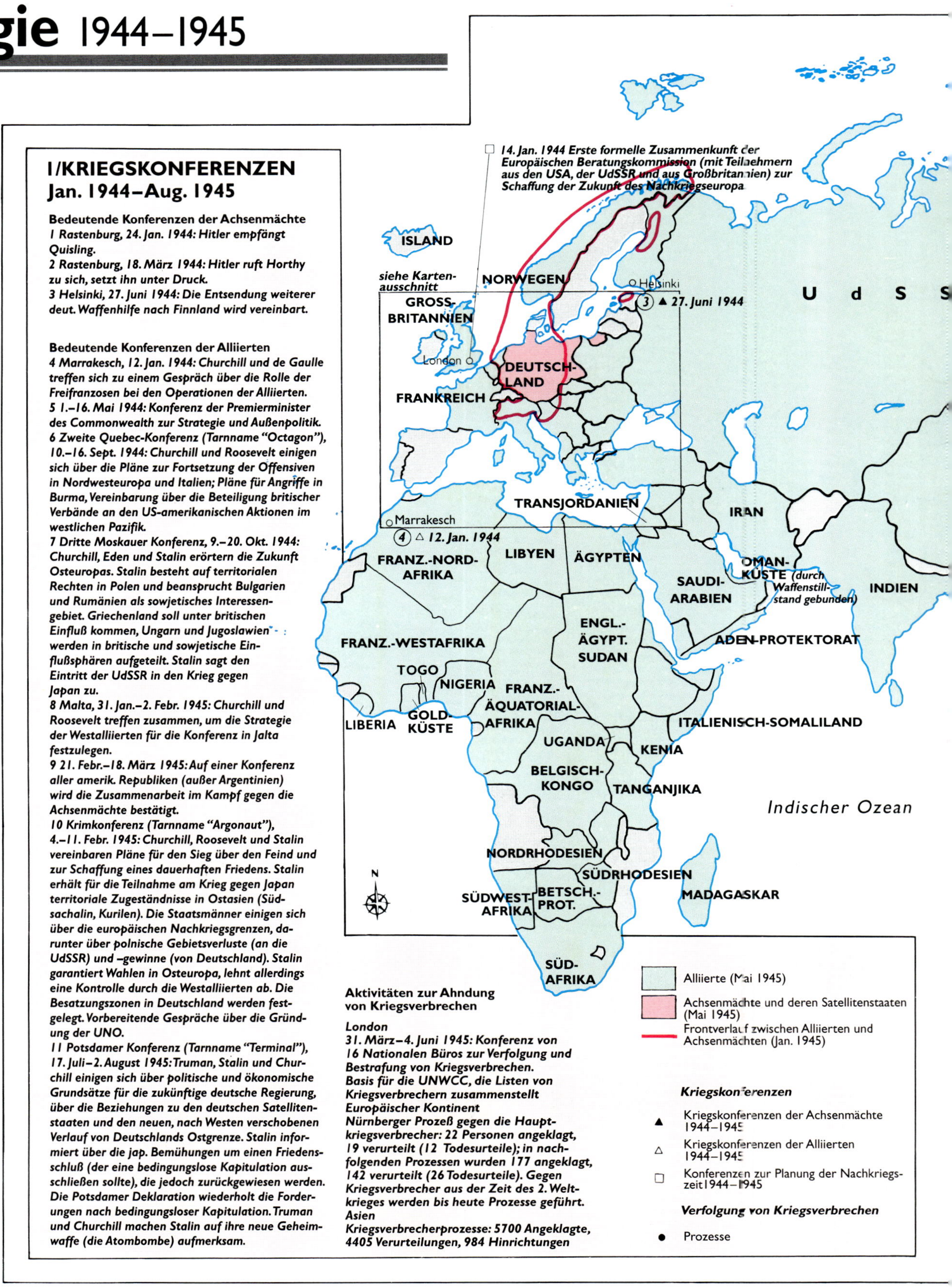

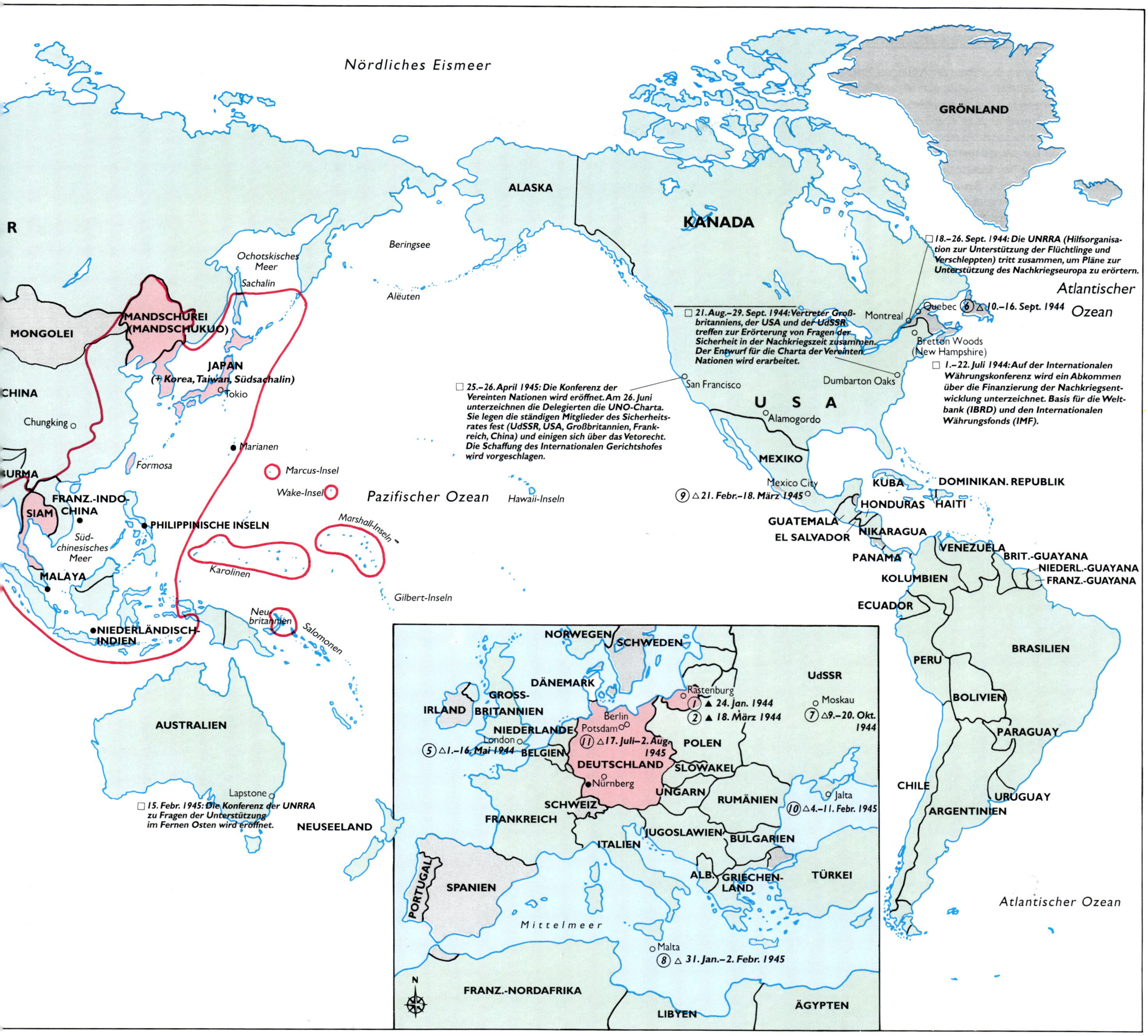

Das Bombenattentat am 20. Juli

Am 20. Juli explodiert eine von Graf Stauffenberg plazierte Bombe während einer Lagebesprechung Hitlers; 1 Offizier wird getötet, Hitler verletzt.

Stauffenberg fliegt sofort nach Berlin, löst dort zusammen mit Beck, Goerdeler, von Witzleben und Olbricht den Staatsstreich aus.

Das Heer versäumt die Besetzung des SS- und des Regierungsviertels, nachdem die Nachricht vom Überleben Hitlers bekanntgeworden ist.

Der am 20. Juli in Berlin ausgelöste Putschversuch des Heeres schlägt fehl.

General von Stülpnagel löst den Militärputsch aus, läßt 1200 Angehörige der SS und des SD verhaften; die Macht des Heeres bricht am 21. Juli zusammen.

Olbricht und Stauffenberg werden von Anhängern der SS erschossen; Beck erhält die Möglichkeit, Selbstmord zu begehen.

3.00 Uhr verkündet Hitler über alle Radiostationen Deutschlands, daß er das Attentat überlebt hat.

Am 7. August werden von Witzleben, Hoepner und von Hase vor Gericht gestellt und am 8. August hingerichtet.

In den folgenden fünf Monaten werden ca. 5000 der Verschwörung Verdächtigte vor Gericht gestellt und hingerichtet; eine noch größere Zahl von Personen kommt in Konzentrationslager; Rommel wird aufgefordert, Selbstmord zu begehen.

Die Diplomatie der Alliierten erreichte im Verlauf der beiden letzten Kriegsjahre ihren Höhepunkt, nachdem erfolgreiche Großoffensiven in West-, Ost- und Südosteuropa den Weg für detaillierte Gespräche über die Zukunft Europas und die gesamte Nachkriegswelt freigemacht hatten. Im pazifischen Raum stießen die Offensiven der Alliierten auf so entschlossenen Widerstand, daß der Einsatz der neuentwickelten Atombombe gegen Japan beschlossen wurde. Zwei Tage nach dem Abwurf der ersten Atombombe auf Hiroshima (8. August 1945) erklärte die Sowjetunion Japan den Krieg. In Deutschland erfreute sich Hitler noch immer großer Unterstützung, obwohl sich im Kriegsverlauf das Blatt gewendet hatte. Der aktive Widerstand ***(2)*** war immer gering gewesen und hatte sich weitgehend auf den linken Flügel sowie auf Teile der Aristokratie und des Militärs beschränkt. Aus den letztgenannten Gruppierungen formierte sich bereits 1942 der Kreisauer Kreis, der mehrmals Pläne für ein Attentat auf den Führer wieder verworfen hatte. Die einzige ernstzunehmende Verschwörung gegen ihn schlug fehl, als am 20. Juli 1944 Hitler eine Bombenexplosion in seinem Hauptquartier Rastenburg überlebte. Die mangelnde Entschlossenheit eines Großteils der hohen Offiziere, die sich zur Machtübernahme im Reich nach der Verkündung von Hitlers Tod bereitgehalten hatten, führte zum Mißlingen des Staatsstreichs. Umfangreiche und schreckliche Vergeltungsmaßnahmen waren die Folge. Neun Monate später beging Hitler Selbstmord, als die Sowjets in Berlin einzogen. Auch Goebbels und Himmler nahmen sich das Leben, und Bormann wurde in den Ruinen von Berlin getötet. Mussolini wurde von italienischen Partisanen hingerichtet. Schließlich wurde die Mehrheit der überlebenden führenden Persönlichkeiten der Achsenmächte vor das in Nürnberg und Tokio einberufene Internationale Kriegsverbrechertribunal gestellt. Dieses Tribunal betonte die Moralvorstellungen und die ideologischen Hintergründe des Sieges der Alliierten.

Bild unten: Ein Plakat ruft nach der Kapitulation Deutschlands dazu auf, die Kriegsanstrengungen der Alliierten nun gegen Japan zu richten.
Bild rechts: Die erste Atombombe (Spaltung von Plutoniumkernen) wurde am 16. Juli 1945 zu Versuchszwecken in Alamogordo, New Mexico gezündet. Am 24. Juli entschied US-Präsident Truman, die Waffe gegen Japan einzusetzen, wenn die von den Japanern gestellten Friedensbedingungen nicht entgegenkommender ausfielen. Am 6. August warfen die USA eine Uranbombe auf Hiroshima und am 8. August eine Plutoniumbombe auf Nagasaki. Etwa 120 000 Menschen fanden durch die Wirkung der Bomben sofort den Tod.

Die Besetzung Deutschlands ab 1945

Im November 1943 kamen die Führer der Alliierten, Roosevelt, Churchill und Stalin, in Teheran überein, eine Europäische Beratende Kommission mit Sitz in London zu schaffen, die Pläne für die kommende Besetzung Deutschlands zu erstellen hatte. Diese gingen von einem Vormarsch der alliierten Armeen aus östlicher Richtung und von der Normandie her aus und sprachen Ostdeutschland den Sowjets zu, während die Briten Norddeutschland und die Amerikaner Süddeutschland erhalten sollten. Berlin wurde unter die gemeinsame Kontrolle aller drei Parteien gestellt. Roosevelts Vorschlag, einen Korridor zu schaffen, der Berlin mit den westlichen Besatzungszonen verbinden sollte, wurde nicht in Erwägung gezogen. Im März 1944 stellte die Kommission ihren Plan fertig, der im Februar 1945 in Jalta angenommen wurde. Auf Vorschlag der Briten wurden die für sie und die Amerikaner vorgesehenen Gebiete eingeengt, um Frankreich eine Besatzungszone in der Pfalz sowie in Baden und in Württemberg zuzuweisen. Darüber hinaus erhielt Frankreich einen Sektor in Berlin.

Die Deutschen erfuhren noch vor dem Zusammenbruch des Dritten Reiches, daß die Grenze zwischen der sowjetischen und den westlichen Besatzungszonen entlang der Elbe verlaufen sollte. Admiral Dönitz, der nach Hitlers Selbstmord die Führung Deutschlands übernommen hatte, wurde durch diese Nachricht veranlaßt, den Widerstand gegen die Sowjets auszuweiten und gleichzeitig Gespräche mit den Briten und Amerikanern zu suchen. Er wollte die Westalliierten dazu bewegen, den Millionen von Deutschen, die aus dem Osten flohen, ein Schlupfloch durch die Grenzlinie zu öffnen. Darum schickte er am 3. Mai Admiral von Friedeburg zu Verhandlungen mit Montgomery über eine auf Norddeutschland begrenzte Aufgabe. Dieser wurde jedoch dazu genötigt, die Kapitulation zu unterzeichnen, welche am 4. Mai in Kraft trat. Jodl erfuhr am 6. Mai in Eisenhowers Reimser Hauptquartier eine ähnliche Behandlung: Seine Abgesandten wurden am 7. Mai zu einer bedingungslosen Kapitulation gezwungen. Sie trat am 8. Mai in Kraft und wurde am 9. Mai in Berlin ratifiziert. Die westlichen Alliierten zogen sich jedoch erst am 7. Juli endgültig aus den Gebieten östlich der Elbe zurück. Zwei Tage später nahmen sie entgegen den Bestrebungen der Sowjets ihre Zonen in Berlin in Besitz. Einen Monat später, nachdem Dönitz und seine „Regierung" in Flensburg unter Arrest gestellt worden waren, nahm der Alliierte Kontrollrat für Deutschland am 22. Juni seine Arbeit auf.

Die ersten Verwaltungschefs der vier Besatzungszonen waren Militärbefehlshaber: Clay in der amerikanischen, Montgomery in der britischen, Shukow in der sowjetischen und Koenig in der französischen Zone. Die westlichen Befehlshaber verfolgten eine Politik, die nicht bereit zur Verbrüderung war und begannen mit der Entnazifizierung. Das Interesse der Sowjets richtete sich mehr darauf, in ihrer Zone die Industrieanlagen abzutransportieren, die sie als Kriegsreparationen beanspruchten. In allen vier Zonen ließen die Siegermächte umgehend die Wiederbelebung der vor der Naziära existierenden Parteien zu. Die Amerikaner gestatteten in ihrer Zone im Januar 1946 die Durchführung von Kommunalwahlen. Das Wiederaufblühen des politischen Lebens in der britischen und der französischen Zone führte dann am 21. September 1949 zur Gründung der Bundesrepublik Deutschland, die alle drei Westzonen umfaßte. Ihre Schaffung war der Tatsache geschuldet, daß sich die Westmächte mit den Sowjets nicht über die Bedingungen für einen allgemeinen deutschen Friedensvertrag einigen konnten. Letztere zerschlugen die nichtkommunistischen Parteien in ihrer Zone und verweigerten während der Blockade von 1948/49 den Westmächten den Zugang nach Berlin auf dem Landweg. Außerdem unterstützten sie die Umwandlung ihrer Zone in die Deutsche Demokratische Republik, die unter einer kommunistischen Regierung am 7. Oktober 1949 gegründet wurde. Die Vereinigten Staaten, Großbritannien und Frankreich beendeten 1951 ihren Kriegszustand mit der Bundesrepublik, die Sowjetunion folgte 1955 ihrem Beispiel.

Erst auf der Konferenz von Jalta wurden die Besatzungszonen für Österreich festgelegt. Wien kam unter die Aufsicht aller vier Mächte, wobei das Zentrum der Stadt als internationale Zone betrachtet wurde. Am 29. April 1945 wurde der Anschluß an Deutschland aufgehoben und die Wiederherstellung der Republik von vor 1938 durch eine sowjetisch unterstützte Regierung verkündet. Widerstrebend erkannten die Westmächte diese Regierung am 20. Oktober an, doch im Zuge der im November abgehaltenen Wahlen kam wieder eine demokratische Mehrheit zustande. Österreich wurde nun als freier Staat betrachtet, und seine neue Regierung übernahm immer mehr Vollmachten von den Besatzungsmächten. Nach der Unterzeichnung des österreichischen Unabhängigkeitsvertrages von 1955 verließen schließlich alle ausländischen Streitkräfte das Land.

Im Ergebnis des Krieges herrschte in Europa 1945 nicht nur ein politisches Durcheinander, sondern es war auch auf wirtschaftlichem Gebiet erschöpft. Diese Lage verschärfte sich durch das Ausmaß der Bevölkerungsabwanderung noch mehr. Landwirtschaft und Industrie hatten in den Kriegsgebieten schweren Schaden genommen, und das Transportwesen – insbesondere das Eisenbahnnetz – war lahmgelegt. Bis 1949 herrschte politische Ungewißheit, die durch den zunehmenden Gegensatz zwischen den USA und der UdSSR genährt wurde. In Westeuropa legten umfangreiche wirtschaftliche Hilfeleistungen der

1/DIE KAPITULATION DEUTSCHLANDS Mai 1945

Amerikaner (Marshall-Plan von 1948–1952) bald den Grundstein für neuen Wohlstand.

Der Kalte Krieg spaltete Europa in drei Blöcke: einen westlichen, einen kommunistischen und einen neutralen. Die der ersten Gruppierung angehörenden Länder wurden 1949 in der North Atlantic Treaty Organization (NATO) durch ein Verteidigungsbündnis an die Vereinigten Staaten und Kanada gebunden. Schrittweise traten diese Länder außerdem der Europäischen Wirtschaftsgemeinschaft bei. In Osteuropa entstanden als Gegenstück dazu die Organisation der Warschauer Vertragsstaaten sowie der Rat für Gegenseitige Wirtschaftshilfe. Doch erst auf der Konferenz über Sicherheit und Zusammenarbeit in Europa, die 1975 in Helsinki stattfand, erkannten beide politischen Lager die europäischen Grenzen an und betrachteten sie von nun an als unverletzlich.

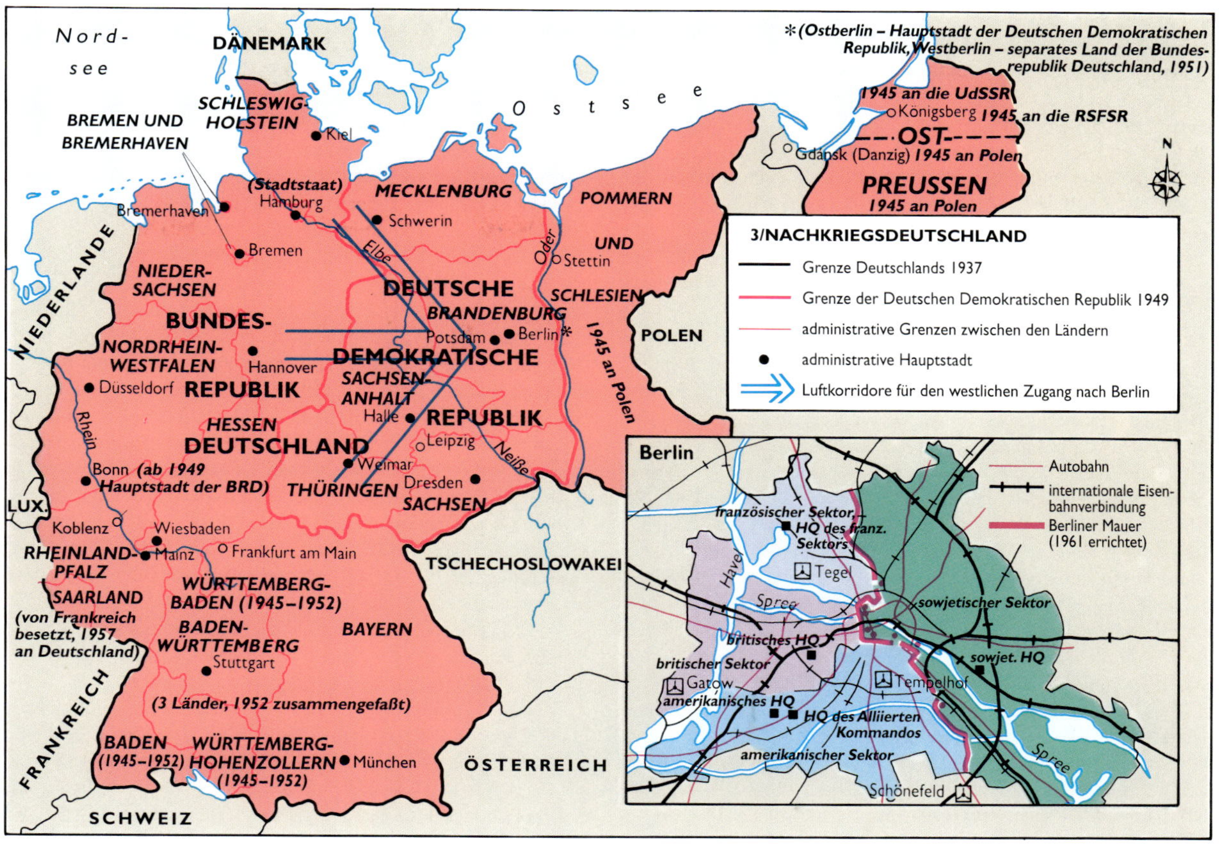

Nach Hitlers Selbstmord am 30. April 1945 übernahm Großadmiral Dönitz die politische Entscheidungsgewalt. Die einzigen noch handlungsfähigen deutschen Einheiten ***(1)*** befanden sich in eingeschlossenen Gebieten an der Ostseeküste, in der Region Berlin, im Bereich der Grenze zwischen der Ost- und der Westzone an der Elbe und in der „Alpenfestung". Die deutschen Streitkräfte in Italien hatten am 29. April ihre Teilkapitulation unterzeichnet, die am 2. Mai in Kraft trat. Die Heeresgruppe G in Österreich kapitulierte am 5. Mai, und die allgemeine Kapitulation Deutschlands erfolgte am 8. Mai. Auf der Potsdamer Konferenz im Juli 1945 wurden die neuen Grenzverläufe in Europa ***(2, 3)*** ausgehandelt. Die von den Sowjets unterstützte polnische Regierung übernahm die Verwaltung des östlichen Teils von Deutschland bis zur Oder-Neiße-Linie. Polen und die UdSSR teilten Ostpreußen unter sich auf. Polen konnte sich – wenn auch in sehr geschrumpfter Form –, rekonstituieren, die Tschechoslowakei erlebte ihre Wiedervereinigung, und Jugoslawien wurde wiederhergestellt. Die westlichen Grenzen Deutschlands verliefen wieder entlang der Linie von 1939. Aus den westlichen und aus der östlichen Zone bildeten sich 1949 zwei voneinander unabhängige Republiken. Das Ausradieren der europäischen Grenzen der Nazizeit war mit einer enormen Migration verbunden ***(2)***. Deutsche wurden aus der Tschechoslowakei und Polen vertrieben, und sogenannte Volksdeutsche flohen aus Jugoslawien, Ungarn, Rumänien, den baltischen Staaten und der UdSSR. Etwa 10 Millionen Deutsche erreichten die westlichen Besatzungszonen; auf dem Weg dorthin starben etwa 3 Millionen. Mehrere Millionen Sowjetbürger, die während des Krieges in Richtung Westen gezogen waren, wurden aufgrund einer Übereinkunft von Jalta zurückgeschickt, viele von ihnen in den sicheren Tod. Die Besatzungsmächte zwangen außerdem Tausende von Jugoslawen, die sich während des Partisanenkrieges auf die falsche Seite geschlagen hatten, in ihr von Tito regiertes Land zurückzukehren. Etwa eine Million Zwangsvertriebene unterschiedlicher Nationalitäten aus den westlichen Besatzungszonen wurden in westlichen Ländern angesiedelt, und viele jüdische Überlebende des Holocaust gingen nach Palästina (ab Mai 1948 Israel). Rund 400 000 Finnen wurden durch die sowjetische Annexion von Karelien zwangsvertrieben. Die sowjetische Regierung riß mit Gewalt 200 000 Balten aus ihrer gewohnten Umgebung, wobei ebenso viele bereits nach Deutschland geflohen waren. Darüber hinaus siedelte sie Minderheiten zwangsweise um oder verbannten diese, wenn sie unter dem Verdacht der Kollaboration mit den Deutschen standen.

Bild oben: US-Panzereinheiten fahren im Mai 1945 in München ein.

Das Japanische Kaiserreich 1941–1945

Ein Dokument des britischen Kriegskabinetts besagte, daß Deutschland den Krieg verlieren würde, weil es zwar über Fabriken, nicht aber über Rohstoffe verfüge. Für Japan traf genau das Gegenteil zu, was ebenfalls zu einer Niederlage führen würde. Abgesehen davon, daß diese Aussage zwar eine Spur von Übertreibung enthielt, so traf sie doch in Bezug auf Japan hinreichend zu. Obwohl die Japaner ihre südlichen Rohstoffgebiete hatte sichern können, fehlte es ihnen sowohl an den Mitteln als auch an der Zeit, ihre eroberten Gebiete zu erschließen und aus den verfügbaren Ressourcen einen militärischen Nutzen zu ziehen. Diese Situation war in hohem Maße auf ein politisches Versagen zurückzuführen. Die rassistische Überheblichkeit der Japaner hielt sie davon ab, den Völkern der zwischen 1931 und 1942 okkupierten Länder eine Grundlage für eine Zusammenarbeit und Partnerschaft zu bieten. Obwohl sie verschiedene Marionettenregime eingesetzt und Ländern wie z. B. Burma und den Philippinen zumindest eine nominelle Unabhängigkeit zugestanden hatten, übten sie weiterhin in all ihren eroberten Gebieten die Entscheidungsgewalt aus. Es gelang den Japanern zwar, in manchen Regionen zahlenmäßig recht umfangreiche bewaffnete Streitkräfte aufzustellen. Sie waren aber dennoch nicht in der Lage, eine allgemeine politische Anerkennung ihrer Herrschaft durchzusetzen und hatten nur dort die Vormachtstellung inne, wo sie mit Gewalt vorgehen konnten.

Dem Beispiel von Hitlers „Neuer Ordnung“ in Europa folgend, brachten die Japaner 1938 allerdings den Gedanken einer Ostasiatischen Wohlstandssphäre ein. Diese sollte als Stütze für die japanischen Propagandabemühungen dienen und die eroberten Regionen zu einem ideologischen, politischen und wirtschaftlichen Ganzen verbinden. Es fanden zwar einige Konferenzen unter Beteiligung von Politikern der Marionettenregierungen statt, die allein dem Ziel dienten, die Gründe für die Existenz der Wohlstandssphäre und ihren weiteren Entwicklungsweg aufzuzeigen. Dennoch blieb sie eine reine Farce und erreichte nie eine solche wirtschaftliche Bedeutung wie beispielsweise Görings Reichswerke in Europa. Allein die Größe und Komplexität von Japans Kolonialreich machte jeden Versuch zunichte, eine Geschlossenheit und ein gemeinsames Arbeiten durchzusetzen. Die Japaner starteten eine ehrgeizige Kampagne in der Presse und im Rundfunk, die dem Versuch diente, die Menschen in den besetzten Gebieten auf ihre Seite zu ziehen. Die Ergebnisse von Japans politischer Kriegsführung waren unterschiedlich. Allein auf den Philippinen hätten Sendungen in mehr als 70 Sprachen und Dialekten ausgestrahlt werden müssen, um die gesamte Bevölkerung zu erreichen. Doch auf Malaya gelang es den Japanern 1943 mit ihrer anti-britischen Propaganda, eine Armee aus Angehörigen der tamilischen Bevölkerung der Insel aufzustellen. Darüber hinaus war eine unter dem führenden indischen Nationalisten Subhas Chandra Bose geschaffene Indische Nationalarmee dazu bestimmt, in Burma zu kämpfen und den Subkontinent selbst zu befreien.

In wirtschaftlicher Hinsicht konnten die Japaner für sich oftmals bedeutsame, aber kurzlebige Vorteile erzielen. Diese kamen allerdings nur dadurch zustande, daß sie das Wohlwollen aufs Spiel setzten, das ihnen in den einzelnen Regionen entgegengebracht wurde. Die japanischen Handelsdefizite mit anderen Ländern konnten vor 1941 einerseits nur durch eine rücksichtslose Ausbeutung und die Manipulation der Wechselkurse zum Nutzen der Japaner ausgeglichen werden, andererseits durch die Überschüsse im Handel mit der Mandschurei. Abgesehen davon sicherten sich die Japaner Kohle und andere Rohstoffe aus Nordchina zu Preisen, die lediglich 10 bis 25% der eigentlichen Kosten entsprachen. So habgierig und unsinnig die japanische Herrschaft in diesen und anderen Gebieten auch war – die eigentliche Ursache für Japans wirtschaftliche Niederlage im Zweiten Weltkrieg lag darin begründet, daß die Industrie des Landes nicht stark genug war, der Herausforderung durch die Vereinigten Staaten im westpazifischen Raum zu begegnen.

Japans Versagen ist mit dem Finanzkapital in Zusammenhang zu bringen. Ein Teil der Probleme war außerdem auf das Fehlen einer Wirtschaftsstruktur und einer wirksamen zentralen Planung zurückzuführen. Die wohl eindeutigste Ursache für Japans wirtschaftliche Niederlage bestand allerdings in der Zerschlagung seines Seehandels (siehe Seite 194). Ein Großteil der japanischen Produktionsmittel war auf die Erzeugung von Investitionsgütern und nicht auf den entwickelten Endproduktmarkt ausgerichtet, der es der amerik. und britischen Wirtschaft gestattete, sich relativ problemlos auf eine Kriegsproduktion umzustellen. Die japanischen Produktionsmittel wurden aufgrund einer Zunahme an Konstruktionsvorschriften vergeudet, und es kam zu anhaltenden Rivalitäten zwischen den einzelnen Wirtschaftsbereichen. Diese führten im Falle der Luftwaffe sogar dazu, daß eine Standardisierung von Geschützen, Radaranlagen und Spannungsquellen unmöglich wurde. Während bestimmte Bereiche der japanischen Kriegsproduktion sich – zumindest auf dem Papier –, recht beachtlich darstellten, wurde dieser Eindruck durch die qualitativ schlechte Ausführung oftmals wieder zunichte gemacht. So blieben zwar die Produktionszahlen bei Flugzeugträgern bis ins Jahr 1944 auf einem beachtlichen Niveau, doch die umgebauten leichten Träger waren nicht für die modernen Flugzeuge geeignet, die dann in Dienst gestellt wurden. Einige von ihnen mußten wegen des Mangels an Stahl unter Verwendung von Beton fertiggestellt werden. Im Jahr 1944 konnten sich nur noch wenige japanische Rüstungsgegenstände mit ihrem amerik. Pendant vergleichen.

Seit dem Beginn der industriellen Revolution in Japan, die auf die Meiji-Reform von 1867 folgte, war die Industrie des Landes auf Rohstoffimporte und Exportmärkte angewiesen ***(1)***. In erster Linie waren das die Gründe für Japans Kriegseintritt. Doch das Kaiserreich war außerstande, einen dauerhaften Fluß von Ressourcen aus den südlichen Rohstoffgebieten aufrechtzuerhalten. Ebensowenig gelang es, einen effektiven Nutzen aus den näher an den Mutterinseln gelegenen Eroberungen in China und der Mandschurei zu ziehen, was bereits die Unvermeidbarkeit seiner Niederlage andeutete. Der Angriff der Alliierten auf die japanische Handelsflotte (siehe Seite 194) und das folgende verheerende Luftbombardement (siehe Seite 196) trafen die Wirtschaft des Landes an ihrer schwächsten Stelle. Zwar behielt die japanische Kriegsproduktion bis 1944 ihren hohen Ausstoß bei, doch die Qualität der Produkte selbst verschlechterte sich merklich. Das erklärte politische Ziel Japans war der Kampf für die Befreiung Ostasiens aus der Gewalt westlicher Imperialisten. Dennoch richtete es sowohl seine militärischen als auch seine propagandistischen Anstrengungen zwischen 1937 und 1945 gegen China, das eine Einigung mit Japan abgelehnt hatte. Die brutale Härte der japanischen Besatzungspolitik in Nordchina bewies, daß die Japaner sowohl mit der Behauptung, lediglich die Führungsrolle in einer Konföderation asiatischer Völker einnehmen zu wollen, als auch mit der Schaffung der Ostasiatischen Wohlstandssphäre 1938 ***(2)*** eine Lüge in die Welt gesetzt hatten. Zwar gelang es Japan in nahezu allen anderen besetzten Gebieten, sich ein gewisses Maß an Kooperation von seiten der Nationalisten oder von Angehörigen der alten Hierarchien zu sichern. Auf lange Sicht schlossen sich jedoch die Ziele aller Beteiligten gegenseitig aus. In mehreren Regionen Südostasiens zogen die Japaner einen Nutzen aus den antiimperialistischen Sentiments der Bevölkerung, erkannten aber nicht, daß diese sich leicht auch gegen sie selbst richten könnten. Selbst Thailand, das zwischen 1940 und 1943 unter japanischer Schirmherrschaft Teile von Französisch-Indochina, Burma und Malaya eingenommen hatte, war lediglich ein Gefangener der zunehmenden ökonomischen Forderungen Japans.

Bild oben: Kaiser Hirohito nimmt das Fliegeralarm-Warnsystem von Tokio in Augenschein. Die riesigen Schallhörner hatten die Aufgabe, das Geräusch anfliegender Flugzeuge aufzufangen.
Bild unten: Ein japanisches Plakat aus dem Jahr 1943: Ein japanischer Soldat zertrampelt Feinde aus der westlichen Welt. Die Kettenglieder A, B und D stehen für Amerikaner, Briten und Niederländer.

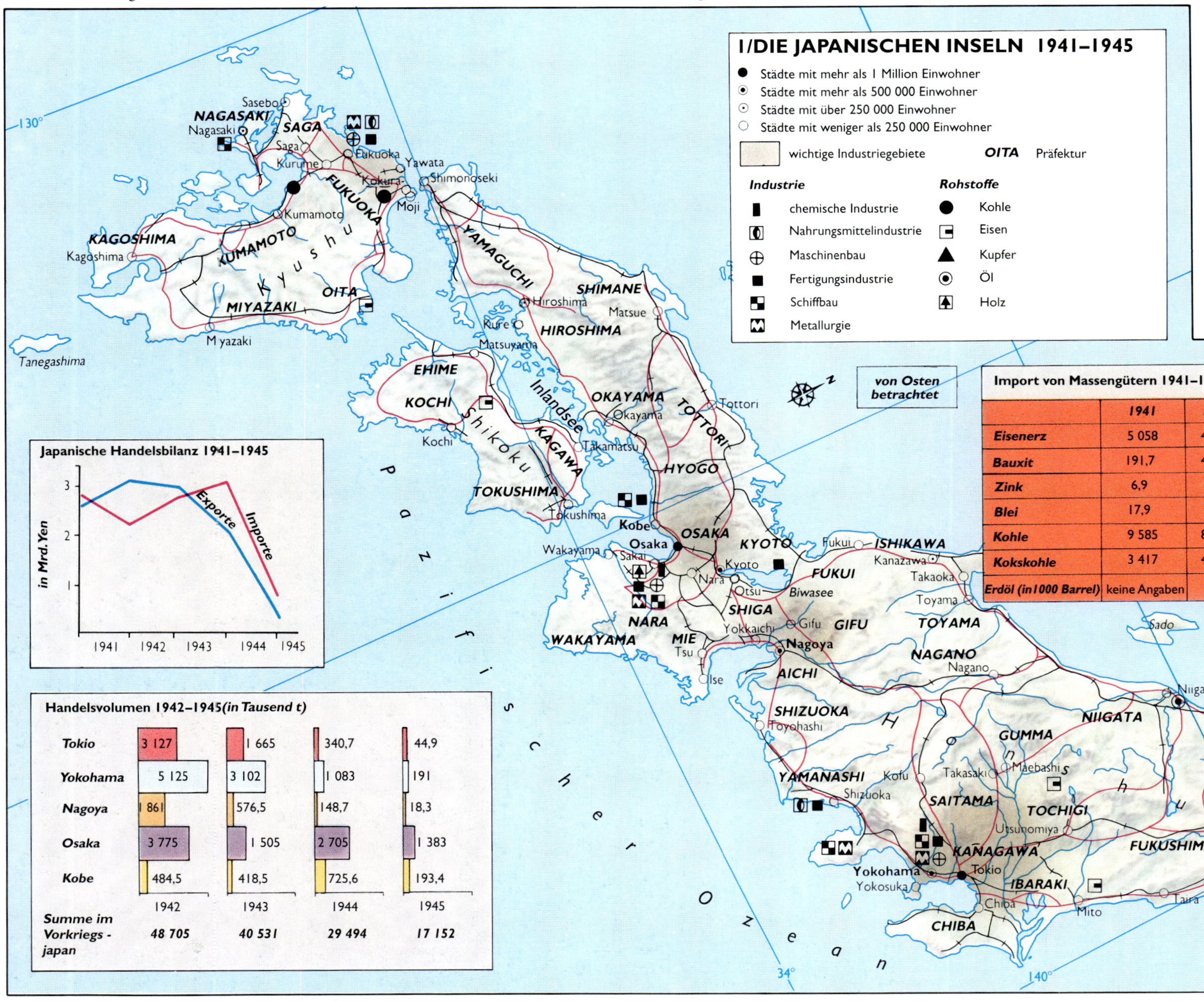

Import von Massengütern 1941–1945 (in Tausend t)	1941	1942	1943	1944	1945
Eisenerz	5 058	4 880	3 686	1 668	143
Bauxit	191,7	497,5	871	494,7	39,4
Zink	6,9	8,5	10	6,1	2,5
Blei	17,9	11	24,6	16,8	4
Kohle	9 585	8 748	6 029	3 135	188
Kokskohle	3 417	4 025	2 939	1 435	134
Erdöl (in 1000 Barrel)	keine Angaben	10,5	14,5	4,9	0

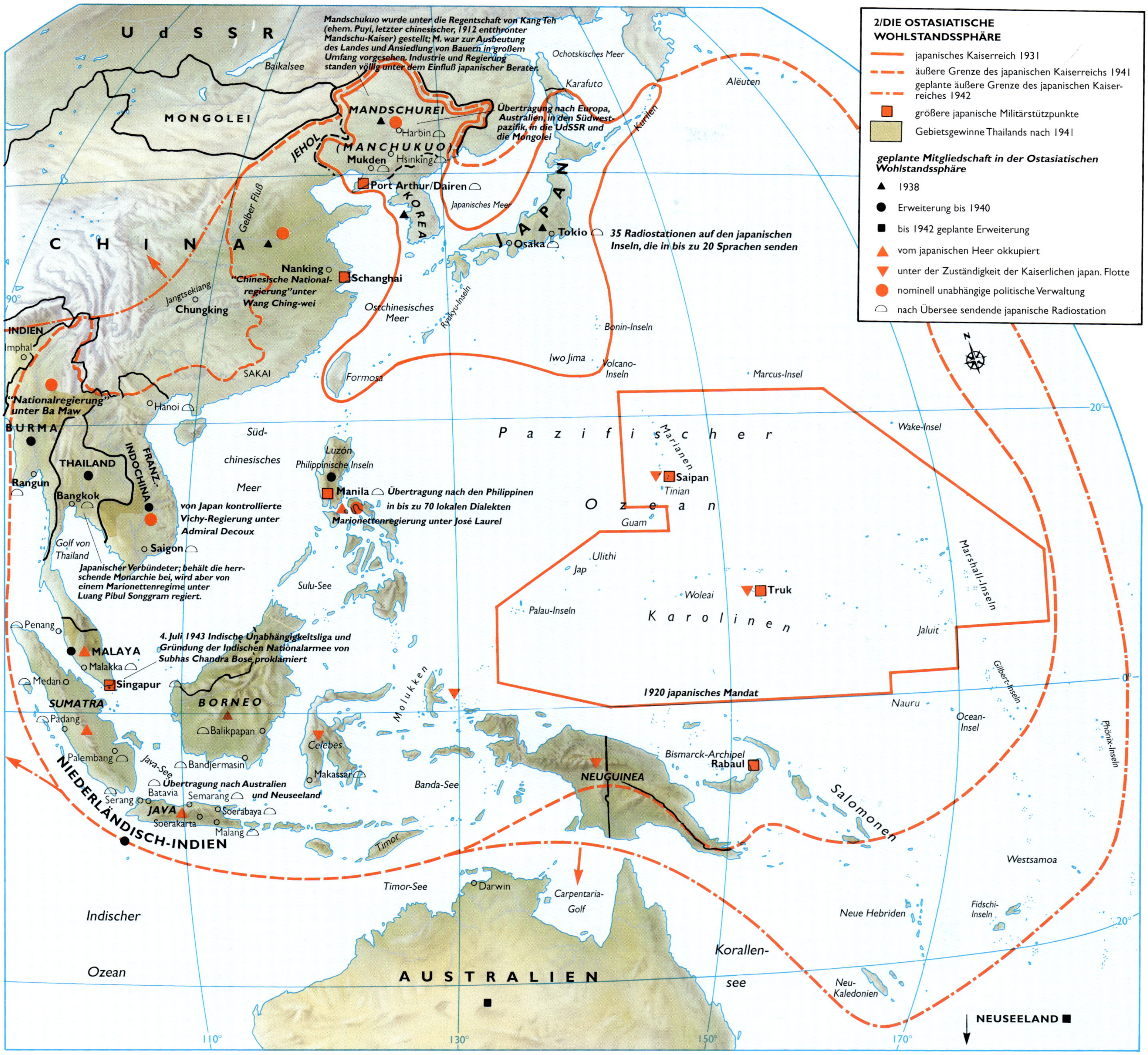

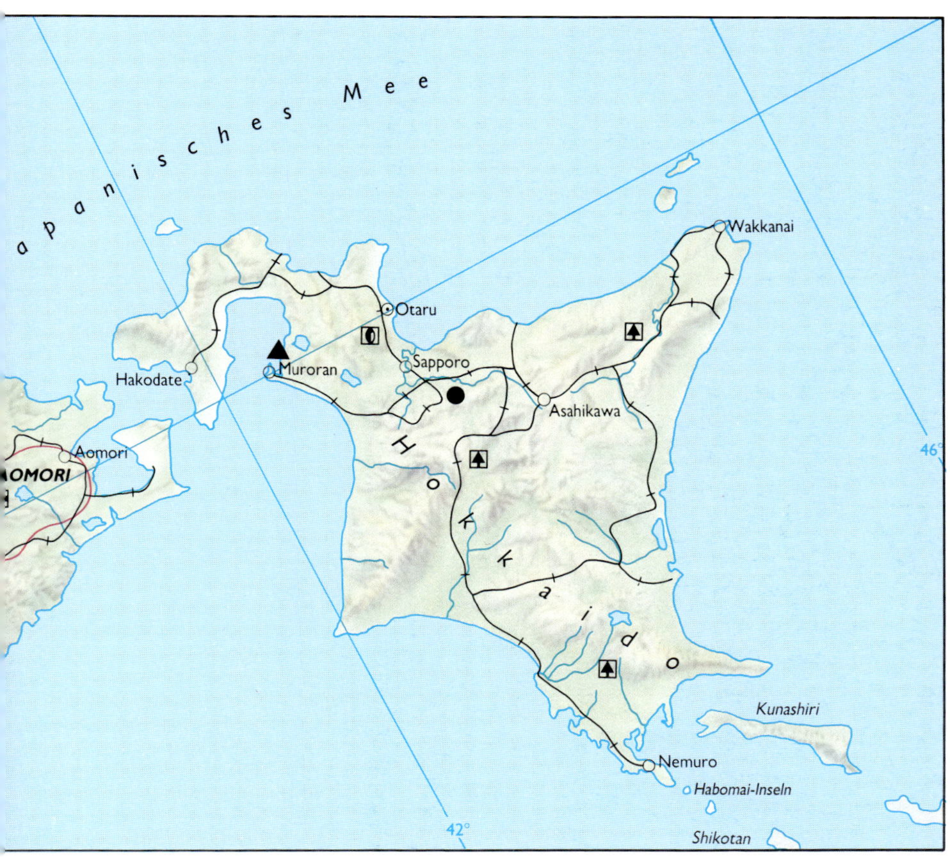

3/DIE JAPANISCHE KRIEGSPRODUKTION 1940–1945

Flugzeugbau 1941–1945	1941	1942	1943	1944	1945*
Flugwerk	5 088	8 861	16 693	28 180	11 066
Flugzeugmotoren	12 151	16 999	29 541	46 526	12 360
Jagdflugzeuge	1 080	2 935	7 147	13 811	5 474
Bombenflugzeuge	1 461	2 433	4 189	5 100	1 934
Sonstiges	2 547	3 493	5357	9 269	3 658

Kraftfahrzeugbau 1940–1945	1940	1941	1942	1943	1944	1945*
Panzer	1 023	1 024	1 165	876	342	94
mil. Kraftschlepper	708	529	634	232	48	5
gepanzerte Fahrzeuge	0	0	88	505	385	126
LKW	33 218	42 125	35 386	24 000	20 446	1 758
sonstige mil. Fahrzeuge	272	503	468	629	784	153
PKW	1 547	1 707	947	522	0	0
insgesamt	36 768	45 888	38 688	26 764	22 005	2 136

Kriegsschiffbau 1941–1945	1941	1942	1943	1944	1945†
Schlachtschiffe	1	1	0	0	0
Flugzeugträger	5	6	3	4	0
Kreuzer	1	2	2	1	0
Zerstörer	9	9	15	31	6
U-Boote	11	22	40	37	22

*Jan.–Aug. 1945 † April–Juli 1945 (siehe auch Seite 66)

Die japanische Handelsschiffahrt 1941–1945

Der entscheidende Grund für Japan, 1941 einen Krieg gegen die Westmächte zu beginnen, lag in der Schaffung eines erweiterten Reiches und somit eines vergrößerten Rohstoffgebietes. Sie stellte gleichzeitig die Grundvoraussetzung für einen Sieg dar (siehe Seite 66). Das US-Oberkommando erkannte die Notwendigkeit, die Infrastruktur dieses Reiches – insbesondere die japanische Handelsflotte – zu vernichten, um den endgültigen Sieg davonzutragen.

1941 importierte Japan 20,3 Millionen Tonnen Schüttgut. Zur Erfüllung seiner Verpflichtungen benötigte das Land rund 9,5 Millionen BRT Schiffsraum. Ein Drittel dieser Menge war bis dahin aus Staaten geliefert worden, denen es im Dezember desselben Jahres den Krieg erklärte. Bei dessen Ausbruch verfügten die Japaner über 6,1 Millionen BRT Schiffsraum, 610 000 davon waren Tanker. Im Dezember 1941 waren 10 Prozent der Handelsflotte zur routinemäßigen Instandsetzung aufgelegt. Der Flottenstab nahm an, daß man im Verlauf eines Kriegsjahres nicht mehr als 610 000 BRT Schiffsraum einbüßen und der Krieg ohnehin nur von kurzer Dauer sein würde.

Als der Krieg ausbrach, bestand die japanische Handelsmarine aus drei voneinander getrennten Flotten. Die erste umfaßte etwas mehr als 2 Millionen und die zweite über 1,5 Millionen BRT Schiffsraum. Beide hatten die Aufgabe, die Bedürfnisse des Heeres und der Kriegsmarine abzudecken, während die dritte Flotte mit mehr als 2 Millionen BRT Schiffsraum der zivilen und industriellen Versorgung diente. Zwischen allen drei Flotten gab es keine wirksame Koordination, und jede von ihnen befuhr ihre Seewege vollkommen unabhängig voneinander. Der japanische Seehandel blieb aufgrund dieser ineffizienten Flottenstruktur weit unter seinen Möglichkeiten. Zwei weitere Faktoren wirkten darüber hinaus hinderlich: Einerseits versäumten es die Japaner, ein dreieckförmiges Befahrmuster zwischen den Rohstoffgebieten, den Mutterinseln und den Schlachtgebieten im Pazifik einzuführen. Das hatte zur Folge, daß – mit Ausnahme der Öllieferungen von den Ostindischen Inseln in den pazifischen Raum –, kein direkter Schiffsverkehr zwischen den Rohstoffquellen und den Operationsgebieten stattfand. Andererseits waren die japanischen Schiffswerften nicht in der Lage, die Routineinstandhaltungsprogramme der Handelsflotte zusätzlich zu ihren anderen Verpflichtungen abzuarbeiten. Dadurch nahm der Anteil aufgelegter Schiffe stetig zu, bis im August 1945 etwa 44 Prozent der ohnehin schon beträchtlich dezimierten japanischen Flotte außer Gefecht gesetzt waren.

In den ersten sieben Monaten des Krieges waren bei den Handelsschiffen des Heeres und der Marine drei Viertel der eher bescheidenen japanischen Schiffsverluste zu verzeichnen. Bis Ende 1942 konnten die Verluste, obwohl sie schwerer als erwartet ausfielen, größtenteils durch den Schiffsneubau und die Einnahme ausländischer Schiffe ausgeglichen werden. Die während der Kämpfe um Guadalcanar im Oktober und November erlittenen Verluste (siehe Seiten 118 und 120) trugen wesentlich zur Entscheidung bei, die Insel aufzugeben. In der Folgezeit nahm die Zahl der neugebauten Schiffe zwar zu, reichte aber nicht aus, um die schnell ansteigenden Versenkungszahlen auszugleichen. Letztere lagen unter anderem in der zunehmenden Effektivität beim Einsatz amerik. U-Boote ab September 1943 begründet. Die Trägerangriffe und amphibischen Landeoperationen der US-Streitkräfte hatten zu diesem Zeitpunkt bereits den Krieg in den westpazifischen Raum hineingetragen und zwangen die japanischen Handelsschiffe, von amerik. Flugzeugen kontrollierte Gewässer zu befahren. Im November 1943 überstieg die Zahl der monatlich eingebüßten japanischen Schiffe zum ersten Mal die 200.000-BRT-Grenze, trotz der erst kurz zuvor eingeführten Geleitzüge. Sie fiel innerhalb der darauffolgenden vierzehn Monate lediglich zweimal wieder unter diese Marke. Mit der Ausweitung der amerik. Angriffshandlungen auf den Ostindischen Inseln und auf den Philippinen nahmen die Verluste weiter zu. Gegen Ende des Jahres 1944 brach die japanische Geleitflotte zusammen, so daß Japan das Jahr 1945 nur mit rund 2,8 Millionen BRT Schiffsraum beginnen konnte. Im August waren davon nur wenig mehr als 1,5 Millionen BRT geblieben – eine Menge, die kaum ausreichte, um weitere drei bis vier Monate zu überstehen. Die amerik. Streitkräfte im Pazifik hatten erreicht, was den U-Booten im Atlantik nicht gelungen war: Einer der großen Industrienationen war die Kehle abgeschnürt und Industrie sowie Bevölkerung waren in kurzer Zeit ihrer Überlebensgrundlagen beraubt worden. Das japanische Kaiserreich war in einzelne Teile zerfallen.

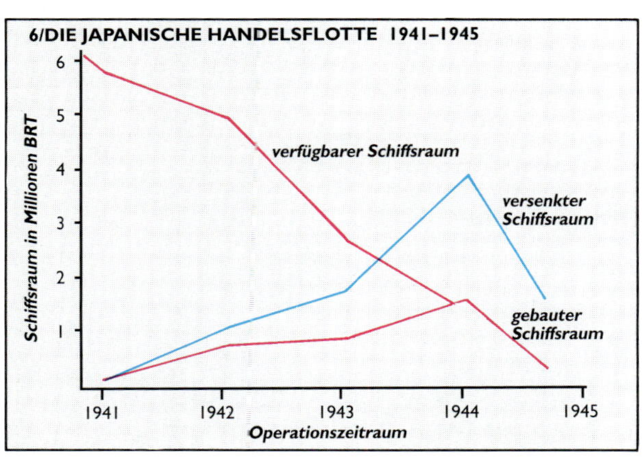

Zerstörungs-mittel	* USA	* GB und Commonwealth	* andere (auch gemeinsame Zuständigkeit)
7/DIE ZERSTÖRUNG DER HANDELSFLOTTE 1941–1945			
U-Boote	4 782 699 (1 114)	65 040 (29)	42 049 (10) niederl.
Schiffe	43 349 (11)	9 925 (1)	—
landgestützte Flugzeuge	939 229 (354)	11 719 (3)	15 422 (5) niederl. 8 303 (2) brit. und niederl. 30 579 (6) US-am. und brit. 6 003 (1) brit. und sowjet. 989 (1) US-am. und niederl. 14 327 (3) brit. und chines.
trägergestützte Flugzeuge	1 390 241 (359)	1 817 (1)	3 500 (2) US-am. und brit.
Minen	591 660 (247)	25 541 (13)	—
Minen und Flugzeuge	10 000 (1)	—	—
U-Boote und Flugzeuge	43 921 (9)	—	—
Überwasserschiffe und Flugzeuge	42 624 (9)	1 500 (1)	6 493 (1) US-am. und brit. 26 801 (3) US-am., brit., niederl.
Sabotage	4 281 (1)	7 274 (2)	—
land- und trägergestützte Flugzeuge	64 328 (9)	—	—
versenkte Schiffe insgesamt	2 114	50	34

Marine als Ursache	268 948 (97)
japanische Minen	67 197 (21)
Ursache unbekannt	– (39)

*** Die Zahlen geben die Gesamtmenge des versenkten Schiffsraumes an; in Klammern steht die Anzahl der versenkten Schiffe.**

Während des ersten Jahres im Pazifikkrieg büßten vor allem das Heer und die Marine einen Großteil ihrer Handelsschiffe an den Kriegsschauplätzen ein. Ab 1942 stieg die japanischen Schiffsverluste jedoch drastisch an und erstreckten sich über den gesamten westpazifischen Raum, als die Zahl der amerik. U-Boote zunahm und ihre Angriffe mehr Wirkung zeigten. Nachträglich führten die Japaner im September 1943 eine kombinierte Geleitflotte ein. Doch selbst als die japanische Kriegsflotte im August 1944 ihre größte Stärke erreicht hatte, stellte sie lediglich 59 hochseetaugliche Geleitschiffe für den Schutz ihrer Seehandelswege ab. Diese Zahl war vollkommen unangemessen, um der US-amerik. U-Boot-Flotte zu begegnen. Letztere richtete ihre Angriffe im Verlauf des Jahres 1944 zunehmend gegen Japans Tankerflotte, so daß die japanischen Importe zwischen Januar und Mai um die Hälfte zurückgingen. Im gleichen Jahr verloren die Japaner die Kontrolle über den Seekrieg, als amerik. Träger- und Amphibieneinheiten sich in den westpazifischen Raum vorkämpften **(3)**. Im Februar 1944 wurden während eines US-amerik. Trägerangriffs auf Truk mit einem Schlag 30 japanische Handelsschiffe zerstört, und in der Folgezeit nahmen die Verluste drastisch zu. Von September bis November 1944 wurden 347 ihrer Handelsschiffe versenkt, was einem Schiffsraum von mehr als 1,4 Millionen BRT entsprach. Der größte Teil dieser Verluste war auf US-amerik. Luftangriffe über den Philippinen zurückzuführen. Der Mangel der Japaner an Geleit- und Handelsschiffen sowie das Ausmaß der Luft- und U-Boot-Angriffe, führten ab Juni 1944 zum Zusammenbruch der Geleitzugflotte. Gegen Ende des Krieges konnten Geleitzüge nur noch im Südchinesischen Meer, im Japanischen Meer und in nordjapanischen Gewässern operieren **(5)**. Im letzten Kriegsjahr nahmen die Land- und Luftstreitkräfte eine Hauptrolle als zerstörende Kraft ein und verdrängten die U-Boote aus dieser Funktion **(6)**. Damit konzentrierten sich die japanischen Verluste zunehmend auf die innere Verteidigungszone im Ostchinesischen Meer und in den japanischen Heimatgewässern. Durch mehrere Operationen von Flugzeugträgern wurde der japanische Handel vollständig zum Erliegen gebracht und Japan von seinen südlichen Rohstoffquellen abgeschnitten, derenthalben das Land einen Krieg begonnen hatte **(4)**.

Bild links: Mittlere US-Bomber vom Typ B-25 beim Angriff auf japanische Anlagen und Handelsschiffe im Hafen von Rabaul im Jahr 1943.

Bombenangriffe auf Japan 1945

Das riesige Japanische Kaiserreich verfügte über wenige Rohstoffe, aber über viele dichtbesiedelte Großstädte. Es war vollkommen vom Seehandel abhängig, um sowohl seine Zivilbevölkerung zu versorgen als auch Kriegsanstrengungen unternehmen zu können. Japan war gegenüber Feldzügen, die sich gegen diesen Handel und gegen die Gebiete mit hoher Bevölkerungsdichte richteten, unwahrscheinlich anfällig. Bis zum Juni 1944 hatte sich die Planung der Amerikaner für den Krieg im Pazifik auf die Annahme gegründet, daß eine Invasion in Japan unnötig sein würde, um eine Kapitulation zu erzwingen, während man sie nun für unvermeidlich hielt. Diese Änderung in der Herangehensweise traf mit dem Beginn der strategischen Luftangriffe gegen Japan zusammen.

Der erste Angriff erfolgte am 15. Juni 1944 auf Yawata und wurde mit „Superfortress"-Bombern geführt, die von China aus operierten. Er war Teil einer Reihe von Bombenangriffen, die im März 1943 begonnen worden waren und sich während der folgenden vierzehn Monate auch auf Indochina, Südchina und Formosa ausdehnten. Doch im Juni 1944 beschlossen die Amerikaner, den Ausgangspunkt ihrer Luftangriffe von China auf die Marianen-Inseln zu verlegen, die noch im gleichen Monat angegriffen wurden (siehe Seite 147). Die von China aus geführten amerikanischen Angriffe endeten im November 1944, während das 21. Bomberkommando erste Angriffe von Saipan aus flog. Die Offensive konnte jedoch vier Monate lang keine bedeutenden Resultate erzielen, denn noch war nur eine geringe Anzahl von „Superfortresses"-Bombern verfügbar. Wegen des mangelnden Jagdfliegerschutzes über Japan mußten die B-29 außerdem ihre Bombenlast aus sehr großen Höhen abwerfen, was auf Kosten der Genauigkeit ging.

Im Februar 1945 faßten die Amerikaner den Entschluß, das 21. Bomberkommando für Flächenbombardements bei Nacht aus geringer Flughöhe einzusetzen. Diese hatten in den dicht besiedelten Großstädten, deren Häuser aus wenig widerstandsfähigen Baumaterial bestanden, einen vernichtenden Effekt: Im Verlauf von sechs Monaten mußte Japan Zerstörungen durch Luftangriffe hinnehmen, die denen während der letzten drei Kriegsjahre in Deutschland entsprachen.

Die Operationen des 21. Bomberkommandos gegen japanische Großstädte gingen einher mit zwei weiteren Maßnahmen: Einerseits nahmen die Bombardements rund um die Mutterinseln zu, welche von Okinawa aus operierierende Trägereinheiten und Bomber führten. Andererseits trug auch das vom Kommando selbst vorgenommene Verminen der Gewässer zum Erfolg bei. Es wurde dabei von Marineflugzeugen unterstützt, die ebenfalls von Okinawa aus vorgingen. Die Operation „Starvation" (April–Juli 1945) diente dem Ziel, den Strom der japanischen Handelsschiffe auf ein unbrauchbares Minimum zu verringern. Sie verlief weitestgehend erfolgreich: Der Handel, welcher über die fünf großen Pazifikhäfen abgewickelt wurde, nahm 1945 nur noch ein Achtel des Umfangs von 1941 ein. Durch den Zusammenbruch des Handels an den Küsten waren die Japaner gezwungen, den Großteil ihrer Transporte nach Honshu auf die Schiene zu verlagern. Doch auch das Eisenbahnnetz war infolge der Bombardements um 25 % seiner Kapazität dezimiert worden. Darüber hinaus waren drei Viertel der japanischen Fischereiflotte zerstört.

Die japanischen Minenräumeinheiten waren der Zahl der amerik. Minen nicht gewachsen, wenn auch die Häfen von Yawata und Wakamatsu bis in die letzten Kriegswochen hinein zugänglich blieben. Ab April 1945 setzten die Japaner die Reste ihrer Flotte hauptsächlich für den Import von Kohle und Lebensmitteln ein. Als die amerik. Träger- und Landstreitkräfte auch diese zu bombardieren begannen, näherte sich der Krieg gegen Japan seinem Ende. Einerseits war das Land einfach nicht mehr in der Lage, sich zu verteidigen, andererseits war abzusehen, daß die Lebensmittelvorräte nicht mehr bis zum nächsten Frühjahr reichen würden.

Das Bombardement auf Japan hatte jedoch noch nicht seinen Höhepunkt erreicht. Da die Japaner in jeder Phase des Pazifikrieges den Alliierten einen fanatischen Widerstand entgegengesetzt hatten, schlug eine Sonderkommission dem amerikanischen Präsidenten Truman im Juli 1945 vor, die neuentwickelten Atomwaffen (siehe Seite 188) gegen die japanischen Mutterinseln zum Einsatz zu bringen. Mit der Zündung der Atombomben über Hiroshima und Nagasaki am 6. und 9. August trat die Welt in das Atomzeitalter ein. Am 8. August erklärte die UdSSR Japan den Krieg.

Mit Ausnahme des unter General Doolittle ausgeführten Angriffs vom April 1942 und von Operationen gegen die Kurilen-Inseln waren die japanischen Mutterinseln vor dem 15. Juni 1944 nicht direkt vom Krieg betroffen. An jenem Tag bombardierten „Superfortress"-Bomber die Stadt Yawata auf der Insel Kyushu. Von ihren Basen in China aus konnten die B-29 jedoch nicht die gesamten japanischen Mutterinseln erreichen. Das änderte sich mit der Einnahme der südlichen Marianen Mitte 1944. Dort errichteten die Amerikaner Basen, von denen aus sie ihre Angriffe gegen die Hauptinseln Japans flogen und die japanischen Gewässer verminten. Gegen Ende des Krieges wurden diese Angriffe durch Operationen von Okinawa aus ergänzt **(2)**. Von Juni 1944 bis Februar 1945 führten die Amerikaner strategische Bombenangriffe gegen Präzisionsziele aus großer Flughöhe durch. Diese waren kaum von Erfolg gekrönt, deshalb begannen die Amerikaner im März 1945 mit Flächenbombardements. Der erste Großangriff auf Tokio erfolgte am 10. März und zerstörte etwa 40 Prozent der Stadt **(3)**. Dabei kamen mehr Menschen ums Leben als bei jedem der Atombombenabwürfe auf Hiroshima und Nagasaki. Den fünf nächstgrößeren Städten Japans wurde das gleiche Schicksal zuteil **(4)**, außerdem erfolgten Luftangriffe von amerik. Bombern auf fünfzig weitere Großstädte **(5)**. Über 30 Prozent aller Gebäude in Japan wurden zerstört, 13 Millionen Menschen obdachlos gemacht, und weitere 8 Millionen mußten evakuiert werden. Auch die japanische Wirtschaft, die in großem Maße von kleinen Unternehmen und dem Import von Rohstoffen abhing, war in Schutt und Asche gelegt. Im Zuge von immensen Operationen wurden vor den japanischen Häfen mehr als 12 000 Minen gelegt, 2 100 davon in der besonders wichtigen Shimonoseki-Straße **(6)**, durch die der Hauptteil der verbliebenen japanischen Flotte die größeren Häfen Japans anlief. Noch im März durchfuhren Schiffe mit insgesamt fast 809 000 BRT Schiffsraum die Meeresstraßen, ohne Verluste zu erleiden. Bis Juli hatte sich diese Zahl auf rund 168.000 verringert, nachdem 126 Handelsschiffe versenkt worden waren. Zwischen April und Kriegsende liefen 223 Schiffe auf Minen und wurden zerstört – insgesamt über 520 000 BRT Schiffsraum. Alle anderen Schiffsverluste gingen hauptsächlich auf Flugzeugangriffe zurück und betrafen weitere 255 Schiffe mit über 526 000 BRT Schiffsraum. Aufgrund der Verminung und der Luftangriffe mußte der Hafen von Nagoya im April geschlossen werden, die Häfen von Tokio und Yokohama folgten im Mai. Im Frühjahr und Sommer 1945 befand sich praktisch jeder der 22 japanischen Häfen im Ergebnis der alliierten Operationen mehrmals außer Betrieb.

Bilder oben rechts: Die durch die Atombombe in Hiroshima verursachten Schäden. Es ist eindeutig zu sehen, daß Ziegel- und Betonbauten der Druckwelle widerstanden hatten. Daneben: US-amerik. Trägerflugzeuge beim Vorbeiflug am Fujiyama während eines Luftangriffs auf Tokio im Februar 1945.

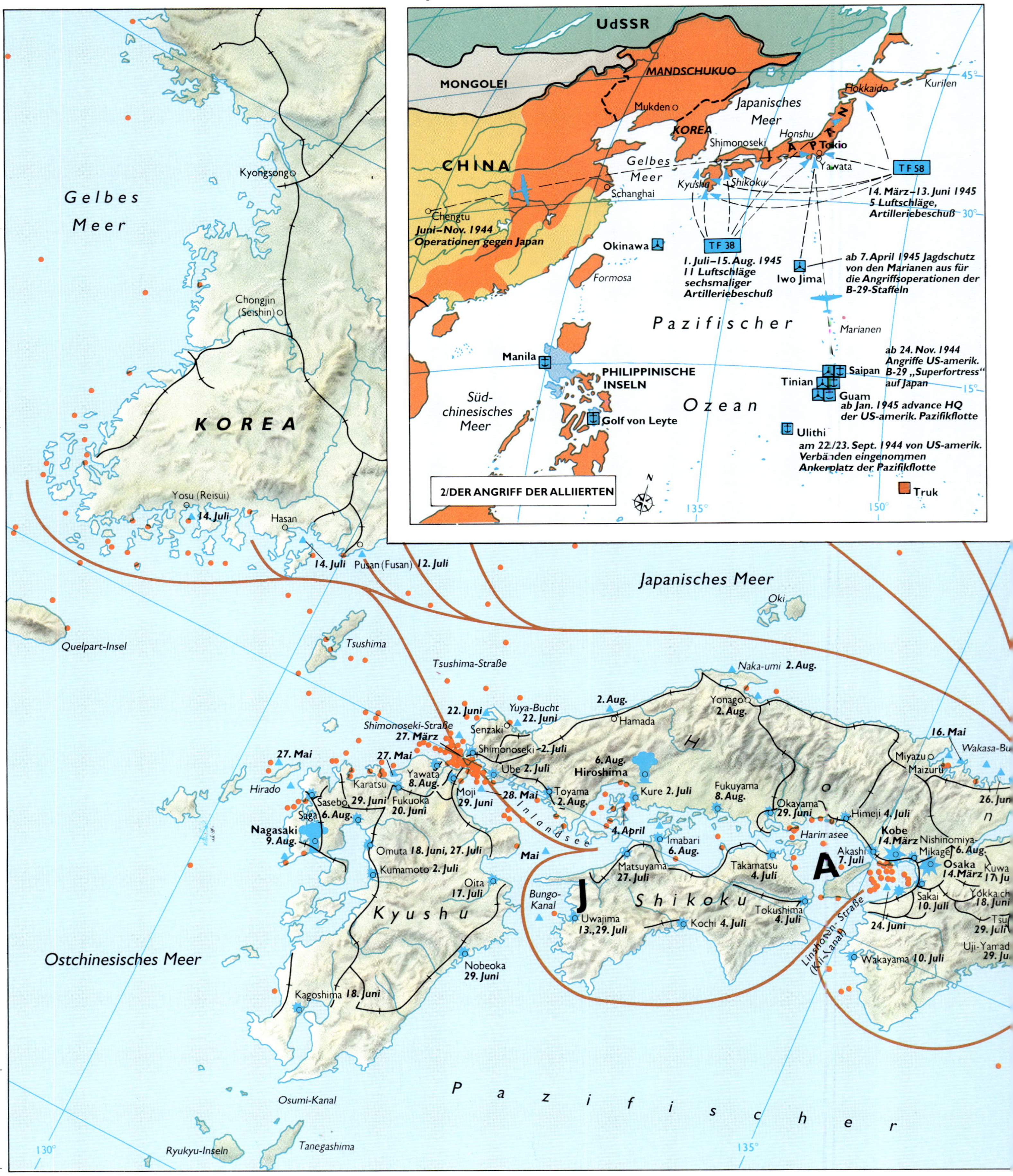

5/DIE BOMBENANGRIFFE AUF KLEINERE STÄDTE 18. Juni–14. Aug. 1945

Datum und Anzahl der Bomber	Ziel	Einwohnerzahl (in Tausend)	Gesamtfläche (in km²)	zerstörte Fläche (in km²)	Anteil der zerstörten Fläche (in %)
18. Juni 450 (+)	Kagoshima	190	12,38	5,46	44
	Omuta	177	13,73	0,57	4
	Hamamatsu	165	9,04	6,32	70
	Yokkaichi	102	5,31	3,19	60
20. Juni ca. 480	Toyohashi	143	8,44	4,40	52
	Fukuoka	323	16,50	3,54	22
	Shizuoka	212	8,83	5,83	66
29. Juni 487	Okayama	164	8,75	5,52	63
	Sasebo	206	5,23	2,51	48
	Moji	139	2,90	0,78	27
	Nobeoka	79	3,73	1,35	36
2. Juli 530 (+)	Kure	277	8,42	3,37	40
	Kumamoto	211	12,95	2,59	20
	Ube	101	4,74	1,09	23
	Shimonoseki	196	3,68	1,32	36
4. Juli 560 (+)	Takamatsu	111	4,64	3,63	78
	Kochi	107	4,97	2,38	48
	Himeji	104	5,02	3,16	63
	Tokushima	120	5,96	4,40	74
7. Juli 517	Chiba	92	5,18	2,23	43
	Akashi	90	3,68	2,10	57
	Shimizu	69	3,68	1,84	50
	Kofu	102	5,18	3,37	65
10. Juli 475	Sendai	234	11,71	3,16	27
	Sakai	182	6,01	2,64	44
	Wakayama	195	10,36	5,44	53
	Gifu	172	6,76	5,00	74
13. Juli 453	Utsunomiya	88	7,15	2,43	34
	Ichinomiya	71	3,44	0,03	1
	Tsuruga	31	2,93	1,99	68
	Uwajima	52	2,59	0,36	14
17. Juli 466	Namazu	53	4,04	3,63	90
	Oita	61	5,80	1,45	25
	Kuwana	42	2,12	1,63	77
	Hiratsuka	42	6,11	2,69	44
20. Juli 470	Fukui	98	4,90	4,14	85
	Hitachi	83	3,52	2,28	65
	Choshi	61	2,90	0,98	34
	Okazaki	84	2,49	1,68	68
27. Juli 350	Matsuyama	66	4,33	3,16	73
	Tokuyama	38	3,29	1,22	37
	Omuta	(siehe 18. Juni)		5,31	38
29. Juli 471	Tsu	69	3,81	2,18	57
	Aomori	100	4,27	2,75	64
	Ichinomiya	(siehe 13. Juli)		2,56	75
	Uji-Yamada	53	2,38	0,93	39
	Ogaki	56	3,11	1,24	40
	Uwajima	(siehe 13. Juli)		1,37	52
2. August 627	Hachioji	62	3,63	2,90	80
	Toyama	128	4,87	4,84	100
	Nagaoka	67	5,18	3,44	66
	Mito	66	6,79	4,40	65
6. August 1	Hiroshima	343	16,39	12,17	75
6. August 470 (+)	Saga	50	3,44	0,05	2
	Maebashi	87	6,09	2,59	43
	Nishinomiya	112	24,50	7,25	30
	Imabari	60	2,49	1,89	76
8. August 221	Yawata	261	15,05	3,16	21
	Fukuyama	57	3,11	2,28	73
9. August 1	Nagasaki	252	14,50	5,80	40
14. August 160 (+)	Kumagaya	49	1,55	0,70	45
	Isezaki	40	2,54	4,33	17

6/DIE VERMINUNG DER SHIMONOSEKI-STRASSE 1945

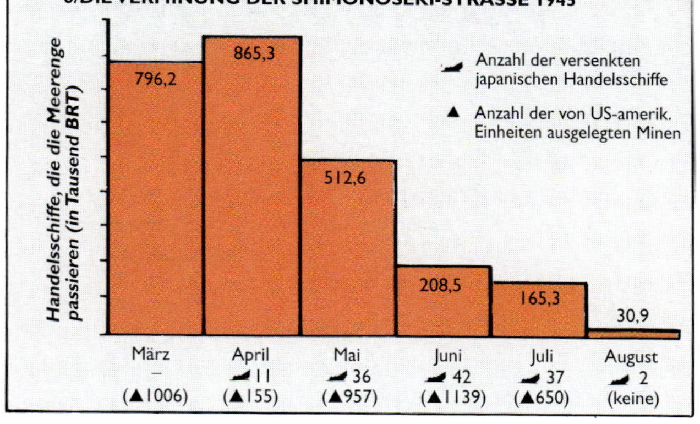

1/JAPAN 1. März–15. Aug. 1945
Die Zeitangaben in der Karte beziehen sich auf die erste Bombardierung.

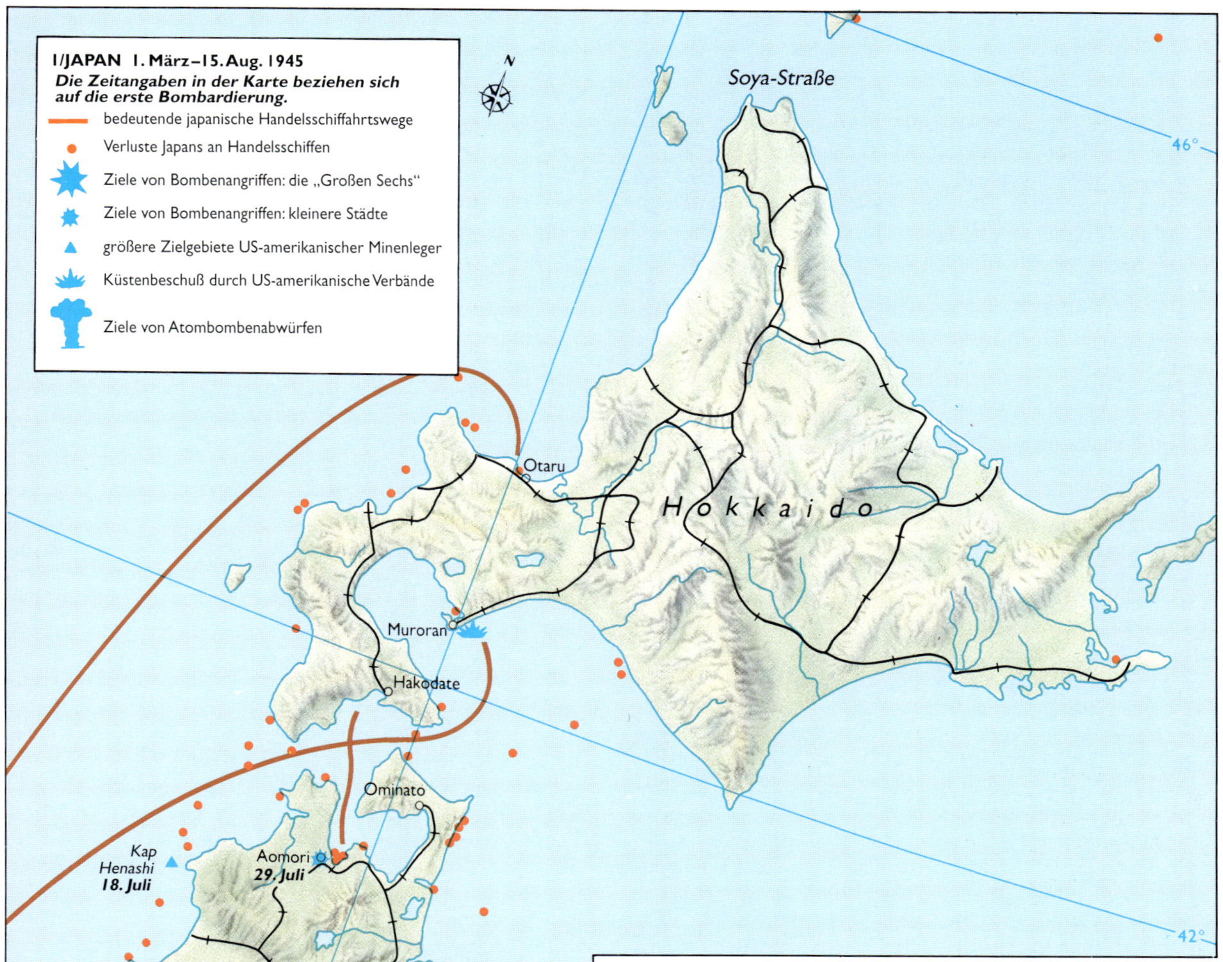

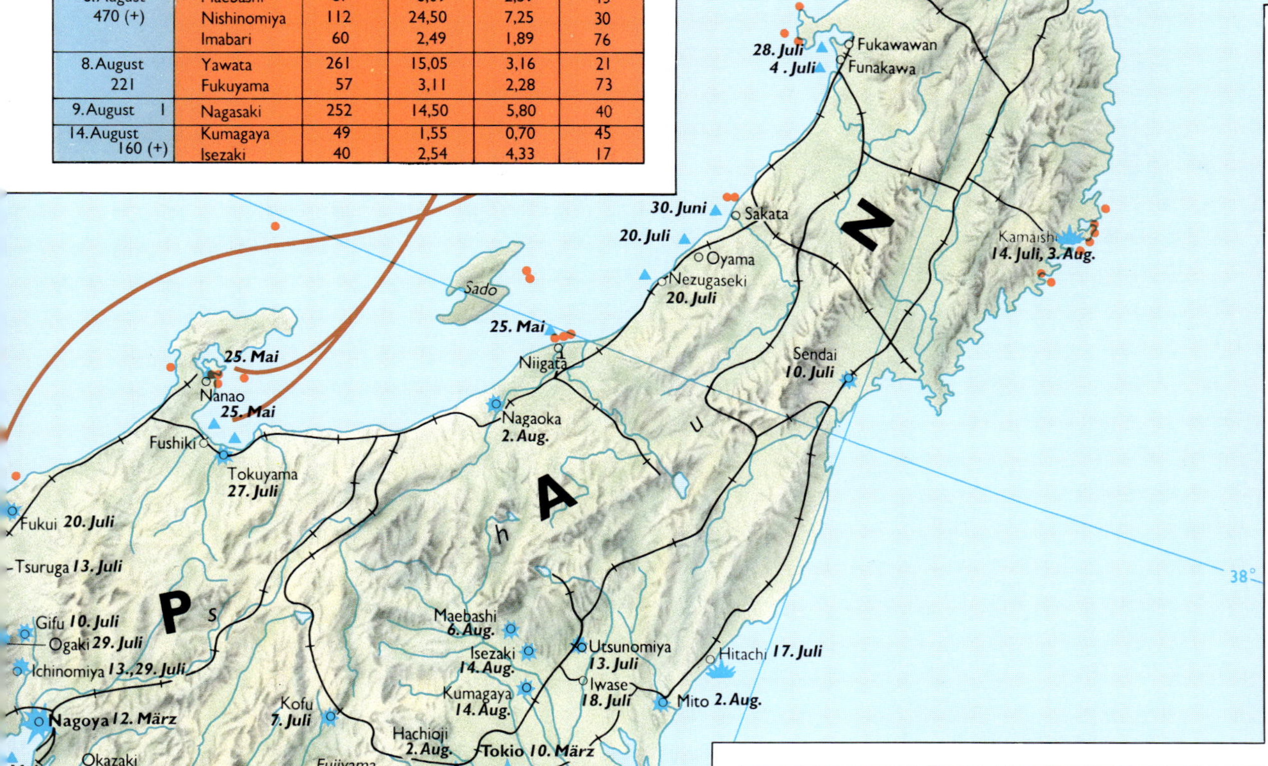

4/DIE BOMBENANGRIFFE AUF DIE „GROSSEN SECHS" 10. März–15. Juni 1945

Ziel	Datum	geplante Angriffsstärke	tatsächliche Angriffsstärke	US-amerik. Verluste	zerstörtes Zielgebiet (in km²)
TOKIO	10. März	334		14	40,92
	13. April	327			29,53
	15. April	109			15,54
	23. Mai	562	520	17	13,73
	25. Mai	502		26	43,51
Fläche: 286,97 km², davon zerstört: 145,82 km² = 50,8 % der Fläche des Angriffsziels					
NAGOYA	12. März	313	285	1	5,44
	20. März	313	290		7,77
	14. Mai	529	472	11	8,29
	16. Mai	468	457		9,84
Fläche: 102,82 km², davon zerstört: 41,44 km² = 31,2 % der Fläche des Angriffsziels					
KOBE	14. März		307	3	7,51
	5. Juni	531	473	11	1,40
Fläche: 40,66 km², davon zerstört: 22,79 km² = 56,1 % der Fläche des Angriffsziels					
OSAKA	14. März	301	274	2	20,98
	1. Juni	521	458		8,29
	7. Juni	458	409		5,70
	15. Juni	516	444		6,48
Fläche: 154,88 km², davon zerstört: 40,40 km² = 26,1 % der Fläche des Angriffsziels					
YOKOHAMA	15. April	194			3,89
	29. Mai	517	454	5	17,87
Fläche: 52,32 km², davon zerstört: 23,05 km² = 44,1 % der Fläche des Angriffsziels					
KAWASAKI	15. April	194			9,32
Fläche: 28,49 km², davon zerstört: 9,32 km² = 32,7 % der Fläche des Angriffsziels					

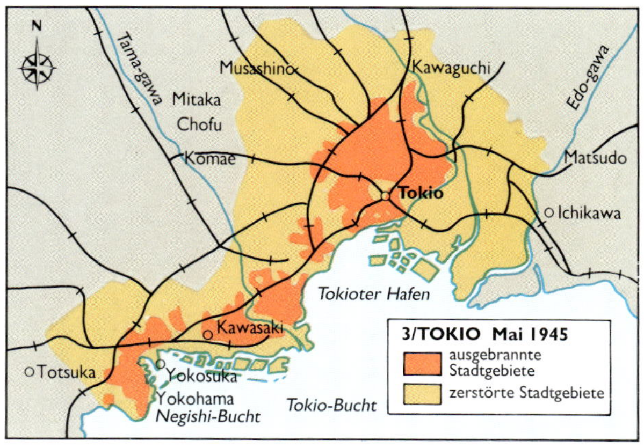

3/TOKIO Mai 1945

Die Mandschurei 1945

Da Japan und die Sowjetunion im April 1941 einen Nichtangriffspakt geschlossen hatten, konnten beide Seiten bezüglich ihrer Kriegführung die Vorteile der Neutralität des anderen genießen. Im April 1945 gaben die Sowjets jedoch ihren Unwillen kund, den Vertrag von 1941 nach seinem Auslaufen im April 1946 zu erneuern. Die Japaner schlußfolgerten daraus richtig, daß die Sowjetunion ihnen nach der Niederlage Deutschlands bei der nächsten sich bietenden Gelegenheit den Krieg erklären würde.

In der Tat beabsichtigte die sowjetische Regierung, trotz ihres Nichtangriffspaktes in den Krieg gegen Japan einzutreten. Erstmalig hatte sie ihre Bereitschaft dazu den Amerikanern und Briten auf der Teheraner Konferenz im November 1943 angedeutet. Dieser Vertragsbruch wurde 1945 als notwendig angesehen, sowohl aufgrund der Verpflichtungen, die die Sowjetunion gegenüber den Vereinten Nationen eingegangen war, als auch auf Ersuchen ihrer Verbündeten im Verlauf der Potsdamer Konferenz. Zwar war die Vorahnung der Japaner bezüglich der sowjetischen Absichten zutreffend, doch sie gingen davon aus, daß die Sowjets nicht vor September Operationen in der Mandschurei beginnen könnten, da erst dann der Boden nach den Sommerregenfällen getrocknet sein würde. Doch die Sowjets planten die Aufnahme der Kampfhandlungen bereits für Mitte August, wodurch sie den Überraschungseffekt und einen entscheidenden Zeitvorteil auf ihrer Seite hatten.

Aufgrund der Fehleinschätzung der Japaner war die Niederlage ihrer Armeen garantiert. Zwar belief sich ihre Truppenstärke auf zirka eine Million Mann, doch ihre Schlachtordnung enthielt mehrere nichtjapanische Stützpunkte und Verbände. Von letzteren waren viele nicht mehr als ein aus Rekruten bestehender Ersatz für die 1944/45 zu den Mutterinseln und in den westpazifischen Raum abgezogenen Divisionen. Darüber hinaus waren die Japaner sowohl in ihrer Feuerkraft und Beweglichkeit als auch in Bezug auf ihre Transportmittel und Luftunterstützung den drei um die Mandschurei zusammengezogenen Fronten der Sowjets unterlegen. Diese waren für einen Kriegsschauplatz der Größe Westeuropas unter einer neuen Kommandoebene zusammengestellt worden: dem Oberkommando der sowjetischen Truppen im Fernen Osten. Die Japaner unterschätzten ihren Gegner noch in einem weiteren entscheidenden Aspekt: Sie nahmen an, daß die sowjetischen Offensiven nach 400 km unterbrochen werden müßten, um die Vorräte aufzufrischen. Deshalb ließen sie ihre Streitkräfte in der zentral gelegenen mandschurischen Ebene für eine Verteidigungsschlacht Stellung beziehen. Die Sowjets durchkreuzten jedoch die Pläne der Japaner, indem sie Vorstoßtiefen von weit über 400 km erreichten.

Die natürlichen und damit naheliegendsten Zugänge zur Mandschurei waren durch Verteidigungsstellungen geschützt. Darum unternahm die Transbaikalfront der Sowjets ihre Hauptanstrengungen aus westlicher Richtung durch die Wüste Gobi und den Großen Chingan hindurch. Eine weitere Unternehmung wurde im Osten durch die 1. Fernostfront ausgeführt, die speziell durch Artillerie, Pioniere und Infanterie verstärkt worden war, um die Verteidigungsanlagen im Grenzgebiet überwältigen zu können. Die 2. Fernostfront erhielt den Auftrag, die Linie am Amur zu halten. Um den strategischen Überraschungseffekt auszunutzen, wurde die Ausgangslinie der Transbaikalfront auf etwa 480 km vom nächstgelegenen Endbahnhof entfernt festgelegt. Die Transbaikalfront sollte dann die 36. Armee in einem Frontalangriff auf Hailar zum Einsatz bringen, um die Aufmerksamkeit der Japaner zu fesseln, während gleichzeitig der Durchbruch von der Flanke her versucht werden sollte.

Die sowjetische Kriegserklärung erfolgte drei Monate nach dem Sieg in Europa, wie bereits in Jalta zugesagt. Bis zum Beginn des Feldzuges in der Mandschurei vergingen nur noch wenige Stunden (8. bzw. 9. August). Die Wahl des Zeitpunkts war perfekt, denn die Sowjetunion trat in den Krieg gegen ein, noch bevor ihn die Japaner im Anschluß an die US-amerik. Atombombenangriffe beenden konnten. Die sowjetischen Einheiten drangen tief in die Mandschurei ein, und innerhalb einer Woche verkündeten die Japaner ihre Kapitulation. Am 17. August unterzeichnete die Kwantung-Armee in Chabarowsk nach einem direkten Befehl aus Tokio die Kapitulationsurkunde. Die Kämpfe in der Mandschurei und auf den Kurilen dauerten jedoch noch bis zum 1. September an.

Der Feldzug in der Mandschurei war von tiefgreifender politischer Bedeutung. Obwohl sie nicht ganz unerwartet erfolgte, schockierte die sowjetische Kriegserklärung das japanische Oberkommando. Sie bereitete der Hoffnung der Japaner, durch Vermittlung der Sowjetunion Friedensverhandlungen aufnehmen zu können, ein jähes Ende und verdeutlichte, wie aussichtslos ihre Lage nach dem Kriegsende in Europa war. Den alliierten Streitkräften im Fernen Osten konnten die Japaner keinen Widerstand entgegensetzen. Obwohl die Niederlage in der Mandschurei noch nicht vollständig war, betrachtete das Oberkommando die Entscheidung des Kaisers zur Kapitulation auf zweierlei Weise: Einerseits war es wichtig für Japan zu kapitulieren, solange die Vereinigten Staaten noch der Hauptfeind waren. Andererseits mußte ein Feldzug auf den Mutterinseln verhindert werden, da dieser zu sozialen Unruhen, Revolution und Bolschewismus führen konnte. Ein weiterer bedeutender Aspekt war auch die Angst davor, die Kapitulation so lange vor sich herzuschieben, bis die Sowjets eine entscheidende Stimme in den Diskussionen über Japans Zukunft haben würden. Die Sowjetunion war am Friedensvertrag von 1951 nicht beteiligt, und bis heute ist keine abschließende Einigung zum Krieg gegen Japan erzielt worden. Das ist hauptsächlich auf die Ablehnung der sowjetischen Regierung zurückzuführen, alle Kurilen-Inseln oder einen Teil davon an Japan zurückzugeben bzw. auf Japans Weigerung, darauf zu verzichten. Sowjetische Stimmen betrachteten die Vernichtung der letzten und größten Konzentration japanischer Landstreitkräfte als Hauptursache für die Kapitulation Japans. Westliche Fachleute brachten dem Feldzug ein besonderes Interesse entgegen, da er als Prototyp für spätere strategische Operationen der Sowjets dienen konnte.

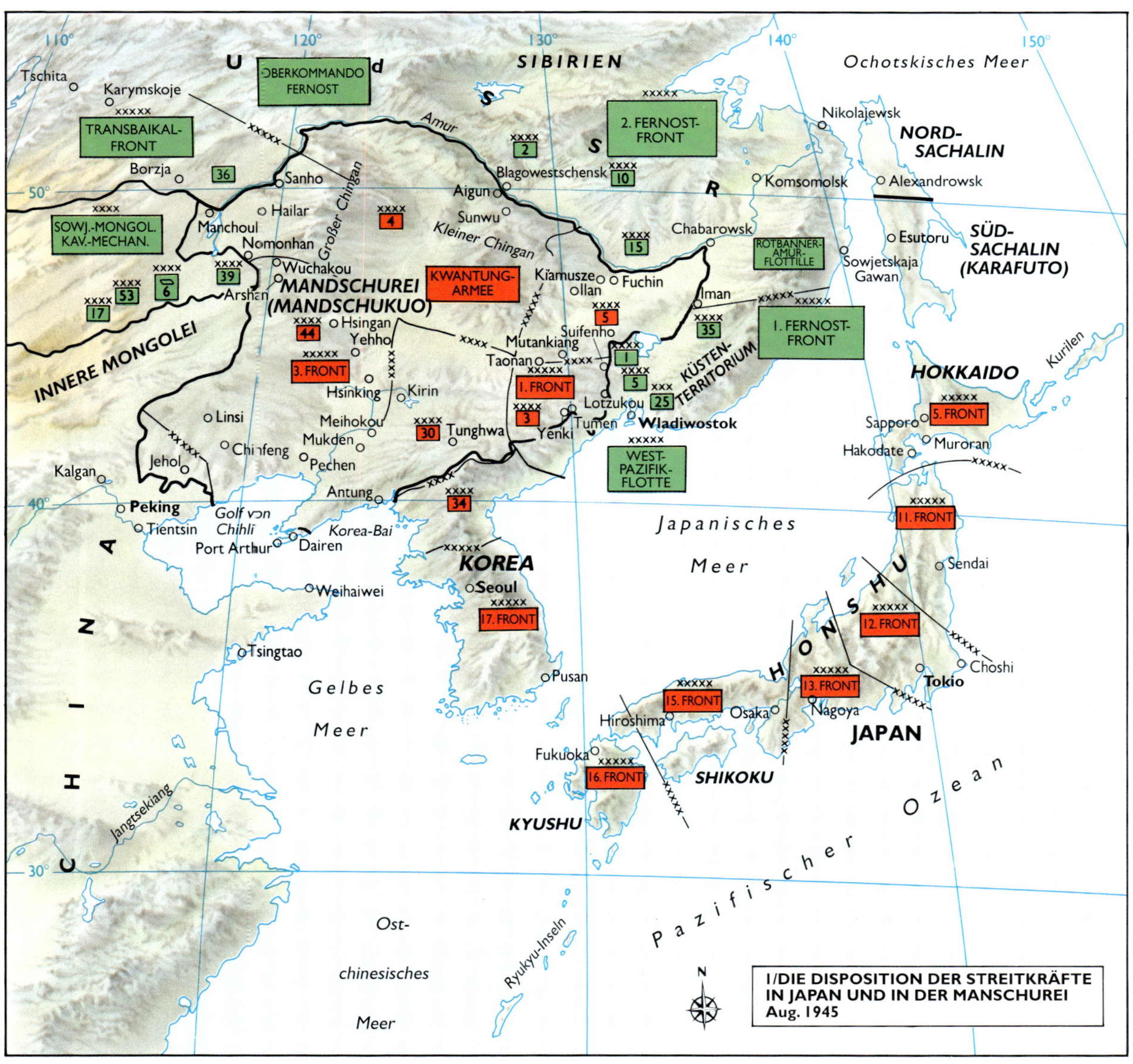

I/DIE DISPOSITION DER STREITKRÄFTE IN JAPAN UND IN DER MANSCHUREI Aug. 1945

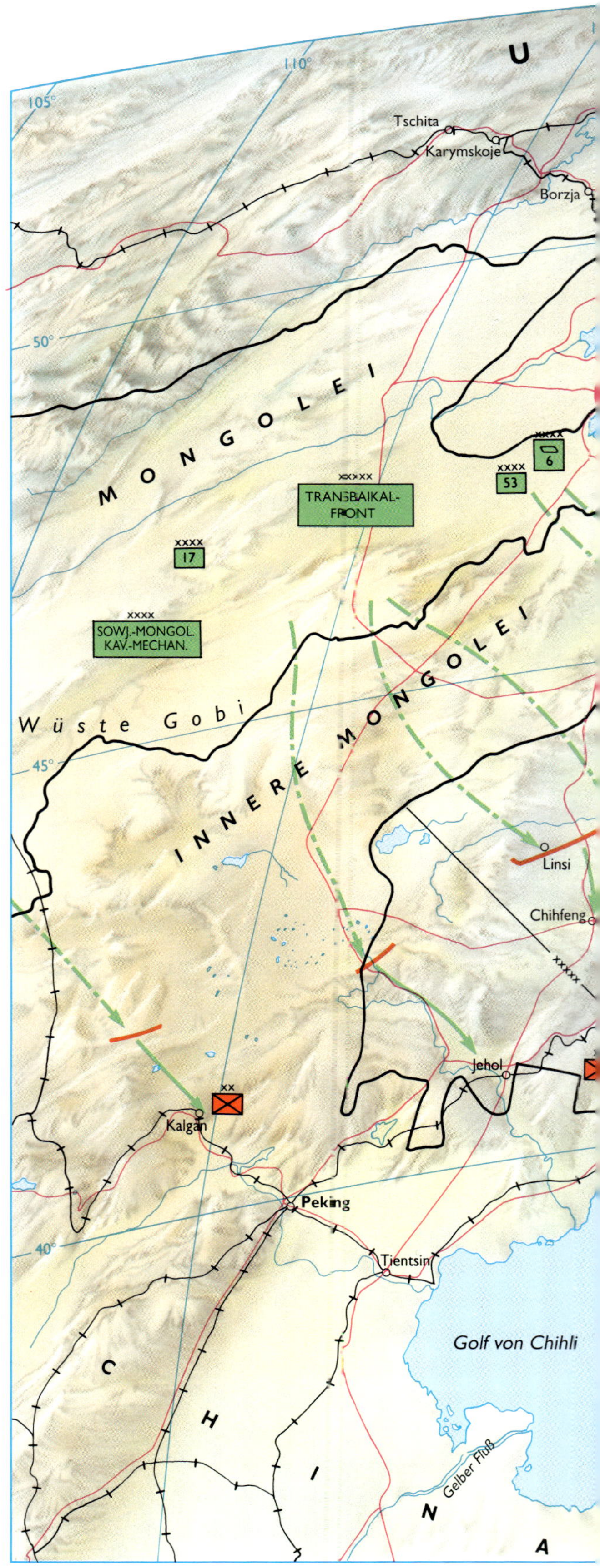

Die Sowjetunion stellte der 1 Million Soldaten, den 5360 Geschützen, 1115 Panzern und 1800 Flugzeugen, die von den Japanern zur Verteidigung Koreas und der Mandschurei zusammengezogen worden waren ***(1)***, eine Streitmacht von 1,5 Millionen Soldaten, 28000 Geschützen, 5500 Panzern und 4370 Flugzeugen entgegen. Diese kamen an drei Fronten zum Einsatz, welche unter dem Befehl eines speziellen Kommandos für diesen Kriegsschauplatz standen. Die Sowjets transportierten Güter von den Fabriken direkt an den Ort des Geschehens und waren außerdem in der Lage, kampferfahrene Verbände aus Europa rechtzeitig für einen Sommerfeldzug umzusetzen. Der 2. Fernostfront wurde ein Großteil der Einheiten zugeteilt, die sich schon im Fernen Osten aufhielten. Truppen, die bereits im engen Raum und in den starren Verteidigungsstellungen Ostpreußens gekämpft hatten (siehe Seite 150), wurden an die 1. Fernostfront eingezogen und mußten sich für Operationen an der sowjetisch-mandschurischen Grenze im Osten bereithalten. Die Transbaikalfront im Westen erhielt etwa 40 Prozent der gesamten sowjetischen Streitkräfte sowie den Großteil der zusammengezogenen Panzer zugewiesen. Der Grundgedanke der sowjetischen Offensive ***(2)*** bestand in der Umfassung der japanischen Einheiten durch die Transbaikalfront und die 1. Fernostfront. Die Besonderheit des Feldzuges in der Mandschurei bestand im erstaunlichen Vormarsch der Transbaikalfront durch die Berge bis hin zur zentral gelegenen Ebene. Innerhalb von 11 Tagen legte sie eine Entfernung von 900 km zurück. Dem Vormarsch wurde kein Widerstand entgegengesetzt, denn die Japaner hatten angenommen, daß die Sowjets aufgrund der Versorgungsprobleme nicht derartig schnell und mit so starken Truppenkontingenten würden vorrücken können. Nicht weniger bedeutsam war der Vormarsch der leichten Panzereinheiten und Kavallerie der mechanisierten Gruppe durch die trockene Wüste Gobi bis in Stellungen, von denen aus Peking bedroht werden konnte. Die Kämpfe in der Mandschurei fanden am 17. August ihr Ende. Versprengte japanische Einheiten kämpften zwar noch bis zum Ende des Monats weiter, doch vom 19. August an setzten die Sowjets kleine Luftlande-Sonderkommandos zur Sicherung von Flugplätzen und Verkehrsknotenpunkten ein, die bereits Teilkapitulationen bewirken konnten, ehe die Haupteinheiten die entsprechenden Gebiete erreichten. Der Besetzung des zentralen Teils der Mandschurei, von Port Arthur (22. August) sowie des koreanischen Gebiets nördlich des 38. Brei-

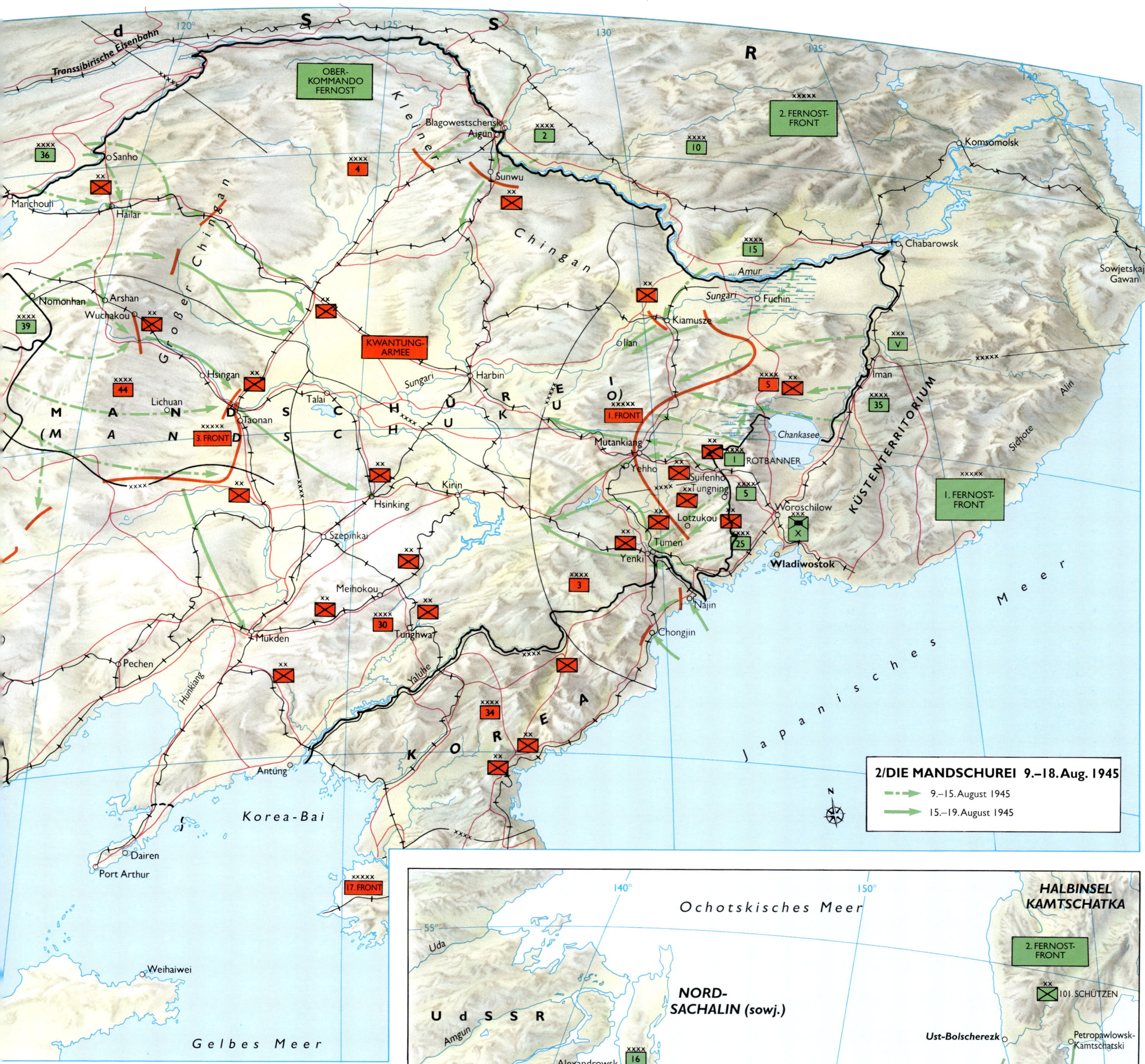

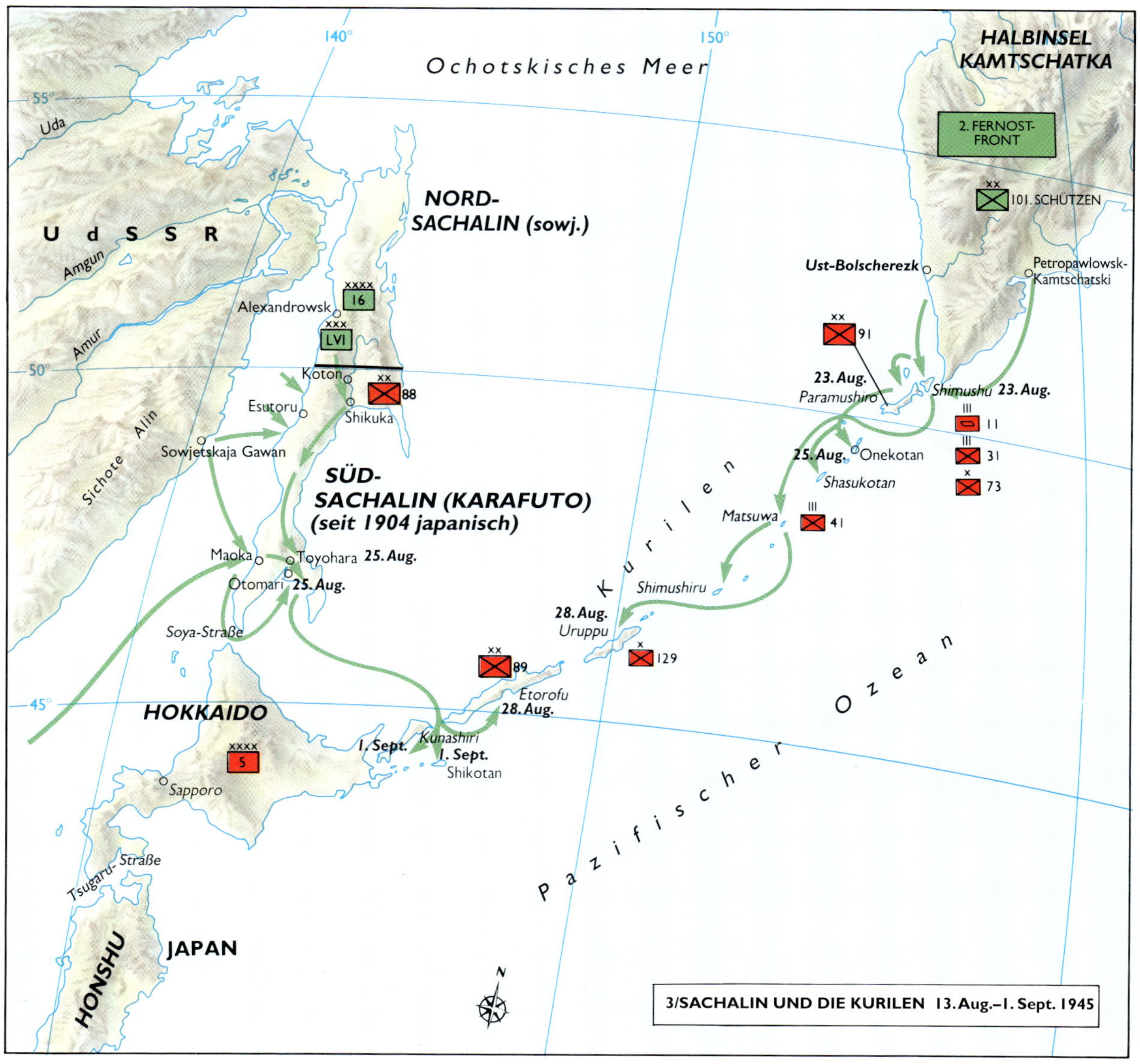

tengrades wurde kaum Widerstand entgegengesetzt. In anderen Regionen hielten die Kämpfe jedoch noch beinahe bis zur Kapitulation in der Tokio-Bucht am 1. September an. Auf den Kurilen begannen die Sowjets ihren Vormarsch am 11. August und nahmen erst zwischen dem 17. und 23. August Shimushu ein, nachdem sie dort auf erbitterten Widerstand gestoßen waren. Im Anschluß daran besetzten die sowjetischen Streitkräfte sechs weitere Inseln der Kurilen. Am 25. August säuberten sie Sachalin und okkupierten am 1. September Kunashiri und Shikotan. Der Feldzug in der Mandschurei war für die Japaner die größte Teilniederlage im Zweiten Weltkrieg. In seinem Ergebnis vergrößerte sich das sowjetische Territorium, da das gesamte Gebiet Sachalins sowie die Kurilen-Inseln an die Sowjetunion gingen. Die Mandschurei mußte jedoch 1946 an China zurückgegeben werden, während Korea entlang des 38. Breitengrades zwischen einer sowjetischen Militärregierung im Norden und einer US-Militärregierung im Süden aufgespalten wurde.

Bild unten: Sowjetische Panzereinheiten überqueren im August 1945 die Berge des Großen Chingan.

Japan 1945

Der Zweite Weltkrieg endete formell am 2. September 1945 damit, daß japanische Abgesandte an Deck des US-Schlachtschiffs „Missouri“ in der Tokio-Bucht die Kapitulationsurkunde unterzeichneten. Eine ganze Reihe von miteinander im Zusammenhang stehenden Konflikten dauerte jedoch zumindest in Ost- und Südostasien noch bis 1975 an. Die Völker der betroffenen Gebiete lösten bis dahin ihre inneren Angelegenheiten selbst, was unterstrich, daß es nicht mehr die Großmächte waren, die über die Entscheidungsgewalt verfügten.

Diese Entwicklungen waren allerdings weit von der Wirklichkeit entfernt, mit der die Japaner 1945 konfrontiert wurden. Die Misere, in die sie durch die Niederlagen von 1944 geraten waren, war groß. Sie führte dazu, daß Anfang 1945 Beamte am kaiserlichen Hof ernsthaft – wenn auch nur insgeheim – die Möglichkeit einer Abdankung des Kaisers in Erwägung zogen. Sie sahen darin die Chance, den Weg zum Frieden zu ebnen. Im Frühjahr und Sommer des Jahres bemerkte das amerik. Oberkommando Japans zögerliche und vergebliche Versuche, sich unter sowjetischer Vermittlung aus dem Krieg zurückzuziehen. Die Entscheidung der Amerikaner zum Einsatz von Kernwaffen gegen Japan am 6. und 9. August war dem Wunsch geschuldet, den Krieg für die Alliierten so schnell und so kräftesparend als nur irgend möglich zu beenden und die Sowjets an einem Eingreifen in die Auseinandersetzung zu hindern. Der sowjetische Einmarsch in der Mandschurei am 9. August (siehe Seite 198) war jedoch ein wichtiger Beweggrund für die Japaner, die Bedingungen der Potsdamer Erklärung vom 27. Juli 1945 zu akzeptieren: die bedingungslose Kapitulation. Das japanische Oberkommando war mit Kaiser Hirohitos persönlicher Entscheidung zur Kapitulation einverstanden: Einerseits mußte man den Krieg beenden, während auf der gegnerischen Seite die Vereinigten Staaten die Entscheidungsgewalt innehatten. Andererseits spielte die Angst vor sozialen Unruhen eine nicht zu vernachlässigende Rolle. Am 15. August verkündete der Kaiser in einer bis dahin beispiellosen Rundfunkübertragung die Entscheidung, die Bedingungen der Alliierten anzunehmen. Zwar widersetzten sich auch danach noch Teile der bewaffneten Streitkräfte einer Kapitulation des Landes, ihr Widerstand wurde jedoch rasch unterdrückt. Unter der Aufsicht von General MacArthur wurde die japanische Gesellschaft wiederhergestellt. Hirohito behielt seine Position als Kaiser, entsagte jedoch seinem „göttlichen Status“. Eine Verantwortung für Kriegsverbrechen wurde ihm nicht angelastet.

Es verstrichen noch weitere sechs Jahre, ehe der Krieg zwischen Japan und den meisten seiner einstigen Feinde mit dem Vertrag von San Francisco (8. September 1951) offiziell beendet wurde. Zu jenem Zeitpunkt befanden sich Ost- und Südostasien bereits in einer Umbruchphase. Nachdem die Brüchigkeit der japan. Kolonialreiche sichtbar geworden war, erhielt der gegen die Kaisermacht gerichtete Aufruhr einen neuen Impuls. Er sollte die Nachkriegszeit in Asien wesentlich mitbestimmen. Die Japaner hatten 1942 in Burma und 1945 auf den Ostindischen Inseln sowie in Indochina Regierungen eingesetzt. Nach der Niederlage Japans gewannen diese Regierungen, die durch antijapanische nationalistische Elemente erweitert oder abgelöst wurden, die Unterstützung eines Großteils der Bevölkerung. Abgesehen davon waren durch den Krieg auch kommunistische Kräfte freigesetzt worden.

In China brach 1946 der Bürgerkrieg zwischen den Kommunisten und der Kuomintang, der 1940 vorübergehend in den Hintergrund getreten war, wieder in vollem Umfang aus. Er endete 1949 mit der Vertreibung der in der KMT zusammengeschlossenen Nationalisten nach Formosa (Taiwan). Nachdem dieser Sieg errungen war, erreichte der Einfluß des chinesischen und des sowjetischen Kommunismus auch andere Gebiete des ehemaligen japanischen Kaiserreiches.

Den imperialistischen Mächten, die in ihre früheren Kolonien zurückkehren wollten, standen plötzlich Streitkräfte der einheimischen Bevölkerung gegenüber. In Südasien wurde ein Präzedenzfall geschaffen: Indien, das früher Ziel japanischer Unterwanderung und Propaganda gewesen war, erhielt 1947 durch die neugewählte britische Labour-Partei einen unabhängigen Status zugesprochen. Aus zwei eigenständigen Gebieten entstand der moslemische Staat Pakistan. Ceylon und Burma wurden 1948 unabhängig. Nach der Kapitulation Japans 1945 riefen Nationalisten in Java die Republik Indonesien aus. Sie rückten nach Sumatra, Niederländisch-Borneo, Celebes und auf die Molukken vor, bis sie 1956 das gesamte Gebiet des früheren Niederländisch-Indien mit Ausnahme von Westneuguinea kontrollierten. Die Briten in Malaya lieferten sich langanhaltende Kämpfe mit kommunistischen Aufständischen und leisteten indonesischen Versuchen Widerstand, Sarawak und Brunei zu annektieren. Die Philippinen, die 1946 ihre Unabhängigkeit von den Vereinigten Staaten erlangt hatten, blieben nicht von einer durch Kommunisten ausgelösten Welle von Unruhen auf Luzón verschont.

Gerade die opferreichsten Kriege der Ära nach 1945 fanden innerhalb des ehemaligen japanischen Kaiserreiches statt: In Korea führten die Versuche der US-Streitkräfte, 1950 bis 1953 dem Land den Weg in die Unabhängigkeit zu ebnen, zu Abspaltung, Bürgerkrieg und letzten Endes zur Teilung. In Indochina unternahmen die französischen Behörden ab 1948 ähnliche Schritte, die zum gleichen Ergebnis führten. Die Krise in beiden Ländern endete mit ausländischer Intervention und ideologischen Konfrontationen zwischen den kommunistischen Staaten im Norden und den vom Westen unterstützten Regierungen im Süden. In Korea konnte ein Kompromiß erzielt werden, doch in Vietnam wurde 1975 der westliche Einfluß völlig ausgeschaltet.

Zwar erlangten die Länder in Ost- und Südostasien ihre Unabhängigkeit, doch Frieden und Stabilität waren damit noch längst nicht gewährleistet. Die am dichtesten besiedelten und am schwersten bewaffneten Regionen unserer Erde werden bis zum heutigen Tag von politischen, sozialen und rassistischen Spannungen heimgesucht, die nicht beeinflußbar zu sein scheinen.

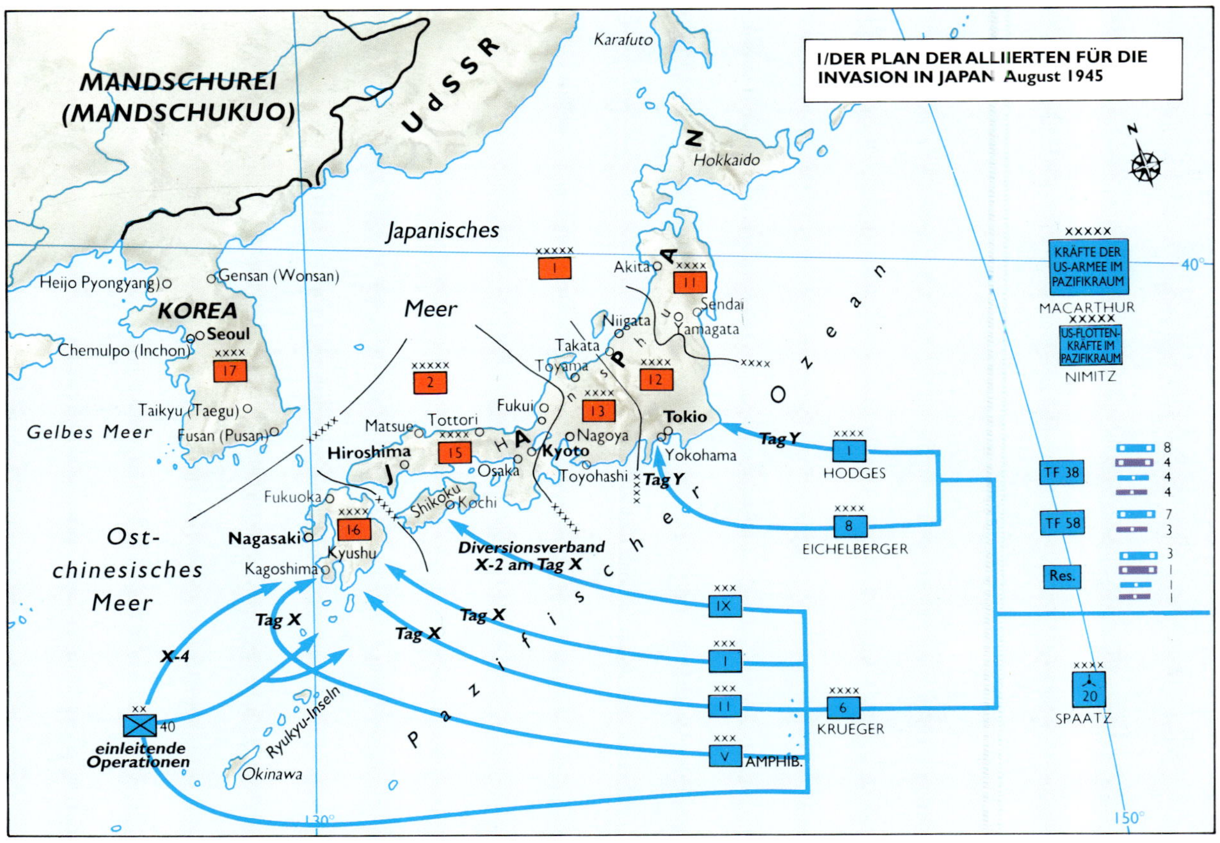

1/DER PLAN DER ALLIIERTEN FÜR DIE INVASION IN JAPAN August 1945

2/DAS JAPAN. KAISERREICH Aug. 1945

DIE INVASION DER ALLIIERTEN auf den japanischen Mutterinseln sollte in zwei Phasen vonstatten gehen und unter der Bezeichnung „Downfall“ zur größten Unternehmung im Pazifikkrieg werden **(1)**. In ihrem Verlauf sollten im Herbst 1945 Kyushu und im Frühjahr 1946 Honshu besetzt werden. Für die Invasion auf Honshu hätten US-Kampfverbände aus Europa herangeführt werden müssen. Darüber hinaus war geplant, allein für diese Operation 14 000 Kampfflugzeuge und etwa 100 Flugzeugträger in die Region zu verlegen. Der Einsatz der Atombombe machte diese Pläne überflüssig. Die Okkupation Japans durch die Alliierten sollte die Kapitulation und Rückführung der japanischen Streitkräfte erreichen, die noch in den versprengten Überbleibseln des ehemaligen Kaiserreiches verblieben waren. Sie gestaltete sich jedoch langsam und kompliziert **(2)**. Nach dem Ende des Krieges in Ostasien vollzogen sich in den meisten Gebieten der Region große politische Veränderungen:

Japan Die Mutterinseln wurden bis zur Erlangung ihrer Unabhängigkeit im Jahr 1952 unter die Kontrolle einer US-Militärregierung gestellt, an deren Spitze General MacArthur stand. Die Streitkräfte wurden vollständig aufgelöst. Mehrere Gebiete, die vor dem Krieg in japanischem Besitz gewesen waren, wurden neu verteilt. Die Gebiete Japans im pazifischen Raum wurden entweder unter die Kontrolle der USA oder der UNO gestellt. Die nachfolgenden Regierungen behielten die engen Beziehungen zu den USA bei und konzentrierten sich auf die Entwicklung der Industrie und der modernen Technik. In den siebziger Jahren stieg Japan zur drittgrößten Industrienation der Welt auf.

Burma Bis zur Unabhängigkeit 1948 übten die Briten die Kontrolle über das Land aus. 1948 begannen die Kommunisten mit der Anwendung von Guerillataktiken, was zwischen 1958 und 1962 zu einer Reihe von Militärputschen führte und Militärregierungen an die Macht brachte.

China In den Jahren 1945 bis 1949 flammte der Bürgerkrieg zwischen den Kommunisten und den Nationalisten (KMT) wieder auf. Die Kommunisten unter Mao Tse-tung trugen den Sieg davon und bildeten eine Volksrepublik.

Indochina Bis 1954 stand die Region unter französischer Verwaltung. Laos und Kambodscha erhielten ihre Unabhängigkeit. Nordvietnam rief 1954 einen kommunistischen Staat aus, und Südvietnam wurde zur unabhängigen Republik. In den 50er Jahren weitete sich die kommunistische Rebellenbewegung in Vietnam zum Bürgerkrieg aus. Frankreich, die UNO und die USA griffen militärisch ein, und die Auseinandersetzung dehnte sich auf Laos und Kambodscha aus. 1975 marschierten nordvietnamesische Truppen im Süden ein.

Indonesien Das Land erklärte 1945 seine Unabhängigkeit. 1949 mußten die Niederlande nach Verhandlungen ihre Souveränität über die Inseln Niederländisch-Indiens (mit Ausnahme West-Neuguineas) abtreten, und 1956 übernahm Indonesien die volle Autorität in den meisten früheren Gebieten Niederländisch-Indiens. Seit 1950 ereigneten sich mehrere separatistische und kommunistische Aufstände.

Korea Bis 1948 stand Korea unter US-amerik. und sowjetischer Militärherrschaft. Danach wurde im Norden eine kommunistische Volksdemokratie ausgerufen und im Süden eine gewählte konstitutionelle Regierung gebildet. Von 1950 bis 1953 führten Nord- und Südkorea gegeneinander Krieg, an dem auch UN-Truppen unter MacArthur und chinesische Truppen beteiligt waren. Er endete unentschieden.

Malaysia 1945 wurde die britische Kolonialherrschaft wiederhergestellt. Nach 1948 fanden kommunistische Erhebungen statt. 1963 schloß sich das Gebiet mit Sabah und Sarawak zur Föderation von Malaysia zusammen.

Philippinen Nach einer kurzzeitigen US-Militärherrschaft folgte 1946 die Unabhängigkeit. In der Folgezeit brachen immer wieder kommunistische und moslemische Aufstände aus. Während des Vietnamkrieges wuchs der Einfluß der USA.

Thailand Die konstitutionelle Monarchie, die seit 1932 bestand, wurde beibehalten. Zwischenzeitlich herrschten Militärregierungen, und es kam wiederholt zu Putschen. Die während des Krieges hinzugewonnenen Gebiete (siehe Seite 192) mußte das Land wieder abtreten.

Bild links: Die japanische Kapitulation an Bord der „Missouri“ am 2. September 1945.

Die Volkswirtschaften während des Weltkrieges 1939–1945

Im Zweiten Weltkrieg ging es von Beginn an den beteiligten Ländern darum, wirtschaftlich bedeutsame Ressourcen zu beschaffen und ihren Bedarf an ihnen zu decken. Alle großen, an den Auseinandersetzungen beteiligten Mächte wußten, daß es ein totaler Krieg sein würde, in dem Industrie und Landwirtschaft eine ebenso entscheidende Rolle zu spielen hatten wie die Streitkräfte. Aus dem Ersten Weltkrieg hatten sie die Lehre gezogen, daß ein die Wirtschaft betreffender Krieg nur mit den Waffen der Industrie geführt werden kann: ökonomische Rationalisierung, umfassende Mobilisierung der Wirtschaft sowie Massenproduktion in allen bedeutenden Bereichen. In der Anfangsphase des Krieges verfügte Deutschland über die größte Wirtschaft und hatte seit 1941 Zugang zu den Rohstoffen in fast ganz Europa. Dagegen hing die britische Wirtschaft hochgradig davon ab, daß ihre weltweiten, durch U-Boote überall bedrohten Lieferwege nicht unterbrochen wurden. Die Sowjetunion arbeitete eng mit Deutschland zusammen, während die Vereinigten Staaten dem Empire Unterstützung gewährten. Die Achsenmächte besaßen den Alliierten gegenüber den wirtschaftlichen Vorteil. Als sich Hitler jedoch 1941 entschloß, die Sowjetunion zu überfallen und wenig später auch die Amerikaner in den Krieg eintraten, kehrte sich dieses Verhältnis zugunsten der Alliierten ins Gegenteil. Zwar wäre die Annahme unangebracht, daß von nun an die Niederlage der Achse unausweichlich war, doch machte allein schon die Menge der für die Alliierten verfügbaren Rohstoffe und ihre Vormachtstellung auf den Meeren das Unterfangen der Achse nahezu unmöglich. Die Volkswirtschaften Japans, Deutschlands und Italiens befanden sich gewissermaßen in einem Belagerungszustand. In ihren Kriegsanstrengungen waren sie auf Rohstoffe aus den eroberten Gebieten angewiesen, gegen ihre Schiffe bestand von Seiten der USA Schießbefehl, und ab 1943 waren ihre Territorien einer zunehmend stärker werdenden Bomberoffensive ausgesetzt. Die Produktion war dadurch einem Druck ausgesetzt, der ihr zwangsläufig schaden mußte, der Lebensstandard der Zivilbevölkerung sank rasch, und die eroberten Gebiete waren einer zügellosen Ausbeutung ihrer Rohstoffe ausgesetzt.

Die Schwierigkeiten, die sich der Achse stellten, lassen sich auf vielerlei Weise darstellen. Anfangs verfügten die alliierten Mächte über 360 Millionen Menschen, denen seitens der Achse 195 Millionen gegenüberstanden. Letztere konnten diesen Mangel jedoch zum Teil wieder ausgleichen, indem sie die Arbeitskräfte in den von ihnen eroberten Gebieten in Europa, China und Korea für sich einsetzten. Darüber hinaus war sowohl in Deutschland als auch in Japan ein außergewöhnlich hoher Prozentsatz von Frauen werktätig – insbesondere in der Landwirtschaft. Der größte Unterschied tat sich jedoch im Bereich des Produktionspotentials auf. Im Jahr 1938 betrug der Anteil Großbritanniens, der USA und der UdSSR an der weltweiten Produktionsleistung 60 Prozent, der Anteil der Achsenmächte lag bei 17 Prozent. Trotz der Okkupation der westlichen Teile der Sowjetunion im Jahr 1941 blieb diese Kluft unüberwindlich. Die Stahlproduktion der Alliierten war doppelt so hoch wie die ihrer Kriegsgegner, die Kohleproduktion sogar dreimal so hoch. Großbritannien und Frankreich allein stellten 1938 mehr Kraftfahrzeuge und Schiffsraum her, als die drei Staaten der Achse zusammen.

Zwar konnten die Achsenmächte gewaltige zusätzliche Rohstoffgebiete für sich gewinnen, doch ersetzten deren Erträge nur die Importe aus Übersee, und die Rohstoffquellen wurden weit unter ihrem Optimum ausgeschöpft. Die Eroberungen in der Mandschurei und in Niederländisch-Indien konnten die Verluste der Japaner durch das amerik. Stahl- und Ölembargo nicht vollständig ausgleichen. In der Sowjetunion zerstörten die sich zurückziehenden sowjetischen Streitkräfte so gründlich ihre Industrieanlagen, daß Deutschland nur einen Bruchteil der eroberten Ressourcen für sich nutzen konnte. Auch innerhalb der „Festung Europa" bewirkten die Feindseligkeiten gegenüber den Nazis, der Partisanenkampf und ein immer unbrauchbarer werdendes Verkehrsnetz, daß die gewonnenen Territorien nicht ausgebeutet werden konnten. So erreichte beispielsweise die Stahlindustrie Lothringens lediglich 50 Prozent ihrer Leistungsfähigkeit. Die deutschen Ölimporte während des Krieges beliefen sich auf kaum die Hälfte von dem Niveau, das noch 1939 erreicht worden war, obwohl Deutschland praktisch über die Kontrolle der rumänischen Vorkommen verfügte. Im Gegensatz dazu hatten die Alliierten Zugang zu den Rohstoffen in der gesamten westlichen Hemisphäre sowie in Afrika, Australien und Ozeanien, Südasien und im Nahen Osten. Nur die U-Boote waren in der Lage, diesen wirtschaftlichen Vorteil zu schmälern. Doch 1943 war auch diese Gefahr gebannt (siehe Seite 108). Außerdem konnten die alliierten Staaten ihre Volkswirtschaften effektiver beleben und überließen diese Aufgabe weitestgehend den Industriellen und Fachleuten unter der Zivilbevölkerung statt den Militärs. Im Ergebnis dessen waren die Alliierten den Achsenmächten in bezug auf den Ausstoß in der Waffenproduktion sogar noch überlegener als bei den Rohstoffen. 1942 stellte die Achse 26 000 Flugzeuge her, während die Alliierten 101 000 Stück fertigten. Im gleichen Jahr belief sich die Zahl produzierter Panzer bei den Alliierten auf 58 000, bei den Achsenmächten lediglich auf 11 000. Im Jahr 1943 verließen zehnmal soviel Kampfschiffe die Werften in den Vereinigten Staaten wie in Japan und Deutschland zusammen. Von 1942 an waren die Streitkräfte der Achse einem gnadenlosen Zermürbungskreislauf ausgesetzt, dem nicht einmal die Wiederbelebung der deutschen Produktion 1944 Einhalt gebieten konnte.

Die wirtschaftlichen Kosten des Krieges waren enorm. Während sich die Lebensmittelproduktion in Europa 1946 auf die Hälfte des Vorkriegsstandes belief, erreichte die Industrieproduktion sogar nur noch ein Drittel davon. Frankreich büßte 46 Prozent seines nationalen Vermögens ein, Italien verlor mehr als ein Drittel. In der Sowjetunion wurden 1 700 Städte und 70 000 Dörfer vollständig zerstört. Die Bombardements beschädigten oder vernichteten die Zentren fast aller deutschen, italienischen und japanischen Großstädte. In allen Staaten stieg die öffentliche Verschuldung immens an. Die Hauptnutznießer des Krieges waren jene Staaten, die vom Krieg nicht direkt betroffen waren. In jenen Ländern bewirkte der nicht endende, gewaltige Bedarf der kriegführenden Mächte an Lebensmitteln, Rohstoffen und Waffen eine rasche Gesundung von den Folgen der Weltwirtschaftskrise in den 30er Jahren.

Einer der zentralen Argumentationspunkte, den die Achsenmächte zur Rechtfertigung ihrer Weltmachtpolitik verwendeten, war der Bedarf an lebenswichtigen Rohstoffen und Nahrungsmitteln. 1939 befand sich ein Großteil der Weltvorkommen an Erzen und anderen Rohstoffen in den Imperien Frankreichs und Großbritanniens sowie in den USA und in Regionen, von denen die Achsenmächte durch die Seestreitkräfte der Alliierten abgeschnitten werden konnten ***(1)***. Erstere waren gezwungen, sich auf ihre eroberten Gebiete zu stützen, was auch erklärt, warum die sowjetischen Ölvorkommen und Weizenbestände sowie der Zinn, Kautschuk und das Öl in den Kolonialgebieten des Fernen Ostens als Angriffsziele von so großer Bedeutung waren. In den eingenommenen Gebieten wurde der Lebensstandard bewußt gesenkt und die Ressourcen für den Kriegseinsatz entnommen. Doch auch in den Heimatländern der Achsenmächte hatte die Zivilbevölkerung Einschnitte im Konsum hinzunehmen. In Deutschland war die durchschnittlich aufgenommene Kalorienmenge pro Tag höher als in den besetzten Gebieten, sie blieb jedoch weit unter der, die die Menschen in den Vereinigten Staaten von Amerika oder in neutralen Staaten zu sich nahmen (Nebenkarte, ***1***). 1944 gingen die japanischen Reisimporte auf ein Zehntel der Vorkriegsmenge zurück. Deutschland war vom Gelingen eines Selbstversorgungsprogramms abhängig, welches im Zuge des 1936 verkündeten Vierjahrplans in Kraft trat und mußte versuchen, die Einbußen an Erdöl, Kautschuk und Eisenerz auszugleichen. Die besetzten Staaten Europas wurden zur Zahlung von mehr als 90 Mrd. RM Kriegsleistungen gezwungen und hatten dem Dritten Reich Nahrungsmittel und Arbeitskräfte zur Verfügung zu stellen ***(3)***. 1944 schuldete Deutschland den neutralen Staaten und seinen Verbündeten in Europa bereits über 20 Mrd. RM für Waren, die es während des Krieges dort gekauft hatte. Die Alliierten besaßen den Vorteil, daß sie nach dem Kriegseintritt der Amerikaner weltweit agieren konnten. Die USA schickten Waren zu jedem Kriegsschauplatz und bauten ein weltumfassendes Netz von Luftstützpunkten und Versorgungsdepots auf ***(2)***. Den alliierten Mächten standen angemessene Erdölreserven zur Verfügung, und ihre weltweit operierende Tankerflotte wurde von 12 Millionen BRT Schiffsraum auf über 21 Millionen BRT aufgestockt, obwohl ihr durch U-Boote schwere Verluste zugefügt wurden ***(4)***. Doch auch den Alliierten bereitete der Verlust von Rohstoffen Probleme. So mußten beispielsweise die USA einen Industriezweig zur Herstellung von Synthesekautschuk errichten, um die Lieferausfälle von Malaya zu kompensieren. Sie nutzten dafür technisches Know-how aus Deutschland. Während des Krieges verzeichnete die US-Wirtschaft einen 50%-igen Zuwachs, während das Wachstum in Großbritannien, Deutschland und Japan eher bescheiden war. Ein negatives Wachstum war in den eroberten und besetzten Ländern zu verzeichnen: So betrug der Rückgang in der Wirtschaft Frankreichs 50 Prozent und in der Sowjetunion 13 Prozent ***(5)***. Um diese Verluste auszugleichen, lieferten die USA große Mengen an Waffen und anderen Gütern zur Leihpacht ***(6)***. Das britische Empire initiierte ein etwas bescheideneres Programm zur gegenseitigen Unterstützung, das half, die immensen Kosten des Einsatzes von US-Truppen in Übersee zu decken ***(7)***.

Bild rechts: Deutsche beim Kauf ihrer Brotration.

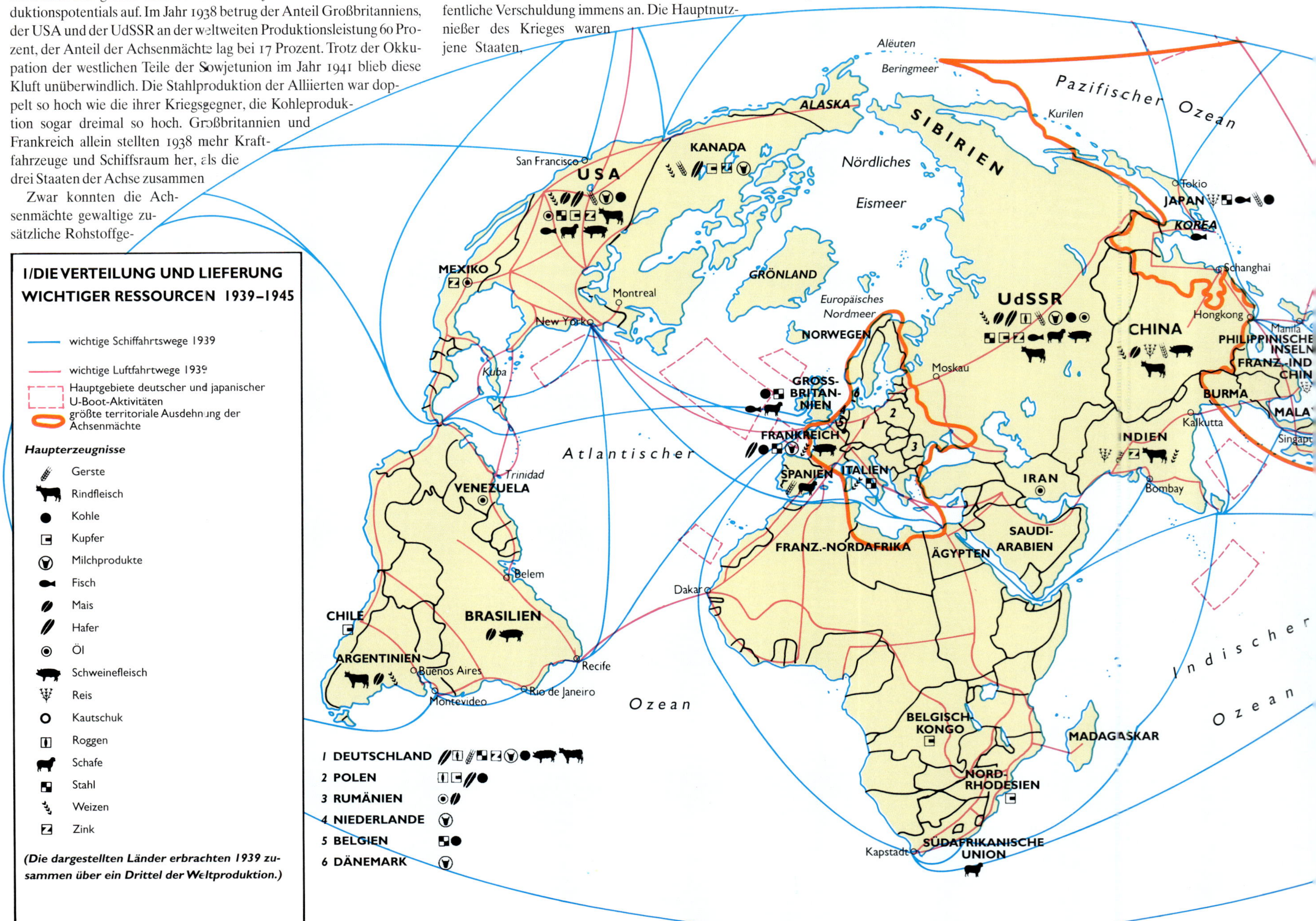

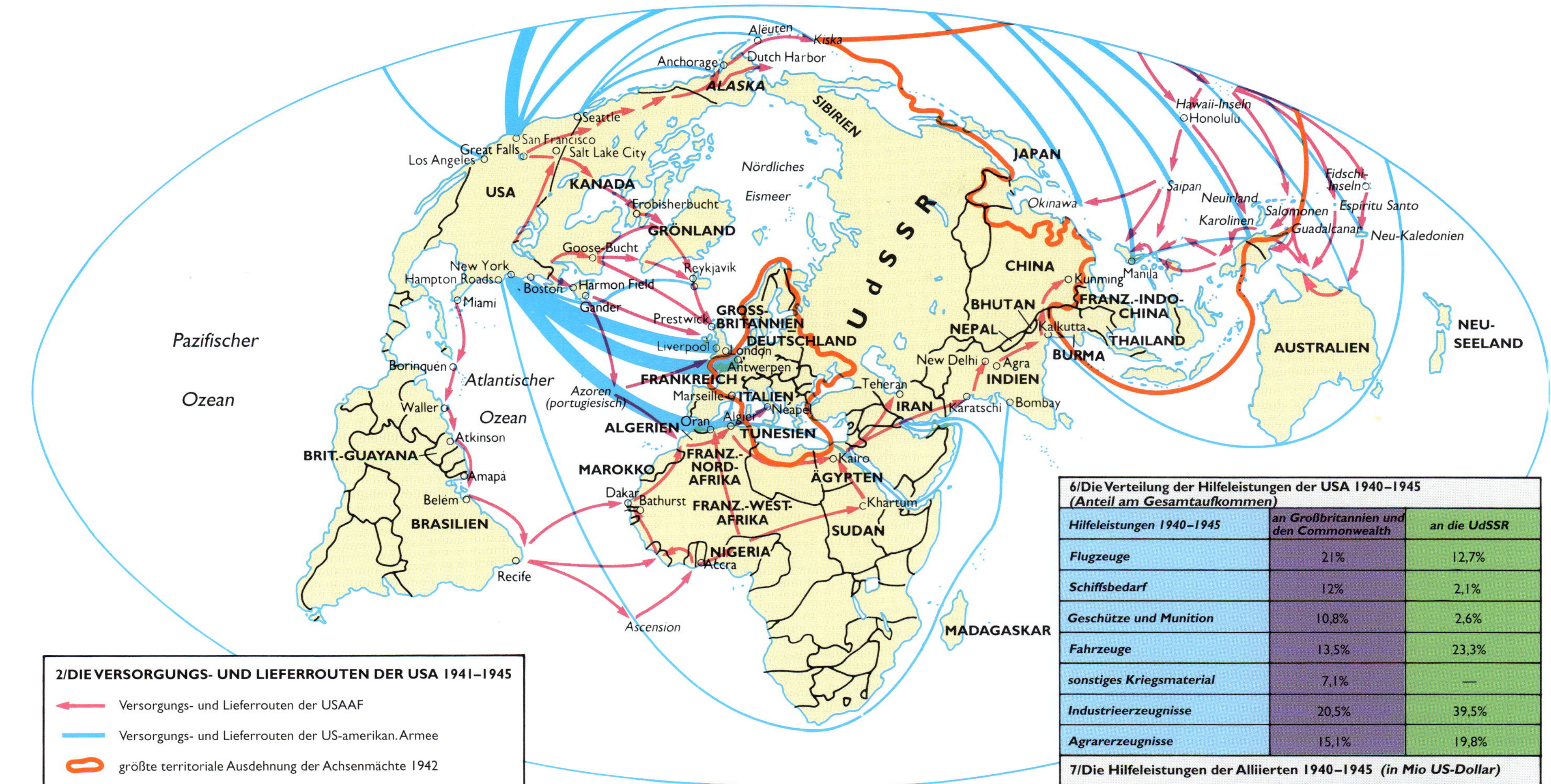

2/DIE VERSORGUNGS- UND LIEFERROUTEN DER USA 1941–1945

- Versorgungs- und Lieferrouten der USAAF
- Versorgungs- und Lieferrouten der US-amerikan. Armee
- größte territoriale Ausdehnung der Achsenmächte 1942

6/Die Verteilung der Hilfeleistungen der USA 1940–1945 (Anteil am Gesamtaufkommen)

Hilfeleistungen 1940–1945	an Großbritannien und den Commonwealth	an die UdSSR
Flugzeuge	21%	12,7%
Schiffsbedarf	12%	2,1%
Geschütze und Munition	10,8%	2,6%
Fahrzeuge	13,5%	23,3%
sonstiges Kriegsmaterial	7,1%	—
Industrieerzeugnisse	20,5%	39,5%
Agrarerzeugnisse	15,1%	19,8%

7/Die Hilfeleistungen der Alliierten 1940–1945 (in Mio US-Dollar)

	Hilfeleistungen von den USA	Hilfeleistungen an die USA
Großbritannien	27 023	5 667
Australien	1 570	1 041
Neuseeland	271	248
Südafrika	296	1
Indien	913	610
UdSSR	10 670	—
andere Länder	2 872	—
Insgesamt	43 685	7 567

4/Die Tankerflotte der Alliierten 1942–1945 (Schiffsraum in Tausend BRT)

Flagge	1942	1943	1944	1945	Verluste
USA	4 268	5 319	9 099	12 875	1 421
Großbritannien	3 784	3 609	3 877	3 991	2 888
Norwegen	2 059	1 835	1 728	1 988	1 299
Niederlande	334	457	476	457	251
Panama	827	758	765	796	453
unter anderer Flagge	862	726	948	918	228

5/Veränderungen des Wirtschaftswachstums (BIP) 1939–1940/1944–1945

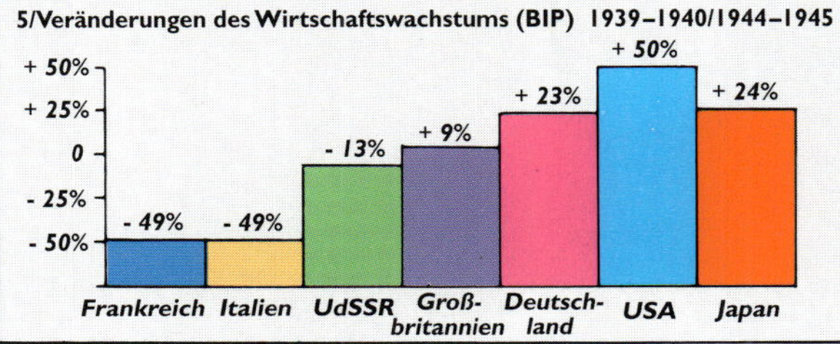

Die Ernährungssituation in Europa 1941/1944 (Durchschnittszahlen je Tag, in Kalorien)

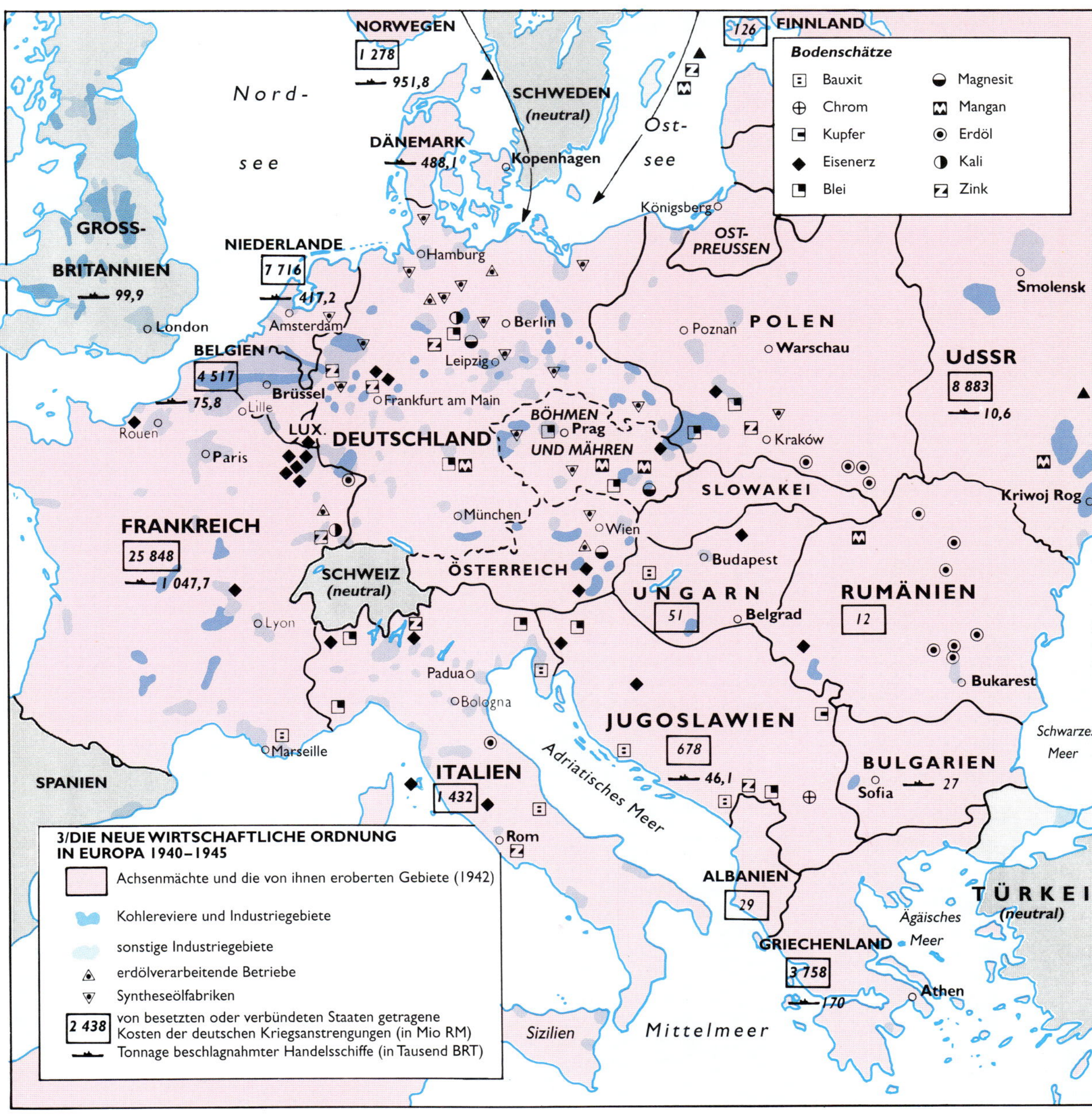

3/DIE NEUE WIRTSCHAFTLICHE ORDNUNG IN EUROPA 1940–1945

- Achsenmächte und die von ihnen eroberten Gebiete (1942)
- Kohlereviere und Industriegebiete
- sonstige Industriegebiete
- erdölverarbeitende Betriebe
- Syntheseölfabriken
- 2 438 von besetzten oder verbündeten Staaten getragene Kosten der deutschen Kriegsanstrengungen (in Mio RM)
- Tonnage beschlagnahmter Handelsschiffe (in Tausend BRT)

Die Kriegsopfer

Während des Zweiten Weltkrieges kamen mehr Menschen ums Leben, als im Verlauf jeder vorangegangenen kriegerischen Auseinandersetzung. Einige seiner Schlachten – insbesondere bei Stalingrad, in der Normandie und um Berlin –, hatten die gleiche Zerstörungskraft wie die schlimmsten Phasen des Ersten Weltkrieges. Doch auch abseits der Schlachtfelder wurden sehr viele Menschen getötet: einerseits durch die direkten Bombenangriffe auf die Zivilbevölkerung und andererseits aufgrund des Mangels, dem die Menschen in belagerten Gebieten erleiden mußten. Ein Beispiel dafür ist Leningrad, wo mehr als 500 000 Zivilisten von November 1941 bis Januar 1944 starben. Weitere Ursachen lagen in der Zerstörung der Landwirtschaft und der Unterbrechung der Lebensmittellieferungen. Oftmals wurden nach Guerillaaktionen Menschen massakriert und Vergeltungsmaßnahmen durchgeführt. Das war insbesondere in Jugoslawien der Fall, wo zwischen 1941 und 1945 über 1 Million Zivilisten umkamen. Flucht und Vertreibung führten dazu, daß allein im Jahr 1945 2 Millionen Deutsche ihr Leben verloren. Besonders die europäischen Juden in Polen litten sehr unter der organisierten Ausrottung. Etwa 6 Millionen von ihnen wurden zwischen 1942 und 1945 getötet.

Während der Feldzüge der Achsenmächte gegen die westlichen Alliierten hielten sich beide Seiten an die Genfer Konvention, welche eine humane Behandlung von Kriegsgefangenen, Verwundeten und Zivilisten fordert. Gefangenen der Achsenmächte, die in die Hände der Alliierten fielen, wurde eine ausgesprochen gute Behandlung zuteil, da viele von ihnen nach Nordamerika und Afrika geschickt wurden, wo ausreichend Lebensmittel vorhanden waren. Gefangenen aus den Reihen der Westalliierten erging es in den Händen der Achsenmächte zwar weniger gut, doch erfuhren auch sie eine korrekte Behandlung. Das änderte sich erst gegen Kriegsende, als viele von ihnen Gewaltmärsche in derselben Richtung antreten mußten, in der die Befreiungsarmeen vorrückten. Angehörige der Westalliierten, die in japanische Gefangenschaft gerieten, mußten vielfältige Mißhandlungen über sich ergehen lassen, wurden halb ausgehungert, dienten als Probanden für wissenschaftliche Experimente, wurden zur Arbeit gezwungen und in Lagern, die sich nahe an den Zielen der Bombardements befanden, interniert. Millionen von Sowjetbürgern, die in deutsche Kriegsgefangenschaft gerieten, kamen um. Zunächst geschah das deshalb, weil die deutschen Internierungslager auf eine so große Zahl von Gefangenen überhaupt nicht eingerichtet waren. Später jedoch starben viele unter einem äußerst harten Arbeitsregime, oder man ließ sie einfach verhungern. Die Sowjets erließen erst 1943 Festlegungen für die Behandlung von Kriegsgefangenen. Sie internierten etwa zwei Millionen Deutsche, ließen diesen allerdings angesichts der mangelnden Versorgung ihrer eigenen sowjetischen Einheiten nur eine oberflächliche Behandlung zukommen. Bevor die Japaner im August 1945 kapitulierten, gingen sehr wenige von ihnen in die Gefangenschaft der Alliierten. Sie waren entschlossen, bis zum letzten Mann zu kämpfen, und zogen es vor, Selbstmord zu begehen, anstatt durch eine Gefangennahme Schande über sich zu bringen. Doch im Zeitraum August/September 1945 nahmen die Sowjets über eine Million Japaner gefangen, von denen die meisten verschollen blieben.

Die Überwachung der Behandlung von Kriegsgefangenen lag in den Händen des Internationalen Roten Kreuzes mit Hauptsitz in der Schweiz. Dessen Inspektoren erhielten Zugang zu Kriegsgefangenenlagern in Deutschland und zu denen der Westalliierten.

Ab 1941 gaben alle kriegführenden Länder ihre Vorbehalte gegen Angriffe auf Gebiete mit großer Bevölkerungsdichte auf. Die in europäischen Großstädten angerichteten Verwüstungen bezeugen das deutlich. Lediglich Rom und Paris wurden nominell zu offenen Städten erklärt, da sie von so großer kultureller Bedeutung waren. Dagegen wurde Warschau im November/Dezember 1944 von den sich zurückziehenden Deutschen schwer zerstört. Infolge der großangelegten Bombardements von Großstädten verloren in Deutschland etwa 600 000 Zivilisten ihr Leben. In Japan kamen 500 000 und in Großbritannien 60 000 Zivilisten um. Auch in Polen, Frankreich, Italien, Belgien und den Niederlanden waren große Verluste unter der Zivilbevölkerung zu verzeichnen. Im Verlauf des Ersten Weltkrieges waren die kriegführenden Mächte von Mangelerscheinungen und Epidemien heimgesucht worden, die den Tod vieler Menschen zur Folge hatten. Während des Zweiten Weltkrieges blieb diese Zahl in den Staaten, in welchen das administrative System noch intakt war, gering. Die wirksam durchgeführte Rationierung und medizinische Behandlung in Deutschland und in den Staaten Westeuropas gewährleisteten einen guten Gesundheitszustand der Zivilbevölkerung. Nur wenige Zivilisten in den Vereinigten Staaten kamen durch Kriegsursachen ums Leben, doch in der UdSSR, in Ost- und Südeuropa sowie in China war ihre Zahl sehr hoch. Schätzungen gehen davon aus, daß von den Japanern in China zehn Millionen Menschen umgebracht wurden.

Auch der Guerillakrieg, innere Unruhen und die Zwangsumsiedlungen der Bevölkerung – besonders in den Staaten Ost- und Südeuropas zwischen 1939 und 1945 sowie nach 1937 in weiten Gebieten Chinas –, forderten viele Menschenleben. In Griechenland war der Widerstand gegen die Besetzung durch die Achsenmächte sehr stark. Etwa 120 000 der 140 000 Kriegstote des Landes waren darum Opfer von Vergeltungsmaßnahmen, internen Auseinandersetzungen, Massakern oder Deportationen. Die Zahl der Opfer unter der sowjetischen Zivilbevölkerung belief sich auf sieben Millionen Menschen. Ein Großteil von ihnen fiel der direkten Unterdrückung (siehe Seite 172) oder den Entbehrungen des Krieges zum Opfer. Die meisten Menschen fanden jedoch im Verlauf des Zweiten Weltkrieges in den Schlachten zwischen der Wehrmacht und der Sowjetarmee den Tod. Mindestens 11 Millionen Soldaten wurden getötet und 25 Millionen verwundet, die Mehrheit von ihnen auf sowjetischer Seite.

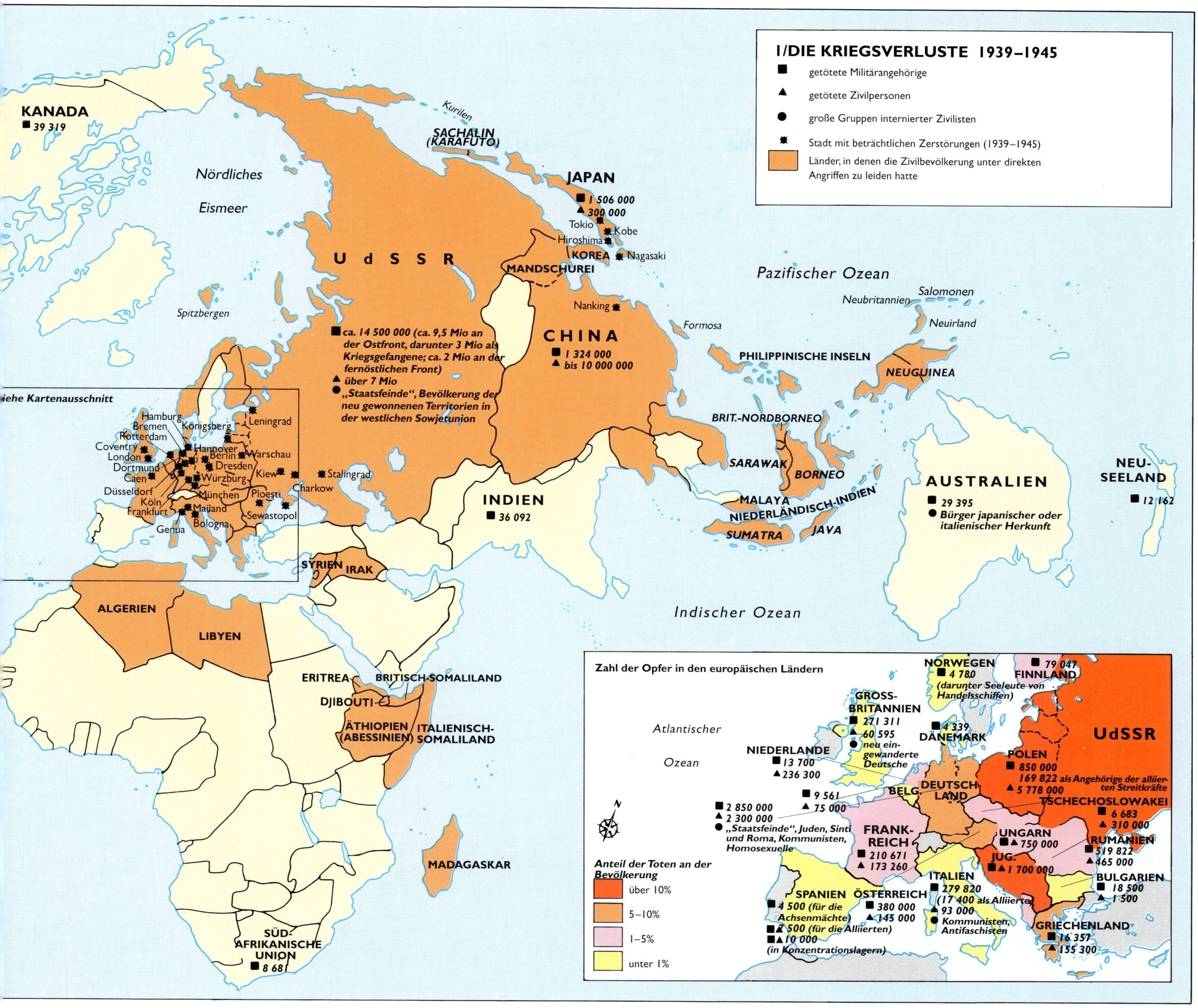

Die Gesamtzahl der im Verlauf des Krieges weltweit getöteten Menschen *(1)* läßt sich nicht genau bestimmen. Sie wird jedoch gewöhnlich auf etwa 40 bis 50 Millionen geschätzt. Im Gegensatz zum Ersten Weltkrieg war die Zahl der Opfer unter der Zivilbevölkerung im Zweiten Weltkrieg gewaltig und etwa so hoch wie die der auf dem Schlachtfeld Gefallenen. Das ist auf die Bombardements, Mangelerscheinungen, Mißhandlungen und auf bewußt durchgeführte Ausrottungsaktionen zurückzuführen. In Europa ließen mehr Zivilisten und Soldaten ihr Leben als in Asien. Außerdem waren in Osteuropa mehr Opfer zu beklagen als in Westeuropa, was auf die Brutalität hindeutet, mit der dort die Feldzüge geführt wurden. Die Rote Armee verlor im Zuge der Kampfhandlungen etwa 11,5 Millionen Mann. Weitere 3 Millionen Sowjetsoldaten starben in deutscher Kriegsgefangenschaft. Fast 3 Millionen Soldaten der Wehrmacht und 1,5 Millionen Japaner starben während der Kämpfe. Unter den Westalliierten mußten die Briten, Amerikaner und Franzosen mit 250 000, 300 000 bzw. 200 000 getöteten Soldaten die größten Verluste hinnehmen. Mit über 7 Millionen Toten zumeist nichtrussischer Herkunft war die Sowjetunion neben China eines der Länder, in dem die meisten Zivilisten ums Leben kamen. Es gibt zwar für China keinen genauen Beleg, doch man weiß, daß sich die Zahl hier auf viele Millionen Tote belief. Aber auch Deutschland gehörte zu den Ländern mit den meisten zivilen Opfern. 600 000 Menschen wurden während der Bombardements und nahezu 2 Millionen im Jahr 1945 auf der Flucht aus dem Osten getötet. Von den nichtalliierten Ländern wurde Polen am schwersten in Mitleidenschaft gezogen. Das Land verlor 6 Millionen Menschen, was ca. 18 Prozent seiner Vorkriegsbevölkerung ausmachte. Ungefähr die Hälfte von ihnen waren Juden. Insgesamt wurden während des Krieges 6 Millionen Juden in ganz Europa bewußt von den Nazis ermordet. Die meisten Gefangenen der Deutschen waren Rotarmisten, gleichzeitig die höchste Gefangenenzahl des Krieges überhaupt *(2)*. Vier der fünf Millionen sowjetischen Kriegsgefangenen starben, wenigstens drei Millionen von ihnen in den Händen der Deutschen. Es wird angenommen, daß nach 1945 eine weitere Million nach ihrer Rückkehr in die Sowjetunion in Arbeitslagern ums Leben kam. In den Internierungslagern des Dritten Reiches befanden sich zwischen 1940 und 1945 rund eine Million Franzosen, hunderttausende Briten, Amerikaner, Italiener (seit 1943) und Polen sowie Angehörige anderer Nationalitäten. 1939 gingen etwa 200 000 polnische Soldaten in sowjetische Gefangenschaft. 15 000 Offiziere tauchten nie wieder auf, und etwa 4 500 von ihnen wurde nahe Katyn umgebracht. 1945 kamen rund zehn Millionen Deutsche und sechs Millionen Japaner in alliierte Gefangenenlager. In Südostasien wurden über 61 000 Briten, Australier und Niederländer während der ersten Feldzüge von den Japanern gefangengenommen *(3)*. 12 000 von ihnen starben gemeinsam mit Einheimischen beim Bau der Burmabahn (Nebenkarte). 40 000 der 1942 in Malaya gefangengenommenen 45 000 Inder erklärten sich bereit, in die von Japan unterstützte und vom indischen Nationalisten Subhas Chandra Bose geschaffene Indische Nationalarmee einzutreten (siehe Seite 192).

Der globale Krieg

Im Gegensatz zum Ersten Weltkrieg überzog der Zweite Weltkrieg letztendlich die gesamte Erde. Im Jahr 1939 führten die Japaner einen fortwährenden Krieg, der dem Ziel diente, die Kontrolle über China zu erlangen. Der Krieg in Europa war zunächst räumlich begrenzt und wurde von Hitler entfesselt, der eine Korrektur der Grenze zwischen Deutschland und Polen herbeiführen wollte. Die 1939 aufgestellten Armeen umfaßten eine Million Soldaten in Polen und jeweils drei Millionen in Frankreich und Deutschland, während die reguläre britische Armee lediglich über 200 000 Soldaten verfügte. Doch die Zahl der in der Anfangsphase eingesetzten Streitkräfte war geringer als 1914.

In der Folgezeit nahm das Ausmaß des Krieges rasch zu. Nach der Niederlage Frankreichs im Jahr 1940 setzte Großbritannien die Mobilisierung fort. Hitler verringerte die Größe der Wehrmacht zu jenem Zeitpunkt vorübergehend, bis er noch im gleichen Jahr die Truppenstärke wieder erhöhte, nachdem er sich zum Angriff auf die Sowjetunion entschlossen hatte. Bis zum Beginn der Invasion im Juni 1941 verdoppelte sich die Personalstärke seiner Streitkräfte gegenüber 1939. Doch die sowjetischen Truppen, die sich seinem Angriff entgegengestellten, waren noch viel größer. Allein an den Fronten befanden sich ständig 11,5 Millionen Sowjetsoldaten. Durch die Entscheidung Japans, sich Deutschland als Achsenstreitmacht anzuschließen, vergrößerte sich sein bisheriges Kriegsgebiet in China, und die Zahl der insgesamt eingesetzten Soldaten nahm noch mehr zu. Das Höchstmaß wurde erreicht, als die Vereinigten Staaten die Mobilisierung von beinahe 12 Millionen Kriegsdienstleistenden abgeschlossen hatten.

Mit dem Fortgang und der Ausweitung des Krieges begann sich auch das Wesen der Kriegsschauplätze zu ändern. Zwar hatten auch früher bereits Konflikte stattgefunden, die die Grenzen der Länder bzw. Kontinente überschritten, doch nun nahm das Schlachtfeld einen sphärischen und globalen Charakter an, was mit wechselnden Auswirkungen für alle kriegführenden Länder verbunden war.

Großbritannien verfügte vor 1939 als Imperialmacht über Garnisonen rund um den Erdball und war somit an den Kämpfen an fast allen Fronten des Zweiten Weltkriegs beteiligt. Die Streitkräfte der Briten, die ihrer Kolonien sowie die der von Großbritannien verwalteten Gebiete kämpften daher in Südostasien, auf den Inseln im Pazifik, in Nord- und Ostafrika, Süd- und Nordwesteuropa sowie im Nahen Osten und auf dem Atlantischen, Stillen und Indischen Ozean. Darüber hinaus nahmen sie am Luftkrieg über der gesamten nördlichen Hemisphäre teil.

Der Krieg in der Sowjetunion hingegen war auf das sowjetische Territorium und die angrenzenden Gebiete beschränkt. Das am weitesten von der Landesmitte entfernte Gebiet war die Mandschurei, wo die Sowjetarmee im August 1945 den Sieg über die Japaner davontrug. Die japanischen Streitkräfte kamen in ausgedehnten Gebieten des westpazifischen Raums und den umliegenden Gebieten zum Einsatz und drangen 1944 weit nach China ein. Deutschland, das weitestgehend von Festland umgeben war, gelang es, seine Streitkräfte über das Mittelmeer hinaus vorstoßen zu lassen. Mit Hilfe seiner U-Boote und der gegen den Seehandel eingesetzten Kaperschiffe führte das Reich einen Seekrieg, dessen Ausdehnung von der Karibik im Westen bis zum Indischen Ozean im Osten reichte. Aber schließlich erreichten die USA mit ihren Streitkräften die größte globale Ausdehnung. Sie führten 1944 in West- und Südeuropa, China, Südostasien sowie im zentral- und südpazifischen Raum umfangreiche Kämpfe zu Land, zur See und in der Luft. Als der Zweite Weltkrieg seinen Höhepunkt erreichte, war er wahrhaftig ein amerikanischer Krieg.

Ein weiteres Merkmal für den globalen Charakter des Krieges bestand darin, daß sich das Gebiet, in dem Menschen getötet wurden, nicht mehr unmittelbar auf das Schlachtfeld beschränkte. Abgesehen von der Verfolgung von Zivilisten durch die Achsenmächte aus ideologischen Beweggründen heraus – hauptsächlich in China und Osteuropa – waren diese in ganz Europa, im Westen der Sowjetunion und in Ostasien auch direkten militärischen Angriffen ausgesetzt. Das geschah meist bei Bombenangriffen oder auch dann, wenn sich Zivilisten zufällig in der Vormarschrichtung von Fronten befanden.

Die Erfahrungen des Krieges waren für viele Völker und Nationen weder eindeutig noch entscheidend – insbesondere für diejenigen, die von den Großmächten zum Ziel ihrer Politik auserwählt wurden. Auf kein Volk traf das mehr zu als auf die Polen. Am ersten Tag des Krieges marschierten deutsche Truppen in ihr Land ein, und ihre Streitkräfte waren noch immer in zahlenmäßig großer Stärke in Kämpfe an drei wichtigen Fronten verwickelt, als Deutschland kapitulierte. In der Zwischenzeit hatte das Land unter der Invasion durch die UdSSR sowie unter entsetzlicher sozialer und ideologischer Verfolgung durch beide Besatzungsmächte zu leiden. Politisch war es praktisch nicht mehr existent. Es gab Polen, die freiwillig entweder in die Wehrmacht oder die Rote Armee eintraten oder dazu gezwungen wurden. Darüber hinaus wurden viele polnische Bürger zur Sklavenarbeit für das Reich herangezogen. Andererseits fanden sich auch Polen, die im Exil mit äußerster Tapferkeit und größter Wirkung an der Seite der Franzosen, Briten und Sowjets kämpften, und im polnischen Untergrund organisierte 1944 in Warschau die Armia Krajowa den größten aller Aufstände gegen deutsche Besatzungstruppen, der je von einer Widerstandsbewegung während des Krieges geführt wurde (siehe Seite 170).

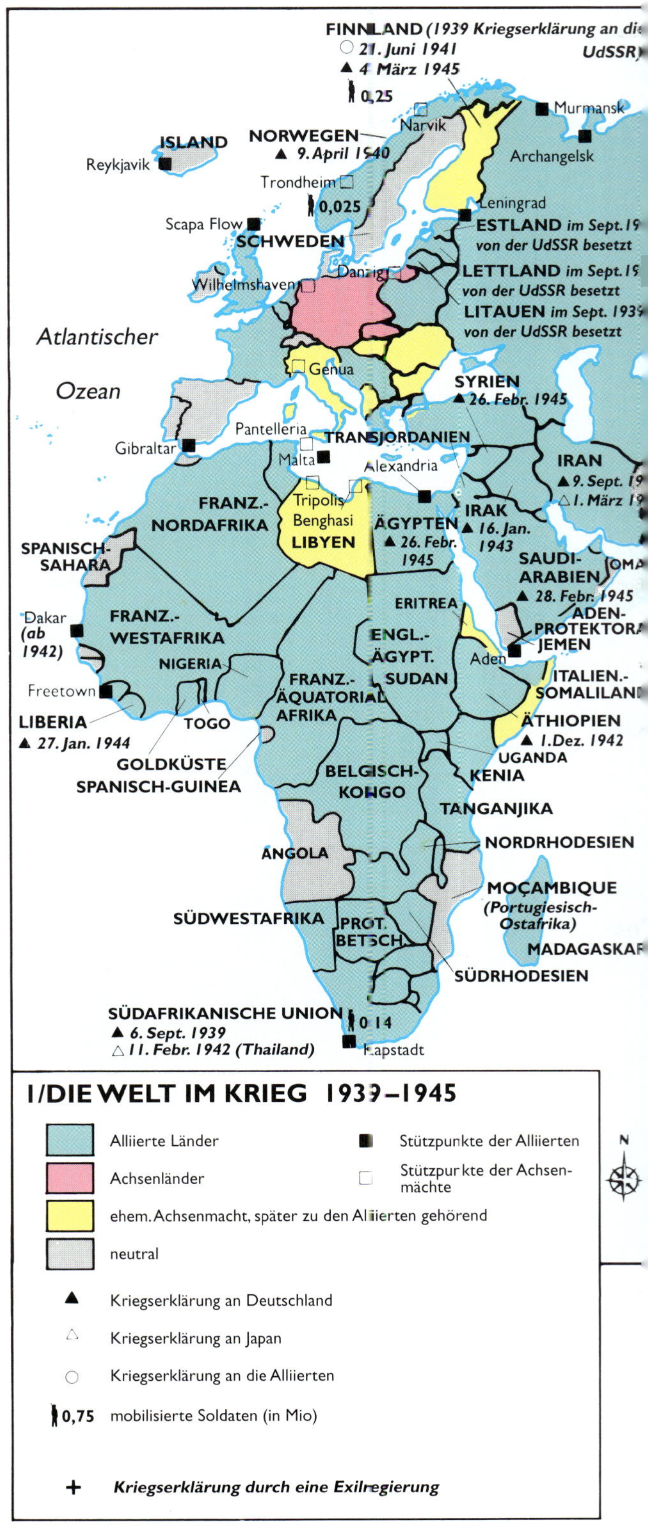

Bis zum Jahr 1945 nahm fast jeder souveräne Staat in der Welt aktiv oder der Form nach am Zweiten Weltkrieg **(1)**. Die Beteiligung der großen Kolonialmächte bewirkte ebenso eine Verwicklung ihrer Kolonien in Afrika und Asien in die Auseinandersetzungen. Beim Zusammenbruch des Dritten Reiches im Mai 1945 gab es lediglich neun neutrale souveräne Staaten. Alle Staaten Lateinamerikas hatten sich auf die Seite der Alliierten gestellt – selbst Argentinien, das früher für die Achsenmächte eingetreten war. In Italien verblieb sogar noch ein brasilianisches Expeditionskorps. Mehrere Staaten wechselten im Verlauf des Krieges von der Achse zu den Alliierten über. Gewöhnlich war das aber erst der Fall, wenn die Streitkräfte der Alliierten in ihr Land einmarschiert waren. Mehrere asiatische Staaten unter souveränen oder Marionettenregierungen schlugen sich auf die Seite der Japaner. Unter ihnen befanden sich Thailand, die Philippinen und Burma. Aus geographischer Sicht nahm dieser Krieg die größte Ausdehnung aller bislang geführten Kriege an **(2)**. Mit Ausnahme der Antarktis fanden die Feldzüge auf allen Kontinenten statt. Auf dem Höhepunkt ihres Erfolges im Sommer 1942 kontrollierten die deutschen Streitkräfte ganz Westeuropa – mit Ausnahme Großbritanniens und der neutralen Staaten Spanien, Portugal, Schweden, Schweiz und Irland – sowie weite Gebiete des europäischen Teils der Sowjetunion. Zur gleichen Zeit hatte Japan alle Inseln im westpazifischen Raum – Hawaii und die Midway-Inseln ausgenommen –, sowie die britischen, französischen und niederländischen Kolonien in Südostasien besetzt und stand kurz vor einem Angriff auf Nordaustralien. Die Alliierten besaßen jedoch stets die Kontrolle über den Großteil des Festlandes sowie der See- und Luftwege. So waren sie in der Lage, rund um den Erdball Streitkräfte zum Einsatz zu bringen, wo auch immer sie gerade benötigt

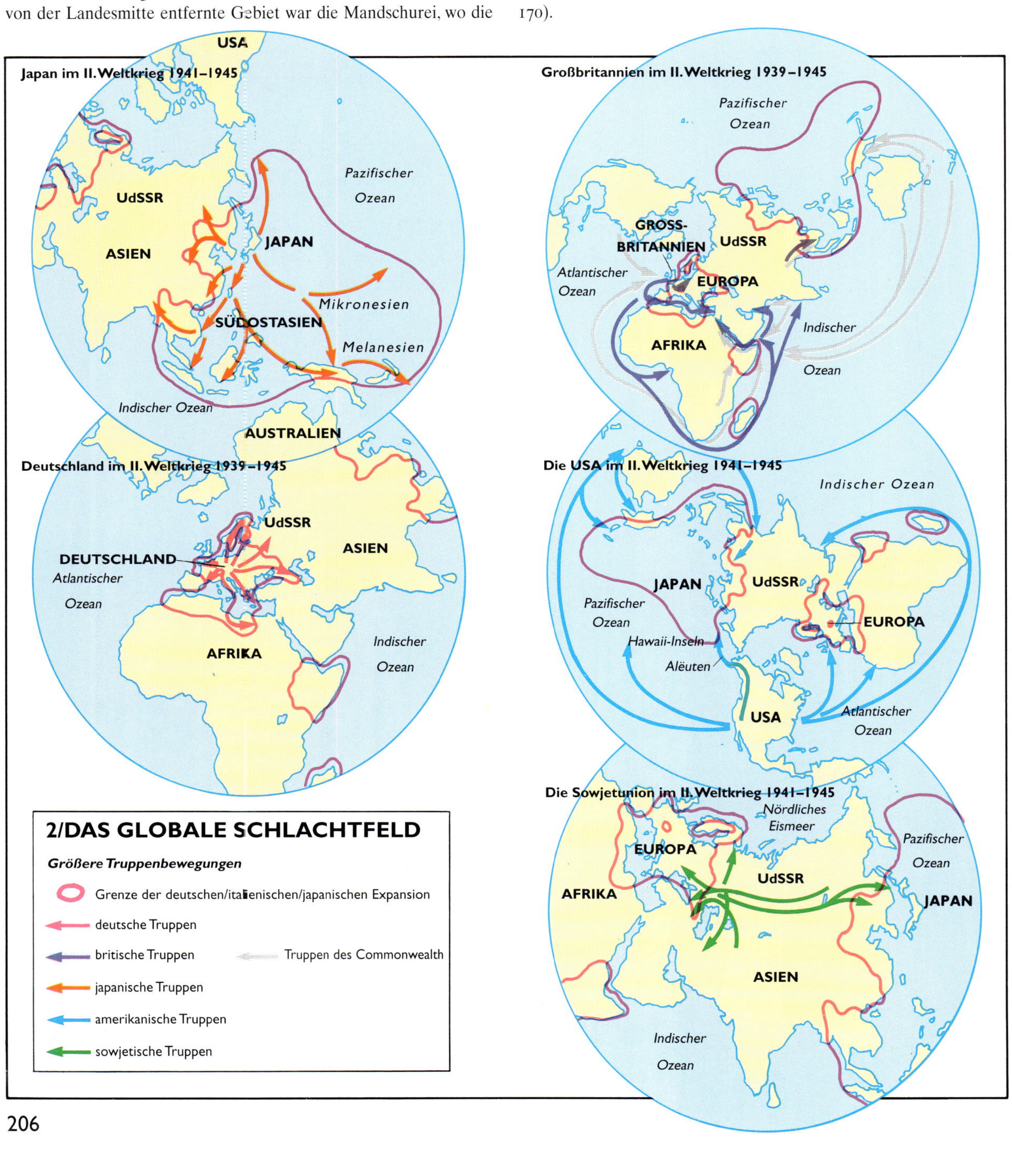

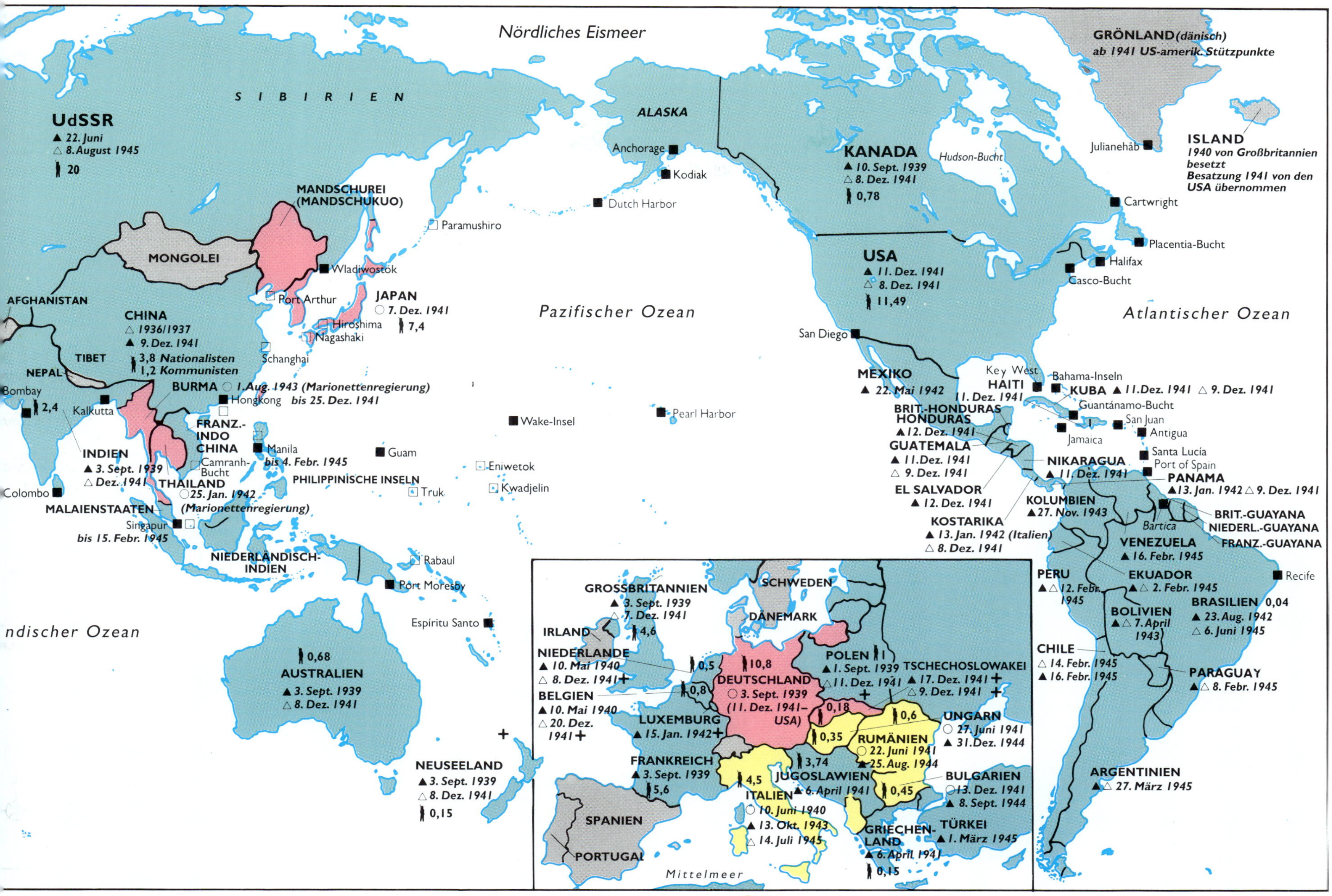

wurden. Das polnische Territorium wurde 1939 von sowjetischen und deutschen Einheiten besetzt und unter beiden Ländern aufgeteilt *(3)*. Die Zivilbevölkerung Polens war einer furchtbaren Verfolgung ausgesetzt. Dennoch kämpften während des gesamten Krieges polnische Einheiten auf den Schlachtfeldern. 1945 stellten sie nach denen der UdSSR, der USA, Großbritanniens und Frankreichs die fünftstärkste Streitmacht dar, die in Kämpfe mit Deutschland verwickelt war. Nach der Niederlage der polnischen Armee im Jahr 1939 kämpften polnische Exileinheiten in Norwegen, Frankreich und in der Schlacht um England (1940), in Nordafrika, wohin sie 1942/1943 aus der Sowjetunion gekommen waren, in Italien (1943–1945), in Frankreich, Belgien und Deutschland (1944/1945), als ein Teil der Roten Armee in der Sowjetunion, Polen und Deutschland (1942–1945) sowie als alliierte Seeleute und Flugzeugbesatzungen.

Bilder links und Mitte: Propagandisten beider Lager erkannten den globalen Charakter des Krieges und der Weltmachtbestrebungen.

Bild unten: Die meisten kriegführenden Länder begingen Kriegsverbrechen unterschiedlichen Ausmaßes. Diese dienten immer wieder als Gegenstand der Propaganda. Das von den Sowjets an 6000 polnischen Offizieren verübte Massaker in der Nähe von Katyn wurde von ersteren wiederholt den Deutschen angelastet.

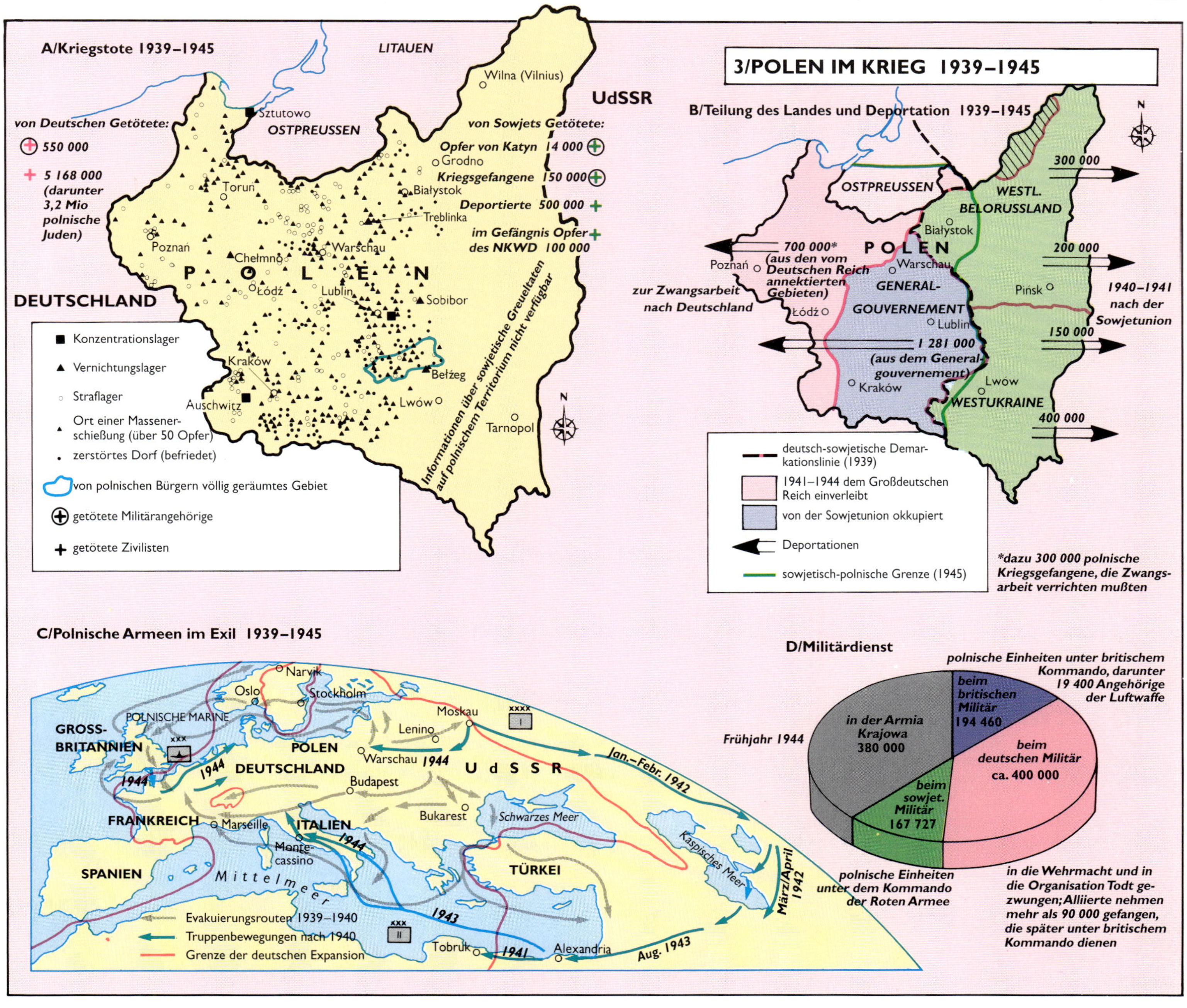

Bibliografie

Die folgenden Publikationen stellen eine Auswahl aus der großen Zahl der Werke dar, die die Mitwirkenden bei der Arbeit an dem Buch zu Rate gezogen haben. Sie enthalten Karten und andere Informationen, die für die vorliegende Arbeit besonders nützlich waren.

ATLANTEN

Atlas zur Geschichte, Bde. 1/2. Leipzig, 1976.

Chronology and Index of the Second World War (Royal Institute of International Affairs). Reading, 1975.

Darby, H. C. und Fullard, Harold: The New Cambridge Modern History Atlas, Bd. XIV. Cambridge, 1970.

Esposito, Colonel Vincent J.: The West Point Atlas of American Wars, Bd. II: 1900–1953. New York, 1959.

Gilbert, Martin: Atlas of the Holocaust. London, 1982.

Goodall, George: The War in Maps: Its Background and Course. London, 1941.

Goodenough, Simon: War Maps. London, 1982.

Großer Atlas zur Weltgeschichte. Braunschweig, 1972.

Hilgemann, Werner: Atlas zur deutschen Zeitgeschichte. 1918–1968. München, 1984.

Putzger, F. W.: Historischer Weltatlas. Berlin und Bielefeld, 1961.

The Times Atlas of World History. London, 1989.

The Times Concise Atlas of World History. London, 1988.

The Times Handy Atlas. 3. Aufl. Edinburgh und London, 1941.

The West Point Atlas für the Second World War: Asia and the Pacific. New Jersey, 1985.

OFFIZIELLE GESCHICHTLICHE DARSTELLUNGEN

History of the Second World War: United Kingdom Military Series

The Mediterranean and the Middle East, Bde. I–VI. HMSO London, 1954–1973.

Victory in the West 1944–1945, Bde. I–II. HMSO London.

The War in France and Flanders 1939–1940, Bd. 1. HMSO London, 1957–1965.

The War against Japan, Bde. I–V. HMSO London, 1957–1965.

The War at Sea, Bde. I–III: Roskill, S. W. HMSO London, 1954–1961.

History of the United States Naval Operations in World War II, 15 Bde.: Morison, S. E. Oxford, 1960.

Naval Staff History Second World War. London, 1952.

United States Army in World War II

China-Burma-India Theatre, 3 Bde. Washington D. C., 1959.

European theatre of Operations, 10 Bde. Washington D. C., 1951–1973.

The War in the Pacific, 12 Bde. Washington D. C., 1948–1960.

Istorija Welikoj Otetschestwennoj wojny Sowjetskowo Sojusa (Geschichte des Großen Vaterländischen Krieges der Sowjetunion). Offizielle Geschichte der UdSSR, 6 Bde. Moskau, 1960.

ALLGEMEINE VERÖFFENTLICHUNGEN

Andrew, Christopher: Codebreaking and Signals Intelligence. London, 1986.

Andreyev, Catherine: Vlasov and the Russian Liberation Movement. Cambridge, 1987.

Arnold-Forster, Mark: The World at War. Glasgow, 1973.

Beaumont, Joan: Comrades in Arms British Aid to Russia 1941–1945. London, 1980.

Beitter, Gerda: Die Rote Armee im 2. Weltkrieg: Eine Bibliographie. Koblenz, 1984.

Bellamy, Christopher D.: Red God of War: Soviet Artillery and Rocket Forces. London, 1986.

Bradley, Omar N.: A Soldier's Story of the Allied Campaigns from Tunis to the Elbe. London, 1951.

Calvocoressi, Peter und Wint, Guy: Total War. Harmondsworth, 1985.

Carr, E. H.: International Relations between the Two World Wars 1919–1939. London, 1965.

Chuikov, V. I.: The End of the Third Reich. Moskau, 1985.

Churchill, Winston S.: The History of the Second World War, Bde. 1–12. London, 1965.

Clark, Alan: Barbarossa: The Russian-German Conflict 1941–1945. London, 1965.

Collier, Basil: A Short History of the Second World War. London und Glasgow, 1969.

Conway's All the World's Fighting Ships 1922–1946. London, 1980.

Costello, John: The Pacific War. London, 1985.

Craig, Gordon A.: Enemy at the Gates. The Battle for Stalingrad. London, 1973.

Cruickshank, Charles: SOE in the Far East. Oxford, 1987.

Dupuy, R. Ernest und Dupuy, Trevor N.: The Encyclopedia of Military History. London, 1977.

Erickson, John: The Road to Stalingrad: Stalin's War with Germany, Bd. 1. London, 1975.

Erickson, John: The Road to Berlin: Stalin's War with Germany, Bd. 2. London, 1983.

Erickson, John: The Soviet High Command, 1918–1941. Moscow Notebooks (record of conversations with senior Soviet officers). London, 1962–1965.

Fugate, Bryan I.: Operation Barbarossa. Strategy and Tactics on the Eastern Front, 1941. Novato, 1984.

Glantz, Col. David: August Storm: The Soviet 1945 Strategic Offensive in Manchuria (Leavenworth Paper No. 7). The Soviet Airborne Experience (Research Survey No. 4). Fort Leavenworth, 1983–1984.

Glees, Anthoy: The Secrets of the Service: British Intelligence and Communist subversion 1939–51. London, 1987.

Gow, Ian: Okinawa 1945: Gateway to Japan. London, 1986.

Hastings, Max: Overlord: D-Day and the Battle for Normandy. London, 1985.

Horne, Alistaire: To Lose a Battle. France 1940. Harmondsworth, 1969.

„Katyn" (discussion of latest research): Problems of Communism. November–Dezember 1988, S. 49–57.

Langer, William L.: An Encyclopedia of World History. London, 1972.

Lederry, Col. E.: Germany's Defeat in the East, 1941–45. HMSO London, 1955.

Leljuschenko, Armeegeneral D. D.: Moskwa – Stalingrad – Berlin – Praga. Sapiski komandarma. (Moskau – Stalingrad – Berlin – Prag. Aufzeichnungen eines Armeebefehlshabers), 3. Aufl. Moskau, 1975.

Lucas, James: World War Two Through German Eyes. London, 1987.

Macintyre, Donald: The Battle of the Atlantic. London, 1983.

Macintyre, Donald: Narvik. London, 1962.

Manstein, Feldmarschall Erich von: Verlorene Siege (Lost Victories). Hrsg. und Übers. ins Engl. Anthony Powell. London 1958.

Marley, David: The Daily Telegraph Story of the War 1939–1945. London, 1942.

Mendelssohn, Peter De: Japan's Political Warfare. London, 1944.

Muggenthaler, Karl August: German Raiders of World War II. London, 1980.

Murray, Prof. Williamson: „Force Strategy, Blitzkrieg Strategy and the Economic Difficulties: Nazi Strategy in the 1930s". RUSI Journal, März 1983, S. 39–43.

Niepold, Gerd: Battle for White Russia. The Destruction of Army Group Centre Juny 1944. Übers. und Komm. Richard Simpkin. London, 1987.

O'Neill, H. C.: History of the Second World War. Bde. 1 und 2. London, 1951.

Overy, R. J.: The Air War 1939–1945. London, 1987.

Parrish, Michael: The USSR in World War II. An annotated bibliography of books published in the Soviet Union 1945–75, with an addenda for the years 1975–80. London, 1981.

Passant, E. J.: A Short History of Germany 1815–1945. Cambridge, 1959.

Piekalkiewicz, Janusz: Stalingrad. Anatomie einer Schlacht. München, 1977.

Rings, Werner: Life with the Enemy: Collaboration and Resistance in Hitler's Europe 1939–1945. London, 1982.

Rohwer, Jürgen: The Critical Convoy Battles of March 1943. The Battle for HX229/SC122. London, 1977.

Rokossowski, Marschall Konstantin K.: Welikaja pobeda na Wolge (Der große Sieg an der Wolga). 2 Bde. Moskau, 1965.

Rokossowski, Marschall Konstantin K.: A Soldier's Duty. Moskau, 1985.

Salmaggi, Cesare und Pallavisini, Alfredo: 2194 Giorni di Guerra. Mailand, 1977.

Seaton, Albert: The Russo-German War 1941–45. London, 1971.

Shukow, Marschall Georgi K.: Reminiscences and Reflections, 2 Bde. Moskau, 1985. (Orig. Wospominanija i rasmyschlenija. Moskau: Verlag Nowosti, 1974 und 1975.)

Sowjetskaja Wojennaja Enziklopedija (Sowjetische Militärenzyklopädie), 8. Bde. Hrsg. der Bde 1 und 2 Gretschko, Marschall A. A., Bde 3–8 Ogarkow, Marschall N. W. Moskau, 1976–1980.

Stewart, Adrian: Guadalcanal: World War II's Fiercest Naval Campaign. London, 1985.

Stolfi, R. J. S.: „Equipment for Victory in France in 1940", Geschichte Bd. 55, Nr. 183, S. 1–20. Februar 1970.

Stafford, David: Britain and European Resistance 1940–1945. Oxford, 1983.

Taylor, A. J. P.: The Origins of the Second World War. Harmondsworth, 1985.

Theimer, Walter: The Penguin Political Dictionary. Harmondsworth, 1940.

Tissier, Tony Le: The Battle of Berlin 1945. London, 1988.

Werth, Alexander: Leningrad. London, 1944.

Wilmot, Chester: The Struggle for Europe. London, 1954.

Wojenny enziklopeditscheski slowar (Militärenzyklopädie). 2. Aufl., Hrsg. Achromejew, Marschall Sergej F. Moskau, 1986.

Wosnessenski, N.: Wojennaja ekonomika SSSR w periode otetschestwennoj wojny (Die Kriegswirtschaft der UdSSR während des Vaterländischen Krieges). Moskau, 1948.

Young, Brigadekomm. Peter: The World Almanac Book of World War II. New York, 1981.

Zaloga, Steven und Madej, Victor: The Polish Campaign 1939. New York, 1985.

Zeitzler, Generaloberst Kurt: „Withdrawal of the German Army on the Eastern Front". Military Review, S. 73–74.

Bildquellennachweis

Die meisten Fotos wurden mit freundlicher Genehmigung des Imperial War Museum reproduziert.

Es ist den Herausgebern ein Bedürfnis, den im folgenden genannten Agenturen für die Genehmigung zur Wiedergabe ihrer Fotos zu danken:

Seite	Quelle
29	Staatsarchiv Weimar
31	Barnaby's Picture Library
33	Süddeutscher Verlag, Bilderdienst
35	Popperfoto
37	Barnaby's Picture Library
50–51	E. C. P. Armées, Paris
57	Ullstein Bilderdienst, Berlin
58	Library of Congress
59	Novosti Press
61	Novosti Press
62	Novosti Press
63	Ullstein Bilderdienst, Berlin
64	Süddeutscher Verlag, Bilderdienst
65	Novosti Press
69	Robert Hunt Library
72	Robert Hunt Library
78	Ullstein Bilderdienst, Berlin
80	Bildarchiv Preußischer Kulturbesitz, Berlin
82	Robert Hunt Library
84–85	Süddeutscher Verlag, Bilderdienst
87	R. Overy
89	Süddeutscher Verlag, Bilderdienst
90 links	Musée Royale de L'Armée et d'Histoire Militaire
oben rechts	Musée des Deux Guerres Mondiales
93	Sally Soames
95 oben rechts	Musée des Deux Guerres Mondiales
unten	Archiv für Kunst und Geschichte, Berlin
96	National Archives ©
99 rechts	Robert Hunt Library
links	E. T. Archive
101	Süddeutscher Verlag, Bilderdienst
102 unten	US Army
104	Ullstein Bilderdienst, Berlin
105	Novosti Press
108–109	Süddeutscher Verlag, Bilderdienst
110	Ullstein Bilderdienst, Berlin
118	National Archives ©
119	Australian War Museum
120	Robert Hunt Library
121	Robert Hunt Library
123	Robert Hunt Library
125	Novosti Press
127	Novosti Press
129	Robert Hunt Library
130	Robert Hunt Library
133	Süddeutscher Verlag, Bilderdienst
135 rechts	Deutsches Museum, München
unten links	Robert Hunt Library
139	Ullstein Bilderdienst, Berlin
140	Robert Hunt Library
142	Offical US Navy Photograph
155	US Army
161	Ullstein Bilderdienst, Berlin
162 links	Popperfoto
oben rechts	Robert Hunt Library
168	Official US Navy Photograph
169	Official US Navy Photograph
172	Library of Congress
174	Süddeutscher Verlag, Bilderdienst
176 rechts	Robert Hunt Library
180	National Archives ©
183 rechts	Robert Hunt Library
185	Robert Hunt Library
187	C. D. Bellamy
189	US Air Force
190–191	Ullstein Bilderdienst, Berlin
192 oben	Popperfoto
unten	Hoover Institute on War, Revolution and Peace
197 oben	Robert Hunt Library
unten	National Archives ©
199	Novosti Press
200	US Navy
203	Süddeutscher Verlag, Bilderdienst
206 links	Library of Congress
rechts	Musée des Deux Guerres Mondiales

Glossar

AA Anti-Aircraft, Fliegerabwehr (brit.).

AAA Anti-Aircraft Artillery, Fliegerabwehr (amerikan.).

ABDA American-British-Dutch-Australian Command, amerikanisch-britisch-niederländisch-australisches Kommando.

Abwehr Nachrichtendienst der deutschen Streitkräfte. Die Abwehr bestand aus 3 Abteilungen: Abteilung I betrieb Auslandsspionage unter Einsatz militärischer, technischer, politischer und ökonomischer Spezialisten, Abteilung II war zuständig für Sabotage und Abteilung III für Gegenspionage. Die Abwehr wurde seit 1938 von Admiral Wilhelm Canaris geführt. Nach dessen Verwicklung in die Verschwörung gegen Hitler (1944) wurde die Organisation der SS (RSHA, Amt VI) unterstellt.

ACC Allied Control Commission, Alliierte Kontrollkommission für die Nachkriegsregierung in Deutschland.

Accolade Codebezeichnung für Unternehmen der Alliierten in der Ägäis im Jahre 1944. Der Plan für die Eroberung von Rhodos und anderer Inseln blieb erfolglos.

Achse *Siehe* Stahlpakt, Dreimächtepakt.

Acrobat Codebezeichnung für das 1941 geplante Vorrücken britischer Truppen von der Cyrenaika nach Tripolis.

Adlertag Massierter deutscher Luftangriff während der Schlacht um England am 15. September 1940.

AEAF Allied Expeditionary Air Force, Alliiertes Expeditionskorps der Luftstreitkräfte.

AEF Allied Expeditionary Force, Alliiertes Expeditionskorps.

A-Go Codebezeichnung für den japanischen Gegenangriff nach der Eroberung der Marianen durch die Amerikaner im Juni 1944.

AIF Australian Imperial Forces, Australische Empire-Streitkräfte.

Alexander, Sir Harold, nachmals 1. Earl Alexander von Tunis (1883–1963) und britischer Feldmarschall. Während des Ersten Weltkrieges diente er bei den Irish Guards. Zu Beginn des Zweiten Weltkrieges kommandierte er die 1. Division des BEF in Frankreich. 1940 nahm er auf Seiten der Alliierten an der Evakuierung Dünkirchens sowie 1942 am britischen Rückzug aus Rangun teil. Ab August 1942 befehligte er die Streitkräfte der Alliierten im Nahen Osten und zwang Rommel zur Räumung Nordafrikas. Im letzten Kriegsjahr, einer Zeit fortgesetzter strategischer Erfolge, in der die deutschen Truppen durch Italien nach Norden gedrängt wurden und später nach einer brillanten Einkesselungsoperation am Fuß der Alpen kapitulieren mußten, war er Oberbefehlshaber der Alliierten im Mittelmeerraum. Sein Plan, einen Vorstoß in das Gebiet nördlich von Wien zu unternehmen, wurde überstimmt – ungeachtet der Erfolge, die er beim Ausbau von Triest zum Befehlszentrum der Alliierten in den letzten Tagen des Krieges erzielte. Später (1946–1952) diente Alexander als Generalgouverneur von Kanada. Als Patrizier und Soldat anglo-irischer Herkunft mied er die Öffentlichkeit und ließ andere, insbesondere Montgomery, an seinen bemerkenswerten Erfolgen teilhaben.

Altmark-Zwischenfall Eine Episode, die sich am 17. Februar 1940 ereignete, als der britische Zerstörer „Cossack" das deutsche Handelsschiff „Altmark" in neutralen Gewässern vor der norwegischen Küste aufbrachte und eine Anzahl britischer Gefangener befreite, die ursprünglich im Südatlantik durch das Schlachtschiff „Admiral Graf Spee" gemacht worden waren. Hitler bezeichnete den Zwischenfall als Piraterie und Verletzung des internationalen Seerechts, um entschloß sich kurzerhand, Norwegen zu okkupieren.

AMGOT Allied Military Government, Alliierte Militärregierung.

AMMISCA American Military Mission in China, Amerikanische Militärmission in China.

Anakim Codebezeichnung des Planes der Alliierten für die Rückeroberung von Burma im Jahr 1944.

Anders, Władysław (1892–1970) Polnischer Kommandeur, der zu verschiedenen Zeiten sowohl gegen die Nazis als auch gegen die Sowjets kämpfte. Er wurde 1939 während der sowjetischen Invasion in Polen gefangengenommen, im Juli 1941 jedoch wieder auf freien Fuß gesetzt, und baute im Iran eine Armee aus etwa 5 000 Exilpolen auf. Anders' bekanntester militärischer Erfolg bestand in der Rolle, die er und seine Soldaten im Mai 1944 bei der Eroberung des Monte Cassino spielten.

Antikomintern-Pakt Am 25. November 1936 veröffentlichte gemeinsame Erklärung Deutschlands und Japans, der zufolge sich beide gegenseitig konsultieren und beim Widerstand gegen die Komintern (Kommunistische Internationale) zusammenarbeiten wollten. Italien schloß sich im Oktober 1937 an. Später wurde der Pakt zu einem Instrument, durch das sich Deutschland der Loyalität seiner Satellitenstaaten Rumänien, Ungarn und Bulgarien versicherte. Deutschland versuchte auch, Jugoslawien in den Pakt einzubinden. *Siehe* auch Komintern, Dreimächtepakt.

Anton *Siehe* Attila.

Antonescu, Ion (1882–1946) Rumän. Offizier, der 1932 Verteidigungsminister und 1940 Premierminister wurde. In diesem Amt erlangte er die absolute Macht, zwang König Karl II. zur Abdankung und bewirkte die Wiedereinsetzung König Michaels auf den Thron. 1941 schloß Antonescu ein gegen die UdSSR gerichtetes Bündnis zwischen Rumänien und Deutschland ab. Im August 1944, als sich die Streitkräfte der Achsenmächte endgültig im Niedergang befanden, befahl König Michael seine Festnahme. Antonescu wurde vor Gericht gestellt, zum Tode verurteilt und hingerichtet.

Anvil Später umbenannt in „Dragoon". Codebezeichnung für die Landungsoperationen der Alliierten am 15. August in Südfrankreich.

ANZAC Australia and New Zealand Army Corps, Australisch-Neuseeländisches Armeekorps.

AOC Air Officer Commanding, Befehlsstelle der Luftwaffenoffiziere.

Arcadia Codebezeichnung für die Erste Washingtoner Konferenz vom 22. Dezember 1941–14. Januar 1942.

Argonaut Codebezeichnung für die Konferenz von Jalta vom 4.–12. Februar 1945.

Argument Codebezeichnung für die Luftangriffe der Alliierten auf deutsche Flugzeugwerke vom 20.–25. Februar 1944.

Arnold, Henry Harley („Hap") (1886–1950) Amerikanischer General, in seiner Umgebung nur „Hap" genannt. Er absolvierte 1907 die Militärakademie West Point und wurde später (1911) der Luftfahrtsektion des Signals Corps zugeteilt. Zu dieser Zeit glaubte man noch, Flugzeuge seien nur für Aufklärungszwecke geeignet. Danach diente er fast ausschließlich bei den Luftstreitkräften. Er war der Chef des Army Air Corps (1938–1941) und ab 1939 auch stellvertretender Chef des Stabes unter General Marshall. Von Juni 1941 bis zum Ende des Krieges war Arnold gleichzeitig Chef der neu geschaffenen US Army Air Forces, der Luftstreitkräfte der amerikanischen Armee. Er war ein leidenschaftlicher Verfechter der strategischen Bombenangriffe und zeigte großes Interesse für den Versorgungsaspekt des Luftkrieges. Nach dem Krieg wurde er im Juni 1949 General der neuen US Air Force. Er war immer für selbständige Luftstreitkräfte eingetreten. Ihm ist es zu danken, daß die Luftstreitkräfte der Armee den ganzen Krieg über von den Streitigkeiten in der Armee unberührt blieben.

AT Anti-tank (gun), Panzerabwehr(-kanone).

ATS Auxiliary Territorial Service, britisches weibliches Armeehilfskorps.

Attila Später in „Anton" abgeänderte Codebezeichnung für die deutsche Okkupation Vichy-Frankreichs am 11. November 1942.

Auchinleck, Sir Claude (1884–1981) Britischer General. Er diente höchst ehrenvoll in Indien, holte 1940 nach dem fehlgeschlagenen Einsatz in Norwegen die britischen Truppen zurück und wurde anschließend Oberbefehlshaber in Indien. Später (Juli 1941–August 1942) wurde er zum Oberbefehlshaber der britischen Truppen im Nahen Osten ernannt. Während Rommels Sommeroffensive (1942), bei der es der italienisch-deutschen Panzerarmee Afrika fast gelungen wäre, einen Durchbruch zu erzielen, hatte Auchinleck persönlich das Kommando über die Front. Obwohl er die Verbände der Achsenmächte bei El Alamein schlug (1.–3. Juli 1942), hatte er sich östlich von Tobruk zurückgezogen, das von Rommel belagert und eingenommen wurde. Folgerichtig wurde er im August durch Alexander abgelöst und ging wieder (1943–1947) als Oberbefehlshaber nach Indien. Auchinleck hat für die zweite Schlacht von El Alamein (Oktober–November 1942) nur wenig Anerkennung erfahren, obwohl sich Montgomery Auchinlecks Grundkonzeption in erheblichem Ausmaß zu eigen gemacht hatte. Später lehnte er seine Erhebung zum Earl mit der Begründung ab, es seien schon zu viele britische Generäle in den Adelsstand erhoben worden.

Aufbau Ost Ursprüngliche Codebezeichnung (August 1940) für die Vorbereitung eines deutschen Angriffs auf die Sowjetunion (später „Barbarossa").

Augustgewitter Codebezeichnung für die sowjetische Invasion in der Mandschurei am 9. August 1945.

Avalanche Codebezeichnung für die Landungsoperation der Alliierten bei Salerno am 9. September 1943.

AVG American Volunteer Group (Flying Tigers), Gruppe freiwilliger amerikanischer Piloten in Chiang Kai-sheks Diensten.

Avonmouth Codebezeichnung für die Expedition der Alliierten nach Narvik im Mai 1940.

Badoglio, Pietro (1871–1956) Italienischer Marschall. Er diente 1928–1934 als Gouverneur von Tripolitanien und der Cyrenaika und später als Kommandeur der Invasionstruppen in Äthiopien. Badoglio, ein Antifaschist, trat nach Italiens Invasion in Griechenland zurück. Im Juli 1943, nach Mussolinis Sturz, ernannte ihn der König zum Premierminister. Badoglio unterschrieb Italiens bedingungslose Kapitulation gegenüber den Alliierten und am 30. Oktober 1943 ein Dokument, das Deutschland den Krieg erklärte.

Bagration Codebezeichnung für die bis dahin größte strategische Offensive der Roten Armee (23. Juni bis 29. August 1944) mit der die deutsche Heeresgruppe Mitte zerschlagen und Weißrußland in Vorbereitung des Einmarsches in Polen befreit werden sollte. Das Ziel der Offensive wurde erreicht.

Barbarossa Codebezeichnung für die deutsche Invasion in der Sowjetunion am 22. Juni 1941.

Battleaxe Codebezeichnung für die von General Wavell geleitete Offensive (15.–17. Juni 1941) in der Westlichen Wüste, mit der die belagerte Festung Tobruk entsetzt werden sollte.

Baytown Codebezeichnung für die Landungsoperationen der Alliierten in Süditalien am 3. September 1943.

Beaverbrook, Lord (1879–1964) Früher William Maxwell Aitken, Kanadier und faszinierende Persönlichkeit. Beaverbrook war als Zeitungsverleger Millionär geworden. In dieser Eigenschaft setzte er einen erheblichen Teil seiner Energie für die Sache des britischen Imperialismus ein. Im Mai 1940 ernannte Churchill ihn zum Minister für Flugzeugbau. Seine energische Rationalisierung der Produktionsanlagen für kleine Einzelteile, der Montageanlagen und der Programme für das Recycling und die Reparatur führte zu einer fundamentalen Verbesserung der Versorgung der Luftstreitkräfte mit Jägern, was Großbritannien in den Stand versetzte, der deutschen Luftwaffe in der Schlacht um England zu widerstehen. Im April 1941 trat er von seinem Amt zurück. Im Juli wurde er zum Minister für Versorgung ernannt, im Februar 1942 nach Meinungsverschiedenheiten jedoch abberufen.

BEF British Expeditionary Force, britisches Expeditionskorps. Diesen Namen trugen in beiden Weltkriegen die britischen Truppen, die bei Ausbruch der Feindseligkeiten und im Anschluß daran in Frankreich Dienst taten. Im Zweiten Weltkrieg wurde das BEF angesichts der überwältigenden Stärke der Deutschen von Dünkirchen sowie von anderen Teilen Frankreichs aus auf dem Seeweg evakuiert (26. Mai–4. Juni 1940).

Bestrafung Deutsche Codebezeichnung für Terrorluftangriffe (6.–9. April 1941) auf Belgrad, mit denen Jugoslawien für den Sturz seiner achsenfreundlichen Regierung bestraft und der Widerstand gegen die deutsche Invasion untergraben werden sollten.

BEW Board of Economic Warfare, Amt für ökonomische Kriegführung (US-amerikan.)

Blitzkrieg Von einer amerikanischen Zeitung geprägt, war dieser Ausdruck seit 1942 in großem Umfang im Gebrauch. Er beschrieb die Taktik der Deutschen bei ihren Invasionen in Polen, Frankreich, der UdSSR und anderen Ländern. Dabei wurden die zu erreichenden Ziele festgelegt und zugleich die schwächsten Punkte der Front des Gegners ermittelt. Die Frontabschnitte zu beiden Seiten eines Panzervorstoßes wurden konventionellen Angriffshandlungen ausgesetzt. Den ersten Panzerattacken gingen Luftschläge voraus, die die Kommunikationswege des Gegners unterbrechen sollten. An strategisch wichtigen Punkten wurden Fallschirmjäger abgesetzt. Dann folgte der Panzerdurchbruch. Die Panzer schwärmten fächerförmig aus, umgingen dabei jedoch stark befestigte Stellungen, die später durch motorisierte Divisionen mit Infanterieunterstützung überwunden wurden. Anschließend wurde der Prozeß wiederholt. Die entscheidende Rolle spielte hierbei die Geschwindigkeit der Überwindung des Gegners, noch ehe sich dieser zurückziehen oder neu gruppieren konnte.

Bock, Fedor von (1880–1945) Deutscher Generalfeldmarschall, während der deutschen Invasion in Polen 1939 Oberkommandierender der Heeresgruppe Nord und im darauffolgenden Jahr in Frankreich Befehlshaber der Heeresgruppe B. Bock kommandierte 1941 die Heeresgruppe Mitte während der Invasion in der UdSSR sowie 1942 die Armeegruppe Süd, wurde jedoch im Juli 1942 von Hitler wegen seines zu vorsichtigen Handelns abgesetzt.

Bodenplatte Codebezeichnung für die Offensive der deutschen Luftwaffe gegen Flugplätze der Alliierten in Nordwesteuropa im Januar 1945.

Bolero Codebezeichnung für die Stationierung amerikanischer Streitkräfte ab 1942 in England vor der Invasion der Alliierten in Europa.

Bór-Komorowski, Tadeusz (1895–1966) Polnischer Kavalleriekommandeur und Befehlshaber der polnischen Untergrundarmee Armia Krajowa. 1944 leitete er den Warschauer Aufstand gegen die Deutschen, erhielt allerdings nicht den erhofften Beistand der vor Warschau stehenden sowjetischen Truppen. Von 1945–1947 war er Kommandeur der polnischen Exilarmee und danach bis 1949 Premierminister der polnischen Exilregierung.

Bormann, Martin (1900–1945) Deutscher Naziführer und Hitler-Anhänger aus der Anfangszeit der „Bewegung". 1942 wurde er Hitlers persönlicher politischer Sekretär und besaß in dieser Position eine außerordentliche Machtfülle, da er praktisch allein darüber entschied, wer zum Führer Zutritt erhielt. Kurz nach Hitlers Selbstmord am 30. April 1945 verschwand Bormann und galt lange Zeit als verschollen. Im Nürnberger Kriegsverbrecherprozeß wurde er in Abwesenheit zum Tode durch Erhängen verurteilt, jedoch 1973, ungeachtet aller Behauptungen, er sei in Südamerika gesehen worden, durch das Amtsgericht Berchtesgaden und die Staatsanwaltschaft Frankfurt/Main unter dem wahrscheinlichen Sterbedatum vom 2. Mai 1945 für tot erklärt.

Bradley, Omar (1893–1981) Amerikanischer General. Er wurde von Eisenhower, seinem Studienkollegen in West Point, nach der angloamerikanischen Landungsoperation (Unternehmen „Torch") 1942 für den Dienst in Nordafrika ausgewählt. Bradley kommandierte das US-amerikanische II. Korps in Tunesien und auf Sizilien (1943). Während der Normandie-Invasion führte er die US-amerikanische 1. Armee und ab 1. August 1944 die 12. Armeegruppe, die die Rheinübergänge bei Remagen eroberte. Nach dem Krieg war er Vorsitzender der Vereinigten Stabschefs (1949–1953).

Brandenburg, Division 1939 von der deutschen Abwehr gegründete Sondereinheit, deren Angehörige ursprünglich als Zivilisten getarnt und in kleinen Gruppen den Hauptstreitkräften vorausgeschickt wurden, um Schlüsselstellungen zu besetzen oder zu zerstören. Die „Brandenburger" erreichten später Regimentsstärke und hatten auch ein eigenes Fallschirmjägerbataillon. Sie waren für einen außerordentlich breiten Aufgabenbereich vorgesehen und arbeiteten an der Ostfront eng mit den konventionellen Truppen zusammen. Im Westen hingegen führten sie verdeckte Aktionen durch – von der beispiellosen Befreiung Mussolinis aus seinem Gefängnis in den Abruzzen (1944) durch ein Luftlandeunternehmen bis hin zu ihrem Einsatz im Vorfeld der Ardennenschlacht, bei dem sie in US-Uniformen mit dem Fallschirm hinter den Linien der Alliierten abgesprungen waren. Viele ihrer gewagten Einsätze erfolgten unter dem Befehl von Oberst Otto Skorzeny.

Brauchitsch, Walther von (1881–1948) Deutscher Generalfeldmarschall, aus einer preußischen Soldatenfamilie stammend, der 1938 Oberbefehlshaber des Heeres wurde. Nach der französischen Kapitulation wurde er 1940 zum Feldmarschall ernannt, jedoch 1941, als der deutsche Angriff zur Eroberung von Moskau scheiterte, von Hitler entlassen, der ihn allerdings später wieder als Befehlshaber des deutschen Heeres einsetzte.

Brevity Codebezeichnung für die britische Offensive gegen Rommels Achsenstreitkräfte am Halfaya-Paß (15.–17. Mai 1941), Teil eines größeren Unternehmens.

Brimstone Codebezeichnung für die 1944 beabsichtigte Invasion der Alliierten auf Sardinien.

Brooke, Sir Alan Francis, nachmals Lord Alanbrooke (1883–1963) Britischer Feldmarschall. Er führte in Frankreich ein Korps des BEF. Nach der Räumung Dünkirchens hatte er 1940–1941 den damals außerordentlich wichtigen Befehl über die britischen Home Forces inne. In seinen Verantwortungsbereich fiel die Abwehr der erwarteten deutschen Invasion (Unternehmen „Seelöwe"). Alanbrooke diente von 1941–1946 als Chef des britischen Generalstabes und hatte ab 1942 den Vorsitz im Komitee der Stabschefs. Ein vollendeter Stratege, dessen Rat Churchill und die amerikanischen Befehlshaber in schwierigen Situationen gewöhnlich befolgten.

Buccaneer Codebezeichnung für den für 1944 geplanten Angriff auf die Andamanen.

Budjonny, Semjon Michailowitsch (1883–1973) Sowjetischer Marschall und stellvertretender Volkskommissar für Verteidigung. Er hatte im Rang eines Unteroffiziers in der kaiserlich-russischen Armee gedient und erlangte während des Bürgerkrieges und des sowjetisch-polnischen Krieges von 1920 als Kommandeur der 1. Kavalleriearmee einen hohen Bekanntheitsgrad. Als er jedoch 1941 die Südwestfront befehligte, wurden Hunderttausende seiner Soldaten eingekesselt und von den Deutschen gefangengenommen. Budjonny wurde seines Kommandos enthoben, leitete aber später wieder die Nordkaukasusfront.

Bulganin, Nikolaj Alexandrowitsch (1895–1975) Sowjetischer politischer und militärischer Führer. Wurde 1937 Mitglied des Zentralkomitees der KPdSU und war Politkommissar der russischen Front. Nach dem Krieg wurde er zum Marschall der Sowjetunion befördert und diente unter Stalin und danach unter Malenkow als Verteidigungsminister. 1955 zum Ministerpräsidenten ernannt, jedoch 1958 von Chruschtschow entlassen.

Canaris, Wilhelm (1887–1945) Deutscher Admiral, wurde 1935 zum Leiter der Abwehrabteilung des Reichskriegsministeriums ernannt. 1938 übernahm er die Auslandsabteilung des OKW. Als intelligenter und human eingestellter Mann wurde Canaris allmählich zu einem Gegner des Nationalsozialismus und Hitlers aggressiver Politik. Zugleich war er jedoch gegen alle Pläne zur Ermordung Hitlers. Im Februar 1944 wurde er seines Amtes enthoben, nach dem Juli-Attentat auf Hitler verhaftet und hingerichtet.

Capital Codebezeichnung für die Rückeroberung von Nordburma im Jahre 1944.

Cartwheel Codebezeichnung für die Operationen der Alliierten im Jahre 1943 im Südwestpazifik, die in der Isolation von Rabaul kulminierten.

CAS Chief of Air Staff, Chef des Luftwaffenstabes (brit.).

Catapult Codebezeichnung für den Angriff der Royal Navy im Juli 1940 auf die in den nordafrikanischen Häfen liegende französische Flotte.

Catchpole Codebezeichnung für die amerikanischen Angriffe zu Beginn des Jahres 1944 auf die Marshall-Inseln.

Catherine Codebezeichnung für den britischen Plan von 1939, die Durchfahrt in die Ostsee zu erzwingen, um Polen zu helfen.

CBI Chinesisch-burmesisch-indischer Kriegsschauplatz.

CCAC Combined Civil Affairs Committee, Vereinigtes Komitee für Verwaltungsangelegenheiten.

CCS Combined Chiefs of Staff, Vereinigte Stabschefs (der Alliierten).

Cerberus Codebezeichnung für die Fahrt der „Scharnhorst", „Gneisenau" und „Prinz Eugen" (11.–13. Februar 1942), bei der die deutschen Schlachtschiffe von Brest durch den Kanal in die Nordsee durchbrachen.

CFLN Comité Français de la Libération Nationale, Französisches Komitee der Nationalen Befreiung.

Chamberlain, Arthur Neville (1869–1940) Britischer Politiker. Er war Bürgermeister von Birmingham, bevor er (1931–1937) Schatzkanzler wurde. In dieser Funktion sorgte er für eine Kürzung der Rüstungsausgaben; später änderte er seine Politik jedoch und ermöglichte angesichts des drohenden Krieges die Steigerung der Rüstungsproduktion. 1937 wurde Chamberlain Premierminister und unterzeichnete im September 1938 zusammen mit Hitler, Mussolini und Daladier das Münchner Abkommen. Die Politik der Beschwichtigung, die er angesichts der noch schwachen britischen Streitkräfte gegenüber Deutschland betrieb, widerspiegelte die Wünsche seines Kabinetts und der Nation, und daß damit der „Friede in unseren Tagen" erreicht wurde, hielt man damals für einen diplomatischen Erfolg. Die von starkem Medieninteresse begleiteten Stippvisiten Chamberlains bei verschiedenen „Gipfel"-Konferenzen, waren ein Versuch, den Frieden in Europa zu bewahren und zugleich ein frühes Beispiel der „Shuttlediplomatie". Chamberlain gewährte Polen später Garantien für dessen Unabhängigkeit und führte dadurch Großbritanniens Kriegseintritt herbei, als Deutschland und die UdSSR das Land 1939 angriffen. Nach dem britischen Debakel in Norwegen (1940) fiel seine Mehrheit im Parlament in der entscheidenden Debatte (7.–8. Mai) von 250 auf 81 Stimmen. Zwei Tage später trat er zurück, sein Nachfolger als Premierminister war Winston Churchill.

Chennault, Claire Lee (1890–1958) Generalmajor der USAAF. 1937 trat er in den Ruhestand und ging als Luftfahrtberater nach China. 1940 kehrte er nach Washington zurück, wo er das als „Flying Tigers" bekannt gewordene Luftgeschwader aufstellte, das in Burma eingesetzt war und 1941 innerhalb von sechs Monaten fast 300 japanische Flugzeuge zerstörte.

Chiang Kai-shek (1887–1975) Führer der chinesischen Nationalen Volkspartei (Kuomintang). Er studierte Militärwissenschaften in Japan und diente später kurzzeitig in der japanischen Armee. 1911 kehrte er nach China zurück, wo er in die Revolution gegen die Mandschu-(Ch'ing-)Dynastie hineingezogen wurde. Von dieser Zeit an blieb Chiang politisch aktiv. 1926, als er Sun Yat-sens Nachfolge als Führer der Nationalen Volkspartei antrat, stand er an der Spitze der siegreichen Armee der Kuomintang. Er kooperierte mit kommunistischen Elementen und nahm bei seinem Versuch, China zu einen, auch die Hilfe der UdSSR an. 1927 änderte er jedoch seinen Standpunkt und begann einen langen Bürgerkrieg gegen die chinesischen Kommunisten. Am Ende dieses Krieges war er Chef der Nationalregierung in Nanking und oberster Befehlshaber aller Streitkräfte der Nationalisten. Nach dem Ausbruch des chinesisch-japanischen Krieges 1937 gab es für Chiang zwei Möglichkeiten: Er mußte seine besten Truppen entweder gegen die Japaner oder gegen die Kommunisten einsetzen. Er entschied sich für letzteres. Während des Zweiten Weltkrieges gewann Chiang Kai-shek deutlich an Ansehen, und 1943 nahm er an der Kairoer Konferenz als der unbestrittene Herrscher über China teil. Allerdings war er mit seinen Verbündeten oftmals uneins, da sein Ziel nicht nur darin bestand, Japan zu besiegen, sondern auch die kommunistischen Streitkräfte im eigenen Land zu vernichten. Nach dem Krieg allerdings sank seine Autorität, als die Nationalisten allenthalben gezwungen wurden, sich vor den Kommunisten zurückzuziehen. 1950 waren die Nationalisten gezwungen, nach Formosa (Taiwan) zu gehen. Von hier aus wollte Chiang das chinesische Mutterland zurückerobern. 1972 anerkannten die Vereinten Nationen die Kommunisten als einzige Führer von China. Damit war Chiang Kai-sheks Einfluß entscheidend geschwächt.

Chindits *Siehe* Wingate.

Churchill, Sir Winston Leonard Spencer (1874–1965) Britischer Staatsmann, Soldat, Schriftsteller und Journalist. Als Sohn von Lord Randolph Churchill, der einige Zeit Schatzkanzler gewesen war, und Enkel des 7. Herzogs von Marlborough erhielt Churchill eine Ausbildung in Harrow und Sandhurst und wurde 1894 Offizier beim 4. Husarenregiment. 1895 hatte er, von seiner Truppe beurlaubt, auf Kuba seinen ersten Kampfeinsatz, bei dem er als Kriegsberichterstatter für den Londoner Daily Graphic arbeitete. Anschließend diente er als Subalternoffizier in Indien und im Sudan, wo er am letzten großen britischen Kavallerieangriff in der Schlacht von Omdurman (1898) teilnahm. Danach gab er seinen Auftrag zurück und berichtete für die Morning Post über den Burenkrieg. Von den Buren gefangengenommen, gelang ihm 1899 die Flucht. Diese Episode ließ seinen Namen zu einem Begriff werden. 1900 wurde er für die Konservativen ins Parlament gewählt. Später wechselte er im Parlament die Seiten und schloß sich den Liberalen an. Churchill arbeitete zunächst als Staatssekretär für die Kolonien und stieg dann rasch zum Handelsminister (1908–1910) und zum Innenminister (1910–1911) auf. Im letztgenannten Jahr wurde er Erster Lord der Admiralität und brachte die Erneuerung der britischen Flotte zum Abschluß. 1914 kam Churchill zu dem Schluß, daß der Krieg unmittelbar bevorstehe, und befahl aus eigener Initiative, daß sich die Flotte nicht auf ihre Liegeplätze verteilen, sondern sich in Scapa Flow in Bereitschaft halten sollte. Dies hielt die deutsche Hochseeflotte für den größten Teil des Ersten Weltkrieges in ihren Häfen fest und bedeutete eine wirksame Blockade der Handelsflotte. Churchill war der erste Verfechter der Dardanellenexpedition (1915), eines der wenigen eindrucksvollen Alliiertenkonzepte des Krieges. Die Expedition erwies sich wegen der Gleichgültigkeit und Ängstlichkeit der Befehlshaber vor Ort als Fehlschlag. Ironischerweise war das einzige professionell ausgeführte Manöver die Evakuierung). Churchill nahm die Schuld auf sich und schied aus seinem Amt in der Admiralität. 1916 kommandierte er als Major ein Infanteriebataillon an der Westfront. Kurz nachdem Lloyd George anstelle von Asquith Premierminister geworden war, kehrte Churchill als Munitions-, Heeres- und Luftwaffenminister (1917–1919) in die Politik zurück. Nach dem Krieg war er Kriegsminister (1919–1921), danach Kolonialminister (1921–1922). Zwischen 1924 und 1929, diesmal wieder als Konservativer, war er Schatzkanzler. In den Jahren 1929–1939 die Zeit, in der er sich „in der Wüste" befand, schrieb Churchill einige seiner monumentalsten Werke, war weiterhin ständig als Journalist tätig und blieb wegen seiner Unterstützung für Edward VIII. während der Abdankungskrise, wegen seines Widerstandes gegen die indische Unabhängigkeit und seiner wiederholten, aber weithin ignorierten Warnungen vor der aufziehenden Nazigefahr weiterhin im Blickfeld der Öffentlichkeit. 1939, bei Ausbruch des Krieges, beorderte ihn Chamberlain auf seinen früheren Posten als Erster Lord der Admiralität. Danach, am 10. Mai 1940, als die deutschen Panzer durch Frankreich hindurchstürmten, trat Churchill als Premierminister an Chamberlains Stelle. Seine mitreißende Redekunst, seine unermüdliche Energie und seine Ablehnung eines Friedensschlusses mit Hitler rüttelten die britische Entschlossenheit auf und machten es Großbritannien möglich, während der gefährlichen Zeit zwischen Mai 1940 und Juni 1941 auf sich gestellt im Krieg standzuhalten. Churchill leistete viele wichtige Beiträge zur Strategie der Alliierten, insbesondere mit Unterstützung des britischen Stabes, die allerdings nicht die Wünsche der Amerikaner berücksichtigten; er überzeugte Roosevelt davon, daß zuerst Deutschland und dann Japan besiegt werden müsse. In seiner Eigenschaft als britischer Führer und weltweit angesehener Staatsmann nahm er an den meisten wichtigen Konferenzen der Alliierten teil und brachte dabei seinen großen Einfluß zur Geltung. Während des Krieges hatte Churchill mehr Macht als irgendein anderer britischer Premierminister vor oder nach ihm. Doch im Juli 1945, nach der Kapitulation Deutschlands wurden er und die Konservativen bei den allgemeinen Wahlen durch Attlee und die Labour Party geschlagen. Churchill wurde Oppositionsführer. 1946 verwendete er, die sowjetischen imperialen Ambitionen vorhersehend, zum erstenmal den Ausdruck „eiserner Vorhang", um das sowjetische Vorrücken in Osteuropa zu beschreiben. Nach den Wahlen 1951 kehrte Churchill als Premierminister zurück, doch seine mentalen und physischen Kräfte waren stark beeinträchtigt. Dessenungeachtet brachte seine Regierung die Nationalisierung der Stahl- und Autoindustrie zum Abschluß, und Churchill blieb eine international einflußreiche Person. Er gewann die allgemeinen Wahlen von 1955, trat jedoch kurz danach vom Amt des Premierministers zurück. Sein Nachfolger im Amt wurde Eden. 1953 wurde Churchill zum Ritter des Hosenbandordens ernannt und mit dem Nobelpreis für Literatur geehrt. Bei seinem Tode 1965 erhielt er ein Staatsbegräbnis, wahrscheinlich das letzte für einen Briten, der kein Souverän war.

Ciano, Graf Galeazzo (1903–1944) Italienischer faschistischer Führer. Er begann seine Karriere im diplomatischen Dienst. 1930 heiratete er Mussolinis Tochter und wurde 1936 von seinem Schwiegervater zum Außenminister ernannt. Ciano spielte bei der Schaffung der Achse Rom-Berlin eine wichtige Rolle und ermutigte Mussolini zu seinem verhängnisvollen Angriff auf Griechenland (1940). Trotzdem stimmte Ciano bei einer Beratung des großen faschistischen Rates (1943) gegen Mussolini, was zur Entlassung des Duce führte. Später wurde er von den Deutschen (die Italien okkupiert hatten) verhaftet und den Faschisten in Norditalien ausgeliefert, die Mussolini gegenüber loyal waren und Ciano als Hochverräter hinrichteten.

CIGS Chief of the Imperial General Staff, Chef des Empire-Generalstabs (brit.).

CINCAF Commander-in-Chief, Allied Forces, Oberkommandierender der alliierten Streitkräfte.

CINCMED Commander-in-Chief, Mediterranean Fleet, Oberkommandierender der Mittelmeerflotte (US).

CINCPAC Commander-in-Chief, Pacific Area Fleet, Oberkommandierender der US-Pazifikflotte.

CINCPOA Commander-in-Chief, Pacific Ocean Area, Oberkommandierender des Pazifischen Raums (US).

CINCSWPA Commander-in-Chief, Southwest Pacific Area, Oberkommandierender des Südwestpazifischen Raums (US).

Clarion Codebezeichnung für die Luftangriffe der Alliierten vom 22.–23. Februar 1945 auf Kommunikationseinrichtungen in Deutschland.

Clark, Mark Wayne (1896–1984) Amerikanischer General. Er führte die 5. US-Armee während der Landungsoperationen bei Salerno. Seine Entscheidung, die offene Stadt Rom zu befreien, statt sie zu umgehen, ist bis heute umstritten. Später (Dezember 1944–April 1945) kommandierte Clark in Italien die 15. Armeegruppe, deren Vormarsch nach Norden wegen des strengen Winterwetters und des hartnäckigen deutschen Widerstandes nur langsam vorankam.

Clay, Lucius (1897–1977) Amerikanischer Fachmann für Logistik und Militäringenieur. Nach der erfolgreichen Landungsoperation der Alliierten in der Normandie kommandierte er das Basisgebiet. Nach Deutschlands Kapitulation wurde er zum stellvertretenden Militärgouverneur der amerikanischen Besatzungszone ernannt. In dieser Eigenschaft spielte er eine wichtige Rolle bei der Schaffung der neuen Bundesrepublik.

Cobra Codebezeichnung für den amerikanischen Ausbruch aus dem Normandie-Brückenkopf am 25. Juli 1944.

Cockade Codebezeichnung für die Täuschungsmanöver der Alliierten im Sommer 1944 in Westeuropa. Das Ziel bestand darin, die Deutschen über den Ausgangspunkt der Invasion in Europa im unklaren zu lassen, ihnen als mögliche Landungsgebiete die Bretagne, Nordnorwegen oder den Pas de Calais zu suggerieren und um damit die Aufmerksamkeit vom wirklichen Ausgangspunkt, der Normandie, abzulenken.

Collins, Joseph L. (1896–1987) Amerikanischer General. Er hielt sich ab Dezember 1941 auf den Hawaii-Inseln auf, um deren Verteidigung zu organisieren, und blieb die darauffolgenden drei Jahre auf dem pazifischen Kriegsschauplatz. Im Februar 1944 wurde Collins nach Europa entsandt, um bei der Landung der Alliierten in der Normandie das VII. Korps zu kommandieren, das die Cotentin-Halbinsel durchquerte und am 27. Juni Cherbourg, einen für die Nachschublieferungen der Alliierten äußerst wichtigen Hafen, einnahm. Collins' Korps führte dann am 25. Juli den Ausbruch aus dem Brückenkopf bei St. Lô an. Später erreichten die Soldaten des VII. Korps als erste deutschen Boden und eroberten Aachen, die erste deutsche Stadt, die an den Gegner fiel. Am 6. März eroberte Collins die Stadt Köln und beteiligte sich an den Kämpfen um den Brückenkopf von Remagen am Rhein. Als die Deutschen hier kapitulierten, stürmte Collins zur Elbe vor, die er am 25. April erreichte. Kurz danach kehrte er in die USA zurück, um bei der Planung der Invasion von Japan zu helfen.

Commandos (Kommandoeinheiten) Die britische Special Force (*siehe* Kapitel Sondereinheiten) bestand ausschließlich aus freiwilligem Elitepersonal. Sie wurde hauptsächlich für Überfälle an der Küste des von Deutschland okkupierten Europa eingesetzt. Sie war in Brigaden gegliedert, die gewöhnlich je vier Einheiten von ungefähr 500 Mann umfaßte. Die erste Brigade bestand ausschließlich aus Briten. Später wurde eine internationale Brigade gebildet, zu deren Personal Freifranzosen, Niederländer, Polen, Belgier und Freiwillige aus anderen Ländern gehörten. Die Kommandoeinheiten kämpften an vielen Kriegsschauplätzen, darunter in Norwegen, im Mittelmeerraum, in Frankreich und in Südostasien. Auch bei den Feldzügen 1944 in Italien, während der Landungsoperationen in der Normandie und bei den anschließenden Kampfhandlungen im Westen spielten sie eine wichtige Rolle. Hitler betrachtete sie als Saboteure in Uniform, die bei Entdeckung oder Gefangennahme an Ort und Stelle zu erschießen waren. Diese Weisung wurde allerdings nicht von allen höheren deutschen Befehlshabern befolgt.

COMNAVEU Commander of US Naval Forces in Europe, Befehlshaber der US-amerikanischen Marinestreitkräfte in Europa.

Compass Codebezeichnung für die britische Gegenoffensive, die im Dezember 1940 gegen die in Ägypten stehenden italienischen Truppen gestartet wurde.

COSSAC Chief of Staff to Supreme Allied Commander (Designate) and Invasion planning staff, Chef des Stabes beim (designierten) Oberbefehlshaber der Alliierten Expeditionsstreitkräfte in Europa und des Planungsstabes für die Landung der Alliierten in Nordwesteuropa.

Crerar, Henry (1888–1965) Kanadischer General. Crerar wurde im Sommer 1940 als Generalstabschef nach London geschickt, befehligte später aber, um selbst an den Kampfhandlungen teilnehmen zu können, das kanadische I. Korps auf Sizilien. Danach kommandierte er die in Frankreich eingesetzte kanadische 1. Armee, zu der auch Einheiten aus europäischen Ländern gehörten und die am 27. Februar 1945 den Westwall durchbrach.

Crossbow Codebezeichnung für Luftangriffe der Alliierten (1944) auf deutsche V-1-Startanlagen.

Crusader Codebezeichnung für die Angriffoperationen der britischen 8. Armee (18. November 1941 bis 6. Januar 1942), die den Entsatz der Festung Tobruk zum Ziel haben.

Cunningham, Sir Andrew Browne (1883–1963) Britischer Admiral und einer der fähigsten Marinestrategen des Zweiten Weltkrieges. Bei seiner Teilnahme am Burenkrieg und am Ersten Weltkrieg sammelte er reiche militärische Erfahrung. Er war bekannt für seinen unerschütterlichen Charakter und kommandierte in der Zeit von 1939 bis 1942 sämtliche britischen Schiffe im Mittelmeer, das er ungeachtet großer Schwierigkeiten, für die Alliierten offenhielt. Später (1942–1943) diente er als Marinekommandeur bei den Landungsoperationen des Unternehmens „Torch" in Nordafrika. Von 1943 bis 1946 war er Erster Seelord.

Curtin, John (1885–1945) Australischer Politiker. Curtin war aktiver Gewerkschaftsvertreter und als Herausgeber des Wochenmagazins „Westaustralian Worker" tätig, ehe er ins Unterhaus gewählt wurde, wo er mit Ausnahme von drei Jahren von 1928–1941 tätig war. 1941 wurde er Premierminister und setzte sich mit amerikanischer Unterstützung energisch für die Verteidigung Australiens gegen die Japaner ein; mit großem Nachdruck befürwortete er auch einen Zusammenschluß mit den Nationen des Britischen Empire zu einer Gemeinschaft (Commonwealth).

Darlan, Jean François (1881–1942) Französischer Admiral. Er wurde 1939 zum Oberbefehlshaber der französischen Marine ernannt, verband sich jedoch wegen seiner antibritischen Haltung nach der Niederlage Frankreichs 1940 mit der Vichy-Regierung und wurde Pétains Nachfolger. Während des syrischen Feldzuges kollaborierte Darlan mit den Deutschen, indem er ihnen syrische Flugplätze zur Verfügung stellte. Als die Alliierten am 7. November 1942 in Nordafrika landeten, wo er als Oberbefehlshaber der französischen Streitkräfte eingesetzt war, wechselte Darlan die Seiten und befahl die Einstellung allen französischen Widerstandes. Am 24. Dezember 1942 wurde er auf Befehl der Résistance als Verräter von einem Studenten ermordet. Sein Nachfolger als Hoher Kommissar war General Giraud.

de Gaulle, Charles (1890–1970) Französischer General und Staatsmann. Er studierte an der Militärakademie von St. Cyr und versah dann während des Ersten Weltkrieges seinen Dienst in Frankreich. 1916 wurde er bei Verdun verwundet und geriet in Gefangenschaft. Zwischen den Kriegen schrieb er ein weit vorausschauendes Buch, in dem er unter anderem die Bildung eines mechanisierten Gefechtskorps forderte. Seine Schriften wurden weithin ignoriert. Dessenungeachtet ernannte ihn der Premierminister Paul Reynaud 1940 zum Unterstaatssekretär für nationale Verteidigung, nachdem er in der Schlacht um Frankreich eine Panzerdivision kommandiert hatte. De Gaulle war ein Gegner des französisch-deutschen Waffenstillstandes und floh im Juni 1940 mit dem Flugzeug nach London, wo er am 18. Juni seine berühmt gewordene Rundfunkrede hielt: „Frankreich hat eine Schlacht, aber nicht den Krieg verloren." Von London aus organisierte er auf britischem Territorium die Streitkräfte des Freien Frankreich. 1943 wurde er gemeinsam mit General Giraud Kopräsident des Französischen Nationalen Befreiungskomitees in Nordafrika. Nachdem er Giraud aus der Führung des Komitees verdrängt hatte, wurde das Komitee zur Provisorischen Regierung von Frankreich proklamiert. Am 26. August, dem Tag der Befreiung von Paris, kehrte de Gaulle in die Stadt zurück; seine Regierung wurde von den Alliierten anerkannt. De Gaulle wurde im November 1945 zum Ministerpräsidenten und vorläufigen Staatspräsidenten gewählt, trat jedoch schon zu Beginn des Folgejahres nach einer Wahl zurück, die die Legislative mit extremen Elementen des linken Flügels überschwemmt hatte; diese lehnten die von ihm vorgeschlagenen Reformen ab. 1947 wurde er der Führer einer neuen Partei (RPF, Sammlungsbewegung des französischen Volkes). Sein Ziel war dabei, die internen Streitigkeiten zu beenden. 1953 trat de Gaulle in den Ruhestand, wurde jedoch 1958 nach der Revolte in Algerien Premierminister und führte eine neue Verfassung ein, die die Befugnisse des Präsidenten vergrößerte. 1958 wurde er selbst Staatspräsident der Fünften Republik. Seine in der Folgezeit betriebene Politik war auf die Wiederherstellung Frankreichs als Weltmacht ausgerichtet. Im Mai 1968 kam es zu Studentendemonstrationen in Paris und anderen Städten, gefolgt von Streiks, die de Gaulles Regierung in Mißkredit brachten. 1969 unterlag De Gaulle bei einem Referendum zu einer Verfassungsreform und trat zurück. An den öffentlichen Angelegenheiten nahm er in der Folgezeit keinen Anteil mehr.

Demon Codebezeichnung für die Evakuierung der britischen Verbände im April 1941 aus Griechenland.

Dempsey, Sir Miles Christopher (1896–1969) Generalleutnant. Als junger Offizier diente er während des Ersten Weltkriegs in Frankreich. Zwischen 1919 und 1920 nahm er an Einsätzen im Irak teil. 1939 hatte er es erst bis zum Oberstleutnant gebracht, doch dann folgten die Beförderungen rasch; 1941 wurde er zum Generalmajor und 1942 zum Generalleutnant befördert. 1940 führte er in Nordfrankreich eine Infanteriebrigade und spielte dann bei der Evakuierung seines Verbandes von Dünkirchen aus eine wichtige Rolle. Nach der Schlacht von El Alamein wurde Dempsey Befehlshaber des XIII. Korps der 8. Armee. Er landete mit seiner Einheit im Juli 1943 auf Sizilien und anschließend in Süditalien. Im Normandiefeldzug erhielt er den Befehl über die britische 2. Armee. 1945 kommandierte er kurze Zeit die 14. Armee in Malaya.

Devers, Jacob (1887–1965) Amerikanischer General. Er leitete im August 1944 die Operation „Dragoon", das Landungsunternehmen der Alliierten in Südfrankreich, das zur Unterstützung der Hauptlandungsoperationen in der Normandie durchgeführt wurde.

Diadem Codebezeichnung für die Offensive der Alliierten unter Leitung von General Alexander, mit der im Frühjahr 1944 eine baldige Eroberung Roms gesichert werden sollte.

Dill, Sir John Greer (1881–1944) Britischer Feldmarschall. Er kommandierte das I. Korps in Frankreich 1939 und wurde im April des darauffolgenden Jahres zum stellvertretenden Chef des Empire-Generalstabs (CIGS) ernannt; später wurde er selbst CIGS. Churchill ersetzte ihn in dieser Position später durch Alan Brooke. Anschließend wurde Dill als Chef der britischen Mission des Vereinigten Stabes nach Washington entsandt.

Dönitz, Karl (1891–1980) Großadmiral. Er hatte während des Ersten Weltkrieges auf U-Booten gedient und war sich der Möglichkeiten dieser Waffengattung sehr bewußt. 1935 erhielt er eine Chance zur Realisierung seiner Strategie, als er beauftragt wurde, die U-Boot-Flotte wieder aufzubauen. Er tat dies mit großer Energie und plante zur gleichen Zeit die U-Boot-Taktik, speziell den Einsatz sogenannter „Wolfsrudel". Für die Schlacht im Atlantik standen ihm jedoch nie genügend U-Boote zur Verfügung. Verspätet bestätigte Hitler ein umfangreicheres Bauprogramm, und so nahmen in der Folgezeit die Schiffsverluste der Alliierten erheblich zu. Dies änderte sich im Mai 1943 allerdings wieder, als die Alliierten Radar und eine effektivere Luftüberwachung zum Einsatz brachten. Im gleichen Jahr wurde Dönitz als Oberkommandierender der Kriegsmarine Nachfolger von Großadmiral Raeder. Anfang 1945 organisierte er die Evakuierung von über 2 Millionen deutscher Militärangehöriger und Zivilisten, die sich an der Ostseeküste im Vormarschgebiet der Roten Armee befanden, über die Ostsee in den Westen Deutschlands. Das war die umfangreichste Evakuierung dieser Art in der Geschichte. Am 1. Mai 1945 wurde Dönitz entsprechend Hitlers testamentarischer Verfügung dessen Nachfolger als Führer. Am 23. Mai wurde er verhaftet und in Nürnberg zu 10 Jahren Haft verurteilt.

Doolittle, James (1896–1988) Amerikanischer Generalleutnant. Ein leidenschaftlicher Flieger, dem 1940 die Verantwortung für die Umstellung der Kfz-Industrie auf die Produktion von Flugzeugen übertragen wurde. Er war während des Krieges als Luftwaffenkommandeur im aktiven Einsatz; denkwürdig ist der Angriff mit B-25-Bombern, den er 1942 von Flugzeugträgern aus gegen Tokio führte.

Dowding, Sir Hugh (1882–1970) 1936–1940 Oberkommandierender des RAF-Jagdfliegerkommandos. Er war ein hervorragender Offizier, ausgestattet mit der Fähigkeit, Verantwortung zu delegieren und damit stetig die Kampfmoral des Jägerkommandos zu steigern. Es war in hohem Maße seinen Anstrengungen zu verdanken, daß die deutsche Luftwaffe bei der Schlacht um England eine Niederlage erlitt. Dowding war sich der Bedeutung einer sorgfältigen Koordinierung des Luftverteidigungssystems bewußt, das Frühwarnsysteme und Standorte von Jagdfliegerkräften über eine klar definierte Befehlskette miteinander verband. Er war sich auch über die Wichtigkeit enger Verbindungen zur Industrie und Technik im klaren, die die ständige Belieferung mit neuen und instandgesetzten Flugzeugen sicherte. Er förderte den Einsatz neu entwickelter Mittel, wie etwa des Radars. Obwohl 1943 geadelt, hat Dowding niemals eine angemessene Anerkennung erfahren, und die Gründe für seine Abberufung im Jahr 1940 bleiben ein Gegenstand von Mutmaßungen.

Downfall Codebezeichnung für den 1945 ausgearbeiteten Plan zur Zerschlagung Japans.

Dragoon *Siehe* Anvil.

Dreimächtepakt Ein am 27. September 1940 unterzeichnetes Abkommen zwischen Deutschland, Italien und Japan, das ein vollständiges militärisches und politisches Bündnis (die Achse Rom–Berlin–Tokio) zur gegenseitigen Unterstützung für den Fall einer Ausbreitung des Krieges über Europa hinaus installierte.

DUKW Amphibischer Lastzug.

Dynamo Codebezeichnung für die vom 26. Mai bis 4. Juni 1940 dauernde Evakuierung alliierter Verbände von Dünkirchen nach den Britischen Inseln.

EAC European Advisory Commission, Europäische Beratungskommission.

Eaker, Ira (geb. 1898) Amerikanischer Luftwaffengeneral. Eaker kommandierte ab Oktober 1943 die amerikanischen Luftstreitkräfte in Großbritannien; im Januar 1944 wurde er Oberkommandierender der Alliierten Luftstreitkräfte im Mittelmeerraum. Er war ein hartnäckiger und sehr erfolgreicher Vertreter der Präzisionsstrategie für Bombenangriffe auf Deutschland und dessen Verbündete.

Edelweiß Codebezeichnung für die Operationen der Heeresgruppe A im Sommer 1942 im Kaukasus.

Eden, Sir Anthony (1897–1977) Britischer konservativer Staatsmann. Er diente im Ersten Weltkrieg bei der Armee und wurde 1923 als Verfechter des Völkerbundes Mitglied des Parlaments. Von 1934–1935 war er Lordsiegelbewahrer und zwischen 1936 und 1938 Außenminister. Im Folgejahr trat er aus Opposition gegen Chamberlains Appeasement-Politik gegenüber den Achsenmächten zurück. Bei Ausbruch des Zweiten Weltkriegs kehrte er jedoch als Staatssekretär für die Dominien ins Kabinett zurück. Als Churchill Premierminister im Mai 1940 wurde, ernannte er Eden sogleich zum Kriegsminister; im Dezember 1940 wurde Eden wieder Außenminister. Er hatte großen Einfluß auf die Förderung der anglo-sowjetischen Kriegsallianz sowie bei der Gründung der Vereinten Nationen. Nach dem Krieg und der Machtübernahme durch die Labour Party blieb er bis 1951 Mitglied des Parlaments. Bei Churchills Rückkehr an die Macht im letztgenannten Jahr wurde er wieder Chef des Außenministeriums. Nach Churchills Rücktritt 1955 wurde Eden Premierminister. Edens eigener Rücktritt erfolgte im Januar 1957.

Eichmann, Adolf (1906–1962) Nazibeamter, Leiter des österreichischen Büros für jüdische Emigration. Er bewies große Energie bei der Deportation von Juden und wurde 1939 Chef des Judenreferats des Reichssicherheitshauptamtes (RSHA). In dieser Eigenschaft war er im Rahmen der „Endlösung der Judenfrage" verantwortlich für die Deportation und Tötung jüdischer Bürger. 1945 von den Alliierten festgenommen, gelang ihm die Flucht nach Argentinien. Hier wurde er schließlich 1960 von israelischen Agenten gefunden, gewaltsam nach Israel verbracht, vor Gericht gestellt und wegen der an Juden verübten Verbrechen gehängt.

Einsatzgruppen Operative Gruppen der Sicherheitspolizei und des Sicherheitsdienstes für Vernichtungsaufgaben in den besetzten Gebieten. In den von Deutschland okkupierten Gebieten Osteuropas bildeten sie Vergeltungs- und Vernichtungsgeschwader, die unmittelbar hinter den konventionellen Streitkräften tätig wurden.

Eisenhammer Codebezeichnung für den Plan der Luftwaffe zum Angriff auf sowjetische Kraftwerke im Februar 1945.

Eisenhower, Dwight David (1890–1969) Amerikanischer General, Oberkommandierender der Alliierten bei der Landungsoperation in der Normandie und den anschließenden Kampfhandlungen in Europa. Er hatte von 1933–1939 unter General MacArthur auf den Philippinen gedient, jedoch bis zum November 1942, als er das Kommando über die Landungsoperation alliierter Verbände in Algerien und Marokko (Codebezeichnung „Torch") erhielt, noch keine Truppen befehligt. Der Erfolg dieser Operation und Präsident Roosevelts Bestreben, im europäischen Krieg entscheidenden Einfluß zu behalten, führte ungeachtet der Opposition zu Eisenhowers Ernennung zum Obersten Befehlshaber der alliierten Streitkräfte in Europa.
In dieser Eigenschaft leitete er die Vorbereitung und Durchführung der Operation „Overlord", des Landungsunternehmens der Alliierten in der Normandie. Dafür hatte er ein System vereinheitlichter Befehlsstellen geschaffen, in dem die Stabsoffiziere vieler Länder allgemein sehr effektiv zusammenarbeiteten. Seine weiteren Vorzüge als Kommandeur bestanden in der Kraft seines Charakters, seiner Liebenswürdigkeit und seiner Gelassenheit bei Schwierigkeiten. Nach dem Krieg wurde er für zwei Amtszeiten nacheinander (1952–1960) zum Präsidenten der Vereinigten Staaten gewählt.

Endlösung Die von Hitler Ende 1941 getroffene und durch die Wannseekonferenz im Januar 1942 bestätigte Entscheidung zur Lösung der „Judenfrage" durch Völkermord; eine Politik der Vernichtung, die in dem Maß, wie der Krieg fortschritt, an Effizienz und Grausamkeit zunahm.

Ermächtigungsgesetz (Gesetz zur Behebung der Not von Volk und Reich) Das „Grundgesetz" des Hitlerregimes, das Hitlers absolute Macht in Deutschland festschrieb. Das Ermächtigungsgesetz, das nach der Verhaftung vieler kommunistischer und anderer Abgeordneter vom Reichstag erlassen wurde, berechtigte die Regierung, vier Jahre lang ohne Zustimmung des Reichstags Gesetze zu erlassen, von den Verfassungsgesetzen abweichen, wenn sie es für notwendig hielt, oder Verträge mit anderen Staaten abzuschließen.
Das Gesetz sah auch die Möglichkeit vor, daß Gesetze, die von der Regierung erlassen wurden, vom Kanzler (Hitler) vorbereitet und sofort eingeführt werden konnten.

ETO European Theatre of Operations, Europäischer Kriegsschauplatz.

ETOUSA European Theatre of Operations, US-Army, Europäischer Kriegsschauplatz, US-Armee.

Eureka Codebezeichnung für die Teheraner Konferenz vom 18. November–1. Dezember 1943.

Exporter Codebezeichnung für die Okkupation Syriens vom 8. Juni–12. Juli 1941 durch Großbritannien und das Freie Frankreich.

Falange Spanische politische Partei, gegründet 1934 von José Antonio Primo de Rivera, die im Erscheinungsbild den italienischen Faschisten ähnelte. Die Partei schloß sich im Bürgerkrieg Francos Nationalisten an, verlor jedoch später praktisch jeden Einfluß.

Fall Gelb Codebezeichnung für den deutschen Angriff im Mai 1940 auf die Niederlande und Frankreich.

Fall Weiß Codebezeichnung für die deutsche Invasion in Polen am 1. September 1939.

Felix Codebezeichnung für den deutschen Plan von 1940 zur Eroberung von Gibraltar im Jahre .

FFI Forces Françaises de l'Interieur, Französische Streitkräfte des Inneren.

FHO Fremde Heere Ost. Deutsche Spionageorganisation mit Ausrichtung auf die Sowjetunion, anfangs geleitet durch Oberst Kinzel und vom späten Frühjahr 1942 an durch General Gehlen. Die Organisation besaß über 150 Ordner zu allen Aspekten der sowjetischen Ausrüstung, Organisation und Taktik sowie Berichte von Gefangenen.

Fischfang Codebezeichnung für die deutsche Gegenoffensive (3.–19. Februar 1944) gegen den Landekopf der Alliierten bei Anzio.

Flintlock Codebezeichnung für die amerikanische Invasion auf den Marshall-Inseln vom 31. Januar–7. Februar 1944.

Forager Codebezeichnung für die amerikanische Invasion auf den Marianen am 11. Juni 1944.

Franco, Francisco (1892–1975) Spanischer Diktator und General. Franco organisierte die Revolte in Marokko (1936), die den Spanischen Bürgerkrieg (1936–1939) auslöste. Ungeachtet der ihm von Deutschland und Italien erwiesenen Militärhilfe, lehnte es Franco ab, dem Achsenbündnis der anderen faschistischen Mächte beizutreten. 1947 wurde er zum Staatsoberhaupt (El Caudillo) und zum Regenten auf Lebenszeit erklärt. Nach Francos Tod wurde dem Vorschlag des Diktators entsprechend Prinz Juan Carlos von Bourbon dessen Amtsnachfolger.

Fraser, Peter (1884–1950) Neuseeländischer Politiker. In Schottland geboren, emigrierte er 1910 nach Neuseeland, wo er 1918 ins Parlament gewählt wurde. Er hatte später verschiedene Ministerämter inne und wurde als Chef der Labour Party 1940 Premierminister. In dieser Zeit aktivierte er die Kriegsanstrengungen seines Landes und entsandte ab 1940 Truppen zum Kriegsschauplatz im Mittelmeer. Ein Jahr vor seinem Tod verlor er sein Amt.

Freyberg, Bernard (1889–1963) Neuseeländischer General. Seine Eltern emigrierten aus England, als er selbst noch ein Kind war. 1909 trat er in die neuseeländische Armee ein und diente während des Ersten Weltkrieges in der Royal Naval Division, darunter auch bei Gallipoli. Später diente er in Frankreich und wurde mit dem Viktoriakreuz ausgezeichnet. Im Alter von 29 Jahren wurde er jüngster Brigadegeneral der Armee. Nach dem Ausbruch des Zweiten Weltkrieges erhielt Freyberg den Befehl über das neuseeländische Expeditionskorps, das er zu Beginn der Wüstenfeldzüge führte. Danach erhielt er den Auftrag, die Überlebenden der britischen Expeditionskräfte in Griechenland zu befehligen, die sich auf Kreta sammelten. Er wurde jedoch von deutschen Fallschirmjägern und durch Angriffe von Sturzkampfbombern schließlich zur Räumung der Insel gezwungen. Freyberg kehrte in die Wüste zurück, um die neuseeländische 2. Division zu befehligen, wurde hierbei jedoch schwer verwundet. Dessenungeachtet kehrte er in den aktiven Dienst zurück, zunächst wieder in die Wüste und dann nach Italien. Freyberg traf die Entscheidung, das Kloster von Monte Cassino zu zerstören. Er war sich des begrenzten Menschenpotentials Neuseelands und daher auch des zukünftigen Wertes seiner Männer wohl bewußt. Freyberg, ein tapferer Mann und begabter Taktiker, war bekannt für die Sorge um seine Soldaten. Sein relativ niedriger Rang verschaffte ihm jedoch nur ein kleines Betätigungsfeld als Stratege.

Galvanic Codebezeichnung für die Besetzung der Gilbert-Inseln am 20. November 1943 durch US-amerikanische Verbände.

Gamelin, Maurice (1872–1958) Französischer General. Während des Ersten Weltkrieges diente Gamelin als höherer Stabsoffizier. 1938 wurde er Chef des Stabes und Oberbefehlshaber der französischen, später der alliierten Streitkräfte in Frankreich. Am 19. Mai 1940, nach dem Durchbruch der Deutschen nach Westen, ersetzte man ihn durch General Weygand. Gamelin wurde von den Deutschen in Haft genommen und deportiert, kehrte jedoch nach dem Krieg nach Frankreich zurück.

Gandhi, Mohandas Karamchand (1869–1948) Indischer Politiker und geistiger Führer. Obwohl er Großbritannien während des Ersten Weltkrieges in der Hoffnung unterstützte, die Unabhängigkeit für Indien zu erreichen, organisierte er 1920 Maßnahmen des zivilen Ungehorsams. 1942 rief Gandhi in seinen Kampagnen unter der Devise „Quit India" erneut zum zivilen Ungehorsam gegenüber der britischen Herrschaft auf. Nach dem Krieg spielte er eine hervorragende Rolle bei den Konferenzen, die zur Unabhängigkeit und zur Schaffung des muslimischen Staates Pakistan führten, obwohl er selbst gegen eine Teilung war. Er wurde am 30. Januar 1948 von einem Hindu ermordet.

GAU (Hauptartillerieverwaltung) Sie stand während des Krieges unter dem Befehl von Generaloberst der Artillerie N. D. Jakowlew. Diese Hauptverwaltung war nicht nur verantwortlich für die Konstruktion und Lieferung von Artilleriegeschützen und dazugehöriger Munition, sondern auch für kleine Waffen und deren Munition sowie für Raketen und die Bewaffnung von Flugzeugen. Die Vertreter der GAU beaufsichtigten die Produktion in den Fabriken, die über die ganze UdSSR verstreut waren.

GC & CS Government Code and Cypher School, britische Staatliche Code- und Chiffrierschule in Bletchley Park.

Gestapo (Geheime Staatspolizei) Ursprünglich ein Teil der preußischen Staatspolizei, der von Göring und Himmler zur primären Sicherheitsorganisation des Dritten Reiches geformt wurde. Als Teil des RSHA wirkte sie gegen politische Gegner der Nazis sowohl innerhalb als auch außerhalb Deutschlands.

Giraud, Henri Honoré (1879–1949) Französischer General. Er diente im Ersten Weltkrieg und von 1925–1926 im marokkanischen Feldzug. Später kommandierte er die französische 9. Armee, wurde jedoch am 18. Mai 1940 von den Deutschen gefangengenommen. Er floh im April 1942, erreichte Gibraltar und nahm an den Landungsunternehmen der Alliierten in Nordafrika teil. Im Dezember 1942 wurde Admiral Darlan ermordet, und Giraud übernahm seine Pflichten als Hochkommissar von Französisch-Nordafrika und Westafrika. Er geriet schon bald in Konflikt mit General de Gaulle, und obwohl er mit diesem zusammen als Kopräsident im Französischen Komitee der Nationalen Befreiung zusammenarbeitete, wurde er rasch aus seinem Amt verdrängt. Ungeachtet starker Unterstützung von seiten der Amerikaner, wurde Giraud am 8. April 1944 von de Gaulle praktisch zum Rücktritt gezwungen.

GKO/GOKO Sowjetisches Staatliches Verteidigungskomitee.

Goebbels, Paul Joseph (1897–1945) Deutscher Naziführer. Wegen eines Körperschadens (Klumpfuß) war Goebbels während des Ersten Weltkrieges vom Militärdienst befreit. Seine frühe Karriere als Journalist war nicht aufsehenerregend, sein Aufstieg in der Nazipartei hingegen kometenhaft. 1926 wurde er zum Gauleiter von Berlin ernannt. Mit dem Einsatz aller modernen Propagandamethoden half er, Hitler an die Macht zu bringen. 1928 wurde Goebbels in den Reichstag gewählt, und als Hitler 1933 Kanzler wurde, ernannte er ihn zum Reichsminister für Volksaufklärung und Propaganda. In dieser Eigenschaft besaß Goebbels die absolute Kontrolle über Rundfunk, Presse, Film und Theater, die er alle mit ausgeprägtem Zynismus manipulierte. Als Redner war er der zweite Mann nach Hitler, dem er in unverbrüchlicher Ergebenheit diente. Gegen Kriegsende dann blieb er bis zuletzt mit Hitler im Bunker der Reichskanzlei, und als die Eroberung der Stadt durch die Sowjets unmittelbar bevorstand, tötete er sich und seine Familie.

Gomorrah Codebezeichnung für die RAF-Bomberangriffe auf Hamburg im Juli und August 1943.

Goodwood Codebezeichnung für die britische Panzeroffensive am 18. Juli 1944 östlich von Caen.

Göring, Herrmann Wilhelm (1893–1946) Deutscher Kampfflieger des Ersten Weltkrieges und ab 1933 nationalsozialistischer Führer. Göring, ein früher Kampfgefährte Hitlers, war bereits 1928 Mitglied des Reichstages. 1932 wurde er Reichstagspräsident. 1933 ernannte ihn Hitler nach der Machtergreifung zum Reichsluftfahrtminister. In dieser Eigenschaft schuf Göring die Luftwaffe. Er befürwortete eine starke Luftwaffe als kriegsentscheidenden Faktor und entwickelte revolutionäre Techniken für die taktische Luftunterstützung, erwies sich jedoch als weniger befähigt, seine Luftstreitkräfte auf wirtschaftlich vertretbarer Basis aufrechtzuerhalten. Dessenungeachtet war er von 1937–1942 der eigentliche Machthaber über die deutsche Wirtschaft. 1939 bestimmte Hitler ihn zu seinem Nachfolger. Im Jahr darauf erhielt er den nur ein einziges Mal verliehenen Rang eines Reichsmarschalls. Seine große Popularität in Deutschland schwand jedoch, als die Luftwaffe in der Schlacht um England erfolglos blieb und die Luftstreitkräfte der Alliierten entgegen seinen großsprecherischen Voraussagen das deutsche Vaterland bombardierten. Andere Zusagen, die die Versorgung der bei Stalingrad eingekesselten Truppen (1942) aus der Luft betrafen, hatten zur Folge, daß er Hitlers Gunst verlor. Göring begann sich aus der Öffentlichkeit zurückzuziehen, blieb jedoch bis zuletzt Chef der Luftwaffe. Görings geringe strategische Urteilsfähigkeit hinderte die Luftwaffe daran, den deutlichen Anstieg in der Flugzeugproduktion im Jahre 1944 in entsprechende Erfolge umzuwandeln. 1945 begab sich Göring in amerikanische Gefangenschaft. Ungeachtet der Tatsache, daß er sich vor dem Nürnberger Tribunal brillant verteidigte, wurde er schuldig gesprochen und zum Tode verurteilt. Zwei Stunden vor der Exekution beging er Selbstmord durch Einnahme von Gift.

Gort, John (6. Viscount) (1896–1946) Britischer Feldmarschall. Gort erhielt während des Ersten Weltkrieges das Viktoriakreuz und war in der Armee für seine unerschütterliche Ruhe auch in schwierigen Situationen bekannt. Er war ein begabter Stabsoffizier und diente 1937–1939 als Chef des Empire-Generalstabs. Im letztgenannten Jahr übernahm er das Kommando über das britische Expeditionskorps in Frankreich. Am 30. Mai, während der Evakuierung der alliierten Verbände von Dünkirchen nach den Britischen Inseln, befahl Churchill ihn nach Großbritannien, damit die Deutschen nicht durch seine Gefangennahme einen Propagandacoup landen könnten. 1941–1942 diente er als Gouverneur von Malta. In dieser Zeit war die Insel massiven Bombardements durch die Achsenmächte ausgesetzt.

Granit Codebezeichnung für die amerikanische Offensive im zentralpazifischen Raum, die im Mai 1944 begann.

Graziani, Rodolfo (1882–1955) Italienischer Marschall. Er kommandierte vom 1. Juli 1940–25. März 1941 die italienischen Landstreitkräfte in Nordafrika. Sein anfangs glänzender Angriff gegen Ägypten wurde von General Wavell aufgehalten, wobei es zu schweren Verlusten kam und viele tausend Gefangene gemacht wurden. Graziani wurde mehr als 800 km nach Westen zurückgeworfen und entging einer vollständigen Blamage nur durch Churchills notwendige Entscheidung, Streitkräfte aus Nordafrika nach Griechenland abzuziehen. Graziani wurde später Minister für nationale Verteidigung. 1950 verurteilte ihn ein italienisches Militärgericht, den inzwischen sechsundsechzigjährigen Graziani wegen dessen Beteiligung an der faschistischen Regierung der Republik Salò zu 19 Jahren Einzelhaft.

Grenade Codebezeichnung für den Vorstoß der US-amerikanischen 7. Armee auf den Oberlauf des Rheins, der Teil der Offensive der US-amerikanischen 6. Armee und anderer Armeegruppen der Alliierten (7. Februar–28. März 1945) nach dem Zusammenbruch des deutschen Angriffs in den Ardennen war.

Guderian, Heinz (1888–1954) Deutscher General. Organisator der deutschen Panzertruppe nach 1934, überzeugender Vertreter der Blitzkriegtaktik der Panzerwaffe, 1938 Chef der schnellen Truppen und General der Panzertruppe. Guderian befehligte Panzerkorps bei der Invasion in Polen (1939), Belgien (1940) und der UdSSR (1941) mit großer Kühnheit und Erfolg. Bei allen drei Unternehmungen ging das schnelle Vorrücken seiner Verbände über die Grenzen seiner Befehle hinaus. Dies brachte ihn in Konflikt mit seinen Vorgesetzten. Als die deutschen Truppen vor Moskau scheiterten, wurde Guderian als deren Befehlshaber im Dezember 1941 von Hitler entlassen. Im Februar 1943 wurde er dann zum Generalinspekteur der Panzertruppen und im Folgejahr, nach dem Attentat vom 20. Juli auf Hitler, zum Generalstabschef des Heeres ernannt. Am 28. März 1945 entband ihn Hitler von allen Verpflichtungen. Guderians Methoden waren für einen Mann seines Ranges unkonventionell. Während der Kämpfe pflegte er, begleitet von einem Fernmeldeoffizier, bei Tagesanbruch sein Hauptquartier in einem gepanzerten Fahrzeug mit Funkausrüstung und Enigma-Chiffriermaschine zu verlassen, um so direkt von der Front aus die Verbindung zu seinem Hauptquartier aufrechterhalten zu können.

Gymnast *Siehe* Torch.

Halder, Franz (1884–1971) Deutscher General. In den ersten Kriegsjahren war er Generalstabschef des deutschen Heeres, wurde jedoch 1942 von Hitler abgesetzt. Halder spielte bei der Planung des Polen- und des Westfeldzuges eine wichtige Rolle, obwohl er Hitler von einer Invasion im Westen abgeraten hatte. Er war in das mißglückte Attentat auf Hitler (Juli 1944) verwickelt und wurde verhaftet, konnte jedoch der Hinrichtung entgehen. Im Mai 1945 wurde Halder von amerikanischen Truppen gefangengenommen.

Halsey, William Frederick (1882–1959) Amerikanischer Admiral. Ein aggressiver Kommandeur, der im Februar 1942 die Angriffe gegen die Marshall-Inseln und die Gilbert-Inseln führte. Später kommandierte er von dem US-amerikanischen Flugzeugträger „Hornet" aus den operativen Verband zur Unterstützung von Doolittles Angriff auf Tokio im April 1942. Von Oktober 1942–Juni 1944 kommandierte Halsey die Seestreitkräfte der Alliierten im Südpazifik. 1944–1945 kämpfte er als Befehlshaber der 3. US-Flotte bei den Philippinen und später in japanischen Gewässern. Nach dem Krieg wurde er zum Flottenadmiral ernannt. Ungeachtet des kämpferischen Herangehens in seinen Unternehmungen, das ihm große Anerkennung einbrachte, wurde er für seine unangemessene Reaktion auf zwei schwere Taifune im Dezember 1944 und im Juni 1945, die einige amerikanische Schiffe schwer beschädigten, kritisiert.

Hardihood Später in „Saturn" umbenannte Codebezeichnung für die vorgeschlagene Unterstützung der Türkei durch die Alliierten.

Harris, Sir Arthur Travers (1892–1984) Britischer oberster Luftmarschall. Als Oberkommandierender des Bomberkommandos (1942–1945), eine Position, die er eigentlich geschaffen hatte, um die geringe Effektivität der RAF-Bomber in den ersten Kriegsjahren zu verbessern, leitete Harris die Luftoffensiven, speziell gegen Deutschland. Er befürwortete das anhaltende Flächenbombardements, ungeachtet der Tatsache, daß diese das Leben von 50 000 Angehörigen der Luftstreitkräfte sowie von ungezählten Zivilisten auf seiten des Gegners kostete. Diese Politik stand im Gegensatz zu den von den USA bevorzugten großangelegten Angriffen auf spezifische Ziele, die für die deutschen Kriegsanstrengungen von entscheidender Bedeutung waren. Harris organisierte den Tausend-Bomber-Angriff auf Köln (30. Mai 1942), der, ungeachtet aller Proteste, wegen seiner Inhumanität die Behauptung bestätigte, daß die Bombardierung nichtmilitärischer Ziele effektiver war als teure Schläge gegen Militäranlagen, eine Behauptung, die Albert Speer in seinen Memoiren unterstützt. Kurz nach Kriegsende wurde Harris abberufen und zog sich nach Südafrika in den Ruhestand zurück.

Heinrici, Gotthard (1886–1971) Deutscher General, hervorragender Panzerkommandeur, speziell im Bereich des Verteidigungskrieges. Während des Ersten Weltkriegs wechselte er mehrfach zwischen Stabspositionen und Frontkommandos. Im Zweiten Weltkrieg kommandierte er zunächst das XLIII. Korps, danach, im Januar 1943, die 4. Armee. Am 15. August 1944 wurde er mit der Führung der . Panzerarmee und im März 1945 mit der Führung der Armeegruppe Weichsel betraut. Heinrici war im Verlauf des Krieges an der Ostfront mit vielen Krisensituationen konfrontiert; die schwerste war der endgültige sowjetische Vorstoß der überlegenen Verbände Shukows und Konjews auf Berlin. Es gelang ihm, die überwältigenden Vorstöße der Roten Armee zu verlangsamen. Auf den Seelower Höhen beispielsweise befahl er die Evakuierung der vorgeschobenen Stellungen, damit das sowjetische Sperrfeuer nur Niemandsland traf; als das Sperrfeuer beendet wurde, nahmen die Deutschen sofort das betreffende Gebiet wieder ein und brachten den sowjetischen Angriff zum Stehen. Dessenungeachtet glaubte Heinrici nunmehr, daß Berlin nicht zu verteidigen sei, und weigerte sich, Hitlers Befehle zu befolgen, ungeachtet der Drohungen, die sich gegen seine Familie richteten. Er war einer der wenigen, der es wagte, Hitlers Befehlen zu widersprechen, wenn diese nach Heinricis Auffassung der konkreten militärischen Situation nicht angemessen waren.

Herbstnebel Codebezeichnung für den deutschen Vorstoß in die Ardennen (15. Dezember 1944–7. Februar 1945), der unter der Bezeichnung Ardennenschlacht bekannt ist.

Heß, Rudolph (1894–1987) Prominenter deutscher Naziführer, der nach der Machtergreifung Hitlers (1933) zum „Stellvertreter des Führers" ernannt wurde. Heß war ein leidenschaftlicher Anhänger Hitlers, mit dem er nach dem gescheiterten Münchner Putsch von 1923 inhaftiert war. In dieser Zeit schrieb er nach Hitlers Diktat dessen Buch „Mein Kampf". Im Mai 1941 wurde er in der ganzen Welt dadurch bekannt, daß er allein nach Schottland flog, angeblich, um vor Beginn des deutschen Angriffs auf die Sowjetunion mit Großbritannien Friedensbedingungen auszuhandeln. Er wurde jedoch verhaftet und nach seiner Überstellung an das Internationale Militärtribunal ungeachtet aller Zweifel an seiner geistigen Gesundheit 1946 in Nürnberg zu lebenslanger Haft im Kriegsverbrechergefängnis Spandau verurteilt. Die westlichen Besatzungsmächte versuchten, seine Freilassung zu erreichen, nachdem er viele Jahre in Haft verbracht hatte, stießen jedoch dabei immer auf das Veto der Sowjets. Heß blieb bis zu seinem Tod im Alter von 93 Jahren in Spandau, wo er zuletzt der einzige Häftling war.

Heydrich, Reinhard (1904–1942) Deutscher SS-Führer. Er wurde von Himmler zu seinem Stellvertreter und zum Chef des Reichssicherheitshauptamtes ernannt. Nach der deutschen Invasion in der UdSSR bestand seine Aufgabe in der Vernichtung der Juden in den okkupierten Gebieten Osteuropas. Später war er stellvertretender Reichsprotektor von Böhmen und Mähren. Heydrich wurde bei einem von Exiltschechen organisierten Attentat in Prag getötet.

Himmler, Heinrich (1900–1945) Deutscher Naziführer, 1929 zum Reichsführer SS ernannt. Bei Hitlers Machtergreifung (1933) wurde er zunächst zum Polizeipräsident von München und dann von Bayern ernannt. Nachdem Hitler im Juni 1934 („Nacht der langen Messer") den SA-Chef, Ernst Röhm, ausgeschaltet hatte, wurde die SS unter Leitung Himmlers die beherrschende Polizeiformation des Nazistaates. Von dieser Machtposition aus terrorisierte er nicht nur die während des Krieges okkupierten europäischen Staaten, sondern auch das deutsche Volk. Himmler war ein sehr fähiger Verwaltungsbeamter, zugleich aber auch Rassenfanatiker, der skrupellos Millionen von Menschen (vor allem Juden) in die Konzentrations- und die Vernichtungslager schickte. Himmler schlug die Verschwörung gegen Hitler nach dem Anschlag vom Juli 1944 blutig nieder. Als 1945 Deutschlands Zusammenbruch immer deutlicher wurde, versuchte er aus Gründen seiner persönlichen Sicherheit, einen Separatfrieden mit den Westalliierten auszuhandeln. Hitler stieß ihn deshalb aus der Nazipartei aus und enthob ihn aller seiner Ämter. Himmler wurde im Mai 1945 von den Briten gefangengenommen, nahm jedoch Gift und entzog sich auf diese Weise der Verantwortung für seine Taten.

Hirohito (1901–1989) Kaiser von Japan. Er wurde 1921 zum Regenten ernannt und folgte seinem Vorgänger 1926 auf dem Thron. In den folgenden fast 20 Jahren spielte er nur eine unbedeutende Rolle in der Politik, obwohl er seine Minister bei der Kriegführung in der Mandschurei, in China und im Pazifik unterstützte. Seine ererbte Rolle als „göttlicher" Führer trug dazu bei, bei den bewaffneten Kräften eine fanatische Hingabe an deren Aufgabe zu erzeugen, was besonders wichtig wurde, als das Kriegsglück Japan verließ. 1945 überzeugte Hirohito gemeinsam mit einer Reihe gemäßigter Politiker das japanische Oberkommando, die bedingungslose Kapitulation anzunehmen, statt den Kampf unter schweren Verlusten für beide Seiten bis zuletzt auf den japanischen Mutterinseln fortzusetzen. Im Januar 1946 entsagte er auf Druck der Amerikaner der geheiligten Vorstellung von der Göttlichkeit des Kaisers und war von da an konstitutioneller Monarch.

Hitler, Adolf (1889–1945) Reichskanzler und Führer, deutscher Diktator. Er wurde in Braunau am Inn in Österreich als Sohn eines niederen Zollbeamten geboren. (Später erwarb er die deutsche Staatsbürgerschaft.) Der junge Hitler begab sich nach dem Tode seiner vergötterten Mutter 1907 nach Wien. Eine Zeitlang lebte er von einem kleinen Erbe sowie einem bescheidenen Einkommen durch den Verkauf von Aquarellen und Postkarten, die er oft mit einem gewissen Maß von Kunstfertigkeit kopierte. In diesen frühen Jahren entwickelte er eine zunehmend antisemite Einstellung. Er begab sich 1913 nach München und trat im darauffolgenden Jahr bei Ausbruch des Krieges der bayerischen Armee bei. Hitler, der den Rang eines Gefreiten erreichte, wurde Opfer eines Gasangriffes und erlitt eine Verwundung. Er erhielt jedoch das Eiserne Kreuz erster Klasse, eine Auszeichnung, auf die er sehr stolz war; in späterer Zeit trug er diese Auszeichnung immer an seiner Uniform. Durch den Waffenstillstand von 1918 hatte er die Überzeugung gewonnen, daß Deutschlands Niederlage durch jüdische und marxistische Verräter verursacht worden sei. Nach der Demobilisierung kehrte er nach München zurück, wo er einer kleinen deutschen Arbeiterpartei, einer Gruppe von Veteranen mit nationalistischen Neigungen, beitrat. 1920 wurde die Partei in Nationalsozialistische Deutsche Arbeiterpartei (die Nazis) umbenannt, über die Hitler rasch die absolute Kontrolle gewann. Einer seiner frühen Anhänger war General Ludendorff (der führende Stratege im Ersten Weltkrieg) der ihm dadurch eine gewisse Achtung verschaffte. Am 8. November 1923 inszenierte Hitler den sogenannten „Hitlerputsch" in München, um die bayerische Regierung stürzen. Er und seine SA-Leute wurden überwältigt, er selbst wurde verhaftet und zu 5 Jahren Haft auf der Festung Landsberg verurteilt. Er saß nur 9 Monate dieser Strafe ab und diktierte während dieser Zeit seinem Anhänger und Mithäftling Rudolf Heß das Buch „Mein Kampf", das alle Pläne Hitlers für die Weltherrschaft klar darlegte. Die Nazipartei entwickelte sich auch nach Hitlers Haftentlassung bis zur Weltwirtschaftskrise, die 1929 begann, nur langsam. Doch Hitlers geradezu magische Rhetorik und seine scheinbare Fähigkeit, das Doppelproblem Inflation und Arbeitslosigkeit als einziger deutscher Politiker lösen zu können, ließ die öffentliche Unterstützung dann schnell zunehmen. Während dieser Zeit verstand er es, durch seine antisemitischen und antimarxistischen Schmähreden die Unterstützung sowohl von Arbeitern als auch von Unternehmern, Protestanten und Katholiken, Städter und Bauern zu gewinnen. 1932 verlor er die Reichspräsidentenwahl gegen Generalfeldmarschall Paul von Hindenburg. (Hitler war übrigens der erste Politiker, der bei seiner Wahlkampagne ein Flugzeug benutzte). Im Juli 1932 jedoch wurden die Nazis die größte Einzelpartei im Reichstag. Hitler lehnte dennoch die untergeordnete Rolle ab, die man ihm anbot. Nun wurde Kurt von Schleicher zum Reichskanzler ernannt. Als zivile Unruhen und die Unfähigkeit des Parlaments das Chaos in Deutschland ankündigten, trat Schleicher jedoch am 28. Januar 1933 zurück. Hindenburg – zu dieser Zeit bereits hochgradig senil –, ernannte auf Drängen seiner verzweifelten Ratgeber nunmehr am 30. Januar 1933 Hitler zum Reichskanzler. Hitler machte sich sofort daran, die Opposition zu vernichten. Die Kommunisten wurden kollektiv für den Reichstagsbrand vom 27. Februar verantwortlich gemacht und kurz danach verboten. Der verkleinerte Reichstag stimmte unter den Drohungen der SA für Hitlers diktatorische Befugnisse. Danach wurden politisch zweifelhafte Personen entweder ermordet, oder „verschwanden" spurlos. Juden und linke Sympathisanten wurden verhaftet, hingerichtet oder in Konzentrationslager geschickt. Die Tyrannei im Namen des „Dritten Reiches" hatte begonnen. Selbst Hitlers eigene Unterstützer befanden sich in Gefahr: Ernst Röhm, der Chef der SA, wurde gemeinsam mit vielen Angehörigen seiner Organisation ermordet, worauf die Armee individuell und kollektiv Hitler persönlich Treue schwor. Mit Hindenburgs Tod im Jahr 1934 wurden das Amt des Reichspräsidenten und des Reichskanzlers in der Person von Adolf Hitler vereinigt, der nunmehr den Titel „Der Führer" trug. Im Anschluß hieran wurden alle Aspekte und Besonderheiten des deutschen Lebens zu einem Anhängsel der Nazimacht und -philosophie. Hitlers frühe Erfolge, die auf der Wiedereinführung der Wehrpflicht und einem gewaltigen Aufrüstungsprogramm unter Bruch des Versailler Vertrages basierten, war bemerkenswert. Österreich wurde an Deutschland angeschlossen. Große Gebiete der Tschechoslowakei wurden Deutschland 1939 im Münchener Abkommen zugesprochen. Mussolini, der italienischer Diktator, wurde im Rahmen des Achsenpaktes Hitlers Verbündeter, allerdings als Juniorpartner. Deutschland und Italien unterstützten Frankreich im Spanischen Bürgerkrieg und sicherten die Einsetzung einer mit ihnen sympathisierenden nationalistischen Regierung. Im August 1939 kamen Hitler und Stalin überein, eine der unglaublichsten diplomatischen Kehrtwendungen in der Geschichte zu vollziehen: Sie unterzeichneten einen Nichtangriffspakt. Dieser geschickte diplomatische Schachzug versetzte Hitler (und Stalin) in die Lage, Polen im September 1939 anzugreifen und zu okkupieren, damit die deutsche Ostflanke zu sichern und den Zweiten Weltkrieg zu beginnen. Als nächstes griff Deutschland im Mai 1940 die Niederlande und Frankreich an und überrannte beide. Im Juni 1941 folgte der Angriff auf die UdSSR. Diese letztgenannte Offensive war zunächst außerordentlich erfolgreich, bis sie im Dezember unmittelbar vor Moskau zum Stehen gebracht wurde. Hitler, von seinen Generalen enttäuscht, übernahm daraufhin persönlich den Befehl über Deutschlands Kriegsstrategie. 1942 gelangen den Deutschen weitere Geländegewinne im Osten, doch die Schlachten von El-Alamein und Stalingrad brachten die entscheidende Wendung des Krieges zugunsten der Alliierten, denen sich nach Pearl Harbor auch die Vereinigten Staaten angeschlossen hatten. Deutschlands Lage hatte sich bis 1944 so verschlechtert, daß im Juli 1944 ein Bombenanschlag auf den Führer erfolgte. Hitler überlebte den Anschlag ohne ernsthafte Verletzungen (die Verschwörer wurden mit der denkbar größten Grausamkeit hingerichtet), doch war seine Stellung jetzt völlig hoffnungslos. Am 30. April 1945, als Berlin von der Roten Armee erobert wurde, begingen er und seine gerade erst mit ihm vermählte Gattin, Eva Braun, im Führerbunker Selbstmord.

Hiwis Hilfsfreiwillige, freiwillige Hilfskräfte aus der Sowjetunion, die 1941–1945 in den deutschen Streitkräften dienten.

Hodges, Courtney Hicks (1887–1966) Amerikanischer General. Er war 1941–1942 Chef der Spionage, wurde im letztgenannten Jahr jedoch zum Befehlshaber des X. Armeekorps ernannt. 1943 befehligte er die US-amerikanische 3. Armee. Vor der Invasion in der Normandie wurde er zu Bradleys Stellvertreter ernannt. Als Befehlshaber der US-amerikanischen 1. Armee durchbrach er den Westwall und nahm Aachen ein.

Homma, Masaharu (1888–1946) Japanischer Generalleutnant. Er studierte Militärstrategie und Taktik in Großbritannien und wurde 1918 zum japanischen Beobachter des britischen Expeditionskorps an der Westfront ernannt. 1927 wurde er Sekretär für militärische Angelegenheiten bei Prinz Chichibu, dem jüngeren Bruder des Kaisers. 1938 kommandierte er die 27. Division in China und 1940 die Formosa-Armee. Im November 1941 wurde ihm das Kommando über die 14. Armee übertragen, die als Teil von Terauchis Südarmee auf den Philippinen landete. Trotzdem zweifelte Homma, ob es klug war, sich mit den Westmächten auf einen Krieg einzulassen, während Japan noch immer mit den Chinesen kämpfte. Homma eroberte Manila in einem Blitzfeldzug. Er überwachte die Belagerung der Halbinsel Bataan sowie der Felseninsel Corregidor, wodurch er General MacArthur schließlich zwang, die Philippinen zu räumen. Allerdings verblieben einige Teile der US-Armee zerstreut in diesem Inselgebiet, und die Philippinos verhielten sich größtenteils loyal gegenüber den Amerikanern. Homma beschwerte sich in Tokio über seine unzureichenden Ressourcen und die Bedingungen, die seine Armee zur Erschöpfung führten; er hatte sogar einige weitere Angriffe ausgesetzt, was ein beispielloser Befehl von seiten eines japanischen Generals war. Er erhielt einige Austauschdivisionen, wurde aber von nun an mit Geringschätzung behandelt. Man war auch der Auffassung, daß er gegenüber den Philippinos zu nachgiebig sei, speziell was die Freilassung von Kriegsgefangenen betraf. Im August 1942 wurde er seines Postens enthoben. Im September 1945 wurde er wegen Kriegsverbrechen verurteilt und durch ein Erschießungskommando exekutiert (3. April 1946).

Horrocks, Sir Brian Gwynne (1895–1985) Britischer Generalleutnant. Er diente während des Ersten Weltkrieges zunächst in Frankreich und ab 1919 in Rußland. Während des Zweiten Weltkrieges kommandierte er eine ganze Reihe von Korps, speziell unter Montgomery, zunächst in Nordfrankreich, dann in Belgien und an der deutschen Front.

Horthy, Miklos (1868–1946) Ehemals Konteradmiral und Oberbefehlshaber der österreich-ungarischen Flotte (1918), im März 1920 zum „Reichsverweser" mit beschränkten königlichen Rechten gewählt, von 1937–1944 Regent. In seinen Bemühungen, Ungarns Beteiligung am Zweiten Weltkrieg auf ein Minimum zu reduzieren, ergriff er Partei für Deutschland (Kriegserklärung an die UdSSR). Nach dem Zusammenbruch Rumäniens begann er im August 1944 Unterhandlungen mit den Alliierten, wurde jedoch zur Abdankung gezwungen und nach Deutschland gebracht, wo ihn amerikanische Truppen im Mai 1945 befreiten.

Hoth, Herrmann (1885–1971) Deutscher Generaloberst. Mit Guderian ein früher Verfechter der Panzerkriegführung. Er führte während des Polenfeldzuges 1939 das XV. Panzerkorps und zeichnete sich 1940 bei der Invasion in Frankreich aus, als sein Korps als erstes die Maas überquerte. Hoth, den seine Leute liebevoll „Papa Hoth" nannten, kommandierte während des deutschen Angriffs auf die UdSSR 1941 die Panzergruppe 3 und war gemeinsam mit Guderians und Hoepners Panzergruppen verantwortlich für die großen Einkesselungen von sowjetischen Armeen zu Beginn des Krieges. Im Juli 1943 war er an den erfolglosen Versuchen beteiligt, in die Südflanke des Kursker Bogens einzubrechen.

Hull, Cordell (1871–1955) Amerikanischer Staatsmann und unnachgiebiger Gegner jeder Aggression. Ausgebildet als Jurist, wurde er 1903 zum Richter am Bezirksgericht ernannt. Anschließend war er Abgeordneter des Staates Tennessee im Repräsentantenhaus. Er befürwortete Roosevelt und dessen Politik des „New Deal". 1930 wurde er in den Senat gewählt, und 1933 ernannte Roosevelt ihn zum Außenminister. An den amerikanischen Vorkriegskonferenzen mit Japan hatte Hull entscheidenden Anteil. Er legte großen Wert auf die Rolle der Wirtschaft in den internationalen Beziehungen. Als Japan Teile Französisch-Indochinas okkupierte, trug er wesentlich dazu bei, daß die japanischen Guthaben in den USA im Juli 1941 gesperrt wurden. Das führte in Japan zu einer Verknappung von kriegswichtigem Material für Japan, speziell von Erdöl, und stärkte die Kriegspartei in ihrer Argumentation, daß diese notwendigen Voraussetzungen nunmehr durch militärische Aktionen beschafft werden müßten. Hull schuf die Politik der „Guten Nachbarschaft" zu Lateinamerika und setzte sich nachdrücklich für Hilfeleistungen und Waffenlieferungen an die Alliierten ein, noch bevor die USA im Dezember 1941 in den Krieg eintraten. 1943 besuchte er im Rahmen seines Programms zur Sicherung der Zusammenarbeit zwischen den Alliierten die Stadt Moskau. 1944 trat er wegen seines schlechten Gesundheitszustandes zurück; im darauffolgenden Jahr wurde er mit dem Friedensnobelpreis ausgezeichnet.

Husky Codebezeichnung für die Landungsoperationen der Alliierten am 10. Juli 1943 auf Sizilien, denen die Niederlage der Achsenmächte in Nordafrika vorangegangen war.

Ichi-Go Codebezeichnung für die japanische Offensive in China im April 1944.

I-Go Codebezeichnung für die japanische Gegenoffensive im Südwestpazifik im April 1943.

Ilona *Siehe* Isabella.

INA Indian National Army (Indische Nationalarmee), die nach der japanischen Invasion 1942 in Malaya aufgestellt und unter japanischem Befehl in Burma eingesetzt wurde.

Isabella Auch „Ilona" genannt. Codebezeichnung für die deutschen Pläne aus dem Jahr 1941 zur Okkupation der Atlantikküste von Spanien und Portugal (die allerdings aufgegeben wurden).

JCS Joint Chiefs of Staff, Vereinigte Stabschefs (US).

Jeremenko, Andrei Iwanowitsch (1892–1970) Sowjetischer General. Während des Ersten Weltkrieges wurde er zur Armee eingezogen und erreichte den Rang eines Gefreiten. Später kämpfte er im Bürgerkrieg gegen die Weißen und nahm an der Invasion in Polen teil. 1940 kommandierte er eine Armee im Fernen Osten, wurde jedoch nach der Invasion durch die Deutschen von Stalin nach Moskau gerufen und erhielt den Befehl über die Brjansker Front, die zu den in der Westrichtung handelnden Kräften gehörte. Die Situation war verzweifelt, doch Jeremenko setzte, bestärkt durch die Forderungen des sowjetischen Oberkommandos, seine ganze Persönlichkeit ein und ließ in seinem Bereich jedes nur verfügbare Flugzeug aufsteigen, um die vorrückenden Panzerkolonnen Guderians und Hoths anzugreifen. Anschließend führte er einen Gegenangriff mit einer Panzergruppe, die mit den neuen Modellen T-34 und KW ausgerüstet war, deren Panzerung von den deutschen Panzerabwehrgeschützen nicht durchschlagen werden konnte. Dies brachte einen zeitlich begrenzten Erfolg, trug zur Sicherung Moskaus bei und störte den Zeitplan des Unternehmens „Barbarossa" empfindlich. Jeremenko war danach an der Schlacht vor Moskau beteiligt (wo er verwundet wurde), und kämpfte später bei Stalingrad. Im Mai 1945 befreiten seine Truppen Prag. Jeremenko besaß überragende taktische Fähigkeiten, stand jedoch im Schatten Shukows und hatte daher nur wenig Gelegenheit, als Stratege hervorzutreten.

JIC Joint Intelligence Committee, Vereinigter Geheimdienstausschuß (Großbritannien).

Jodl, Alfred (1890–1946) Deutscher General, von 1939–1945 Chef des Wehrmachtführungsstabes (vorm. Wehrmachtführungsamt) im OKW. In dieser Eigenschaft setzte er Hitlers Befehle für alle Feldzüge, außer denen in der UdSSR, um. Ein willensstarker und begabter Stratege, der einen sehr viel größeren Einfluß ausübte als sein nomineller Vorgesetzter, der wenig effektive Keitel. Jodl unterzeichnete am 7. Mai 1945 in Reims die Kapitulation der deutschen Wehrmacht. Im Nürnberger Prozess wurde er zum Tode verurteilt und danach gehängt. Er war Hitler bedenkenlos ergeben.

JSM Joint Staff Mission, britische Vereinigte Stabsmission.

Jubilee Codebezeichnung für die anglo-kanadische Landungsoperation am 19. August 1942 bei Dieppe.

Juin, Alphonse (1888–1967) Französischer Marschall. Er wurde 1940 als Kommandeur einer französischen Division gefangengenommen, nach Frankreichs Niederlage auf Pétains Bitte jedoch freigelassen. Er lehnte den Posten des Kriegsministers in der Vichy-Regierung ab und begab sich stattdessen als Oberkommandierender nach Nordafrika. Hier schloß er sich im November 1942 den Alliierten an und zeichnete sich beim Kampf gegen die Achsenmächte in Nordafrika und später auch in Italien aus. Später unterstützte er die Befreiung Frankreichs. Juin wurde von General de Gaulle postum in den Rang eines Marschalls erhoben.

Jupiter Codebezeichnung für eine geplante Invasion der Alliierten 1944 in Nordnorwegen.

Ka-Go Codebezeichnung für die Anlandung japanischer Verstärkungen auf Guadalcanal im August 1942.

Kapp-Putsch Bezeichnet nach Wolfgang Kapp (1858–1922), der 1920 in Berlin einen Umsturzversuch gegen die Reichsregierung anführte. Der Putsch schlug fehl, und Kapp floh nach Schweden; er kehrte nach Deutschland zurück, doch noch ehe er von der republikanischen Regierung in einem Hochverratsprozeß verurteilt werden konnte, starb er.

Keitel, Wilhelm (1882–1946) Deutscher Generalfeldmarschall. Keitel, ein Verehrer Hitlers, wurde 1938 zum Chef des Oberkommandos der Wehrmacht (OKW) ernannt. Das OKW war eine neue administrative Organisation, die die deutschen Streitkräfte unmittelbar Hitlers Autorität unterstellte. In seiner Funktion führte Keitel selbst die schrecklichsten Befehle Hitlers buchstabengetreu aus. Er ratifizierte in Berlin Deutschlands bedingungslose Kapitulation, wurde später in den Nürnberger Prozessen verurteilt und gehängt.

Kempf, Werner (1886–1964) Deutscher General. Diente während des Ersten Weltkrieges im Westen und entwickelte in den Jahren zwischen den beiden Weltkriegen seine Theorien über die Panzerkriegsführung. Aufgrund seiner militärischen Erfolge während der deutschen Invasion in Polen (1939) erhielt er später den Befehl über das XLVIII. Panzerkorps, das er in der Anfangsphase des Überfalls auf die UdSSR führte. Er hatte großen Anteil an der Einkesselung sowjetischer Armeen im Kessel von Uman. Seinen größten Erfolg erzielte er jedoch bei der Einschließung von Kiew, bei der er eine Schlüsselrolle spielte. Er blieb an der Ostfront auch weiterhin erfolgreich, doch als er im August 1943 in den Kampf geschickt wurde, um den Vorstoß der von Watutin geführten Woronesher Front auf Charkow aufzuhalten, entschloß er sich stattdessen zur Evakuierung der Stadt. Daraufhin wurde er von Hitler sofort seines Postens enthoben. Danach spielte er im Krieg nur noch eine untergeordnete Rolle.

Kesselring, Albert (1885–1960) Deutscher Generalfeldmarschall. Armeeoffizier, der 1934 zu der im Aufbau befindlichen Luftwaffe versetzt wurde. Göring ernannte ihn 1940 für die Luftschlacht gegen England zum Kommandeur der Luftflotte 2, die in Belgien und Nordfrankreich stationiert war. Kesselring war 1941–1943 Oberbefehlshaber Süd, 1943–1945 Oberbefehlshaber Südwest. Dabei konnte er seine Begabung für improvisierte Aktionen gegen einen zahlenmäßig überlegenen Feind ausspielen, speziell bei und nach den Landungsoperationen der Alliierten bei Anzio, wo er ganze Serien sorgfältig geplanter Rückzüge absolvierte. 1945 wurde er zum Oberbefehlshaber West ernannt. Kesselring wurde durch ein britisches Militärgericht 1947 zum Tode verurteilt, jedoch 1952 begnadigt.

Kido, Koichi (1889–1977) Japanischer Aristokrat und führender kaiserlicher Berater. Er war in verschiedenen Ministerien tätig, die sich mit innenpolitischen Problemen befaßten. Während des Zweiten Weltkrieges galt Kido als der wichtigste Informant des Kaisers. In dieser Eigenschaft bemühte sich Kido, die Militärregierung bei ihrem aggressiven Kurs zu zügeln. Er spielte eine entscheidende Rolle bei den Friedensverhandlungen von 1945. Dessenungeachtet wurde er von den Alliierten zu lebenslanger Haft verurteilt, jedoch 1953 wegen seines schlechten Gesundheitszustandes freigelassen.

King, Ernest (1878–1956) Amerikanischer Admiral. Er wurde 1941 unmittelbar nach dem japanischen Angriff auf Pearl Harbor zum Oberkommandierenden der US-Flotte ernannt und ersetzte damit den entlassenen Admiral Kimmel. Im darauffolgenden Jahr wurde er Stabschef der Seestreitkräfte. Kings größte Erfolge bestanden darin, bedeutende Neuerungen bei der trägergestützten Lufttaktik sowie bei der Durchführung von Landungsoperationen mittels Amphibienfahrzeugen (besonders bei Guadalcanal im August 1942) angeregt und durchgesetzt zu haben. Ungeachtet seiner Überzeugung, daß die Ressourcen der USA zunächst für die Beendigung des Krieges im Pazifik und erst dann in Europa eingesetzt werden sollten, leistete er bei der Koordinierung der Kampfhandlungen der US-amerikanischen Streitkräfte mit denen der Alliierten, insbesondere der Briten, eine hervorragende Arbeit. Die von ihm kommandierte Flotte war die größte, die jemals zusammengestellt worden ist.

Kleine Entente Ein Bündnis, das 1920–1921 unter französischer Schirmherrschaft zwischen der Tschechoslowakei, Jugoslawien und Rumänien entstand. Es war eine wirtschaftliche und militärische Gruppierung mit dem Ziel, die im Versailler Vertrag festgelegten territorialen Grenzen aufrecht zu erhalten gegen die Versuche Ungarns, sie zu seinen Gunsten zu revidieren. Nach der Zerschlagung der Tschechoslowakei zerfiel das Bündnis unter deutschem Druck.

Kleiner Saturn (russ. Maly Saturn) Codebezeichnung für die sowjetische Offensive (Dezember 1942) gegen die deutschen Truppen, die versuchten, zu der in Stalingrad eingekesselten 6. Armee durchzubrechen.

Kleist, Ewald von (1881–1954) Deutscher Generalfeldmarschall. Sein größter Erfolg als Panzergruppenkommandeur bestand darin, daß er eine Bresche in die Linien der Alliierten bei Sedan 1940 schlug, die es den deutschen Panzerformationen erlaubte, schnell zum Kanal vorzudringen. Später zeichnete er sich im Balkanfeldzug mit der Einnahme von Belgrad aus (1941) und nahm dann am Rußlandfeldzug teil. 1944 wurde er von Hitler abgesetzt, weil er es abgelehnt hatte, dessen Befehle widerspruchslos umzusetzen.

Kluge, Hans Günther von (1882–1944) Deutscher Generalfeldmarschall. Kluge führte 1939–1941 die Heeresgruppe Mitte in der Sowjetunion und war ab Juli 1944 Oberbefehlshaber West sowie Chef der Heeresgruppe B. Obwohl er Hitler gegenüber Gehorsam bewies, war von Kluge als Mitwisser in das Attentat auf das Leben des Führers (Juli 1944) verwickelt und wurde deshalb seines Postens enthoben. Da er fürchtete, vor Gericht gestellt zu werden, beging er am 18. August des gleichen Jahres Selbstmord.

KMG Konno-mechanisirowannaja gruppa, sowjetische kavallerie-mechanisierte Gruppe. Diese gemischten beweglichen Verbände aus Kavallerie, Motorfahrzeugen und Panzern wurden an der Ostfront und in der Mandschurei eingesetzt. Sie wurden gebildet, um die starken Kavalleriekräfte der Roten Armee zu nutzen, die in schwierigem Terrain einen besonderen Wert besaßen und hier durch Panzer und Feuerkraft verstärkt wurden.

Koenig, Marie Pierre (1898–1970) Französischer General. Er diente erstmals während der französischen Kolonialkriege. Nach der Niederlage Frankreichs floh er nach England und stieß zu de Gaulles freifranzösischer Armee. Danach wurde er nach Nordafrika entsandt, um dort Einheiten der Fremdenlegion zu kommandieren. Später war er damit betraut, alle französischen Widerstandseinheiten unter de Gaulles Kontrolle zu bringen. Nach der Befreiung von Paris wurde er dessen Militärgouverneur.

Komintern Die Komintern wurde 1919 auf dem 1. Weltkongreß der Kommunistischen Internationale (Dritte Internationale) auf Anregung Lenins gegründet. Sie sollte die sozialistischen Bewegungen in aller Welt vereinen und unter ihren Einfluß bringen. Die Bemühungen der Komintern zur Unterstützung der Revolution waren im allgemeinen und in Deutschland im besonderen erfolglos. 1943, während des Zweiten Weltkriegs, löste Stalin die Komintern auf, um die Befürchtungen seiner westlichen Verbündeten zu dämpfen. *Siehe* auch Antikominternpakt.

Konjew, Iwan Stepanowitsch (1897–1973) Marschall der Sowjetunion. Entkam in den 30er Jahren nur knapp Stalins „Säuberungsaktionen" unter den höheren Offizieren und wurde im Zweiten Weltkrieg berühmt für die Rückeroberung der Ukraine und Südpolens (1944–1945). Bei den sowjetischen Siegen in der Tschechoslowakei und im Kampf um Berlin spielte er eine bedeutende Rolle. 1945 wurde er zum Militärgouverneur der sowjetischen Besatzungszone in Österreich ernannt. 1955–1960 befehligte er die Streitkräfte des Warschauer Vertrages. 1961–1962 kommandierte er die sowjetischen Streitkräfte in der DDR.

Konoe, Fumimaro (1891–1945) Japanischer Premierminister und Mitglied der „Friedenspartei". Er wurde im Oktober 1941 zum Rücktritt gezwungen und durch den den Militaristen Tojo ersetzt. Nach dem Fall seines Nachfolgers 1944 setzte er sich für ein Ende des Krieges ein. Im ersten Nachkriegskabinett war er Vizepräsident, beging jedoch Selbstmord, als ihn die USA als Kriegsverbrecher vor Gericht stellen wollten.

Konstantin Codebezeichnung für die Okkupation des von Italien kontrollierten Teils des Balkans durch deutsche Truppen im September 1943.

Kuomintang (KMT) Auch bekannt als Nationalpartei, die politische Partei, die das chinesische Festland von 1928–1949 beherrschte. Die KMT wurde 1912 – nach der Chinesischen Republikanischen Revolution von 1911 – zu einer politischen Partei. Sie wurde 1913 verboten und installierte drei kurzlebige provisorische Regierungen unter Sun Yat-sen (1917–1923), bevor sie sich 1923 mit der chinesischen Kommunistischen Partei verbündete. Die vereinigten Streitkräfte rangen den regionalen Militärmachthabern die Kontrolle über den größten Teil Chinas ab, spalteten sich jedoch wieder auf (1927–1928). Ein Bürgerkrieg schloß sich an; angesichts der japanischen Aggression von 1937 wurde jedoch ein unsicherer Waffenstillstand verkündet. 1946 ließen die KMT und die Kommunisten erneut ihre Armeen gegeneinander marschieren. Das setzte sich bis zum Sieg der Kommunisten 1949 fort. Die KMT floh nach Taiwan, wo sie eine Regierung unter der Führung Chiang Kai-sheks errichtete.

Kutusow Codebezeichnung für die sowjetische Offensive am Kursker Bogen im Juli 1943.

Lachsfang Codebezeichnung für den deutschen Plan, der die Sabotage der Murmanbahn im Jahr 1943 vorsah.

Lammers, Hans Heinrich (1879–1962) Reichsminister und Staatssekretär in der Reichskanzlei. Von Beruf Jurist, war er Mitglied von Hitlers innerem Kreis auf dem Obersalzberg und wurde von diesem öfter zu juristischen Problemen konsultiert. Ab 1943 war er gemeinsam mit Martin Bormann und Generalfeldmarschall Keitel verantwortlich dafür, Hitlers Aufgaben als Staatsoberhaupt zu erleichtern. Lammers wurde in Nürnberg zu 20 Jahren Haft verurteilt, jedoch 1952 aus dem Gefängnis von Landsberg entlassen.

Lattre de Tassigny, Jean de (1889–1952) Französischer General, postum zum Marschall ernannt. Er führte während des deutschen Angriffs 1940 die 14. Infanteriedivision. Im November 1942 wurde er verhaftet, als er der Okkupation des bis dahin unbesetzten Teils Frankreichs Widerstand leistete, und von einem Vichy-Gericht zu einer Haftstrafe verurteilt. Er floh jedoch und schloß sich General Giraud in Nordafrika an. Danach kommandierte er die französische 1. Armee, und nach den Landungsoperationen in Südfrankreich eroberte er Marseille und Toulon. Später nahmen seine Truppen Stuttgart und andere deutsche Städte ein. De Tassigny unterzeichnete im Namen Frankreichs die Kapitulationsurkunde der deutschen Streitkräfte.

Laval, Pierre (1883–1945) Französischer Politiker. Er war in den 30-er Jahren Außenminister; als verschworener Antikommunist versuchte er Frankreich nach Mussolinis faschistischem Italien auszurichten. Laval stand der französischen Kriegserklärung an Deutschland im Jahr 1939 ablehnend gegenüber, und nach der deutschen Invasion in Frankreich 1940 förderte er als Pétains Premierminister die französische Kollaboration mit den Okkupationsstreitkräften. Nach dem Krieg wurde er vom französischen Obersten Gericht wegen Hochverrats zum Tode verurteilt. Nach einem mißglückten Selbstmordversuch durch Gift wurde Laval am 9. Oktober 1945 gehängt.

Lebensraum Die Vorstellung, daß Deutschland zu klein sei, um die deutsche Rasse am Leben zu erhalten, war bereits zu Beginn des Ersten Weltkrieges aktuell. Hitler übernahm diesen Gedanken als einen Teil seiner Rechtfertigung für die Expansion Deutschlands durch Besetzung der europäischen Nachbarstaaten. Ähnliche Ideen wurden auch als Rechtfertigung für die japanische Expansion und den italienischen Kolonialismus genannt.

Leclerc, Jaques Philippe Marie de (1902–1947) Französischer Marschall. Stand 1940 der Vichy-Regierung ablehnend gegenüber, wurde verhaftet und konnte zweimal fliehen. Als er nach Französisch-Äquatorialafrika geschickt wurde, stellte er dort Streitkräfte für das Freie Frankreich auf, die er durch die Sahara nach Norden führte, um sie mit den britischen Streitkräften zu vereinigen, die in der Westlichen Wüste kämpften. 1944 kommandierte er die französische 2. Panzerdivision in der Schlacht um die Normandie und führte seine Truppen anschließend nach Paris, an dem Tag, als die Stadt befreit wurde. Kurz nach dem Krieg kam Leclerc bei einem Flugzeugabsturz ums Leben.

Leeb, Wilhelm Ritter von (1876–1956) Deutscher Generalfeldmarschall, ein Titel, der ihm von Hitler für seinen Beitrag zur Niederlage der Franzosen 1940 in Elsaß-Lothringen verliehen wurde, wo er die Heeresgruppe C befehligt hatte. Leeb, ein bayerischer Artillerist, hatte 1938 den Generalsrang erreicht und war in den Ruhestand getreten. Er wurde jedoch von Hitler reaktiviert und erhielt 1939 den Befehl über die Heeresgruppe C. Nach seinem Erfolg in Frankreich kommandierte Leeb beim Überfall auf die UdSSR die Heeresgruppe Nord, ließ seine Truppen auf Leningrad vorstoßen und mit der Belagerung der Stadt beginnen. Als Hitler im Januar 1942 unter seinen Generälen „aufräumte", wurde auch Leeb seines Postens enthoben.

Leigh-Mallory, Sir Trafford (1892–1944) Britischer Luftmarschall. Während der Luftschlacht um England (1940) führte er die 12. Jägergruppe und setzte große Verbände („Big Wings") ein, was eine Konzentration der Fliegerkräfte im Lande zur Folge hatte. Zwischen 1940 und 1942 führte er auch die 11. Jägergruppe und danach das Jägerkommando (1942–1943). Später wurde er zum Kommandeur des Alliierten Expeditionskorps der Luftstreitkräfte ernannt, das rund 9 000 Flugzeuge umfaßte, die 1944 die Landungsoperationen der Alliierten in der Normandie unterstützten. Leigh-Mallory gehörte zu Sir Dowdings eifrigsten Widersachern, sorgte dabei für viel Feindseligkeit und Erbitterung und verursachte im Gegensatz beispielsweise zu Eisenhower, Mißhelligkeiten mit den britischen Alliierten. Er kam im November 1944 beim Absturz eines Flugzeugs ums Leben.

LeMay, Curtis (geb. 1906) US-amerikanischer Generalmajor. Ab 1942 war er einer der wichtigsten Verfechter der amerikanischen Bomberstrategie – Tagesangriffe auf speziell ausgewählte Ziele – gegenüber Deutschland und später Japan. Er entwickelte auch eine relativ sichere Taktik für den Einsatz der Luftstreitkräfte, indem er die Formationen in unterschiedlichen Höhen fliegen ließ. Gegen Japan ließ er Tagesangriffe fliegen, bei denen aus geringer Höhe Brandbomben abgeworfen wurden.

Leopard Codebezeichnung für den deutschen Angriff auf Lero im November 1944.

Lightfoot Codebezeichnung für die Schlacht von El Alamein im Oktober 1942.

Lila Codebezeichnung für den deutschen Plan zur Eroberung der französischen Flotte in Toulon, die am 27. November 1942 jedoch von den Franzosen selbst versenkt wird.

Lindemann, Ernst (1894–1941) Kapitän der deutschen Marine. Ein Artilleriefachmann, der zu Beginn des Jahres 1940 den Befehl über das schwer gepanzerte Schlachtschiff „Bismarck" hatte. Nachdem auf sein Schiff im Verlauf des Unternehmens „Rheinübung" (1941) drei Treffer erhalten hatte, bestand er gegenüber seinem Vorgesetzten Admiral Lütjens, hartnäckig darauf, mit der „Bismarck" in deren Hafen zurückkehren zu dürfen. Lütjens ließ statt dessen den französischen Hafen Brest ansteuern, um den britischen Verfolgerschiffen zu entgehen. Am 27. Mai sank die „Bismarck" auf dem Weg nach Brest.

Locarno-Pakt (1925) Ein Abkommen, das während einer Konferenz in der Schweiz unter Teilnahme von Großbritannien, Frankreich, Belgien, Deutschland, Italien, Polen und der Tschechoslowakei abgeschlossen wurde. Es wurde eine Reihe von Verträgen unterzeichnet, die die nationalen Grenzen garantierten und dabei die Bedingungen des Versailler Vertrages wiederholten (1919). Deutschland unterzeichnete unter anderem Verträge mit der Tschechoslowakei und Polen, in denen festgelegt war, daß Grenzveränderungen ausschließlich durch Übereinkünfte stattfinden könnten. Deutschland wurde die Mitgliedschaft im Völkerbund zugesichert, doch 1936 kündigte Hitler den Pakt und verließ den Völkerbund.

LRDG Long-Range Desert Group, kleiner, beweglicher Kommandotrupp der Alliierten für Ferneinsätze in der Wüste.

LRPG Long-Range Penetration Group, kleiner, beweglicher Kommandotrupp, der in Ferneinsätzen auf feindliches Gebiet vordringt (US).

Lumberjack Codebezeichnung für die Offensive der US-amerikanischen 1. und 3. Armee vom 1.–7. März 1945, die den Vorstoß durch das Eifelgebiet und das Gebiet der Heeresgruppe B unter Führung von Model und die Erreichung des Rheins vorsah.

Lütjens, Günther (1889–1941) Deutscher Admiral. Er trat 1907 in die Marine ein und war während des größten Teils seiner beruflichen Karriere auf Torpedobootflottillen eingesetzt. Während des Norwegenfeldzugs im Zweiten Weltkrieg kommandierte er die „Scharnhorst" und die „Greisenau". Im Juli 1940 wurde Lütjens Flottenchef der deutschen Kriegsmarine. 1941 erhielt er den Befehl über das Unternehmen „Rheinübung", an dem die „Bismarck" und die „Prinz Eugen" beteiligt waren. Lütjens, ein tapferer, intelligenter und großzügiger Mann, der im Dienst hoch angesehen war, äußerte Vorbehalte gegen den Befehl, die Kampfgruppe auslaufen zu lassen, lehnte jedoch die Rückkehr der „Bismarck" in den Heimathafen ab, als das Schlachtschiff im Kampf mit englischen Schiffen drei Treffer erhalten hatte. Beim Untergang der „Bismarck" kam er ums Leben.

MAAF Mediterranean Allied Air Force, Alliierte Luftstreitkräfte im Mittelmeerraum.

MAC Mediterranean Air Command, Kommando der Luftstreitkräfte im Mittelmeerraum.

MacArthur, Douglas (1880–1964) Amerikanischer Fünf-Sterne-General. Geboren in einer Familie von Militärs, besuchte er die Militärakademie Westpoint, die er 1903 als Klassenbester verließ. Anschließend diente er auf den Philippinen und in Japan, bevor er Berater von Präsident Theodore Roosevelt wurde (1906–1907). Von 1913–1917 gehörte er zum Generalstab der US-Armee. Im Ersten Weltkrieg war er als Befehlshaber der US-amerikanischen 42. (Regenbogen-) Division in Frankreich während der Gegenoffensive, die der letzten deutschen Offensive bis zur Marne (1918) folgte, außergewöhnlich erfolgreich. 1919–1922 war er Direktor von Westpoint und 1930–1935 Generalstabschef des Heeres. In den Jahren dazwischen (1928–1930) diente er wieder auf den Philippinen und bereitete die Inseln auf eine mögliche Unabhängigkeit vor. 1937 verließ er die Armee und trat in den Ruhestand, wurde jedoch am 26. Juli 1941 wieder zum aktiven Dienst einberufen, als ein Krieg mit Japan immer wahrscheinlicher wurde. Er wurde zum Befehlshaber der amerikanischen und philippinischen Streitkräfte auf den Inseln ernannt. Obwohl er die Notwendigkeit einer starken Luftunterstützung erkannte, war der Aufbau der US-Bomberflotte auf den Inseln noch nicht abgeschlossen, als die zahlenmäßig überlegenen japanischen Streitkräfte nach dem Angriff auf Pearl Harbor (7. Dezember 1941) auf die Philippinen vorstießen. MacArthurs Rückzug erfolgte so professionell, daß das Vorrücken der Japaner gefährlich verlangsamt wurde und der letzte Widerstand auf den Inseln erst im Mai 1942 überwunden werden konnte. Zwei Monate vor diesem Zeitpunkt hatte Präsident Roosevelt jedoch General MacArthur zu dessen eigener Sicherheit nach Australien beordert, wo er als Oberkommandierender für den Südwestpazifischen Raum Gegenangriffe vorbereiten sollte. Das Gebiet, für das er unmittelbar verantwortlich war, umfaßte Australien, Neuguinea, Niederländisch-Indien (ohne Sumatra) und die Philippinen. Von Australien aus begann MacArthur den Neuguinea-Feldzug, koordinierte die Landstreitkräfte beim Unternehmen „Cartwheel", das zur Isolation von Rabaul führte, und später (1944–1945) den Feldzug zur Rückeroberung der Philippinen. MacArthur nahm am 2. September 1945 an Bord des US-amerikanischen Kriegsschiffes „Missouri" in der Bucht von Tokio im Namen der Alliierten die Kapitulation Japans entgegen. Danach wurde er zum Kommandeur der alliierten Besatzungstruppen in Japan ernannt. Er regierte Japan praktisch als Diktator und schuf eine demokratische Konstitution für das Land. Er bestand darauf, daß Kaiser Hirohito nicht wegen Kriegsverbrechen vor Gericht kam, sondern nominell als Staatsoberhaupt weiter fungierte, was ein großer Beitrag zu Japans moralischer und wirtschaftlicher Wiederherstellung in den Nachkriegsjahren war. 1950, während des Koreakrieges, wurde er zum Oberbefehlshaber der UNO-Streitkräfte in Südkorea ernannt. Ungeachtet früher Erfolge, führten seine Differenzen mit Präsident Truman, ob die Kampfhandlungen auf das Territorium Chinas ausgeweitet und chinesische Stützpunkte bombardiert werden sollten, zu seiner Entlassung. Es wurde vorgeschlagen, MacArthur 1952 als Präsidentschaftskandidaten für die Republikaner aufzustellen. Daraus wurde allerdings nichts. Er zog sich aus dem aktiven Dienst zurück und verbrachte seine letzten Jahre als Direktor einer Firma. MacArthur war einer der brillantesten Strategen, die es im Zweiten Weltkrieg gegeben hatte.

Magic Deckname für das amerikanische Spionageprogramm, das das Dechiffrieren japanischer Codes zum Ziel hatte.

Magnet Codebezeichnung für die Verlegung US-amerikanischer Streitkräfte im Februar 1942 nach Nordirland.

Malinowski, Rodion Jakowljewitsch (1898–1967) Marschall der Sowjetunion. Malinowski diente im Ersten Weltkrieg in der russischen Armee, schloß sich 1919 der Roten Armee an und trat 1926 in die Kommunistische Partei ein. Er absolvierte 1930 die Frunse-Militärakademie und diente dann als Stabschef eines Kavallerieregiments sowie im Hauptquartier verschiedener Militärbezirke und als Stabschef eines Kavalleriekorps. Er war als sowjetischer „Berater" im Spanischen Bürgerkrieg (1936–1939) tätig und danach Ausbilder an der Frunse-Akademie. 1941 kommandierte er ein Schützenkorps. 1942 war er stellvertretender Befehlshaber der Woronesher Front und kommandierte dann in der Schlacht um Stalingrad die 2. Gardearmee. Im Februar 1943 wurde er zum Oberbefehlshaber der Südfront, danach der Südwestfront sowie der 3. und 2. Ukrainischen Front ernannt. 1944 wurde er zum Marschall der Sowjetunion befördert. Von Juli bis September 1945 befehligte er während des Mandschurei-Feldzuges die Transbaikalfront. Nach dem Krieg blieb er im Fernen Osten und befehligte den Transbaikal-Amur-Militärbezirk, und ab 1947 war er Oberkommandierender der sowjetischen Streitkräfte im Fernen Osten. Er hatte eine Anzahl hoher militärischer Positionen inne und war 1957–1967 Verteidigungsminister; im letztgenannten Zeitraum wurde er auch ein hochgestellter sowjetischer Politiker.

Manhattan Deckname für das amerikanische Atombombenprojekt.

Mannerheim, Carl Gustav Emil Freiherr von (1867–1951) Finnischer Feldmarschall. Er führte die finnischen Streitkräfte während des Winterkrieges (1939–1940) gegen die UdSSR, wobei er eine außergewöhnliche Fähigkeit zum Kombinieren regulärer Frontkriegsstrategien mit irregulären Guerillataktiken zeigte. Er hatte erneut den Befehl, als Finnland von 1941–1944 an der Seite Deutschlands am Krieg gegen die Sowjetunion teilnahm. Im Jahr darauf, als sich zeigte, daß die Sowjetunion wahrscheinlich siegen würde, unterzeichnete er einen Waffenstillstand mit der UdSSR. Die etwa 130 km lange finnische Verteidigungslinie an der karelischen Grenze wurde auf seinen Befehl errichtet und nach ihm benannt.

Manstein, Erich von (1887–1973) Deutscher Generalfeldmarschall. Er absolvierte 1906 das deutsche Kadettenkorps und war später im Ersten Weltkrieg eingesetzt, insbesondere bei den Kämpfen um Verdun und an der Somme. 1937 wurde er zum Generalmajor befördert und zum stellvertretenden Chef des Generalstabes ernannt. Manstein wurde im Spätherbst 1939 erstmals bekannt, als Hitler die Ausarbeitung von Plänen für einen Angriff auf die Niederlande und Frankreich verlangte. Die am meisten favorisierte Möglichkeit war damals ein Plan, der auf dem deutschen Schlieffen-Plan von 1914 aufbaute. Statt dessen wurde jedoch Mansteins Plan („Sichelschnitt") von Hitler bestätigt, der einen Angriff durch die allgemein als nicht passierbar geltenden Ardennen vorsah und von außergewöhnlichem Erfolg begleitet war. Die Niederlande und Belgien brachen zusammen, Frankreich fiel 7 Wochen später, und das britische Expeditionskorps war gezwungen, über Dünkirchen aus Europa zu fliehen. Mansteins größter Triumph stellte sich jedoch im Rußlandfeldzug ein, als seine 11. Armee 1942 den hartnäckigen sowjetischen Widerstand auf der Krim überwand und Sewastopol eroberte. 1943 stabilisierte er nach der Kapitulation der 6. Armee bei Stalingrad die deutsche Front und nahm in einem makellos geführten Gegenangriff in die Flanke, Charkow wieder ein. Als wohl begabtester Truppenkommandeur, den der europäische Krieg hervorgebracht hatte, wurde Manstein wegen seiner offenen Darstellung der Sachlage im März 1944 dennoch von Hitler in den Ruhestand versetzt. 1950 wurde er von einem britischen Gericht wegen Kriegsverbrechen zu 18 Jahren Haft verurteilt, jedoch am 6. Mai 1953 freigelassen.

Marita Codebezeichnung für den deutschen Angriff am 6. April 1941 auf Griechenland.

Market-Garden Codebezeichnung für Montgomerys mißglückte Luftlandeoperation bei Arnhem im September 1944. „Market" war die Codebezeichnung für den Luftlandeangriff und „Garden" für die Unterstützung dieses Angriffs durch Infanterie und Panzer.

Marshall, George Catlett (1880–1959) Amerikanischer General und Staatsmann. Er zeichnete sich zunächst als Stabsoffizier während des Ersten Weltkriegs aus und war danach (1919–1924) Berater bei General Pershing. Von 1939–1945 war er Generalstabschef des Heeres. Nach dem Krieg diente er von 1947–1949 unter Präsident Truman als Außenminister. Marshall war ein außerordentlich fähiger Stratege, seine beiden größten Leistungen bestanden jedoch in der Unterstützung Churchills, der dafür plädierte, Deutschland vor Japan zu besiegen (obwohl Marshall hier im Gegensatz zu MacArthur und seinem eigenen Stab stand), sowie in seinem europäischen Wiederaufbauprogramm nach dem Krieg (das allgemein unter dem Namen Marshall-Plan bekannt ist). Im Rahmen des letztgenannten Programms wurden große Dollarbeträge in das völlig bankrotte Europa investiert, um dessen wirtschaftlichen Wiederaufbau zu beschleunigen. Für die letztgenannte Leistung wurde er 1953 mit dem Nobelpreis ausgezeichnet.

Menace Codebezeichnung für das britisch-freifranzösische Unternehmen im September 1940 gegen Dakar.

Merkur Codebezeichnung für den deutschen Luftlandeeinsatz am 20. April 1941 zur Eroberung Kretas.

Merrill, Frank D. (1903–1955) Generalmajor der US-Armee und anerkannter Fachmann für Japan und dessen Militärtaktik. Merrill studierte bis 1929 an der Militärakademie Westpoint und war danach Mitarbeiter in der US-Botschaft in Tokio. 1941 wurde er Einsatzoffizier unter General Stilwell. Merrill organisierte und leitete eine US-amerikanische Freiwilligengruppe von Regimentsstärke, die später unter dem Namen „Merrill's Marauders" bekannt wurde. Die für den Dschungelkampf ausgebildeten Kämpfer griffen japanische Stellungen in Burma an. Im Mai 1944 eroberten sie gemeinsam mit chinesischer Verstärkung den Flugplatz in Myitkyina. Die Stadt fiel 3 Monate später. Nach seiner Tätigkeit als stellvertretender Kommandeur der US-Streitkräfte auf dem indisch-burmesischen Kriegsschauplatz wurde Merrill 1945 Stabschef der 10. Armee auf Okinawa und 1947 Militärberater der Republik der Philippinen. 1948 trat er in den Ruhestand.

MI 5 Der für die Gegenspionage verantwortliche englische Sicherheitsdienst. Ursprünglich eine Abteilung des britischen militärischen Nachrichtendienstes. Er war gegen feindliche Agenten tätig, die versuchten, in Großbritannien und dem Empire tätig zu werden. Gleichzeitig verfolgte er die Aktivitäten potentiell subversiver Organisationen und Personen. Besonders effektiv war MI 5 beim Einsatz gegen deutsche Spione, die in Großbritannien operierten. Für MI 5 arbeitete mit großem Erfolg eine ganze Reihe von Doppelagenten.

MI 6 Der britische Geheimdienst, der auch unter der Bezeichnung SIS (Secret Intelligence Service, Geheimer Nachrichtendienst) bekannt ist. Seine Aufgabe bestand in der Gewinnung von Informationen aus ausländischen Quellen. Da die im europäischen Ausland aufgebauten Spionagenetze durch die deutsche Okkupation überrollt worden waren, nutzte der Geheimdienst ausgiebig die von den Widerstandsbewegungen gesammelten Informationen. Als Abteilung der Militärspionage war MI 6 verwaltungsmäßig dem Außenministerium unterstellt. Der Geheimdienst war verantwortlich für eine wichtige Einrichtung, die sich mit der Dechiffrierung feindlicher Codes befaßte – der britischen Staatlichen Code- und Chiffrierschule (GC & CS) in Bletchley Park – und für deren wichtigste Leistung bei der Geheimsache „Ultra".

Mihailović, Draža (1893–1946) Jugoslawischer Widerstandsführer. Zu Beginn der deutschen Invasion floh er nach Serbien, wo er mit Unterstützung des im Exil befindlichen Königs rasch eine Widerstandsgruppe (die sogenannten Tschetniks) aufbaute. Die Tschetniks waren proserbisch und leidenschaftlich antikommunistisch eingestellt. Sie kämpften gegen Titos Partisanen, unterlagen jedoch. Die Alliierten unterstützten danach Tito. Mihailović wurde nach dem Krieg verhaftet und exekutiert.

Millennium Codebezeichnung für den RAF-Bombenangriff am 30. und 31. Mai 1942 auf Köln.

Mincemeat Codebezeichnung für die Deckungs- und Täuschungsoperationen 1943 im Mittelmeerraum.

Model, Walther (1891–1945) Generalfeldmarschall. Er wurde während des Ersten Weltkrieges für Tapferkeit in der Schlacht von Verdun ausgezeichnet. Als überzeugter Nationalsozialist wurde Model einer von Hitlers bevorzugten Generälen. Er trug den Spitznamen „des Führers Feuerwehrmann", da er häufig zur Beseitigung von Schwierigkeiten abkommandiert wurde. Seinen größten diesbezüglichen Erfolg hatte er an der Ostfront, als er in seiner Eigenschaft als Befehlshaber der Heeresgruppe Mitte 1944 die sowjetische Offensive vor Warschau zum Stehen brachte. Nach der Landung der Alliierten 1944 in der Normandie wurde er zum Oberbefehlshaber der Heeresgruppe B ernannt. In dieser Eigenschaft verhinderte er die Schaffung eines Brückenkopfs bei Arnhem durch alliierte Fallschirmjäger. Im April 1945, als seine Truppen im Ruhrgebiet eingekesselt waren, erschoß er sich.

Molotow, Wjatscheslaw Michailowitsch (1890–1986) Sowjetischer Politiker. Er trat 1906 der Kommunistischen Partei bei, wurde 6 Jahre später wegen seiner politischen Tätigkeit verhaftet und ging ins Exil. 1911 kam er nach St. Petersburg zurück, und im Jahr darauf wurde er Herausgeber der bolschewistischen Tageszeitung „Prawda". Nach der Oktoberrevolution von 1917 folgte sein rapider Aufstieg in der Parteihierarchie, was hauptsächlich seiner uneingeschränkten Unterstützung für Stalin zu danken war. 1939 wurde Molotow Volkskommissar des Äußeren. Im August des gleichen Jahres führte er mit Ribbentrop Verhandlungen über einen russisch-deutschen Nichtangriffspakt. Nach der deutschen Invasion in der UdSSR im Jahre 1941 festigte Molotow das Bündnis seines Landes mit dem Westen und nahm während des Krieges an sämtlichen Konferenzen der Alliierten teil. 1949 wurde Wyschinsky sein Nachfolger als Außenminister. Nach Stalins Tod im Jahre 1953 wurde er jedoch wieder zum Außenminister ernannt und behielt diese Position bis 1956, als er von Chruschtschow entlassen wurde. Im darauffolgenden Jahr wurde er nach maßgeblicher Beteiligung an einem gescheiterten Versuch, Chruschtschow aus seiner Machtposition zu drängen, aus dem Zentralkomitee der Kommunistischen Partei ausgeschlossen. Danach hatte er nur noch untergeordnete Positionen inne, und später schloß man ihn aus der Kommunistischen Partei aus. Während seiner politischen Karriere zeigte sich Molotow als unflexibler Vertreter der sowjetischen Politik und war in diplomatischen Kreisen bekannt für seine kompromißlose Haltung.

Montgomery, Bernard Law (1887–1976) Britischer Feldmarschall. Während des Ersten Weltkriegs diente er in Frankreich und danach in Indien und Palästina. Nach Ausbruch des Zweiten Weltkriegs kam er zum britischen Expeditionskorps. Bei Dünkirchen gelang es ihm die Evakuierung seiner Division nach den Britischen Inseln. Im August 1942, nach dem Tode von General William Gort, wurde er zum Oberbefehlshaber der britischen 8. Armee in Nordafrika ernannt. Er zögerte seinen Angriff auf El Alamein so lange hinaus, bis er Ende Oktober überwältigende Mengen von Material und eine zahlenmäßige Überlegenheit erreicht hatte – eine Vorgehensweise, die Churchill irritierte. Innerhalb von 7 Monaten vertrieben die 8. Armee und die von Patton geführte amerikanische 7. Armee unter Alexanders Oberbefehl alle Streitkräfte der Achsenmächte aus Nordafrika. Danach führte Montgomery unter dem Befehl von Alexander, dem Befehlshaber der alliierten Landungsverbände und damaligen stellvertretenden Oberkommandierenden der Alliierten im Mittelmeerraum, seine Armee nach Sizilien und Süditalien, ehe er nach Großbritannien zurückgerufen wurde, um sich für die vorgesehenen Landungsoperationen in der Normandie 1944 in Bereitschaft zu halten. Vom 6. Juni–31. Juli kommandierte er unter Eisenhower sämtliche Bodenstreitkräfte; danach kommandierte er die 21. Armeegruppe an der linken Flanke der Alliierten. Sein Plan für eine Luftlandung bei Arnhem zur Sicherung der wichtigen Rheinbrücken noch vor dem Eintreffen der Hauptstreitkräfte endete in einem Desaster. Beim Stoppen und anschließenden Zurückdrängen der heftigen deutschen Panzeroffensive in den Ardennen im Dezember 1944 spielte Montgomery jedoch eine wichtige Rolle. Am 4. Mai 1945 nahm er die Kapitulation aller deutschen Armeen in Nordwesteuropa entgegen. Später diente er als Chef des Generalstabs des Empire. Montgomery war sein eigener Werbemanager mit einem unerschütterlichen Glauben an den Wert einer zentralen Führung. Vielleicht kann diesen Eigenschaften sowie seinem Ansporn zu Disziplin und Ausbildung und schließlich auch dem Gefühl des Vertrauens, mit dem er jene erfüllte, die unter ihm dienten, sein Erfolg in Nordafrika zugeschrieben werden.

Motti-Taktik „Motti" ist der finnische Ausdruck für ein kleines, schmales Scheit Brennholz, speziell aber eine Anspielung darauf, daß man straßengebundene Panzerkolonnen in leicht verletzbare Abschnitte aufspalten kann. Es handelt sich hier um eine Taktik, die die finnischen Armee im Krieg mit der UdSSR (1939–1940) anwandte. Bei diesen „Motti"-Gefechten drangen die finnischen Soldaten, die weiße Tarnkleidung trugen, um sich gegen den Schnee unsichtbar zu machen, und sich auf Skiern rasch vorwärtsbewegten, tief hinter die sowjetischen Linien ein, um Versorgungsbasen zu zerstören, Kommunikationslinien zu unterbrechen und den Gegner anzugreifen. Die Ziele wurden dabei üblicherweise erst umgangen und dann von der Rückseite her genommen.

Mountbatten, Lord Louis, 1. Earl Mountbatten of Burma (1900–1979) Ein Urgroßenkel der Königin Victoria, der 1913 Marinekadett wurde und dann im Ersten Weltkrieg diente. Im September 1939 war er Kommandant eines Zerstörers, diente jedoch später (1942–1943) in Großbritannien als Chef des Directorate of Combined Operations. In dieser Eigenschaft organisierte er Aufklärungskommandos und -einsätze in Frankreich und Norwegen, speziell bei Dieppe im Jahr 1942. 1943 wurde er zum Oberbefehlshaber der alliierten Streitkräfte in Südostasien ernannt, um die Operationen der Alliierten gegen die Japaner in Burma zu organisieren. In dieser Eigenschaft war er zum Teil erfolgreich, denn er erreichte mittels taktvoller Entschlossenheit eine Zusammenarbeit zwischen den Streitkräften der Briten, des Empire, der Amerikaner und der Chinesen. 1947 wurde Mountbatten der letzte britische Vizekönig von Indien und führte die Verhandlungen zur Schaffung der Staaten Indien und Pakistan. 1959–1965 diente er als Chef des britischen Verteidigungsstabes, wo er sich bemühte, die verschiedenen Abteilungen der Streitkräfte in Strukturen zu integrieren, die den sich verändernden militärischen Umständen zu Lande und zu Wasser besser angepaßt waren. Mountbatten fiel 1979 einem Attentat der IRA zum Opfer.

MTB Motor Torpedo Boat, Torpedomotorboot (US).

MTO Mediterranean Theatre of Operations, Mittelmeerkriegsschauplatz

Mussolini, Benito (1883–1945) Italienischer Diktator. Als Sohn überzeugter sozialistischer Eltern, vertrat Mussolini zunächst ausgeprägt linke Ansichten. Er war kurze Zeit Schullehrer, danach brachte er fast 2 Jahre (1902–1904) in der Schweiz zu und gab dann 1909 eine sozialistische Zeitung heraus. Später wurde er in Mailand Herausgeber des sozialistischen „Avanti". Bei Ausbruch des Ersten Weltkrieges trat er anfangs für die Neutralität Italiens ein, machte dann aber rasch eine Kehrtwendung und forderte insbesondere in der von ihm gegründeten Zeitung „Il Popolo d'Italia" Italiens Intervention an der Seite der Alliierten. Die Gründe für einen so abrupten Wechsel sind ungewiß, doch könnte er möglicherweise von der Großzügigkeit beeindruckt gewesen sein, mit der die französische Regierung die profranzösische Presse finanzierte. Am 15. August 1914 wurde Mussolini zum Wehrdienst einberufen und erreichte wie Hitler den Rang eines Gefreiten. Er wurde am Isonzo verwundet, jedoch völlig wiederhergestellt. Danach wandte er sich wieder dem Journalismus zu und vertrat nunmehr eine extreme Form des Nationalismus; zur gleichen Zeit gründete er die Bewegung „Fascio di combattimento", die 1921 in den von ihm geleiteten „Partito Nazionale Fascista" (PNF) umgewandelt wurde. 1921 wurde er ins Parlament gewählt. Die Nationale Faschistische Partei gewann unter seiner Inspiration und Leitung schnell Unterstützung, und im Oktober 1922 war Mussolini stark genug, um die Faschisten zum Marsch auf Rom zu befehlen, wo ihn König Viktor Emanuel III. zum Premierminister ernannte. 1928 beendete Mussolini die parlamentarische Regierungsform. 1929 schloß er, nun als Duce (Führer) bezeichnet, den Lateranvertrag mit dem Papst und beendete damit den Konflikt zwischen Kirche und Staat. Er initiierte ein gewaltiges Bildungsprogramm als Teil seines Planes, Italien zum Glanz der römischen Zeiten zurückzuführen. Mussolini war zunächst ein Gegner Hitlers; nach seinem Angriff auf Äthiopien im Jahre 1935 wurde er jedoch diplomatisch isoliert und erreichte ein Abkommen mit Deutschland, seinem einzigen potentiellen Verbündeten. Während des Spanischen Bürgerkriegs leistete er gemeinsam mit dem Führer Militärhilfe für General Franco und dessen Nationalisten. 1938 stand Mussolini abseits, als Hitler Österreich annektierte, und im gleichen Jahr nahm er an den Verhandlungen zum Münchener Abkommen teil. Im April 1939 gab er den Befehl zur Besetzung Albaniens. Im Juni 1940, als Frankreich bereits am Rande des Zusammenbruchs stand, trat er an Deutschlands Seite in den Krieg ein. Mussolinis Mißerfolge in Nordafrika und bei der Invasion in Griechenland wurden dank deutscher Unterstützung zeitweise kompensiert, doch 1943, als die Invasion der Alliierten in Italien bevorstand, brach sein persönliches Prestige zusammen, und der Faschistische Große Rat lehnte es ab, seine Politik zu unterstützen. Der König setzte ihn zunächst ab und ordnete dann seine Verhaftung an. Im September 1943 wurde er jedoch durch eine brillante Rettungsaktion der Deutschen aus seinem Gefängnis in den Abruzzen befreit, und Hitler machte ihn zum Chef einer Marionettenregierung, die ihren Sitz im norditalienischen Salò hatte. Als Deutschland im April 1945 zusammenbrach, wurde Mussolini von linken Partisanen gefangengenommen und gemeinsam mit seiner Geliebten Clara Petacci erschossen. Mussolini war Demagoge, Journalist und Administrator von hohem Rang, ruinierte sich und das Land jedoch durch seine grandiosen Pläne, die Italiens industrielle Leistungsfähigkeit sämtlich überstiegen, durch die Dominanz von Hitlers „eisernem Willen", der er sich nur ungern beugte, und durch Deutschlands überlegene Stärke.

NAAF North Africa Air Force, in Nordafrika eingesetzte Luftstreitkräfte.

Nacht der langen Messer *Siehe* SA.

Nagumo, Chuichi (1887–1944) Japanischer Vizeadmiral und Yamamotos Luftflotten-Befehlshaber. Ein talentierter und energischer Offizier, der den Angriff auf Pearl Harbor leitete. In der Schlacht bei Midway verlor er im Kampf gegen die US-Marine innerhalb von 24 Stunden vier Flugzeugträger. Später wurde er zum Befehlshaber der zentralpazifischen Flotte ernannt, mit der er die Marianen verteidigen sollte. Nach der erfolgreichen Landung US-amerikanischer Verbände auf Saipan beging er Selbstmord.

NATO North Atlantic Treaty Organization, 1949 gegründeter Nordatlantikpakt.

Nazipartei Kurzform für Hitlers Nationalsozialistische Deutsche Arbeiterpartei (NSDAP), die einzig legale politische Bewegung in Deutschland zwischen 1933 und Mai 1945.

Nimitz, Chester W. (1885–1966) Amerikanischer Admiral. Nimitz, ein hochbegabter Leiter und Marinestratege, wurde am 31. Dezember 1941, unmittelbar nach dem japanischen Angriff auf Pearl Harbor, zum Oberkommandierenden der US-amerikanischen Pazifikflotte ernannt. Er beließ alle Offiziere auf ihren Posten, da dieses Desaster nach seinem Dafürhalten „jedem hätte zustoßen können". Dieser Akt der Nachsicht stellte die Moral bei der Marine wieder her. Nimitz kommt das Hauptverdienst für den entscheidenden amerikanischen Sieg bei Midway zu. Er war zugleich der führende Kopf bei der anschließenden Zerstörung von Japans Kampfkraft zur See, bei der die feindlichen Streitkräfte insbesondere durch die Taktik des „Inselspringen" nach und nach auf die japanischen Mutterinseln zurückgedrängt wurden.

NKWD Narodny Komissariat Wnutrennych Del, Volkskommissariat des Inneren, Vorläufer des KGB. Das NKWD war verantwortlich für die Arbeitslager und hatte damit die Kontrolle über ein großes Arbeitskräftepotential, das für den Bau vor Befestigungsanlagen eingesetzt wurde. Die NKWD-Truppen wurden auch (ähnlich wie die SS auf deutscher Seite) als Eliteverbände eingesetzt, um Einheiten der Roten Armee zu verstärken. So wurden motorisierte NKWD-Truppenteile im Juli 1941 zur Verteidigung der Zugänge nach Kiew eingesetzt, während die 21. NKWD-Division bei der Verteidigung von Leningrad zum Einsatz kam. Die während des Krieges aufgekommene Kontroverse über das Massaker an polnischen Offizieren bei Katyn (Białystok), die zu jener Zeit großen Einfluß auf das Bündnis hatte, ist neuerdings wiederbelebt worden. Die Mehrzahl der amtlichen Stellen, einschließlich der Polen, sind heute überzeugt, daß wahrscheinlich das NKWD für die meisten dieser Morde verantwortlich war.

Noball Codebezeichnung für die Offensive der Luftstreitkräfte der Alliierten (1944) gegen deutsche V-Waffen-Abschußrampen.

Nordlicht Codebezeichnung für die deutsche Offensive gegen Leningrad im Sommer 1942.

Nordwind Codebezeichnung für den deutschen Gegenangriff vom 31. Dezember 1944–26. Januar 1945 im Elsaß. Das von Himmler geplante Unternehmen scheiterte.

O'Connor, Sir Richard Nugent (1899–1981) Britischer General. Er diente während des Ersten Weltkrieges und war 1938–1939 Militärgouverneur von Jerusalem. Von 1940–1941 war er Korpskommandeur in der Westlichen Wüste und besiegte die Italiener bei Beda Fomm. Später wurde er von den Deutschen gefangengenommen, konnte jedoch 1943 fliehen und erhielt den Befehl über das britische VIII. Korps in Frankreich.

OB Oberbefehlshaber

Oberkommando der sowjetischen Truppen im Fernen Osten Neues Oberkommando auf der Ebene der Befehlsstelle eines Kriegsschauplatzes, der drei Fronten (Armeegruppen) – die Transbaikalfront, die 1. und die 2. Fernostfront – unterstanden; sie wurde für die mandschurische strategische Operation geschaffen, die im August 1945 unter Leitung von Marschall Wassiljewski stattfand. Vorher waren diese Fronten direkt durch die *Stawka* in Moskau geführt worden. Die große Entfernung dieses Kriegsschauplatzes von Moskau und die Probleme der Koordinierung von Operationen an drei Fronten (1,5 Millionen Mann) auf einem Gebiet von der Größe ganz Westeuropas, machten diese operationsstrategische Zwischenbefehlsebene erforderlich.

Octagon Codebezeichnung für die Zweite Quebec-Konferenz vom 10.–16. September 1944.

OKH *Siehe* OKW.

OKW 1938 geschaffenes Oberkommando der Wehrmacht, an dessen Spitze Hitler stand. Dem OKW waren das OKH (Oberkommando des Heeres), das OKL (Oberkommando der Luftwaffe) und das OKM (Oberkommando der Kriegsmarine) unterstellt. Nachdem die Deutschen im Dezember 1941 vor Moskau zum Stehen gebracht worden waren, übernahm Hitler persönlich den Befehl über das deutsche Heer und damit die direkte Verantwortung für dessen Operationen, obwohl er nicht Chef des Stabes war. Zudem befehligte er den Stab der Reichskanzlei (von Ribbentrop, Reichsminister für Auswärtige Angelegenheiten; Heß/Bormann, zuständig für Parteiangelegenheiten der NSDAP; Himmler, Reichsführer SS und Chef der Deutschen Polizei; Goebbels, Reichsminister für Volksaufklärung und Propaganda) und hatte somit die absolute Kontrolle über alle Aspekte der deutschen Politik.

Olive Codebezeichnung für den Angriff der Alliierten im August 1944 auf die Goten-Linie in Italien.

Olympic Codebezeichnung für die Invasion der Alliierten auf der japanischen Insel Kyushu, die für November 1945 geplant war. Die japanische Kapitulation kam dieser Invasion zuvor. *Siehe* auch Downfall.

OSS Office of Strategic Services. Den Vereinigten Stabschefs unterstellte US-amerikanische geheimdienstliche Organisation, die zunächst für militärische Operationen notwendige Informationen beschaffte und später zunehmend subversive Operationen durchführte. 1942 wurde sie von Präsident Roosevelt ins Leben gerufen. Ihr erster Direktor war General William Donovan (1883–1959), der frühere Koordinator für Information (COI), der sich mit Widerstandsgruppen und der britischen SOE beschäftigt hatte. Unter seiner Leitung arbeitete der OSS eng mit der SOE zusammen und entwickelte ein weltweites Netzwerk von Sondereinheiten, die Spionageinformationen sammelten und Agenten ausschickten, um Widerstandsorganisationen zu unterstützen.

Overcast Codebezeichnung für den US-amerikanischen Plan, deutsche Fachleute für Waffentechnik nach dem Krieg aus Europa in die USA zu bringen und für die Amerikaner arbeiten zu lassen.

Overlord Codebezeichnung für die Landung der Alliierten in der Normandie, die am 6. Juni 1944 begann.

Papagos, Alexander (1883–1955) Griechischer General. Er kommandierte die griechische Armee bei ihrem erfolgreichen Widerstand gegen die italienische Invasion (1940), wurde später jedoch von den Deutschen gefangengenommen und im Konzentrationslager Dachau interniert. 1945 aus Dachau befreit, erlangte er seine frühere Position zurück und führte den Kampf gegen die kommunistischen Partisanen in Nordgriechenland.

Pariser Friedenskonferenz (1919) *Siehe* Versailler Vertrag.

Patch, Alexander McCarrell (1889–1945) Amerikanischer General. 1942 wurde er zum Kommandeur eines operativen Verbandes ernannt, der die Franzosen in Neukaledonien unterstützen sollte. 1943 führte er seine Soldaten in der erfolgreichen Schlacht um Guadalcanar. 1944 kommandierte er die US-amerikanische 7. Armee bei der Invasion in Südfrankreich.

Patton, George Smith (1885–1945) Amerikanischer General. Er absolvierte 1909 die Militärakademie Westpoint und wurde danach zum Adjutanten General Pershings bei dessen Expedition gegen Mexiko (1916) ernannt. Patton begleitete Pershing auch, als dieser den Befehl über das US-Expeditionskorps im Ersten Weltkrieg erhielt. Seine Erfahrung als Panzeroffizier in der Offensive von St. Mihiel sowie im Abschnitt Meuse-Argonne (1918) veranlaßte ihn, die beweglichen Panzer statischen Verteidigungseinheiten vorzuziehen. Sein erster wichtiger Auftritt im Zweiten Weltkrieg kam im März 1943, als er den Befehl über das in Nordafrika stehende US-amerikanische II. Korps erhielt, der mit der Aufgabe verbunden war, die Kampfmoral der Soldaten nach der Niederlage am Kasserine-Paß gegen Rommel wiederherzustellen. Danach führte er auf Sizilien die US-amerikanische 7. Armee. Pattons antibritische Haltung, seine persönliche Abneigung gegen Montgomery sowie seine indiskreten politischen Erklärungen führten jedoch dazu, daß er ungeachtet seiner Meisterschaft in der aggressiven Panzerkriegführung von Eisenhower, dem Alliierten Oberbefehlshaber, einen Verweis erhielt. Nach einem Zwischenfall, der seinen Namen fast ruiniert hätte, wurde er nach Großbritannien zurückbefohlen und erhielt dort eine untergeordnete Stellung bei den Ablenkungsverbänden, die vor dem Unternehmen „Overlord" eingesetzt werden sollten. Nach der Landung der Alliierten in der Normandie im Juni 1944 erhielt er wieder ein aktives Kommando. Hierbei zeichnete er sich aus, als er die US-amerikanische 3. Armee vom Ausbruch bei Avranches im August 1944 im Eiltempo bis an die Seine und dann an die Maas vorstoßen ließ, wo ihn nur der Mangel an Treibstoff zum Halten zwang. Im Dezember 1944 eilte seine Armee Bradley zu Hilfe, dessen Einheiten während der Ardennenoffensive von den deutschen Truppen bedrängt wurden. Pattons nächste Angriffe führten die 3. Armee über den Rhein, wobei sie nur 34 Gefallene oder Verwundete verlor. Schließlich stieß Patton donauabwärts nach Österreich vor. Seine brutale Politik der Zerstörung jedes Dorfes, das seinen Vormarsch auch nur durch den geringsten Widerstand behinderte, brachte ihn allerdings in Mißkredit. Das Mißtrauen gegenüber seiner Urteilsfähigkeit wurde durch seine wiederholten Empfehlungen, die westlichen Alliierten sollten nunmehr die Sowjetarmeen im Osten angreifen, weiter verstärkt. Eisenhower übertrug ihm den nominellen Befehl über die 15. Armee, die kein Kampfverband war. Kurz nach Kriegsende kam Patton bei einem Autounfall ums Leben. Die Meinungen über Pattons Bedeutung bleiben geteilt. Pattons Offenherzigkeit, seine Vorliebe zur Selbstdarstellung (er trug ständig einen 45er Colt an jeder Hüfte), und seine rücksichtslose Brutalität wurden ausgeglichen durch sein unzweifelhaftes Organisationstalent und die Fähigkeit, mit seinen Panzern blitzschnelle, überraschende Vorstöße auszuführen. Zudem weckte Patton ähnlich wie Montgomery bei seinen Soldaten Ergebenheit und Loyalität.

Paulus, Friedrich (1890–1957) Deutscher Generalfeldmarschall, ab 1940 Oberquartiermeister I im Generalstab des Heeres. Er wurde 1941 von Hitler auf den nordafrikanischen Kriegsschauplatz entsandt, um die Aktivitäten von Rommels Deutschem Afrikakorps zu prüfen. Paulus äußerte sich zurückhaltend gegenüber Rommels Plänen und sprach sich für den Abbruch der Belagerung Tobruks und für die in der Festung eingeschlossenen alliierten Streitkräfte aus. In der Zwischenzeit kommandierte er die 6. Armee bei Stalingrad. Kurz vor seiner Kapitulation – seine Truppen waren eingekesselt und konnten entgegen Görings Versprechungen von der Luftwaffe nicht versorgt werden – wurde er von Hitler zum Generalfeldmarschall ernannt, denn bis dahin hatte kein Deutscher dieses Ranges kapituliert. In der Gefangenschaft schloß sich Paulus dem Nationalkomitee Freies Deutschland, einer von den Sowjets unterstützten Organisation, an und rief die Deutschen zur Kapitulation auf. Er wurde 1953 aus der Gefangenschaft entlassen und brachte den Rest seines Lebens in Ostdeutschland zu. Paulus war ein begabter, gewissenhafter Stabsoffizier, den man jedoch in eine ausweglose Situation gebracht hatte, da alle seine Gesuche, seine Armee heil aus Stalingrad herausführen zu dürfen, von Berlin zurückgewiesen wurden.

Pedestal Codebezeichnung für einen Geleitzug aus 14 Handelsschiffen und Geleiteinheiten, der am 2. August 1942 von Nordengland zur belagerten Inselfestung Malta gebracht wurde. Am 13. August erreichten 5 Handelsschiffe den Hafen von Valletta; sie ermöglichten Malta die Fortsetzung des Widerstands.

Percival, Sir Arthur (1887–1966) Britischer Generalleutnant. Er war Infanterieoffizier und wurde während des Ersten Weltkrieges mehrfach ausgezeichnet. Er war von 1936–1937 Stabschef in Malaya und wurde deshalb im April 1941 zum Oberkommandierenden von Malaya ernannt. Nach dem Fall von Singapur, für den man ihn verantwortlich machte, wurde Percival von den Japanern in Haft genommen. 1945 wurde er entlassen und nahm auf General MacArthurs besondere Einladung an der Unterzeichnung der Kapitulationsurkunde durch die Japaner an Bord der „Missouri" teil.

Pétain, Henry Philippe (1856–1951) Französischer Marschall. Obwohl Pètain als fleißiger Offizier galt, war seine unverhüllte Verachtung für die französischen Politiker hinderlich für seine militärische Laufbahn. Während des Ersten Weltkrieges machte sich bei der Verteidigung von Verdun einen Namen und wurde 1917 zum Oberbefehlshaber der französischen Armee ernannt. Er ging aus dem Krieg als Nationalheld hervor. 1934 war Pétain Kriegsminister, 1939 wurde er als Botschafter nach Franco-Spanien entsandt. 1940, als sich Frankreich am Rande des Zusammenbruchs befand, wurde er von Paul Reynaud, dem damaligen Premierminister, aus Madrid abberufen und zum stellvertretenden Ministerpräsidenten ernannt. Um eine Zerstörung des Landes zu verhindern, sprach sich Pétain für einen Waffenstillstand mit Deutschland aus. Am 16. Juni 1940 wurde er Ministerpräsident, erklärte sich mit Hitlers Waffenstillstandsbedingungen einverstanden und wurde Staatschef der Vichy-Regierung, die den unbesetzten Teil Frankreichs kontrollierte. Wegen seiner Zusammenarbeit mit den Nazis wurde er nach dem Krieg von einem französischen Gericht zum Tode verurteilt, später jedoch zu lebenslanger Haft begnadigt.

PKWN Polski Komitet Wyzwolenia Narodowego, Polnisches Komitee der Nationalen Befreiung, auch Lubliner Komitee.

Plunder Codebezeichnung für den Vorstoß der britisch-kanadischen 21. Armeegruppe, bei dem Montgomerys Kampfverbände am 23. März 1945 den Rhein nördlich der Ruhr überschreiten.

Pluto Pipe Line Under The Ocean, Codebezeichnung für eine Ölpipeline, die zur Versorgung der alliierten Armeen in Nordwesteuropa 1944 auf dem Grund des Kanals verlegt wurde.

Pointblank Codebezeichnung für die ab 1943 gegen Deutschland durchgeführte kombinierte anglo-amerikanische Bomberoffensive.

Portal, Sir Charles (1893–1971) Luftmarschall der RAF und von 1940–1945 britischer Chef des Luftstabes. Obwohl er früher ein Fürsprecher des Flächenbombardements gewesen war, kooperierte er bei der kombinierten anglo-amerikanischen Bomberoffensive mit den Amerikanern und ließ Tagesangriffe auf Punktziele fliegen, was ihn mit Harris in Konflikt brachte.

Pound, Sir Dudley (1877–1943) Britischer Flottenadmiral. Er wurde im September 1939 Erster Seelord und war bis 1942 Vorsitzender des britischen Komitees der Stabschefs. Er arbeitete so angestrengt, daß man eine Beeinträchtigung seines Urteilsvermögens argwöhnte, doch bei seinem Tode (den man allgemein auf Überarbeitung zurückführte) wurde klar, daß sein Professionalismus und Fleiß einen großen Beitrag zur Seeherrschaft der Alliierten geleistet hatten.

PPR Polnische Arbeiterpartei.

Priceless Codebezeichnung für die Operationen der Alliierten 1943 im Mittelmeerraum.

Quadrant Codebezeichnung für die 1. Quebec-Konferenz vom 17.–24. August 1943.

Quisling, Vidkun (1887–1945) Norwegischer Offizier und Gründer der faschistischen Partei „Nasjonal Samling" (Nationale Sammlungsbewegung). 1931–1933 war er Minister für Verteidigung und trug 1940 zur präventiven Besetzung seines Vaterlandes durch deutsche Truppen bei. Von 1942–1945 war er Premierminister unter Josef Terboven, dem deutschen Reichskommissar für Norwegen. Im Mai 1945 wurde er verhaftet, wegen Hochverrats verurteilt und erschossen. Sein Name ist heute ein allgemein verwendetes Synonym für „Verräter".

RAAF Royal Australian Air Force, Königlich Australische Luftstreitkräfte.

Raeder, Erich (1876–1960) Deutscher Großadmiral, war führend am Aufbau der Kriegsmarine des Dritten Reiches beteiligt. Er ging 1894 zur kaiserlichen Marine und nahm während des Ersten Weltkriegs an der Schlacht an der Doggerbank teil. Er wurde rasch befördert, und 1935 ernannte ihn Hitler zum Oberbefehlshaber der Kriegsmarine. In dieser Eigenschaft betrieb er ein intensives Aufbauprogramm, speziell von sogenannten Westentaschenkreuzern für Überwasserangriffe. Seine Strategie basierte auf dem Einsatz von konventionellen und getarnten Hilfskreuzern sowie von U-Booten, mit deren Hilfe er Großbritannien durch „Aushungern" unterwerfen wollte, statt das Risiko einer Konfrontation in der Größenordnung der Schlacht von Jütland (1916) einzugehen. Der Führer verlor jedoch das Vertrauen in das Potential der Überwasserschiffe und beschloß, sie zu verschrotten und ihre Geschütze auf dem Festland einsetzen zu lassen. Deshalb reichte Raeder seinen Abschied ein und wurde durch Dönitz ersetzt. Raeder wurde in Nürnberg vor Gericht gestellt und zu lebenslanger Haft verurteilt, 1955 jedoch entlassen.

RAF Royal Air Force, Königliche Luftstreitkräfte (brit.).

Rainbow Codebezeichnung für die Vorkriegsoperationspläne der Vereinigten Staaten.

Ramsay, Sir Bertram Home (1883–1945) Britischer Admiral. Er organisierte 1940 die marinetechnische Seite der Evakuierungsaktion von Dünkirchen und war 1942 bei der Operation „Torch" Stellvertreter von Admiral Cunningham. 1943 leitete er die Landungsoperationen auf Sizilien und wurde 1944 zum Oberbefehlshaber der Marine für die Landungsoperationen in der Normandie ernannt. Am 2. Januar 1945 kam er auf dem Wege zu einer Militärkonferenz bei einem Flugzeugabsturz ums Leben.

RAN Royal Australian Navy, Königlich Australische Marine.

Rangers Amerikanische Sondereinheiten, die in Bataillonsgröße aufgestellt und organisiert waren. Im Gegensatz zu den britischen Kommandos operierten die Rangers gewöhnlich zusammen mit konventionellen Verbänden, wobei sie im Rahmen kombinierter Operationen zur Erfüllung spezieller Aufgaben abkommandiert wurden. So spielten sie bei der Entwicklung von Landungstechniken mit Amphibienfahrzeugen eine wichtige Rolle. Ihre größten Leistungen, vollbracht vom 2. und 5. Bataillon, waren die Überfälle auf Pointe du Hoc und Pointe de la Percée während der Landung der Alliierten in der Normandie, als sie, bewaffnet mit Wurfhaken, Seilen und Leitern, die Küstenfelsen erkletterten, um die schweren deutschen Verteidigungsgeschütze auszuschalten.

Rapallovertrag (1922) Vertrag zwischen Deutschland und der RSFSR (im Dezember 1922 auf die gesamte UdSSR übertragen) über die Normalisierung der beiderseitigen diplomatischen und konsularischen Beziehungen.

RCAF Royal Canadian Air Force, Königlich Kanadische Luftstreitkräfte.

RCN Royal Canadian Navy, Königlich Kanadische Seestreitkräfte

Reckless Codebezeichnung für die Operation US-amerikanischer Verbände im April 1944 zur Einnahme von Hollandia (Neuguinea).

Reichskristallnacht Pogrom am 9. November 1938, bei dem im Rahmen koordinierter Aktionen gegen Juden und jüdisches Eigentum in Deutschland und Österreich 91 Juden getötet und viele Synagogen niedergebrannt wurden.

Reynaud, Paul (1878–1966) Französischer Politiker. Er trat im März 1940 als Ministerpräsident, Verteidigungsminister und Außenminister die Nachfolge Daladiers an. Als eine seiner ersten Amtshandlungen unterschrieb er bei einem Treffen mit Churchill ein Kommuniqué, in dem beide Staaten ihren Verzicht auf einen Separatfrieden mit Nazideutschland erklärten. Am 18. Mai 1940 ersetzte er General Gamelin durch General Weygand und ernannte Pétain zum stellvertretenden Ministerpräsidenten. Beide Politiker setzten sich nach deutschen Anfangserfolgen für eine Kapitulation Frankreichs ein. Am 16. Juni trat Reynaud von seinen Ämtern zurück, sein Nachfolger war Pétain. Reynaud wurde von der Marionettenregierung in Vichy verhaftet und an Deutschland ausgeliefert. Er wurde 1945 von den Alliierten befreit.

RFSS Reichsführer SS, offizielle Bezeichnung der Funktion Himmlers.

Rhubarb Codebezeichnung für die ab 1940 gestarteten Angriffe der Royal Air Force auf die jenseits des Kanals zusammengezogenen deutschen Heeresverbände und deren Einrichtungen.

Ribbentrop, Joachim von (1893–1946) Prominenter nationalsozialistischer Politiker. Ribbentrop wurde 1932 Mitglied der NSDAP. Nach der Machtergreifung durch die Nationalsozialisten 1933 wurde er Hitlers Berater in auswärtigen Angelegenheiten. 1936–38 war Ribbentrop Botschafter in London; in dieser Zeit nahm er eine anglophobe Einstellung an. 1938 ernannte Hitler ihn zum Außenminister. In dieser Funktion unterschrieb er im August 1939 den deutsch-sowjetischen Nichtangriffspakt. Hitlers Politik gegenüber verhielt er sich völlig loyal. Ribbentrop wurde von Dönitz nach dessen Amtsantritt als Reichspräsident umgehend entlassen. Er wurde von den Alliierten verhaftet, bei den Nürnberger Prozessen verschiedener Kriegsverbrechen für schuldig befunden und gehängt.

Richard Codebezeichnung für die Intervention Deutschlands in Spanien, die für den Fall des Sieges der Republikaner im Spanischen Bürgerkrieg geplant war.

Rigaer Abkommen (1920, 1921) Mit dem ersten Abkommen, abgeschlossen zwischen Lettland und der RSFSR, wurde die Unabhängigkeit Lettlands anerkannt. Das zweite Abkommen, abgeschlossen zwischen der RSFSR und Polen, legte die russisch-polnische Nachkriegsgrenze fest.

RIN Royal Indian Navy, Königlich Indische Seestreitkräfte.

Ring Codebezeichnung für die Kampfhandlungen der Roten Armee im Januar 1943 zur Zerschlagung der deutschen 6. Armee in Stalingrad.

RN Royal Navy, Königlich Britische Seestreitkräfte.

RNZAF Royal New Zealand Air Force, Königlich Neuseeländische Luftstreitkräfte.

RNZN Royal New Zealand Navy, Königlich Neuseeländische Seestreitkräfte.

Rokossowski, Konstantin Konstantinowitsch (1896–1968) Marschall der Sowjetunion und Polens. Er diente im zaristischen Heer als Unteroffizier der Kavallerie, trat 1918 in die Rote Armee ein und befehligte in den 30er Jahren Kavallerieeinheiten. Bei den Säuberungsaktionen von 1937 wurde er festgenommen, war schweren Mißhandlungen ausgesetzt und bis 1940 inhaftiert. Nach seiner Entlassung erhielt er als einer der neuernannten Generalmajore der Roten Armee den Befehl über das IX. mechanisierte Korps. Ab Juli 1942 befehligte er die Brjansker Front, ab September 1942 die Donfront, ab Februar 1943 die Zentralfront, ab Oktober 1943 die Belorussische Front, ab Februar 1944 die 1. Belorussische Front und ab November 1944 die 2. Belorussische Front. Als Oberbefehlshaber der Donfront spielte er in Stalingrad eine wichtige Rolle bei der Zerschlagung der eingekesselten deutschen 6. Armee. Bei einem Luftangriff auf sein Hauptquartier entkam er dem Tod, weil er spontan beschlossen hatte, seine abschließende Lagebesprechung in der Offiziersmesse abzuhalten. Der 1944 zum Marschall beförderte Rokossowski nahm Warschau (14.–18. Januar 1945) ein. In Berlin gehörte er zu den Unterzeichnern der Kapitulation Deutschlands.

Rommel, Erwin (1891–1944) Deutscher Generalfeldmarschall. Der verwegene, mutige Offizier erhielt während des Ersten Weltkrieges das Eiserne Kreuz und die höchste militärische Auszeichnung Preußens, den Pour le Mérite. Er wurde 1939 zum General befördert und nahm an vielen Kampfhandlungen zu Beginn des Zweiten Weltkrieges teil, darunter auch am Frankreichfeldzug, in dem seine Panzerdivision bis nach Cherbourg vorstieß. Rommel zeigte sich als Meister der Blitzkriegtaktik. Als Hitler Mussolini seine Unterstützung in dessen erfolglosen Afrikafeldzug zusagte, erhielt Rommel das Kommando über das neu aufgestellte Deutsche Afrikakorps. Februar 1941 traf er in Afrika ein. Obwohl die Zusammenarbeit mit dem ungeduldigen Rommel schwierig war, brachten die Soldaten ihrem Befehlshaber während der Feldzüge in der Westlichen Wüste uneingeschränkte Verehrung entgegen. Seine List und seine taktischen Fähigkeiten brachten Rommel den Beinamen „Wüstenfuchs" ein. Obwohl er einen großen Teil seines taktischen Erfolges der Überwachung des britischen Nachrichtenverkehrs durch die Italiener zu verdanken hatte, steht Rommels Kühnheit und Begabung, mit der er erst die Offensive und schließlich die Defensive gegen eine enorme Übermacht führte, außer Frage. Am 23. Oktober 1942, unmittelbar vor der Schlacht von Al Alamein, hatte Montgomery eine Streitmacht von 195 000 Mann versammelt, während Rommel nur 104 000 Soldaten zur Verfügung standen; bei Panzern betrug das Verhältnis 1000 zu 500. Nach der Niederlage der Achsenmächte in Afrika überwachte Rommel die Abwehrvorbereitung am Kanal für den Fall einer Invasion der Alliierten. In der Schlacht um die Normandie befehligte er die Heeresgruppe B. Rommel empfand vor Hitler anfangs großen Respekt und war beeindruckt von dessen phänomenalem Gedächtnis sowie von dessen Fähigkeit, Entscheidungen intuitiv zu fällen, statt sich von logischer Argumentation leiten zu lassen. Dennoch wurde Rommel – zu Unrecht – mit dem gescheiterten Hitlerattentat vom 20. Juni 1944 in Zusammenhang gebracht. Man ließ ihm die Wahl zwischen einem Prozeß am Volksgerichtshof oder Selbstmord, und er entschied sich für das Letztere. Am 14. Oktober setzte er seinem Leben mit einer Überdosis Gift ein Ende.

Roosevelt, Franklin Delano (1882–1945) 32. Präsident der Vereinigten Staaten von Amerika. Wurde als einziger Politiker viermal für dieses Amt gewählt. Stammte aus einer wohlhabenden Familie. Er begann seine Karriere als Jurist, wurde aber 1910 als Demokrat in den Senat von New York gewählt. Roosevelt verbündete sich mit dem reformfreundlichen Flügel seiner Partei. Zwischen 1913 und 1920 war er Unterstaatssekretär der Marine und erwarb in dieser Stellung den Ruf eines ausgezeichneten Administrators. 1921 erkrankte er an Kinderlähmung und war seitdem kaum noch fähig zu laufen. Ungeachtet seiner Behinderung wählte man ihn 1928 zum Gouverneur von New York. 1932 wurde Roosevelt als Präsidentschaftskandidat der Demokratischen Partei aufgestellt, gewann die Wahlen und übernahm somit den Posten seines republikanischen Vorgängers Herbert C. Hoover. Er machte sich unverzüglich an die schwierige Aufgabe, die schlimmsten Folgen der Weltwirtschaftskrise zu überwinden, indem er im Kongreß die rasche Bewilligung finanzpolitischer Maßnahmen bewirkte und verschiedene staatliche Institutionen ins Leben rief, darunter die National Recovery Administration. Darüber hinaus galten große Anstrengungen der Erschließung von Bodenschätzen im Land, wozu Gremien wie „Tennessee Valley Authority" (1933) eingerichtet wurden. Diese und andere Maßnahmen gehörten zu Roosevelts Reformprogramm „New Deal". Der Erfolg dieses Programmes bewirkte seine Wiederwahl im Jahre 1936. Den Staaten Südamerikas gegenüber verfolgte Roosevelt eine Politik der guten Nachbarschaft. Er richtete sich gegen das Wachstumspotential und auch gegen die aggressive Politik der Achsenmächte sowie gegen die japanische Expansion in der Mandschurei und in China. Als der Zweite Weltkrieg ausbrach, machte Roosevelt die Vereinigten Staaten mit ihrem militärischen Potential ungeachtet ihrer Neutralität zum „Arsenal der Demokratie". Im Jahre 1941 wurden mit dem Gesetz über das Leih-Pacht-System US-amerikanische Hilfeleistungen an die Alliierten ins Leben gerufen. 1940 wurde Roosevelt zum Präsidenten wiedergewählt. Im August 1941 arbeitete er zusammen mit dem britischen Premierminister Winston Churchill bei einem Treffen auf See einen Entwurf der Atlantikcharta aus. Mit dem Angriff der Japaner auf Pearl Habour am 7. Dezember desselben Jahres wurden die USA endgültig in das Kriegsgeschehen verwickelt. Roosevelt konzentrierte sich nun mit bemerkenswerter Energie auf den außenpolitischen Konflikt, indem er einen raschen Zuwachs der Kampfkraft der Vereinigten Staaten bewirkte. Er nahm an allen internationalen Konferenzen der Alliierten mit Churchill, Stalin, Smuts, de Gaulle und Chiang Kai-shek teil und setzte sich unermüdlich für die Gründung der UNO ein. Im November 1944 wurde er für eine vierte Amtszeit als Präsident wiedergewählt, starb aber am 12. April 1945, weniger als einen Monat vor Hitlers Selbstmord und Deutschlands Kapitulation, an den Folgen einer Hirnblutung. Sein Amtsnachfolger war sein Vizepräsident Harry S. Truman.

Rösselsprung Codebezeichnung für den Überfall der Wehrmacht auf das Hauptquartier Titos in Hvar am 25. Mai 1944.

Rot Codebezeichnung für deutsche Pläne, die im Falle eines Widerstandes bei der Okkupation der Tschechoslowakei (1938) in Kraft treten sollten.

Rotmistrow, Pawel Alexejewitsch (1901–1982) Sowjetischer General, 1962 Hauptmarschall der Panzertruppen (entspricht dem Marschall der Sowjetunion). Rotmistrow trat 1919 in die Rote Armee und in die Kommunistische Partei ein und diente während des Bürgerkrieges als einfacher Soldat. 1924 ging er auf eine Militärschule und erlangte dort die Stellung eines Zugführers. Er war bereits Bataillonskommandeur, als er 1931 die Frunse-Akademie besuchte. Zwischen 1931 und 1937 diente er in Divisions- und Armee-Hauptquartieren und kommandierte ein Schützenregiment. Während des Finnisch-Sowjetischen Krieges (1939–1940) hatte er das Oberkommando in einem Panzerbataillon und war Stabschef der 35. Panzerbrigade. Ab Mai 1941 war er Stabschef des III. mechanisierten Korps, einer der neuen Riesenformationen, die während des deutschen Vormarsches auf dem Territorium der Sowjetunion zerschlagen wurden. Im September befehligte er die 8. Panzerbrigade (die spätere 3. Gardepanzerbrigade), die an den heftigen Gefechten in Staraja Russa, Rogatschow und später an der Gegenoffensive bei Moskau beteiligt war. Ab April 1942 befehligte er das VII. Panzerkorps (das spätere III. Gardepanzerkorps), einen der ersten mächtigen Panzerverbände, die nach Moskau erneut eingesetzt wurden. Als Oberkommandierender dieser Formation nahm er an den Kämpfen um Stalingrad teil. Das Korps schlug im Januar 1943 die Gegenoffensive von Manstein zurück und war an der Rückeroberung von Rostow am Don beteiligt. Ab Februar 1943 befehligte er die 5. Gardepanzerarmee, wiederum einen relativ neuen Formationstyp, und führte sie bei Prochorowka während der Schlacht am Kursker Bogen, der größten Panzerschlacht des Zweiten Weltkrieges. Da die deutschen Panzertruppen in der Übermacht waren, traf er die schwierige Entscheidung, zum Nahkampf überzugehen. Bei den Operationen von Belgorod–Charkow und Korsun–Schewtschenkowski behielt er das Kommando über die 5. Gardepanzerarmee, die als Kampfverband zur Woronesher Front und zur Steppenfront (der späteren 2. Ukrainischen Front) gehörte. Während der Belorussischen Operation im Sommer 1944 war die Armee in die 3. Belorussische Front eingegliedert. Ab August 1944 war Rotmistrow stellvertretender Befehlshaber der sowjetischen Panzertruppen und der mechanisierten Verbände. Nach dem Krieg hatte Rotmistrow das Oberkommando über die in Deutschland und im Fernen Osten stationierten Panzertruppen und mechanisierten Verbände. Zwischen 1948 und 1958 lehrte er an der Generalstabsakademie, ab 1958 leitete er die Panzerakademie. Zwischen 1964 und 1968 war er stellvertretender Verteidigungsminister, danach leitender Generalinspekteur der Streitkräfte. Er besaß ein hervorragendes Expertenwissen und verfügte über umfassende und detaillierte Kenntnisse der Entwicklung der Panzertechnik. Verschiedene Veröffentlichungen wie auch der Erwerb des Doktorgrades der Militärwissenschaften im Jahre 1956 zeigten, daß er in seiner Herangehensweise etwas akademischer war als so manch andere Frontkommandeure. Seine Fähigkeit, Theorie und Praxis miteinander zu verbinden, machten ihn neben Guderian zu einem der herausragenden Befehlshaber von Panzereinheiten im Zweiten Weltkrieg.

RSHA Reichssicherheitshauptamt, Organisation des Deutschen Reiches, die die Arbeit der staatlichen Sicherheitspolizei, des Sicherheitsdienstes des Reichsführers SS und der nachrichtendienstlichen Organisationen koordinierte.

Rumjanzev Codebezeichnung für die sowjetische Gegenoffensive am südlichen Flügel des Kursker Bogens im August 1943, die auf das deutsche Unternehmen „Zitadelle" folgte.

Rundstedt, Gerd von (1875–1953) Deutscher Generalfeldmarschall. Preußischer Offizier, war bereits im Ruhestand, als er im September 1939 wieder in den Dienst gerufen wurde und im Polenfeldzug den Oberbefehl über die Heeresgruppe A erhielt. Als Oberbefehlshaber desselben Kampfverbandes gelang ihm im Mai 1940 der Durchbruch bei Sedan, mit dem das britische Expeditionskorps abgeschnitten wurde. Rundstedt wurde daraufhin zum Feldmarschall befördert. 1941 übernahm er beim Vormarsch durch die Ukraine das Oberkommando über die Heeresgruppe Süd, wurde jedoch im November durch Hitler vom Dienst suspendiert, als er sich für einen Rückzug der Truppen aussprach, um die deutsche Front zu verkürzen. 1942 wurde er abermals in den Dienst gerufen und zum Oberbefehlshaber West ernannt. In dieser Funktion war er für die gesamte deutsche Verteidigung von den Niederlanden bis zur spanischen Grenze verantwortlich. Nach der Invasion der Alliierten wurde er am 1. Juli 1944 abermals suspendiert und durch Kluge, später durch Model ersetzt. Im September desselben Jahres wurde Rundstedt von Hitler abermals als Befehlshaber an die Westfront gerufen. Inzwischen konnte aber auch ein so ausgezeichneter Offizier wie Rundstedt das Deutsche Reich nicht mehr aus seiner hoffnungslosen Lage befreien. Er befehligte formell die Ardennenoffensive, die er von vornherein für wenig aussichtsreich hielt, und verließ im März 1945 den aktiven Dienst, als die Offensive scheiterte. Am 1. Mai wurde er von amerikanischen Truppen festgenommen und interniert, später aber aufgrund seiner angeschlagenen Gesundheit entlassen. Rundstedt war einer der wenigen deutschen Befehlshaber, die von Hitler respektvoll angehört wurden.

SA Sturmabteilung, vor Hitlers Machtübernahme Straßeneinsatztrupp der NSDAP unter Führung von Ernst Röhm. Sie hatte 1933 eine Million Mitglieder und war auf die Sozialistische Revolution in Deutschland eingeschworen. Die SA setzte sich gegen Hitlers Erklärung vom Februar 1934 zur Wehr, der zufolge die Sturmabteilung mit der Machtübernahme durch die NSDAP ihre Funktion verloren hatte. Die SA verlor ihre politische Bedeutung, als Hitler am 30. Juni 1934, in der „Nacht der langen Messer", eine Säuberungsaktion befahl. Röhm und viele andere wurden durch die SS ermordet, worauf die Schutzstaffel unter Himmler die Vormachtstellung unter den uniformierten politischen Formationen in Deutschland und später in den besetzten Gebieten Europas einnahm.

SACEUR Supreme Allied Commander Europe, alliierter Oberbefehlshaber für Europa.

SACMED Supreme Allied Commander Mediterranean, alliierter Oberbefehlshaber für den Mittelmeerraum.

SAS Special Air Service.

Saturn *Siehe* Hardihood.

SCAEF Supreme Commander Allied Expeditionary Force, Oberbefehlshaber des alliierten Expeditionskorps.

Scorcher Codebezeichnung für die Okkupation Kretas durch britische Verbände im Mai/Juni 1941.

SD Sicherheitsdienst, von Reinhard Heydrich 1932 gebildeter Nachrichtendienst des Reichsführers SS, später offizieller Nachrichtendienst des Reiches.

SEAC Southeast Asia Command, Kommandobereich Südostasien.

Secret Intelligence Service (SIS) *Siehe* MI 6.

Seelöwe Codebezeichnung für die für den Sommer 1940 geplante, aber nicht durchgeführte deutsche Invasion in Großbritannien.

Sextant Codebezeichnung für die 1. Kairoer Konferenz vom 22.–26. November 1943.

SHAEF Supreme Headquarters Allied Expeditionary Force, Oberstes Hauptquartier des alliierten Expeditionskorps.

Shimonoseki, Vertrag von Am 17. April 1895 unterzeichnetes Abkommen, das den Krieg zwischen China und Japan beendete. Mit diesem Vertrag beseitigte das siegreiche Japan die chinesische Hegemonie gegenüber Korea und erwarb unter anderem Taiwan und Port Arthur. Frankreich, Deutschland und Rußland schlossen sich jedoch zusammen, um Japan zum Verzicht auf Port Arthur zu bewegen. Japan betrachtete das Abkommen dennoch als Eckstein in seiner Geschichte und benutzte es immer wieder als Argument für spätere Territorialansprüche auf dem asiatischen Festland.

Shingle Codebezeichnung für die Seelandung der Alliierten am 22. Januar 1944 bei Anzio, die den Vormarsch der 5. US-Armee unter General Mark Clark an der italienischen Westküste in Richtung Rom beschleunigen sollte.

Sho-Go (japan. Sieg), Codebezeichnung für den japanischen Verteidigungsplan für den Sommer 1944. Der Plan sah die Verteidigung der Philippinen, der Insel Formosa und der Ryukyu-Inseln, der japanischen Mutterinseln und der Kurilen vor.

Shukow, Georgi Konstantinowitsch (1896–1974) Marschall der Sowjetunion. Sohn eines armen Bauern. Er war Lehrling bei einem Moskauer Kürschner, als er 1915 zur Kaiserlich-Russischen Armee einberufen und der Kavallerie zugeteilt wurde. 1918 schloß er sich der Roten Armee an, in der er bis 1938 bei der Kavallerie diente. 1919 trat er in die Kommunistische Partei ein. Während des Bürgerkrieges war er Kompanie- und Schwadronskommandeur und kämpfte gegen konterrevolutionäre Guerillaeinheiten. Nach dem Bürgerkrieg blieb er bei der Roten Armee und wurde 1923 zum Befehlshaber des 39. Busuluker Kavallerieregiments befördert. In dieser Position wurde ihm erstmals die Notwendigkeit eines zeitgemäßen Zugangs zur Militärwissenschaft bewußt, und so schloß er 1925 gemeinsam mit Rokossowski, Bagramjan und Jeremenko, die im Zweiten Weltkrieg ebenfalls zu Berühmtheit gelangten, die Kavalleriekurse für höhere Offiziere ab. 1930 wurde er zum Befehlshaber der 2. Kavalleriebrigade, anschließend zum stellvertretenden Kavallerieinspekteur der Roten Armee ernannt. Danach kommandierte er die 4. Kavalleriedivision, das

III. und das VI. Kavalleriekorps, und 1938 wurde er stellvertretender Befehlshaber des Belorussischen Militärbezirks. Im Sommer 1939 übernahm er den Befehl über das LVII. Besondere Korps, das nach erfolgter Verstärkung in 1. Armeegruppe umbenannt wurde und das japanische Eindringen in die Mongolei verhindern sollte. Er war inzwischen Korpskommandeur (Generalleutnant) geworden. Sein Sieg am Chalchyn Gol war ein klassisches Gefecht eines verstärkten Korps mit verschiedenen Waffengattungen und ein dringend notwendiger Lichtblick für die Rote Armee, die nach den Stalinschen Säuberungen (denen Shukow glücklich entging) angeschlagen und ausgeblutet war. Er wurde erstmals mit dem Titel „Held der Sowjetunion" ausgezeichnet und – nun im Rang eines Armeegenerals – zum Befehlshaber des Kiewer Besonderen Militärbezirks ernannt. Dieser Posten war ein sehr angesehenes Kommando an der Westfront, wo Shukow seine neuen Ideen und Erfahrungen in die Praxis umsetzen konnte. Von Januar bis Juli 1941 war er Chef des Generalstabes und stellvertretender Volkskommissar für Verteidigung. Bereits vor dem deutschen Überfall auf die Sowjetunion kritisierte Shukow zu Recht die Positionierung der Befestigten Räume, die sich zu nahe an der neuen Westgrenze des Landes befänden. Am 23. Juni wurde er zum Mitglied der *Stawka* ernannt, als deren Vertreter er an die Südwestfront entsandt wurde, um die Organisation eines Gegenschlags durch mehrere mechanisierte Korps im Raum Brody zu unterstützen. Im August und September kommandierte er die Truppen der Front der Reservearmeen, die eine Gegenoffensive am Jelni unternahmen. Am 12. September übernahm er von Woroschilow den Befehl über die Leningrader Front, wo er in Zusammenarbeit mit der Baltischen Front dazu beitrug, den deutschen Angriff zum Stehen zu bringen. Im Oktober begab er sich an die Westfront, wo er gemeinsam mit der Kalininer Front und der Südwestfront eine entschlossene Verteidigung kommandierte und anschließend den Gegenangriff vor Moskau führte. 1942–1943 koordinierte er die Operationen der verschiedenen Fronten bei Stalingrad, Leningrad, Kursk und in der Schlacht um den Dnepr. 1943 zum Marschall der Sowjetunion befördert, befehligte er von März bis Mai 1944 die 1. Ukrainische Front. Im Sommer 1944 koordinierte er die Operationen der 1. und 2. Belorussischen Front in der gewaltigen Belorussischen strategischen Offensive. Von November 1944–Mai 1945 befehligte er die 1. Belorussische Front bei der Weichsel-Oder-Operation und bei der Berliner Operation. Bei den abschließenden Angriffsoperationen auf Berlin zog sich Shukow vorübergehend Stalins Zorn zu, als sein Angriff zum Stehen kam und er entgegen den Befehlen der *Stawka* zwei Panzerarmeen hinzuzog. Stalin ordnete dennoch an, daß Shukow und nicht Konjew das Zentrum der Nazihauptstadt besetzen sollte. So eroberten Soldaten von Shukows Front das Reichstagsgebäude, und einer von Shukows Generälen, Tschuikow, machte seinem Oberbefehlshaber am 1. Mai über den Selbstmord Hitlers Meldung, die Shukow unverzüglich an Stalin weitergab. Am 8. Mai unterzeichnete Shukow in Karlshorst bei Berlin als erster unter den alliierten Befehlshabern die Urkunde über die Kapitulation Deutschlands. Shukow blieb von Juni 1945–März 1946 Oberkommandierender der Gruppe der sowjetischen Streitkräfte in Deutschland. Er nahm an der großen Siegesparade auf dem Roten Platz in Moskau teil, bei der er auf einem prächtigen weißen Pferd ritt. Als stellvertretender Minister der Verteidigung (März bis Juli 1946) kommandierte Shukow die Militärbezirke Odessa und Ural. In dieser Zeit war er vom Zentrum der Macht isoliert und trat nur zweimal öffentlich auf (1950 und 1951). Er fehlte bezeichnenderweise auf der Liste der angeblichen Opfer der Ärzteverschwörung (Januar 1953); zu dieser Zeit war er unbemerkt wieder in die Öffentlichkeit zurückgekehrt und stellvertretender Minister und Generalinspekteur geworden. Nach Stalins Tod war Shukow zusammen mit Wassiljewski und Kusnezow Erster Stellvertreter des Verteidigungsministers. Im Juli 1953 wurde Beria, der berüchtigte Chef der Geheimpolizei, beseitigt; Gerüchteweise wird behauptet, Shukow und Konjew persönlich hätten bei Berias Verhaftung eine Rolle gespielt. Shukow wurde danach für Berias Sitz im Zentralkomitee nominiert. Von Februar 1955–Oktober 1957 war Shukow mit Chruschtschow verbündet, und im Juni 1957, als Chruschtschows Gegner den Versuch unternahmen, ihn zu stürzen, sicherte ihm Shukow die Unterstützung des Militärs zu. Dennoch mußte Shukow im Oktober 1957 bei seiner Rückkehr von einer Reise nach Jugoslawien feststellen, daß er wegen Förderung des Personenkults sowie wegen des Versuchs, die Streitkräfte der Parteikontrolle zu entziehen, abgesetzt worden war.

Sickle Codebezeichnung für die Verlegung der US-amerikanischen 8. Luftflotte 1942 nach Großbritannien und die vorbereitenden Maßnahmen dazu.

Sikorski, Władysław (1881–1943) Polnischer General und Staatsmann. Nach dem Zusammenbruch seines Landes im Jahre 1939 wurde er Ministerpräsident der polnischen Exilregierung. In dieser Funktion stellte er in Großbritannien eine Armee von etwa 100 000 Mann zusammen. Er verunglückte bei einem Flugzeugabsturz.

Simpson, William H. (1888–1980) Amerikanischer General, während der Kämpfe in Nordwesteuropa 1944 und 1945 Befehlshaber der 9. Armee. Während des Ersten Weltkriegs diente er in Frankreich, in der Zeit zwischen den Weltkriegen hatte er das Oberkommando über die 30. und später über die 35. Division; anschließend befehligte er das XII. Korps. 1943 wurde er zum Generalleutnant befördert, später erhielt Simpson das Kommando über die 9. Armee. Während der deutschen Ardennenoffensive im Dezember 1944 wurde seine Armee von Bradleys 12. Armeegruppe zu Montgomerys 21. Heeresgruppe verlegt. Nachdem der deutsche Angriff abgewehrt worden war, blieb Simpsons Armee unter Montgomerys Oberkommando, wobei sie den rechten Flügel auf dem Vormarsch zum Rhein bildete. Simpson bewies seinem britischen Vorgesetzten gegenüber uneingeschränkte Loyalität. Anfang April 1945 wurde die 9. Armee wieder unter Bradleys Befehl gestellt. Simpson erhielt allerdings die Anweisung, nicht von seiner Stellung an der Elbe zu weichen, da die Alliierten – mit weitreichenden Konsequenzen für die Nachkriegswelt –, beschlossen hatten, die Einnahme Berlins den sowjetischen Truppen zu überlassen. Simpson zeichnete sich durch große Intelligenz aus, plante äußerst sorgfältig und besaß ein ausgezeichnetes militärisches Urteilsvermögen. Im Gegensatz zu vielen Befehlshabern des Krieges war er ein echter Berufssoldat und ohne jeden Dünkel.

SIS Secret Intelligence Service, in der Zeit zwischen den Weltkriegen von William Friedman aufgebaute Entschlüsselungseinheit der US-Armee, die später in Signal Security Service und schließlich in Signal Security Agency umbenannt wurde. Ihre Aufgabe bestand darin, „Purple", den diplomatischen Code der Japaner, zu knacken und die somit erhaltenen sogenannten „Magic"-Informationen zu verwerten.

SIS Secret Intelligence Service (brit.), *siehe* MI 6.

Slapstick Codebezeichnung für die Landung der britischen 1. Luftlandedivision am 9. September 1943 in Tarent.

Sledgehammer Codebezeichnung für eine Landung der Alliierten Ende 1942 an der französischen Küste, die für den Fall geplant war, daß die Rote Armee an der Ostfront in eine kritische Situation geriet.

Slim, Sir William (1891–1970) Britischer Feldmarschall. Er nahm während des Ersten Weltkrieges an Kampfeinsätzen in Gallipoli und Bagdad teil, wo er mit dem Militärverdienstkreuz ausgezeichnet wurde. Anschließend diente er in Indien, im Sudan und im Nahen Osten. 1942 hatte er das Oberkommando über das I. Burma-Korps und führte angesichts der überwältigenden japanischen Übermacht die britischen Truppen und die Kolonialtruppen zum Rückzug. Am 16. Oktober 1943 erhielt er das Oberkommando über die 14. Armee in Burma. Seine größten Erfolge waren die Siege über die Japaner in der Schlacht bei Kohima/Imphal (7. März–22. Juni 1944) und bei Meiktila/Mandalay (14. Januar–28. März 1945). Als Mann von starkem Willen und ausnehmend klarem Verstand vermochte er, das rückhaltlose Vertrauen seiner Untergebenen zu wecken. Nach dem Krieg war er zunächst Chef des Empire-Generalstabs, später Generalgouverneur von Australien.

Smuts, Jan Christiaan (1870–1950) Südafrikanischer Politiker und Feldmarschall. Er kämpfte im Burenkrieg von 1899 bis 1902 gegen die Briten, war nach einer Phase der Annäherung im Ersten Weltkrieg beim Kampf gegen die Deutschen in Ostafrika jedoch auf ihrer Seite. Von 1917 bis 1918 war er Mitglied des britischen Kriegskabinetts. Er wurde zweimal zum südafrikanischen Premierminister gewählt, wobei seine Wiederwahl zur zweiten Amtsperiode (1939–1948) in erster Linie seinem Engagement zu verdanken war, mit dem er sich offiziell für ein Bündnis mit den Alliierten im Zweiten Weltkrieg einsetzte. Die von ihm befehligten südafrikanischen Einheiten spielten vor allem im Nordafrika-Luftkrieg, dann in Italien und schließlich in Nordwesteuropa eine wichtige Rolle. Seine Ratschläge zu militärischen Problemstellungen oder zu Fragen des Commonwealth wurden von Churchill sehr geschätzt. Smuts nahm an vielen großen Konferenzen der Alliierten teil.

SOE *Siehe* Special Operations Executive.

Spaatz, Carl (1891–1974) Amerikanischer General, im Zweiten Weltkrieg Oberbefehlshaber der in Europa stationierten Luftstreitkräfte der US-Armee. Nach der Ausbildung an einer Fliegerschule (1915–1916) nahm er im Ersten Weltkrieg an den Kämpfen an der Westfront teil. 1939 gehörte er zum Kampfkommando der Luftstreitkräfte, ein Jahr später wurde er als Beobachter der Luftschlacht um England nach Großbritannien geschickt. Er wurde 1941 Stabschef in den neu aufgebauten Luftstreitkräften der US-Armee. 1942 unterstützte er die Vorbereitungen zur Verlegung der 8. Luftflotte und die Organisation ihres Einsatzes in Großbritannien und wurde zum befehlshabenden General des Kampfkommandos der Luftstreitkräfte ernannt. Wie General Arnold, war auch Spaatz von der Idee des strategischen Bombardements begeistert. Als Eisenhower ihn im August 1942 zum Offizier der Luftstreitkräfte auf dem europäischen Kriegsschauplatz ernannte, übernahm er die gesamte Verantwortung für den strategischen Einsatz der amerikanischen Luftstreitkräfte gegen Italien und Deutschland. Im Gegensatz zu den Briten war Spaatz für eine Bombardierung ausgesuchter Objekte, bei der Präzisionsangriffe auf Ziele der Schlüsselindustrie durchgeführt wurden, hier vor allem auf Einrichtungen der Ölindustrie, der Luftfahrtindustrie und des Transportwesens. Die Amerikaner begannen daraufhin, Tagesangriffe mit erhöhter Genauigkeit zu fliegen, erlitten dabei jedoch schwere Verluste. Um diese zu verhindern, führte Spaatz die sogenannten „aircraft boxes" ein, bei denen die Bomber in kompakten, aus mehreren Schichten bestehenden Formationen flogen, um so die Feuerkraft bei der Verteidigung gegen feindliche Jäger zu erhöhen. Es war jedoch erst nach dem Einsatz von Langstreckenjägern möglich, der deutschen Wirtschaft und der Luftwaffe ernsthaften Schaden zuzufügen. Ab 1944 waren gezielte Bombardements ein effektives Mittel zur Reduzierung der Flugzeugproduktion, der Benzinherstellung und zur Zerstörung des deutschen Transportsystems. Die Bombenangriffe schränkten die deutsche Kriegsproduktion ein, und im Herbst 1944 brachten sie die deutsche Wirtschaft an den Rand des Zusammenbruchs. Spaatz befürwortete darüberhinaus eine enge Zusammenarbeit zwischen den Luftstreitkräften und den Bodentruppen, auch achtete er auf eine enge Absprache mit Eisenhower, dem Oberbefehlshaber der Armee. Nach Beendigung des Krieges in Europa wurde er nach Japan versetzt, wo die strategischen Bombenangriffe, die mit dem Abwurf der Atombombe im August 1945 ihren Höhepunkt fanden, auf einen Schlag und ohne die Notwendigkeit einer Invasion den japanischen Widerstandswillen zu brechen vermochten.

Spartakusbund Linksgerichtete politische Gruppierung in Deutschland, die sich nach dem römischen Gladiator und Anführer eines Sklavenaufstandes gegen Rom im ersten Jahrhundert v. u. Z. benannte. Ihre Führer waren Rosa Luxemburg und Karl Liebknecht. Das Ziel des Spartakusbundes war ein Friedensschluß mit den Alliierten im Jahre 1916 sowie die Errichtung der Diktatur des Proletariats. Nach Unterzeichnung des Versailler Vertrages verübten seine Mitglieder eine Reihe von Terroranschlägen gegen die Regierung der neugegründeten Republik. Am 6. Januar 1919 besetzten sie im Rahmen eines Generalstreiks einige Regierungsgebäude. Nach der Erstürmung der besetzten Stellungen wurden Rosa Luxemburg und Karl Liebknecht verhaftet und später ermordet.

Special Operations Executive (SOE) Im Juli 1940 ins Leben gerufene Institution, die aus zwei kleineren SIS-Einheiten und Abteilungen des Kriegsministeriums bestand. Die Mission dieser Institution bestand darin, „Europa in Brand zu setzen" (Churchill) und den Widerstand in den von Deutschland und später auch in den japanisch besetzten Territorien zu schüren. Sie entsandte während des Krieges Organisatoren und Ausbilder und versorgte die zahllosen Widerstandskämpfer mit Nachrichtenverbindungen, Waffen und Ausrüstungen. Ihr Verhältnis zu anderen staatlichen Einrichtungen und zum Militär war nicht immer harmonisch, was zu ihrer Auflösung im Jahre 1946 beitrug.

Speer, Albert (1905–1981) Deutscher Architekt und führender Politiker der NSDAP. Er trat 1931 in die NSDAP ein und wurde später von Hitler offiziell zum Staatsarchitekten ernannt. Eines seiner Werke war das gigantische Stadion in Nürnberg. Speer war ein hochtalentierter Organisator. Nach dem Ableben von Fritz Todt ernannte Hitler Albert Speer 1942 zum Reichsminister für Bewaffnung und Munition. Von 1943 an übernahm er als Reichsminister für Rüstung und Kriegsproduktion viele der in Mißkredit geratenen Ämter Görings. Trotz der Bombardements durch die Alliierten gelang es Speer, der deutschen Wirtschaft neuen Aufschwung zu geben, so daß sie im September 1944 ihren größten Produktionsausstoß erzielte. Speer, der stets Zutritt zu Hitler hatte, tat in den letzten Kriegsmonaten viel, um den Führer von dessen Politik der verbrannten Erde abzubringen. Er wurde bei den Nürnberger Prozessen zu 20 Jahren Haft verurteilt. Im Jahre 1966 entließ man ihn. Als einer der wenigen Politiker des Naziregimes gestand Speer in vollem Umfange seine Schuld an den Kriegsverbrechen ein, die er auch in seinem 1969 entstandenen Buch „Erinnerungen" freimütig ansprach.

Spruance, Raymond (1886–1969) US-amerikanischer Admiral. Als Offizier war er besonnen und entscheidungsfreudig, jedoch auch empfänglich für Ratschläge seiner Untergebenen. Er kommandierte in der Schlacht bei Midway den Operativen Verband TF 16. Sein unmittelbarer Vorgesetzter Admiral Fletcher ließ ihm ausreichend Bewegungsfreiheit für seine große Begabung, die Absichten des Gegners zu erraten und gleichzeitig den Feind über die eigenen Pläne im unklaren zu lassen. Da Spruance im Gegensatz zu vielen Befehlshabern des Zweiten Weltkrieges jede Form von Publicity ablehnte, gab er erst nach seinem Eintritt in den Ruhestand Interviews.

SS Schutzstaffel, 1925 gegründete Eliteeinheit der nationalsozialistischen Partei, die anfangs nur dem persönlichen Schutz Hitlers diente. 1929 hatte sie sich unter Heinrich Himmler zur Polizei der NSDAP mit einer Truppenstärke von etwa 50 000 Mann profiliert. Bewaffnete Verbände, genannt Waffen-SS, wurden als Eliteeinheit der nationalsozialistischen Partei innerhalb der Wehrmacht aufgebaut. Die Waffen-SS, 1935 gegründet, umfaßte 1943 lediglich vier vornehmlich gepanzerte Divisionen. Nachdem Adolf Hitlers SS-Divisionen sich beim erfolgreichen Stoppen des sowjetischen Vormarsches bei Charkow bewährt hatten, wurde die Waffen-SS durch Einberufungen in Deutschland und den besetzten Gebieten massiv aufgestockt und erreichte 1945 eine Truppenstärke von 40 Divisionen. Sie war berüchtigt für die Rücksichtslosigkeit und Grausamkeit, mit der sie ihre Ziele durchsetzte, insbesondere bei ihrer Beteiligung an Hitlers „Endlösung der Judenfrage" sowie bei der Niederschlagung der Warschauer Aufstände 1943 und 1944. Die Waffen-SS war auf allen Schauplätzen des Zweiten Weltkrieges eingesetzt.

SSS *Siehe* SIS.

Stahlpakt Freundschafts- und Bündnispakt zwischen Deutschland und Italien, der am 22. Mai 1939 in Berlin unterzeichnet wurde.

Stalin, Jossif Wissarionowitsch (1879–1953) Diktator in der UdSSR, sicherte nach dem Tod Lenins im Jahre 1924 seine Vorherrschaft. Der in Georgien geborene Jossif W. Dshugaschwili war ab 1899 Revolutionär. 1902 wurde er wegen konspirativer Tätigkeiten zum erstenmal inhaftiert. Nach seiner Entlassung aus dem Gefängnis setzte Stalin (der Stählerne), Sohn eines Schuhmachers, seine subversiven Aktivitäten im Kaukasus fort. Er wurde zwischen 1902 und 1913 wiederholt inhaftiert, jedoch gelang ihm immer wieder die Flucht. 1912 hielt er sich in St. Petersburg auf, wo er zu den ersten Herausgebern der „Prawda" gehörte. 1913 wurde er abermals verhaftet und auf Lebenszeit nach Sibirien verbannt, jedoch nach der Februarrevolution 1917 im Rahmen einer Amnestie auf freien Fuß gesetzt. Stalin profilierte sich schnell als führender Bolschewik und sammelte um sich herum eine Gruppe loyaler Politiker. 1917 wurde er Volkskommissar für Nationalitätenfragen in der Sowjetregierung und war von 1922 an bis zu seinem Tod Generalsekretär des ZK der KPdSU. Nach dem Tod Lenins im Jahre 1924 schaltete er systematisch alle Rivalen aus und startete eine Terroraktion zur Säuberung der höheren Ränge des Militärs, die in den Jahren 1937 bis 1938 ihren Höhepunkt erreichte. Ab 1928 rief er eine Reihe von Fünfjahrplänen ins Leben, in deren Rahmen die Industrie der Sowjetunion revolutioniert und die Landwirtschaft kollektiviert werden sollten. Der Erfolg war nur mäßig, außerdem forcierte die Kollektivierung der Landwirtschaft unzählige Menschenleben und führte zu massenhaften Zwangsumsiedlungen. In dieser Epoche entstand ein repressives, autoritäres Regime, das durch die politische Maschinerie eines Polizeistaates gestützt wurde. Im August 1939 unterzeichnete Stalin den Nichtangriffspakt mit Nazideutschland, der zum Einmarsch sowjetischer Truppen in Ostpolen und Finnland führte. Stalin riß ähnlich wie Hitler bald die Kontrolle über sämtliche militärische Operationen an sich und forderte uneingeschränkten Gehorsam. Über Stalins Beitrag zum endgültigen Sieg über Deutschland wird viel diskutiert; dabei ist der größte Teil der sowjetischen Erfolge sicherlich eher seiner ausgeprägten Führerpersönlichkeit und seiner unmenschlichen Indolenz gegenüber den Leiden der Bevölkerung, vor allem bei der Belagerung Leningrads, zuzuschreiben und weniger seiner Sachkenntnis auf militärischem Gebiet. Zweifellos war er mit so fähigen Befehlshabern wie Shukow, Tschuikow und Konjew gut beraten. Stalin war ein begabter Diplomat, der bei Konferenzen der Alliierten besonders von dem kränklichen Roosevelt bedeutende Zugeständnisse erwirken konnte, die schließlich die sowjetische Hegemonie in einem großen Teil Europas ermöglichten und die Voraussetzung für den Kalten Krieg schufen. Im eigenen Land griff er nach dem Krieg wieder zu Repressionen und Verfolgungen. Drei Jahre nach dem Tod des Diktators begann mit der Kritik Chruschtschows am Stalinregime die Entstalinisierung, freilich unter Fortführung seines politischen Erbes. Erst Anfang der 80er Jahre begann die moderne sowjetische Geschichtswissenschaft mit einer völlig neuen Bewertung seiner Rolle.

Starvation Codebezeichnung für die Verminung der japanischen Küstengewässer durch die Amerikaner ab März 1945.

Stauffenberg, Claus von (1907–1944) Deutscher Oberst. Er zeichnete sich in der Anfangszeit des Krieges durch seinen Mut aus (wurde u. a. bei den Nordafrika-Kämpfen schwer verwundet), erfuhr aber in bezug auf Hitler und dessen Regime später eine starke Ernüchterung. Im Juli 1944 beteiligte er sich am Attentat auf Hitler. Er selbst brachte die Bombe nach Rastenburg in das Hauptquartier des Führers. Hitler blieb bei der Explosion unversehrt, Stauffenberg begab sich unverzüglich nach Berlin, wo er gefaßt und standrechtlich erschossen wurde.

Stawka Hauptquartier (des Obersten Kommandos). Das alte russische Wort Stawka bezeichnet das Lager des Anführers eines Kampfverbandes und steht im modernen Gebrauch für die höchste militärische und politische Autorität. Im Ersten Weltkrieg war die Stawka das Hauptquartier des russischen Oberbefehlshabers – zuerst von Großfürst Nikolai Nikolajewitsch und später von Zar Nikolaus II selbst. Im Zweiten Weltkrieg, am 23. Juni 1943, wurde auf Erlaß des Rates der Volkskommissare und des Zentralkomitees der KPdSU das Hauptquartier des Oberkommandos (Stawka Glawnogo Komandowanija) gebildet. Dazu gehörten der Volkskommissar für Verteidigung Timoschenko (als Präsident), Woroschilow, Molotow, Stalin, Shukow (als Generalstabschef), Budjonny und Admiral Kusnezow. Am 10. Juli wurde das Hauptquartier des Oberkommandos in Hauptquartier des Obersten Kommandos (Stawka Werchnogo Kommandowanija) umbenannt und schließlich am 8. August, nachdem Stalin den Titel des Obersten Befehlshabers angenommen hatte, abermals umbenannt in Hauptquartier des Kommandos des Obersten Befehlshabers (Stawka Werchnogo Glawkommandowanija). Die Stawka steuerte sämtliche militärischen Operationen der sowjetischen Streitkräfte, wobei sie freilich im Sinne des Leninschen Prinzips von der politisch-militärischen Einheit im bewaffneten Kampf dem Staatlichen Verteidigungskomitee (GKO) untergeordnet blieb. Die Verständigung zwischen der Stawka und den Oberbefehlshabern an der Front wurde durch die Teilnahme der Befehlshaber an den Lagebesprechungen der Stawka sowie durch die Entsendung von Vertretern der Stawka in die Hauptquartiere an der Front geregelt. Die Aufgaben dieser Vetreter bestanden in der Kontrolle und Beratung der Truppenkommandeure und in der Koordinierung der Kampfhandlungen mehrerer Fronten. Hervorragende Vertreter der Stawka waren Shukow, Wassiljewski, Woroschilow, Timoschenko, Schaposchnikow, Antonow, Nowikow, Kusnezow und Woronow.

Steinbock Codebezeichnung für eine Reihe deutscher Luftangriffe vom 21. Januar–29. Mai 1944 auf London und andere Städte, vor allem an der Südküste Englands. Diese Luftangriffe wurden auf Befehl Hitlers geflogen und waren eine weiterer Versuch, den Krieg auf die Britischen Inseln auszudehnen. Die deutschen Verluste waren erheblich, und als eine Invasion der Alliierten in Nordeuropa zu erwarten war, wurde das Unternehmen abgeblasen.

Stilwell, Joseph Warren (1883–1946) Amerikanischer General. Er kämpfte im Ersten Weltkrieg und diente dann etwa 13 Jahre lang in China, einem Land, über das er ein tiefes Wissen besaß. Zwischen 1942 und 1944 war er Stabschef bei Chiang Kai-shek und wurde Befehlshaber über sämtliche in China, Burma und Indien stationierte Bodenstreitkräfte der US-Armee. Nach der Okkupation großer Landstriche durch die Japaner wandten sich die Vereinigten Stabschefs mit dem Vorschlag an ihn, den Posten des Oberbefehlshabers über sämtliche Streitkräfte Chinas zu übernehmen. Stilwell, so klug er als Offizier auch sein mochte, gab sich selbstherrlich, taktlos und war ein schwieriger Partner. Er erwarb sich daher den Spitznamen „Vinegar Joe" („Essig-Joe"). Chiang ließ ihn im Oktober 1944 in die USA zurückrufen. 1945 wurde Stilwell zum Oberbefehlshaber der Bodentruppen ernannt und kommandierte nach dem Tod Buckners die 10. Armee auf Okinawa.

Stimson, Henry (1867–1950) US-amerikanischer Politiker, während des gesamten Zweiten Weltkriegs Kriegsminister. Stimson war, obwohl Republikaner, in Roosevelts Geschäftsbereich tätig, trat engagiert für die aktive Unterstützung Englands ein und teilte nach der Bombardierung von Pearl Habour den Standpunkt der Briten, daß zunächst Deutschland zu besiegen sei, und erst dann eine Kapitulation Japans erreicht werden müsse. Stimson, der bei allen Konferenzen der Alliierten anwesend war, gehörte zu der Gruppe derer, die Präsident Truman zum Abwurf der Atombombe auf Japan drängten.

Strangle Codebezeichnung für die Luftangriffe der Alliierten im März 1944 auf Ziele des Kommunikationsnetzes in Mittelitalien.

Student, Kurt (1891–1973) Deutscher General, Organisator der deutschen Luftlandetruppen. Er diente im Ersten Weltkrieg als Jagdflieger und beteiligte sich später an der Konzipierung und am Aufbau der deutschen Luftwaffe. Er war maßgeblich an der Entwicklung der Taktik der sogenannten „vertikalen Umfassung" beteiligt, bei der Fallschirmjäger hinter den feindlichen Linien abgesetzt werden. Unter der Leitung Students wurden ausgereifte Waffen und Ausrüstungen speziell für den Einsatz in Fallschirmjägereinheiten entwickelt. Er genoß bei seiner Arbeit die volle Unterstützung Görings und wurde im Juli 1938 von diesem zum Oberbefehlshaber der 7. Fallschirmjägerdivision ernannt. Seine theoretischen Überlegungen konnte er das erste Mal 1940 während der Invasion in den Niederlanden und in Frankreich erproben, als einige seiner Männer den Auftrag erhielten, das strategisch wichtige belgische Fort Eben Emael einzunehmen, um den für die nachfolgenden Truppen wichtigen Übergang über die Maas zu sichern. Der Einsatz war ein voller Erfolg. 1941 entwarf Student Pläne für eine Luftlandeoperation auf Kreta, die auf Hitlers Unterstützung stießen. Die Besetzung Kretas wurde erfolgreich abgeschlossen, jedoch kam bei dieser Aktion fast ein Viertel des Landungsverbandes ums Leben. Students Formationen wurden zwar aufgestockt und spielten im weiteren Verlauf des Krieges vor allem auf Sizilien, in Italien, in der Normandie und den Ardennen eine entscheidende Rolle, wurden ansonsten aber als Eliteinfanterie eingesetzt. Student war einer der fähigsten Innovatoren des Zweiten Weltkrieges. Ihm gelang unter Ausnutzung neuer Technologien die Schaffung einer neuen und größtenteils erfolgreichen Truppengattung.

Symbol Codebezeichnung für die Konferenz von Casablanca vom 14.–23. Januar 1943.

TAF Tactical Air Force, taktischer Luftverband (US).

Taifun Codebezeichnung für den Vorstoß deutscher Truppen nach Moskau im September 1941.

Tanaka, Raizo (1892–1969) Japanischer Konteradmiral. Tanaka, ein erfahrener Zerstörerkommandeur, führte den Landungsverband in der Schlacht bei Midway und erhielt später das Oberkommando über die Verstärkungsstreitkräfte auf Guadalcanar. Obwohl er bei der japanischen Marine auch „der eiserne Tanaka" genannt wurde, gelangte er zu der Überzeugung, daß Guadalcanar nach der Einnahme des Flugplatzes Henderson Field durch die Amerikaner nicht mehr zu halten war und sprach sich für einen Rückzug der japanischen Truppen aus. Sein Ratschlag wurde ignoriert, und das Unvermeidliche trat ein: nach 6 Monaten kostspieligen Kämpfens zu Lande und zur See mußten die Japaner die noch verbliebenen Streitkräfte zurückziehen. Die realistische Einschätzung der Lage auf Guadalcanar hatte Takanas Entlassung aus dem Dienst zur Folge.

Tedder, Sir Arthur William (1890–1967) Befehlshaber der britischen Luftstreitkräfte. Im Ersten Weltkrieg flog er Einsätze in Frankreich, von 1941 bis 1943 hatte er das Oberkommando über die Royal Air Force im Nahen Osten. In dieser Position wußte er seine sehr begrenzten Kontingente mit äußerstem Geschick auf dem Balkan und in Nordafrika gegen die deutschen Verbände einzusetzen. Er wurde 1943 zum Oberbefehlshaber des Kommandos der Luftstreitkräfte im Mittelmeerraum ernannt; in dieser Funktion arbeitete er mit Eisenhower zusammen und war für die Koordinierung von Bodentruppen und Luftstreitkräften während der Invasion auf Sizilien und in Italien verantwortlich. 1944 fungierte er bei der Vorbereitung des Unternehmens „Overlord", bei der Planung der vorbereitenden Bombardements sowie bei der Realisierung der taktischen Luftwaffenunterstützung während und nach der Landung in der Normandie als Stellvertreter Eisenhowers. Im Mai 1945 unterzeichnete Tedder im Namen Eisenhowers die Kapitulationsurkunde des Deutschen Reiches. Als Mann mit kühlem Verstand, Scharfsinn und großer Tatkraft wurde Tedder im Jahre 1946 zum Stabschef der Luftwaffe ernannt und in den Adelsstand erhoben.

Ten-Go Codebezeichnung für die Offensive der japanischen Kriegsmarine von April bis Juli 1945 auf Okinawa und Iwo Jima.

Terminal Codebezeichnung für die Potsdamer Konferenz vom 17. Juli bis zum 2. August 1945.

TF Task Force, operativer Verband (Alliierte, Marine).

TG Task Group, operative Gruppe (Alliierte, Marine).

Thunderclap Codebezeichnung für den Luftangriff der Alliierten auf Dresden im Februar 1945.

Tidal Wave Codebezeichnung für die Luftangriffe der USAAF im August 1943 auf die Ölfelder von Ploeşti (Rumänien).

Tiger Codebezeichnung für die Offensive der 1. Armee der Heeresgruppe C unter Generalfeldmarschall von Leeb, die den nördlichen Zangenflügel im deutschen Frankreichfeldzug bildete. Die Offensive fand vom 13.–22. Juni 1940 statt und hatte den Durchbruch durch die Maginot-Linie zum Ziel. Auch Codebezeichnung für einen britischen Geleitzug, der Flugzeuge und Panzer nach Ägypten brachte (5.–12. Mai 1941), die für den Einsatz im Rahmen der Operation „Battleaxe" bestimmt waren.

Timoschenko, Semjon (1895–1970) Marschall der Sowjetunion. Er war während des russischen Bürgerkrieges von 1918 bis 1920 Befehlshaber einer Kavallerieeinheit und kommandierte 1940 die sowjetischen Truppen in der Schlußoffensive gegen die Finnen. Von 1941–1950 war er unter Stalin stellvertretender Volkskommissar für Verteidigung. Er trat an der Südfront an die Stelle des in Mißgunst geratenen Budjonny und eroberte Rostow zurück. In den folgenden drei Jahren führte er das Kommando an verschiedenen Fronten – an der Nordwestfront (1942), an der Kaukasusfront (1943) und in Bessarabien (1944). Sein Name steht in erster Linie für seine strategischen Fähigkeiten, die er bei der Befreiung Moskaus im Jahre 1944 bewies.

Tito, eigentlich Josip Broz (1892–1980) Jugoslawischer Politiker, Organisator der kommunistischen Partisanenbewegung. War von 1945–1980 Präsident Jugoslawiens. Sohn eines Schmiedes. Im Ersten Weltkrieg kämpfte er in den Reihen der Kaiserlichen Österreichisch-Ungarischen Armee und wurde dabei von den Russen festgenommen. Später diente er während des russischen Bürgerkrieges (1918–1920) bei den Truppen der Bolschewiki. Anschließend kehrte er nach Kroatien zurück, wo er maßgeblich an der Organisation der Gewerkschaften beteiligt war. Zwischen 1929 und 1934 wurde er wegen seiner Aktivitäten als politischer Agitator inhaftiert; 1937 wurde er mit der Aufgabe betraut, die Kommunistische Partei Jugoslawiens wieder aufzubauen. 1941 organisierte Tito ungeachtet der Unterstützung des Anführers der serbischen Widerstandsbewegung Mihailović durch die jugoslawische Exilregierung den Partisanenkampf gegen die Okkupanten Deutschland und Italien. Titos Erfolg als Partisanenführer läßt sich durch seine Blitztaktik, seine dynamische Persönlichkeit, sein Durchhaltevermögen und vor allem durch seine Skrupellosigkeit erklären, mit der er für die Sache des Kommunismus und der jugoslawischen Unabhängigkeit eintrat. Als Partisanenführer erhielt er durch die UdSSR nur wenig Hilfe, wurde jedoch ab 1944 durch US-amerikanische und britische Luftwaffenverbände intensiv unterstützt. Im Dezember 1943 wurde Tito zum Marschall ernannt, 1944 verbündeten sich seine Partisanen mit Einheiten der Roten Armee und zwangen die Deutschen zum Rückzug aus Jugoslawien. Tito nahm anschließend in der Föderativen Volksrepublik Jugoslawien eine führende Position ein. Die Monarchie wurde gestürzt, Mihailović wurde auf der Stelle hingerichtet, weitere Personen aus der Opposition wurden inhaftiert, darunter auch der Erzbischof von Zagreb. Tito, von nun an faktisch Diktator Jugoslawiens, unterhielt enge Beziehungen zur UdSSR, ging aber oft seinen eigenen Weg. Seine Unnachgiebigkeit führte 1948 zum Ausschluß Jugoslawiens aus der Kominternl. Später versuchte Tito mit verschiedenen Staatsmännern der blockfreien Staaten, vor allem mit Nehru und Nasser, einen politischen Nenner zu finden. Trotz der außenpolitischen Schwierigkeiten wurde Tito als Präsident mehrmals wiedergewählt und erhielt 1963 das Präsidentenamt auf Lebenszeit.

Tojo, Hideki (1884–1948) Japanischer Militärkommandeur und Staatsmann. Er wurde im Oktober 1941 Premierminister. Seine Berufung kennzeichnet den Triumph der kriegsbefürwortenden Militärpartei. Vom Charakter her eher ein Präsident als ein Despot. Dessenungeachtet trat Tojo mit großem Nachdruck für den Krieg gegen die USA und Großbritannien ein. Er unterstützte den Angriff auf Pearl Harbor und die sich anschließende japanische Expansion im Pazifik, doch weder er noch seine Partner waren imstande, eine einheitliche große Gesamtstrategie für den Krieg zu entwerfen. Im Juli 1944 trat Tojo, ein begabter Organisator, doch ohne überragende militärische Begabungen, zurück, als die Amerikaner die Marianeninsel Saipan eroberten. Der Krieg war zwar eindeutig verloren, aber noch im April 1945 empfahl er, bis zum bitteren Ende weiterzukämpfen. Im September des gleichen Jahres unternahm er einen mißglückten Selbstmordversuch; er wurde von den Alliierten verhaftet, vor Gericht gestellt, der Verübung von Kriegsverbrechen für schuldig befunden und exekutiert.

Tolbuchin, Fjodor Iwanowitsch (1894–1949) Marschall der Sowjetunion. Er kommandierte in der Schlacht um Stalingrad die 57. Armee und anschließend die 3. Ukrainische Front. In dieser Eigenschaft spielte er in den großen Schlachten um die Rückgewinnung der Ukraine eine bedeutende Rolle und führte seine Front bis nach Osteuropa. 1945 war er Befehlshaber der sowjetischen Besatzungsstreitkräfte in Österreich.

Torch Codebezeichnung für die Seelandungsoperationen der Alliierten am 8. November 1942 in Französisch-Nordafrika.

Totalize Codebezeichnung für den Angriff der kanadischen 1. Armee am 8. August 1944 in Richtung Falaise.

Trident Deckname für die 3. Washingtoner Konferenz vom 11.–17. Mai 1943.

Truman, Harry S. (1884–1972) 33. Präsident der USA. Er wuchs auf einer Farm in Missouri auf, die Armut seiner Familie machte ihm ein Studium unmöglich. Während des Ersten Weltkrieges diente er als Hauptmann an der Westfront. Nach dem Krieg war Truman eine Zeitlang Mitinhaber eines Herrenausstattergeschäfts, wandte sich aber bald der Politik zu. 1934 gewann er als Vertreter der Demokratischen Partei einen Sitz im Senat. 1940 wurde er zu einer bekannten Persönlichkeit in der amerikanischen Politik, weil er den Vorsitz in einem Komitee führte, das großangelegte Betrügereien im Bereich des nationalen Verteidigungsbudgets untersuchte. 1944 wurde Truman als Vizepräsident nominiert und als Roosevelts Stellvertreter ordnungsgemäß gewählt. Ein Jahr später, nach Roosevelts Tod am 12. April 1945, wurde er dessen Amtsnachfolger. Wie bei amerikanischen Vizepräsidenten meist üblich, war auch er größtenteils in Unkenntnis von den wirklich wichtigen Angelegenheiten des Staates gelassen worden und mußte sich zunächst vorwiegend auf seine Berater verlassen. Doch schon bald zeigte sich, daß er selbst Manns genug war und einen unabhängigen Verstand besaß. Als er die Mitteilung von der ersten erfolgreichen Erprobung einer Atombombe erhielt, gab er sofort seine Genehmigung zu deren militärischem Einsatz gegen Japan, um durch eine rasche Beendigung des Krieges das Leben sowohl alliierter als auch feindlicher Soldaten zu schonen. Nach dem Krieg nutzte Truman Amerikas große wirtschaftliche Stärke für die Wiederbelebung der verwüsteten europäischen Länder, speziell im Rahmen des europäischen Wiederaufbauprogramms zur finanziellen Unterstützung (Marshall-Plan). Ungeachtet der allgemein gegenteiligen Erwartung, wurde Truman 1948 als Präsident wiedergewählt. Während seiner zweiten Amtszeit unterstützte er die Bildung des Nordatlantikpakts (NATO) als Antwort auf den sowjetisch inspirierten Warschauer Pakt, und 1950 genehmigte er das Eingreifen der USA in den Koreakonflikt.

Tschuikow, Wassilij Iwanowitsch (1900–1982) Sowjetischer General, der Held von Stalingrad, wo seine 62. Armee die Deutschen endgültig zum Stehen brachte. Er trat der Armee 1919 bei und wurde vor allem wegen seiner Mitgliedschaft in der Kommunistischen Partei rasch befördert. Später wurde er Berater bei Chiang Kai-shek und hielt sich von 1926–1937 in China auf. Von da an studierte er die Kriegsführung mit mechanisierten Verbänden und kommandierte während des finnischen Krieges eine Armee. Er kehrte nach China zurück, wurde aber nach dem Angriff der Deutschen auf die UdSSR im Jahre 1941 zurückgerufen. Nach Stalingrad kommandierte er beim Vormarsch der Roten Armee nach Westen verschiedene große Kampfverbände. Tschuikow war 1945 derjenige, zu dem eine Delegation aus Hitlers Bunker kam und um Frieden nachsuchte. Hart wie Stein und mit Nerven wie Stahlseile ausgestattet, besaß er auch große taktische Fähigkeiten, war jedoch eher ein loyaler Befehlsempfänger als der Initiator einer Strategie.

Turner, Richmond K. (1885–1961) Amerikanischer Vizeadmiral, Kommandeur der US-amerikanischen amphibischen Verbände. Nach seiner Versetzung in den Pazifikraum im Jahr 1942 entwickelte er die gefährliche Kunst, unter Beschuß Landungsoperationen von Transportschiffen aus an die Küste durchzuführen. Er beaufsichtigte die Operationen bei Guadalcanar (die erste große amphibische Operation US-amerikanischer Verbände im Pazifik gegen eine vom Feind besetzte Küste) sowie bei Iwo Jima, wo er die Task Force 52 kommandierte. Befähigt, aber rechthaberisch, erzeugte er ständig Reibereien unter den Kollegen, indem er ungebetene Ratschläge in Form von Befehlen erteilte.

U-Go Codebezeichnung für den japanischen Vorstoß von Burma nach Indien (März–Juli 1944).

Ultra Die Codebezeichnung (und dazugehörige Sicherheitsklassifikation) für das britische System zum Abfangen, Dechiffrieren, Übersetzen und Verteilen deutscher Funksprüche, die mit Hilfe der Enigma-Maschine chiffriert worden waren. Die Ergebnisse, die das System lieferte, waren unter der Bezeichnung „Ultra intelligence" bekannt. Das System unterstand der britischen Staatlichen Code- und Chiffrierschule (GC & CS) in Bletchley Park.

Uranus Codebezeichnung für die sowjetische Offensive am 19. November 1942 gegen Stalingrad und die in der Stadt eingeschlossene deutsche 6. Armee.

USAAC US Army Air Corps, *siehe* USAAF.

USAAF US Army Air Force (vorher US Army Air Corps), Luftstreitkräfte der US-Armee (früher Korps der Luftstreitkräfte der US-Armee).

USN US Navy, US-Marine.

USSTAF US Strategic Air Force, US-amerikanische strategische Luftstreitkräfte.

Vanguard Codebezeichnung für den Plan der Alliierten, 1944 Rangun zu erobern.

Varsity Codebezeichnung für die Rheinüberquerung der Alliierten mit Luftunterstützung am 24. März 1945.

Verbrannte Erde Politik der Zerstörung der beim Rückzug geräumten Gebiete, hauptsächlich durch Brandschatzung, um dem vorrückenden Feind auf dem besetzen Territorium jegliche Lebensgrundlage zu nehmen. Diese Taktik wurde von Stalin während der deutschen Invasion im Jahre 1941 angewendet.

Veritable Codebezeichnung, die zunächst „Valediction" gelautet hatte, für Montgomerys britisch-kanadische Offensive zwischen der Maas und dem Rhein (8.–21. Februar 1945), mit der den Alliierten der Einmarsch nach Deutschland durch die Niederlande ermöglicht werden sollte.

Versailler Vertrag (1919) Der wichtigste von 5 Verträgen zwischen 27 alliierten und assoziierten Mächten, die 1919/1920 den Ersten Weltkrieg beendeten. Der Versailler Vertrag zwischen den Alliierten und den Deutschen (wobei die letzteren wegen der Vertragsbedingungen nicht konsultiert worden waren) stempelte Deutschland als Aggressor ab. Elsaß und Lothringen wurden an Frankreich zurückgegeben, die früheren deutschen Kolonien kamen unter das Mandat des Völkerbundes, und der größte Teil von Westpreußen ging an Polen; zusätzlich wurde das Saarland unter französische Verwaltung gestellt und das Rheinland von den Alliierten okkupiert; beide Maßnahmen sollten für 15 Jahre gelten. Die deutsche Armee war für die Zukunft auf 100 000 Mann begrenzt. Deutschland war es verboten, große Kriegsschiffe zu bauen bzw. U-Boote und Militärflugzeuge zu besitzen. Die schlimmste Bestimmung des Vertrages bestand in der Festlegung von Reparationszahlungen, die es in der Folgezeit nicht leisten konnte. Die große Härte der Vertragsbedingungen, die vor allem eine Folge der französischen Forderungen war, half Hitler und den Nazis, an die Macht zu kommen. Der Vertrag von Saint Germain (1919) mit Österreich erklärte das Österreich-Ungarische Kaiserreich für aufgelöst und installierte die Republik Österreich, die größtenteils die deutschsprachige Bevölkerung des alten Reiches umfaßte. Der Vertrag von Trianon (1920) zwischen den Alliierten und Ungarn reduzierte Ungarn um etwa zwei Drittel seines Territoriums; Rumänien erhielt Transsylvanien, weshalb es unbesonnenerweise in den Krieg eingetreten war. Die militärische Stärke Ungarns war auf 35 000 Mann begrenzt. Der Vertrag von Neuilly (1919) zwang Bulgarien, Gebiete einschließlich der darauf befindlichen Bevölkerung an Griechenland, Jugoslawien und Rumänien abzugeben, während der Frieden von Lausanne (1923) der Türkei den größten Teil ihres heutigen Territoriums zusprach; die arabischen Provinzen wurden zwischen England und Frankreich aufgeteilt; Italien sicherte sich nur die Dodekanes-Inseln, während der „Unabhängige Arabische Staat" in Damaskus im Juli 1920 an die Franzosen fiel.

Volksdeutsche Personen deutscher Herkunft, die außerhalb Deutschlands lebten, speziell im Bereich des früheren Österreich-Ungarn. Hitler wünschte, diese Volksdeutschen, die sich in anderen Ländern angesiedelt hatten, „heim ins Reich" zu holen. Volksdeutsche, die in den deutsch besetzten Ländern lebten, erhielten besondere Privilegien und begleiteten bevorzugt Ämter.

Vulcan Codebezeichnung für die abschließende Offensive der Alliierten in Tunesien am 6. Mai 1943.

Wacht am Rhein Anfängliche Codebezeichnung für den deutschen Angriff in den Ardennen im Dezember 1944; an die Stelle dieser Bezeichnung trat später die Bezeichnung „Herbstnebel".

Waffen-SS *Siehe* SS.

Walküre Codebezeichnung für die Sicherheitsmaßnahmen, die im Fall einer Revolte der Zwangsarbeiter in Deutschland ergriffen werden sollten. Der Ausdruck wurde auch von Stauffenberg und seinen Mitverschwörern als Deckname für das Bombenattentat auf Hitler im Juli 1944 verwendet.

Wassiljewski, Alexander Michailowitsch (1895–1977) Marschall der Sowjetunion. Wassiljewski leistete seinen Militärdienst während des Ersten Weltkrieges ab und schloß sich 1919 der Roten Armee an. Nach einer Tätigkeit als Regimentskommandeur wechselte er 1937 in den Generalstab und wurde 1940 der Chef der Operativen Verwaltung (Kriegsplanung). Hier versah er seinen Dienst während der Anfangsphase des Krieges weiter, wurde im Juni 1942 Chef des Generalstabes und stellvertretender Volkskommissar für Verteidigung. Er spielte eine große Rolle bei der Planung der Gegenoffensive bei Stalingrad. Obwohl ein Vertreter der Stawka, glaubte er an die Zweckmäßigkeit der Führung von der Front aus. Er wurde bei der Rückeroberung von Sewastopol verwundet. 1943 wurde er zum Marschall befördert und erhielt zweimal die Auszeichnung „Held der Sowjetunion" (2. Juli 1944 und 8. Mai 1945). Im Juni 1945 wurde er zum Oberkommandierenden der sowjetischen Streitkräfte im Fernen Osten ernannt und hatte bei der Invasion in der Mandschurei die Kontrolle über drei Fronten. Nach dem Krieg wurde Wassiljewski Generalstabschef und war von 1949–März 1953 Minister der Streitkräfte; außerdem war er mehrfach stellvertretender Verteidigungsminister.

Watutin, Nikolai Fjodorowitsch (1901–1944) Sowjetischer General. Er zeichnete sich durch persönliche Tapferkeit und einen kühlen Kopf in schwierigen Situationen aus. An vielen Abschnitten der russischen Front eingesetzt, war er während der Schlacht um Stalingrad der Oberkommandierende der Woronesher Front. 1944 als Befehlshaber der 1. Ukrainischen Front kam er in einem Hinterhalt ums Leben, den angeblich ukrainisch-nationalistische Partisanen angelegt hatten.

Wavell, Archibald Percival, 1. Earl Wavell (1883–1950) Britischer Feldmarschall. Er diente ab 1901 während des Burenkrieges in Südafrika und während des Ersten Weltkrieges in Frankreich. Später kämpfte er unter General Allenby in Palästina, wo er die Wüstentaktik studierte, die ihm im Zweiten Weltkrieg für den Befehl in Nordafrika so gut vorbereitet erscheinen ließ. Im Juli 1939 erhielt er den Oberbefehl im Nahen Osten, und im Winter 1940–1941 vertrieb er die Italiener aus der Cyrenaika als auch aus Äthiopien. Anfang 1941 erhielt er jedoch Befehl, Mannschaften nach Griechenland abzugeben, und verlor die Cyrenaika. Obwohl bei diesen Vorgängen keinerlei Schatten auf ihn gefallen war (seine begrenzten Streitkräfte operierten auch im Irak und in Syrien), wurde ihm befohlen, mit Auchinleck die Plätze zu tauschen; er wurde anschließend Militärbefehlshaber in Indien. Angesichts der überlegenen japanischen Streitkräfte hatte er keine andere Wahl, als Burma aufzugeben, insbesondere erhielt er nur geringe Unterstützung aus der Heimat. Dessenungeachtet wurde er im Juni 1943 zu seiner eigenen Überraschung zum Vizekönig ernannt. Angesichts der unausweichlichen Selbständigkeit Indiens arbeitete er rastlos daran, Bedingungen zu finden, die es den Muslimen und den Hindus ermöglichen würden, in einem vereinigten Indien harmonisch zusammenzuarbeiten. Die erbitterte Unnachgiebigkeit beider Seiten war für ihn eine große Enttäuschung. Im Februar 1947 übergab er seinen Posten an Lord Mountbatton und trat in den Ruhestand, um seine Erinnerungen und militärische Studien zu verfassen sowie Poesie herauszugeben.

Wehrmacht Die Streitkräfte Deutschlands. *Siehe* OKW.

Weimarer Republik (1919–1933) Der Staat, der in Deutschland auf der Grundlage einer demokratisch bestätigten Verfassung nach der Abdankung und der Flucht des Kaisers (1918) sowie dem Vertrag von Versailles im Anschluß an den Ersten Weltkrieg entstand. Der erste Präsident war Friedrich Ebert, der es erfolgreich verstand, sowohl die rechten als auch die linken Extremisten im Zaum zu halten. Nach dessen Tod wurde Feldmarschall Paul von Hindenburg 1925 zum Präsidenten gewählt, und ab dieser Zeit sowie bis 1929 vollzog Deutschland, ungeachtet der lähmenden Bedingungen des Vertrags von Versailles, unter verschiedenen Kanzlern eine deutliche Wendung in Richtung auf eine Verbesserung der Wirtschaftslage. Deutschland wurde in den Völkerbund aufgenommen. Die 1929 beginnende weltweite Depression führte Deutschland jedoch ins Chaos mit massiver Inflation, zahlreichen Firmenzusammenbrüchen und einer Arbeitslosigkeit, die unkontrolliert anstieg. Hindenburg entschloß sich, angesichts der Alternative, einer Militärdiktatur zuzustimmen oder Hitler zum Reichskanzler zu ernennen, für die letztgenannte Variante, und damit hatte das kurzlebige parlamentarische System der Weimarer Republik 1934 sein plötzliches Ende gefunden.

Weserübung Codebezeichnung für die deutsche Invasion in Dänemark und Norwegen, die am 9. April 1940 begann.

Weygand, Maxime (1867–1965) Französischer General. Im Ersten Weltkrieg Stabschef des Generals Foch. 1935 wurde er zum Generalinspekteur der französischen Armee ernannt. Er wurde am 19. Mai 1940 Oberkommandierender aller französischen Armeen nach Deutschlands Durchbruch an der Westfront. Er wurde dabei Nachfolger General Gamelins, der allen Kredit verloren hatte. Zu seiner Ernennung bemerkte er pessimistisch: „Ich kann keinen Erfolg garantieren." Tatsächlich drängte er kurz danach Marschall Pétain, einen Waffenstillstand abzuschließen. Es muß gesagt werden, daß seine Verteidigung Frankreichs unter Einsatz von Truppen, die gerade durch die Niederlage in den Niederlanden ihre Moral eingebüßt hatten, zwar kühn, aber kurzlebig war, weil sich zeigte, daß diese Verteidigung die deutschen Panzervorstöße nicht verkraften konnte. Mit französischen Einheiten, die mit Hilfe der Blitzkriegstaktik eingekesselt wurden, war das Ende für Frankreich unausweichlich. 1941 wurde Weygand nach Deutschland deportiert, wo ihn amerikanische Truppen im Mai 1945 befreiten.

Wilson, Henry Maitland, 1. Baron (1881–1964) Britischer Feldmarschall, er diente im Burenkrieg und im Ersten Weltkrieg. 1939 wurde er Befehlshaber der britischen Streitkräfte in Ägypten. Er befehligte in der Westlichen Wüste (1940–1941) sowie in Griechenland und Syrien (1941); später (1944–1945), als die Gefahr für die Alliierten in diesem Gebiet vorüber war, wurde er zum Oberkommandierenden der Alliierten im Mittelmeerraum ernannt. Zwischen 1945 und 1947 führte er die britische Mission des Vereinigten Stabes in Washington.

Wingate, Orde Charles (1903–1944) Britischer General. Wingate zeigte bereits früh, daß er ein origineller und unkonventioneller Kommandeur zu werden versprach. Er diente unter Wavell mit einem Spezialauftrag in Palästina (1936–1939), wo er die jüdische Miliz führte, die zur Unterstützung der britischen Armee während des Araberaufstandes von 1936–1939 Guerillataktiken anwandte. 1941 nahm er, damals bereits Major, an der Vertreibung der italienischen Streitkräfte aus Äthiopien teil. 1942 wurde er als Brigadegeneral nach Indien entsandt; hier schuf und führte er die als „Chindits" bekannt gewordenen Kommandotrupps hinter die japanischen Linien. Während er eine weitere Operation befehligte, kam er bei einem Flugzeugabsturz ums Leben. Wavell bescheinigte ihm, „militärisches Genie" zu besitzen.

Wintergewitter Codebezeichnung für General von Mansteins erfolglose Operation zum Entsatz von Stalingrad, Dezember 1942.

Wlassow, Andrej Andrejewitsch (1900–1946) Sowjetischer Generalleutnant und Führer einer deutschen Marionettenarmee. Er hatte zunächst die Absicht, Geistlicher zu werden, wurde jedoch nach der Oktoberrevolution zur sowjetischen Infanterie eingezogen. Er wurde rasch befördert und erhielt 1929, im gleichen Jahr, in dem er der Kommunistischen Partei beitrat, den Befehl über ein Regiment. 1940 wurde er einer der jüngsten Generäle in der Roten Armee. Ende 1941 hatte er sich als Kommandeur des IV. Panzerkorps im Gebiet von Lwow während der deutschen Invasion ausgezeichnet. Er wurde nach Moskau befohlen, um den Befehl über die neu geschaffene 20. Armee zu übernehmen, eine Eliteeinheit aus sibirischen Truppenteilen, die von Stalin für den Gegenangriff im Winter als strategische Reserve vorgesehen waren. Wlassow behielt Stalins Vertrauen auch, als die Deutschen nur noch 18 Meilen von Moskau entfernt waren. Sein erster Infanterieangriff erfolgte am 4. Dezember; ihm schlossen sich nach Ermittlung der schwachen deutschen Frontabschnitte sowjetische Panzer an. Der Vormarsch der 20. Armee war zwar langsam, jedoch unaufhaltsam. Am 23. Januar 1942 waren die Deutschen bis zu den nördlichen Zugängen nach Moskau zurückgedrängt worden, und die Hauptstadt war gerettet. Wlassow war nunmehr ein sowjetischer Held, doch bei seinem nächsten Einsatz, dem Befehl über die 2. Stoßarmee, die für die Befreiung Leningrads kämpfte, wurde er an der Wolchowfront von den Deutschen gefangengenommen. In der Gefangenschaft wurde er ein überzeugter Antikommunist und stellte sich freiwillig zur Verfügung, um eine Armee aus sowjetischen Kriegsgefangenen aufzustellen, die gegen die Sowjets kämpfen würde. Hitler erlaubte ihm die Aufstellung der Russischen Befreiungsarmee (KONR), benutzte diese jedoch vor allem für Propagandazwecke. 1945 lieferten ihn die Amerikaner an die Russen aus, die ihn nach Moskau brachten, wo er unter Ausschluß der Öffentlichkeit als Verräter verurteilt und hingerichtet wurde.

Woronow, Nikolai Nikolajewitsch (1899–1968) Sowjetischer Hauptmarschall der Artillerie. Woronow kam 1918 zur Roten Armee und nahm am Bürgerkrieg teil. Zwischen 1937 und 1940 war er der Chef der Artillerie der Roten Armee. Danach war er für kurze Zeit stellvertretender Chef der Hauptverwaltung der Artillerie (da war er vorübergehend in Mißgunst geraten). Er erwarb auch Kampferfahrung in der Mongolei bei Chalkin Gol sowie von 1939–1940 im Finnisch-Sowjetischen Krieg. Als Vertreter der Stawka und Generaloberst der Artillerie unterzeichnete er das Ultimatum, in dem Paulus zur Kapitulation in Stalingrad aufgefordert wurde. In Stalingrad hatte er die Oberleitung über alle Maßnahmen zur Vernichtung der eingekesselten Streitkräfte. 1944 wurde er als erster von insgesamt nur drei Inhabern dieses Titels zum Hauptmarschall der Artillerie (was dem Marschall der Sowjetunion entspricht) befördert. Nach dem Krieg war er von 1950 bis 1953 Präsident der Akademie der Artilleriewissenschaften.

Woroschilow, Kliment Jefremowitsch (1881–1969) Sowjetischer Marschall und höherer Staats- und Parteifunktionär. Als Sohn eine Eisenbahnarbeiters trat er 1903 der Kommunistischen Partei bei. Stets an der Seite Stalins, ist er ein Vertreter der ältesten Generation der sowjetischen Kommunisten, der sein Amt während des Zweiten Weltkriegs innehatte. Er war bereits vor dem Ersten Weltkrieg aktiv tätig und traf sich erstmalig mit Lenin im Jahr 1906. Er nahm an der Februarrevolution 1917 teil und war aktiv bei der Aufstellung von Einheiten der Roten Garde noch vor der Oktoberrevolution. Als Kommissar für Petrograd organisierte er ab November 1917 das Lugansker Kommando, das Anfang 1918 an der Verteidigung von Charkow gegen die deutschen Truppen teilnahm. Besondere Aufmerksamkeit widmete er der Organisation der Kavallerieverbände. 1919 kommandierte er die 14. Armee, war einer der Organisatoren und Mitglied des Stabes der 1. Kavalleriearmee von 1919–1921. So war er gemeinsam mit Budjonny einer der altgedienten bolschewistischen Kavalleristen, die überlebten, als frühere zaristische Offiziere und intellektuelle Militärs den Säuberungen zum Opfer fielen. Von 1921–1924 kommandierte er die Truppen im Militärbezirk Nordkaukasus und vernichtete die bewaffnete Guerillaopposition des Sowjetregimes. Gemeinsam mit Frunse arbeitete er 1924–1925 an den Militärreformen, und nach dem frühen und unter verdächtigen Umständen eingetretenen Tod Frunses wurde er Volkskommissar für Militär- und Marineangelegenheiten und von 1934–1940 Volkskommissar für Verteidigung. 1935 wurde er zum Marschall der Sowjetunion ernannt und war damit einer der fünf ersten Marschälle der Sowjetunion überhaupt. Gemeinsam mit Budjonny war er einer von nur zwei Marschällen, die den Zweiten Weltkrieg überlebten. Woroschilow war der oberste Chef der sowjetischen Verteidigung während der entscheidenden Periode der Militärreform und der Industrialisierung; er erfuhr in dieser Funktion von so erstklassigen Experten wie Tuchatschewski Rat und Unterstützung. Er leistete einen wichtigen Beitrag zur Modernisierung der Roten Armee und rüstete diese für den motorisierten Krieg aus, obwohl die radikalsten und zukunftsträchtigsten Ideen von anderen stammten. Im August 1939 leitete Woroschilow die Delegation, die mit Großbritannien und Frankreich über die Möglichkeiten einer Antihitlerkoalition verhandelten. Bei Ausbruch des Krieges im Jahr 1941 wurde er Mitglied des Staatlichen Komitees für Verteidigung (GKO) und der Stawka. Wäre nicht seine enge Beziehung zu Stalin gewesen, hätte ihm die mangelnde Vorbereitung der Roten Armee als schwerer Vorwurf vorgehalten werden können. Vom 10. Juli–31. August 1941 befehligte er die „strategische Richtung" Nordwest. Es handelte sich hierbei um ein übergeordnetes Befehlskonzept, wobei die Kontrolle über mehrere Fronten gewährleistet werden sollte, und vom 5.–12. Dezember 1941 kommandierte er kurze Zeit die Leningrader Front. Danach war er Berater der Partisanenbewegung und vom 6. September–19. November 1942 ihr formaler Kommandeur. Er empfing Partisanenkommandeure persönlich, kurz bevor sie wieder hinter die deutschen Linien gebracht wurden. Im Januar 1943 war er der Koordinator der Stawka für die Leningrader und die Wolchow-Front zum Durchbrechen der Leningrader Blockade. Ab Dezember 1943 beaufsichtigte er die Marine- und Militäraktivitäten während der Rückeroberung der Krim. Er nahm auch an den Konferenzen von Moskau (1941) und Teheran (1943) teil. 1945–1947 war er Leiter der alliierten Kontrollkommission für Ungarn und 1946–1953 stellvertretender Vorsitzender des Ministerrates. Nach Stalins Tod im Jahr 1953 wurde er Vorsitzender des Präsidiums des Obersten Sowjets. 1969 wurde er von Chruschtschow auf einen der hinteren Plätze im Präsidium des Zentralkomitees der KPdSU verwiesen.

WPD War Plans Division of the US War Department, Kriegsplanungsabteilung des US-Kriegsministeriums; tatsächlich Marshalls Operationsstab.

Yamamoto, Isoroku (1884–1943) Japanischer Flottenadmiral. Er kannte die Amerikaner gut, hatte er doch in Harvard studiert und von 1925–1927 als japanischer Marineattaché in Washington gedient. 1939 wurde er zum Oberkommandierenden der japanischen Vereinigten Flotte ernannt. Er war ein Gegner des japanisch-deutschen Bündnisses, aber er war ein kraftvoller Fürsprecher des Krieges gegen die britische und amerikanische Anwesenheit in Asien. Yamamoto entwarf den Angriff auf Pearl Harbor und leitete für die sich anschließenden 18 Monate die japanischen Marineoperationen im Pazifik, einschließlich der Schlachten im Korallenmeer und bei Midway. Am 18. April 1943 wurde sein Flugzeug von US-amerik. Jägern über Bougainville abgeschossen. Den Amerikanern war es gelungen, den japanischen Marinecode zu brechen, und so erfuhren sie vom Flug des Admirals. Sein Tod wurde zu Recht als ein schwerer Schlag gegen die japanische Moral zu einer Zeit angesehen, als sich das Blatt ohnehin zu ihren Ungunsten zu wenden begann, und die Nachricht von Admiral Yamamotos Tod bewirkte für eine gewisse Zeit eine Depression in ganz Japan.

Yamashita, Tomoyuki (1888–1946) Japanischer General. Er absolvierte die Militärakademie Hiroshima 1908 mit Auszeichnung und wurde Offizier bei der Infanterie. Anschließend studierte er die Kriegskunst als Militärattaché in Europa. Yamashita kommandierte die japanische 4. Division in Nordchina (1938–1940) und wurde 1941 mit der Führung der 25. Armee bei der Invasion in Malaya betraut. Ein gut geplanter und taktisch inspirierter Feldzug wurde zwischen dem 8. und 15. Februar 1942 gekrönt, als seine Einheiten die große britische Festung des Hafens von Singapur eroberten. Später (Oktober 1944–August 1945) kommandierte er die japanischen Streitkräfte bei ihrer erfolglosen Verteidigung der Philippinen gegen die eindringenden Amerikaner. Yamashita kapitulierte auf den Philippinen im September 1945 und wurde wegen der von seinen Truppen begangenen Grausamkeiten vor Gericht gestellt und im Jahr darauf gehängt.

Zeitzler, Kurt (1895–1963) Deutscher Generaloberst, Generalstabschef des Heeres von September 1942–Juli 1944. Er war ein großer Bewunderer Hitlers, geriet jedoch über die Frage eines Rückzugs aus Stalingrad in Konflikt mit dem Führer. Zeitzlers Analyse erwies sich nach der Kapitulation der 6. Armee als zutreffend, er gewann beträchtlichen Einfluß, wurde später jedoch wegen der Unterstützung der gescheiterten Gegenoffensive bei Kursk in Mißkredit gebracht.

Zeppelin Codebezeichnung für die Tarnungs- und Täuschungsmanöver 1943 auf dem Balkan.

Zitadelle Codebezeichnung für den deutschen Angriff im Juli 1943 auf den Kursker Bogen.

Register

Damit sich die geographischen Namen ohne weiteres mit zeitgenössischen Dokumenten in Zusammenhang bringen lassen, folgt ihre Schreibweise prinzipiell der Form, die in den Jahren 1919–1945 üblich war. Traditionell gebräuchliche eingedeutschte Namen wie beispielsweise Moskau, Warschau, Krakau, Peking u. a. werden nach Möglichkeit auch so angegeben. Dennoch wird der Leser viele Unterschiede zur Schreibweise in modernen Atlanten feststellen. Diese Unterschiede lassen sich im großen und ganzen in drei Kategorien gliedern.

1. Änderungen der territorialen Zugehörigkeit: Der Atlas gibt die politischen Grenzen so wieder, wie sie in der Zeit zwischen 1919 und 1945 existierten oder verändert wurden. So werden in jenen Teilen Dalmatiens, die später an Jugoslawien fielen, italienische Ortsnamen verwendet; für Orte auf Südsachalin und auf den Kurilen, die heute zu Rußland gehören, wird der Leser japanische Namen finden. Ein Gebiet, in dem sich die Unterschiede sehr deutlich zeigen, ist das Territorium Polens. Polen erstand nach dem Zweiten Weltkrieg in neuen Grenzen wieder. Eine entsprechende Veränderung erfuhren die Ortsbezeichnungen im ehemaligen östlichen Teil Polens und – aufgrund der Verschiebung der polnischen Grenzen nach Westen – auch im früheren östlichen Teil Deutschlands. Ein Wechsel des Ortsnamens und der Zugehörigkeit zu einem Staatsterritorium ist in jedem Fall im Register aufgeführt. Ein solcher Eintrag lautet dann z. B. Königsberg (heute Kaliningrad, Rußland).

2. Änderungen des Umschriftsystems: Viele der heute allgemein gebräuchlichen Umschriftsysteme wurden erst *nach* 1945 entwickelt und verwendet. Die libyschen Ortsnamen beispielsweise werden heute nach einem in den fünfziger Jahren eingeführten Umschriftsystem für das Arabische transkribiert. Die Namen im Atlas sind jedoch nach einem früheren System wiedergegeben; daher lautet die heutige Schreibweise in lateinischen Buchstaben z. B. für El Agheila Al Uqaylah. Die stärksten Abweichungen ergeben sich bei den chinesischen Ortsnamen, deren Umschriftsystem seit 1939 zweimal geändert wurde. Die Namen im Atlas sind nach dem sogenannten Postsystem wiedergegeben. Nach dem Krieg verwendete man u. a. eine Umschrift nach Wade-Giles. Mit der Einführung eines neuen Transkriptionssystems (Pinyin) gegen Ende der siebziger Jahre war dann eine nochmalige Änderung verbunden. Wie das Beispiel Tsinkong/Ch'ein-chiang/Qianjiang zeigt, unterscheiden sich die drei Formen oftmals sehr stark voneinander. Hat sich die Wiedergabe in lateinischen Buchstaben aufgrund eines neuen Umschriftsystems verändert, dann ist neben der im Atlas verwendeten Form in Klammern die heutige Schreibweise des Ortsnamens angegeben. Letztere ist zudem als Einzeleintrag zu finden, bei dem auf die Namensvariante in unserem Atlas verwiesen wird.

3. Namensänderungen: Eine Reihe von geographischen Namen – besonders in Osteuropa – wurden in den Jahren nach 1945 geändert, d. h. Stalingrad heißt heute Wolgograd, Marijampolė in Litauen wurde in Kapsukas umbenannt und Petrovgrad in Jugoslawien trägt jetzt den Namen Zrenjanin. Auch in diesen Fällen stehen im Register die Ortsnamen in Klammern neben den im Kartenmaterial verwendeten Namen. Sie sind darüber hinaus als selbständige Einträge aufgeführt und mit Verweisen auf die im Atlas verwendeten Namen versehen.

Das Register enthält alle geographischen Namen, die mit den im Atlas dargestellten Kampfhandlungen zusammenhängen; Namen, die lediglich zur besseren Orientierung in die Karten aufgenommen wurden, fehlen hier. Manche häufig auftretenden Namen in Frankreich, Italien und Polen beispielsweise sind mit unterscheidenden Ergänzungen versehen, die mitunter aus Platzmangel in den Karten weggelassen werden mußten. Den vollständigen Namen findet der Leser im Register; die zusätzlichen Namenselemente sind dort in Klammern angegeben. Ein solcher Eintrag lautet dann beispielsweise St. Laurent (-sur-Mer) oder Peschiera (del Garda). Zahlreiche Orte in Osteuropa haben deutsche Namen; die meisten davon sind – wie etwa Posen für Poznań – historisch entstanden. Manche jedoch kamen, wie es bei Gumpolds für Humpolec in der Tschechoslowakei der Fall war, anscheinend während des Krieges auf. Diese Namen sind ebenfalls in Klammern stehend aufgeführt und zusätzlich als Einzeleintrag und mit Verweis auf den im Atlas verwendeten Namen zu finden. Wo es angebracht schien, wurden im Register (wiederum in Klammern stehend) auch anderssprachige Varianten von geographischen Namen aufgeführt.

Die geographische Lage eines Ortes (einer Insel, eines Flusses usw.) ist zunächst allgemein durch Angaben zum Land oder zu einem größeren Gebiet, zu Inselgruppen oder Meeresgebieten bezeichnet, in dem sich der Ort (die Insel, der Fluß usw.) befindet. Zur weiteren Eingrenzung ist außerdem angegeben, ob sich der Ort im (N)orden, (O)sten, (S)üden, (W)esten oder im (Z)entrum/in der (M)itte) eines größeren Territoriums befindet. Die Einträge sind in der Regel mit Angaben zu Seiten- und Kartennummer (z. B. 156/2) versehen. Reicht eine Karte zu einem bestimmten Thema über eine ganze Seite bzw. über eine Doppelseite, dann ist im Registereintrag nur die jeweilige Seite angegeben (z. B. 68 oder 116–117).

Abkürzungen

alban.	albanisch
amerikan.	amerikanisch
arab.	arabisch
ASSR	Autonome Sozialistische Sowjetrepublik
ausländ.	ausländisch
austral.	australisch
belg.	belgisch
brit.	britisch
bulgar.	bulgarisch
chines.	chinesisch
dän.	dänisch
dt.	deutsch
estn.	estnisch
finn.	finnisch
französ.	französisch
griech.	griechisch
HQ	Hauptquartier
indones.	indonesisch
italien.	italienisch
japan.	japanisch
jugoslaw.	jugoslawisch
kanad.	kanadisch
korean.	koreanisch
lett.	lettisch
lit.	litauisch
neuseeländ.	neuseeländisch
niederländ.	niederländisch
norweg.	norwegisch
poln.	polnisch
rumän.	rumänisch
russ.	russisch
schwed.	schwedisch
serbokroat.	serbokroatisch
slowak.	slowakisch
sowjet.	sowjetisch
span.	spanisch
tschech.	tschechisch
tschechoslowak.	tschechoslowakisch
UdSSR	Union der Sozialistischen Sowjetrepubliken
ungar.	ungarisch
USA	Vereinigte Staaten von Amerika
zentr.	zentral

A

B

C

D

E

F

G

H

J

K

L

M

N

O

P

Q

R

S

T

U

V

W

X

Y

Z

In den Karten verwendete Abkürzungen, die nicht im Glossar erläutert sind:

Aufklär	Aufklärungsverband
AUS.	Australien/australisch
BELG.	Belgien/belgisch
DLM	leichter mechanisierter Verband
FallschJ	Fallschirmjäger
FINN.	Finnland/finnisch
FR.	Frankreich/französisch
IND.	Indien/indisch
KOL.	Kolonialtruppen
LIB.	Libyen/libysch
LSK	Landstreitkräfte
MFallschJ	Marinefallschirmjäger
NIEDERL.	Niederlande/niederländisch
NS.	Neuseeland/neuseeländisch
PHIL.	Philippinen/philippinisch
prov	provisorisch
Pz	Panzer
PzGr	Panzergruppe
Res	Reserve
RUM.	Rumänien/rumänisch
SA.	Südafrika/südafrikanisch